読み間違えやすい
全国地名辞典

日外アソシエーツ

Guide to Reading

of

Japanese Place Names

— often fail to read —

Compiled by

Nichigai Associates, Inc.

©2018 by Nichigai Associates, Inc.

Printed in Japan

本書はディジタルデータでご利用いただくことができます。詳細はお問い合わせください。

●編集担当● 山下 浩

刊行にあたって

　地名には難読地名とは別に、簡単な漢字でも同表記で二通り以上の読み方をするものがある。本書は、全国の現行地名の中から、読み間違えやすい地名、複数の読みを持つ地名、一般に難読と思われる地名の表記を対象にその読みを調査・確認するための簡便なよみかた辞典である。"平成の大合併"も2010年（平成22）に一区切りを迎え、小社では『全国地名駅名よみかた辞典』の最新版を2016年10月に刊行したが、網羅的な収録のため約13万件収録、1400頁もの大部なものになった。そこで今回、「読み間違えやすい地名」のみを収録したコンパクトなツールを企画した。

　近年の市町村合併で誕生した市名には、地域振興の一環で親しみやすいひらがなの名称、公募などによるもの、旧国名を冠したものなど様々なものが出来ているが、その下の地名となると、簡単な漢字の同じ表記であっても、その読み方（音）がどうなるかは土地土地によっていろいろであり決まったルールがあるわけではない。「どうしてこう読むの？」というものも多いが、様々な由来・理由で「この土地ではこの表記はこう読む」というのが現実なのである。「西原」という表記には、全国各地に「いりばる・さいはら・さいばら・にしのはら・にしはら・にしばら・にしはる・にしばる・にしわら」などと読むところがあり、「八幡」も「はちまん・はつま・やはた・やばた・やわた」のどの読みかは土地によって特定されるのである。

　「読み間違えやすい地名」として選定・対象にしたのは、16,608件の地名表記で、32,015件の地名である。所在地はすべて合併後の新市町村名としている。

　本書の編集方針として、読み間違えやすい地名、同表記異読みを選ぶ際に地名末尾の「郡・市・区・町・村」を省いた地名表記を対象に読みの違いを示した。読みのうち、町「まち／ちょう」、村「むら／そん」

のみの違い、清濁音・拗促音のみの違いは異読みの対象としなかった。

　また「地域順一覧」を付し、本文に採用した「読み間違えやすい地名」を都道府県別、全国地方公共団体コードの地域毎に一覧できるようにした。

　音訳や点訳活動を行われているボランティアの方々にも広くご利用いただくことを期し、日本の地名に関心を持つすべての方にとって、また読み間違えを少しでも減らすために、本書が役立つことを願っている。

　　2018年4月

　　　　　　　　　　　　　　　　　　日外アソシエーツ

目　次

凡　例……………………………………………………………… (6)

頭字音訓ガイド…………………………………………………… (9)

読み間違えやすい 全国地名辞典 …………………………………… 1

地域順一覧………………………………………………………… 357

凡　例

1．本書の内容

　　本書は、全国の現行地名のうち「読み間違えやすい地名」、32,015件について それぞれの読みがなを明示した「よみかた辞典」である。

2．収録範囲

　　都道府県、都道府県内の郡名、政令指定都市を含む全国の市町村の名 称、特別区（東京23区）名、政令指定都市区名ならびに市区町村に属する 町名、大字の名称。

3．記載事項

　　地名表記に続けて読みがなを示した。複数のよみ方がある場合は五十音 順に読みを列挙した。

　　読みがなの後ろに、所在地を示す都道府県名、都道府県郡名、都道府県 市（区）名、都道府県郡町・村名を記載した。

　　＊末尾の「郡・市・区・町・村」を省いた地名表記を対象に読みの違い を示した。所在地には「－町」のように記載した。

　　＊読みのうち、町「まち／ちょう」、村「むら／そん」のみの違い、清 濁音・拗促音のみの違いは対象としなかった。

4．排　列

（1）頭字の排列

　　地名の先頭漢字を、総画数順・部首順に排列した。

（2）地名の排列

　　2文字目以降の総画数順に排列した。英数字、カタカナ、ひらがな、 記号類の総画数は「0」とみなし、同じ画数内では部首順に排列した。 表記が同じ場合は、全国地方公共団体コードによって、おおむね北か ら南へ排列した。

5．頭字音訓ガイド

　本文収録地名の先頭漢字の音（カタカナで記載）または訓（ひらがなで記載）を五十音順に並べ、本文における頭字見出しの所在を掲載ページで示した。

〈例〉アイ　　愛　　316
　　　あい　　始　　234
　　　　　　相　　244

6．地域順一覧

　本文に採用した「読み間違えやすい地名」を都道府県別、全国地方公共団体コードの地域毎に一覧できるようにした。

　都道府県の下に地域見出しを立てた。見出しの排列は以下の通り。

　見出しの下に各地名を五十音順に示した。

　（扉裏：「都道府県（県庁所在地）目次）」）

都道府県（おおむね北から南）
　　県庁所在地　　＊東京都は「東京23区」（五十音順）
　　市部（五十音順）
　　郡部（五十音順）

7．典拠・参考資料

市町村自治研究会編集『全国市町村要覧　平成27年版』（第一法規、2015年11月）

日本郵便株式会社ウェブサイト（http://www.post.japanpost.jp/）

各地方自治体公式ウェブサイト

(7)

頭字音訓ガイド

頭字音訓ガイド　　　　う

あ

読み	字	頁
ア	阿	223
	窪	336
アイ	愛	316
あい	姶	234
	相	244
	藍	349
あいだ	間	312
あう	会	144
	合	150
	逢	269
あお	青	224
	蒼	329
あか	朱	159
	赤	187
	垢	231
あかいろ	猩	307
あがた	県	243
あかね	茜	252
あがる	上	28
あかるい	明	197
あき	秋	250
あきなう	商	278
あきらか	昭	237
あきる	飽	332
	飫	332
あく	開	312
あくた	芥	184
あくつ	圷	152
あげる	挙	261
あこがれる		
	憧	340
あさ	麻	295
	朝	304
あさい	浅	241
あさがら	莇	269
あさひ	旭	157
あざみ	薊	346
あさり	蜊	352
あし	芷	137
	芦	183
	足	188
	脚	286
	葭	309
あじ	味	190
あした	旦	127
あずさ	梓	281
あずま	東	201
あせ	汗	159
あぜ	畔	266
あそぶ	遊	311
あたえる	与	42
あたたかい		
	温	305
あたま	頭	347
あたらしい		
	新	316
あたり	辺	143
あたる	当	156
	當	327
あつい	厚	231
	敦	303
	熱	341
あつかう	扱	157
あつまる	聚	338
	蟠	351
あつめる	集	312
あてぎ	椈	325
あと	後	235
	跡	331
あな	穴	141
あに	兄	110
あね	姉	193
あぶ	虻	253
あぶみ	鐙	354
あぶら	油	214
あま	天	100
	尼	122
	蜑	330
あまい	甘	132
あまる	余	175
あみ	網	337
あめ	天	100
	雨	224
あや	斐	303
	綾	337
	綺	338
あやつる	操	344
あやまる	謝	349
あゆ	鮎	347
あゆむ	歩	210
あらい	荒	252
	粗	285
	麁	332
あらう	洗	242
あらし	嵐	299
あらた	黷	307
あらためる		
	改	180
あらと	砥	267
あらわす	表	217
あらわれる		
	現	284
ある	在	151
	有	158
あるく	歩	210
あわ	粟	308
あわい	淡	283
あわび	蚫	289
アン	安	152
	庵	280
	闇	349
あんず	杏	180

い

読み	字	頁
イ	伊	144
	夷	152
	衣	165
	位	173
	依	189
	易	197
	為	242
	帷	280
	椅	281
	移	285
	尉	341
	鯣	354
い	井	93
	亥	144
	藺	353
いう	曰	105
いえ	家	258
いおり	庵	280
いかだ	枋	210
	桴	282
	筏	308
いかり	碇	327
いかる	怒	236
いかるが	鵤	352
いきおい	勢	314
いきる	生	132
イク	育	215
	燠	344
いく	行	165
	幾	299
いけ	池	160
いさましい		
	勇	227
いし	石	140
いしぶみ	碑	336
いずみ	泉	241
いそ	磯	348
いた	板	209
いたがね	鈑	312
いたずらに		
	徒	261
いただく	頂	292
いたる	至	164
イチ	一	3
	壱	178
いち	市	122
イツ	逸	290
いつくしむ		
	慈	316
いつつ	五	94
いと	糸	163
いとぐち	緒	337
いぬ	犬	157
	戌	157
	狗	215
いね	稲	336
いのしし	猪	284
いばら	茨	252
	荊	252
いま	今	95
いましめ	戒	180
いましめる		
	警	353
いまわしい		
	忌	179
いも	芋	164
いもうと	妹	193
いやし	賤	343
いり	杁	159
いる	居	194
	射	260
	鋳	343
いるか	鯆	352
いれる	入	8
いろ	色	164
いろどる	彩	281
いろり	鑪	355
いわ	岩	341
	磐	341
いわう	祝	245
いわく	曰	105
イン	引	101
	印	146
	因	151
	員	257
	院	270
いん	院	270

う

読み	字	頁
ウ	右	116
	宇	154
	有	158
	羽	163
	芋	164
	雨	224
	桙	265
	烏	265
う	卯	116
	鵜	352
うえ	上	28
うえる	植	304
うお	魚	292
うかがう	伺	174
うく	浮	265
うぐい	鯏	352
うぐいす	鶯	347
うける	受	190
	請	343
うごく	動	278
うさぎ	兎	189
	菟	309
うし	牛	109
うしお	潮	341
うしとら	艮	164
うしろ	後	235
うす	臼	164
	碓	327
うすい	薄	346
うずら	鶉	353
うた	歌	335
うたい	謡	346
うち	内	98
ウツ	尉	341
うつ	打	126
うつくしい		
	仔	144
	美	250
うつぼ	笂	250
	靭	313
うつる	移	285
うてな	台	120
うね	畝	266
	畦	285
うば	姥	234
うま	午	99
	馬	271
うまれる	生	132
うみ	海	240
うむ	産	284
うめ	梅	264
うめる	埋	258
うもれる	埋	258
うやまう	敬	303
うら	浦	265
	裏	330
うらなう	占	116
うらやむ	羨	328
うり	瓜	161
うる	売	178
うるう	閏	312
うるし	漆	335
うれる	熟	341
ウン	運	310

(11)

読み	字	頁
	雲	313

［え］

読み	字	頁
エ	衣	165
	依	189
	恵	261
え	江	159
	柄	239
	荏	252
	絵	308
エイ	永	131
	曳	157
	英	215
	栄	237
	頴	345
えがく	画	215
エキ	役	179
	易	197
	益	266
	駅	339
えだ	枌	159
	枝	198
えだみち	岐	179
エツ	曰	105
	越	310
えのき	榎	334
えび	蛯	309
	蝦	342
	魵	344
えびす	夷	152
	狄	182
	胡	252
えびら	箙	337
えぶり	杁	159
えらぶ	撰	340
エン	円	97
	延	196
	垣	231
	烟	266
	莚	269
	堰	296
	園	315
	塩	315
	煙	326
	猿	326
	筵	328
	遠	332
	縁	342
	鴛	347
えんじゅ	槐	335

［お］

読み	字	頁
オ	於	197
	飫	332
お	尾	178
	緒	337
おい	老	164
おいて	於	197
おいる	老	164
オウ	王	109
	応	179
	押	197
	始	234
	皇	243
	桜	263
	翁	268
	黄	295
	奥	297
	横	340
	澳	344
	鴬	347
	鴨	347
	鷹	355
おう	負	227
	追	254
おうぎ	扇	261
おおい	多	152
おおう	覆	351
おおかみ	狼	266
おおきい	大	48
	巨	122
	仔	144
おおざら	盤	341
おおとり	鳳	339
	鴻	350
おおやけ	公	97
おか	岡	194
おがむ	拝	197
おき	沖	181
	澳	344
おぎ	荻	269
おきな	翁	268
オク	屋	234
	奥	297
	澳	344
おく	奥	297
	置	328
おごそか	厳	348
おこなう	行	165
おこる	怒	236
	興	346
おさえる	押	197
おさない	稚	328
おさめる	収	116
	治	213
	修	256
	納	268
おしえる	教	281
おす	押	197
	雄	312
おそい	遅	310
おそれる	恐	261
おちる	堕	297
	落	309
オツ	乙	4
おっと	夫	101
おと	音	254
おとうと	弟	179
おとこ	男	182
おどろく	驚	355
おなもみ	葹	309
おに	鬼	278
おの	斧	197
おのれ	己	86
おび	帯	261
おびる	帯	261
おぼろ	朧	354
おも	主	110
おもい	重	254
おもう	思	236
おもて	表	217
	面	254
おや	親	346
およぶ	及	47
おりる	下	15
おる	折	180
	織	350
おわる	卒	189
オン	音	254
	恩	261
	温	305
	御	299
おんな	女	62

［か］

読み	字	頁
カ	下	15
	化	95
	火	109
	加	111
	可	116
	禾	141
	仮	144
	瓜	161
	花	183
	河	210
	茄	216
	科	250
	夏	258
	家	258
	荷	269
	華	269
	蚊	269
	掛	281
	揹	281
	葭	309
	過	310
	椵	324
	嘉	332
	歌	335
	蝦	342
	鍋	349
	鍜	349
	霞	349
ガ	瓦	132
	我	180
	画	215
	臥	215
	芽	216
	我	269
	賀	309
	駕	343
カイ	介	95
	会	144
	回	151
	灰	161
	戒	180
	改	180
	芥	184
	廻	235
	海	240
	界	243
	皆	243
	桧	264
	堺	296
	開	312
	階	312
	槐	335
	魁	339
	潰	341
	檜	348
	蟹	353
かい	貝	187
ガイ	外	121
	亥	144
	苅	184
	蓋	329
	鮠	350
かいこ	蚕	269
かう	買	310
かえす	返	188
かお	顔	352
かおり	香	255
かがみ	鏡	353
かがむ	屈	194
かがやく	輝	343
かかる	掛	281
かかわる	関	338
かき	垣	231
	柿	237
かぎ	勾	99
	鍵	349
カク	角	185
	画	215
	狢	243
	革	254
	郭	290
	鶴	354
かく	書	261
	掻	281
ガク	学	193
	岳	194
	楽	324
	額	352
かげ	景	303
がけ	圻	234
かける	欠	107
	掛	281
かご	籠	355
かさ	笠	285
	傘	296
	嵩	316
かささぎ	鵲	353
かさなる	重	254
かざる	飾	332
かし	樫	340
	橿	348
かじ	梶	281
かじか	鮖	347
	鰍	354
かしら	頭	347
かしわ	柏	238
かす	粕	285
かず	数	316
かすい	鶍	355
かすむ	霞	349
かせ	椏	324
かぜ	風	255
かぞえる	数	316
かた	方	103
	片	109
	潟	341

読み	漢字	頁
かたい	堅	296
かたち	形	179
かたどる	象	309
かたな	刀	14
かたわら	傍	296
かち	徒	261
カツ	葛	286
	割	296
	筈	308
	滑	325
かつ	且	109
	勝	303
ガツ	月	105
かつお	鰹	355
かつぐ	担	197
かつて	曽	281
かつら	桂	263
かど	角	185
	門	222
かなう	叶	116
かなしい	悲	303
かなでる	奏	234
かに	蟹	353
かね	金	217
	鈎	270
	鉦	332
	鐘	354
かねる	兼	256
かのえ	庚	196
かば	椛	281
かぶ	株	261
かぶと	冑	226
かぶら	蕪	342
かぶらや	鏑	353
かべ	壁	344
かま	釜	270
	鎌	351
がま	蒲	329
かます	叺	120
かまど	竈	354
かみ	上	28
	神	245
	紙	268
かみなり	雷	332
かむ	噛	181
かめ	亀	278
	瓶	284
かも	鴨	347
かや	茅	216
	栢	262
	萱	308
	榧	335
かよう	通	270
から	唐	257
がら	柄	239
からし	芥	184
からす	烏	265
からむし	苧	216
かり	仮	144
	狩	242
	雁	312
かりる	借	256
かる	刈	98
	苅	184
かるい	軽	310
かれ	彼	196
かれい	鰈	354
かれる	槁	335
かわ	川	83
	皮	139
	河	210
	革	254
かわうそ	獺	353
かわかす	乾	278
かわら	瓦	132
かわる	代	110
カン	干	86
	甘	132
	甲	133
	亘	144
	汗	159
	串	173
	旱	180
	肝	183
	函	189
	冠	226
	巻	235
	柑	238
	竿	250
	乾	278
	菅	288
	貫	289
	寒	297
	間	312
	閑	312
	感	316
	緘	338
	関	338
	舘	346
	館	347
	観	351
	鹹	354
ガン	丸	42
	元	96
	岸	194
	岩	194
	眼	285
	雁	312
	顔	352
	巌	353
かんじる	感	316
かんばしい	皀	182
	芳	184
かんむり	冠	226

き

読み	漢字	頁
キ	乞	44
	己	86
	企	144
	机	158
	気	159
	岐	179
	忌	179
	祁	182
	葵	243
	紀	250
	姫	258
	鬼	278
	亀	278
	基	279
	埼	279
	寄	280
	崎	280
	掎	281
	喜	296
	幾	299
	貴	310
	旗	334
	箕	337
	綺	338
	嬉	340
	槻	341
	輝	343
	機	344
	磯	348
	櫃	350
	鰭	354
き	木	105
	黄	295
ギ	祁	182
キク	菊	287
	麹	344
	鞠	350
きく	利	176
	効	261
	聞	338
きざす	萌	289
	萠	289
きざはし	階	312
きざむ	鶺	353
きし	岸	194
きずく	築	345
きた	北	112
きたえる	鍛	349
	鍜	349
きたる	来	181
キチ	吉	146
キツ	吉	146
	桔	262
きつねあざみ	薊	269
きぬ	衣	165
きぬた	砧	267
きね	杵	198
きのえ	甲	133
きび	黍	314
きびしい	厳	348
きみ	君	176
きも	肝	183
	胆	252
キャク	脚	286
ギャク	逆	254
キュウ	九	6
	久	42
	及	47
	弓	86
	吸	148
	朽	159
	汲	159
	臼	164
	求	181
	玖	182
	皀	182
	宮	258
	欅	341
	鬮	355
ギュウ	牛	109
キョ	巨	122
	居	194
	苣	217
	炬	242
	挙	261
	粔	267
	許	289
	筥	328
	鋸	347
ギョ	魚	292
	御	299
	漁	335
きよい	浄	241
	清	283
キョウ	兄	110
	叶	116
	共	146
	杏	180
	京	189
	供	189
	狭	242
	香	255
	恐	261
	挟	261
	狭	266
	脇	268
	強	281
	教	281
	郷	290
	喬	296
	梍	305
	境	333
	蕎	342
	橋	344
	興	346
	薑	346
	橿	348
	鏡	353
	鷲	355
ギョウ	刑	146
	行	165
	形	179
	業	325
キョク	旭	157
	曲	158
ギョク	玉	132
きり	桐	262
きりかぶ	橡	350
きる	切	98
	伐	145
きわ	際	339
キン	芹	184
	近	188
	金	217
	菫	289
	琴	307
	筋	308
	錦	347
ギン	狺	181
	銀	338

く

読み	漢字	頁
ク	九	6
	玖	182
	供	189
	狗	215
	苦	216
	紅	250

(13)

け　　　　　　　　　　　　　頭字音訓ガイド

読み	字	頁	読み	字	頁	読み	字	頁	読み	字	頁	読み	字	頁
	俱	256	くり	栗	262		警	353		胡	252		効	261
	貢	269	くりや	厨	296		鶏	353		庫	261		狹	266
	椛	305	くる	来	181	ゲイ	芸	184		壺	297		貢	269
	駒	343	くるしい	苦	216		迎	188		湖	305		高	273
グ	具	189	くるま	車	188	ケツ	欠	107		楜	325		黄	295
くい	杭	198	くるみ	樹	325		穴	141		鼓	332		椚	305
	椵	324	くるわ	郭	290		血	165		皷	336		椌	305
クウ	空	215	くれ	呉	176		結	308	こ	子	62		幌	316
くう	喰	296		樽	335		蕨	342		木	105		溝	326
グウ	宮	258	くれない	紅	250	ゲツ	月	105		児	175		槁	335
	隅	312	くろ	玄	132	けむり	烟	266		粉	268		綱	337
くぎ	釘	270		黒	295		煙	326	ゴ	五	94		閤	339
くぐりど	閨	339	くろがね	鉄	332	けわしい	嵯	315		午	99		興	346
くこ	苟	269	くろきび	秬	267		巌	353		伍	144		薑	346
くさ	草	253	くわ	桑	262	ケン	犬	109		呉	176		鮫	350
くさよもぎ	蒿	346	くわえる	加	111		見	184		吾	176		鴻	350
くし	串	173	くわだてる	企	144		枅	210		苣	217	こう	乞	44
	櫛	348	クン	君	176		建	235		後	235		請	343
くじ	闥	355	グン	軍	254		県	243		珸	284	ゴウ	合	150
くす	樟	341		郡	270		研	245		御	299		業	325
くず	葛	286		群	328		兼	256		楜	325		轟	354
くすのき	楠	325					剣	256		護	354	こうがい	笄	268
くすり	薬	346	**け**				拳	261	こいし	礫	354	こうし	犢	353
くずれる	崩	280					健	278	こいしい	恋	261	こうじ	糀	328
くだる	下	15	ケ	化	95		堅	296	コウ	口	47		麹	344
くち	口	47		仮	144		検	304		公	97	こうぞ	楮	325
くちる	朽	159		芥	184		萱	308		勾	99	こえ	声	178
クツ	屈	194		家	258		間	312		尻	122	こえる	肥	215
	堀	279		椵	324		蜆	330		広	126		越	310
くつ	沓	213	け	毛	107		絹	338		弘	126	こおり	氷	132
くつがえす			ゲ	下	15		蜷	338		甲	133		郡	270
	覆	351		椵	324		権	341		亘	144	こがね	鈞	270
くつわ	轡	355		鍛	349		鍵	349		交	144	コク	石	140
くに	邑	188	ケイ	兄	110		鰹	355		光	145		谷	185
	国	191		刑	146	ゲン	元	96		向	148		国	191
くぬぎ	椚	305		形	179		玄	132		好	152		釛	270
	櫟	352		枅	210		弦	196		江	159		黒	295
くび	首	255		荊	252		彦	235		芒	164		鵠	352
	頸	347		計	253		原	257		行	165	ゴク	釛	270
くびはねる				恵	261		拳	261		孝	178	こけ	苔	216
	刎	146		桂	263		現	284		杠	181	ここのつ	九	6
くぼ	窪	336		笄	268		源	326		岡	194	こころ	心	101
くま	隈	312		畦	285		蜆	330		岬	195	こころざす		
	熊	335		脛	286		厳	348		幸	195		志	179
	澳	344		蛍	289					庚	196	こしき	甑	345
ぐみ	茱	253		敬	303	**こ**				杭	198	こじり	鐺	354
くみする	与	42		景	303					肱	215	こす	越	310
くむ	汲	159		軽	310	コ	己	86		厚	231	こたえる	応	179
くも	雲	313		継	328		戸	101		垢	231	コツ	乞	44
くら	倉	256		薊	346		古	116		後	235		兀	44
	庫	261		頸	347		呼	190		皇	243		笏	268
	蔵	342		鮨	350		虎	217		紅	250		骨	273
くらい	位	173					炬	242		荒	252	ゴツ	兀	44
くらべる	比	107								香	255	こて	鏝	354
												こと	琴	307

(14)

よみ	漢字	ページ
ごとく	如	152
ことごとく	倶	189
ことぶき	寿	178
こな	粉	268
このむ	好	152
こぶ	瘤	341
こぶし	拳	261
こま	駒	343
こまかい	細	285
ごみ	垢	258
こむ	込	143
こめ	米	162
こめる	込	143
こも	薦	346
これ	此	130
ころがす	転	290
ころぶ	転	290
ころも	衣	165
コン	今	95
	艮	164
	近	188
	昆	197
	建	235
	根	263
	紺	285
こん	紺	285
ゴン	権	341
	厳	348

さ

よみ	漢字	ページ
サ	左	122
	佐	173
	沙	181
	些	191
	砂	245
	茶	253
	差	260
	嵯	315
	蓑	330
	簑	345
ザ	座	261
サイ	才	86
	切	98
	再	146
	西	165
	妻	192
	柴	238
	晒	261
	財	269
	彩	281
	斎	281
	済	282
	細	285
	菜	287
	最	303
	犀	307
	催	314
	賽	330
	際	339
	簑	345
	穡	349
さい	犀	307
ザイ	在	151
	財	269
さいわい	幸	195
さお	竿	250
さか	坂	177
	阪	189
さかい	界	243
	堺	296
	境	333
さかえる	栄	237
さかな	魚	292
さからう	逆	254
さがる	下	15
さき	先	146
	埼	279
	崎	280
さぎ	鷺	355
さきがけ	魁	339
サク	作	174
	柵	238
	柞	240
	朔	261
	策	308
さく	咲	231
さくら	桜	263
ざくろ	榴	335
さけ	酒	265
さげる	提	303
ささ	笹	285
ささえる	支	102
さす	指	236
	差	260
さだめる	定	193
サツ	札	127
	薩	349
ザツ	雑	339
さと	里	189
さとい	哲	257
さば	鯖	352
さびしい	寂	280
	淋	284
さむい	寒	297
さめ	鮫	350
さめる	冷	175
	醒	347
さらす	晒	261
さる	猿	326
ざる	笊	268
さわ	沢	181
さわら	椹	325
さわる	障	339
サン	三	22
	山	79
	杉	180
	参	190
	蚕	269
	産	284
	傘	296
	散	303
	蒜	329
	讃	355

し

よみ	漢字	ページ
シ	子	62
	支	102
	止	107
	只	120
	四	120
	市	122
	此	130
	矢	140
	示	141
	糸	163
	至	164
	伺	174
	志	179
	私	182
	芝	184
	些	191
	始	193
	姉	193
	枝	198
	泗	214
	思	236
	指	236
	柿	237
	柴	238
	茨	252
	師	260
	晒	261
	祠	267
	紙	268
	梓	281
	紫	286
	葹	309
	獅	326
	幟	340
	駛	344
	髭	344
	錫	347
	鮨	350
	贄	351
ジ	示	141
	地	152
	寺	155
	次	159
	耳	164
	自	164
	似	174
	児	175
	治	213
	持	236
	時	261
	慈	316
	蒔	329
	爾	336
しあわせ	幸	195
しい	椎	305
しお	塩	315
	潮	341
しか	鹿	293
しがらみ	柵	238
しかれども	然	307
シキ	式	156
	色	164
	織	350
しぎ	鴫	348
ジキ	直	215
	食	255
ジク	柚	240
	舳	286
しげる	茂	216
	繁	345
しし	宍	178
	獅	326
しじみ	蜆	330
しずか	閑	312
	静	339
しずく	雫	292
しずめる	鎮	351
した	下	15
したがう	随	312
したしい	親	346
シチ	七	4
	質	343
シツ	室	234
	蛭	309
	漆	335
	質	343
	櫛	348
ジツ	日	103
	実	193
しで	椣	305
しとみ	蔀	338
しな	品	231
	科	250
しなやか	靭	313
しの	篠	349
しのぐ	駕	343
しのだけ	篶	337
しのぶ	忍	179
しば	芝	184
	柴	238
しぶい	渋	282
しま	洲	241
	島	260
しめす	示	141
しめる	占	116
しも	下	15
シャ	且	109
	沙	181
	社	182
	車	188
	舎	215
	柘	238
	砂	245
	射	260
	奢	310
	鉈	332
	謝	349
ジャク	蛇	289
シャク	尺	101
	赤	187
	借	256
	釈	291
	錫	347
	鵲	353
しゃく	笏	268
ジャク	若	216
	寂	280
	雀	292
	鵲	353
シュ	手	102
	主	110
	守	154
	朱	159
	取	190
	狩	242
	茱	253
	首	255
	酒	265
	珠	266
	淞	284

読み	漢字	頁
	聚	338
	諏	343
ジュ	寿	178
	受	190
	舳	286
	聚	338
	嬬	348
シュウ	収	116
	州	155
	舟	164
	周	190
	宗	193
	拾	236
	柊	238
	洲	241
	秋	250
	修	256
	揖	303
	萩	309
	集	312
	嵩	316
	楸	325
	鰍	354
	鷲	355
	鸛	355
ジュウ	十	14
	廿	101
	住	174
	拾	236
	重	254
	渋	282
シュク	叔	190
	祝	245
	宿	280
ジュク	熟	341
シュツ	出	110
ジュツ	戌	157
シュン	春	236
	笋	268
	隼	271
ジュン	巡	155
	笋	268
	隼	271
	閏	312
	鶉	353
ショ	且	109
	疋	137
	初	175
	杵	198
	凧	225
	爼	226
	爼	242
	書	261
	莇	269
	渚	282
	黍	314
	緒	337
	諸	343
ジョ	女	62
	如	152
	助	176
	莇	269
	除	271
ショウ	小	63
	井	93
	少	101
	正	130
	生	132
	匠	146
	庄	155
	招	197
	昇	197
	松	198
	沼	213
	青	224
	咲	231
	昭	237
	相	244
	荘	253
	挟	261
	称	267
	秤	267
	商	278
	萫	281
	淞	284
	菖	287
	勝	303
	焼	307
	猩	307
	象	309
	楪	325
	照	326
	聖	328
	蛸	330
	鉦	332
	摺	334
	精	337
	蒋	338
	障	339
	憧	340
	樟	341
	樅	341
	箱	342
	請	343
	橡	344
	橦	344
	篠	349
	鐘	354
ジョウ	上	28
	成	156
	定	193
	乗	225
	城	231
	浄	241
	常	280
	静	339
	縄	342
	讓	354
	饒	354
しょうぶ	菖	287
ショク	色	164
	食	255
	埴	279
	植	304
	飾	332
	織	350
しらせる	報	297
しらべる	検	304
	調	343
しり	尻	122
しる	知	215
しるし	印	146
しろ	白	137
	城	231
しろがね	銀	338
シン	心	101
	身	188
	辰	188
	信	225
	津	242
	神	245
	振	261
	真	266
	秦	267
	針	270
	深	282
	森	304
	稔	305
	新	316
	榛	334
	槇	335
	請	343
	薪	346
	親	346
	鶍	355
ジン	人	8
	刃	44
	仁	96
	壬	99
	侭	189
	甚	243
	神	245
	荏	252
	秦	267
	稔	305
	靮	313
	鞦	313
	椹	325

す

読み	漢字	頁
ス	素	268
	須	313
	諏	343
	藪	351
す	州	155
ズ	逗	269
	厨	296
	頭	347
スイ	水	107
	吹	176
	忰	180
	垂	192
	椎	305
	穂	341
	燧	348
ズイ	随	312
スウ	嵩	316
	数	316
すう	吸	148
すえ	末	130
	陶	292
すぎ	杉	180
	椙	305
すぎる	過	310
すくない	少	101
すくも	粭	308
すぐれる	卓	190
すけ	介	95
	佐	173
すげ	菅	288
すこし	少	101
すこやか	健	278
すし	鮨	350
すじ	筋	308
すす	煤	326
すず	鈴	332
	錫	347
すすき	芒	164
	薄	346
すすぐ	雪	292
すずしい	涼	284
すずめ	雀	292
すすめる	薦	346
すだれ	簾	353
すっぽん	鼈	355
すな	砂	245
すね	脛	286
すのこ	椣	325
すべて	総	337
すべる	滑	325
すみ	角	185
	隅	312
	墨	340
すみれ	菫	289
すむ	住	174
	栖	263
	済	282
すめらぎ	皇	243
すもも	李	181
する	摺	334
すわる	座	261
スン	寸	62

せ

読み	漢字	頁
セ	世	109
	勢	314
せ	背	252
	畝	266
	脊	268
	瀬	352
セイ	井	93
	世	109
	正	130
	生	132
	成	156
	西	165
	声	178
	征	196
	青	224
	政	236
	星	237
	栖	263
	済	282
	清	283
	晴	303
	犀	307
	猩	307
	貰	310
	勢	314
	聖	328
	鉦	332
	精	337
	蜻	338
	誓	338

	静	339
	請	343
	醒	347
せい	背	252
	脊	268
せがれ	伜	180
セキ	夕	48
	尺	101
	石	140
	赤	187
	皙	191
	脊	268
	寂	280
	跡	331
	碩	336
	潟	341
	積	345
せき	堰	296
	関	338
セツ	切	98
	折	180
	接	281
	設	289
	雪	292
	節	328
ぜに	銭	338
せまい	狭	242
	狭	266
せまる	迫	217
せむし	瘻	345
せり	芹	184
セン	千	44
	川	83
	仙	110
	占	116
	亘	144
	先	146
	串	173
	苫	216
	泉	241
	浅	241
	洗	242
	扇	261
	栴	263
	栫	265
	船	286
	羨	328
	銭	338
	撰	340
	潜	341
	箭	342
	賤	343
	薦	346
ゼン	全	144

	前	226
	善	296
	然	307
	賤	343
	膳	345
ぜん	膳	345

そ

ソ	疋	137
	俎	195
	俎	226
	狙	242
	祖	250
	素	268
	曽	281
	粗	285
	麁	332
	鼠	332
	蘇	353
ソウ	双	99
	爪	109
	匝	115
	早	157
	走	188
	宗	193
	奏	234
	相	244
	草	253
	荘	253
	倉	256
	桑	262
	笊	268
	掃	281
	搔	281
	曽	281
	惣	303
	蒼	329
	慥	334
	総	337
	箱	342
	操	344
	橦	344
	甑	345
	藪	351
	藻	353
	竈	354
	鎗	354
ゾウ	造	270
	象	309
	増	333
	慥	334
	雑	339

	蔵	342
	橡	344
そうじて	惣	303
そえる	添	284
そぎ	枌	210
ソク	束	180
	足	188
	則	227
ゾク	粟	308
	続	328
そそぐ	注	213
そだてる	育	215
ソツ	卒	189
そと	外	121
そなえる	供	189
	具	189
その	園	315
そば	俎	195
そばめ	嬬	348
そま	杣	181
そむく	背	252
そら	空	215
そる	反	99
	剃	227
ソン	村	180
	栫	265
	樽	344

た

タ	太	99
	多	152
	夛	159
	詫	330
	鉈	332
	駄	339
た	田	134
ダ	打	126
	夛	159
	蛇	289
	堕	297
	駄	339
	糯	354
タイ	大	48
	太	99
	代	110
	台	120
	対	178
	垈	192
	岱	195
	苔	216
	帯	261
	泰	265

	袋	289
	碓	327
	黛	348
たい	鯛	353
ダイ	大	48
	内	98
	代	110
	弟	179
	岱	195
	醍	347
たいまつ	炬	242
たいら	平	123
たえ	妙	178
たお	垰	234
たか	鷹	355
たかい	高	273
	喬	296
	嵩	316
たがやす	畍	243
たから	宝	193
たき	滝	326
たきぎ	薪	346
タク	沢	181
	卓	190
	度	235
ダク	濁	344
たくみ	匠	146
たけ	竹	162
	岳	194
たけし	武	210
たけのこ	笋	268
	筍	337
たこ	蛸	330
たしか	慥	334
たす	足	188
たすける	介	95
	佐	173
	助	176
	祐	250
ただ	只	120
ただし	但	174
ただしい	正	130
ただちに	直	215
ダチ	達	310
タツ	達	310
	羂	353
たつ	立	141
	辰	188
	竜	267
	龍	348
ダツ	羂	353
たづな	靮	339
たで	蓼	338
たてまつる		

	奉	192
たてる	建	235
	棚	305
たに	谷	185
たぬき	狸	266
たのしい	楽	324
たのむ	頼	347
たのもしい		
	頼	347
たば	束	180
たび	度	235
	旅	261
たべる	食	255
たま	玉	132
	珠	266
	霊	343
たまう	饒	332
たみ	民	131
ため	為	242
ためる	溜	326
たも	樢	352
たもつ	保	226
たよる	頼	347
たら	鱈	354
たらのき	楤	324
たる	樽	344
たれる	垂	192
たわら	俵	256
タン	丹	93
	反	99
	旦	127
	但	174
	担	197
	段	240
	胆	252
	淡	283
	短	307
	蜑	330
	端	336
	壇	344
	檀	348
	鍛	349
ダン	男	182
	段	240
	壇	344
	檀	348

ち

チ	地	152
	池	160
	治	213
	知	215

つ　　頭字音訓ガイド

よみ	漢字	ページ
	恥	268
	智	303
	遅	310
	稚	328
	置	328
ち	千	44
	血	165
ちいさい	小	63
ちかい	近	188
ちかう	誓	338
ちから	力	14
チク	竹	162
	舳	286
	筑	308
	築	345
ちしゃ	苣	217
ちすじ	冑	252
ちち	父	109
	乳	189
チツ	秩	267
ちなむ	因	151
チャ	茶	253
ちゃ	茶	253
チュウ	中	86
	仲	144
	虫	164
	沖	181
	肘	183
	忠	196
	抽	197
	注	213
	冑	226
	昼	235
	冑	252
	厨	296
	鋳	343
チョ	苧	216
	杼	269
	猪	284
	楮	325
	緒	337
チョウ	丁	6
	町	182
	長	219
	重	254
	張	281
	掉	281
	釣	292
	頂	292
	鳥	292
	塚	304
	朝	304
	楪	325
	潮	341
	調	343
	鯛	353
	鵰	353
チョク	直	215
	勅	227
ちる	散	303
チン	砧	267
	陳	292
	椿	325
	楪	325
	鎮	351

つ

よみ	漢字	ページ
ツ	都	290
	鵡	353
つ	津	242
ツイ	対	178
	追	254
	椎	305
ついたち	朔	261
ツウ	通	270
つか	柄	239
	塚	297
つが	栂	238
	樛	341
つがい	番	307
つき	月	105
	槻	341
つぎ	次	159
つく	突	215
	附	224
	巻	281
	橦	344
つぐ	接	281
	継	328
つくえ	机	158
つくだ	佃	174
つぐみ	鶫	353
つくる	作	174
	造	270
つげ	柘	238
つける	付	110
つじ	辻	143
つたわる	伝	145
つち	土	47
つつ	筒	308
つづく	続	328
つつみ	堤	297
つづみ	鼓	332
	皷	336
つつむ	包	112
つづる	綴	337
つと	苞	217
つどう	集	312
つな	綱	337
つね	常	280
つの	角	185
つばき	椿	325
つぶ	皀	182
つぶれる	潰	341
つぼ	坪	192
	壺	297
つま	妻	192
つむ	積	345
つめ	爪	109
つめたい	冷	175
つよい	強	281
つら	面	254
つらなる	連	270
つらぬく	貫	289
つらねる	列	146
つる	弦	196
	釣	292
	鶴	354
つるぎ	剣	256

て

よみ	漢字	ページ
て	手	102
テイ	丁	6
	汀	131
	弟	179
	定	193
	帝	225
	剃	227
	釘	270
	梯	281
	堤	297
	摘	303
	提	303
	碇	327
デイ	泥	213
テキ	狄	182
	荻	269
	鏑	353
テツ	哲	257
	暖	326
	鉄	332
	綴	337
てら	寺	155
てらす	照	326
でる	出	110
テン	天	100
	点	242
	添	284
	淀	284
	転	290
	殿	325
	鎮	351
	鶺	355
	纒	355
デン	田	134
	伝	145
	佃	174
	淀	284
	捻	305
	殿	325
	鶺	355

と

よみ	漢字	ページ
ト	吐	151
	兎	189
	徒	261
	都	290
	渡	306
	登	307
	菟	309
	塗	315
と	戸	101
ド	土	47
	奴	122
	度	235
	怒	236
トウ	刀	14
	冬	121
	当	156
	灯	161
	東	201
	杳	213
	唐	257
	島	260
	桐	262
	桃	264
	納	268
	逗	269
	掉	281
	陶	292
	塔	297
	湯	306
	登	307
	筒	308
	塘	315
	當	327
	樋	336
	稲	336
	滕	341
	橦	344
	燈	344
	頭	347
	椿	350
	藤	350
	蟷	353
	鶫	353
	鐙	354
	鐳	354
とう	問	278
ドウ	洞	242
	動	278
	堂	279
	道	310
	憧	340
とうげ	峠	235
とうとい	貴	310
とお	十	14
とおい	遠	332
とおす	通	270
とが	科	250
とき	時	261
	锝	344
トク	徳	333
	犢	353
とぐ	研	245
ドク	独	243
とじる	綴	337
とち	栃	181
	栃	238
トツ	突	215
とどまる	留	266
	逗	269
とどろく	轟	354
となえる	称	267
との	殿	325
どの	殿	325
とのえる	調	343
とばり	帷	280
とぶ	飛	255
とま	苫	216
とまる	泊	214
とむ	冨	278
	富	298
とめる	止	107
	留	266
とも	友	99
	共	146
	舮	268
	舳	286
	鞆	339
ともしび	灯	161
	炬	242
	燈	344
ともなう	伴	175

頭字音訓ガイド　　は

読み	字	頁
ともに	倶	256
とら	虎	217
とり	鳥	292
とる	取	190
どろ	泥	213
トン	敦	303
ドン	鈍	312
とんぼ	蜻	338

な

読み	字	頁
ナ	那	188
	糯	354
な	名	151
	菜	287
ナイ	内	98
ない	無	307
なえ	苗	216
なおす	直	215
なか	中	86
	仲	144
ながい	永	131
	仔	144
	長	219
ながえしばり		
	轅	351
なかば	半	115
なかれ	勿	99
ながれる	流	265
なぎ	梛	305
なぎさ	汀	131
	渚	282
なく	鳴	339
なごむ	和	190
なし	梨	281
なす	為	242
なた	鉈	332
なだ	洋	242
なつ	夏	258
なでる	撫	340
ななつ	七	4
なべ	鍋	349
	鑊	354
なみ	並	189
	波	213
	浪	265
なめらか	滑	325
なら	楢	325
ならべる	並	189
なる	成	156
	縄	342
なわて	畷	326
ナン	南	227
	姍	258
	楠	325
	難	351
なんじ	爾	336

に

読み	字	頁
ニ	二	7
	仁	96
	尼	122
	児	175
に	丹	93
	荷	269
にえ	贄	351
におう	匂	99
にごる	濁	344
にし	西	165
にしき	錦	347
にじゅう	廿	101
ニチ	日	103
にな	蜷	338
	螺	349
になう	担	197
	荷	269
にぶい	鈍	312
ニュウ	入	8
	廿	101
	乳	189
ニョ	如	152
ニョウ	饒	354
にる	似	174
にれ	楡	325
にわとり	鶏	353
ニン	人	8
	仁	96
	壬	99
	忍	179
	荏	252

ぬ

読み	字	頁
ヌ	奴	122
	怒	236
ぬく	抜	180
	抽	197
ぬさ	幣	340
ぬし	主	110
ぬで	橳	344
ぬの	布	123
ぬま	沼	213
ぬる	塗	315

ね

読み	字	頁
ね	根	263
ねこ	猫	284
ねずみ	鼡	225
	鼠	332
ネツ	熱	341
ネン	捻	281
	然	307

の

読み	字	頁
の	野	291
ノウ	嬲	258
	納	268
	能	268
	農	331
のぎ	禾	141
	芒	164
のこぎり	鋸	347
のす	熨	341
のぞく	除	271
のぞむ	莅	269
	望	281
のたまわく		
	曰	105
のち	後	235
のっとる	則	227
のばす	延	196
のびる	延	196
のべる	陳	292
のぼり	幟	340
のぼる	上	28
	昇	197
	登	307
のり	紀	250
のる	乗	225
	駕	343
のろし	燧	348

は

読み	字	頁
ハ	芭	184
	杷	209
	波	213
	玻	243
	破	267
	刃	44
は	芭	184
バ	馬	271
	婆	279
ハイ	拝	197
	背	252
	祓	267
	稗	336
はい	灰	161
バイ	売	178
	貝	187
	梅	264
	買	310
	煤	326
はいる	入	8
はえる	栄	237
はかり	秤	267
はかる	計	253
はぎ	脛	286
	萩	309
ハク	白	137
	伯	174
	泊	214
	迫	217
	柏	238
	栢	262
	粕	285
	博	296
	薄	346
はく	吐	151
	掃	281
バク	麦	189
	博	296
はぐくむ	育	215
ばける	化	95
はこ	函	189
	筥	328
	箱	342
はこぶ	運	310
はさむ	挟	261
はし	端	336
	橋	344
はじかみ	薑	346
はしけ	艀	329
はしご	梯	281
はしばみ	榛	334
はじまる	始	334
はじめて	初	175
はしる	走	188
	奔	192
はじる	耻	268
はす	蓮	330
はず	筈	308
はぜ	栃	210
	櫨	353
はせる	駛	344
はた	畑	243
	旗	334
	幡	340
	機	344
はたけ	畑	243
	畠	266
ハチ	八	9
	鉢	332
はち	鉢	332
ばち	桴	282
ハツ	発	243
はつ	初	175
バツ	伐	145
	抜	180
	秣	267
	筏	308
はな	花	183
	華	269
はなじる	泗	214
はなつ	放	197
はなはだしい		
	甚	243
はなぶさ	英	215
はなやか	華	269
はに	埴	279
はね	羽	163
はねつるべ		
	桔	262
はは	母	131
ばば	婆	279
ははそ	柞	240
はま	浜	265
はや	鮠	350
はやい	早	157
	駛	344
はやし	林	210
はやぶさ	隼	271
はら	原	257
	腹	329
はらい	祓	267
はらう	払	127
はらおび	鞦	339
はり	針	270
	梁	282
はる	春	236
	張	281
はれる	晴	303
ハン	反	99
	半	115
	帆	155
	伴	175
	坂	177
	采	189
	阪	189
	板	209
	班	266
	畔	266

(19)

ひ　頭字音訓ガイド

斑 303
鈑 312
飯 313
幡 340
繁 345
蟠 351

バン 万 41
伴 175
采 189
板 209
晩 303
番 307
盤 341
磐 341
蕃 342
蟠 351

ひ

ヒ 比 107
皮 139
彼 196
枇 210
肥 215
飛 255
悲 303
斐 303
榧 335
碑 336
皺 339
糒 345
蕯 346
鶲 353
鷭 355
ひ 日 103
火 109
灯 161
陽 312
樋 334
燈 344
ビ 尾 178
弥 196
枇 210
美 250
梶 281
糒 345
ひいでる 英 215
ひいらぎ 柊 238
ひうち 燧 348
ひえ 稗 336
ひえる 冷 175
ひがし 東 201
ひかる 光 145

ひき 疋 137
ひきづな 靮 339
ひく 引 101
曳 157
抽 197
掎 281
ひげ 須 313
髭 344
ひこ 彦 235
ひさご 瓢 344
ひさしい 久 42
ひじ 肘 183
肱 215
ひじき 杚 210
ひじり 聖 328
ひそむ 潜 341
ひたい 額 352
ひだり 左 122
ヒツ 筆 308
ひつ 櫃 350
ひでり 旱 180
ひと 人 8
仁 96
ひとつ 一 3
壱 178
ひとり 独 243
ひねる 捻 281
ひのき 桧 264
檜 348
ひのし 熨 341
ひめ 姫 258
ヒャク 百 161
栢 262
ヒュウ 皀 182
鸞 355
ひょ 鴫 353
ヒョウ 氷 132
兵 175
坪 192
苞 217
表 217
俵 256
標 341
瓢 344
鱶 355
ビョウ 苗 216
猫 284
ヒョク 皀 182
ひら 平 123
ひらく 開 312
ひる 昼 235
蛭 309
蒜 329
ひれ 鰭 354

ひろい 広 126
弘 126
博 296
ひろう 拾 236
ヒン 品 231
浜 265
ビン 敏 261
瓶 284

ふ

フ 不 86
夫 101
父 109
付 110
布 123
斧 197
歩 210
附 224
負 227
畉 243
浮 265
釜 270
富 278
婦 279
桴 282
富 298
稃 329
榑 335
鮒 352
ブ 不 86
分 99
奉 192
武 210
歩 210
負 227
畉 243
部 290
無 307
蕪 338
撫 340
舞 342
蕪 342
フウ 風 255
ふえる 増 333
ふかい 深 282
フク 伏 145
福 327
腹 329
箙 337
覆 351
ふく 吹 176
ふくべ 瓢 344

ふくろ 袋 289
ふける 老 164
ふさ 房 197
総 337
ふし 節 328
ふじ 藤 350
ふす 臥 215
ふせぐ 防 189
ふせる 伏 145
ふた 双 99
蓋 329
ふだ 札 127
楪 325
ふたたび 再 146
ふたつ 二 7
両 143
ふち 縁 342
フツ 払 127
祓 267
ブツ 仏 96
勿 99
物 214
ふで 筆 308
ふとい 太 99
ふね 舟 164
船 286
ふみ 文 102
麓 353
ふもと 麓 353
ふゆ 冬 121
ふる 振 261
ふるい 古 116
ふるう 掉 281
ふるさと 郷 290
フン 分 99
刎 146
粉 210
粉 268
鈖 344
ブン 分 99
文 102
刎 146
聞 338
鈖 344

へ

ヘイ 平 123
兵 175
並 189
坪 192
枋 210
柄 239
瓶 284

籩 337
餅 339
幣 340
ベイ 米 162
ヘキ 碧 336
壁 344
へさき 舮 268
舳 286
ヘツ 籃 355
ベツ 別 175
籃 355
べに 紅 250
へび 蛇 289
へら 籩 337
へり 縁 342
ヘン 片 109
辺 143
返 188
采 189
ベン 弁 126

ほ

ホ 歩 210
保 226
浦 265
歆 266
蒲 329
鯆 352
ほ 帆 155
穂 341
ボ 母 131
ホウ 方 103
包 112
芳 184
奉 192
宝 193
放 197
枋 210
法 214
苞 217
峰 260
逢 269
崩 280
萌 289
萌 289
鮑 289
報 297
棚 305
蓬 329
豊 330
飽 332
蔀 338

頭字音訓ガイド

	鳳	339
	鵬	344
ボウ	卯	116
	牟	161
	芒	164
	坊	178
	防	189
	房	197
	茅	216
	虻	253
	桙	265
	斛	266
	望	281
	萌	289
	萠	289
	傍	296
	鉾	338
ほお	朴	159
ホク	北	112
ボク	木	105
	朴	159
	牧	214
	睦	327
	墨	340
ほくそ	櫟	335
ほこ	桙	265
	鉈	332
	鉾	338
ほこら	祠	267
ほし	星	237
ほしい	欲	282
ほしいい	糒	345
ほす	干	86
ほそい	細	197
ほたる	蛍	289
ボツ	勿	99
ほっする	欲	282
ほとけ	仏	96
ほね	骨	273
ほまれ	誉	330
ほめる	讃	355
ほら	洞	242
ほり	堀	279
ほろ	裘	289
	幌	316
ホン	本	127
	奔	192
ボン	蕃	351

ま

| マ | 麻 | 295 |
| | 磨 | 345 |

ま	間	312
マイ	米	162
	妹	193
	枚	210
	埋	258
まいる	参	190
まう	舞	342
まえ	前	226
まき	牧	214
	槇	335
まく	巻	235
	蒔	329
	繞	338
まぐさ	秣	267
まける	負	227
まげる	曲	158
まこと	真	266
まさる	勝	303
まじわる	交	144
ます	益	266
	増	333
まず	先	146
まだら	斑	303
まち	町	182
マツ	末	130
	秣	267
まつ	松	198
まったく	全	144
まっとうする	全	144
まつりごと	政	236
まど	牒	325
まとう	纏	355
まないた	俎	226
	俎	242
まなこ	眼	285
まなぶ	学	193
まぬかれる	免	189
まねく	招	197
まま	侭	189
	儘	340
	壚	348
まもる	守	154
	護	354
まゆずみ	黛	348
まゆみ	檀	348
まり	鞠	350
まる	丸	42
まるい	丸	42
	円	97
まわり	周	190
まわる	回	151
	廻	235

| マン | 万 | 41 |
| | 満 | 307 |

み

ミ	味	190
	弥	196
み	身	188
	実	193
	箕	337
みがく	磨	345
みかど	帝	225
みぎ	右	116
みさお	操	344
みさき	岬	195
みじかい	短	307
みず	水	107
みずうみ	湖	305
みずから	自	164
みずのえ	壬	99
みずのと	癸	243
みぞ	溝	326
みち	道	310
みちる	満	307
みつぐ	貢	269
みっつ	三	22
みどり	碧	336
	緑	337
みな	皆	243
みなみ	南	227
みなもと	源	326
みね	峰	260
みの	蓑	330
	箕	345
みのる	実	193
みみ	耳	164
みや	宮	258
みやこ	京	189
	都	290
ミョウ	名	151
	妙	178
	明	197
	苗	216
	猫	284
みる	見	184
	観	351
ミン	民	131

む

ム	牟	161
	武	210
	無	307
	夢	315
	鉾	338
	蕪	342
むかう	向	148
むかえる	迎	188
むぎ	麦	189
むく	椋	305
むくいる	報	297
むぐら	葎	309
むし	虫	164
むじな	狢	243
むしろ	筵	269
	莚	328
むずかしい	難	351
むすぶ	結	308
むっつ	六	97
むつまじい	睦	327
むなしい	椌	305
むね	宗	193
	権	344
むら	村	180
	邑	188
むらさき	紫	286
むれ	群	328
むろ	室	234

め

メ	米	162
め	目	139
	芽	216
メイ	名	151
	明	197
	銘	338
	鳴	339
めおと	娚	258
めぐむ	恵	261
めぐる	巡	155
めし	飯	313
めばえ	萌	289
メン	免	189
	面	254

も

モ	茂	216
も	藻	353
モウ	毛	107
	芒	164
	望	281
	網	337
もうける	設	289
もえる	萌	289
	萠	289
モク	木	105
	目	139
もぐる	潜	341
モチ	勿	99
もち	餅	339
もちいる	用	133
もちごめ	糯	354
モツ	物	214
もつ	持	236
もっとも	最	303
もてあそぶ	弄	179
もと	元	96
	本	127
	素	268
もとづく	基	279
もとめる	求	181
もの	物	214
	斎	281
ものいみ	斎	281
ものさし	尺	101
もみ	樅	341
もも	百	161
	桃	264
もよおす	催	314
もらう	貰	310
もり	森	304
もろもろ	諸	343
モン	文	102
	門	222
	問	278
	聞	338

や

ヤ	夜	192
	耶	252
	野	291
や	矢	140
	弥	196
	屋	234
	家	258
やいば	刃	44
やかた	舘	346
	館	347
やきた	畩	307
ヤク	役	179
	益	266
	薬	346
やく	炬	242

頭字音訓ガイド

読み	字	頁
	焼	307
やさしい	易	197
やしなう	養	343
やしろ	社	182
やすい	安	152
やち	萢	289
やぢ	萢	289
やつ	奴	122
やっこ	奴	122
やっつ	八	9
やど	宿	280
やどる	舎	215
やな	梁	282
	簗	349
やなぎ	柳	239
	楊	325
やぶ	薮	351
やぶれる	破	267
やま	山	79
やまと	倭	256
やみ	闇	349
やわらぐ	和	190
	睟	307

ゆ

読み	字	頁
ユ	油	214
	楡	325
ゆ	湯	306
ユウ	友	99
	右	116
	由	137
	有	158
	邑	188
	勇	227
	柚	240
	祐	250
	涌	265
	揖	303
	湧	307
	遊	311
	雄	312
	楢	325
	熊	335
ゆう	夕	48
ゆき	雪	292
ゆく	行	165
	征	196
ゆず	柚	240
ゆずる	譲	354
ゆたか	豊	330
	饒	354
ゆび	指	236

読み	字	頁
ゆみ	弓	86
ゆめ	夢	315
ゆり	閼	312
ゆる	閼	312
ゆるす	許	289
ゆれる	閼	312

よ

読み	字	頁
ヨ	与	42
	仔	144
	余	175
	賒	307
	誉	330
	飫	332
よ	世	109
	代	110
	夜	192
よい	吉	146
	好	152
	良	183
	善	296
	嘉	332
ヨウ	用	133
	洋	242
	涌	265
	湧	307
	陽	312
	楊	325
	楪	325
	養	343
	謡	346
	鷹	355
ヨク	欲	282
よくする	能	268
よこ	横	340
よし	由	137
よつぎ	冑	252
よっつ	四	120
よどむ	淀	284
よね	米	162
よぶ	呼	190
よみがえる	蘇	353
よもぎ	蓬	329
よる	因	151
	依	189
	夜	192
	寄	280
よろい	甲	133
よろこぶ	喜	296
よろず	万	41

ら

読み	字	頁
ラ	螺	349
ライ	礼	141
	来	181
	雷	332
	頼	347
	瀬	352
ラク	落	309
	楽	324
ラチ	埒	258
ラン	嵐	299
	藍	349
	蘭	353

り

読み	字	頁
リ	利	176
	李	181
	里	189
	狸	266
	苺	269
	梨	281
	裏	330
リキ	力	14
リク	六	97
	陸	292
	蓼	338
リツ	立	141
	栗	262
	葎	309
	歴	335
リャク	立	141
リュウ	柳	239
	流	265
	留	266
	竜	267
	笠	285
	隆	292
	溜	326
	榴	335
	瑠	336
	瘤	341
	龍	348
リョ	旅	261
リョウ	両	143
	良	183
	梁	282
	涼	284
	椋	305
	漁	335
	綾	337

読み	字	頁
	蓼	338
	霊	343
リョク	力	14
	緑	337
リン	林	210
	淋	284
	鈴	332
	輪	343
	繭	353

る

読み	字	頁
ル	流	265
	留	266
	瑠	336
	瘤	341
	瘻	345

れ

読み	字	頁
レイ	礼	141
	冷	175
	砺	267
	苓	269
	鈴	332
	霊	343
レキ	歴	335
	櫟	352
	礫	354
レツ	列	146
レン	恋	261
	連	270
	蓮	330
	鎌	351
	簾	353

ろ

読み	字	頁
ロ	芦	183
	枦	210
	炉	268
	櫨	353
	鑪	355
	鷺	355
ロウ	老	164
	弄	179
	浪	265
	狼	266
	滝	326
	瘻	345
	櫟	352

読み	字	頁
	朧	354
	籠	355
ロク	六	97
	鹿	293
	緑	337
	轆	351
	麓	353

わ

読み	字	頁
ワ	和	190
	倭	256
	窪	336
わ	輪	343
ワイ	隈	312
わかい	若	216
わかれる	別	175
わき	脇	268
わきまえる	弁	126
わく	涌	265
	湧	307
	滕	341
わける	分	99
わざ	業	325
わし	鵬	353
	鷲	355
わたくし	私	182
わたる	渡	306
わびる	詫	330
わらじむし	蟠	351
わらび	蕨	342
わる	割	296
われ	吾	176
	我	180

読み間違えやすい
全国地名辞典

◆◆◆◆◆ 1画 ◆◆◆◆◆

一

一　かず
　　かず-ちょう　奈良県橿原市-町
一ノ谷　いちのたに・いちのや
　　いちのや　茨城県猿島郡境町-
　　いちのたに-ちょう　兵庫県神戸市須磨区-町
一川目　ひとかわめ　青森県上北郡おいらせ町-
一巳　いちやん
　　いちやん-ちょう　北海道深川市-町
一戸　いちのへ
　　いちのへ-まち　岩手県二戸市-町
　　いちのへ　岩手県二戸郡一戸町-
一方井　いっかたい　岩手県岩手郡岩手町-
一日　ひといち
　　ひといち-まち　山形県天童市-町
一日市　していち・ひといち
　　ひといち　岩手県花巻市-
　　ひといち　秋田県南秋田郡八郎潟町-
　　ひといち　新潟県新潟市東区-
　　ひといち　新潟県魚沼市-
　　していち　富山県南砺市-
　　ひといち　兵庫県豊岡市-
　　ひといち　岡山県岡山市東区-
一日市場　ひといちば　岐阜県岐阜市-
一木　いちぎ・ひとつき・ひとつぎ
　　ひとつぎ-ちょう　広島県庄原市-町
　　ひとつき　福岡県大川市-
　　ひとつき　福岡県朝倉市-
　　いちぎ　大分県大分市-
一王山　いちのうさん
　　いちのうさん-ちょう　兵庫県神戸市灘区-町
一白　いっぱく
　　いっぱく-まち　石川県加賀市-町
一刎　ひとはね　富山県氷見市-
一色　いしき・いっしき
　　いっしき　福島県東白川郡棚倉町-
　　いっしき　千葉県富津市-
　　いしき　神奈川県三浦郡葉山町-
　　いしき　神奈川県中郡二宮町-
　　いっしき　山梨県南巨摩郡身延町-
　　いしき-ちょう　岐阜県瑞浪市-町
　　いっしき　岐阜県養老郡養老町-
　　いっしき　静岡県富士市-
　　いっしき　静岡県磐田市-
　　いっしき　静岡県焼津市-
　　いしき　静岡県賀茂郡南伊豆町-
　　いしき　静岡県賀茂郡西伊豆町-
　　いしき　静岡県駿東郡小山町-
　　いっしき-ちょう　愛知県豊橋市-町
　　いっしき-ちょう　愛知県岡崎市-町
　　いしき-ちょう　愛知県一宮市-町
　　いしき-ちょう　愛知県刈谷市-町
　　いしき-ちょう　愛知県豊田市-町
　　いしき-ちょう　愛知県蒲郡市-町
　　いっしき　愛知県新城市-
　　いっしき-ちょう　三重県津市-町

　　いっしき-ちょう　三重県伊勢市-町
　　いっしき-まち　三重県桑名市-町
　　いっしき　滋賀県米原市-
　　いっしき-ちょう　京都府京都市上京区-町
　　いしき　岡山県津山市-
　　いしき　岡山県真庭市-
一色町対米　いっしきちょうついごめ　愛知県西尾市-
一色町養ケ島　いっしきちょうよがしま　愛知県西
　　尾市-
一色青海　いしきあおかい
　　いしきあおかい-ちょう　愛知県稲沢市-町
一色新　いしきしん
　　いしきしん-まち　愛知県名古屋市中川区-町
一志町大仰　いちしちょうおおのき　三重県津市-
一志町小山　いちしちょうおやま　三重県津市-
一村尾　ひとむらお　新潟県南魚沼市-
一町田　いっちょうだ
　　いっちょうだ　青森県弘前市-
　　いっちょうだ　静岡県賀茂郡南伊豆町-
一身田　いっしんでん
　　いっしんでん-ちょう　三重県津市-町
一坪田　ひとつぼた　千葉県成田市-
一松　いちまつ・ひとつまつ
　　ひとつまつ　千葉県長生郡長生村-
　　いちまつ　京都府京都市上京区-町
一松道　いっしょうどう　岐阜県岐阜市-
一迫大清水　いちはさまおおすず　宮城県栗原市-
一迫大際　いちはさまだいぎわ　宮城県栗原市-
一迫女子　いちはさまめご
　　いちはさまめご-まち　宮城県栗原市-町
一迫日向　いちはさまひなた　宮城県栗原市-
一迫西風　いちはさまならい　宮城県栗原市-
一迫柳目　いちはさまやなぎのめ　宮城県栗原市-
一迫神山　いちはさましんざん　宮城県栗原市-
一迫清水目　いちはさますずのめ　宮城県栗原市-
一迫鹿込　いちはさまししごめ　宮城県栗原市-
一雨　ひとぶり　和歌山県東牟婁郡古座川町-
一青　ひとと　石川県鹿島郡中能登町-
一乗寺月輪寺　いちじょうじがつりんじ
　　いちじょうじがつりんじ-ちょう　京都府京都市左京区-町
一乗寺河原田　いちじょうじかわはらだ
　　いちじょうじかわはらだ-ちょう　京都府京都市左京区-町
一乗寺青城　いちじょうじあおじょう
　　いちじょうじあおじょう-ちょう　京都府京都市左京区-町
一屋　ひとつや
　　ひとつや-ちょう　愛知県大府市-町
一津屋　ひとつや
　　ひとつや　大阪府松原市-
　　ひとつや　大阪府摂津市-
一宮　いちのみや・いちみや・いっく
　　いちのみや-まち　千葉県長生郡-町
　　いちのみや　千葉県長生郡一宮町-
　　いちみや　静岡県周智郡森町-
　　いちのみや-し　愛知県-市
　　いちのみや　愛知県一宮市-
　　いちのみや-ちょう　愛知県豊川市-町
　　いちのみや　岡山県岡山市北区-
　　いちのみや　岡山県津山市-
　　いちのみや-ちょう　徳島県徳島市-町
　　いちのみや-ちょう　香川県高松市-町

3

1画（乙）2画（七）

いっく・ちょう　愛媛県新居浜市-町
いっく　高知県高知市-
一宮町生栖　いちのみやちょういきす　兵庫県宍粟市-
一宮町百千家満　いちのみやちょうおちやま　兵庫県宍粟市-
一宮町東河内　いちのみやちょうひがしごうち　兵庫県宍粟市-
一宮町河原田　いちのみやちょうかわはらだ　兵庫県宍粟市-
一宮町狐新居　いちのみやちょうきつねあらい　山梨県笛吹市-
一宮町神沢　いちのみやちょうかんざわ　山梨県笛吹市-
一宮町深河谷　いちのみやちょうふかだに　兵庫県宍粟市-
一宮町閏賀　いちのみやちょううるか　兵庫県宍粟市-
一庫　ひとくら　兵庫県川西市-
一浦　いちのうら
いちのうら・まち　福岡県大牟田市-町
一針　ひとつはり
ひとつはり・まち　石川県小松市-町
一宿　いちやどり　富山県下新川郡入善町-
一湊　いっそう　鹿児島県熊毛郡屋久島町-
一箕町八角　いっきまちやすみ　福島県会津若松市-
一箕町八幡　いっきまちやはた　福島県会津若松市-
一関　いちぜき・いちのせき
いちのせき・し　岩手県-市
いちぜき　熊本県阿蘇郡南阿蘇村-
一鍬田　ひとくわだ
ひとくわだ　千葉県香取郡多古町-
ひとくわだ　愛知県新城市-
一霞　ひとかすみ　山形県鶴岡市-

乙

乙　おつ・きのと
おつ　茨城県筑西市-
きのと　新潟県胎内市-
おつ　長野県小諸市-
おつ　香川県小豆郡土庄町-
おつ　高知県安芸郡奈半利町-
おつ　高知県高岡郡佐川町-
おつ　熊本県球磨郡五木村-
乙ケ林　おかばやし
おかばやし・ちょう　愛知県豊田市-町
乙ケ崎　おとがさき　石川県鳳珠郡穴水町-
乙丸　おとまる
おとまる・まち　石川県金沢市-町
おとまる・まち　石川県白山市-町
おとまる　福岡県北九州市若松区-
乙千屋　おとじや　熊本県葦北郡芦北町-
乙子　おとこ・おとご
おとご　茨城県守谷市-
おとご・ちょう　島根県益田市-町
おとご　岡山県岡山市東区-
乙川一色　おつかわいしき
おつかわいしき・ちょう　愛知県半田市-町
乙川八幡　おつかわはちまん
おつかわはちまん・ちょう　愛知県半田市-町
乙之子　おとのこ　愛知県あま市-

乙木　おとぎ
おとぎ　兵庫県神戸市垂水区-
おとぎ・ちょう　奈良県天理市-町
乙父　おっち　群馬県多野郡上野村-
乙犬　おといぬ　福岡県糟屋郡篠栗町-
乙母　おとも　群馬県多野郡上野村-
乙田　おこだ・おとだ
おこだ　愛知県常滑市-
おとだ・ちょう　奈良県生駒市-町
乙立　おったち
おったち・ちょう　島根県出雲市-町
乙吉　おとよし
おとよし・まち　新潟県長岡市-町
おとよし　新潟県妙高市-
おとよし・ちょう　島根県益田市-町
乙多見　おたみ　岡山県岡山市中区-
乙次　おとじ　新潟県新発田市-
乙坂今北　おつさかこんぼく
おつさかこんぼく・ちょう　福井県鯖江市-町
乙見　おとみ　大分県臼杵市-
乙供　おっとも　青森県上北郡東北町-
乙忠部　おつちゅうべ　北海道枝幸郡枝幸町-
乙茂　おとも
おとも　岩手県下閉伊郡岩泉町-
おとも　新潟県三島郡出雲崎町-
乙金　おとがな　福岡県大野城市-
乙津　おつ・おとづ
おつ　東京都あきる野市-
おとづ　大分県大分市-
おとづ・まち　大分県大分市-町
乙狩　おとがり　岐阜県美濃市-
乙原　おちばら・おとはら・おとばる・おんばら
おとはら　岐阜県揖斐郡揖斐川町-
おちばら　兵庫県三田市-
おんばら　島根県邑智郡美郷町-
おとばる　大分県別府市-
乙訓　おとくに
おとくに・ぐん　京都府-郡
乙連沢　おとれざわ　栃木県大田原市-
乙舳　おつとも
おつとも・ちょう　神奈川県横浜市金沢区-町
乙野　おと　福岡県宮若市-
乙黒　おとぐろ　山梨県中央市-
乙隈　おとぐま　福岡県小郡市-
乙幌　おっぽろ　北海道厚岸郡厚岸町-
乙窪　おちくぼ　滋賀県野洲市-
乙輪　おとわ
おとわ・ちょう　愛知県春日井市-町
乙瀬　おとぜ　徳島県板野郡藍住町-

◆◆◆◆◆ 2画 ◆◆◆◆◆

七

七ケ所新田　しちかしょしんでん　新潟県上越市-
七ケ巻　ななかまき　長野県下高井郡野沢温泉村-
七ケ浜　しちがはま
しちがはま・まち　宮城県宮城郡-町

2画（七）

七ケ宿　しちかしゅく
　しちかしゅく-まち　宮城県刈田郡-町
七ツ家　ななつえ　福岡県柳川市-
七二会甲　なにあいこう　長野県長野市-
七十刈　ななじゅうがり　山形県山形市-
七久保　ななくぼ　長野県上伊那郡飯島町-
七口　ななくち　富山県滑川市-
七山　しちやま・ななやま
　しちやま　大阪府泉南郡熊取町-
　ななやま　和歌山県海南市-
七山仁部　ななやまにぶ　佐賀県唐津市-
七山池原　ななやまいけばる　佐賀県唐津市-
七山馬川　ななやままのかわ　佐賀県唐津市-
七井　なない　栃木県芳賀郡益子町-
七井土　なないど　千葉県長生郡長生村-
七五三　しめ　岐阜県本巣市-
七五三場　しめば　茨城県結城市-
七分一　しちぶいち　富山県氷見市-
七反田　ひちたんだ
　ひちたんだ-ちょう　愛知県名古屋市中川区-町
七反野　しちたんの　愛知県名古屋市港区-
七戸　しちのへ・ななと
　しちのへ-まち　青森県上北郡-町
　しちのへ　青森県上北郡七戸町-
　ななと　高知県長岡郡本山町-
七日　なぬか・なのか
　なぬか-まち　山形県山形市-町
　なのか-まち　山形県寒河江市-町
　なのか-まち　福島県会津若松市-町
　なのか-まち　新潟県新潟市秋葉区-町
　なのか-まち　新潟県長岡市-町
　なのか-まち　岐阜県高山市-町
　なのか-まち　静岡県掛川市-町
　なのか-まち　熊本県人吉市-町
七日市　なぬかいち・なのかいち・なんかいち
　なぬかいち　秋田県北秋田-
　なのか-まち　群馬県富岡市-
　なのかいち　新潟県長岡市-
　なのかいち　新潟県魚沼市-
　なんかいち-まち　石川県加賀市-町
　なぬかいち　京都府舞鶴市-
　なぬかいち　島根県鹿足郡吉賀町-
　なぬかいち-ちょう　岡山県井原市-町
七日市東　なのかいちひがし
　なのかいちひがし-まち　岡山県岡山市北区-町
七日市場　なのかいちば　山梨県山梨市-
七北田　ななきた　宮城県仙台市泉区-
七左　しちざ
　しちざ-ちょう　埼玉県越谷市-町
七本　ななもと　千葉県夷隅郡御宿町-
七本木　しちほんぎ
　しちほんぎ　埼玉県児玉郡上里町-
　しちほんぎ-ちょう　愛知県半田市-町
　しちほんぎ　三重県伊賀市-
七目郷　ななめごう　長崎県南松浦郡新上五島町-
七石台　しちこく　新潟県阿賀野市-
七光台　ななこうだい　千葉県野田市-
七名甲　ななめこう　新潟県東蒲原郡阿賀町-
七地　しちち
　しちち-まち　熊本県人吉市-町

七曲　ななまがり
　ななまがり　福島県伊達郡川俣町-
　ななまがり　千葉県佐倉市-
　ななまがり　富山県南砺市-
　ななまがり-まち　石川県金沢市-町
七曲岱　ななまがりたい　秋田県大館市-
七百石　しちひゃくこく
　しちひゃくこく-ちょう　京都府綾部市-町
七百苅　ななひゃくがり　福島県喜多方市-
七色　なないろ
　なないろ　奈良県吉野郡十津川村-
　なないろ　和歌山県東牟婁郡北山村-
七尾　ななお
　ななお-し　石川県-市
　ななお-ちょう　島根県益田市-町
七尾台　ななおだい　山口県山口市-
七折　ななおり・ななおれ
　ななおれ　愛媛県伊予郡砥部町-
　ななおり　宮崎県西臼杵郡日之影町-
七村滝寺　ななむらたきでら　富山県南砺市-
七沢　ななさわ
　ななさわ　千葉県成田市-
　ななさわ　神奈川県厚木市-
　ななさわ-ちょう　山梨県甲府市-町
七社　しちしゃ　富山県小矢部市-
七見　しちみ・ななみ
　しちみ　石川県鳳珠郡能登町-
　ななみ-ちょう　徳島県阿南市-町
七里　しちり・ななさと
　しちり　栃木県日光市-
　しちり　滋賀県蒲生郡竜王町-
　ななさと　高知県高岡郡四万十町-
七里ガ浜　しちりがはま　神奈川県鎌倉市-
七国　ななくに　東京都八王子市-
七宗　ひちそう
　ひちそう-ちょう　岐阜県加茂郡-町
七宝町鯰橋　しっぽうちょうなまずばし　愛知県あ
　ま市-
七松　ななまつ
　ななまつ-ちょう　兵庫県尼崎市-町
七板　なないた　福井県大野市-
七林　ななばやし
　ななばやし-ちょう　千葉県船橋市-町
七保町葛野　ななほまちかずの　山梨県大月市-
七城町水次　しちじょうまちみつぎ　熊本県菊池市-
七城町台　しちじょうまちうてな　熊本県菊池市-
七城町辺田　しちじょうまちへた　熊本県菊池市-
七城町林原　しちじょうまちはやしばる　熊本県菊池市-
七城町清水　しちじょうまちきよみず　熊本県菊池市-
七栄　ななえ　千葉県富里市-
七海　しちみ　石川県鳳珠郡穴水町-
七美　しちみ　富山県射水市-
七草木　ななくさぎ　福島県田村郡三春町-
七重　ななえ
　ななえ-まち　福岡県中間市-町
七重浜　ななえはま　北海道北斗市-
七倉　ななくら　秋田県南秋田郡五城目町-

2画（丁，九）

七原 しちはら・しつはら
　しつはら-まち　石川県七尾市-町
　しちはら-まち　石川県白山市-町
七宮 しちのみや
　しちのみや-ちょう　兵庫県神戸市兵庫区-町
七島 ななしま
　ななしま-ちょう　神奈川県横浜市神奈川区-町
　ななしま　新潟県阿賀野市-
　ななしま　愛知県名古屋市港区-
七浦 ななうら
　ななうら　山形県山形市-
　ななうら　新潟県阿賀野市-
　ななうら-まち　福岡県大牟田市-町
七軒 しちけん・ひちけん
　しちけん-ちょう　栃木県佐野市-町
　しちけん　新潟県新潟市南区-
　しちけん-ちょう　新潟県新潟市南区-町
　しちけん-まち　新潟県長岡市-町
　しちけん-まち　新潟県十日町市-町
　しちけん-まち　富山県富山市-町
　ひちけん-ちょう　岐阜県岐阜市-町
　しちけん-ちょう　静岡県磐田市-町
　しちけん-ちょう　京都府京都市中京区-町
　しちけん-ちょう　京都府京都市東山区-町
七釜 しちかま　兵庫県美方郡新温泉町-
七崎 ななさき　岐阜県瑞穂市-
七條 しちじょう　徳島県板野郡上板町-
七郷一色 ななさといっしき　愛知県新城市-
七野 しちの　石川県河北郡津幡町-
七鳥 ななとり　愛媛県上浮穴郡久万高原町-
七黒 しちくろ　石川県河北郡津幡町-
七塚 ななつか
　ななつか-ちょう　広島県庄原市-町
七嵐 ななあらし　長野県松本市-
七渡 ななわたり　千葉県茂原市-
七湊 ななみなと　新潟県村上市-
七番 しちばん・ななばん
　しちばん-ちょう　福島県白河市-町
　しちばん-ちょう　静岡県静岡市葵区-町
　しちばん-ちょう　愛知県名古屋市港区-町
　しちばん-ちょう　京都府京都市上京区-町
　ななばん-ちょう　兵庫県神戸市長田区-町
　ななばん-ちょう　岡山県笠岡市-町
七番丁 しちばんちょう
　しちばんちょう　和歌山県和歌山市-
　しちばんちょう　香川県丸亀市-
七道東 しちどうひがし
　しちどうひがし-まち　大阪府堺市堺区-町
七間 しちけん
　しちけん-ちょう　富山県滑川市-町
　しちけん-ちょう　静岡県静岡市葵区-町
七隈 ななくま　福岡県福岡市城南区-
七飯 ななえ
　ななえ-ちょう　北海道亀田郡-町
七源 しちげん
　しちげん-ちょう　北海道増毛郡増毛町-町
七滝 ななたき
　ななたき　岩手県下閉伊郡田野畑村-
　ななたき　熊本県上益城郡御船町-

七窪 ななくぼ
　ななくぼ　福島県伊達郡川俣町-
　ななくぼ　石川県かほく市-
七箇 しちか　香川県仲多度郡まんのう町-
七穂 ななほ　新潟県新潟市南区-
七観音 しちかんのん
　しちかんのん-ちょう　京都府京都市中京区-町
七瀬 ななせ
　ななせ　長野県長野市-
　ななせ　長野県中野市-

丁

丁子 ようろご　千葉県香取市-
丁子田 ちょうしだ　愛知県長久手市-
丁子屋 ちょうじや
　ちょうじゃ-ちょう　京都府京都市中京区-町
丁子風呂 ちょうじぶろ
　ちょうじぶろ-ちょう　京都府京都市上京区-町
丁未 ていみ　北海道夕張市-
丁田 ちょうだ
　ちょうだ-ちょう　愛知県名古屋市名東区-町
　ちょうだ-ちょう　愛知県半田市-町
　ちょうだ-ちょう　愛知県西尾市-町
丁保余原 よおろほよばら　広島県山県郡北広島町-
丁塚 ちょうづか　青森県三戸郡五戸町-

九

九十九 つくも
　つくも-ちょう　北海道士別市-町
九十九里 くじゅうくり
　くじゅうくり-まち　千葉県山武郡-町
九十根 くじゅうね　千葉県大網白里市-
九久平 くぎゅうだいら
　くぎゅうだいら-ちょう　愛知県豊田市-町
九戸 くのへ
　くのへ-ぐん　岩手県-郡
　くのへ-むら　岩手県九戸郡-村
九生滝 くりゅうだき　福島県石川郡平田村-
九石 さざらし　栃木県芳賀郡茂木町-
九尾 つづらお　奈良県吉野郡天川村-
九折 つづらおり　石川県河北郡津幡町-
九品 くほん
　くほん-ちょう　愛知県一宮市-町
九品寺 くほんじ
　くほんじ　和歌山県海南市-
　くほんじ　熊本県熊本市中央区-
九郎原 くろうばら・くろうばる
　くろうばら　島根県鹿足郡吉賀町-
　くろうばる　福岡県嘉麻市-
九重 くのう・ここのえ
　ここのえ　北海道苫前郡苫前町-
　ここのえ-ちょう　岐阜県岐阜市-町
　ここのえ-ちょう　愛知県名古屋市中川区-町
　くのう-ちょう　島根県安来市-町
　ここのえ-まち　大分県玖珠郡-町
九重野 くじゅうの　大分県竹田市-
九島 くしま　新潟県東蒲原郡阿賀町-
九軒 きゅうけん・くけん
　くけん　宮城県遠田郡涌谷町-
　きゅうけん-ちょう　京都府京都市上京区-町

6

2画（二）

九番　きゅうばん・くばん
　くばん-ちょう　福島県白河市-町
　くばん-ちょう　愛知県名古屋市港区-町
　きゅうばん-ちょう　岡山県笠岡市-町
九番丁　きゅうばんちょう・くばんちょう
　きゅうばんちょう　和歌山県和歌山市-
　くばんちょう　香川県丸亀市-
九間町東　くけんちょうひがし　大阪府堺市堺区-
九樹　くじゅう　高知県四万十市-
九頭　くず　高知県高岡郡日高村-
九蟠　くばん　岡山県岡山市東区-

二

二ツ井町上台　ふたついちうわだい　秋田県能代市-
二ツ井町上野　ふたついちうわの　秋田県能代市-
二ツ井町小槻木　ふたついまちこつきのき　秋田県能代市-
二ツ井町太田面　ふたついまちおおたもて　秋田県能代市-
二ツ井町飛根　ふたついまちとぶね　秋田県能代市-
二ツ井町塚台　ふたついまちつかのだい　秋田県能代市-
二ツ井町稗川原　ふたついまちひえかわはら　秋田県能代市-
二ツ井町稗柄　ふたついまちひえがら　秋田県能代市-
二ツ塚　ふたつか・ふたづか
　ふたつか　千葉県野田市-
　ふたつづか　富山県中新川郡立山町-
二乃岱　にのたい　北海道上磯郡木古内町-
二入　ふたいり　千葉県君津市-
二上　ふたがみ
　ふたがみ　富山県高岡市-
　ふたがみ-まち　富山県高岡市-町
　ふたがみ-ちょう　福井県福井市-町
二丈一貴山　にじょういきさん　福岡県糸島市-
二丈鹿家　にじょうしかか　福岡県糸島市-
二女子　ににょし
　ににょし-ちょう　愛知県名古屋市中川区-町
二井　ふたい　岡山県赤磐市-
二井田　にいだ
　にいだ　秋田県大館市-
　にいだ　秋田県湯沢市-
二井宿　にいじゅく　山形県東置賜郡高畠町-
二双子　にそうし　青森県黒石市-
二戸　にのへ
　にのへ-し　岩手県-市
　にのへ-ぐん　岩手県-郡
二方　ふたかた
　ふたかた-ちょう　愛知県名古屋市西区-町
二日　にの・ふつか
　ふつか-まち　青森県三戸郡三戸町-町
　ふつか-まち　岩手県紫波郡紫波町-町
　ふつか-まち　宮城県仙台市青葉区-町
　ふつか-まち　山形県上山市-町
　ふつか-まち　新潟県長岡市-町
　ふつか-まち　新潟県南魚沼市-町
　ふつか-まち　富山県南砺市-町
　にの-まち　熊本県人吉市-町
二木　ふたき
　ふたき　宮城県仙台市若林区-

　ふたき　宮城県岩沼市-
二木成　にぎなり　茨城県筑西市-
二木島　にぎしま
　にぎしま-ちょう　三重県熊野市-町
二田　ふつた
　ふつた-ちょう　大阪府泉大津市-町
二名　にみょう
　にみょう　奈良県奈良市-
　にみょう-ちょう　奈良県奈良市-町
　にみょう　愛媛県上浮穴郡久万高原町-
二名津　ふたなづ　愛媛県西宇和郡伊方町-
二池　ふたついけ
　ふたついけ-ちょう　愛知県高浜市-町
二色　にしき
　にしき　大阪府貝塚市-
　にしき　和歌山県東牟婁郡串本町-
二色根　にいろね　山形県南陽市-
二西　ふたにし　福岡県遠賀郡水巻町-
二串　にくし
　にくし-ちょう　大分県日田市-町
二尾　にお　京都府宇治市-
二条西洞院　にじょうにしのとういん
　にじょうにしのとういん-ちょう　京都府京都市中京区-町
二条油小路　にじょうあぶらのこうじ
　にじょうあぶらのこうじ-ちょう　京都府京都市中京区-町
二村台　ふたむらだい　愛知県豊明市-
二沢　にさわ　和歌山県有田郡有田川町-
二町　ふたまち
　ふたまち-ちょう　滋賀県守山市-町
二見町今一色　ふたみちょういまいしき　三重県伊勢市-
二里町八谷搦　にりちょうはちやがらみ　佐賀県伊万里市-
二和東　ふたわひがし　千葉県船橋市-
二所宮　にしょのみや　石川県羽咋郡志賀町-
二河　にこう
　にこう　和歌山県東牟婁郡那智勝浦町-
　にこう-ちょう　広島県呉市-町
二河原辺　にがらべ　大阪府南河内郡千早赤阪村-
二栄　ふたばえ　大分県佐伯市-
二海　ふたみ
　ふたみ-ぐん　北海道-郡
二津留　ふたづる　熊本県上益城郡山都町-
二神　にしん・ふたがみ
　にしん-ちょう　京都府京都市上京区-町
　ふたがみ　愛媛県松山市-
二重作　ふたえさく　茨城県鉾田市-
二重堀　ふたえぼり　愛知県小牧市-
二面　ふたおもて
　ふたおもて　福井県あわら市-
　ふたおもて　香川県小豆郡小豆島町-
二風谷　にぶたに　北海道沙流郡平取町-
二宮　にくう・にのみや
　にのみや　北海道勇払郡むかわ町-
　にのみや　北海道中川郡豊頃町-
　にのみや　千葉県船橋市-
　にのみや　東京都あきる野市-
　にのみや-まち　神奈川県中郡-町
　にのみや　神奈川県中郡二宮町-
　にくう　新潟県佐渡市-

7

2画（人, 入）

にのみや-まち　石川県金沢市-町
にのみや　石川県鹿島郡中能登町-
にのみや-ちょう　兵庫県神戸市中央区-町
にのみや　岡山県津山市-
二料　にりょう　大阪府高槻市-
二崎　ふたさき　福岡県京都郡苅田町-
二野　にの・ふたの
　にの　岐阜県可児市-
　ふたの-ちょう　愛知県名古屋市瑞穂区-町
二塚　ふたつか・ふたづか
　ふたつか　富山県高岡市-
　ふたつか　富山県滑川市-
　ふたづか　福岡県行橋市-
二森　ふたもり　福岡県小郡市-
二間塚　ふたまづか　千葉県富津市-
二勢　ふたせ
　ふたせ-まち　石川県輪島市-町
二睦　にぼく
　にぼく-まち　長野県須坂市-町
二藤袋　にとうぶくろ　山形県尾花沢市-
二瀬　ふたせ
　ふたせ-ちょう　愛知県名古屋市中村区-町
二瀬川　ふたせがわ　静岡県掛川市-
二瀬本　にせもと　熊本県上益城郡山都町-

人

人母　ひとぶ　富山県南砺市-
人里　へんぼり　東京都西多摩郡檜原村-
人面　ひとづら　新潟県長岡市-

入

入ケ谷　いりかや
　いりかや-ちょう　群馬県館林市-町
　いりかや　群馬県邑楽郡明和町-
入山　いりやま
　いりやま　群馬県吾妻郡中之条町-
　いりやま　長野県長野市-
入川　にゅうがわ　新潟県佐渡市-
入之波　しおのは　奈良県吉野郡川上村-
入内　にゅうない　青森県青森市-
入方　いりかた　岐阜県大垣市-
入水　いりみず　福岡県飯塚市-
入出　いりで　静岡県湖西市-
入四間　いりしけん
　いりしけん-ちょう　茨城県日立市-町
入生田　いりゅうだ
　いりゅうだ　山形県東置賜郡高畠町-
　いりゅうだ　神奈川県小田原市-
入田　にゅうた
　にゅうた　岡山県笠岡市-
　にゅうた　岡山県美作市-
　にゅうた-ちょう　徳島県徳島市-町
　にゅうた　高知県四万十市-
　にゅうた　大分県竹田市-
入田沢　いりたざわ　山形県米沢市-
入会　にゅうかい
　にゅうかい-ちょう　岐阜県各務原市-町
入会地　いりあいち・にゅうかいち
　いりあいち　千葉県香取市-
　にゅうかいち　富山県射水市-

入地　いりじ・いりち・いれじ
　いれじ-まち　茨城県龍ケ崎市-町
　いりじ　福岡県朝倉市-
　いりち-まち　熊本県宇土市-町
入江　いりえ
　いりえ-ちょう　北海道室蘭市-町
　いりえ-ちょう　北海道釧路市-町
　いりえ　北海道虻田郡洞爺湖町-
　いりえ-ちょう　福島県福島市-町
　いりえ　神奈川県横浜市神奈川区-
　いりえ　石川県金沢市-
　いりえ　静岡県静岡市清水区-
　いりえ　滋賀県米原市-
　いりえ　岡山県笠岡市-
　いりえ-ちょう　山口県下関市-町
入舟　いりふね
　いりふね-ちょう　北海道函館市-町
　いりふね　北海道釧路市-
　いりふね　北海道余市郡余市町-町
　いりふね-ちょう　栃木県栃木市-町
　いりふね-ちょう　岐阜県岐阜市-町
入佐　いりさ
　いりさ　熊本県上益城郡山都町-
　いりさ-ちょう　鹿児島県鹿児島市-町
入尾　いりお　福井県丹生郡越前町-
入来町浦之名　いりきちょううらのみょう　鹿児島県
　薩摩川内市-
入沢　いりさわ
　いりさわ　北海道二海郡八雲町-
　いりさわ　宮城県気仙沼市-
入谷　いりたに・いりや・にゅうだに
　いりや　宮城県本吉郡南三陸町-
　いりや　東京都台東区-
　いりや　東京都足立区-
　いりや-まち　東京都足立区-町
　いりや　神奈川県座間市-
　いりたに　富山県南砺市-
　いりたに-ちょう　福井県越前市-町
　にゅうだに　奈良県高市郡明日香村-
入明　いりあけ
　いりあけ-ちょう　高知県高知市-町
入河内　にゅうがうち　高知県安芸市-
入倉　にゅうぐら　山形県寒河江市-
入島　にゅうじま　静岡県静岡市葵区-
入釜　いりがま　石川県羽咋郡志賀町-
入船　いりふね・にゅうせん
　いりふね　北海道小樽市-
　いりふね-ちょう　北海道苫小牧市-町
　いりふね-ちょう　北海道古平郡古平町-町
　いりふね-ちょう　北海道浦河郡浦河町-町
　いりふね-ちょう　山形県酒田市-町
　いりふね　千葉県市川市-
　いりふね　千葉県浦安市-
　いりふね　東京都中央区-
　いりふね-ちょう　神奈川県秦野市-町
　いりふね-ちょう　新潟県新潟市中央区-町
　いりふね-ちょう　静岡県静岡市清水区-町
　いりふね　愛知県名古屋市港区-
　いりふね-ちょう　愛知県豊橋市-町
　いりふね-まち　愛知県碧南市-町
　にゅうせん-ちょう　鳥取県境港市-町

2画（八）

いりふね-ちょう　広島県福山市-町
いりふね-ちょう　山口県周南市-町
いりふね-ちょう　香川県坂出市-町
いりふね-まち　福岡県大牟田市-町
いりふね-まち　長崎県長崎市-町
入舸　いりか
　いりか-ちょう　北海道積丹郡積丹町-町
入郷　いりごう・にゅうごう
　いりごう　栃木県芳賀郡茂木町-
　にゅうごう　和歌山県伊都郡九度山町-
入部　いりぶ　神奈川県平塚市-
入野　いの・いりの・しおの・にゅうの
　いりの　茨城県桜川市-
　いりの　千葉県旭市-
　いりの　東京都あきる野市-
　いの　神奈川県平塚市-
　いりの-ちょう　静岡県浜松市西区-町
　いりの　兵庫県淡路市-
　しおの　奈良県吉野郡吉野町-
　にゅう　和歌山県日高郡日高川町-
　いりの　山口県岩国市-
　いりの　徳島県那賀郡那賀町-
　いりの　愛媛県上浮穴郡久万高原町-
　いりの　高知県幡多郡黒潮町-
　いりの　宮崎県東諸県郡国富町-
入野山　にゅうのやま　香川県東かがわ市-
入野中山台　にゅうのなかやまだい　広島県東広島市-
入鹿出新田　いるかでしんでん　愛知県小牧市-
入善　にゅうぜん
　にゅうぜん-まち　富山県下新川郡-町
入場　いりば
　いりば　愛知県名古屋市港区-
　いりば-ちょう　愛知県名古屋市港区-町
入菜野　いりあわの　栃木県鹿沼市-
入覚　にゅうがく　福岡県行橋市-
入間　いりま・いるま
　いりま　山形県西村山郡西川町-
　いるま-し　埼玉県-市
　いるま-ぐん　埼玉県-郡
　いりま-ちょう　東京都調布市-町
　いるま　静岡県賀茂郡南伊豆町-
入間川　いるまがわ　埼玉県狭山市-
入間田　いりまだ　宮城県柴田郡柴田町-
入塩川　いりしおがわ　新潟県長岡市-
入蔵　いりくら　大分県大分市-
入蔵新田　にゅうぐらしんでん　新潟県三条市-
入澤　いりさわ　長野県佐久市-
入膳　にゅうぜん　富山県下新川郡入善町-

八

八　はち・はっ・や
　はち-まち　福島県大沼郡金山町-町
　はっ-ちょう　茨城県結城郡八千代町-町
　はっ-ちょう　富山県富山市-町
　や-まち　福井県大野市-町
　はっ-ちょう　三重県津市-町
　はっ-ちょう　滋賀県犬上郡豊郷町-町
　はっ-ちょう　佐賀県杵島郡江北町-町
八ケ　はっか　富山県高岡市-
八ケ山　はっかやま　富山県富山市-

八ケ代　やかしろ　栃木県那須烏山市-
八ケ尻　はちがしり
　はちがしり-ちょう　愛知県西尾市-町
八ケ崎　はちがさき　千葉県松戸市-
八ケ崎緑　はちがさきみどり
　はちがさきみどり-ちょう　千葉県松戸市-町
八ノ谷　はちのたに　石川県河北郡津幡町-
八ノ窪　はちのくぼ
　はちのくぼ-ちょう　熊本県水俣市-町
八の久保　はちのくぼ
　はちのくぼ-ちょう　長崎県佐世保市-町
八丁畷　はっちょうなわて
　はっちょうなわて-ちょう　大阪府高槻市-町
　はっちょうなわて-まち　佐賀県佐賀市-町
八人　はちにん
　はちにん-まち　富山県富山市-町
八十士　やそし　北海道紋別市-
八十内　やそうち　福島県田村郡三春町-
八十歩　はちじゅうぶ　富山県砺波市-
八下　やしも
　やしも-ちょう　大阪府堺市東区-町
八上上　やかみかみ　兵庫県篠山市-
八万　はちまん
　はちまん-ちょう　徳島県徳島市-町
八万舘　はちまんだて　福島県二本松市-
八千代町土師　やちよちょうはじ　広島県安芸高田市-
八千数　はっせんず　高知県高岡郡四万十町-
八口　やつくち　富山県高岡市-
八口免　やくちめん　長崎県北松浦郡佐々町-
八女　やめ
　やめ-し　福岡県-市
　やめ-ぐん　福岡県-郡
八子新田　はちこしんでん　埼玉県吉川市-
八寸　はちす
　はちす-ちょう　群馬県伊勢崎市-町
八山田　やつやまだ　福島県郡山市-
八川　はちかわ・はちがわ・やかわ
　はちかわ　富山県富山市-
　はちがわ　奈良県葛城市-
　やかわ　島根県仁多郡奥出雲町-
　やかわ　高知県長岡郡大豊町-
八之尻　はちのしり　山梨県西八代郡市川三郷町-
八分字　はふじ
　はふじ-まち　熊本県熊本市南区-町
八太　はった
　はった-ちょう　三重県松阪市-町
八天　はってん
　はってん-まち　長崎県諫早市-町
八夫　やぶ　滋賀県野洲市-
八尺堂　はっしゃくどう　青森県上北郡七戸町-
八尺鏡野　やたがの　和歌山県東牟婁郡那智勝浦町-
八戸　はちのへ・やえ・やと
　はちのへ-し　青森県-市
　やえ　佐賀県佐賀市-
　やと　大分県津久見市-
八戸地　はとち　京都府舞鶴市-
八戸溝　やえみぞ　佐賀県佐賀市-
八手庭　はでにわ　宮城県亘理郡山元町-
八斗　はつと　千葉県長生郡白子町-

9

2画（八）

八斗沢　はっとざわ　青森県十和田市-
八斗島　やったじま
　やったじま-まち　群馬県伊勢崎市-町
八方谷　はっぽうや　福島県田村郡三春町-
八木　はちぼく・やぎ
　やぎ-ちょう　千葉県銚子市-町
　やぎ　千葉県佐倉市-
　やぎ　千葉県旭市-
　やぎ-ちょう　東京都八王子市-町
　やぎ-ちょう　滋賀県近江八幡市-町
　やぎ-まち　兵庫県姫路市-町
　やぎ-ちょう　奈良県橿原市-町
　やぎ　広島県広島市安佐南区-
　やぎ-ちょう　広島県広島市安佐南区-町
　はちぼく　熊本県上益城郡山都町-
八木町八木嶋　やぎちょうやぎのしま　京都府南丹市-
八木町氷所　やぎちょうひどころ　京都府南丹市-
八木町刑部　やぎちょうおさべ　京都府南丹市-
八木町屋賀　やぎちょうやが　京都府南丹市-
八代　やしろ・やつしろ
　やしろ-まち　青森県弘前市-町
　やしろ-まち　茨城県龍ケ崎市-町
　やつしろ　千葉県成田市-
　やしろ　岐阜県岐阜市-
　やしろ-ちょう　静岡県富士市-町
　やしろ-ちょう　愛知県名古屋市北区-町
　やしろ-ちょう　京都府綾部市-町
　やしろ　兵庫県姫路市-
　やしろ　兵庫県朝来市-
　やしろ　島根県仁多郡奥出雲町-
　やしろ　岡山県総社市-
　やしろ　山口県周南市-
　やしろ　愛媛県八幡浜市-
　やつしろ-し　熊本県-市
　やつしろ-ぐん　熊本県-郡
八代北俣　やつしろきたまた　宮崎県東諸県郡国富町-
八代町高家　やつしろちょうこうか　山梨県笛吹市-
八出　やいで　岡山県津山市-
八尻　はちじり
　はちじり-まち　福岡県大牟田市-町
八平　はちへい　佐賀県杵島郡白石町-
八広　やひろ　東京都墨田区-
八本松町篠　はちほんまつちょうささ　広島県東広島市-
八甲　はっこう　青森県黒石市-
八田　はた・はった・はつた
　はった　茨城県常陸大宮市-
　はった　茨城県筑西市-
　はった　新潟県胎内市-
　はった-まち　石川県金沢市-町
　はった-まち　石川県七尾市-町
　はった-まち　石川県白山市-町
　はった　福井県南条郡南越前町-
　はった　福井県丹生郡越前町-
　はった-ちょう　愛知県名古屋市中川区-町
　はった-ちょう　愛知県春日井市-町
　はった　三重県四日市市-
　はった　京都府舞鶴市-
　はった　京都府船井郡京丹波町-
　はった-ちょう　大阪府岸和田市-町
　はった-ちょう　奈良県五條市-町
　はった　奈良県磯城郡田原本町-
　はた　高知県吾川郡いの町-
　はった　福岡県福岡市東区-
八田大倉　はったおおくら　秋田県南秋田郡井川町-
八田寺　はんだいじ
　はんだいじ-ちょう　大阪府堺市中区-町
　はんだいじ-ちょう　大阪府堺市西区-町
八田西　はんだにし
　はんだにし-まち　大阪府堺市中区-町
八田沼　やたぬま　千葉県富津市-
八目　はちめ　滋賀県犬上郡豊郷町-
八石　はちこく
　はちこく-ちょう　福井県越前市-町
八石下　はっこくした　宮城県加美郡加美町-
八辺　やっぺ　千葉県匝瑳市-
八伏　はちぶせ　富山県小矢部市-
八光　はっこう
　はっこう-ちょう　愛知県春日井市-町
八多町附物　はたちょうつくもの　兵庫県神戸市北区-
八多喜　はたき
　はたき-ちょう　愛媛県大洲市-町
八江　やつえ
　やつえ-まち　福岡県大牟田市-町
八百刈　はっぴゃくがり　宮城県遠田郡涌谷町-
八百津　やおつ
　やおつ-ちょう　岐阜県加茂郡-町
　やおつ　岐阜県加茂郡八百津町-
八百島　はっぴゃくじま　愛知県名古屋市港区-
八百富　やおとみ
　やおとみ-ちょう　愛知県蒲郡市-町
八色　やいろ　千葉県鴨川市-
八色木　やいろぎ　山形県鶴岡市-
八色原　やいろはら　新潟県南魚沼市-
八作内　はっさくうち　福島県郡山市-
八坂　はっさか・はつさか・やさか
　やさか　北海道網走市-
　やさか-ちょう　福島県二本松市-町
　やさか-ちょう　群馬県伊勢崎市-町
　はっさか　山梨県南巨摩郡身延町-
　やさか　長野県大町市-
　やさか-ちょう　岐阜県岐阜市-町
　やさか-ちょう　静岡県静岡市清水区-町
　やさか　静岡県掛川市-
　はっさか-ちょう　滋賀県彦根市-町
　やさか-ちょう　大阪府寝屋川市-町
　やさか-ちょう　兵庫県西脇市-町
　はつさか　鳥取県鳥取市-
　やさか-ちょう　広島県三原市-町
　はっさか　広島県廿日市市-
　やさか-まち　香川県高松市-町
　やさか　福岡県小郡市-
　やさか-まち　長崎県諫早市-町
　やさか　大分県杵築市-
八声　やこえ　千葉県夷隅郡大多喜町-
八尾　やお
　やお-し　大阪府-市
　やお　奈良県磯城郡田原本町-
八尾木　やおぎ・よおぎ
　やおぎ　大阪府八尾市-
　よおぎ　大阪府八尾市-

2画（八）

八尾町八十島　やつおまちやとじま　富山県富山市-
八尾町上仁歩　やつおまちかみにんぶ　富山県富山市-
八尾町上野　やつおまちうわの　富山県富山市-
八尾町大玉生　やつおまちおおだもう　富山県富山市-
八尾町小長谷　やつおまちこながたに　富山県富山市-
八尾町正間　やつおまちまさま　富山県富山市-
八尾町田頭　やつおまちたのかしら　富山県富山市-
八尾町西原　やつおまちにしがはら　富山県富山市-
八尾町尾久　やつおまちおぎゅう　富山県富山市-
八尾町角間　やつおまちかくま　富山県富山市-
八尾町東坂下　やつおまちさこぎ　富山県富山市-
八尾町城生　やつおまちじょうのう　富山県富山市-
八尾町柚木　やつおまちゆのき　富山県富山市-
八尾町宮腰　やつおまちみやのこし　富山県富山市-
八尾町庵谷　やつおまちいおりだに　富山県富山市-
八尾町清水　やつおまちしょうず　富山県富山市-
八尾町道畑下中山　やつおまちどばたけしもなかやま
　富山県富山市-
八尾町滝脇　やつおまちたきのわき　富山県富山市-
八尾町鼠谷　やつおまちよめだに　富山県富山市-
八尾町翠尾　やつおまちみすお　富山県富山市-
八尾町薄尾　やつおまちすすきお　富山県富山市-
八床　やとこ
　やとこ-ちょう　愛知県瀬戸市-町
八条寺内　はちじょうてらのうち
　はちじょうてらのうち-ちょう　京都府京都市南区-町
八束町波入　やつかちょうはにゅう　島根県松江市-
八束穂　やつかほ
　やつかほ　石川県白山市-
　やつかほ　愛知県新城市-
八沢　はっさわ　神奈川県秦野市-
八甫　はっぽう　埼玉県久喜市-
八社　はっしゃ・やさ
　はっしゃ　愛知県名古屋市中村区-
　やさ　岡山県津山市-
八社宮　はさみ　兵庫県豊岡市-
八角　やすみ
　やすみ-まち　福島県会津若松市-町
八里台　やさとだい　石川県小松市-
八阪　やさか
　やさか-ちょう　大阪府岸和田市-町
八並　やつなみ　福岡県福津市-
八事　やごと
　やごと-ちょう　愛知県春日井市-町
八京　やきょう　高知県南国市-
八和　やつわ
　やつわ-まち　富山県小矢部市-町
八帖　はっちょう
　はっちょう-ちょう　愛知県岡崎市-町
八房　やぶさ　鹿児島県いちき串木野市-
八枝　やつえ　福岡県北九州市八幡西区-
八河谷　やこうだに　鳥取県八頭郡智頭町-
八迫　やさこ
　やさこ-く　大分県佐伯市-区
八金　やかね　鳥取県西伯郡南部町-
八保　やほ　兵庫県赤穂郡上郡町-
八前　はちまえ　愛知県名古屋市名東区-

八屋　はちや・やつや
　やつや　鳥取県倉吉市-
　はちや　福岡県豊前市-
八屋戸　はちやど　滋賀県大津市-
八神　ねりがみ・はかみ・やがみ
　やがみ-ちょう　愛知県名古屋市中川区-町
　はかみ　島根県飯石郡飯南町-
　ねりがみ　岡山県久米郡美咲町-
八草　やくさ
　やくさ　静岡県静岡市葵区-
　やくさ-ちょう　愛知県豊田市-町
八重　はえ・やえ
　やえ　鳥取県西伯郡大山町-
　はえ　宮崎県西都市-
八重練　やえねり　滋賀県犬上郡多賀町-
八倉　やくら
　やくら　愛媛県伊予市-
　やくら　愛媛県伊予郡砥部町-
八剣　やつるぎ
　やつるぎ　岐阜県羽島郡岐南町-
　やつるぎ　愛知県名古屋市守山区-
八家　やか・やつや
　やつや-ちょう　愛知県名古屋市中川区-町
　やか　兵庫県姫路市-
八島　やしま
　やしま-ちょう　福島県福島市-町
　やしま-ちょう　群馬県高崎市-町
　やしま-ちょう　岐阜県岐阜市-町
　やしま-ちょう　岐阜県大垣市-町
　やしま-ちょう　滋賀県長浜市-町
　やしま-ちょう　大阪府守口市-町
　やしま-ちょう　奈良県奈良市-町
　やしま-ちょう　島根県出雲市-町
　やしま　山口県熊毛郡上関町-
　やしま　福岡県糸島市-
　やしま　熊本県熊本市西区-
　やしま-まち　熊本県熊本市西区-町
　やしま-ちょう　沖縄県石垣市-町
八峰　はっぽう
　はっぽう-ちょう　秋田県山本郡-町
八栗平　はっくりたい　青森県上北郡七戸町-
八浜町波知　はちはまちょうはち　岡山県玉野市-
八畝　ようね　高知県長岡郡大豊町-
八竜神　はちりゅうじん　福島県白河市-
八竜新田　はちりゅうしんでん　新潟県南魚沼市-
八通　やとおり
　やとおり-ちょう　愛知県豊橋市-町
八郡　やこおり　長野県南佐久郡佐久穂町-
八劔　はちけん・やつるぎ
　はちけん-ちょう　愛知県名古屋市中川区-町
　やつるぎ-ちょう　愛知県岩倉市-町
八曽　はつそ　愛知県犬山市-
八菅山　はすげさん　神奈川県愛甲郡愛川町-
八野　はちの
　はちの　石川県かほく市-
　はちの-ちょう　三重県鈴鹿市-町
八釣　やつり　奈良県高市郡明日香村-
八鹿町九鹿　ようかちょうくろく　兵庫県養父市-
八鹿町上網場　ようかちょうかみなんば　兵庫県養
　父市-

11

八鹿町小山　ようかちょうこやま　兵庫県養父市-
八鹿町米里　ようかちょうめいり　兵庫県養父市-
八鹿町岩崎　ようかちょういわさき　兵庫県養父市-
八鹿町舞狂　ようかちょうぶきょう　兵庫県養父市-
八塚　やつづか
　やつづか　富山県南砺市-
　やつづか　富山県射水市-
八尋　やひろ　福岡県鞍手郡鞍手町-
八景　はっけい
　はっけい　青森県三戸郡五戸町-
　はっけい-ちょう　兵庫県三田市-町
　はっけい-まち　長崎県長崎市-町
八景水谷　はけのみや　熊本県熊本市北区-
八勝通　はっしょうとおり　愛知県名古屋市瑞穂区-
八森　はちもり　山形県山形市-
八森樋長　はちもりとよなが　秋田県山本郡八峰町-
八椚　やつくぬぎ
　やつくぬぎ-ちょう　栃木県足利市-町
八満　はちまん　長野県小諸市-
八筋　やすじ
　やすじ-ちょう　愛知県名古屋市西区-町
八筋川　やすじかわ
　やすじかわ　茨城県稲敷市-
　やすじかわ　千葉県香取市-
八街　やちまた
　やちまた-し　千葉県-市
　やちまた　千葉県八街市-
八飯　やい　福井県南条郡南越前町-
八楠　やぐす　静岡県焼津市-
八熊　やぐま　愛知県名古屋市中川区-
八箇　はっか　新潟県十日町市-
八総　やそう　福島県南会津郡南会津町-
八幡　はちまん・はつま・やはた・やわた
　はちまん-ちょう　北海道函館市-町
　やはた　北海道江別市-
　はちまん　北海道石狩市-
　はちまん-ちょう　北海道石狩市-町
　はちまん-ちょう　北海道瀬棚郡今金町-町
　やはた　北海道虻田郡倶知安町-
　やわた　青森県弘前市-
　はちまん-ちょう　青森県弘前市-町
　やわた　青森県八戸市-
　やわた　青森県三沢市-
　はちまん　青森県北津軽郡中泊町-
　はちまん-ちょう　岩手県盛岡市-町
　はちまん-ちょう　岩手県一関市-町
　はちまん-ちょう　岩手県下閉伊郡山田町-町
　はちまん　宮城県仙台市青葉区-
　はちまん-ちょう　宮城県石巻市-町
　はちまん-ちょう　宮城県白石市-町
　やわた　宮城県多賀城市-
　やわた　秋田県横手市-
　はちまん　秋田県大館市-
　やわた　秋田県湯沢市-
　やわた-まち　山形県寒河江市-町
　はちまん-まち　福島県須賀川市-町
　やはた　福島県耶麻郡猪苗代町-
　はちまん-ちょう　福島県西白河郡矢吹町-町
　はちまん-まち　福島県田村郡三春町-町
　はちまん-ちょう　茨城県ひたちなか市-町
　やわた　茨城県筑西市-
　やわた-ちょう　栃木県足利市-町
　やはた-ちょう　栃木県小山市-町
　やはた-まち　群馬県高崎市-町
　やはた-ちょう　群馬県伊勢崎市-町
　はちまん-ちょう　群馬県太田市-町
　はちまん-ちょう　埼玉県飯能市-町
　はちまん-ちょう　埼玉県草加市-町
　やはた　埼玉県坂戸市-
　はちまん　埼玉県比企郡川島町-
　やはた-ちょう　千葉県銚子市-町
　やわた　千葉県市川市-
　やわた　千葉県館山市-
　はちまん-ちょう　千葉県柏市-町
　やわた　千葉県君津市-
　やわた　千葉県富津市-
　はちまん-ちょう　東京都八王子市-町
　やはた-ちょう　東京都武蔵野市-町
　はちまん-ちょう　東京都府中市-町
　はちまん-ちょう　東京都東久留米市-町
　はちまん-ちょう　神奈川県横浜市南区-町
　やわた　神奈川県平塚市-
　はちまん-ちょう　新潟県三条市-町
　やわた　新潟県新発田市-
　やわた　新潟県加茂市-
　やはた　新潟県佐渡市-
　やわた-まち　新潟県佐渡市-町
　はちまん　新潟県南魚沼市-
　はちまん　新潟県胎内市-
　やはた　富山県富山市-
　はちまん　富山県南砺市-
　はちまん-まち　富山県射水市-町
　やはた　富山県下新川郡入善町-
　やわた-まち　石川県七尾市-町
　やわた　石川県小松市-
　やわた-まち　石川県小松市-町
　やわた　石川県白山市-
　やわた　石川県羽咋郡志賀町-
　やわた-ちょう　福井県福井市-町
　はちまん　福井県越前市-
　やわた-まち　長野県飯田市-町
　はちまん　長野県小諸市-町
　やわた　長野県佐久市-
　やわた　長野県千曲市-
　はちまん-ちょう　岐阜県岐阜市-町
　はちまん-まち　岐阜県高山市-町
　はちまん-ちょう　岐阜県中津川市-町
　はちまん-ちょう　岐阜県羽島郡笠松町-町
　やわた　岐阜県揖斐郡池田町-
　やはた　静岡県静岡市駿河区-
　はちまん-ちょう　静岡県浜松市中区-町
　やわた　静岡県浜松市浜北区-
　はちまん-ちょう　静岡県沼津市-町
　はちまん-ちょう　静岡県富士市-町
　やわた　静岡県藤枝市-
　はつま　静岡県伊豆市-
　やはた　静岡県駿東郡清水町-
　はちまん-ちょう　愛知県岡崎市-町
　はちまん　愛知県一宮市-
　はちまん-ちょう　愛知県瀬戸市-町

2画（八）

はちまん-ちょう　愛知県春日井市-町
やわた-ちょう　愛知県豊川市-町
はちまん-ちょう　愛知県刈谷市-町
はちまん-ちょう　愛知県豊田市-町
はちまん　愛知県新城市-
やわた　愛知県知多市-
はちまん-ちょう　愛知県高浜市-町
はちまん　愛知県海部郡蟹江町-
やはた-ちょう　三重県津市-町
はちまん-ちょう　三重県四日市市-町
はちまん-ちょう　三重県桑名市-町
やばた　三重県名張市-
やはた-ちょう　三重県伊賀市-町
はちまん-ちょう　滋賀県近江八幡市-町
はちまん-ちょう　京都府京都市上京区-町
やわた-ちょう　京都府京都市下京区-町
やわた-ちょう　京都府京都市伏見区-町
やわた-し　京都府-市
はちまん-ちょう　大阪府岸和田市-町
やはた-まち　大阪府高槻市-町
やはた-ちょう　兵庫県神戸市灘区-町
やはた-ちょう　奈良県磯城郡田原本町-町
やわた　鳥取県米子市-
はちまん-ちょう　鳥取県倉吉市-町
やわた　鳥取県東伯郡琴浦町-
やわた-ちょう　島根県松江市-町
やはた　岡山県岡山市中区-
やはた-ちょう　岡山県高梁市-町
やはた　広島県広島市佐伯区-
やはた-ちょう　広島県呉市-町
やはた　広島県安芸郡府中町-
はちまん-ちょう　香川県坂出市-町
やはた-ちょう　香川県観音寺市-町
はちまん　愛媛県新居浜市-
はちまん-ちょう　福岡県北九州市小倉南区-町
やはた-まち　佐賀県唐津市-町
やはた-まち　長崎県長崎市-町
はちまん-ちょう　長崎県佐世保市-町
やはた-まち　長崎県島原市-町
やはた　熊本県本渡市南区-
はちまん-ちょう　熊本県八代市-町
はちまん-ちょう　熊本県水俣市-町
はちまん-まち　熊本県天草市-町
やはた　熊本県葦北郡芦北町-
はちまん-ちょう　大分県中津市-町
やはた-まち　大分県日田市-町
はちまん-ちょう　宮崎県都城市-町

八幡が丘　やはたがおか　広島県広島市佐伯区-
八幡下　はちまんした　秋田県由利本荘市-
八幡三反長　やわたさんだおさ　京都府八幡市-
八幡女郎花　やわたおみなえし　京都府八幡市-
八幡小路　はちまんこうじ
　はちまんこうじ　福島県白河市-
　はちまんこうじ　佐賀県佐賀市-
八幡山　はちまんやま・やはたやま
　はちまんやま　福島県白河市-
　はちまんやま　福島県須賀川市-
　はちまんやま　東京都世田谷区-
　やはたやま　静岡県静岡市駿河区-
　はちまんやま　愛知県名古屋市天白区-
八幡中山　やわたなかやま
　やわたなかやま-ちょう　滋賀県長浜市-町

八幡双栗　やわたそぐり　京都府八幡市
八幡木　はちまんぎ　埼玉県川口市-
八幡丘　やはたおか　北海道富良野市-
八幡台　はちまんだい
　はちまんだい　茨城県つくば市-
　はちまんだい　茨城県北相馬郡利根町-
　はちまんだい　栃木県宇都宮市-
　はちまんだい　千葉県木更津市-
　はちまんだい　千葉県佐倉市-
　はちまんだい　神奈川県伊勢原市-
　はちまんだい　愛知県瀬戸市-
　はちまんだい　大阪府寝屋川市-
　はちまんだい　熊本県荒尾市-
八幡平　はちまんたい
　はちまんたい-し　岩手県-市
　はちまんたい　秋田県鹿角市-
八幡平谷　やわたびょうだに　京都府八幡-
八幡本通　やはたほんとおり　愛知県名古屋市中川区-
八幡田　はちまんだ・はちまんでん
　はちまんでん　埼玉県鴻巣市-
　はちまんだ-ちょう　新潟県十日町市-町
八幡石塚　やわたいしづか　千葉県市原市-
八幡吉野垣内　やわたよしのがいと　京都府八幡-
八幡安居塚　やわたあんごづか　京都府八幡市-
八幡西　やはたにし
　やはたにし-く　福岡県北九州市-区
八幡沢　やわたさわ　京都府八幡市-
八幡沢岱　はちまんざわたい　秋田県大館-
八幡町安久田　はちまんちょうあくだ　岐阜県郡上市-
八幡町初納　はちまんちょうしょのう　岐阜県郡上市-
八幡町宗佐　やはたちょうそうさ　兵庫県加古川市-
八幡町河鹿　はちまんちょうかじか　岐阜県郡上市-
八幡町垣内　やはたちょうかいち　広島県三原市-
八幡町洲河　はちまんちょうすごう　岐阜県郡上市-
八幡町美生　やはたちょうみのう　広島県三原市-
八幡町篝　やはたちょうかがり　広島県三原市-
八幡岱新田　はちまんたいしんでん　秋田県北秋田市-
八幡東　やはたひがし・やわたひがし
　やはたひがし-ちょう　滋賀県長浜市-町
　やはたひがし-まち　岡山県岡山市中区-町
　やはたひがし　広島県広島市佐伯区-
　やはたひがし-く　福岡県北九州市-区
八幡林　やはたばやし　青森県青森市-
八幡沓田　やわたくつでん　京都府八幡市-
八幡沼　はちまんぬま　秋田県南秋田郡八郎潟町-
八幡長田　やわたおさだ　京都府八幡市-
八幡長谷　やわたながたに　京都府八幡市-
八幡前　はちまんまえ　山形県山形市-
八幡垣内山　やわたかいとやま　京都府八幡市-
八幡城ノ内　やわたじょうのうち　京都府八幡市-
八幡屋　やはたや　大阪府大阪市港区-
八幡柿木垣内　やわたかきのきがいと　京都府八幡市-
八幡海岸通　やわたかいがんどおり　千葉県市原市-
八幡砂田　やわたさでん　京都府八幡市-
八幡神原　やわたかみはら　京都府八幡市-
八幡原　はちまんばら・やわたばら
　はちまんばら　山形県米沢市-
　やわたばら-まち　群馬県高崎市-町
　やわたばら　群馬県佐波郡玉村町-

2画（刀, 力, 十）

やわたばら　千葉県茂原市-
八幡座主　やわたざす　石川県羽咋郡志賀町-
八幡浦　やわたうら　千葉県市原市-
八幡浜　やわたはま
　やわたはま-し　愛媛県-市
八幡通　はちまんどおり・やはたどおり
　やはたどおり　大阪府堺市堺区-
　はちまんどおり　兵庫県神戸市中央区-
八幡馬場　やわたのばば・やわたばば
　やわたのばば　京都府八幡市-
　やわたのばば　山口県山口市-
八幡崎松枝　やわたさきまつえだ　青森県平川市-
八幡盛戸　やわたさかんど　京都府八幡市-
八幡菰池　やわたこもいけ　京都府八幡市-
八幡野　やわたの　静岡県伊東市-
八幡御幸谷　やわたごこうだに　京都府八幡市-
八幡森垣内　やわたもりがいと　京都府八幡市-
八幡新　やはたしん・やわたしん
　やはたしん-まち　新潟県佐渡市-町
　やはたしん-まち　富山県富山市-町
　やわたしん　愛知県知多市-
八幡新田　はちまんしんでん・やわたしんでん
　やわたしんでん　新潟県新発田市-
　はちまんしんでん　三重県員弁郡東員町-
八幡源氏垣外　やわたげんじがいと　京都府八幡市-
八幡館　はちまんだて　青森県南津軽郡大鰐町-
八槻　やつき　福島県東白川郡棚倉町-
八潮　やしお
　やしお-し　埼玉県-市
　やしお　埼玉県八潮市-
　やしお　東京都品川区-
八橋　やつはし・やばせ
　やばせ　秋田県秋田市-
　やつはし-ちょう　愛知県知立市-町
　やつはし　愛知県北設楽郡設楽町-
　やばせ　鳥取県東伯郡琴浦町-
八橋鯲沼　やばせどじょうぬま
　やばせどじょうぬま-まち　秋田県秋田市-町
八頭　やず
　やず-ぐん　鳥取県-郡
　やず-ちょう　鳥取県八頭郡-町
八龍　はちりゅう
　はちりゅう-ちょう　愛知県名古屋市北区-町
八講　はっこう　富山県射水市-
八鍬　やくわ　山形県寒河江市-
八瀬花尻　やせはなじり
　やせはなじり-ちょう　京都府京都市左京区-町

刀

刀出　かたなで　兵庫県姫路市-
刀利　とうり　富山県南砺市-
刀根　とね　福井県敦賀市-

力

力武　りきたけ　福岡県小郡市-
力長町神出　りきながちょうかみで　愛知県江南市-
力昼　りきびる　北海道苫前郡苫前町-

十

十九条　じゅうくじょう　岐阜県瑞穂市-

十九渕　つづらふち　和歌山県西牟婁郡白浜町-
十二所　じゅうにしょ・じゅうにそ
　じゅうにしょ　秋田県大館市-
　じゅうにそ　神奈川県鎌倉市-
　じゅうにしょ　兵庫県養父市-
十八女　さかり
　さかり-ちょう　徳島県阿南市-町
十八才甲　じゅうはつさいこう　山形県西村山郡大江町-
十八成浜　くぐなりはま　宮城県石巻市-
十三　じゅうさん・じゅうそう
　じゅうさん　青森県五所川原市-
　じゅうそう　福井県あわら市-
十三丘　とみおか　京都府福知山市-
十三東　じゅうそうひがし　大阪府大阪市淀川区-
十三間　じゅうさんげん
　じゅうさんげん-まち　石川県金沢市-町
十三間戸　じゅうさんまど
　じゅうさんまど　茨城県稲敷郡河内町-
　じゅうさんまど　千葉県香取郡神崎町-
十川　そがわ・とおかわ
　そがわ　新潟県村上市-
　とおかわ　高知県高岡郡四万十町-
十川東　そがわひがし
　そがわひがし-まち　香川県高松市-町
十六　じゅうろく・そろ
　じゅうろく-ちょう　岐阜県大垣市-町
　そろ-ちょう　愛知県名古屋市瑞穂区-町
十六所　じゅうろくせん　岐阜県関市-
十六面　じゅうろくせん　奈良県磯城郡田原本町-
十六島　うっぷるい
　うっぷるい-ちょう　島根県出雲市-町
十文字町梨木　じゅうもんじまちなしのき　秋田県横手市-
十文字町越前　じゅうもんじまちえつぜん　秋田県横手市-
十文野　ともんの
　ともんの-ちょう　長崎県佐世保市-町
十方　とおほう
　とおほう-ちょう　愛知県名古屋市西区-町
十日　とうか・とおか
　とうか-まち　山形県山形市-町
　とおか-まち　山形県新庄市-町
　とおか-まち　山形県上山市-町
　とおか-まち　山形県長井市-町
　とおか-まち　新潟県長岡市-町
　とおか-まち　新潟県魚沼市-町
十日市　とうかいち・とおかいち
　とおかいち　青森県八戸市-
　とおかいち　新潟県妙高市-
　とおかいち　新潟県刈羽郡刈羽村-
　とおかいち　富山県高岡市-
　とおかいち-ちょう　大阪府茨木市-町
　とうかいち-まち　広島県広島市中区-町
　とおかいち　広島県三次市-
十日市東　とうかいちひがし・とおかいちひがし
　とおかいちひがし-まち　岡山県岡山市北区-町
　とおかいちひがし　広島県三次市-
十日市場　とうかいちば・とおかいちば
　とおかいちば　千葉県木更津市-

3画（下）

とおかいちば-ちょう 神奈川県横浜市緑区-町
とおかいちば 山梨県都留市-
とうかいちば 山梨県南アルプス市-
十四日 とよひ
とよひ-ちょう 広島県尾道市-町
十市 とおいち・とおち
とおいち-ちょう 奈良県橿原市-町
とおち 高知県南国市-
十弗 とおふつ 北海道中川郡豊頃町-
十年明 じゅうねんみょう 富山県砺波市-
十余二 とよふた 千葉県柏市-
十役野 とやくの 青森県上北郡七戸町-
十志 じゅうし
じゅうし-ちょう 三重県四日市市-町
十花 じゅっか
じゅっか-まち 茨城県常総市-町
十谷 じっこく 山梨県南巨摩郡富士川町-
十足 とおたり 静岡県伊東市-
十和 じゅうわ 茨城県つくばみらい市-
十和川口 とおわかわぐち 高知県高岡郡四万十町-
十枝内 としない 青森県上北郡七戸町-
十洲崎 じっしゅうざき 秋田県能代市-
十津 とおず 高知県高知市-
十津川 とつかわ
とつかわ-むら 奈良県吉野郡-村
十神 とおがみ 福島県二本松市-
十面沢 とつらざわ 青森県弘前市-
十倉 とくら
とくら 千葉県富里市-
とくら 京都府舞鶴市-
とくら 兵庫県三田市-
十宮 とみや
とみや 三重県鈴鹿市-
とみや-ちょう 三重県鈴鹿市-町
十島 じゅうじま・とおしま・としま
じゅうじま 福島県南会津郡只見町-
とおしま 山梨県南巨摩郡南部町-
としま-むら 鹿児島県鹿児島郡-村
十塚 とづか
とづか-ちょう 愛知県豊田市-町
十間 じっけん
じっけん-まち 石川県金沢市-町
十間坂 じゅっけんざか 神奈川県茅ケ崎市-
十須 じゅうす 三重県北牟婁郡紀北町-
十腰内 とこしない 青森県弘前市-

◆◆◆◆◆ 3画 ◆◆◆◆◆

┌─────┐
│ 下 │
└─────┘

下 げの・した・しも
した-まち 岩手県八幡平市-町
しも-まち 岩手県岩手郡雫石町-町
しも-むら 岩手県下閉伊郡普代村-村
した-まち 福島県二本松市-町
しも-まち 茨城県龍ケ崎市-町
しも-ちょう 茨城県常陸大宮市-町
しも-ちょう 埼玉県さいたま市大宮区-町

しも-ちょう 神奈川県横浜市磯子区-町
しも-まち 新潟県妙高市-町
しも-まち 石川県七尾市-町
しも 福井県大飯郡高浜町-
しも 静岡県静岡市葵区-
しも-まち 愛知県西尾市-町
しも-むら 三重県三重郡菰野町-村
しも 奈良県桜井市-
げの-まち 和歌山県和歌山市-町
しも 岡山県岡山市中区-
しも-まち 岡山県高梁市-町
しも-まち 岡山県美作市-町
しも 山口県岩国市-
しも-まち 徳島県徳島市-町
しも 徳島県名東郡佐那河内村-
しも 福岡県宮若市-
した-まち 長崎県長崎市-町
しも 熊本県玉名市-
しも-まち 熊本県菊池郡大津町-町
しも-むら 熊本県球磨郡湯前町-村
下々条 しもげじょう
しもげじょう 新潟県長岡市-
しもげじょう-まち 新潟県長岡市-町
下ノ台 したのだい 福島県南会津郡檜枝岐村-
下ノ江 したのえ・しものごう
しものごう-まち 石川県能美市-町
したのえ 大分県臼杵市-
下の丁 したのちょう 長崎県島原市-
下の原 しものはる
しものはる-ちょう 長崎県佐世保市-町
下一日市 しもひといち 新潟県南魚沼市-
下一光 しもいかり
しもいかり-ちょう 福井県福井市-町
下一色 しもいしき
しもいしき-ちょう 愛知県愛西市-町
しもいしき-ちょう 滋賀県東近江市-町
下七見 しもななみ
しもななみ-ちょう 三重県松阪市-町
下丁 しもようろ 福井県大野市-
下二 しもふた 福岡県遠賀郡水巻町-
下二ケ しもにか 岡山県久米郡久米南町-
下八川十田 しもやかわとおだ 高知県吾川郡いの町-
下八田 しもやた
しもやた-ちょう 京都府綾部市-町
下八釣 しもやつり
しもやつり-ちょう 奈良県橿原市-町
下八幡 しもやはた 大分県大分市-
下八瀬 しもやつせ 宮城県気仙沼市-
下三林 しもみばやし
しもみばやし-ちょう 群馬県館林市-町
下三栖 しもみす 和歌山県田辺市-
下三緒 しもみお 福岡県飯塚市-
下上 しもかみ 山口県周南市-
下上津役 しもこうじゃく 福岡県北九州市八幡西区-
下上野 しもうわの 富山県下新川郡入善町-
下万能 しもまんのう 福岡県磐田市-
下久家 しもひさげ 愛媛県南宇和郡愛南町-
下久堅南原 しもひさかたみなばら 長野県飯田市-
下土方 しもひじかた 静岡県掛川市-
下土狩 しもとがり 静岡県駿東郡長泉町-

15

3画（下）

下土師　しもはじ　茨城県東茨城郡茨城町-
下大谷内　しもおおやち　新潟県新潟市北区-
下大渡野　しもおおわたの
　　しもおおわたの-まち　長崎県諫早市-
下大蒲原　しもおおかんばら　新潟県五泉市-
下大樽　しもおおぐれ　岐阜県安八郡輪之内町-
下大樽新田　しもおおぐれしんでん　岐阜県安八郡輪
　　之内町-
下大槻街　しもおおつきこうじ　岩手県一関市-
下大樹　しもたいき　北海道広尾郡大樹町-
下大類　しもおおるい
　　しもおおるい-まち　群馬県高崎市-町
下小口　しもおぐち　愛知県丹羽郡大口町-
下小山田　しもおやまだ
　　しもおやまだ　福島県須賀川市-
　　しもおやまだ-まち　東京都町田市-町
下小田中　しもおだなか・しもこだなか
　　しもこだなか　神奈川県川崎市中原区-
　　しもおだなか-まち　静岡県焼津市-町
下小目　しもおめ　茨城県つくばみらい市-
下小坂　しもおさか
　　しもおさか　群馬県甘楽郡下仁田町-
　　しもおさか　埼玉県川越市-
下小河原　しもこがわら
　　しもこがわら-ちょう　山梨県甲府市-町
下小南川　しもみながわ　高知県土佐郡大川村-
下小倉　しもこぐら
　　しもこぐら-ちょう　栃木県宇都宮市-町
下小鹿野　しもおがの　埼玉県秩父郡小鹿野町-
下小塙　しもこばな
　　しもこばな　福島県双葉郡楢葉町-
　　しもこばな-まち　群馬県高崎市-町
下小路　したこうじ・しもこうじ
　　したこうじ　宮城県亘理郡亘理町-
　　したこうじ-ちょう　静岡県沼津市-町
下小鯖　しもおさば　山口県山口市-
下山　したやま・しもやま・にざやま
　　しもやま　青森県上北郡東北町-
　　しもやま　山形県西置賜郡白鷹町-
　　しもやま　福島県会津郡南会津町-
　　しもやま-ちょう　茨城県古河市-町
　　したやま　新潟県新潟市東区-
　　しもやま　新潟県新潟市西蒲区-
　　しもやま　新潟県長岡市-
　　にざやま　富山県下新川郡入善町-
　　しもやま-まち　石川県輪島市-町
　　しもやま　福井県大野市-
　　しもやま　山梨県南巨摩郡身延町-
　　しもやま-ちょう　愛知県名古屋市瑞穂区-町
　　しもやま　愛知県長久手市-
　　しもやま　京都府船井郡京丹波町-
　　しもやま　岡山県美作市-
　　しもやま　高知県安芸市-
　　しもやま　熊本県上益城郡山都町-
下山谷　しもやまだに・しもやまや
　　しもやまや　秋田県湯沢市-
　　しもやまだに　佐賀県西松浦郡有田町-
下山門　しもやまと　福岡県福岡市西区-
下山門野　しもやまどの　鹿児島県出水郡長島町-

下山家　しもやんべ
　　しもやんべ-まち　山形県山形市-町
下山新　にざやましん　富山県下新川郡朝日町-
下川　したがわ・しもかわ・しもがわ
　　しもかわ-ちょう　北海道石狩郡当別町-町
　　しもかわ-ちょう　北海道上川郡上川町-
　　しもがわ　山形県鶴岡市-
　　しもかわ-まち　群馬県前橋市-町
　　したがわ　愛知県新城市-
　　しもかわ-ちょう　愛媛県四国中央市-町
　　しもかわ　高知県土佐郡土佐町-
下川原　したかわら・しもかわはら・しもかわら・しもが
　　わら
　　しもかわら　青森県上北郡横浜町-
　　しもかわら　宮城県加美郡加美町-
　　したかわら　秋田県大館市-
　　しもかわら　秋田県南秋田郡八郎潟町-
　　しもかわら　山形県東根市-
　　しもかわら　福島県喜多方市-
　　しもかわら　福島県伊達市-
　　しもがわら　福島県大沼郡会津美里町-
　　しもがわら　埼玉県入間郡毛呂山町-
　　しもかわら-ちょう　新潟県十日町市-町
　　しもかわはら　静岡県静岡市駿河区-
　　しもがわら　愛知県長久手市-
　　しもがわら　三重県伊賀市-
下川原中島　しもかわはらなかじま　秋田県由利本
　　荘市-
下川原甲　しもかわらこう　福島県大沼郡会津美里町-
下川原南　しもかわはらみなみ　静岡県静岡市駿河区-
下中条　しもちゅうじょう・しもなかじょう
　　しもちゅうじょう　埼玉県行田市-
　　しもなかじょう　富山県砺波市-
　　しもちゅうじょう-ちょう　大阪府茨木市-町
下丹生　しもにゅう
　　しもにゅう　群馬県富岡市-
　　しもにゅう　滋賀県米原市-
下丹生谷　しもにゅうや　和歌山県紀の川市-
下仁手　しもにつて　埼玉県本庄市-
下内崎　げないざき　秋田県能代市-
下内橋　げないばし　千葉県木更津市-
下切　したぎり・しもぎり
　　しもぎり-まち　岐阜県高山市-町
　　しもぎり-ちょう　岐阜県各務原市-町
　　しもぎり　岐阜県可児市-
　　しもぎり-ちょう　愛知県津島市-町
　　しもぎり-ちょう　愛知県豊田市-町
　　したぎり　高知県土佐郡大川村-
　　したぎり　高知県幡多郡三原村-
　　したぎり　熊本県阿蘇郡南阿蘇町-
下分　しもぶん
　　しもぶん　徳島県名西郡神山町-
　　しもぶん　高知県高岡郡日高村-
下双嶺　しもぞうれい　富山県富山市-
下友生　しもともの　三重県伊賀市-
下天下　しもてが
　　しもてが-ちょう　福井県福井市-町
下戸　さげと　京都府福知山市-
下戸山　しもどやま　滋賀県栗東市-
下戸次　しもへつぎ　大分県大分市-
下戸祭　しもとまつり　栃木県宇都宮市-

3画（下）

下戸越　しもとごえ
　　しもとごえ-まち　熊本県人吉市-町
下手計　しもてばか　埼玉県深谷市-
下手綱　しもてづな　茨城県高萩市-
下文狭　しもふばさみ　栃木県下野市-
下斗米　しもどまい　岩手県二戸市-
下斗満　しもとまむ　北海道足寄郡陸別町-
下方　したかた・しもかた・しもがた
　　したかた　千葉県成田市-
　　しもがた　新潟県柏崎市-
　　しもがた　岐阜県揖斐郡大野町-
　　しもかた-ちょう　愛知県名古屋市千種区-町
　　しもがた　岡山県真庭市-
　　しもかた　宮崎県日南市-
下日出谷　しもひでや　埼玉県桶川市-
下日向　しもひなた　栃木県鹿沼市-
下木屋　しもごや　山口県山陽小野田市-
下欠　しもかけ
　　しもかけ-まち　栃木県宇都宮市-町
下氏家　しもうずえ
　　しもうずえ-ちょう　福井県鯖江市-町
下水内　しもみのち
　　しもみのち-ぐん　長野県-郡
下水流　しもずる
　　しもずる-ちょう　宮崎県都城市-町
下代継　しもよつぎ　東京都あきる野市-
下出　しもいで・しもで
　　しもいで　新潟県糸魚川市-
　　しもで　富山県南砺市-
　　しもいで　大阪府阪南市-
下出浦　しもいずな　新潟県南魚沼市-
下出部　しもいずえ
　　しもいずえ-ちょう　岡山県井原市-町
下加茂　したかも・しもがも
　　しもがも　兵庫県洲本市-
　　したかも　兵庫県川西市-
　　しもがも　岡山県加賀郡吉備中央町-
下北手寒川　しもきたてさむかわ　秋田県秋田市-
下北迫　しもきたば　福島県双葉郡広野町-
下古川布　しもふるかわしき　秋田県能代市-
下古内　しもふるうち　茨城県東茨城郡城里町-
下古沢　しもこさわ・しもふるさわ
　　しもふるさわ　神奈川県厚木市-
　　しもこさわ　和歌山県伊都郡九度山町-
下古城　しもふるしろ
　　しもふるしろ　静岡県駿東郡小山町-
　　しもふるしろ-ちょう　京都府京都市中京区-町
下司　くだし・げし
　　げし-ちょう　福井県鯖江市-町
　　くだし　兵庫県淡路市-
下四目　しもしめ
　　しもしめ-ちょう　福井県越前市-町
下左草　しもさそう　岩手県和賀郡西和賀町-
下布田　しもふだ　千葉県山武市-
下平良　しもへら　広島県廿日市市-
下平新田　しただいらしんでん　新潟県十日町市-
下打波　しもうちなみ　福井県大野市-
下正路　しもしょうじ　大分県中津市-
下氷鉋　しもひがの　長野県長野市-

下玉里　しもたまり　茨城県小美玉市-
下生出塚　しもおいねづか　埼玉県鴻巣市-
下甲　しもぎ　鳥取県西伯郡大山町-
下田　げだ・しただ・しもた・しもだ・みさだ
　　しもだ　岩手県盛岡市-
　　しもだ　山形県山形市-
　　しもだ-まち　山形県新庄市-町
　　しもだ　茨城県下妻市-
　　しただ　茨城県潮来市-
　　しもた-まち　栃木県鹿沼市-町
　　しもだ-ちょう　千葉県千葉市若葉区-町
　　しもだ　東京都日野市-
　　しもだ-ちょう　神奈川県横浜市港北区-町
　　しもだ　新潟県魚沼市-
　　げだ　富山県中新川郡上市町-
　　みさだ　富山県中新川郡立山町-
　　しもた　福井県小浜市-
　　しもだ-し　静岡県-市
　　しもだ　愛知県一宮市-
　　しもだ　愛知県長久手市-
　　しもだ　愛知県知多郡武豊町-
　　しもだ　愛知県北設楽郡東栄町-
　　しもだ　滋賀県湖南市-
　　しもだ-ちょう　大阪府堺市西区-町
　　しもだ　大阪府豊能郡能勢町-
　　しもだ　兵庫県淡路市-
　　しもだ　奈良県香芝市-
　　しもだ　和歌山県新宮市-
　　しもだ　高知県四万十市-
　　しもだ-まち　佐賀県佐賀市-町
　　しもた-ちょう　鹿児島県鹿児島市-町
下田万　しもたま　山口県萩市-
下田子　しもたこ　富山県氷見市-
下田辺　しもたぬい　三重県度会郡玉城町-
下田邑　しもたのむら　岡山県津山市-
下田原　しもたはら・しもたわら・しもたんばら
　　しもたわら-ちょう　栃木県宇都宮市-町
　　しもたわら　石川県白山市-
　　しもたんばら　山梨県南巨摩郡身延町-
　　しもたわら　大阪府四條畷市-
　　しもたはら　和歌山県日高郡日高川町-
下田部　しもたなべ
　　しもたなべ-ちょう　大阪府高槻市-町
下白山　しもはくさん
　　しもはくさん-ちょう　京都府京都市中京区-町
下白水　しもしろうず　福岡県春日市-
下石　おろし・さがりし・しもいし
　　さがりし　石川県羽咋郡宝達志水町-
　　おろし-ちょう　岐阜県土岐市-町
　　しもいし　広島県山県郡北広島町-
下石見　しもいわみ　鳥取県日野郡日南町-
下石阿庄　おろしあしょう
　　おろしあしょう-ちょう　岐阜県土岐市-町
下石神井　しもしゃくじい　東京都練馬区-
下石陶史台　おろしとうしだい　岐阜県土岐市-
下辺沢　しもへんざわ　福島県耶麻郡猪苗代町-
下辺見　しもへみ　茨城県古河市-
下伏　げぶせ　富山県富山市-
下伏間江　しもふすまえ　富山県高岡市-
下先出　しもせんでん　石川県能美郡川北町-

3画（下）

下印食　しもいんじき　岐阜県羽島郡岐南町-
下吉沢　しもきちさわ　神奈川県平塚市-
下吉妻　しもきつま　埼玉県春日部市-
下名　しもみょう　鹿児島県姶良市-
下名生　しものみょう　宮城県柴田郡柴田町-
下名連石　しもなれいし　熊本県上益城郡山都町-
下地　しもじ
　　しもじ-ちょう　愛知県豊橋市-町
　　しもじ　京都府福知山市-
下地ケ沢　げちがさわ　秋田県由利本荘市-
下地来間　しもじくりま　沖縄県宮古島市-
下圷　しもあくつ　茨城県東茨城郡城里町-
下安曇　しもあずま　鳥取県米子市-
下寺　したでら・しもでら
　　しもでら-ちょう　滋賀県草津市-町
　　したでら-まち　大阪府大阪市天王寺区-町
　　しもでら　大阪府大阪市浪速区-
　　しもでら-まち　兵庫県姫路市-町
下庄　しもしょう・しものしょう
　　しものしょう-ちょう　三重県亀山市-町
　　しもしょう　岡山県倉敷市-
　　しもしょう-まち　岡山県美作市-町
　　しものしょう　徳島県板野郡板野町-
　　しもしょう　大分県宇佐市-
下当間　しもどうま　静岡県藤枝市-
下早川田　しもさがわだ
　　しもさがわだ-ちょう　群馬県館林市-町
下有木　しもあるき　福岡県宮若市-
下有住　しもありす　岩手県気仙郡住田町-
下有芸　しもうげい　岩手県下閉伊郡岩泉町-
下有知　しもうち　岐阜県関市-
下有福　しもありふく
　　しもありふく-ちょう　島根県浜田市-町
下江釣子　しもえづりこ　岩手県北上市-
下江鳶　しもえとんび　北海道斜里郡清里町-
下百々　しもどうどう　新潟県上越市-
下米内　しもよない　岩手県盛岡市-
下米田町小山　しもよねだちょうこやま　岐阜県美濃
　　加茂市
下米積　しもよなづみ　鳥取県倉吉市-
下羽生　しもはにゅう　埼玉県羽生市-
下羽角　しもはすみ
　　しもはすみ-ちょう　愛知県西尾市-町
下羽津　しもはねづ　新潟県新発田市-
下衣文　しもそぶみ
　　しもそぶみ-ちょう　愛知県岡崎市-町
下西条　しもにしじょう　長野県塩尻市-
下似内　しもにたない　岩手県花巻市-
下余田　しもようでん　宮城県名取市-
下児木　しもちごのき　新潟県燕市-
下別府　しもべっぷ・しもべふ
　　しもべっぷ　茨城県つくば市-
　　しもべふ　福岡県築上郡築上町-
下利員　しもとしかず
　　しもとしかず-ちょう　茨城県常陸太田市-町
下呂　げろ
　　げろ-し　岐阜県-市
下坂　おりさか・しもさか
　　しもさか　青森県上北郡野辺地町-

しもさか-まち　新潟県新発田市-町
　　しもさか-ちょう　愛知県名古屋市瑞穂区-町
　　おりさか　鳥取県八頭郡八頭町-
下志段味　しもしだみ　愛知県名古屋市守山区-
下志筑　しもしづく　茨城県かすみがうら市-
下忍　しもおし
　　しもおし　埼玉県行田市-
　　しもおし　埼玉県鴻巣市-
下条　げじょう・しもじょう
　　しもじょう-まち　山形県山形市-町
　　げじょう-まち　新潟県長岡市-町
　　げじょう　新潟県加茂市-
　　げじょう　新潟県十日町市-
　　しもじょう　新潟県五泉市-
　　げじょう　新潟県阿賀野市-
　　げじょう-ちょう　新潟県阿賀野市-町
　　げじょう　富山県射水市-
　　しもじょう　静岡県富士宮市-
　　げじょう-ちょう　愛知県春日井市-町
　　げじょう-ちょう　大阪府泉大津市-町
　　しもじょう　山口県宇部市-
下来住　しもきし
　　しもきし-ちょう　兵庫県小野市-町
下来島　しもきじま　島根県飯石郡飯南町-
下沖　したおき・しもおき
　　しもおき-まち　群馬県前橋市-町
　　したおき-ちょう　岐阜県瑞浪市-町
下町歩　しもちょうぶ　茨城県稲敷郡河内町-
下芥田　しもげた
　　しもげた-ちょう　兵庫県加西市-町
下見　したみ・しもみ・しもみる
　　しもみる-まち　青森県上北郡七戸町-町
　　しもみ　岡山県真庭市-
　　したみ　福岡県筑紫野市-
下見谷　しもみだに　京都府舞鶴市-
下谷　くだたに・したたに・したや・しもだに・しもや
　　したたに　福島県耶麻郡西会津町-
　　しもや　埼玉県加須市-
　　しもや　埼玉県鴻巣市-
　　しもや　千葉県東金市-
　　したや　東京都台東区-
　　しもや　神奈川県伊勢原市-
　　しもだに-まち　石川県金沢市-町
　　しもや　山梨県都留市-
　　しもだに　鳥取県東伯郡三朝町-
　　しもだに-ちょう　岡山県高梁市-町
　　しもだに　岡山県久米郡美咲町-
　　くだたに　山口県下松市-
下谷ケ貫　しもやがぬき　埼玉県入間市-
下谷本　しもやもと
　　しもやもと-ちょう　神奈川県横浜市青葉区-町
下赤工　しもあかだくみ　埼玉県飯能市-
下車力　したしゃりき
　　したしゃりき-ちょう　青森県つがる市-町
下里　さがり・しもさと・しもざと
　　しもさと　埼玉県比企郡小川町-
　　しもさと　東京都東久留米市-
　　さがり　新潟県阿賀野市-
　　しもざと-ちょう　滋賀県東近江市-町
　　しもざと-ちょう　大阪府河内長野市-町
　　しもさと　兵庫県三田市-

18

3画（下）

しもさと　和歌山県東牟婁郡那智勝浦町-
しもさと　熊本県球磨郡湯前町-
下依知　しもえち　神奈川県厚木市-
下到津　しもいとうづ　福岡県北九州市小倉北区-
下味原　しもあじはら
　しもあじはら-ちょう　大阪府大阪市天王寺区-町
下味野　しもあじの　鳥取県鳥取市-
下皆部　しもあざえ　岡山県真庭市-
下国谷　しもくにや
　しもくにや-ちょう　愛知県豊田市-町
下奈良出垣内　しもならでがいと　京都府八幡市-
下奈良竹垣内　しもならたけがいと　京都府八幡市-
下奈良蜻蛉尻　しもならとんぼじり　京都府八幡市-
下宝沢　しもほうざわ　山形県山形市-
下居　おりい　奈良県桜井市-
下居辺　しもおりべ　北海道河東郡士幌町-
下府　しもこう・しものふ
　しもこう-ちょう　島根県浜田市-町
　しものふ　福岡県糟屋郡新宮町-
下延生　しものぶ　栃木県芳賀郡芳賀町-
下押垂　しもおしだり　埼玉県東松山市-
下拍子　したびょうし　福島県伊達郡川俣町-
下明堂　しもあけどう　青森県上北郡おいらせ町-
下松　くだまつ・しもまつ
　しもまつ-ちょう　大阪府岸和田市-町
　くだまつ-し　山口県-市
　しもまつ-ちょう　鹿児島県枕崎市-町
下林　げばやし・しもばやし
　しもばやし　茨城県石岡市-
　しもばやし　石川県野々市-
　しもばやし-まち　岐阜県高山市-
　しもばやし-ちょう　愛知県豊田市-町
　しもばやし　岡山県総社市-
　しもばやし　愛媛県東温市-
　げばやし　福岡県大川市-
　しもばやし-まち　熊本県人吉市-町
下武子　しもたけし
　しもたけし-まち　栃木県鹿沼市-町
下武石　しもたけし　長野県上田市-
下武射田　しもむざた　千葉県東金市-
下河内　しもかわち・しもごうち
　しもかわち　大阪府南河内郡河南町-
　しもごうち　岡山県真庭市-
　しもかわち　福岡県豊前市-
下河戸　しもこうど　栃木県さくら市-
下河和　しもこうわ　岐阜県美濃市-
下河東　しもかとう　山梨県中央市-
下河原　しもかわはる・しもかわら・しもがわら
　しもがわら　山形県寒河江市-
　しもがわら　栃木県宇都宮市-
　しもがわら-まち　栃木県宇都宮市-町
　しもがわら　福井県丹生郡越前町-
　しもがわら-ちょう　山梨県甲府市-町
　しもがわら-ちょう　静岡県沼津市-町
　しもがわら　愛知県清須市-
　しもかわら-ちょう　京都府京都市東山区-町
　しもかわら　兵庫県丹波市-
　しもかわは　熊本県菊池市-
下河原通　しもがわらどおり　兵庫県神戸市灘区-

下沼　しもぬま
　しもぬま　北海道天塩郡幌延町-
　しもぬま-ちょう　愛知県一宮市-町
　しもぬま　愛知県犬山市-
下沼新田　しためましんでん　新潟県長岡市-
下波　したば　愛媛県宇和島市-
下波田　しもはだ
　しもはだ-ちょう　島根県益田市-町
下油掛　しもあぶらかけ
　しもあぶらかけ-ちょう　京都府京都市伏見区-町
下物　おろしも
　おろしも-ちょう　滋賀県草津市-
下牧　しもまき・しももく
　しももく　群馬県利根郡みなかみ町-
　しもまき-まち　石川県小松市-町
　しもまき　奈良県北葛城郡上牧町-
　しもまき　岡山県岡山市北区-
下狛　しもこま　京都府相楽郡精華町-
下芽武　しもめむ　北海道広尾郡大樹町-
下若生子　しもわかご　福井県大野市-
下長田　しもながた　栃木県下野市-
下長谷　しもながたに　高知県幡多郡三原村-
下門　したもん　愛知県知多郡武豊町-
下門尾　しもかどお　鳥取県八頭郡八頭町-
下門前　しももんぜん　新潟県上越市-
下雨ケ谷　しもあまがい　茨城県東茨城郡茨城町-
下青鳥　しもおおどり　埼玉県東松山市-
下前　したまえ・しももえ
　したまえ　岩手県和賀郡西和賀町-
　しももえ　埼玉県戸田市-
下南畑　しもなんばた　埼玉県富士見市-
下南部　しもなべ　熊本県熊本市東区-
下南摩　しもなんま
　しもなんま-まち　栃木県鹿沼市-町
下垣内　しもがいと　奈良県生駒郡平群町-
下城　したじょう・しもじょう・しもじろ
　しもじょう　新潟県新発田市-
　しもじょう　熊本県阿蘇郡小国町-
　したじょう　熊本県球磨郡湯前町-
　しもじょう　大分県佐伯市-
　しもじろ　鹿児島県大島郡知名町-
下後亟　しもごぜ　富山県小矢部市-
下柚木　しもゆぎ　東京都八王子市-
下段　しただん・しもだん
　しただん　富山県中新川郡立山町-
　しもだん　鳥取県鳥取市-
下浅津　しもあそづ　鳥取県東伯郡湯梨浜町-
下津　おりつ・おりづ・しもつ・しもづ
　おりつ　茨城県鹿嶋市-
　しもづ　群馬県利根郡みなかみ町-
　しもつ-ちょう　愛知県春日井市-町
　おりづ-ちょう　愛知県稲沢市-町
　おりづ-ちょう　愛知県清須市-町
下津土山　おりづどやま
　おりづどやま-ちょう　愛知県稲沢市-町
下津古久　しもつこく　神奈川県厚木市-
下津町丁　しもつちょうよろ　和歌山県海南市-
下津町百垣内　しもつちょうももがいと　和歌山県海
　南市-

19

3画（下）

下津町青枝　しもつちょうあおし　和歌山県海南市-
下津町鰈川　しもつちょうかれがわ　和歌山県海南市-
下津油田　おりづあぶらでん
　　おりづあぶらでん-ちょう　愛知県稲沢市-町
下津長田　おりづながた
　　おりづながた-ちょう　愛知県稲沢市-町
下津原　しもつはら・しもつわら
　　しもつはら　茨城県久慈郡大子町-
　　しもつわら　熊本県玉名郡和水町-
下津蛇池　おりづじゃいけ
　　おりづじゃいけ-ちょう　愛知県稲沢市-町
下津黒　しもつぐろ　鳥取県八頭郡八頭町-
下津熊　しもづくま　福岡県行橋市-
下狢　しもむじな　埼玉県比企郡川島町-
下砂井　しもいさごい　茨城県猿島郡境町-
下神　しもつわ　鳥取県東伯郡北栄町-
下神内川　しもかのがわ　山梨県山梨市-
下神戸　しもかんべ　三重県伊賀市-
下神主　しもこうぬし　栃木県河内郡上三川町-
下神田　しもかみだ
　　しもかみだ-ちょう　大阪府寝屋川市-町
下神増　しもかんぞ　静岡県磐田市-
下祖母石　しもうばいし　山梨県韮崎市-
下荒河　しもあらが　京都府福知山市-
下草谷　しもくさだに　兵庫県加古郡稲美町-
下草柳　しもそうやぎ　神奈川県大和市-
下茶屋　しもちゃや・しものちゃや
　　しもちゃや-まち　岐阜県岐阜市-町
　　しものちゃや　奈良県御所市-
下音更　しもおとふけ　北海道河東郡音更町-
下倉　したくら・したぐら
　　したくら　新潟県糸魚川市-
　　したぐら　新潟県魚沼市-
　　したぐら　岡山県総社市-
下原　しもはら・しもばら・しもばる
　　しもはら　宮城県加美郡加美町-
　　しもはら　茨城県つくば市-
　　しもはら　千葉県いすみ市-
　　しもはら　新潟県南魚沼市-
　　しもはら-ちょう　愛知県春日井市-町
　　しもはら　愛知県知多郡武豊町-
　　しもはら-ちょう　京都府綾部市-町
　　しもはら　岡山県総社市-
　　しもばら　岡山県苫田郡鏡野町-
　　しもはら-まち　福岡県北九州市若松区-町
　　しもばる　福岡県福岡市東区-
　　しもばる　福岡県京都郡みやこ町-
　　しもはら　大分県大分市-
　　しもはら-ちょう　宮崎県宮崎市-町
下唐原　しもとうばる　福岡県築上郡上毛町-
下宮　したみや・しものみや・しもみや
　　したみや　茨城県下妻市-
　　しもみや　岐阜県安八郡神戸町-
　　しものみや-ちょう　大阪府和泉市-町
　　しものみや　兵庫県豊岡市-
　　しもみや　佐賀県東松浦郡玄海町-
　　しもみや-まち　長崎県島原市-町
　　しもみや-ちょう　鹿児島県垂水市-町
下宮河内　しもみやかわうち
　　しもみやかわうち-ちょう　茨城県常陸太田市-町

下島　したじま・しもしま・しもじま
　　しもじま　茨城県つくばみらい市-
　　しもじま　神奈川県平塚市-
　　しもじま　新潟県魚沼市-
　　しもじま-まち　富山県高岡市-町
　　しもじま　富山県滑川市-
　　しもじま　富山県小矢部市-
　　したじま　富山県南砺市-
　　しもじま　静岡県静岡市駿河区-
　　しもじま　京都府相楽郡和束町-
　　しもじま-ちょう　大阪府守口市-町
　　しもじま-ちょう　大阪府門真市-町
　　しもじま-ちょう　高知県高知市-町
　　しもじま　高知県南国市-
下峰寺　しもみねでら　鳥取県八頭郡八頭町-
下帯那　しもおびな
　　しもおびな-ちょう　山梨県甲府市-町
下座　げざ　茨城県東茨城郡茨城町-
下座倉　しもざぐら　岐阜県揖斐郡大野町-
下根来　しもねごり　福井県小浜市-
下浜名ケ沢　しもはまみょうがさわ　秋田県秋田市-
下流　したる　静岡県賀茂郡南伊豆町-
下狼塚　しもおいのづか　宮城県加美郡加美町-
下益城　しもましき
　　しもましき-ぐん　熊本県-郡
下真砂　しもまなご　新潟県上越市-
下真倉　しもさなぐら　千葉県館山市-
下砥上　しもとかみ
　　しもとかみ-ちょう　栃木県宇都宮市-町
下祓川　しもはらいがわ
　　しもはらいがわ-ちょう　鹿児島県鹿屋市-町
下莇生田　しもあぞうだ
　　しもあぞうだ-ちょう　福井県福井市-町
下蚊屋　さがりかや　鳥取県日野郡江府町-
下財　げざい
　　げざい-ちょう　兵庫県川西市-町
下郡　しもごおり
　　しもごおり　宮城県遠田郡涌谷町-
　　しもごおり　福島県伊達郡桑折町-
　　しもごおり　千葉県木更津市-
　　しもごおり　三重県伊賀市-
　　しもごおり　大分県大分市-
下馬　げば・しもうま
　　げば　宮城県多賀城市-
　　しもうま　東京都世田谷区-
　　げば　福井県福井市-
　　げば-ちょう　福井県福井市-町
　　しもうま-ちょう　京都府京都市東山区-町
下馬伏　しもまぶし
　　しもまぶし-ちょう　大阪府門真市-町
下馬尾　げばお　熊本県上益城郡山都町-
下馬寄　しもまいそう　福岡県北九州市門司区-
下馬渡　しもまわたし　茨城県稲敷市-
下高末　しもこうずえ　岡山県小田郡矢掛町-
下高砂　しもたかすな　山梨県南アルプス市-
下高家　しもたけや　大分県宇佐市-
下高野　しもこうや・しもたかの
　　しもたかの　埼玉県北葛飾郡杉戸町-
　　しもこうや　千葉県八千代市-
下高間木　しもこうまぎ　栃木県真岡市-

3画（下）

下冨居　しもふご　富山県富山市-
下唯野　しもゆいの　福井県大野市-
下宿　したじゅく・しもじゅく
　　しもじゅく-まち　福島県須賀川市-町
　　したじゅく　東京都清瀬市-
下据　しもしがらみ　福井県大野市-
下深川　しもふかわ
　　しもふかわ-ちょう　奈良県奈良市-町
下清久　しもきよく　埼玉県久喜市-
下渕　したふち・しもぶち
　　しもぶち　奈良県吉野郡大淀町-
　　したふち　福岡県朝倉市-
下紺屋　しもこうや・しもこや
　　しもこや　京都府福知山市-
　　しもこうや-まち　岡山県津山市-町
下菅　しもすが・しもすげ
　　しもすが　三重県多気郡大台町-
　　しもすげ　鳥取県日野郡日野町-
下菅口　しもすげぐち　山梨県甲斐市-
下郷　しもごう・しものごう
　　しもごう　福島県南会津郡-町
　　しもごう　茨城県笠間市-
　　しもごう　群馬県甘楽郡下仁田町-
　　しもごう　福井県大野市-
　　しものごう　鳥取県米子市-
　　しもごう　高知県須崎市-
下郷谷　しもごうや　茨城県筑西市-
下都賀　しもつが
　　しもつが-ぐん　栃木県-郡
下野　したの・しもつけ・しもの
　　しもの　秋田県能代市-
　　しもの-ちょう　茨城県水戸市-町
　　しもつけ-し　栃木県-市
　　しもの　埼玉県北葛飾郡杉戸町-
　　しもの　千葉県市原市-
　　しもの　富山県富山市-
　　しもの　富山県滑川市-
　　したの　富山県南砺市-
　　しもの-まち　富山県下新川郡朝日町-
　　しもの-まち　石川県白山市-
　　しもの　岐阜県中津川市-
　　しもの-ちょう　静岡県静岡市清水区-町
　　しもの-ちょう　三重県伊勢市-町
　　しもの-ちょう　大阪府岸和田市-町
　　しもつけ　鳥取県八頭郡八頭町-
　　しもの-ちょう　広島県竹原市-町
　　しもの-まち　佐賀県鳥栖市-町
　　しもの　熊本県阿蘇郡南阿蘇村-
　　しもの　宮崎県西臼杵郡高千穂町-
下野条　しものうじょう　京都府福知山市-
下野谷　したのや
　　したのや-ちょう　神奈川県横浜市鶴見区-町
下野明　しものみょう　山形県最上郡金山町-
下閉伊　しもへい
　　しもへい-ぐん　岩手県-郡
下陳　しもじん　熊本県上益城郡益城町-
下魚棚　しもうおのたな　京都府京都市下京区-
下鳥羽長田　しもとばおさだ
　　しもとばおさだ-ちょう　京都府京都市伏見区-町

下鳥羽葭田　しもとばよしでん
　　しもとばよしでん-ちょう　京都府京都市伏見区-町
下鹿山　しもかやま　埼玉県日高市-
下鹿妻　しもかづま　岩手県盛岡市-
下麻生　しもあさお・しもあそ・しもあそう
　　しもあさお　神奈川県川崎市麻生区-
　　しもあそ　富山県高岡市-
　　しもあそう　岐阜県加茂郡川辺町-
　　しもあそう-ちょう　滋賀県東近江市-町
下麻生伸　しもあそうしん
　　しもあそうしん-まち　富山県高岡市-町
下麻生嶋　しもあそうじま　福井県大野市-
下厨川　しもくりやがわ　岩手県盛岡市-
下場　げば　新潟県新潟市東区-
下幅　したはば　岩手県花巻市-
下替地　したのかち
　　したのかち-ちょう　京都府綾部市-町
下渡　げど・しもわたり
　　げど　新潟県村上市-
　　しもわたり　岐阜県美濃市-
下番　しものばん・しもばん
　　しものばん　富山県富山市-
　　しもばん　福井県あわら市-
下筒香　しもつつが　和歌山県伊都郡高野町-
下筒賀　しもつつが　広島県山県郡安芸太田町-
下粟生津　しもあおうづ　新潟県燕市-
下道　げどう・したみち・しもどう
　　したみち　青森県上北郡野辺地町-
　　げどう　宮城県遠田郡涌谷町-
　　したみち　愛媛県八幡浜市-
　　しもどう　高知県高岡郡四万十町-
下道山　しもみちやま
　　しもみちやま-ちょう　兵庫県加西市-町
下道目記　しもどうめき
　　しもどうめき-ちょう　愛知県西尾市-町
下道寺　げどうじ
　　げどうじ-ちょう　群馬県伊勢崎市-町
下道潟　しもどうがた　新潟県新潟市南区-
下鈎　しもまがり　滋賀県栗東市-
下開発　しもかいはつ
　　しもかいはつ-まち　石川県能美市-町
下隅　したずみ　愛知県常滑市-
下塙　しもはなわ　茨城県鹿嶋市-
下愛子　しもあやし　宮城県仙台市青葉区-
下新　しもあら・しもしん
　　しもしん　新潟県新潟市秋葉区-
　　しもあら-まち　新潟県見附市-町
　　しもしん　新潟県五泉市-
　　しもしん-まち　新潟県上越市-町
　　しもしん-まち　富山県富山市-町
　　しもあら-まち　富山県南砺市-町
　　しもしん　富山県中新川郡立山町-
　　しもしん-ちょう　石川県金沢市-町
　　しもしん-まち　岐阜県岐阜市-町
　　しもしん-まち　岐阜県羽島郡笠松町-町
　　しもしん　京都府福知山市-
　　しもしん　熊本県人吉市-
下新丁　したじんちょう　長崎県島原市-
下新入　しもしんにゅう　福岡県直方市-

21

3画（三）

下新川　しもにいかわ
　　しもにいかわ-ぐん　富山県-郡
下新井田　しもにいだ　青森県三戸郡五戸町-
下新田　しもしんでん・しもにいだ・しもにった
　　しもしんでん　宮城県気仙沼市-
　　しもにいだ　宮城県加美郡加美町-
　　しもしんでん　宮城県遠田郡涌谷町-
　　しもにいだ　山形県米沢市-
　　しもしんでん-まち　群馬県前橋市-町
　　しもしんでん　群馬県佐波郡玉村町-
　　しもしんでん　埼玉県羽生市-
　　しもしんでん　埼玉県鶴ケ島市-
　　しもにった　千葉県袖ケ浦市-
　　しもしんでん　神奈川県小田原市-
　　しもしんでん　新潟県三条市-
　　しもしんでん　新潟県上越市-
　　しもしんでん　新潟県魚沼市-
　　しもしんでん　長野県伊那市-
　　しもしんでん-ちょう　愛知県津島市-町
下新印　しもしい　鳥取県米子市-
下新倉　しもにいくら　埼玉県和光市-
下新道　しもしんみち　青森県三戸郡五戸町-
下新穂　しもにいぼ　新潟県佐渡市-
下椹沢　しもくぬぎざわ　山形県山形市-
下殿河内　しもとのごうち　広島県山県郡安芸太田町-
下源入　しもげんにゅう　新潟県上越市-
下筱見　しもささみ　兵庫県篠山市-
下糀屋　しもこうじや
　　しもこうじや-ちょう　京都府京都市下京区-町
下蓮　しもはす
　　しもはす-ちょう　群馬県伊勢崎市-町
下触　しもふれい
　　しもふれい-ちょう　群馬県伊勢崎市-町
下鉢石　しもはついし
　　しもはついし-まち　栃木県日光市-町
下徳久　しもとくす　兵庫県佐用郡佐用町-
下暮地　しもくれち　山梨県南都留郡西桂町-
下構　しもがまえ
　　しもがまえ-ちょう　愛知県名古屋市昭和区-町
下樋遣川　しもひやりかわ　埼玉県加須市-
下熊谷　しもくまたに　岡山県新見市-
下種足　しもたなだれ　埼玉県加須市-
下稗田　しもひえだ　福岡県行橋市-
下箕田　しもみだ
　　しもみだ　三重県鈴鹿市-
　　しもみだ-ちょう　三重県鈴鹿市-町
下網田　しもおうだ
　　しもおうだ-まち　熊本県宇土市-町
下関　しもせき・しもぜき・しものせき
　　しもせき　秋田県能代市-
　　しもせき　秋田県湯沢市-
　　しもせき-まち　新潟県見附市-町
　　しもせき　新潟県岩船郡関川村-
　　しもぜき　富山県高岡市-
　　しもぜき-まち　富山県高岡市-町
　　しものせき　山口県-市
　　しもぜき　高知県長岡郡本山町-
下関河内　しもせきごうど　福島県東白川郡矢祭町-
下鞆渕　しもともぶち　和歌山県紀の川市-
下樫出　しもかしいで　新潟県長岡市-

下舞木　しももうぎ　福島県田村郡三春町-
下諏訪　しもすわ・しもすわん
　　しもすわ　新潟県燕市-
　　しもすわ-まち　長野県諏訪郡-町
下樵木　しもこりき
　　しもこりき-ちょう　京都府京都市中京区-町
下濃　しもの　鳥取県八頭郡八頭町-
下甑町手打　しもこしきちょうてうち　鹿児島県薩摩
　　川内市-
下興野　しもこうや・しもごや
　　しもごや　新潟県新潟市秋葉区-
　　しもごや-ちょう　新潟県新潟市秋葉区-町
　　しもこうや　新潟県新発田市-
下鞘師　しもさやし
　　しもさやし-まち　青森県弘前市-町
下鴨狗子田　しもがもいのこだ
　　しもがもいのこだ-ちょう　京都府京都市左京区-町
下鴨神殿　しもがもこうどの
　　しもがもこうどの-ちょう　京都府京都市左京区-町
下鴨萩ケ垣内　しもがもはぎがかきうち
　　しもがもはぎがかきうち-ちょう　京都府京都市左京区-町
下鴨蓼倉　しもがもたでくら
　　しもがもたでくら-ちょう　京都府京都市左京区-町
下鴨膳部　しもがもかしわべ
　　しもがもかしわべ-ちょう　京都府京都市左京区-町
下篠尾　しもささお　京都府福知山市-
下瀬　したせ・しもせ・しもぜ
　　しもせ　秋田県能代市-
　　したせ　山形県酒田市-
　　しもぜ　山形県飯田市-
下蟹田　したかにた　青森県東津軽郡外ケ浜町-
下鶉　しもうずら　北海道空知郡上砂川町-
下籠谷　しもこもりや　栃木県真岡市-
下鱗形　しもうろこがた
　　しもうろこがた-ちょう　京都府京都市下京区-町
下鷺谷　しもさぎのや　栃木県真岡市-

――――――――――――　三　――――――――――――

三　さん・み
　　み-むら　茨城県石岡市-村
　　み-むら　栃木県河内郡上三川町-村
　　み-まち　埼玉県児玉郡上里町-町
　　さん-ちょう　愛媛県松山市-町
三ケ　さんが
　　さんが　富山県高岡市-
　　さんが　富山県魚津市-
　　さんが　富山県滑川市-
　　さんが　富山県射水市-
　　さんが　熊本県上益城郡山都町-
三ケ山　さんがやま・みかやま・みけやま
　　みかやま　埼玉県大里郡寄居町-
　　さんがやま-ちょう　大阪府岸和田市-町
　　みけやま　大阪府貝塚市-
三ケ日町鵺代　みっかびちょうぬえしろ　静岡県浜松
　　市北区-
三ケ月　みこぜ　千葉県松戸市-
三ケ木　みかげ　神奈川県相模原市緑区-
三ケ尻　みかじり
　　みかじり　岩手県胆沢郡金ケ崎町-

3画（三）

みかじり　埼玉県熊谷市-
みかじり　千葉県東金市-
三ケ田　みけた
　みけた-まち　大分県大分市-町
三ケ名　さんがみょう　静岡県焼津市-
三ケ沢　みかざわ　山形県東田川郡庄内町-
三ケ谷　さんがや・みかだに
　さんがや　千葉県茂原市-
　みかだに　奈良県山辺郡山添村-
三ケ畑　さんがはた　福岡県宮若市-
三ケ島　みかじま　埼玉県所沢市-
三ケ野　みかの　静岡県磐田市-
三ケ森　さんがもり　福岡県北九州市八幡西区-
三ツ椛　みつくぬき　新潟県新発田市-
三ツ境　みつきょう　神奈川県横浜市瀬谷区-
三丁　さんてい
　さんてい-ちょう　京都府京都市上京区-町
三八松　みやまつ　福岡県三潴郡大木町-
三刀屋町上熊谷　みとやちょうかみくまたに　島根県
　雲南市-
三刀屋町六重　みとやちょうむえ　島根県雲南市-
三刀屋町神代　みとやちょうじろ　島根県雲南市-
三刀屋町須所　みとやちょうすぞ　島根県雲南市-
三刀屋町殿河内　みとやちょうとのごうち　島根県雲
　南市-
三十八社　さんじゅうはっしゃ
　さんじゅうはっしゃ-ちょう　福井県福井市-町
三十井川　みそいがわ　和歌山県日高郡日高川町-
三十木　みそぎ　和歌山県日高郡日高川町-
三十苅　さんじゅうがり
　さんじゅうがり-まち　石川県金沢市-町
三十坪　みそつ　滋賀県蒲生郡日野町-
三万谷　さんまんだに
　さんまんだに-ちょう　福井県福井市-町
三久保　さんくぼ・みくぼ
　さんくぼ-ちょう　埼玉県川越市-町
　みくぼ　熊本県阿蘇市-
三口　みくち・みつくち
　みくち-まち　石川県金沢市-町
　みくち-ちょう　兵庫県加西市-町
三女子　さんよし　富山県高岡市-
三小牛　みつこうじ
　みつこうじ-まち　石川県金沢市-町
三山　さんやま・みやま
　さんやま　埼玉県秩父郡小鹿野町-
　みやま　千葉県船橋市-
三山口　みやまぐち
　みやまぐち　鳥取県鳥取市-
　みやまぐち　鳥取県八頭郡八頭町-
三山木　みやまき　京都府京田辺市-
三川　さんがわ・みかわ
　みかわ-まち　山形県東田川郡-町
　みかわ　福島県河沼郡湯川村-
　さんがわ　千葉県旭市-
　みかわ　新潟県佐渡市-
　みかわ　岐阜県加茂郡白川町-
　みかわ-ちょう　滋賀県長浜市-
　みかわ-ちょう　広島県広島市中区-町
　みかわ-まち　福岡県大牟田市-町
　みかわ　福岡県三井郡大刀洗町-

みかわ-まち　長崎県長崎市-町
三川上　みつがわかみ　大分県大分市-
三川内　みかわち
　みかわち-ちょう　長崎県佐世保市-町
三川旭　みかわあさひ
　みかわあさひ-まち　北海道夕張郡由仁町-町
三才　さんさい・さんさい
　さんさい-ちょう　茨城県常陸太田市-町
　さんさい　長野県長野市-
三才山　みさやま　長野県松本市-
三中　みなか　山形県西村山郡朝日町-
三丹　さんたん
　さんたん-ちょう　愛知県一宮市-町
三井　みい・みつい
　みつい　北海道斜里郡斜里町-
　みい　神奈川県相模原市緑区-
　みい-ちょう　岐阜県各務原市-町
　みい　奈良県生駒郡斑鳩町-
　みい　山口県光市-
　みい　香川県仲多度郡多度津町-
　みい-ぐん　福岡県-郡
　みつい　鹿児島県いちき串木野市-
三井町本江　みいまちほんこう　石川県輪島市-
三井町渡合　みいまちどあい　石川県輪島市-
三井楽町嵯峨島　みいらくまちさがのしま　長崎県五
　島市-
三井楽町濱ノ畔　みいらくまちはまのくり　長崎県五
　島市-
三井楽町濱窄　みいらくまちはまさこ　長崎県五島市-
三仏生　さんぶしょう　新潟県小千谷市-
三六　さんろく
　さんろく-ちょう　福井県鯖江市-町
　さんろく-まち　福岡県北九州市戸畑区-町
三内　さんない
　さんない　青森県青森市-
　さんない　東京都あきる野市-
三分　みぶん　長野県佐久市-
三分一　さんぶいち　福井県小浜市-
三分山　さんぶやま
　さんぶやま-ちょう　愛知県豊田市-町
三反田　さんたんだ・みたんだ
　みたんだ　茨城県ひたちなか市-
　さんたんだ-ちょう　神奈川県横浜市旭区-町
　さんたんだ　石川県能美郡川北町-
　さんたんだ　愛知県知多市-
　さんたんだ-ちょう　兵庫県尼崎市-町
三戸　さんのへ
　さんのへ-ぐん　青森県-郡
　さんのへ-まち　青森県三戸郡-町
三文字　さんもんじ
　さんもんじ-ちょう　京都府京都市中京区-町
三方　さんぼう・みかた
　さんぼう　新潟県新潟市西蒲区-
　みかた-ぐん　福井県-郡
　みかた　福井県三方上中郡若狭町-
三方甲　みかたこう　新潟県東蒲原郡阿賀町-
三方原　みかたはら
　みかたはら-ちょう　静岡県浜松市北区-町
三日　みっか
　みっか-まち　青森県八戸市-町

3画（三）

みっか-まち　宮城県気仙沼市-町
みっか-まち　山形県山形市-町
みっか-まち　山形県天童市-町
みっか-まち　山形県東根市-町
みっか-まち　福島県大沼郡会津美里町-町
みっか-まち　富山県南砺市-町
みっか-まち　石川県羽咋郡宝達志水町-町
みっか-まち　長野県上伊那郡箕輪町-町
三日ノ浦郷　みかのうらごう　長崎県南松浦郡新上五島町-
三木田　みつきた　秋田県北秋田市-
三毛門　みけかど　福岡県豊前市-
三世七原　みせしちばら　岡山県真庭市-
三世寺　さんぜじ　青森県弘前市-
三代　みしろ　福島県糟屋郡新宮町-
三加　さんが　熊本県下益城郡美里町-
三本　みつもと　埼玉県熊谷市-
三本木　さんぼぎ・さんぼんぎ
さんぼんぎ　青森県青森市-
さんぼんぎ　青森県十和田市-
さんぼんぎ　青森県上北郡おいらせ町-
さんぼんぎ　宮城県大崎市-
さんぼんぎ　栃木県那須塩原市-
さんぼぎ　栃木県河内郡上三川町-
さんぼぎ　群馬県藤岡市-
さんぼんぎ　新潟県五泉市-
さんぼんぎ-ちょう　福井県福井市-町
さんぼんぎ　岐阜県大垣市-
さんぼんぎ-ちょう　愛知県豊橋市-町
さんぼんぎ-ちょう　愛知県日進市-町
さんぼんぎ　愛知県海部郡大治町-
さんぼんぎ-ちょう　京都府京都市中京区-町
三本木桑折　さんぼんぎこおり　宮城県大崎市-
三本木蒜袋　さんぼんぎひるぶくろ　宮城県大崎市-
三永　みなが　広島県東広島市-
三生野　みしょうの　福井県三方上中郡若狭町-
三田　さんだ・さんでん・みた・みつだ
さんだ　千葉県君津市-
みた　東京都港区-
みた　東京都目黒区-
みた　神奈川県川崎市多摩区-
さんだ　神奈川県厚木市-
さんだ　新潟県上越市-
さんだ　富山県魚津市-
みた-まち　石川県小松市-町
みた　福井県三方上中郡若狭町-
みた-ちょう　愛知県刈谷市-町
みた-ちょう　三重県四日市市-町
みた　三重県伊賀市-
みた-ちょう　滋賀県長浜市-町
みた-ちょう　大阪府岸和田市-町
さんだ-し　兵庫県-市
さんだ-ちょう　兵庫県三田市-町
みた　和歌山県有田郡有田川町-
みた　鳥取県八頭郡智頭町-
みつだ　岡山県倉敷市-
さんでん　岡山県真庭市-
三矢　みつや
みつや-ちょう　大阪府枚方市-町
三矢小台　みやこだい　千葉県松戸市-

三石鳬舞　みついしけりまい　北海道日高郡新ひだか町-
三会　みえ
みえ-まち　長崎県島原市-町
三伝　さんでん　新潟県上越市-
三光上秣　さんこうかみまくさ　大分県中津市-
三吉　みつよし・みよし
みよし-ちょう　群馬県桐生市-町
みよし-ちょう　神奈川県横浜市中区-町
みよし-ちょう　愛知県名古屋市南区-町
みよし　滋賀県米原市-
みよし-ちょう　京都府京都市東山区-町
みつよし　奈良県北葛城郡広陵町-
みよし　鳥取県八頭郡智頭町-
みよし　鳥取県日野郡日南町-
みよし-ちょう　広島県福山市-町
みよし　福岡県遠賀郡岡垣町-
三合　みあい　富山県砺波市-
三合内　さんごううち　福島県二本松市-
三名　さんみょう
さんみょう-ちょう　香川県高松市-町
さんみょう　宮崎県東諸県郡国富町-
三寺　みつでら
みつでら-ちょう　三重県亀山市-町
三成　みなり　島根県仁多郡奥出雲町-
三次　みつぎ・みよし
みつぎ　茨城県稲敷市-
みよし-し　広島県-市
みよし-まち　広島県三次市-町
三江　みえ　鳥取県倉吉市-
三江湖　みつえご
みつえご-まち　熊本県八代市-町
三百瀬　みよせ　和歌山県日高郡日高川町-
三竹　さんちく・みたけ
みたけ　神奈川県南足柄市-
さんちく　新潟県三条市-
三色吉　みいろよし　宮城県岩沼市-
三佐　みさ・みざ
みざ　和歌山県日高郡日高川町-
みさ　大分県大分市-
三助　さんすけ
さんすけ-ちょう　京都府京都市上京区-町
三坑　さんこう
さんこう-まち　福岡県大牟田市-町
三坊西洞院　さんぼうにしのとういん
さんぼうにしのとういん-ちょう　京都府京都市中京区-町
三尾　みお
みお　富山県氷見市-
みお　兵庫県美方郡新温泉町-
みお　奈良県吉野郡東吉野村-
みお　和歌山県日高郡美浜町-
三尾川　みおがわ・みとがわ
みおがわ　和歌山県海草郡紀美野町-
みおがわ　和歌山県日高郡由良町-
みとがわ　和歌山県東牟婁郡古座川町-
三尾野出作　みおのしゅつさく
みおのしゅつさく-ちょう　福井県鯖江市-町
三条目　さんじょうめ　山形県東置賜郡高畠町-
三条油小路　さんじょうあぶらのこうじ
さんじょうあぶらのこうじ-ちょう　京都府京都市中京

区-町

三沢 みさわ・みさわ・みつさわ
みさわ-し　青森県-市
みさわ　青森県三沢市-
みさわ　岩手県下閉伊郡田野畑村-
みさわ　山形県米沢市-
みさわ-まち　福島県いわき市-町
みさわ　埼玉県秩父郡皆野町-
みさわ　東京都日野市-
みさわ　山梨県南巨摩郡身延町-
みさわ　静岡県菊川市-
みさわ-ちょう　愛知県瀬戸市-町
みさわ　愛知県北設楽郡豊根村-
みさわ-ちょう　和歌山県和歌山市-町
みさわ　島根県仁多郡奥出雲町-
みつさわ　福岡県小郡市-

三良坂町仁賀 みらさかちょうにか　広島県三次市-
三良坂町長田 みらさかちょうながた　広島県三次市-
三見 さんみ　山口県萩市-
三角 さんかく・みすみ・みょうか
さんかく-ちょう　千葉県千葉市花見川区-町
さんかく-まち　愛知県碧南市-町
みすみ-まち　山口県岩国市-
みょうか　愛媛県伊予郡砥部町-

三角町里浦 みすみまちさとのうら　熊本県宇城市-
三角町郡浦 みすみまちこおのうら　熊本県宇城市-
三角野新田 さんかくのしんでん　新潟県新潟市西蒲区-
三谷 さんだに・みたに・みや
みたに　北海道雨竜郡北竜町-
みたに　福島県河沼郡会津坂下町-
みや　栃木県真岡市-
さんだに-まち　石川県小松市-町
みや-ちょう　愛知県蒲郡市-町
みたに　兵庫県養父市-
みたに　兵庫県美方郡新温泉町-
みたに　奈良県桜井市-
みたに　和歌山県伊都郡かつらぎ町-
みたに　鳥取県日野郡日野町-
みたに　岡山県加賀郡吉備中央町-
みたに-ちょう　香川県高松市-町
みたに　高知県高知市-

三谷原 みやはら
みやはら-ちょう　愛知県豊川市-町

三里 みさと・みっさと
みっさと　秋田県北秋田市-
みさと　奈良県生駒郡平群町-
みさと　高知県四万十市-
みさと-まち　福岡県大牟田市-町

三京 さんきょう
さんきょう-まち　長崎県長崎市-町

三和 さんわ・みつわ・みわ
みつわ　北海道磯谷郡蘭越町-
さんわ　北海道上川郡和寒町-
みわ　北海道沙流郡日高町-
みわ　青森県弘前市-
みつわ-ちょう　宮城県石巻市-町
みわ　山形県鶴岡市-
みわ-まち　山形県鶴岡市-町
さんわ　茨城県古河市-
みわ　茨城県行方市-
さんわ-ちょう　群馬県伊勢崎市-町
みわ　千葉県印旛郡栄町-
さんわ-ちょう　新潟県新潟市中央区-町
さんわ　新潟県長岡市-
さんわ-まち　新潟県長岡市-町
さんわ-ちょう　新潟県柏崎市-町
さんわ-ちょう　新潟県十日町市-町
みつわ　長野県小諸市-
さんわ-ちょう　静岡県浜松市南区-町
みわ　静岡県焼津市-
みつわ-ちょう　愛知県愛西市-町
さんわ-ちょう　滋賀県長浜市-町
さんわ-ちょう　大阪府豊中市-町
みわ-ちょう　兵庫県小野市-町
さんわ-ちょう　奈良県大和高田市-町
みと　岡山県岡山市北区-
さんわ-ちょう　広島県呉市-町
さんわ-ちょう　山口県山口市-町
さんわ-まち　長崎県長崎市-町
みつわ　熊本県下益城郡美里町-
さんわ-ちょう　鹿児島県鹿児島市-町

三和区山腰新田 さんわくやまのこししんでん　新潟県上越市-
三和区日和 さんわくひより
さんわくひより-ちょう　新潟県上越市-町

三和区北代 さんわくきただい　新潟県上越市-
三和区米子 さんわくこめこ　新潟県上越市-
三和区法花寺 さんわくほっけいじ　新潟県上越市-
三和町上壱 みわちょうかみいち　広島県三次市-
三和町廿屋 みわちょうつづや　岐阜県美濃加茂市-
三和町西松 みわちょうさいまつ　京都府福知山市-
三和町岬 みわちょうゆり　京都府福知山市-
三和差塩 みわまちさいそ　福島県いわき市-
三和琴平 みわことひら　高知県南国市-
三国町玉江 みくにちょうとうのえ　福井県坂井市-
三国町米納津 みくにちょうよのづ　福井県坂井市-
三夜沢 みよさわ
みよさわ-まち　群馬県前橋市-町

三宝 さんぼう
さんぼう-ちょう　大阪府堺市堺区-町

三宝分甲 さんぼうぶんこう　新潟県東蒲原郡阿賀町-
三岳 みたけ
みたけ　北海道松前郡福島町-
みたけ　青森県弘前市-
みたけ　長野県木曽郡木曽町-

三岱 さんたい　北海道茅部郡森町-
三幸 さんこう・みゆき
さんこう-ちょう　栃木県鹿沼市-町
みゆき　石川県白山市-
みゆき-ちょう　静岡県浜松市北区-町

三弥 みつや
みつや-ちょう　愛知県豊橋市-町

三拝川岸 さんばいかわぎし　栃木県小山市-
三明 さんみょう・さんめい
さんみょう　石川県羽咋郡志賀町-
さんめい　福井県大飯郡高浜町-
さんめい-ちょう　大阪府大阪市阿倍野区-町

三松 みまつ　奈良県奈良市-
三林 さんばやし・みばやし
さんばやし-まち　新潟県見附市-町

3画（三）

みばやし-ちょう　大阪府和泉市-町
三河内　みかわち・みごうち
　みごうち　京都府与謝郡与謝野町-
　みかわち　佐賀県鹿島市-
三波川　さんばがわ　群馬県藤岡市-
三泊　さんどまり
　さんどまり-ちょう　北海道留萌市-町
三直　みのう　千葉県君津市-
三股　みつまた・みまた
　みつまた　北海道河東郡上士幌町-
　みまた-ちょう　宮崎県北諸県郡-町
三股郷　みつまたごう　長崎県東彼杵郡波佐見町-
三苫　みとま　福岡県福岡市東区-
三門　みかど
　みかど-ちょう　千葉県銚子市-町
　みかど-ちょう　静岡県袋井市-町
三俣　みつまた・みまた
　みつまた-まち　群馬県前橋市-町
　みつまた　埼玉県加須市-
　みつまた　新潟県南魚沼郡湯沢町-
　みつまた　静岡県掛川市-
　みまた　京都府福知山市-
　みまた　島根県邑智郡川本町-
三品　みしな　埼玉県大里郡寄居町-
三城　さんじょう
　さんじょう-ちょう　長崎県大村市-町
三屋　さんや　神奈川県秦野市-
三廻部　みくるべ　神奈川県秦野市-
三拾　さじっ・さんじゅっ
　さじっ-ちょう　熊本県宇土市-町
　さんじゅっ-ちょう　鹿児島県姶良市-町
三昧田　さんまいでん
　さんまいでん-ちょう　奈良県天理市-町
三栄　さんえい・みさかえ
　さんえい-ちょう　東京都新宿区-町
　さんえい-ちょう　三重県四日市市-町
　さんえい-ちょう　三重県桑名市-町
　さんえい-ちょう　京都府京都市上京区-町
　みさかえ　鳥取県日野郡日南町-
三柳　みつやなぎ　新潟県三条市-
三洋　さんよう
　さんよう-ちょう　大阪府大東市-町
三畑　みはた
　みはた-ちょう　三重県鈴鹿市-町
三砂　みさご
　みさご-ちょう　北海道砂川市-町
三神峯　みかみね　宮城県仙台市太白区-
三美　みよし　茨城県常陸大宮市-
三茶屋　みつちゃや　奈良県吉野郡吉野町-
三郎丸　さぶろうまる・さぶろまる
　さぶろうまる　新潟県南魚沼市-
　さぶろまる　富山県砺波市-
　さぶろうまる　福井県福井市-
　さぶろうまる-ちょう　福井県福井市-町
　さぶろうまる-ちょう　広島県府中市-町
　さぶろうまる　広島県世羅郡世羅町-
　さぶろうまる　福岡県北九州市小倉北区-
　さぶろうまる　福岡県宗像市-
三重町小坂　みえまちおさか　大分県豊後大野市-
三重町菅生　みえまちすごう　大分県豊後大野市-

三面　みおもて　新潟県村上市-
三俵野　さんびょうの
　さんびょうの-まち　新潟県長岡市-町
三原　さんばら・みはら
　みはら　福島県二本松市-町
　みはら　群馬県吾妻郡嬬恋村-
　みはら　埼玉県朝霞市-
　さんばら　岐阜県下呂市-
　みはら　兵庫県豊岡市-
　みはら　兵庫県佐用郡佐用町-
　みはら　島根県邑智郡川本町-
　みはら-し　広島県-市
　みはら-まち　広島県三次市-町
　みはら-むら　高知県幡多郡-村
　みはら　長崎県長崎市-
　みはら　沖縄県那覇市-
　みはら　沖縄県名護市-
三家　みつえ　静岡県磐田市-
三宮　さんぐう・さんのみや
　さんぐう　新潟県佐渡市-
　さんのみや-まち　石川県白山市-町
　さんのみや-ちょう　兵庫県神戸市中央区-町
三島　さんとう・みしま
　みしま　北海道北広島市-
　みしま　青森県黒石市-
　みしま-まち　福島県大沼郡-町
　みしま　茨城県稲敷市-
　みしま　栃木県那須塩原市-
　みしま　群馬県吾妻郡東吾妻町-
　みしま　千葉県香取市-
　みしま-ちょう　新潟県柏崎市-町
　さんとう-ぐん　新潟県-郡
　みしま-まち　富山県砺波市-町
　みしま-ちょう　石川県七尾市-町
　みしま-ちょう　福井県敦賀市-町
　みしま-ちょう　静岡県浜松市南区-町
　みしま-し　静岡県-市
　みしま-ちょう　大阪府茨木市-町
　みしま　大阪府摂津市-
　みしま　大阪府東大阪市-
　みしま-ぐん　大阪府-郡
　みしま-ちょう　奈良県天理市-町
　みしま-まち　愛媛県伊予市-町
　みしま-まち　佐賀県鳥栖市-町
　みしま-むら　鹿児島県鹿児島郡-村
三島上条　みしまじょうじょう　新潟県長岡市-
三栗　めぐり　大阪府枚方市-
三根　みつね　東京都八丈島八丈町-
三根郷　みねごう
　みねごう　長崎県西彼杵郡長与町-
　みねごう　長崎県東彼杵郡東彼杵町-
三畠　さんばく　高知県南国市-
三納　さんの・みのう
　さんの　石川県野々市市-
　みのう　宮崎県西都市-
三納代　みなしろ　宮崎県児湯郡新富町-
三納谷　みのうたに　岡山県加賀郡吉備中央町-
三馬　みんま　石川県金沢市-
三宿　みしゅく　東京都世田谷区-
三崎町小網代　みさきまちこあじろ　神奈川県三浦市-
三崎町六合　みさきまちむつあい　神奈川県三浦市-

3画（三）

三崎町高波　みさきまちこうなみ　石川県珠洲市-
三崎町雲津　みさきまちもづ　石川県珠洲市-
三帳　さんちょう　山梨県西八代郡市川三郷町-
三梨　みつなし
　　みつなし-ちょう　秋田県湯沢市-町
三渓　さんけい・みたに
　　さんけい　北海道苫前郡苫前町-
　　みたに　徳島県勝浦郡勝浦町-
三清東　さんきよひがし　富山県南砺市-
三瓶内　さんべいうち　宮城県伊具郡丸森町-
三瓶町二及　みかめちょうにぎゅう　愛媛県西予市-
三瓶町上山　さんべちょううやま　島根県浜田市-
三瓶町有太刀　みかめちょうあらたち　愛媛県西予市-
三瓶町有網代　みかめちょうあらじろ　愛媛県西予市-
三瓶町垣生　みかめちょうはぶ　愛媛県西予市-
三瓶町鴫山　みかめちょうしぎやま　愛媛県西予市-
三眺　さんちょう　北海道網走市-
三郷　さんごう・みさと
　　みさと　福島県耶麻郡猪苗代町-
　　さんごう　茨城県筑西市-
　　みさと-し　埼玉県-市
　　みさと　埼玉県三郷市-
　　さんごう　富山県富山市-
　　みさと　長野県上高井郡高山村-
　　さんごう-ちょう　奈良県生駒郡-町
三郷甲　さんごうこう　山形県西村山郡大江町-
三郷町角田　さんごうちょうつのだ　愛知県尾張旭市-
三郷町椋実　みさとちょうむくのみ　岐阜県恵那市-
三郷明盛　みさとめいせい　長野県安曇野市-
三郷温　みさとゆたか　長野県安曇野市-
三都郷　みつご　東京都西多摩郡檜原村-
三都橋　みつはし　愛知県北設楽郡設楽町-
三部　さんぶ　鳥取県西伯郡伯耆町-
三野　みの　岡山県岡山市北区-
三野町芝生　みのちょうしぼう　徳島県三好市-
三野町勢力　みのちょうせいりき　徳島県三好市-
三野宮　さんのみや　埼玉県越谷市-
三野輪　みのわ
　　みのわ-ちょう　茨城県水戸市-町
三陸町綾里　さんりくちょうりょうり　岩手県大船渡市-
三黒　みくろ　千葉県袖ケ浦市-
三厩川柱　みんまやかわしら　青森県東津軽郡外ケ浜町-
三厩枌榔　みんまやひょうろう　青森県東津軽郡外ケ浜町-
三厩鎧泊　みんまやまさかりどまり　青森県東津軽郡外ケ浜町-
三塚　みちづか・みつづか
　　みちづか　長野県佐久市-
　　みつづか-ちょう　岐阜県大垣市-町
三富上柚木　みとみかみゆのき　山梨県山梨市-
三朝　みささ
　　みささ-ちょう　鳥取県東伯郡-
　　みささ　鳥取県東伯郡三朝町-
三森　みつもり
　　みつもり-ちょう　北海道函館市-町
　　みつもり　秋田県にかほ市-
　　みつもり　福井県大飯郡おおい町-

三棟　みつむね
　　みつむね-ちょう　奈良県奈良市-町
三湯　みゆ
　　みゆ-ちょう　茨城県水戸市-町
三筑　さんちく　福岡県福岡市博多区-
三萩野　みはぎの　福岡県北九州市小倉北区-
三越郷　みつごえごう　長崎県東彼杵郡川棚町-
三間　さんげん
　　さんげん-まち　愛知県碧南市-町
三間川　みまのかわ　高知県高岡郡津野町-
三間町土居垣内　みまちょうどいかきうち　愛媛県宇和島市-
三間町北増穂　みまちょうきたますお　愛媛県宇和島市-
三間町金銅　みまちょうかなどう　愛媛県宇和島市-
三間町則　みまちょうすなわち　愛媛県宇和島市-
三間町務田　みまちょうむでん　愛媛県宇和島市-
三間通　みつまどおり　山形県南陽市-
三隈町河内　みすみちょうこうち　島根県浜田市-
三雄山　さんゆうざん　福島県二本松市-
三園　みその
　　みその　東京都板橋区-
　　みその-ちょう　静岡県沼津市-町
　　みその-ちょう　高知県高知市-町
三歳　みとせ
　　みとせ-ちょう　岐阜県岐阜市-町
三殿　みどの　香川県東かがわ市-
三碓　みつがらす
　　みつがらす　奈良県奈良市-
　　みつがらす-ちょう　奈良県奈良市-町
三福　みふく
　　みふく　静岡県伊豆の国市-
　　みふく　愛知県海部郡飛島村-
三福寺　さんふくじ
　　さんふくじ-まち　岐阜県高山市-町
三豊　みとよ
　　みとよ　北海道虻田郡留寿都村-
　　みとよ　北海道苫前郡苫前町-
　　みとよ　北海道虻田郡洞爺湖町-
　　みとよ-し　香川県-市
三増　みませ　神奈川県愛甲郡愛川町-
三徳　みとく　鳥取県東伯郡三朝町-
三樋　みつひ
　　みつひ-ちょう　兵庫県赤穂市-町
三熊　さんのくま・みくま
　　さんのくま　富山県富山市-
　　みくま　兵庫県篠山市-
三稲　さんと
　　さんと　愛知県弥富市-
　　さんと-ちょう　愛知県弥富市-町
三種　みたね
　　みたね-し　秋田県山本郡-町
三箇　さんが
　　さんが　茨城県小美玉市-
　　さんが　栃木県那須烏山市-
　　さんが　千葉県袖ケ浦市-
　　さんが　新潟県中魚沼郡津南町-
　　さんが-ちょう　愛知県豊田市-町
　　さんが　大阪府大東市-
三箇山　さんがやま　福岡県朝倉郡筑前町-

27

3画（上）

三箇牧　さんがまき　大阪府高槻市-
三関　さんのせき　岩手県一関市-
三領　さんりょう　新潟県十日町市-
三潴　みずま
　みずま-ぐん　福岡県-郡
三潴町壱町原　みづままちいっちょうばる　福岡県久留米市-
三潴町原田　みづままちはるだ　福岡県久留米市-
三潴町高三潴　みづままちたかみずま　福岡県久留米市-
三穂田町八幡　みほたまちやはた　福島県郡山市-
三蔵子　さんぞうご
　さんぞうご-ちょう　愛知県豊川市-町
三輪田　みのわだ・みわた
　みのわだ　宮城県石巻市-
　みわた-まち　長野県長野市-町
三養基　みやき
　みやき-ぐん　佐賀県-郡
三橋　みつはし・みはし
　みつはし-ちょう　北海道網走郡美幌町-町
　みはし　埼玉県さいたま市西区-
　みはし　埼玉県さいたま市大宮区-
　みつはし-ちょう　岐阜県岐阜市-町
　みつはし　岐阜県本巣市-
三橋町木元　みつはしまちきのもと　福岡県柳川市-
三橋町棚　みつはしまちたの
　みつはしまちたの-まち　福岡県柳川市-町
三篠　みささ
　みささ-まち　広島県広島市西区-町
三瀬　さんぜ　山形県鶴岡市-
三瀬ケ谷　さんぜがや　新潟県長岡市-
三瀬川　さんせがわ・みせがわ
　さんせがわ　新潟県佐渡市-
　みせがわ　三重県度会郡大紀町-
　みせがわ　和歌山県有田郡有田川町-
三瀬村杠　みつせむらゆずりは　佐賀県佐賀市-
三瀬村藤原　みつせむらふじばる　佐賀県佐賀市-

┌─ 上 ─┐

上　うえ・うわ・かの・かみ・かみの・かむら・かん・
じょう・わ
　うえ-まち　北海道松前郡福島町-町
　かみ-まち　北海道網走郡美幌町-町
　かん-まち　青森県黒石市-町
　わ-むら　岩手県宮古市-村
　かみ-ちょう　岩手県花巻市-町
　かみ-ちょう　岩手県上閉伊郡大槌町-町
　かみ-むら　岩手県下閉伊郡普代村-村
　かん-まち　宮城県亘理郡亘理町-町
　かん-まち　秋田県能代市-町
　うわ-まち　秋田県大館市-町
　うわ-まち　秋田県南秋田郡五城目町-町
　うわ-まち　山形県山形市-
　かん-まち　山形県尾花沢市-町
　うわ-まち　福島県福島市-町
　うわ-まち　福島県会津若松市-町
　うわ-まち　福島県伊達郡桑折町-町
　かみ-まち　茨城県龍ケ崎市-町
　かみ-ちょう　茨城県常陸大宮市-町
　かみ-ちょう　栃木県矢板市-町
　かみ-まち　埼玉県秩父市-町
　かみ　埼玉県上尾市-
　かみ-ちょう　埼玉県上尾市-町
　かみ-まち　埼玉県久喜市-町
　かみ　埼玉県蓮田市-
　かみ-ちょう　千葉県成田市-町
　かみ　千葉県鴨川市-
　かみ　千葉県君津市-
　かみ　千葉県富津市-
　かみ-ちょう　東京都青梅市-町
　かみ-ちょう　神奈川県横浜市磯子区-町
　うわ-まち　神奈川県横須賀市-
　かの-まち　神奈川県小田原市-町
　かみ-まち　新潟県加茂市-町
　かみ-まち　新潟県村上市-町
　かみ-まち　新潟県妙高市-町
　かみ　石川県鳳珠郡能登町-
　かん-まち　石川県鳳珠郡能登町-町
　かみ-ちょう　山梨県甲府市-町
　かみ-むら　長野県飯田市-村
　かん-まち　長野県須坂市-町
　かみ　長野県南佐久郡佐久穂町-
　かみ-まち　岐阜県多治見市-町
　かみ　静岡県静岡市清水区-
　かみ-まち　愛知県碧南市-町
　かみ-まち　愛知県西尾市-町
　うえ-むら　三重県伊賀市-村
　うえ-まち　三重県多気郡明和町-村
　うえ-まち　大阪府大阪市中央区-町
　かみ　大阪府堺市西区-
　うえ-まち　大阪府岸和田市-町
　うえ-まち　大阪府泉佐野市-町
　かみ-ちょう　大阪府和泉市-町
　かみ-まち　奈良県生駒市-町
　かむら　奈良県高市郡明日香村-村
　かみ　奈良県吉野郡野迫川村-
　うわ-まち　和歌山県和歌山市-町
　うえ-まち　鳥取県鳥取市-町
　かみ-むら　岡山県津山市-村
　かみ　岡山県真庭市-
　かみ　広島県神石郡神石高原町-
　うえ-まち　山口県宇部市-町
　じょう-そん　山口県周南市-村
　かみ　徳島県名東郡佐那河内村-
　うえ-むら　愛媛県東温市-村
　かみ-まち　高知県高知市-町
　かみ-まち　福岡県大牟田市-町
　かみ-まち　福岡県柳川市-町
　かみ　福岡県嘉麻市-
　うわ-まち　長崎県長崎市-町
　うわ-まち　長崎県佐世保市-町
　かみ-まち　長崎県諫早市-町
　かみ-むら　熊本県球磨郡湯前町-村
　かん-まち　宮崎県都城市-町
　うえ-まち　宮崎県日向市-町
　かみ-まち　宮崎県西都市-町
　かみの-まち　宮崎県東臼杵郡門川町-町
　かん-まち　鹿児島県垂水市-町
上ケ原山手　うえがはらやまて
　うえがはらやまて-ちょう　兵庫県西宮市-町
上ノ丸　うえのまる　兵庫県明石市-
上ノ土居　かみのどい　高知県四万十市-

3画（上）

上ノ山　うえのやま
　うえのやま　青森県上北郡七戸町-
　うえのやま　秋田県能代市-
　うえのやま　福島県耶麻郡猪苗代町-
　うえのやま　新潟県小千谷市-
　うえのやま　新潟県東蒲原郡阿賀町-
　うえのやま　山梨県韮崎市-
上ノ山台　うえのやまだい　秋田県能代市-
上ノ切　かみのきり
　かみのきり-ちょう　愛知県瀬戸市-町
上ノ加江　かみのかえ　高知県高岡郡中土佐町-
上ノ台　うえのだい・かみのだい
　かみのだい　宮城県刈田郡七ケ宿町-
　うえのだい　福島県白河市-
　うえのだい　福島県南会津郡檜枝岐村-
　うえのだい　東京都あきる野市-
上ノ台乙　かみのだいおつ　福島県河沼郡会津坂下町-
上ノ平　うえのだいら・かみのたいら
　かみのたいら　宮城県刈田郡七ケ宿町-
　うえのだいら　長野県小諸市-
上ノ平山　かみのたいらやま　宮城県刈田郡七ケ宿町-
上ノ田　かみのた　愛知県犬山市-
上ノ庄　かみのしょう
　かみのしょう-ちょう　三重県松阪市-町
上ノ国　かみのくに
　かみのくに-ちょう　北海道檜山郡-町
　かみのくに　北海道檜山郡上ノ国町-
上ノ河内　うえのかわち　福岡県築上郡築上町-
上ノ室　うえのむろ　茨城県つくば市-
上ノ畑　かみのはた　山形県尾花沢市-
上ノ原　うえのはら・かみのはら
　うえのはら　福島県白河市-
　かみのはら　福島県南会津郡檜枝岐村-
　うえのはら　埼玉県ふじみ野市-
上ノ宮　かみのみや
　かみのみや-ちょう　愛知県名古屋市中村区-町
上ノ島　かみのしま
　かみのしま-ちょう　兵庫県尼崎市-町
上ノ郷　かみのごう　熊本県熊本市南区-
上ノ橋　かみのはし
　かみのはし-ちょう　岩手県盛岡市-町
上の山　うえのやま・かみのやま
　かみのやま　北海道檜山郡厚沢部町-
　うえのやま　岩手県八幡平市-
　うえのやま　岩手県下閉伊郡普代村-
　かみのやま　新潟県村上市-
　うえのやま　和歌山県田辺市-
上の山町間口　うえのやまちょうまぐち　愛知県尾張
　旭市-
上の台　うえのだい　山口県山陽小野田市-
上の原　うえのはら・うえのはる
　うえのはら　東京都東久留米市-
　うえのはら-まち　新潟県長岡市-町
　うえのはら　長野県伊那市-
　うえのはる　福岡県北九州市八幡西区-
　うえのはる　長崎県島原市-
上一日市　かみひといち　新潟県南魚沼市-
上一光　かみいかり
　かみいかり-ちょう　福井県福井市-町
上丁　かみようろ　福井県大野市-

上乃木　あげのぎ　島根県松江市-
上二河　かみにこう
　かみにこう-ちょう　広島県呉市-町
上八　かみはっ・こうじょう
　かみはっ-ちょう　長野県須坂市-町
　かみはっ-ちょう　三重県名張市-町
　こうじょう　福岡県宗像市-
上八木　うばやぎ・かみやぎ
　うばやぎ-ちょう　愛知県豊田市-町
　かみやぎ-ちょう　滋賀県長浜市-町
上八田　うえはった・かみやた
　うえはった　山梨県南アルプス市-
　かみやた-ちょう　京都府綾部市-町
上八里　かみやさと
　かみやさと-まち　石川県小松市-町
上八幡　かみやはた　大分県大分市-
上八幡新田　かみはちまんしんでん　新潟県妙高市-
上力　じょうりき
　じょうりき-ちょう　静岡県静岡市清水区-町
上十川　かみとがわ　青森県黒石市-
上下町階見　じょうげちょうしなみ　広島県府中市-
上下長谷　かみしもながたに　高知県幡多郡三原村-
上下諏訪木　じょうげすわのき　新潟県新潟市南区-
上三川　かみのかわ
　かみのかわ-まち　栃木県河内郡-町
　かみのかわ　栃木県河内郡上三川町-
上三依　かみみより　栃木県日光市-
上三所　かみみところ　島根県仁多郡奥出雲町-
上三宮町吉川　かみさんみやまちよしかわ　福島県喜
　多方市-
上三緒　かみみお　福岡県飯塚市-
上上津役　かみこうじゃく　福岡県北九州市八幡西区-
上万　じょうまん　鳥取県西伯郡大山町-
上万能　かみまんのう　静岡県磐田市-
上与那原　うえよなばる　沖縄県島尻郡与那原町-
上丸八幡　かみまるこはちまん
　かみまるこはちまん-ちょう　神奈川県川崎市中原区-町
上久堅　かみひさかた　長野県飯田市-
上口　うえくち・かみぐち・じょうぐち
　じょうぐち　福岡県河沼郡会津坂下町-
　かみぐち　埼玉県三郷市-
　かみぐち　富山県魚津市-
　うえくち　岡山県久米郡美咲町-
上土　あげつち
　あげつち　静岡県静岡市葵区-
　あげつち-ちょう　静岡県沼津市-町
上土方　かみひじかた　静岡県掛川市-
上土木内　かみどぎうち
　かみどぎうち-ちょう　茨城県常陸太田市-町
上土居　かみつちい　岐阜県岐阜市-
上土室　かみはむろ　大阪府高槻市-
上土新田　あげつちしんでん　静岡県静岡市葵区-
上大谷内　かみおおやち　新潟県北蒲原郡聖籠町-
上大納　かみおおのう　福井県大野市-
上大道　うわおおどう　愛媛県南宇和郡愛南町-
上大槻街　かみおおつきこうじ　岩手県一関市-
上子島　かみこしま　奈良県高市郡高取町-
上小　かみこ
　かみこ-ちょう　埼玉県さいたま市大宮区-町

29

3画（上）

上小口　かみおぐち　愛知県丹羽郡大口町-
上小山田　かみおやまだ
　　かみおやまだ　福島県須賀川市-
　　かみおやまだ-まち　東京都町田市-町
上小田　かみおだ・かみこだ
　　かみこだ-ちょう　愛知県豊田市-町
　　かみおだ　兵庫県神崎郡神河町-
　　かみおだ　佐賀県杵島郡江北町-
　　かみおだ　熊本県玉名市-
上小田中　かみこだなか　神奈川県川崎市中原区-
上小目　かみおめ　茨城県つくばみらい市-
上小見野　かみおみの　埼玉県比企郡川島町-
上小谷田　うえごやた　埼玉県入間市-
上小河原　かみこがわら
　　かみこがわら-ちょう　山梨県甲府市-町
上小波田　かみおばた　三重県名張市-
上小南川　かみおみながわ　高知県土佐郡大川村-
上小倉　かみこぐら
　　かみこぐら-ちょう　栃木県宇都宮市-町
上小塙　かみこばな
　　かみこばな　福島県双葉郡楢葉町-
　　かみこばな-まち　群馬県高崎市-町
上小瀬　かみおせ　茨城県常陸大宮市-
上小鯖　かみおさば　山口県山口市-
上山　うえやま・うやま・うわやま・かみのやま・かみやま
　　かみのやま-し　山形県-市
　　かみやま　栃木県芳賀郡益子町-
　　かみやま-ちょう　千葉県船橋市-町
　　かみやま　神奈川県横浜市緑区-
　　うわやま　新潟県十日町市-
　　うえやま-まち　石川県金沢市-町
　　かみやま-まち　石川県輪島市-町
　　かみやま-ちょう　岐阜県多治見市-町
　　かみやま-ちょう　愛知県名古屋市昭和区-町
　　かみやま-ちょう　愛知県名古屋市瑞穂区-町
　　かみやま　愛知県知多郡武豊町-
　　かみやま-ちょう　滋賀県東近江市-町
　　うえやま　岡山県真庭市-
　　うえやま　岡山県美作市-
　　うやま-ちょう　広島県府中市-町
上山谷　かみやまだに・かみやまや
　　かみやまや　山形県鶴岡市-
　　かみやまだに　佐賀県西松浦郡有田町-
上山門　かみやまと　福岡県福岡市西区-
上山家　かみやんべ
　　かみやんべ-まち　山形県山形市-町
上川　うえがわ・かみかわ・かみがわ
　　かみかわ　北海道松前郡松前町-
　　かみかわ-ちょう　北海道上川郡-町
　　かみかわ-ぐん　北海道-郡
　　かみかわ-ちょう　青森県むつ市-町
　　かみかわ-まち　東京都八王子市-町
　　かみかわ-ちょう　新潟県十日町市-町
　　かみがわ　長野県諏訪市-
　　うえがわ-ちょう　三重県松阪市-町
　　かみがわ　愛媛県喜多郡内子町-
　　かみかわ　愛媛県北宇和郡松北町-
上川中子　かみかわなご　茨城県筑西市-
上川内　かみかわうち・かみせんだい
　　かみかわうち　福島県双葉郡川内村-

　　かみせんだい-ちょう　鹿児島県薩摩川内市-町
上川原　かみかわはら・かみかわら・かみがわら・じょうがわら
　　かみかわら　青森県上北郡野辺地町-
　　かみかわら　青森県上北郡七戸町-
　　かみかわら　青森県上北郡おいらせ町-
　　かみかわら　青森県三戸郡五戸町-
　　かみかわら　宮城県刈田郡七ケ宿町-
　　かみかわら　宮城県柴田郡大河原町-
　　かみかわら　宮城県加美郡加美町-
　　かみかわら　福島県伊達市-
　　じょうがわら-ちょう　東京都昭島市-町
　　かみかわはら-まち　岐阜県高山市-町
　　かみかわはら　静岡県静岡市駿河区-
　　かみかわはら　愛知県長久手市-
　　かみがわら-まち　愛媛県松山市-町
上中条　かみちゅうじょう・かみなかじょう
　　かみちゅうじょう　埼玉県熊谷市-
　　かみなかじょう　新潟県三島郡出雲崎町-
　　かみちゅうじょう　大阪府茨木市-
上中町一色　かみなかちょういしき　岐阜県羽島市-
上中野　うえなかの・かみなかの
　　かみなかの　栃木県那須塩原市-
　　かみなかの　富山県砺波市-
　　うえなかの-ちょう　滋賀県東近江市-町
　　かみなかの　和歌山県有田郡広川町-
　　うえなかの　岡山県岡山市北区-
上丹生　かみにゅう
　　かみにゅう　群馬県富岡市-
　　かみにゅう　滋賀県米原市-
上丹生谷　かみにゅうや　和歌山県紀の川市-
上之　うえの・かみの
　　かみの-ちょう　群馬県沼田市-町
　　かみの　埼玉県熊谷市-
　　かみの-ちょう　神奈川県横浜市栄区-町
　　かみの-まち　愛知県津島市-町
　　かみの-ちょう　京都府京都市上京区-町
　　かみの-ちょう　京都府京都市下京区-町
　　うえの　大阪府堺市中区-
　　うえの-ちょう　大阪府泉大津市-町
　　かみの-ちょう　兵庫県西宮市-町
　　かみの-ちょう　奈良県五條市-町
　　うえの-ちょう　岡山県津山市-町
　　かみの-ちょう　香川県高松市-町
上之山　うえのやま
　　うえのやま-ちょう　愛知県瀬戸市-町
上之手　かみのて　群馬県佐波郡玉村町-
上之平　うえのたいら　山梨県南巨摩郡身延町-
上之庄　かみのしょう
　　かみのしょう　三重県伊賀市-
　　かみのしょう　奈良県桜井市-
上之保　かみのほ　岐阜県関市-
上之屋　うえのや　沖縄県那覇市-
上之宮　うえのみや
　　うえのみや-ちょう　大阪府大阪市天王寺区-町
　　うえのみや　奈良県桜井市-
上之島　かみのしま　茨城県稲敷市-
上之島町北　かみのしまちょうきた　大阪府八尾市-
上之郷　かみのごう
　　かみのごう　千葉県長生郡睦沢町-
　　かみのごう　岐阜県養老郡養老町-

30

3画（上）

かみのごう　岐阜県可児郡御嵩町-
かみのごう　大阪府泉佐野市-
上之割　かみのわり　山梨県山梨市-
上之園　うえのその
　うえのその-ちょう　鹿児島県鹿児島市-町
上之輪新田　かみのわしんでん　三重県桑名市-
上井　あげい
　あげい　鳥取県倉吉市-
　あげい-ちょう　鳥取県倉吉市-町
上五　かみご
　かみご-く　北海道富良野市-区
上今　かみいま
　かみいま-まち　富山県富山市-町
上仁手　かみにって　埼玉県本庄市-
上六川　かみむつがわ　和歌山県有田郡有田川町-
上六名　かみむつな
　かみむつな　愛知県岡崎市-
　かみむつな-ちょう　愛知県岡崎市-町
上六栗　かみむつぐり　愛知県額田郡幸田町-
上内　うえうち・かみうち
　かみうち-まち　秋田県横手市-町
　うえうち　埼玉県久喜市-
　かみうち　福岡県大牟田市-
上内竹　かみないだけ　新潟県新発田市-
上刈　うえかり　新潟県糸魚川市-
上切　かみぎり
　かみぎり-まち　岐阜県高山市-町
　かみぎり-ちょう　愛知県豊田市-町
上分　かみぶん
　かみぶん　徳島県名西郡神山町-
　かみぶん-ちょう　愛媛県四国中央市-町
上反　かみたん
　かみたん-まち　神奈川県横浜市神奈川区-町
上反田　かみそりた　山形県山形市-
上友生　かみともの　三重県伊賀市-
上天下　かみてが
　かみてが-ちょう　福井県福井市-町
上天花　かみてんげ
　かみてんげ-まち　山口県山口市-町
上天満　かみてんま
　かみてんま-ちょう　広島県広島市西区-町
上巴　かみともえ
　かみともえ-ちょう　京都府京都市中京区-町
上戸　うわと・うわど・かみ・じょうご
　うわと　茨城県潮来市-
　うわど　埼玉県川越市-
　うわど　福井県丹生郡越前町-
　じょうご-ちょう　岐阜県各務原市-町
　かみと-まち　長崎県長崎市-町
上戸口　かみとのくち
　かみとのくち-ちょう　福井県鯖江市-町
上戸田　かみとだ
　かみとだ　埼玉県戸田市-
　かみとだ　兵庫県西脇市-
上戸石　かみといし
　かみといし-まち　長崎県長崎市-町
上戸次　かみへつぎ　大分県大分市-
上戸町寺社　うえどまちじしゃ　石川県珠洲市-
上戸倉　かみとぐら　新潟県五泉市-

上戸原　じょうどはら　福島県大沼郡会津美里町-
上戸祭　かみとまつり
　かみとまつり　栃木県宇都宮市-
　かみとまつり-ちょう　栃木県宇都宮市-町
上戸塚　かみとづか　群馬県藤岡市-
上戸越　かみとごえ
　かみとごえ-まち　熊本県人吉市-町
上手　のぼて
　のぼて-まち　大分県日田市-町
上手々知名　うえててちな　鹿児島県大島郡和泊町-
上手計　かみてばか　埼玉県深谷市-
上手綱　かみてづな　茨城県高萩市-
上文挟　かみふばさみ　栃木県河内郡上三川町-
上方　うわがた・かみかた・かみがた
　かみがた　新潟県柏崎市-
　うわがた　岐阜県養老郡養老町-
　かみかた　宮崎県日南市-
上日出谷　かみひでや　埼玉県桶川市-
上日向　かみひなた　栃木県鹿沼市-
上月　こうづき　兵庫県佐用郡佐用町-
上欠　かみかけ
　かみかけ-まち　栃木県宇都宮市-町
上比延　かみひえ
　かみひえ-ちょう　兵庫県西脇市-町
上毛　こうげ
　こうげ-まち　福岡県築上郡-町
上氏家　かみうずえ
　かみうずえ-ちょう　福井県鯖江市-町
上水下　じょうすいした　青森県上北郡おいらせ町-
上水内　かみみのち
　かみみのち-ぐん　長野県-郡
上水流　かみずる
　かみずる-ちょう　宮崎県都城市-町
上片　かみかた
　かみかた-まち　新潟県村上市-町
　かみかた-まち　兵庫県姫路市-町
　かみかた-まち　熊本県八代市-町
上丘　かみおか
　かみおか-ちょう　愛知県豊田市-町
上仙美里　かみせんびり　北海道中川郡本別町-
上代　うえだい・かみだい
　かみだい　千葉県佐倉市-
　うえだい　大阪府和泉市-町
　かみだい　熊本県熊本市西区-
上代野　かみだいの　秋田県大館市-
上代継　かみよつぎ　東京都あきる野市-
上出　かみいで　新潟県糸魚川市-
上出江　かみいずえ　三重県多気郡多気町-
上出島　かみいずしま　茨城県坂東市-
上出浦　かみいずな　新潟県南魚沼市-
上出部　かみいずえ
　かみいずえ-ちょう　岡山県井原市-町
上加　かみか　埼玉県さいたま市北区-
上北　うえきた・かみきた
　かみきた-ぐん　青森県-郡
　かみきた-まち　福島県須賀川市-町
　うえきた　熊本県球磨郡あさぎり町-
上北手小山田　かみきたておやまだ　秋田県秋田市-
上北迫　かみきたば　福島県双葉郡広野町-

31

3画（上）

上半田川　かみはだがわ
　かみはだがわ-ちょう　愛知県瀬戸市-町
上右田　かみみぎた　山口県防府市-
上古山　かみこやま　栃木県下野市-
上古川布　かみふるかわしき　秋田県能代市-
上古沢　かみこさわ・かみふるさわ
　かみふるさわ　神奈川県厚木市-
　かみこさわ　和歌山県伊都郡九度山町-
上古城　かみふるしろ　静岡県駿東郡小山町-
上司　じょうし　京都府宮津市-
上台　うわだい・かみだい
　うわだい-ちょう　北海道茅部郡森町-町
　うわだい　山形県最上郡金山町-
　うわだい　福島県伊達市-
　うわだい　福島県東白川郡棚倉町-
　かみだい-ちょう　栃木県佐野市-町
　かみだい　栃木県下野市-
上四目　かみしめ
　かみしめ-ちょう　福井県越前市-町
上尻毛　かみしっけ　岐阜県岐阜市-
上尻毛八幡　かみしっけはちまん　岐阜県岐阜市-
上市　うわいち・かみいち
　かみいち-まち　富山県中新川郡-町
　かみいち　大阪府柏原市-
　かみいち　奈良県吉野郡吉野町-
　うわいち　鳥取県西伯郡大山町-
　かみいち　岡山県新見市-
　かみいち　岡山県赤磐市-
　かみいち　広島県安芸郡海田町-
　かみいち　愛媛県松山市-
　かみいち　愛媛県西条市-
上布田　かみふだ　千葉県東金市-
上平　うえだいら・うえひら・うわたいら・うわだいら・
　かみたいら・かみだいら
　うえひら　北海道苫前郡苫前町-
　かみたいら　青森県上北郡七戸町-
　かみたいら　岩手県岩手郡雫石町-
　うわだいら　福島県大沼郡会津美里町-
　うわたいら　栃木県塩谷郡塩谷町-
　うわだいら-まち　石川県金沢市-町
　うわだいら　長野県埴科郡坂城町-
　うえだいら-ちょう　岐阜県瑞浪市-町
上平寺　じょうへいじ　滋賀県米原市-
上平良　かみへら　広島県廿日市市-
上平細島　かみたいらほそじま　富山県南砺市-
上弁財　かみべざい
　かみべざい-ちょう　三重県津市-町
上本　うえほん・かみほん
　かみほん-ちょう　山形県酒田市-町
　かみほん-まち　富山県富山市-町
　かみほん-まち　岐阜県羽島郡笠松町-町
　うえほん-まち　愛知県瀬戸市-町
　うえほん-まち　愛知県蒲郡市-町
　うえほん-まち　三重県名張市-町
　うえほん-まち　大阪府大阪市天王寺区-町
　かみほん-まち　大阪府高槻市-町
　かみほん-まち　兵庫県小野市-町
　かみほん-まち　和歌山県新宮市-町
　かみほん-むら　高知県高岡郡檮原町-村
　かみほん-まち　福岡県北九州市門司区-町
　かみほん-まち　福岡県北九州市八幡東区-町

　かみほん-まち　福岡県田川市-町
　かみほん　佐賀県西松浦郡有田町-
　かみほん-まち　鹿児島県鹿児島市-町
上末　うわずえ・かみずえ
　うわずえ　富山県中新川郡立山町-
　かみずえ　愛知県小牧市-
上正　かみしょう　富山県中新川郡上市町-
上玉里　かみたまり　茨城県小美玉市-
上瓦　かみかわら
　かみかわら-ちょう　京都府京都市中京区-町
上生　わぶ　熊本県合志市-
上生出塚　かみおいねづか　埼玉県鴻巣市-
上生洲　かみいけす
　かみいけす-ちょう　京都府京都市上京区-町
上田　うえた・うえだ・うわだ・かみた・かみだ
　うえだ　岩手県盛岡市-
　うわだ-ちょう　栃木県宇都宮市-町
　かみた-まち　栃木県鹿沼市-町
　かみだ　栃木県下都賀郡壬生町-
　かみだ　群馬県伊勢崎市-町
　かみだ　東京都日野市-
　うえだ-まち　新潟県長岡市-町
　うわだ　富山県氷見市-
　うえだ　富山県南砺市-
　うえだ　石川県羽咋郡宝達志水町-
　かみた　福井県小浜市-
　うえだ-し　長野県-市
　うえだ　長野県上田市-
　うえだ　岐阜県揖斐郡池田町-
　うえだ-ちょう　静岡県袋井市-町
　うえだ-ちょう　三重県鈴鹿市-町
　うえだ-ちょう　滋賀県近江八幡市-町
　うえだ-ちょう　京都府京都市東山区-町
　うえだ-ちょう　大阪府河内長野市-町
　うえだ　大阪府松原市-
　うえだ　兵庫県加東市-
　うえだ　和歌山県橋本市-
　うえだ　島根県邑智郡邑南町-
　うえだ-まち　広島県三次市-町
　うえだ　山口県岩国市-
　うえだ-まち　長崎県長崎市-町
　かみだ　熊本県阿蘇郡小国町-
　うえだ-まち　大分県大分市-町
　うえだ　大分県宇佐市-
　うえた　沖縄県豊見城市-
上田上新免　かみたなかみしんめ
　かみたなかみしんめ-ちょう　滋賀県大津市-町
上田子　かみたこ　富山県氷見市-
上田中　うえだなか・かみたなか
　かみたなか　宮城県気仙沼市-
　うえだなか-まち　兵庫県西宮市-町
　うえだなか　兵庫県神崎郡市川町-
　かみたなか-まち　山口県下関市-町
上田井　こうだい　和歌山県紀の川市-
上田出　うわだで　石川県羽咋郡宝達志水町-
上田辺　かみたなべ・かみたぬい
　かみたぬい　三重県度会郡玉城町-
　かみたなべ-ちょう　大阪府高槻市-町
上田名　うわだな　石川県かほく市-
上田邑　かみたのむら　岡山県津山市-
上田原　うえだはら・うえたばる・かみたはら・かみたわ

3画（上）

ら・かみたんばら
　かみたわら-ちょう　栃木県宇都宮市-町
　かみたんばら　山梨県南巨摩郡身延町-
　うえだはら　長野県上田市-
　かみたわら　大阪府四條畷市-
　かみたはら　和歌山県日高郡日高川町-
　かみたわら　和歌山県東牟婁郡串本町-
　うえたばる　沖縄県島尻郡八重瀬町-
上田堤　うえだつつみ　岩手県盛岡市-
上田楽　かみたらが
　かみたらが-ちょう　愛知県春日井市-町
上白山　かみはくさん
　かみはくさん-ちょう　京都府京都市中京区-町
上白水　かみしろうず　福岡県春日市-
上石　かみいし・かみごく
　かみごく-ちょう　静岡県静岡市葵区-町
　かみいし　広島県山県郡北広島町-
上石津町上原　かみいしづちょううわはら　岐阜県大
　垣市-
上石神井　かみしゃくじい　東京都練馬区-
上辺見　かみへみ　茨城県古河市-
上会下　かみえげ　埼玉県鴻巣市-
上伏　うえぶせ
　うえぶせ-ちょう　福井県福井市-町
上伏間江　かみふすまえ　富山県高岡市-
上先出　かみせんでん　石川県能美郡川北町-
上印食　かみいんじき　岐阜県羽島郡岐南町-
上吉沢　かみきちさわ　神奈川県平塚市-
上吉妻　かみきつま　埼玉県春日部市-
上向　うわむき　秋田県鹿角郡小坂町-
上向山　かみむこうやま
　かみむこうやま-ちょう　山梨県甲府市-町
上向別　かみむこうべつ　北海道浦河郡浦河町-
上合　かみあい　茨城県小美玉市-
上名　かみみょう・かんみょう
　かんみょう　鹿児島県いちき串木野市-
　かみみょう　鹿児島県姶良市-
上名生　かみのみょう　宮城県柴田郡柴田町-
上地　うえじ・うえち・じょうち
　じょうち　宮城県伊具郡丸森町-
　うえじ-ちょう　愛知県豊橋市-町
　うえじ　愛知県岡崎市-
　うえじ-ちょう　愛知県岡崎市-町
　うえじ-ちょう　三重県伊勢市-町
　うえじ　沖縄県沖縄市-
　うえち　沖縄県中頭郡読谷村-
上圷　かみあくつ　茨城県東茨城郡城里町-
上多古　こうだこ　奈良県吉野郡川上村-
上夷　かみえびす
　かみえびす-ちょう　京都府京都市下京区-町
上安　うえやす・かみやす
　かみやす-ちょう　山形県酒田市-町
　うえやす　京都府舞鶴市-
　かみやす　広島県広島市安佐南区-
　かみやす-ちょう　広島県広島市安佐南区-町
上安久　かみあぐ　京都府舞鶴市-
上安東　うえやすひがし
　うえやすひがし-まち　京都府舞鶴市-町
上安曇　かみあずま　鳥取県米子市-
上宇莫別　かみうばくべつ　北海道上川郡美瑛町-

上寺　かみでら・じょうてら
　かみでら-まち　石川県小松市-町
　かみでら-ちょう　滋賀県草津市-町
　かみでら　福岡県朝倉市-
　じょうてら　熊本県上益城郡山都町-
上寺内　かみじない　新潟県新発田市-
上庄　かみしょう・かみのしょう
　かみしょう-まち　富山県富山市-町
　かみしょう　奈良県生駒郡平群町-
　かみしょう　香川県小豆郡土庄町-
　かみのしょう　熊本県合志市-
　かみしょう　大分県宇佐市-
上成　うえなし・うわなろ
　うえなし　茨城県結城市-
　うわなろ　高知県高岡郡檮原町-
上早川　かみそうがわ　熊本県上益城郡甲佐町-
上早川田　かみさがわだ
　かみさがわだ-ちょう　群馬県館林市-町
上有住　かみありす　岩手県気仙郡住田町-
上有芸　かみうげい　岩手県下閉伊郡岩泉町-
上江　うわえ・かみえ
　かみえ　福島県喜多方市-
　うわえ-まち　石川県羽咋市-町
　うわえ　宮崎県えびの市-
　うわえ　宮崎県児湯郡高鍋町-
上江洲　うえず
　うえず　沖縄県うるま市-
　うえず　沖縄県島尻郡久米島町-
上江連　かみえづら　栃木県真岡市-
上汐　うえしお
　うえしお　大阪府大阪市天王寺区-
　うえしお　大阪府大阪市中央区-
上池　かみいけ
　かみいけ-ちょう　愛知県半田市-町
上池田　うえいけだ・かみいけだ
　かみいけだ-ちょう　京都府京都市東山区-町
　うえいけだ　大阪府池田市-
　かみいけだ　兵庫県神戸市長田区-
上百々　かみどうどう　新潟県妙高市-
上竹　かみたけ・じょうたけ
　じょうたけ　福島県二本松市-
　かみたけ-ちょう　岐阜県岐阜市-町
　かみたけ　岡山県加賀郡吉備中央町-
上米内　かみよない　岩手県盛岡市-
上米良　かめめら　宮崎県児湯郡西米良村-
上米積　かみよなづみ　鳥取県倉吉市-
上糸生　かみいとう　福井県丹生郡越前町-
上羽生　かみはにゅう　埼玉県羽生市-
上羽角　かみはすみ
　かみはすみ-ちょう　愛知県西尾市-町
上羽津　かみはねづ　新潟県新発田市-
上舌　かみした　福井県大野市-
上色見　かみしきみ　熊本県阿蘇郡高森町-
上衣文　かみそぶみ
　かみそぶみ-ちょう　愛知県岡崎市-町
上西　うえにし・かみにし
　かみにし-ちょう　静岡県浜松市東区-町
　かみにし　島根県隠岐郡隠岐の島町-
　うえにし　熊本県球磨郡あさぎり町-
上西舎　かみにしちゃ　北海道浦河郡浦河町-

33

上佐谷　かみさや　茨城県かすみがうら市-
上似内　かみにたない　岩手県花巻市-
上住吉　うえすみよし　大阪府大阪市住吉区-
上余田　かみようでん　宮城県名取市-
上児木　かみちごのき　新潟県燕市-
上初湯川　かみうぶゆがわ　和歌山県日高郡日高川町-
上別府　かみべふ
　かみべふ　福岡県遠賀郡遠賀町-
　かみべふ　福岡県築上郡築上町-
上利　あがり
　あがり-まち　岐阜県関市-町
上利員　かみとしかず
　かみとしかず-ちょう　茨城県常陸太田市-町
上坂　かみさか
　かみさか-まち　新潟県阿賀野市-町
　かみさか-ちょう　愛知県名古屋市瑞穂区-町
　かみさか-ちょう　愛知県犬山市-町
　かみさか　福岡県京都郡みやこ町-
上坊　じょうぼう　岩手県一関市-
上対馬町小鹿　かみつしままちおしか　長崎県対馬市-
上対馬町五根緒　かみつしままちごねお　長崎県対馬市-
上対馬町舟志　かみつしままちしゅうし　長崎県対馬市-
上対馬町河内　かみつしままちかわち　長崎県対馬市-
上対馬町唐舟志　かみつしままちとうじゅうし　長崎県対馬市-
上対馬町冨浦　かみつしままちとみがうら　長崎県対馬市-
上対馬町琴　かみつしままちきん　長崎県対馬市-
上尾　あげお・かみお
　あげお-し　埼玉県-市
　あげお-むら　埼玉県上尾市-村
　かみお-ちょう　大阪府八尾市-町
上尾宿　あげおしゅく　埼玉県上尾市-
上志段味　かみしだみ　愛知県名古屋市守山区-
上志筑　かみしづく　茨城県かすみがうら市-
上折渡　かみおりわたり　高知県高岡郡檮原町-
上条　あげじょう・うえじょう・かみじょう・じょうじょう
　じょうじょう　茨城県稲敷郡阿見町-
　じょうじょう-まち　新潟県長岡市-町
　じょうじょう　新潟県柏崎市-
　じょうじょう　新潟県加茂市-
　じょうじょう　富山県射水市-
　かみじょう　岐阜県美濃市-
　かみじょう　静岡県富士宮市-
　じょうじょう-ちょう　愛知県春日井市-町
　じょうじょう-ちょう　愛知県安城市-町
　じょうじょう　愛知県清須市-
　うえじょう-ちょう　山口県下関市-町
　あげじょう　山口県宇部市-
上条沖　じょうじょうおき　富山県中新川郡上市町-
上条新居　かみじょうあらい
　かみじょうあらい-まち　山梨県甲府市-町
上杉　うえすぎ・かみすぎ
　かみすぎ　宮城県仙台市青葉区-
　かみすぎ　秋田県北秋田市-
　うえすぎ-ちょう　京都府綾部市-町
　うえすぎ　大阪府豊能郡能勢町-
上来島　かみきじま　島根県飯石郡飯南町-

上沖洲　かみおきのす　熊本県玉名郡長洲町-
上沢　うわさわ・かみさわ・かみざわ
　かみさわ　茨城県つくば市-
　かみさわ　茨城県鉾田市-
　うわさわ　栃木県塩谷郡塩谷町-
　かみさわ　埼玉県富士見市-
　かみさわ　新潟県糸魚川市-
　かみざわ　静岡県田方郡函南町-
上町甲　うわまちこう　福島県大沼郡会津美里町-
上社　かみやしろ　愛知県名古屋市名東区-
上花山旭山　かみかざんあさひやま
　かみかざんあさひやま-ちょう　京都府京都市山科区-町
上芥田　かみげた
　かみげた-ちょう　兵庫県加西市-町
上芥見　かみあくたみ　岐阜県岐阜市-
上芭露　かみばろう　北海道紋別郡湧別町-
上芳養　かみはや　和歌山県田辺市-
上見　うわみ　富山県南砺市-
上谷　うえだに・うわや・かみだに・かみや・かみやつ・こうだに
　かみや　埼玉県鴻巣市-
　かみやつ　埼玉県入間郡越生町-
　うわや　千葉県東金市-
　かみや　神奈川県伊勢原市-
　かみや　山梨県都留市-
　こうだに　奈良県吉野郡川上村-
　かみだに　和歌山県海南市-
　かみだに-ちょう　岡山県高梁市-町
　うえだに-ちょう　広島県庄原市-町
　かみだに-ちょう　鹿児島県鹿屋市-町
上谷ケ貫　かみやがぬき　埼玉県入間市-
上谷中　じょうやなか　千葉県匝瑳市-
上谷刈　かみやがり　宮城県仙台市泉区-
上谷本　かみやもと
　かみやもと-ちょう　神奈川県横浜市青葉区-町
上谷地　かみやち
　かみやち　青森県上北郡おいらせ町-
　かみやち　青森県三戸郡五戸町-
　かみやち　秋田県能代市-
　かみやち　新潟県三条市-
上谷貝　かみやがい　栃木県真岡市-
上谷新田　うわやしんでん　千葉県大網白里市-
上赤工　かみあかだくみ　埼玉県飯能市-
上赤生田　かみあこうだ
　かみあこうだ-ちょう　群馬県館林市-町
上車持　かみくらもち　福井県大飯郡高浜町-
上里　かみさと・かみざと・じょうり
　かみさと　北海道檜山郡厚沢部町-
　かみさと　北海道磯谷郡蘭越町-
　かみさと　北海道網走郡津別町-
　かみさと　茨城県つくば市-
　かみさと　埼玉県さいたま市岩槻区-
　かみさと-まち　埼玉県児玉郡-町
　かみさと　長野県諏訪郡原村-
　かみさと　愛知県岡崎市-
　かみざと　三重県北牟婁郡紀北町-
　じょうり　高知県高知市-
　かみさと　熊本県球磨郡湯前町-
上並榎　かみなみえ
　かみなみえ-まち　群馬県高崎市-町

3画（上）

上依知　かみえち　神奈川県厚木市-
上兎内　かみうさぎない　青森県三戸郡五戸町-
上砦部　かみあざえ　岡山県真庭市-
上国府塚　かみこうづか　栃木県小山市-
上奈良城垣内　かみならしろがいと　京都府八幡市-
上官　じょうかん
　じょうかん-まち　福岡県大牟田市-町
上宝町芋生茂　かみたからちょうおいも　岐阜県高山市
上宝町鼠餅　かみたからちょうねずもち　岐阜県高山市
上居　じょうご　奈良県高市郡明日香村-
上岡　うわおか・かみおか
　うわおか　茨城県久慈郡大子町-
　かみおか　高知県高岡郡四万十町-
　かみおか　大分県佐伯市-
上岸　かみきし　静岡県榛原郡川根本町-
上岩　あげいわ　兵庫県神崎郡神河町-
上府　かみこう・かみのふ
　かみこう-ちょう　島根県浜田市-町
　かみのふ　福岡県糟屋郡新宮町-
上延　うわのぶ
　うわのぶ-ちょう　京都府綾部市-町
上延生　かみのぶ　栃木県芳賀郡芳賀町-
上所　かみところ　新潟県新潟市中央区-
上押垂　かみおしだり　埼玉県東松山市-
上杵臼　かみきねうす　北海道浦河郡浦河町-
上松　あげまつ・うえまつ・かみまつ
　うえまつ　長野県長野市-
　あげまつ-まち　長野県木曽郡-町
　あげまつ　長野県木曽郡上松町-
　うえまつ　京都府福知山市-
　かみまつ-ちょう　大阪府岸和田市-町
上東　うえひがし・かみひがし・じょうとう
　かみひがし　京都府舞鶴市-
　じょうとう　岡山県倉敷市-
　かみひがし　高知県長岡郡大豊町-
　うえひがし　熊本県球磨郡あさぎり町-
　かみひがし-ちょう　宮崎県都城市-町
上板　かみいた
　かみいた-ちょう　徳島県板野郡-町
上林　うえばやし・かみはやし・かみばやし・かんばやし
　かみばやし　茨城県石岡市-
　かんばやし　千葉県茂原市-
　かみばやし　石川県野々市市-
　うえばやし　三重県伊賀市-
　かんばやし　岡山県総社市-
　かみばやし-ちょう　香川県高松市-町
　かみばやし　愛媛県東温市-
　かみばやし-まち　熊本県熊本市中央区-町
　かみばやし-まち　熊本県人吉市-町
上林東　じょうりんひがし　宮城県伊具郡丸森町-
上武射田　かみむさた　千葉県東金市-
上河内　かみがち・かみかわち・かみこうち・かみごうち
　かみがち-ちょう　茨城県水戸市-町
　かみがち　茨城県那珂市-
　かみごうち　神奈川県海老名市-
　かみこうち-ちょう　福井県鯖江市-町
　かみかわち　大阪府南河内郡河南町-
　かみごうち　岡山県真庭市-

上河戸　かみこうど　栃木県さくら市-
上河北　かみこぎた
　かみこぎた-ちょう　福井県福井市-町
上河和　かみこうわ　岐阜県美濃市-
上河東　かみがとう　山梨県中巨摩郡昭和町-
上河渡頭　かみかどがしら　青森県上北郡野辺地町-
上河端　かみこうばた
　かみこうばた-ちょう　福井県鯖江市-町
上沓谷　かみくつのや
　かみくつのや-ちょう　静岡県静岡市葵区-町
上沼　うわぬま　新潟県新潟市中央区-
上沼ノ上丙　かみぬまのうえへい　福島県河沼郡会津坂下町-
上沼新田　うわぬましんでん　新潟県長岡市-
上油掛　かみあぶらかけ
　かみあぶらかけ-ちょう　京都府京都市伏見区-町
上物部　かみものべ　兵庫県洲本市-
上牧　かみまき・かみもく・かんまき
　かみもく　群馬県利根郡みなかみ町-
　かみまき-まち　石川県小松市-町
　かみまき　長野県伊那市-
　かんまき-ちょう　大阪府高槻市-町
　かんまき-ちょう　奈良県北葛城郡-町
　かんまき　奈良県北葛城郡上牧町-
上直竹上分　かみなおたけかみぶん　埼玉県飯能市-
上迫　かみさこ
　かみさこ-ちょう　山口県周南市-町
上長　かみなが　茨城県稲敷郡阿見町-
上長田　かみながた　熊本県玉名郡南関町-
上長谷　かみながたに　高知県幡多郡三原村-
上長都　かみおさつ　北海道千歳市-
上長飯　かみながえ
　かみながえ-ちょう　宮崎県都城市-町
上雨ケ谷　かみあまがい　茨城県東茨城郡茨城町-
上保　かみのほ　岐阜県本巣市-
上南　うえみなみ・かみな
　かみな-ちょう　滋賀県東近江市-町
　うえみなみ　熊本県球磨郡あさぎり町-
上南畑　かみなんばた　埼玉県富士見市-
上南部　かみなべ
　かみなべ　熊本県熊本市東区-
　かみなべ-まち　熊本県熊本市東区-町
上品寺　じょうほんじ
　じょうほんじ-ちょう　奈良県橿原市-町
上城　かみじょう・かみしろ
　かみしろ　茨城県桜川市-
　かみじょう　大分県佐伯市-
　かみしろ　鹿児島県大島郡知名町-
上城内　かみじょうない
　かみじょうない-まち　大分県日田市-町
上城田寺　かみきだいじひがし　岐阜県岐阜市-
上城塚　かみじょうづか　新潟県胎内市-
上屋　かみや
　かみや　岐阜県大垣市-
　かみや　滋賀県野洲市-
上屋田　うえやだ　青森県上北郡七戸町-
上巻　あげまき　福岡県大川市-
上後　うえご　千葉県富津市-
上後山　かみうしろやま　石川県鹿島郡中能登町-

35

3画（上）

上後郷　かみうらごう　栃木県芳賀郡茂木町-
上怒和　かみぬわ　愛媛県松山市-
上栄　かみさかえ　富山県富山市-
上柿木畠　かみかきのきばたけ　石川県金沢市-
上柏　かみがしわ
　かみがしわ-ちょう　愛媛県四国中央市-町
上柳　かみやなぎ
　かみやなぎ　秋田県能代市-
　かみやなぎ　山形県山形市-
　かみやなぎ　埼玉県春日部市-
　かみやなぎ-まち　新潟県長岡市-町
　かみやなぎ-ちょう　京都府京都市東山区-町
　かみやなぎ-ちょう　京都府京都市下京区-町
上柚木　かみゆぎ・かみゆのき
　かみゆぎ　東京都八王子市-
　かみゆのき-ちょう　長崎県佐世保市-町
上段　かみだん　鳥取県鳥取市-
上浅津　かみあそづ　鳥取県東伯郡湯梨浜町-
上津　かみつ・かみづ・じょうづ
　かみづ　群馬県利根郡みなかみ町-
　じょうづ　富山県南砺市-
　かみつ　福岡県久留米市-
　かみつ-まち　福岡県久留米市-町
上津川　こうづかわ　高知県土佐郡土佐町-
上津台　こうづだい　兵庫県神戸市北区-
上津田　かみづた　広島県世羅郡世羅町-
上津江町川原　かみつえまちかわばる　大分県日田市-
上津屋　こうづや　京都府城陽市-
上津屋里垣内　こうづやさとがいと　京都府八幡市-
上津深江　こうつふかえ　熊本県天草郡苓北町-
上洞　かぼら　和歌山県日高郡印南町-
上猪　かみむじな　埼玉県川島町-
上畑　うえはた・かみはた・じょうはた
　かみはた-まち　山形県鶴岡市-町
　かみはた　埼玉県飯能市-
　うえはた-ちょう　滋賀県近江八幡市-町
　うえはた-ちょう　広島県呉市-町
　うえはた　福岡県朝倉市-
　じょうはた　福岡県遠賀郡岡垣町-
　かみはた　大分県竹田市-
上県町女連　かみあがたまちうなつら　長崎県対馬市-
上県町鹿見　かみあがたまちししみ　長崎県対馬市-
上県町御園　かみあがたまちみそ　長崎県対馬市-
上相　かみや　岡山県美作市-
上相浦　かみあいのうら
　かみあいのうら-ちょう　長崎県佐世保市-町
上砂　かみいさご・かみすな・かみずな
　かみいさご　千葉県八街市-
　かみすな-ちょう　東京都立川市-町
上砂井　かみいさごい　茨城県古河市-
上神　かずわ　鳥取県倉吉市-
上神内川　かみかのがわ　山梨県山梨市-
上神戸　かみかんべ　三重県伊賀市-
上神主　かみこうぬし　栃木県河内郡上三川町-
上神田　かみかみだ　大阪府寝屋川市-
上神目　かみこうめ　岡山県久米郡久米南町-
上神増　かみかんぞ　静岡県磐田市-

上神輿　かみみこし
　かみみこし-ちょう　京都府京都市上京区-町
上祖母石　かみうばいし　山梨県韮崎市-
上秋　かんだけ　岐阜県揖斐郡大野町-
上籾　かみもみ　岡山県久米郡久米南町-
上美生　かみびせい　北海道河西郡芽室町-
上荒田
　うえあらた-ちょう　鹿児島県鹿児島市-町
上荒河　かみあらが　京都府福知山市-
上荘町国包　かみそうちょうくにかね　兵庫県加古川市-
上荘町都台　かみそうちょうみやこだい　兵庫県加古川市-
上荘町都染　かみそうちょうつぞめ　兵庫県加古川市-
上荘町薬栗　かみそうちょうくすくり　兵庫県加古川市-
上軍川　かみいくさがわ　北海道亀田郡七飯町-
上面　じょうめん　岐阜県大垣市-
上音更　かみおとふけ　北海道河東郡上士幌町-
上音標　かみおとしべ　北海道枝幸郡枝幸町-
上香楽　かみこうらく　福岡県築上郡築上町-
上倉　あげくら　高知県南国市-
上原　うえはら・うえばら・うわはら・うわばら・うわばる・かみはら・かみはる・かんばら・かんばる
　うわばら　山形県西置賜郡飯豊町-
　うわばら　福島県二本松市-
　かみはら　茨城県つくば市-
　かみはら-まち　群馬県沼田市-町
　かみはら　埼玉県深谷市-
　うえはら　千葉県市原市-
　かんばら　千葉県山武郡横芝光町-
　うえはら　千葉県夷隅郡大多喜町-
　うえはら　東京都渋谷区-
　かみはら　新潟県柏崎市-
　かみはら　新潟県魚沼市-
　かみはら　新潟県南魚沼市-
　かみはら　富山県南砺市-
　かんばら-まち　石川県金沢市-町
　うわばら　静岡県静岡市清水区-
　うわばら-ちょう　愛知県豊田市-町
　かみはら　愛知県知多郡武豊町-
　かんばら-ちょう　京都府綾部市-町
　うわばら-ちょう　大阪府河内長野市-町
　うえはら　鳥取県鳥取市-
　かみはら　島根県邑智郡邑南町-
　かんばら　岡山県総社市-
　かみはら-ちょう　広島県庄原市-町
　うわばら　愛媛県新居浜市-
　かみはら-まち　愛媛県伊予郡砥部町-町
　かみはら-まち　福岡県北九州市若松区-町
　かんばる　福岡県京都郡みやこ町-
　うわばら-ちょう　長崎県佐世保市-町
　うえはら-まち　熊本県人吉市-町
　うわばる　熊本県葦北郡芦北町-
　かみはる-ちょう　大分県別府市-町
　うえはら　沖縄県宜野湾市-
　うえはら　沖縄県国頭郡大宜味村-
　うえはら　沖縄県中頭郡西原町-
　うえはら　沖縄県八重山郡竹富町-
上唐原　かみとうばる　福岡県築上郡上毛町-

3画（上）

上宮　かみみや・じょうぐう
　かみみや　富山県中新川郡立山町-
　じょうぐう　高知県高岡郡四万十町-
　じょうぐう-まち　大分県日田市-町
上宮河内　かみみやかわうち
　かみみやかわうち-ちょう　茨城県常陸太田市-町
上島　うえじま・かみしま・かみじま
　かみじま　茨城県つくばみらい市-
　かみじま　新潟県上越市-
　かみしま　新潟県東蒲原郡阿賀町-
　かみじま　富山県滑川市-
　かみじま　長野県上伊那郡辰野町-
　かみじま　静岡県浜松市中区-
　かみじま　静岡県浜松市浜北区-
　かみしま-ちょう　大阪府枚方市-町
　かみしま-ちょう　大阪府門真市-町
　かみしま-ちょう　島根県出雲市-町
　かみじま-ちょう　愛媛県越智郡-町
　うえじま　熊本県上益城郡嘉島町-
上峰　うえみね・かみみね
　うえみね　埼玉県さいたま市中央区-
　かみみね-ちょう　佐賀県三養基郡-町
上峰寺　かみみねでら　鳥取県八頭郡八頭町-
上差尾　かみさしお　熊本県上益城郡山都町-
上座　じょうざ　千葉県佐倉市-
上徒士　かみかじし
　かみかじし-ちょう　青森県八戸市-町
上恵土　かみえど　岐阜県可児郡御嵩町-
上挙母　うわごろも　愛知県豊田市-
上桐　かみぎり　新潟県長岡市-
上桂御正　かみかつらみしょう
　かみかつらみしょう-ちょう　京都府京都市西京区-町
上根　うえね・かみね
　かみね　栃木県芳賀郡市貝町-
　かみね　埼玉県熊谷市-
　うえね　京都府舞鶴市-
上根来　かみねごり　福井県小浜市-
上桜　うえざくら　福島県伊達郡川俣町-
上浦町井口　かみうらちょういのくち　愛媛県今治市-
上浦浅海井浦　かみうらあざむいうら　大分県佐伯市-
上浦最勝海浦　かみうらにいなめうら　大分県佐伯市-
上浜　かみはま
　かみはま-ちょう　福島県福島市-町
　かみはま-ちょう　愛知県名古屋市南区-町
　かみはま-ちょう　愛知県半田市-町
　かみはま-ちょう　三重県津市-町
上浮穴　かみうけな
　かみうけな-ぐん　愛媛県-郡
上流　かみながれ
　かみながれ-ちょう　愛知県名古屋市中川区-町
上狼塚　かみおいのづか　宮城県加美郡加美町-
上益城　かみましき
　かみましき-ぐん　熊本県-郡
上真砂　かみまなご　新潟県上越市-
上真倉　かみさなぐら　千葉県館山市-
上納　じょうのう　愛知県常滑市-
上脇　かみわき
　かみわき-ちょう　愛知県名古屋市中川区-町
　かみわき-ちょう　愛知県豊田市-町
上荻　かみおぎ　東京都杉並区-

上苅生田　かみあぞうだ
　かみあぞうだ-ちょう　福井県福井市-町
上蚊野　かみがの　滋賀県愛知郡愛荘町-
上起　かみおこし　愛知県知多郡武豊町-
上郡　かみごおり
　かみごおり　宮城県遠田郡涌谷町-
　かみごおり　福島県伊達郡桑折町-
　かみごおり　三重県伊賀市-
　かみごおり　大阪府茨木市-
　かみごおり-ちょう　兵庫県赤穂郡-町
　かみごおり　兵庫県赤穂郡上郡町-
上釜　かみがま　茨城県鉾田市-
上除　かみのぞき
　かみのぞき-まち　新潟県長岡市-町
上馬　かみうま
　かみうま　東京都世田谷区-
　かみうま-ちょう　京都府京都市東山区-町
上馬寄　かみまいそう　福岡県北九州市門司区-
上馬場　かみばっぱ・かみばば・かみばんば
　かみばば　茨城県小美玉市-
　かみばんば　埼玉県八潮市-
　かみばば　新潟県妙高市-
　かみばっぱ　長野県諏訪郡下諏訪町-
上馬渡　かみまわたし　茨城県稲敷市-
上高　かみたか
　かみたか-まち　新潟県刈羽郡刈羽村-町
　かみたか-ちょう　愛知県豊田市-町
　かみたか　大分県宇佐市-
上高末　かみこうずえ　岡山県小田郡矢掛町-
上高砂　かみたかすな　山梨県南アルプス市-
上高家　かみたけい　大分県宇佐市-
上高野　かみこうや・かみたかの
　かみたかの　埼玉県幸手市-
　かみこうや　千葉県八千代市-
　かみこうの-まち　愛媛県松山市-町
上高野八幡　かみたかのはちまん
　かみたかのはちまん-ちょう　京都府京都市左京区-町
上高野防山　かみたかのぼうやま　京都府京都市左京区-
上高野掃部林　かみたかのかもんはやし
　かみたかのかもんはやし-ちょう　京都府京都市左京区-町
上高間木　かみこうまぎ　栃木県真岡市-
上冨居　かみふご　富山県富山市-
上間寒　かみといかん　北海道天塩郡幌延町-
上堂　かみどう　岩手県盛岡市-
上堀　かみほり
　かみほり　千葉県南房総市-
　かみほり-まち　富山県富山市-町
上堀田　かみほりだ　新潟県新潟市北区-
上崎　かみさき　埼玉県加須市-
上強戸　かみごうど
　かみごうど-ちょう　群馬県太田市-町
上張　あげはり　静岡県掛川市-
上悪土　かみあくど　秋田県能代市-
上曽　うわそ　茨城県石岡市-
上望陀　かみもうだ　千葉県木更津市-
上梨　かみなし　富山県南砺市-
上渚滑　かみしょこつ
　かみしょこつ-ちょう　北海道紋別市-町

3画（上）

上深川 かみふかわ
かみふかわ-ちょう　奈良県奈良市-町
かみふかわ-ちょう　広島県広島市安佐北区-町

上清久 かみきよく　埼玉県久喜市-

上猪 かみい　熊本県球磨郡湯前町-

上笠 かみがさ
かみがさ　岐阜県大垣市-
かみがさ　滋賀県草津市-

上紺屋 かみこうや・かみこや
かみこや　京都府福知山市-
かみこうや-まち　岡山県津山市-町

上組 かみくみ・かみぐみ
かみくみ-ちょう　青森県八戸市-町
かみくみ-ちょう　岩手県遠野市-町
かみぐみ　新潟県十日町市-
かみぐみ　山梨県北都留郡丹波山村-
かみぐみ　高知県高岡郡檮原町-

上葛川 かみくずがわ　奈良県吉野郡十津川村-

上葛原 かみくずはら　福岡県北九州市小倉南区-

上菅 かみすが・かみすげ
かみすげ　愛知県名古屋市名東区-
かみすが　三重県多気郡大台町-
かみすげ　鳥取県日野郡日野町-

上菅又 かみすがまた　栃木県芳賀郡茂木町-

上菅口 かみすげくち　山梨県甲斐市-

上菅田 かみすげだ
かみすげだ-ちょう　神奈川県横浜市保土ケ谷区-町

上菅間 かみすがま　茨城県つくば市-

上萌和 かみもいわ　北海道広尾郡大樹町-

上蛇 じょうじゃ
じょうじゃ-まち　茨城県常総市-町

上袋 かみふくろ　富山県富山市-

上貫 かみぬき　福岡県北九州市小倉南区-

上郷町来内 かみごうちょうらいない　岩手県遠野市-

上野 あがの・うえの・うわの・かみの・こうずけ・わの
うえの-ちょう　北海道函館市-
うえの-ちょう　北海道檜山郡江差町-町
うえの　北海道勇払郡厚真町-
うわの　青森県青森市-
うわの　青森県八戸市-
うわの　青森県上北郡東北町-
うえの-ちょう　岩手県北上市-町
うわの　岩手県岩手郡雫石町-
うわの　宮城県刈田郡七ケ宿町-
うわの　秋田県由利本荘市-
わの　山形県南陽市-
うえの　茨城県つくば市-
かみの　茨城県ひたちなか市-
うえの　茨城県筑西市-
うえの-まち　栃木県宇都宮市-町
うわの-まち　栃木県鹿沼市-町
うわの　栃木県さくら市-
うえの-むら　群馬県多野郡-村
うえの　群馬県甘楽郡甘楽町-
うえの　埼玉県さいたま市岩槻区-
うえの-まち　埼玉県秩父市-町
うえの　埼玉県上尾市-
うえの　埼玉県入間郡毛呂山町-
うえの-ちょう　千葉県銚子市-町
うえの　千葉県勝浦市-
うえの　千葉県四街道市-

うえの　千葉県長生郡長柄町-
うえの　東京都台東区-
うえの-まち　東京都八王子市-町
うえの-のまち　神奈川県横浜市中区-町
かみの-まち　新潟県長岡市-町
うえの　新潟県十日町市-
うえの　新潟県村上市-
うわの　新潟県糸魚川市-
うえの　新潟県五泉市-
うわの　新潟県南魚沼市-
うわの　新潟県岩船郡関川村-
うわの　富山県富山市-
うわの　富山県魚津市-
うえの　富山県南砺市-
うわの　富山県射水市-
うわの　富山県下新川郡入善町-
うわの-まち　石川県加賀市-町
かみの-まち　石川県白山市-町
うわの　石川県河北郡津幡町-
うわの　石川県羽咋郡志賀町-
うわの　石川県鳳珠郡穴水町-
うえの-ちょう　福井県福井市-町
うえの　福井県小浜市-
うえの　福井県大野市-
うえの　福井県あわら市-
うわの　福井県南条郡南越前町-
うわの　福井県丹生郡越前町-
うえの　福井県三方上中郡若狭町-
うえの　山梨県南アルプス市-
うえの　山梨県西八代郡市川三郷町-
うわの　長野県長野市-
うえの　長野県上田市-
うわの-まち　岐阜県高山市-町
うえの-ちょう　岐阜県多治見市-町
うえの　岐阜県中津川市-
かみの　岐阜県美濃市-
うえの-まち　岐阜県瑞浪市-町
うえの　岐阜県揖斐郡揖斐川町-
かみの　静岡県浜松市天竜区-
うえの　静岡県駿東郡小山町-
うえの-ちょう　愛知県名古屋市千種区-
うえの-ちょう　愛知県豊橋市-町
うえの　愛知県豊川市-
うえの-ちょう　愛知県春日井市-町
かみの　愛知県犬山市-
うえの-ちょう　愛知県豊田市-町
うえの-ちょう　愛知県弥富市-町
うえの-ちょう　三重県伊勢市-町
うえの　三重県桑名市-
うえの-ちょう　三重県鈴鹿市-町
うえの-ちょう　三重県尾鷲市-町
うえの-ちょう　三重県亀山市-町
うわの　三重県多気郡明和町-
うわの　三重県南牟婁郡御浜町-
うわの-ちょう　滋賀県長浜市-町
うえの-ちょう　滋賀県近江八幡市-町
うえの　滋賀県米原市-
うえの　京都府福知山市-
うえの-ちょう　京都府綾部市-町
うえの-ちょう　京都府船井郡京丹波町-
うえの　大阪府枚方市-
うえの-ちょう　大阪府茨木市-町

3画（上）

うえの　兵庫県神戸市灘区-
うえの　兵庫県西脇市-
うえの-ちょう　兵庫県加西市-町
うえの　兵庫県養父市-
うえの　兵庫県揖保郡猪名川町-
こうずけ-ちょう　奈良県五條市-町
うえの　和歌山県和歌山市-
うえの-まち　和歌山県和歌山市-町
うえの　和歌山県田辺市-
うえの　和歌山県紀の川市-
かみの　鳥取県八頭郡八頭町-
うえの　鳥取県西伯郡大山町-
うえの　鳥取県西伯郡伯耆町-
かみの　島根県邑智郡美郷町-
うえの　岡山県加賀郡吉備中央町-
うえの　広島県神石郡神石高原町-
うえの-まち　愛媛県松山市-町
うえの　愛媛県伊予市-
うえの　高知県土佐清水市-
あがの　福岡県田川郡福智町-
うえの-まち　長崎県長崎市-町
うえの-まち　長崎県諫早市-町
こうずけ-まち　熊本県八代市-町
うえの　熊本県上益城郡御船町-
うえの-まち　大分県大分市-町
うえの　大分県日田市-
かみの-まち　宮崎県宮崎市-町
かみの　宮崎県西臼杵郡高千穂町-
うえの-ちょう　鹿児島県鹿屋市-町
上野ケ丘　うわのがおか
　うわのがおか-まち　石川県七尾市-町
上野万　うえのよろず
　うえのよろず-まち　三重県伊賀市-町
上野口　かみのぐち
　かみのぐち-ちょう　大阪府門真市-町
　かみのぐち　大分県別府市-
上野山　うえのやま・かみのやま
　かみのやま　宮城県仙台市太白区-
　かみのやま　福島県郡山市-
　うえのやま　新潟県糸魚川市-
　うえのやま　新潟県三島郡出雲崎町-
　うえのやま　新潟県岩船郡関川村-
　うえのやま　和歌山県東牟婁郡串本町-
上野川　かみのがわ　福島県双葉郡葛尾村-
上野川原　うえのかわら　福島県大沼郡会津美里町-
上野中　うえのなか・かみのなか
　うえのなか-まち　三重県伊賀市-町
　かみのなか-ちょう　山口県宇部市-町
上野毛　かみのげ　東京都世田谷区-
上野丘　うえのがおか　大分県大分市-
上野台　うえのだい・うわのだい
　うわのだい　埼玉県深谷市-
　うえのだい　埼玉県ふじみ野市-
上野尻　かみのじり
　かみのじり　福島県耶麻郡西会津町-
　かみのじり　愛媛県上浮穴郡久万高原町-
上野本　うえのほん・うわのほん・かみのもと
　かみのもと　埼玉県東松山市-
　うわのほん　富山県小矢部市-
　うえのほん-まち　石川県金沢市-町
　うえのほん-まち　福井県福井市-町

上野田　かみのた・かみのだ・こうずけた・こうずけだ
　こうずけた　秋田県大仙市-
　かみのだ　群馬県北群馬郡吉岡町-
　かみのだ　埼玉県さいたま市緑区-
　かみのだ-まち　埼玉県川越市-町
　かみのた　埼玉県白岡市-
　かみのた　新潟県上越市-
　かみのだ-ちょう　福井県鯖江市-町
　こうずけだ　滋賀県蒲生郡日野町-
　かみのだ　岡山県津山市-
　かみのだ　高知県南国市-
上野地　うえのじ　奈良県吉野郡十津川村-
上野寺　うえのてら・かみのでら
　かみのでら　福島県福島市-
　うえのてら-まち　三重県伊賀市-町
上野池　うえのいけ
　うえのいけ-まち　三重県伊賀市-町
上野寿　うわのことぶき
　うわのことぶき-まち　富山県富山市-町
上野条　かみのうじょう　京都府福知山市-
上野町東　かみのちょうひがし　大阪府岸和田市-
上野東日南　うえのひがしひなた
　うえのひがしひなた-まち　三重県伊賀市-町
上野茅　うえのかや
　うえのかや-まち　三重県伊賀市-町
上野南　うえのみなみ・うわのみなみ
　うわのみなみ-まち　富山県富山市-町
　うえのみなみ　大分県大分市-
上野宮　かみのみや　茨城県久慈郡大子町-
上野国　うえのみやぐに　沖縄県宮古島市-
上野曽根　かみのそね　山形県酒田市-
上野添　かみのぞえ　兵庫県加古郡播磨町-
上野部　かみのべ　静岡県磐田市-
上野野原　うえののばる　沖縄県宮古島市-
上野間　かみのま　愛知県知多郡美浜町-
上野新　うえのしん・うわのしん・かみのしん
　うえのしん　新潟県岩船郡関川村-
　うわのしん　富山県富山市-
　うわのしん-まち　富山県富山市-町
　かみのしん-まち　愛知県犬山市-町
　うえのしん-まち　三重県伊賀市-町
上野農人　うえののうにん
　うえののうにん-まち　三重県伊賀市-町
上閉伊　かみへい
　かみへい-ぐん　岩手県-郡
上陳　かみじん　熊本県上益城郡益城町-
上魚　かみうお
　かみうお-まち　鳥取県鳥取市-町
上鳥羽大物　かみとばだいもつ
　かみとばだいもつ-ちょう　京都府京都市南区-町
上鳥羽町田　かみとばちょうだ　京都府京都市南区-
上鳥羽角田　かみとばつのだ
　かみとばつのだ-ちょう　京都府京都市南区-町
上鳥羽鴨田　かみとばかもんでん　京都府京都市南区-
上鳥羽藁田　かみとばわらんでん　京都府京都市南区-
上鳥渡　かみとりわた　福島県福島市-
上鹿山　かみかやま　埼玉県日高市-
上鹿妻　かみかづま　岩手県盛岡市-

39

3画（上）

上麻生　かみあさお・かみあそ・かみあそう
　かみあさお　神奈川県川崎市麻生区-
　かみあそ　富山県高岡市-
　かみあそう　岐阜県加茂郡七宗町-
　かみあそう-ちょう　滋賀県東近江市-町
上厨川　かみくりやがわ　岩手県盛岡市-
上堰　かみぜき　宮城県白石市-
上堤　かみつつみ
　かみつつみ-ちょう　石川県金沢市-町
上富　かみとめ　埼玉県入間郡三芳町-
上富美　かみふみ　北海道紋別郡湧別町-
上揚　かみあげ
　かみあげ　熊本県上益城郡甲佐町-
　かみあげ　宮崎県西都市-
上勝　かみかつ
　かみかつ-ちょう　徳島県勝浦郡-町
上棚　うわだな　石川県羽咋郡志賀町-
上温谷　かみぬくだに　福井県南条郡南越前町-
上温品　かみぬくしな　広島県広島市東区-
上渡　かみわたり　富山県高岡市-
上湯川　かみゆかわ・かみゆのかわ
　かみゆのかわ-ちょう　北海道函館市-町
　かみゆかわ　奈良県吉野郡十津川村-
　かみゆかわ　和歌山県有田郡有田川町-
上然別　かみしかりべつ
　かみしかりべつ　北海道河東郡音更町-
　かみしかりべつ　北海道上川郡清水町-
上番　かみばん　福井県あわら市-
上覚　じょうかく　新潟県糸魚川市-
上賀茂上神原　かみがもかみじんばら
　かみがもかみじんばら-ちょう　京都府京都市北区-町
上賀茂土門　かみがもつちかど
　かみがもつちかど-ちょう　京都府京都市北区-町
上賀茂石計　かみがもいしかず
　かみがもいしかず-ちょう　京都府京都市北区-町
上賀茂向梅　かみがもむかいうめ
　かみがもむかいうめ-ちょう　京都府京都市北区-町
上賀茂神山　かみがもこうやま　京都府京都市北区-
上賀茂音保瀬　かみがもおとぼせ
　かみがもおとぼせ-ちょう　京都府京都市北区-町
上賀茂烏帽子ケ垣内　かみがもえぼしがかきうち
　かみがもえぼしがかきうち-ちょう　京都府京都市北区-町
上賀茂畔勝　かみがもあぜかち
　かみがもあぜかち-ちょう　京都府京都市北区-町
上賀茂深泥池　かみがもみどろいけ
　かみがもみどろいけ-ちょう　京都府京都市北区-町
上越方　かみこしかた　和歌山県日高郡日高川町-
上道　あがりみち
　あがりみち-ちょう　鳥取県境港市-町
上道北方　じょうとうきたがた　岡山県岡山市東区-
上鈎　かみまがり　滋賀県栗東市-
上開発　かみかいはつ・かみかいほつ
　かみかいほつ　富山県高岡市-
　かみかいはつ-まち　石川県能美市-町
上間　うえま・うわま
　うわま　岡山県久米郡美咲町-
　うえま　沖縄県那覇市-
上間久里　かみまくり　埼玉県越谷市-
上間仁田　かみまにた　群馬県安中市-

上陽町下横山　じょうようまちしもよこやま　福岡県
　八女市-
上雄武　かみおうむ　北海道紋別郡雄武町-
上勢頭　かみせど　沖縄県中頭郡北谷町-
上塩　かみしお　新潟県長岡市-
上塩冶　かみえんや
　かみえんや-ちょう　島根県出雲市-町
上幌向　かみほろむい
　かみほろむい-ちょう　北海道岩見沢市-町
上愛子　かみあやし　宮城県仙台市青葉区-
上意江　じょういえ　宮城県遠田郡美里町-
上新丁　うわじんちょう　長崎県島原市-
上新田　かみしんでん・かみにいだ・かみにった
　かみにいだ　山形県米沢市-
　かみしんでん　福島県二本松市-
　かみしんでん-まち　群馬県前橋市-町
　かみしんでん　群馬県佐波郡玉村町-
　かみしんでん　埼玉県熊谷市-
　かみしんでん　埼玉県鶴ヶ島市-
　かみにった　千葉県君津市-
　かみしんでん　神奈川県小田原市-
　かみしんでん　新潟県新潟市南区-
　かみしんでん-まち　新潟県見附市-町
　かみしんでん　長野県伊那市-
　かみしんでん　静岡県焼津市-
　かみしんでん-ちょう　愛知県津島市-町
　かみしんでん　大阪府豊中市-
上新印　かみしい　鳥取県米子市-
上新城白山　かみしんじょうしらやま　秋田県秋田市-
上新道　かみしんみち　青森県三戸郡五戸町-
上楠　かみくす　三重県多気郡大台町-
上椹沢　かみくぬぎさわ　山形県山形市-
上殿　かみとの・かみどの
　かみどの-まち　栃木県鹿沼市-町
　かみとの　広島県山県郡安芸太田町-
上溝　かみみぞ　神奈川県相模原市中央区-
上滝　かみたき・かみだき
　かみたき-まち　群馬県高崎市-町
　かみだき　富山県富山市-
上筱見　かみささみ　兵庫県篠山市-
上糀屋　かみこうじや
　かみこうじや-ちょう　京都府京都市下京区-町
上蓬田　かみよもぎた・かみよもぎだ
　かみよもぎた　福島県二本松市-
　かみよもぎだ　福島県石川郡平田村-
上蓮　かみはす
　かみはす-ちょう　群馬県伊勢崎市-町
上詰　かみつめ　大分県大分市-
上路　あげろ　新潟県糸魚川市-
上遠石　かみといし
　かみといし-ちょう　山口県周南市-町
上鉢石　かみはついし
　かみはついし-まち　栃木県日光市-町
上雷　じょうらい　北海道上磯郡知内町-
上徳　かみとく
　かみとく　北海道斜里郡小清水町-
　かみとく　愛媛県今治市-
上歌　かみうた　北海道歌志内市-
上熊谷　かみくまたに　岡山県新見市-
上種　かみだね　鳥取県東伯郡北栄町-

3画（万）

上種足　かみたなだれ　埼玉県加須市-
上箇　あげ　兵庫県養父市-
上箕田　かみみだ
　かみみだ　三重県鈴鹿市-
　かみみだ-ちょう　三重県鈴鹿市-町
上総　かずさ・かんさ
　かんさ-ちょう　奈良県天理市-町
　かずさ-まち　愛媛県松山市-町
上銀谷　かみぎんや　埼玉県比企郡吉見町-
上銭座　かみぜんざ
　かみぜんざ-まち　長崎県長崎市-町
上鉾木　かみほこのき　富山県中新川郡立山町-
上関　うわせき・かみせき・かみぜき・かみのせき
　うわせき　岩手県八幡平市-
　かみせき　秋田県能代市-
　かみせき　秋田県湯沢市-
　かみせき　新潟県岩船郡関川村-
　かみぜき　富山県高岡市-
　かみぜき-まち　富山県高岡市-町
　かみのせき-ちょう　山口県熊毛郡-町
上関甲　かみぜきこう　高知県長岡郡本山町-
上関河内　かみせきごうど　福島県東白川郡矢祭町-
上鞆渕　かみともぶち　和歌山県紀の川市-
上鳴尾　あげなるお
　あげなるお-ちょう　兵庫県西宮市-町
上鼻　かんばな　岩手県宮古市-
上幡木　かみはたき　茨城県鉾田市-
上幟　かみのぼり
　かみのぼり-ちょう　広島県広島市中区-町
上敷免　じょうしきめん　埼玉県深谷市-
上敷面　じょうしきめん　福島県西白河郡矢吹町-
上横　うえよこ　新潟県糸魚川市-
上樫出　かみかしいで　新潟県長岡市-
上標津　かみしべつ　北海道標津郡中標津町-
上穂北　うわほきた　長野県駒ケ根市-
上穂栄　うわぶさかえ
　うわぶさかえ-まち　長野県駒ケ根市-町
上舞木　かみもうき　福島県田村郡三春町-
上蕨岡　かみわらびおか　山形県飽海郡遊佐町-
上諏訪　かみすわ・かみすわん
　かみすわ　岩手県花巻市-
　かみすわ-ちょう　群馬県伊勢崎市-町
　かみすわ　新潟県燕市-
　かみすわ　長野県諏訪市-
　かみすわん-ちょう　京都府京都市下京区-町
　かみすわ-まち　長崎県大村市-町
上輪　あげわ　新潟県柏崎市-
上駒　かみこま　北海道枝幸郡中頓別町-
上橋　かみばし
　かみばし-ちょう　愛知県名古屋市西区-町
上樵木　かみこりき
　かみこりき-ちょう　京都府京都市中京区-町
上甑町小島　かみこしきちょうおしま　鹿児島県薩摩
　川内市-
上築　かみちく　北海道苫前郡羽幌町-
上興部　かみおこっぺ　北海道紋別郡西興部村-
上興野　かみこうや　山形県酒田市-
上舘　かみだて　岩手県九戸郡軽米町-

上館　かみたて・かみだて
　かみだて　岩手県九戸郡洋野町-
　かみたて　新潟県新発田市-
上篠尾　かみさそお　京都府福知山市-
上螺湾　かみらわん　北海道足寄郡足寄町-
上瀬　うわせ
　うわせ　福井県大飯郡高浜町-
　うわせ　福井県三方上中郡若狭町-
上藻　かみも　北海道紋別郡西興部村-
上蟹田　うえかにた　青森県東津軽郡外ケ浜町-
上願　じょうがん　岐阜県高山市-
上露　こうづめ　和歌山県西牟婁郡白浜町-
上灘　うわなだ・かみなだ
　うわなだ-ちょう　鳥取県倉吉市-町
　かみなだ　大分県佐伯市-
上籠谷　かみこもりや
　かみこもりや-まち　栃木県宇都宮市-町
上鷺谷　かみさぎのや　栃木県真岡市-

万

万　あら・まん・よろず
　あら-まち　秋田県能代市-町
　よろず-ちょう　栃木県栃木市-町
　よろず-ちょう　栃木県佐野市-町
　よろず-ちょう　栃木県鹿沼市-町
　よろず-ちょう　東京都八王子市-町
　まん-ちょう　愛知県名古屋市中川区-町
　よろず-まち　京都府宮津市-町
　まん-ちょう　大阪府和泉市-町
　よろず-ちょう　和歌山県和歌山市-町
　よろず-まち　長崎県島原市-町
　よろず-まち　熊本県熊本市中央区-町
万才　まんざい
　まんざい　山梨県甲斐市-
　まんざい-ちょう　長崎県長崎市-町
万木　まんぎ　千葉県いすみ市-
万世　ばんせい・まんせい
　ばんせい　北海道新冠郡新冠町-
　ばんせい-ちょう　福島県福島市-町
　まんせい-ちょう　神奈川県横浜市南区-町
　まんせい-ちょう　静岡県静岡市清水区-町
万世町梓山　ばんせいちょうずさやま　山形県米沢市-
万代　ばんだい・まんだい
　ばんだい-ちょう　北海道函館市-町
　まんだい　北海道岩内郡岩内町-
　ばんだい　山形県天童市-
　ばんだい-ちょう　神奈川県横浜市中区-町
　ばんだい　新潟県新潟市中央区-
　ばんだい　新潟県新発田市-
　ばんだい-ちょう　福井県越前市-町
　ばんだい-ちょう　岐阜県岐阜市-町
　まんだい-ちょう　愛知県名古屋市西区-町
　ばんだい　大阪府大阪市阿倍野区-
　ばんだい　大阪府大阪市住吉区-
　ばんだい-ちょう　徳島県徳島市-町
万代寺　まんだいじ　鳥取県八頭郡八頭町-
万代島　ばんだいじま　新潟県新潟市中央区-
万古　ばんこ
　ばんこ-ちょう　三重県四日市市-町
万平　まんぺい
　まんぺい-ちょう　埼玉県熊谷市-町

41

3画（与，丸，久）

万吉　まげち　埼玉県熊谷市-
万成東　まんなりひがし
　　まんなりひがし-まち　岡山県岡山市北区-町
万江　まえ　熊本県球磨郡山江村-
万行　まんぎょう
　　まんぎょう-まち　石川県七尾市-町
万坂　まんざか　熊本県上益城郡山都町-
万寿寺　まんじゅうじ
　　まんじゅうじ-ちょう　京都府京都市下京区-町
万尾　もお　富山県氷見市-
万沢　まんざわ　山梨県南巨摩郡南部町-
万町　まんじょう
　　まんじょう-ちょう　愛知県豊田市-町
万町津　よろずまちつ　三重県津市-
万屋　よろずや
　　よろずや-ちょう　京都府京都市下京区-町
　　よろずや-まち　長崎県長崎市-町
万津　よろづ
　　よろづ-ちょう　長崎県佐世保市-町
万根　まんね
　　まんね-ちょう　愛知県豊田市-町
万能　まんのう
　　まんのう-ちょう　鳥取県米子市-町
万野原新田　まんのはらしんでん　静岡県富士宮市-
万場　ばんば・まんば
　　ばんば-ちょう　山形県新庄市-町
　　まんば　群馬県多野郡神流町-
　　まんば　愛知県名古屋市中川区-
万歳　ばんざい
　　ばんざい-ちょう　大阪府大阪市北区-町
万瀬　まんぜ　静岡県磐田市-

与

与三　よそう　新潟県柏崎市-
与那城　よなぐすく・よなしろ
　　よなしろ　沖縄県うるま市-
　　よなぐすく　沖縄県中頭郡西原町-
与那城平安座　よなしろへんざ　沖縄県うるま市-
与那城桃原　よなしろとうばる　沖縄県うるま市-
与那城饒辺　よなしろのへん　沖縄県うるま市-
与那原　よなばる
　　よなばる-ちょう　沖縄県島尻郡-町
　　よなばる　沖縄県島尻郡与那原町-
与侈　よぼこり　愛媛県西宇和郡伊方町-
与板町蔦都　よいたまちつたいち　新潟県長岡市-
与原　よはら・よばる
　　よはら-ちょう　三重県松阪市-町
　　よばる　福岡県京都郡苅田町-
与楽　ようらく　奈良県高市郡高取町-
与謝　よさ・よざ
　　よさ-ぐん　京都府-郡
　　よざ　京都府与謝郡与謝野町-
与謝野　よさの
　　よさの-ちょう　京都府与謝郡-町

丸

丸子　まりこ・まるこ
　　まりこ　福島県福島市-
　　まりこ　静岡県静岡市駿河区-
　　まるこ-ちょう　静岡県沼津市-町

丸小山　まるこやま　福島県白河市-
丸内　まるのうち
　　まるのうち　山形県寒河江市-
　　まるのうち-まち　石川県小松市-町
丸谷　まるたに
　　まるたに-ちょう　宮崎県都城市-町
丸谷地　まるやち　岩手県岩手郡雫石町-
丸岡　まるおか・まるか
　　まるおか　山形県鶴岡市-
　　まるか-ちょう　福井県越前市-町
丸岡町八幡　まるおかちょうはちまん
　　まるおかちょうはちまん-ちょう　福井県坂井市-町
丸岡町女形谷　まるおかちょうおながたに　福井県坂
　　井市-
丸岡町反保　まるおかちょうたんぼ　福井県坂井市-
丸岡町石城戸　まるおかちょういしきど
　　まるおかちょういしきど-ちょう　福井県坂井市-町
丸岡町油為頭　まるおかちょうあぶらためとう　福井
　　県坂井市-
丸岡町長畝　まるおかちょうのうね　福井県坂井市-
丸岡町筑後清水　まるおかちょうちくごしょうず　福
　　井県坂井市-
丸岡町熊堂　まるおかちょうくまんどう　福井県坂
　　井市-
丸河内　まるごうち　山口県山陽小野田市-
丸穂　まるお
　　まるお　愛媛県宇和島市-
　　まるお-ちょう　愛媛県宇和島市-町
丸瀬布大平　まるせっぷたいへい　北海道紋別郡遠
　　軽町-
丸瀬布武利　まるせっぷむりい　北海道紋別郡遠軽町-

久

久々野町木賊洞　くぐのちょうとくさぼら　岐阜県高
　　山市-
久々野町長淀　くぐのちょうながとろ　岐阜県高山市-
久々野町無数河　くぐのちょうむすご　岐阜県高山市-
久下　くげ
　　くげ　埼玉県熊谷市-
　　くげ　埼玉県飯能市-
　　くげ　埼玉県加須市-
久下田　くげた
　　くげた　茨城県結城郡八千代町-
　　くげた　栃木県真岡市-
久万　くま　愛媛県上浮穴郡久万高原町-
久土　くど　大分県大分市-
久山　くやま・ひさやま
　　ひさやま-まち　福岡県糟屋郡-町
　　くやま-まち　長崎県諫早市-町
久之浜町末続　ひさのはままちすえつぎ　福島県いわ
　　き市-
久井町莇原　くいちょうあぞうばら　広島県三原市-
久井原　ひさいばる　熊本県玉名郡和水町-
久井崎　くいざき　千葉県成田市-
久手川　ふてがわ
　　ふてがわ-まち　石川県輪島市-町
久手町刺鹿　くてちょうさつか　島根県大田市-
久木　くき・ひさき・ひさぎ
　　ひさき-ちょう　神奈川県横浜市磯子区-町
　　ひさぎ　神奈川県逗子市-

3画（久）

ひさぎ-ちょう　愛知県豊田市-町
ひさぎ　和歌山県西牟婁郡白浜町-
ひさぎ　岡山県久米郡美咲町-
くき　高知県安芸郡北川村-
久世川原　くぜかわはら
　くぜかわはら-ちょう　京都府京都市南区-町
久代　くしろ
　くしろ　兵庫県川西市-
　くしろ-ちょう　島根県浜田市-町
　くしろ　岡山県総社市-
久古　くご　鳥取県西伯郡伯耆町-
久玉　くたま
　くたま-まち　熊本県天草市-町
久生屋　くしや
　くしや-ちょう　三重県熊野市-町
久田　きゅうでん・くった・くんでん・ひさだ
　ひさだ　青森県西津軽郡深浦町-
　くんでん　青森県上北郡野辺地町-
　きゅうでん　山形県東田川郡庄内町-
　くった　新潟県三島郡出雲崎町-
　きゅうでん　石川県鳳珠郡能登町-
久田上原　くたかみのはら　岡山県苫田郡鏡野町-
久白　くじら
　くじら-ちょう　島根県安来市-町
久目　くめ　富山県氷見市-
久光　きゅうこう・ひさみつ
　きゅうこう　北海道天塩郡遠別町-
　ひさみつ　福岡県朝倉郡筑前町-
久地　くじ　神奈川県川崎市高津区-
久地楽　くじら　茨城県筑西市-
久成　くなり　山梨県南巨摩郡身延町-
久江　くえ　石川県鹿島郡中能登町-
久百々　くもも　高知県土佐清水市-
久米　くめ・くんめ
　くめ-ちょう　茨城県常陸太田市-町
　くめ　埼玉県所沢市-
　くめ　千葉県成田市-
　くんめ　新潟県柏崎市-
　くめ　長野県飯田市-
　くめ　愛知県常滑市-
　くめ-ちょう　三重県松阪市-町
　くめ-ちょう　三重県伊賀市-町
　くめ-ちょう　京都府京都市伏見区-町
　くめ　兵庫県加東市-
　くめ-ちょう　奈良県橿原市-町
　くめ-ちょう　鳥取県米子市-町
　くめ　岡山県岡山市北区-
　くめ　岡山県総社市-
　くめ-ぐん　岡山県-郡
　くめ　山口県周南市-
　くめ-ちょう　香川県坂出市-町
　くめ　熊本県球磨郡多良木町-
　くめ　沖縄県那覇市-
久米田　くまいでん・くめだ
　くめだ　埼玉県比企郡吉見町-
　くまいでん　静岡県駿東郡清水町-
久米野　くべの・くめの
　くめの　千葉県成田市-
　くべの　熊本県玉名郡和水町-
久住　くじゅう・くすみ
　くすみ　鳥取県日野郡日野町-

くじゅう-ちょう　鹿児島県薩摩川内市-町
久住町仏原　くじゅうまちぶつばる　大分県竹田市-
久住町栢木　くじゅうまちかやぎ　大分県竹田市-
久尾　くお　徳島県海部郡海陽町-
久我東　こがあずま
　こがあずま-ちょう　京都府京都市伏見区-町
久来石　きゅうらいし　福島県岩瀬郡鏡石町-
久沢　くざわ　静岡県富士市-
久見　くみ・ひさみ
　ひさみ　鳥取県東伯郡湯梨浜町-
　くみ　島根県隠岐郡隠岐の島町-
　ひさみ　岡山県真庭市-
久見崎　ぐみさき
　ぐみさき-ちょう　鹿児島県薩摩川内市-町
久谷　くたに
　くたに　兵庫県美方郡新温泉町-
　くたに-まち　愛媛県松山市-町
久豆　くず　三重県多気郡大台町-
久貝　くがい　京都府長岡京市-
久居小野辺　ひさいこのんべ
　ひさいこのんべ-ちょう　三重県津市-町
久居西鷹跡　ひさいにしたかと
　ひさいにしたかと-まち　三重県津市-町
久居幸　ひさいさや
　ひさいさや-まち　三重県津市-町
久居射場　ひさいいば
　ひさいいば-ちょう　三重県津市-町
久所　ぐぞ　神奈川県足柄上郡中井町-
久枝　くし・ひさえだ
　くし　千葉県南房総市-
　ひさえだ　高知県南国市-
久沓　くぐつ
　くぐつ-まち　愛知県碧南市-町
久知河内　くちかわち　新潟県佐渡市-
久保一色　くぼいしき　愛知県小牧市-
久保小路　くぼしょうじ　山口県山口市-
久保原　くぼばる
　くぼばる-ちょう　宮崎県都城市-町
久城　くしろ
　くしろ-ちょう　島根県益田市-町
久度　くど　奈良県北葛城郡王寺町-
久美浜町女布　くみはまちょうにょう　京都府丹後市-
久美浜町出角　くみはまちょういずみ　京都府京丹後市-
久美浜町布袋野　くみはまちょうほたいの　京都府京丹後市-
久美浜町河内　くみはまちょうかっち　京都府京丹後市-
久美浜町河梨　くみはまちょうこうなし　京都府京丹後市-
久美浜町品田　くみはまちょうほんで　京都府京丹後市-
久美浜町海士　くみはまちょうあま　京都府京丹後市-
久美浜町神谷　くみはまちょうかんだに　京都府京丹後市-
久美浜町浦明　くみはまちょううらけ　京都府京丹後市-
久美浜町尉ケ畑　くみはまちょうじょうがはた　京都府京丹後市-

43

3画（乞, 兀, 刃, 千）

久美浜町鹿野　くみはまちょうかの　京都府京丹後市-
久重　くえ・くしげ
　くえ　高知県安芸郡芸西村-
　くしげ　熊本県玉名郡南関町-
久原　くばら・くばる
　くばら　茨城県桜川市-
　くばら　鳥取県東伯郡三朝町-
　くばら　福岡県宗像市-
　くばら　福岡県糟屋郡久山町-
　くばら　長崎県大村市-
　くばる　熊本県山鹿市-
　くばる　大分県大分市-
久原中央　くばるちゅうおう　大分県大分市-
久原北　くばるきた　大分県大分市-
久原南　くばるみなみ　大分県大分市-
久家　ひさげ　愛媛県南宇和郡愛南町-
久恵　くえ　福岡県筑後市-
久栗坂　くぐりさか　青森県青森市-
久根　くね　静岡県裾野市-
久留　ひさどめ　鳥取県東伯郡湯梨浜町-
久留里大谷　くるりおおやつ　千葉県君津市-
久能　くの・くのう
　くのう　茨城県古河市-
　くのう　千葉県富里市-
　くの　静岡県袋井市-
久通　くつう　高知県須崎市-
久連　くれ　鳥取県日野郡江府町-
久崎　くざき　兵庫県佐用郡佐用町-
久郷　くごう　富山県富山市-
久野　くの
　くの-ちょう　茨城県牛久市-町
　くの　栃木県鹿沼市-
　くの　神奈川県小田原市-
久場　くば
　くば　鹿児島県大島郡龍郷町-
　くば　沖縄県中頭郡中城村-
久富木　くぶき　鹿児島県薩摩郡さつま町-
久御山　くみやま
　くみやま-ちょう　京都府久世郡-町
久賀　くか・くが・ひさか
　くが　岡山県美作市-
　くが　山口県大島郡周防大島町-
　ひさか-ちょう　長崎県五島市-町
久福木　くぶき　福岡県大牟田市-
久路土　きゅうろつち　福岡県豊前市-
久遠　くどう　北海道-郡
　くどう-ぐん　北海道-郡
久徳　きゅうとく
　きゅうとく-ちょう　岐阜県大垣市-町
　きゅうとく　滋賀県犬上郡多賀町-
久蔵興野　きゅうぞうごや
　きゅうぞうごや　新潟県新潟市中央区-
　きゅうぞうごや　新潟県新潟市江南区-

乞

乞田　こった　東京都多摩市-

兀

兀山　はげやま
　はげやま-ちょう　愛知県半田市-町

刃

刃連　ゆきい
　ゆきい-まち　大分県日田市-町

千

千　せん・ち
　せん-ちょう　千葉県茂原市-町
　ち-むら　神奈川県秦野市-村
　せん-ちょう　滋賀県大津市-町
　せん-ちょう　宮崎県都城市-町
千々石町庚　ちぢわちょうこう　長崎県雲仙市-
千ケ瀬　ちがせ
　ちがせ-まち　東京都青梅市-町
千丁町古閑出　せんちょうまちこがで　熊本県八代市-
千丈　せんじょう　岩手県下閉伊郡田野畑村-
千万町　ぜまんちょう
　ぜまんちょう-ちょう　愛知県岡崎市-町
千川　せんかわ　東京都豊島区-
千刈　せんがり
　せんがり　青森県青森市-
　せんがり　秋田県湯沢市-
　せんがり　秋田県由利本荘市-
　せんがり　山形県山形市-
　せんがり　新潟県加茂市-
千反　せんだん
　せんだん-まち　熊本県八代市-町
千引　せんびき
　せんびき-ちょう　愛知県愛西市-町
千戸　せんど　三重県伊賀市-
千手　せんじゅ・せんず
　せんじゅ-まち　栃木県鹿沼市-町
　せんじゅ　新潟県長岡市-
　せんじゅ　岡山県岡山市東区-
　せんず　福岡県嘉麻市-
　せんず　福岡県朝倉市-
千手堂　せんじゅどう・せんずどう
　せんじゅどう　山形県山形市-
　せんじゅどう　埼玉県比企郡嵐山町-
　せんじゅどう　千葉県長生郡長南町-
　せんずどう　静岡県磐田市-
千木　せぎ
　せぎ　石川県金沢市-
　せぎ-まち　石川県金沢市-町
千木良　ちぎら　神奈川県相模原市緑区-
千木屋　せんぎや
　せんぎや-ちょう　富山県高岡市-町
千木野　せぎの
　せぎの-まち　石川県小松市-町
千代　せんだい・ちしろ・ちよ
　せんだい　埼玉県熊谷市-
　せんだい　千葉県南房総市-
　ちよ　神奈川県小田原市-
　ちよ　富山県砺波市-
　せんだいいち　石川県小松市-町
　ちよ-まち　石川県羽咋市-町
　ちよ　長野県飯田市-
　せんだい　静岡県静岡市葵区-
　ちよ　愛知県常滑市-
　せんだい　愛知県稲沢市-
　せんだい-ちょう　愛知県稲沢市-町

44

3画（千）

せんだい　三重県多気郡大台町-
ちしろ-ちょう　滋賀県守山市-町
ちしろ　奈良県磯城郡田原本町-
せんだい　広島県安芸郡府中町-
ちよ　山口県山陽小野田市-町
ちよ　福岡県北九州市八幡西区-
ちよ　福岡県福岡市博多区-
ちよ-まち　福岡県大牟田市-町
ちよ-まち　福岡県田川市-町
ちよ　熊本県葦北郡津奈木町-
ちよ-まち　大分県大分市-町
ちよ-まち　大分県別府市-町

千代川町拝田　ちよかわちょうはいだ　京都府亀岡市-
千代水　ちよみ　鳥取県鳥取市-
千代台　ちよがだい
　ちよがだい-ちょう　北海道函館市-町
千代田町下西　ちよだちょうしもさい　佐賀県神埼市-
千代田町境原　ちよだちょうさかいばる　佐賀県神
　埼市-
千代田町餘江　ちよだちょうあまりえ　佐賀県神埼市-
千代谷　ちよだに　福井県今立郡池田町-
千代栄　ちよえ
　ちよえ-まち　新潟県長岡市-町

千旦林　せんだんばやし　岐阜県中津川市-
千旦通　せんたんどおり　兵庫県神戸市灘区-
千本　せんぼ・せんぼん
　せんぼ　栃木県芳賀郡茂木町-
　せんぼん　静岡県沼津市-
千田　せんだ・ちだ
　せんだ　茨城県常陸大宮市-
　ちだ　千葉県香取郡多古町-
　せんだ　千葉県長生郡長南町-
　せんだ　東京都江東区-
　せんだ-まち　石川県金沢市-町
　せんだ-まち　石川県羽咋市-町
　せんだ　山梨県甲斐市-
　せんだ-ちょう　愛知県豊田市-町
　ちだ　和歌山県有田市-
　ちだ-ちょう　島根県江津市-
　せんだ-まち　広島県広島市中区-町
　せんだ-ちょう　広島県福山市-町

千田川原　せんだがわら　熊本県玉名市-
千田町薮路　せんだちょうやぶろ　広島県福山市-
千疋　せんびき
　せんびき　岐阜県関市-
　せんびき　香川県綾歌郡綾川町-
千石　せんごく・ちこく
　せんごく-ちょう　宮城県石巻市-町
　せんごく-ちょう　秋田県湯沢市-町
　せんごく　山形県山形市-
　せんごく-まち　山形県鶴岡市-町
　せんごく-ちょう　山形県酒田市-町
　せんごく-まち　福島県会津若松市-町
　ちこく-ちょう　茨城県日立市-町
　せんごく　東京都文京区-
　せんごく　東京都江東区-
　せんごく-まち　富山県富山市-町
　せんごく-まち　富山県高岡市-町
　せんごく　富山県小矢部市-
　せんごく　富山県中新川郡上市町-
　せんごく-まち　石川県羽咋市-町

せんごく-ちょう　岐阜県岐阜市-町
せんごく-ちょう　愛知県豊田市-町
千両　ちぎり
　ちぎり-ちょう　愛知県豊川市-町
千合　ちごう
　ちごう-ちょう　福井県福井市-町
千合谷　せんごうだに
　せんごうだに-ちょう　福井県越前市-町
千同　せんどう　広島県広島市佐伯区-
千安京田　ちやすきょうでん　山形県鶴岡市-
千守　ちもり
　ちもり-ちょう　兵庫県神戸市須磨区-町
千年　せんねん・ちとせ
　ちとせ　青森県弘前市-
　ちとせ　神奈川県川崎市高津区-
　ちとせ　新潟県十日町市-
　せんねん-ちょう　岐阜県関市-町
　ちとせ　愛知県名古屋市熱田区-
　ちとせ　愛知県名古屋市港区-
　せんねん　鹿児島県鹿児島市-
千成　せんなり
　せんなり　千葉県佐倉市-
　せんなり-まち　富山県富山市-町
　せんなり-ちょう　大阪府豊中市-町
千早　ちはや
　ちはや　東京都豊島区-
　ちはや　大阪府南河内郡千早赤阪村-
　ちはや　福岡県福岡市東区-
千曳　ちびき　青森県上北郡東北町-
千曲　ちくま
　ちくま-し　長野県-市
千羽　せんば　静岡県掛川市-
千舟　ちふね・ちぶね
　ちぶね　大阪府大阪市西淀川区-
　ちふね-まち　愛媛県松山市-町
千住　せんじゅ・せんじゅう
　せんじゅう　北海道中川郡幕別町-
　せんじゅ　東京都足立区-
千坊台　せんぼうだい　山口県光市-
千寿　せんず
　せんず-ちょう　茨城県常陸太田市-町
千寿ケ原　せんじゅがはら　富山県中新川郡立山町-
千把野新田　せんばのしんでん　新潟県三条市-
千杉　せんのすぎ
　せんのすぎ-まち　石川県金沢市-町
千束　せんぞく・ちづか
　せんぞく-ちょう　茨城県土浦市-町
　せんぞく　東京都台東区-
　ちづか　福岡県豊前市-
千沢　せんざわ　千葉県茂原市-
千町　せんじょう　愛媛県西条市-
千苅　せんがり　福島県喜多方市-
千谷　ちだに・ちや
　ちや　新潟県小千谷市-
　ちだに　兵庫県美方郡新温泉町-
千谷川　ちやがわ　新潟県小千谷市-
千谷沢　ちやざわ　新潟県長岡市-
千貝　せがい　三重県伊賀市-
千走　ちわせ　北海道島牧郡島牧村-

45

3画（千）

千足　せんぞく
　せんぞく　岩手県下閉伊郡田野畑村-
　せんぞく-ちょう　愛知県豊田市-町
　せんぞく　愛媛県伊予郡砥部町-
千里丘　せんりおか　大阪府摂津市-
千里浜　ちりはま
　ちりはま-まち　石川県羽咋市-町
千里園　せんりえん　大阪府豊中市-
千防　せんぼう　福岡県北九州市戸畑区-
千国乙　ちくにおつ　長野県北安曇郡小谷村-
千枚原　せんまいばら　静岡県三島市-
千林　せんばやし　大阪府大阪市旭区-
千河原　ちがわら　山形県東田川郡庄内町-
千波　せんなみ・せんば
　せんば-ちょう　茨城県水戸市-町
　せんなみ-まち　栃木県宇都宮市-町
千股　ちまた　奈良県吉野郡吉野町-
千若　ちわか
　ちわか-ちょう　神奈川県横浜市神奈川区-町
千門　せんもん
　せんもん-ちょう　山形県新庄市-町
千保　ちほ　富山県砺波市-
千垣　ちがき　富山県中新川郡立山町-
千城台北　ちしろだいきた　千葉県千葉市若葉区-
千屋　せんや・ちや
　せんや　秋田県仙北郡美郷町-
　ちや　岡山県新見市-
千屋実　ちやさね　岡山県新見市-
千怒　ちぬ　大分県津久見市-
千栄　ちさか・ちはえ
　ちさか　北海道沙流郡日高町-
　ちはえ　長野県飯田市-
千洗　ちあらい
　ちあらい-ちょう　愛知県豊田市-町
千津川　せんづがわ　和歌山県日高郡日高川町-
千津井　せんづい　群馬県邑楽郡明和町-
千津島　せんづしま　神奈川県南足柄市-
千秋　せんしゅう　新潟県長岡市-
千秋町一色　ちあきちょういっしき　愛知県一宮市-
千秋町小山　ちあきちょうおやま　愛知県一宮市-
千秋町加納馬場　ちあきちょうかのうまんば　愛知県一宮市-
千秋城下　せんしゅうじょうか
　せんしゅうじょうか-まち　秋田県秋田市-町
千草　ちくさ・ちぐさ
　ちくさ　三重県三重郡菰野町-
　ちくさ-ちょう　滋賀県長浜市-町
　ちくさ　兵庫県洲本市-
　ちぐさ-ちょう　宮崎県宮崎市-町
千倉町北朝夷　ちくらちょうきたあさい　千葉県南房総市-
千倉町忽戸　ちくらちょうこっと　千葉県南房総市-
千俵　せんびょう
　せんびょう-まち　富山県富山市-町
千原　せんばる・ちはら・ちわら
　ちはら　群馬県甘楽郡南牧村-
　ちわら　新潟県五泉市-
　ちわら　新潟県阿賀野市-
　ちはら-ちょう　福井県越前市-町

　ちはら-ちょう　愛知県名古屋市中村区-町
　ちはら-ちょう　大阪府泉大津市-町
　ちはら　兵庫県神崎郡市川町-
　ちはら　兵庫県美方郡新温泉町-
　ちはら　島根県邑智郡美郷町-
　せんばる　沖縄県中頭郡西原町-
千原崎　ちはらざき　富山県富山市-
千唐仁　せんとうじ　新潟県阿賀野市-
千島　ちしま
　ちしま-ちょう　北海道根室市-町
　ちしま-まち　岐阜県高山市-町
　ちしま　大阪府大阪市大正区-
千浜　ちはま　静岡県掛川市-
千畝　ちうね
　ちうね-ちょう　岐阜県美濃市-
千軒　せんげん　北海道松前郡福島町-
千崎　ちざき　山口県山陽小野田市-
千現　せんげん　茨城県つくば市-
千野　ちの
　ちの-まち　石川県七尾市-町
　ちの　滋賀県大津市-
千鳥丘　ちどりがおか
　ちどりがおか-まち　富山県高岡市-町
千厩町磐清水　せんまやちょういわしみず　岩手県一関市-
千塚　ちづか
　ちづか-まち　栃木県栃木市-町
　ちづか-ちょう　群馬県館林市-町
　ちづか　埼玉県幸手市-
　ちづか　山梨県甲府市-
　ちづか　大阪府八尾市-
千塚前　せんつかまえ　宮城県柴田郡大河原町-
千富　せんとみ
　せんとみ-ちょう　青森県青森市-町
千尋　ちひろ
　ちひろ-ちょう　滋賀県彦根市-町
　ちひろ-ちょう　兵庫県相生市-町
千提寺　せんだいじ　大阪府茨木市-
千渡　せんど　栃木県鹿沼市-
千賀　せんが
　せんが-ちょう　三重県鳥羽市-町
千賀の台　ちがのだい　宮城県塩竈市-
千躰　せんだ・せんたい
　せんたい　大阪府大阪市住吉区-
　せんだ　岡山県赤磐市-
千間　せんげん　埼玉県春日部市-
千須谷　せんずや　神奈川県平塚市-
千僧　せんぞ　兵庫県伊丹市-
千僧供　せんぞく
　せんぞく-ちょう　滋賀県近江八幡市-町
千歳　せんざい・ちとせ
　ちとせ-ちょう　北海道函館市-町
　ちとせ-ちょう　北海道釧路市-町
　ちとせ-し　北海道-市
　ちとせ-ちょう　北海道登別市-町
　ちとせ-ちょう　北海道十勝郡浦幌町-町
　ちとせ　山形県山形市-
　ちとせ-ちょう　栃木県足利市-町
　ちとせ　東京都墨田区-
　ちとせ-ちょう　神奈川県横浜市中区-町

3画（及, 口, 土）

せんざい　新潟県長岡市-
ちとせ-ちょう　新潟県十日町市-町
ちとせ-まち　富山県富山市-町
ちとせ　福井県大野市-
ちとせ-ちょう　静岡県静岡市清水区-町
ちとせ-ちょう　静岡県浜松市中区-町
ちとせ-ちょう　愛知県西尾市-町
せんざい　三重県伊賀市-
ちとせ　京都府舞鶴市-
ちとせ-ちょう　兵庫県神戸市須磨区-町
ちとせ-ちょう　兵庫県西宮市-町
ちとせ-ちょう　高知県安芸市-町
ちとせ-まち　福岡県春日市-町
ちとせ-まち　長崎県長崎市-町
せんざい　大分県大分市-
千歳町新殿　ちとせまちにいどの　大分県豊後大野市-
千滝　せんだき　熊本県上益城郡山都町-
千福　せんぷく・せんぶく
　せんぶく　富山県南砺市-
　せんぶく-ちょう　福井県越前市-町
　せんぷく　静岡県裾野市-
　せんぷく-まち　愛知県碧南市-町
千路　ちじ
　ちじ-まち　石川県羽咋市-町
千徳　せんとく
　せんとく　岩手県宮古市-
　せんとく-まち　岩手県宮古市-町
千種町七野　ちくさちょうひつの　兵庫県宍粟市-
千種町下河野　ちくさちょうけごの　兵庫県宍粟市-
千種町河内　ちくさちょうこうち　兵庫県宍粟市-
千種町河呂　ちくさちょうこうろ　兵庫県宍粟市-
千種町鷹巣　ちくさちょうたかのす　兵庫県宍粟市-
千綿宿郷　ちわたしゅくごう　長崎県東彼杵郡東彼杵町-
千穂　ちほ　和歌山県新宮市-
千縄　ちなわ　新潟県村上市-
千頭　せんず　静岡県榛原郡川根本町-
千竈通　ちかまとおり　愛知県名古屋市南区-

┌─────────┐
│　　及　　│
└─────────┘

及位　のぞき
　のぞき　秋田県由利本荘市-
　のぞき　山形県最上郡真室川町-

┌─────────┐
│　　口　　│
└─────────┘

口分田　くもで
　くもで-ちょう　滋賀県長浜市-町
口田縄　くちだの　福井県小浜市-
口吉川町楒原　くちよかわちょうくぬぎはら　兵庫県三木市-
口和町金田　くちわちょうきんで　広島県庄原市-
口長谷　くちながたに　兵庫県佐用郡佐用町-
口春　くちのはる　福岡県嘉麻市-
口原　くちのはら　福岡県飯塚市-
口榎原　くちえばら　京都府福知山市-

┌─────────┐
│　　土　　│
└─────────┘

土　つち・ど・はに
　はに-まち　福島県耶麻郡猪苗代町-町
　ど　富山県富山市-

ど　静岡県静岡市清水区-
つち　京都府福知山市-
土入　どにゅう　和歌山県和歌山市-
土下　はした　鳥取県東伯郡北栄町-
土口　どぐち
　どぐち　山形県東田川郡三川町-
　どぐち　新潟県上越市-
　どぐち　長野県千曲市-
土山　つちやま・どやま
　どやま　富山県南砺市-
　つちやま-ちょう　福井県越前市-町
　つちやま-ちょう　兵庫県神戸市灘区-町
　つちやま　兵庫県姫路市-
土山町山女原　つちやまちょうあけびはら　滋賀県甲賀市-
土山町笹路　つちやまちょうそそろ　滋賀県甲賀市-
土山町頓宮　つちやまちょうとんぐう　滋賀県甲賀市-
土井首　どいのくび
　どいのくび-まち　長崎県長崎市-町
土太夫　どだゆう
　どだゆう-ちょう　静岡県静岡市葵区-町
土支田　どしだ　東京都練馬区-
土代　どだい　富山県射水市-
土出　つちいで　群馬県利根郡片品村-
土古　どんご
　どんご-ちょう　愛知県名古屋市港区-町
土古路　ところ
　ところ-ちょう　三重県松阪市-町
土市　どいち
　どいち　新潟県十日町市-
　どいち-ちょう　愛知県名古屋市瑞穂区-町
土布子　つちふご　福井県大野市-
土生　はぶ
　はぶ　富山県南砺市-
　はぶ-ちょう　大阪府岸和田市-町
　はぶ　和歌山県有田郡有田川町-
　はぶ　和歌山県日高郡日高川町-
　はぶ　岡山県苫田郡鏡野町-
　はぶ-ちょう　広島県府中市-町
　はぶ　山口県岩国市-
土生田　とちうだ　山形県村山市-
土田　つちだ・どた・どだ
　つちだ　茨城県つくば市-
　どだ　新潟県妙高市-
　どた　岐阜県可児市-
　つちだ　愛知県清須市-
　つちだ-ちょう　滋賀県近江八幡市-町
　つちだ　滋賀県犬上郡多賀町-
　つちだ-ちょう　京都府京都市上京区-町
　つちだ　奈良県吉野郡大淀町-
　つちだ-ちょう　島根県益田市-町
　つちだ　岡山県岡山市中区-
土合　どあい
　どあい　新潟県長岡市-
　どあい-まち　新潟県長岡市-町
　どあい　新潟県柏崎市-
　どあい　新潟県上越市-
　どあい　富山県射水市-
土宇　つちう　千葉県市原市-

47

3画（夕，大）

土庄　とのしょう
　とのしょう-ちょう　香川県小豆郡-町
土成町浦池　どなりちょううらのいけ　徳島県阿波市-
土成町郡　どなりちょうこおり　徳島県阿波市-
土気　とけ
　とけ-ちょう　千葉県千葉市緑区-町
土羽　とば　三重県多気郡多気町-
土佐山田町杉田　とさやまだちょうすいた　高知県香
　美市-
土佐山田町神母ノ木　とさやまだちょういげのき　高
　知県香美市-
土佐山田町秦山　とさやまだちょうじんざん
　とさやまだちょうじんざん-ちょう　高知県香美市-町
土佐山田町間　とさやまだちょうはざま　高知県香
　美市-
土佐山田町樫谷　とさやまだちょうかしのたに　高知
　県香美市-
土沢　つちさわ・つちざわ・どさわ
　つちさわ　岩手県八幡平市-
　つちさわ　岩手県滝沢市-
　どさわ　栃木県日光市-
　つちさわ　新潟県南魚沼市-
土町西裡　はにまちにしうら　福島県耶麻郡猪苗代町-
土谷　つちや　秋田県由利本荘市-
土居町天満　どいちょうてんま　愛媛県四国中央市-
土居町蕪崎　どいちょうかぶらさき　愛媛県四国中
　央市-
土武塚　どぶづか　福島県白河市-
土河原　とがわら
　とがわら-まち　熊本県熊本市南区-町
土肥　とい・どい
　どい　神奈川県足柄下郡湯河原町-
　とい　静岡県伊豆市-
土室　つちむろ・はむろ
　つちむろ　千葉県成田市-
　つちむろ　石川県能美郡川北町-
　はむろ-ちょう　大阪府高槻市-町
土飛山下　どびやました　秋田県大館市-
土原　つちはら・ひじわら
　つちはら　愛知県名古屋市天白区-
　ひじわら　山口県萩市-
土師　はじ・はぜ
　はじ　茨城県笠間市-
　はぜ-ちょう　三重県鈴鹿市-町
　はぜ　京都府福知山市-
　はぜ-ちょう　大阪府堺市中区-町
　はじ　福島県嘉穂郡桂川町-
土師百井　はじももい　鳥取県八頭郡八頭町-
土師野尾　はじのお
　はじのお-まち　長崎県諫早市-町
土庫　どんご　奈良県大和高田市-
土浮　つちうき　千葉県佐倉市-
土崎港相染　つちざきみなとそうぜん
　つちざきみなとそうぜん-まち　秋田県秋田市-町
土深　どぶけ　新潟県五泉市-
土淵　つちぶち・どふち
　つちぶち　岩手県盛岡市-
　どふち　新潟県五泉市-
土渕　つちぶち・ひじうち
　つちぶち　山形県酒田市-

　ひじうち　兵庫県豊岡市-
土喰　つちばみ　熊本県下益城郡美里町-
土場　どじょう・どば
　どじょう　埼玉県吉川市-
　どば　新潟県三条市-
土塔　どとう
　どとう　栃木県小山市-
　どとう-ちょう　大阪府堺市中区-町
土筒　どどう
　どどう-ちょう　愛知県豊川市-町
土越　ひじこし　山口県周南市-
土塩　つちしお
　つちしお　埼玉県比企郡滑川町-
　つちしお　新潟県糸魚川市-
土路　どろ　新潟県妙高市-
土樋　つちとい・つちどい
　つちとい　宮城県仙台市青葉区-
　つちとい　宮城県仙台市若林区-
　つちどい　山形県山形市-
土橋　つちはし・つちばし・どはし・どばし
　つちはし　岩手県紫波郡矢巾町-
　つちはし　宮城県黒川郡大郷町-
　つちはし　山形県東村山郡中山町-
　つちはし　神奈川県川崎市宮前区-
　つちはし　新潟県上越市-
　どばし　新潟県阿賀野市-
　つちはし-まち　石川県羽咋市-町
　つちはし-ちょう　福井県福井市-町
　つちはし　静岡県袋井市-
　つちはし　静岡県菊川市-
　つちはし-ちょう　愛知県豊田市-町
　つちはし　三重県伊賀市-
　つちばし-ちょう　京都府京都市中京区-町
　つちはし-ちょう　京都府京都市下京区-町
　どばし-ちょう　京都府京都市伏見区-町
　どばし-ちょう　大阪府高槻市-町
　つちはし-ちょう　奈良県橿原市-町
　つちはし　岡山県新見市-
　どばし-ちょう　広島県広島市中区-町
　つちはし　広島県山県郡北広島町-
　どばし-まち　愛媛県松山市-町
　つちはし-ちょう　愛媛県今治市-町
　つちはし　愛媛県新居浜市-

夕

夕カヘ　ゆうがえ　山形県寒河江市-
夕原　ゆうばる
　ゆうばる-まち　福岡県北九州市八幡西区-町

大

大ケ口　おおぐち　岩手県上閉伊郡大槌町-
大ケ生　おおがゆう　岩手県盛岡市-
大ケ塚　だいがつか　大阪府南河内郡河南町-
大ケ蔵連　おおがぞれ
　おおがぞれ-ちょう　愛知県豊田市-町
大ノ瀬　だいのせ　福岡県築上郡上毛町-
大力　だいりき
　だいりき　福岡県嘉麻市-
　だいりき　大分県豊後高田市-
大下　おおしも・おおじも
　おおしも　新潟県妙高市-

3画（大）

おおじも-まち　長崎県島原市-町
大下り　おおさがり　兵庫県佐用郡佐用町-
大三島町口総　おおみしまちょうぐちすぼ　愛媛県今治市-
大三島町台　おおみしまちょううてな　愛媛県今治市-
大三島町明日　おおみしまちょうあけび　愛媛県今治市-
大上　おおかみ・おおがみ
　　おおかみ　福島県河沼郡会津坂下町-
　　おおがみ　千葉県長生郡睦沢町-
　　おおがみ　神奈川県綾瀬市-
　　おおがみ　兵庫県篠山市-
大上戸　だいじょうど　愛知県犬山市-
大丸　おおまる・だいまる
　　おおまる　東京都稲城市-
　　おおまる　神奈川県横浜市都筑区-
　　だいまる-ちょう　兵庫県神戸市長田区-町
　　おおまる-ちょう　鹿児島県阿久根市-町
大久　おおく
　　おおく　島根県隠岐郡隠岐の島町-
　　おおく　愛媛県西宇和郡伊方町-
大久伝　おおくて
　　おおくて-ちょう　愛知県豊明市-町
大久町小久　おおひさまちこひさ　福島県いわき市-
大久町小山田　おおひさまちおやまだ　福島県いわき市-
大口平出水　おおくちひらいずみ　鹿児島県伊佐市-
大土平　おおどがひら
　　おおどがひら-ちょう　兵庫県神戸市灘区-町
大子　だいご
　　だいご-まち　茨城県久慈郡-町
　　だいご　茨城県久慈郡大子町-
　　だいご　山梨県南巨摩郡身延町-
大子内　おおしない　秋田県大館市-
大小　だいしょう　新潟県佐渡市-
大小志崎　だいしょうしざき　茨城県鹿嶋市-
大小屋　おおごや
　　おおごや　山形県米沢市-
　　おおごや　長野県塩尻市-
大小路　おおしょうじ
　　おおしょうじ　山口県宇部市-
　　おおしょうじ-ちょう　鹿児島県薩摩川内市-町
大山　おおやま・だいせん
　　おおやま-ちょう　北海道紋別市-町
　　おおやま　山形県鶴岡市-
　　おおやま　福島県安達郡大玉村-
　　おおやま　福島県岩瀬郡鏡石町-
　　おおやま　茨城県古河市-
　　おおやま　茨城県潮来市-
　　おおやま　茨城県稲敷郡美浦村-
　　おおやま　栃木県河内郡上三川町-
　　おおやま　千葉県成田市-
　　おおやま-ちょう　東京都渋谷区-町
　　おおやま-ちょう　東京都板橋区-町
　　おおやま-ちょう　神奈川県相模原市緑区-町
　　おおやま　神奈川県伊勢原市-
　　おおやま　新潟県新潟市東区-
　　おおやま　新潟県長岡市-
　　おおやま　山梨県南巨摩郡身延町-
　　おおやま　岐阜県加茂郡富加町-
　　おおやま-ちょう　静岡県浜松市西区-町

おおやま-ちょう　愛知県名古屋市中川区-町
　　おおやま-ちょう　愛知県豊橋市-町
　　おおやま-ちょう　愛知県安城市-町
　　おおやま　愛知県小牧市-
　　おおやま　京都府舞鶴市-
　　おおやま　兵庫県神崎郡神河町-
　　だいせん-ちょう　鳥取県西伯郡-町
　　だいせん　鳥取県西伯郡大山町-
　　おおやま　広島県呉市-町
　　おおやま-ちょう　山口県岩国市-
　　おおやま　山口県岩国市-
　　おおやま-まち　長崎県長崎市-町
　　おおやま-ちょう　長崎県平戸市-町
　　おおやま　鹿児島県姶良市-
　　おおやま　沖縄県宜野湾市-
大山下　おおやましも　兵庫県篠山市-
大山上野　おおやまうわの　富山県富山市-
大山口　おおやまぐち　千葉県白井市-
大山寺　たいさんじ
　　たいさんじ-ちょう　愛知県岩倉市-町
大山松木　おおやままつのき　富山県富山市-
大川内　おおかわち　熊本県葦北郡芦北町-
大川内町甲　おおかわちちょうこう　佐賀県伊万里市-
大川平　おおかわだい　青森県東津軽郡今別町-
大川町川原　おおかわちょうかわばる　佐賀県伊万里市-
大川町田面　おおかわまちたづら　香川県さぬき市-
大川面　おおかわづら　千葉県鴨川市-
大中　おおなか・だいなか
　　おおなか-ちょう　茨城県常陸太田市-町
　　おおなか　栃木県さくら市-
　　だいなか　千葉県君津市-
　　だいなか-ちょう　滋賀県近江八幡市-町
　　だいなか-ちょう　滋賀県東近江市-町
　　おおなか　兵庫県加古郡播磨町-
　　おおなか　奈良県大和高田市-
　　おおなか　沖縄県名護市-
大丹生　おおにゅう・おにゅう
　　おにゅう-ちょう　福井県福井市-町
　　おおにゅう　京都府舞鶴市-
大丹波　おおたば　東京都西多摩郡奥多摩町-
大井分　おおいわけ　北海道夕張郡栗山町-
大井町北金岐　おおいちょうきたかなげ　京都府亀岡市-
大仁　おおひと　静岡県伊豆の国市-
大六　だいろく　千葉県安房郡鋸南町-
大内　おおひと・おおち
　　おおうち　宮城県伊具郡丸森町-
　　おおうち　福島県伊達郡川俣町-
　　おおうち　福島県南会津郡下郷町-
　　おおうち　福島県石川郡石川町-
　　おおうち　茨城県那珂市-
　　おおうち　栃木県那須郡那珂川町-
　　おおうち　静岡県静岡市清水区-
　　おおうち-ちょう　愛知県豊田市-町
　　おおうち　三重県伊賀市-
　　おおうち　京都府福知山市-
　　おおうち　京都府舞鶴市-
　　おおうち-ちょう　兵庫県加西市-町
　　おおち　鳥取県八頭郡智頭町-
　　おおうち　鳥取県西伯郡伯耆町-
　　おおうち　岡山県倉敷市-

49

3画（大）

おおち　岡山県備前市-
おおうち-ちょう　山口県周南市-町
おおち　香川県東かがわ市-
おおち　高知県吾川郡いの町-
おおうち　大分県杵築市-

大内淵　おうちぶち　新潟県岩船郡関川村-
大内野　おおちの
　おおちの-ちょう　京都府舞鶴市-町
大分　おおいた・だいぶ
　だいぶ　福岡県飯塚市-
　おおいた-し　大分県-市
大双嶺　おおぞうれい　富山県富山市-
大夫　だいぶ　新潟県北蒲原郡聖籠町-
大戸　おおと・おおど
　おおど　秋田県雄勝郡羽後町-
　おおど　茨城県鉾田市-
　おおど　茨城県東茨城郡茨城町-
　おおど　群馬県吾妻郡東吾妻町-
　おおど　埼玉県さいたま市中央区-
　おおど　埼玉県さいたま市岩槻区-
　おおと　千葉県館山市-
　おおと　千葉県市原市-
　おおと　千葉県香取市-
　おおと　千葉県夷隅郡大多喜町-
　おおど　新潟県西蒲原郡弥彦村-
　おおど　福井県小浜市-
　おおと　徳島県那賀郡那賀町-
大戸上　だいとかみ　岡山県久米郡美咲町-
大戸町上三寄香塩　おおとまちかみみよりかしゅう
　福島県会津若松市-
大戸町上小塩　おおとまちかみおしゅう　福島県会津
　若松市-
大戸町小谷坂下　おおとまちおやさかのした　福島県
　会津若松市-
大戸町小谷原　おおとまちおやはら　福島県会津若
　松市-
大戸町芦牧　おおとまちあしのまき　福島県会津若
　松市-
大日山　おおびやま　兵庫県佐用郡佐用町-
大日向　おおひなた・おびなた
　おおひなた-ちょう　宮城県塩竈市-町
　おおひなた　群馬県甘楽郡南牧村-
　おびなた-まち　長野県須坂市-町
　おおひなた　長野県東御市-
　おおひなた　長野県南佐久郡佐久穂町-
大月平　おおつきたい　青森県上北郡野辺地町-
大木　おおき・おおぎ・だいぎ
　おおき　茨城県結城市-
　おおき　茨城県下妻市-
　おおき　茨城県守谷市-
　おおぎ　千葉県八街市-
　おおぎ　千葉県山武市-
　おおぎ-ちょう　愛知県豊川市-町
　だいぎ-ちょう　愛知県津島市-町
　おおぎ　三重県員弁郡東員町-
　おおぎ　大阪府泉佐野市-
　おおぎ-ちょう　兵庫県西脇市-町
　おおぎ　奈良県磯城郡田原本町-
　おおぎ　岡山県加賀郡吉備中央町-
　おおぎ-まち　福岡県三潴郡-町
　おおぎ　沖縄県中頭郡読谷村-

大水口　おおみなくち　秋田県由利本荘市-
大父　おおぶ　鳥取県東伯郡琴浦町-
大王町波切　だいおうちょうなきり　三重県志摩市-
大代　おおしろ・おおじろ・おおだい
　おおしろ　宮城県多賀城市-
　おおだい　新潟県村上市-
　おおじろ　静岡県島田市-
　おおじろ-ちょう　愛知県岡崎市-町
大代町大家　おおしろちょうおおえ　島根県大田市-
大北山長谷　おおきたやまはせ
　おおきたやまはせ-ちょう　京都府京都市北区-町
大古　おおふる　和歌山県西牟婁郡白浜町-
大古山　おおごやま　茨城県笠間市-
大古屋　おおごや
　おおごや-ちょう　栃木県佐野市-町
大平　おいだいら・おおだいら・おおひら・おおびら・た
　いへい・だいへい・だいら
　おおだいら-ちょう　北海道伊達市-町
　おおひら　北海道磯郡木古内町-
　おおびら　北海道島牧郡島牧村-
　たいへい　北海道十勝郡浦幌町-
　おおひら　北海道白糠郡白糠町-
　おおひら　青森県むつ市-
　おおひら-ちょう　青森県むつ市-町
　おおだいら　青森県上北郡七戸町-
　おおだいら　青森県上北郡東北町-
　おおだいら-ちょう　岩手県釜石市-町
　おおだいら　宮城県亘理郡山元町-
　おおだいら　山形県米沢市-
　おおだいら-まち　福島県郡山市-町
　おおだいら　福島県田村郡三春町-
　おおだいら-ちょう　茨城県常陸太田市-町
　おおだいら　茨城県ひたちなか市-
　だいへい　茨城県北相馬郡利根町-
　おおひら　栃木県芳賀郡益子町-
　おおひら-ちょう　神奈川県横浜市中区-町
　おおだいら　新潟県三条市-
　おおだいら　新潟県柏崎市-
　おおだいら　新潟県村上市-
　おおだいら　新潟県糸魚川市-
　だいら　富山県下新川郡朝日町-
　おおひら-ちょう　福井県越前市-
　たいへい-ちょう　岐阜県関市-町
　おおひら　静岡県静岡市清水区-
　おいだいら　静岡県浜松市浜北区-
　おおひら　静岡県沼津市-
　おいひら　静岡県磐田市-
　おおだいら　静岡県伊豆市-
　おおひら-ちょう　愛知県岡崎市-町
　おおだいら-ちょう　愛知県豊田市-町
　おおひら　滋賀県大津市-
　おおひら-ちょう　鳥取県倉吉市-町
　たいへい-ちょう　山口県下関市-町
　おおひら　愛媛県八幡浜市-
　おおひら　愛媛県伊予市-
　おおひら　愛媛県伊予郡砥部町-
　おおひら　愛媛県喜多郡内子町-
　おおだいら　高知県長岡郡大豊町-
　おおひら　高知県土佐郡大川村-
　おおひら　高知県吾川郡仁淀川町-
　おおひら　高知県高岡郡越知町-
　おおひら-まち　福岡県北九州市八幡東区-町

3画（大）

おおひら　福岡県北九州市八幡西区-
おおひら-まち　熊本県荒尾市-町
おおひら　熊本県菊池市-
おおひら　熊本県上益城郡山都町-
おおひら　大分県大分市-
おおひら　大分県豊後高田市-
おおひら　宮崎県串間市-
おおひら　沖縄県浦添市-
大平下　おおだいした　青森県上北郡野辺地町-
大平中井　おおひらなかい　福島県二本松市-
大平中目　おおだいらなかのめ　宮城県白石市-
大平台　おおひらだい・たいへいだい
おおひらだい　秋田県秋田市-
おおひらだい　神奈川県足柄下郡箱根町-
たいへいだい　岐阜県関市-
おおひらだい　静岡県浜松市西区-
おおひらだい　福岡県北九州市八幡西区-
大平坂谷　おおだいらさかや　宮城県白石市-
大平尾　おおびらお・おびらお
おびらお-ちょう　三重県松阪市-町
おびらお-ちょう　奈良県奈良市-町
大平沢　おおひらそう
おおひらそう-まち　石川県金沢市-町
大平町新　おおひらまちあらい　栃木県栃木市-
大平柿木　おおだいらかきぎ　静岡県伊豆市-
大平森合　おおだいらもりあい　宮城県白石市-
大永田　おながた　富山県中新川郡上市町-
大玉　いかだま・おおたま
おおたま-むら　福島県安達郡-村
いかだま　福井県丹生郡越前町-
大生　おおう
おおう　茨城県潮来市-
おおう　千葉県成田市-
大生院　おおじょういん　愛媛県新居浜市-
大生郷　おおのごう
おおのごう-まち　茨城県常総市-町
大生瀬　おおなませ　茨城県久慈郡大子町-
大用　おおゆう　高知県四万十市-
大甲　おおかぶと　石川県鳳珠郡穴水町-
大田代　おおただい　千葉県夷隅郡大多喜町-
大田面　おおたおもて　秋田県大館市-
大白倉　おおじらくら　新潟県十日町市-
大白硲　おおじらはざま　茨城県つくば市-
大矢田　おやだ　岐阜県美濃市-
大矢白山　おおやしろやま
おおやしろやま-ちょう　愛知県稲沢市-町
大矢高田　おおやこうだ
おおやこうだ-ちょう　愛知県稲沢市-町
大石　おいし・おおいし
おおいし　山形県上山市-
おおいし　福島県大沼郡会津美里町-
おおいし　新潟県十日町市-
おおいし　新潟県魚沼市-
おおいし　新潟県岩船郡関川村-
おおいし　山梨県南都留郡富士河口湖町-
おおいし　岐阜県不破郡垂井町-
おおいし　静岡県菊川市-
おいし-ちょう　三重県松阪市-町
おおいし-ちょう　兵庫県相生市-町
おおいし　高知県長岡郡本山町-

おおいし-まち　福岡県久留米市-町
おおいし　福岡県筑紫野市-
おおいし　福岡県福津市-
おおいし-まち　佐賀県唐津市-町
おおいし-まち　大分県大分市-町
大立　おおたち・おおだて
おおたち　鳥取県倉吉市-
おおだて-まち　広島県安芸郡海田町-町
大休　おおやすみ・たいきゅう
おおやすみ　長野県飯田市-
たいきゅう　山口県山陽小野田市-
大伝　だいでん　新潟県新発田市-
大伝根　おおでんね
おおでんね-ちょう　愛知県半田市-町
大光　たいこう　北海道広尾郡大樹町-
大光寺白山　だいこうじしろやま　青森県平川市-
大吉　おおよし
おおよし　埼玉県越谷市-
おおよし　岡山県津山市-
大名　おおな・だいみょう
だいみょう　福岡県福岡市中央区-
おおな　沖縄県島尻郡南風原町-
大名良　だいなごん　福島県郡山市-
大名倉　おおなぐら　愛知県北設楽郡設楽町-
大在　おおざい　大分県大分市-
大地　だいち
だいち　秋田県鹿角郡小坂町-
だいち　愛知県名古屋市中川区-
だいち-ちょう　愛知県岩倉市-町
大安町丹生川久下　だいあんちょうにゅうがわひさか　三重県いなべ市-
大安町石榑東　だいあんちょういしぐれひがし　三重県いなべ市-
大宇陀中庄　おおうだなかのしょう　奈良県宇陀市-
大宇陀守道　おおうだもち　奈良県宇陀市-
大宇陀芝生　おおうだしばう　奈良県宇陀市-
大宇陀拾生　おおうだひろう　奈良県宇陀市-
大宇陀宮奥　おおうだみやのおく　奈良県宇陀市-
大宇陀野依　おおうだのより　奈良県宇陀市-
大宅神納　おおやけかんのう
おおやけかんのう-ちょう　京都府京都市山科区-町
大宅関生　おおやけせきしょう
おおやけせきしょう-ちょう　京都府京都市山科区-町
大寺　おおてら・おおでら・だいじ
おおてら　山形県東村山郡山辺町-
おおてら　千葉県木更津市-
おおでら　千葉県匝瑳市-
おおてら　新潟県三島郡出雲崎町-
だいじ-ちょう　滋賀県長浜市-町
おおてら　徳島県板野郡板野町-
大庄川田　おおしょうかわた
おおしょうかわた-ちょう　兵庫県尼崎市-町
大当所　おおとうしょ　静岡県磐田市-
大当郎　だいとうろう　愛知県名古屋市中川区-
大成　おおなり・おおなる・たいせい
たいせい-ちょう　北海道苫小牧市-町
たいせい　北海道寿都郡黒松内町-
たいせい　北海道上川郡和寒町-
たいせい　北海道天塩郡遠別町-
たいせい　北海道常呂郡佐呂間町-

3画（大）

たいせい　北海道勇払郡むかわ町-
たいせい　北海道野付郡別海町-
たいせい-ちょう　茨城県ひたちなか市-町
おおなり-ちょう　埼玉県さいたま市北区-町
おおなり-ちょう　埼玉県さいたま市大宮区-町
たいせい-ちょう　埼玉県越谷市-町
たいせい-まち　石川県能美市-町
たいせい-ちょう　愛知県豊田市-町
たいせい-ちょう　大阪府寝屋川市-町
たいせい-ちょう　兵庫県宝塚市-町
おおなる　愛媛県上浮穴郡久万高原町-
大成川　おおなるかわ　愛媛県南宇和郡愛南町-
大成沢　おおなりさわ　福島県河沼郡柳津町-
大戌亥　おおいぬい
おおいぬい-ちょう　滋賀県長浜市-町
大曲戸　おおまがと　新潟県長岡市-
大曲戸巻　おおまがりとまき
おおまがりとまき-ちょう　秋田県大仙市-町
大曲柏葉　おおまがりはくよう　北海道北広島市-
大朴　おぼそ　京都府船井郡京丹波町-
大江　おおえ・おおごう
おおえ　北海道余市郡仁木町-
おおえ-まち　山形県西村山郡-町
おおごう　富山県射水市-
おおえ　静岡県牧之原市-
おおえ-ちょう　愛知県名古屋市港区-町
おおえ　愛知県一宮市-
おおえ　三重県伊賀市-
おおえ　三重県度会郡南伊勢町-
おおえ　滋賀県大津市-
おおえ-ちょう　京都府京都市下京区-町
おおえ-ちょう　奈良県大和郡山市-町
おおえ　鳥取県八頭郡八頭町-
おおえ　鳥取県西伯郡伯耆町-
おおえ　島根県隠岐郡知夫村-
おおえ-ちょう　岡山県井原市-町
おおえ-ちょう　愛媛県西宇和郡伊方町-
おおえ　熊本県熊本市中央区-
大江町三河　おおえちょうそうご　京都府福知山市-
大江町内宮　おおえちょうないく　京都府福知山市-
大江町日藤　おおえちょうひとう　京都府福知山市-
大江町在田　おおえちょうありた　京都府福知山市-
大江町河守　おおえちょうこうもり　京都府福知山市-
大瓜　おうり・おおうり
おうり　宮城県石巻市-
おおうり　宮城県黒川郡大衡村-
大衣斐　おおえび　岐阜県揖斐郡大野町-
大西　おおにし・おにし
おおにし-まち　山形県鶴岡市-町
おおにし　富山県南砺市-
おおにし　石川県羽咋郡志賀町-
だいせい-ちょう　静岡県藤枝市-
おおにし　愛知県名古屋市港区-
おおにし　愛知県岡崎市-
おおにし-ちょう　愛知県岡崎市-町
おおにし　大阪府泉佐野市-
おおにし-ちょう　兵庫県尼崎市-町
おおにし　奈良県桜井市-
おおにし　奈良県山辺郡山添村-
おおにし　和歌山県有田郡有田川町-

おおにし　高知県吾川郡仁淀川町-
おおにし　福岡県豊前市-
おおにし　沖縄県名護市-
大西町別府　おおにしちょうべふ　愛媛県今治市-
大西町星浦　おおにしちょうほしのうら　愛媛県今治市-
大更　おおぶけ　岩手県八幡平市-
大佐上刑部　おおさかみおさかべ　岡山県新見市-
大佐小阪部　おおさおさかべ　岡山県新見市-
大作　おおさく・だいさく
だいさく　福島県二本松市-
おおさく　福島県伊達郡川俣町-
おおさく　千葉県佐倉市-
おおさく　千葉県市原市-
大宜　おおげ　岡山県笠岡市-
大利　おおとし・おおり
おおり　青森県下北郡東通村-
おおとし-ちょう　大阪府寝屋川市-町
おおり　熊本県阿蘇郡産山村-
大利原　おおとしばら　広島県山県郡北広島町-
大君　おおきみ　京都府舞鶴市-
大君ケ畑　おじがはた　滋賀県犬上郡多賀町-
大坂　おおさか・おさか
おおさか　福島県二本松市-
おさか　千葉県君津市-
おおさか　石川県羽咋郡志賀町-
おおさか　静岡県掛川市-
おおさか　静岡県御殿場市-
おおさか-ちょう　愛知県瀬戸市-町
おおさか-ちょう　愛知県豊田市-町
おおさか-ちょう　京都府京都市下京区-町
おおさか　鳥取県岩美郡岩美町-
おおさか　鳥取県西伯郡伯耆町-
おおさか　徳島県板野郡板野町-
大寿　だいず
だいず-ちょう　京都府京都市下京区-町
大寿台　だいじゅだい　兵庫県姫路市-
大尾　おおお　高知県吾川郡仁淀川町-
大岐　おおき　高知県土佐清水市-
大志　おおし・だいし
おおし　福島県大沼郡金山町-
だいし　愛知県一宮市-
大志々伎　おおしじき
おおしじき-ちょう　長崎県平戸市-町
大志戸　おおしと　茨城県土浦市-
大杙　おおくい　鳥取県鳥取市-
大沢水　おおそうず　熊本県下益城郡美里町-
大沢町日西原　おおぞうちょうひさいばら　兵庫県神戸市北区-
大沢町神付　おおぞうちょうかんづけ　兵庫県神戸市北区-
大沢里　おおそうり　静岡県賀茂郡西伊豆町-
大沢割田　おおさわわった　岩手県滝沢市-
大沢新道　おおさわしんみち　岩手県滝沢市-
大町東　おおちょうひがし・おおまちひがし
おおちょうひがし　大阪府堺市堺区-
おおまちひがし　広島県広島市安佐南区-
大社町日御碕　たいしゃちょうひのみさき　島根県出雲市-

3画（大）

大社町杵築東 たいしゃちょうきづきひがし　島根県
　　出雲市-
大社町修理免 たいしゃちょうしゅうりめん　島根県
　　出雲市-
大社町遙堪 たいしゃちょうようかん　島根県出雲市-
大社町鵜峠 たいしゃちょううのうど　島根県出雲市-
大良 だいら
　　だいら　福井県南条郡南越前町-
　　だいら　佐賀県唐津市-
大苅田 おおかんだ　岡山県赤磐市-
大角 おおすみ・おおずみ・おおとがり
　　おおとがり　千葉県香取市-
　　おおずみ　和歌山県海草郡紀美野町-
　　おおずみ　福岡県三潴郡大木町-
大角豆 ささぎ　茨城県つくば市-
大角間 おおかくま　石川県鳳珠郡穴水町-
大角蔵 おおかくら　愛媛県伊予郡砥部町-
大谷 おおたに・おおだに・おおや
　　おおたに　北海道磯谷郡蘭越町-
　　おおたに　北海道常呂郡訓子府町-
　　おおたに　青森県青森市-
　　おおや　宮城県柴田郡大河原町-
　　おおたに　秋田県由利本荘市-
　　おおや　山形県西村山郡朝日町-
　　おおたに　福島県耶麻郡磐梯町-
　　おおたに　福島県大沼郡三島町-
　　おおや　福島県双葉郡楢葉町-
　　おおや　茨城県筑西市-
　　おおや　茨城県小美玉市-
　　おおや　茨城県稲敷郡美浦村-
　　おおや-まち　栃木県宇都宮市-町
　　おおや　栃木県塩谷郡高根沢町-
　　おおや-ちょう　群馬県館林市-町
　　おおや　群馬県安中市-
　　おおや　埼玉県さいたま市見沼区-
　　おおや　埼玉県さいたま市岩槻区-
　　おおや　埼玉県東松山市-
　　おおや　埼玉県深谷市-
　　おおや　埼玉県入間郡越生町-
　　おおや-まち　東京都八王子市-町
　　おおや　神奈川県海老名市-
　　おおたに　新潟県三条市-
　　おおたに　新潟県妙高市-
　　おおたに　新潟県五泉市-
　　おおたに-まち　石川県珠洲市-町
　　おおたに-ちょう　福井県福井市-町
　　おおたに　福井県小浜市-
　　おおたに-ちょう　福井県越前市-町
　　おおたに　福井県南条郡南越前町-
　　おおたに　福井県丹生郡越前町-
　　おおや-まち　長野県須坂市-町
　　おおや　静岡県静岡市駿河区-
　　おおや　静岡県浜松市天竜区-
　　おおや　静岡県袋井市-
　　おおたに-ちょう　愛知県名古屋市守山区-町
　　おおたに　愛知県常滑市-
　　おおたに　愛知県弥富市-
　　おおたに-ちょう　三重県津市-町
　　おおたに　三重県伊賀市-
　　おおたに-ちょう　滋賀県大津市-町
　　おおたに　滋賀県蒲生郡日野町-
　　おおたに-ちょう　大阪府寝屋川市-町

　　おおたに-ちょう　兵庫県神戸市長田区-町
　　おおたに-ちょう　兵庫県西宮市-町
　　おおたに-ちょう　兵庫県相生市-町
　　おおたに　兵庫県豊岡市-
　　おおたに　兵庫県篠山市-
　　おおたに　兵庫県養父市-
　　おおたに　兵庫県淡路市-
　　おおたに　奈良県大和高田市-
　　おおたに-ちょう　奈良県橿原市-町
　　おおたに　和歌山県和歌山市-
　　おおたに　和歌山県伊都郡かつらぎ町-
　　おおたに　和歌山県有田郡有田川町-
　　おおたに　和歌山県西牟婁郡すさみ町-
　　おおだに-ちょう　鳥取県米子市-町
　　おおたに　鳥取県倉吉市-
　　おおたに　鳥取県岩美郡岩美町-
　　おおたに　鳥取県東伯郡三朝町-
　　おおたに　鳥取県東伯郡北栄町-
　　おおたに-ちょう　島根県益田市-町
　　おおたに　島根県仁多郡奥出雲町-
　　おおたに　岡山県津山市-
　　おおたに　山口県岩国市-
　　おおたに-ちょう　徳島県徳島市-町
　　おおたに　香川県東かがわ市-
　　おおたに　高知県高知市-
　　おおたに　高知県須崎市-
　　おおたに　高知県土佐清水市-
　　おおたに-まち　福岡県北九州市若松区-町
　　おおたに　福岡県北九州市八幡東区-
　　おおたに　福岡県行橋市-
　　おおたに　福岡県春日市-
　　おおたに-まち　長崎県長崎市-町
大谷口 おおたにぐち・おおやぐち
　　おおやぐち　茨城県坂東市-
　　おおやぐち　埼玉県さいたま市南区-
　　おおやぐち　埼玉県さいたま市緑区-
　　おおやぐち　千葉県松戸市-
　　おおやぐち　東京都板橋区-
　　おおたにぐち　愛媛県八幡浜市-
大谷川浜 おおやがわはま　宮城県石巻市-
大谷内 おおやち　新潟県糸魚川市-
大谷台 おおたにだい・おおやだい
　　おおやだい-まち　栃木県真岡市-町
　　おおたにだい　三重県四日市市-
　　おおたにだい　広島県福山市-
大谷田 おおやた　東京都足立区-
大谷地 おおやち
　　おおやち　北海道寿都郡黒松内町-
　　おおやち　岩手県花巻市-
　　おおやち　宮城県仙台市太白区-
　　おおやち　宮城県柴田郡大河原町-
　　おおやち　福島県喜多方市-
　　おおやち　福島県耶麻郡猪苗代町-
　　おおやち　新潟県三条市-
大谷沢 おおたにざわ・おおやざわ
　　おおやざわ　埼玉県日高市-
　　おおたにざわ　新潟県村上市-
大谷津 おおやつ
　　おおやつ　茨城県石岡市-
　　おおやつ　栃木県芳賀郡市貝町-

53

3画（大）

大谷茶屋　おおたにちゃや　鳥取県倉吉市-
大谷流　おおやる　千葉県八街市-
大谷場　おおやば　埼玉県さいたま市南区-
大谷瀬　おおやぜ　茨城県結城市-
大豆　だいず　新潟県上越市-
大豆山　まめやま
　　まめやま-ちょう　奈良県奈良市-町
大豆戸　まめど
　　まめど　埼玉県比企郡鳩山町-
　　まめど-ちょう　神奈川県横浜市港北区-町
大豆生　まめお　奈良県吉野郡東吉野村-
大豆田　おおまめだ・まめだ
　　まめだ　青森県上北郡横浜町-
　　おおまめだ　福島県喜多方市-
　　おおまめだ　栃木県大田原市-
大豆田本　まめだほん
　　まめだほん-まち　石川県金沢市-町
大豆谷　まめざく　千葉県東金市-
大豆島　まめじま　長野県長野市-
大豆塚　まめづか
　　まめづか-ちょう　大阪府堺市北区-町
大豆越　まめごし　奈良県桜井市-
大足　おおだら・おわせ
　　おおだら-ちょう　茨城県水戸市-町
　　おわせ-ちょう　三重県松阪市-町
大里　おおさと・おおざと・だいり
　　おおさと　北海道三笠市-
　　おおさと　福島県岩瀬郡天栄村-
　　おおさと-ちょう　茨城県常陸太田市-町
　　おおさと　茨城県結城郡八千代町-
　　おおさと　栃木県那須烏山市-
　　おおさと　埼玉県越谷市-
　　おおさと-ぐん　埼玉県-郡
　　だいり　千葉県鴨川市-
　　おおさと　千葉県山武郡芝山町-
　　おおさと　新潟県南魚沼市-
　　おおさと-ちょう　山梨県甲府市-町
　　おおさと-ちょう　三重県四日市市-町
　　おおさと　三重県南牟婁郡紀宝町-
　　おおざと　大阪府豊能郡能勢町-
　　おおざと　徳島県海部郡海陽町-
　　だいり　福岡県北九州市門司区-
　　おおさと-まち　長崎県大村市-町
　　おおざと　鹿児島県いちき串木野市-
　　おおざと　沖縄県糸満市-
　　おおざと　沖縄県沖縄市-
大里小野田　おおさとこのだ
　　おおさとこのだ-ちょう　三重県津市-町
大里戸ノ上　だいりとのうえ　福岡県北九州市門司区-
大里原　だいりはら
　　だいりはら-まち　福岡県北九州市門司区-町
大里桃山　だいりももやま
　　だいりももやま-ちょう　福岡県北九州市門司区-町
大依　おおより
　　おおより-ちょう　滋賀県長浜市-町
大供　だいく　岡山県岡山市北区-
大和　おおわ・おわ・たいわ・だいわ・やまと
　　やまと　北海道北見市-
　　やまと-ちょう　北海道岩見沢市-町
　　やまと　北海道千歳市-

　　やまと-ちょう　北海道登別市-町
　　やまと-ちょう　北海道瀬棚郡今金町-町
　　やまと　北海道虻田郡倶知安町-
　　やまと　北海道岩内郡岩内町-
　　やまと　北海道空知郡奈井江町-
　　やまと　北海道樺戸郡新十津川町-
　　やまと　北海道虻田郡豊浦町-
　　やまと　北海道幌泉郡えりも町-
　　やまと　北海道広尾郡大樹町-
　　やまと-まち　宮城県仙台市若林区-町
　　やまと　宮城県岩沼市-
　　たいわ-ちょう　宮城県黒川郡-町
　　やまと-ちょう　茨城県土浦市-町
　　やまと-ちょう　茨城県高萩市-町
　　やまと　栃木県宇都宮市-
　　やまと-ちょう　栃木県佐野市-町
　　やまと　千葉県木更津市-
　　おおわ　千葉県富里市-
　　やまと-ちょう　東京都中野区-町
　　やまと-ちょう　東京都板橋区-町
　　やまと-ちょう　神奈川県横浜市中区-町
　　やまと-し　神奈川県-市
　　やまと-ちょう　新潟県柏崎市-町
　　やまと　新潟県上越市-
　　やまと　新潟県阿賀野市-
　　やまと　新潟県佐渡市-
　　だいわ-ちょう　石川県金沢市-町
　　やまと-まち　石川県七尾市-町
　　やまと-まち　石川県小松市-町
　　やまと-まち　石川県輪島市-町
　　やまと-ちょう　福井県大野市-町
　　だいわ-ちょう　山梨県甲府市-町
　　おおわ　山梨県南巨摩郡南部町-
　　おわ　長野県諏訪市-
　　やまと-ちょう　岐阜県岐阜市-町
　　やまと　静岡県静岡市駿河区-
　　やまと-ちょう　愛知県名古屋市昭和区-町
　　だいわ-ちょう　愛知県岡崎市-町
　　やまと-ちょう　愛知県半田市-町
　　やまと-ちょう　愛知県津島市-町
　　やまと-ちょう　愛知県常滑市-町
　　やまと-ちょう　京都府京都市東山区-町
　　やまと-ちょう　京都府京都市伏見区-町
　　だいわ-ちょう　大阪府池田市-町
　　だいわ　大阪府高槻市-
　　やまと-ちょう　兵庫県神戸市灘区-町
　　やまと-まち　岡山県岡山市北区-町
　　やまと-ちょう　山口県下関市-町
　　やまと-ちょう　徳島県徳島市-町
　　やまと-まち　福岡県春日市-町
　　やまと-ちょう　長崎県佐世保市-町
　　やまと-ちょう　宮崎県宮崎市-町
　　やまと-そん　鹿児島県大島郡-村
大和西　だいわにし　兵庫県川西市-
大和沢　おおわさわ　青森県弘前市-
大和町八反原　やまとちょうはったばる　佐賀県佐
　賀市-
大和町木賊　やまとちょうとくさ　山梨県甲州市-
大和町毛受　やまとちょうめんじょ　愛知県一宮市-
大和町尼寺　やまとちょうにいじ　佐賀県佐賀市-
大和町池上　やまとちょういけのうえ　佐賀県佐賀市-
大和町初鹿野　やまとちょうはじかの　山梨県甲州市-

3画（大）

大和町於保　やまとちょうおほ　愛知県一宮市-
大和町河辺　やまとちょうかべ　岐阜県郡上市-
大和町姥ケ原　だいわちょうううばがはら　広島県三原市-
大和町神路　やまとちょうかんじ　岐阜県郡上市-
大和町馬引　やまとちょうまびき　愛知県一宮市-
大和町場皿　やまとちょうばつさら　岐阜県郡上市-
大和町萩原　だいわちょうはいばら　広島県三原市-
大和町福田　だいわちょうふくだ・やまとちょうふくだ
　やまとちょうふくだ　岐阜県郡上市-
　だいわちょうふくだ　広島県三原市-
大和知　おおわち　長野県下伊那郡喬木村-
大和須　おおわす　栃木県那須郡那須町-
大国　だいこく
　だいこく-ちょう　愛知県豊橋市-町
　だいこく　大阪府大阪市浪速区-
　だいこく-ちょう　高知県吾川郡いの町-町
大国玉　おおくにたま　茨城県桜川市-
大垈　おおぬた
　おおぬた　山梨県甲斐市-
　おおぬた　山梨県南巨摩郡身延町-
大宜味　おおぎみ
　おおぎみ-そん　沖縄県国頭郡-村
　おおぎみ　沖縄県国頭郡大宜味村-
大宝　おおだから・たいほう・だいほう
　だいほう　茨城県下妻市-
　だいほう-ちょう　岐阜県岐阜市-町
　たいほう　愛知県名古屋市熱田区-
　おおだから　愛知県海部郡飛島村-
　だいほう　大阪府南河内郡河南町-
大幸　だいこう　愛知県名古屋市東区-
大性　だいしょう　青森県北津軽郡鶴田町-
大所　おおところ・おところ・だいどころ
　だいどころ　宮城県遠田郡美里町-
　おおところ　新潟県糸魚川市-
　おところ　大分県別府市-
大房　おおふさ・おおぶさ・だいぼう
　だいぼう　茨城県常総市-
　だいぼう　茨城県北相馬郡利根町-
　おおふさ　埼玉県越谷市-
　おおぶさ-ちょう　滋賀県近江八幡市-町
大披　おおびらき　秋田県大館市-
大明丘　だいみょうがおか　鹿児島県鹿児島市-
大明司　だいみょうじ　宮崎県えびの市-
大明石　おおあかし
　おおあかし-ちょう　兵庫県明石市-町
大明見　おおあすみ　山梨県富士吉田市-
大明東　おおあきひがし
　おあきひがし-まち　三重県鳥羽市-町
大杭　おおくい　長野県小諸市-
大枝　おえだ・おおえだ
　おおえだ　埼玉県春日部市-
　おえだ　兵庫県赤穂郡上郡町-
大枝東　おおえだひがし
　おおえだひがし-まち　大阪府守口市-町
大枝沓掛　おおえくつかけ
　おおえくつかけ-ちょう　京都府京都市西京区-町
大枝新　おえだしん　兵庫県赤穂郡上郡町-
大松　おおまつ・だいまつ
　おおまつ　埼玉県越谷市-
　だいまつ　千葉県白井市-
　おおまつ　富山県中新川郡上市町-
　おおまつ-ちょう　愛知県名古屋市東区-町
　おおまつ-ちょう　愛知県半田市-町
　おおまつ-ちょう　徳島県徳島市-町
大東　おおひがし・だいとう
　だいとう-まち　山形県鶴岡市-町
　だいとう　埼玉県さいたま市浦和区-
　だいとう　神奈川県横浜市鶴見区-町
　だいとう　福井県福井市-
　だいとう　静岡県藤枝市-
　だいとう-ちょう　愛知県安城市-町
　だいとう-ちょう　愛知県大府市-町
　だいとう-ちょう　滋賀県彦根市-町
　おおひがし-ちょう　滋賀県長浜市-町
　おおひがし-ちょう　京都府京都市上京区-町
　だいとう-ちょう　大阪府大阪市都島区-町
　だいとう-し　大阪府-市
　だいとう-ちょう　大阪府大東市-町
　だいとう-ちょう　兵庫県芦屋市-町
　おおひがし-ちょう　奈良県大和高田市-町
　おおひがし　広島県廿日市市-町
　おおひがし　沖縄県名護市-
大東町小河内　だいとうちょうおがわうち　島根県雲南市-
大東町畑鵯　だいとうちょうはたひよどり　島根県雲南市-
大東町清田　だいとうちょうせいた　島根県雲南市-
大東町薦澤　だいとうちょうこもざわ　島根県雲南市-
大武　おおだけ
　おおだけ-まち　宮崎県延岡市-町
大武新田　おおたけしんでん　新潟県燕市-
大歩　わご　茨城県猿島郡境町-
大河　おおかわ・おおこう
　おおかわ　兵庫県神崎郡神河町-
　おおこう　岡山県笠岡市-
大河内　おおかち・おおかわうち・おおかわち・おかわち
　おかわち-ちょう　三重県松阪市-町
　おおかわち　和歌山県和歌山市-
　おおかち　鳥取県倉吉市-
　おおかわち　山口県周南市-
　おおかわち　福岡県豊前市-
　おおかわうち　宮崎県東臼杵郡椎葉村-
大河内新田　おおこうちしんでん　新潟県柏崎市-
大河平　おおこうびら　宮崎県えびの市-
大河端　おこばた
　おこばた-まち　石川県金沢市-町
大治　おおはる
　おおはる-ちょう　愛知県海部郡-町
大治田　おばた　三重県四日市市-
大波　おおなみ　福島県福島市-
大波上　おおばかみ　京都府舞鶴市-
大波野　おおはの　山口県熊毛郡田布施町-
大炊　おおい
　おおい-ちょう　京都府京都市中京区-町
　おおい　鳥取県八頭郡若桜町-
大炊平　おいだいら　山梨県南巨摩郡身延町-
大物　だいもつ
　だいもつ　滋賀県大津市-
　だいもつ-ちょう　兵庫県尼崎市-町
大茅　おおがや　岡山県英田郡西粟倉村-

3画（大）

大迫 おおさこ
　おおさこ　京都府船井郡京丹波町-
　おおさこ　奈良県吉野郡川上村-
　おおさこ　熊本県水俣市-
大迫町外川目 おおはさままちそとかわめ　岩手県花
　巻市-
大金平 おおがねだいら　千葉県松戸市-
大長谷 おおながたに　新潟県胎内市-
大門 おおかど・おおもん・だいもん
　だいもん-ちょう　宮城県石巻市-町
　だいもん　宮城県加美郡加美町-
　だいもん　秋田県由利本荘市-
　だいもん　山形県上山市-
　だいもん-ちょう　埼玉県さいたま市大宮区-町
　だいもん　埼玉県さいたま市緑区-
　だいもん-ちょう　埼玉県加須市-町
　おおかど　千葉県香取郡多古町-
　だいもん　東京都板橋区-
　だいもん　東京都青梅市-
　だいもん-ちょう　東京都東久留米市-町
　だいもん　新潟県三島郡出雲崎町-
　だいもん　富山県滑川市-
　おおかど　富山県砺波市-
　だいもん　富山県射水市-
　だいもん　福井県南条郡南越前町-
　だいもん-ちょう　長野県長野市-町
　だいもん-ちょう　長野県飯田市-町
　だいもん　長野県塩尻市-
　だいもん　長野県小県郡長和町-
　だいもん　長野県諏訪郡下諏訪町-
　だいもん-ちょう　岐阜県岐阜市-町
　だいもん-まち　岐阜県高山市-町
　だいもん-ちょう　岐阜県関市-町
　だいもん　岐阜県山県市-
　だいもん-ちょう　静岡県沼津市-町
　だいもん　静岡県袋井市-
　おおもん-ちょう　愛知県名古屋市中村区-町
　だいもん　愛知県岡崎市-
　だいもん　愛知県犬山市-
　だいもん　三重県津市-
　だいもん-ちょう　滋賀県長浜市-町
　だいもん-ちょう　滋賀県守山市-町
　だいもん-ちょう　京都府京都市上京区-町
　だいもん　京都府福知山市-
　だいもん-ちょう　大阪府守口市-町
　だいもん　兵庫県加東市-
　だいもん-ちょう　奈良県生駒市-町
　だいもん　鳥取県八頭郡八頭町-
　だいもん-ちょう　広島県福山市-町
　だいもん　愛媛県八幡浜市-
　だいもん　福岡県北九州市小倉北区-
　おおかど　福岡県飯塚市-
　だいもん　福岡県糸島市-
　おおかど-まち　宮崎県延岡市-町
大保 おおほ・おおぼ・たいほ・だいほ・だいぼ
　だいぼ　新潟県長岡市-
　だいぼ　新潟県燕市-
　だいぼ　大阪府堺市美原区-
　おおぼ-ちょう　奈良県奈良市-町
　おおぼ　福岡県小郡市-
　たいほ　沖縄県国頭郡大宜味村-
大保木 おおふき　愛媛県西条市-

大垪 おおぬかり　福島県東白川郡矢祭町-
大垣内 おおがいち・おおがいと・おおがち
　おおがいと-ちょう　三重県松阪市-町
　おおがいと-ちょう　大阪府枚方市-町
　おおがち　兵庫県西脇市-
　おおがいち　兵庫県佐用郡佐用町-
　おおがいと　和歌山県和歌山市-
大城 おおき・おおぐすく・おおじろ
　おおじろ　山梨県南巨摩郡身延町-
　おおき　福岡県大野城市-
　おおじろ　鹿児島県大島郡和泊町-
　おおぐすく　沖縄県中頭郡北中城村-
大垪和東 おおはがひがし　岡山県久米郡美咲町-
大室指 おおむろさす　山梨県南都留郡道志村-
大屋 おおや・だいや
　だいや　富山県下新川郡朝日町-
　おおや-ちょう　福井県越前市-町
　おおや　長野県上田市-
　おおや-ちょう　兵庫県西宮市-町
　おおや　奈良県葛城市-
　おおや　鳥取県八頭郡智頭町-
　おおや　岡山県赤磐市-
　おおや　高知県吾川郡仁淀川町-
　おおや　熊本県玉名郡和水町-
大屋町筏 おおやちょういかだ　兵庫県養父市-
大屋冨 おおやぶ
　おおやぶ-ちょう　香川県坂出市-町
大峡 おおかい
　おおかい-まち　宮崎県延岡市-町
大峠山 おおとうげやま　宮城県気仙沼市-
大廻 おおば　千葉県印西市-
大指 おおさす　山梨県南都留郡道志村-
大持 だいもち　兵庫県赤穂郡上郡町-
大政 たいせい
　たいせい-ちょう　愛知県津島市-町
大政所 おおまんどころ
　おおまんどころ-ちょう　京都府京都市下京区-町
大昭 たいしょう　北海道網走郡津別町-
大昭和 だいしょうわ　宮城県岩沼市-
大栄 たいえい・だいえい
　たいえい　北海道斜里郡斜里町-
　だいえい-ちょう　新潟県新発田市-町
　だいえい-ちょう　長野県岡谷市-町
　だいえい-ちょう　静岡県焼津市-町
大柿町小古江 おおがきちょうおぶれ　広島県江田
　島市-
大柿町飛渡瀬 おおがきちょうひとのせ　広島県江田
　島市-
大柏 おおがしわ　茨城県守谷市-
大柳 おおやぎ・おおやな・おおやなぎ・おおりゅう・お
　やなぎ
　おおやなぎ　宮城県遠田郡美里町-
　おおりゅう　福島県河沼郡柳津町-
　おおやな-ちょう　東京都青梅市-町
　おおやなぎ-ちょう　岐阜県岐阜市-町
　おおやぎ-ちょう　静岡県浜松市南区-町
　おおやなぎ　静岡県島田市-
　おやなぎ-ちょう　愛知県岡崎市-町
　おやなぎ-ちょう　兵庫県加西市-町
　おおやなぎ　和歌山県東牟婁郡古座川町-
大海 おおみ　愛知県新城市-

3画（大）

大海崎　おおみさき
　　おおみさき-ちょう　島根県松江市-町
大泉　おいずみ・おおいずみ
　　おおいずみ　茨城県桜川市-
　　おおいずみ-まち　群馬県邑楽郡-町
　　おおいずみ-まち　東京都練馬区-町
　　おおいずみ　富山県富山市-
　　おおいずみ-まち　富山県富山市-町
　　おおいずみ-ちょう　静岡県磐田市-町
　　おおいずみ　奈良県桜井市-
大津区天満　おおつくてんま　兵庫県姫路市-
大津区北天満　おおつくきたてんまん
　　おおつくきたてんまん-ちょう　兵庫県姫路市-町
大津町五浦　おおつちょういづら　茨城県北茨城市-
大津港　おおつみなと
　　おおつみなと-まち　北海道中川郡豊頃町-町
大畑　おおはた・おおばた・おおばたけ・おこば・おばたけ
　　おおはた-まち　青森県むつ市-町
　　おおはた　青森県上北郡横浜町-
　　おおはた　岩手県花巻市-
　　おおはた　宮城県白石市-
　　おおばたけ　宮城県伊具郡丸森町-
　　おおばたけ　茨城県土浦市-
　　おおばたけ　栃木県芳賀郡茂木町-
　　おおばたけ　栃木県那須郡那珂町-
　　おおばたけ-まち　埼玉県秩父市-町
　　おおばたけ　埼玉県春日部市-
　　おばたけ-ちょう　福井県福井市-町
　　おおばたけ　福井県丹生郡越前町-
　　おおばたけ-ちょう　岐阜県多治見市-町
　　おおはた　静岡県裾野市-
　　おおはた-ちょう　愛知県名古屋市中川区-町
　　おおはた-ちょう　愛知県豊田市-町
　　おおはた　滋賀県野洲市-
　　おおはた-ちょう　大阪府高槻市-町
　　おおはた-ちょう　兵庫県西宮市-町
　　おおはた　兵庫県三田市-
　　おおはた　兵庫県加東市-
　　おおはた　兵庫県神崎郡神河町-
　　おおはた　兵庫県佐用郡佐用町-
　　おばたけ　奈良県葛城市-
　　おおばたけ　和歌山県伊都郡かつらぎ町-
　　おおはた　鳥取県鳥取市-
　　おおはた-ちょう　広島県三原市-町
　　おおはた-まち　福岡県北九州市八幡西区-町
　　おこば-まち　熊本県人吉市-町
　　おおはた　大分県別府市-
大祝　だいしゅく
　　だいしゅく-ちょう　栃木県佐野市-町
大神　おおが・おおかみ・おおがみ・だいじん
　　おおがみ　栃木県大田原市-
　　おおがみ-ちょう　東京都昭島市-町
　　おおかみ　神奈川県平塚市-
　　だいじん　山口県周南市-
　　おおが　大分県速見郡日出町-
大神成　おおかんなり　秋田県大仙市-
大神保　おおじんぼう
　　おおじんぼう-ちょう　千葉県船橋市-町
大神堂　だいじんどう　新潟県糸魚川市-
大秋　おおあき・たいあき・たいしゅう
　　たいしゅう　北海道白糠郡白糠町-

　　たいあき　青森県中津軽郡西目屋村-
　　おおあき　新潟県新潟市秋葉区-
　　おおあき-ちょう　愛知県名古屋市中村区-町
大紀　たいき
　　たいき-ちょう　三重県度会郡-町
大胡　おおご
　　おおご-まち　群馬県前橋市-町
大胡田　おおごだ　静岡県駿東郡小山町-
大荒　おおあら・おおあれ
　　おおあら　山形県鶴岡市-
　　おおあれ-ちょう　長崎県五島市-町
大面　おおも　新潟県三条市-
大面平　おおつらたいら　岩手県八幡平市-
大音琴郷　おおねごとごう　長崎県東彼杵郡東彼杵町-
大倉丁子　おおくらようろご　千葉県香取市-
大倭　おおやまと
　　おおやまと-ちょう　奈良県奈良市-町
大兼久　おおがねく　沖縄県国頭郡大宜味村-
大原　おおはら・おおばら・おおはる・おおわら・おは
　　ら・だいばら
　　おおはら　北海道虻田郡洞爺湖町-
　　おおはら　北海道勇払郡むかわ町-
　　おおはら　青森県弘前市-
　　おおはら　福島県南会津郡南会津町-
　　おおばら-ちょう　群馬県太田市-町
　　おおはら　埼玉県さいたま市大宮区-
　　おおはら　埼玉県さいたま市浦和区-
　　おおはら　埼玉県熊谷市-
　　だいばら　埼玉県八潮市-
　　おおはら　埼玉県ふじみ野市-
　　おおはら　千葉県いすみ市-
　　おおはら　東京都世田谷区-
　　おおはら-ちょう　東京都板橋区-町
　　おおはら　神奈川県平塚市-
　　おおはら　新潟県新潟市西蒲区-
　　おおはら　新潟県五泉市-
　　おおはら　山梨県都留市-
　　おおばら-ちょう　岐阜県多治見市-町
　　おおはら　静岡県静岡市葵区-
　　おおはら-ちょう　静岡県浜松市北区-町
　　おおはら　静岡県伊東市-
　　おおわら　静岡県磐田市-
　　おおはら　三重県北牟婁郡紀北町-
　　おおはら　京都府与謝郡伊根町-
　　おおはら　兵庫県神戸市北区-
　　おおはら-ちょう　兵庫県芦屋市-町
　　おおはら　兵庫県三田市-
　　おはら　鳥取県倉吉市-
　　おおはら　鳥取県西伯郡伯耆町-
　　おおばら　岡山県美作市-
　　おおばら-ちょう　徳島県徳島市-町
　　おおばら-ちょう　高知県高知市-町
　　おおはる-まち　鹿児島県いちき串木野市-町
　　おおはら　沖縄県島尻郡久米島町-
大原尾越　おおはらおごせ
　　おおはらおごせ-ちょう　京都府京都市左京区-町
大原野出灰　おおはらのいずりは
　　おおはらのいずりは-ちょう　京都府京都市西京区-町
大原野石見　おおはらのいわみ
　　おおはらのいわみ-ちょう　京都府京都市西京区-町
大埇甲　おおそねこう　高知県南国市-

57

3画（大）

大家庄　おおいえのしょう　富山県下新川郡朝日町-
大宮町五十河　おおみやちょういかが　京都府京丹
　後市-
大宮町周枳　おおみやちょうすき　京都府京丹後市-
大宮町河辺　おおみやちょうこうべ　京都府京丹後市-
大島　おおしま・おおじま・おしま
　おおしま　秋田県湯沢市-
　おおしま　茨城県筑西市-
　おおしま　茨城県稲敷市-
　おおしま　栃木県那須郡那須-
　おおしま-ちょう　群馬県太田市-町
　おおしま-ちょう　群馬県館林市-町
　おおしま　群馬県富岡市-
　おおしま　埼玉県北葛飾郡杉戸町-
　おおしま　千葉県香取市-
　おおしま　東京都江東区-
　おおしま-まち　東京都-町
　おおしま　神奈川県川崎市川崎区-
　おおしま　神奈川県相模原市緑区-
　おおしま　神奈川県平塚市-
　おおじま　新潟県新潟市中央区-
　おおじま　新潟県三条市-
　おおじま　新潟県岩船郡関川村-
　おおしま　富山県富山市-
　おおしま　富山県滑川市-
　おおしま　富山県南砺市-
　おおしま　富山県中新川郡立山町-
　おおしま-まち　石川県小松市-町
　おしま　石川県羽咋郡志賀町-
　おおしま-ちょう　福井県福井市-町
　おおしま　福井県大飯郡おおい町-
　おおしま　山梨県南巨摩郡早川町-
　おおしま　山梨県南巨摩郡身延町-
　おおしま　長野県下伊那郡松川町-
　おおしま　長野県下伊那郡喬木村-
　おおしま　長野県上高井郡小布施町-
　おおしま-ちょう　岐阜県大垣市-町
　おおじま-まち　岐阜県高山市-町
　おおしま-ちょう　静岡県浜松市東区-町
　おおじま　静岡県焼津市-
　おおしま-ちょう　愛知県名古屋市千種区-町
　おおしま-ちょう　愛知県豊田市-町
　おおしま-ちょう　滋賀県長浜市-町
　おおしま-ちょう　京都府綾部市-町
　おおしま　京都府宮津市-
　おおしま-ちょう　大阪府豊中市-町
　おおしま　兵庫県尼崎市-
　おおしま-ちょう　兵庫県西宮市-町
　おおしま-ちょう　兵庫県相生市-町
　おおしま-ちょう　兵庫県小野市-町
　おおしま　和歌山県東牟婁郡串本町-
　おおしま　鳥取県東伯郡北栄町-
　おおじま-ちょう　島根県出雲市-町
　おおじま　岡山県倉敷市-
　おおしま　山口県萩市-
　おおしま　山口県周南市-
　おおしま-ぐん　山口県-郡
　おおしま　愛媛県八幡浜市-
　おおしま　愛媛県新居浜市-
　おおしま　高知県宿毛市-
　おおじま　福岡県八女市-
　おおしま　福岡県宗像市-

　おおしま-まち　熊本県八代市-町
　おおしま　熊本県荒尾市-
　おおしま-まち　熊本県荒尾市-町
　おおしま-ちょう　宮崎県宮崎市-町
　おおしま　鹿児島県-郡
大島区上達　おおしまくかみたて　新潟県上越市-
大島区大平　おおしまくおおだいら　新潟県上越市-
大島区仁上　おおしまくにがみ　新潟県上越市-
大島村的山戸田　おおしまむらあづちとだ　長崎県平
　戸市-
大島村神浦　おおしまむらこうのうら　長崎県平戸市-
大島町田浦　おおしまちょうたのうら　長崎県西海市-
大島町塔尾　おおしまちょうとおのお　長崎県西海市-
大庭　おおにわ・おおば
　おおにわ　千葉県長生郡長柄町-
　おおば　神奈川県藤沢市-
　おおば-ちょう　大阪府守口市-町
　おおば-ちょう　島根県松江市-町
　おおば　岡山県真庭市-
　おおば　福岡県朝倉市-
大桐　おおぎり・だいどう
　おおぎり　福井県南条郡南越前町-
　だいどう　大阪府大阪市東淀川区-
大桑　おおが・おおくわ・おおぐわ
　おおくわ-まち　栃木県日光市-町
　おおくわ　埼玉県加須市-
　おおくわ　石川県金沢市-
　おおくわ-まち　石川県金沢市-町
　おおくわ-むら　長野県木曽郡-村
　おおが　岐阜県山県市-
　おおくわ-ちょう　愛知県豊田市-町
　おおぐわ　和歌山県東牟婁郡古座川町-
大桑原　おおかんばら・おおくわはら・おおくわばら
　おおかんばら　福島県須賀川市-
　おおくわはら　群馬県甘楽郡下仁田町-
　おおくわばら　新潟県南魚沼市-
大浦　おおうら・おおら
　おおうら-まち　青森県弘前市-町
　おおうら　青森県上北郡東北町-
　おおうら　宮城県気仙沼市-
　おおら　秋田県由利本荘市-
　おおうら　山形県北村山郡大石田町-
　おおうら　千葉県匝瑳市-
　おおうら　新潟県魚沼市-
　おおうら　富山県氷見市-
　おおうら　富山県滑川市-
　おおうら-まち　石川県金沢市-町
　おおうら　愛媛県松山市-
　おおうら　愛媛県宇和島市-
　おおうら　高知県幡多郡大月町-
　おおうら　福岡県北九州市八幡西区-
　おおうら-まち　福岡県大牟田市-町
　おおうら　福岡県糸島市-
　おおうら-まち　長崎県長崎市-町
　おおうら-ちょう　鹿児島県鹿屋市-町
　おおうら　鹿児島県南さつま市-町
　おおうら　沖縄県名護市-
大流　おおりゅう　愛知県常滑市-
大畔　おおぐろ　千葉県流山市-
大秦　たいしん
　たいしん-ちょう　神奈川県秦野市-町

3画（大）

大竜　おおたつ・だいりゅう
　　おおたつ　宮城県柴田郡大河原町-
　　だいりゅう-ちょう　鹿児島県鹿児島市-町
大納　おおの　宮崎県串間市-
大能　おおの　茨城県高萩市-
大荷場　おおにんば　群馬県邑楽郡板倉町-
大衾　おおぶすま　埼玉県春日部市-
大財　おおたから　佐賀県佐賀市-
大釜八幡前　おおがまはちまんまえ　岩手県滝沢市-
大釜白山　おおがましろやま　岩手県滝沢市-
大釜谷　おおかまや・おおがまや
　　おおかまや　北海道上磯郡木古内町-
　　おおがまや　新潟県三島郡出雲崎町-
大釜風林　おおがまかざばやし　岩手県滝沢市-
大馬木　おおまき　島根県仁多郡奥出雲町-
大馬新田　おおましんでん　茨城県坂東市-
大高　おおたか・おおだか・おだか
　　おおたか-ちょう　千葉県千葉市緑区-町
　　おおたか　千葉県香取郡多古町-
　　おだか　岐阜県不破郡関ケ原町-
　　おおだか-ちょう　愛知県名古屋市緑区-町
　　おおだか-ちょう　愛知県半田市-町
大堂　うふどう　沖縄県国頭郡本部町-
大堂津　おどうつ　宮崎県日南市-
大宿　おおじく　愛媛県北宇和郡鬼北町-
大崩　おおくずれ・おくずれ
　　おくずれ　千葉県安房郡鋸南町-
　　おおくずれ　山梨県南巨摩郡身延町-
大崩島　おおくずしま　富山県南砺市-
大帷子　おおかたびら　千葉県安房郡鋸南町-
大強原　おおごはら　三重県三重郡菰野町-
大曽根　おおそね・おおぞね・おぞね
　　おおぞね　茨城県つくば市-
　　おおぞね　茨城県桜川市-
　　おおぞね　埼玉県八潮市-
　　おぞね　千葉県袖ケ浦市-
　　おおぞね　神奈川県横浜市港北区-
　　おおぞね　新潟県新潟市西蒲区-
　　おおぞね　山梨県上野原市-
　　おおぞね　愛知県名古屋市東区-
　　おおぞね　愛知県名古屋市北区-
大桶　おおおけ・おおけ
　　おおおけ　栃木県那須烏山市-
　　おおおけ　千葉県市原市-
大桷　だいかく　鳥取県鳥取市-
大深　おおふか
　　おおふか-ちょう　大阪府大阪市北区-町
　　おおふか-ちょう　奈良県五條市-町
大深山　おおみやま　長野県南佐久郡川上村-
大深浦　おおぶかうら　高知県宿毛市-
大清水　おおしみず・おおしゅうず・おおしょうず
　　おおしみず　青森県弘前市-
　　おおしみず　宮城県富谷市-
　　おおしみず　山形県天童市-
　　おおしみず　福島県伊達郡川俣町-
　　おおしみず　千葉県成田市-
　　おおしみず　新潟県柏崎市-
　　おおしみず　富山県富山市-
　　おおしょうず　富山県中新川郡立山町-
　　おおしみず　愛知県名古屋市緑区-

　　おおしみず-ちょう　愛知県豊橋市-町
　　おおしみず-ちょう　愛知県豊田市-町
　　おおしゅうず-ちょう　滋賀県東近江市-町
　　おおしみず　滋賀県米原市-
大笹生　おおざそう　福島県福島市-
大船　おおふな・おおふね
　　おおふね-ちょう　北海道函館市-町
　　おおふね-まち　東京都八王子市-町
　　おおふな　神奈川県鎌倉市-
大菅　おおすげ
　　おおすげ　福島県双葉郡富岡町-
　　おおすげ-ちょう　茨城県常陸太田市-町
　　おおすげ　千葉県成田市-
大菅北　おおすがきた　岐阜県岐阜市-
大菅沼　おおすがぬま　富山県魚津市-
大菅波　おおすがなみ
　　おおすがなみ-まち　石川県加賀市-町
大菱池　おびしけ
　　おびしけ-まち　石川県金沢市-町
大蛇　おおじゃ
　　おおじゃ-まち　千葉県佐倉市-町
大郷　おおさと・だいごう
　　おおさと-ちょう　宮城県黒川郡-町
　　だいごう　新潟県新潟市南区-
　　だいごう　新潟県加茂市-町
　　だいごう　石川県鳳珠郡穴水町-
大郷戸　おおごうど・おおごと
　　おおごと　茨城県笠間市-
　　おおごうど　栃木県芳賀郡益子町-
大部　おおべ・だいぶ
　　だいぶ-まち　山形県鶴岡市-町
　　おおべ　香川県小豆郡土庄町-
　　おおべ-まち　大分県日田市-町
大野小山　おおのこやま　広島県廿日市市-
大野水ノ越　おおのみのこし　広島県廿日市市-
大野目　だいのめ　山形県山形市-
大野地　おおのじ・おおやち
　　おおやち　新潟県阿賀野市-
　　おおのじ　高知県高岡郡檮原町-
大野早時　おおのそうとき　広島県廿日市市-
大野別府　おおのべふ　広島県廿日市市-
大野町十時　おおのまちととき　大分県豊後大野市-
大野町大原　おおのまちおおはる　大分県豊後大野市-
大野町小倉木　おおのまちこぐらき　大分県豊後大野市-
大野町中土師　おおのまちなかはじ　大分県豊後大野市-
大野町中原　おおのまちなかばる　大分県豊後大野市-
大野町屋原　おおのまちやばる　大分県豊後大野市-
大野町夏足　おおのまちなたせ　大分県豊後大野市-
大野町桑原　おおのまちくわばる　大分県豊後大野市-
大野見梅ノ川　おおのみつがのかわ　高知県高岡郡中土佐町-
大野見神母野　おおのみいげの　高知県高岡郡中土佐町-
大野見野老野　おおのみところの　高知県高岡郡中土佐町-
大野原町海老済　おおのはらちょうえびすくい　香川県観音寺市-
大野筏津　おおのいかなづ　広島県廿日市市-

59

大雪通　たいせつどおり　北海道旭川市-
大鹿　おおしか・おおじか
おおじか　新潟県新潟市秋葉区-
おおしか　新潟県妙高市-
おおしか-むら　長野県下伊那郡-村
おおしか　滋賀県米原市-
おおじか　兵庫県伊丹市-
大鹿野　おおがの　宮城県伊具郡丸森町-
大鹿窪　おおしかくぼ　静岡県富士宮市-
大麻　おおあさ・おおさ
おおあさ　北海道江別市-
おおさ-ちょう　香川県善通寺市-町
大麻町池谷　おおあさちょういけのたに　徳島県鳴門市-
大麻南樹　おおあさみなき
おおあさみなき-ちょう　北海道江別市-町
大黒　おぐろ・だいこく
だいこく　北海道稚内市-
だいこく-ちょう　福島県須賀川市-町
だいこく-ちょう　栃木県那須塩原市-町
だいこく-ちょう　神奈川県横浜市鶴見区-町
だいこく-まち　新潟県長岡市-町
だいこく-まち　岐阜県岐阜市-町
だいこく-ちょう　京都府京都市上京区-町
だいこく-ちょう　京都府京都市中京区-町
だいこく-ちょう　京都府京都市東山区-町
だいこく-ちょう　京都府京都市下京区-町
だいこく-ちょう　京都府京都市南区-町
だいこく-ちょう　大阪府豊中市-町
おぐろ　大阪府羽曳野市-
だいこく-ちょう　兵庫県神戸市須磨区-町
だいこく-まち　広島県福山市-町
だいこく-まち　愛媛県八幡浜市-町
だいこく-まち　福岡県大牟田市-町
だいこく-まち　福岡県田川市-町
だいこく-まち　長崎県長崎市-町
だいこく-ちょう　長崎県佐世保市-町
だいこく-ちょう　熊本県水俣市-町
だいこく-ちょう　鹿児島県鹿児島市-町
大黒田　おおくろだ
おおくろだ-ちょう　三重県松阪市-町
大黒沢　おおぐろさわ　新潟県十日町市-
大黒部　おおくろべ　埼玉県東松山市-
大博　たいはく
たいはく-まち　福岡県福岡市博多区-町
大厩　おおまや　千葉県市原市-
大喜　だいぎ
だいぎ-ちょう　愛知県名古屋市瑞穂区-町
大堰　おおせぎ　静岡県御殿場市-
大場　おおば・だいば
おおば-ちょう　茨城県水戸市-町
おおば　埼玉県春日部市-
おおば-ちょう　神奈川県横浜市青葉区-町
おおば　新潟県上越市-
おおば　富山県富山市-
おおば-まち　石川県金沢市-町
おおば　岐阜県養老郡養老町-
だいば　静岡県三島市-
おおば　奈良県北葛城郡広陵町-
おおば-まち　長崎県諫早市-町

大塔　だいとう
だいとう-ちょう　長崎県佐世保市-町
大塔町閉君　おおとうちょうとじきみ　奈良県五條市-
大御神　おおみか　静岡県駿東郡小山町-
大御堂　おおみどう・おみど
おおみどう　埼玉県児玉郡上里町-
おみど　愛知県丹羽郡大口町-
大勝　おおがち　鹿児島県大島郡龍郷町-
大森町清水上　おおもりまちしみずのうえ　秋田県横手市-
大森町菅生田　おおもりまちすごうた　秋田県横手市-
大森町鯲沼　おおもりまちどじょうぬま　秋田県横手市-
大椎　おおじ
おおじ-ちょう　千葉県千葉市緑区-町
大椚　おおくぬぎ
おおくぬぎ　山梨県上野原市-
おおくぬぎ　山梨県南巨摩郡富士川町-
大渡　おおど・おおわたり
おおわたり　青森県三戸郡五戸町-
おおわたり-ちょう　岩手県釜石市-町
おおわたり　岩手県和賀郡西和賀町-
おおわたり　栃木県日光市-
おおわたり-まち　群馬県前橋市-町
おおど　高知県吾川郡仁淀川町-
おおわたり　佐賀県杵島郡白石町-
大渡戸　おおわだど　茨城県結城郡八千代町-
大渡道ノ下　おおわたりみちのしも　青森県三戸郡五戸町-
大満　だいま　埼玉県入間郡越生町-
大湫　おおくて
おおくて-ちょう　岐阜県瑞浪市-町
大童　おおわら　宮城県富谷市-
大給　おぎゅう
おぎゅう-ちょう　愛知県西尾市-町
大萱　おおがや
おおがや　宮城県刈田郡七ヶ宿町-
おおがや　滋賀県大津市-
大道　おおみち・だいどう
おおみち　秋田県南秋田郡八郎潟町-
だいどう　福島県河沼郡会津坂下町-
だいどう　群馬県吾妻郡中之条町-
だいどう　埼玉県さいたま市緑区-
おおみち　埼玉県越谷市-
だいどう　神奈川県横浜市金沢区-
だいどう　大阪府大阪市天王寺区-
だいどう-ちょう　兵庫県明石市-町
おおみち　徳島県徳島市-
おおみち-まち　大分県大分市-町
だいどう　沖縄県那覇市-
大道上　おおみちかみ　福島県大沼郡会津美里町-
大道田　おおみちた　福島県喜多方市-
大道西　おおみちにし　福島県耶麻郡猪苗代町-
大道南　だいどうみなみ　大阪府大阪市東淀川区-
大道泉　だいどういずみ　栃木県真岡市-
大道通　おおみちどおり　兵庫県神戸市長田区-
大道理　おおどうり　山口県周南市-
大道福田　だいどうふくだ　新潟県上越市-
大道端　おおみちばた　山形県山形市-

3画（大）

大開　おおひらき・おおびらき・だいかい
　　おおびらき　青森県弘前市-
　　おおびらき　富山県黒部市-
　　おおひらき　大阪府大阪市福島区-
　　だいかい-ちょう　兵庫県小野市-
大開通　だいかいどおり　兵庫県神戸市兵庫区-
大間　おおま・だいま
　　おおま-まち　青森県下北郡-町
　　おおま　青森県下北郡大間町-
　　おおま　埼玉県鴻巣市-
　　おおま　静岡県静岡市葵区-
　　だいま　愛媛県伊予郡松前町-
大間々町上神梅　おおままちょうかみかんばい　群馬
　　県みどり市-
大間々町小平　おおままちょうおだいら　群馬県みど
　　り市-
大雄　だいゆう
　　だいゆう-ちょう　神奈川県南足柄市-町
大雄乗阿気　たいゆうのりあげ　秋田県横手市-
大雄根田谷地　たいゆうこんだやち　秋田県横手市-
大雄剰水　たいゆうせせなぎ　秋田県横手市-
大雄傾城塚　たいゆうけいせいづか　秋田県横手市-
大雄潤井谷地　たいゆううるいやち　秋田県横手市-
大僧　おおそう　愛知県知多市-
大嵪　おおとや
　　おおとや-まち　宮城県仙台市太白区-町
大寛　だいかん　栃木県宇都宮市-
大新　おおしん・だいしん
　　おおしん　北海道二海郡八雲町-
　　だいしん-ちょう　岩手県盛岡市-町
　　おおしん　岐阜県高山市-
大新田　おおしんでん・おおにた
　　おおにた　福島県南会津郡南会津町-
　　おおしんでん-ちょう　群馬県館林市-町
　　おおしんでん-ちょう　愛媛県今治市-町
　　おおしんでん　愛媛県西条市-
　　おおしんでん　大分県中津市-
大新島　たいしんじま　静岡県藤枝市-
大楽毛　おたのしけ
　　おたのしけ　北海道釧路市-
　　おたのしけ　北海道白糠郡白糠町-
大槌　おおつち
　　おおつち-ちょう　岩手県上閉伊郡-町
　　おおつち　岩手県上閉伊郡大槌町-
大椴　おおとど　北海道留萌郡小平町-
大殿　おおとの・おおとど
　　おとど-まち　愛知県名古屋市瑞穂区-町
　　おおとの　鳥取県西伯郡伯耆町-
　　おおとの　徳島県那賀郡那賀町-
大福　おおふく・だいふく
　　だいふく-ちょう　岐阜県岐阜市-町
　　だいふく　三重県桑名市-
　　だいふく　奈良県桜井市-
　　おおふく　岡山県岡山市南区-
大聖寺大新道　だいしょうじおおしんみち　石川県加
　　賀市-
大聖寺耳聞山　だいしょうじみみきやま
　　だいしょうじみみきやま-まち　石川県加賀市-町
大聖寺菅生　だいしょうじすごう
　　だいしょうじすごう　石川県加賀市-

　　だいしょうじすごう-まち　石川県加賀市-町
大蒲　おおかば
　　おおかば-ちょう　静岡県浜松市東区-町
大誉地　およち　北海道足寄郡足寄町-
大路　おおじ・おち
　　おち-ちょう　滋賀県長浜市-町
　　おおじ　滋賀県草津市-
大徳　だいとく
　　だいとく-まち　茨城県龍ケ崎市-町
大熊　おおくま
　　おおくま-まち　福島県双葉郡-町
　　おおくま-ちょう　神奈川県横浜市都筑区-町
　　おおくま　富山県魚津市-
　　おんま　石川県河北郡津幡町-
　　おおくま　兵庫県篠山市-
　　おおくま　福岡県田川郡糸田町-
大領　だいりょう
　　だいりょう-まち　石川県小松市-町
　　だいりょう　大阪府大阪市住吉区-
大撫沢　おおなでさわ　青森県上北郡東北町-
大樟　おこのぎ　福井県丹生郡越前町-
大潟区九戸浜　おおがたくくどはま　新潟県上越市-
大潟区土底浜　おおがたくどそこはま　新潟県上越市-
大潟区雁子浜　おおがたくがんこはま　新潟県上越市-
大澗　おおま
　　おおま-ちょう　北海道函館市-町
　　おおま-ちょう　北海道檜山郡江差町-町
大穂　おおぶ・おおほ
　　おおほ　茨城県つくば市-
　　おおぶ　福岡県宗像市-
大蔵　おおくら・おおぞう・だいぞう
　　おおくら-むら　山形県最上郡-村
　　おおくら　茨城県鉾田市-
　　おおくら-ちょう　栃木県佐野市-町
　　おおくら　群馬県邑楽郡板倉町-
　　おおくら　埼玉県比企郡嵐山町-
　　おおくら　千葉県市原市-
　　おおくら　東京都世田谷区-
　　おおくら-まち　東京都町田市-町
　　おおくら　神奈川県高座郡寒川町-
　　だいぞう　新潟県新潟市秋葉区-
　　おおくら　新潟県五泉市-
　　おおくら　福井県敦賀市-
　　おおくら-ちょう　愛知県名古屋市北区-町
　　おおくら-ちょう　愛知県豊田市-町
　　おおくら-ちょう　兵庫県明石市-町
　　おおぞう　和歌山県有田郡有田川町-
　　おおくら　福岡県北九州市八幡東区-
大蔵八幡　おおくらはちまん
　　おおくらはちまん-ちょう　兵庫県明石市-町
大蔵司　だいぞうじ　大阪府高槻市-
大蔵谷　おぞうたに　高知県高岡郡檮原町-
大蔵谷奥　おおくらだにおく　兵庫県明石市-
大蔵連　おおぞうれん
　　おおぞうれん-ちょう　愛知県豊田市-町
大蕨　おおわらび
　　おおわらび　山形県酒田市-
　　おおわらび　山形県東村山郡山辺町-
　　おおわらび　福島県東白川郡塙町-
　　おおわらび　高知県吾川郡仁淀川町-

61

3画（女, 子, 寸）

大輪　おおわ・だいりん
　おおわ-まち　茨城県常総市-町
　おおわ　栃木県大田原市-
　おおわ　群馬県邑楽郡明和町-
　だいりん-ちょう　島根県松江市-町
大橋辺　おおはしべり　京都府久世郡久御山町-
大樹　たいき
　たいき-ちょう　北海道広尾郡-町
　たいき　北海道広尾郡大樹町-
大樹寺　だいじゅうじ　愛知県岡崎市-
大積灰下　おおづみはいげ
　おおづみはいげ-まち　新潟県長岡市-町
大積折渡　おおづみおりわたり
　おおづみおりわたり-まち　新潟県長岡市-町
大舘　おおたち・おおだて
　おおたち-ちょう　宮城県伊具郡丸森町-
　おおたち-ちょう　群馬県太田市-町
大衡　おおひら
　おおひら-むら　宮城県黒川郡-村
　おおひら　宮城県黒川郡大衡村-
大鋸　おおが・だいきり
　だいぎり　神奈川県藤沢市-
　おおが-まち　静岡県静岡市葵区-町
大鋸屋　おがや
　おがや-ちょう　富山県高岡市-町
　おがや　富山県南砺市-
大篠　おおささ　岡山県津山市-
大篠岡　おしのか　兵庫県豊岡市-
大篠津　おおしのづ
　おおしのづ-ちょう　鳥取県米子市-町
大篠原　おおしのはら　滋賀県野洲市-
大篠塚　おおしのづか　千葉県佐倉市-
大簗　おおやな　秋田県由利本荘市-
大額　おおぬか
　おおぬか　石川県金沢市-
　おおぬか-まち　石川県金沢市-町
大瀬戸町雪浦河通郷　おおせとちょうゆきのうらごう
　つうごう　長崎県西海市-
大瀬儘下　おおせままました　秋田県能代市-
大簾　おおみす　京都府船井郡京丹波町-
大蟷螂　だいとうろう
　だいとうろう-ちょう　愛知県名古屋市中川区-町
大饗　おわい　大阪府堺市美原区-
大籠　おおごもり
　おおごもり　福岡県八女市-
　おおごもり-まち　長崎県長崎市-町
大鷹沢鷹巣　おおたかさわたかのす　宮城県白石市-

女

女川　おながわ
　おながわ-ちょう　宮城県牡鹿郡-町
　おながわ　富山県中新川郡上市町-
女化　おなばけ
　おなばけ-ちょう　茨城県牛久市-町
女方　おざかた　茨城県筑西市-
女木　めぎ
　めぎ-ちょう　香川県高松市-町
女布　にょう　京都府舞鶴市-
女布北　にょうきた
　にょうきた-まち　京都府舞鶴市-町

女石　おんないし　福島県白河市-
女池　めいけ　新潟県新潟市中央区-
女良川　めらがわ　石川県鳳珠郡穴水町-
女谷　おなだに　新潟県柏崎市-
女那川　めながわ
　めながわ-ちょう　北海道函館市-町
女沼　おなぬま　茨城県古河市-
女屋　おなや
　おなや-まち　群馬県前橋市-町
女神　めかみ　静岡県牧之原市-
女原　おなばら・みょうばる
　おなばら　石川県白山市-
　おなばら　岡山県苫田郡鏡野町-
　みょうばる　福岡県福岡市西区-
女原北　みょうばるきた　福岡県福岡市西区-
女島　めしま・めじま
　めしま　熊本県葦北郡芦北町-
　めじま　大分県佐伯市-
女堂　おんなどう　新潟県阿賀野市-
女鳥羽　めとば　長野県松本市-
女鹿　めが　岩手県二戸郡一戸町-
女満別巴流　めまんべつともえざわ　北海道網走郡大空町-
女影　おなかげ　埼玉県日高市-

子

子ノ鳥平　ねのとりたい　青森県上北郡東北町-
子八清水　こはしみず　福島県西白河郡矢吹町-
子木地　ねぎち　岩手県下閉伊郡田野畑村-
子木屋敷　ねぎやしき　岩手県下閉伊郡田野畑村-
子平　しへい
　しへい-まち　宮城県仙台市青葉区-町
子母口　しぼくち　神奈川県川崎市高津区-
子生　こなじ・こび
　こなじ　茨城県鉾田市-
　こび　福井県大飯郡高浜町-
子生和　こうわ
　こうわ-ちょう　愛知県稲沢市-町
子安　こやす
　こやす　宮城県伊具郡丸森町-
　こやす-まち　東京都八王子市-町
　こやす　神奈川県横須賀市-
　こやす　新潟県上越市-
　こやす-ちょう　静岡県浜松市東区-町
　こやす-まち　大分県宇佐市-町
子成場　こなしば　新潟県新潟市秋葉区-
子来　こらい
　こらい-まち　石川県金沢市-町
子抱　こだき　岩手県岩手郡岩手町-
子易　こやす　神奈川県伊勢原市-
子浦　こうら・しお
　しお　石川県羽咋郡宝達志水町-
　こうら　静岡県賀茂郡南伊豆町-
子隣　ことなり　静岡県掛川市-

寸

寸沢嵐　すわらし　神奈川県相模原市緑区-

小

小　おむら・こ
　こ-まち　神奈川県鎌倉市-町
　こ-まち　新潟県村上市-町
　こ-ちょう　愛知県豊田市-町
　おむら　奈良県吉野郡東吉野村-
　こ-まち　鳥取県西伯郡伯耆町-町
　こ-まち　広島県広島市中区-町
小々汐　こごしお　宮城県気仙沼市-
小ケ谷　おがや　埼玉県川越市-
小ケ倉　こがくら
　こがくら-まち　長崎県長崎市-町
　こがくら-まち　長崎県諫早市-町
小ケ瀬　おがせ
　おがせ-まち　大分県日田市-町
小セ川　こせがわ　福島県二本松市-
小ノ谷　おのたに　岡山県美作市-
小一条　こいちじょう
　こいちじょう-ちょう　滋賀県長浜市-町
小二又　こふたまた・こぶたまた
　こぶたまた　富山県南砺市-
　こぶたまた-まち　石川県金沢市-町
小人　こびと
　こびと-ちょう　青森県弘前市-町
　こびと-まち　秋田県由利本荘市-町
　こびと-まち　和歌山県和歌山市-町
小入　おいれ　栃木県さくら市-
小入野　こいりの　福島県双葉郡大熊町-
小八木　こやぎ
　こやぎ-まち　群馬県高崎市-町
　こやぎ-ちょう　滋賀県東近江市-町
小八林　こやつばやし　埼玉県熊谷市-
小八幡　こやわた　神奈川県小田原市-
小又　おまた・こまた
　こまた　青森県上北郡七戸町-
　こまた　秋田県北秋田市-
　おまた　富山県南砺市-
　おまた　富山県中新川郡立山町-
　おまた　石川県鳳珠郡穴水町-
　こまた　石川県鳳珠郡穴水町-
小又井　こまたい　千葉県いすみ市-
小下　こみざ
　こみざ-ちょう　三重県亀山市-町
小下田　こしもだ　静岡県伊豆市-
小下倉　こしたぐら　宮城県白石市-
小上　こがみ
　こがみ-まち　石川県白山市-町
小丸　おまる・こまる
　おまる　福島県双葉郡浪江町-
　こまる-ちょう　愛知県岡崎市-町
小丸山台　こまるやまだい　石川県七尾市-
小丸山新田　こまるやましんでん　新潟県妙高市-
小久田　おくだ
　おくだ-ちょう　愛知県岡崎市-町
小久米　おぐめ　富山県氷見市-
小久保　こくぼ
　こくぼ　埼玉県飯能市-
　こくぼ　千葉県君津市-
　こくぼ　兵庫県明石市-

小久喜　こぐき　埼玉県白岡市-
小久慈　こくじ
　こくじ-ちょう　岩手県久慈市-町
小千谷　おぢや
　おぢや-し　新潟県-市
小口　おぐち・こぐち
　こぐち　栃木県那須郡那珂川町-
　こぐち　新潟県新潟市秋葉区-
　おぐち　愛知県丹羽郡大口町-
　おぐち　滋賀県蒲生郡竜王町-
小口川　こくちがわ　新潟県村上市-
小土　こひじ　静岡県焼津市-
小土呂　おどろ　千葉県夷隅郡大多喜町-
小土肥　おどい　静岡県伊豆市-
小子内　おこない　岩手県九戸郡洋野町-
小山　おやま・こやま
　おやま　宮城県名取市-
　こやま　福島県大沼郡三島町-
　こやま　茨城県つくば市-
　こやま　茨城県鹿嶋市-
　こやま　茨城県守谷市-
　おやま　茨城県坂東市-
　おやま-し　栃木県-市
　おやま　栃木県小山市-
　おやま　栃木県芳賀郡茂木町-
　こやま　埼玉県草加市-
　こやま　埼玉県坂戸市-
　おやま-ちょう　千葉県千葉市緑区-町
　こやま　千葉県松戸市-
　こやま　千葉県野田市-
　こやま　東京都品川区-
　おやま-まち　東京都町田市-町
　こやま　東京都東久留米市-
　こやま-ちょう　神奈川県横浜市緑区-町
　おやま　神奈川県相模原市中央区-
　こやま　富山県南砺市-
　おやま　静岡県袋井市-
　おやま-ちょう　静岡県駿東郡-町
　おやま　静岡県駿東郡小山町-
　おやま-ちょう　愛知県刈谷市-町
　おやま-ちょう　三重県四日市市-町
　こやま-ちょう　京都府京都市北区-町
　こやま-ちょう　京都府京都市上京区-町
　こやま　大阪府藤井寺市-
　こやま-ちょう　兵庫県神戸市兵庫区-町
　こやま　兵庫県神戸市西区-
　こやま　兵庫県佐用郡佐用町-
　こやま　奈良県五條市-町
　こやま　奈良県高市郡明日香村-
　おやま-ちょう　島根県出雲市-町
　こやま　岡山県岡山市北区-
　こやま　岡山県久米郡美咲町-
　こやま-ちょう　香川県坂出市-町
　こやま-ちょう　愛媛県南宇和郡愛南町-
　こやま　長崎県島原市-町
　おやま　熊本県熊本市東区-
　おやま-まち　熊本県熊本市東区-町
　おやま-まち　大分県日田市-町
小山ケ丘　おやまがおか　東京都町田市-
小山下　こやました　宮城県遠田郡涌谷町-

3画（小）

小山戸 こやまど
　こやまど-まち　茨城県常総市-町
小山手 こやまて　奈良県吉野郡十津川村-
小山北玄以 こやまきたげんい
　こやまきたげんい-ちょう　京都府京都市北区-町
小山北林 こやまきたばやし
　こやまきたばやし-ちょう　京都府京都市山科区-町
小山台 こやまだい
　こやまだい　東京都品川区-
　こやまだい　神奈川県横浜市栄区-
小山田 おやまだ・こやまだ
　こやまだ　岩手県宮古市-
　おやまだ　宮城県柴田郡大河原町-
　おやまだ　茨城県土浦市-
　おやまだ　茨城県石岡市-
　おやまだ　新潟県五泉市-
　こやまだ-まち　石川県小松市-町
　おやまだ-ちょう　大阪府河内長野市-町
　おやまだ　愛媛県松山市-
　おやまだ　福岡県古賀市-
　おやまだ　福岡県築上郡築上町-
　こやまだ-ちょう　鹿児島県鹿児島市-町
小山田桜台 おやまださくらだい　東京都町田市-
小山谷 おやまだに
　おやまだに-ちょう　福井県福井市-町
小山神無森 こやまかみなしもり
　こやまかみなしもり-ちょう　京都府京都市山科区-町
小山浦 おやまうら　三重県北牟婁郡紀北町-
小山崎 こやまざき　茨城県土浦市-
小山野 こやまの　千葉県君津市-
小川 おがわ・こがわ
　こがわ　北海道苫前郡苫前町-
　こがわ-まち　青森県むつ市-町
　こがわ-ちょう　岩手県釜石市-町
　おがわ　宮城県岩沼市-
　おがわ　福島県岩瀬郡天栄村-
　おがわ　福島県南会津郡只見町-
　おがわ　福島県相馬郡新地町-
　おがわ　茨城県筑西市-
　おがわ　茨城県小美玉市-
　おがわ　栃木県那須郡那珂川町-
　おがわ　群馬県甘楽郡甘楽町-
　おがわ　群馬県利根郡みなかみ町-
　おがわ-まち　埼玉県比企郡-町
　おがわ　埼玉県比企郡小川町-
　おがわ　千葉県香取市-
　おがわ　東京都町田市-
　おがわ-ちょう　東京都小平市-町
　おがわ　東京都あきる野市-
　おがわ-ちょう　神奈川県川崎市川崎区-町
　おがわ-ちょう　神奈川県横須賀市-町
　おがわ　新潟県新発田市-
　おがわ　新潟県村上市-
　おがわ　新潟県佐渡市-
　おがわ　新潟県南魚沼市-
　おがわ-ちょう　石川県白山市-町
　おがわ　石川県羽咋郡宝達志水町-
　おがわ　福井県丹生郡越前町-
　おがわ　福井県三方上中郡若狭町-
　おがわ　長野県下伊那郡喬木村-
　おがわ　長野県木曽郡上松町-

　おがわ-むら　長野県上水内郡-村
　おがわ-ちょう　岐阜県中津川市-町
　おがわ　岐阜県下呂市-
　おがわ　静岡県浜松市天竜区-
　こがわ　静岡県焼津市-
　おがわ-ちょう　静岡県袋井市-町
　おがわ　愛知県名古屋市港区-
　おがわ-ちょう　愛知県豊田市-町
　おがわ-ちょう　愛知県安城市-町
　おがわ-ちょう　三重県亀山市-町
　おがわ　三重県度会郡度会町-
　おがわ-ちょう　滋賀県東近江市-町
　おがわ-ちょう　京都府京都市上京区-町
　おがわ　京都府宮津市-
　おがわ-ちょう　大阪府茨木市-町
　おがわ　大阪府松原市-
　おがわ-まち　兵庫県篠山市-町
　おがわ-まち　奈良県奈良市-町
　おがわ　奈良県吉野郡十津川村-
　おがわ　奈良県吉野郡東吉野村-
　おがわ-ちょう　和歌山県有田郡有田川町-
　こがわ　和歌山県西牟婁郡白浜町-
　こがわ　和歌山県東牟婁郡古座川町-
　おがわ　徳島県海部郡海陽町-
　おがわ　愛媛県松山市-
　おがわ　高知県安芸郡安田町-
　おがわ　高知県長岡郡大豊町-
　おがわ-まち　福岡県大牟田市-町
　おがわ-まち　長崎県諫早市-町
　おがわ　大分県竹田市-
　こがわ　宮崎県延岡市-町
　おがわ　宮崎県児湯郡西米良村-
　おがわ-ちょう　鹿児島県鹿児島市-町
小川内 おがわうち・おがわち
　おがわち-ちょう　長崎県佐世保市-町
　おがわうち-まち　長崎県大村市-町
小川台 おがわだい　千葉県山武郡横芝光町-
小川寺 おがわじ　富山県魚津市-
小川西津賀才 こがわにしつがさい　高知県吾川郡い
　の町-
小川町上平 おがわまちうわだいら　福島県いわき市-
小川町河江 おがわまちごうのえ　熊本県宇城市-
小川谷 こがだに　愛媛県松山市-
小川東 おがわひがし・こがわひがし
　おがわひがし-ちょう　東京都小平市-町
　おがわひがし　東京都あきる野市-
　こがわひがし-まち　三重県尾鷲市-町
小川屋 おがわや
　おがわや-ちょう　山口県周南市-町
小川原 おがわはら・こがわはら
　おがわはら　福島県河沼郡会津坂下町-
　こがわはら　滋賀県犬上郡甲良町-
小川新別 こがわしんべつ　高知県吾川郡いの町-
小川樅ノ木山 こがわもみのきやま　高知県吾川郡い
　の町-
小才角 こさいつの　高知県幡多郡大月町-
小中 おなか・こなか
　こなか　福島県須賀川市-
　こなか-ちょう　茨城県常陸太田市-町
　こなか-ちょう　栃木県佐野市-町
　こなか　千葉県大網白里市-

3画（小）

こなか　富山県富山市-
こなか　兵庫県篠山市-
おなか　和歌山県日高郡日高町-
小中山　こなかやま
　　こなかやま-ちょう　愛知県田原市-町
小中川　こなかがわ　新潟県燕市-
小中台　こなかだい
　　こなかだい-ちょう　千葉県千葉市稲毛区-町
小中竹　こなかだけ　熊本県上益城郡山都町-
小中居　こなかい　埼玉県川越市-
小中津川　こなかつかわ　福島県大沼郡昭和村-
小中島　おなかしま・こなかじま
　　こなかじま　山形県鶴岡市-
　　こなかじま　兵庫県尼崎市-
　　おなかしま　大分県大分市-
小中浦　こなかうら　愛媛県西宇和郡伊方町-
小中野　こなかの
　　こなかの　青森県八戸市-
　　こなかの　東京都あきる野市-
小中瀬　こなかぜ　静岡県磐田市-
小丹生　こにゅう
　　こにゅう-ちょう　福井県福井市-町
小丹波　こたば　東京都西多摩郡奥多摩町-
小井　こい　奈良県吉野郡十津川村-
小井口　おいぐち　滋賀県蒲生郡日野町-
小井戸　こいど
　　こいど　茨城県石岡市-
　　こいど　栃木県芳賀郡茂木町-
小井堀　こいぼり
　　こいぼり-ちょう　愛知県名古屋市名東区-町
小今　こいま
　　こいま-ちょう　滋賀県東近江市-町
小仁田　こにた　群馬県利根郡みなかみ町-
小仁宇　こにう　徳島県那賀郡那賀町-
小六　ころく
　　ころく-ちょう　愛知県名古屋市守山区-町
小内　こうち　千葉県夷隅郡大多喜町-
小内箙倉入会　こうちふえぐらいりあい　千葉県夷隅
　　郡大多喜町-
小切畑　こぎりはた　三重県多気郡大台町-
小友　おとも・おども
　　おとも　青森県弘前市-
　　おとも-ちょう　岩手県遠野市-町
　　おとも-ちょう　岩手県陸前高田市-町
　　おとも　岩手県二戸郡一戸町-
　　おども　新潟県新発田市-
小夫　おおぶ　奈良県桜井市-
小夫嵩方　おおぶだけほう　奈良県桜井市-
小尺　しょうしゃく　山形県東田川郡三川町-
小引　こびき　和歌山県日高郡由良町-
小戸　おおべ・おど
　　おど　千葉県南房総市-
　　おど　新潟県新発田市-
　　おおべ　兵庫県川西市-
　　おど　福岡県福岡市西区-
　　おど-ちょう　宮崎県宮崎市-町
小戸上組　こどかみぐみ　新潟県新潟市秋葉区-
小戸神　おとかみ　福島県田村郡小野町-
小手沢　こてのさわ
　　こてのさわ-ちょう　愛知県豊田市-町

小手茂　おても　新潟県東蒲原郡阿賀町-
小手指　こてさし
　　こてさし　茨城県猿島郡五霞町-
　　こてさし-ちょう　埼玉県所沢市-町
小文　おぶみ
　　おぶみ-まち　広島県三次市-町
小文字　こもんじ　福岡県北九州市小倉北区-
小文間　おもんま　茨城県取手市-
小方　おがた　広島県大竹市-
小方ケ丘　おがたがおか　広島県大竹市-
小方竈　おがたかま　三重県度会郡南伊勢町-
小日山　こびやま　兵庫県佐用郡佐用町-
小日向　おびなた・こひなた
　　おびなた　群馬県利根郡みなかみ町-
　　こひなた　東京都文京区-
小日谷地　こびやち　岩手県岩手郡雫石町-
小月　おづき
　　おづき-ちょう　山口県下関市-町
小木　おぎ・こうぎ・こき
　　おぎ　新潟県佐渡市-
　　おぎ-まち　新潟県佐渡市-町
　　おぎ　新潟県三島郡出雲崎町-
　　おぎ　石川県鳳珠郡能登町-
　　こき　愛知県小牧市-
　　こうぎ-ちょう　三重県伊勢市-町
　　おぎ　熊本県菊池市-
小木大浦　おぎおおうら　新潟県佐渡市-
小木六　こぎろく　新潟県南魚沼市-
小木木野浦　おぎきのうら　新潟県佐渡市-
小木田　おぎた
　　おぎた-ちょう　愛知県春日井市-町
小木東　こきひがし　愛知県小牧市-
小木津　おぎつ
　　おぎつ-ちょう　茨城県日立市-町
小木堂釜　おぎどうのかま　新潟県佐渡市-
小木強清水　おぎこわしみず　新潟県佐渡市-
小木曽　おぎそ　長野県木曽郡木祖村-
小木須　こぎす　栃木県那須烏山市-
小比内　さんぴない　青森県弘前市-
小比企　こびき
　　こびき-まち　東京都八王子市-町
小比江　こびえ　滋賀県野洲市-
小比叡　こびえ　新潟県佐渡市-
小爪　こづめ　福島県東白川郡棚倉町-
小片野　おかたの
　　おかたの-ちょう　三重県松阪市-町
小牛　こうじ　岐阜県揖斐郡池田町-
小世良　おぜら　広島県世羅郡世羅町-
小仙波　こせんば
　　こせんば　埼玉県川越市-
　　こせんば-まち　埼玉県川越市-町
小代　こしろ・こだい
　　こしろ　栃木県日光市-
　　こだい　大阪府堺市西区-
　　こだい　大阪府堺市南区-
小代区茅野　おじろくかやの　兵庫県美方郡香美町-
小代区城山　おじろくじょうやま　兵庫県美方郡香
　　美町-
小代区神水　おじろくかんずい　兵庫県美方郡香美町-

65

3画（小）

小代区神場　おじろくかんば　兵庫県美方郡香美町-
小出　おいで・こいで
　　こいで　山形県長井市-
　　こいで　新潟県新発田市-
　　こいで　新潟県十日町市-
　　こいで　新潟県村上市-
　　こいで　新潟県東蒲原郡阿賀町-
　　おいで　静岡県菊川市-
小出島　こいでじま　新潟県魚沼市-
小出雲　おいずも　新潟県妙高市-
小出新田　こいでしんでん　山形県東田川郡庄内町-
小加倉　こがくら　佐賀県東松浦郡玄海町-
小北川　こきたがわ　高知県土佐郡大川村-
小右衛門　こえもん　埼玉県久喜市-
小古津新　こふるつしん　新潟県燕市-
小古曽　おごそ
　　おごそ　三重県四日市市-
　　おごそ-ちょう　三重県四日市市-町
小古瀬　おごせ　新潟県三条市-
小台　おだい・こだい
　　おだい　東京都足立区-
　　こだい　神奈川県川崎市宮前区-
　　こだい　神奈川県小田原市-
小市　こいち　神奈川県南足柄市-
小市部　こいちぶ　千葉県君津市-
小市野　こいちの　熊本県下益城郡美里町-
小布杉　こぶすぎ　静岡県静岡市葵区-
小布施　おぶせ
　　おぶせ-まち　長野県上高井郡-町
　　おぶせ　長野県上高井郡小布施町-
小平　おだいら・おびら・こだいら・こひら・こびら
　　おびら-ちょう　北海道留萌郡-町
　　おびら-ちょう　北海道留萌郡小平町-町
　　こびら　北海道沙流郡平取町-
　　こだいら　青森県上北郡六戸町-
　　こだいら　宮城県亘理郡山元町-
　　おだいら　福島県石川郡平田村-
　　こひら-ちょう　栃木県栃木市-町
　　こだいら　群馬県多野郡神流町-
　　こだいら　埼玉県春日部市-
　　こだいら-し　東京都-市
小平井　おびらい・こびらい
　　こびらい　滋賀県栗東市-
　　おびらい　岡山県笠岡市-
小平方　こひらかた　新潟県新潟市西区-
小平尾　おびろお・こびらお
　　おびろお　新潟県魚沼市-
　　こびらお　大阪府堺市美原区-
　　こびらお-ちょう　奈良県生駒市-町
小本　おもと・こもと
　　おもと　岩手県下閉伊郡岩泉町-
　　こもと　愛知県名古屋市中川区-
　　こもと-ちょう　愛知県名古屋市中川区-町
小正　おばさ　福岡県飯塚市-
小玉　おだま・こだま
　　おだま　茨城県常陸大宮市-
　　こだま　長野県上水内郡飯綱町-
小玉川　こたまがわ　山形県西置賜郡小国町-
小生　こも
　　こも-ちょう　三重県四日市市-町

小生田　おぶた　千葉県長生郡長南町-
小生瀬　こなませ　茨城県久慈郡大子町-
小用　およう・こよう
　　こよう　埼玉県比企郡鳩山町-
　　およう-ちょう　広島県庄原市-町
小甲　こかぶと　石川県鳳珠郡穴水町-
小田　おた・おだ・こた・こだ・やないだ
　　こだ　青森県八戸市-
　　おだ　宮城県角田市-
　　おだ　福島県福島市-
　　おだ　福島県喜多方市-
　　おだ　茨城県つくば市-
　　おだ　神奈川県川崎市川崎区-
　　こだ　新潟県佐渡市-
　　おだ-まち　岐阜県多治見市-町
　　おだ-ちょう　岐阜県瑞浪市-町
　　こだ-ちょう　愛知県豊田市-町
　　おだ-ちょう　三重県鈴鹿市-町
　　おた-ちょう　三重県伊賀市-町
　　おだ-ちょう　滋賀県近江八幡市-町
　　やないだ　滋賀県米原市-
　　おだ　京都府福知山市-
　　おだ　京都府宮津市-
　　おだ-ちょう　大阪府和泉市-町
　　おだ-ちょう　兵庫県小野市-町
　　おだ　兵庫県淡路市-
　　こだ　鳥取県倉吉市-
　　おだ　鳥取県岩美郡岩美町-
　　おだ　島根県飯石郡飯南町-
　　おだ-ぐん　岡山県-郡
　　おだ　岡山県小田郡矢掛町-
　　おだ　香川県さぬき市-
　　おだ　愛媛県喜多郡内子町-
　　こた　福岡県福岡市西区-
　　おた　福岡県朝倉市-
　　おだ-ちょう　長崎県平戸市-町
　　おだ　大分県玖珠郡玖珠町-
　　おだ　宮崎県えびの市-
小田ケ浦　おだがうら　福岡県中間市-
小田下　こだした　青森県上北郡七戸町-
小田山新田　こだやましんでん　新潟県柏崎市-
小田川　おだがわ・こたがわ
　　こたがわ　福島県白河市-
　　おだがわ　福島県東白川郡矢祭町-
　　こたがわ　群馬県利根郡川場村-
小田中　おだなか・こだなか
　　こだなか　石川県鹿島郡中能登町-
　　こだなか　長野県中野市-
　　こだなか　兵庫県篠山市-
　　こだなか-ちょう　奈良県天理市-町
　　こだなか　岡山県津山市-
小田井　おたい・おだい
　　おたい　長野県佐久市-
　　おだい-ちょう　兵庫県豊岡市-町
小田木　おたぎ
　　おたぎ-ちょう　愛知県豊田市-町
小田代　こただい　千葉県夷隅郡大多喜町-
小田付道上　おたづきみちうえ　福島県喜多方市-
小田平　こだたい　青森県上北郡七戸町-
小田苅　こたかり
　　こたかり-ちょう　滋賀県東近江市-町

3画（小）

小田谷　こだや　埼玉県入間郡毛呂山町-

小田妻　おだづま
　　おだづま-ちょう　愛知県瀬戸市-町

小田幸　こだこう
　　こだこう-まち　広島県三次市-町

小田林　おだばやし　茨城県結城市-

小田屋　おだや
　　おだや-まち　石川県輪島市-町

小田栄　おださかえ　神奈川県川崎市川崎区-

小田倉　おだくら　福島県西白河郡西郷村-

小田原　おだわら・こだわら
　　おだわら　宮城県仙台市青葉区-
　　おだわら　宮城県仙台市宮城野区-
　　おだわら-し　神奈川県-市
　　おだわら-ちょう　京都府京都市下京区-町
　　こだわら　大分県豊後高田市-

小田島　おだしま
　　おだしま　山形県新庄市-
　　おだしま-まち　山形県新庄市-町

小田浦　こだのうら　熊本県葦北郡芦北町-

小田宿野　おだしゅくの　京都府宮津市-

小田渕　おだぶち
　　おだぶち-ちょう　愛知県豊川市-町

小田船原　おだふなはら　山梨県南巨摩郡身延町-

小田部　おだつべ・こたべ
　　おだつべ　千葉県市原市-
　　こたべ　千葉県山武郡横芝光町-
　　こたべ　福岡県福岡市早良区-

小田野　おたの　茨城県常陸大宮市-

小田野沢　おだのさわ　青森県下北郡東通村-

小白川　こじらかわ
　　こじらかわ-まち　山形県山形市-町
　　こじらかわ　山形県西置賜郡飯豊町-
　　こじらかわ　岐阜県大野郡白川村-

小白井　こじろい　栃木県那須烏山市-

小白府　おじらふ　山形県上山市-

小白倉　こじらくら　新潟県十日町市-

小白硲　こじらはざま　茨城県つくば市-

小目　おめ
　　おめ-ちょう　茨城県常陸太田市-町

小矢戸　こやと　福井県大野市-

小矢田　おやた　岡山県勝田郡勝央町-

小矢部　おやべ・こやべ
　　こやべ　神奈川県横須賀市-
　　おやべ-し　富山県-市
　　おやべ　富山県小矢部市-
　　おやべ-まち　富山県小矢部市-町

小石原　こいしはら・こいしわら
　　こいしはら　福岡県豊前市-
　　こいしわら　福岡県朝倉郡東峰村-

小穴　こあな　山形県上山市-

小立　おだち・こだち
　　おだち　山形県山形市-
　　こだち　山梨県南都留郡富士河口湖町-
　　おだち　兵庫県篠山市-

小立岩　こだていわ　福島県南会津郡南会津町-

小立野　こだちの・こだつの・こだての
　　こだつの　石川県金沢市-
　　こだての　静岡県磐田市-
　　こだちの　静岡県伊豆市-

小伊津　こいづ
　　こいづ-ちょう　島根県出雲市-町

小伊勢　おいせ
　　おいせ-まち　石川県輪島市-町

小仲台　こなかだい　千葉県千葉市稲毛区-

小伝馬　こでんま
　　こでんま-ちょう　長野県飯田市-町
　　こでんま-ちょう　京都府京都市上京区-町

小伏　こぶし　福岡県宮若市-

小匠　こだくみ　和歌山県東牟婁郡那智勝浦町-

小印南　こいなみ
　　こいなみ-ちょう　兵庫県加西市-町

小吉　こよし　新潟県新潟市西蒲区-

小吉田　こよしだ　奈良県生駒郡斑鳩町-

小向　おぶけ・こむかい
　　こむかい　北海道紋別市-
　　こむかい　青森県三戸郡南部町-
　　こむかい-ちょう　神奈川県川崎市幸区-町
　　こむかい　新潟県新潟市秋葉区-
　　こむかい　新潟県長岡市-
　　こむかい-ちょう　愛知県豊橋市-町
　　おぶけ　三重県三重郡朝日町-
　　こむかい　高知県高岡郡四万十町-

小向野　こむくの　大分県宇佐市-

小名　こな　奈良県吉野郡吉野町-

小名木　おなぎ　千葉県四街道市-

小名田　おなだ
　　おなだ-ちょう　岐阜県多治見市-町

小名田町別山　おなだちょうはなれやま　岐阜県多治見市-

小名浜　おなはま　福島県いわき市-

小名浜上神白　おなはまかみかじろ　福島県いわき市-

小名浜林城　おなはまりんじょう　福島県いわき市-

小名浜金成　おなはまかなり　福島県いわき市-

小名浜相子島　おなはまあいこしま　福島県いわき市-

小名部　おなべ　山形県鶴岡市-

小名瀬　こなせ　鹿児島県大島郡瀬戸内町-

小地谷　おじや　新潟県胎内市-

小多田　おただ　兵庫県篠山市-

小安　おやす
　　おやす-ちょう　北海道函館市-町

小安山　おやすやま
　　おやすやま-ちょう　北海道函館市-町

小安在　こあんざい　北海道檜山郡上ノ国町-

小宇坂　こうさか
　　こうさか-ちょう　福井県福井市-町

小宅　おやけ
　　おやけ　栃木県小山市-
　　おやけ　栃木県芳賀郡益子町-

小寺　こでら
　　こでら-まち　石川県小松市-町
　　こでら　岐阜県揖斐郡池田町-
　　こでら　愛知県稲沢市-
　　こでら-ちょう　京都府京都市上京区-町
　　こでら　京都府宮津市-
　　こでら　大阪府堺市美原区-
　　こでら-ちょう　兵庫県神戸市須磨区-町
　　こでら　岡山県総社市-

小当見　おとみ
　　おとみ-ちょう　福井県福井市-町

67

3画（小）

小成川　こなるかわ　愛媛県南宇和郡愛南町-
小成田　こなりた　宮城県柴田郡柴田町-
小曲　おまがり・こまがり
　こまがり　青森県五所川原市-
　おまがり-ちょう　山梨県甲府市-町
小机　こづくえ
　こづくえ-ちょう　神奈川県横浜市港北区-町
小杁町八幡　おいりちょうはちまん　愛知県江南市-
小杁町明土　おいりちょうみょうど　愛知県江南市-
小江　おえ・こえ
　おえ　香川県小豆郡土庄町-
　こえ-ちょう　高知県土佐清水市-町
　こえ-まち　長崎県長崎市-町
小江川　おえがわ　埼玉県熊谷市-
小江尾　こえび　鳥取県日野郡江府町-
小江原　こえばる　長崎県長崎市-
小池　おいけ・こいけ・こうじ
　こいけ　秋田県南秋田郡五城目町-
　こいけ　秋田県南秋田郡八郎潟町-
　こいけ　茨城県稲敷郡阿見町-
　こいけ　千葉県八千代市-
　おいけ　千葉県いすみ市-
　こいけ　千葉県山武郡芝山町-
　こいけ　新潟県十日町市-
　こいけ　新潟県燕市-
　おいけ　新潟県上越市-
　おいけ-まち　石川県金沢市-町
　おいけ-まち　石川県輪島市-町
　こいけ　岐阜県不破郡関ケ原町-
　こいけ-ちょう　静岡県浜松市東区-町
　こいけ-ちょう　愛知県名古屋市名東区-町
　こいけ-ちょう　愛知県豊橋市-町
　こいけ　愛知県稲沢市-
　こいけ-ちょう　愛知県高浜市-町
　こいけ-ちょう　滋賀県東近江市-町
　おいけ　和歌山県日高郡日高町-
　こいけ　愛媛県宇和島市-
　こうじ　熊本県阿蘇市-
　おいけ　熊本県上益城郡益城町-
小池川原　こいけがわら
　こいけがわら-まち　石川県七尾市-町
小池正明寺　こいけしょうめいじ
　こいけしょうめいじ-ちょう　愛知県稲沢市-町
小池原　こいけばる　大分県大分市-
小池新田　おいけしんでん　新潟県上越市-
小百　こびゃく　栃木県日光市-
小竹　おだけ・こたけ・こだけ
　おだけ　千葉県佐倉市-
　こたけ-ちょう　東京都練馬区-町
　おだけ　神奈川県小田原市-
　こだけ　新潟県三島郡出雲崎町-
　おだけ　富山県高岡市-
　おだけ　富山県氷見市-
　おだけ　石川県鹿島郡中能登町-
　こだけ　鳥取県西伯郡大山町-
　おだけ　福岡県北九州市若松区-
　おだけ　福岡県古賀市-
　おだけ　福岡県福津市-
　こたけ-まち　福岡県鞍手郡-町
小竹花　こだけはな　秋田県南秋田郡井川町-
小竹浜　こだけはま　宮城県石巻市-

小糸　こいと
　こいと　富山県富山市-
　こいと-まち　福岡県北九州市若松区-町
小糸大谷　こいとおおやつ　千葉県君津市-
小糸山　こいとやま
　こいとやま-まち　熊本県熊本市北区-町
小糸井　こいとい
　こいとい-ちょう　北海道苫小牧市-町
小羽　おば・こば
　こば　富山県富山市-
　おば-ちょう　福井県福井市-町
小羽戸　こばど　千葉県勝浦市-
小羽尾　こばねお　鳥取県岩美郡岩美町-
小羽賀　こはが　茨城県稲敷市-
小舟　おぶね・こふね・こぶね
　こぶね　茨城県常陸大宮市-
　こふね-ちょう　新潟県新発田市-町
　おぶね　三重県津市-
　こふね-ちょう　長崎県佐世保市-町
小舟戸　こぶなと　新潟県胎内市-
小舟江　こぶなえ
　こぶなえ-ちょう　三重県松阪市-町
小衣斐　こえび　岐阜県揖斐郡大野町-
小西　こにし
　こにし　千葉県大網白里市-
　こにし　富山県富山市-
　こにし-ちょう　京都府綾部市-町
　こにし-ちょう　奈良県奈良市-町
　こにし　和歌山県海草郡紀美野町-
小西ノ川　こにしのかわ　高知県四万十市-
小西谷　こさい　鳥取県鳥取市-
小西郷　こさいごう　岐阜県岐阜市-
小西野々　こにしのの　愛媛県北宇和郡鬼北町-
小串　こぐし
　こぐし　岡山県岡山市南区-
　こぐし　山口県宇部市-
小串郷　おぐしごう・こぐしごう
　おぐしごう　長崎県東彼杵郡川棚町-
　こぐしごう　長崎県南松浦郡新上五島町-
小佐々町平原　こさざちょうひらばる　長崎県佐世
　保市-
小佐々町田原　こさざちょうたばる　長崎県佐世保市-
小佐々町岳ノ木場　こさざちょうたけのこば　長崎県
　佐世保市-
小佐々町葛籠　こさざちょうつづら　長崎県佐世保市-
小佐井　こさい　大分県大分市-
小佐世保　こさせぼ
　こさせぼ-ちょう　長崎県佐世保市-町
小佐波　おさなみ　富山県富山市-
小佐原　こざわら　長野県飯山市-
小佐野　こさの・こざの
　こさの-ちょう　岩手県釜石市-町
　こざの-ちょう　岐阜県各務原市-町
小佐越　こさごえ　栃木県日光市-
小作　こさく　福島県伊達郡川俣町-
小作台　おざくだい　東京都羽村市-
小作田　こさくだ
　こさくだ　福島県須賀川市-
　こさくだ　埼玉県八潮市-
小別沢　こべつざわ　北海道札幌市西区-

3画（小）

小別府　こべふ　鳥取県八頭郡八頭町-
小利木　こりき
　こりき-まち　兵庫県姫路市-町
小利別　しょうとしべつ　北海道足寄郡陸別町-
小吹　こぶき
　こぶき-ちょう　茨城県水戸市-町
　こぶき　大阪府南河内郡千早赤阪村-
小呂　おろ
　おろ-ちょう　愛知県岡崎市-町
　おろ-ちょう　愛知県豊田市-町
　おろ-ちょう　京都府綾部市-町
小呂島　おろのしま　福岡県福岡市西区-
小坂　おさか・おざか・こさか・こざか
　おさか　宮城県角田市-
　こさか-まち　秋田県鹿角郡-町
　こさか　秋田県鹿角郡小坂町-
　こさか　福島県伊達郡国見町-
　おさか-ちょう　茨城県牛久市-町
　おさか　茨城県東茨城郡城里町-
　こさか　新潟県新潟市南区-
　こさか　新潟県新発田市-
　こざか　富山県富山市-
　こざか　富山県南砺市-
　こさか-まち　石川県金沢市-町
　こさか-まち　石川県加賀市-町
　おさか　静岡県静岡市駿河区-
　おさか　静岡県伊豆の国市-
　こさか-ちょう　愛知県名古屋市昭和区-町
　こさか　愛知県名古屋市緑区-
　こさか-ちょう　愛知県瀬戸市-町
　こさか-ちょう　愛知県豊田市-町
　こさか-ちょう　京都府京都市下京区-町
　こさか-ちょう　兵庫県西脇市-町
　おさか　兵庫県篠山市-
　おさか　和歌山県日高郡日高町-
　こさか　岡山県和気郡和気町-
　おさか　岡山県勝田郡奈義町-
　おさか-ちょう　広島県三原市-町
　こさか　愛媛県松山市-
　おさか　熊本県山鹿市-
　おさか　熊本県上益城郡御船町-
　おさか　大分県別府市-
小坂子　こざかし
　こざかし-まち　群馬県前橋市-町
小坂井　こざかい
　こざかい-ちょう　愛知県豊川市-町
小坂町大垣内　おさかちょうおおがいと　岐阜県下呂市-
小坂町赤沼田　おさかちょうあかんた　岐阜県下呂市-
小坂町門坂　おさかちょうかどさか　岐阜県下呂市-
小坂町無数原　おさかちょうむすばら　岐阜県下呂市-
小坂鉱山　こさかこうざん　秋田県鹿角郡小坂町-
小坊木北　こぼうぎきた　宮城県伊具郡丸森町-
小局　こつぼね　新潟県妙高市-
小岐須　おぎす
　おぎす-ちょう　三重県鈴鹿市-町
小形山　おがたやま　山梨県都留市-
小志駒　こじこま　千葉県富津市-
小折　こおり
　こおり　千葉県市原市-
　こおり-ちょう　愛知県江南市-町

小束山　こづかやま　兵庫県神戸市垂水区-
小村　おもれ・こむら
　おもれ-ちょう　香川県高松市-町
　こむら-まち　愛媛県松山市-町
小村崎　こむらさき　宮城県刈田郡蔵王町-
小来栖　こぐるす　富山県南砺市-
小沢　おざわ・こざわ
　こざわ　北海道岩内郡共和町-
　こざわ　青森県弘前市-
　おざわ　青森県上北郡東北町-
　こざわ　岩手県宮古市-
　おざわ　福島県二本松市-
　おざわ　福島県大沼郡会津美里町-
　おざわ-ちょう　茨城県常陸太田市-町
　おざわ　茨城県つくば市-
　おざわ　群馬県甘楽郡南牧村-
　おざわ　千葉県いすみ市-
　おざわ　千葉県長生郡長南町-
　おざわ　東京都西多摩郡檜原村-
　こざわ-まち　新潟県長岡市-町
　おざわ　長野県伊那市-
　こざわ　静岡県菊川市-
　こざわ　愛知県稲沢市-
　こざわ-ちょう　滋賀県長浜市-町
　おざわ　兵庫県加東市-
　こざわ-まち　熊本県熊本市中央区-町
小沢又　こざわまた　千葉県夷隅郡大多喜町-
小沢平　おざわだい　青森県上北郡野辺地町-
小沢田　こさわだ　秋田県北秋田郡上小阿仁村-
小沢見　こぞみ　鳥取県鳥取市-
小沢渡　こざわたり
　こざわたり-ちょう　静岡県浜松市南区-町
小社　こやしろ
　こやしろ-ちょう　三重県鈴鹿市-町
小社曽根　おごそそね　三重県度会郡玉城町-
小良ケ浜　おらがはま　福島県双葉郡富岡町-
小良浜　おらはま　福島県双葉郡大熊町-
小芦　こあし　宮城県気仙沼市-
小花　おばな　兵庫県川西市-
小花地　こばなち　新潟県東蒲原郡阿賀町-
小芝　おしば・こしば
　おしば-ちょう　静岡県静岡市清水区-町
　こしば　福岡県北九州市戸畑区-
小見　おうみ・おおみ・おみ
　おみ　山形県酒田市-
　おおみ　山形県西村山郡大江町-
　おみ　茨城県石岡市-
　おみ-ちょう　栃木県佐野市-町
　おみ　埼玉県行田市-
　おみ　千葉県香取市-
　おみ　新潟県新発田市-
　おみ　新潟県糸魚川市-
　おうみ　新潟県岩船郡関川村-
　おみ　富山県富山市-
小見川　おみがわ　千葉県香取市-
小見郷屋　おみごうや　新潟県新潟市西区-
小見野　おみの　埼玉県比企郡川島町-
小角　おがく　宮城県仙台市泉区-
小角田　こずみだ
　こずみだ-ちょう　群馬県太田市-町

3画（小）

小谷　おたに・おだに・おたり・おやつ・こたて・こた
に・こだに・こや・こやと
　こや　埼玉県鴻巣市-
　こやと　神奈川県高座郡寒川町-
　おだに　新潟県村上市-
　おたに　富山県富山市-
　こだに-ちょう　福井県越前市-町
　おたり-むら　長野県北安曇郡-村
　こたて　岐阜県揖斐郡揖斐川町-
　こだに　滋賀県蒲生郡日野町-
　おだに　大阪府泉南郡熊取町-
　こだに　兵庫県神崎郡市川町-
　こだに　和歌山県田辺市-
　こたに　島根県邑智郡川本町-
　こたに　島根県邑智郡美郷町-
　おたに　広島県世羅郡世羅町-
　こだに　徳島県海部郡海陽町-
　おだに　高知県安芸市-
　おやつ　熊本県上益城郡益城町-
小谷丁野　おだにようの
　おだにようの-ちょう　滋賀県長浜市-町
小谷上山田　おだにかみやまだ
　おだにかみやまだ-ちょう　滋賀県長浜市-町
小谷田　こやた
　こやた　埼玉県入間市-
　こやた　千葉県市原市-
小谷石　こたにいし　北海道上磯郡知内町-
小谷地　こやち
　こやち　岩手県下閉伊郡普代村-
　こやち　宮城県遠田郡涌谷町-
小谷松　こやまつ　千葉県夷隅郡大多喜町-
小谷金　こやがね　茨城県ひたちなか市-
小谷美濃山　おだにみのやま
　おだにみのやま-ちょう　滋賀県長浜市-町
小谷流　こやる　千葉県八街市-
小谷郡上　おだにぐじょう
　おだにぐじょう-ちょう　滋賀県長浜市-町
小谷堀　こやぼり　埼玉県三郷市-
小谷場　こやば　埼玉県川口市-
小豆　しょうず
　しょうず-ぐん　香川県-郡
小豆田　あづきた　秋田県湯沢市-
小豆沢　あずきさわ・あずきざわ・あずさわ
　あずきさわ　青森県東津軽郡平内町-
　あずさわ　東京都板橋区-
　あずきざわ-まち　石川県金沢市-町
小豆屋　あずきや
　あずきや-ちょう　京都府京都市伏見区-町
小豆島　あずしま・しょうどしま
　あずしま　和歌山県和歌山市-
　しょうどしま-ちょう　香川県小豆郡-町
小豆崎　あずきさき
　あずきさき-まち　長崎県諫早市-町
小豆餅　あずきもち　静岡県浜松市中区-
小貝　おがい
　おがい-ちょう　京都府綾部市-町
小貝野　こがいの　千葉県香取郡東庄町-
小貝須　こがいす　三重県桑名市-
小赤見　こあかみ　愛知県一宮市-
小赤松　こあかまつ　兵庫県佐用郡佐用町-

小車　おぐるま　北海道中川郡美深町-
小車田　こしやた　福井県大飯郡おおい町-
小迎　こむかえ　愛知県知多郡武豊町-
小那覇　おなは　沖縄県中頭郡西原町-
小里　おさと・おざと
　おさと　宮城県遠田郡涌谷町-
　おさと　新潟県阿賀野市-
　おざと　熊本県阿蘇市-
小阪　こさか
　こさか　大阪府堺市中区-
　こさか　大阪府東大阪市-
　こさか　奈良県磯城郡田原本町-
　こさか　和歌山県東牟婁郡那智勝浦町-
小阪田　おさかでん　兵庫県伊丹市-
小阪合　こざかあい
　こざかあい-ちょう　大阪府八尾市-町
小防ケ沢　こぼうがさわ　秋田県由利本荘市-
小麦畝　こむぎうね　高知県土佐郡大川村-
小京田　こきょうでん　山形県鶴岡市-
小其塚　おそのづか　山形県東置賜郡高畠町-
小周防　こずおう　山口県光市-
小和　おわ
　おわ-ちょう　奈良県五條市-町
小和田　こわた・こわだ
　こわだ　茨城県つくば市-
　こわだ　東京都あきる野市-
　こわだ　神奈川県茅ケ崎市-
　こわだ　新潟県岩船郡関川村-
　こわだ　福井県大飯郡高浜町-
　こわた　長野県諏訪市-
小和沢　こわさわ　岐阜県可児郡御嵩町-
小和泉　こいずみ　三重県桑名郡木曽岬町-
小和清水　こわしょうず
　こわしょうず-ちょう　福井県福井市-町
小和森松　こわもりまつ
　こわもりまつ-むら　青森県平川市-村
小和瀬　こわぜ　埼玉県本庄市-
小国　おぐに
　おぐに　岩手県宮古市-
　おぐに　秋田県にかほ市-
　おぐに　山形県鶴岡市-
　おぐに-まち　山形県西置賜郡-町
　おぐに-まち　山形県西置賜郡小国町-町
　おぐに-まち　新潟県村上市-町
　おぐに-ちょう　広島県府中市-町
　おぐに　広島県世羅郡世羅町-
　おぐに-まち　熊本県阿蘇郡-町
小国町上谷内新田　おぐにまちかみやうちしんでん
　新潟県長岡市-
小国町千谷沢　おぐにまちちやざわ　新潟県長岡市-
小国町小栗山　おぐにまちこぐりやま　新潟県長岡市-
小国町法末　おぐにまちほうすえ　新潟県長岡市-
小国谷　おぐにだに　新潟県新発田市-
小坪　こつぼ　神奈川県逗子市-
小坪井　こつぼい　大阪府茨木市-
小坪瀬　こつぼせ　奈良県吉野郡十津川村-
小妻　こづま
　こづま-ちょう　茨城県常陸太田市-町
小姓　こしょう
　こしょう-まち　山形県山形市-町

こしょう-まち　兵庫県姫路市-町
小宝島　こだからじま　鹿児島県鹿児島郡十島村-
小性　こしょう
　こしょう-まち　岡山県津山市-町
小房　おうさ・おぶさ
　おうさ-ちょう　奈良県橿原市-町
　おぶさ　和歌山県西牟婁郡白浜町-
　おぶさ　岡山県美作市-
小明　こうみょう
　こうみょう-ちょう　奈良県生駒市-町
小明見　こあすみ　山梨県富士吉田市-
小松里　こまつり
　こまつり-ちょう　大阪府岸和田市-町
小板　こいた　広島県山県郡安芸太田町-
小板井　こいたい　福岡県小郡市-
小枕　こまくら　兵庫県篠山市-
小林　おばやし・こばやし
　こばやし　山形県酒田市-
　こばやし　山形県東根市-
　こばやし　福島県南会津郡只見町-
　こばやし-ちょう　茨城県水戸市-町
　おばやし　茨城県筑西市-
　こばやし　栃木県日光市-
　こばやし　栃木県真岡市-
　こばやし　群馬県藤岡市-
　こばやし　千葉県茂原市-
　こばやし　千葉県印西市-
　こばやし　富山県滑川市-
　こばやし　富山県南砺市-
　こばやし　富山県射水市-
　こばやし　富山県中新川郡立山町-
　こばやし　山梨県南巨摩郡富士川町-
　こばやし　静岡県浜松市浜北区-
　こばやし-ちょう　愛知県常滑市-町
　こばやし-ちょう　三重県四日市市-町
　こばやし　三重県桑名郡木曽岬町-
　おばやし　兵庫県宝塚市-
　こばやし-ちょう　奈良県大和郡山市-町
　こばやし　奈良県御所市-
　こばやし　鳥取県西伯郡伯耆町-
　こばやし　島根県邑智郡美郷町-
　おばやし　岡山県小田郡矢掛町-
　こばやし-し　宮崎県-市
小林浅間　こばやしせんげん　千葉県印西市-
小河　おご　福井県敦賀市-
小河口　おごぐち　福井県敦賀市-
小河内　おかうち・おがわち・おごうじ・おごち・こご
　うち
　こごうち　静岡県静岡市葵区-
　こごうち　静岡県静岡市清水区-
　おかうち　和歌山県西牟婁郡すさみ町-
　おごち　鳥取県東伯郡三朝町-
　おごうじ　鳥取県日野郡日野町-
　おがわち-まち　広島県広島市西区-町
　おがわち-まち　大分県日田市-町
小河原　おがわら・こがわら
　こがわら　栃木県那須烏山市-
　こがわら　新潟県阿賀野市-
　おがわら-ちょう　長野県須坂市-町
　おがわら-ちょう　広島県広島市安佐北区-町
小河原郷　おがわらごう　長崎県南松浦郡新上五島町-

小河通　おがわどおり　兵庫県神戸市兵庫区-
小沼　おぬま・こぬま
　こぬま　宮城県遠田郡美里町-
　こぬま-ちょう　山形県寒河江市-町
　こぬま　埼玉県坂戸市-
　こぬま　千葉県館山市-
　おぬま　山梨県南都留郡西桂町-
小沼田　こぬまた　千葉県東金市-
小沼崎　おぬまざき　福島県南会津郡下郷町-
小沼添　こぬまぞい　宮城県遠田郡美里町-
小沼新田　こぬましんでん　新潟県長岡市-
小波津　こはつ　沖縄県中頭郡西原町-
小波渡　こばと　山形県鶴岡市-
小波蔵　こはぐら　沖縄県糸満市-
小波瀬　おばせ　福岡県京都郡苅田町-
小泊　おどまり・こどまり
　こどまり　山口県大島郡周防大島町-
　おどまり-ちょう　長崎県五島市-町
小泊水洞　こどまりみずのま　青森県北津軽郡中泊町-
小泊袰内　こどまりほろない　青森県北津軽郡中泊町-
小泊嗽沢　こどまりうがいさわ　青森県北津軽郡中
　泊町-
小牧　おまき・こまき・こまぎ
　こまぎ　山形県酒田市-
　こまき　茨城県行方市-
　こまき　新潟県燕市-
　こまき　長野県上田市-
　こまき-し　愛知県-市
　こまき　愛知県小牧市-
　こまき-ちょう　三重県四日市市-町
　こまき　京都府福知山市-
　おまき　福岡県鞍手郡鞍手町-
　こまき　鹿児島県指宿市-
小牧台　こまきだい　新潟県胎内市-
小牧原　こまきはら　愛知県小牧市-
小牧新田　こまぎしんでん　山形県酒田市-
小空　こそら
　こそら-ちょう　愛知県瀬戸市-町
小股　おまた　山形県西置賜郡小国町-
小茎　おぐき　茨城県つくば市-
小若江　こわかえ　大阪府東大阪市-
小苗　こみょう　千葉県夷隅郡大多喜町-
小茂井　こもい
　こもい-ちょう　愛知県愛西市-町
小茂田　こもだ　埼玉県児玉郡美里町-
小茂根　こもね　東京都板橋区-
小迫　おざこ
　おざこ-まち　大分県日田市-町
小迫間　こばさま　岐阜県関市-
小金　おがね・こがね
　こがね　千葉県松戸市-
　こがね-ちょう　新潟県新潟市東区-町
　こがね-ちょう　新潟県柏崎市-町
　こがね-まち　石川県金沢市-町
　おがね-ちょう　愛知県瀬戸市-町
小長　こなが
　こなが　千葉県銚子市-
小長井町大搦　こながいちょうおおがらみ　長崎県諫
　早市-

3画（小）

小長井町小川原浦　こながいちょうおがわはらうら
　　長崎県諫早市-
小長井町川内　こながいちょうこうち　長崎県諫早市-
小長井町田原　こながいちょうたばる　長崎県諫早市-
小長井町新田原　こながいちょうしんたばる　長崎県
　　諫早市-
小長尾　こながお　奈良県宇陀郡曽爾村-
小長沢　こながさわ　新潟県三条市-
小長谷　こながたに　新潟県胎内市-
小長野　こながの
　　こながの-まち　石川県能美市-町
小門　おかど
　　おかど-まち　東京都八王子市-町
小阿坂　こあざか
　　こあざか-ちょう　三重県松阪市-町
小附　こつき　和歌山県西牟婁郡すさみ町-
小雨　こさめ　群馬県吾妻郡中之条町-
小青田　こあおた　千葉県柏市-
小乗浜　このりはま　宮城県牡鹿郡女川町-
小信中島　このぶなかしま　愛知県一宮市-
小保　こほ　福岡県大川市-
小保川　おぼかわ　茨城県常総市-
小保田　こぼた
　　こぼた　宮城県伊具郡丸森町-
　　こぼた　千葉県安房郡鋸南町-
小俣　おまた
　　おまた-ちょう　栃木県足利市-町
　　おまた　群馬県安中市-
　　おまた　新潟県村上市-
小俣町相合　おばたちょうそうごう　三重県伊勢市-
小前田　おまえだ　埼玉県深谷市-
小南　こみなみ
　　こみなみ　千葉県香取郡東庄町-
　　こみなみ　滋賀県野洲市-
　　こみなみ-ちょう　奈良県大和郡山市-町
小垣　おがき　石川県鳳珠郡能登町-
小垣内　おがいと　大阪府泉南郡熊取町-
小垣江　おがきえ
　　おがきえ-ちょう　愛知県刈谷市-町
小城　おぎ・こぐすく・こじょう・こしろ
　　こしろ-ちょう　愛知県名古屋市中川区-町
　　こじょう　兵庫県養父市-
　　おぎ-し　佐賀県-市
　　おぎ-まち　佐賀県小城市-町
　　こぐすく　沖縄県島尻郡八重瀬町-
小城町池上　おぎまちいけのうえ　佐賀県小城市-
小城町晴気　おぎまちはるけ　佐賀県小城市-
小室　こむろ・こもろ
　　こむろ　埼玉県川越市-
　　こむろ　埼玉県北足立郡伊奈町-
　　こむろ-ちょう　千葉県船橋市-町
　　こもろ　石川県羽咋郡志賀町-
　　こむろ　山梨県南巨摩郡富士川町-
　　こむろ-ちょう　滋賀県長浜市-町
　　こむろ　兵庫県神崎郡市川町-
　　こむろ　奈良県磯城郡田原本町-
小屋　おや・こや
　　こや　山形県西置賜郡飯豊町-
　　こや　茨城県石岡市-
　　こや　茨城県結城郡八千代町-

　　こや　千葉県流山市-
　　おや　福井県小浜市-
　　こや-まち　愛媛県松山市-町
小屋名　おやな　岐阜県関市-
小屋畑　こやのはた　岩手県八幡平市-
小屋敷　こやしき
　　こやしき　青森県黒石市-
　　こやしき-まち　青森県西津軽郡鰺ケ沢町-町
　　こやしき　岩手県紫波郡紫波町-
　　こやしき　静岡県焼津市-
小峠　ことうげ　岩手県八幡平市-
小春　こはる
　　こはる-ちょう　大阪府守口市-町
小柿　おがき・こがき
　　こがき　岐阜県本巣市-
　　おがき　滋賀県栗東市-
　　こがき　兵庫県三田市-
小柴　こしば　茨城県龍ケ崎市-
小柴見　こしばみ　長野県長野市-
小柱　おばしら　埼玉県秩父市-
小柳　おやなぎ・こやなぎ
　　こやなぎ　青森県青森市-
　　こやなぎ-ちょう　東京都府中市-町
　　おやなぎ-まち　石川県白山市-町
　　こやなぎ-ちょう　岐阜県岐阜市-町
　　こやなぎ-ちょう　岐阜県関市-町
　　こやなぎ　岐阜県本巣郡北方町-
　　こやなぎ-ちょう　京都府京都市下京区-町
　　こやなぎ-ちょう　大阪府茨木市-町
　　こやなぎ　奈良県磯城郡三宅町-
小柳田　こやなぎだ　岩手県八幡平市-
小柳津　おやいづ　静岡県焼津市-
小海　おうみ・おみ・こうみ
　　こうみ-まち　長野県南佐久郡-町
　　こうみ　長野県南佐久郡小海町-
　　おうみ　香川県東かがわ市-
　　おみ　香川県小豆郡土庄町-
小津　おつ・おづ・こづ
　　おつ-まち　東京都八王子市-町
　　おづ　岐阜県揖斐郡揖斐川町-
　　おづ-ちょう　愛知県愛西市-町
　　おづ-ちょう　三重県松阪市-町
　　こづ-ちょう　島根県出雲市-町
　　おづ-ちょう　高知県高知市-町
小津奈木　こつなぎ
　　こつなぎ　熊本県水俣市-
　　こつなぎ　熊本県葦北郡津奈木町-
小津島　おづしま
　　おづしま-ちょう　大阪府泉大津市-町
小洞　こぼら　愛知県犬山市-
小畑　おばた・おばたけ・こはた・こばた・こばたけ・
　　しょうばた
　　こばた　青森県南津軽郡藤崎町-
　　こばたけ-まち　千葉県銚子市-町
　　おばたけ　福井県今立郡池田町-
　　こばた-ちょう　愛知県豊田市-町
　　おばた　愛知県新城市-
　　おばた　京都府綾部市-町
　　おばた　京都府船井郡京丹波町-
　　こはた-ちょう　大阪府八尾市-町
　　おばた　兵庫県神崎郡市川町-

3画（小）

しょうばた　和歌山県海草郡紀美野町-
おばた　岡山県美作市-
おばた　山口県周南市-
こばた　大分県豊後高田市-

小畑沢　おばたけざわ　青森県青森市-

小県　ちいさがた
　ちいさがた-ぐん　長野県-郡

小相木　こあいぎ
　こあいぎ-まち　群馬県前橋市-町

小砂　こいさご・こざれ・こすな
　こすな-ちょう　茨城県ひたちなか市-町
　こいさご　栃木県那須郡那珂川町-
　こすな-ちょう　滋賀県湖南市-町
　こざれ　香川県東かがわ市-

小祝子　ちいさご　北海道檜山郡上ノ国町-

小祝　こいわい
　こいわい　茨城県常陸大宮市-
　こいわい　福岡県築上郡吉富町-
　こいわい　大分県中津市-

小神　おこ・こがみ・こしん
　こがみ　福島県伊達郡川俣町-
　おこ　富山県小矢部市-
　こしん-ちょう　愛知県半田市-町

小神明　こじんめい
　こじんめい-まち　群馬県前橋市-町

小美　おい
　おい-ちょう　愛知県岡崎市-町

小美玉　おみたま
　おみたま-し　茨城県-市

小荒川　こあらかわ　秋田県仙北郡美郷町-
小荒戸　あらと　新潟県十日町市-
小草畑　こくさばた　千葉県市原市-
小計　こばかり　徳島県那賀郡那賀町-
小面谷　こつらだに　新潟県五泉市-
小音琴郷　こねごとごう
　こねごとごう　長崎県東彼杵郡東彼杵町-
　こねごとごう　長崎県東彼杵郡川棚町-

小食土　やさしど
　やさしど-ちょう　千葉県千葉市緑区-町

小香　しょうこう　千葉県君津市-

小倉　おくら・おぐら・おぐら・こくら・こぐら
　こぐら　岩手県九戸郡九戸村-
　こぐら　宮城県伊具郡丸森町-
　おぐら　山形県上山市-
　こぐら　山形県西置賜郡小国町-
　おぐら　福島県須賀川市-
　おぐら　茨城県石岡市-
　こぐら　茨城県常陸大宮市-
　こぐら　栃木県日光市-
　おぐら　栃木県那須烏山市-
　おぐら　群馬県北群馬郡吉岡町-
　おぐら-ちょう　千葉県千葉市若葉区-町
　おぐら　千葉県印西市-
　おぐら　神奈川県川崎市幸区-
　おぐら　神奈川県相模原市緑区-
　おくら-ちょう　新潟県柏崎市-町
　おぐら　新潟県佐渡市-
　おぐら　福井県丹生郡越前町-
　こくら　岐阜県美濃市-
　こぐら　岐阜県山県市-
　おぐら　岐阜県養老郡養老町-

おぐら-ちょう　愛知県常滑市-町
おぐら-ちょう　滋賀県東近江市-町
おぐら　京都府舞鶴市-
おぐら-ちょう　京都府宇治市-町
おぐら-ちょう　大阪府枚方市-町
おぐら　兵庫県篠山市-
おぐら　兵庫県淡路市-
おぐら-ちょう　奈良県奈良市-町
おぐら　和歌山県和歌山市-
おぐわ　愛媛県北宇和郡鬼北町-
おぐら-ちょう　高知県高知市-町
こくら　福岡県春日市-
こくら　佐賀県三養基郡基山町-
おくら　熊本県阿蘇市-
おぐら　大分県別府市-
こくら-ちょう　鹿児島県薩摩川内市-町

小倉台　おぐらだい
　おぐらだい　千葉県千葉市若葉区-
　おぐらだい　千葉県印西市-
　おぐらだい　兵庫県神戸市北区-

小倉寺　おぐらじ
　おぐらじ　福島県福島市-
　おぐらじ-ちょう　奈良県生駒市-町

小倉谷　おぐらたに　福井県南条郡南越前町-

小倉東　おぐらひがし・こくらひがし
　おぐらひがし-まち　大阪府枚方市-町
　こくらひがし　福岡県春日市-

小倉野　おぐらの　静岡県御殿場市-

小値賀　おぢか
　おぢか-ちょう　長崎県北松浦郡-町

小原　おおはら・おはら・おばら・おばる・こはら・こばら・こばる
　おばら　宮城県白石市-
　おばら-ちょう　茨城県水戸市-町
　おばら　茨城県笠間市-
　こばら　千葉県館山市-
　おばら　神奈川県相模原市緑区-
　こはら　新潟県十日町市-
　おはら　富山県南砺市-
　おはら-まち　石川県金沢市-町
　おはら　福井県三方上中郡若狭町-
　こばら　長野県小諸市-
　おばら　岐阜県可児郡御嵩町-
　おばら-ちょう　愛知県一宮市-町
　おばら-ちょう　愛知県豊田市-町
　こはら　滋賀県犬上郡多賀町-
　おばら　兵庫県篠山市-
　おおはら　奈良県高市郡明日香村-
　おはら　奈良県吉野郡十津川村-
　おはら　和歌山県有田郡有田川町-
　こばら　和歌山県日高郡印南町-
　こばら　鳥取県日野郡日野町-
　おばら　岡山県津山市-
　こばら　岡山県赤磐市-
　こばら　岡山県久米郡美咲町-
　こばら　広島県山県郡北広島町-
　おばる　福岡県築上郡築上町-
　おばる　熊本県山鹿市-
　こばる　熊本県玉名郡南関町-
　おばら-ちょう　鹿児島県鹿児島市-町

小原子　おばらく・こばらこ
　おばらく　千葉県山武郡芝山町-

3画（小）

こばらこ　静岡県掛川市-
小原台　おばらだい　神奈川県横須賀市-
小原田　おはらた・おはらだ・こはらだ
　おはらだ　山形県飽海郡遊佐町-
　こはらだ　福島県郡山市-
　おはらた　和歌山県橋本市-
　おはらだ　岡山県美作市-
小原団地　こばるだんち　大分県大分市-
小原沢　こはらざわ　栃木県那須烏山市-
小原東　こばらひがし　山梨県山梨市-
小原屋　おはらや　富山県富山市-
小原道ノ上　こはらみちのうえ　岩手県八幡平市-
小原新田　こばらしんでん　新潟県妙高市-
小宮　こみや
　こみや　福島県相馬郡飯舘村-
　こみや-まち　東京都八王子市-町
　こみや-ちょう　大阪府大阪市天王寺区-町
小宮山　こみやま　長野県佐久市-
小宮作　こみやさく　茨城県鹿嶋市-
小将　こしょう
　こしょう-まち　石川県金沢市-町
小島　おしま・おじま・こしま・こじま
　こじま　北海道厚岸郡厚岸町-
　おしま　宮城県柴田郡大河原町-
　おじま-まち　福島県いわき市-町
　おじま　福島県伊達郡川俣町-
　おじま　茨城県下妻市-
　おじま-ちょう　茨城県常陸太田市-町
　こじま　埼玉県熊谷市-
　おじま　埼玉県本庄市-
　こじま　東京都台東区-
　こじま-ちょう　東京都調布市-町
　こじま-ちょう　神奈川県川崎市川崎区-町
　こじま　新潟県柏崎市-
　おじま　新潟県新発田市-
　こじま　新潟県燕市-
　こじま　新潟県阿賀野市-
　こじま-ちょう　富山県富山市-町
　おじま　富山県砺波市-
　こじま　富山県射水市-
　こじま-まち　石川県七尾市-町
　こじま-まち　石川県小松市-町
　こじま　長野県長野市-
　こじま　長野県上田市-
　こじま-まち　長野県須坂市-町
　おじま　長野県千曲市-
　こじま　岐阜県揖斐郡揖斐川町-
　こじま　静岡県静岡市葵区-
　おじま-ちょう　静岡県静岡市清水区-町
　こじま　静岡県磐田市-
　こじま-ちょう　愛知県豊橋市-町
　おじま-ちょう　愛知県西尾市-町
　こじま-ちょう　愛知県弥富市-町
　おじま　三重県三重郡菰野町-
　こじま-ちょう　滋賀県守山市-町
　こじま-ちょう　京都府京都市上京区-町
　こじま-ちょう　京都府京都市東山区-町
　こじま-ちょう　京都府京都市下京区-町
　おしま　兵庫県豊岡市-
　こじま-ちょう　奈良県天理市-町
　こじま-ちょう　奈良県五條市-町

おしま　和歌山県有田郡有田川町-
こじま　愛媛県西宇和郡伊方町-
こしま　高知県安芸郡北川村-
こじま-ちょう　長崎県佐世保市-町
おしま　熊本県熊本市西区-
おしま　熊本県玉名市-
こしま　鹿児島県熊毛郡屋久島町-
こじま　鹿児島県大島郡伊仙町-
小島田　おしまだ・こじまた
　こじまた-まち　群馬県前橋市-町
　おしまだ-まち　長野県長野市-町
小島地　こしまじ　岡山県玉野市-
小島谷　おじまや　新潟県長岡市-
小島新田　おじましんでん　茨城県つくばみらい市-
小峰　おみね・こみね
　こみね-まち　長崎県長崎市-町
　おみね　熊本県上益城郡山都町-
　こみね-まち　宮崎県延岡市-町
小峰台　おみねだい・こみねだい
　こみねだい　東京都あきる野市-
　おみねだい　和歌山県橋本市-
小峯　おみね・こみね
　こみね-ちょう　愛知県豊田市-町
　おみね　熊本県熊本市東区-
小座　おざ
　おざ　千葉県香取郡東庄町-
　おざ　岡山県苫田郡鏡野町-
小庭名　こてんみょう　新潟県魚沼市-
小栗　おぐり
　おぐり　茨城県筑西市-
　おぐり-まち　石川県七尾市-町
　おぐり-ちょう　愛知県一宮市-町
　おぐり-ちょう　愛知県西尾市-町
　おぐり　愛媛県松山市-
　おぐり-ちょう　愛媛県松山市-町
小栗山　こぐりやま
　こぐりやま　青森県弘前市-
　こぐりやま　宮城県加美郡色麻町-
　こぐりやま　秋田県由利本荘市-
　こぐりやま　福島県岩瀬郡鏡石町-
　こぐりやま　福島県大沼郡金山町-
　こぐりやま　新潟県小千谷市-
　こぐりやま-まち　新潟県見附市-町
　こぐりやま　新潟県五泉市-
　こぐりやま　新潟県阿賀野市-
　こぐりやま　新潟県南魚沼市-
小栗栖　こぐりす　奈良県吉野郡東吉野村-
小栗栖小阪　おぐりすこさか
　おぐりすこさか-ちょう　京都府京都市伏見区-町
小桑原　こくわはら・こくわばら
　こくわばら-ちょう　群馬県館林市-町
　こくわはら　群馬県富岡市-
小桁　おげた　岡山県津山市-
小根山　おねやま　長野県上水内郡小川村-
小根本　こねもと　千葉県松戸市-
小根岸　こねぎし　新潟県十日町市-
小桜　こさくら・こざくら
　こざくら-ちょう　神奈川県茅ケ崎市-町
　こざくら-ちょう　愛知県名古屋市昭和区-町
　こざくら-ちょう　愛知県豊川市-町

3画（小）

小梅 こうめ
　こうめ-ちょう　群馬県桐生市-町
小浦 おうら・こうら
　こうら　千葉県南房総市-
　おうら　石川県羽咋郡志賀町-
　おうら　石川県鳳珠郡能登町-
　おうら　三重県北牟婁郡紀北町-
　おうら　和歌山県日高郡日高町-
　こうら-ちょう　愛媛県今治市-町
　こうら　愛媛県南宇和郡愛南町-
　こうら-まち　長崎県長崎市-町
小浦免 こうらめん　長崎県北松浦郡佐々町-
小浜 おはま・おばま・こはま・こばま
　こはま　北海道松前郡松前町-
　おばま-まち　福島県いわき市-町
　おばま　福島県二本松市-
　こばま　福島県双葉郡富岡町-
　こばま　埼玉県児玉郡神川町-
　おばま-ちょう　千葉県銚子市-町
　こばま　千葉県木更津市-
　おばま-し　福井県-市
　おばま　静岡県焼津市-
　こはま-ちょう　愛知県豊橋市-町
　おはま-ちょう　三重県四日市市-町
　おはま-ちょう　三重県鳥羽市-町
　こばま-ちょう　滋賀県守山市-町
　こはま　兵庫県宝塚市-
　こばま　鳥取県東伯郡湯梨浜町-
　こはま-ちょう　島根県益田市-町
　こばま　徳島県那賀郡那賀町-
　こはま　愛媛県松山市-
　こばま　愛媛県宇和島市-
　こはま-まち　福岡県大牟田市-町
　こはま　熊本県玉名市-
　こはま　沖縄県八重山郡竹富町-
小浜白鬚 おばましらひげ　福井県小浜市-
小浜町木場 おばまちょうこば　長崎県雲仙市-
小浜海道 おばまかいどう　福島県田村郡三春町-
小浜塩竈 おばましおがま　福井県小浜市-
小浮 こうけ・こぶけ
　こぶけ　千葉県成田市-
　こうけ　新潟県阿賀野市-
小浮気 こぶけ　茨城県取手市-
小涌谷 こわくだに　神奈川県足柄下郡箱根町-
小流 こながし　新潟県五泉市-
小畠 おばたけ・こばたけ
　こばたけ　広島県神石郡神石高原町-
　おばたけ　徳島県那賀郡那賀町-
小真木原 こまぎはら
　こまぎはら-まち　山形県鶴岡市-町
小脇 おわき・こわき
　こわき　新潟県十日町市-
　こわき-ちょう　三重県尾鷲市-町
　おわき-ちょう　滋賀県東近江市-町
小脇町小脇 こわきちょうこわき　愛知県江南市-
小荷駄 こにだ
　こにだ-まち　山形県山形市-町
小袖 こそで　山梨県北都留郡丹波山村-
小通幸谷 ことおりこうや
　ことおりこうや-まち　茨城県龍ケ崎市-町

小郡 おぐに・おごおり
　おぐに　山口県熊毛郡平生町-
　おごおり-し　福岡県-市
　おごおり　福岡県小郡市-
小郡山 こごおりやま　山形県東置賜郡高畠町-
小郡平砂 おごおりひらさ
　おごおりひらさ-まち　山口県山口市-町
小郡給領 おごおりきゅうりょう
　おごおりきゅうりょう-まち　山口県山口市-町
小釜本 こかもと　和歌山県日高郡日高川町-
小釜谷 こがまや　新潟県三島郡出雲崎町-
小針 おばり・こばり
　こばり　埼玉県行田市-
　こばり　新潟県新潟市西区-
　こばり-ちょう　愛知県岡崎市-町
　おばり　愛知県小牧市-
小針が丘 こばりがおか　新潟県新潟市西区-
小針内宿 こばりうちじゅく　埼玉県北足立郡伊奈町-
小針台 こばりだい　新潟県新潟市西区-
小針領家 こばりりょうけ　埼玉県桶川市-
小院瀬見 こいんぜみ　富山県南砺市-
小馬木 こまき　島根県仁多郡奥出雲町-
小馬出 こんまだし・こんまで
　こんまだし-まち　富山県高岡市-町
　こんまで-まち　石川県小松市-町
小馬越 こうまごえ　香川県小豆郡土庄町-
小高 おたか・おだか・こたか
　おだか　福島県石川郡玉川村-
　おだか　茨城県土浦市-
　おだか　茨城県行方市-
　おだか　千葉県匝瑳市-
　おだか　千葉県いすみ市-
　おたか-ちょう　神奈川県横浜市旭区-町
　こたか　新潟県燕市-
小高下 ここうげ
　ここうげ-ちょう　岡山県高梁市-町
小高内 こだこうち　福島県二本松市-
小高区女場 おだかくおなば　福島県南相馬-
小高区小谷 おだかくおや　福島県南相馬市-
小高区水谷 おだかくみずがい　福島県南相馬市-
小高区北鳩原 おだかくきたはつばら　福島県南相馬-町
小高区羽倉 おだかくはのくら　福島県南相馬市-
小高区耳谷 おだかくみみがい　福島県南相馬市-
小高区行津 おだかくなめづ　福島県南相馬市-
小高区角部内 おだかくつのべうち　福島県南相馬市-
小高区飯崎 おだかくはんさき　福島県南相馬市-
小高林 こたかばやし　福島県南会津郡南会津町-
小動 こゆるぎ　神奈川県高座郡寒川町-
小堀 おおほり・こほり・こぼり
　おおほり　茨城県取手市-
　こほり　福井県大飯郡おおい町-
　こぼり　滋賀県長浜市-町
　こぼり　大分県中津市-
小尉 こじょう
　こじょう-ちょう　福井県福井市-町
小張 おばり　茨城県つくばみらい市-
小張木 こばりのき　新潟県新潟市中央区-
小斎 こさい　宮城県伊具郡丸森町-

75

3画（小）

小曽川　おそがわ　埼玉県越谷市-

小曽原　おぞわら　福井県丹生郡越前町-

小曽根　おぞね・こぞね・こぞね
　おぞね-ちょう　栃木県足利市-町
　おぞね　埼玉県熊谷市-
　こぞね-まち　新潟県長岡市-町
　おぞね　大阪府豊中市-
　こぞね-ちょう　兵庫県西宮市-町
　こぞね-まち　長崎県長崎市-町

小曽納　おそのう　茨城県小美玉市-

小梨　おなし
　おなし-ちょう　広島県竹原市-町

小深　おぶか・こぶか・こぶけ
　おぶか　栃木県芳賀郡茂木町-
　こぶけ-ちょう　千葉県千葉市稲毛区-町
　こぶけ　愛知県長久手市-
　こぶか　大阪府河内長野市-

小深作　こふかさく　埼玉県さいたま市見沼区-

小深浦　こぶかうら　高知県宿毛市-

小清　こせい　山形県西村山郡大江町-

小清水　こしみず
　こしみず-ちょう　北海道斜里郡-町
　こしみず　北海道斜里郡小清水町-

小淵　おぶち　愛知県丹羽郡扶桑町-

小淵沢　こぶちさわ
　こぶちさわ-ちょう　山梨県北杜市-

小淵沢町松向　こぶちさわちょうしょうこう　山梨県北杜市-

小淀川　こよどかわ　山形県鶴岡市-

小渕　おぶち・こぶち
　こぶち　埼玉県春日部市-
　おぶち　神奈川県相模原市緑区-

小渕浜　こぶちはま　宮城県石巻市-

小笠木　おかさぎ　福岡県福岡市早良区-

小笠原　おがさはら・おがさわら
　おがさわら-むら　東京都-村
　おがさはら　山梨県南アルプス市-

小笹　おざさ
　おざさ　山形県上山市-
　おざさ　福岡県福岡市中央区-
　おざさ　熊本県上益城郡山都町-

小船　おぶね
　おぶね　神奈川県小田原市-
　おぶね　鳥取県八頭郡若桜町-

小船山　こぶねやま　長野県千曲市-

小船木　こぶなぎ
　こぶなぎ-ちょう　千葉県銚子市-町
　こぶなぎ-ちょう　滋賀県近江八幡市-町

小船渡　こぶなと　栃木県大田原市-

小船越　おぶなこし・こふなこし
　こふなこし　宮城県石巻市-
　おぶなこし-まち　長崎県諫早市-町

小菅　こすげ
　こすげ-ちょう　茨城県常陸太田市-町
　こすげ　千葉県成田市-
　こすげ　東京都葛飾区-
　こすげ-むら　山梨県北都留郡-村
　こすげ-まち　長崎県長崎市-町

小菅ケ谷　こすがや
　こすがや　神奈川県横浜市栄区-

こすがや-ちょう　神奈川県横浜市栄区-町

小菅生　こすごう　福島県東白川郡棚倉町-

小菅沼　こすがぬま　富山県魚津市-

小菅波　こすがなみ
　こすがなみ-まち　石川県加賀市-町

小菅野　こすがの　秋田県由利本荘市-

小菅野代　こすがのだい　山形県鶴岡市-

小菱池　こびしけ
　こびしけ-まち　石川県金沢市-町

小袴　こはかま　秋田県大館市-

小袋　こぶくろ　栃木県小山市-

小袋谷　こぶくろや　神奈川県鎌倉市-

小貫　おぬき・こつなぎ
　おぬき　福島県石川郡浅川町-
　おぬき　茨城県常陸大宮市-
　おぬき　茨城県稲敷市-
　おぬき　栃木県芳賀郡茂木町-
　こつなぎ　新潟県長岡市-
　おぬき　静岡県掛川市-

小貫山　おぬきやま　茨城県ひたちなか市-

小貫高畑　おぬきたかばたけ　秋田県大仙市-

小郷町伍大力　おごうちょうごだいりき　愛知県江南市-

小部　こべ　香川県小豆郡土庄町-

小釈迦内道上　こしゃかないみちうえ　秋田県大館市-

小野　おおの・おの・この
　おの　宮城県東松島市-
　おの　宮城県柴田郡川崎町-
　おの　宮城県黒川郡大和町-
　おの　秋田県湯沢市-
　おの　福島県相馬市-
　おの-まち　福島県田村郡-町
　おの　茨城県土浦市-
　おの　茨城県常陸大宮市-
　おの　茨城県稲敷市-
　おの　千葉県成田市-
　おの　千葉県東金市-
　おの-ちょう　神奈川県横浜市鶴見区-町
　おの　神奈川県厚木市-
　この-まち　石川県金沢市-町
　おの-まち　石川県小松市-町
　この-ちょう　福井県福井市-町
　この-ちょう　福井県越前市-町
　おの　山梨県都留市-
　おの　長野県上伊那郡辰野町-
　この　岐阜県岐阜市-
　この　岐阜県大垣市-
　おの　岐阜県関市-
　おの　岐阜県揖斐郡揖斐川町-
　おの-ちょう　愛知県春日井市-町
　おおの-ちょう　三重県松阪市-町
　おの-ちょう　三重県亀山市-町
　おの　滋賀県大津市-
　おの-ちょう　滋賀県彦根市-町
　おの　滋賀県栗東市-
　この　滋賀県蒲生郡日野町-
　この　京都府船井郡京丹波町-
　おの-ちょう　大阪府和泉市-町
　おの-し　兵庫県-市
　おの　兵庫県三田市-
　おの-まち　和歌山県和歌山市-町

3画（小）

おの　鳥取県西伯郡伯耆町-
おの　岡山県美作市-
おの　広島県神石郡神石高原町-
おの　山口県下関市-
おの　山口県宇部市-
おの　香川県綾歌郡綾川町-
おの-まち　愛媛県松山市-町
この　高知県吾川郡いの町-
おの　高知県高岡郡四万十町-
おの-ちょう　長崎県佐世保市-町
おの-まち　長崎県諫早市-町
この-まち　宮崎県延岡市-町
おの　鹿児島県鹿児島市-
おの-ちょう　鹿児島県鹿児島市-町

小野弓田　おのゆみでん
　おのゆみでん-ちょう　京都府京都市山科区-町
小野田　おのだ・このだ
　おのだ　福島県双葉郡浪江町-
　このだ-ちょう　千葉県船橋市-町
　おのだ-ちょう　大阪府和泉市-町
　おのだ　和歌山県海南市-
　おのだ　山口県山陽小野田市-
　おのだ　熊本県阿蘇市-
小野豆　おのず　兵庫県赤穂郡上郡町-
小野柄通　おのえどおり　兵庫県神戸市中央区-
小野原　おのばる
　おのばる-ちょう　鹿児島県鹿屋市-町
小野原東　おのはらひがし　大阪府箕面市-
小野葛篭尻　おのつづらじり
　おのつづらじり-ちょう　京都府京都市山科区-町
小野新　おのしん・おのにい
　おのにい-まち　福島県田村郡小野町-町
　おのしん　兵庫県篠山市-
小野鐘付田　おのかねつきでん
　おのかねつきでん-ちょう　京都府京都市山科区-町
小雀　こすずめ
　こすずめ-ちょう　神奈川県横浜市戸塚区-町
小鳥沢　ことりざわ　岩手県盛岡市-
小鳥谷　こずや　岩手県二戸郡一戸町-
小鳥崎　ことりざき　岩手県北上市-
小鹿　おが・おしか
　おしか　静岡県静岡市駿河区-
　おが　熊本県上益城郡甲佐町-
小鹿谷　おしかだに　鳥取県東伯郡湯梨浜町-
小鹿野　おがの
　おがの-まち　埼玉県秩父郡-町
　おがの　埼玉県秩父郡小鹿野町-
小黒　おぐろ・こぐろ
　おぐろ　富山県富山市-
　こぐろ-ちょう　福井県鯖江市-町
　おぐろ　静岡県静岡市駿河区-
小黒ノ川　こぐろのかわ　高知県幡多郡黒潮町-
小黒川　おぐろがわ　福島県耶麻郡猪苗代町-
小黒田　こくろだ
　こくろだ-ちょう　三重県松阪市-町
小黒沢　こぐろさわ　新潟県十日町市-
小黒見　おぐろみ　福井県大野市-
小黒部　おぐろっぺ
　おぐろっぺ-ちょう　北海道檜山郡江差町-町
小黒須　こぐろす　新潟県柏崎市-

小黒飯　おぐるい　福井県大飯郡高浜町-
小割通　こわりどおり　愛知県名古屋市港区-
小善地　こぜんじ　山梨県南都留郡道志村-
小場　おば　茨城県常陸大宮市-
小塚　おづか・こつか・こづか
　こづか　宮城県伊具郡丸森町-
　こづか　宮城県遠田郡涌谷町-
　こつか　神奈川県藤沢市-
　こづか-ちょう　愛知県名古屋市中川区-町
　おづか　大分県竹田市-
　こつか-ちょう　鹿児島県枕崎市-町
小塚原　こづかはら　宮城県名取市-
小堤　おづつみ・おんづみ・こづつみ
　こづつみ　茨城県古河市-
　おづつみ　茨城県東茨城郡茨城町-
　こづつみ　埼玉県川越市-
　おんづみ　千葉県山武郡横芝光町-
　こづつみ-ちょう　愛知県安城市-町
　こづつみ　滋賀県野洲市-
小嵐　こあらし
　こあらし-ちょう　静岡県熱海市-町
小御門　こみかど　滋賀県蒲生郡日野町-
小揚　こあげ　新潟県村上市-
小曾木　おそき　東京都青梅市-
小曾根　こそね
　こそね-ちょう　群馬県桐生市-町
小勝　おがち　茨城県東茨城郡城里町-
小椎尾　こじお　福岡県八女郡広川町-
小港　こみなと
　こみなと-ちょう　神奈川県横浜市中区-町
小渡　おど・こわたり
　こわたり　青森県三戸郡五戸町-
　おど　山形県西置賜郡小国町-
　おど-ちょう　愛知県豊田市-町
小渡頭　こわたりがしら　青森県三戸郡五戸町-
小湯の上　こゆのうえ　長野県諏訪郡下諏訪町-
小湊　こみなと
　こみなと　青森県東津軽郡平内町-
　こみなと　千葉県鴨川市-
　こみなと　福井県小浜市-
小湾　こわん　沖縄県浦添市-
小焼野　こやけの
　こやけの-ちょう　愛知県西尾市-町
小禄　おろく　沖縄県那覇市-
小童谷　ひじや　岡山県真庭市-
小筑紫町栄喜　こづくしちょうさかき　高知県宿毛市-
小粟田　こわだ　新潟県小千谷市-
小結　こゆい　栃木県那須塩原市-
小結棚　こむすびだな
　こむすびだな-ちょう　京都府京都市中京区-町
小萱場　こかやば　千葉県茂原市-
小萩　こはぎ　三重県度会郡度会町-
小賀須　こがす　愛知県名古屋市港区-
小軽米　こかるまい　岩手県九戸郡軽米町-
小道具　こどうぐ
　こどうぐ-まち　福岡県柳川市-町
小釿　こじゅうな　山形県西村山郡大江町-
小間　おま
　おま-ちょう　愛知県西尾市-町

3画（小）

小間子　おまご
　　おまご-ちょう　千葉県千葉市若葉区-町
小間生　おもう　石川県鳳珠郡能登町-
小隈　おぐま　福岡県朝倉市-
小須戸　こすど
　　こすど　新潟県新潟市秋葉区-
　　こすど　新潟県村上市-
小須賀　こすか　埼玉県羽生市-
小園　こぞの
　　こぞの　埼玉県大里郡寄居町-
　　こぞの　神奈川県綾瀬市-
　　こぞの-まち　大分県津久見市-町
小塩　おしお・こしお
　　こしお　山形県東村山郡中山町-
　　こしお　福島県南会津郡南会津町-
　　こしお　茨城県桜川市-
　　おしお-まち　石川県加賀市-町
　　おしお-ちょう　大阪府河内長野市-町
小塩辻　おしおつじ
　　おしおつじ-まち　石川県加賀市-町
小塩津　こしおづ
　　こしおづ-ちょう　愛知県田原市-町
小塙　こばな・こばなわ
　　こばな　茨城県石岡市-
　　こばな　茨城県筑西市-
　　こばなわ　茨城県小美玉市-
　　こばな　栃木県那須烏山市-
小搦　こがらみ　新潟県五泉市-
小新井　こあらい　埼玉県比企郡吉見町-
小椿　こつばき　福島県河沼郡柳津町-
小殿　おどの　奈良県御所市-
小溝　こみぞ　埼玉県さいたま市岩槻区-
小滝　おたき・こたき・こだき
　　こたき　山形県南陽市-
　　こだき　福島県田村郡三春町-
　　こだき　栃木県大田原市-
　　こだき　千葉県長生郡睦沢町-
　　こたき　新潟県糸魚川市-
　　こたき　新潟県上越市-
　　おたき　富山県氷見市-
　　こたき　三重県多気郡大台町-
小滝野　おたぎの
　　おたぎの-ちょう　愛知県豊田市-町
小猿屋　こざるや　新潟県上越市-
小畷　こなわて
　　こなわて-ちょう　愛知県豊橋市-町
小碓　おうす
　　おうす　愛知県名古屋市港区-
　　おうす-ちょう　愛知県名古屋市港区-町
小碓通　こうすどおり　愛知県名古屋市中川区-
小福田　こふくだ　茨城県猿島郡五霞町-
小筵　こむしろ　熊本県下益城郡美里町-
小絹　こきぬ　茨城県つくばみらい市-
小群　おむれ　熊本県山鹿市-
小蓑　こみの　香川県木田郡三木町-
小蓑毛　こみのげ　神奈川県秦野市-
小路　こうじ・こじ・しょうじ
　　こうじ　山形県天童市-

しょうじ-ちょう　福井県福井市-町
しょうじ-まち　岐阜県多治見市-町
こじ　愛知県犬山市-
しょうじ　愛知県あま市-
しょうじ　大阪府大阪市生野区-
しょうじ-ちょう　大阪府門真市-町
しょうじ-ちょう　奈良県天理市-町
しょうじ　奈良県吉野郡下市町-
こうじ　島根県隠岐郡隠岐の島町-
小路口　おろぐち
　　おろぐち-まち　長崎県大村市-町
小路北　しょうじきた
　　しょうじきた-まち　大阪府寝屋川市-町
小路谷　おろだに　兵庫県洲本市-
小路東　しょうじひがし　大阪府大阪市生野区-
小路頃　おじころ　兵庫県養父市-
小鈴谷　こすがや　愛知県常滑市-
小頓別　しょうとんべつ　北海道枝幸郡中頓別町-
小境　こざかい
　　こざかい　新潟県阿賀野市-
　　こざかい　富山県氷見市-
　　こざかい-ちょう　島根県出雲市-町
小摺戸　こすりど　富山県下新川郡入善町-
小榎本　こえもと　千葉県長生郡長柄町-
小熊　おぐま・こぐま・こんま
　　おぐま　新潟県五泉市-
　　こんま　石川県河北郡津幡町-
　　おぐま-ちょう　岐阜県岐阜市-町
　　おぐま-ちょう　岐阜県羽島市-町
　　こぐま　和歌山県日高郡日高川町-
小熊町外粟野　おぐまちょうそとあわの　岐阜県羽
　　島市-
小熊野　こぐまの　福岡県北九州市八幡東区-
小稲津　こいなづ
　　こいなづ-ちょう　福井県福井市-町
小稲荷　こいなり
　　こいなり-ちょう　京都府京都市下京区-町
小稲葉　こいなば
　　こいなば　神奈川県伊勢原市-
　　こいなば　愛知県長久手市-
小窪　おくぼ
　　おくぼ　富山県氷見市-
　　おくぼ　石川県羽咋郡志賀町-
小綱　しょうこ
　　しょうこ-まち　奈良県橿原市-町
小綱木　こつなぎ　福島県伊達郡川俣町-
小網　こあみ
　　こあみ-ちょう　広島県広島市中区-町
小網倉浜　こあみくらはま　宮城県石巻市-
小関　こせき・こぜき
　　こせき　山形県天童市-
　　こせき　福島県二本松市-
　　こせき　千葉県山武郡九十九里町-
　　こせき　新潟県燕市-
　　こせき　岐阜県不破郡関ケ原町-
　　こぜき-ちょう　滋賀県大津市-町
小雑賀　こざいか　和歌山県和歌山市-
小幡　おばた・こはた・こわた
　　こはた　青森県北津軽郡板柳町-
　　おばた　茨城県石岡市-

3画（山）

おばた　茨城県行方市-
おばた　茨城県東茨城郡茨城町-
おばた　栃木県宇都宮市-
おばた　群馬県甘楽郡甘楽町-
こわた-ちょう　福井県福井市-町
おばた　愛知県名古屋市守山区-

小敷　こしき　福岡県北九州市若松区-
小敷田　こしきだ　埼玉県行田市-
小敷谷　こしきや　埼玉県上尾市-
小樟　ここのぎ　福井県丹生郡越前町-
小槻　おうづく
　おうづく-ちょう　奈良県橿原市-町
小縄　こなわ　山梨県南巨摩郡早川町-
小舞木　こまいぎ
　こまいぎ-ちょう　群馬県太田市-町
小蔵子　こぞうす　新潟県新潟市南区-
小諸　こもろ
　こもろ-し　長野県-市
小諏訪　こずわ　静岡県沼津市-
小駕籠沢　こかごさわ　宮城県刈田郡七ケ宿町-
小橋　おばせ・こばし
　こばし　青森県青森市-
　こばし　栃木県真岡市-
　こばし　新潟県加茂市-
　こばし-まち　石川県金沢市-町
　おばせ　京都府舞鶴市-
　おばせ-ちょう　大阪府大阪市天王寺区-町
　こばし-ちょう　岡山県岡山市中区-町
小橋川　こばしがわ　沖縄県中頭郡西原町-
小橋内　おはしない
　おはしない-ちょう　北海道室蘭市-町
小橋方　こばしがた　愛知県あま市-
小樽　おたる
　おたる-し　北海道-市
小樽郷　こだるごう　長崎県東彼杵郡波佐見町-
小椥　ことち　奈良県吉野郡上北山村-
小濁　こにごり　新潟県妙高市-
小積浜　こづみはま　宮城県石巻市-
小薄　おすき
　おすき-ちょう　鹿児島県鹿屋市-町
小薬　こぐすり　栃木県小山市-
小頭　こがしら
　こがしら-まち　福岡県久留米市-町
小館　おたて・こたて・こだて
　こだて　青森県青森市-
　こたて-ちょう　秋田県大館市-町
　おたて　長野県中野市-
小館花　こだてはな　秋田県大館市-
小鴨　おがも・こかも
　こかも-ちょう　愛知県名古屋市中村区-町
　おがも　鳥取県倉吉市-
小嶺　こみね
　こみね-ちょう　石川県金沢市-町
　こみね　福岡県北九州市八幡西区-
小嶺台　こみねだい　福岡県北九州市八幡西区-
小磯　こいそ
　こいそ　兵庫県淡路市-
　こいそ-ちょう　広島県広島市南区-町
　こいそ　香川県東かがわ市-

小篠津　こしのづ
　こしのづ-ちょう　鳥取県境港市-町
小篠原　こしのはら　滋賀県野洲市-
小篠塚　こしのづか　千葉県佐倉市-
小鎚　こづち　岩手県上閉伊郡大槌町-
小鍋　こなべ
　こなべ　長野県長野市-
　こなべ　静岡県賀茂郡河津町-
小鍋島　こなべしま　神奈川県平塚市-
小櫃台　おびつだい　千葉県君津市-
小観音寺　こかんのんじ
　こかんのんじ-ちょう　滋賀県長浜市-町
小鎌　おがも　岡山県赤磐市-
小瀬　おぜ・こせ・こぜ
　こぜ　宮城県加美郡加美町-
　こぜ　新潟県新潟市西区-
　おぜ　富山県南砺市-
　こせ-まち　山梨県甲府市-町
　おぜ　岐阜県関市-
　こせ　大阪府貝塚市-
　おぜ-ちょう　奈良県生駒市-町
　こせ　岡山県久米郡美咲町-
　おぜ　山口県岩国市-
　こぜ-ちょう　鹿児島県いちき串木野市-町
小瀬川　こせがわ　岩手県花巻市-
小瀬戸　こせど・こぜと
　こせど　埼玉県飯能市-
　こせど　静岡県静岡市葵区-
　こせど-まち　長崎県長崎市-町
小瀬木　おせぎ　岡山県赤磐市-
小瀬田　こせだ・こぜた
　こぜた　和歌山県和歌山市-
　こせだ　鹿児島県熊毛郡屋久島町-
小瀬沢　おせざわ　茨城県常陸大宮市-
小瀬長池　おぜながいけ
　おぜながいけ-ちょう　岐阜県関市-町
小繋　こつなぎ　岩手県二戸郡一戸町-
小繋沢　こつなぎざわ　岩手県和賀郡西和賀町-
小籠　こごめ　高知県南国市-
小轡　こぐつわ　千葉県茂原市-
小鷺田　こさぎだ
　こさぎだ-まち　福岡県北九州市八幡西区-町

山

山　さん・やま
　やま　茨城県坂東市-
　やま　埼玉県さいたま市見沼区-
　やま　福井県敦賀市-
　やま　福井県吉田郡永平寺町-
　やま-まち　愛知県知立市-町
　やま-ちょう　奈良県奈良市-町
　やま　和歌山県岩出市-
　やま　大分県宇佐市-
　さん　鹿児島県大島郡徳之島町-
山ノ城　やまのじょう　岡山県久米郡久米南町-
山ノ端　やまのはな
　やまのはな-ちょう　高知県高知市-町
山入端　やまのは　沖縄県名護市-
山下　さんか・さんげ・やました
　やました-ちょう　北海道北見市-町

3画（山）

やました-ちょう　北海道伊達市-町
やました-ちょう　青森県弘前市-町
やました-ちょう　宮城県石巻市-町
やました-ちょう　福島県福島市-町
やました　福島県東白川郡矢祭町-
やました-ちょう　茨城県常陸太田市-町
やました-ちょう　栃木県足利市-町
やました　千葉県南房総市-
やました-ちょう　神奈川県横浜市中区-町
やました　神奈川県平塚市-
さんか　富山県高岡市-
やました　富山県南砺市-
やました-ちょう　長野県岡谷市-町
やました-ちょう　岐阜県多治見市-町
やました-ちょう　静岡県浜松市中区-町
やました-まち　愛知県碧南市-町
やました-ちょう　愛知県西尾市-町
やました-ちょう　三重県松阪市-町
やました-ちょう　三重県亀山市-町
やました-ちょう　兵庫県神戸市長田区-町
やました-ちょう　兵庫県明石市-町
やました-ちょう　兵庫県川西市-町
やました-ちょう　兵庫県加西市-町
やました　島根県鹿足郡津和野町-
さんげ　岡山県津山市-
やました-まち　福岡県大牟田市-町
やました-まち　佐賀県唐津市-町
やました　大分県中津市-
やました　大分県宇佐市-
やました　大分県玖珠郡玖珠町-
やました-まち　宮崎県延岡市-町
やました-ちょう　宮崎県日向市-町
やました-ちょう　鹿児島県鹿児島市-町
やました　鹿児島県阿久根市-
やました-ちょう　沖縄県那覇市-町
山上　やまかみ・やまがみ・やまのうえ
　やまかみ　福島県相馬市-
　やまかみ　福島県石川郡古殿町-
　やまがみ　福井県三方郡美浜町-
　やまかみ-ちょう　滋賀県大津市-町
　やまかみ-ちょう　滋賀県東近江市-町
　やまのうえ　鳥取県八頭郡八頭町-
　やまのうえ　岡山県岡山市北区-
　やまのうえ-まち　福岡県大牟田市-町
山女　あけび　富山県魚津市-
山小川　やまこがわ　千葉県市原市-
山川　やまかわ・やまがわ・やまご
　やまがわ-ちょう　栃木県足利市-町
　やまがわ　千葉県香取市-
　やまかわ　富山県高岡市-
　やまご-まち　石川県金沢市-町
　やまかわ-ちょう　京都府京都市下京区-町
　やまがわ　鳥取県東伯郡琴浦町-
　やまかわ　山口県山陽小野田市-
　やまかわ-まち　福岡県久留米市-町
　やまかわ-まち　長崎県諫早市-町
　やまかわ　沖縄県国頭郡本部町-
　やまかわ　沖縄県島尻郡南風原町-
山川町　やまかわちょう
　やまかわちょう-まち　徳島県吉野川市-町
山川町八幡　やまかわちょうはちまん　徳島県吉野
　川市-

山川町大藤谷　やまかわちょうおおとだに　徳島県吉
　野川市-
山川町小路　やまかわちょうしょうじ　徳島県吉野
　川市-
山川町川田八幡　やまかわちょうかわたはちまん　徳
　島県吉野川市-
山川町井傍　やまかわちょういのそば　徳島県吉野
　川市-
山川町木綿麻山　やまかわちょうゆうまやま　徳島県
　吉野川市-
山川町北関　やまかわまちきたのせき　福岡県みや
　ま-
山川町古城　やまかわちょうふるしろ　徳島県吉野
　川市-
山川町忌部　やまかわちょういむべ　徳島県吉野川市-
山川町赤刎　やまかわちょうあかはね　徳島県吉野
　川市-
山川町河原内　やまかわまちかわはらうち　福岡県み
　やま市-
山川町茂草　やまかわちょうもそう　徳島県吉野川市-
山川町皆瀬　やまかわちょうかいぜ　徳島県吉野川市-
山川町恵下　やまかわちょうえげ　徳島県吉野川市-
山川町翁喜台　やまかわちょうおきだい　徳島県吉野
　川市-
山川町高頭　やまかわちょうこうず　徳島県吉野川市-
山川町麻掛　やまかわちょうおかけ　徳島県吉野川市-
山川町楮本　やまかわちょうかしのもと　徳島県吉野
　川市-
山川町榛木原　やまかわちょうはりのきばら　徳島県
　吉野川市-
山川町槻原　やまかわちょうかえきばら　徳島県吉野
　川市-
山川岡児ケ水　やまがわおかちよがみず　鹿児島県指
　宿市-
山川神代　やまかわくましろ　福岡県久留米市-
山川浜児ケ水　やまがわはまちよがみず　鹿児島県指
　宿市-
山中　さんちゅう・やまなか
　さんちゅう　福島県田村郡三春町-
　やまなか　茨城県つくば市-
　やまなか　埼玉県北本市-
　やまなか　千葉県富津市-
　やまなか　千葉県山武郡芝山町-
　やまなか-ちょう　神奈川県横須賀市-町
　やまなか　石川県鳳珠郡穴水町-
　やまなか　石川県鳳珠郡能登町-
　やまなか　福井県敦賀市-
　やまなか　福井県大飯郡高浜町-
　やまなか　山梨県南都留郡山中湖村-
　やまなか　岐阜県不破郡関ケ原町-
　やまなか-ちょう　愛知県名古屋市昭和区-町
　やまなか-ちょう　愛知県豊田市-町
　やまなか-ちょう　滋賀県大津市-町
　やまなか　滋賀県蒲生郡竜王町-
　やまなか-ちょう　京都府京都市中京区-町
　やまなか　京都府宮津市-
　やまなか　山口県宇部市-
　やまなか-ちょう　長崎県平戸市-町
山中渓　やまなかだに　大阪府阪南市-
山中温泉上原　やまなかおんせんうわばら
　やまなかおんせんうわばら-まち　石川県加賀市-町

3画（山）

山中温泉坂下 やまなかおんせんさかのしも
やまなかおんせんさかのしも-まち　石川県加賀市-町

山中温泉杉水 やまなかおんせんすぎのみず
やまなかおんせんすぎのみず-まち　石川県加賀市-町

山中温泉河鹿 やまなかおんせんかじか
やまなかおんせんかじか-まち　石川県加賀市-町

山中温泉栢野 やまなかおんせんかやの
やまなかおんせんかやの-まち　石川県加賀市-町

山中温泉真砂 やまなかおんせんまなご
やまなかおんせんまなご-まち　石川県加賀市-町

山中温泉菅生谷 やまなかおんせんすごうだに
やまなかおんせんすごうだに-まち　石川県加賀市-町

山之神 やまのかみ
やまのかみ-ちょう　群馬県太田市-町
やまのかみ　山梨県中央市-

山五十川 やまいらがわ　山形県鶴岡市-

山内 さんない・やまうち・やまのうち
さんない　岩手県九戸郡軽米町-
さんない　秋田県秋田市-
やまうち　秋田県由利本荘市-
やまうち　茨城県稲敷郡美浦村-
さんない　栃木県日光市-
やまうち　栃木県芳賀郡茂木町-
やまうち　千葉県長生郡長南町-
やまのうち-ちょう　神奈川県横浜市神奈川区-町
やまうち　新潟県新発田市-
やまうち-ちょう　福井県福井市-町
やまうち　福井県三方上中郡若狭町-
やまうち　大阪府豊能郡能勢町-
やまうち-ちょう　兵庫県篠山市-町
やまうち　和歌山県日高郡みなべ町-
やまのうち-ちょう　広島県庄原市-町
やまうち　福岡県八女市-
やまうち　福岡県豊前市-
やまうち　沖縄県沖縄市-

山内町鳥海 やまうちちょうとのみ　佐賀県武雄市-

山内筬 さんないいかだ　秋田県横手市-

山手通 やまてどおり・やまのてどおり
やまてどおり　北海道天塩郡天塩町-
やまのてどおり　愛知県名古屋市昭和区-

山王堂 さんおうどう・さんのうどう
さんおうどう　茨城県筑西市-
さんのうどう　埼玉県本庄市-

山北 やまきた・やまぎた・やまのきた
やまきた-まち　神奈川県足柄上郡-町
やまきた　神奈川県足柄上郡山北町-
やまきた　石川県河北郡津幡町-
やまきた-ちょう　愛知県小牧市-町
やまきた　岡山県津山市-
やまのきた-ちょう　香川県丸亀市-町
やまきた　高知県宿毛市-
やまきた　福岡県糸島市-

山古志種苧原 やまこしたねすはら　新潟県長岡市-

山外野 やまとの　岡山県美作市-

山本町耳納 やまもとまちみのう　福岡県久留米市-

山本町河内 やまもとちょうこうち　香川県三豊市-

山本町神田 やまもとちょうこうだ　香川県三豊市-

山田下 やまだした・やまだしも
やまだしも　宮城県伊具郡丸森町-

やまだした　新潟県魚沼市-
やまだしも　香川県綾歌郡綾川町-

山田中瀬 やまだなかのせ　富山県富山市-

山田先出 やまだせんでん　石川県能美郡川北町-

山田町小河 やまだちょうおうご　兵庫県神戸市北区-

山田町小部 やまだちょうおうぶ　兵庫県神戸市北区-

山田町衝原 やまだちょうつくはら　兵庫県神戸市北区-

山田弦馳 やまだつるはぜ
やまだつるはぜ-ちょう　京都府京都市西京区-町

山田沼又 やまだぬまのまた　富山県富山市-

山田宿坊 やまだすくぼう　富山県富山市-

山田清水 やまだしょうず　富山県富山市-

山田御道路 やまだおどろ
やまだおどろ-ちょう　京都府京都市西京区-町

山目 やまのめ
やまのめ　岩手県一関市-
やまのめ-まち　岩手県一関市-町

山辺 やまのべ・やまべ
やまのべ-まち　山形県東村山郡-町
やまのべ　山形県東村山郡山辺町-
やまべ-ちょう　三重県鈴鹿市-町
やまべ　大阪府豊能郡能勢町-
やまべ-ぐん　奈良県-郡

山辺里 さべり　新潟県村上市-

山地 やまじ・やまち・やまぢ
やまち　三重県南牟婁郡御浜町-
やまち　和歌山県有田市-
やまじ　岡山県倉敷市-

山坊 やまのぼう　奈良県北葛城郡河合町-

山形町戸呂 やまがたちょうへろ
やまがたちょうへろ-まち　岩手県久慈市-町

山形町来内 やまがたちょうらいない　岩手県久慈市-

山谷 さんや・やまがい・やまや
やまや　秋田県湯沢市-
やまや　山形県酒田市-
さんや　茨城県つくばみらい市-
さんや　神奈川県横浜市南区-
やまや-ちょう　新潟県新潟市秋葉区-町
やまや　新潟県小千谷市-
やまや　新潟県十日町市-
やまや　新潟県五泉市-
やまや　新潟県南魚沼市-
やまや　新潟県三島郡出雲崎町-
やまがい-ちょう　愛知県豊田市-町

山谷切口 やまだにきりぐち　佐賀県西松浦郡有田町-

山国町槻木 やまくにまちつきのき　大分県中津市-

山居 さんきょ
さんきょ-まち　山形県酒田市-町
さんきょ　福島県福島市-
さんきょ-まち　新潟県村上市-町

山岡町上手向 やまおかちょうかみとうげ　岐阜県恵那市-

山東 やまひがし　静岡県浜松市天竜区-

山東町一品 さんとうちょういっぽう　兵庫県朝来市-

山東町大垣 さんとうちょうおおかい　兵庫県朝来市-

山東町末蔵 さんとうちょうまっさい　兵庫県朝来市-

山東町柊木 さんとうちょうひいらぎ　兵庫県朝来市-

山東町粟鹿 さんとうちょうあわが　兵庫県朝来市-

山東町越田 さんとうちょうおった　兵庫県朝来市-

3画（山）

山武　さんぶ・さんむ
　さんむ-し　千葉県-市
　さんぶ-ぐん　千葉県-郡
山河内　やまがわうち　徳島県海部郡美波町-
山波　さんば
　さんば-ちょう　広島県尾道市-町
山直中　やまだいなか
　やまだいなか-ちょう　大阪府岸和田市-町
山門　さんもん・やまかど
　さんもん-ちょう　愛知県名古屋市千種区-町
　やまかど　山口県宇部市-
　さんもん-ちょう　福岡県北九州市小倉北区-町
山門野　やまどの　鹿児島県出水郡長島町-
山南　やまみなみ　福島県大沼郡会津美里町-
山南町大河　さんなんちょうおおか　兵庫県丹波市-
山南町小畑　さんなんちょうおばたけ　兵庫県丹波市-
山南町小新屋　さんなんちょうこにや　兵庫県丹波市-
山南町玉巻　さんなんちょうたまき　兵庫県丹波市-
山南町篠場　さんなんちょうささば　兵庫県丹波市-
山城　やまぐすく・やまじょう・やましろ
　やましろ　埼玉県川越市-
　やまじょう-ちょう　三重県四日市市-町
　やましろ-ちょう　京都府京都市東山区-町
　やましろ-ちょう　大阪府八尾市-町
　やましろ　大阪府南河内郡河南町-
　やましろ　鳥取県鳥取市-
　やましろ　岡山県美作市-
　やましろ　岡山県苫田郡鏡野町-
　やましろ-ちょう　広島県広島市南区-町
　やましろ-ちょう　徳島県徳島市-町
　やまぐすく　沖縄県糸満市-
　やまぐすく　沖縄県島尻郡久米島町-
山城町上名　やましろちょうかみみょう　徳島県三好市-
山城町佐連　やましろちょうされ　徳島県三好市-
山城町椿井　やましろちょうつばい　京都府木津川市-
山城町綺田　やましろちょうかばた　京都府木津川市-
山海　やまみ　愛知県知多郡南知多町-
山泉　やましみず　福井県敦賀市-
山畑　やばた・やまたけ
　やばた　三重県伊賀市-
　やまたけ　大阪府八尾市-
山畑新田　やまはたしんでん　兵庫県姫路市-
山県　やまがた
　やまがた-し　岐阜県-市
　やまがた-ぐん　広島県-郡
　やまがた-ちょう　長崎県佐世保市-町
山神　やがみ・やまかみ・やまがみ
　やまがみ-まち　愛知県碧南市-町
　やまがみ　愛知県犬山市-
　やがみ　三重県伊賀市-
　やまかみ　三重県度会郡玉城町-
山神原　やまかみはら　福島県耶麻郡猪苗代町-
山科　やましな
　やましな　石川県金沢市-
　やましな-ちょう　石川県金沢市-町
　やましな　静岡県袋井市-
　やましな-く　京都府京都市-区
　やましな-ちょう　岡山県岡山市北区-町
山面　やまづら　滋賀県蒲生郡竜王町-

山香　さんこう
　さんこう-ちょう　愛知県名古屋市名東区-町
山香町野原　やまがまちのはる　大分県杵築市-
山原　やまはら・やんばら
　やんばら　静岡県静岡市清水区-
　やまはら　兵庫県川西市-
山家　やまえ・やまが・やんべ
　やんべ-まち　山形県山形市-町
　やまが　山梨県南巨摩郡身延町-
　やまが-ちょう　広島県三次市-町
　やまえ　福岡県筑紫野市-
　やまが　大分県別府市-
山根　さんね・やまね・やまんね
　やまね-ちょう　岩手県宮古市-町
　やまね-ちょう　岩手県久慈市-町
　さんね　岩手県九戸郡九戸村-
　やまね-まち　福島県郡山市-町
　やまね　埼玉県日高市-
　やまんね　千葉県長生郡長柄町-
　やまね　山梨県山梨市-
　やまね-ちょう　愛知県名古屋市天白区-町
　やまね　鳥取県倉吉市-
　やまね　鳥取県八頭郡智頭町-
　やまね-ちょう　広島県広島市東区-町
　やまね　山口県柳井市-
　やまね-ちょう　愛媛県新居浜市-町
山祇　やまずみ
　やまずみ-ちょう　長崎県佐世保市-町
山荻　やもおぎ　千葉県館山市-
山崎　やまさき・やまざき・やまのさき
　やまざき　北海道二海郡八雲町-
　やまざき　青森県弘前市-
　やまざき　青森県東津軽郡今別町-
　やまざき　青森県上北郡おいらせ町-
　やまざき-ちょう　宮城県柴田郡大河原町-町
　やまざき　宮城県伊具郡丸森町-
　やまざき　宮城県黒川郡大郷町-
　やまざき　山形県最上郡金山町-
　やまざき　山形県東置賜郡高畠町-
　やまざき　福島県郡山市-
　やまざき　福島県伊達郡国見町-
　やまざき　福島県田村郡三春町-
　やまざき　茨城県石岡市-
　やまざき　茨城県ひたちなか市-
　やまざき　茨城県筑西市-
　やまざき　茨城県猿島郡境町-
　やまざき　埼玉県さいたま市緑区-
　やまざき-ちょう　埼玉県東松山市-町
　やまざき　埼玉県深谷市-
　やまざき　埼玉県南埼玉郡宮代町-
　やまざき　千葉県野田市-
　やまざき　千葉県茂原市-
　やまのさき　千葉県佐倉市-
　やまざき　東京都町田市-
　やまざき-まち　東京都町田市-町
　やまざき　神奈川県鎌倉市-
　やまざき　新潟県新潟市西区-
　やまざき　新潟県新発田市-
　やまざき　新潟県十日町市-
　やまざき-まち　新潟県見附市-町
　やまざき　新潟県五泉市-
　やまざき　新潟県阿賀野市-

3画（川）

やまざき　新潟県南魚沼市-
やまざき　新潟県西蒲原郡弥彦村-
やまざき　富山県下新川郡朝日町-
やまざき-まち　石川県七尾市-
やまざき　石川県羽咋郡宝達志水町-
やまざき-ちょう　岐阜県美濃加茂市-町
やまざき　静岡県静岡市葵区-
やまざき　静岡県掛川市-
やまざき　静岡県袋井市-
やまざき-ちょう　愛知県半田市-町
やまざき-ちょう　愛知県安城市-町
やまざき-ちょう　京都府京都市中京区-町
やまざき-ちょう　京都府京都市東山区-町
やまざき-ちょう　京都府京都市伏見区-町
やまざき　京都府福知山市-
やまざき-ちょう　大阪府大阪市北区-町
やまざき　大阪府三島郡島本町-
やまざき-ちょう　兵庫県相生市-町
やまざき-ちょう　兵庫県神崎郡福崎町-
やまざき-ちょう　奈良県生駒市-町
やまざき　奈良県吉野郡十津川村-
やまざき-ちょう　和歌山県海南市-町
やまざき　和歌山県岩出市-
やまざき　和歌山県伊都郡かつらぎ町-
やまざき　岡山県岡山市中区-
やまざき-まち　熊本県熊本市中央区-町
やまざき-ちょう　宮崎県宮崎市-町
やまざき　鹿児島県薩摩郡さつま町-

山崎町三津　やまさきちょうみつづ　兵庫県宍粟市-
山崎町土万　やまさきちょうひじま　兵庫県宍粟市-
山崎町小茅野　やまさきちょうこがいの　兵庫県宍粟市-
山崎町五十波　やまさきちょういかば　兵庫県宍粟市-
山崎町加生　やまさきちょうかしょう　兵庫県宍粟市-
山崎町母栖　やまさきちょうもす　兵庫県宍粟市-
山崎町生谷　やまさきちょういぎだに　兵庫県宍粟市-
山崎町神谷　やまさきちょうこうだに　兵庫県宍粟市-
山崎町高下　やまさきちょうこうげ　兵庫県宍粟市-
山崎町高所　やまさきちょうこうぞ　兵庫県宍粟市-
山崎町梯　やまさきちょうかけはし　兵庫県宍粟市-
山崎町葛根　やまさきちょうかずらね　兵庫県宍粟市-
山崎町御名　やまさきちょうごみょう　兵庫県宍粟市-
山添　やまぞい・やまぞえ
　やまぞい　青森県上北郡東北町-
　やまぞえ-ちょう　愛知県名古屋市千種区-町
　やまぞえ-ちょう　三重県松阪市-町
　やまぞえ　兵庫県南あわじ市-
　やまぞえ-むら　奈良県山辺郡-村
山菅　やますげ
　やますげ-ちょう　栃木県佐野市-町
山郷　さんごう
　さんごう-ちょう　愛知県名古屋市天白区-町
山都　やまと
　やまと-まち　佐賀県鳥栖市-町
　やまと-ちょう　熊本県上益城郡-町
山都町小山　やまとまちこやま　福島県喜多方市-
山都町五十苅　やまとまちごじゅうかり　福島県喜多方市-
山都町広葎田　やまとまちひろむくろだ　福島県喜多方市-

山都町石堀古　やまとまちいしぼつこ　福島県喜多方市-
山都町馬放場　やまとまちうまはなしば　福島県喜多方市-
山都町蛇崩　やまとまちじゃくずれ　福島県喜多方市-
山都町葎田　やまとまちむくろだ　福島県喜多方市-
山都町舘原　やまとまちたてのはら　福島県喜多方市-
山野　さんや・やまの
　やまの　茨城県小美玉市-
　やまの-ちょう　千葉県船橋市-町
　さんや　和歌山県日高郡日高川町-
　やまの　福岡県嘉麻市-
山陵　みささぎ
　みささぎ-ちょう　奈良県奈良市-町
山鹿　やまが
　やまが-まち　福島県会津若松市-町
　やまが　福岡県遠賀郡芦屋町-
　やまが-し　熊本県-市
　やまが　熊本県山鹿市-
　やまが　熊本県阿蘇郡産山村-
山斐　やまひ　富山県南砺市-
山葵谷　わさびだに　新潟県長岡市-
山越　やまぐい・やまごえ・やまこし
　やまこし　北海道二海郡八雲町-
　やまこし-ぐん　北海道-郡
　やまこし-ちょう　栃木県佐野市-町
　やまごえ　愛知県長久手市-
　やまごえ　愛媛県松山市-
　やまごえ-まち　愛媛県松山市-町
　やまぐい　愛媛県八幡浜市-
山越乾　やまごえいぬい
　やまごえいぬい-ちょう　京都府京都市右京区-町
山階　やましな
　やましな-ちょう　滋賀県長浜市-町
　やましな　香川県仲多度郡多度津町-
山路　さんじ・やまじ・やまち
　やまじ-ちょう　愛知県瀬戸市-町
　やまじ-ちょう　愛知県愛西市-町
　やまじ-ちょう　滋賀県東近江市-町
　やまじ　鳥取県八頭郡八頭町-
　やまじ　愛媛県今治市-
　やまじ-ちょう　愛媛県今治市-町
　やまち　高知県四万十市-
　さんじ　福岡県北九州市八幡東区-
山端大城田　やまばなだいじょうでん
　やまばなだいじょうでん-ちょう　京都府京都市左京区-町
山端川原　やまばなかわはら
　やまばなかわはら-ちょう　京都府京都市左京区-町
山端川端　やまばなかわばた
　やまばなかわばた-ちょう　京都府京都市左京区-町
山綱　やまつな
　やまつな-ちょう　愛知県岡崎市-町
山澗　やまだに　新潟県柏崎市-

| 川 |

川下　かわくだり・かわした・かわしも
　かわしも　北海道札幌市白石区-
　かわしも　北海道石狩郡当別町-
　かわしも　北海道石狩郡新篠津村-
　かわくだり　宮城県東松島市-
　かわしも　福島県喜多方市-

83

3画（川）

かわしも-ちょう　愛知県豊田市-町
かわくだり　島根県邑智郡川本町-
かわしも-まち　山口県岩国市-町
かわしも-ちょう　長崎県佐世保市-町
かわした　大分県日田市-

川上　かわうえ・かわかみ
　かわかみ　北海道石狩郡新篠津村-【ほか45ヶ所】
　かわうえ　岐阜県中津川市-

川上町臈数　かわかみちょうしわす　岡山県高梁市-

川口擬宝珠　かわぐちぎぼしゅ　京都府八幡市-

川中子　かわなご
　かわなご　茨城県小美玉市-
　かわなご　栃木県下野市-
　かわなご　栃木県河内郡上三川町-

川中島町上氷鉋　かわなかじままちかみひがの　長野県長野市-

川中島町御厨　かわなかじままちみくりや　長野県長野市-

川内　かわうち・かわち・かわない・こうち
　かわない　北海道三笠市-
　かわうち-まち　青森県むつ市-町
　かわうち　岩手県宮古市-
　かわうち　宮城県仙台市青葉区-
　かわうち　宮城県柴田郡川崎町-
　かわうち　宮城県黒川郡大郷町-
　かわうち　福島県伊達郡国見町-
　かわうち-むら　福島県双葉郡-村
　かわうち-ちょう　群馬県桐生市-町
　かわち　新潟県五泉市-
　こうち　富山県砺波市-
　かわうち　島根県邑智郡川本町-
　かわうち　広島県広島市安佐南区-
　かわうち-ちょう　徳島県徳島市-町
　かわち　愛媛県宇和島市-
　かわち　福岡県豊前市-
　かわち-まち　長崎県長崎市-町
　かわち-まち　長崎県諫早市-町
　かわち-ちょう　長崎県平戸市-町
　かわち　宮崎県東臼杵郡門川町-

川内戸　かわないど　山形県西置賜郡飯豊町-

川内郷　かわちごう
　かわちごう　長崎県東彼杵郡東彼杵村-
　かわちごう　長崎県東彼杵郡波佐見町-

川匂　かわわ
　かわわ　神奈川県小田原市-
　かわわ　神奈川県中郡二宮町-

川反　かわばた
　かわばた-まち　秋田県能代市-町

川去　かわさり
　かわさり　青森県上北郡七戸町-
　かわさり-ちょう　福井県鯖江市-

川尻町上畑　かわじりちょうかんばた　広島県呉市-
川尻町久俊　かわじりちょうくどし　広島県呉市-
川尻町久筋　かわじりちょうくすじ　広島県呉市-
川尻町後懸　かわじりちょううしろがけ　広島県呉市-

川平　かびら・かわだい・かわだいら・かわひら
　かわだい　岩手県下閉伊郡田野畑村-
　かわだいら　宮城県仙台市青葉区-
　かわひら-ちょう　愛知県瀬戸市-町
　かわひら　愛知県弥富市-
　かわひら-まち　長崎県長崎市-町

かびら　沖縄県石垣市-
かわひら　沖縄県国頭郡伊江村-

川平町南川上　かわひらちょうみなみかわのぼり　島根県江津市-

川田百々　かわたどど　京都府京都市山科区-

川目　かわのめ・かわめ
　かわめ　青森県上北郡野辺地町-
　かわめ　岩手県盛岡市-
　かわめ-ちょう　岩手県盛岡市-町
　かわのめ　秋田県大仙市-

川辺　かわづら・かわなべ・かわべ
　かわべ　福島県石川郡玉川村-
　かわべ　千葉県匝瑳市-
　かわべ　神奈川県横浜市保土ケ谷区-町
　かわべ-まち　新潟県長岡市-町
　かわべ-まち　石川県小松市-町
　かわべ-ちょう　岐阜県加茂郡-町
　かわなべちょう　静岡県静岡市葵区-町
　かわづら　滋賀県栗東市-
　かわべ-ぐん　兵庫県-郡
　かわなべ　和歌山県和歌山市-
　かわべ　熊本県球磨郡相良村-

川辺町古殿　かわなべちょうふるとの　鹿児島県南九州市-

川辺町神殿　かわなべちょうこうどの　鹿児島県南九州市-

川辺町清水　かわなべちょうきよみず　鹿児島県南九州市-

川向　かわむかい・かわむき・かわむこう
　かわむかい　北海道斜里郡清里町-
　かわむかい　北海道沙流郡平取町-
　かわむかい　北海道足寄郡陸別町-
　かわむかい-ちょう　岩手県下閉伊郡山田町-町
　かわむかい　福島県郡山市-
　かわむこう-ちょう　栃木県宇都宮市-町
　かわむかい　千葉県印西市-
　かわむかい　千葉県匝瑳市-
　かわむこう-ちょう　神奈川県横浜市都筑区-町
　かわむき　山梨県南巨摩郡身延町-
　かわむき-ちょう　愛知県岡崎市-町
　かわむき　愛知県北設楽郡設楽町-
　かわむかい　京都府宮津市-
　かわむかい-ちょう　大阪府富田林市-町
　かわむかい　大阪府羽曳野市-

川合　かわあい・かわい
　かわい　北海道中川郡池田町-
　かわい　青森県弘前市-
　かわい　福井県大野市-
　かわい　山梨県上野原市-
　かわい-ちょう　岐阜県美濃加茂市-町
　かわい　岐阜県可児市-
　かわい　静岡県静岡市葵区-
　かわい-ちょう　愛知県瀬戸市-町
　かわい　愛知県新城市-
　かわい-ちょう　三重県四日市市-町
　かわい-ちょう　三重県亀山市-町
　かわい　三重県伊賀市-
　かわい　三重県多気郡大台町-
　かわい-ちょう　滋賀県東近江市-町
　かわい　奈良県桜井市-
　かわい　奈良県北葛城郡河合町-
　かわあい　奈良県吉野郡天川村-

3画（川）

かわい　和歌山県有田郡有田川町-

川汲　かっくみ
　かっくみ-ちょう　北海道函館市-町

川見　せんみ
　せんみ-ちょう　愛知県豊田市-町

川角　かわかど・かわすみ
　かわかど　埼玉県入間郡毛呂山町
　かわかど　愛知県北設楽郡東栄町-
　かわすみ　広島県安芸郡熊野町-

川谷　かわたに・かわやつ
　かわやつ　千葉県君津市-
　かわやつ　千葉県南房総市-
　かわたに　長野県上水内郡飯綱町-
　かわたに-ちょう　長崎県佐世保市-町

川沿　かわぞい・かわぞえ
　かわぞえ-ちょう　北海道北見市-町
　かわぞえ-ちょう　北海道苫小牧市-町
　かわぞい　北海道夕張郡長沼町-
　かわぞえ　北海道白老郡白老町-

川沿一条　かわぞえいちじょう　北海道札幌市南区-
川長　かわたけ　徳島県海部郡牟岐町-
川津筏場　かわづいかだば　静岡県賀茂郡河津町-
川相　かわない　滋賀県犬上郡多賀町-
川面　かわおもて・かわづら・かわも
　かわづら　埼玉県鴻巣市-
　かわおもて-ちょう　愛知県豊田市-町
　かわづら-ちょう　大阪府富田林市-町
　かわも　兵庫県宝塚市-
　かわも-ちょう　岡山県高梁市-町

川原　かわはら・かわばる・かわら
　かわら-ちょう　北海道函館市-町
　かわら-まち　北海道松前郡福島町-町
　かわら　岩手県八幡平市-
　かわら　岩手県岩手郡雫石町-
　かわら-まち　宮城県遠田郡涌谷町-町
　かわら-まち　福島県会津若松市-町
　かわら-まち　福島県伊達市-町
　かわら-ちょう　福島県大沼郡会津美里町-町
　かわはら　福島県西白河郡矢吹町-
　かわら-まち　群馬県前橋市-町
　かわら-ちょう　新潟県十日町市-町
　かわら-まち　新潟県上越市-町
　かわら　富山県高岡市-町
　かわはら　富山県魚津市-
　かわら-まち　石川県七尾市-町
　かわら-まち　石川県羽咋市-町
　かわら　岐阜県高山市-町
　かわはら-ちょう　静岡県静岡市清水区-町
　かわら-まち　三重県四日市市-町
　かわら-まち　滋賀県近江八幡市-町
　かわら　滋賀県草津市-
　かわら-ちょう　滋賀県草津市-町
　かわら　滋賀県蒲生郡日野町-
　かわら　滋賀県愛知郡愛荘町-
　かわはら-ちょう　大阪府枚方市-町
　かわら　兵庫県神戸市垂水区-
　かわら-ちょう　兵庫県相生市-町
　かわら　兵庫県三田市-
　かわら　兵庫県篠山市-
　かわはら　奈良県高市郡明日香村-

かわはら-ちょう　島根県松江市-町
かわばる　福岡県古賀市-
かわばる　福岡県糸島市-
かわはら-まち　佐賀県佐賀市-町
かわら-まち　長崎県長崎市-町
かわはら-まち　熊本県天草市-町
かわはら-まち　大分県日田市-町
かわばる　大分県佐伯市-
かわら-まち　宮崎県宮崎市-町
かわばる　宮崎県児湯郡木城町-

川原ケ谷　かわはらがや　静岡県三島市-
川原子　かわらご　山形県天童市-
川原井　かわはらい　千葉県袖ケ浦市-
川原木　かわらぎ　富山県中新川郡立山町-
川原欠　かわらがけ
　かわらがけ　愛知県弥富市-
　かわらがけ-ちょう　愛知県弥富市-町
川原代　かわらしろ
　かわらしろ-まち　茨城県龍ケ崎市-町
川原平　かわらたい　青森県中津軽郡西目屋村-
川原田　かわはらだ・かわらだ
　かわはらだ　宮城県伊具郡丸森町-
　かわらだ　福島県伊達市-
　かわはらだ　福島県伊達郡川俣町-
　かわはらだ　福島県西白河郡中島村-
　かわらだ-まち　栃木県栃木市-町
　かわはらだ　富山県中新川郡上市町-
川原沢　かわらざわ　山形県長井市-
川原明戸　かわはらあけと　埼玉県熊谷市-
川原河　かわらごう　和歌山県日高郡日高川町-
川原城　かわはらじょう
　かわはらじょう-ちょう　奈良県天理市-町
川原畑　かわはらばた・かわらはた
　かわらはた　群馬県吾妻郡長野原町-
　かわらはた　山梨県南都留郡道志村-
　かわはらばた　岐阜県岐阜市-
川原通　かわはらとおり　愛知県名古屋市昭和区-
川原崎　かわらさき・かわらざき
　かわらざき　宮城県気仙沼市-
　かわらさき　富山県南砺市-
　かわらさき-まち　宮崎県延岡市-町
川原場　かわらば　兵庫県養父市-
川原湯　かわらゆ　群馬県吾妻郡長野原町-
川島三重　かわしまさんじゅう
　かわしまさんじゅう-ちょう　京都府京都市西京区-町
川島五反長　かわしまごたんおさ
　かわしまごたんおさ-ちょう　京都府京都市西京区-町
川島寺田　かわしまてらでん
　かわしまてらでん-ちょう　京都府京都市西京区-町
川島町宮島　かわしまちょうみやのしま　徳島県吉野川市-
川島河田　かわしまこうだ
　かわしまこうだ-まち　岐阜県各務原市-町
川島莚田　かわしまむしろでん
　かわしまむしろでん-ちょう　京都府京都市西京区-町
川島滑樋　かわしまなめらひ
　かわしまなめらひ-ちょう　京都府京都市西京区-町
川島権田　かわしまごんでん
　かわしまごんでん-ちょう　京都府京都市西京区-町

3画（己，干，弓，才）4画（不，中）

川根町上河内　かわねちょうかみごうち　静岡県島
　田市-
川根町葛籠　かわねちょうつづら　静岡県島田市-
川流布　かわりゅうふ　北海道十勝郡浦幌町-
川連　かわつら・かわづれ
　かわつら-ちょう　秋田県湯沢市-町
　かわづれ　茨城県筑西市-
川除　かわよけ
　かわよけ　群馬県藤岡市-
　かわよけ　兵庫県三田市-
川副町南里　かわそえまちなんり　佐賀県佐賀市-
川副町鹿江　かわそえまちかのえ　佐賀県佐賀市-
川崎町門崎　かわさきちょうかんざき　岩手県一関市-
川部　かわなべ・かわべ
　かわべ　青森県南津軽郡田舎館村-
　かわべ-まち　福島県いわき市-町
　かわべ　新潟県村上市-
　かわべ　岐阜県岐阜市-
　かわなべ-ちょう　香川県高松市-町
　かわべ　大分県宇佐市-
川渡　かわど　高知県吾川郡仁淀川町-
川越　かわごえ・かわごし
　かわごえ-し　埼玉県-市
　かわごえ　埼玉県川越市-
　かわごし-ちょう　静岡県静岡市葵区-町
　かわごえ-ちょう　三重県三重郡-町
　かわごし　熊本県下益城郡美里町-
川縁　かわべり　富山県魚津市-
川額　かわはけ　群馬県利根郡昭和村-

己

己　き　長野県小諸市-
己斐大迫　こいおおさこ　広島県広島市西区-

干

干尽　ひづくし
　ひづくし-まち　長崎県佐世保市-町
干供田　ほしくでん　福島県伊達市-
干草橋　ひくさばし　青森県上北郡野辺地町-
干隈　ほしくま
　ほしくま　福岡県福岡市城南区-
　ほしくま　福岡県福岡市早良区-
干溝　ひみぞ
　ひみぞ　新潟県十日町市-
　ひみぞ　新潟県魚沼市-
干蒲　ひかば　宮城県刈田郡七ケ宿町-

弓

弓木　ゆみき・ゆみぎ・ゆみのき
　ゆみぎ　千葉県夷隅郡大多喜町-
　ゆみき　京都府与謝郡与謝野町-
　ゆみのき-ちょう　兵庫県神戸市灘区-町
弓田　ゆだ　茨城県坂東市-
弓立　ゆだち　愛媛県南宇和郡愛南町-
弓弦　ゆづり　茨城県石岡市-
弓削　ゆうげ・ゆげ
　ゆげ　三重県鈴鹿市-
　ゆげ-ちょう　三重県鈴鹿市-町
　ゆうげ-ちょう　滋賀県長浜市-町
　ゆげ　滋賀県蒲生郡竜王町-

　ゆうげ-ちょう　大阪府八尾市-町
　ゆげ-まち　熊本県熊本市東区-町
弓削土生　ゆげはぶ　愛媛県越智郡上島町-
弓場　ゆば
　ゆば-ちょう　兵庫県西宮市-町
弓越　みこし　新潟県新発田市-

才

才乙　さよおと　広島県山県郡北広島町-
才角　さいつの　高知県幡多郡大月町-

◆◆◆◆◆ 4画 ◆◆◆◆◆

不

不入斗　いりやまず
　いりやまず　千葉県市原市-
　いりやまず　千葉県富津市-
　いりやまず-ちょう　神奈川県横須賀市-町
不入岡　ふにおか　鳥取県倉吉市-
不老　おいず・ふろう
　ふろう-ちょう　神奈川県横浜市中区-町
　おいず-ちょう　福井県越前市-町
　ふろう-ちょう　愛知県名古屋市千種区-町
　ふろう-ちょう　福岡県北九州市門司区-町
不老岱　ふろうだい　秋田県能代市-
不来内　こずない　宮城県黒川郡大郷町-
不来坂　このさか　兵庫県篠山市-
不知火町小曽部　しらぬひまちこそぶ　熊本県宇城市-
不知火町永尾　しらぬひまちえいの　熊本県宇城市-
不知火町柏原　しらぬひまちかしわばら　熊本県宇
　城市-
不破　ふば・ふわ
　ふわ-ぐん　岐阜県-郡
　ふば　高知県四万十市-
不破原　ふばはら　高知県幡多郡黒潮町-
不動岡　ふどおか　埼玉県加須市-
不魚住　うおすまず　青森県五所川原市-
不澄ケ池　すまずがいけ　宮城県白石市-

中

中ノ江　なかのえ・なかのご・なかのごう
　なかのご　富山県南砺市-
　なかのごう-まち　石川県能美市-町
　なかのえ　岐阜県大垣市-
中の原　なかのはら・なかのはる
　なかのはら　栃木県大田原市-
　なかのはら　長野県伊那市-
　なかのはる　福岡県北九州市八幡西区-
　なかのはら　佐賀県西松浦郡有田町-
中一色　なかいしき・なかいっしき
　なかいっしき-ちょう　岐阜県中津川市-町
　なかいしき-ちょう　愛知県津島市-町
　なかいしき-ちょう　滋賀県東近江市-町
　なかいしき　兵庫県加古郡稲美町-
中丁　なかちょう・なかようろ
　なかちょう　福島県伊達郡川俣町-
　なかようろ　福井県大野市-
中三依　なかみより　栃木県日光市-

4画（中）

中万　ちゅうま
　ちゅうま-ちょう　三重県松阪市-町
中万々　なかまま　高知県高知市-
中万呂　なかまろ　和歌山県田辺市-
中丸　ちゅうまる・なかまる
　なかまる　福島県西白河郡矢吹町-
　なかまる-ちょう　茨城県水戸市-町
　なかまる-ちょう　茨城県日立市-町
　なかまる　埼玉県北本市-
　なかまる　埼玉県ふじみ野市-
　なかまる　東京都板橋区-町
　なかまる　神奈川県横浜市神奈川区-
　なかまる　静岡県富士市-
　なかまる　静岡県御殿場市-
　ちゅうまる-ちょう　愛知県名古屋市北区-町
中久万　なかくま　高知県高知市-
中大流　なかおおりゅう　愛知県常滑市-
中子沢　ちゅうしざわ　新潟県魚沼市-
中小坂　なかおさか
　なかおさか　群馬県甘楽郡下仁田町-
　なかおさか　埼玉県坂戸市-
中小来川　なかおころがわ　栃木県日光市-
中小谷丙　なかおたりへい　長野県北安曇郡小谷村-
中小河原　なかこがわら
　なかこがわら　山梨県甲府市-
　なかこがわら-ちょう　山梨県甲府市-町
中小路　なかしょうじ・なこうじ・なこおじ
　なこおじ-ちょう　滋賀県東近江市-町
　なこうじ　大阪府泉南市-
　なかしょうじ　熊本県下益城郡美里町-
中山　ちゅうざん・なかやま
　なかやま　北海道北斗市-　【ほか81ヶ所】
　ちゅうざん　鹿児島県鹿児島市-
　ちゅうざん-ちょう　鹿児島県鹿児島市-町
中山下　なかさんげ・なかやました
　なかやました　福島県白河市-
　なかさんげ　岡山県岡山市北区-
中山町出渕　なかやまちょういずぶち　愛媛県伊予市-
中川　なかがわ・なかのかわ
　なかがわ-ぐん　北海道-郡
　なかがわ-ちょう　北海道中川郡-町
　なかがわ　北海道中川郡中川町-
　なかがわ　青森県黒石市-
　なかがわ-ちょう　岩手県盛岡市-町
　なかがわ　福島県大沼郡金山町-
　なかがわ-ちょう　栃木県足利市-町
　なかがわ　埼玉県さいたま市見沼区-
　なかがわ　千葉県印旛郡酒々井町-
　なかがわ　東京都足立区-
　なかがわ　神奈川県横浜市都筑区-
　なかがわ　神奈川県足柄上郡山北町-
　なかがわ　新潟県新発田市-
　なかがわ　新潟県燕市-
　なかがわ　新潟県妙高市-
　なかがわ　新潟県南魚沼市-
　なかがわ　富山県高岡市-
　なかがわ-まち　富山県高岡市-町
　なかがわ-まち　石川県羽咋市-町
　なかがわ　福井県あわら市-
　なかがわ　長野県松本市-
　なかがわ-むら　長野県上伊那郡-村

　なかがわ-ちょう　岐阜県大垣市-町
　なかがわ-ちょう　岐阜県中津川市-町
　なかがわ-ちょう　岐阜県羽島郡笠松町-町
　なかがわ　岐阜県加茂郡白川町-
　なかがわ　静岡県磐田市-町
　なかがわ　静岡県周智郡森町-
　なかがわ-く　愛知県名古屋市-区
　なかがわ-ちょう　愛知県刈谷市-町
　なかがわ　三重県尾鷲市-
　なかがわ-ちょう　京都府京都市左京区-町
　なかがわ　大阪府大阪市生野区-
　なかがわ-ちょう　大阪府高槻市-町
　なかがわ　島根県鹿足郡津和野町-
　なかがわ　岡山県岡山市東区-町
　なかがわ　岡山県美作市-
　なかがわ　山口県山陽小野田市-
　なかがわ　愛媛県喜多郡内子町-
　なかのかわ　愛媛県南宇和郡愛南町-
　なかがわ-まち　福岡県北九州市若松区-町
　なかがわ　福岡県行橋市-
　なかがわ　福岡県三井郡大刀洗町-
　なかがわ　長崎県長崎市-
中川原　なかがわはら・なかがわら
　なかがわはら　宮城県刈田郡七ヶ宿町-
　なかがわら　宮城県柴田郡大河原町-
　なかがわら　秋田県能代市-
　なかがわら　秋田県湯沢市-
　なかがわら　福島県喜多方市-
　なかがわら　富山県富山市-
　なかがわら　富山県滑川市-
　なかがわら　岐阜県岐阜市-
　なかがわら　愛知県長久手市-
　なかがわら　三重県四日市市-
　なかがわら　滋賀県犬上郡多賀町-
　なかがわら-ちょう　大阪府池田市-町
　なかがわら　愛媛県伊予郡松前町-
　なかがわら-まち　宮崎県延岡市-町
中之庄堤畔　なかのしょうつつみぐろ
　なかのしょうつつみぐろ-ちょう　愛知県稲沢市-町
中区間子　なかくまこう　兵庫県多可郡多可町-
中区糀屋　なかくこうじや　兵庫県多可郡多可町-
中友生　なかとものう　三重県伊賀市-
中戸口　なかとのくち
　なかとのくち-ちょう　福井県鯖江市-町
中戸次　なかへつぎ　大分県大分市-
中手　なかて・なかんて
　なかて-ちょう　福井県福井市-町
　なかて-ちょう　愛知県刈谷市-町
中斗満　なかとまむ　北海道足寄郡陸別町-
中日向　なかひなた　静岡県駿東郡小山町-
中台　ちゅうだい・なかだい
　なかだい　福島県喜多方市-
　なかだい　茨城県那珂市-
　なかだい　茨城県かすみがうら市-
　なかだい　茨城県小美玉市-
　なかだい　埼玉県川越市-
　なかだい　千葉県成田市-
　なかだい　千葉県四街道市-
　なかだい　千葉県匝瑳市-
　なかだい　千葉県山武郡横芝光町-
　なかだい　東京都板橋区-

4画（中）

ちゅうだい　京都府船井郡京丹波町-

中平　なかだいら・なかひら
　なかだいら-ちょう　福井県福井市-町
　なかひら　静岡県静岡市葵区-
　なかだいら　愛知県名古屋市天白区-
　なかだいら　広島県神石郡神石高原町-
　なかひら　高知県高岡郡檮原町-

中平下長根山　なかたいしもながねやま　青森県上北郡おいらせ町-

中本　なかほん・なかもと
　なかほん-まち　愛知県岩倉市-町
　なかもと　大阪府大阪市東成区-
　なかほん-まち　奈良県御所市-町
　なかほん-まち　広島県庄原市-町
　なかほん-まち　福岡県北九州市戸畑区-町
　なかほん-まち　大分県日田市-町

中永　ちゅうえい　新潟県長岡市-

中永山園　なかながやまえん　大阪府堺市堺区-

中生見　なかはえみ
　なかはえみ-ちょう　愛知県半田市-町

中生居　なかなまい　山形県上山市-

中田　ちゅうでん・なかた・なかだ
　なかた　青森県上北郡野辺地町-
　なかだ　岩手県八幡平市-
　なかだ　宮城県仙台市太白区-
　なかだ-まち　宮城県仙台市太白区-町
　なかだ　秋田県南秋田郡八郎潟町-
　なかだ-まち　山形県米沢市-町
　なかだ　山形県鶴岡市-
　なかだ　山形県最上郡金山町-
　なかだ　福島県白河市-
　なかだ　福島県石川郡石川町-
　なかだ　福島県双葉郡双葉町-
　なかた　茨城県古河市-
　なかた　茨城県取手市-
　なかた-まち　栃木県鹿沼市-町
　なかた-ちょう　千葉県千葉市若葉区-町
　なかた-ちょう　神奈川県横浜市泉区-町
　なかだ　新潟県柏崎市-
　なかた-ちょう　新潟県新発田市-町
　なかだ　富山県富山市-
　なかだ　富山県高岡市-
　なかた　富山県氷見市-
　なかだ　静岡県静岡市駿河区-
　なかだ-ちょう　静岡県浜松市東区-町
　なかた-まち　静岡県三島市-町
　なかだ　静岡県磐田市-
　なかた-ちょう　愛知県名古屋市熱田区-町
　なかだ-ちょう　愛知県岡崎市-町
　なかだ-ちょう　愛知県碧南市-町
　なかだ-ちょう　愛知県豊田市-町
　なかだ　京都府舞鶴市-
　なかだ-ちょう　京都府舞鶴市-町
　なかた　大阪府八尾市-
　なかだ　兵庫県淡路市-
　なかだ　和歌山県海草郡紀美野町-
　なかだ　鳥取県八頭郡智頭町-
　ちゅうでん-ちょう　徳島県小松島市-町
　なかだ-まち　長崎県諫早市-町
　なかだ-まち　大分県津久見市-町

中田町木目沢　なかたまちこのめざわ　福島県郡山市-

中田町牛絵本郷　なかたまちうしくびりほんごう　福島県郡山市-

中田町石森　なかだちょういしのもり　宮城県登米市-

中田原　なかだはら・なかだわら
　なかだわら　栃木県大田原市-
　なかだはら　新潟県上越市-

中白山　なかはくさん
　なかはくさん-ちょう　京都府京都市中京区-町

中石見　なかいわみ　鳥取県日野郡日南町-

中込　なかごみ　長野県佐久市-

中辺路町北郡　なかへちちょうほくそぎ　和歌山県田辺市-

中辺路町石船　なかへちちょういしぶり　和歌山県田辺市-

中辺路町真砂　なかへちちょうまなご　和歌山県田辺市-

中辺路町温川　なかへちちょうぬるみがわ　和歌山県田辺市-

中名生　なかのみょう　宮城県柴田郡柴田町-

中在家　なかざいけ
　なかざいけ　新潟県十日町市-
　なかざいけ-ちょう　兵庫県尼崎市-町

中地　ちゅうじ・なかじ・なかち
　なかじ-ちょう　愛知県津島市-町
　なかち　京都府福知山市-
　ちゅうじ　兵庫県姫路市-

中地山　なかちやま　富山県富山市-

中宇莫別　なかうばくべつ　北海道上川郡美瑛町-

中庄　なかしょう・なかのしょう
　なかのしょう-まち　石川県能美市-町
　なかのしょう-ちょう　三重県亀山市-町
　なかしょう　滋賀県大津市-
　なかしょう　大阪府泉佐野市-
　なかしょう　岡山県倉敷市-
　なかしょう　徳島県三好郡東みよし町-

中成　なかなり　石川県白山市-

中成沢　なかなるさわ
　なかなるさわ-ちょう　茨城県日立市-町

中百舌鳥　なかもず
　なかもず-ちょう　大阪府堺市北区-町

中米地　なかめいじ　兵庫県養父市-

中西　なかさい・なかにし
　なかにし　埼玉県熊谷市-
　なかにし-ちょう　千葉県千葉市緑区-町
　なかさい　新潟県長岡市-
　なかにし　静岡県牧之原市-
　なかにし-ちょう　兵庫県加西市-町
　なかにし　山口県防府市-
　なかにし-ちょう　愛媛県新居浜市-町
　なかにし　愛媛県西条市-
　なかにし-ちょう　宮崎県宮崎市-町

中利員　なかとしかず
　なかとしかず-ちょう　茨城県常陸太田市-町

中尾余　なかびょう
　なかびょう-まち　千葉県佐倉市-町

中志段味　なかしだみ　愛知県名古屋市守山区-

中志筑　なかしづく　茨城県かすみがうら市-

中条　ちゅうじょう・なかじょう
　なかじょう　新潟県胎内市-
　なかじょう　長野県長野市-

4画（中）

なかじょう　長野県松本市-
なかじょう　静岡県浜松市浜北区-
ちゅうじょう-ちょう　愛知県豊川市-町
中条中筋　ちゅうじょうちゅうきん　兵庫県南あわじ市-
中条日下野　なかじょうくさがの　長野県長野市-
中条住良木　なかじょうすめらぎ　長野県長野市-
中条御山里　なかじょうみやまさ　長野県長野市-
中束　なかまるIt　新潟県岩船郡関川村-
中村百笑　なかむらどうめき
なかむらどうめき-ちょう　高知県四万十市-町
中村羽生小路　なかむらはぶしょうじ　高知県四万十市-
中社　なかやしろ
なかやしろ-ちょう　京都府京都市上京区-町
中芳養　なかばや　和歌山県田辺市-
中角　なかつの
なかつの-ちょう　福井県福井市-町
なかつの　三重県度会郡玉城町-
なかつの　徳島県勝浦郡勝浦町-
なかつの　高知県宿毛市-
なかつの　大分県竹田市-
中谷　なかたに・なかだに・なかのたに・なかや
なかや　茨城県北相馬郡利根町-
なかや　栃木県下都賀郡野木町-
なかや　群馬県邑楽郡明和町-
なかや　千葉県勝浦市-
なかや　千葉県印旛郡栄町-
なかのたに　兵庫県豊岡市-
なかたに-ちょう　兵庫県小野市-町
なかたに　奈良県桜井市-
なかたに　奈良県吉野郡天川村-
なかだに　岡山県美作市-
なかだに　岡山県苫田郡鏡野町-
なかだに　高知県南国市-
中谷内　なかやち
なかやち　新潟県新発田市-
なかやち　新潟県糸魚川市-
なかやち　富山県氷見市-
中谷地　なかやち
なかやち　青森県上北郡おいらせ町-
なかやち　秋田県南秋田郡八郎潟町-
中谷里　なかやり　千葉県旭市-
中依知　なかえち　神奈川県厚木市-
中味鋺　なかあじま　愛知県名古屋市北区-
中和　ちゅうわ
ちゅうわ　北海道上川郡東川和寒町-
ちゅうわ　秋田県能代市-
中国分　なかこくぶん　千葉県市川市-
中岫　なかぐき　青森県上北郡七戸町-
中延　なかのぶ・なかのべ
なかのべ　茨城県小美玉市-
なかのぶ　東京都品川区-
中河内　なかがち・なかこうち・なかごうち
なかがち-ちょう　茨城県水戸市-町
なかこうち　神奈川県海老名市-
なかこうち-ちょう　福井県福井市-町
なかごうち　静岡県静岡市清水区-
なかごうち　岡山県真庭市-
なかごうち　岡山県美作市-

中河原　なかかはら・なかかわはら・なかがわら
なかがわら　山形県寒河江市-
なかがわら-まち　栃木県宇都宮市-町
なかがわら　栃木県小山市-
なかがわら　静岡県富士市-
なかがわら　愛知県清須市-
なかがわら　三重県津市-
なかかはら-ちょう　大阪府茨木市-町
なかがわら　鳥取県倉吉市-
なかがわら　山口県山口市-
なかがわら-ちょう　山口県山口市-町
中波　なかなみ　富山県氷見市-
中波見　なかはみ　京都府宮津市-
中迫　なかぶさ　和歌山県岩出市-
中俣　なかのまた・なかまた
なかのまた　秋田県由利本荘市-
なかまた　鹿児島県垂水市-
中垣内　なかがいと・なかがうち
なかがいと-ちょう　愛知県豊田市-町
なかがいと　大阪府大東市-
なかがうち-ちょう　島根県益田市-町
中城　なかぐすく・なかじょう
なかじょう　秋田県大館市-
なかじょう-ちょう　茨城県常陸太田市-町
なかじょう-ちょう　奈良県大和郡山市-町
なかじょう-まち　大分県日田市-町
なかぐすく-そん　沖縄県中頭郡-村
中垪和　なかはが　岡山県久米郡美咲町-
中屋　ちゅうや・なかや
なかや　富山県富山市-
なかや　石川県金沢市-
なかや-まち　石川県金沢市-町
なかや-ちょう　愛知県長久手市-
なかや　兵庫県西宮市-町
なかや　高知県長岡郡大豊町-
ちゅうや　福岡県嘉穂郡桂川町-
中峠　なかびょう　千葉県我孫子市-
中柏原新田　なかかしわばらしんでん　静岡県富士市-
中段　ちゅうだ
ちゅうだ-まち　石川県輪島市-町
中海　なかうみ・なこみ
なかうみ-まち　石川県小松市-町
なこみ　三重県多気郡明和町-
なかうみ　島根県安来市-町
中津海　なかつみ　福井県大飯郡高浜町-
中津原　なかつはら・なかつばる
なかつはら　新潟県村上市-
なかつはら-まち　福井県越前市-町
なかつはら　大阪府南河内郡千早赤阪村-
なかつはら　鳥取県東伯郡琴浦町-
なかつばる　福岡県田川郡香春町-
中畑　なかはた・なかばた・なかばたけ
なかはた　青森県弘前市-
なかはた　青森県上北郡横浜町-
なかはた　宮城県加美郡加美町-
なかはた　福島県伊達市-
なかはた　福島県西白河郡矢吹町-
なかばたけ　富山県南砺市-
なかばたけ-ちょう　山梨県甲府市-町
なかばた　静岡県御殿場市-
なかばた-ちょう　愛知県瀬戸市-町

4画（中）

なかばた　愛知県西尾市-
なかばた-ちょう　愛知県西尾市-町
なかはた　大阪府高槻市-
なかはた-ちょう　兵庫県西脇市-町
なかはた-ちょう　奈良県奈良市-町
なかはた　和歌山県紀の川市-
なかはた　岡山県赤磐市-
なかはた-まち　福岡県北九州市若松区-町
なかはた　福岡県北九州市八幡東区-

中発知　なかほっち
なかほっち-まち　群馬県沼田市-町
中神ノ川　なかごうのかわ　高知県高岡郡四万十町-
中神田　なかかみだ
なかかみだ-ちょう　大阪府寝屋川市-町
中神立　なかかんだつ
なかかんだつ-まち　茨城県土浦市-町
中神地　なかかんじ　山梨県南都留郡道志村-
中美生　ちゅうびせい　北海道河西郡芽室町-
中茶屋　なかちゃや・なかのちゃや
なかのちゃや　大阪府大阪市鶴見区-
なかちゃや　大阪府堺市東区-
中音更　なかおとふけ
なかおとふけ　北海道河東郡音更町-
なかおとふけ　北海道河東郡士幌町-
中原　なかはら・なかばら・なかはる・なかばる
なかはら　北海道石狩郡新篠津村-
なかはら　宮城県加美郡加美町-
なかはら-ちょう　茨城県水戸市-町
なかはら-ちょう　茨城県取手市-町
なかはら-まち　埼玉県川越市-町
なかはら　千葉県柏市-
なかはら　千葉県長生郡長南町-
なかはら　東京都三鷹市-
なかはら　東京都武蔵村山市-
なかはら　神奈川県横浜市磯子区-
なかはら-く　神奈川県川崎市-区
なかはら　神奈川県平塚市-
なかはら　新潟県村上市-
なかはら　新潟県佐渡市-
なかはら　新潟県魚沼市-
なかはら　長野県上高井郡高山村-
なかはら　静岡県静岡市駿河区-
なかはら-ちょう　静岡県沼津市-町
なかはら-ちょう　静岡県富士宮市-町
なかはら-ちょう　愛知県豊橋市-町
なかはら-ちょう　愛知県西尾市-町
なかはら　愛知県知多市-
なかはら　愛知県弥富市-
なかはら-ちょう　愛知県弥富市-町
なかはら　和歌山県有田郡有田川町-
なかはら　鳥取県八頭郡若桜町-
なかはら　鳥取県八頭郡智頭町-
なかはら-ちょう　島根県松江市-町
なかはら　岡山県岡山市北区-
なかはら　岡山県津山市-
なかはら　岡山県総社市-
なかばら-ちょう　岡山県高梁市-町
なかはら　岡山県真庭市-
なかはら　広島県山県郡北広島町-
なかはら　広島県世羅郡世羅町-

なかばる　福岡県北九州市戸畑区-
なかばる　福岡県朝倉市-
なかばる　福岡県筑紫郡那珂川町-
なかばる　佐賀県唐津市-
なかばら-ちょう　長崎県佐世保市-町
なかばら-まち　長崎県島原市-町
なかばら-まち　熊本県熊本市西区-町
なかばる　熊本県阿蘇郡南小国町-
なかばる　大分県中津市-
なかはる　大分県宇佐市-
なかばら-ちょう　宮崎県都城市-町
なかばる　宮崎県北諸県郡三股町-
中原観晴が丘　なかばるみはるがおか　福岡県筑紫郡那珂川町-
中家　ちゅうか　新潟県魚沼市-
中宮　ちゅうぐう・なかみや
ちゅうぐう　石川県白山市-
なかみや　岐阜県瑞穂市-
なかみや-ちょう　京都府京都市上京区-町
なかみや　大阪府大阪市旭区-
中宮祠　ちゅうぐうし　栃木県日光市-
中島　なかしま・なかじま・なかのしま
なかしま-ちょう　北海道函館市-町
なかじま-ちょう　北海道室蘭市-町
なかじま-ちょう　北海道釧路市-町
なかじま-ちょう　北海道帯広市-町
なかじま　北海道江別市-
なかじま-ちょう　北海道滝川市-町
なかじま-ちょう　北海道恵庭市-町
なかじま　北海道亀田郡七飯町-
なかじま　北海道広尾郡大樹町-
なかじま　青森県南津軽郡藤崎町-
なかじま　岩手県紫波郡紫波町-
なかしま　岩手県下閉伊郡岩泉町-
なかじま　宮城県石巻市-
なかじま-ちょう　宮城県石巻市-町
なかじま-ちょう　宮城県柴田郡大河原町-町
なかじま　宮城県伊具郡丸森町-
なかじま　宮城県遠田郡涌谷町-
なかじま　山形県尾花沢市-
なかじま　山形県東置賜郡高畠町-
なかじま　山形県西置賜郡小国町-
なかじま-まち　福島県会津若松市-町
なかじま　福島県白河市-
なかじま　福島県喜多方市-
なかじま　福島県伊達郡川俣町-
なかじま-むら　福島県西白河郡-村
なかじま　福島県西白河郡中島村-
なかじま　茨城県稲敷市-
なかじま　茨城県つくばみらい市-
なかじま-ちょう　栃木県宇都宮市-町
なかじま　栃木県小山市-
なかじま-まち　群馬県高崎市-町
なかじま　群馬県藤岡市-
なかじま　埼玉県さいたま市桜区-
なかじま　埼玉県越谷市-
なかじま　埼玉県幸手市-
なかじま　埼玉県吉川市-
なかじま　埼玉県南埼玉郡宮代町-
なかじま-ちょう　千葉県銚子市-町
なかじま　千葉県木更津市-
なかじま　千葉県勝浦市-

4画（中）

なかじま　千葉県君津市-
なかじま-ちょう　東京都小平市-町
なかじま-ちょう　神奈川県横浜市南区-町
なかじま　神奈川県川崎市川崎区-
なかじま　神奈川県茅ケ崎市-
なかじま　新潟県新潟市東区-
なかじま　新潟県新潟市西蒲区-
なかじま　新潟県長岡市-
なかじま　新潟県三条市-
なかじま　新潟県新発田市-
なかじま　新潟県燕市-
なかじま　新潟県五泉市-
なかじま　新潟県阿賀野市-
なかじま-ちょう　新潟県阿賀野市-町
なかじま　新潟県魚沼市-
なかじま　富山県富山市-
なかじま-まち　富山県高岡市-町
なかじま　富山県氷見市-
なかじま-まち　石川県加賀市-町
なかじま-まち　石川県白山市-町
なかじま　石川県能美郡川北町-
なかじま　福井県吉田郡永平寺町-
なかじま　山梨県韮崎市-
なかじま-まち　長野県須坂市-町
なかじま　静岡県静岡市駿河区-
なかじま　静岡県浜松市中区-
なかじま-ちょう　静岡県浜松市中区-町
なかじま　静岡県三島市-
なかじま-ちょう　静岡県富士宮市-町
なかじま　静岡県富士市-
なかじま　静岡県焼津市-
なかじま　静岡県伊豆の国市-
なかじま　静岡県駿東郡小山町-
なかじま-ちょう　愛知県名古屋市中村区-町
なかじま-ちょう　愛知県岡崎市-町
なかじま-ちょう　愛知県半田市-町
なかじま-ちょう　愛知県刈谷市-町
なかじま-ちょう　愛知県豊田市-町
なかじま　愛知県新城市-
なかじま　愛知県海部郡大治町-
なかじま　三重県伊勢市-
なかじま-ちょう　京都府京都市中京区-町
なかじま　京都府久世郡久御山町-
なかじま　大阪府大阪市西淀川区-
なかじま-ちょう　兵庫県神戸市須磨区-町
なかじま-ちょう　兵庫県西宮市-町
なかしま　兵庫県高砂市-
なかしま-ちょう　兵庫県小野市-町
なかしま　兵庫県佐用郡佐用町-
なかじま　和歌山県和歌山市-
なかじま　和歌山県岩出市-
なかしま　鳥取県米子市-
なかのしま-ちょう　島根県益田市-町
なかしま　岡山県岡山市中区-
なかしま　岡山県倉敷市-
なかしま　岡山県津山市-
なかしま　岡山県赤磐市-
なかしま　岡山県真庭市-
なかじま-ちょう　広島県広島市中区-町
なかじま　高知県土佐市-
なかしま　福岡県北九州市小倉北区-
なかしま-まち　福岡県大牟田市-町

なかしま-まち　熊本県熊本市西区-町
なかしま　熊本県菊池郡大津町-
なかしま　熊本県八代郡氷川町-
なかしま-ちょう　大分県別府市-町
なかしま　宮崎県延岡市-
中島町大平　なかじままちおおだいら　石川県七尾市-
中島町外　なかじままちそで　石川県七尾市-
中島町谷内　なかじままちやち　石川県七尾市-
中島町河内　なかじままちかわち　石川県七尾市-
中島町宮前　なかじままちみやのまえ　石川県七尾市-
中島町藤瀬　なかじままちふじのせ　石川県七尾市-
中峰山　ちゅうむざん　奈良県山辺郡山添村-
中書　ちゅうしょ
　　ちゅうしょ-ちょう　京都府京都市上京区-町
中浜　なかのはま・なかはま・なかばま
　　なかはま-ちょう　北海道函館市-町
　　なかはま　福島県双葉郡双葉町-
　　なかはま　福島県双葉郡浪江町-
　　なかはま-ちょう　神奈川県横浜市磯子区-町
　　なかはま　新潟県柏崎市-
　　なかはま　新潟県村上市-
　　なかはま　新潟県糸魚川市-
　　なかはま　石川県羽咋郡志賀町-
　　なかのはま　福井県あわら市-
　　なかはま-ちょう　愛知県豊橋市-町
　　なかはま　滋賀県長浜市-
　　なかはま　大阪府大阪市城東区-
　　なかはま-ちょう　兵庫県尼崎市-町
　　なかはま-ちょう　兵庫県西宮市-町
　　なかはま-ちょう　兵庫県赤穂市-町
　　なかばま-ちょう　愛媛県今治市-町
　　なかのはま　高知県土佐清水市-
中畝　なかせ　岡山県倉敷市-
中真砂　なかまなご　新潟県上越市-
中通　なかと・なかとおり・なかどおり
　　なかどおり　秋田県秋田市-
　　なかどおり-まち　新潟県上越市-町
　　なかどおり　広島県呉市-
　　なかどおり-まち　徳島県徳島市-町
　　なかと　香川県仲多度郡まんのう町-
　　なかどおり　愛媛県松山市-
　　なかどおり　佐賀県東松浦郡玄海町-
　　なかどおり-ちょう　長崎県佐世保市-町
　　なかどおり-まち　長崎県諫早市-町
中郡　なかごおり
　　なかごおり-ちょう　静岡県浜松市東区-町
　　なかごおり　熊本県下益城郡美里町-
中院　ちゅういん
　　ちゅういん-ちょう　奈良県奈良市-町
中馬野　なかばの　三重県伊賀市-
中馬場　なかばんば　埼玉県八潮市-
中高城　なかたかぎ　宮城県遠田郡美里町-
中冨居　なかふご　富山県富山市-
中務　なかつかさ
　　なかつかさ-ちょう　京都府京都市上京区-町
中問寒　なかといかん　北海道天塩郡幌延町-
中堂寺櫛笥　ちゅうどうじくしげ
　　ちゅうどうじくしげ-ちょう　京都府京都市下京区-町
中埣　なかぞね　宮城県遠田郡美里町-

4画 (中)

中宿 なかじく・なかしゅく・なかじゅく
　なかじゅく　福島県須賀川市-
　なかじゅく　群馬県安中市-
　なかしゅく　新潟県糸魚川市-
　なかじく　新潟県妙高市-
　なかじゅく　静岡県掛川市-
　なかじゅく　滋賀県愛知郡愛荘町-

中据 なかしがらみ　福井県大野市-

中畦 なかうね　岡山県岡山市南区-

中菜畑 なかなばた　奈良県生駒市-

中設楽 なかしたら　愛知県北設楽郡東栄町-

中貫 なかづら・なかぬき
　なかぬき　茨城県土浦市-
　なかぬき-まち　新潟県長岡市-町
　なかづら-ちょう　奈良県奈良市-町
　なかぬき　福岡県北九州市小倉南区-

中郷 ちゅうごう・なかごう・なかのごう
　なかごう　山形県寒河江市-
　なかごう　茨城県下妻市-
　なかごう　茨城県久慈郡大子町-
　なかごう　茨城県稲敷郡阿見町-
　なかごう　栃木県真岡市-
　なかごう　群馬県渋川市-
　なかごう　岐阜県安八郡輪之内町-
　ちゅうごう　愛知県名古屋市中川区-
　なかごう-ちょう　愛知県豊橋市-町
　なかごう-ちょう　兵庫県神戸市灘区-町
　なかのごう　兵庫県豊岡市-
　なかのごう-ちょう　徳島県小松島市-町
　ちゅうごう　鹿児島県薩摩川内市-
　ちゅうごう-ちょう　鹿児島県薩摩川内市-町

中野平 なかのたい　青森県上北郡おいらせ町-

中釣 なかづる
　なかづる-まち　大分県日田市-町

中雪裡 なかせつり　北海道阿寒郡鶴居村-

中鹿山 なかかやま　埼玉県日高市-

中寒水 なかそうず　福岡県朝倉市-

中渡 なかわた・なかわたり
　なかわたり　青森県上北郡野辺地町-
　なかわたり　山形県最上郡鮭川村-
　なかわた　埼玉県加須市-

中番 なかのばん・なかばん
　なかのばん　富山県富山市-
　なかばん　福井県あわら市-
　なかばん-ちょう　兵庫県小野市-町

中稀府 なかまれふ
　なかまれふ-ちょう　北海道伊達市-町

中筋出作 なかすじしゅつさく　奈良県北葛城郡上牧町-

中越 なかごえ・なかこし・なかごし
　なかこし　北海道上川郡上川町-
　なかごえ　長野県長野市-
　なかごし　奈良県吉野郡天川村-

中道 なかどう・なかみち
　なかみち　北海道函館市-
　なかみち　青森県上北郡野辺地町-
　なかみち　青森県三戸郡五戸町-
　なかみち　宮城県伊具郡丸森町-
　なかみち　秋田県大館市-
　なかみち-まち　山形県新庄市-町
　なかみち　山形県長井市-

　なかみち　福島県伊達市-
　なかみち　愛知県犬山市-
　なかみち-ちょう　三重県松阪市-町
　なかみち　滋賀県蒲生郡日野町-
　なかみち　大阪府大阪市東成区-
　なかみち　兵庫県神戸市垂水区-
　なかどう　和歌山県橋本市-
　なかみち　広島県廿日市市-

中開発 なかかいほつ　富山県中新川郡上市町-

中間 ちゅうげん・なかつま・なかま
　ちゅうげん-まち　岡山県高梁市-町
　なかつま-ちょう　香川県高松市-町
　なかま-し　福岡県-市
　なかま　福岡県中間市-
　なかま　鹿児島県熊毛郡屋久島町-
　なかま　鹿児島県大島郡喜界町-

中間島 ちゅうげんじま　富山県富山市-

中雄武 なかおうむ　北海道紋別郡雄武町-

中飯降 なかいぶり　和歌山県伊都郡かつらぎ町-

中勢実 なかせいじつ　岡山県赤磐市-

中幌向 なかほろむい
　なかほろむい-ちょう　北海道岩見沢市-町

中新 ちゅうしん・なかしん・なかじん
　ちゅうしん　新潟県三条市-
　なかしん　富山県滑川市-
　なかしん　富山県黒部市-
　なかしん-まち　岐阜県岐阜市-町
　なかしん-まち　岐阜県羽島郡笠松町-町
　なかしん　愛知県名古屋市守山区-
　なかしん-ちょう　愛知県春日井市-町
　なかしん-ちょう　香川県高松市-町
　なかしん-まち　長崎県長崎市-町

中新川 なかにいかわ
　なかにいかわ-ぐん　富山県-郡

中新里 なかにいさと　埼玉県児玉郡神川町-

中新屋 なかのしんや
　なかのしんや-ちょう　奈良県奈良市-町

中楽 ちゅうらく　三重県度会郡玉城町-

中暖 なかなわて
　なかなわて-ちょう　山口県周南市-町

中鉢石 なかはついし
　なかはついし-まち　栃木県日光市-町

中樋 なかとい　福島県大沼郡会津美里町-

中樋遣川 なかひやりかわ　埼玉県加須市-

中種子 なかたね
　なかたね-ちょう　鹿児島県熊毛郡-町

中種足 なかたなだれ　埼玉県加須市-

中箕田 なかみだ
　なかみだ　三重県鈴鹿市-
　なかみだ-ちょう　三重県鈴鹿市-町

中鞆渕 なかともぶち　和歌山県紀の川市-

中撫川 なかなつかわ　岡山県岡山市北区-

中標津 なかしべつ
　なかしべつ-ちょう　北海道標津郡-町

中興部 なかおこっぺ　北海道紋別郡西興部村-

中興野 なかごうや
　なかごうや　新潟県新潟市東区-
　なかごうや　新潟県長岡市-

中頭 なかがみ
　なかがみ-ぐん　沖縄県-郡

4画（丹, 井）

中瀬通　なかのせどおり　佐賀県唐津市-
中鶉　なかうずら　岐阜県岐阜市-

丹

丹川　あかがわ　大分県大分市-
丹生　にう・にゅう
　　にゅう　山形県尾花沢市-
　　にゅう-ぐん　福井県-郡
　　にゅう　福井県三方郡美浜町-
　　にう　三重県多気郡多気町-
　　にゅう-ちょう　奈良県奈良市-町
　　にう　奈良県吉野郡下市町-
　　にう　和歌山県有田郡有田川町-
　　にゅう　和歌山県日高郡印南町-
　　にゅう　大分県大分市-
丹生川　にゅうかわ　和歌山県伊都郡九度山町-
丹生川町日面　にゅうかわちょうひよも　岐阜県高山市-
丹生川町折敷地　にゅうかわちょうおしきじ　岐阜県高山市-
丹生川町板殿　にゅうかわちょういたんど　岐阜県高山市-
丹生川町柏原　にゅうかわちょうかしはら　岐阜県高山市-
丹生川町根方　にゅうかわちょうごんぼう　岐阜県高山市-
丹生寺　にゅうでら
　　にゅうでら-ちょう　三重県松阪市-町
丹生谷　にうだに　奈良県高市郡高取町-
丹生郷　にゅうのごう
　　にゅうのごう-ちょう　福井県越前市-町
丹羽　にわ
　　にわ　愛知県一宮市-
　　にわ-ぐん　愛知県-郡
丹尾　たんのお　千葉県東金市-
丹後庄　たんごのしょう
　　たんごのしょう-ちょう　奈良県大和郡山市-町
丹後町久僧　たんごちょうきゅうそ　京都府京丹後市-
丹後町乗原　たんごちょうのんばら　京都府京丹後市-
丹後町筆石　たんごちょうふでし　京都府京丹後市-
丹後町間人　たんごちょうたいざ　京都府京丹後市-
丹後町遠下　たんごちょうおんげ　京都府京丹後市-
丹原　たんばら
　　たんばら　新潟県上越市-
　　たんばら-ちょう　奈良県五條市-町
丹原町古田　たんばらちょうこた　愛媛県西条市-
丹原町来見　たんばらちょうくるみ　愛媛県西条市-
丹原町明河　たんばらちょうみょうが　愛媛県西条市-
丹原町明穂　たんばらちょうあかお　愛媛県西条市-
丹間　たんま　静岡県掛川市-
丹勢　たんぜ　栃木県日光市-

井

井上　いのうえ・いのかみ
　　いのうえ　茨城県筑西市-
　　いのうえ　茨城県行方市-
　　いのうえ　埼玉県飯能市-
　　いのうえ　長野県須坂市-
　　いのうえ-ちょう　愛知県名古屋市千種区-町
　　いのうえ-ちょう　愛知県豊田市-町
　　いのうえ-ちょう　愛知県岩倉市-町
　　いのうえ　滋賀県栗東市-
　　いのかみ　兵庫県赤穂郡上郡町
　　いのうえ-ちょう　奈良県奈良市-町
　　いのうえ　鳥取県西伯郡南部町-
　　いのうえ　香川県木田郡三木町-
　　いのうえ　福岡県小郡市-
　　いのうえ-まち　熊本県八代市-町
井口　いぐち・いのくち
　　いぐち　栃木県那須塩原市-
　　いぐち　東京都三鷹市-
　　いのくち　富山県南砺市-
　　いのくち-まち　石川県小松市-町
　　いのくち　石川県白山市-町
　　いぐち　静岡県島田市-
　　いぐち　愛知県名古屋市天白区-
　　いぐち-まち　愛知県碧南市-町
　　いのくち　滋賀県野洲市-
　　いのくち　和歌山県有田郡有田川町-
　　いのくち　岡山県津山市-
　　いぐち　岡山県美作市-
　　いのくち　広島県広島市西区-
　　いのくち-ちょう　広島県広島市西区-町
　　いぐち-まち　香川県高松市-町
　　いぐち-ちょう　高知県高知市-町
井口台　いぐちだい・いのくちだい
　　いぐちだい　大阪府茨木市-
　　いのくちだい　広島県広島市西区-
井口明神　いのくちみょうじん　広島県広島市西区-
井口新田　いのくちしんでん　新潟県魚沼市-
井土上　いどのうえ
　　いどのうえ-まち　群馬県沼田市-町
井川町八幡　いかわちょうはちまん　徳島県三好市-
井川町才長谷　いかわちょうさいはぜ　徳島県三好市-
井内　いうち・いない
　　いない　宮城県石巻市-
　　いない　秋田県南秋田郡井川町-
　　いない-ちょう　愛知県岡崎市-町
　　いない　三重県南牟婁郡紀宝町-
　　いうち　愛媛県東温市-
井内林　いのうちばやし　三重県多気郡多気町-
井田　いた・いだ・せいでん
　　いだ　神奈川県川崎市中原区-
　　いだ　新潟県西蒲原郡弥彦村-
　　いだ　石川県鹿島郡中能登町-
　　いた　静岡県沼津市-
　　いだ-ちょう　愛知県岡崎市-町
　　いだ-ちょう　愛知県尾張旭市-町
　　いだ　三重県南牟婁郡紀宝町-
　　いだ-ちょう　京都府京都市上京区-町
　　いだ　和歌山県海南市-
　　いだ　和歌山県紀の川市-
　　いだ　山口県下関市-
　　せいでん　福岡県筑後市-
　　いた　福岡県糸島市-
　　いだ　大分県別府市-
井田町茨坪　いだちょうばらつぼ　愛知県岡崎市-
井辺　いんべ　和歌山県和歌山市-
井光　いかり　奈良県吉野郡川上村-
井江葭　いえよし　福井県あわら市-
井沢　いざわ・いさわ・いそう
　　いざわ-ちょう　愛知県岡崎市-町

93

4画（五）

いそう-ちょう　島根県江津市-町
いさわ　高知県四万十市-

井岡　いおか・いのおか
　いのおか　山形県鶴岡市-
　いおか　栃木県小山市-
　いのおか　新潟県刈羽郡刈羽村-

井延　いのぶ　福岡県八女市-

井杭山　いぐいやま
　いぐいやま-ちょう　愛知県安城市-町

井門　いど
　いど-まち　愛媛県松山市-町

井倉　いくら・いぐら・いのくら
　いぐら　山梨県都留市-
　いぐら　三重県度会郡玉城町-
　いのくら-ちょう　京都府綾部市-
　いくら　岡山県新見市-

井原　いはら・いばら・いわら
　いばら-ちょう　愛知県豊橋市-町
　いばら　島根県邑智郡邑南町-
　いばら-し　岡山県-市
　いばら-ちょう　岡山県井原市-町
　いはら　岡山県加賀郡吉備中央町-
　いわら　福岡県糸島市-

井宮　いのみや
　いのみや-ちょう　静岡県静岡市葵区-町

井高　いこう　高知県高岡郡檮原町-

井細田　いさいだ　神奈川県小田原市-

井野河内　いのかわち　石川県河北郡津幡町-

井鹿　いじし　和歌山県東牟婁郡那智勝浦町-

井窪　いのくぼ　高知県長岡市-

井鼻　いのはな　新潟県三島郡出雲崎町-

五

五ケ山　ごかやま　福岡県筑紫郡那珂川町-

五ケ丘　いつつがおか　愛知県豊田市-

五十　ごじっ
　ごじっ-ちょう　宮崎県都城市-町

五十人　ごじゅうにん
　ごじゅうにん-まち　岩手県一関市-町
　ごじゅうにん-まち　宮城県仙台市若林区-町

五十士　いかづち
　いかづち　秋田県由利本荘市-
　いかづち-ちょう　千葉県千葉市若葉区-町
　いかづち　新潟県柏崎市-

五十子　いかご・いかっこ
　いかっこ　埼玉県本庄市-
　いかご　静岡県磐田市-

五十川　いかがわ・いらがわ・ごじっかわ
　いらがわ　山形県鶴岡市-
　いかがわ　山形県長井市-
　ごじっかわ　福岡県福岡市南区-

五十公野　いじみの　新潟県新発田市-

五十目山　ごじゅうめやま
　ごじゅうめやま-ちょう　山口県宇部市-町

五十石　ごじつこく・ごじゅうこく
　ごじゅうこく　北海道川上郡標茶町-
　ごじつこく-まち　青森県弘前市-町

五十辺　いからべ　富山県高岡市-

五十沢　いかざわ・いさざわ
　いさざわ　山形県村山市-

いさざわ　山形県尾花沢市-
いかざわ　新潟県東蒲原郡阿賀町-

五十谷　いかだに・いさだに・ごじゅうだに
　いかだに　富山県氷見市-
　ごじゅうだに-まち　石川県白山市-町
　いさだに　福井県三方郡美浜町-

五十里　いかり
　いかり　栃木県日光市-
　いかり　富山県高岡市-
　いかり　富山県下新川郡入善町-
　いかり　石川県鳳珠郡能登町-

五十海　いかるみ　静岡県藤枝市-

五十原　いかはら　新潟県糸魚川市-

五十島　いがしま　新潟県東蒲原郡阿賀町-

五十浦　いかうら　新潟県佐渡市-

五十崎　いかざき　愛媛県喜多郡内子町-

五十猛　いそたけ
　いそたけ-ちょう　島根県大田市-町

五十部　よべ
　よべ-ちょう　栃木県足利市-町

五十嵐　いかなし・いがらし
　いがらし-ちょう　北海道留萌市-町
　いがらし　北海道寿都郡黒松内町-
　いがらし　青森県上北郡東北町-
　いかなし　愛媛県今治市-

五十鈴　いすず
　いすず　山形県山形市-
　いすず-ちょう　三重県松阪市-町
　いすず-ちょう　大阪府茨木市-町

五女子　ごにょうし・ごにょし
　ごにょうし　愛知県名古屋市中川区-
　ごにょし-ちょう　愛知県名古屋市中川区-町

五川目　いつかわめ　青森県三沢市-

五才美　ごさいび
　ごさいび-ちょう　愛知県名古屋市西区-町

五戸　ごのへ
　ごのへ-まち　青森県三戸郡-町

五日市町上小深川　いつかいちちょうかみこぶかわ
　広島県広島市佐伯区-

五日市町上河内　いつかいちちょうかみごうち　広島
　県広島市佐伯区-

五月　さつき
　さつき-ちょう　岩手県宮古市-町
　さつき-ちょう　福島県福島市-町
　さつき-まち　福島県会津若松市-町
　さつき-ちょう　福島県二本松市-町
　さつき-ちょう　新潟県新潟市江南区-町
　さつき-ちょう　静岡県沼津市-町
　さつき-ちょう　三重県松阪市-町
　さつき-ちょう　大阪府堺市堺区-町
　さつき-ちょう　山口県周南市-町

五月雨　さみだれ　福島県須賀川市-

五木　いつき・ごき
　ごき　千葉県野田市-
　いつき-むら　熊本県球磨郡-村

五木田　ごきた　千葉県山武市-

五毛　ごもう　兵庫県神戸市灘区-

五主　ごぬし
　ごぬし-ちょう　三重県松阪市-町

4画（化, 介, 今）

五目牛　ごめうし
　　ごめうし-ちょう　群馬県伊勢崎市-町
五辻　いつつじ
　　いつつじ-ちょう　京都府京都市上京区-町
五名　ごみょう
　　ごみょう　岡山県真庭市-
　　ごみょう　岡山県美作市-
　　ごみょう　香川県東かがわ市-
五百井　いおい　奈良県生駒郡斑鳩町-
五百刈　ごひゃくがり・ごひゃっかり
　　ごひゃくがり　宮城県加美郡加美町-
　　ごひゃっかり　新潟県長岡市-
五百木　いよき　愛媛県喜多郡内子町-
五百田　ごひゃくだ　福島県伊達郡川俣町-
五百苅　ごひゃくがり　福島県耶麻郡猪苗代町-
五百家　いうか　奈良県御所市-
五百渕山　ごひゃくぶちやま　福島県郡山市-
五百窪　いおくぼ　青森県三戸郡五戸町-
五百瀬　いもぜ　奈良県吉野郡十津川村-
五老内　ごろううち
　　ごろううち-まち　福島県福島市-町
五色町都志　ごしきちょうつし　兵庫県洲本市-
五色町都志角川　ごしきちょうつしつのかわ　兵庫県
　洲本市-
五色町鮎原小山田　ごしきちょうあいはらこやまだ
　兵庫県洲本市-
五色町鮎原栢野　ごしきちょうあいはらかやの　兵庫
　県洲本市-
五色町鮎原葛尾　ごしきちょうあいはらつづらお　兵
　庫県洲本市-
五里合鮪川　いりあいしびかわ　秋田県男鹿市-
五和町二江　いつわまちふたえ　熊本県天草市-
五和町城河原　いつわまちじょうがわら　熊本県天
　草市-
五国寺　ごこうじ
　　ごこうじ-まち　石川県小松市-町
五明　ごみょう
　　ごみょう　埼玉県比企郡ときがわ町-
　　ごみょう　埼玉県児玉郡上里町-
　　ごみょう　新潟県三条市-
　　ごみょう　静岡県掛川市-
　　ごみょう　愛知県弥富市-
　　ごみょう-ちょう　愛知県弥富市-町
五明町高砂　ごみょうちょうたかす　愛知県江南市-
五林平　ごりんたい　青森県北津軽郡板柳町-
五歩市　ごぼいち
　　ごぼいち-まち　石川県白山市-町
五城目　ごじょうめ
　　ごじょうめ-まち　秋田県南秋田郡-町
五泉　いいずみ・ごせん
　　ごせん-し　新潟県-市
　　ごせん　新潟県五泉市-
　　いいずみ-ちょう　京都府綾部市-町
五津合　いつあい
　　いつあい-ちょう　京都府綾部市-町
五祝　いわい
　　いわい-ちょう　三重県鈴鹿市-町
五郎丸　ごろうまる・ごろまる
　　ごろうまる　新潟県南魚沼市-
　　ごろまる　富山県砺波市-

　　ごろうまる　富山県小矢部市-
　　ごろうまる　富山県中新川郡立山町-
　　ごろうまる-ちょう　福井県鯖江市-町
　　ごろうまる　愛知県犬山市-
　　ごろうまる　福岡県筑紫郡那珂川町-
五郎島　ごろじま
　　ごろじま-まち　石川県金沢市-町
五香　ごか・ごこう
　　ごか　福島県河沼郡会津坂下町-
　　ごこう　千葉県松戸市-
五香六実　ごこうむつみ　千葉県松戸市-
五個荘五位田　ごかしょうごいで
　　ごかしょうごいで-ちょう　滋賀県東近江市-町
五個荘木流　ごかしょうきながせ
　　ごかしょうきながせ-ちょう　滋賀県東近江市-町
五個荘河曲　ごかしょうかまがり
　　ごかしょうかまがり-ちょう　滋賀県東近江市-町
五個荘簗瀬　ごかしょうやなぜ
　　ごかしょうやなぜ-ちょう　滋賀県東近江市-町
五宮　ごのみや
　　ごのみや-ちょう　兵庫県神戸市兵庫区-町
五桂　ごかつら　三重県多気郡多気町-
五軒邸　ごけんやしき　兵庫県姫路市-
五條谷　ごじょうや　千葉県柏市-
五郷内　ごごうち　千葉県香取市-
五郷町湯谷　いさとちょうゆのたに　三重県熊野市-
五部　ごへい　茨城県古河市-
五幾形　ごきがた　青森県北津軽郡板柳町-
五筋目　いつすじめ　和歌山県和歌山市-
五雲岱　ごうんだい　秋田県能代市-
五幡　いつはた　福井県敦賀市-
五橋　いつつばし
　　いつつばし　宮城県仙台市青葉区-
　　いつつばし　宮城県仙台市若林区-
五艘　ごそう　富山県富山市-

化

化粧坂　けしょうざか・けはいざか
　　けしょうざか　宮城県気仙沼市-
　　けしょうざか　宮城県遠田郡美里町-
　　けはいざか　福島県田村郡三春町-

介

介良　けら　高知県高知市-

今

今仁　いまに　大分県宇佐市-
今代　いまだい
　　いまだい-ちょう　滋賀県東近江市-町
今平　いまひら・こんべい
　　こんべい　山形県西村山郡朝日町-
　　いまひら-まち　石川県白山市-町
今生津　いもづ　富山県富山市-
今田町木津　こんだちょうこつ　兵庫県篠山市-
今田町休場　こんだちょうやすんば　兵庫県篠山市-
今石動　いまいするぎ
　　いまいするぎ-まち　富山県小矢部市-町
今辻子　いまづし
　　いまづし-ちょう　奈良県奈良市-町

95

4画（仁, 仏, 元）

今伊勢町本神戸　いまいせちょうほんかんべ　愛知県
　一宮市-
今伊勢町新神戸　いまいせちょうしんかんべ　愛知県
　一宮市-
今任原　いまとうばる　福岡県田川郡大任町-
今羽　こんば
　こんば-ちょう　埼玉県さいたま市北区-町
今羽坂　いまはさか　石川県鹿島郡中能登町-
今谷　いまだに
　いまだに　兵庫県篠山市-
　いまだに　岡山県岡山市中区-
今谷上　いまやかみ
　いまやかみ-ちょう　千葉県柏市-町
今国府　いまごう
　いまごう-ちょう　奈良県大和郡山市-町
今治　いまばり
　いまばり-し　愛媛県-市
　いまばり-むら　愛媛県今治市-村
今保　いまぼう　岡山県岡山市北区-
今城　いましろ・いまんじょう
　いましろ-ちょう　大阪府高槻市-町
　いまんじょう　奈良県御所-
今津町北生見　いまづちょうきたうみ　滋賀県高島市-
今津町北仰　いまづちょうきとげ　滋賀県高島市-
今津町角川　いまづちょうつのがわ　滋賀県高島市-
今津町酒波　いまづちょうさなみ　滋賀県高島市-
今津町藺生　いまづちょうゆう　滋賀県高島市-
今帰仁　なきじん
　なきじん-そん　沖縄県国頭郡-村
今宿上ノ原　いまじゅくかみのはる　福岡県福岡市
　西区-
今魚店　いまうおのたな
　いまうおのたな-まち　山口県萩市-町
今朝白　けさじろ　新潟県長岡市-
今開発　いまかいほつ　富山県射水市-
今新　いまじん
　いまじん-まち　香川県高松市-町
今福町木場免　いまふくちょうこばめん　長崎県松
　浦市-
今福町寺上免　いまふくちょうてらげめん　長崎県松
　浦市-
今福町飛島免　いまふくちょうとびしまめん　長崎県
　松浦市-
今福町滑栄免　いまふくちょうなべるばえめん　長崎
　県松浦市-
今熊野泉山　いまぐまのせんざん
　いまぐまのせんざん-ちょう　京都府京都市東山区-町
今熊野椥ノ森　いまぐまのなぎのもり
　いまぐまのなぎのもり-ちょう　京都府京都市東山区-町

仁

仁井田白山　にいだしろやま　秋田県能代市-
仁井田目長田　にいだめながた　秋田県秋田市-
仁手　にって　埼玉県本庄市-
仁方皆実　にがたみなみ
　にがたみなみ-ちょう　広島県呉市-町
仁木　にき・にっき
　にき-ちょう　北海道余市郡-町
　にっき-ちょう　愛知県岡崎市-町
仁世宇　にせう　北海道沙流郡平取町-

仁左平　にさたい　岩手県二戸市-
仁玉　にったま　千葉県旭市-
仁田　にた・にった
　にた　新潟県十日町市-
　にた　静岡県牧之原市-
　にった　静岡県田方郡函南町-
　にた　三重県多気郡多気町-
　にた-まち　長崎県島原市-町
仁礼　にれい
　にれい-ちょう　長野県須坂市-町
仁宇布　にうぶ　北海道中川郡美深町-
仁杉　ひとすぎ　静岡県御殿場市-
仁谷野　にいだの　新潟県胎内市-
仁科　にしな　静岡県賀茂郡西伊豆町-
仁連　にれい　茨城県古河市-
仁連木　にれんぎ
　にれんぎ-ちょう　愛知県豊橋市-町
仁頂寺　にじょうじ　兵庫県川辺郡猪名川町-
仁間　にけん　山形県新庄市-
仁豊野　にぶの　兵庫県姫路市-
仁摩町天河内　にまちょうあまごうち　島根県大田市-
仁蔵　にぞう　埼玉県三郷市-
仁藤　にとう
　にとう　静岡県掛川市-
　にとう-まち　静岡県掛川市-町

仏

仏ケ後　ほとけら　滋賀県犬上郡多賀町-
仏が根　ほとけがね　愛知県長久手市-
仏又　ぶつまた　富山県魚津市-
仏子　ぶし　埼玉県入間市-
仏木　ほとぎり　石川県羽咋郡志賀町-
仏主　ほどす　京都府船井郡京丹波町-
仏田　ぶつでん　富山県魚津市-
仏伝　ぶつでん　新潟県新潟市北区-
仏向　ぶっこう
　ぶっこう-ちょう　神奈川県横浜市保土ケ谷区-町
仏社　ぶっしゃ　秋田県北秋田郡上小阿仁村-
仏谷　ほとけだに
　ほとけだに　福井県小浜市-
　ほとけだに-ちょう　福井県越前市-町
仏並　ぶつなみ
　ぶつなみ-ちょう　大阪府和泉市-町
仏原　ほとけばら・ほとけばる
　ほとけばら　福井県大野市-
　ほとけばる　熊本県上益城郡山都町-
仏島　ほとけしま　千葉県大網白里市-
仏師ケ野　ぶしがの
　ぶしがの-まち　石川県白山市-町
仏浜　ほとけはま　福島県双葉郡富岡町-

元

元女　がんにょ　石川県かほく市-
元水茎　もとすいけい
　もとすいけい-ちょう　滋賀県近江八幡市-町
元和　げんな　北海道爾志郡乙部町-
元城　もとしろ
　もとしろ-ちょう　新潟県柏崎市-町
　もとしろ-ちょう　静岡県静岡市清水区-町

4画（公, 六, 円）

もとしろ-ちょう　静岡県浜松市中区-町
もとしろ-ちょう　静岡県富士宮市-町
もとしろ-ちょう　愛知県豊田市-町
もとしろ-まち　福岡県北九州市八幡西区-町
元城団地　もとじょうだんち　愛媛県八幡浜市-
元屋　がんや　島根県隠岐郡隠岐の島町-
元怒和　もとぬわ　愛媛県松山市-
元能見　もとのみ
もとのみ-ちょう　愛知県岡崎市-町
元野幌　もとのっぽろ　北海道江別市-
元博労　もとばくろう
もとばくろう-まち　和歌山県和歌山市-町
元結掛　もとゆいぎ　愛媛県宇和島市-

公

公文名　くもみょう・くもんな・くもんみょう
くもんみょう　富山県富山-
くもんみょう　福井県敦賀市-
くもみょう　静岡県裾野市-
くもんな　京都府舞鶴市-
公田　くでん
くでん-まち　群馬県前橋市-町
くでん-ちょう　神奈川県横浜市栄区-町
公光　きんみつ
きんみつ-ちょう　兵庫県芦屋市-町
公事田　こうじだ　福島県福島市-
公所　ぐぞ　神奈川県平塚市-
公津の杜　こうづのもり　千葉県成田市-
公納堂　くのうどう
くのうどう-ちょう　奈良県奈良市-町
公崎　こうざき　千葉県匝瑳市-
公郷　くごう
くごう-ちょう　神奈川県横須賀市-町
くごう　岐阜県揖斐郡大野町-

六

六丁目　ろくちょうのめ・ろくちょうめ
ろくちょうのめ　宮城県仙台市若林区-
ろくちょうめ　静岡県下田市-
ろくちょうめ　京都府京都市中京区-
六十内　むそち　京都府福知山市-
六十谷　むそた　和歌山県和歌山市-
六川目　むかわめ　青森県三沢市-
六戸　ろくのへ
ろくのへ-まち　青森県上北郡-町
六手　むて　千葉県君津市-
六木　むつき　東京都足立区-
六田　むだ・ろくた・ろくでん
ろくた　山形県東根市-
ろくでん　愛知県名古屋市緑区-
むだ　奈良県吉野郡吉野町-
ろくた　福岡県八女郡広川町-
ろくた　熊本県玉名市-
六名　むつな・ろくみょう
むつな　愛知県岡崎市-
むつな-ちょう　愛知県岡崎市-町
ろくみょう-ちょう　三重県四日市-町
六尾　むつお　鳥取県東伯郡北栄町-
六沢　ろくさわ　山形県尾花沢市-

六角油小路　ろっかくあぶらのこうじ
ろっかくあぶらのこうじ-ちょう　京都府京都市中京区-町
六車　むくるま　群馬県甘楽郡南牧村-
六供　ろっく
ろっく-まち　山形県寒河江市-町
ろっく-まち　群馬県前橋市-町
ろっく　長野県小諸市-
ろっく-ちょう　愛知県岡崎市-町
六実　むつみ
むつみ　千葉県松戸市-
むつみ　石川県羽咋郡志賀町-
六枚橋　ろくまえばし　青森県青森市-
六科　むじな　山梨県南アルプス市-
六倉　むつくら
むつくら-ちょう　奈良県五條市-町
六家　ろっけ　富山県高岡市-
六島　むしま　岡山県笠岡市-
六島郷　むしまごう　長崎県北松浦郡小値賀町-
六栗　むつぐり　愛知県額田郡幸田町-
六根　ろっこん
ろっこん-ちょう　三重県松阪市-町
六連　むつれ
むつれ-ちょう　愛知県田原市-町
六連島　むつれじま　山口県下関市-
六崎　むつざき　千葉県佐倉市-
六郷町一漆　ろくごうまちひとつうるし　山形県米沢市-
六野　むつの
むつの　千葉県富津市-
むつの　愛知県名古屋市熱田区-
六野瀬　ろくのせ　新潟県阿賀野市-
六筋目　むすじめ　和歌山県和歌山市-

円

円子　まるこ　岩手県九戸郡軽米町-
円山　えんざん・まるやま
まるやま　北海道檜山郡江差町-
まるやま　北海道夕張郡栗山町-
まるやま　北海道天塩郡天塩町-
まるやま　北海道十勝郡浦幌町-
まるやま-ちょう　東京都渋谷区-町
えんざん　福井県福井市-
まるやま-ちょう　滋賀県近江八幡市-町
まるやま-ちょう　京都府京都市東山区-町
まるやま　大阪府吹田市-
まるやま　鳥取県西伯郡南部町-
まるやま　岡山県岡山市中区-
円井　つむらい
つむらい-まち　石川県羽咋市-町
円田　えんだ・えんでん
えんだ　宮城県刈田郡蔵王町-
えんでん　静岡県周智郡森町-
円池　つぶらいけ　富山県射水市-
円良田　つぶらた　埼玉県児玉郡美里町-
円谷　えんだに
えんだに-ちょう　鳥取県倉吉市-町
円明　えんみょう・えんめい
えんめい-ちょう　愛知県名古屋市西区-町
えんみょう-ちょう　大阪府柏原市-町
円阿弥　えんなみ　埼玉県さいたま市中央区-

4画（内, 刈, 切）

円野町入戸野　まるのまちにっとの　山梨県韮崎市-
円満　えんま　福井県丹生郡越前町-
円満寺　えんまんじ　京都府舞鶴市-

内

内ノ脇　ないのわき　宮城県気仙沼市-
内入　うちのにゅう　山口県大島郡周防大島町-
内山下　うちさんげ
　うちさんげ　岡山県岡山市北区-
　うちさんげ　岡山県高梁市-
内日上　うついかみ　山口県下関市-
内日角　うちひすみ　石川県かほく市-
内代　うちんだい
　うちんだい-ちょう　大阪府大阪市都島区-町
内生谷　うちゅうだに　富山県黒部市-
内匠　たくみ
　たくみ　群馬県富岡市-
　たくみ　静岡県静岡市葵区-
内住　ないじゅう
　ないじゅう　福岡県飯塚市-
　ないじゅう　福岡県糟屋郡篠栗町-
内村　ないむら
　ないむら-ちょう　島根県浜田市-町
内谷　うちたに・うちや
　うちや　福島県伊達郡国見町-
　うちや　埼玉県さいたま市南区-
　うちたに　奈良県御所市-
内谷地　うちやじ　宮城県加美郡加美町-
内里日向堂　うちざとひゅうがどう　京都府八幡市-
内里安居芝　うちざとあんごしば　京都府八幡市-
内里荒場　うちざとあれば　京都府八幡市-
内里蜻蛉尻　うちざととんぼじり　京都府八幡市-
内京坊　ないきょうぼう　高知県安芸郡安田町-
内侍原　なしはら
　なしはら-ちょう　奈良県奈良市-町
内免　ないめん　富山県高岡市-
内国府間　うちごうま　埼玉県幸手市-
内房　うつぶさ　静岡県富士宮市-
内牧　うちのまき・うちまき
　うちまき　埼玉県春日部市-
　うちまき　静岡県静岡市葵区-
　うちのまき　熊本県阿蘇市-
内長谷　うちながや　千葉県茂原市-
内海　うちうみ・うつみ
　うつみ　愛知県知多郡南知多町-
　うつみ-ちょう　広島県福山市-町
　うちうみ　宮崎県宮崎市-
内津　うつつ
　うつつ-ちょう　愛知県春日井市-町
内美　ないみ　島根県鹿足郡津和野町-
内原　うちはら・うちわら・ないばら
　うちはら　茨城県水戸市-
　うちはら-ちょう　茨城県水戸市-町
　うちわら　岐阜県大垣市-
　ないばら　奈良県吉野郡十津川村-
　うちはら　和歌山県和歌山市-
　うちわら-ちょう　徳島県阿南市-町
内座　ないざ　三重県多気郡明和町-
内浦　うちうら・うつら
　うちうら-ちょう　北海道二海郡八雲町-町

　うちうら　千葉県鴨川市-
　うちうら　石川県鳳珠郡穴水町-
　うちうら　静岡県湖西市-
　うつら　福岡県遠賀郡岡垣町-
内浦三津　うちうらみと　静岡県沼津市-
内浦長尾　うちうらなご　石川県鳳珠郡能登町-
内浦重須　うちうらおもす　静岡県沼津市-
内真部　うちまんべ　青森県青森市-
内記　ないき　京都府福知山市-
内堀　うちぼり・うつぼり
　うちぼり-ちょう　茨城県常陸太田市-町
　うつぼり-ちょう　三重県四日市市-町
　うちぼり　三重県桑名市-
　うちぼり　愛媛県今治市-
内淵　ないぶち　北海道名寄市-
内船　うつぶな　山梨県南巨摩郡南部町-
内郷御廐　うちごうみまや
　うちごうみまや-まち　福島県いわき市-町
内郷綴　うちごうつづら
　うちごうつづら-まち　福島県いわき市-町
内野　うちの・うつの
　うちの　千葉県印西市-
　うちの　千葉県香取市-
　うちの-まち　新潟県新潟市西区-町
　うちの　山梨県南都留郡忍野村-
　うちの　静岡県浜松市浜北区-
　うつの　静岡県富士市-
　うちの　奈良県吉野郡十津川村-
　うちの　福岡県福岡市早良区-
　うちの　福岡県飯塚市-
内野早角　うちのはやつの　新潟県新潟市西区-
内野東　うつのひがし
　うつのひがし-まち　高知県吾川郡いの町-町
内御堂　うちおんどう　富山県小矢部市-
内童子　うちどうじ　青森県東津軽郡平内町-
内越　うてつ　秋田県由利本荘市-
内鉋　うちかんな　愛知県知多郡武豊町-
内瀬　ないぜ　三重県度会郡南伊勢町-

刈

刈田　かった
　かった-ぐん　宮城県-郡
刈羽　かりわ
　かりわ　新潟県五泉市-
　かりわ-ぐん　新潟県-郡
　かりわ-むら　新潟県刈羽郡-村
　かりわ　新潟県刈羽郡刈羽村-
刈萱　かるかや
　かるかや-ちょう　宮城県遠田郡涌谷町-町

切

切川　きれかわ
　きれかわ-ちょう　島根県安来市-町
切戸　きれと
　きれと-とう　愛知県名古屋市熱田区-町
　きれと-ちょう　兵庫県神戸市兵庫区-町
切欠　きっかけ　東京都あきる野市-
切田　きった・きりだ
　きりだ　青森県十和田市-
　きった　新潟県村上市-

4画（分, 勹, 匂, 勿, 午, 双, 反, 友, 壬, 太）

きった　新潟県胎内市-
切明温川森　きりあけぬるかわもり　青森県平川市-
切明滝候沢　きりあけたっこうさわ　青森県平川市-
切明誉田邸　きりあけこんたやしき　青森県平川市-
切差　きっさつ　山梨県山梨市-

分

分木　ぶんき・ぶんぎ
　ぶんぎ-ちょう　滋賀県長浜市-町
　ぶんき-ちょう　京都府京都市東山区-町
分水栄　ぶんすいさかえ
　ぶんすいさかえ-ちょう　新潟県燕市-町
分田　ぶんだ　新潟県阿賀野市-
分目　わんめ　千葉県市原市-
分城　わけじょう　宮崎県西臼杵郡日之影町-
分校　ぶんぎょう
　ぶんぎょう-まち　石川県加賀市-町
分梅　ぶばい
　ぶばい-ちょう　東京都府中市-町
分郷　わかれごう　千葉県香取市-
分部　わけべ　三重県津市-
分福　ぶんぶく
　ぶんぶく-ちょう　群馬県館林市-町

勹

勾田　まがた
　まがた-ちょう　奈良県天理市-町
勾当原　こうとうがはら
　こうとうがはら-ちょう　福井県越前市-町

匂

匂天神　においてんじん
　においてんじん-ちょう　京都府京都市下京区-町
匂坂上　さぎさかかみ　静岡県磐田市-

勿

勿来　なこそ
　なこそ-まち　福島県いわき市-町

午

午起　うまおこし　三重県四日市市-

双

双六原　そろくばら　鳥取県鳥取市-
双月　そうつき
　そうつき-まち　山形県山形市-町
双水　そうずい　佐賀県唐津市-
双代　そうたい
　そうたい-まち　富山県富山市-町
双石　くらべいし　福島県白河市-
双沖　ふたおき　北海道根室市-
双見　ふたみ
　ふたみ-ちょう　北海道函館市-町
双里　そうり　福島県石川郡石川町-
双柳　なみやなぎ　埼玉県飯能市-
双海　ふたみ　高知県四万十市-
双美　ふたみ
　ふたみ-ちょう　愛知県豊田市-町
双珠別　そうしゅべつ　北海道勇払郡占冠村-

反

反　そり・たん
　たん-まち　岩手県一関市-町
　そり-まち　山形県山形市-町
　そり-まち　栃木県真岡市-町
　たん-まち　神奈川県横浜市神奈川区-町
　そり-まち　長野県松本市-町
反田　そりた・そりだ
　そりた　福島県二本松市-
　そりだ-まち　新潟県見附市-町

友

友月山　ゆうげつざん　福島県白河市-
友知　ともしり　北海道根室市-
友楽　ゆうらく
　ゆうらく-ちょう　岐阜県羽島郡笠松町-町

壬

壬生　みぶ
　みぶ-まち　栃木県下都賀郡-町
　みぶ　岡山県美作市-
　みぶ　広島県山県郡北広島町-
壬生川　にゅうがわ　愛媛県西条市-
壬生馬場　みぶばんば
　みぶばんば-ちょう　京都府京都市中京区-町
壬生梛ノ宮　みぶなぎのみや
　みぶなぎのみや-ちょう　京都府京都市中京区-町

太

太　たい
　たい-ちょう　大阪府和泉市-町
太ノ浦郷　たのうらごう　長崎県東彼杵郡東彼杵町-
太刀浦海岸　たちのうらかいがん　福岡県北九州市門
　司区-
太子　おおし・たいし
　たいし-まち　北海道深川市-町
　たいし-ちょう　群馬県太田市-町
　おおし　群馬県吾妻郡中之条町-
　たいし-まち　長野県須坂市-町
　たいし　愛知県名古屋市緑区-
　たいし-ちょう　愛知県瀬戸市-町
　たいし　滋賀県大津市-
　たいし　大阪府大阪市西成区-
　たいし-ちょう　大阪府南河内郡-町
　たいし　大阪府南河内郡太子町-
　たいし-ちょう　兵庫県揖保郡-町
　たいし　奈良県北葛城郡王寺町-
太子田　たしでん　大阪府大東市-
太井　おおい・たい
　おおい　埼玉県熊谷市-
　おおい　神奈川県相模原市緑区-
　たい　大阪府堺市美原区-
　おおい　大阪府河内長野市-
太平寺　たいへいじ・たいへいじ
　たいへいじ　福島県福島市-
　たいへいじ　石川県野々市市-
　たいへいじ　大阪府堺市西区-
　たいへいじ　大阪府堺市南区-
　たいへいじ　大阪府柏原市-
　たいへいじ　大阪府東大阪市-
太平寺庭　たいへいてらにわ　秋田県秋田市-

4画（天）

太田市　おだいち
　　おだいち-ちょう　奈良県橿原市-町
太田町小神成　おおたちょうこがなり　秋田県大仙市-
太田谷内　おおたやち　富山県高岡市-
太田学　おだがく　千葉県鴨川市-
太田原　おおだわら　石川県鳳珠郡能登町-
太田窪　だいたくぼ
　　だいたくぼ　埼玉県さいたま市南区-
　　だいたくぼ　埼玉県さいたま市緑区-
太白　たいはく
　　たいはく-く　宮城県仙台市-区
　　たいはく　宮城県仙台市太白区-
太寺　たいでら　兵庫県明石市-
太尾　ふとお　千葉県鴨川市-
太良　だいら・たら
　　だいら　秋田県山本郡藤里町-
　　たら-ちょう　佐賀県藤津郡-町
太良庄　たらのしょう　福井県小浜市-
太良路　たろじ　奈良県宇陀郡曽爾村-
太岡寺　たいこうじ　三重県亀山市-町
太海　ふとみ　千葉県鴨川市-
太美　ふとみ
　　ふとみ-ちょう　北海道石狩郡当別町-町
　　ふとみ　富山県南砺市-
太郎丸向良　たろうまるむがいら　岐阜県岐阜市-
太郎布　たらぶ　福島県大沼郡金山町-
太郎助　たろすけ　静岡県袋井市-
太郎坊　たろぼう
　　たろぼう-ちょう　宮崎県都城市-町
太郎原　だいろばる
　　だいろばる-まち　福岡県久留米市-町
太郎馬新田　たろましんでん　静岡県磐田市-
太秦下角田　うずまさしもかくだ
　　うずまさしもかくだ-ちょう　京都府京都市右京区-町
太秦三尾　うずまさんび
　　うずまさんび-ちょう　京都府京都市右京区-町
太秦小手角　うずまさこてすみ
　　うずまさこてすみ-ちょう　京都府京都市右京区-町
太秦安井小山　うずまさやすいこやま
　　うずまさやすいこやま-ちょう　京都府京都市右京区-町
太秦垂箕山　うずまさたるみやま
　　うずまさたるみやま-ちょう　京都府京都市右京区-町
太秦門田　うずまさもんだ
　　うずまさもんだ-ちょう　京都府京都市右京区-町
太秦垣内　うずまさかきうち
　　うずまさかきうち-ちょう　京都府京都市右京区-町
太秦皆正寺　うずまさみなせいじ
　　うずまさみなせいじ-ちょう　京都府京都市右京区-町
太秦帷子ケ辻　うずまさかたびらのつじ
　　うずまさかたびらのつじ-ちょう　京都府京都市右京区-町
太秦椙ケ本　うずまさすがもと
　　うずまさすがもと-ちょう　京都府京都市右京区-町
太秦開田　うずまさかいにち
　　うずまさかいにち-ちょう　京都府京都市右京区-町
太堂　たいどう
　　たいどう-ちょう　滋賀県彦根市-町
太斎　だざい　新潟県新発田市-

太森　ふともり
　　ふともり-ちょう　三重県亀山市-町
太賀　たが　福岡県中間市-
太間　たいま
　　たいま-ちょう　大阪府寝屋川市-町
太間川　たいまがわ　和歌山県西牟婁郡すさみ町-

天

天ノ下　てんのした
　　てんのした-ちょう　兵庫県神戸市垂水区-町
天の川　そらのかわ　高知県高岡郡四万十町-
天下　あもり
　　あもり-まち　宮崎県延岡市-町
天下田　てんかだ　岩手県花巻市-
天下茶屋　てんがちゃや　大阪府大阪市西成区-
天下島　あまがしま　新潟県長岡市-
天下野　けがの
　　けがの-ちょう　茨城県常陸太田市-町
天久　あめく　沖縄県那覇市-
天川　あまかわ・あまがわ・てんかわ
　　あまかわ　茨城県土浦市-
　　あまがわ-まち　群馬県前橋市-町
　　あまがわ-ちょう　大阪府高槻市-町
　　てんかわ-むら　奈良県吉野郡-村
天川原　あまがわばら
　　あまがわばら-まち　群馬県前橋市-町
天日　てんにち
　　てんにち-まち　石川県加賀市-町
天王前　てんおうまえ・てんのうまえ
　　てんのうまえ　福島県田村郡三春町-町
　　てんおうまえ　愛知県犬山市-
天生田　あもうだ　福岡県行橋市-
天目　てんもく
　　てんもく-ちょう　愛知県名古屋市港区-町
天竹　てんじく
　　てんじく-ちょう　愛知県西尾市-町
天羽田　あもうだ　千葉県市原市-
天坂　てんさか　石川県鳳珠郡能登町-
天売　てうり　北海道苫前郡羽幌町-
天尾　てんのお　山口県岩国市-
天良　てんら
　　てんら-ちょう　群馬県太田市-町
天花　てんげ　山口県山口市-
天宝喜　あまぼうき　茨城県つくば市-
天底　あめそこ　沖縄県国頭郡今帰仁村-
天明　てんみょう・てんめい
　　てんみょう-ちょう　栃木県佐野市-町
　　てんめい-ちょう　新潟県新潟市中央区-町
天林　てんばやし　富山県中新川郡立山町-
天炉　あまほど　宮城県伊具郡丸森町-
天保山　てんぼうさん・てんぼざん
　　てんぼうさん-ちょう　愛媛県今治市-町
　　てんぼざん-ちょう　鹿児島県鹿児島市-町
天美我堂　あまみがどう　大阪府松原市-
天草町大江軍浦　あまくさまちおおえいくさうら
　　熊本県天草市-
天面　あまつら　千葉県鴨川市-
天宮　あめのみや　静岡県周智郡森町-
天浪　てんなみ　千葉県成田市-

4画（夫, 少, 尺, 廿, 引, 心, 戸）

天菅生　あますごう
　あますごう-ちょう　福井県福井市-町
天満　てんま・てんまん
　てんまん　青森県三戸郡五戸町-
　てんま　埼玉県行田市-
　てんまん　新潟県東蒲原郡阿賀町-
　てんまん-まち　岐阜県高山市-町
　てんま　滋賀県米原市-
　てんま-ちょう　京都府京都市下京区-町
　てんま　大阪府大阪市北区-
　てんま　和歌山県有田郡有田川町-
　てんま　和歌山県東牟婁郡那智勝浦町-
　てんま-ちょう　島根県浜田市-町
　てんま-ちょう　広島県広島市西区-町
　てんま-ちょう　広島県尾道市-町
　てんま-ちょう　香川県丸亀市-町
　てんま-ちょう　長崎県佐世保市-町
　てんまん-まち　長崎県諫早市-町
　てんまん-ちょう　大分県別府市-町
　てんまん　宮崎県宮崎市-
　てんまん-ちょう　宮崎県宮崎市-町
天満山　てんまやま　兵庫県揖保郡太子町-
天満前　てんまんまえ　福島県喜多方市-
天満屋　てんまや
　てんまや-ちょう　京都府京都市上京区-町
天満浦　てんまうら　三重県尾鷲市-
天満通　てんまどおり　愛知県名古屋市千種区-
天満橋　てんまばし　大阪府大阪市北区-
天筒　てつづ
　てづつ-ちょう　福井県敦賀市-町
天開　てんかい　福島県西白河郡矢吹町-
天間　あまま・てんま
　てんま　静岡県富士市-
　あまま　大分県別府市-
天間舘寒水　てんまだてかんすい　青森県上北郡七
　戸町-
天塩　てしお
　てしお-ぐん　北海道-郡
　てしお-ちょう　北海道天塩郡-町
　てしお　北海道天塩郡天塩町-
天瀬町馬原　あまがせまちまばる　大分県日田市-

　　　夫

夫沢　おっとざわ　福島県双葉郡大熊町-
夫神　おかみ　長野県小県郡青木村-
夫馬　ぶま　滋賀県米原市-
夫婦川　ふうふがわ
　ふうふがわ-まち　長崎県長崎市-町
夫雑原　ぶぞうはら　青森県上北郡東北町-

　　　少

少分谷　しょうぶだに　兵庫県加東市-
少将井　しょうしょうい
　しょうしょうい-ちょう　京都府京都市中京区-町
少路　しょうじ　大阪府豊中市-

　　　尺

尺所　しゃくそ　岡山県和気郡和気町-

　　　廿

廿一軒　にじゅういっけん
　にじゅういっけん-ちょう　京都府京都市東山区-町
廿九日　ひずめ　石川県鹿島郡中能登町-
廿山　つづやま　大阪府富田林市-
廿五里　ついへいじ　千葉県市原市-
廿六木　とどろき　山形県東田川郡庄内町-
廿日市　はつかいち
　はつかいち　広島県-市
　はつかいち　広島県廿日市市-
廿木　はたき　山口県岩国市-
廿代　にじゅうだい
　にじゅうだい-まち　高知県高知市-町
廿里　とどり
　とどり-まち　東京都八王子市-町
廿枝　はたえだ　高知県南国市-
廿治　はたち　佐賀県杵島郡白石町-
廿原　つづはら
　つづはら-ちょう　岐阜県多治見市-町

　　　引

引水　ひきのみず　熊本県菊池郡大津町-
引田　ひきだ・ひけた
　ひきだ　栃木県鹿沼市-
　ひきだ　千葉県市原市-
　ひきだ　千葉県いすみ市-
　ひきだ　東京都あきる野市-
　ひけた　香川県東かがわ市-
引地　ひきじ・ひきち
　ひきじ　山形県酒田市-
　ひきじ　鳥取県東伯郡湯梨浜町-
　ひきち　高知県吾川郡仁淀川町-
引佐町井伊谷　いなさちょういいのや　静岡県浜松市
　北区-
引佐町伊平　いなさちょういだいら　静岡県浜松市
　北区-
引佐町谷沢　いなさちょうやざわ　静岡県浜松市北区-
引佐町兎荷　いなさちょうとっか　静岡県浜松市北区-
引作　ひきつくり　三重県南牟婁郡御浜町-

　　　心

心野　ここんの
　ここんの-ちょう　長崎県佐世保市-町

　　　戸

戸ケ里　とがり　佐賀県杵島郡白石町-
戸入　とにゅう　岐阜県揖斐郡揖斐川町-
戸上　とうえ　大分県竹田市-
戸口　とぐち・とのくち
　とぐち　埼玉県坂戸市-
　とぐち　新潟県三条市-
　とのくち-ちょう　福井県鯖江市-町
　とぐち-まち　熊本県宇土市-町
　とぐち　鹿児島県大島郡龍郷町-
戸中　とちゅう
　とちゅう　福島県南会津郡南会津町-
　とちゅう　福島県東白川郡棚倉町-
　とちゅう　新潟県佐渡市-
　とちゅう-ちょう　愛知県豊田市-町
　とちゅう　高知県吾川郡いの町-

101

4画（手, 支, 文）

戸切　とぎり・とぎれ
　　とぎれ　福岡県福岡市西区-
　　とぎり　福岡県遠賀郡岡垣町-
戸木　へき
　　へき-ちょう　三重県津市-町
戸毛　とうげ　奈良県御所市-
戸代新田　とだいしんでん
　　とだいしんでん-まち　新潟県見附市-町
戸出　といで・とで
　　といで　北海道枝幸郡浜頓別町-
　　とで　埼玉県熊谷市-
　　といで-まち　富山県高岡市-町
戸出六十歩　といでろくじゅうぶ　富山県高岡市-
戸出石代　といでこくだい　富山県高岡市-
戸田　とだ・へた・へだ
　　とだ　岩手県九戸郡九戸村-
　　とだ　栃木県那須塩原市-
　　とだ-し　埼玉県-市
　　とだ　千葉県山武市-
　　とだ　神奈川県厚木市-
　　とだ　山梨県南アルプス市-
　　とだ　岐阜県関市-
　　へだ　静岡県沼津市-
　　とだ　静岡県駿東郡清水町-
　　とだ-ちょう　愛知県名古屋市昭和区-町
　　とだ　愛知県名古屋市中川区-
　　とだ　京都府福知山市-
　　とだ-ちょう　兵庫県西宮市-町
　　へだ　兵庫県美方郡新温泉町-
　　とだ-ちょう　島根県益田市-町
　　へた　山口県周南市-
　　へた　山口県大島郡周防大島町-
戸田谷　とだがい　愛知県長久手市-
戸穴　ひあな　大分県佐伯市-
戸地谷　とちや　秋田県大仙市-
戸坂　とさか・へさか
　　へさか-ちょう　広島県広島市東区-町
　　とさか-まち　熊本県熊本市西区-町
戸坂出江　へさかいづえ　広島県広島市東区-
戸坂数甲　へさかかずこう　広島県広島市東区-
戸尾　とのお
　　とのお-ちょう　長崎県佐世保市-町
戸来　へらい　青森県三戸郡新郷村-
戸谷　とたに・とだに
　　とたに-ちょう　福井県越前市-町
　　とだに　広島県山県郡北広島町-
戸谷塚　とやづか
　　とやづか-まち　群馬県伊勢崎市-町
戸河内　とがうち・とごうち
　　とがうち　島根県邑智郡邑南町-
　　とごうち　広島県山県郡安芸太田町-
戸牧　とべら　兵庫県豊岡市-
戸津　とづ
　　とづ-まち　石川県小松市-町
戸津中垣内　とうづなかがいと　京都府八幡市-
戸津北小路　とうづきたしょうじ　京都府八幡市-
戸津蜻蛉尻　とうづとんぼじり　京都府八幡市-
戸面　とづら　千葉県市原市-
戸破　ひばり　富山県射水市-

戸鹿野　とがの
　　とがの-まち　群馬県沼田市-町
戸隠栃原　とがくしとちわら　長野県長野市-

手

手力　てぢから
　　てぢから-ちょう　岐阜県岐阜市-町
手子生　てごまる　茨城県つくば市-
手代　てしろ・てだい
　　てだい-まち　福島県白河市-町
　　てしろ-ちょう　埼玉県草加市-町
手代山　てしろやま　新潟県新潟市江南区-
手代木　てしろぎ　茨城県つくば市-
手代森　てしろもり
　　てしろもり　青森県上北郡七戸町-
　　てしろもり　岩手県盛岡市-
手平　てびら　和歌山県和歌山市-
手光　てびか　福岡県福津市-
手安　てあん　鹿児島県大島郡瀬戸内町-
手形休下　てがたきゅうか
　　てがたきゅうか-まち　秋田県秋田市-町
手角　たすみ
　　たすみ-ちょう　島根県松江市-町
手岡　ちょうか　栃木県日光市-
手屋　たや
　　たや　富山県富山市-
　　たや　富山県中新川郡立山町-
手洗川　たらいがわ　高知県四万十市-
手洗水　てあらいみず
　　てあらいみず-ちょう　京都府京都市中京区-町
手洗野　たらいの　富山県高岡市-

支

支倉　はせくら
　　はせくら-まち　宮城県仙台市青葉区-町
　　はせくら　宮城県柴田郡川崎町-
支雪裡　しせつり　北海道阿寒郡鶴居村-
支寒内　ししゃもない　北海道千歳市-

文

文下　ほうだし　山形県鶴岡市-
文丸　ぶんまる　高知県高岡郡檮原町-
文丘　ふみおか
　　ふみおか-ちょう　静岡県浜松市中区-町
文沢　ぶんざわ　静岡県榛原郡川根本町-
文花　ぶんか　東京都墨田区-
文谷　ふみや　栃木県芳賀郡市貝町-
文里　もり　和歌山県田辺市-
文苑　ふみぞの　北海道釧路市-
文室　ふむろ
　　ふむろ-ちょう　福井県越前市-町
文津　ふみつ　愛知県小牧市-
文挟　ふばさみ
　　ふばさみ-まち　栃木県日光市-町
　　ふばさみ　栃木県塩谷郡塩原町-
文納　ぶんのう　新潟県長岡市-
文覚　もんがく
　　もんがく-ちょう　京都府京都市下京区-町
文園　ふみぞの
　　ふみぞの-まち　山形県鶴岡市-町

4画（方，日）

　ふみぞの-ちょう　大阪府守口市-町
文違　ひじかい　千葉県八街市-
文蔵　ぶぞう　埼玉県さいたま市南区-

方

方ケ野　ほうがの　熊本県上益城郡山都町-
方ノ上　かたのかみ　静岡県焼津市-
方八　ほうはっ
　ほうはっ-ちょう　福島県郡山市-町
方上　かたがみ・かたのかみ
　かたがみ　秋田県南秋田郡大潟村-
　かたのかみ-ちょう　徳島県徳島市-町
方口　かたぐち　秋田県南秋田郡大潟村-
方木田　ほうきだ　福島県福島市-
方田　ほうだ　千葉県香取郡多古町-
方地　ほうじ　鳥取県東伯郡湯梨浜町-
方京　ほうきょう　栃木県那須塩原市-
方杭　かたくい　和歌山県日高郡日高町-
方保田　かとうだ　熊本県山鹿市-
方南　ほうなん　東京都杉並区-
方面　かたも　鳥取県東伯郡湯梨浜町-
方座浦　ほうざうら　三重県度会郡南伊勢町-
方領　ほうりょう　愛知県あま市-

日

日下　くさか・ひげ
　くさか　新潟県村上市-
　くさか-ちょう　大阪府東大阪市-町
　くさか　鳥取県米子市-
　くさか-ちょう　島根県出雲市-町
　ひげ-まち　広島県三次市-町
日下田　ひげた　石川県羽咋郡志賀町-
日下石　にっけし　福島県相馬市-
日下部　くさかべ
　くさかべ-ちょう　愛知県豊田市-町
　くさかべ-ちょう　愛知県稲沢市-町
　くさかべ　鳥取県八頭郡八頭町-
日土　ひづち
　ひづち-ちょう　愛媛県八幡浜市-町
日川　にっかわ
　にっかわ　茨城県神栖市-
　にっかわ　茨城県つくばみらい市-
日中上野　にっちゅううわの　富山県中新川郡立山町-
日戸　ひのと　岩手県盛岡市-
日水　ひみず　新潟県新潟市江南区-
日出　ひい・ひじ・ひで・ひので
　ひので　北海道磯谷郡蘭越町-
　ひので　北海道夕張郡栗山町-
　ひので　北海道常呂郡訓子府町-
　ひので　山形県鶴岡市-
　ひので-ちょう　静岡県静岡市葵区-町
　ひい-ちょう　愛知県田原市-町
　ひで　京都府与謝郡伊根町-
　ひので-ちょう　大阪府豊中市-町
　ひので-ちょう　兵庫県姫路市-町
　ひので-まち　福岡県大牟田市-町
　ひじ-まち　大分県速見郡-町
　ひので-ちょう　鹿児島県いちき串木野市-町
日出生　ひじう　大分県玖珠郡玖珠町-
日出谷　ひでや　新潟県東蒲原郡阿賀町-

日司　ひづか
　ひづか-ちょう　北海道積丹郡積丹町-町
日平　ひびら　熊本県玉名郡和水町-
日本橋　にっぽんばし・にほんばし
　にほんばし　東京都中央区-
　にっぽんばし　大阪府大阪市浪速区-
　にっぽんばし　大阪府大阪市中央区-
日本橋小伝馬　にほんばしこでんま
　にほんばしこでんま-ちょう　東京都中央区-町
日本橋茅場　にほんばしかやば
　にほんばしかやば-ちょう　東京都中央区-町
日本橋馬喰　にほんばしばくろ
　にほんばしばくろ-ちょう　東京都中央区-町
日本橋蛎殻　にほんばしかきがら
　にほんばしかきがら-ちょう　東京都中央区-町
日永　ひなが
　ひなが　岐阜県山県市-
　ひなが　三重県四日市市-
日生町寒河　ひなせちょうそうご　岡山県備前市-
日用　ひよう
　ひよう-まち　石川県小松市-町
　ひよう　石川県羽咋郡志賀町-
日田　にった・ひた・ひだ
　にった　山形県寒河江市-
　ひだ　滋賀県蒲生郡日野町-
　ひだ　鳥取県八頭郡八頭町-
　ひた-し　大分県-市
日白　ひじら
　ひじら-ちょう　島根県安来市-町
日石　にっせき
　にっせき-ちょう　新潟県柏崎市-町
日辺　にっぺ　宮城県仙台市若林区-
日吉　ひよし・ひよせ
　ひよし-ちょう　北海道函館市-町
　ひよし　北海道夕張市-
　ひよし-ちょう　北海道苫小牧市-町
　ひよし-まち　秋田県能代市-町
　ひよし-まち　山形県鶴岡市-町
　ひよし-ちょう　山形県酒田市-町
　ひよし-ちょう　福島県会津若松市-町
　ひよし-ちょう　栃木県鹿沼市-町
　ひよし-ちょう　群馬県前橋市-町
　ひよし-ちょう　埼玉県所沢市-町
　ひよし-ちょう　埼玉県東松山市-町
　ひよし-ちょう　東京都八王子市-町
　ひよし-ちょう　東京都府中市-町
　ひよし-ちょう　東京都国分寺市-町
　ひよし　神奈川県横浜市港北区-
　ひよし-ちょう　新潟県柏崎市-町
　ひよし　新潟県小千谷市-
　ひよし　富山県下新川郡入善町-
　ひよし-まち　石川県金沢市-町
　ひよし-まち　石川県小松市-町
　ひよし-ちょう　福井県大野市-町
　ひよし-ちょう　岐阜県瑞浪市-町
　ひよし-ちょう　愛知県名古屋市中村区-町
　ひよし　愛知県新城市-
　ひよし-ちょう　京都府京都市東山区-町
　ひよし-ちょう　大阪府守口市-町
　ひよし-ちょう　兵庫県神戸市長田区-町
　ひよし-ちょう　兵庫県小野市-町

103

4画（日）

ひよし-ちょう　岡山県岡山市北区-町
ひよせ-ちょう　岡山県倉敷市-町
ひよし-ちょう　高知県南国市-町
ひよし-まち　福岡県久留米市-町
ひよし-まち　福岡県直方市-町
ひよし　福岡県古賀市-
ひよし　福岡県八女郡広川町-
ひよし　熊本県熊本市南区-
ひよし　大分県大分市-町
日吉町生畑　ひよしちょうきはた　京都府南丹市-
日吉原　ひよしばる　大分県大分市-
日向　ひなた・ひゅうが・ひるが
　ひゅうが　北海道松前郡福島町-
　ひなた　宮城県刈具郡丸森町-
　ひなた　福島県白河市-
　ひなた-まち　福島県須賀川市-町
　ひなた-まち　福島県田村郡三春町-町
　ひなた　栃木県日光市-
　ひなた-ちょう　群馬県館林市-町
　ひなた　埼玉県熊谷市-
　ひなた　神奈川県伊勢原市-
　ひゅうが-まち　石川県白山市-町
　ひるが　福井県三方郡美浜町-
　ひなた　静岡県静岡市葵区-
　ひなた　静岡県伊豆市-
　ひなた-まち　愛知県名古屋市瑞穂区-町
　ひゅうが　三重県度会郡玉城町-
　ひなた　三重県度会郡度会町-
　ひゅうが-ちょう　大阪府高槻市-町
　ひゅうが-ちょう　大阪府守口市-町
　ひゅうが　兵庫県神戸市垂水区-
　ひゅうが-し　宮崎県-市
日向台　ひゅうがだい　千葉県山武市-
日向石　ひゅうがいし　福岡県朝倉市-
日向谷　ひゅうがい　愛媛県北宇和郡鬼北町-
日向和田　ひなたわだ　東京都青梅市-
日向岡　ひなたおか　神奈川県平塚市-
日向泊浦　ひゅうがどまりうら　大分県佐伯市-
日向南沢　ひなたみなみざわ　山梨県南巨摩郡身延町-
日在　ひあり　千葉県いすみ市-
日当　ひなた　岐阜県本巣市-
日坂　にっさか・ひさか
　ひさか　岐阜県揖斐郡揖斐川町-
　にっさか　静岡県掛川市-
日尾　ひお・ひのお
　ひお　埼玉県秩父郡小鹿野町-
　ひお　富山県富山市-
　ひお　富山県魚津市-
　ひのお　京都府福知山市-
　ひお-ちょう　兵庫県神戸市灘区-町
日役　ひきじ
　ひきじ-まち　秋田県由利本荘市-町
日秀　ひびり　千葉県我孫子市-
日谷　ひのや
　ひのや-まち　石川県加賀市-町
日足　ひあし　大分県宇佐市-
日近　ひじかい　岡山県岡山市北区-
日和　ひより・ひわ
　ひより-ちょう　愛知県名古屋市千種区-町
　ひわ　島根県邑智郡邑南町-

日和山　ひよりやま
　ひよりやま-ちょう　北海道函館市-町
日和山下　ひよりやました　秋田県能代市-
日和田　ひよりだ・ひわだ
　ひよりだ-まち　山形県鶴岡市-町
　ひわだ　山形県寒河江市-
　ひわだ-まち　福島県郡山市-町
　ひわだ　福島県伊達郡川俣町-
日奈久馬越　ひなぐまごし
　ひなぐまごし-まち　熊本県八代市-町
日宗　にっしゅう　北海道足寄郡陸別町-
日宝　にっぽう
　にっぽう-ちょう　新潟県新潟市秋葉区-町
日岡　ひおか・ひのおか
　ひのおか-ちょう　愛知県名古屋市千種区-町
　ひおか　大分県大分市-
日明　ひあがり・ひあり
　ひあり　静岡県浜松市天竜区-
　ひあがり　福岡県北九州市小倉北区-
日枝　ひえ
　ひえ　山形県鶴岡市-
　ひえ-ちょう　神奈川県横浜市南区-町
　ひえ-ちょう　滋賀県湖南市-町
日東　にっとう
　にっとう　北海道上川郡上川町-
　にっとう-ちょう　埼玉県川越市-町
　にっとう-ちょう　愛知県半田市-町
　にっとう-ちょう　大阪府河内長野市-町
日沼李田　ひぬますももだ　青森県平川市-
日沼樋田　ひぬまといだ　青森県平川市-
日泊　ひどまる
　ひどまる-まち　長崎県大村市-町
日物川　ひものがわ　和歌山県有田郡有田川町-
日長　ひなが　愛知県知多市-
日前　ひくま　山口県大島郡周防大島町-
日南　にちなん
　にちなん-ちょう　愛知県豊田市-町
　にちなん-ちょう　鳥取県日野郡-町
　にちなん-し　宮崎県-市
日栄　ひえ　滋賀県犬上郡豊郷町-
日畑　ひばた　岡山県倉敷市-
日草場　ひくさば　茨城県笠間市-
日計　ひばかり　青森県八戸市-
日限山　ひぎりやま　神奈川県横浜市港南区-
日面　ひおも
　ひおも-ちょう　愛知県豊田市-町
日原　にちはら・にっぱら・ひばら
　にっぱら　東京都西多摩郡奥多摩町-
　ひばら　鳥取県米子市-
　にちはら　島根県鹿足郡津和野町-
日宮　ひのみや　富山県射水市-
日島郷　ひのしまごう　長崎県南松浦郡新上五島町-
日真　ひま　徳島県那賀郡那賀町-
日連　ひづれ　神奈川県相模原市緑区-
日高町上石　ひだかちょうあげし　兵庫県豊岡市-
日高町上郷　ひだかちょうかみのごう　兵庫県豊岡市-
日高町小河江　ひだかちょうこがわえ　兵庫県豊岡市-
日高町山宮　ひだかちょうやまのみや　兵庫県豊岡市-
日高町太田　ひだかちょうただ　兵庫県豊岡市-

4画（日, 月, 木）

日高町水上　ひだかちょうみのかみ　兵庫県豊岡市-
日高町水口　ひだかちょうみのくち　兵庫県豊岡市-
日高町東河内　ひだかちょうひがしごうち　兵庫県豊
　岡市-
日高町祢布　ひだかちょうにょう　兵庫県豊岡市-
日高町稲葉　ひだかちょういなんば　兵庫県豊岡市-
日曽利　ひっそり　長野県上伊那郡飯島町-
日脚　ひなし
　ひなし-ちょう　島根県浜田市-町
日貫　ひぬい　島根県邑智郡邑南町-
日野北川頬　ひのきたかわづら　京都府京都市伏見区-
日野田頬　ひのたづら
　ひのたづら-ちょう　京都府京都市伏見区-町
日野西川頬　ひのにしかわづら　京都府京都市伏見区-
日野馬場出　ひのばんばて
　ひのばんばて-ちょう　京都府京都市伏見区-町
日御子　ひのみこ
　ひのみこ-まち　石川県白山市-町
日渡　ひわたし　新潟県新発田市-
日渡根　にっとね　千葉県君津市-
日越　ひごし　新潟県長岡市-
日照　ひでり　福島県伊達市-
日置　ひおき・ひき・へき
　ひき　福井県大飯郡高浜町-
　へき-ちょう　愛知県愛西市-町
　ひおき　京都府宮津市-
　ひおき　兵庫県篠山市-
　ひき　和歌山県西牟婁郡白浜町-
　ひおき-まち　熊本県八代市-町
　ひおき　宮崎県児湯郡新富町-
　ひおき-し　鹿児島県-市
日置下　へきしも　山口県長門市-
日置江　ひきえ　岐阜県岐阜市-
日置荘北　ひきしょうきた
　ひきしょうきた-まち　大阪府堺市東区-町
日置荘原寺　ひきしょうはらでら
　ひきしょうはらでら-まち　大阪府堺市東区-町
日置蔵小田　へきくらおだ　山口県長門市-
日彰　にっしょう　北海道名寄市-
日撫　ひなど　兵庫県豊岡市-
日積　ひづみ　山口県柳井市-

日

日佐　おさ　福岡県福岡市南区-

月

月ケ瀬嵩　つきがせだけ　奈良県奈良市-
月出里　すだち　茨城県稲敷市-
月次　つきなみ　栃木県那須烏山市-
月谷　つきや
　つきや-ちょう　栃木県足利市-町
月京　がっきょう　神奈川県中郡大磯町-
月原　わちばら
　わちばら-ちょう　愛知県豊田市-町
月浦　つきうら・つきのうら
　つきうら　北海道虻田郡洞爺湖町-
　つきのうら　宮城県石巻市-
　つきのうら-まち　石川県金沢市-町
　つきのうら　熊本県水俣市-
月寒　つきさっぷ　北海道浦河郡浦河町-

月寒東一条　つきさむひがしいちじょう　北海道札幌
　市豊平区-
月輪　つきのわ
　つきのわ　埼玉県比企郡滑川町-
　つきのわ　滋賀県大津市-
　つきのわ-ちょう　京都府京都市東山区-町
月舘町上手渡　つきだてまちかみてど　福島県伊達市-

木

木の岡　このおか
　このおか-ちょう　滋賀県大津市-町
木下　きおろし・きくだし・きのした・このした
　きおろし　千葉県印西市-
　きのした　富山県砺波市-
　きのした　福井県福井市-町
　きくだし-ちょう　愛知県岡崎市-町
　このした-ちょう　三重県亀山市-町
　きのした-ちょう　滋賀県大津市-町
　きのした　福岡県北九州市小倉南区-
木川　きがわ・きのかわ
　きがわ　山形県酒田市-
　きのかわ-ちょう　滋賀県草津市-町
木之本町大音　きのもとちょうおおと　滋賀県長浜市-
木之本町小山　きのもとちょうこやま　滋賀県長浜市-
木之本町飯浦　きのもとちょうはんのうら　滋賀県長
　浜市-
木之免　きのめ
　きのめ-ちょう　愛知県名古屋市熱田区-町
木之香　きのこ　鹿児島県大島郡伊仙町-
木内　きなし・きのうち
　きのうち　千葉県香取市-
　きなし　兵庫県豊岡市-
　きのうち　大分県宇佐市-
木引　こひき
　こひき-ちょう　長崎県平戸市-町
木引田　きひきだ
　きひきだ-ちょう　長崎県平戸市-町
木札内　ぼくさつない　北海道中川郡本別町-
木本　きのもと・このもと
　このもと　福井県大野市-
　きのもと-ちょう　三重県熊野市-町
木生谷　きゅうのたに　兵庫県赤穂市-
木田余東台　きだまりひがしだい　茨城県土浦市-
木全　きまた
　きまた　愛知県稲沢市-
　きまた-ちょう　愛知県稲沢市-町
木伏　きっぷし・きぶし
　きっぷし　宮城県加美郡加美町-
　きぶし　福島県南会津郡南会津町-
木守　きもり・こもり
　こもり　和歌山県田辺市-
　きもり　福岡県遠賀郡遠賀町-
木庄　きのしょう　香川県小豆郡小豆島町-
木成　こなり　新潟県妙高市-
木早川内　きそがわち　熊本県下益城郡美里町-
木次　きつぎ　広島県山県郡北広島町-
木次町上熊谷　きすきちょうかみくまたに　島根県雲
　南市-
木次町宇谷　きすきちょううだに　島根県雲南市-
木江　きのえ　広島県豊田郡大崎上島町-

105

4画（木）

木瓜原 ぼけはら
　ぼけはら-ちょう　京都府京都市上京区-町
木呂場 ころば　石川県能美郡川北町-
木岐 きき　徳島県海部郡美波町-
木明 きみょう　青森県上北郡野辺地町-
木枕 こまくら　和歌山県和歌山市-
木知原 こちぼら　岐阜県本巣市-
木俣 このまた　茨城県つくば市-
木城 きじょう
　きじょう-ちょう　宮崎県児湯郡-町
木屋 きや・こや
　きや-まち　三重県名張市-町
　きや-ちょう　京都府京都市中京区-町
　こや　京都府相楽郡和束町-
　こや-ちょう　大阪府寝屋川市-町
　きや-ちょう　愛媛県松山市-町
木屋ケ内 こやがうち　高知県高岡郡四万十町-
木屋川南 こやがわみなみ
　こやがわみなみ-まち　山口県下関市-町
木屋元 こやもと
　こやもと-まち　大阪府寝屋川市-町
木屋平 こやだいら　徳島県美馬市-
木屋瀬 こやのせ　福岡県北九州市八幡西区-
木柑子 きこうじ　熊本県菊池市-
木津 きつ・きづ・こうづ・こつ・こっつ
　きつ　新潟県新潟市江南区-
　きつ　富山県高岡市-
　きつ　石川県かほく市-
　こうづ-まち　石川県白山市-町
　こっつ　愛知県犬山市-
　きづ　滋賀県蒲生郡日野町-
　きづ　京都府木津川市-
　きづ-まち　京都府木津川市-町
　きづ　兵庫県赤穂市-
　きづ　兵庫県川辺郡猪名川町-
　こつ　奈良県吉野郡東吉野村-
　きづ　和歌山県海南市-
木津川 きづがわ・こつがわ
　きづがわ-し　京都府-市
　きづがわ　大阪府大阪市浪速区-
　こつがわ　奈良県吉野郡東吉野村-
木倉 きぐら・きのくら
　きぐら-まち　石川県金沢市-町
　きのくら　岡山県和気郡和気町-
　きのくら　熊本県上益城郡御船町-
木原 きはら・きばら・きわら
　きはら　茨城県稲敷郡美浦村-
　きばら　千葉県八街市-
　きばら　千葉県山武市-
　きはら　石川県鳳珠郡穴水町-
　きはら　山梨県中央市-
　きわら　静岡県袋井市-
　ぼけはら-ちょう　奈良県橿原市-町
　きはら　鳥取県八頭郡智頭町-
　きはら　広島県三原市-
　きはら-ちょう　広島県三原市-町
　きはら　佐賀県佐賀市-
　きはら-ちょう　長崎県佐世保市-町
　きはら-ちょう　鹿児島県枕崎市-町

木宮 きのみや
　きのみや-ちょう　長崎県佐世保市-町
木庭 こば　熊本県菊池市-
木根 きのね　富山県下新川郡入善町-
木浦 このうら　新潟県糸魚川市-
木浜 このはま
　このはま-ちょう　滋賀県守山市-町
木流 こながせ　新潟県佐渡市-
木能津 きのうづ　高知県長岡郡本山町-
木造 きづくり・こつくり
　きづくり-ちょう　岐阜県岐阜市-町
　こつくり-ちょう　三重県津市-町
木造日向 きづくりひなた　青森県つがる市-
木造出野里 きづくりいでのさと　青森県つがる市-
木造有楽 きづくりうらく
　きづくりうらく-まち　青森県つがる市-町
木造菰槌 きづくりこもつち　青森県つがる市-
木造筒木坂 きづくりどうきざか　青森県つがる市-
木野 きの・この
　きの　福井県三方郡美浜町-
　この　広島県大竹市-
　きの　熊本県菊池市-
木場 きば・こば
　きば-ちょう　北海道苫小牧市-町
　きば　北海道釧路郡釧路町-
　きば-まち　山形県米沢市-町
　きば　東京都江東区-
　きば　新潟県新潟市西区-
　きば-まち　富山県富山市-町
　きば-まち　石川県小松市-町
　きば-ちょう　愛知県名古屋市港区-町
　きば　愛知県海部郡飛島村-
　きば　兵庫県姫路市-
　こば-まち　長崎県長崎市-町
　こば　長崎県大村市-
　こば-ちょう　長崎県平戸市-町
　こば-ちょう　長崎県五島市-町
　こば-ちょう　鹿児島県枕崎市-町
　こば　鹿児島県姶良郡湧水町-
木場田 こばた
　こばた-ちょう　長崎県佐世保市-町
木場免 こばめん　長崎県北松浦郡佐々町-
木場茶屋 こばんちゃや
　こばんちゃや-ちょう　鹿児島県薩摩川内市-町
木場郷 こばごう
　こばごう　長崎県東彼杵郡東彼杵町-
　こばごう　長崎県東彼杵郡川棚町-
木葉 このは　熊本県玉名郡玉東町-
木葉下 あぼっけ
　あぼっけ-ちょう　茨城県水戸市-町
木間生 こもお　兵庫県川辺郡猪名川町-
木間塚 きまつか　宮城県遠田郡美里町-
木滑 きなめり
　きなめり　新潟県新潟市南区-
　きなめり　石川県白山市-
木詰 きづまり　北海道夕張郡長沼町-
木賊 とくさ　福島県南会津郡南会津町-
木賊山 とくさやま
　とくさやま-ちょう　京都府京都市下京区-町
木賊川 とくさがわ　岩手県滝沢市-

4画（欠,止,比,毛,水）

木器　こうづき　兵庫県三田市-
木幡　きばた・こはた
　こはた　福島県二本松市-
　きばた　栃木県矢板市-
　きばた　栃木県芳賀郡茂木町-
　こはた　京都府宇治市-
木積　きずみ・こつみ・こつも
　きずみ　千葉県匝瑳市-
　こつみ　大阪府貝塚市-
　こつも　高知県安芸郡北川村-
木興　きこ
　きこ-ちょう　三重県伊賀市-町

欠

欠入菅　かけいりすげ　宮城県伊具郡丸森町-

止

止別　やんべつ　北海道斜里郡小清水町-
止若内　やむわっかない　北海道足寄郡陸別町-

比

比内町大葛　ひないまちおおくぞ　秋田県大館市-
比内町独鈷　ひないまちとっこ　秋田県大館市-
比布　ぴっぷ
　ぴっぷ-ちょう　北海道上川郡-町
比作　ひっつくり　広島県大竹市-
比角　ひすみ　新潟県柏崎市-
比和町三河内　ひわちょうみつがいち　広島県庄原市-
比延　ひえ
　ひえ-ちょう　兵庫県西脇市-町
　ひえ　兵庫県神崎郡神河町-
比屋根　ひやごん　沖縄県沖縄市-
比謝矼　ひじゃばし　沖縄県中頭郡読谷村-

毛

毛人谷　えびたに　大阪府富田林市-
毛穴　けな
　けな-ちょう　大阪府堺市中区-町
毛呂　けろ
　けろ-ちょう　愛知県岡崎市-町
毛呂山　もろやま
　もろやま-まち　埼玉県入間郡-町
毛祝坂　けわいざか　新潟県妙高市-
毛陽　もうよう
　もうよう-ちょう　北海道岩見沢市-町

水

水の上　みずのうえ・みずのかみ
　みずのかみ　千葉県成田市-
　みずのうえ-ちょう　山口県山口市-町
水下　みずおち　鳥取県東伯郡湯梨浜町-
水下道上　みずしたみちうえ　宮城県刈田郡七ケ宿町-
水上　みずかみ
　みずかみ　北海道磯谷郡蘭越町-
　みずかみ　北海道斜里郡小清水町-
　みずかみ　福島県喜多方市-
　みずかみ　福島県二本松市-
　みずかみ　新潟県柏崎市-
　みずかみ　富山県中新川郡上市町-
　みずかみ　静岡県静岡市駿河区-
　みずかみ　静岡県藤枝市-
　みずかみ-むら　熊本県球磨郡-村
水上口　みずかみぐち　宮城県刈田郡七ケ宿町-
水上町白坏　みなかみちょうしろつき　島根県大田市-
水口　みずくち・みなくち・みなぐち・みのくち・みよぐち
　みのくち　茨城県結城郡八千代町-
　みよぐち　千葉県長生郡長生村-
　みずくち　山梨県山梨市-
　みなぐち-ちょう　静岡県熱海市-町
　みなくち　鳥取県八頭郡八頭町-
　みなくち　愛媛県松山市-町
水口町中邸　みなくちちょうなかやしき　滋賀県甲賀市-
水口町虫生野　みなくちちょうむしょうの　滋賀県甲賀市-
水口町杣中　みなくちちょうそまなか　滋賀県甲賀市-
水口町酒人　みなくちちょうさこうど　滋賀県甲賀市-
水口町鹿深　みなくちちょうろくしん　滋賀県甲賀市-
水口町貴生川　みなくちちょうきぶかわ　滋賀県甲賀市-
水口町嶬峨　みなくちちょうぎか　滋賀県甲賀市-
水土野　みどの　静岡県御殿場市-
水井　すいい
　すいい-ちょう　徳島県阿南市-町
水内　みずうち　京都府福知山市-
水分　すいぶん・みずわけ
　すいぶん　大阪府南河内郡千早赤阪村-
　みずわけ-ちょう　島根県益田市-町
水主　かこ・みずし
　かこ-まち　岐阜県岐阜市-町
　みずし　京都府城陽市-
　みずし　香川県東かがわ市-
　かこ-まち　佐賀県唐津市-町
　かこ-まち　長崎県大村市-町
　かこ-まち　大分県中津市-町
水北　すいほく
　すいほく-ちょう　愛知県瀬戸市-町
水田　すいた・みずた
　すいた　新潟県新潟市秋葉区-
　みずた　福岡県筑後市-
　みずた-まち　長崎県大村市-町
水田丸　みずたまる
　みずたまる-まち　石川県加賀市-町
水白　みじろ　石川県鹿島郡中能登町-
水石　すいし　福島県南会津郡南会津町-
水守　みずもり・みともり・みもり
　みもり　茨城県つくば市-
　みともり-まち　石川県輪島市-町
　みずもり　静岡県藤枝市-
水汲　みずくま　長野県松本市-
水判土　みずはた　埼玉県さいたま市西区-
水呑　みずのみ・みのみ
　みずのみ　京都府船井郡京丹波町-
　みのみ-ちょう　広島県福山市-町
水呑向丘　みのみむかいがおか　広島県福山市-
水沢　すいざわ・みずさわ
　みずさわ　北海道上川郡美瑛町-
　みずさわ　岩手県九戸郡洋野町-
　みずさわ　宮城県伊具郡丸森町-
　みずさわ　秋田県にかほ市-
　みずさわ　秋田県雄勝郡羽後町-

4画（水）

みずさわ　山形県鶴岡市-
みずさわ　山形県西村山郡西川町-
みずさわ　福島県双葉郡双葉町-
みずさわ　千葉県市原市-
みずさわ　神奈川県川崎市宮前区-
みずさわ　新潟県長岡市-
みずさわ　新潟県十日町市-
みずさわ　新潟県魚沼市-
みずさわ-ちょう　新潟県胎内市-町
すいざわ-ちょう　三重県四日市市-町
水沢区久田　みずさわくきゅうでん　岩手県奥州市-
水沢区内匠田　みずさわくたくみだ　岩手県奥州市-
水沢区水ノ口　みずさわくみのくち　岩手県奥州市-
水沢区羽田　みずさわくはだ
　みずさわくはだ-ちょう　岩手県奥州市-町
水沢区東上野　みずさわくひがしうわの
　みずさわくひがしうわの-ちょう　岩手県奥州市-町
水沢区真城　みずさわくしんじょう　岩手県奥州市-
水沢区高網　みずさわくこうあみ　岩手県奥州市-
水沢区橇　みずさわくそり
　みずさわくそり-まち　岩手県奥州市-町
水沢区築舘　みずさわくつきだて　岩手県奥州市-
水角　すいかく　埼玉県春日部市-
水谷　すいだに・みずたに・みたに
　みずたに　埼玉県富士見市-
　みずたに-ちょう　福井県福井市-町
　すいだに　滋賀県犬上郡多賀町-
　みたに　兵庫県神戸市西区-
　みずたに　福岡県福岡市東区-
水走　みずはい　大阪府東大阪市-
水垂　みずたり
　みずたり　静岡県掛川市-
　みずたり-ちょう　長崎県平戸市-町
水府　すいふ
　すいふ-ちょう　茨城県水戸市-町
水明郷　すいめいきょう　北海道千歳市-
水泥　みどろ
　みどろ-まち　愛媛県松山市-町
水茎　すいけい
　すいけい-ちょう　滋賀県近江八幡市-町
水門　すいもん・みずもん
　すいもん-ちょう　秋田県大館市-町
　すいもん-まち　福島県郡山市-町
　みずもん　茨城県龍ケ崎市-
　すいもん-ちょう　奈良県奈良市-町
　すいもん-ちょう　岡山県岡山市東区-町
水附　みずつき
　みずつき-ちょう　愛知県一宮市-町
水南　すいなん
　すいなん-ちょう　愛知県瀬戸市-町
水城　みずき　福岡県太宰府市-
水城公園　すいじょうこうえん　埼玉県行田市-
水海道　みずかいどう・みっかいどう
　みっかいどう　茨城県結城市-
　みずかいどう　岐阜県岐阜市-
水津　すいづ　新潟県佐渡市-
水神　すいじん
　すいじん　福島県二本松市-
　すいじん-ちょう　神奈川県秦野市-町
　すいじん　山梨県韮崎市-

水計　みずはかり
　みずはかり-まち　長崎県大村市-町
水原　すいばら・みずはら
　みずはら　茨城県潮来市-
　すいばら　新潟県阿賀野市-
　みずはら　京都府船井郡京丹波町-
　みずはら　福岡県宮若市-
　みずはら　福岡県八女郡広川町-
　みずはら　福岡県築上郡築上町-
水宮　すいぐう　埼玉県ふじみ野市-
水流　つる・みずながれ
　みずながれ　青森県上北郡東北町-
　つる　宮崎県えびの市-
水流迫　つるざこ　宮崎県小林市-
水流崎　つるさき
　つるさき-ちょう　宮崎県西都市-町
水納　みんな　沖縄県宮古郡多良間村-
水通　すいどう
　すいどう-ちょう　高知県高知市-町
水崎　みさき・みずさき
　みさき　徳島県那賀郡那賀町-
　みずさき　大分県豊後高田市-
水喰　みずはみ　青森県上北郡東北町-
水渡田　みとだ　新潟県佐渡市-
水無瀬　みなせ
　みなせ-ちょう　愛知県瀬戸市-町
　みなせ　大阪府三島郡島本町-
水落　みずおち・みずおとし
　みずおち　富山県富山市-
　みずおち　富山県小矢部市-
　みずおとし　福井県大野市-
　みずおとし-ちょう　福井県大野市-町
　みずおち-ちょう　福井県鯖江市-町
　みずおち-ちょう　静岡県静岡市葵区-町
　みずおち-ちょう　愛知県一宮市-町
　みずおち-ちょう　京都府京都市上京区-町
水間　みずま・みま
　みずま-ちょう　福井県越前市-町
　みずま-ちょう　愛知県豊田市-町
　みずま　京都府舞鶴市-
　みずま　大阪府貝塚市-
　みま-ちょう　奈良県奈良市-町
水窪　みずくぼ　静岡県裾野市-
水窪町地頭方　みさくぼちょうじとうがた　静岡県浜
　松市天竜区-
水澄　みすみ
　みすみ-まち　石川県白山市-町
水橋入部　みずはしにゅうぶ
　みずはしにゅうぶ-まち　富山県富山市-町
水橋上条新　みずはしじょうじょうしん
　みずはしじょうじょうしん-まち　富山県富山市-町
水橋小路　みずはししょうじ　富山県富山市-
水橋北馬場　みずはしきたばんば　富山県富山市-
水橋肘崎　みずはしかいなざき　富山県富山市-
水橋畠等　みずはしはたけ　富山県富山市-
水橋高志園　みずはしこうしぞの
　みずはしこうしぞの-ちょう　富山県富山市-町
水橋魚躬　みずはしうおのみ　富山県富山市-
水橋開発　みずはしかいほつ
　みずはしかいほつ　富山県富山市-

4画（火, 爪, 父, 片, 牛, 犬, 王）5画（旦, 世）

みずはしかいほつ-まち　富山県富山市-町

火

火打岩　ひうちわん　兵庫県篠山市-
火売　ほのめ　大分県別府市-
火散布　ひちりっぷ　北海道厚岸郡浜中町-

爪

爪木　つまぎ　茨城県鹿嶋市-
爪白　つまじろ　高知県土佐清水市-

父

父子　ちちし　福井県大飯郡おおい町-
父石　ちいし
　ちいし-ちょう　広島県府中市-町

片

片田長谷　かただはせ
　かただはせ-ちょう　三重県津市-町
片角　かたかく
　かたかく　茨城県結城郡八千代町-
　かたかく　熊本県菊池市-
片谷地　かたやち　山形県山形市-
片知　かたじ　岐阜県美濃市-
片城　かたじょう　香川県小豆郡小豆島町-
片原一色　かたはらいしき
　かたはらいしき-ちょう　愛知県稲沢市-町
片無去　かたむさり　北海道厚岸郡厚岸町-

牛

牛ケ増　うしがませ　富山県富山市-
牛ケ瀬川原口　うしがせかはらぐち
　うしがせかはらぐち-ちょう　京都府京都市西京区-町
牛ケ瀬堂田　うしがせどうでん
　うしがせどうでん-ちょう　京都府京都市西京区-町
牛ケ瀬新田泓　うしがせしんでんぶけ
　うしがせしんでんぶけ-ちょう　京都府京都市西京区-町
牛水　うしのみず　熊本県荒尾市-
牛生　ぎゅう
　ぎゅう-ちょう　宮城県塩竈市-町
牛伏　うしぶし
　うしぶし-ちょう　茨城県水戸市-町
牛尾　うしお・うしのお
　うしのお　千葉県香取郡多古町-
　うしお　静岡県島田市-
牛房野　ごぼうの　山形県尾花沢市-
牛牧　うしき・うしまき
　うしまき　長野県下伊那郡高森町-
　うしき　岐阜県瑞穂市-
　うしまき　愛知県名古屋市守山区-
牛洞　うしぼら　岐阜県揖斐郡大野町-
牛重　うしがさね　埼玉県加須市-
牛島　うしじま・うしま
　うしじま　秋田県秋田市-
　うしじま　埼玉県春日部市-
　うしじま　神奈川県足柄上郡開成町-
　うしじま-ちょう　富山県富山市-町
　うしじま-まち　石川県能美市-町
　うしじま　愛知県名古屋市西区-町
　うしま　山口県光市-
　うしじま　香川県丸亀市-

うしじま　福岡県筑紫野市-
牛深　うしぶか
　うしぶか-まち　熊本県天草市-町
牛窓町千手　うしまどちょうせんず　岡山県瀬戸内市-
牛窓町鹿忍　うしまどちょうかしの　岡山県瀬戸内市-
牛鹿　うしろく　長野県北佐久郡立科村-
牛渡　うしわた
　うしわた　福島県双葉郡浪江町-
　うしわた　茨城県かすみがうら市-

犬

犬山　いぬやま・いのやま
　いのやま-ちょう　神奈川県横浜市栄区-町
　いぬやま　富山県黒部市-
　いぬやま　福井県大野市-
　いぬやま-し　愛知県-市
　いぬやま　愛知県犬山市-
犬内　いんない　富山県射水市-
犬成　いぬなり・いんなり
　いんなり　千葉県木更津市-
　いぬなり　千葉県市原市-
犬吠埼　いぬぼうざき　千葉県銚子市-
犬吠森　いぬほえもり　岩手県紫波郡紫波町-
犬来　いぬぐ　島根県隠岐郡隠岐の島町-
犬飼町久原　いぬかいまちくばる　大分県豊後大野市-
犬飼町大寒　いぬかいまちおおそう　大分県豊後大野市-
犬飼町西寒田　いぬかいまちささむた　大分県豊後大野市-
犬飼町高津原　いぬかいまちこうづはる　大分県豊後大野市-
犬熊　いのくま　福井県小浜市-

王

王子沢　おうじのさわ
　おうじのさわ-ちょう　愛知県瀬戸市-町
王仁公園　わにこうえん　大阪府枚方市-
王番田　おうばでん
　おうばでん-まち　新潟県長岡市-町
王越町乃生　おうごしちょうのう　香川県坂出市-

◆◆◆◆◆ 5画 ◆◆◆◆◆

旦

旦来　あっそ　和歌山県海南市-

世

世名城　よなぐすく　沖縄県島尻郡八重瀬町-
世安　よやす
　よやす-ちょう　岐阜県大垣市-町
　よやす-まち　熊本県熊本市中央区-町
世知原町上野原　せちばるちょううえのはら　長崎県佐世保市-
世知原町中通　せちばるちょうなかどおり　長崎県佐世保市-
世知原町太田　せちばるちょうおおた　長崎県佐世保市-

109

5画（主, 仙, 代, 付, 兄, 出）

世知原町木浦原　せちばるちょうきうらばる　長崎県
佐世保市-
世知原町北川内　せちばるちょうきたがわち　長崎県
佐世保市-
世知原町矢櫃　せちばるちょうやびつ　長崎県佐世
保市-
世知原町西ノ岳　せちばるちょうにしのたけ　長崎県
佐世保市-
世知原町赤木場　せちばるちょうあかこば　長崎県佐
世保市-
世知原町岩谷口　せちばるちょういわやぐち　長崎県
佐世保市-
世知原町長田代　せちばるちょうながたしろ　長崎県
佐世保市-
世知原町栗迎　せちばるちょうくりむかえ　長崎県佐
世保市-
世知原町笥瀬　せちばるちょうやなぜ　長崎県佐世
保市-
世知原町開作　せちばるちょうかいさく　長崎県佐世
保市-
世知原町槍巻　せちばるちょうやりまき　長崎県佐世
保市-
世附　よづく　神奈川県足柄上郡山北町-
世保　よやす　岐阜県岐阜市-
世持　よもち　熊本県上益城郡甲佐町-

主

主水新田　もんとしんでん　千葉県松戸市-
主計　かずえ・しゅけい
　かずえ-まち　石川県金沢市-町
　しゅけい-ちょう　京都府京都市上京区-町
主計中　かずえなか
　かずえなか-ちょう　福井県福井市-町
主原　あるじはら
　あるじはら-ちょう　大阪府茨木市-町
主師　しゅうし
　しゅうし-ちょう　長崎県平戸市-町
主基西　すきにし　千葉県鴨川市-
主税　しゅぜい・ちから
　ちから-まち　長野県飯田市-町
　ちから-まち　愛知県名古屋市東区-町
　しゅぜい-ちょう　京都府京都市上京区-町
主殿新田　とのもしんでん　山形県東田川郡庄内町-

仙

仙美　せんみ　長野県伊那市-
仙美里　せんびり　北海道中川郡本別町-
仙鳳趾　せんぽうし・せんぽうじ
　せんぽうし-むら　北海道釧路郡釧路町-村
　せんぽうじ　北海道厚岸郡浜中町-

代

代　しろ・だい
　だい　埼玉県熊谷市-
　だい　千葉県鴨川市-
　しろ　島根県隠岐郡隠岐の島町-
代田　しなんた・だいた・だいだ
　だいた　東京都世田谷区-
　しなんた　石川県羽咋郡志賀町-
　だいだ-ちょう　愛知県豊川市-町

付

付知　つけち
　つけち-ちょう　岐阜県中津川市-町
付寄　つきより　岐阜県安八郡神戸町-

兄

兄国　えくに　三重県多気郡多気町-

出

出　いで・で
　いで　富山県魚津市-
　で-むら　富山県南砺市-村
　で-まち　滋賀県彦根市-町
　で-まち　滋賀県近江八幡市-町
　いで　奈良県大和高田市-
　いで　和歌山県有田郡有田川町-
　で-まち　熊本県熊本市西区-町
　で-まち　熊本県八代市-町
出ル　いずる
　いずる-まち　岩手県二戸郡一戸町-町
出の川　いでのかわ
　いでのかわ-まち　長崎県島原市-町
出上　いでかみ　鳥取県東伯郡琴浦町-
出丸　でまる
　でまる-ちょう　大阪府高槻市-町
出口　いでぐち・でぐち
　でぐち-まち　神奈川県茅ケ崎市-町
　でぐち-まち　石川県能美市-町
　でぐち-ちょう　静岡県沼津市-町
　でぐち-ちょう　愛知県名古屋市昭和区-町
　でぐち-ちょう　愛知県半田市-町
　でぐち-ちょう　大阪府吹田市-町
　でぐち　大阪府枚方市-
　でぐち-ちょう　広島県府中市-町
　いでぐち　高知県幡多郡黒潮町-
　いでぐち-まち　宮崎県延岡市-町
出口新端ノ丁　でぐちしんはしのちょう　和歌山県和
歌山市-
出川　いでがわ・てがわ
　いでがわ　秋田県大館市-
　いでがわ　長野県松本市-
　いでがわ-まち　長野県松本市-町
　てがわ-ちょう　愛知県春日井市-町
出井　いずい・いでい
　いでい　栃木県小山市-
　いずい　山口県大島郡周防大島町-
出戸　でと
　でと　青森県上北郡六ケ所村-
　でと-まち　秋田県由利本荘市-町
　でと　新潟県新潟市秋葉区-
　でと　岐阜県山県市-
出水　いずみ・いでみず・でみず
　いでみず　千葉県勝浦市-
　でみず-ちょう　京都府京都市上京区-町
　いずみ　兵庫県加東市-
　でみず　和歌山県和歌山市-
　いずみ　熊本県熊本市中央区-
　いずみ　熊本県熊本市東区-
　いずみ-し　鹿児島県-市
　いずみ-ぐん　鹿児島県-郡
出北　いできた　宮崎県延岡市-

5画（加）

出平　いでひら
　　いでひら-まち　長崎県島原市-町
出田　いずた・いでた
　　いずた-ちょう　神奈川県横浜市神奈川区-町
　　いでた　熊本県菊池市-
出目　いずめ　愛媛県北宇和郡鬼北町-
出石　いずし
　　いずし-ちょう　岡山県岡山市北区-町
出石町入佐　いずしちょういるさ　兵庫県豊岡市-
出石町水上　いずしちょうむながい　兵庫県豊岡市-
出石町田結庄　いずしちょうたいのしょう　兵庫県豊岡市-
出石町袴狭　いずしちょうはかざ　兵庫県豊岡市-
出石町榎見　いずしちょうよのみ　兵庫県豊岡市-
出仲間　いでなかま　熊本県熊本市南区-
出光　いでみつ　大分県宇佐市-
出在家　でざいけ
　　でざいけ-ちょう　兵庫県神戸市兵庫区-町
　　でざいけ-ちょう　兵庫県川西市-町
出汐　でしお　広島県広島市南区-
出灰　いずりは　大阪府高槻市-
出羽　いずは・いずりは・でわ
　　でわ-まち　石川県金沢市-町
　　いずは　島根県邑智郡邑南町-
　　いずりは　徳島県那賀郡那賀町-
出作　しゅつさく
　　しゅつさく-ちょう　香川県高松市-町
　　しゅつさく-ちょう　香川県観音寺市-町
　　しゅつさく　愛媛県伊予郡松前町-
出沢　すざわ　愛知県新城市-
出町中央　でまちちゅうおう　富山県砺波市-
出花　いでか・でぎ
　　いでか　宮城県仙台市宮城野区-
　　でぎ　鹿児島県大島郡和泊町-
出谷　でたに　奈良県吉野郡十津川村-
出走　ではしり　奈良県御所市-
出沼　いでぬま　千葉県香取郡多古町-
出垣内　でがいと
　　でがいと-ちょう　奈良県橿原市-町
出城　でしろ　大阪府大阪市西成区-
出屋敷　でやしき
　　でやしき　岐阜県岐阜市-
　　でやしき-ちょう　奈良県奈良市-町
　　でやしき-ちょう　奈良県五條市-町
　　でやしき　奈良県御所市-
出後　いずご　三重県伊賀市-
出洲港　でずみなと　千葉県千葉市中央区-
出津　でづ　千葉県市原市-
出原　いずはら　長野県下伊那郡高森町-
出島　いずしま・でじま
　　いずしま　宮城県牡鹿郡女川町-
　　でじま　富山県黒部市-
　　でじま-ちょう　大阪府堺市堺区-町
　　でじま　和歌山県和歌山市-
　　でじま　広島県広島市南区-
　　でじま-まち　長崎県長崎市-町
出庭　でば　滋賀県栗東市-
出浜　ではま　石川県羽咋郡宝達志水町-

出流　いずる
　　いずる-まち　栃木県栃木市-町
出野　いでの　京都府船井郡京丹波町-
出野尾　いでのお　千葉県館山市-
出塚　いでづか
　　いでづか-ちょう　群馬県太田市-町
出塔　でとう　和歌山県橋本市-
出湯　でゆ　新潟県阿賀野市-
出間　いずま
　　いずま-ちょう　三重県松阪市-町
　　いずま　高知県土佐市-
出雲　いずも・いつも
　　いずも-ちょう　北海道二海郡八雲町-町
　　いずも　北海道虻田郡倶知安町-
　　いずも-まち　石川県金沢市-町
　　いずも　石川県羽咋郡志賀町-
　　いずも-ちょう　大阪府寝屋川市-町
　　いずも　奈良県桜井市-
　　いつも　和歌山県東牟婁郡串本町-
　　いずも-し　島根県-市
　　いずも-まち　福岡県大牟田市-町
　　いずも　長崎県長崎市-
出路　でっち
　　でっち-ちょう　滋賀県彦根市-町
出縄　いでなわ　神奈川県平塚市-

加

加太　かだ
　　かだ　大阪府富田林市-
　　かだ　和歌山県和歌山市-
加太神武　かぶとじんむ　三重県亀山市-
加布里　かふり　福岡県糸島市-
加生野　かようの　茨城県石岡市-
加来　かく　大分県中津市-
加治木町小山田　かじきちょうこやまだ　鹿児島県始良市-
加治木町反土　かじきちょうたんど　鹿児島県始良市-
加茂町大西　かもちょうだいさい　島根県雲南市-
加茂町山下　かもちょうさんげ　岡山県津山市-
加茂町公郷　かもちょうくごう　岡山県津山市-
加茂町百々　かもちょうどうどう　岡山県津山市-
加茂町百谷　かもちょうももだに　広島県福山市-
加茂町西小　かもちょうにしお　京都府木津川市-
加茂町法花寺野　かもちょうほっけじの　京都府木津川市-
加茂町塔中　かもちょうたつちゅう　岡山県津山市-
加茂町勝風　かもちょうしょうぶ　京都府木津川市-
加茂町銭司　かもちょうぜず　京都府木津川市-
加持　かもち　高知県幡多郡黒潮町-
加美区岩座神　かみくいさりがみ　兵庫県多可郡多可町-
加美区清水　かみくきよみず　兵庫県多可郡多可町-
加美区鳥羽　かみくとりま　兵庫県多可郡多可町-
加美区箸荷　かみくはせがい　兵庫県多可郡多可町-
加胡　かご　埼玉県比企郡川島町-
加計　かけ　広島県山県郡安芸太田町-
加悦　かや　京都府与謝郡与謝野町-
加悦奥　かやおく　京都府与謝郡与謝野町-
加納八幡　かのうはちまん
　　かのうはちまん-ちょう　岐阜県岐阜市-町

111

5画（包, 北）

加納長刀堀　かのうなぎなたぼり　岐阜県岐阜市-
加陽　かや　兵庫県豊岡市-
加須　かぞ
　かぞ-し　埼玉県-市
加勢　かぜ　宮崎県西都市-
加増　かます　長野県小諸市-
加増野　かぞうの　静岡県下田市-

包

包末　かのすえ　高知県南国市-
包近　かねちか
　かねちか-ちょう　大阪府岸和田市-町

北

北一色　きたいしき・きたいっしき
　きたいっしき　岐阜県岐阜市-
　きたいしき　岐阜県安八郡神戸町-
　きたいしき-ちょう　愛知県豊田市-町
　きたいしき-ちょう　愛知県愛西市-町
北七海　きたしつみ　石川県鳳珠郡穴水町-
北入蔵　きたにゅうぐら　新潟県三条市-
北八代　きたやしろ
　きたやしろ　富山県氷見市-
　きたやしろ　兵庫県姫路市-
北上　きたうわ・きたかみ・きたがみ
　きたがみ　北海道北見市-
　きたかみ-し　岩手県-市
　きたうわ-まち　福島県須賀川市-町
　きたかみ　新潟県新潟市秋葉区-
北上木場　きたかみこば
　きたかみこば-まち　長崎県島原市-町
北上原　きたうえばる　沖縄県中頭郡中城村-
北久原　ほっくばら　静岡県御殿場市-
北大平　きたおおだいら　新潟県村上市-
北大利　きたおおとし
　きたおおとし-ちょう　大阪府寝屋川市-町
北大和久　きたおおわぐ　栃木県大田原市-
北大河　きたおおこう
　きたおおこう-ちょう　広島県広島市南区-町
北小山　きたおやま
　きたおやま-ちょう　福井県越前市-町
北小川原乙　きたおがわはらおつ　福島県河沼郡会津坂下町-
北小田　きたおだ・きたこだ
　きたおだ-ちょう　岐阜県瑞浪市-町
　きたこだ-ちょう　愛知県豊田市-町
北小谷　きたおたり　長野県北安曇郡小谷村-
北小谷ケ丘　きたこたにがおか　京都府福知山市-
北山本　きたやまほん・きたやまもと
　きたやまもと　福島県東白川郡棚倉町-
　きたやまほん-まち　愛知県名古屋市昭和区-町
北川　きたがわ・ほつかわ
　きたがわ　埼玉県飯能市-
　きたがわ　富山県南砺市-
　きたがわ　福井県小浜市-
　きたがわ　山梨県南巨摩郡身延町-
　きたがわ　長野県佐久市-
　ほつかわ　静岡県賀茂郡東伊豆町-
　きたがわ　愛媛県北宇和郡鬼北町-
　きたがわ-むら　高知県安芸郡-村

　きたがわ　高知県長岡郡大豊町-
　きたがわ　高知県吾川郡仁淀川町-
　きたがわ　高知県高岡郡津野町-
　きたがわ-まち　福岡県北九州市門司区-町
北川内　きたかわうち・きたがわうち
　きたかわうち　宮城県加美郡加美町-
　きたかわうち　新潟県佐渡市-
　きたかわうち-ちょう　宮崎県宮崎市-町
北川顔　きたかわづら　京都府久世郡久御山町-
北不動堂　きたふどんどう
　きたふどんどう-ちょう　京都府京都市下京区-町
北中　きたじゅう・きたなか
　きたなか　北海道標津郡中標津町-
　きたなか　栃木県芳賀郡益子町-
　きたなか　埼玉県所沢市-
　きたなか　千葉県香取郡多古町-
　きたなか　新潟県三条市-
　きたなか　新潟県村上市-
　きたなか　富山県魚津市-
　きたなか-ちょう　福井県鯖江市-町
　きたなか　和歌山県紀の川市-
　きたじゅう　大分県別府市-
北中川原　きたなかかわはら・きたなかがわら
　きたなかかわはら　福島県福島市-
　きたなかがわら　福島県白河市-
北中条　きたちゅうじょう　石川県河北郡津幡町-
北中城　きたなかぐすく
　きたなかぐすく-そん　沖縄県中頭郡-村
北中間　きたちゅうげん
　きたちゅうげん-まち　和歌山県和歌山市-町
北丹　ほくたん
　ほくたん-ちょう　愛知県一宮市-町
北井門　きたいど　愛媛県松山市-
北五十里　きたいかり　新潟県佐渡市-
北五百川　きたいもがわ　新潟県三条市-
北仁田　きたじんでん　山形県酒田市-
北六田　きたむだ　奈良県吉野郡大淀町-
北斗満　きたとまむ　北海道足寄郡陸別町-
北方　きたかた・きたがた・ぼっけ
　きたかた　福島県石川郡平田村-
　きたかた-まち　茨城県龍ケ崎市-町
　きたかた　茨城県東茨城郡城里町-
　きたかた　千葉県市川市-
　ぼっけ-まち　千葉県市川市-町
　きたかた-ちょう　神奈川県横浜市中区-町
　きたがた　新潟県上越市-
　きたがた-まち　石川県金沢市-町
　きたがた　長野県飯田市-
　きたがた-ちょう　岐阜県大垣市-町
　きたがた　岐阜県揖斐郡揖斐川町-
　きたがた-ちょう　岐阜県本巣郡-町
　きたがた　岐阜県本巣郡北方町-
　きたがた　静岡県藤枝市-
　きたがた　愛知県知多郡美浜町-
　きたがた　滋賀県米原市-
　きたがた　鳥取県西伯郡南部町-
　きたがた　島根県隠岐郡隠岐の島町-
　きたがた　岡山県岡山市北区-
　きたがた　岡山県玉野市-
　きたがた　愛媛県東温市-
　きたがた　福岡県北九州市小倉南区-

5画（北）

きたかた　宮崎県串間市-
きたかた　鹿児島県姶良郡湧水町-
きたかた　鹿児島県肝属郡肝付町-
北方町八峡　きたかたまちやかい　宮崎県延岡市-
北方町上鹿川　きたかたまちかみししがわ　宮崎県延
岡市-
北方町川水流　きたかたまちかわずる　宮崎県延岡市-
北方町角田　きたかたまちつのだ　宮崎県延岡市-
北方町菅原　きたかたまちすげばる　宮崎県延岡市-
北日当　きたひなた　千葉県長生郡白子町-
北水口　きたみよぐち　千葉県長生郡長生村-
北丘珠一条　きたおかだまいちじょう　北海道札幌市
東区-
北仙房　ほくせんぼう　岐阜県関市-
北代田　きたしろた
きたしろた-まち　群馬県前橋市-町
北出　きたいで・きたで
きたで-ちょう　大阪府四條畷市-町
きたいで　大阪府泉北郡忠岡町-
北平沢　きたひらさわ・きたへいざわ
きたへいざわ　山形県酒田市-
きたひらさわ　埼玉県日高市-
北平野奥垣内　きたひらのおくがいち　兵庫県姫路市-
北本　きたほん・きたもと
きたもと-し　埼玉県-市
きたもと　埼玉県北本市-
きたほん-ちょう　千葉県船橋市-町
きたほん-ちょう　新潟県上越市-町
きたほん-ちょう　新潟県阿賀野市-町
きたほん-ちょう　新潟県胎内市-町
きたほん-まち　大阪府八尾市-町
きたほん-まち　兵庫県伊丹市-町
きたほん-まち　奈良県大和高田市-町
きたほん-まち　高知県高知市-町
北生振　きたおやふる　北海道石狩市-
北田気　きたたげ　茨城県久慈郡大子町-
北白川上終　きたしらかわかみはて
きたしらかわかみはて-ちょう　京都府京都市左京区-町
北矢三　きたやそ
きたやそ-ちょう　徳島県徳島市-町
北辺田　きたべた　千葉県印旛郡栄町-
北会津町白山　きたあいづまちはくさん　福島県会津
若松市-
北会津町柏原　きたあいづまちかしわばら　福島県会
津若松市-
北光　ほっこう・ほつこう
ほっこう　北海道北見市-
ほっこう-ちょう　北海道苫小牧市-町
ほっこう　北海道千歳市-
ほっこう　北海道砂川市-
ほっこう-ちょう　北海道深川市-町
ほっこう　北海道常呂郡置戸町-
北吉原　きたよしはら・きたよしわら
きたよしはら　北海道白老郡白老町-
きたよしわら　茨城県笠間市-
北向　きたむき
きたむき-まち　福島県田村郡三春町-町
きたむき-ちょう　奈良県奈良市-町
北向田　きたむかだ　栃木県那須郡那珂川町-

北多久町多久原　きたたくまちたくばる　佐賀県多
久市-
北多久町莇原　きたたくまちあざみばる　佐賀県多
久市-
北安曇　きたあずみ
きたあずみ-ぐん　長野県-郡
北作開　きたさっかい　北海道寿都郡黒松内町-
北余部　きたあまべ　大阪府堺市美原区-
北別府　きたべふ
きたべふ-ちょう　大阪府摂津市-町
きたべふ　兵庫県神戸市西区-
北坂門田　きたさかもんた　熊本県玉名市-
北尾張部　きたおわりべ　長野県長野市-
北条　きたじょう・ほうじょう
ほうじょう　茨城県つくば市-
ほうじょう　千葉県館山市-
きたじょう　新潟県柏崎市-
きたじょう　新潟県妙高市-
きたじょう-まち　長野県長野市-町
きたじょう　愛知県常滑市-
きたじょう-まち　三重県四日市市-町
ほうじょう-ちょう　大阪府堺市西区-町
きたじょう-ちょう　大阪府豊中市-町
ほうじょう　大阪府大東市-
ほうじょう　兵庫県姫路市-
きたじょう　山口県宇部市-
ほうじょう　愛媛県松山市-
ほうじょう　愛媛県西条市-
北村大願　きたむらおおねがい　北海道岩見沢市-
北村豊正　きたむらほうせい　北海道岩見沢市-
北村豊里　きたむらとよさと　北海道岩見沢市-
北杜　ほくと
ほくと-し　山梨県-市
北沖洲　きたおきのす　徳島県徳島市-
北狄　きたえびす　新潟県佐渡市-
北花山河原　きたかざんかわら
きたかざんかわら-ちょう　京都府京都市山科区-町
北角　きとずみ　奈良県吉野郡天川村-
北谷　きただに・きたや・ちゃたん
きたや　埼玉県草加市-
きたや-ちょう　埼玉県草加市-町
きたや-ちょう　神奈川県川崎市中原区-町
きただに　新潟県上越市-
きただに-まち　石川県輪島市-町
きただに　和歌山県西牟婁郡白浜町-
きただに　福岡県太宰府市-
ちゃたん-ちょう　沖縄県中頭郡-町
ちゃたん　沖縄県中頭郡北谷町-
北谷町河合　きただにちょうこうごう　福井県勝山市-
北京終　きたきょうばて
きたきょうばて-ちょう　奈良県奈良市-町
北幸　きたさいわい・ほっこう
ほっこう-ちょう　北海道枝幸郡枝幸町-町
きたさいわい　神奈川県横浜市西区-
北府　きたご　福井県越前市-
北河内　きたがわうち・きたかわち
きたかわち　石川県鳳珠郡能登町-
きたがわうち　徳島県海部郡美波町-
北河田　きたごうた
きたごうた-ちょう　愛知県愛西市-町

113

5画（北）

北河路 きたこうじ
　きたこうじ-ちょう　三重県津市-町
北波多志気 きたはたしげ　佐賀県唐津市-
北牧 きたもく　群馬県渋川市-
北長太 きたなご
　きたなご-ちょう　三重県鈴鹿市-町
北長田 きたながた
　きたながた　和歌山県紀の川市-
　きたながた　福岡県筑後市-
北長谷 きたはせ　宮城県岩沼市-
北長狭通 きたながさどおり　兵庫県神戸市中央区-
北門 きたもん・ほくもん
　ほくもん-ちょう　北海道旭川市-町
　きたもん　静岡県掛川市-
　きたもん-まち　長崎県島原市-町
北青木 きたあおき・きたおうぎ
　きたあおき　福島県会津若松市-
　きたおうぎ　兵庫県神戸市東灘区-
北南茂呂 ほくなんもろ　茨城県結城市-
北城 きたしろ・ほくじょう
　きたしろ-ちょう　新潟県上越市-町
　ほくじょう　長野県北安曇郡白馬村-
　きたしろ-ちょう　愛知県春日井市-町
北城内 きたじょうない
　きたじょうない　兵庫県尼崎市-
　きたじょうない　佐賀県唐津市-
北後 きたうしろ　福島県伊達市-
北栄 きたさかえ・きたざかえ・ほくえい
　ほくえい-ちょう　北海道苫小牧市-町
　ほくえい　北海道千歳市-
　ほくえい-ちょう　北海道石狩郡当別町-町
　ほくえい　北海道夕張郡由仁町-
　ほくえい-ちょう　北海道枝幸郡枝幸町-町
　ほくえい　北海道常呂郡訓子府町-
　ほくえい　北海道中川郡豊頃町-
　ほくえい　北海道十勝郡浦幌町-
　きたさかえ-ちょう　栃木県那須塩原市-町
　きたざかえ　千葉県浦安市-
　きたざかえ-まち　京都府福知山市-町
　ほくえい-ちょう　鳥取県東伯郡-町
　きたざかえ　広島県大竹市-
　きたざかえ-まち　山口県山陽小野田市-町
　ほくえい-まち　長崎県長崎市-町
北畑 きたはた・きたばた・きたばたけ
　きたばたけ　福島県郡山市-
　きたはた　福島県伊達市-
　きたばた-ちょう　愛知県名古屋市中村区-町
　きたばた　愛知県新城市-
　きたはた　滋賀県蒲生郡日野町-
北面 きたも　鳥取県倉吉市-
北風原 ならいはら　千葉県鴨川市-
北原 きたはら・きたばら・きたばる
　きたはら　北海道上川郡和寒町-
　きたはら　宮城県加美郡加美町-
　きたはら　宮城県遠田郡美里町-
　きたはら　福島県福島市-
　きたはら　福島県喜多方市-
　きたはら　福島県大沼郡会津美里町-
　きたはら　茨城県つくば市-
　きたはら-まち　群馬県高崎市-町
　きたはら　埼玉県さいたま市緑区-

　きたはら-ちょう　埼玉県所沢市-町
　きたはら　埼玉県朝霞市-
　きたはら-ちょう　東京都西東京市-町
　きたはら-ちょう　長野県須坂市-町
　きたはら-ちょう　愛知県名古屋市瑞穂区-町
　きたはら　兵庫県姫路市-
　きたばら　岡山県美作市-
　きたばる　福岡県福岡市西区-
　きたばら-まち　長崎県島原市-町
　きたばら-まち　熊本県八代市-町
　きたはら-まち　熊本県天草市-町
　きたばる　大分県中津市-
　きたはら-ちょう　宮崎県都城市-町
　きたはら　沖縄県島尻郡久米島町-
北原山町六田池 きたはらやまちょうむたいけ　愛知県尾張旭市-
北原山町鳴湫 きたはらやまちょうなるくて　愛知県尾張旭市-
北恩加島 きたおかじま　大阪府大阪市大正区-
北畝 きたせ　岡山県倉敷市-
北真土郷 きたまつちごう　山口県山陽小野田市-
北竜 ほくりゅう
　ほくりゅう-ちょう　北海道雨竜郡-町
　ほくりゅう　北海道雨竜郡沼田町-
北荷頃 きたにごろ　新潟県長岡市-
北高下 きたこうげ
　きたこうげ-ちょう　愛媛県今治市-町
北斎院 きたさや
　きたさや-ちょう　愛媛県松山市-町
北曽木 ほくそぎ
　ほくそぎ-ちょう　愛知県豊田市-町
北條 きたじょう・ほうじょう
　きたじょう　長野県下伊那郡阿南市-
　ほうじょう-ちょう　大阪府藤井寺市-町
北清水 きたしみず・きたしゅうず
　きたしみず　千葉県山武郡横芝光町-
　きたしゅうず-ちょう　滋賀県東近江市-町
　きたしみず-ちょう　大阪府堺市堺区-町
北菅生 きたすごう
　きたすごう-ちょう　福井県福井市-町
北郷 きたごう・きたさと
　きたごう　北海道札幌市白石区-
　きたごう　北海道樺戸郡月形町-
　きたごう　山形県尾花沢市-
　きたさと　茨城県つくば市-
　きたごう　長野県長野市-
北郷入下 きたごうにゅうした　宮崎県東臼杵郡美郷町-
北郷町上野 きたごうちょううわの　福井県勝山市-
北郷町北河内 きたごうちょうきたがわち　宮崎県日南市-
北郷町志比原 きたごうちょうしいわら　福井県勝山市-
北野町大城 きたのまちおおき　福岡県久留米市-
北陵 ほくりょう
　ほくりょう-ちょう　島根県松江市-町
北鳥生 きたとりう
　きたとりう-ちょう　愛媛県今治市-町
北麻績 きたおうみ
　きたおうみ-ちょう　愛知県稲沢市-町
北幾世橋 きたきよはし　福島県双葉郡浪江町-

北御門 きたごもん・きたみかど
  きたみかど 福井県大野市
  きたごもん-ちょう 京都府京都市東山区-町
  きたみかど-ちょう 奈良県奈良市-町
北朝霧丘 きたあさぎりおか 兵庫県明石市-
北稀府 きたまれふ
  きたまれふ-ちょう 北海道伊達市-町
北筑 ほくちく 福岡県北九州市八幡西区-
北落 きたおち 滋賀県犬上郡甲良町-
北道 きたどう 和歌山県日高郡みなべ町-
北道穂 きたみつほ 奈良県葛城市-
北開 きたびらき・ほっかい
  ほっかい 北海道河東郡士幌町-
  きたびらき 大阪府大阪市西成区-
北雄武 きたおうむ 北海道紋別郡雄武町-
北勢田 きたせいだ 和歌山県紀の川市-
北勢町川原 ほくせいちょうかわはら 三重県いなべ市-
北勢町向平 ほくせいちょうむこひら 三重県いなべ市-
北勢町治田外面 ほくせいちょうはったども 三重県いなべ市-
北勢町垣内 ほくせいちょうかいと 三重県いなべ市-
北勢町麻生田 ほくせいちょうおうだ 三重県いなべ市-
北勢町皷 ほくせいちょうつづみ 三重県いなべ市-
北夢前台 きたゆめさきだい 兵庫県姫路市-
北嵯峨長刀坂 きたさがなぎなたざか
  きたさがなぎなたざか-ちょう 京都府京都市右京区-町
北新 きたしん・ほくしん
  ほくしん 北海道石狩郡新篠津村-
  きたしん-まち 宮城県亘理郡亘理町-町
  きたしん-まち 山形県酒田市-町
  きたしん 神奈川県横浜市瀬谷区-
  きたしん-まち 富山県富山市-町
  きたしん 富山県黒部市-
  きたしん-まち 富山県南砺市-町
  きたしん 山梨県甲府市-
  きたしん-ちょう 愛知県日進市-町
  きたしん 大阪府大阪市中央区-町
  きたしん-まち 大阪府松原市-町
  きたしん-まち 大阪府大東市-町
  きたしん-まち 兵庫県篠山市-町
  きたしん-まち 奈良県奈良市-町
  きたしん-まち 奈良県生駒市-町
  きたしん 和歌山県和歌山市-
  きたしん-まち 和歌山県田辺市-町
  きたしん-まち 愛媛県宇和島市-町
  きたしん-まち 愛媛県新居浜市-町
北新田 きたしんた・きたしんでん
  きたしんでん 宮城県亘理郡亘理町-
  きたしんでん 千葉県我孫子市-
  きたしんでん 新潟県十日町市-
  きたしんでん 静岡県焼津市-
  きたしんでん 愛知県海部郡蟹江町-
  きたしんでん 愛知県知多郡武豊町-
  きたしんた-ちょう 高知県高知市-町
北新戎ノ丁 きたしんえびすのちょう 和歌山県和歌山市-
北椿尾 きたつばお
  きたつばお-ちょう 奈良県奈良市-町

北滑草 きたなめそう
  きたなめそう-ちょう 愛知県半田市-町
北糀谷 きたこうじや 東京都大田区-
北鉄輪 きたかんなわ 大分県別府市-
北端 きたはた・きたばた
  きたはた 京都府京都市伏見区-町
  きたばた-ちょう 高知県高知市-町
北標茶 きたしべちゃ 北海道川上郡標茶町-
北諸県 きたもろかた
  きたもろかた-ぐん 宮崎県-郡
北橘町上南室 ほっきつまちかみなむろ 群馬県渋川市-
北嶺 きたみね
  きたみね-まち 東京都大田区-町
北檜山区小川 きたひやまくこがわ 北海道久遠郡せたな町-
北檜山区丹羽 きたひやまくにわ 北海道久遠郡せたな町-
北檜山区太櫓 きたひやまくふとろ 北海道久遠郡せたな町-
北篠平 きたささだいら
  きたささだいら-ちょう 愛知県豊田市-町
北鶉 きたうずら 岐阜県岐阜市-
北鐙坂 きたあぶさか 新潟県十日町市-
北灘町宿毛谷 きたなだちょうしゅくもだに 徳島県鳴門市-
北灘町碁浦 きたなだちょうごのうら 徳島県鳴門市-
北靈鷲 きたほうりょう 岩手県一関市-

匝

匝瑳 そうさ
  そうさ-し 千葉県-市

半

半分形 はぶがた 神奈川県足柄上郡中井町-
半田 はだ・はんた・はんだ
  はんだ 茨城県石岡市-
  はんだ-まち 茨城県龍ケ崎市-町
  はんだ 群馬県渋川市-
  はんた 埼玉県三郷市-
  はんだ 新潟県柏崎市-
  はんだ-ちょう 福井県福井市-町
  はんだ-ちょう 静岡県浜松市東区-町
  はんだ-し 愛知県-市
  はんだ 三重県津市-
  はんだ 京都府福知山市-
  はんだ 大阪府貝塚市-
  はんだ 大阪府大阪狭山市-
  はんだ-ちょう 岡山県岡山市北区-町
  はんだ 徳島県美馬郡つるぎ町-
  はだ 佐賀県唐津市-
半町 はんじょ 大阪府箕面市-
半城土 はじょうど
  はじょうど-ちょう 愛知県刈谷市-町
半屋 なかりや 富山県中新川郡立山町-
半原 はばら・はんばら
  はばら 茨城県鉾田市-
  はばら 神奈川県愛甲郡愛川町-
半済 はんせい 静岡県菊川市-
半道橋 はんみちばし 福岡県福岡市博多区-

5画（占,卯,収,右,可,叶,古）

半頭　はんがしら
　　はんがしら・ちょう　愛知県津島市-町

占

占出山　うらでやま
　　うらでやま・ちょう　京都府京都市中京区-町
占冠　しむかっぷ
　　しむかっぷ・むら　北海道勇払郡-村
　　しむかっぷ　北海道勇払郡占冠村-

卯

卯子酉　うねどり　岩手県下閉伊郡普代村-
卯垣　ぼうがき　鳥取県鳥取市-
卯遠坂　うとうざか　岩手県滝沢市-
卯敷　うずき　島根県隠岐郡隠岐の島町-

収

収納谷　すのうや　茨城県常総市-

右

右手　うて　岡山県美作市-
右左口　うばぐち
　　うばぐち・ちょう　山梨県甲府市-町
右城　うしろ　福島県伊達市-

可

可児　かに
　　かに-し　岐阜県-市
　　かに-ぐん　岐阜県-郡
可部町南原　かべちょうなばら　広島県広島市安佐
　　北区-
可部町桐原　かべちょうとげ　広島県広島市安佐北区-

叶

叶　かのう
　　かのう　鳥取県鳥取市-
　　かのう　鹿児島県大島郡与論町-
叶木　かのうぎ　山口県岩国市-
叶水　かのみず　山形県西置賜郡小国町-
叶谷　かのうや
　　かのうや・ちょう　栃木県宇都宮市-町
　　かのうや・まち　東京都八王子市-町
叶松　かのうまつ　山口県山陽小野田市-
叶津　かのうづ　福島県南会津郡只見町-

古

古ケ崎　こがさき　千葉県松戸市-
古ケ場　こかば　埼玉県さいたま市岩槻区-
古ケ鶴　こがづる　大分県大分市-
古丁　ふるちょう　長崎県島原市-
古二階　こにかい
　　こにかい-まち　兵庫県姫路市-町
古人見　こひとみ
　　こひとみ・ちょう　静岡県浜松市西区-町
古三津　ふるみつ
　　ふるみつ　愛媛県松山市-
　　ふるみつ・まち　愛媛県松山市-町
古上条　ふるかみじょう
　　ふるかみじょう-まち　山梨県甲府市-町
古久喜　こぐき　埼玉県久喜市-
古千代　こちよ　愛知県常滑市-

古千谷　こちや　東京都足立区-
古口　ふるくち　山形県最上郡戸沢村-
古大工　ふるだいく
　　ふるだいく-まち　熊本県熊本市中央区-町
古小烏　ふるこがらす
　　ふるこがらす-まち　福岡県福岡市中央区-町
古山　こやま・ふるさん
　　ふるさん　北海道夕張郡由仁町-
　　こやま　栃木県真岡市-
古山界外　ふるやまかいげ　三重県伊賀市-
古川　こかわ・ふるかわ
　　ふるかわ　北海道夕張郡由仁町-【ほか41ヶ所】
　　こかわ　千葉県山武郡横芝光町-
古川上中目　ふるかわかみなかのめ　宮城県大崎市-
古川上垳　ふるかわかみぞね　宮城県大崎市-
古川千手寺　ふるかわせんじゅうじ
　　ふるかわせんじゅうじ・ちょう　宮城県大崎市-町
古川小林　ふるかわおばやし　宮城県大崎市-
古川小野　ふるかわこの　宮城県大崎市-
古川矢目　ふるかわやのめ　宮城県大崎市-
古川李垳　ふるかわすもぞね　宮城県大崎市-
古川町上野　ふるかわちょうかみ　岐阜県飛騨市-
古川町太江　ふるかわちょうたいえ　岐阜県飛騨市-
古川町信包　ふるかわちょうのぶか　岐阜県飛騨市-
古川町畦畑　ふるかわちょううねはた　岐阜県飛騨市-
古川町数河　ふるかわちょうすごう　岐阜県飛騨市-
古川雨生沢　ふるかわあめおざわ　宮城県大崎市-
古川城西　ふるかわしろにし　宮城県大崎市-
古川荒田目　ふるかわあらたのめ　宮城県大崎市-
古川塚目　ふるかわつかのめ　宮城県大崎市-
古川新田　ふるかわしんでん・ふるかわにいだ
　　ふるかわにいだ　宮城県大崎市-
　　ふるかわしんでん　新潟県新潟市南区-
古川楡木　ふるかわたまのき　宮城県大崎市-
古川鶴ケ垳　ふるかわつるがそね　宮城県大崎市-
古丹　こたん　北海道川上郡弟子屈町-
古丹別　こたんべつ　北海道苫前郡苫前町-
古井　こい・ふるい
　　ふるい-ちょう　愛知県安城市-町
　　こい-ちょう　三重県松阪市-町
　　ふるい　和歌山県日高郡印南町-
　　こい　高知県安芸市-
古井町下古井　こびちょうしもこび　岐阜県美濃加
　　茂市-
古仁屋　こにや　鹿児島県大島郡瀬戸内町-
古仏頂　こぶつちょう
　　こぶつちょう-まち　熊本県人吉市-町
古内　ふるうち
　　ふるうち　宮城県仙台市泉区-
　　ふるうち　茨城県筑西市-
　　ふるうち　千葉県香取市-
古戸　こど・ふると・ふるど
　　ふると-ちょう　群馬県太田市-町
　　ふるど　千葉県我孫子市-
　　こど-ちょう　三重県尾鷲市-町
古戸野　こどの
　　こどの-ちょう　三重県尾鷲市-町
古月　ふるつき　愛媛県南宇和郡愛南町-
古木場　ふるこば　佐賀県西松浦郡有田町-

116

5画（古）

古毛　こも　福岡県朝倉市-
古世　こせ
　　こせ-ちょう　京都府亀岡市-町
古出来　こでき
　　こでき　愛知県名古屋市千種区-
　　こでき　愛知県名古屋市東区-
古市場神田　ふるいちばじんでん　岐阜県岐阜市-
古布　こう　愛知県知多郡美浜町-
古布内　こぶうち
　　こぶうち　茨城県坂東市-
　　こぶうち　千葉県野田市-
古平　ふるびら
　　ふるびら-ぐん　北海道-郡
　　ふるびら-ちょう　北海道古平郡-町
古氷　ふるこおり　群馬県邑楽郡大泉町-
古田　こだ・ふった・ふるた
　　ふった　岩手県宮古市-
　　ふるた　山形県西置賜郡小国町-
　　ふるた-ちょう　栃木県宇都宮市-町
　　こだ　新潟県新潟市秋葉区-
　　こだ　新潟県新発田市-
　　こだ-ちょう　愛知県田原市-町
　　ふるた　兵庫県加古郡播磨町-
　　ふるた　和歌山県東牟婁郡串本町-
　　ふるた　高知県長岡郡本山町-
　　ふるた　鹿児島県西之表市-
古田刈　こたかり　福井県敦賀市-
古田台　ふるただい　広島県広島市西区-
古石　ふるいし　熊本県葦北郡芦北町-
古石場　ふるいしば　東京都江東区-
古込　ふるごめ　千葉県成田市-
古名　こみょう　埼玉県比企郡吉見町-
古多糠　こたぬか　北海道標津郡標津町-
古安曽　こあそ　長野県上田市-
古宇　ふるう
　　ふるう-ぐん　北海道-郡
古宇利　こうり　沖縄県国頭郡今帰仁村-
古寺　こでら・ふるてら・ふるでら
　　ふるでら　福島県喜多方市-
　　ふるでら　新潟県新発田市-
　　ふるでら　富山県富山市-
　　こでら　奈良県北葛城郡広陵町-
古庄　ふるしょう　静岡県静岡市葵区-
古江　ふるえ
　　ふるえ-ちょう　三重県尾鷲市-町
　　ふるえ　三重県多気郡多気町-
　　ふるえ-ちょう　大阪府池田市-町
　　ふるえ　香川県小豆郡小豆島町-
　　ふるえ-ちょう　長崎県平戸市-町
　　ふるえ-ちょう　鹿児島県鹿屋市-町
古江見　こえみ　和歌山県有田市-
古池　ふるいけ
　　ふるいけ　福島県白河市-
　　ふるいけ　埼玉県入間郡越生町-
　　ふるいけ　兵庫県相生市-
古西　こにし
　　ふるにし-ちょう　京都府京都市中京区-町
　　ふるにし-ちょう　京都府京都市東山区-町
古佐田　こさだ　和歌山県橋本市-

古作　こさく
　　こさく　千葉県船橋市-
　　こさく-ちょう　千葉県船橋市-町
古君　ふるきみ　石川県鳳珠郡穴水町-
古呂々尾中　ころろびなか　岡山県真庭市-
古尾　こび・ふるお
　　ふるお　和歌山県田辺市-
　　こび　高知県四万十市-
古岐　ふるまた　新潟県東蒲原郡阿賀町-
古志　こし
　　こし-まち　富山県富山市-町
　　こし-ちょう　島根県松江市-町
　　こし-ちょう　島根県出雲市-町
　　こし　鹿児島県大島郡瀬戸内町-
古志田　ふるしだ
　　ふるしだ-まち　山形県米沢市-町
古志原　こしばら
　　こしばら　島根県松江市-
　　こしばら-ちょう　島根県松江市-町
古我知　こがち　沖縄県名護市-
古来　ふるく　茨城県つくば市-
古沢　ふるさわ
　　ふるさわ　茨城県下妻市-
　　ふるさわ　神奈川県川崎市麻生区-
　　ふるさわ　富山県富山市-
　　ふるさわ　静岡県御殿場市-
　　ふるさわ-ちょう　滋賀県彦根市-町
古町川尻　ふるまちかわじり　福島県河沼郡会津坂
　　　下町-
古町通　ふるまちどおり　新潟県新潟市中央区-
古社　ふるやしろ　愛知県常滑市-
古見　こけん・こみ
　　こみ　長野県東筑摩郡朝日村-
　　こみ　静岡県湖西市-
　　こけん-ちょう　愛知県一宮市-町
　　こみ　岡山県真庭市-
　　こみ　沖縄県八重山郡竹富町-
古谷　こや・ふるや
　　ふるや　静岡県菊川市-
　　こや　愛媛県今治市-
古谷上　ふるやかみ　埼玉県川越市-
古里　こさと・ふるさと
　　ふるさと　埼玉県比企郡嵐山町-
　　こさと　長野県上田市-
　　ふるさと　三重県北牟婁郡紀北町-
　　ふるさと　熊本県水俣市-
　　ふるさと-ちょう　鹿児島県鹿児島市-町
　　ふるさと-ちょう　鹿児島県鹿屋市-町
　　ふるさと　鹿児島県大島郡伊仙町-
　　ふるさと　鹿児島県大島郡和泊町-
　　ふるさと　鹿児島県大島郡与論町-
古京　ふるきょう・ふるぎょう
　　ふるぎょう-ちょう　岡山県岡山市中区-町
　　ふるぎょう-まち　熊本県熊本市中央区-町
古味　こみ　高知県土佐郡土佐町-
古和田　ふるわだ　和歌山県紀の川市-
古和浦　こわうら　三重県度会郡南伊勢町-
古和釜　こわがま
　　こわがま-ちょう　千葉県船橋市-町
古和備　こわそなえ　青森県上北郡七戸町-

117

5画（古）

古国分　ふるこくぶ　愛媛県今治市-
古国府　ふるごう　大分県大分市-
古奈　こな　静岡県伊豆の国市-
古定塚　ふるじょうづか　富山県高岡市-
古岸　ふるぎし　北海道新冠郡新冠町-
古府　こふ・こぶ・ふるこ
　こぶ　石川県金沢市-
　こぶ-まち　石川県金沢市-町
　ふるこ-まち　石川県七尾市-町
　こふ-まち　石川県小松市-町
古府中　こふちゅう
　こふちゅう-まち　山梨県甲府市-町
古所　ふるところ　千葉県長生郡白子町-
古明前　ふるみょうまえ　青森県上北郡野辺地町-
古武井　こぶい
　こぶい-ちょう　北海道函館市-町
古河　こが・ふるかわ・ふるこ
　ふるかわ　福島県須賀川市-
　こが-し　茨城県-市
　こが　茨城県古河市-
　ふるかわ-まち　石川県小松市-町
　ふるこ-まち　長崎県長崎市-町
古河林　こがばやし　茨城県稲敷郡河内町-
古波蔵　こはぐら　沖縄県那覇市-
古知丸　こちまる　岐阜県大垣市-
古知野町花霞　こちのちょうはながすみ　愛知県江
　南市-
古茂口　こもぐち　千葉県館山市-
古金　こがね
　こがね-まち　愛知県一宮市-町
　こがね-まち　大分県日田市-町
古金谷　ふるかなや　大分県中津市-
古長　ふるなが　鳥取県東伯郡琴浦町-
古長谷　ふるはせ　山梨県南巨摩郡身延町-
古門　ふるもん　福岡県鞍手郡鞍手町-
古門戸　こもんど
　こもんど-まち　福岡県福岡市博多区-町
古青渡　ふるあおど　山形県酒田市-
古保利　こほり　広島県山県郡北広島町-
古保里　こおざと
　こおざと-まち　熊本県宇土市-町
古前　ふるまえ　福岡県北九州市若松区-
古前城　こぜんじょう
　こぜんじょう-ちょう　鹿児島県鹿屋市-町
古城　こじょう・ふるじょう・ふるしろ・ふるじろ
　ふるじろ　宮城県仙台市若林区-
　こじょう-まち　福島県耶麻郡猪苗代町-町
　こじょう　茨城県龍ケ崎市-
　こじょう　富山県高岡市-
　ふるしろ-まち　石川県七尾市-町
　こじょう-まち　石川県小松市-町
　ふるしろ-まち　石川県白山市-町
　こじょう　長野県小諸市-
　ふるしろ-ちょう　京都府京都市中京区-町
　ふるしろ　徳島県板野郡板野町-
　こじょう　高知県高岡郡四万十町-
　こじょう-まち　熊本県熊本市中央区-町
　ふるしろ-まち　熊本県八代市-町
　こじょう　熊本県水俣市-
　こじょう-まち　熊本県宇土市-町

ふるじょう　熊本県菊池郡大津町-
ふるじょう　熊本県球磨郡湯前町-
こじょう　大分県中津市-
ふるじょう-ちょう　宮崎県宮崎市-町
ふるしろ-まち　宮崎県延岡市-
古室　こむろ　大阪府藤井寺市-
古屋　こや・ふるや
　ふるや　群馬県安中市-
　ふるや　福井県丹生郡越前町-
　こや　和歌山県和歌山市-
　ふるや　和歌山県日高郡印南町-
　ふるや-ちょう　山口県下関市-町
　ふるや　徳島県那賀郡那賀町-
古屋布　ふるやしき　秋田県能代市-
古屋石塚　ふるやいしづか　福井県あわら市-
古屋谷　ふるやだに
　ふるやだに-まち　石川県金沢市-町
古屋敷　ふるやしき
　ふるやしき　青森県上北郡七戸町-
　ふるやしき　青森県上北郡東北町-
　ふるやしき　岩手県八幡平市-
　ふるやしき　福島県郡山市-
　ふるやしき　福島県須賀川市-
　ふるやしき-まち　石川県七尾市-町
　ふるやしき-ちょう　岐阜県関市-町
　ふるやしき　岐阜県可児郡御嵩町-
古後　こご　大分県玖珠郡玖珠町-
古怒田　こぬた　神奈川県足柄上郡中井町-
古政成　こまさなり　愛知県海部郡飛島村-
古海　うるみ・こかい・ふるみ
　こかい　群馬県邑楽郡大泉町-
　ふるみ　長野県上水内郡信濃町-
　ふるみ　鳥取県鳥取市-
　うるみ　島根県隠岐郡知夫村-
古海老江　ふるえびえ　富山県中新川郡舟橋村-
古泉　こいずみ
　こいずみ-ちょう　千葉県千葉市若葉区-町
　こいずみ　山口県周南市-
古津　ふるつ　新潟県新潟市秋葉区-
古津賀　こつか　高知県四万十市-
古畑　こばた　千葉県鴨川市-
古畑耕　ふるはたこう　高知県高岡郡佐川町-
古祖原　こそばら　山口県防府市-
古美濃部　ふるみのべ
　ふるみのべ-ちょう　京都府京都市上京区-町
古荒新田　こあらしんでん　山形県酒田市-
古凍　ふるこおり　埼玉県東松山市-
古原　こはら　千葉県香取郡神崎町-
古家　こや　福島県二本松市-
古宮　こみや・ふるみや
　ふるみや-まち　岐阜県大垣市-町
　こみや　兵庫県加古郡播磨町-
古島　こじま・ふるじま
　こじま　福岡県筑後市-
　ふるじま　沖縄県那覇市-
　ふるじま　沖縄県国頭郡本部町-
古座　こざ　和歌山県東牟婁郡串本町-
古梅　ふるうめ　北海道網走郡美幌町-
古浜　こはま
　こはま-ちょう　愛知県半田市-町

こはま・ちょう　兵庫県赤穂市-町
こはま　広島県三原市-
こはま・ちょう　広島県尾道市-町
古真立　こまだて　愛知県北設楽郡豊根村-
古郡　ふるこおり・ふるごおり
　ふるごおり　山形県鶴岡市-
　ふるごおり　茨城県筑西市-
　ふるごおり　埼玉県児玉郡美里町-
　ふるごおり　三重県伊賀市-
古郡家　ここおげ　鳥取県鳥取市-
古馬場　ふるばば
　ふるばば・ちょう　香川県高松市-町
古高　ふったか・ふるたか
　ふったか　茨城県潮来市-
　ふるたか・ちょう　滋賀県守山市-町
古高山　ふるたかやま　福島県白河市-
古堂　ふるどう　青森県三戸郡五戸町-
古宿　ふるじゅく・ふるやど
　ふるやど　静岡県静岡市駿河区-
　ふるじゅく・ちょう　愛知県豊川市-町
古宿新田　ふるじゅくしんでん　茨城県結城市-
古曽志　こそし
　こそし・ちょう　島根県松江市-町
古曽部　こそべ
　こそべ・ちょう　大阪府高槻市-町
古桶屋　ふるおけや
　ふるおけや・まち　熊本県熊本市中央区-町
古淵　こぶち　神奈川県相模原市南区-
古船場　ふるせんば
　ふるせんば・まち　福岡県北九州市小倉北区-町
古郷　こきょう
　こきょう・まち　石川県金沢市-町
古都辺　こつべ　千葉県市原市-
古都宿　こずしゅく　岡山県岡山市東区-
古部　こぶ・ふるべ
　ふるべ・ちょう　北海道函館市-町
　こぶ・ちょう　愛知県岡崎市-町
古野　ふるの
　ふるの・ちょう　大阪府河内長野市-町
　ふるの・まち　佐賀県鳥栖市-町
古野上　ふるのがみ
　ふるのがみ・ちょう　広島県福山市-町
古雪　ふるゆき
　ふるゆき・まち　秋田県由利本荘市-町
古魚　ふるうお
　ふるうお・まち　大分県中津市-町
古魚店　ふるうおのたな
　ふるうおのたな・まち　山口県萩市-町
古黒部　ふるくろべ　富山県下新川郡入善町-
古博多　ふるはかた
　ふるはかた・まち　大分県中津市-町
古堅　ふるげん　沖縄県中頭郡読谷村-
古場　こば
　こば　愛知県常滑市-
　こば・ちょう　愛知県常滑市-町
古御旅　ふるおたび
　ふるおたび・ちょう　京都府京都市下京区-町
　ふるおたび・ちょう　京都府京都市南区-町

古御堂　こみどう・ふるみどう
　ふるみどう　富山県黒部市-
　こみどう　鳥取県西伯郡大山町-
古森　こうもり・ふるもり
　ふるもり　群馬県吾妻郡長野原町-
　こうもり　兵庫県篠山市-
古渡　ふっと・ふるわたり
　ふっと　茨城県稲敷市-
　ふるわたり・ちょう　愛知県名古屋市中区-町
古渡路　ふるとろ　新潟県村上市-
古満目　こまめ　高知県幡多郡大月町-
古湊　こみなと・ふるみなと
　こみなと・ちょう　山形県酒田市-町
　ふるみなと・まち　新潟県新潟市東区-町
古湊通　こみなとどおり　兵庫県神戸市中央区-
古萩　ふるはぎ
　ふるはぎ・まち　山口県萩市-町
古街道長根　ふるかいどうながね　青森県三戸郡五戸町-
古賀原　こがのはる　大分県別府市-
古道　ふるみち
　ふるみち　愛知県常滑市-
　ふるみち　愛知県あま市-
　ふるみち・まち　長崎県長崎市-町
古開作　こがいさく・ふるがいさく
　こがいさく　山口県柳井市-
　ふるがいさく　山口県山陽小野田市-
古間　ふるま　長野県上水内郡信濃町-
古間木　ふるまき・ふるまぎ
　ふるまき　青森県三沢市-
　ふるまき　茨城県常総市-
　ふるまぎ　千葉県流山市-
古閑　こが
　こが　熊本県山鹿市-
　こが　熊本県下益城郡美里町-
　こが　熊本県上益城郡益城町-
古飯　ふるえ　福岡県小郡市-
古園　ふるぞの　大分県竹田市-
古新　こしん・ふるじん
　こしん・ちょう　愛知県名古屋市熱田区-町
　ふるじん・まち　香川県高松市-町
古新田　こしんでん
　こしんでん　埼玉県八潮市-
　こしんでん　新潟県魚沼市-
　こしんでん　岡山県岡山市南区-
古殿　ふるどの
　ふるどの・まち　福島県石川郡-町
古豊千　こほうち　鳥取県米子市-
古雅　こが　愛知県小牧市-
古徳　ことく　茨城県那珂市-
古槙　ふるまぎ　山形県西村山郡朝日町-
古熊　ふるくま　山口県山口市-
古箕輪　こみのわ　大阪府東大阪市-
古関　ふるせき
　ふるせき　山形県東田川郡庄内町-
　ふるせき・まち　山梨県甲府市-町
　ふるせき　山梨県南巨摩郡身延町-
古鳴海　こなるみ　愛知県名古屋市緑区-
古敷谷　こしきや　千葉県市原市-
古舞　ふるまい　北海道中川郡幕別町-

5画（台, 只, 叺, 四）

古橋　ふるはし　岐阜県瑞穂市-
古舘　こだて・ふるだて
　　ふるだて　福島県須賀川市-
　　こだて　福島県石川郡石川町-
古館　ふるだて
　　ふるだて　青森県青森市-
　　ふるだて　青森県三戸郡五戸町-
　　ふるだて-まち　秋田県湯沢市-町
　　ふるだて　山形県山形市-
　　ふるだて　茨城県つくば市-
古鍛冶　ふるかじ
　　ふるかじ-まち　富山県富山市-町
古瀬　こせ
　　こせ-ちょう　愛知県愛西市-町
　　こせ　奈良県御所市-
古瀬戸　こせと
　　こせと-ちょう　愛知県瀬戸市-町
古瀬間　こせま
　　こせま-ちょう　愛知県豊田市-町
古麓　ふるふもと
　　ふるふもと-まち　熊本県八代市-町

台

台東　たいとう・だいひがし
　　だいひがし　福島県郡山市-
　　たいとう-く　東京都-区
　　たいとう　東京都台東区-
台原　だいのはら・だいはら・だいばら
　　だいのはら　宮城県仙台市青葉区-
　　だいはら-ちょう　茨城県日立市-町
　　だいばら　千葉県富津市-

只

只上　ただかり
　　ただかり-ちょう　群馬県太田市-町
只来　ただらい　静岡県浜松市天竜区-
只海　ただのうみ　愛媛県喜多郡内子町-
只越　ただこえ・ただこし
　　ただこえ-ちょう　岩手県釜石市-町
　　ただこし　岐阜県瑞穂市-

叺

叺田　かますだ　岩手県八幡平市-

四

四　し・よ
　　し-ちょう　石川県羽咋市-町
　　よ-むら　愛媛県今治市-村
四ツ興野　よつごや　山形県酒田市-
四ノ宮泓　しのみやふけ　京都府京都市山科区-
四丁　しちょう
　　しちょう-まち　石川県小松市-町
四十万　しじま
　　しじま　石川県金沢市-
　　しじま-まち　石川県金沢市-町
四十日　しとか　新潟県南魚沼市-
四十石　しじゅつこく　福島県河沼郡会津坂下町-
四十発句　しじゅうほつく　茨城県ひたちなか市-
四三嶋　しそじま　福岡県朝倉郡筑前町-
四万　しま　群馬県吾妻郡中之条町-

四万十　しまんと
　　しまんと-し　高知県-市
　　しまんと-ちょう　高知県高岡郡-町
四女子　しにょし
　　しにょし-ちょう　愛知県名古屋市中川区-町
四山　よつやま
　　よつやま-まち　福岡県大牟田市-町
四川目　よかわめ　青森県三沢市-
四元　よつもと
　　よつもと-ちょう　鹿児島県鹿児島市-町
四分　しぶ
　　しぶ-ちょう　奈良県橿原市-町
四分一　しぶいち　福井県小浜市-
四反田　したんだ
　　したんだ　宮城県気仙沼市-
　　したんだ　宮城県伊具郡丸森町-
　　したんだ　福島県田村郡三春町-
四天木　してんぎ　千葉県大網白里市-
四戸橋　しとばし　青森県青森市-
四手　しで　滋賀県犬上郡多賀町-
四方　よかた　富山県富山市-
四方山　よもやま　石川県鳳珠郡能登町-
四方木　よもぎ
　　よもぎ　千葉県鴨川市-
　　よもぎ-ちょう　愛知県半田市-町
四方田　しほうでん・よかたた
　　しほうでん　埼玉県本庄市-
　　よかたた-まち　富山県富山市-町
四方寺　しほうじ　埼玉県熊谷市-
四方谷　しほうだに
　　しほうだに-ちょう　福井県鯖江市-町
四方津　しおつ　山梨県上野原市-
四方原　しほうはら　徳島県海部郡海陽町-
四方寄　よもぎ
　　よもぎ-まち　熊本県熊本市北区-町
四木　しもく　千葉県八街市-
四本木　しほぎ・しほんぎ
　　しほぎ　埼玉県日高市-
　　しほんぎ　愛知県名古屋市緑区-
四本松　しほんまつ
　　しほんまつ-ちょう　静岡県浜松市南区-町
　　しほんまつ-ちょう　京都府京都市下京区-町
四疋田　しひきだ　三重県多気郡多気町-
四辻　よつじ・よつつじ
　　よつじ-まち　新潟県上越市-町
　　よつつじ　京都府与謝郡与謝野町-
四会　よつえ
　　よつえ-ちょう　愛知県愛西市-町
四百苅　よんひゃくがり　福島県喜多方市-
四坊　しぼう
　　しぼう-まち　石川県金沢市-町
四杖　よつえ
　　よつえ-まち　長崎県長崎市-町
四町分　しちょうぶん　熊本県菊池市-
四谷尾　しだにお　富山県中新川郡立山町-
四拾貫　しじつかん
　　しじつかん-まち　広島県三次市-町
四柳　よつやなぎ
　　よつやなぎ-まち　石川県羽咋市-町

5画（冬，外）

四神田　しこうだ　三重県多気郡多気町-
四重麦一　よえむぎいち　宮城県伊具郡丸森町-
四倉町八茎　よつくらまちやぐき　福島県いわき市-
四浦　ようら
　　ようら　熊本県球磨郡相良村-
　　ようら　大分県津久見市-
四畝　よせ　愛知県知多郡武豊町-
四軒丁　しけんちょう　福島県田村郡三春町-
四軒在家　しけんざいけ　埼玉県児玉郡神川町-
四軒家　しけんや　愛知県名古屋市守山区-
四條畷　しじょうなわて
　　しじょうなわて-し　大阪府-市
四貫島　しかんじま　大阪府大阪市此花区-
四郷　しごう・よごう
　　よごう　岐阜県安八郡輪之内町-
　　しごう-ちょう　愛知県豊田市-町
　　よごう　和歌山県海草郡紀美野町-
四郷町明田　しごうちょうあけだ　兵庫県姫路市-
四都野台　よつやだい　埼玉県川越市-
四鹿　しろく　茨城県行方市-
四御神　しのごぜ　岡山県岡山市中区-
四番　よんばん
　　よんばん-ちょう　東京都千代田区-町
　　よんばん-ちょう　静岡県静岡市葵区-町
　　よんばん　愛知県名古屋市熱田区-
　　よんばん-ちょう　京都府京都市上京区-町
　　よんばん-ちょう　兵庫県神戸市長田区-町
　　よんばん-ちょう　岡山県笠岡市-町
四番丁　よんばんちょう　和歌山県和歌山市-
四番沢　よばんさわ　北海道厚岸郡浜中町-
四筋目　よすじめ　和歌山県和歌山市-
四賀　しが　長野県諏訪市-
四間　しけん
　　しけん-ちょう　富山県滑川市-町
四徳　しとく　長野県上伊那郡中川村-
四熊　しくま　山口県周南市-
四箇　しか
　　しか　茨城県稲敷市-
　　しか　千葉県印旛郡栄町-
　　しか　福岡県福岡市早良区-
四竈　しかま　宮城県加美郡色麻町-

　　　　冬

冬父　とぶ　千葉県成田市-
冬島　ふじま・ふゆしま
　　ふゆしま　北海道様似郡様似町-
　　ふじま-ちょう　福井県鯖江市-町
冬師　とうし　秋田県にかほ市-
冬頭　ふゆとう
　　ふゆとう-まち　岐阜県高山市-町

　　　　外

外　と・との
　　と-まち　滋賀県彦根市-町
　　との-ちょう　滋賀県東近江市-町
外ノ浦　とのうら
　　とのうら-ちょう　島根県浜田市-町
外入　とのにゅう　山口県大島郡周防大島町-
外丸　とまる　新潟県中魚沼郡津南町-

外山　そでやま・そとやま・とび・とやま
　　そとやま　岩手県滝沢市-
　　とやま　新潟県佐渡市-
　　そでやま　新潟県魚沼市-
　　とやま　岐阜県岐阜市-
　　とやま　岐阜県本巣市-
　　そとやま　愛知県名古屋市南区-
　　そとやま-ちょう　愛知県岡崎市-町
　　とやま　三重県伊賀市-
　　とび　奈良県桜井市-
　　とやま-ちょう　愛媛県新居浜市-町
　　とやま　愛媛県伊予郡砥部町-
　　とやま　高知県南国市-
外川　そとかわ・とかわ・とがわ
　　そとかわ　埼玉県加須市-
　　とかわ-まち　千葉県銚子市-町
　　とがわ-ちょう　奈良県大和郡山市-町
外川台　とかわだい
　　とかわだい-まち　千葉県銚子市-町
外之内　とのうち　茨城県小美玉市-
外之原　とのはら
　　とのはら-ちょう　愛知県春日井市-町
外内島　とのじま　山形県鶴岡市-
外日角　とひすみ　石川県かほく市-
外木　とのき　静岡県富士市-
外目　そとのめ　秋田県横手市-
外旭川八幡田　そとあさひかわはちまんでん　秋田県
　　秋田市-
外江　とのえ
　　とのえ-ちょう　鳥取県境港市-町
外尾　ほかお
　　ほかお-まち　佐賀県西松浦郡有田町-町
外尾山　ほかおやま　佐賀県西松浦郡有田町-
外花　とばな　岐阜県大垣市-
外邑　とのむら　鳥取県岩美郡岩美町-
外国府間　そとごうま　埼玉県幸手市-
外坪　とつぼ　愛知県丹羽郡大口町-
外波　となみ　新潟県糸魚川市-
外牧　ほかまき　熊本県菊池郡大津町-
外垣　とのがき　京都府宮津市-
外城　とじょう
　　とじょう　栃木県小山市-
　　とじょう-ちょう　新潟県阿賀野市-町
外屋敷　とやしき　愛知県犬山市-
外津　ほかわづ　佐賀県東松浦郡玄海町-
外津汲　とつくみ　岐阜県揖斐郡揖斐川町-
外神　とがみ　静岡県富士宮市-
外原　とのはら
　　とのはら-ちょう　滋賀県東近江市-町
外院　げいん　大阪府箕面市-
外崎　とのさき　青森県弘前市-
外渕　そぶつ　岐阜県大垣市-
外部田　とのべた　千葉県市原市-
外野　そとの・との
　　そとの　茨城県ひたちなか市-
　　そとの　埼玉県加須市-
　　そとの　埼玉県久喜市-
　　そとの　岐阜県大垣市-
　　そとの-ちょう　岐阜県大垣市-町
　　との　兵庫県養父市-

121

5画（奴, 尻, 尼, 巨, 左, 市）

外割田　とわりだ　秋田県能代市-
外塚　とのづか　茨城県筑西市-
外間　ほかま　沖縄県島尻郡八重瀬町-
外瀬　とのせ　青森県弘前市-

奴

奴久見　ぬくみ　宮崎県串間市-
奴山　ぬやま　福岡県福津市-

尻

尻上　しりあがり　新潟県五泉市-
尻手　しって
　　しって　茨城県下妻市-
　　しって　神奈川県横浜市鶴見区-
尻毛　しっけ　岐阜県岐阜市-
尻平川　しりたいらがわ　岩手県花巻市-
尻労　しつかり　青森県下北郡東通村-
尻高　しだか・しったか
　　しったか　群馬県吾妻郡高山村-
　　しだか　福岡県築上郡上毛町-
尻無　しなし
　　しなし-ちょう　滋賀県東近江市-町
尻無沢　しりなしざわ　山形県西置賜郡小国町-

尼

尼ケ谷　あまがたに・あまがや
　　あまがや　福島県田村郡三春町-
　　あまがたに-ちょう　福井県福井市-町
尼辻　あまがつじ
　　あまがつじ-ちょう　奈良県奈良市-町
尼寺　にんじ
　　にんじ　兵庫県三田市-
　　にんじ　奈良県香芝市-
尼額　あまひたい　岩手県下閉伊郡岩泉町-

巨

巨海　こみ
　　こみ-ちょう　愛知県西尾市-町
巨勢町修理田　こせまちしゅりた　佐賀県佐賀市-

左

左ケ山　ひだりがやま
　　ひだりがやま-ちょう　島根県益田市-町
左入　さにゅう
　　さにゅう-まち　東京都八王子市-町
左右　そう　福井県丹生郡越前町-
左右山　そやま　高知県南国市-
左沢　あてらざわ　山形県西村山郡大江町-
左近山　さこやま・さこんやま
　　さこんやま　神奈川県横浜市旭区-
　　さこやま　兵庫県養父市-
左底郷　さそこごう　長崎県西彼杵郡時津町-
左股　ひだりまた　北海道白糠郡白糠町-
左馬松　さままつ
　　さままつ-ちょう　京都府京都市上京区-町
左堰　ひだりぜき　青森県青森市-
左礫　ひだりつぶて
　　ひだりつぶて-まち　石川県白山市-町
左鐙　さぶみ　島根県鹿足郡津和野町-

市

市小井　いちおい　兵庫県南あわじ市-
市小路　いちしょうじ　和歌山県和歌山市-
市山新田　いちのやましんでん　静岡県三島市-
市中新町甲　いちなかしんちょうこう　福島県河沼郡
　会津坂下町-
市井　いちい・いちのい
　　いちのい　富山県射水市-
　　いちい-ちょう　滋賀県近江八幡市-町
市北　しほく　北海道樺戸郡月形町-
市市　いちいち　兵庫県南あわじ市-
市生原　いちうばら　高知県高岡郡四万十町-
市用　いちもち　大分県竹田市-
市辺　いちのべ
　　いちのべ-ちょう　滋賀県東近江市-町
　　いちのべ　京都府城陽市-
市尾　いちお・いちのお
　　いちお　奈良県高市郡高取町-
　　いちのお　大分県大分市-
市谷　いちのたに
　　いちのたに　富山県砺波市-
　　いちのたに　石川県河北郡津幡町-
　　いちのたに　鳥取県八頭郡八頭町-
市谷八幡　いちがやはちまん
　　いちがやはちまん-ちょう　東京都新宿区-町
市谷砂土原　いちがやさどはら
　　いちがやさどはら-ちょう　東京都新宿区-町
市南　しなん　北海道樺戸郡月形町-
市城　いちしろ　群馬県吾妻郡中之条町-
市原　いちはら・いちばる
　　いちはら-し　千葉県-市
　　いちはら　千葉県市原市-
　　いちはら　石川県白山市-
　　いちはら-ちょう　兵庫県西脇市-町
　　いちはら-ちょう　島根県益田市-町
　　いちばる　熊本県上益城郡山都町-
市島町乙河内　いちじまちょうおとがわち　兵庫県丹
　波市-
市島町上垣　いちじまちょううえがい　兵庫県丹波市-
市島町戸平　いちじまちょうとべら　兵庫県丹波市-
市島町酒梨　いちじまちょうさなせ　兵庫県丹波市-
市庭　いちにわ
　　いちにわ-ちょう　兵庫県西宮市-町
市部　いちぶ・いちべ
　　いちぶ　千葉県南房総市-
　　いちべ　三重県伊賀市-
市野原　いちのはら・いちのはる
　　いちのはら　千葉県山武郡横芝光町-
　　いちのはる　熊本県上益城郡山都町-
市鹿野　いちかの　和歌山県西牟婁郡白浜町-
市場町八幡　いちばちょうやわた　徳島県阿波市-
市場町犬墓　いちばちょういぬのはか　徳島県阿波市-
市場町尾開　いちばちょうおばり　徳島県阿波市-
市場町香美　いちばちょうかがみ　徳島県阿波市-
市渡　いちのわたり　北海道北斗市-
市道　いちみち
　　いちみち　宮城県遠田郡涌谷町-
　　いちみち　福島県喜多方市-
　　いちみち　静岡県沼津市-

5画（布,平）

市塲　いちはな　栃木県芳賀郡市貝町-
市瀬　いちのせ
　　いちのせ-まち　石川県金沢市-町
　　いちのせ　鳥取県八頭郡智頭町-
　　いちのせ　福岡県北九州市八幡西区-

布

布土　ふっと　愛知県知多郡美浜町-
布川　ぬのかわ・ぬのがわ・ふかわ
　　ぬのかわ　北海道網走郡津別町-
　　ぬのがわ　茨城県筑西市-
　　ふかわ　茨城県北相馬郡利根町-
布才地　ふさいち　福島県大沼郡会津美里町-
布太　ふだ　千葉県印旛郡栄町-
布木　ふき　兵庫県三田市-
布生　ふのう　三重県名張市-
布田　ぬのだ・ふた・ふだ
　　ふだ　東京都調布市-
　　ふだ　神奈川県川崎市多摩区-
　　ぬのだ-ちょう　福井県敦賀市-
　　ふた　熊本県阿蘇郡西原村-
布気　ふけ
　　ふけ-ちょう　三重県亀山市-町
布佐　ふさ
　　ふさ　茨城県稲敷郡美浦村-
　　ふさ　千葉県我孫子市-
布沢　ぬのざわ・ふざわ
　　ふざわ　福島県南会津郡只見町-
　　ぬのざわ　静岡県静岡市清水区-
布良　めら　千葉県館山市-
布里　ふり　愛知県新城市-
布沼　めぬま　千葉県館山市-
布施　ふせ
　　ふせ　群馬県利根郡みなかみ町-
　　ふせ　千葉県柏市-
　　ふせ　千葉県我孫子市-
　　ふせ　富山県氷見市-
　　ふせ　山梨県中央市-
　　ふせ　長野県佐久市-
　　ふせ-ちょう　滋賀県東近江市-町
　　ふせ　島根県邑智郡邑南町-
　　ふせ　島根県隠岐郡隠岐の島町-
布施屋　ほしや　和歌山県和歌山市-
布津町甲　ふつちょうこう　長崎県南島原市-
布津原　ふつはら
　　ふつはら-まち　佐賀県鳥栖市-町
布留　ふる
　　ふる-ちょう　奈良県天理市-町
布袋　ほてい　富山県南砺市-
布野　ふの　千葉県香取市-
布野町戸河内　ふのちょうとごうち　広島県三次市-
布喜川　ふきのかわ　愛媛県八幡浜市-
布勢　ふせ
　　ふせ-ちょう　滋賀県長浜市-町
　　ふせ　鳥取県鳥取市-
布鎌　ふかま　茨城県稲敷郡河内町-
布鎌酒直　ふかまさかなお　千葉県印旛郡栄町-
布瀬　ぬのせ・ふぜ
　　ふぜ　千葉県柏市-
　　ぬのせ-まち　富山県富山市-町

平

平　たいら・だいら・ひら・へい
　　たいら　北海道苫前郡羽幌町-
　　たいら　青森県三戸郡南部町-
　　たいら　宮城県伊具郡丸森町-
　　たいら　福島県いわき市-
　　へい-まち　茨城県常総市-町
　　たいら-まち　茨城県笠間市-町
　　たいら　茨城県つくば市-
　　たいら　群馬県吾妻郡中之条町-
　　たいら-まち　東京都目黒区-町
　　たいら-まち　東京都八王子市-町
　　たいら　神奈川県川崎市宮前区-
　　たいら　新潟県長岡市-
　　たいら　新潟県糸魚川市-
　　だいら　富山県氷見市-
　　たいら-まち　石川県金沢市-町
　　たいら　長野県大町市-
　　ひら-まち　岐阜県大垣市-町
　　ひら-まち　静岡県沼津市-町
　　ひら-まち　愛知県瀬戸市-町
　　たいら-まち　三重県四日市市-町
　　たいら　京都府舞鶴市-
　　ひら-ちょう　大阪府富田林市-町
　　たいら　奈良県吉野郡野迫川村-
　　たいら　和歌山県伊都郡かつらぎ町-
　　たいら　和歌山県西牟婁郡白浜町-
　　ひら　鳥取県西伯郡大山町-
　　へい　島根県隠岐郡隠岐の島町-
　　たいら　岡山県勝田郡勝央町-
　　たいら　福岡県八女市-
　　たいら　福岡県宮若市-
　　ひら　福岡県嘉麻市-
　　ひら-まち　長崎県大村市-町
　　ひら-まち　熊本県水俣市-町
　　ひら　大分県佐伯市-
平下神谷　たいらしもかべや　福島県いわき市-
平上神谷　たいらかみかべや　福島県いわき市-
平久里中　へぐりなか　千葉県南房総市-
平土野　へとの　鹿児島県大島郡天城町-
平大室　たいらおおむろ　福島県いわき市-
平小泉　たいらこいずみ　福島県いわき市-
平山崎　たいらやまざき　福島県いわき市-
平川　ひゅうがわ・ひらかわ
　　ひらかわ-し　青森県-市
　　ひらかわ　茨城県稲敷郡河内町-
　　ひらかわ-ちょう　千葉県千葉市緑区-町
　　ひらかわ-ちょう　神奈川県横浜市神奈川区-町
　　ひらかわ　愛知県豊橋市-
　　ひらかわ　京都府城陽市-
　　ひらかわ　奈良県吉野郡野迫川村-
　　ひゅうがわ　和歌山県日高郡日高川町-
　　ひらかわ　熊本県菊池郡大津町-
　　ひらかわ-ちょう　鹿児島県鹿児島市-町
　　ひらかわ　鹿児島県薩摩郡さつま町-
平中　ひらなか
　　ひらなか-ちょう　愛知県名古屋市西区-町
平中神谷　たいらなかかべや　福島県いわき市-
平内　ひらうち・ひらない・へいない
　　へいない-ちょう　北海道根室市-町
　　ひらない-まち　青森県東津軽郡-町

123

5画（平）

ひらない　青森県三戸郡階上町-町
へいない　茨城県常総市-
ひらうち　鹿児島県熊毛郡屋久島町-
平内新　へいないしん　新潟県岩船郡関川村-
平戸　ひらっと・ひらと・ひらど
ひらと-ちょう　茨城県水戸市-町
ひらと　埼玉県熊谷市-
ひらっと　埼玉県飯能市-
ひらと　千葉県八千代市-
ひらど　神奈川県横浜市戸塚区-
ひらど-ちょう　神奈川県横浜市戸塚区-町
ひらど　静岡県賀茂郡南伊豆町-
ひらと-ちょう　愛知県名古屋市中川区-町
ひらど-ちょう　京都府京都市伏見区-町
ひらど-し　長崎-市
平木場郷　ひらこばごう　長崎県西彼杵郡長与町-
平水晶　たいらみずしな　福島県いわき市-
平出　ひらいで・ひらで
ひらいで-まち　栃木県宇都宮市-町
ひらいで　福井県越前市-
ひらいで　長野県上伊那郡辰野町-
ひらいで　長野県上水内郡飯綱町-
ひらで-ちょう　愛知県名古屋市西区-町
平北神谷　たいらきたかべや　福島県いわき市-
平四ツ波　たいらよつなみ　福島県いわき市-
平正月　たいらしょうがつ
たいらしょうがつ-まち　福島県いわき市-町
平生　ひらお・ひろお
ひらお-まち　三重県松阪市-町
ひろお　三重県度会郡度会町-
ひらお-ちょう　山口県山陽小野田市-町
ひらお-ちょう　山口県熊毛郡-町
ひらお-むら　山口県熊毛郡平生町-村
ひらお-まち　山口県熊毛郡平生町-町
平田　なめだ・ひらた・ひらだ・ひらった・へいた・へいだ・へだ
へいた　岩手県釜石市-
へいだ　山形県山形市-
ひらた　山形県鶴岡市-
ひらた-むら　福島県石川郡-村
ひらた　栃木県塩谷郡高根沢町-
ひらた　千葉県市川市-
ひらた　千葉県勝浦市-
ひらた　千葉県市原市-
ひらった　千葉県君津市-
ひらた　富山県小矢部市-
なめだ-ちょう　静岡県浜松市中区-町
ひらた　静岡県三島市-
ひらた-ちょう　愛知県蒲郡市-町
ひらた　三重県鈴鹿市-
ひらた-ちょう　三重県鈴鹿市-町
ひらた　三重県伊賀市-
ひらた-ちょう　滋賀県彦根市-町
ひらた-ちょう　滋賀県東近江市-町
ひらた　京都府与謝郡伊根町-
ひらた　大阪府茨木市-
ひらた-ちょう　兵庫県神戸市須磨区-町
ひらた-ちょう　兵庫県芦屋市-町
ひらた　兵庫県三木市-
ひらた　奈良県磯城郡田原本町-
ひらた　奈良県高市郡明日香村-
ひらだ　鳥取県西伯郡大山町-

ひらた-ちょう　島根県出雲市-町
ひらた　岡山県岡山市北区-
ひらた　岡山県倉敷市-
ひらた　岡山県美作市-
ひらた　山口県下松市-
ひらた　山口県岩国市-
ひらた-まち　愛媛県松山市-町
ひらた　福岡県八女市-
ひらた-ちょう　佐賀県鳥栖市-町
ひらた　熊本県熊本市南区-
ひらた　熊本県上益城郡益城町-
ひらた-まち　大分県別府市-町
ひらた　大分県竹田市-
ひらた-まち　宮崎県延岡市-町
へいだ　宮崎県児湯郡川南町-
ひらた-ちょう　鹿児島県鹿児島市-町
ひらた-ちょう　鹿児島県枕崎市-町
へだ　鹿児島県大島郡宇検村-
平田町三郷　ひらたちょうさんごう　岐阜県海津市-
平田町仏師川　ひらたちょうぶしがわ　岐阜県海津市-
平田町者結　ひらたちょうじゃけつ　岐阜県海津市-
平田町蛇池　ひらたちょうじゃいけ　岐阜県海津市-
平田町幡長　ひらたちょうはたおさ　岐阜県海津市-
平吉野谷　たいらよしのや　福島県いわき市-
平地馬場　ひらちばんば
ひらちばんば-ちょう　愛知県半田市-町
平安古　ひやこ
ひやこ-まち　山口県萩市-町
平江　ひらえ
ひらえ-ちょう　宮崎県都城市-町
ひらえ　鹿児島県いちき串木野市-
平江向　たいらえむかえ
たいらえむかえ-ちょう　愛知県稲沢市-町
平佐　ひらさ
ひらさ　鹿児島県薩摩川内市-
ひらさ-ちょう　鹿児島県薩摩川内市-町
平佐窪　へいさくぼ　青森県三戸郡五戸町-
平佛供田　たいらぶくでん
たいらぶくでん-ちょう　愛知県稲沢市-町
平吹　ひらき
ひらき-まち　富山県富山市-町
平坂　へいさか
へいさか-ちょう　愛知県西尾市-町
平尾苅　たいらおがり
たいらおがり-ちょう　愛知県稲沢市-町
平折　ひろり
ひろり-ちょう　愛知県豊田市-町
平沢　たいらざわ・ひらさわ
たいらざわ　北海道富良野市-
ひらさわ　岩手県北上市-
ひらさわ　岩手県紫波郡紫波町-
ひらさわ　宮城県刈田郡蔵王町-
ひらさわ　宮城県加美郡色麻町-
ひらさわ　秋田県にかほ市-
ひらさわ　福島県伊達郡桑折町-
ひらさわ　福島県田村郡三春町-
ひらさわ　茨城県つくば市-
ひらさわ　栃木県大田原市-
ひらさわ　埼玉県比企郡嵐山町-
ひらさわ　千葉県夷隅郡大多喜町-
ひらさわ　東京都あきる野市-

5画（平）

ひらさわ　神奈川県秦野市-
ひらさわ　新潟県新潟市西蒲区-
ひらさわ　新潟県小千谷市-
ひらさわ　富山県魚津市-
ひらさわ　富山県氷見市-
ひらさわ　福井県大野市-
ひらさわ　長野県伊那市-
ひらさわ　長野県南佐久郡南牧村-
ひらさわ-ちょう　長野県諏訪郡下諏訪町-町
ひらさわ　静岡県静岡市駿河区-
ひらさわ-ちょう　愛知県豊田市-町

平良　たいら・へら
へら　広島県廿日市市-
たいら　沖縄県豊見城市-
たいら　沖縄県国頭郡東村-

平良山手　へらやまて　広島県廿日市市-
平良川　たいらがわ　沖縄県うるま市-
平良荷川取　ひららにかどり　沖縄県宮古島市-
平苅田　たいらかりた
たいらかりた-ちょう　愛知県稲沢市-町

平谷　ひらたに・ひらだに・ひらや
ひらや-むら　長野県下伊那郡-村
ひらだに　三重県多気郡多気町-
ひらだに　奈良県吉野郡十津川村-
ひらたに　広島県安芸郡熊野町-
ひらだに　徳島県那賀郡那賀町-

平谷川瀬　たいらやがわせ　福島県いわき市-
平赤井　たいらあかい　福島県いわき市-
平足　へいそく　山形県鶴岡市-
平京田　へいきょうでん　山形県鶴岡市-
平和　ひらわ・へいわ
へいわ　北海道札幌市西区-【ほか43ヶ所】
ひらわ　栃木県小山市-

平岡町一色　ひらおかちょういっしき　兵庫県加古川市-
平岫　ひらぐき　秋田県由利本荘市-
平沼ノ内　たいらぬまのうち　福島県いわき市-
平沼田　ひらんた　和歌山県伊都郡かつらぎ町-
平金森　たいらかなもり
たいらかなもり-ちょう　愛知県稲沢市-町

平南白土　たいらみなみしらど　福島県いわき市-
平垣　へいがき
へいがき　静岡県富士市-
へいがき-ちょう　静岡県富士市-町

平城　ひらじょう
ひらじょう-まち　秋田県横手市-町

平城東　ひらじょうひがし　宮崎県東臼杵郡門川町-
平海道　へいかいどう　愛知県知多郡武豊町-
平泉寺町神野　へいせんじちょうしんの　福井県勝
山市-
平泉崎　たいらいずみざき　福島県いわき市-
平津　ひらつ・へいづ
へいづ-ちょう　三重県四日市市-町
ひらつ　滋賀県大津市-

平神谷作　たいらかみやさく　福島県いわき市-
平祢宜　たいらねぎ
たいらねぎ-まち　福島県いわき市-町

平荒田目　たいらあっため　福島県いわき市-
平荘町上原　へいそうちょうかみはら　兵庫県加古
川市-

平荘町山角　へいそうちょうやまかど　兵庫県加古
川市-
平荘町神木　へいそうちょうこうぎ　兵庫県加古川市-
平原　ひらはら・ひらばら・ひらばる・へいげん・へいば
ら・へばら
へいげん　北海道河東郡士幌町-
へばら　群馬県多野郡神流町-
へばら　群馬県甘楽郡下仁田町-
ひはら　長野県小諸市-
ひらはら-ちょう　愛知県西尾市-町
へいばら　奈良県吉野郡下市町-
ひらはら　和歌山県伊都郡高野町-
ひらはら-ちょう　広島県呉市-町
ひらはら　広島県尾道市-
ひらばら-ちょう　山口県周南市-町
ひらばら　山口県山陽小野田市-
ひらばる-まち　福岡県大牟田市-町
ひらばる-まち　宮崎県延岡市-町

平原高野　たいらはらごや　福島県いわき市-
平島　たいらじま・ひらしま・へいじま
へいじま　新潟県新潟市西区-
へいじま　新潟県長岡市-
へいじま-まち　新潟県長岡市-町
へいじま　岐阜県羽島郡岐南町-
ひらしま　静岡県掛川市-
ひらしま　静岡県藤枝市-
ひらしま　愛知県一宮市-
へいじま-ちょう　愛知県弥富市-町
たいらじま　鹿児島県鹿児島郡十島村-

平郡　へいぐん・へごおり
へいぐん　山口県柳井市-
へごおり　宮崎県西都市-

平馬目　たいらまのめ　福島県いわき市-
平高道　たいらたかみち
たいらたかみち-ちょう　愛知県稲沢市-町

平細工蔵　たいらさいくぞう
たいらさいくぞう-ちょう　愛知県稲沢市-町

平菅波　たいらすぎなみ　福島県いわき市-
平郷　へいごう
へいごう-ちょう　愛知県名古屋市瑞穂区-町

平野町印路　ひらのちょういんじ　兵庫県神戸市西区-
平野清水　ひらのしょうず　三重県伊賀市-
平野蔵垣内　ひらのくらがいと　三重県伊賀市-
平等　たいら・びょうどう
びょうどう　宮城県岩沼市-
たいら　福井県丹生郡越前町-

平等本　だいらほん
だいらほん-まち　石川県金沢市-町

平塩　たいらしお・ひらしお
ひらしお　山形県寒河江市-
たいらしお　福島県いわき市-

平幕ノ内　たいらまくのうち　福島県いわき市-
平楽　へいらく　神奈川県横浜市南区-
平磘　ひらばる　愛媛県南宇和郡愛南町-
平絹谷　たいらきぬや　福島県いわき市-
平群　へぐり
へぐり-ちょう　奈良県生駒郡-町

平蜂ノ坪　たいらはちのつぼ
たいらはちのつぼ-ちょう　愛知県稲沢市-町

平豊間　たいらとよま　福島県いわき市-

125

5画（広，弁，弘，打）

平鉢　へいばち　福島県西白河郡矢吹町-
平榎　ひらえのき　富山県富山市-
平敷　へしき　沖縄県国頭郡今帰仁村-
平蔵　ひらぞう・へいぞう
　へいぞう　千葉県市原市-
　ひらぞう-ちょう　長崎県五島市-町
平蔵沢　へいぞうさわ　岩手県滝沢市-
平穏　ひらお　長野県下高井郡山ノ内町-
平舘　たいらだて
　たいらだて　青森県東津軽郡外ケ浜町-
　たいらだて　岩手県八幡平市-
平薄磯　たいらうすいそ　福島県いわき市-
平藤間　たいらふじま　福島県いわき市-
平鎌田　たいらかまた
　たいらかまた　福島県いわき市-
　たいらかまた-まち　福島県いわき市-町
平鯨岡　たいらくじらおか　福島県いわき市-
平鶴ケ井　たいらつるがい　福島県いわき市-

　　　　　広

広大広　ひろおおびろ　広島県呉市-
広永　ひろなが
　ひろなが-ちょう　三重県四日市市-町
広両谷　ひろりょうたに　広島県呉市-
広谷甲　ひろたにこう　新潟県東蒲原郡阿賀町-
広谷新　ひろやしん
　ひろやしん-まち　埼玉県川越市-町
広明　こうめい
　こうめい-ちょう　北海道北見市-町
　こうめい-ちょう　三重県津市-町
広栄　こうえい
　こうえい-ちょう　山形県酒田市-町
　こうえい-ちょう　埼玉県川越市-町
　こうえい-ちょう　鳥取県倉吉市-町
広畑区夢前　ひろはたくゆめさき
　ひろはたくゆめさき-ちょう　兵庫県姫路市-町
広面　ひろおもて・ひろづら・ひろも
　ひろおもて　秋田県秋田市-
　ひろおもて　福島県喜多方市-
　ひろづら　福島県大沼郡会津美里町-
　ひろも　岡山県加賀郡吉備中央町-
広原　ひろはら・ひろわら
　ひろわら-ちょう　兵庫県加西市-町
　ひろはら　和歌山県和歌山市-
　ひろはら　宮崎県宮崎市-
　ひろはら　宮崎県都城市-町
　ひろわら　宮崎県西諸県郡高原町-
広眺ケ丘　ひろみがおか　岐阜県可児市-
広野　こうの・ひろの
　ひろの-ちょう　北海道函館市-町
　ひろの-ちょう　北海道帯広市-町
　ひろの　青森県弘前市-
　ひろの　山形県酒田市-
　ひろの　山形県西置賜郡白鷹町-
　ひろの-まち　福島県双葉郡-町
　ひろの　埼玉県比企郡嵐山町-
　ひろの　富山県中新川郡上市町-町
　ひろの　福井県南条郡南越前町-
　ひろの　福井県丹生郡越前町-
　ひろの　岐阜県加茂郡白川町-

　ひろの　静岡県静岡市駿河区-
　ひろの　静岡県伊東市-
　こうの-ちょう　滋賀県彦根市-町
　ひろの-ちょう　京都府宇治市-町
　ひろの　京都府船井郡京丹波町-
　ひろの　兵庫県三田市-
　ひろの　和歌山県紀の川市-
　ひろの　和歌山県日高郡みなべ町-
　ひろの　高知県高岡郡檮原町-
　ひろの　高知県幡多郡三原村-
広黄幡　ひろおうばん
　ひろおうばん-ちょう　広島県呉市-町
広渡　こうど・ひろわたり
　こうど-ちょう　兵庫県小野市-町
　ひろわたり　福岡県遠賀郡遠賀町-
広葉　こうよう
　こうよう-ちょう　北海道北広島市-町
広街　ひろこうじ　岩手県一関市-
広塩焼　ひろしやけ　広島県呉市-
広路　ひろじ
　ひろじ-ちょう　愛知県名古屋市昭和区-町
　ひろじ-ちょう　愛知県豊田市-町
広徳丸　ひろとくまる
　ひろとくまる-ちょう　広島県呉市-町
広幡町小山田　ひろはたまちおやまだ　山形県米沢市-
広横路　ひろよころ　広島県呉市-
広嶺山　ひろみねやま　兵庫県姫路市-
広瀬町布部　ひろせちょうふべ　島根県安来市-
広瀬町祖父谷　ひろせちょうおじだに　島根県安来市-
広瀬町富田　ひろせちょうとだ　島根県安来市-

　　　　　弁

弁財天　べざいてん・べんざいてん
　べんざいてん-ちょう　京都府京都市上京区-町
　べんざいてん-ちょう　京都府京都市中京区-町
　べんざいてん-ちょう　京都府京都市東山区-町
　べんざいてん-ちょう　京都府京都市下京区-町
　べざいてん　奈良県北葛城郡広陵町-

　　　　　弘

弘見　ひろみ
　ひろみ　高知県高岡郡四万十町-
　ひろみ　高知県幡多郡大月町-
弘明寺　ぐみょうじ
　ぐみょうじ-ちょう　神奈川県横浜市南区-町
弘前　ひろさき
　ひろさき-し　青森県-市
弘栄　こうえい　愛知県知立市-
弘道　こうどう
　こうどう　北海道紋別市-
　こうどう　東京都足立区-

　　　　　打

打上　うちあげ　新潟県岩船郡関川村-
打中　うちなか　愛知県名古屋市中川区-
打井川　うついがわ　高知県高岡郡四万十町-
打内　うつない　北海道十勝郡浦幌町-
打木　うつぎ
　うつぎ-まち　石川県金沢市-町
　うつぎ-まち　石川県小松市-町

126

5画（払, 旦, 札, 本）

打出　うちいで・うちで
　うちいで　富山県富山市-
　うちで　愛知県名古屋市中川区-
　うちで-ちょう　愛知県名古屋市中川区-町
　うちで-ちょう　兵庫県芦屋市-町
　うちで-ちょう　島根県松江市-町
打出浜　うちではま　滋賀県大津市-
打田　うちた・うつた
　うつた　京都府京田辺市-
　うちた　和歌山県紀の川市-
打田内　うつたない　岩手県八幡平市-
打穴里　うたのさと　岡山県久米郡美咲町-
打坂　うちさか　兵庫県篠山市-
打尾　うちお
　うちお　富山県南砺市-
　うちお-まち　石川県金沢市-町
打戻　うちもどり　神奈川県藤沢市-
打沢　うっさわ　長野県千曲市-
打見　うちみ　三重県度会郡大紀町-
打馬　うつま　鹿児島県鹿屋市-
打梨　うつなし　広島県山県郡安芸太田町-
打墨　うつつみ　千葉県鴨川市-
打瀬　うたせ　千葉県千葉市美浜区-

払

払戸　ふっと　秋田県男鹿市-
払田　はらいだ・ほった
　ほった　秋田県大仙市-
　はらいだ　山形県東田川郡庄内町-
　はらいだ　大分県豊後高田市-
払体　ほったい　秋田県雄勝郡羽後町-

旦

旦東　だんひがし　山口県山陽小野田市-
旦島　だんのしま　岐阜県岐阜市-
旦野原　だんのはる　大分県大分市-

札

札久留　さっくる　北海道紋別郡滝上町-
札元　ふだもと　鹿児島県鹿屋市-
札内　さつない
　さつない-ちょう　北海道登別市-町
札友内　さつともない　北海道川上郡弟子屈町-
札木　ふだき・ふだぎ
　ふだぎ-ちょう　愛知県豊橋市-町
　ふだき-まち　愛知県碧南市-町
　ふだぎ　愛知県新城市-
札比内　さっぴない　北海道樺戸郡月形町-
札苅　さつかり　北海道上磯郡木古内町-
札弦　さっつる
　さっつる-まち　北海道斜里郡清里町-町
札前　さつまえ　北海道松前郡松前町-
札場　さつば・ふだば
　ふだば-ちょう　神奈川県平塚市-町
　さつば-ちょう　三重県四日市市-町
　ふだば　高知県高知市-
札森　さつもり　千葉県いすみ市-
札滑　さっこつ　北海道紋別郡西興部村-

本

本　ほん・もと
　ほん-ちょう　北海道函館市-町【ほか291ヶ所】
　もと-まち　北海道旭川市-町
　もと-まち　北海道北見市-町
　もと-まち　北海道富良野市-町
　もと-まち　北海道恵庭市-町
　もと-まち　北海道上川郡美瑛町-町
　もと-まち　北海道空知郡上富良野町-町
　もと-まち　北海道空知郡中富良野町-町
　もと-まち　北海道中川郡幕別町-町
　もと-まち　岩手県宮古市-
　もと-まち　宮城県塩竈市-
　もと-まち　宮城県気仙沼市-町
　もと-まち　宮城県白石市-町
　もと-まち　宮城県遠田郡涌谷町-町
　もと-まち　秋田県横手市-
　もと-まち　山形県長井市-
　もと-まち　福島県福島市-
　もと-まち　福島県郡山市-
　もと-まち　福島県白河市-
　もと-まち　福島県須賀川市-町
　もと-まち　福島県二本松市-町
　もと-まち　福島県伊達市-
　もと-まち　福島県伊達郡桑折町-町
　もと-まち　福島県伊達郡川俣町-町
　もと-まち　福島県岩瀬郡鏡石町-町
　もと-まち　福島県耶麻郡猪苗代町-町
　もと-まち　福島県西白河郡矢吹町-町
　もと-まち　福島県双葉郡富岡町-町
　もと-まち　群馬県高崎市-
　もと-まち　埼玉県秩父市-町
　もと-まち　埼玉県本庄市-町
　もと-まち　千葉県佐倉市-町
　もと-まち　新潟県村上市-町
　もと-むら　福岡県八女市-村
　もと-まち　福岡県八女市-町
本も谷　おもだに　高知県高岡郡檮原町-
本三川　もとみかわ　北海道夕張郡由仁町-
本三倉　もとみくら　千葉県香取郡多古町-
本上　ほんかん
　ほんかん-まち　長野県須坂市-町
本上神明　もとかみしんめい
　もとかみしんめい-ちょう　京都府京都市下京区-町
本大久保　もとおおくぼ　千葉県習志野市-
本小林　もとこばやし　富山県砺波市-
本小野方　もとおのかた　山形県東田川郡庄内町-町
本小轡　ほんこぐつわ　千葉県茂原市-
本山　ほんやま・もとやま
　ほんやま-ちょう　愛知県名古屋市千種区-町
　もとやま-ちょう　広島県府中市-町
　もとやま-ちょう　山口県山陽小野田市-町
　もとやま-ちょう　高知県長岡郡-町
　もとやま　高知県長岡郡本山町-【町】
　もとやま　福岡県久留米市-
　もとやま　熊本県熊本市中央区-
　もとやま-まち　熊本県熊本市中央区-町
本山町森　もとやまちょうもり　兵庫県神戸市東灘区-
本川　ほんかわ・ほんがわ
　ほんかわ　山形県酒田市-
　ほんかわ-ちょう　広島県広島市中区-町

5画（本）

ほんがわ　愛媛県喜多郡内子町-

本中山　もとなかやま　千葉県船橋市-

本内　ほんない・もとうち
ほんない　岩手県和賀郡西和賀町-
ほんない　秋田県男鹿市-
もとうち　福島県福島市-

本太　もとぶと　埼玉県さいたま市浦和区-

本戸　ほんど・もとど
もとど　茨城県笠間市-
ほんど　岐阜県安八郡輪之内町-

本木　ほんき・もとき・もとぎ
もとぎ　茨城県桜川市-
もとき　東京都足立区-
ほんぎ　石川県鳳珠郡能登町-
もとぎ　福岡県福津市-

本木東　もときひがし
もときひがし-まち　東京都足立区-町

本木室　ほんぎむろ　福岡県大川市-

本水尾　ほんみお
ほんみお-ちょう　兵庫県赤穂市-町

本北方　もときたかた　千葉県市川市-

本母　ほのぶ
ほのぶ-まち　岐阜県高山市-町

本瓦　ほんかわら
ほんかわら-ちょう　京都府京都市東山区-町

本田　ほんた・ほんだ・ほんでん
ほんだ-ちょう　宮城県仙台市泉区-町
ほんでん　山形県鶴岡市-
ほんでん-ちょう　埼玉県春日部市-町
ほんだ　埼玉県深谷市-
ほんでん　埼玉県南埼玉郡宮代町-
ほんだ　新潟県新発田市-
ほんでん　富山県射水市-
ほんでん　岐阜県瑞穂市-
ほんた-まち　静岡県沼津市-町
ほんだ-ちょう　愛知県豊田市-町
ほんでん　大阪府大阪市西区-

本田木屋　ほんだごや　三重県多気郡大台町-

本田屋　もとだい　新潟県五泉市-

本田原免　ほんたばるめん　長崎県北松浦郡佐々町-

本目　ほんめ　北海道島牧郡島牧村-

本矢作　もとやはぎ　千葉県香取市-

本石　ほんごく
ほんごく-ちょう　岩手県北上市-町
ほんごく　埼玉県熊谷市-

本石下　もといしげ　茨城県常総市-

本石灰　もとしっくい
もとしっくい-まち　長崎県長崎市-町

本匠三股　ほんじょうみまた　大分県佐伯市-

本匠上津川　ほんじょうこうづがわ　大分県佐伯市-

本匠小半　ほんじょうおながら　大分県佐伯市-

本匠山部　ほんじょうやまぶ　大分県佐伯市-

本匠因尾　ほんじょういんび　大分県佐伯市-

本匠波寄　ほんじょうはき　大分県佐伯市-

本吉田　もとよし　栃木県下野市-

本吉町上野　もとよしちょうわの　宮城県気仙沼市-

本吉町大朴木　もとよしちょうおおぼうき　宮城県気仙沼市-

本吉町大椚　もとよしちょうおおくぬぎ　宮城県気仙沼市-

本吉町中平　もとよしちょうなかだいら　宮城県気仙沼市

本吉町今朝磯　もとよしちょうけさいそ　宮城県気仙沼市

本吉町外尾　もとよしちょうそでお　宮城県気仙沼市

本吉町平欟　もとよしちょうたいらくぬぎ　宮城県気仙沼市-

本吉町寺谷　もとよしちょうてらがい　宮城県気仙沼市

本吉町尾田　もとよしちょうおでん　宮城県気仙沼市

本吉町角柄　もとよしちょうつのがら　宮城県気仙沼市

本吉町狩猟　もとよしちょうかりょう　宮城県気仙沼市

本吉町圃の沢　もとよしちょうはたのさわ　宮城県気仙沼市

本吉町狼の巣　もとよしちょうおいのす　宮城県気仙沼市

本吉町登米沢　もとよしちょうとよまざわ　宮城県気仙沼市

本吉町道貫　もとよしちょうどうめき　宮城県気仙沼市

本吉町歌生　もとよしちょううとう　宮城県気仙沼市

本吉町幣掛　もとよしちょうぬさかけ　宮城県気仙沼市

本吉町蕨野　もとよしちょうわらびの　宮城県気仙沼市

本合海　もとあいかい　山形県新庄市-

本名　ほんな・ほんみょう
ほんな　福島県大沼郡金山町-
ほんみょう-ちょう　鹿児島県鹿児島市-町

本地　ほんじ
ほんじ-ちょう　愛知県豊田市-町
ほんじ　広島県山県郡北広島町-

本庄町正里　ほんじょうまちしょうり　佐賀県佐賀市-

本庄町鹿子　ほんじょうまちかのこ　佐賀県佐賀市-

本江　ほんごう・もとえ
ほんごう　富山県魚津市-
ほんごう　富山県滑川市-
ほんごう　富山県南砺市-
ほんごう　富山県射水市-
もとえ-ちょう　石川県金沢市-町
ほんごう-まち　石川県小松市-町
ほんごう-まち　石川県羽咋市-町

本江利波　ほんごうとなみ　富山県射水市-

本江後新　ほんごうのちしん　富山県射水市-

本米崎　もとこめざき　茨城県那珂市-

本佐倉　もとさくら　千葉県印旛郡酒々井町-

本住　もとすみ・もとずみ
もとすみ-ちょう　埼玉県深谷市-町
もとずみ-ちょう　岐阜県美濃市-町

本別　ほんべつ
ほんべつ　北海道茅部郡鹿部町-
ほんべつ-ちょう　北海道中川郡-町
ほんべつ　北海道河東郡別海町-

本別海　ほんべっかい　北海道野付郡別海町-

本坂　ほんざか　京都府与謝郡伊根町-

本尾　もとお
もとお-まち　長崎県長崎市-町

本岐　ほんき　北海道網走郡津別町-

5画（本）

本材木　もとざいもく
　　もとざいもく-ちょう　京都府京都市伏見区-町
本村　ほんむら
　　ほんむら-ちょう　神奈川県横浜市旭区-町
　　ほんむら-ちょう　広島県庄原市-町
本沢　ほんざわ・もとざわ
　　ほんざわ　北海道北見市-
　　ほんざわ　北海道夕張郡栗山町-
　　ほんざわ　茨城県つくば市-
　　ほんざわ　埼玉県比企郡吉見町-
本町下河内　ほんまちしもがわち　熊本県天草市-
本町西宮　もとまちにしのみや　青森県平川市-
本町追手　ほんまちおうて　愛媛県宇和島市-
本町通　ほんちょうどおり・ほんまちどおり
　　ほんちょうどおり　岩手県盛岡市-
　　ほんちょうどおり　神奈川県横浜市鶴見区-
　　ほんちょうどおり　新潟県新潟市中央区-
　　ほんまちどおり　愛知県岡崎市-
　　ほんまちどおり　愛知県一宮市-
本谷　ほんだに　愛媛県松山市-
本府中　もとふちゅう
　　もとふちゅう-まち　石川県七尾市-町
本河内　ほんごうち　長崎県長崎市-
本沼　もとぬま
　　もとぬま　福島県白河市-
　　もとぬま　栃木県芳賀郡益子町-
本牧満坂　ほんもくまんさか　神奈川県横浜市中区-
本茅部　ほんかやべ
　　ほんかやべ-ちょう　北海道茅部郡森町-町
本長者原　もとちょうじゃはら　新潟県上越市-
本保　ほんぼ
　　ほんぼ　富山県高岡市-
　　ほんぼ　福井県小浜市-
　　ほんぼ-ちょう　福井県越前市-町
本俣賀　ほんまたが
　　ほんまたが-ちょう　島根県益田市-町
本城　ほんじょう・もとしろ
　　ほんじょう　秋田県北秋田市-
　　ほんじょう　山形県最上郡最上町-
　　もとしろ-ちょう　茨城県下妻市-町
　　ほんじょう　栃木県足利市-
　　ほんじょう-まち　千葉県銚子市-町
　　ほんじょう　千葉県成田市-
　　もとしろ-ちょう　新潟県上越市-町
　　ほんじょう-ちょう　愛知県名古屋市南区-町
　　ほんじょう　福岡県北九州市八幡西区-
　　ほんじょう-まち　福岡県柳川市-町
　　ほんじょう　福岡県宮若市-
　　ほんじょう　宮崎県串間市-
　　ほんじょう-ちょう　鹿児島県鹿児島市-町
　　ほんじょう　鹿児島県垂水市-
本屋敷　もとやしき
　　もとやしき　岩手県和賀郡西和賀町-
　　もとやしき　福島県大沼郡会津美里町-
　　もとやしき　新潟県十日町市-
本星崎　もとほしざき
　　もとほしざき-ちょう　愛知県名古屋市港区-町
　　もとほしざき-ちょう　愛知県名古屋市南区-町
本柳水　ほんりゅうすい
　　ほんりゅうすい-ちょう　京都府京都市下京区-町

本海野　もとうんの
　　もとうんの　長野県上田市-
　　もとうんの　長野県東御市-
本泉　もといずみ
　　もといずみ　青森県青森市-
　　もといずみ　鳥取県東伯郡三朝町-
本砂金　もといさご　宮城県柴田郡川崎町-
本神明　もとしんめい
　　もとしんめい-ちょう　京都府京都市下京区-町
本神崎　ほんこうざき　大分県大分市-
本耶馬渓町今行　ほんやばけいまちいまゆく　大分県中津市-
本耶馬渓町冠石野　ほんやばけいまちかぶしの　大分県中津市-
本原　もとはら
　　もとはら-まち　長崎県長崎市-町
本宮　ほんぐう・ほんみや・もとみや
　　もとみや　岩手県盛岡市-
　　もとみや　秋田県大館市-
　　もとみや-し　福島県-市
　　もとみや-ちょう　茨城県日立市-町
　　ほんみや-ちょう　埼玉県鴻巣市-町
　　ほんぐう　富山県富山市-
　　ほんぐう-ちょう　愛知県名古屋市港区-町
　　もとみや　滋賀県大津市-
　　ほんぐう-ちょう　京都府綾部市-町
　　ほんぐう-ちょう　高知県高知市-町
本宮九縄　もとみやくなわ　福島県本宮市-
本宮北山神　もとみやきたやまのかみ　福島県本宮市-
本宮北川原田　もとみやきたかわはらだ　福島県本宮市-
本宮竹花　もとみやたけのはな　福島県本宮市-
本宮町三越　ほんぐうちょうみこし　和歌山県田辺市-
本宮町土河屋　ほんぐうちょうつちごや　和歌山県田辺市-
本宮町伏拝　ほんぐうちょうふしおがみ　和歌山県田辺市-
本宮町武住　ほんぐうちょうぶじゅう　和歌山県田辺市-
本宮町湯峰　ほんぐうちょうゆのみね　和歌山県田辺市-
本宮南河原田　もとみやみなみかわはらだ　福島県本宮市-
本宮堀切　もとみやほっきり　福島県本宮市-
本宮蛇ノ鼻　もとみやじゃのはな　福島県本宮市-
本宮雲雀田　もとみやひばりた　福島県本宮市-
本宮樋ノ口　もとみやといのくち　福島県本宮市-
本宮懸鉄　もとみやかんかね　福島県本宮市-
本島　もとしま・もとじま
　　もとじま　埼玉県北葛飾郡杉戸町-
　　もとしま-ちょう　長崎県佐世保市-町
本島町甲生　ほんじまちょうこうしょう　香川県丸亀市-
本徒士　もとかじし
　　もとかじし-ちょう　青森県八戸市-町
本梅町東加舎　ほんめちょうひがしかや　京都府亀岡市-
本浦　ほんうら
　　ほんうら-ちょう　広島県広島市南区-町
本浜　もとはま
　　もとはま-ちょう　宮城県気仙沼市-町

5画（末,此,正）

　　もとはま-ちょう　鹿児島県いちき串木野市-町
本笑　もとわろう　福島県相馬市-
本納　ほんのう　千葉県茂原市-
本郡　ほんぐ　愛媛県伊予市-
本馬　ほんま　奈良県御所市-
本馬越　もとうまこし　新潟県新潟市中央区-
本高　もとだか　鳥取県鳥取市-
本動堂　もとゆるぎどう　群馬県藤岡市-
本堀　ほんぼり・もとほり
　　ほんぼり　京都府福知山市-
　　もとほり　岡山県小田郡矢掛町-
本宿　ほんしゅく・ほんじゅく・もとしゅく・もとじゅく
　　ほんじゅく-ちょう　茨城県下妻市-町
　　もとじゅく　群馬県甘楽郡下仁田町-
　　もとじゅく　群馬県吾妻郡東吾妻町-
　　ほんじゅく　埼玉県さいたま市岩槻区-
　　もとじゅく　埼玉県北本市-
　　ほんしゅく-ちょう　東京都府中市-町
　　もとしゅく　東京都西多摩郡檜原村-
　　ほんじゅく-ちょう　神奈川県横浜市旭区-町
　　ほんじゅく-ちょう　神奈川県茅ケ崎市-町
　　ほんじゅく　静岡県駿東郡長泉町-
　　もとじゅく-ちょう　愛知県岡崎市-町
本組　ほんぐみ　愛媛県上浮穴郡久万高原町-
本船迫　ほんふなばさま　宮城県柴田郡柴田町-
本船津　もとふなつ
　　もとふなつ-まち　福岡県柳川市-町
本郷町波野　ほんごうまちはの　山口県岩国市-
本郷前川原　ほんごうまえかわはら　福島県大沼郡会
津美里町-
本部　もとぶ
　　もとぶ-ちょう　沖縄県国頭郡-町
　　もとぶ　沖縄県島尻郡南風原町-
本部田　ほんぶた
　　ほんぶた-ちょう　愛知県愛西市-町
本野　ほんの・もとの
　　もとの　富山県黒部市-
　　ほんの-ちょう　愛知県豊川市-町
　　もとの-まち　長崎県諫早市-町
　　ほんの-まち　熊本県八代市-町
本鳥栖　ほんどす
　　ほんどす-まち　佐賀県鳥栖市-町
本渡　もとわたり　和歌山県和歌山市-
本渡町本戸馬場　ほんどまちほんとばば　熊本県天
草市-
本道　ほんどう　新潟県上越市-
本開発　ほんかいほつ　富山県射水市-
本須賀　もとすか　千葉県山武市-
本飯田　もといいだ　山形県村山市-
本塩　ほんしお
　　ほんしお　千葉県市川市-
　　ほんしお-ちょう　東京都新宿区-町
本塩竈　もとしおがま
　　もとしおがま-ちょう　京都府京都市下京区-町
本新　ほんしん・もとしん
　　もとしん　茨城県稲敷市-
　　もとしん　富山県魚津市-
　　もとしん-まち　富山県魚津市-町
　　ほんしん-まち　長野県佐久市-町
　　ほんしん-ちょう　愛知県豊田市-町

本新田　もとしんでん　埼玉県ふじみ野市-
本楯　もとたて・もとだて
　　もとたて　山形県酒田市-
　　もとだて　山形県寒河江市-
本蓮　ほんばす　埼玉県川口市-
本豊田　もととよだ　茨城県常総市-
本蓼川　ほんたてかわ　神奈川県綾瀬市-
本関　ほんせき
　　ほんせき-ちょう　群馬県伊勢崎市-町
本窯　もとがま
　　もとがま-ちょう　長崎県五島市-町
本輪西　もとわにし
　　もとわにし-ちょう　北海道室蘭市-町
本館　もとだて　岩手県花巻市-
本鍛冶　ほんかじ・もとかじ
　　もとかじ-ちょう　青森県八戸市-町
　　ほんかじ-まち　石川県小松市-町
本鍛冶小路　もとかじこうじ　宮城県白石市-
本織　もとおり　千葉県南房総市-
本鵠沼　ほんくげぬま　神奈川県藤沢市-

　　　　　　　　末

末上野　すえうわの　富山県中新川郡立山町-
末包　すえかね　兵庫県佐用郡佐用町-
末広　すえひろ・まびろ
　　すえひろ　北海道夕張市-【ほか136ヶ所】
　　まびろ　北海道厚岸郡厚岸町-
末寺　まつじ
　　まつじ-まち　石川県能美市-町
末宝　まっぽう　新潟県長岡市-
末崎　まっさき
　　まっさき-ちょう　岩手県大船渡市-町
末森　すえのもり　福島県双葉郡浪江町-

　　　　　　　　此

此木　くのぎ　石川県鳳珠郡穴水町-

　　　　　　　　正

正上内　しょうじょううち　茨城県石岡市-
正山　しょうざん
　　しょうざん-まち　福岡県大牟田市-町
正友　まさとも　石川県羽咋郡宝達志水町-
正手沢　しょうてざわ　秋田県大仙市-
正木　まさき
　　まさき　千葉県館山市-
　　まさき　千葉県君津市-
　　まさき　岐阜県岐阜市-
　　まさき　愛知県名古屋市中区-
　　まさき　徳島県勝浦郡上勝町-
　　まさき　愛媛県南宇和郡愛南町-
正木町不破一色　まさきちょうふわいしき　岐阜県羽
島市-
正代　しょうだい　埼玉県東松山市-
正弘　まさひろ　高知県安芸郡安田町-
正永　しょうえい
　　しょうえい-ちょう　長野県飯田市-町
正田　しょうでん　岡山県新見市-
正印　しょいん　富山県中新川郡上市町-
正吉　まさよし　岡山県真庭市-

5画（母, 民, 永, 汀）

正名　しょうな・まさな
　　しょうな-ちょう　愛知県岡崎市-町
　　まさな　鹿児島県大島郡知名町-
正坂　しょうさか　京都府福知山市-
正谷　まさたに　富山県南砺市-
正和　しょうわ　北海道沙流郡日高町-
正宗　まさむね
　　まさむね-ちょう　岡山県高梁市-町
正岡　まさおか
　　まさおか-ちょう　愛知県豊川市-町
正明寺　しょうみょうじ
　　しょうみょうじ-ちょう　千葉県銚子市-町
　　しょうみょうじ　新潟県刈羽郡刈羽村-
　　しょうめいじ　愛知県稲沢市-
　　しょうみょうじ　京都府福知山市-
正直　しょうじき
　　しょうじき-ちょう　茨城県牛久市-町
　　しょうじき　埼玉県比企郡川島町-
正門　せいもん
　　せいもん-まち　福岡県遠賀郡芦屋町-町
正保　しょうほう
　　しょうほう-ちょう　愛知県名古屋市港区-町
正保橋　しょうほばし
　　しょうほばし-ちょう　兵庫県赤穂市-町
正津　しょうづ
　　しょうづ-まち　福岡県北九州市戸畑区-町
正神　しょうがみ
　　しょうがみ-ちょう　滋賀県近江八幡市-町
正面　しょうめん
　　しょうめん-ちょう　京都府京都市東山区-町
正島　しょうじま
　　しょうじま-まち　長野県木曽郡上松町-町
正能　しょうのう　埼玉県加須市-
正院町正院　しょういんまちしょういん　石川県珠
　　洲市-
正崎　しょうざき　岡山県赤磐市-
正部　しょうぶ
　　しょうぶ-まち　石川県金沢市-町
正野　しょうの　愛媛県西宇和郡伊方町-
正雀　しょうじゃく　大阪府摂津市-
正場沢　しょうばさわ　青森県三戸郡五戸町-
正道尻　しょうどうじり　青森県西津軽郡深浦町-
正徳　しょうとく
　　しょうとく-ちょう　愛知県名古屋市中川区-町
　　しょうとく-ちょう　愛知県名古屋市港区-町
　　しょうとく-ちょう　広島県尾道市-町
正儀　まさき　岡山県岡山市東区-
正親　おうぎ
　　おうぎ-ちょう　京都府京都市上京区-町
正厳　しょうごん　山形県尾花沢市-

母

母ケ浦　ほうがうら
　　ほうがうら-ちょう　長崎県佐世保市-町
母子　ははこ・もうし
　　ははこ　千葉県山武郡横芝光町-
　　もうし　兵庫県三田市-
母子沢　ははこざわ
　　ははこざわ-ちょう　宮城県塩竈市-町
母子里　もしり　北海道雨竜郡幌加内町-

母衣　ほろ
　　ほろ-まち　島根県松江市-町
母体　もたい　秋田県能代市-
母畑　ぼばた　福島県石川郡石川町-
母原　もはら　福岡県北九州市小倉南区-
母恋北　ぼこいきた
　　ぼこいきた-まち　北海道室蘭市-町
母袋　もたい　山形県尾花沢市-
母間　ぼま　鹿児島県大島郡徳之島町-

民

民田　たみだ・みんでん
　　みんでん　山形県鶴岡市-
　　たみだ　兵庫県川辺郡猪名川町-

永

永久　えいきゅう・とわ・ながひさ
　　えいきゅう　福島県喜多方市-
　　とわ-まち　富山県富山市-町
　　ながひさ　福岡県豊前市-
永小原　ながおばる
　　ながおばる-ちょう　鹿児島県鹿屋市-町
永犬丸　えいのまる　福岡県北九州市八幡西区-
永代　えいたい・えいだい
　　えいだい-ちょう　北海道常呂郡佐呂間町-町
　　えいだい　東京都江東区-
　　えいたい　富山県中新川郡上市町-
　　えいたい-ちょう　大阪府堺市堺区-町
　　えいだい-ちょう　大阪府茨木市-町
　　えいだい-まち　愛媛県松山市-町
永会　えいかい　三重県度会郡大紀町-
永地　えいち　千葉県袖ケ浦市-
永寿　えいじゅ
　　えいじゅ-ちょう　北海道増毛郡増毛町-町
永沢　えいざわ・ながさわ
　　ながさわ　岩手県胆沢郡金ケ崎町-
　　えいざわ-ちょう　兵庫県神戸市兵庫区-町
永沢寺　えいたくじ　兵庫県三田市-
永和　えいわ
　　えいわ　大阪府東大阪市-
　　えいわ-ちょう　奈良県大和高田市-町
永昌　えいしょう
　　えいしょう-まち　長崎県諫早市-町
永金　えいきん
　　えいきん-ちょう　愛知県名古屋市昭和区-町
永野原　ながのはる　熊本県阿蘇郡高森町-
永覚　えかく
　　えかく-ちょう　愛知県豊田市-町
永碇　ながいかり
　　ながいかり-まち　熊本県八代市-町
永福　えいふく
　　えいふく-ちょう　北海道苫小牧市-町
　　えいふく　東京都杉並区-
　　えいふく-ちょう　富山県砺波市-町
　　えいふく　兵庫県加東市-
永穂　なんご　和歌山県和歌山市-
永興　りょうご　大分県大分市-

汀

汀間　ていま　沖縄県名護市-

131

5画（氷, 玄, 玉, 瓦, 甘, 生）

氷

氷上町上成松　ひかみちょうあげなりまつ　兵庫県丹波市-

氷上町上新庄　ひかみちょうかみしんじょう　兵庫県丹波市-

氷上町石生　ひかみちょういそう　兵庫県丹波市-

氷上町長野　ひかみちょうおさの　兵庫県丹波市-

氷玉　ひだま　福島県大沼郡会津美里町-

氷取　こおりとり　岐阜県安八郡安八町-

氷取沢　ひとりざわ
　ひとりざわ-ちょう　神奈川県横浜市磯子区-町

玄

玄倉　くろくら　神奈川県足柄上郡山北町-

玉

玉川町八幡　たまがわちょうやわた　愛媛県今治市-

玉川町小鴨部　たまがわちょうこかんべ　愛媛県今治市-

玉川町長谷　たまがわちょうながたに　愛媛県今治市-

玉川町御厩　たまがわちょうみまや　愛媛県今治市-

玉川町鈍川　たまがわちょうにぶかわ　愛媛県今治市-

玉川町摺木　たまがわちょうするぎ　愛媛県今治市-

玉之浦町幾久山　たまのうらまちいつくやま　長崎県五島市-

玉之浦町頓泊　たまのうらまちとんとまり　長崎県五島市-

玉井　たまい・たまのい
　たまのい　福島県安達郡大玉村-
　たまい　埼玉県熊谷市-
　たまい-ちょう　岐阜県岐阜市-町
　たまい-ちょう　大阪府豊中市-町

玉生　たまにゅう　栃木県塩谷郡塩谷町-

玉伝　たまで　和歌山県西牟婁郡白浜町-

玉作　たまつくり　埼玉県熊谷市-

玉来　たまらい　大分県竹田市-

玉姓　ぎょくせい
　ぎょくせい-ちょう　岐阜県岐阜市-町

玉垣内　たまがいと　奈良県吉野郡十津川村-

玉城　たまき・たましろ・たまじろ
　たまき-ちょう　三重県度会郡-町
　たましろ　鹿児島県大島郡和泊町-
　たましろ　沖縄県国頭郡今帰仁村-

玉城仲村渠　たまぐすくなかんだかり　沖縄県南城市-

玉城志堅原　たまぐすくしけんばる　沖縄県南城市-

玉城垣花　たまぐすくかきのはな　沖縄県南城市-

玉城喜良原　たまぐすくきらばる　沖縄県南城市-

玉城奥武　たまぐすくおう　沖縄県南城市-

玉城富里　たまぐすくふさと　沖縄県南城市-

玉城親慶原　たまぐすくおやけばる　沖縄県南城市-

玉柏　たまがし　岡山県岡山市北区-

玉津町小山　たまつちょうこやま　兵庫県神戸市西区-

玉島上成　たましまうわなり　岡山県倉敷市-

玉島陶　たましますえ　岡山県倉敷市-

玉造　たまつくり
　たまつくり-ちょう　茨城県常陸太田市-町
　たまつくり　千葉県成田市-
　たまつくり　千葉県香取市-
　たまつくり　大阪府大阪市中央区-

玉置　たまき　福井県三方上中郡若狭町-

玉置川　たまいがわ　奈良県吉野郡十津川村-

瓦

瓦谷　かわらだに・かわらや
　かわらや　茨城県水戸市-
　かわらや　茨城県石岡市-
　かわらや-ちょう　栃木県宇都宮市-町
　かわらだに　山口県岩国市-

瓦宮　かわらのみや　兵庫県尼崎市-

甘

甘水　あもうず　福岡県朝倉市-

甘田　あまだ・かんだ
　あまだ　茨城県稲敷市-
　あまだ　石川県羽咋郡志賀町-
　かんだ-ちょう　奈良県大和高田市-町

甘呂　かんろ
　かんろ-ちょう　滋賀県彦根市-町

甘村井　かむらい
　かむらい-ちょう　愛知県愛西市-町

甘南備　かんなび　大阪府富田林市-

甘楽　かんら
　かんら-ぐん　群馬県-郡
　かんら-まち　群馬県甘楽郡-町

甘露　かんろ
　かんろ-ちょう　京都府京都市中京区-町

生

生ノ川　おいのかわ　高知県四万十市-

生の松原　いきのまつばら　福岡県福岡市西区-

生三　いくさん　山形県東田川郡庄内町-

生土　いきど　静岡県駿東郡小山町-

生子　おいご・おぶす
　おいご　茨城県坂東市-
　おぶす-ちょう　奈良県五條市-町

生山　しょうざん・しょうやま
　しょうざん　鳥取県鳥取市-
　しょうやま　鳥取県日野郡日南町-

生井　なまい　栃木県芳賀郡茂木町-

生井沢　なまいざわ　茨城県東茨城郡茨城町-

生月町御崎　いきつきちょうみさき　長崎県平戸市-

生出　おいで　埼玉県加須市-

生出河戸　はいでこえど
　はいでこえど-ちょう　愛知県稲沢市-町

生出塚　おいねづか　埼玉県鴻巣市-

生平　おいだいら
　おいだいら-ちょう　愛知県岡崎市-町

生玉　いくたま
　いくたま-ちょう　大阪府大阪市天王寺区-町

生玉寺　いくたまてら
　いくたまてら-まち　大阪府大阪市天王寺区-町

生田　いくた・おいだ
　いくた　北海道勇払郡むかわ町-
　いくた-まち　茨城県土浦市-町
　いくた　神奈川県川崎市多摩区-
　いくた　長野県上田市-
　いくた　長野県下伊那郡松川町-
　いくた-まち　岐阜県岐阜市-町
　いくた-ちょう　岐阜県多治見市-町

5画（用, 甲）

いくた-ちょう　兵庫県神戸市中央区-町
おいだ　奈良県桜井市-
いくた　鳥取県倉吉市-
いくた　愛媛県北宇和郡鬼北町-
生田目　なばため　栃木県芳賀郡益子町-
生田原　いくたはら　北海道紋別郡遠軽町-
生目　いきめ　宮崎県宮崎市-
生石　いくし・おいし
おいし　山形県酒田市-
おいし　和歌山県有田郡有田川町-
いくし-まち　愛媛県松山市-町
いくし　大分県大分市-
生名　いきな・いくな
いくな　徳島県勝浦郡勝浦町-
いきな　愛媛県越智郡上島町-
生地　いくじ　富山県黒部市-
生守　いごもり　福井県小浜市-
生守団地　いごもりだんち　福井県小浜市-
生江　いくえ　大阪府大阪市旭区-
生江浜　おえはま　岡山県笠岡市-
生利　しょうり　群馬県多野郡神流町-
生坂　いくさか
いくさか-むら　長野県東筑摩郡-村
いくさか　岡山県倉敷市-
生尾　おいお　千葉県匝瑳市-
生沢　いくさわ　神奈川県中郡大磯町-
生良　きら　栃木県小山市-
生花　せいか　北海道広尾郡大樹町-
生見　いくみ　高知県安芸郡東洋町-
生実　いくみ・おゆみ
おゆみ-ちょう　千葉県千葉市中央区-町
いくみ　徳島県勝浦郡上勝町-
生松台　いきまつだい　福岡県福岡市西区-
生板　まないた　茨城県稲敷郡河内町-
生板鍋子新田　まないたなべこしんでん
まないたなべこしんでん　茨城県稲敷郡河内町-
まないたなべこしんでん　千葉県印旛郡栄町-
生保　しょうぼ　大阪府茨木市-
生品　なましな　群馬県利根郡川場村-
生津　なまづ　岐阜県瑞穂市-
生倉　いくら　福井県三方上中郡若狭町-
生剛　せいごう　北海道十勝郡浦幌町-
生家　ゆくえ　福岡県福津市-
生島　いくしま
いくしま-ちょう　香川県高松市-町
生桑　いくわ
いくわ-ちょう　三重県四日市市-町
生琉里　ふるさと
ふるさと　三重県伊賀-
ふるさと-ちょう　奈良県奈良市-町
生馬　いくま　和歌山県西牟婁郡上富田町-
生部　いけぶ
いけぶ-ちょう　福井県福井市-町
生野　いかの・いくの・しょうの
しょうの-ちょう　福井県福井市-町
いくの　京都府福知山市-
いくの-く　大阪府大阪市-区
いくの-まち　兵庫県姫路市-町
いくの-ちょう　山口県下関市-町

いかの-ちょう　香川県善通寺市-町
生野町奥銀谷　いくのちょうおくがなや　兵庫県朝来市-
生野屋　いくのや　山口県下松市-
生勝　いけがち　鹿児島県大島郡宇検村-
生湯　うぶゆ
うぶゆ-ちょう　島根県浜田市-町
生萱　いきがや　長野県千曲市-
生越　おごせ　群馬県利根郡昭和村-
生間　いかま・いけんま
いかま　香川県仲多度郡まんのう町-
いけんま　鹿児島県大島郡瀬戸内町-
生須　いけす・なます
なます　群馬県吾妻郡中之条町-
いけす-ちょう　滋賀県近江八幡市-町
生福　せいふく　鹿児島県いちき串木野市-
生路　いくじ　愛知県知多郡東浦町-
生穂　いくほ　兵庫県淡路市-
生櫛　いくし　岐阜県美濃市-
生瀬　なまぜ
なまぜ-ちょう　兵庫県西宮市-町

```
         用
```

用久　ようきゅう
ようきゅう-まち　愛知県碧南市-町
用勺　ようじゃく
ようじゃく-まち　福岡県北九州市若松区-町
用土　ようど
ようど　埼玉県大里郡寄居町-
ようど　兵庫県美方郡新温泉町-
ようど-ちょう　広島県府中市-町
用山　もちやま　福岡県宗像市-
用之江　もちのえ　岡山県笠岡市-
用木　もてぎ　熊本県玉名郡和水町-
用田　ようだ　神奈川県藤沢市-
用石　もちいし　高知県土佐市-
用吉　もちよし　岡山県玉野市-
用呂　ようろ　鳥取県八頭郡八頭町-
用沢　ようさわ　静岡県駿東郡小山町-
用宗　もちむね　静岡県静岡市駿河区-
用居甲　もちいこう　高知県吾川郡仁淀川町-
用海　ようがい
ようがい-ちょう　兵庫県西宮市-町
用草　もちくさ　千葉県八街市-
用瀬町別府　もちがせちょうべふ　鳥取県鳥取市-
用瀬町樟原　もちがせちょうくぬぎわら　鳥取県鳥取市-

```
         甲
```

甲　かぶと・こう
こう　茨城県筑西市-
かぶと　石川県鳳珠郡穴水町-
こう　長野県小諸市-
こう　長野県佐久市-
こう　香川県小豆郡土庄町-
こう　高知県安芸郡奈半利町-
こう　高知県高岡郡佐川町-
こう　熊本県球磨郡五木村-
甲ケ崎　こがさき　福井県小浜市-

5画（田）

甲子 かっし・かっち・きのいね
　かっし-ちょう　岩手県釜石市-町
　かっち　岩手県和賀郡西和賀町-
　きのいね-ちょう　宮城県柴田郡大河原町-町
甲子園六石 こうしえんろっこく
　こうしえんろっこく-ちょう　兵庫県西宮市-町
甲子園網引 こうしえんあびき
　こうしえんあびき-ちょう　兵庫県西宮市-町
甲山 かぶとやま・こうざん
　かぶとやま-ちょう　愛知県名古屋市瑞穂区-町
　かぶとやま-ちょう　兵庫県西宮市-町
　こうざん　広島県世羅郡世羅町-
甲奴町小童 こうぬちょうひち　広島県三次市-
甲仲原 こうなかばる　福岡県糟屋郡粕屋町-
甲佐平 こうさびら　熊本県下益城郡美里町-
甲弩 こうの　岡山県笠岡市-
甲南町宝木 こうなんちょうほうのき　滋賀県甲賀市-
甲南町柑子 こうなんちょうこおじ　滋賀県甲賀市-
甲南町深川 こうなんちょうふかわ　滋賀県甲賀市-
甲屋 かぶとや
　かぶとや-ちょう　京都府京都市中京区-町
甲原 かんばら　高知県土佐市-
甲浦 かんのうら　高知県安芸郡東洋町-
甲斐守 かいのかみ
　かいのかみ-ちょう　京都府京都市上京区-町
甲斐町東 かいのちょうひがし　大阪府堺市堺区-
甲賀町毛枚 こうかちょうもびら　滋賀県甲賀市-
甲賀町田堵野 こうかちょうたどの　滋賀県甲賀市-
甲賀町鹿深台 こうかちょうかふかだい　滋賀県甲賀市-
甲賀町櫟野 こうかちょういちの　滋賀県甲賀市-
甲楽城 かぶらき　福井県南条郡南越前町-
甲頭倉 こうずくら　滋賀県犬上郡多賀町-

田

田ノ垣内 たのかいと　和歌山県日高郡印南町-
田丁 たまち　千葉県夷隅郡大多喜町-
田人町南大平 たびとまちみなみおおだいら　福島県いわき市-
田人町旅人 たびとまちたびうと　福島県いわき市-
田人町荷路夫 たびとまちにちぶ　福島県いわき市-
田力 たちから　岩手県花巻市-
田下 たげ・たしも・たじも・たのした
　たしも　北海道磯谷郡蘭越町-
　たげ　茨城県下妻市-
　たげ-まち　栃木県宇都宮市-町
　たのした　富山県南砺市-
　たじも-まち　長崎県大村市-町
田上 たがみ・たのえ
　たがみ-まち　新潟県南蒲原郡-町
　たがみ　新潟県南蒲原郡田上町-
　たがみ　石川県金沢市-
　たがみ-まち　石川県金沢市-町
　たがみ　福井県三方上中郡若狭町-
　たがみ　長野県中野市-
　たがみ　長崎県長崎市-
　たのえ　熊本県球磨郡湯前町-
　たがみ　鹿児島県鹿児島市-
　たがみ-ちょう　鹿児島県鹿児島市-町

田口 たぐち・たのくち
　たぐち　福島県石川郡古殿町-
　たぐち-まち　群馬県前橋市-町
　たぐち　新潟県妙高市-
　たぐち　長野県佐久市-
　たぐち-ちょう　岐阜県大垣市-町
　たぐち　岐阜県下呂市-
　たぐち-ちょう　愛知県岡崎市-町
　たぐち　愛知県犬山市-
　たぐち　愛知県北設楽郡設楽町-
　たぐち　三重県三重郡菰野町-
　たぐち　三重県度会郡度会町-
　たぐち　大阪府枚方市-
　たぐち　兵庫県神崎郡福崎町-
　たぐち　和歌山県有田郡有田川町-
　たぐち　岡山県真庭市-
　たのくち　愛媛県大洲市-
　たぐち　熊本県上益城郡甲佐町-
田子 たこ・たご・たっこ
　たっこ-まち　青森県三戸郡-町
　たっこ　青森県三戸郡田子町-
　たご　宮城県仙台市宮城野区-
　たこ　長野県長野市-
　たご　静岡県富士市-
　たご　静岡県賀茂郡西伊豆町-
　たこ　和歌山県東牟婁郡串本町-
田子内 たごうち・たごない
　たごない　秋田県雄勝郡東成瀬村-
　たごうち-ちょう　茨城県常陸大宮市-町
田中大堰 たなかおおい
　たなかおおい-ちょう　京都府京都市左京区-町
田井庄 たいのしょう
　たいのしょう-ちょう　奈良県天理市-町
　たいのしょう　奈良県高市郡高取町-
田井島 たいのしま　熊本県熊本市南区-
田内 たうち・たない
　たうち　福島県西白河郡矢吹町-
　たない　愛知県北設楽郡設楽町-
田木谷 たぎや　茨城県小美玉市-
田水山 たみやま　茨城県つくば市-
田牛 とうじ　静岡県下田市-
田主丸町八幡 たぬしまるまちやはた　福岡県久留米市-
田主丸町上原 たぬしまるまちかみはる　福岡県久留米市-
田主丸町殖木 たぬしまるまちふえき　福岡県久留米市-
田主丸町豊城 たぬしまるまちとよき　福岡県久留米市-
田代 たしろ・でんだい
　たしろ　北海道瀬棚郡今金町-
　たしろ　北海道様似郡様似町-
　たしろ-ちょう　青森県弘前市-町
　たしろ　青森県中津軽郡西目屋村-
　たしろ　青森県三戸郡階上町-
　たしろ　岩手県宮古市-
　たしろ　岩手県下閉伊郡田野畑村-
　たしろ　秋田県雄勝郡羽後町-
　たしろ　山形県鶴岡市-
　たしろ　山形県寒河江市-
　たしろ　福島県東白川郡塙町-

5画（田）

たしろ　群馬県吾妻郡嬬恋村-
たしろ　千葉県長生郡長柄町-
たしろ　千葉県夷隅郡大多喜町-
たしろ　神奈川県愛甲郡愛川町-
たしろ　新潟県十日町市-
たしろ　石川県鳳珠郡能登町-
たしろ-ちょう　岐阜県多治見市-町
でんだい　岐阜県羽島郡笠松町-
たしろ　静岡県静岡市葵区-
たしろ　静岡県伊豆市-
たしろ　静岡県田方郡函南町-
たしろ　静岡県榛原郡川根本町-
たしろ-ちょう　愛知県名古屋市千種区-町
たしろ-ちょう　愛知県半田市-町
たしろ-ちょう　愛知県豊田市-町
たしろ　愛知県稲沢市-
たしろ　三重県桑名郡木曽岬町-
たしろ-ちょう　兵庫県西宮市-町
たしろ　鳥取県東伯郡三朝町-
たしろ　福岡県北九州市小倉南区-
たしろ　福岡県北九州市八幡東区-
たしろ　福岡県朝倉市-
たしろ　佐賀県佐賀市-
たしろ　佐賀県東松浦郡玄海町-
たしろ-ちょう　長崎県佐世保市-町
たしろ-ちょう　長崎県平戸市-町
たしろ　熊本県上益城郡御船町-
たしろ-ちょう　宮崎県宮崎市-町
田代川原　たしろかわはら　鹿児島県肝属郡錦江町-
田尻　たじり・たのしり
たじり　宮城県気仙沼市-
たじり　宮城県大崎市-
たじり　福島県双葉郡浪江町-
たじり-ちょう　茨城県日立市-町
たじり　千葉県市川市-
たじり-ちょう　神奈川県川崎市中原区-町
たじり　新潟県魚沼市-
たのしり　富山県富山市-
たじり　富山県南砺市-
たじり-まち　石川県加賀市-町
たのしり-まち　石川県野々市市-町
たじり-ちょう　福井県福井市-町
たじり　福井県敦賀市-
たじり-ちょう　静岡県浜松市南区-町
たじり　静岡県焼津市-
たじり-まち　愛知県碧南市-町
たじり-ちょう　三重県伊勢市-町
たじり-ちょう　大阪府泉南郡-町
たじり　奈良県香芝市-
たじり　和歌山県和歌山市-
たじり　和歌山県日高郡日高川町-
たじり-ちょう　広島県福山市-町
たじり　福岡県福岡市西区-
たじり　熊本県阿蘇郡産山村-
たじり　大分県大分市-
たじり　大分県中津市-
たじり　大分県臼杵市-
たじり　宮崎県東諸県郡国富町-
田尻八幡　たじりやわた　宮城県大崎市-
田尻中目　たじりなかのめ　宮城県大崎市-
田尻北小牛田　たじりきたこごた　宮城県大崎市-
田尻北牧目　たじりきたまぎのめ　宮城県大崎市-

田尻北高城　たじりきたたかぎ　宮城県大崎市-
田打　とうち　広島県世羅郡世羅町-
田生越　たしょうごえ
たしょうごえ-ちょう　岐阜県岐阜市-町
田光　たこう・たびか
たこう-ちょう　愛知県名古屋市瑞穂区-町
たびか　三重県三重郡菰野町-
田老八幡水神　たろうやはたすいじん　岩手県宮古市-
田老荒谷　たろうありや　岩手県宮古市-
田老摂待　たろうせったい　岩手県宮古市-
田老新田　たろうしんでん　岩手県宮古市-
田老新田平　たろうにったいら　岩手県宮古市-
田尾　だお・たび
たび　千葉県市原市-
だお　新潟県新潟市南区-
田尾原　たおばる　鹿児島県姶良郡湧水町-
田抓　たづかみ　秋田県にかほ市-
田村町小川　たむらまちこがわ　福島県郡山市-
田村町山中　たむらまちさんちゅう　福島県郡山市-
田村町岩作　たむらまちがんざく　福島県郡山市-
田沢湖生保内　たざわこおぼない　秋田県仙北市-
田角　たずみ　和歌山県有田郡有田川町-
田迎町田井島　たむかえまちたいのしま　熊本県熊本市南区-
田迎町良　たむかえまちやや
たむかえまちやや-まち　熊本県熊本市南区-町
田河内　たのこうじ　鳥取県岩美郡岩美町-
田治米　たじめ
たじめ-ちょう　大阪府岸和田市-町
田牧　たいら
たいら-ちょう　三重県松阪市-町
田垣内　たがいと　和歌山県東牟婁郡那智勝浦町-
田後　たじり
たじり　鳥取県岩美郡岩美町-
たじり　鳥取県東伯郡湯梨浜町-
田染蕗　たしぶふき　大分県豊後高田市-
田海　たうみ・とうみ
とうみ　新潟県糸魚川市-
たうみ-ちょう　鹿児島県薩摩川内市-町
田畑　たばた・たばたけ
たばた　茨城県神栖市-
たばた　富山県富山市-
たばた　岐阜県揖斐郡池田町-
たばた-ちょう　京都府京都市上京区-町
たばたけ　鳥取県東伯郡湯梨浜町-
田県　たがた
たがた-ちょう　愛知県小牧市-町
田籾　たもみ
たもみ　富山県黒部市-
たもみ-ちょう　愛知県豊田市-町
田面　たおも
たおも-ちょう　愛知県名古屋市昭和区-町
田面木　たもぎ・たものき
たものき　青森県八戸市-
たもぎ　青森県上北郡東北町-
田原　たはら・たばら・たばる・たわら
たばら　千葉県富津市-
たわら　石川県羽咋郡志賀町-
たわら　福井県福井市-

5画（田）

たはら　山梨県都留市-
たはら-し　愛知県-市
たはら-ちょう　愛知県田原市-町
たわら-ちょう　三重県松阪市-町
たわら-ちょう　滋賀県彦根市-町
たわら　京都府宮津市-
たはら-ちょう　兵庫県加西市-町
たわら　和歌山県東牟婁郡串本町-
たばら　岡山県岡山市北区-
たはら　岡山県真庭市-
たわら　岡山県美作市-
たわら-ちょう　広島県庄原市-町
たわら　広島県山県郡北広島町-
たわら　山口県岩国市-
たはら　福岡県北九州市小倉南区-
たばら　福岡県田川郡川崎町-
たばる-ちょう　長崎県佐世保市-町
たばる　熊本県上益城郡益城町-
たばる　大分県大分市-
たばる　宮崎県西臼杵郡高千穂町-
たばる　鹿児島県薩摩郡さつま町-
たばる　沖縄県那覇市-

田原上　たわらかみ　岡山県和気郡和気町-
田原台　たわらだい　大阪府四條畷市-
田原本　たはらほん・たわらもと
　たはらほん-ちょう　静岡県熱海市-町
　たわらもと-ちょう　奈良県磯城郡-町
田原西　たばらにし　千葉県鴨川市-
田原春日野　たわらかすがの
　たわらかすがの-ちょう　奈良県奈良市-町
田原野　たわらの　静岡県伊豆の国市-
田家　たい・たや
　たや-ちょう　北海道函館市-町
　たい　新潟県新潟市秋葉区-
田家角内　たいがぐち　富山県黒部市-
田家野　たいえの　富山県黒部市-
田宮　たぐう・たみや
　たみや　茨城県土浦市-
　たぐう　茨城県牛久市-
　たぐう-ちょう　茨城県牛久市-町
田宮本　たみやほん
　たみやほん-まち　大阪府枚方市-町
田宮原　たみやはら　茨城県ひたちなか市-
田島　たしま・たじま・たのしま
　たしま　福島県白河市-
　たじま　福島県南会津郡南会津町-
　たじま-ちょう　茨城県水戸市-町
　たじま　茨城県石岡市-
　たじま-ちょう　栃木県足利市-町
　たじま-ちょう　栃木県佐野市-町
　たじま　栃木県真岡市-
　たじま　群馬県富岡市-
　たじま　群馬県邑楽郡明和町-
　たじま　埼玉県さいたま市桜区-
　たじま　埼玉県熊谷市-
　たじま　埼玉県朝霞市-
　たじま　埼玉県北葛飾郡松伏町-
　たじま-ちょう　神奈川県川崎市川崎区-町
　たじま　神奈川県小田原市-
　たじま　新潟県新潟市秋葉区-
　たじま　新潟県新潟市西区-

たじま　新潟県三条市-
たのしま-まち　石川県金沢市-町
たじま　山梨県南アルプス市-
たじま-ちょう　岐阜県美濃加茂市-町
たじま　静岡県富士市-
たじま-ちょう　愛知県一宮市-町
たじま　大阪府大阪市生野区-
たじま　鳥取県鳥取市-
たじま　山口県防府市-
たしま　福岡県福岡市城南区-
たしま　福岡県宗像市-
たしま　福岡県朝倉市-
たしま　大分県日田市-
たしま　鹿児島県熊毛郡中種子町-

田浦　たうら・たのうら
　たうら　北海道勇払郡むかわ町-
　たうら-ちょう　神奈川県横須賀市-町
　たうら-ちょう　徳島県小松島市-町
　たのうら　香川県小豆郡小豆島町-
　たのうら　熊本県葦北郡芦北町-
　たのうら-まち　熊本県葦北郡芦北町-町
田部　たぶ・たべ
　たべ　岩手県岩手郡葛巻町-
　たべ　福島県南会津郡南会津町-
　たべ　千葉県香取市-
　たべ-ちょう　奈良県天理市-町
　たぶ　愛媛県西宇和郡伊方町-
田結　たい
　たい　福井県敦賀市-
　たい　兵庫県豊岡市-
田園　たぞの・でんえん
　でんえん　青森県弘前市-
　でんえん　新潟県上越市-
　でんえん-ちょう　京都府舞鶴市-町
　たぞの　大阪府堺市中区-
　でんえん-ちょう　兵庫県小野市-町
　でんえん　奈良県五條市-
　でんえん-ちょう　鳥取県鳥取市-町
　でんえん　福岡県遠賀郡遠賀町-
田楽　たらが
　たらが-ちょう　愛知県春日井市-町
田路　とうじ　兵庫県朝来市-
田熊　たぐま・たのくま
　たのくま　岡山県津山市-
　たぐま　福岡県宗像市-
田窪　たくぼ・たのくぼ
　たくぼ　島根県邑智郡川本町-
　たのくぼ　愛媛県東温市-
田橋　たばせ
　たばせ-ちょう　島根県浜田市-町
田頭　たがみ・たんどう・でんどう
　でんどう　岩手県八幡平市-
　たんどう　広島県神石郡神石高原町-
　たがみ　沖縄県豊見城市-
田鶴　たづる
　たづる-ちょう　山形県天童市-町
田鶴原　たずはら
　たずはら-ちょう　和歌山県新宮市-町
田鶴浜　たつるはま
　たつるはま-まち　石川県七尾市-町

5画（由, 疋, 白）

由

由宇町神東　ゆうまちしんとう　山口県岩国市-
由津里　ゆづり　岡山県赤磐市-
由野台　よしのだい　神奈川県相模原市中央区-
由縄坂　よなざか　宮城県伊具郡丸森町-

疋

疋相　ひきそ　奈良県北葛城郡広陵町-

白

白丸　しろまる
　　しろまる　東京都西多摩郡奥多摩町-
　　しろまる　石川県鳳珠郡能登町-
白久　しらく
　　しらく　栃木県那須烏山市-
　　しらく　栃木県那須郡那珂川町-
白土　しらち・しらつち・しろつち
　　しろつち　愛知県名古屋市緑区-
　　しらつち-ちょう　奈良県大和郡山市-町
　　しろ-まち　長崎県島原市-町
白子　しらこ・しろこ
　　しろこ　福島県岩瀬郡天栄村-
　　しらこ　埼玉県飯能市-
　　しらこ　埼玉県和光市-
　　しらこ　千葉県南房総市-
　　しらこ-まち　千葉県長生郡-町
　　しろこ-ちょう　愛知県名古屋市中村区-町
　　しろこ　三重県鈴鹿市-
　　しろこ-ちょう　三重県鈴鹿市-町
白子沢　しらこざわ　山形県西置賜郡小国町-
白山　しらやま・はくさん・はくざん
　　はくさん　北海道空知郡奈井江町-
　　はくさん　青森県三戸郡五戸町-
　　はくさん　山形県山形市-
　　しらやま　山形県鶴岡市-
　　はくさん　福島県西白河郡矢吹町-
　　はくさん　茨城県取手市-
　　はくさん　群馬県甘楽郡下仁田町-
　　はくさん　千葉県我孫子市-
　　はくさん　千葉県長生郡一宮町-
　　はくさん　東京都文京区-
　　はくさん　神奈川県横浜市緑区-
　　はくさん　神奈川県川崎市麻生区-
　　はくさん-ちょう　新潟県燕市-町
　　はくさん-ちょう　新潟県妙高市-町
　　はくさん　新潟県五泉市-
　　はくさん-まち　石川県小松市-町
　　はくさん-し　石川県-市
　　しらやま-まち　石川県白山市-町
　　はくさん-まち　石川県野々市市-町
　　はくさん-ちょう　長野県飯田市-町
　　はくさん-ちょう　岐阜県岐阜市-町
　　はくさん-ちょう　岐阜県多治見市-町
　　しらやま　岐阜県加茂郡白川町-
　　はくさん　愛知県名古屋市守山区-
　　はくさん-ちょう　愛知県瀬戸市-町
　　はくさん-ちょう　愛知県半田市-町
　　しらやま-まち　愛知県春日井市-町
　　はくさん-ちょう　愛知県豊田市-町
　　はくさん-ちょう　愛知県常滑市-町
　　はくさん　愛知県知多郡武豊町-

　　しらやま　兵庫県淡路市-
　　はくさん　福岡県北九州市若松区-
　　しらやま-まち　福岡県久留米市-町
　　しらやま　佐賀県佐賀市-
　　はくさん　長崎県島原市-町
　　はくさん　熊本県熊本市中央区-
白山田　しらやまだ
　　しらやまだ-まち　石川県小松市-町
白山町八対野　はくさんちょうはったいの　三重県
　　津市-
白山町北家城　はくさんちょうきたいえき　三重県
　　津市-
白山町垣内　はくさんちょうかいと　三重県津市-
白山町城立　はくさんちょうじょうりゅう　三重県
　　津市-
白山町稲垣　はくさんちょういなかけ　三重県津市-
白山堂　しらやまどう　静岡県伊豆の国市-
白山新田　しらやましんでん　新潟県三条市-
白川内親　しらかわうちおや　宮城県白石市-
白井　しらい・しろい
　　しらい　岩手県下閉伊郡普代村-
　　しろい　群馬県渋川市-
　　しろい-し　千葉県-市
　　しらい　千葉県白井市-
　　しらい　千葉県香取市-
　　しらい-ちょう　山梨県甲府市-町
　　しらい　静岡県牧之原市-
　　しらい　鹿児島県大島郡徳之島町-
白井川　しろいかわ　北海道寿都郡黒松内町-
白井沼　しろいぬま　埼玉県比企郡川島町-
白木　しらき・しろき
　　しらき　千葉県勝浦市-
　　しらき　福井県敦賀市-
　　しらき-ちょう　岐阜県岐阜市-町
　　しらき-ちょう　三重県亀山市-町
　　しらき-ちょう　三重県鳥羽市-町
　　しらき　大阪府南河内郡河南町-
　　しらき　奈良県桜井市-
　　しろき-まち　長崎県長崎市-町
　　しらき-ちょう　長崎県佐世保市-町
　　しらき　熊本県玉名郡玉東町-
　　しらき　熊本県葦北郡芦北町-
　　しらき　大分県大分市-
白木原　しらきばる　福岡県大野城市-
白水　しらみ・しらみず・しろみず・はくすい
　　しろみず　山形県東根市-
　　はくすい-ちょう　愛知県名古屋市南区-町
　　しろみず　兵庫県神戸市西区-
　　しらみ　鳥取県西伯郡伯耆町-
　　しろみず　岡山県美作市-
　　しろみず-ちょう　鹿児島県鹿屋市-町
　　しろみず　鹿児島県大島郡喜界町-
白水ケ丘　しろうずがおか　福岡県春日市-
白水台　はくすいだい　愛媛県松山市-
白布ケ丘　はくふがおか　栃木県真岡市-
白石　しらいし・しろいし
　　しろいし-く　北海道札幌市-区
　　しろいし-ちょう　北海道函館市-町
　　しらいし　北海道瀬棚郡今金町-
　　しらいし　青森県上北郡七戸町-
　　しらいし　宮城県気仙沼市-

137

5画（白）

しろいし-し　宮城県-市
しろいし　福島県石川郡石川町-
しろいし　群馬県藤岡市-
しろいし　埼玉県秩父郡東秩父村-
しろいし　埼玉県児玉郡美里町-
しらいし-ちょう　千葉県銚子市-町
しらいし-ちょう　神奈川県川崎市川崎区-町
しらいし-ちょう　神奈川県三浦市-町
しらいし　富山県射水市-
しろいし-まち　石川県羽咋市-町
しらいし　鳥取県東伯郡湯梨浜町-
しらいし　岡山県岡山市北区-
しらいし　広島県大竹市-
しらいし　山口県山口市-
しらいし　徳島県那賀郡那賀町-
しろいし-ちょう　佐賀県杵島郡-町
しろいし-まち　熊本県熊本市南区-町
しらいし　熊本県上益城郡山都町-
しらいし　熊本県葦北郡芦北町-
しろいし-まち　宮崎県延岡市-町

白石甲　しらいしこう　高知県高岡郡津野町-
白石畑　しらいしばた　奈良県生駒郡平群町-
白石島　しらいしじま　岡山県笠岡市-
白石郷　しろいしごう　長崎県東彼杵郡川棚町-
白石野　しらいしの　熊本県下益城郡美里町-
白州町上教来石　はくしゅうちょうかみきょうらいし
　山梨県北杜市-
白米　しろよね
　しろよね-まち　石川県輪島市-町
白羽　しらはね・しらわ・しろわ
　しらはね　茨城県龍ケ崎市-
　しらわ-ちょう　茨城県常陸太田市-町
　しろわ-ちょう　静岡県浜松市南区-町
　しろわ　静岡県磐田市-
　しろわ　静岡県御前崎市-
白老　しらおい
　しらおい-ぐん　北海道-郡
　しらおい-ちょう　北海道白老郡-町
白妙　しろたえ
　しろたえ-ちょう　神奈川県横浜市南区-町
白尾　しろお　石川県かほく市-
白沢　しらさわ・しろさわ
　しらさわ　青森県中津軽郡西目屋村-
　しらさわ　岩手県紫波郡矢巾町-
　しらさわ　秋田県大館市-
　しらさわ　福島県南会津郡南会津町-
　しらさわ-ちょう　栃木県宇都宮市-町
　しらさわ-ちょう　愛知県名古屋市守山区-町
　しらさわ-まち　愛知県碧南市-町
　しらさわ　愛知県知多郡阿久比町-
白沢町上古語父　しらさわまちかみここぶ　群馬県沼
　田市-
白男川　しらおがわ　鹿児島県薩摩郡さつま町-
白見　しろみ
　しろみ-まち　石川県金沢市-町
白谷　しらたに・しろや
　しろや-ちょう　愛知県田原市-町
　しらたに-まち　長崎県島原市-町
白兎　しろうさぎ・はくと
　しろうさぎ　山形県長井市-
　はくと　鳥取県鳥取市-

白和　しらわ
　しらわ-ちょう　鹿児島県薩摩川内市-町
白岩　しらいわ・しろいわ
　しろいわ-ちょう　北海道余市郡余市町-町
　しらいわ　青森県上北郡野辺地町-
　しらいわ　山形県寒河江市-
　しらいわ-まち　福島県郡山市-町
　しらいわ　福島県本宮市-
　しらいわ　福島県南会津郡下郷町-
　しらいわ-ちょう　栃木県佐野市-町
　しらいわ-まち　群馬県高崎市-町
　しらいわ-まち　群馬県沼田市-町
　しらいわ　群馬県富岡市-
　しらいわ　富山県中新川郡立山町-
　しらいわ-ちょう　愛知県瀬戸市-町
　しらいわ-ちょう　島根県益田市-町
　しらいわ-まち　福岡県北九州市八幡西区-町
　しらいわ　長崎県諫早市-
　しらいわ　熊本県葦北郡芦北町-
白枝　しろえだ
　しろえだ-ちょう　島根県出雲市-町
白河　しらが・しらかわ
　しらかわ-し　福島県-市
　しらかわ　東京都江東区-
　しらかわ-ちょう　愛知県豊橋市-町
　しらが　奈良県桜井市-
白狐　びゃっこ　福島県河沼郡会津坂下町-
白虎　びゃっこ
　びゃっこ-まち　福島県会津若松市-町
白金　しらかね・しらがね・しろかね・しろがね
　しろがね-ちょう　北海道釧路市-町
　しろがね-ちょう　北海道苫小牧市-町
　しろがね　北海道上川郡美瑛町-
　しろがね-ちょう　千葉県市原市-町
　しろかね　東京都港区-
　しろがね-ちょう　神奈川県横浜市南区-町
　しろがね　富山県高岡市-
　しろがね　愛知県名古屋市昭和区-
　しろがね　兵庫県川辺郡猪名川町-
　しろがね-ちょう　香川県坂出市-町
　しろがね　福岡県福岡市中央区-
　しろがね　福岡県大牟田市-
白南風　しらはえ
　しらはえ-ちょう　長崎県佐世保市-町
白屋　しらや・しろや
　しろや　福井県三方上中郡若狭町-
　しろや　京都府舞鶴市-
　しろや-ちょう　京都府舞鶴市-町
　しらや　奈良県吉野郡川上村-
白柏　しらかせ　京都府宇治市-
白泉　しろいずみ　北海道浦河郡浦河町-
白炭　しろずみ　北海道寿都郡黒松内町-
白砂　しらす・しらすな・しろすな
　しらす　青森県東津軽郡平内町-
　しらす-ちょう　愛知県名古屋市瑞穂区-町
　しらすな-まち　愛知県碧南市-町
白島　はくしま　大阪府箕面市-
白島九軒　はくしまくけん
　はくしまくけん-ちょう　広島県広島市中区-町
白根　しらね・しろね
　しらね　神奈川県横浜市旭区-

138

5画（皮, 目）

しらね-ちょう　神奈川県横浜市旭区-町
しらね　神奈川県伊勢原市-
しろね　新潟県新潟市南区-
白根魚　しろねさかな
しろねさかな-まち　新潟県新潟市南区-町
白梅　しらうめ・はくばい
しらうめ　茨城県水戸市-
はくばい-ちょう　大阪府高槻市-町
白浦　しろうら　三重県北牟婁郡紀北町-
白浜通　しろはまどおり　愛媛県八幡浜市-
白粉　おしろい
おしろい-まち　三重県松阪市-町
白馬　しらうま・しろうま・はくば
しろうま-まち　石川県七尾市-町
はくば-むら　長野県北安曇郡-村
しろうま-ちょう　宮崎県西都市-
白崎　しらさき・しろさき
しろさき　新潟県東蒲原郡阿賀町-
しろさき-ちょう　福井県越前市-町
しろさき　山口県下関市-
しろさき-ちょう　鹿児島県鹿屋市-町
白毫寺　びゃくごうじ
びゃくごうじ-ちょう　奈良県奈良市-町
白鳥　しらとり・しろとり・はくちょう
しらとり-ちょう　北海道函館市-町
しらとり　岩手県二戸市-
しらとり　宮城県仙台市宮城野区-
しらとり　宮城県白石市-
しらとり　山形県村山市-
しらとり-まち　茨城県土浦市-町
しらとり　栃木県小山市-
しらとり　東京都葛飾区-
しらとり　神奈川県川崎市麻生区-
しろとり　新潟県新潟市西蒲区-
しらとり-まち　新潟県長岡市-町
しらとり-まち　石川県加賀市-町
しろとり　岐阜県揖斐郡池田町-
しろとり-ちょう　静岡県浜松市東区-町
しろとり　愛知県名古屋市熱田区-
しろとり-ちょう　愛知県名古屋市熱田区-町
しろとり　愛知県豊川市-
しろとり-ちょう　愛知県豊川市-町
しらとり　愛知県愛知郡東郷町-
しろとり-ちょう　滋賀県近江八幡市-町
はくちょう　大阪府羽曳野市-
しろとり　香川県東かがわ市-
しらとり-ちょう　福岡県田川市-町
しらとり　福岡県朝倉市-
しらとり-まち　長崎県長崎市-町
白鳥台　はくちょうだい
はくちょうだい　北海道室蘭市-
はくちょうだい　兵庫県姫路市-
白鳥町六ノ里　しろとりちょうろくのり　岐阜県
郡上市-
白鳥町石徹白　しろとりちょういとしろ　岐阜県郡
上市-
白鳥町為真　しろとりちょうためざね　岐阜県郡上市-
白鳥町越佐　しろとりちょうこっさ　岐阜県郡上市-
白粟　しらわ　福井県今立郡池田町-

白道路　はそうじ
はそうじ-ちょう　京都府綾部市-町
白雲　しらくも・はくうん
はくうん-ちょう　愛知県名古屋市南区-町
しらくも-ちょう　愛知県豊川市-町
白勢　しろせ
しろせ-ちょう　新潟県新潟市北区-町
白新　はくしん
はくしん-ちょう　新潟県新潟市北区-町
白楽　はくらく・ばくろ
はくらく　神奈川県横浜市神奈川区-
ばくろ-ちょう　岡山県倉敷市-町
白滝上支湧別　しらたきかみしゅうべつ　北海道紋別
郡遠軽町-
白旗　しらはた
しらはた　千葉県千葉市中央-
しらはた　神奈川県藤沢市-
しらはた　熊本県上益城郡甲佐町-
白旗通　しらはたどおり　愛知県一宮市-
白銀　しらがね・しろがね
しろがね　青森県八戸市-
しろがね-まち　青森県八戸市-町
しろがね　福島県伊達郡桑折町-
しろがね-ちょう　茨城県日立市-町
しろがね-ちょう　群馬県高崎市-町
しろがね　千葉県佐倉市-
しろがね-ちょう　東京都新宿区-町
しろがね　新潟県新潟市東区-
しろがね-ちょう　富山県富山市-町
しろがね-ちょう　富山県高岡市-町
しろがね-ちょう　石川県七尾市-町
しろがね-ちょう　福井県敦賀市-町
しろがね-ちょう　静岡県沼津市-町
しろがね-ちょう　京都府京都市上京区-町
しろがね-ちょう　京都府京都市伏見区-町
しろがね-まち　兵庫県姫路市-町
しらがね　福岡県北九州市小倉北区-
しらがね　福岡県大牟田市-
白駒　しろこま　千葉県君津市-
白橿　しらかし
しらかし-ちょう　奈良県橿原市-町
白糠　しらぬか
しらぬか-ぐん　北海道-郡
しらぬか-ちょう　北海道白糠郡-町
しらぬか　青森県下北郡東通村-
白瀬　しろせ
しろせ　新潟県佐渡市-
しろせ-まち　石川県羽咋市-町
白鷺　しらさぎ・はくろ
しらさぎ　東京都中野区-
はくろ　三重県桑名郡木曽岬町-
しらさぎ-ちょう　大阪府堺市東区-町

皮

皮籠石　かわごいし　福島県田村郡小野町-

目

目木　めき・もっき
もっき　静岡県菊川市-
めき　岡山県真庭市-

139

5画（矢, 石）

目比　むくい
　　むくい-ちょう　愛知県稲沢市-町
目尾　しゃかのお　福岡県飯塚市-
目来田　もくらいでん　新潟県南魚沼市-
目迫　めさく　福島県双葉郡双葉町-
目桑　めっか　富山県中新川郡立山町-

矢

矢口　やぐち・やこう
　　やこう　千葉県印旛郡栄町-
　　やぐち　東京都大田区-
矢不来　やふらい　北海道北斗市-
矢方　やかた・やのほう
　　やのほう　富山県氷見市-
　　やかた　福岡県築上郡上毛町-
矢田磧　やだかわら　三重県桑名市-
矢向　やこう　神奈川県横浜市鶴見区-
矢合　やわせ
　　やわせ-ちょう　愛知県稲沢市-町
矢作　やさく・やはぎ
　　やさく　青森県青森市-
　　やはぎ-ちょう　岩手県陸前高田市-町
　　やはぎ　茨城県土浦市-
　　やはぎ　茨城県坂東市-
　　やはぎ-ちょう　千葉県千葉市中央区-町
　　やはぎ　神奈川県小田原市-
　　やはぎ　新潟県西蒲原郡弥彦村-
　　やはぎ　石川県野々市市-
　　やはぎ-ちょう　愛知県岡崎市-町
矢尾　やお・やび
　　やび-ちょう　島根県出雲市-町
　　やお　岡山県都窪郡早島町-
矢来　やらい
　　やらい　山形県米沢市-
　　やらい　山形県上山市-
　　やらい-ちょう　東京都新宿区-町
矢走　やばせ　奈良県吉野郡大淀町-
矢武　やたけ　徳島県板野郡板野町-
矢原　やばら・やわら
　　やわら　京都府宮津市-
　　やばら　山口県山口市-
　　やばら-ちょう　山口県山口市-町
　　やばら　福岡県八女市-
矢島町木在　やしままちきさら　秋田県由利本荘市-
矢浜　やのはま　三重県尾鷲市-
矢留　やどみ
　　やどみ-まち　福岡県柳川市-町
　　やどみ　福岡県行橋市-
矢問　やとう　兵庫県川西市-
矢野町二木　やのちょうふたつぎ　兵庫県相生市-
矢野町小河　やのちょうおうご　兵庫県相生市-
矢颪　やおろし　埼玉県飯能市-
矢馳　やばせ　山形県鶴岡市-
矢幡　やばた・やわた
　　やばた　茨城県行方市-
　　やわた-ちょう　京都府京都市中京区-町
矢橋　やばせ
　　やばせ　三重県鈴鹿市-
　　やばせ-ちょう　三重県鈴鹿市-町
　　やばせ-ちょう　滋賀県草津市-町

矢矯　やはぎ
　　やはぎ　鳥取県鳥取市-
　　やはぎ　山口県宇部市-

石

石　いし・こく
　　こく-まち　大阪府大阪市中央区-町
　　いし　岡山県赤磐市-
　　いし　熊本県山鹿市-
石下　いしおろし　栃木県芳賀郡市貝町-
石上　いしかみ・いしがみ・いそのかみ
　　いしがみ　福島県相馬市-
　　いしがみ　新潟県三条市-
　　いしがみ　福井県吉田郡永平寺町-
　　いそのかみ-ちょう　奈良県天理市-町
　　いしかみ　岡山県赤磐市-
石川伊波　いしかわいは　沖縄県うるま市-
石川東山　いしかわあがりやま　沖縄県うるま市-
石井垣　いわいがき　鳥取県西伯郡大山町-
石切所　いしきりどころ　岩手県二戸市-
石木場免　いしこばめん　長崎県北松浦郡佐々町-
石生　いしゅう　岡山県勝田郡勝央町-
石生谷　いしょうだに
　　いしょうだに-ちょう　福井県鯖江市-町
石田町印通寺浦　いしだちょういんどおじうら　長崎県壱岐市-
石田町筒城仲触　いしだちょうつつきなかふれ　長崎県壱岐市-
石刎　いしばね
　　いしばね-ちょう　兵庫県西宮市-町
石州府　せきしゅうふ　鳥取県米子市-
石作　いしつくり　愛知県あま市-
石応　こくぼ　愛媛県宇和島市-
石良　いしら　鹿児島県大島郡宇検村-
石花　いしげ　新潟県佐渡市-
石見　いわみ
　　いわみ　奈良県磯城郡三宅町-
　　いわみ-ちょう　岡山県倉敷市-町
石見川　いしみがわ　大阪府河内長野市-
石谷　いしがい・いしたに・いしだに
　　いしたに　富山県下新川郡朝日町-
　　いしたに　福井県大野市-
　　いしがい　岐阜県岐阜市-
　　いしだに-ちょう　滋賀県東近江市-町
　　いしだに-ちょう　鹿児島県鹿児島市-町
石和町河内　いさわちょうこうち　山梨県笛吹市-
石居　いしずえ　滋賀県大津市-
石河内　いしかわうち　宮崎県児湯郡木城町-
石城　せきじょう
　　せきじょう-まち　福岡県福岡市博多区-町
石巻　いしのまき・いしまき
　　いしのまき-し　宮城県-市
　　いしまき-ちょう　愛知県豊橋市-町
石畑　いしはた・いしばた・いしばたけ
　　いしばたけ　岩手県一関市-
　　いしはた　福島県二本松市-
　　いしはた　東京都西多摩郡瑞穂町-
　　いしはた　岐阜県養老郡養老町-
　　いしはた　愛知県犬山市-
　　いしばたけ　滋賀県犬上郡豊郷町-

140

5画（示, 礼, 禾, 穴, 立）

石畑岡元 いしはたけおかもと 青森県平川市-
石神井 しゃくじい
　しゃくじい-まち 東京都練馬区-町
石原 いさ・いしはら・いしばら・いしわら
　いしばら 宮城県黒川郡大郷町-
　いしばら 宮城県加美郡加美町-
　いしはら-まち 群馬県高崎市-町
　いしはら-ちょう 群馬県太田市-町
　いしはら 群馬県渋川市-
　いしわら-まち 埼玉県川越市-町
　いしはら 埼玉県熊谷市-
　いしわら 東京都墨田区-
　いしわら 新潟県村上市-
　いしはら 岐阜県岐阜市-
　いしはら 岐阜県本巣市-
　いしはら-ちょう 静岡県浜松市南区-町
　いしわら-ちょう 静岡県磐田市-町
　いしはら-ちょう 愛知県岡崎市-町
　いしはら 三重県四日市市-町
　いしはら 滋賀県蒲生郡日野町-
　いしわら-ちょう 京都府京都市左京区-町
　いさ 京都府福知山市-
　いしわら-ちょう 京都府綾部市-町
　いしはら-ちょう 大阪府堺市東区-町
　いしはら 大阪府堺市美原区-
　いしはら-ちょう 大阪府門真市-町
　いしはら 島根県邑智郡美郷町-
　いしはら-まち 広島県三次市-町
　いしはら 広島県安芸郡海田町-
　いしはら 山口県下関市-
　いしはら-まち 福岡県北九州市小倉南区-町
　いしわら 熊本県熊本市-
　いしわら-まち 熊本県熊本市東区-町
石原田 いしはらだ
　いしはらだ 茨城県筑西市-
　いしはらだ-ちょう 奈良県橿原市-町
石原瀬 いしはらせ 岐阜県羽島郡岐南町-
石島 いしじま・いしま
　いしじま 栃木県真岡市-
　いしじま 東京都江東区-
　いしま 岡山県玉野市-
石納 こくのう
　こくのう 茨城県稲敷市-
　こくのう 千葉県香取市-
石動 いしなり・いするぎ
　いするぎ 新潟県新潟市北区-
　いするぎ 新潟県新潟市東区-
　いするぎ-まち 新潟県長岡市-町
　いするぎ-まち 富山県小矢部市-町
　いしなり 佐賀県神埼郡吉野ケ里町-
石動山 せきどうさん 石川県鹿島郡中能登町-
石部 いしぶ・いしべ・せきべ
　せきべ 静岡県静岡市駿河区-
　いしぶ 静岡県賀茂郡松崎町-
　いしべ 滋賀県湖南市-
石部が丘 いしべがおか 滋賀県湖南市-
石鳥谷町八幡 いしどりやちょうはちまん 岩手県花巻市-
石鳥谷町好地 いしどりやちょうこうち 岩手県花巻市-
石廊崎 いろうざき 静岡県賀茂郡南伊豆町-

石渡 いしわた・いしわたり
　いしわたり 青森県弘前市-
　いしわた 長野県長野市-
石須部 こくすべ 山形県西村山郡朝日町-
石園 いその
　いその-ちょう 愛知県名古屋市北区-町
石楠 せきなん
　せきなん-ちょう 愛知県豊田市-町
石蓮寺 しゃくれんじ 岡山県赤磐市-
石積 いしづもり 宮城県富谷市-
石櫃 いしびつ 福岡県朝倉郡筑前町-
石観音 いしがんのん
　いしがんのん-ちょう 山口県山口市-町
石蟹 いしが 岡山県新見市-
石鏡 いじか
　いじか-ちょう 三重県鳥羽市-町

示

示野 しめの
　しめの 富山県南砺市-
　しめの-まち 石川県金沢市-町

礼

礼羽 らいは 埼玉県加須市-
礼作別 れいさくべつ 北海道中川郡豊頃町-
礼受 れうけ
　れうけ-ちょう 北海道留萌市-町

禾

禾津 いなつ 岡山県真庭市-
禾森 のぎのもり
　のぎのもり 岐阜県大垣市-
　のぎのもり-ちょう 岐阜県大垣市-町

穴

穴内 あなない 高知県長岡郡大豊町-
穴太 あのう
　あのう 三重県員弁郡東員町-
　あのう 滋賀県大津市-
穴生 あのお 福岡県北九州市八幡西区-
穴闇 なぐら 奈良県北葛城郡河合町-
穴藤 けっとう 新潟県中魚沼郡津南町-

立

立 たち・たつ・たて
　たち-まち 宮城県仙台市青葉区-町
　たち-まち 宮城県石巻市-町
　たつ-ちょう 宮城県遠田郡涌谷町-町
　たつ-まち 山形県米沢市-町
　たて-まち 神奈川県横浜市神奈川区-町
　たて-まち 富山県射水市-
　たつ-まち 長野県長野市-町
　たつ-まち 長野県須坂市-町
　たつ-まち 長野県諏訪郡下諏訪町-町
　たて-まち 兵庫県姫路市-町
　たつ-まち 兵庫県篠山市-町
　たて-まち 鳥取県米子市-町
　たて-まち 広島県広島市中区-町
立ケ花 たてがはな 長野県中野市-
立ケ岡 たてがおか 福島県石川郡石川町-

5画（立）

立入　たていり
　たていり・ちょう　滋賀県守山市-町
立子山　たつごやま　福島県福島市-
立山　たちやま・たてやま
　たてやま-まち　富山県中新川郡-町
　たてやま-まち　愛知県碧南市-町
　たてやま　愛媛県喜多郡内子町-
　たてやま　長崎県長崎市-
立川　たちかわ・たつかわ・たてかわ
　たちかわ　北海道磯谷郡蘭越町-
　たちかわ　福島県河沼郡会津坂下町-
　たてかわ　東京都墨田区-
　たちかわ-し　東京都-市
　たちかわ-ちょう　福井県勝山市-町
　たちかわ　京都府綴喜郡宇治田原町-
　たちかわ-ちょう　鳥取県鳥取市-町
　たちかわ-ちょう　岡山県岡山市南区-町
　たつかわ　岡山県赤磐市-
　たつかわ-ちょう　愛媛県新居浜市-町
　たちかわ　熊本県葦北郡芦北町-
立川上名　たじかわかみみょう　高知県長岡郡大豊町-
立中　たつなか
　たつなか-ちょう　京都府京都市下京区-町
立仏　たちぼとけ　新潟県新潟市西区-
立戸　たちど
　たちど　島根県鹿足郡吉賀町-
　たちど　広島県大竹市-
立木　たちき・たつぎ・たてき
　たてき　山形県西村山郡朝日町-
　たつぎ　茨城県北相馬郡利根町-
　たつぎ　栃木県小山市-
　たちき　千葉県茂原市-
立田　たった・たつた・たつだ・たてだ
　たつた-まち　茨城県土浦市-町
　たつだ-ちょう　愛知県愛西市-町
　たつた-ちょう　三重県松阪市-町
　たつた-ちょう　三重県桑名市-町
　たつた-ちょう　滋賀県守山市-町
　たつた　岡山県岡山市北区-
　たてだ　高知県南国市-
　たった-ちょう　大分県別府市-町
立石　たついし・たていし
　たていし　山形県米沢市-
　たていし　福島県福島市-
　たていし　福島県白河市-
　たていし　福島県二本松市-
　たていし　群馬県藤岡市-
　たていし　東京都葛飾区-
　たていし　神奈川県藤沢市-
　たていし　新潟県三島郡出雲崎町-
　たていし　富山県魚津市-
　たていし　福井県敦賀市-
　たていし　福井県大飯郡高浜町-
　たていし　長野県飯田市-
　たていし　静岡県静岡市葵区-
　たていし-ちょう　愛知県愛西市-町
　たていし　兵庫県明石市-
　たていし　兵庫県豊岡市-
　たていし　奈良県吉野郡下市町-
　たていし　和歌山県有田郡有田川町-
　たていし　和歌山県日高郡印南町-

　たていし　岡山県美作市-
　たていし-まち　山口県岩国市-町
　たていし　愛媛県喜多郡内子町-
　たていし　高知県土佐清水市-
　たていし　福島県柳川市-
　たていし-まち　佐賀県鳥栖市-町
　たていし-まち　長崎県諫早市-町
　たていし　大分県宇佐市-
立石山　たていしやま　福島県白河市-
立石田　たちいしだ　福島県大沼郡会津美里町-
立込　たてこみ
　たてこみ-ちょう　愛知県津島市-町
立伏　りゅうぶく
　りゅうぶく-ちょう　栃木県宇都宮市-町
立江　たつえ
　たつえ-ちょう　徳島県小松島市-町
立串郷　たてくしごう　長崎県南松浦郡新上五島町-
立売堀　いたちぼり　大阪府大阪市西区-
立沢　たつざわ
　たつざわ　茨城県守谷市-
　たつざわ　千葉県富里市-
　たつざわ　長野県諏訪郡富士見町-
立沢北　たつざわきた　宮城県伊具郡丸森町-
立花　たちばな・たてばな・りっか
　たちばな　岩手県北上市-
　たてばな　秋田県大館市-
　たちばな　東京都墨田区-
　たちばな　岐阜県美濃市-
　たちばな　静岡県静岡市清水区-
　たちばな　静岡県藤枝市-
　たちばな　静岡県伊豆の国市-
　たちばな-ちょう　愛知県豊橋市-町
　りっか　愛知県長久手市-
　たちばな-ちょう　三重県桑名市-町
　たちばな-ちょう　滋賀県彦根市-町
　たちばな-ちょう　大阪府豊中市-町
　たちばな-ちょう　大阪府東大阪市-町
　たちばな-ちょう　兵庫県尼崎市-町
　たちばな　愛媛県松山市-
　たちばな-ちょう　愛媛県今治市-町
　たちばな-ちょう　佐賀県伊万里市-町
　たちばな-まち　大分県津久見市-町
立花町上辺春　たちばなまちかみへばる　福岡県八女市-
立花町原島　たちばなまちはるじま　福岡県八女市-
立見　たてみ　鳥取県倉吉市-
立谷　たちや　福島県相馬市-
立谷沢　たちやざわ　山形県東田川郡庄内町-
立足　たつあし　栃木県矢板市-
立里　たてり　奈良県吉野郡野迫川村-
立岡　たちおか・たつおか
　たちおか　三重県度会郡度会町-
　たつおか　兵庫県揖保郡太子町-
　たちおか-まち　熊本県宇土市-町
立岩　たついわ・たていわ
　たていわ　北海道二海郡八雲町-
　たついわ　群馬県利根郡川場村-
　たついわ　静岡県賀茂郡南伊豆町-
　たていわ-ちょう　愛知県豊田市-町
　たていわ　鳥取県西伯郡伯耆町-
　たていわ　福岡県飯塚市-

5画（込,辻,辺）6画（両）

たていわ-まち　長崎県長崎市-町
立岩米之野　たていわこめのの　愛媛県松山市-
立河内　たちごうち　島根県鹿足郡吉賀町-
立金　たつがね　兵庫県篠山市-
立長　りっちょう　鹿児島県大島郡与論町-
立屋敷　たてやしき　福岡県遠賀郡水巻町-
立神　たてがみ
　　たてがみ-ちょう　長崎県佐世保市-町
　　たてがみ　熊本県八代郡氷川町-
立科　たてしな
　　たてしな-まち　長野県北佐久郡-町
立香　たつか　北海道有珠郡壮瞥町-
立原　たちはら・たつわら・たてはら
　　たちはら　茨城県つくば市-
　　たてはら　埼玉県大里郡寄居町-
　　たつわら　京都府福知山市-
立島　たてしま　新潟県村上市-
立根　たっこん
　　たっこん-ちょう　岩手県大船渡市-町
立脇　たちわき・たてわき
　　たてわき-ちょう　愛知県名古屋市南区-町
　　たちわき　兵庫県朝来市-
立崎　たちざき・たつざき
　　たちざき　青森県十和田市-
　　たつざき　茨城県古河市-
　　たつざき　茨城県北相馬郡利根町-
立蛇　たちじゃ　青森県上北郡おいらせ町-
立部　たちべ・たつべ
　　たつべ　大阪府松原市-
　　たちべ　奈良県高市郡明日香村-
　　たちべ　佐賀県西松浦郡有田町-
立野　たちの・たつの・たての
　　たつの　福島県双葉郡浪江町-
　　たての　埼玉県春日部市-
　　たての　千葉県市原市-
　　たちの　千葉県香取郡神崎町-
　　たての-ちょう　東京都練馬区-町
　　たての　東京都東大和市-
　　たての　神奈川県横浜市中区-
　　たつの-ちょう　神奈川県平塚市-町
　　たての　新潟県佐渡市-
　　たての　富山県高岡市-
　　たての　富山県黒部市-
　　たての-ちょう　静岡県浜松市南区-町
　　たての　静岡県磐田市-
　　たちの　静岡県下田市-
　　たちの-ちょう　三重県松阪市-町
　　たちの-ちょう　兵庫県豊岡市-町
　　たての　兵庫県朝来市-
　　たつの　奈良県生駒郡三郷町-
　　たちの　奈良県吉野郡吉野町-
　　たての　山口県光市-
　　たちの　高知県長岡郡本山町-
　　たつの　高知県長岡郡大豊町-
　　たての　福岡県八女市-
　　たての　佐賀県神埼郡吉野ケ里町-
　　たての-まち　長崎県島原市-町
　　たての　熊本県阿蘇郡南阿蘇村-
　　たての-ちょう　宮崎県都城市-町
立野台　たつのだい・たてのだい
　　たてのだい　神奈川県秦野市-

たつのだい　神奈川県座間市-
立野美鳥　たてのみどり
　　たてのみどり-ちょう　富山県高岡市-町
立野原東　たてのはらひがし　富山県南砺市-
立野脇　たてのわき　富山県南砺市-
立野頭　たてのがしら　青森県上北郡七戸町-
立鳥　たつとり　千葉県長生郡長柄町-
立開　りゅうがい
　　りゅうがい-まち　石川県羽咋市-町
立間　たつま　新潟県佐渡市-
立福寺　りふくじ・りゅうふくじ
　　りふくじ-まち　長崎県大村市-町
　　りゅうふくじ-まち　熊本県熊本市北区-町
立壁　たてかべ　石川県鳳珠郡能登町-

込

込木　くぐりき　福島県田村郡三春町-

辻

辻三　つじみつ　福岡県北九州市小倉南区-
辻子　ずし　大阪府高槻市-
辻原　つじはる・つじわら
　　つじわら-ちょう　三重県松阪市-町
　　つじはる　大分県大分市-
辻堂神台　つじどうかんだい　神奈川県藤沢市-

辺

辺土名　へんとな　沖縄県国頭郡国頭村-
辺川　へがわ　徳島県海部郡牟岐町-
辺戸　へど　沖縄県国頭郡国頭村-
辺田　へた
　　へた　茨城県坂東市-
　　へた-ちょう　千葉県千葉市緑区-町
　　へた　佐賀県杵島郡白石町-
辺田見　へたみ　熊本県上益城郡御船町-
辺名地　へなじ　沖縄県国頭郡本部町-
辺地　へっち　兵庫県美方郡新温泉町-
辺沢　へんざわ　福島県耶麻郡猪苗代町-
辺渓　べんけ　北海道中川郡美深町-
辺野古　へのこ　沖縄県名護市-
辺野喜　べのき　沖縄県国頭郡国頭村-

◆◆◆◆◆ **6画** ◆◆◆◆◆

両

両月　わち
　　わち-ちょう　兵庫県加西市-町
両竹　もろたけ
　　もろたけ　福島県双葉郡双葉町-
　　もろたけ　福島県双葉郡浪江町-
両尾　ふたお・もろお
　　もろお　新潟県佐渡市-
　　ふたお-ちょう　三重県亀山市-町
両城　りょうじょう　広島県呉市-
両神　りょうじん
　　りょうじん　秋田県湯沢市-
　　りょうじん　長野県小諸市-

143

6画（亘, 亥, 交, 伃, 伊, 仮, 会, 企, 伍, 全, 仲）

両神薄　りょうかみすすき　埼玉県秩父郡小鹿野町-

亘

亘理　わたり
　わたり-まち　宮城県白石市-町
　わたり-ぐん　宮城県-郡
　わたり-ちょう　宮城県亘理郡-町

亥

亥鼻　いのはな　千葉県千葉市中央区-

交

交人　ましと　岐阜県岐阜市-
交野　かたの
　かたの-し　大阪府-市

伃

伃邑　よむら　奈良県吉野郡下市町-

伊

伊久留　いくろ
　いくろ-まち　石川県七尾市-町
　いくろ　石川県鳳珠郡穴水町-
伊子志　いそし　兵庫県宝塚市-
伊川谷町別府　いかわだにちょうべふ　兵庫県神戸市西区-
伊太祈曽　いだきそ　和歌山県和歌山市-
伊方越　いかたごし　愛媛県西宇和郡伊方町-
伊伝居　いでい　兵庫県姫路市-
伊佐部　いさぶ　茨城県稲敷市-
伊形　いがだ
　いがだ-まち　宮崎県延岡市-町
伊角　いすみ　兵庫県美方郡新温泉町-
伊奈武瀬　いなんせ　沖縄県浦添市-
伊実久　いさねく　鹿児島県大島郡喜界町-
伊保内　いぼうち・いぼない
　いぼない　岩手県九戸郡九戸村-
　いぼうち-ちょう　栃木県佐野市-町
伊保庄　いほのしょう　山口県柳井市-
伊是名　いぜな
　いぜな-そん　沖縄県島尻郡-村
　いぜな　沖縄県島尻郡伊是名村-
伊砂　いすご・いすか
　いすか　静岡県浜松市天竜区-
　いさご　鹿児島県大島郡喜界町-
伊香　いこう　福島県東白川郡塙町-
伊原間　いばるま　沖縄県石垣市-
伊庭　いば
　いば-ちょう　滋賀県東近江市-町
伊陸　いかち　山口県柳井市-
伊喜末　いぎすえ　香川県小豆郡土庄町-
伊達　だて
　だて-し　北海道-市
　だて-し　福島県-市
　だて-ぐん　福島県-郡
　だて　新潟県十日町市-
　だて-まち　宮崎県延岡市-町
伊達崎　だんざき　福島県伊達郡桑折町-
伊達野　いたちの　高知県南国市-
伊集　いじゅ　沖縄県中頭郡中城村-

伊集院町上神殿　いじゅういんちょうかみこうどの　鹿児島県日置市-
伊集院町古城　いじゅういんちょうふるじょう　鹿児島県日置市-
伊集院町麦生田　いじゅういんちょうむぎうだ　鹿児島県日置市-
伊福貴　いふき
　いふき-ちょう　長崎県五島市-町
伊篠　いじの　千葉県印旛郡酒々井町-
伊藤川　いとご　和歌山県日高郡日高川町-
伊讃美　いさみ　茨城県筑西市-

仮

仮生　けしょう　石川県河北郡津幡町-
仮立　かりだち　佐賀県東松浦郡玄海町-

会

会々　あいあい　大分県竹田市-
会下　えげ　愛知県知多郡武豊町-
会下山　えげやま
　えげやま-ちょう　兵庫県神戸市兵庫区-町
会下谷　えげたに　福島県田村郡三春町-
会生　かいせい
　かいせい-ちょう　愛知県西尾市-町
会瀬　おうせ
　おうせ-ちょう　茨城県日立市-町

企

企救丘　きくがおか　福岡県北九州市小倉南区-

伍

伍和　ごか　長野県下伊那郡阿智村-

全

全間　またま　岡山県久米郡久米南町-
全隈　またぐま
　またぐま-ちょう　茨城県水戸市-町
全徳　ぜんとく　大分県中津市-

仲

仲丸　ちゅうまる　福岡県筑紫郡那珂川町-
仲尾次　なかおし
　なかおし　沖縄県名護市-
　なかおし　沖縄県国頭郡今帰仁村-
仲村渠　なかんだかり　沖縄県島尻郡久米島町-
仲谷地　なかやち　山形県寒河江市-
仲屋町上　すわいちょうかみ　滋賀県近江八幡市-
仲洞　なかとう・なかほら
　なかほら-ちょう　愛知県瀬戸市-町
　なかとう　高知県高岡郡檮原町-
仲原　なかはら・なかばる
　なかはら　東京都東大和市-
　なかばる　福岡県糟屋郡粕屋町-
仲間　ちゅうげん・なかいだ・なかま
　ちゅうげん-ちょう　福島県福島市-町
　ちゅうげん-まち　新潟県村上市-町
　なかま　岡山県真庭市-
　なかいだ　高知県高岡郡檮原町-
　ちゅうげん-まち　大分県中津市-町
　なかま　沖縄県浦添市-
仲順　ちゅんじゅん　沖縄県中頭郡北中城村-

6画（伝, 伐, 伏, 光）

| 伝 |

伝右　でんね　愛知県丹羽郡大口町-

| 伐 |

伐株　きりくい　鳥取県西伯郡南部町-

| 伏 |

伏久　ふすく　栃木県塩谷郡高根沢町-
伏木　ふしき・ふせぎ
　ふせぎ　茨城県猿島郡境町-
　ふしき　富山県富山市-
　ふしき　富山県高岡市-
　ふしき-まち　大分県日田市-町
伏木氏　ふしき　熊本県葦北郡芦北町-
伏石　ぶくいし・ふせいし
　ぶくいし　福井県大野市-
　ふせいし-ちょう　香川県高松市-町
伏羊　ぶよう　和歌山県有田郡有田川町-
伏尾　ふしお・ふせお
　ふせお　大阪府堺市中区-
　ふしお-ちょう　大阪府池田市-町
伏拝　ふしおがみ
　ふしおがみ　福島県福島市-
　ふしおがみ　奈良県山辺郡山添村-
伏屋　ふしや・ふせや
　ふせや　岐阜県羽島郡岐南町-
　ふしや　愛知県名古屋市中川区-
　ふせや-ちょう　大阪府和泉市-町
伏倉　しくら　静岡県賀茂郡松崎町-
伏原　ふしはら・ふしわら
　ふしわら　福井県小浜市-
　ふしはら-ちょう　兵庫県西宮市-町
　ふしはら　広島県呉市-
伏部　ふすべ　新潟県新潟市西蒲区-
伏菟野　ふどの　和歌山県田辺市-

| 光 |

光　ひかり・みつ
　ひかり　北海道蛇田郡真狩村-
　ひかり-まち　北海道空知郡上富良野町-町
　ひかり　茨城県鹿嶋市-
　ひかり　茨城県神栖市-
　ひかり-ちょう　東京都国分寺市-町
　ひかり-まち　石川県小松市-町
　ひかり-まち　岐阜県岐阜市-町
　ひかり-ちょう　静岡県富士宮市-町
　ひかり-ちょう　三重県松阪市-町
　ひかり-ちょう　大阪府八尾市-町
　みつ　鳥取県東伯郡琴浦町-
　ひかり-まち　広島県広島市東区-町
　ひかり-まち　広島県呉市-町
　ひかり-し　山口県-市
　ひかり-まち　福岡県北九州市門司区-町
　ひかり　福岡県八女市-
　ひかり-まち　福岡県春日市-町
　ひかり　佐賀県佐賀市-
　ひかり-まち　長崎県長崎市-町
　ひかり-まち　長崎県佐世保市-町
　ひかり-まち　大分県別府市-町
光子沢　みつござわ　山梨県南巨摩郡身延町-
光山　ひかりやま　鹿児島県鹿児島市-

光井　みつい　山口県光市-
光月　こうげつ
　こうげつ-ちょう　長崎県佐世保市-町
光木　こうき　岡山県赤磐市-
光丘　ひかりがおか
　ひかりがおか-まち　福岡県福岡市博多区-町
光代　こうだい　福岡県嘉麻市-
光台　ひかりだい
　ひかりだい　北海道瀬棚郡今金町-
　ひかりだい　京都府相楽郡精華町-
光末　みつすえ　広島県神石郡神石高原町-
光吉　みつよし
　みつよし　鳥取県東伯郡湯梨浜町-
　みつよし　大分県大分市-
光好　みつよし　鳥取県東伯郡琴浦町-
光行　みつゆき　福岡県小郡市-
光西　こうせい
　こうせい-ちょう　北海道北見市-町
光和　こうわ
　こうわ-ちょう　北海道根室市-町
　こうわ　北海道釧路郡釧路町-
光国　みつくに　福岡県京都郡苅田町-
光岡　みつおか　福岡県宗像市-
光明　こうみょう・こうめい
　こうめい-ちょう　岐阜県岐阜市-町
　こうめい-ちょう　愛知県豊川市-町
　こうみょう-ちょう　兵庫県宝塚市-町
　こうみょう　福岡県北九州市八幡西区-
光信　みつのぶ　広島県神石郡神石高原町-
光南　こうなん
　こうなん　北海道十勝郡浦幌町-
　こうなん-ちょう　大阪府八尾市-町
　こうなん　広島県広島市中区-
　こうなん-ちょう　広島県福山市-町
光城　こうじょう　青森県平川市-
光栄　こうえい
　こうえい　北海道夕張郡由仁町-
　こうえい　北海道厚岸郡厚岸町-
　こうえい-ちょう　岐阜県岐阜市-町
光津　こうつ　岡山県岡山市東区-
光浦　ひかりうら
　ひかりうら-ち　石川県輪島市-町
光珠内上中の沢　こうしうないかみなかのさわ　北海道美唄市-
光珠内拓北　こうしゅないたくほく　北海道美唄市-
光冨　みつどみ　福岡県京都郡みやこ町-
光崎　こうさき　愛知県田原市-
光都　こうと
　こうと　兵庫県赤穂郡上郡町-
　こうと　兵庫県佐用郡佐用町-
光野　みつの
　みつの-ちょう　京都府綾部市-町
光満　みつま　愛媛県宇和島市-
光葉　こうよう・みつば
　こうよう-ちょう　北海道北見市-町
　みつば　茨城県稲敷市-
　こうよう-ちょう　千葉県野田市-町
光輝　こうき
　こうき-ちょう　愛知県豊川市-町

145

6画（先, 共, 再, 刑, 列, 刎, 匠, 印, 吉）

光樹　こうき
　　こうき-ちょう　岐阜県岐阜市-町

先

先山　さきやま　鹿児島県大島郡喜界町-
先後　まつのち　茨城県小美玉市-
先崎　まっさき　千葉県佐倉市-
先達　せんだつ　愛知県長久手市-
先達前　せんだつまえ　宮城県亘理郡亘理町-
先魁　さきがけ
　　さきがけ-まち　長崎県島原市-町

共

共栄　きょうえい・きょうさかえ
　　きょうえい　北海道北広島市-
　　きょうえい-ちょう　北海道北広島市-町
　　きょうえい　北海道磯谷郡蘭越町-
　　きょうさかえ　北海道虻田郡喜茂別町-
　　きょうえい-まち　北海道上川郡下川町-町
　　きょうえい　北海道雨竜郡幌加内町-
　　きょうえい　北海道天塩郡遠別町-
　　きょうえい　北海道勇払郡厚真町-
　　きょうえい　北海道新冠郡新冠町-
　　きょうえい　北海道河西郡中札内村-
　　きょうえい　北海道中川郡本別町-
　　きょうえい-まち　北海道足寄郡足寄町-町
　　きょうえい　北海道十勝郡浦幌町-
　　きょうえい-ちょう　北海道目梨郡羅臼町-町
　　きょうえい-ちょう　茨城県ひたちなか市-町
　　きょうえい　埼玉県本庄市-
　　きょうえい-ちょう　埼玉県鶴ヶ島市-町
　　きょうえい-ちょう　静岡県沼津市-町
　　きょうえい-ちょう　愛知県大府市-町
　　きょうえい-ちょう　愛媛県今治市-町
　　きょうえい-まち　宮崎県延岡市-町
　　きょうえい-ちょう　鹿児島県鹿屋市-町
共恵　ともえ　神奈川県茅ケ崎市-

再

再度筋　ふたたびすじ
　　ふたたびすじ-ちょう　兵庫県神戸市中央区-町

刑

刑部　おさかべ・おしかべ
　　おさかべ　千葉県長生郡長柄町-
　　おさかべ　大阪府八尾市-
　　おしかべ　岡山県総社市-
刑部島　ぎょうぶじま　静岡県磐田市-

列

列見　れつけ
　　れつけ-ちょう　滋賀県長浜市-町

刎

刎田　はねだ
　　はねだ-ちょう　愛知県瀬戸市-町

匠

匠南　しょうなん　大分県佐伯市-

印

印代　いじろ　三重県伊賀市-

印田　いんだ・いんでん
　　いんでん　富山県魚津市-
　　いんでん-ちょう　福井県福井市-町
　　いんだ-ちょう　大阪府枚方市-町
印田通　いんでんどおり　愛知県一宮市-
印西　いんざい
　　いんざい-し　千葉県-市
印南　いなみ・いんなみ・いんなん
　　いんなん　千葉県佐倉市-
　　いんなみ　兵庫県加古郡稲美町-
　　いなみ-ちょう　和歌山県日高郡-町
　　いなみ　和歌山県日高郡印南町-
印南原　いなんばら　和歌山県日高郡印南町-

吉

吉川　きっかわ・よしかわ
　　よしかわ-ちょう　北海道函館市-町
　　よしかわ　青森県弘前市-
　　よしかわ　山形県西村山郡西川町-
　　よしかわ　茨城県行方市-
　　よしかわ-し　埼玉県-市
　　よしかわ　埼玉県吉川市-
　　よしかわ　新潟県三島郡出雲崎町-
　　よしかわ-ちょう　岐阜県美濃市-町
　　きっかわ　静岡県静岡市清水区-
　　よしかわ-ちょう　愛知県豊橋市-町
　　よしかわ　愛知県新城市-
　　よしかわ　愛知県大府市-町
　　よしかわ　滋賀県野洲市-
　　よしかわ　大阪府豊能郡豊能町-
　　よしかわ　和歌山県有田郡湯浅町-
　　よしかわ　鳥取県八頭郡若桜町-
　　よしかわ　岡山県加賀郡吉備中央町-
吉川区下八幡　よしかわくしもはちまん　新潟県上越市-
吉川区山直海　よしかわくやまのうみ　新潟県上越市-
吉川区代石　よしかわくたいし　新潟県上越市-
吉川区米山　よしかわくこめやま　新潟県上越市-
吉川区国田　よしかわくこくた　新潟県上越市-
吉川区河沢　よしかわくこうぞう　新潟県上越市-
吉川区福平　よしかわくふくだいら　新潟県上越市-
吉川町大沢　よかわちょうおおそ　兵庫県三木市-
吉川町山上　よかわちょうやまのうえ　兵庫県三木市-
吉川町古川　よかわちょうふるかわ・よしかわちょうふるかわ
　　よかわちょうふるかわ　兵庫県三木市-
　　よしかわちょうふるかわ　高知県香南市-
吉川町金会　よかわちょうきんかい　兵庫県三木市-
吉川町長谷　よかわちょうながたに　兵庫県三木市-
吉川町貸潮　よかわちょうかしお　兵庫県三木市-
吉川町新田　よかわちょうにった　兵庫県三木市-
吉井町八和田　よしいまちやわた　福岡県うきは市-
吉井町下原　よしいちょうしもばる　長崎県佐世保市-
吉井町生葉　よしいまちいくは　福岡県うきは市-
吉井町田原　よしいちょうたばる　長崎県佐世保市-
吉井町多比良　よしいまちたいら　群馬県高崎市-
吉井町草ノ尾　よしいちょうそうのお　長崎県佐世保市-
吉井町梶木場　よしいちょうかじこば　長崎県佐世保市-

6画（吉）

吉平 よしだいら 新潟県魚沼市-
吉母 よしも 山口県下関市-
吉永町金谷 よしながちょうかなだに 岡山県備前市-
吉永町神根本 よしながちょうこうねほん 岡山県備前市-
吉生 よしう 茨城県石岡市-
吉田 きった・よした・よしだ
　よしだ-まち 北海道松前郡福島町-町
　よしだ 宮城県伊具郡丸森町-
　よしだ 宮城県亘理郡亘理町-
　よしだ 宮城県黒川郡大和町-
　よしだ 宮城県加美郡色麻町-
　よしだ 山形県酒田市-
　よしだ 山形県西村山郡河北町-
　よしだ 山形県東置賜郡川西町-
　よしだ 福島県大沼郡会津美里町-
　よしだ 茨城県水戸市-
　よしだ 茨城県取手市-
　よしだ 茨城県筑西市-
　よしだ 栃木県那須郡那珂川町-
　よしだ 群馬県邑楽郡大泉町-
　よしだ 埼玉県川越市-
　よしだ 埼玉県比企郡嵐山町-
　よしだ 千葉県印西市-
　よしだ 千葉県匝瑳市-
　よしだ-まち 神奈川県横浜市中区-町
　よしだ-ちょう 神奈川県横浜市戸塚区-町
　よしだ 新潟県三条市-
　よしだ 新潟県新発田市-
　よしだ 新潟県燕市-
　よしだ 新潟県魚沼市-
　よしだ 富山県黒部市-
　よした-まち 石川県七尾市-町
　よしだ-まち 石川県白山市-町
　よしだ-ちょう 福井県鯖江市-町
　よしだ-ぐん 福井県-郡
　よしだ 山梨県南アルプス市-
　よしだ 長野県長野市-
　よしだ 長野県上田市-
　よしだ 長野県中野市-
　よしだ 長野県下伊那郡高森町-
　きった-まち 岐阜県関市-町
　よしだ-ちょう 静岡県沼津市-町
　よしだ 静岡県伊東市-
　よしだ 静岡県伊豆の国市-
　よしだ 静岡県賀茂郡南伊豆町-
　よしだ 静岡県賀茂郡松崎町-
　よしだ-ちょう 静岡県榛原郡-町
　きった-ちょう 愛知県半田市-町
　よしだ-ちょう 愛知県大府市-町
　よしだ-まち 愛知県大府市-町
　よしだ 滋賀県犬上郡豊郷町-
　よしだ 京都府舞鶴市-
　よしだ-ちょう 大阪府池田市-町
　よした 大阪府東大阪市-
　よしだ-ちょう 兵庫県神戸市兵庫区-町
　よしだ-まち 兵庫県姫路市-町
　よしだ-ちょう 奈良県天理市-町
　よしだ-ちょう 奈良県橿原市-町
　よしだ 奈良県山辺郡山添村-
　よしだ 和歌山県和歌山市-
　よしだ 和歌山県岩出市-

　よしだ 鳥取県東伯郡三朝町-
　よしだ 岡山県笠岡市-
　よしだ 岡山県和気郡和気町-
　よしだ 山口県下関市-
　よしだ 山口県山口市-
　よしだ-ちょう 山口県萩市-町
　よしだ 徳島県海部郡海陽町-
　よしだ 香川県東かがわ市-
　よしだ 香川県小豆郡小豆島町-
　よしだ 香川県綾歌郡宇多津町-
　よしだ 愛媛県西条市-
　よしだ-ちょう 高知県高知市-町
　よしだ 福岡県北九州市小倉南区-
　よしだ 福岡県八女市-
　よしだ 福岡県宗像市-
　よしだ 福岡県遠賀郡水巻町-
　よしだ 佐賀県神埼郡吉野ケ里町-
　よしだ-ちょう 長崎県五島市-町
　よしだ 熊本県阿蘇郡南阿蘇村-
　よしだ 熊本県上益城郡甲佐町-
　よしだ 大分県竹田市-
　よしだ 鹿児島県熊毛郡屋久島町-
吉田上 よしだかん
　よしだかん-まち 新潟県燕市-町
吉田本 よしたほん・よしだほん・よしだもと
　よしだもと-まち 新潟県燕市-町
　よしだほん-まち 京都府京都市左京区-町
　よしたほん-まち 大阪府東大阪市-町
吉田石間 よしだいさま 埼玉県秩父市-
吉田地方 よしだじかた 山口県下関市-
吉田町小山 よしだちょうおやま 広島県安芸高田市-
吉田町国司 よしだちょうくにし 広島県安芸高田市-
吉田町河内 よしだちょうかわち 愛媛県宇和島市-
吉田町法花津 よしだちょうほけづ 愛媛県宇和島市-
吉田町南君 よしだちょうなぎみ 愛媛県宇和島市-
吉田東 よしだあづま・よしだひがし
　よしだあづま-ちょう 新潟県燕市-町
　よしだひがし 福岡県遠賀郡水巻町-
吉田法花堂 よしだほっけどう 新潟県燕市-
吉礼 きれ 和歌山県和歌山市-
吉年 よどし 大阪府南河内郡千早赤阪村-
吉佐 きさ
　きさ-ちょう 島根県安来市-町
吉佐美 きさみ 静岡県下田市-
吉作 よしづくり 富山県富山市-
吉坂 きちさか 京都府舞鶴市-
吉志 きし 福岡県北九州市門司区-
吉沢 きちさわ・きっさわ・よしさわ・よしざわ
　よしざわ 秋田県由利本荘市-
　よしざわ-ちょう 茨城県水戸市-町
　きちさわ 栃木県日光市-
　よしざわ-ちょう 群馬県太田市-町
　きちさわ 千葉県市原市-
　よしざわ 千葉県南房総市-
　よしざわ 新潟県五泉市-
　きっさわ 山梨県甲斐市-
　よしざわ 静岡県菊川市-
　よしざわ 三重県三重郡菰野町-
吉良 きら
　きら-ちょう 愛知県名古屋市中川区-町

147

6画（吸, 向）

吉良町八幡川田　きらちょうはちまんかわだ　愛知県
　西尾市-
吉良町小山田　きらちょうおやまだ　愛知県西尾市-
吉良町駮馬　きらちょうまだらめ　愛知県西尾市-
吉良町饗庭　きらちょうあいば　愛知県西尾市-
吉里吉里　きりきり　岩手県上閉伊郡大槌町-
吉岡　きちおか・よしおか
　よしおか　北海道松前郡福島町-
　よしおか　宮城県黒川郡大和町-
　よしおか　山形県東田川郡庄内町-
　よしおか　福島県西白河郡中島村-
　よしおか　茨城県笠間市-
　よしおか-まち　群馬県北群馬郡-町
　きちおか　千葉県成田市-
　よしおか　千葉県四街道市-
　よしおか　神奈川県綾瀬市-
　よしおか-ちょう　新潟県新潟市秋葉区-町
　よしおか　新潟県上越市-
　よしおか　新潟県佐渡市-
　よしおか　富山県富山市-
　よしおか　富山県氷見市-
　よしおか　静岡県掛川市-
　よしおか-ちょう　愛知県尾張旭市-町
　よしおか　鳥取県米子市-
　よしおか-ちょう　島根県安来市-町
　よしおか　岡山県倉敷市-
　よしおか-ちょう　香川県観音寺市-町
　よしおか-ちょう　愛媛県新居浜市-町
　よしおか　福岡県京都みやこ町-
　よしおか　福岡県築上郡上毛町-
　よしおか-ちょう　長崎県佐世保市-町
吉所敷　きしょしき　埼玉県熊谷市-
吉河　よしこ　福井県敦賀市-
吉舎町雲通　きさちょううづい　広島県三次市-
吉海町八幡　よしうみちょうやわた　愛媛県今治市-
吉海町田浦　よしうみちょうたのうら　愛媛県今治市-
吉海町臥間　よしうみちょうふすま　愛媛県今治市-
吉海町椋名　よしうみちょうむくな　愛媛県今治市-
吉畑　きちはた
　きちはた-ちょう　北海道函館市-町
吉美　きび　静岡県湖西市-
吉美根　よしみね　福島県須賀川市-
吉原　よしはら・よしわら
　よしはら　山形県山形市-
　よしわら　茨城県稲敷郡阿見町-
　よしわら　埼玉県比企郡川島町-
　よしわら　千葉県香取市-
　よしわら　新潟県魚沼市-
　よしわら　富山県下新川郡入善町-
　よしわら-まち　石川県金沢市-町
　よしはら-まち　石川県能美市-町
　よしわら　静岡県静岡市清水区-
　よしわら　静岡県富士市-
　よしわら-ちょう　愛知県豊田市-町
　よしはら　京都府宮津市-
　よしはら　大阪府東大阪市-
　よしはら　和歌山県和歌山市-
　よしはら　和歌山県橋本市-
　よしはら　和歌山県有田郡有田川町-
　よしはら　和歌山県日高郡美浜町-
　よしはら　鳥取県日野郡江府町-

　よしわら　岡山県岡山市東区-
　よしはら　岡山県赤磐市-
　よしはら　岡山県苫田郡鏡野町-
　よしわら　広島県世羅郡世羅町-
　よしはら-ちょう　香川県善通寺市-町
　よしはら-まち　福岡県飯塚市-町
　よしはら　福岡県柳川市-
　よしはら　福岡県糟屋郡志免町-
　よしわら-まち　熊本県熊本市東区-町
　よしはら　沖縄県中頭郡北谷町-
吉原釜屋　よしはらがまや
　よしはらがまや-まち　石川県能美市-町
吉島　きちじま・よしじま
　きちじま　富山県魚津市-
　よしじま　長野県上高井郡小布施町-
　よしじま-ちょう　広島県広島市中区-町
吉根　きっこ　愛知県名古屋市守山区-
吉浦潭鼓　よしうらたんこ
　よしうらたんこ-ちょう　広島県呉市-町
吉祥寺　きっしょうじ
　きっしょうじ-まち　福岡県北九州市八幡西区-町
吉祥寺東　きちじょうじひがし
　きちじょうじひがし-ちょう　東京都武蔵野市-町
吉祥院石原長田　きっしょういんいしはらながた
　きっしょういんいしはらながた-ちょう　京都府京都市南
　区-町
吉祥院石原葭縁　きっしょういんいしはらよしべり
　京都府京都市南区-
吉祥院長田　きっしょういんながた
　きっしょういんながた-ちょう　京都府京都市南区-町
吉祥院這登中　きっしょういんはいのぼりなか
　きっしょういんはいのぼりなか-まち　京都府京都市南
　区-町
吉祥院嶋樫山　きっしょういんしまかたぎやま
　きっしょういんしまかたぎやま-ちょう　京都府京都市南
　区-町
吉部上　きべかみ　山口県萩市-
吉野原　よしのはる　大分県大分市-
吉備　きび
　きび　奈良県桜井市-
　きび　奈良県高市郡高取町-
吉賀　よしか
　よしか-ちょう　島根県鹿足郡-町
吉隠　よなばり　奈良県桜井市-
吉敷　きしき・よしき
　きしき-ちょう　埼玉県さいたま市大宮区-町
　よしき　山口県山口市-
吉瀬　きせ　茨城県つくば市-

　　　　　　吸

吸川街　すいかわこうじ　岩手県一関市-
吸江　ぎゅうこう　高知県高知市-
吸坂　すいさか
　すいさか-まち　石川県加賀市-町
吸谷　すいだに
　すいだに-ちょう　兵庫県加西市-町

　　　　　　向

向　むかい・むかえ・むこう
　むかい-まち　北海道空知郡上富良野町-町
　むかい-まち　岩手県宮古市-町

148

6画（向）

むかい-まち　秋田県大館市-町
むかい-まち　山形県最上郡最上町-町
むかい-まち　埼玉県行田市-町
むこう-まち　山梨県甲府市-町
むかえ-ちょう　愛知県尾張旭市-町
むかい　和歌山県和歌山市-
むこう-ちょう　岡山県高梁市-町
むかえ-まち　長崎県長崎市-町
むかえ-ちょう　長崎県五島市-町

向ケ丘 むかいがおか・むこうがおか
むこうがおか　北海道江別市-
むこうがおか　北海道空知郡奈井江町-
むかいがおか　宮城県塩竈市-
むかいがおか　神奈川県川崎市高津区-
むかいがおか　福岡県糟屋郡志免町-

向ケ崎 むこうがさき
むこうがさき-ちょう　神奈川県三浦市-町

向が丘 むかいがおか
むかいがおか-ちょう　福井県越前市-町
むかいがおか　愛知県名古屋市天白区-

向が丘東 むこうがおかひがし　北海道浦河郡浦河町-
向上野 むこううえの　茨城県筑西市-
向小金 むかいこがね　千葉県流山市-
向山 こうやま・むかいやま・むかうやま・むこうやま・むこやま
むかいやま　青森県上北郡おいらせ町-
むかいやま　宮城県仙台市太白区-
むこうやま　茨城県那珂市-
むこうやま　群馬県利根郡みなかみ町-
むこうやま　埼玉県上尾市-
こうやま　東京都練馬区-
むこうやま-ちょう　岐阜県関市-町
むかいやま-ちょう　愛知県名古屋市昭和区-町
むかいやま-ちょう　愛知県豊橋市-町
むかいやま-ちょう　愛知県岡崎市-町
むかいやま-ちょう　愛知県一宮市-町
むかいやま-ちょう　愛知県半田市-町
むこやま　愛知県犬山市-
むかいやま-ちょう　愛知県高浜市-町
むかいやま-ちょう　愛知県田原市-町
むかいやま　和歌山県田辺市-
むこうやま　岡山県倉敷市-
むかいやま-ちょう　山口県下関市-町
むかうやま　香川県綾歌郡宇多津町-
むこうやま　宮崎県西臼杵郡高千穂町-

向山田 むこうやまだ　大分県竹田市-
向川 むかいがわ　高知県高岡郡四万十町-
向川岸 むこうがし
むこうがし-ちょう　埼玉県加須市-町

向川原 むかいかわら・むかいがわら・むこうがわら
むかいかわら　青森県上北郡七戸町-
むかいかわら　青森県上北郡おいらせ町-
むかいがわら　福島県大沼郡会津美里町-
むこうがわら-まち　富山県富山市-町

向川原甲 むかいかわはらこう　福島県大沼郡会津美里町-
向川澄 むこうかわすみ　茨城県筑西市-
向中 むこうなか
むこうなか-まち　石川県金沢市-町

向中ノ通 むかいなかのとおり　新潟県阿賀野市-
向中条 むかいなかじょう　新潟県新発田市-

向中野 むかいなかの　岩手県盛岡市-
向中野川向 むかいなかのかわむかい　青森県上北郡七戸町-
向之倉 むかいのくら　滋賀県犬上郡多賀町-
向天方 むかいあまがた　静岡県周智郡森町-
向日 むこう
むこう-し　京都府-市
むこう-ちょう　京都府向日市-町

向日比 むかいひび　岡山県玉野市-
向月 こうげつ
こうげつ-ちょう　兵庫県宝塚市-町

向木場 むかいこば
むかいこば-まち　長崎県大村市-町

向丘 むかいおか・むかいがおか・むこうがおか
むかいおか　北海道虻田郡留寿都村-
むこうがおか　東京都文京区-
むかいがおか　大阪府豊中市-

向加野 むかいかの　岐阜県岐阜市-
向古河 むかいこが　埼玉県加須市-
向台 むかえだい・むこうだい
むこうだい-ちょう　東京都西東京市-町
むかえだい　愛知県名古屋市守山区-

向外瀬 むかいとのせ　青森県弘前市-
向平 むかいたい・むかいたいら・むかいだいら
むかいたい　青森県上北郡七戸町-
むかいたいら　青森県上北郡横浜町-
むかいたい　青森県上北郡東北町-
むかいたい　青森県上北郡おいらせ町-
むかいだいら　和歌山県西牟婁郡白浜町-

向本折 むかいもとおり　石川県小松市-町
むかいもとおり-まち　石川県小松市-町

向田 むかいだ・むかだ・むこうだ・むこだ
むかいだ　青森県上北郡野辺地町-
むかいだ　宮城県仙台市青葉区-
むかだ　栃木県那須烏山市-
むかいだ　神奈川県南足柄市-
むかいだ-ちょう　静岡県静岡市清水区-町
むこだ　愛知県犬山市-
むかいだ　京都府綾部市-町
むこうだ-ちょう　鹿児島県薩摩川内市-町

向田表 むかいたおもて　秋田県能代市-
向石下 むこういしげ　茨城県常総市-
向寺 むかいでら　福島県白河市-
向州 むこうす　岡山県岡山市東区-
向有珠 むかいうす
むかいうす-ちょう　北海道伊達市-町

向江 むかえ
むかえ-ちょう　宮崎県日向市-町
むかえ　宮崎県えびの市-
むかえ-ちょう　鹿児島県鹿屋市-町
むかえ-まち　鹿児島県出水市-町

向江田 むこうえた
むこうえた-まち　広島県三次市-町

向西仙房 むかいさいせんぼう　岐阜県関市-
向佐野 むかいざの　福岡県太宰府市-
向作田 むかいさくた　福島県二本松市-
向別 むこうべつ　北海道浦河郡浦河町-
向坂 むかいさか　青森県上北郡おいらせ町-

149

6画（合）

向谷　むくや・むこうや
　　むこうや　埼玉県熊谷市-
　　むくや　静岡県島田市-
向国安　むこうぐにやす　鳥取県鳥取市-
向居　むかい　山形県最上郡鮭川村-
向東　むかいひがし
　　むかいひがし-ちょう　広島県尾道市-町
向河原　むかいがわら・むこうがわら
　　むかいがわら-まち　福島県郡山市-町
　　むこうがわら　栃木県さくら市-
　　むこうがわら　愛知県豊川市-町
向屋敷　むかいやしき　青森県上北郡東北町-
向津矢　むかつや　岡山県真庭市-
向津留　むこうづる　熊本県玉名市-
向洋　こうよう
　　こうよう-ちょう　山口県下関市-町
　　こうよう-まち　福岡県北九州市若松区-町
向洋本　むかいなだほん
　　むかいなだほん-まち　広島県広島市南区-町
向洋沖　むかいなだおき
　　むかいなだおき-まち　広島県広島市南区-町
向洋町中　こうようちょうなか　兵庫県神戸市東灘区-
向畑　むこうばたけ　埼玉県越谷市-
向草間　むこうくさま
　　むこうくさま-ちょう　愛知県豊橋市-町
向原　むかいはら・むかいばら・むかえばら・むこうはら
　　むかえばら　宮城県伊具郡丸森町-
　　むかいはら　福島県二本松市-
　　むかいはら-ちょう　千葉県柏市-町
　　むこうはら　東京都板橋区-
　　むこうはら　東京都東大和市-
　　むかいばら　神奈川県川崎市麻生区-
　　むかいはら　神奈川県相模原市緑区-
　　むこうはら　神奈川県足柄上郡山北町-
　　むかいばら-ちょう　徳島県阿南市-町
向原沖　むかいばるおき　大分県大分市-
向原町長田　むかいはらちょうながた　広島県安芸高田市-
向原町保垣　むかいはらちょうほがき　広島県安芸高田市-
向原新田　むかいはらしんでん　栃木県小山市-
向島　ほうじま・むかいしま・むかいじま・むこうしま・むこうじま
　　むこうじま　東京都墨田区-
　　むかいじま-まち　石川県白山市-町
　　むこうじま-ちょう　静岡県島田市-町
　　むこうじま-ちょう　愛知県名古屋市中村区-町
　　むこうじま-ちょう　大阪府門真市-町
　　むこうじま-ちょう　島根県松江市-町
　　むかいじま-ちょう　広島県尾道市-町
　　むこうしま　山口県防府市-
　　むかいじま　福岡県大川市-
　　ほうじま　大分県佐伯市-
向島町岩子島　むかいしまちょういわしじま　広島県尾道市-
向島庚申　むかいじまこうしん
　　むかいじまこうしん-ちょう　京都府京都市伏見区-町
向島東定請　むかいじまひがしじょううけ　京都府京都市伏見区-
向浜　むかいはま
　　むかいはま　北海道檜山郡上ノ国町-

　　むかいはま　秋田県秋田市-
向能代　むかいのしろ　秋田県能代市-
向高　むこうたか　宮崎県東諸県郡国富町-
向副　むかそい　和歌山県橋本市-
向宿　むこうじゅく　静岡県浜松市中区-
向笠　むかさ　福井県三方上中郡若狭町-
向笠新屋　むかさあらや　静岡県磐田市-
向郷　むかいごう　千葉県君津市-
向野　むかいの
　　むかいの　北海道北斗市-
　　むかいの　栃木県小山市-
　　むかいの-まち　富山県高岡市-町
　　むかいの　愛知県新城市-
　　むかいの　京都府福知山市-
　　むかいの-ちょう　大阪府河内長野市-町
　　むかいの　大阪府羽曳野市-
　　むかいの　福岡県福岡市南区-
向鹿瀬　むかいかのせ　新潟県東蒲原郡阿賀町-
向粟崎　むかいあわがさき　石川県河北郡内灘町-
向新　むかいしん
　　むかいしん　福岡県福岡市南区-町
向新田　むかいしんでん・むこうしんでん
　　むかいしんでん　山形県山形市-
　　むこうしんでん　山形県東村山郡中山町-
向新庄　むかいしんじょう
　　むかいしんじょう　富山県富山市-
　　むかいしんじょう-まち　富山県富山市-町
　　むかいしんじょう　富山県中新川郡立山町-
向新保　むかいしんぼ
　　むかいしんぼ-ちょう　福井県越前市-町
向新蔵　むかいしんくら　福島県白河市-
向遠軽　むかいえんがる　北海道紋別郡遠軽町-
向敷地　むこうしきじ　静岡県静岡市駿河区-
向横田　むかいよこた
　　むかいよこた-ちょう　島根県益田市-町
向橋　むかばし　新潟県上越市-
向瀬　むこせ　石川県羽咋郡宝達志水町-
向籏屋　むかいはたや　青森県上北郡東北町-
向灘　むかいなだ　愛媛県八幡浜市-

合

合ノ元　ごうのもと
　　ごうのもと-まち　大分県津久見市-町
合ノ原　ごうのはる
　　ごうのはる-まち　熊本県人吉市-町
合子沢　ごうしざわ　青森県青森市-
合山　あやま
　　あやま-ちょう　兵庫県西脇市-町
合川　あいかわ・ごうがわ
　　あいかわ　福島県南会津郡下郷町-
　　あいかわ　福島県河沼郡会津坂下町-
　　ごうがわ　和歌山県田辺市-
　　あいかわ-まち　福岡県久留米市-町
合戸　ごうど
　　ごうど　千葉県南房総市-
　　ごうど　静岡県御前崎市-
　　ごうど-ちょう　滋賀県東近江市-町
合代島　ごうだいじま　静岡県磐田市-
合生　あいおい　熊本県合志市-

6画（吐, 名, 因, 回, 在）

合田　あいだ・ごうだ
　ごうだ　富山県富山市-
　あいだ　岡山県赤磐市-
　ごうだ　愛媛県八幡浜市-
合成　ごうせい
　ごうせい-まち　福岡県大牟田市-町
合志　こうし・ごうし
　ごうし　熊本県熊本市南区-
　こうし-し　熊本県-市
合谷　ごうだに
　ごうだに-ちょう　福井県福井市-町
合河　あいかわ
　あいかわ-まち　石川県加賀市-町
合波　あいば　福井県南条郡南越前町-
合海　あいかい　山形県最上郡大蔵村-
合島　ごうしま
　ごうしま-ちょう　福井県福井市-町
合浦　がっぽ　青森県青森市-
合馬　おうま
　おうま　福岡県北九州市小倉南区-
　おうま　大分県中津市-
合鹿　ごうろく　石川県鳳珠郡能登町-
合場　あいば
　あいば-ちょう　奈良県天理市-町
合戦坂　こうせんざか　福岡県白河市-
合戦場　かっせんば　長野県長野市-
合歓木　ねむのき
　ねむのき-ちょう　愛知県岡崎市-町

吐

吐月　とげつ
　とげつ-ちょう　岐阜県関市-町
吐生　はぶ　和歌山県東牟婁郡串本町-
吐田　はんだ　奈良県磯城郡川西町-
吐前　はんざき　和歌山県和歌山市-
吐師　はぜ　京都府木津川市-

名

名　みょう　埼玉県羽生市-
名ケ滝　みょうがだき　富山県小矢部市-
名下　みょうげ　新潟県三条市-
名山　めいざん
　めいざん-ちょう　鹿児島県鹿児島市-町
名手西野　なてにしの　和歌山県紀の川市-
名古木　ながぬき　神奈川県秦野市-
名号　みょうごう　愛知県新城市-
名平　なびろう　新潟県十日町市-
名田庄井上　なたしょういがみ　福井県大飯郡おお
　い町-
名田庄納豆終　なたしょうのたおい　福井県大飯郡お
　おい町-
名石浜　めいしはま　熊本県玉名郡長洲町-
名立区躰畑　なだちくたいばたけ　新潟県上越市-
名池　めいち
　めいち-ちょう　山口県下関市-町
名西　みょうざい・めいせい
　めいせい　愛知県名古屋市西区-
　みょうざい-ぐん　徳島県-郡
名谷　みょうだに
　みょうだに-ちょう　兵庫県神戸市垂水区-町

名東　みょうどう・めいとう
　めいとう-く　愛知県名古屋市-区
　みょうどう-ちょう　徳島県徳島市-町
　みょうどう-ぐん　徳島県-郡
名城　なしろ・めいじょう
　めいじょう　愛知県名古屋市北区-
　なしろ　沖縄県糸満市-
名残　なごり　福岡県宗像市-
名都借　なずかり　千葉県流山市-
名鹿　なしし　高知県四万十市-
名港　めいこう　愛知県名古屋市港区-
名越　なこえ・なごし・なごせ
　なこえ　愛知県新城市-
　なごし-ちょう　滋賀県長浜市-町
　なごせ　大阪府貝塚市-
名越谷　なごしだに　熊本県下益城郡美里町-
名越屋　なごや　高知県高岡郡日高村-
名楽　めいらく
　めいらく-ちょう　愛知県名古屋市中村区-町
名駅　めいえき
　めいえき　愛知県名古屋市西区-
　めいえき　愛知県名古屋市中村区-
名瀬久里　なぜくさと
　なぜくさと-ちょう　鹿児島県奄美市-町
名瀬大熊　なぜだいくま
　なぜだいくま　鹿児島県奄美市-
　なぜだいくま-ちょう　鹿児島県奄美市-町
名瀬安勝　なぜあんがち
　なぜあんがち-ちょう　鹿児島県奄美市-町
名瀬芦花部　なぜあしけぶ　鹿児島県奄美-
名瀬崎原　なぜさきばる　鹿児島県奄美市-

因

因島三庄　いんのしまみつのしょう
　いんのしまみつのしょう-ちょう　広島県尾道市-町
因島土生　いんのしまはぶ
　いんのしまはぶ-ちょう　広島県尾道市-町
因島中庄　いんのしまなかのしょう
　いんのしまなかのしょう-ちょう　広島県尾道市-町
因島外浦　いんのしまとのうら
　いんのしまとのうら-ちょう　広島県尾道市-町

回

回田　めぐりた
　めぐりた-ちょう　東京都小平市-町

在

在田　あいだ
　あいだ-ちょう　福井県福井市-町
在江　あるえ　石川県鹿島郡中能登町-
在自　あらじ　福岡県福津市-
在房　ありふさ　富山県南砺市-
在家　ざいけ
　ざいけ　埼玉県さいたま市桜区-
　ざいけ-ちょう　埼玉県川口市-町
　ざいけ-ちょう　愛知県岡崎市-町
在庭坂　ざいにわさか　福島県福島市-

151

6画(地,圷,多,夷,好,如,安)

地

地子 じし
　じし-まち　石川県小松市-町
　じし-まち　三重県鈴鹿市-町
地主 じしゅ
　じしゅ-まち　岩手県一関市-町
地合 ちごう
　ちごう-ちょう　島根県出雲市-町
地名 じな　静岡県榛原郡川根本町-
地島 じのしま　福岡県宗像市-
地黄 じお・じおう
　じおう　大阪府豊能郡能勢町-
　じお-ちょう　奈良県橿原市-
地続山 じつづきやま　青森県上北郡野辺地町-
地蔵岱 じぞうたい　青森県三戸郡五戸町-
地頭方 じとうがた・じとうほう
　じとうがた　埼玉県上尾市-
　じとうほう　埼玉県比企郡吉見町-
　じとうがた　新潟県上越市-
　じとうがた　静岡県牧之原市-

圷

圷大野 あくつおおの　茨城県水戸市-

多

多 おお　奈良県磯城郡田原本町-
多子 おいご　兵庫県美方郡新温泉町-
多井田 おいだ　兵庫県加東市-
多井畑 たいのはた　兵庫県神戸市須磨区-
多田 おいだ・おおた・たた・ただ
　ただ-ちょう　栃木県佐野市-町
　ただ　千葉県香取市-
　おおた　新潟県佐渡市-
　ただ　石川県かほく市-
　ただ　福井県小浜市-
　ただ-ちょう　京都府綾部市-町
　おいだ　奈良県御所市-
　おおた　和歌山県海南市-
　ただ-ちょう　島根県益田市-町
　たた　島根県邑智郡川本町-
　ただ　岡山県真庭市-
　ただ　山口県岩国市-
　ただ　愛媛県大洲市-
　ただ　福岡県飯塚市-
　ただ　鹿児島県阿久根市-
多田院多田所 ただいんただどころ
　ただいんただどころ-ちょう　兵庫県川西市-町
多沢 たたく　島根県隠岐郡知夫村-
多良見町化屋 たらみちょうけや　長崎県諫早市-
多良見町野副 たらみちょうのぞえ　長崎県諫早市-
多芸島 たぎしま　岐阜県大垣市-
多居谷 おおいだに　愛媛県伊予郡砥部町-
多武峰 とうのみね　奈良県桜井市-
多保市 とおのいち　京都府福知山市-
多度町力尾 たどちょうちからお　三重県桑名市-
多度町小山 たどちょうおやま　三重県桑名市-
多度町肱江 たどちょうひじえ　三重県桑名市-
多度町美鹿 たどちょうびろく　三重県桑名市-
多度町御衣野 たどちょうみぞの　三重県桑名市-

夷

夷馬場 えびすのばんば
　えびすのばんば-ちょう　京都府京都市下京区-町
夷隅 いすみ
　いすみ-ぐん　千葉県-郡

好

好間町小谷作 よしままちおやさく　福島県いわき市-
好摩 こうま　岩手県盛岡市-

如

如月 きさらぎ
　きさらぎ-ちょう　岐阜県岐阜市-町
　きさらぎ-ちょう　岐阜県羽島郡笠松町-町
如意 にょい・ねおい
　ねおい　埼玉県入間郡越生町-
　にょい　愛知県名古屋市北区-

安

安ケ乢 やすがたわ　岡山県久米郡久米南町-
安久山 あぐやま　千葉県匝瑳市-
安久谷 あくや　千葉県市原市-
安口 はだかす　兵庫県篠山市-
安土町下豊浦 あづちちょうしもといら　滋賀県近江八幡市-
安土町上豊浦 あづちちょうかみとようら　滋賀県近江八幡市-
安土町西老蘇 あづちちょうにしおいそ　滋賀県近江八幡市-
安土町香庄 あづちちょうこのしょう　滋賀県近江八幡市-
安土町桑実寺 あづちちょうくわのみじ　滋賀県近江八幡市-
安中 あんなか・やすなか
　あんなか-し　群馬県-市
　あんなか　群馬県安中市-
　やすなか-ちょう　大阪府八尾市-町
安丹 あんたん　山形県鶴岡市-
安心院町下内河野 あじむまちしもうちがわの　大分県宇佐市-
安心院町木裳 あじむまちきのも　大分県宇佐市-
安心院町有徳原 あじむまちうっとくばる　大分県宇佐市-
安心院町西祢 あじむまちにしのと　大分県宇佐市-
安心院町佛木 あじむまちほとげ　大分県宇佐市-
安心院町折敷田 あじむまちおしきだ　大分県宇佐市-
安心院町村部 あじむまちそべ　大分県宇佐市-
安心院町妻垣 あじむまちつまがけ　大分県宇佐市-
安心院町房ケ畑 あじむまちぼうがはた　大分県宇佐市-
安心院町原 あじむまちはる　大分県宇佐市-
安心院町塔尾 あじむまちとうのお　大分県宇佐市-
安心院町寒水 あじむまちそうず　大分県宇佐市-
安心院町筌ノ口 あじむまちうけのくち　大分県宇佐市-
安心院町萱籠 あじむまちかやごもり　大分県宇佐市-
安心院町飯田 あじむまちはんだ　大分県宇佐市-
安心院町新原 あじむまちにいばる　大分県宇佐市-
安木屋場 あんきやば　鹿児島県大島郡龍郷町-
安比奈新田 あいなしんでん　埼玉県川越市-

6画（安）

安比高原　あっぴこうげん　岩手県八幡平市-
安毛　あたげ　岐阜県美濃市-
安平町古宮　あいがちょうふるみや　兵庫県洲本市-
安代　やすしろ　新潟県三条市-
安代寄木　あしろよりき　岩手県八幡平市-
安出　やすいで　新潟県五泉市-
安尻　あじり　新潟県新潟市西蒲区-
安布里　あぶり　千葉県館山市-
安平　あびら・やすひら
　あびら-ちょう　北海道勇払郡-町
　あびら　北海道勇払郡安平町-
　やすひら　熊本県上益城郡甲佐町-
安用　やすもち　愛媛県西条市-
安田　あだ・やすた・やすだ
　やすた　青森県青森市-
　やすた　秋田県横手市-
　やすた　山形県酒田市-
　やすだ　福島県大沼郡会津美里町-
　やすだ　新潟県柏崎市-
　やすた-まち　富山県富山市-町
　やすた　富山県滑川市-
　やすた-まち　石川県白山市-町
　やすだ-ちょう　福井県福井市-町
　やすだ　長野県飯山市-
　やすだ-ちょう　愛知県小牧市-
　やすだ-ちょう　京都府宇治市-町
　やすだ　大阪府大阪市鶴見区-
　やすだ　兵庫県姫路市-
　やすだ　兵庫県篠山市-
　やすだ　広島県世羅郡世羅町-
　やすだ　広島県神石郡神石高原町-
　やすだ　山口県周南市-
　やすだ　香川県小豆郡小豆島町-
　やすだ-ちょう　高知県安芸郡-町
　やすだ　高知県安芸郡安田町-
　あだ　沖縄県国頭郡国頭村-
安立　あんりゅう　大阪府大阪市住之江区-
安宅　あたか・あたぎ・あたけ
　あたか-まち　石川県小松市-町
　あたか-まち　岐阜県岐阜市-町
　あたぎ　和歌山県西牟婁郡白浜町-
　あたけ　徳島県徳島市-
安寺　あてら　山梨県甲斐市-
安次嶺　あしみね　沖縄県那覇市-
安行　あんぎょう　埼玉県川口市-
安行小山　あんぎょうこやま　埼玉県川口市-
安佐町小河内　あさちょうおがうち　広島県広島市安佐北区-
安岐町下原　あきまちしもばる　大分県国東市-
安岐町両子　あきまちふたご　大分県国東市-
安来　やすぎ
　やすぎ-し　島根県-市
　やすぎ-ちょう　島根県安来市-町
安沢　あんざわ・やすざわ
　やすざわ　山形県最上郡金山町-
　あんざわ　栃木県矢板市-
安良　あら
　あら-まち　新潟県村上市-町
安良川　あらかわ　茨城県高萩市-
安良町郷中　やすらちょうごうなか　愛知県江南市-

安良岡　やすらおか
　やすらおか-ちょう　群馬県太田市-町
安芸　あき
　あき-く　広島県広島市-区
　あき-ぐん　広島県-郡
　あき-し　高知県-市
　あき-ぐん　高知県-郡
安角　あずみ　新潟県岩船郡関川村-
安谷屋　あだにや　沖縄県中頭郡北中城村-
安里　あさと
　あさと　沖縄県那覇市-
　あさと　沖縄県中頭郡中城村-
　あさと　沖縄県島尻郡八重瀬町-
安和　あわ
　あわ　高知県須崎市-
　あわ　沖縄県名護市-
安実京　あじきょう
　あじきょう-ちょう　愛知県豊田市-町
安居　あご・やすい
　あご　茨城県笠間市-
　やすい　富山県南砺市-
　あご　静岡県静岡市駿河区-
　あご　和歌山県西牟婁郡白浜町-
安居山　あごやま　静岡県富士宮市-
安居島　あいじま　愛媛県松山市-
安岡寺　あんこうじ
　あんこうじ-ちょう　大阪府高槻市-町
安房　あわ・あんぼう
　あんぼう　茨城県鉾田市-
　あわ-ぐん　千葉県-郡
　あんぼう　鹿児島県熊毛郡屋久島町-
安東　あんとう・あんどう・やすひがし
　あんどう　千葉県館山市-
　あんどう　静岡県静岡市葵区-
　あんとう-ちょう　三重県津市-町
　やすひがし　広島県広島市安佐南区-
安武　やすたけ　福岡県築上郡築上町-
安治　あわじ　滋賀県野洲市-
安治川　あじがわ　大阪府大阪市西区-
安知生　あんじゅう　愛媛県西条市-
安保　あぼ
　あぼ-ちょう　福井県福井市-町
安城　あんじょう
　あんじょう-し　愛知県-市
　あんじょう-ちょう　愛知県安城市-町
　あんじょう　鹿児島県西之表市-
安威　あい　大阪府茨木市-
安威川南　あいがわみなみ
　あいがわみなみ-まち　大阪府摂津市-町
安室　あじつ・あむろ
　あじつ　富山県南砺市-
　あむろ　沖縄県中頭郡西原町-
安屋　あんや　福岡県北九州市若松区-
安政　あんせい
　あんせい-ちょう　新潟県柏崎市-町
　あんせい-まち　熊本県熊本市中央区-町
安食　あじき・あんじき
　あじき　茨城県つくば市-
　あんじき　茨城県かすみがうら市-
　あじき　千葉県印旛郡栄町-

6画（宇, 守）

あじき　岐阜県岐阜市-
安食卜杭　あじきぼっくい　千葉県印西市-
安食卜杭新田　あじきぼつくいしんでん　千葉県印旛
　郡栄町-
安食中　あんじきなか
　あんじきなか-まち　滋賀県彦根市-町
安食台　あじきだい　千葉県印旛郡栄町-
安食西　あんじきにし　滋賀県犬上郡豊郷町-
安食志良古　あじきしらこ　岐阜県岐阜市-
安倉　あぐら　高知県安芸郡北川村-
安倉北　あくらきた　兵庫県宝塚市-
安孫子　あびこ　滋賀県愛知郡愛荘町-
安家　あっか　岩手県下閉伊郡岩泉町-
安島　やすじま　三重県四日市市-
安栖里　あせり　京都府船井郡京丹波町-
安浦町下垣内　やすうらちょうしもがうち　広島県
　呉市-
安浦町内海　やすうらちょううちのうみ　広島県呉市-
安納　あんのう　鹿児島県西之表市-
安馬谷　あんばや　千葉県南房総市-
安骨　あんこつ　北海道中川郡豊頃町-
安堵　あんど
　あんど-ちょう　奈良県生駒郡-町
安清　やすきよ
　やすきよ　富山県南砺市-
　やすきよ-ちょう　滋賀県彦根市-町
安部　あぶ・あべ
　あべ　奈良県北葛城郡広陵町-
　あべ　熊本県下益城郡美里町-
　あぶ　沖縄県名護市-
安部居　あべい　滋賀県蒲生郡日野町-
安部屋　あぶや　石川県羽咋郡志賀町-
安野　あんの・やすの
　あんの-ちょう　新潟県阿賀野市-町
　やすの　福岡県朝倉郡筑前町-
安野々　やすのの　高知県長岡郡大豊町-
安野屋　やすのや
　やすのや-ちょう　富山県富山市-町
安善　あんぜん
　あんぜん-ちょう　神奈川県横浜市鶴見区-町
安場　やすば
　やすば　三重県伊賀市-
　やすば-ちょう　京都府綾部市-町
安塚区真荻平　やすづかくもおぎたいら　新潟県上
　越市-
安富　やすどみ
　やすどみ-ちょう　島根県益田市-町
安富町狭戸　やすとみちょうせばと　兵庫県姫路市-
安富町皆河　やすとみちょうみなご　兵庫県姫路市-
安富祖　あふそ　沖縄県国頭郡恩納村-
安智　あんち　京都府宮津市-
安渡　あんど　岩手県上閉伊郡大槌町-
安満地　あまじ　高知県幡多郡大月町-
安満磐手　あまいわて
　あまいわて-ちょう　大阪府高槻市-町
安間　あんま
　あんま-ちょう　静岡県浜松市東区-町
安雲　あくも　福岡県築上郡上毛町-
安須　あず　千葉県市原市-

安新　あんしん
　あんしん-ちょう　静岡県浜松市東区-町
安楽島　あらしま
　あらしま-ちょう　三重県鳥羽市-町
安慶名　あげな　沖縄県うるま市-
安曇　あづみ　長野県松本市-
安曇川町西万木　あどがわちょうにしゆるぎ　滋賀県
　高島市-
安曇野　あづみの
　あづみの-し　長野県-市
安濃町南神山　あのうちょうみなみこやま　三重県
　津市-
安濃町神田　あのうちょうこうだ　三重県津市-
安濃町草生　あのうちょうくさわ　三重県津市-
安濃町連部　あのうちょうつらべ　三重県津市-
安濃町粟加　あのうちょうおうか　三重県津市-
安積町日出山　あさかまちひでのやま　福島県郡山市-
安謝　あじゃ　沖縄県那覇市-
安瀬　あんせ　福岡県北九州市若松区-

宇

宇久町木場　うくまちこば　長崎県佐世保市-
宇久町神浦　うくまちこうのうら　長崎県佐世保市-
宇代　うだい　鳥取県西伯郡伯耆町-
宇出津　うしつ　石川県鳳珠郡能登町-
宇生　うぶ　岡山県和気郡和気町-
宇生賀　うぶか　山口県阿武郡阿武町-
宇目河内　うめかわち　大分県佐伯市-
宇目南田原　うめみなみたばる　大分県佐伯市-
宇気　うけ　石川県かほく市-
宇江城　うえぐすく
　うえぐすく　沖縄県糸満市-
　うえぐすく　沖縄県島尻郡久米島町-
宇角　うずみ　岡山県小田郡矢掛町-
宇受賀　うずか　島根県隠岐郡海士町-
宇和町下川　うわちょうひとうがわ　愛媛県西予市-
宇和町明石　うわちょうあげいし　愛媛県西予市-
宇和町明間　うわちょうあかんま　愛媛県西予市-
宇和町河内　うわちょうかわち　愛媛県西予市-
宇奈月町下立　うなづきまちおりたて　富山県黒部市-
宇奈月町土山　うなづきまちどやま　富山県黒部市-
宇奈月町中谷　うなづきまちなかだん　富山県黒部市-
宇奈月町明日　うなづきまちあけび　富山県黒部市-
宇東川東　うとがわひがし
　うとがわひがし-ちょう　静岡県富士市-町
宇治家裏　うじやうら　和歌山県和歌山市-
宇茂佐　うむさ　沖縄県名護市-
宇城　うき
　うき-し　熊本県-市
宇栄原　うえばる　沖縄県那覇市-
宇島　うのしま　福岡県豊前市-
宇宿　うすき
　うすき　鹿児島県鹿児島市-
　うすき-ちょう　鹿児島県鹿児島市-町
宇筒井　うづつい　和歌山県東牟婁郡古座川町-
宇筒原　うとうばら　千葉県夷隅郡大多喜町-

守

守内　しゅうち　山口県岩国市-

6画（寺, 州, 巡, 帆, 庄）

寺

寺久 てらく　茨城県坂東市-
寺中 じちゅう
　じちゅう-ちょう　栃木県佐野市-町
　じちゅう-まち　石川県金沢市-町
　じちゅう-ちょう　福井県鯖江市-町
　じちゅう-まち　長崎県島原市-町
　じちゅう　熊本県上益城郡益城町-
寺内 じない・てらうち
　てらうち　宮城県伊具郡丸森町-
　てらうち　秋田県秋田市-
　てらうち　山形県尾花沢市-
　てらうち　福島県西白河郡矢吹町-
　てらうち　茨城県稲敷市-
　てらうち　栃木県真岡市-
　てらうち　千葉県香取市-
　じない-ちょう　岐阜県大垣市-町
　じない-ちょう　岐阜県関市-町
　じない　岐阜県揖斐郡大野町-
　じない　京都府舞鶴市-
　てらうち　大阪府豊中市-
　じない-ちょう　大阪府守口市-町
　てらうち　兵庫県西脇市-
　てらうち　兵庫県篠山市-
　じない-ちょう　奈良県御所市-町
　てらうち　和歌山県和歌山市-
　てらうち　鳥取県西伯郡南部町-
　てらうち　徳島県那賀郡那賀町-
　てらうち　高知県長岡郡大豊町-
　てらうち　福岡県北九州市門司区-
寺内油田 てらうちあぶらでん　秋田県秋田市-
寺内後城 てらうちうしろじょう　秋田県秋田市-
寺分 てらぶん
　てらぶん　栃木県真岡市-
　てらぶん　神奈川県鎌倉市-
　てらぶん　石川県鳳珠郡能登町-
寺平 てらだいら
　てらだいら-ちょう　愛知県豊田市-町
寺地 てらじ
　てらじ　新潟県新潟市西区-
　てらじ　新潟県糸魚川市-
　てらじ　石川県金沢市-
　てらじ-ちょう　福井県越前市-町
寺地町東 てらじちょうひがし　大阪府堺市堺区-
寺谷 てらたに・てらだに・てらや・てらやつ
　てらや　埼玉県鴻巣市-
　てらやつ　千葉県市原市-
　てらや　神奈川県横浜市鶴見区-
　てらだに　福井県今立郡池田町-
　てらや　静岡県磐田市-
　てらたに-ちょう　大阪府高槻市-町
　てらだに　鳥取県倉吉市-
寺宝 じほう
　じほう-まち　新潟県長岡市-町
寺所 てらどこ　山梨県西八代郡市川三郷町-
寺泊小豆曽根 てらどまりあずきそね　新潟県長岡市-
寺泊求草 てらどまりもとめぐさ　新潟県長岡市-
寺泊敦ケ曽根 てらどまりつるがそね　新潟県長岡市-
寺泊硲田 てらどまりはざまだ　新潟県長岡市-

寺門 てらかど
　てらかど　千葉県鴨川市-
　てらかど-ちょう　大阪府和泉市-町
寺垣内 てらがいと　奈良県吉野郡下北山村-
寺後 てらうしろ・てらご
　てらうしろ　秋田県由利本荘市-
　てらご　福島県耶麻郡猪苗代町-
　てらご　茨城県龍ケ崎市-
寺家 じけ・じけい
　じけ-ちょう　神奈川県横浜市青葉区-町
　じけ　富山県富山市-
　じけい-まち　富山県滑川市-町
　じけ　富山県南砺市-
　じけ-まち　石川県羽咋市-町
　じけ　静岡県伊豆の国市-
　じけ　三重県鈴鹿市-
　じけ-ちょう　三重県鈴鹿市-町
　じけ　高知県長岡郡本山町-
寺畔 てらなわて　福岡県行橋市-
寺部 てらべ
　てらべ　山梨県南アルプス市-
　てらべ-ちょう　愛知県豊田市-町
　てらべ-ちょう　愛知県西尾市-町

州

州見台 くにみだい　京都府木津川市-

巡

巡間 はざま
　はざま-ちょう　愛知県瀬戸市-町

帆

帆山 ほのやま・ほやま
　ほやま-ちょう　福井県越前市-町
　ほのやま　香川県仲多度郡まんのう町-

庄

庄の原 しょうのはる　大分県大分市-
庄川 しゃがわ・しょうがわ
　しょうがわ-まち　新潟県見附市-町
　しゃがわ　和歌山県西牟婁郡白浜町-
庄川町筏 しょうがわまちいかだ　富山県砺波市-
庄川町隠尾 しょうがわまちかくりょう　富山県砺波市-
庄中 しょうなか
　しょうなか-ちょう　愛知県尾張旭市-町
庄内町大龍 しょうないちょうおおたつ　大分県由布市-
庄内町小挾間 しょうないちょうおばさま　大分県由布市-
庄内町庄内原 しょうないちょうしょうないばる　大分県由布市-
庄内町柿原 しょうないちょうかきはる　大分県由布市-
庄内町龍原 しょうないちょうたつはる　大分県由布市-
庄内町櫟木 しょうないちょういちぎ　大分県由布市-
庄布川 しょうぶかわ　茨城県稲敷郡河内町-
庄田 しょうだ・しょうでん
　しょうでん-ちょう　福井県越前市-町
　しょうだ-ちょう　三重県津市-町

155

6画（式，当，成）

しょうだ-ちょう　兵庫県神戸市長田区-町
しょうだ　兵庫県姫路市-
しょうだ　岡山県岡山市北区-
しょうだ　高知県高岡郡佐川町-
庄西　しょうさい
　しょうせい-まち　富山県射水市-町
庄所　しょうどころ
　しょうどころ-ちょう　大阪府高槻市-町
庄泉　しょういずみ　山形県飽海郡遊佐町-
庄境　しょうざかい
　しょうざかい　兵庫県豊岡市-
　しょうざかい　大分県大分市-
庄瀬　しょうぜ　新潟県新潟市南区-

式

式岩　しきのいわ　高知県長岡郡大豊町-

当

当田　とうで
　とうで-ちょう　福井県鯖江市-町
当浜　あてはま　香川県小豆郡小豆島町-
当麻　たいま・とうま
　とうま-ちょう　北海道上川郡-町
　たいま　神奈川県相模原市南区-
当間　あてま・とうま
　とうま　茨城県鉾田市-
　あてま　新潟県十日町市-
　とうま　沖縄県那覇市-
　とうま　沖縄県中頭郡中城村-
当熊　とうのくま　石川県羽咋郡宝達志水町-
当銘　とうめ　沖縄県島尻郡八重瀬町-

成

成　なり・なる
　なり-まち　石川県白山市-町
　なる-まち　京都府京都市伏見区-町
成上　なりかみ　福島県二本松市-
成子　なるこ
　なるこ-ちょう　静岡県浜松市中区-町
成山　なりやま・なるやま
　なりやま-まち　福島県郡山市-町
　なりやま　千葉県四街道市-
　なるやま　高知県吾川郡いの町-
　なるやま　高知県幡多郡三原村-
成川　なりかわ・なりがわ・なるかわ・なるがわ
　なりかわ　福島県福島市-
　なりがわ　千葉県鴨川市-
　なるかわ　三重県南牟婁郡紀宝町-
　なるかわ　和歌山県東牟婁郡古座川町-
　なるがわ　高知県吾川郡仁淀川町-
成井　なるい
　なるい　茨城県筑西市-
　なるい　千葉県成田市-
成木　なりき　東京都青梅市-
成毛　なるげ　千葉県成田市-
成出　なるで
　なるで　富山県南砺市-
　なるで　福井県三方上中郡若狭町-
成本　なりもと　広島県安芸郡海田町-
成生　なりう
　なりう　山形県天童市-

なりう　京都府舞鶴市-
成田　なりた・なるた・なるだ
　なりた　岩手県花巻市-
　なりた　岩手県北上市-
　なりた-まち　宮城県仙台市若林区-町
　なりた　宮城県石巻市-
　なりた　宮城県富谷市-
　なりた　宮城県柴田郡柴田町-
　なりた　宮城県遠田郡美里町-
　なりた　山形県長井市-
　なりた　福島県相馬市-
　なりた　福島県二本松市-
　なりた-まち　福島県二本松市-町
　なりた　福島県伊達郡桑折町-
　なりた　福島県岩瀬郡鏡石町-
　なりた　茨城県筑西市-
　なりた　茨城県行方市-
　なりた-ちょう　茨城県東茨城郡大洗町-町
　なりた　茨城県結城郡八千代町-
　なりた　栃木県矢板市-
　なりた　栃木県下野市-
　なりた-ちょう　群馬県高崎市-町
　なりた-し　千葉県-市
　なりた　千葉県成田市-
　なるだ　神奈川県小田原市-
　なるた-ちょう　長野県岡谷市-町
　なりた-ちょう　大阪府寝屋川市-町
成田日向　なりたひなた　福島県二本松市-
成合　ならい・なりあい・なれあい
　なりあい-ちょう　神奈川県横浜市青葉区-町
　ならい-ちょう　愛知県豊田市-町
　なりあい　大阪府高槻市-
　なりあい-ちょう　香川県高松市-町
　なれあい　高知県南国市-
成安　なりやす　山形県山形市-
成竹　なるたけ　福岡県筑紫郡那珂川町-
成羽町布寄　なりわちょうふより　岡山県高梁市-
成君　なりぎみ　熊本県上益城郡山都町-
成沢　なりさわ・なるさわ
　なりさわ　宮城県遠田郡涌谷町-
　なりさわ　秋田県湯沢市-
　なるさわ-ちょう　茨城県水戸市-町
　なるさわ-ちょう　茨城県日立市-町
　なりさわ　埼玉県熊谷市-
　なりさわ-まち　新潟県長岡市-町
　なりさわ　新潟県柏崎市-
　なりさわ　新潟県糸魚川市-
成谷　なるたに　兵庫県三田市-
成和　せいわ
　せいわ　福井県福井市-
　せいわ　福井県大飯郡おおい町-
成岩東　ならわひがし
　ならわひがし-まち　愛知県半田市-町
成松　なりまつ　岡山県勝田郡奈義町-
成東　なるとう　千葉県山武市-
成育　せいいく　大阪府大阪市城東区-
成恒　なりつね　福岡県築上郡上毛町-
成美　せいび
　せいび-ちょう　大阪府寝屋川市-町
成香　なるか　北海道虻田郡洞爺湖町-

156

6画（戌,扱,旭,早,曳）

成島　なるしま
　なるしま-まち　山形県米沢市-町
　なるしま-ちょう　群馬県館林市-町
　なるしま　山梨県中央市-
　なるしま　山梨県南巨摩郡南部町-
成能　なるのう　愛媛県大洲市-
成亀　なりがめ　福島県石川郡石川町-
成清　なるきよ
　なるきよ-ちょう　岐阜県各務原市-町
成章　せいしょう
　せいしょう-まち　佐賀県佐賀市-町
成滝　なるたき　静岡県掛川市-
成増　なります　東京都板橋区-
成興野　なりこうや　山形県酒田市-
成藤　なりふじ　愛媛県北宇和郡鬼北町-
成瀬　なるせ
　なるせ　茨城県つくばみらい市-
　なるせ　埼玉県入間郡越生町-
　なるせ　東京都町田市-
　なるせ　徳島県那賀郡那賀町-

戌

戌亥　いぬい
　いぬい-ちょう　京都府京都市上京区-町
戌渡　いぬわたり　茨城県稲敷市-

扱

扱沢　ぐみざわ　和歌山県海南市-

旭

旭八幡　あさひやわた
　あさひやわた-ちょう　愛知県豊田市-町
旭丘　あさひおか・あさひがおか
　あさひおか　北海道二海郡八雲町-
　あさひおか　北海道檜山郡厚沢部町-
　あさひおか　北海道余市郡赤井川村-
　あさひがおか　東京都練馬区-
　あさひがおか　石川県白山市-
　あさひがおか　大阪府豊中市-
　あさひがおか　大阪府池田市-
旭北　あさひきた
　あさひきた　青森県上北郡東北町-
　あさひきた-ちょう　奈良県大和高田市-町
旭志小原　きょくしおばる　熊本県菊池市-
旭志尾足　きょくしおたる　熊本県菊池市-
旭町油谷　あさひまちゆや　北海道芦別市-
旭見ケ池　ひみがいけ
　ひみがいけ-ちょう　岐阜県岐阜市-町
旭岡　あさひおか・あさひがおか
　あさひおか-ちょう　北海道函館市-町
　あさひがおか　北海道旭川市-
　あさひおか　北海道勇払郡むかわ町-
旭岱　あさひたい　北海道爾志郡乙部町-
旭東　きょくとう
　きょくとう　北海道名寄市-
　きょくとう-ちょう　岡山県岡山市中区-町
旭南　あさひみなみ・きょくなん
　あさひみなみ　青森県上北郡東北町-
　きょくなん　秋田県秋田市-
　きょくなん　愛知県知多市-
　あさひみなみ-ちょう　奈良県大和高田市-町

　あさひみなみ　福岡県遠賀郡岡垣町-
旭神　きょくしん
　きょくしん-ちょう　北海道旭川市-町
旭原　あさひばる
　あさひばる-ちょう　鹿児島県鹿屋市-町

早

早乙女　さおとめ・そうとめ
　さおとめ　山形県山形市-
　そうとめ　栃木県さくら市-
早川　そうがわ・はいがわ・はやかわ
　はやかわ　北海道檜山郡上ノ国町-
　はやかわ-ちょう　栃木県矢板市-町
　はやかわ　神奈川県小田原市-
　はやかわ　神奈川県綾瀬市-
　はやかわ-ちょう　新潟県新潟市中央区-町
　はやかわ　新潟県村上市-
　はやかわ　新潟県南魚沼市-
　はやかわ　富山県高岡市-
　はやかわ-ちょう　山梨県南巨摩郡-町
　はやかわ　山梨県南巨摩郡早川町-
　はいがわ　愛媛県西条市-
　そうがわ　熊本県上益城郡甲佐町-
早出　そうで
　そうで-ちょう　静岡県浜松市中区-町
早田　そうだ・そうでん・はいだ・わさだ
　わさだ　山形県鶴岡市-
　そうでん　岐阜県岐阜市-
　そうでん-ちょう　岐阜県岐阜市-町
　はいだ-ちょう　三重県尾鷲市-町
　そうだ-ちょう　島根県安来市-町
早米来　ぞうめき
　ぞうめき-まち　福岡県大牟田市-町
早岐　はいき　長崎県佐世保市-
早来源武　はやきたげんぶ　北海道勇払郡安平町-
早良　さわら
　さわら-く　福岡県福岡市-区
　さわら　福岡県福岡市早良区-
早物　はやぶつ　千葉県館山市-
早苗　さなえ
　さなえ　新潟県新潟市江南区-
　さなえ-ちょう　長野県長野市-町
　さなえ-ちょう　岐阜県岐阜市-町
　さなえ-ちょう　岐阜県大垣市-町
　さなえ-ちょう　大阪府守口市-町
　さなえ-ちょう　長崎県佐世保市-町
早馬　はやうま
　はやうま-ちょう　静岡県浜松市中区-町
早馬瀬　はやまぜ
　はやまぜ-ちょう　三重県松阪市-町
早道場　はやみちば　新潟県新発田市-
早福　はいふく
　はいふく-ちょう　長崎県平戸市-町
早藤　はいくず　和歌山県日高郡日高川町-

曳

曳馬　ひくま
　ひくま　静岡県浜松市中区-
　ひくま-ちょう　静岡県浜松市中区-町

157

6画（曲, 有, 机）

曲

曲子原　まげしはら
　まげしはら-まち　石川県金沢市-町
曲尺手　かねんて
　かねんて-ちょう　愛知県豊橋市-町
曲手　まがて　熊本県菊池郡菊陽町-
曲木　まがき
　まがき　宮城県伊具郡丸森町-
　まがき　福島県石川郡石川町-
曲本　まがもと　埼玉県さいたま市南区-
曲田　まがた・まがった・まがつた・まがりだ
　まがた　岩手県八幡平市-
　まがた　秋田県大館市-
　まがりだ　福島県河沼郡会津坂下町-
　まがった　茨城県常総市-
　まがつた　栃木県那須烏山市-
　まがつた　埼玉県深谷市-
曲竹　まがたけ　宮城県刈田郡蔵王町-
曲谷　まがたに・まがりたに
　まがりたに　新潟県三条市-
　まがたに　滋賀県米原市-
曲畑　そりはた　栃木県那須烏山市-
曲師　まげし
　まげし-ちょう　栃木県宇都宮市-町
　まげし　埼玉県比企郡川島町-
曲渕　まがぶち・まがりふち・まがりぶち
　まがぶち　茨城県稲敷市-
　まがぶち　新潟県三条市-
　まがりぶち　富山県滑川市-
　まがりぶち　福岡県福岡市早良区-
曲路　すじかい　岐阜県本巣郡北方町-
曲輪　くるわ
　くるわ-ちょう　群馬県伊勢崎市-町
曲輪田　くるわだ　山梨県南アルプス市-

有

有木　あらき・あるぎ
　あらき　島根県隠岐郡隠岐の島町-
　あるぎ　広島県神石郡神石高原町-
有田沢　ありたさわ　青森県上北郡七戸町-
有年牟礼　うねむれ　兵庫県赤穂市-
有年楢原　うねならばら　兵庫県赤穂市-
有年横尾　うねよこお　兵庫県赤穂市-
有弥の里　ゆみのさと　福岡県福津市-
有明　ありあけ・ゆうめい
　ありあけ　北海道札幌市清田区-
　ありあけ-ちょう　北海道苫小牧市-町
　ありあけ-ちょう　北海道三笠市-町
　ありあけ-ちょう　北海道滝川市-町
　ありあけ-ちょう　北海道恵庭市-町
　ありあけ　北海道苫前郡初山別村-
　ありあけ　北海道天塩郡豊富町-
　ありあけ　北海道勇払郡むかわ町-
　ありあけ　北海道厚岸郡厚岸町-
　ありあけ-ちょう　茨城県土浦市-町
　ありあけ-ちょう　茨城県高萩市-町
　ありあけ　東京都江東区-
　ありあけ-ちょう　新潟県新潟市西区-町
　ありあけ　新潟県村上市-
　ありあけ-ちょう　富山県富山市-町
　ありあけ-まち　石川県小松市-町
　ありあけ-ちょう　福井県大野市-町
　ありあけ-ちょう　静岡県静岡市駿河区-町
　ありあけ-ちょう　島根県益田市-町
　ありあけ-ちょう　香川県観音寺市-町
　ゆうめい-まち　福岡県大牟田市-町
　ありあけ-まち　福岡県柳川市-町
　ありあけ　熊本県玉名郡長洲町-
有明町大三東甲　ありあけちょうおおみさきこう　長崎県島原市-
有明町大島子　ありあけまちおおしまご　熊本県天草市-
有明町蓬原　ありあけちょうふつはら　鹿児島県志布志市-
有東　うとう　静岡県静岡市駿河区-
有河　あるが　茨城県かすみがうら市-
有城　あるき　岡山県倉敷市-
有度本　うどほん
　うどほん-ちょう　静岡県静岡市清水区-町
有海　あるみ　愛知県新城市-
有洞　うとう
　うとう-ちょう　愛知県豊田市-町
有秋台東　ゆうしゅうだいひがし　千葉県市原市-
有家　ありえ・うげ
　うげ　岩手県九戸郡洋野町-
　ありえ　和歌山県和歌山市-
有家ケ原　うけがはら　岐阜県大野郡白川村-
有家町小川　ありえちょうこがわ　長崎県南島原市-
有家町尾上　ありえちょうおのうえ　長崎県南島原市-
有家町蒲河　ありえちょうかまが　長崎県南島原市-
有珠　うす
　うす-ちょう　北海道伊達市-町
　うす-ぐん　北海道-郡
有喜　うき
　うき-まち　長崎県諫早市-町
有間　ありま・あんま
　あんま-ちょう　愛知県豊田市-町
　ありま　広島県山県郡北広島町-
　ありま　高知県土佐郡土佐町-
有間川　ありまがわ　新潟県上越市-
有楽　うら・ゆうらく
　ゆうらく-ちょう　栃木県足利市-町
　ゆうらく-ちょう　埼玉県所沢市-町
　ゆうらく-ちょう　東京都千代田区-町
　ゆうらく　新潟県新潟市東区-
　ゆうらく-ちょう　福井県福井市-町
　うら-まち　岐阜県高山市-町
　ゆうらく-ちょう　愛知県豊橋市-町
　ゆうらく-ちょう　愛知県半田市-町
　ゆうらく-ちょう　三重県桑名市-町
　ゆうらく-ちょう　山口県周南市-町
有漢町有漢　うかんちょううかん　岡山県高梁市-
有爾中　うになか　三重県多気郡明和町-
有銘　あるめ　沖縄県国頭郡東村-
有磯　ありいそ・ありそ
　ありいそ-ちょう　北海道根室市-町
　ありそ　富山県射水市-

机

机張原　きちょうばる　大分県大分市-

6画（朽, 朱, 朴, 枀, 杁, 次, 気, 汗, 汲, 江）

朽

朽木　くつぎ　岡山県美作市-
朽木小入谷　くつきおにゅうだに　滋賀県高島市-
朽木小川　くつきこがわ　滋賀県高島市-
朽木平良　くつきへら　滋賀県高島市-
朽木地子原　くつきじしはら　滋賀県高島市-
朽木栃生　くつきとちゅう　滋賀県高島市-
朽木柏　くつきかせ　滋賀県高島市-
朽木雲洞谷　くつきうとうだに　滋賀県高島市-
朽飯　くだし
　くだし-ちょう　福井県越前市-町
朽網　くさみ　福岡県北九州市小倉南区-

朱

朱雀　すざく・すじゃく
　すじゃく-ちょう　京都府京都市東山区-町
　すざく　奈良県奈良市-
　すざく　福岡県太宰府市-
朱雀分木　すじゃくぶんき
　すじゃくぶんき-ちょう　京都府京都市下京区-町

朴

朴山　ほおやま　山形県最上郡金山町-
朴木　ほおのき　富山県射水市-
朴木沢　ほきざわ　新潟県十日町市-
朴平　ほうだいら　新潟県村上市-
朴坂　ほうさか　新潟県岩船郡関川村-
朴沢　ほうざわ・ほおのさわ
　ほうざわ　宮城県仙台市泉区-
　ほおのさわ　山形県東置賜郡川西町-
朴谷　ほおのきだに　富山県黒部市-
朴野　ほおの　徳島県那賀郡那賀町-
朴瀬　ほのきせ　秋田県能代市-

枀

枀の原　へごのはら
　へごのはら-ちょう　長崎県平戸市-町

杁

杁　えぶり　福岡県遠賀郡水巻町-
杁ノ洞　いりのほら　愛知県長久手市-
杁下　いりした　愛知県犬山市-
杁前　いりまえ
　いりまえ-ちょう　愛知県津島市-町

次

次ケ谷　つげだに　和歌山県海南市-
次月　しづき　岐阜県可児郡御嵩町-
次木　なみき・なめき
　なみき　茨城県行方市-
　なみき　千葉県野田市-
　なめき　岐阜県岐阜市-
次年子　じねんご　山形県北村山郡大石田町-
次郎丸　じろうまる・じろまる
　じろうまる　新潟県阿賀野市-
　じろうまる-ちょう　福井県福井市-町
　じろまる　福井県あわら市-
　じろまる　和歌山県和歌山市-
　じろうまる　福岡県福岡市早良区-

次場　すば
　すば-まち　石川県羽咋市-町

気

気子島　けごじま　静岡県磐田市-
気比　けひ　兵庫県豊岡市-
気比庄　きひしょう　福井県丹生郡越前町-
気比宮　きいのみや　新潟県長岡市-
気仙　けせん
　けせん-ちょう　岩手県陸前高田市-町
　けせん-ぐん　岩手県-郡
気仙沼　けせんぬま
　けせんぬま-し　宮城県-市
気多宮　けたのみや　福島県河沼郡会津坂下町-
気佐藤　きさと　和歌山県日高郡みなべ町-
気高町八束水　けたかちょうやつかみ　鳥取県鳥取市-
気高町八幡　けたかちょうやわた　鳥取県鳥取市-
気高町下石　けたかちょうおろじ　鳥取県鳥取市-
気高町上原　けたかちょうかんばら　鳥取県鳥取市-
気高町会下　けたかちょうえげ　鳥取県鳥取市-
気高町宝木　けたかちょうほうぎ　鳥取県鳥取市-
気高町酒津　けたかちょうさけのつ　鳥取県鳥取市-
気高町郡家　けたかちょうこうげ　鳥取県鳥取市-
気高町睦逢　けたかちょうむつお　鳥取県鳥取市-
気勝平　けかちだいら
　けかちだいら-まち　石川県輪島市-町
気噴　きぶき
　きぶき-ちょう　愛知県春日井市-町

汗

汗干　あせび
　あせび-ちょう　愛知県瀬戸市-町

汲

汲沢　ぐみざわ
　ぐみざわ　神奈川県横浜市戸塚区-
　ぐみざわ-ちょう　神奈川県横浜市戸塚区-町

江

江北　えきた・こうほく
　こうほく　東京都足立区-
　えきた　鳥取県東伯郡北栄町-
　こうほく-まち　佐賀県杵島郡-町
江尻白山　えじりしらやま
　えじりしらやま-ちょう　富山県高岡市-町
江弁須　えべす　千葉県成田市-
江本　えのもと・えもと
　えのもと　富山県富山市-
　えもと　兵庫県豊岡市-
江向　えむかい・えむかえ
　えむかい　福島県伊達市-
　えむかえ-ちょう　愛知県名古屋市西区-町
　えむかい　山口県萩市-
江別太　えべつぶと　北海道江別市-
江尾　えのお・えび
　えのお　静岡県富士市-
　えび　鳥取県日野郡江府町-
江見内遠野　えみうとの　千葉県鴨川市-
江迎　えむかい　佐賀県三養基郡上峰町-

159

6画（池）

江迎町七腕　えむかえちょうななかい　長崎県佐世
保市-
江迎町志戸氏　えむかえちょうしとのうじ　長崎県佐
世保市-
江迎町猪調　えむかえちょういのつき　長崎県佐世
保市-
江迎町箙尾　えむかえちょうえびらお　長崎県佐世
保市-
江刺家　えさしか　岩手県九戸郡九戸村-
江府　こうふ
　こうふ-ちょう　鳥取県日野郡-町
江東　えとう・こうとう
　こうとう-く　東京都-区
　えとう-ちょう　愛知県津島市-町
江東橋　こうとうばし　東京都墨田区-
江波　えなみ
　えなみ　埼玉県熊谷市-
　えなみ　福井県丹生郡越前町-
江波栄　えばさかえ
　えばさかえ-まち　広島県広島市中区-町
江泊　えどまり・えのとまり
　えのとまり-まち　石川県七尾市-町
　えどまり　山口県防府市-
江南　えな・えなみ・えなん・こうなん
　こうなん　北海道斜里郡清里町-
　こうなん　山形県山形市-
　こうなん　新潟県新潟市東区-
　こうなん-く　新潟県新潟市-区
　こうなん-し　愛知県-市
　えなみ-ちょう　滋賀県近江八幡市-町
　えな　和歌山県和歌山市-
　えなみ-ちょう　福岡県北九州市小倉北区-町
　えなん-ちょう　熊本県水俣市-町
　こうなん　宮崎県宮崎市-
江津　えづ・ごうつ
　えづ　鳥取県鳥取市-
　ごうつ-し　島根県-市
　ごうつ-ちょう　島根県江津市-町
　えづ　熊本県熊本市中央区-
　えづ　熊本県熊本市東区-
江原　えはら・えばら・えわら
　えばら　埼玉県深谷市-
　えばら　千葉県佐倉市-
　えばら-ちょう　東京都中野区-町
　えはら　山梨県南アルプス市-
　えばら-ちょう　静岡県沼津市-町
　えわら-ちょう　愛知県西尾市-町
　えばら-ちょう　広島県呉市-町
江島　えじま・えのしま
　えのしま　宮城県牡鹿郡女川町-
　えじま-ちょう　愛知県豊橋市-町
　えじま-ちょう　愛知県豊川市-町
　えじま-ちょう　三重県鈴鹿市-町
　えじま-まち　佐賀県鳥栖市-町
江浦　えのうら　静岡県沼津市-
江野　えの・ごうの
　えの-まち　栃木県宇都宮市-町
　ごうの　兵庫県豊岡市-
江越　えごえ　熊本県熊本市南区-
江道　えどう・えんどう
　えどう　新潟県十日町市-

えんどう　富山県高岡市-

池

池ノ上　いけのうえ・いけのかみ
　いけのかみ-ちょう　福井県越前市-
　いけのうえ-ちょう　岐阜県岐阜市-町
池上　いけがみ・いけのうえ
　いけがみ-ちょう　福島県須賀川市-町
　いけがみ-ちょう　栃木県宇都宮市-町
　いけがみ　埼玉県熊谷市-
　いけがみ　埼玉県ふじみ野市-
　いけがみ　東京都大田区-
　いけがみ-ちょう　神奈川県川崎市川崎区-町
　いけがみ　神奈川県横須賀市-
　いけがみ　神奈川県小田原市-
　いけがみ-ちょう　愛知県名古屋市千種区-町
　いけがみ-ちょう　三重県鳥羽市-町
　いけがみ-ちょう　大阪府和泉市-町
　いけがみ　兵庫県神戸市西区-
　いけがみ-ちょう　兵庫県加西市-町
　いけがみ　兵庫県篠山市-
　いけのうえ-ちょう　熊本県熊本市西区-町
池内　いけうち・いけない・いけのうち
　いけない　秋田県大館市-
　いけうち-ちょう　愛知県名古屋市熱田区-町
　いけのうち　兵庫県洲本市-
　いけうち-ちょう　宮崎県宮崎市-町
池戸　いけのべ　香川県木田郡三木町-
池尻　いけしり・いけじり・いけのしり
　いけじり　東京都世田谷区-
　いけじり　新潟県十日町市-
　いけじり　富山県黒部市-
　いけのしり　富山県南砺市-
　いけのしり-ちょう　福井県福井市-町
　いけじり-ちょう　岐阜県大垣市-町
　いけじり　岐阜県関市-
　いけしり-ちょう　愛知県田原市-町
　いけじり-ちょう　大阪府岸和田市-町
　いけじり　兵庫県伊丹市-
　いけじり-ちょう　兵庫県小野市-町
　いけじり　兵庫県三田市-
　いけじり　奈良県大和高田市-
　いけじり　福岡県田川郡川崎町-
池田町漆川　いけだちょうしつかわ　徳島県三好市-
池辺　いけのべ・いけべ・いこのべ
　いけのべ　埼玉県川越市-
　いこのべ-ちょう　神奈川県横浜市都筑区-町
　いけべ-まち　大分県日田市-町
池尾　いけのお　京都府宇治市-
池河内　いけのこうち
　いけのこうち　福井県敦賀市-
　いけのこうち　福井県小浜市-
池城　いけのじょう
　いけのじょう-まち　石川県小松市-町
池原　いけのはら・いけはら
　いけのはら　富山県砺波市-
　いけはら　沖縄県沖縄市-
池麩　いけふ
　いけふ-ちょう　愛知県津島市-町

6画（灰,灯,牟,瓜,百）

灰

灰木　はいのき　静岡県浜松市浜北区-

灯

灯　とぼし　石川県羽咋郡志賀町-
灯台笹　とだしの
　　とだしの-まち　石川県能美市-町

牟

牟礼　むれ・むれい
　　むれい　埼玉県大里郡寄居町-
　　むれ　東京都三鷹市-
　　むれ　長野県上水内郡飯綱町-
　　むれ　山口県防府市-
牟礼岡　むれがおか　鹿児島県鹿児島市-
牟岐　むぎ
　　むぎ-ちょう　徳島県海部郡-町

瓜

瓜生津　うりうづ
　　うりうづ-ちょう　滋賀県東近江市-町
瓜生野　うりうの・うりゅうの
　　うりゅうの-ちょう　福井県越前市-町
　　うりゅうの　静岡県伊豆市-
　　うりゅうの　山口県宇部市-
　　うりうの　高知県長岡郡本山町-
　　うりゅうの　宮崎県宮崎市-
瓜破　うりわり　大阪府大阪市平野区-
瓜連　うりづら　茨城県那珂市-

百

百　ひゃく・も
　　も-むら　栃木県那須塩原市-村
　　も-むら　東京都稲城市-村
　　ひゃく-ちょう　富山県南砺市-町
　　ひゃく-ちょう　愛知県津島市-町
百々　どうど・どうどう・どど
　　どど-まち　石川県加賀市-町
　　どうどう　山梨県南アルプス市-
　　どうど-ちょう　愛知県岡崎市-町
　　どうど-ちょう　愛知県豊田市-町
　　どうどう　岡山県久米郡美咲町-
百人　ひゃくにん
　　ひゃくにん-ちょう　東京都新宿区-町
　　ひゃくにん-ちょう　愛知県名古屋市東区-町
百万刈　ひゃくまんがり　秋田県横手市-
百万遍　ひゃくまんべん
　　ひゃくまんべん-ちょう　京都府京都市上京区-町
百子沢　ひゃっこざわ　山形県西置賜郡小国町-
百山　ひゃくやま　大阪府三島郡島本町-
百川　ももがわ　新潟県糸魚川市-
百川内　ももがわうち　高知県吾川郡仁淀川町-
百之浦　ひゃくのうら　愛媛県宇和島市-
百戸　ひゃっこ・もど
　　ひゃっこ　北海道河東郡士幌町-
　　もど　茨城県猿島郡境町-
百戸町東　ひゃっこちょうひがし　北海道赤平市-
百月　どうづき
　　どうづき-ちょう　愛知県豊田市-町

百市　もものいち　奈良県桜井市-
百田　ももた　青森県弘前市-
百目木　どうめき・どめき
　　どめき　青森県上北郡横浜町-
　　どうめき　宮城県気仙沼市-
　　どうめき　福島県二本松市-
　　どうめき　千葉県袖ケ浦市-
百目木1番　どうめきいちばん　宮城県加美郡加美町-
百目鬼　どめき　山形県山形市-
百石　ひゃっこく
　　ひゃっこく-ちょう　青森県弘前市-町
　　ひゃっこく-ちょう　愛知県安城市-町
　　ひゃっこく-ちょう　高知県高知市-町
百合　もまえ　徳島県那賀郡那賀町-
百合地　ゆるじ　兵庫県豊岡市-
百合谷　もまえだに　徳島県那賀郡那賀町-
百次　ももつぎ
　　ももつぎ-ちょう　鹿児島県薩摩川内市-町
百舌鳥夕雲　もずせきうん
　　もずせきうん-ちょう　大阪府堺市堺区-町
百坂　ももさか
　　ももさか-まち　石川県金沢市-町
百束　ひゃくそく
　　ひゃくそく-まち　新潟県長岡市-町
百沢　ひゃくざわ　青森県弘前市-
百苅田　ひゃくがりだ　福島県喜多方市-
百谷　ももたに・ももだに
　　ももだに　鳥取県鳥取市-
　　ももだに　岡山県苫田郡鏡野町-
　　ももたに　大分県佐伯市-
百足屋　むかでや
　　むかでや-ちょう　京都府京都市中京区-町
百里　ひゃくり　茨城県小美玉市-
百枝月　ももえづき　岡山県岡山市東区-
百津　ももづ
　　ももづ　新潟県阿賀野市-
　　ももづ-ちょう　新潟県阿賀野市-町
百津郷　ももづごう　長崎県東彼杵郡川棚町-
百草　もぐさ
　　もぐさ　東京都日野市-
　　もぐさ　東京都多摩市-
百家　はっけ　茨城県つくば市-
百島　ひゃくしま・ももしま・ももじま
　　ももじま-ちょう　愛知県津島市-町
　　ひゃくしま　大阪府大阪市西淀川区-
　　ももしま-ちょう　広島県尾道市-町
百浦　ももうら　石川県羽咋郡志賀町-
百留　ももくどみ　福岡県築上郡上毛町-
百済　くだら　奈良県北葛城郡広陵町-
百済寺　ひゃくさいじ
　　ひゃくさいじ-ちょう　滋賀県東近江市-町
百船　ももふね
　　ももふね-ちょう　愛知県名古屋市中川区-町
百塚　ひゃくづか　富山県富山市-
百道浜　ももちはま　福岡県福岡市早良区-
百間　ひゃくけん・ひゃっけん・もんま
　　もんま　埼玉県南埼玉郡宮代町-
　　ひゃっけん-まち　香川県高松市-町
　　ひゃくけん-ちょう　熊本県水俣市-町

6画(竹, 米)

百鉾　もふく　千葉県夷隅郡大多喜町-
百槻　どうづき　福島県相馬市-
百頭　ももがしら
　　ももがしら-ちょう　栃木県足利市-町

竹

竹万　ちくま　兵庫県赤穂郡上郡町-
竹内　たけうち・たけのうち
　　たけうち　栃木県芳賀郡市貝町-
　　たけのうち　千葉県南房総市-
　　たけうち　富山県南砺-
　　たけのうち　富山県中新川郡舟橋村-
　　たけのうち　奈良県葛城市-
　　たけうち-ちょう　鳥取県境港市-町
　　たけうち　鳥取県東伯郡琴浦町-
竹日向　たけひなた
　　たけひなた-まち　山梨県甲府市-町
竹木場　たけこば　佐賀県唐津市-
竹生　たきょう・たけじょう・たけなり・たこう・たこお
　　たこう　秋田県能代市-
　　たこお-ちょう　福井県福井市-町
　　たきょう-ちょう　愛知県豊田市-町
　　たけじょう　滋賀県野洲市-
　　たけなり　鳥取県鳥取市-
竹生野　たこの　石川県羽咋郡宝達志水町-
竹田泓ノ川　たけだふけのがわ
　　たけだふけのがわ-ちょう　京都府京都市伏見区-町
竹矢　たけや・ちくや
　　ちくや-ちょう　島根県松江市-町
　　たけや　大分県大分市-
竹来　たかく　茨城県稲敷郡阿見町-
竹谷　たけたに・たけだに・たけのや・たけや
　　たけや　宮城県伊具郡丸森町-
　　たけや　宮城県宮城郡松島町-
　　たけのや-ちょう　愛知県蒲郡市-町
　　たけたに-ちょう　大阪府吹田市-町
　　たけや-ちょう　兵庫県尼崎市-町
　　たけだに　兵庫県淡路市-
竹迫　たかば・たけざこ
　　たけざこ-ちょう　島根県浜田市-町
　　たかば　熊本県合志市-
竹垣内　たけがいと　和歌山県西牟婁郡白浜町-
竹原　たかわら・たけはら・たけばら・たけわら・たわら
　　たけはら-ちょう　北海道伊達市-町
　　たけはら　青森県三戸郡五戸町-
　　たけはら　山形県南陽市-
　　たけはら　福島県大沼郡会津美里町-
　　たけはら　茨城県小美玉市-
　　たけわら　栃木県芳賀郡茂木町-
　　たけわら　千葉県館山市-
　　たわら　福井県小浜市-
　　たけはら　福井県吉田郡永平寺町-
　　たけはら　長野県中野市-
　　たけはら　静岡県駿東郡長泉町-
　　たけはら-まち　愛知県碧南市-町
　　たけはら　滋賀県愛知郡愛荘町-
　　たけはら　和歌山県西牟婁郡北山村-
　　たけわら　岡山県岡山市東区-
　　たけばら　岡山県真庭市-
　　たけはら-し　広島県-市
　　たけはら-ちょう　広島県竹原市-町

竹　たけわら　愛媛県松山市-
　　たけわら-まち　愛媛県松山市-町
　　たけはら　福岡県宮若市-
　　たけはら-まち　熊本県八代市-町
　　たかわら　熊本県阿蘇市-
　　たけわら　宮崎県児湯郡西米良村-
竹浦　たけうら・たけのうら
　　たけうら　北海道白老郡白老町-
　　たけのうら　宮城県牡鹿郡女川町-
竹浜　たけのはま　宮城県石巻市-
竹貫　たかぬき　福島県石川郡古殿町-
竹野町川南谷　たけのちょうかなんだに　兵庫県豊
　　岡市-
竹野町河内　たけのちょうかわち　兵庫県豊岡市-
竹野町金原　たけのちょうきんばら　兵庫県豊岡市-
竹野町阿金谷　たけのちょうあこんだに　兵庫県豊
　　岡市-
竹野町鬼神谷　たけのちょうおじんだに　兵庫県豊
　　岡市-
竹野町御又　たけのちょうおんまた　兵庫県豊岡市-
竹野町椒　たけのちょうはじかみ　兵庫県豊岡市-
竹森　たけのもり　山形県東置賜郡高畠町-
竹筒　たけとう　奈良県吉野郡十津川村-
竹間沢　ちくまざわ　埼玉県入間郡三芳町-
竹腰東　たけのこしひがし
　　たけのこしひがし-まち　愛知県稲沢市-町
竹橋　たけのはし・たけはし・たけばし
　　たけのはし　石川県河北郡津幡町-
　　たけばし-ちょう　愛知県名古屋市中村区-町
　　たけはし-ちょう　愛知県一宮市-町
　　たけはし-ちょう　大阪府茨木市-町

米

米　こめ・こん・よね
　　よね-まち　北海道釧路市-町
　　こめ-まち　青森県西津軽郡鰺ケ沢町-町
　　よね　福島県西白河郡西郷村-
　　こめ-まち　茨城県龍ケ崎市-町
　　よね-まち　新潟県上越市-町
　　こめ-まち　石川県七尾市-町
　　こん-まち　石川県羽咋郡志賀町-町
　　こめ-まち　愛知県津島市-町
　　こめ-まち　福岡県北九州市小倉北区-町
　　こめ-まち　大分県中津市-町
米ケ袋　こめがふくろ・よねがふくろ
　　よねがふくろ　青森県弘前市-
　　こめがふくろ　宮城県仙台市青葉区-
米口　こめぐち
　　こめぐち-ちょう　福井県越前市-町
米子　よなこ・よなご・よねこ
　　よねこ　新潟県新発田市-
　　よなこ-まち　長野県須坂市-町
　　よなご-し　鳥取県-市
　　よなご-まち　島根県松江市-町
米山　こめのやま・よねやま
　　よねやま　新潟県新潟市中央区-
　　よねやま-ちょう　新潟県柏崎市-町
　　よねやま-ちょう　静岡県沼津市-町
　　こめのやま-まち　長崎県長崎市-町
米之座　こめのざ
　　こめのざ-ちょう　愛知県津島市-町

6画（糸, 羽）

米五 よなご
　よなご-ちょう　福島県二本松市-町
米内沢 よないさわ・よないさわ
　よないさわ　青森県上北郡野辺地町-
　よないさわ　秋田県北秋田市-
米戸 こめど　千葉県佐倉市-
米水津色利浦 よのうづいろりうら　大分県佐伯市-
米代 よねしろ・よねだい
　よねしろ-ちょう　秋田県北秋田市-町
　よねだい　福島県会津若松市-
米出 こめだし　石川県羽咋郡宝達志水町-
米本 よなもと　千葉県八千代市-
米田 こめだ・まいた・よねた・よねだ
　よねた　青森県五所川原市-
　まいた　青森県十和田市-
　よねた　福島県大沼郡会津美里町-
　よねだ　茨城県取手市-
　こめだ　新潟県三島郡出雲崎町-
　よねだ　富山県富山市-
　よねだ-まち　富山県富山市-町
　こめだ-ちょう　愛知県大府市-町
　よねだ-まち　兵庫県姫路市-町
　よねだ　兵庫県揖保郡太子町-
　よねだ　兵庫県佐用郡佐用町-
　よねだ-ちょう　鳥取県倉吉市-町
　よねだ　岡山県岡山市中区-
　よねだ　熊本県葦北郡芦北町-
米多比 ねたび　福岡県古賀市-
米沢 まいさわ・みなざわ・よなざ・よなざわ・よねざわ
　まいさわ　岩手県二戸市-
　よねざわ-し　山形県-市
　よなざ　山形県寒河江市-
　よなざわ　福島県二本松市-
　よねざわ-ちょう　茨城県水戸市-町
　よねざわ-ちょう　群馬県太田市-町
　よねざわ　千葉県市原市-
　よねざわ　新潟県魚沼市-
　よねざわ　富山県中新川郡立山町-
　よねざわ　長野県茅野市-
　みなざわ　静岡県浜松市天竜区-
　よねざわ　広島県山県郡北広島町-
米良 めら　大分県大分市-
米谷 まいたに
　まいたに　兵庫県宝塚市-
　まいたに-ちょう　奈良県奈良市-町
米河内 よなごうち
　よなごうち-ちょう　愛知県岡崎市-町
米持 よなもち・よねもち
　よねもち　千葉県匝瑳市-
　よなもち-まち　長野県須坂市-町
米泉 こめいずみ・よないずみ
　こめいずみ　宮城県加美郡加美町-
　よないずみ-まち　石川県金沢市-町
米津 よなづ・よねづ
　よねづ-ちょう　静岡県浜松市南区-町
　よねづ-ちょう　愛知県西尾市-町
　よなづ　愛媛県大洲市-
米神 こめかみ　神奈川県小田原市-
米原 まいはら・まいばら・よねはら・よねわら
　まいはら-ちょう　北海道函館市-町
　よねはら　北海道勇払郡むかわ町-

　よねわら　千葉県市原市-
　まいばら　新潟県中魚沼郡津南町-
　まいばら-し　滋賀県-市
　まいばら　滋賀県米原市-
　よねはら　鳥取県米子市-
米島 こめじま・よねしま・よねじま
　よねしま　山形県酒田市-
　よねじま　茨城県潮来市-
　こめじま　埼玉県春日部市-
　よねじま　富山県高岡市-
　よねじま　富山県滑川市-
米納 よない　大分県竹田市-
米納津 よのうづ　新潟県燕市-
米崎 こめさき・こめざき・よねさき
　よねさき-ちょう　岩手県陸前高田市-町
　こめさき　埼玉県春日部市-
　こめざき-ちょう　大阪府四條畷市-町
米郷 よなごう　新潟県佐渡市-
米野 こめの・よねの
　よねの　千葉県成田市-
　こめの-ちょう　岐阜県大垣市-町
　こめの　岐阜県羽島郡笠松町-
　こめの-ちょう　愛知県西尾市-町
　こめの-まち　愛媛県松山市-町
米野井 こめのい　千葉県香取市-
米野木 こめのき
　こめのき-ちょう　愛知県日進市-町
米渡尾 めどお　熊本県玉名郡和水町-
米湊 こみなと　愛媛県伊予市-
米須 こめす　沖縄県糸満市-

糸

糸原 いとばる　宮崎県宮崎市-
糸魚 いとよ
　いとよ-ちょう　福井県大野市-町
糸魚川 いといがわ
　いといがわ-し　新潟県-市
糸魚沢 いといざわ　北海道厚岸郡厚岸町-

羽

羽ノ浦町中庄 はのうらちょうなかのしょう　徳島県阿南市-
羽下 はが　新潟県五泉市-
羽子 はねご　茨城県下妻市-
羽子騎 はねき　茨城県稲敷郡河内町-
羽川 はねかわ　栃木県小山市-
羽中 はなか・はねなか
　はなか　茨城県北相馬郡利根町-
　はねなか　東京都羽村市-
羽仏 はぶつ　栃木県芳賀郡市貝町-
羽内 ほうち　奈良県高市郡高取町-
羽水 うすい　福井県福井市-
羽牛田 はぎゅうだ
　はぎゅうだ-ちょう　栃木県宇都宮市-町
羽付 はねつき　山形県南陽市-
羽加美 はねかみ　東京都羽村市-
羽生 はにゅう
　はにゅう　宮城県黒川郡大郷町-
　はにゅう-まち　茨城県常総市-町
　はにゅう　茨城県稲敷市-

6画（老, 耳, 自, 至, 臼, 舟, 艮, 色, 芋, 芒, 虫）

はにゅう　茨城県行方市-
はにゅう-し　埼玉県-市
はにゅう　埼玉県羽生市-
はにゅう　新潟県糸魚川市-
はにゅう　石川県鳳珠郡能登町-
はにゅう　岐阜県加茂郡富加町-
羽生ケ丘　はにゅうがおか　岐阜県可児市-
羽生田　はにゅうだ
　はにゅうだ　栃木県下都賀郡壬生町-
　はにゅうだ　新潟県南蒲原郡田上町-
羽田　はた・はだ・はねた・はねだ・はんだ
　はねた　福島県伊達郡川俣町-
　はねた　茨城県桜川市-
　はんだ　栃木県大田原市-
　はねだ　東京都大田区-
　はねだ　新潟県新潟市西蒲区-
　はだ-ちょう　愛知県豊橋市-町
　はだ　大分県大分市-
　はた-まち　大分県日田市-町
羽田井　はたい　鳥取県西伯郡大山町-
羽石　はねいし　福島県二本松市-
羽成　はなれ　茨城県つくば市-
羽衣石　うえし　鳥取県東伯郡湯梨浜町-
羽尾　はねお
　はねお　埼玉県比企郡滑川町-
　はねお　長野県千曲市-
羽折　はねおり
　はねおり-ちょう　埼玉県鶴ケ島市-町
羽沢　はざわ・はねさわ
　はざわ　群馬県甘楽郡南牧村-
　はねさわ　埼玉県富士見市-
　はざわ　東京都練馬区-
　はざわ-ちょう　神奈川県横浜市神奈川区-町
羽咋　はくい
　はくい-し　石川県-市
　はくい-まち　石川県羽咋市-町
　はくい-ぐん　石川県-郡
羽東　はねひがし　東京都羽村市-
羽茂亀脇　はもちかめわき　新潟県佐渡市-
羽附　はつけ・はねつく
　はつけ　福島県双葉郡浪江町-
　はねつく-ちょう　群馬県館林市-町
羽後　うご
　うご-まち　秋田県雄勝郡-町
羽計　はばかり　千葉県香取郡東庄町-
羽帯　はおび　北海道上川郡清水町-
羽黒町上野新田　はぐろまちうわのしんでん　山形県
　鶴岡市-
羽黒町川代　はぐろまちかわだい　山形県鶴岡市-
羽黒町川行　はぐろまちかわつら　山形県鶴岡市-
羽黒町手向　はぐろまちとうげ　山形県鶴岡市-
羽黒町押口　はぐろまちおさえぐち　山形県鶴岡市-
羽黒町後田　はぐろまちうしろだ　山形県鶴岡市-
羽黒摺墨　はぐろするすみ　愛知県犬山市-
羽間　はざま　香川県仲多度郡まんのう町-

老

老木　ろうき　岩手県宮古市-
老司　ろうじ　福岡県福岡市南区-
老節布　ろうせっぷ　北海道富良野市-

耳

耳原　みのはら　大阪府茨木市-

自

自然田　じねんだ　大阪府阪南市-

至

至孝農　しこうの　岡山県苫田郡鏡野町-

臼

臼作　うすくり　千葉県成田市-
臼谷　うすたに・うすや
　うすや　北海道留萌郡小平町-
　うすたに　富山県小矢部市-
臼杵　うすき
　うすき　愛媛県喜多郡内子町-
　うすき-し　大分県-市
　うすき　大分県臼杵市-

舟

舟入　ふないり・ふねいり
　ふないり　宮城県塩竈市-
　ふないり　新潟県新発田市-
　ふないり-ちょう　新潟県新発田市-町
　ふないり　愛知県海部郡蟹江町-
　ふないり-まち　広島県広島市中区-町
舟生　ふにゅう
　ふにゅう　茨城県常陸大宮市-
　ふにゅう　茨城県筑西市-
舟尾　ふなお・ふのお
　ふのお-まち　石川県七尾市-町
　ふなお　石川県河北郡津幡町-

艮

艮　うしとら
　うしとら-ちょう　京都府京都市下京区-町

色

色内　いろない　北海道小樽市-
色太　しきふと　三重県多気郡多気町-
色生　いろう　奈良県吉野郡吉野町-
色目　いろめ　岐阜県養老郡養老町-
色見　しきみ　熊本県阿蘇郡高森町-
色浜　いろはま　福井県敦賀市-
色麻　しかま
　しかま-ちょう　宮城県加美郡-町

芋

芋生　いもお　兵庫県川西市-

芒

芒塚　すすきづか
　すすきづか-まち　長崎県長崎市-町

虫

虫生　むしう・むしゅう・むしょう
　むしょう　千葉県山武郡横芝光町-
　むしう　長野県下高井郡野沢温泉村-
　むしゅう　静岡県磐田市-
　むしゅう　滋賀県野洲市-
　むしゅう　兵庫県川西市-

6画（血, 行, 衣, 西）

虫生岩戸　むしゅういわと　新潟県上越市-
虫生津　むしょうづ　福岡県遠賀郡遠賀町-
虫追　むそう
　　むそう-ちょう　島根県益田市-町
虫追塚前　むしおいづかまえ　青森県三戸郡五戸町-

血

血洗島　ちあらいじま　埼玉県深谷市-

行

行　あるき
　　あるき-まち　石川県白山市-町
行力　ぎょうりき
　　ぎょうりき-まち　群馬県高崎市-町
行川　なめがわ
　　なめがわ　千葉県いすみ市-
　　なめがわ　高知県高知市-
行内　ぎょうじ　千葉県旭市-
行戸　ゆくど　茨城県行方市-
行方　ぎょうほう・なめがた・なめがた
　　なめがた-し　茨城県-市
　　なめかた　茨城県行方市
　　ぎょうほう　岡山県勝田郡奈義町-
行正　ゆきまさ　山口県岩国市-
行永　ゆきなが　京都府舞鶴市-
行田　ぎょうだ
　　ぎょうだ-し　埼玉県-市
　　ぎょうだ　埼玉県行田市-
　　ぎょうだ　千葉県船橋市-
　　ぎょうだ-ちょう　千葉県船橋市-町
行地　ゆくじ　新潟県東蒲原郡阿賀町-
行沢　なめさわ・なめざわ
　　なめさわ　山形県鶴岡市-
　　なめさわ　山形県尾花沢市-
行谷　なめがや　神奈川県茅ケ崎市-
行里川　なめりかわ　茨城県石岡市-
行幸　みゆき
　　みゆき-ちょう　兵庫県神戸市須磨区-町
行幸田　みゆきだ　群馬県渋川市-
行延　ゆきのべ　石川県鳳珠郡能登町-
行波　ゆかば　山口県岩国市-
行馬　ぎょうま　千葉県君津市-
行部　ゆくべ　三重県多気郡明和町-
行野浦　ゆくのうら　三重県尾鷲市-
行遇　ゆきあい
　　ゆきあい-ちょう　大阪府岸和田市-町
行橋　ゆくはし　福岡県
　　ゆくはし-し　福岡県-市
行積　いつもり　京都府福知山市-
行縢　むかばき
　　むかばき-ちょう　広島県府中市-町
　　むかばき-まち　宮崎県延岡市-町
行衛　ぎょえ・ゆくえ
　　ぎょえ　埼玉県川口市-
　　ゆくえ-ちょう　京都府京都市上京区-町
行頭　ゆくとう　兵庫県赤穂郡上郡町-

衣

衣川区上河内　ころもがわくかみかわうち　岩手県奥
　　州市-

衣川区上野　ころもがわくうわの　岩手県奥州市-
衣川区大平　ころもがわくおおだいら　岩手県奥州市-
衣川区大面　ころもがわくおおつら　岩手県奥州市-
衣川区日向　ころもがわくひなた　岩手県奥州市-
衣川区月山　ころもがわくがっさん　岩手県奥州市-
衣川区石生　ころもがわくいしゅう　岩手県奥州市-
衣川区百ケ袋　ころもがわくもがふくろ　岩手県奥
　　州市-
衣川区西風山　ころもがわくなれやま　岩手県奥州市-
衣川区采女沢　ころもがわくうねめざわ　岩手県奥
　　州市-
衣川区金成　ころもがわくかんなり　岩手県奥州市-
衣川区長囊　ころもがわくながふくろ　岩手県奥州市-
衣川区桑木谷地　ころもがわくくわのきやち　岩手県
　　奥州市-
衣川区畦畑　ころもがわくうねはた　岩手県奥州市-
衣川区噌味　ころもがわくそうみ　岩手県奥州市-
衣川区餅転　ころもがわくもちころばし　岩手県奥
　　州市-
衣奈　えな　和歌山県日高郡由良町-
衣崎　ころもざき
　　ころもざき-ちょう　愛知県刈谷市-町
衣笠天神森　きぬがさてんじんもり
　　きぬがさてんじんもり-ちょう　京都府京都市北区-町
衣棚　ころものたな
　　ころものたな-ちょう　京都府京都市中京区-町
衣摺　きずり　大阪府東大阪市-

西

西ノ谷　にしのや　埼玉県加須市-
西ノ京栂尾　にしのきょうとがのお
　　にしのきょうとがのお-ちょう　京都府京都市中京区-町
西一口　にしいもあらい　京都府久世郡久御山町-
西一色　にしいしき
　　にしいしき-ちょう　愛知県みよし市-町
西七条八幡　にししちじょうやわた
　　にししちじょうやわた-ちょう　京都府京都市下京区-町
西九条　さいくじょう・にしくじょう
　　にしくじょう　北海道河西郡芽室町-
　　にしくじょう　大阪府大阪市此花区-
　　さいくじょう-ちょう　奈良県奈良市-町
西九条御幸田　にしくじょうごこうでん
　　にしくじょうごこうでん-ちょう　京都府京都市南区-町
西入部　にしいりべ・にしいるべ
　　にしいりべ　福岡県福岡市西区-
　　にしいるべ　福岡県福岡市早良区-
西八上　にしやかみ　兵庫県篠山市-
西八代　にしやしろ・にしやつしろ
　　にしやつしろ-ぐん　山梨県-郡
　　にしやしろ-ちょう　兵庫県姫路市-町
西八幡　にしはちまん・にしやはた・にしやわた
　　にしはちまん-ちょう　宮城県気仙沼市-町
　　にしやわた　神奈川県平塚市-
　　にしやはた　山梨県甲斐市-
　　にしやはた-まち　長崎県島原市-町
西八幡原　にしやわたはら　広島県山県郡北広島町-
西下　にししも
　　にししも-まち　石川県七尾市-町
　　にししも　岡山県津山市-

165

6画（西）

西下台 にししただい
　にししただい・ちょう　岩手県盛岡市-町
西三川 にしみかわ
　にしみかわ　北海道夕張郡由仁町-
　にしみかわ　新潟県佐渡市-
西三階 にしみかい
　にしみかい・まち　石川県七尾市-町
西上之宮 にしかみのみや
　にしかみのみや・まち　群馬県伊勢崎市-町
西上坂 にしこうざか
　にしこうざか・ちょう　滋賀県長浜市-町
西久万 にしくま　高知県高知市-
西久方 にしひさかた
　にしひさかた・ちょう　群馬県桐生市-町
西土佐中半 にしとさなかば　高知県四万十市-
西土佐半家 にしとさはげ　高知県四万十市-
西土佐長生 にしとさながおい　高知県四万十市-
西大寺 さいだいじ
　さいだいじ・ちょう　奈良県奈良市-町
　さいだいじ　岡山県岡山市東区-
西大寺赤田 さいだいじあこだ
　さいだいじあこだ・ちょう　奈良県奈良市-町
西大谷 にしおおたに・にしおおや
　にしおおや　静岡県静岡市駿河区-
　にしおおたに　福岡県北九州市戸畑区-
西大和 にしやまと　栃木県那須塩原市-
西大和団地 にしやまとだんち　埼玉県和光市-
西大物 にしだいもつ
　にしだいもつ・ちょう　兵庫県尼崎市-町
西大道 にしおおみち・にしだいどう
　にしだいどう　福井県南条郡南越前町-
　にしおおみち　大分県大分市-
西大路 にしおおじ・にしおおろ
　にしおおじ・ちょう　滋賀県草津市-町
　にしおおじ　滋賀県蒲生郡日野町-
　にしおおじ・ちょう　京都府京都市上京区-町
　にしおおじ・ちょう　大阪府岸和田市-町
　にしおおろ　鳥取県鳥取市-
西小川 にしおがわ・にしこがわ
　にしおがわ・ちょう　千葉県銚子市-町
　にしおがわ　福井県小浜市-
　にしこがわ　静岡県焼津市-
西小来川 にしおころがわ　栃木県日光市-
西小谷ケ丘 にしこたにがおか　京都府福知山市-
西小保方 にしおぼかた
　にしおぼかた・ちょう　群馬県伊勢崎市-町
西小倉 にしおぐら　岐阜県養老郡養老町-
西小塙 にしこばなわ　茨城県桜川市-
西小路 さいこうじ・にしこうじ・にししょうじ
　にしこうじ・ちょう　北海道室蘭市-町
　にししょうじ　大阪府箕面市-
　にしこうじ・まち　長崎県諫早市-町
　さいこうじ　宮崎県延岡市-
西山内 にしやまのうち　岡山県岡山市北区-
西山本 にしやまほん・にしやまもと
　にしやまもと・ちょう　大阪府八尾市-町
　にしやまもと　長崎県長崎市-
西山寺 さいさんじ・にしやまじ・にしやまでら
　にしやまでら　新潟県上越市-
　さいさんじ　静岡県牧之原市-

　にしやまじ　岡山県久米郡久米南町-
西山町伊毛 にしやまちょういも　新潟県柏崎市-
西山町尾 にしやまちょうお
　にしやまちょうお・まち　新潟県柏崎市-町
西山町浜忠 にしやまちょうはまつだ　新潟県柏崎市-
西山町鬼王 にしやまちょうおにお　新潟県柏崎市-
西川辺 にしかわなべ　兵庫県神崎郡市川町-
西川角 にしかわづの　高知県高岡郡四万十町-
西川面 にしかわも　岡山県小田郡矢掛町-
西川原 にしかわはら・にしかわら・にしがわら
　にしがわら　新潟県糸魚川市-
　にしがわら　富山県小矢部市-
　にしがわら・ちょう　愛知県名古屋市守山区-町
　にしかわら・ちょう　京都府京都市東山区-町
　にしかわはら　和歌山県紀の川市-
　にしがわら　岡山県岡山市中区-
西弓削 にしゆうげ　大阪府八尾市-
西中音更 にしなかおとふけ　北海道河東郡音更町-
西丹生図 にしにゅうのず　和歌山県有田郡有田川町-
西予 せいよ　愛媛県-市
　せいよ・ちょう　愛媛県-市
西五十子 にしいかつこ　埼玉県本庄市-
西五百住 にしよすみ
　にしよすみ・ちょう　大阪府高槻市-町
西五城 にしいつしろ　愛知県一宮市-
西元寺 さいげんじ　新潟県刈羽郡刈羽村-
西公文名 にしくもんみょう
　にしくもんみょう　富山県富山市-
　にしくもんみょう・まち　富山県富山市-町
西分 にしぶん・にしわけ
　にしわけ・ちょう　東京都青梅市-町
　にしぶん　徳島県板野郡上板町-
　にしぶん　香川県綾歌郡綾川町-
西天満 にしてんま　大阪府大阪市北区-
西戸 さいど　埼玉県入間郡毛呂山町-
西戸ノ内 にしとのうち　福島県伊達郡川俣町-
西戸崎 さいとざき　福岡県福岡市東区-
西斗満 にしとまむ　北海道足寄郡陸別町-
西方 さいほう・にしかた・にしがた・にしほう
　にしかた　福島県大沼郡三島町-
　にしかた　福島県田村郡三春町-
　にしほう　茨城県筑西市-
　にしかた　埼玉県越谷市-
　さいほう　新潟県十日町市-
　にしかた　福井県福井市-
　にしかた　岐阜県揖斐郡大野町-
　にしがた　静岡県藤枝市-
　にしかた　静岡県菊川市-
　にしかた　三重県桑名市-
　にしがた・ちょう　京都府綾部市-町
　にしがた・ちょう　岡山県井原市-町
　にしがた　岡山県新見市-
　にしかた　山口県大島郡周防大島町-
　にしかた　宮崎県串間市-
　にしかた　鹿児島県指宿市-
　にしかた・ちょう　鹿児島県薩摩川内市-町
西木 さいぎ　大分県宇佐市-
西木代 にしきのしろ　栃木県河内郡上三川町-
西木町小山田 にしきちょうこやまだ　秋田県仙北市-
西木倉 にしきのくら　茨城県那珂市-

6画（西）

西主計　にしかずえ
　にしかずえ-ちょう　滋賀県長浜市-町
西仙房　さいせんぼう　岐阜県関市-
西代　にししろ・にしだい・にしんだい
　にししろ　茨城県稲敷市-
　にしだい-ちょう　大阪府河内長野市-町
　にしんだい　奈良県磯城郡田原本町-
　にしだい-ちょう　島根県出雲市-町
西代通　にしだいどおり　兵庫県神戸市長田区-
西出水　にしいずみ・にしでみず
　にしでみず-ちょう　京都府京都市上京区-町
　にしいずみ-ちょう　鹿児島県出水市-町
西出津　にししつ
　にししつ-まち　長崎県長崎市-町
西包永　にしかねなが
　にしかねなが-ちょう　奈良県奈良市-町
西古佐　にしこさ　兵庫県篠山市-
西古見　にしこみ　鹿児島県大島郡瀬戸内町-
西古室　にしこむろ　大阪府藤井寺市-
西古泉　にしこいずみ　愛媛県伊予郡松前町-
西古瀬　にしこせ　兵庫県加東市-
西四十物　にしあいもん
　にしあいもん-ちょう　富山県富山市-町
西市　さいち・にしいち
　にしいち　福井県大野市-
　さいち-ちょう　愛知県岩倉市-町
　にしいち　岡山県岡山市北区-
　にしいち　岡山県岡山市南区-
西市瀬　にしいちのせ
　にしいちのせ-まち　石川県金沢市-町
西布経丁　にしぬのえちょう　和歌山県和歌山市-
西平　にしだいら・にしひら
　にしだいら　埼玉県比企郡ときがわ町-
　にしひら-ちょう　兵庫県西宮市-町
西広　さいひろ・にしひろ
　さいひろ　千葉県市原市-
　にしひろ　和歌山県有田郡広川町-
西本宿　にしもとじゅく　埼玉県東松山市-
西汀丁　にしみぎわちょう　和歌山県和歌山市-
西生来　にしょうらい
　にしょうらい-ちょう　滋賀県近江八幡市-町
西生見　にしはえみ
　にしはえみ-ちょう　愛知県半田市-町
西生洲　にしいけす
　にしいけす-ちょう　京都府京都市中京区-町
西田　さいだ・にした・にしだ
　にしだ　宮城県加美郡加美町-
　にしだ　山形県山形市-
　にしだ　山形県酒田市-
　にしだ-まち　福島県須賀川市-町
　にしだ-まち　群馬県伊勢崎市-町
　にしだ　埼玉県深谷市-
　さいだ　富山県高岡市-
　にしだ-ちょう　山梨県甲府市-町
　にしだ　静岡県袋井市-
　にしだ-ちょう　愛知県名古屋市南区-町
　にしだ-ちょう　愛知県豊田市-町
　にしだ-ちょう　京都府京都市下京区-町
　にしだ-ちょう　兵庫県西宮市-町
　にしだ-ちょう　兵庫県西脇市-町

　にしだ　島根県隠岐郡隠岐の島町-
　にしだ　岡山県倉敷市-
　にした-まち　山口県萩市-町
　にしだ-まち　佐賀県鳥栖市-町
　にしだ　鹿児島県鹿児島市-
西田地方　にしでんじがた
　にしでんじがた　富山県富山市-
　にしでんじがた-まち　富山県富山市-町
西田町丹伊田　にしたまちにいた　福島県郡山市-
西田町阿広木　にしたまちあこうぎ　福島県郡山市-
西白島　にしはくしま
　にしはくしま-ちょう　広島県広島市中区-町
西目町海士剥　にしめまちあまはぎ　秋田県由利本
　荘市-
西穴闇　にしなぐら　奈良県北葛城郡河合町-
西伝寺　せいでんじ
　せいでんじ-ちょう　静岡県浜松市南区-町
西光内　さいこううち　福島県二本松市-
西光地　さいこうち　茨城県ひたちなか市-
西印所　にしいんぞ
　にしいんぞ-ちょう　愛知県瀬戸市-町
西吉部　にしきべ　山口県宇部市-
西吉野町大日川　にしよしのちょうおびかわ　奈良県
　五條市-
西吉野町向加名生　にしよしのちょうむかいあのう
　奈良県五條市-
西吉野町江出　にしよしのちょうえずる　奈良県五
　條市-
西吉野町西新子　にしよしのちょうにしあたらし　奈
　良県五條市-
西吉野町城戸　にしよしのちょうじょうど　奈良県五
　條市-
西吉野町神野　にしよしのちょうこうの　奈良県五
　條市-
西吉野町陰地　にしよしのちょうおんじ　奈良県五
　條市-
西吉野町鹿場　にしよしのちょうししば　奈良県五
　條市-
西吉野町賀名生　にしよしのちょうあのう　奈良県五
　條市-
西同笠　にしどうり　静岡県袋井市-
西名目所　にしなめところ　新潟県新潟市北区-
西夷川　にしえびすがわ
　にしえびすがわ-ちょう　京都府京都市中京区-町
西安下庄　にしあげのしょう　山口県大島郡周防大
　島町-
西安上　にしあんじょう　和歌山県岩出市-
西安寺　さいあんじ　熊本県玉名郡玉東町-
西安庭　にしあにわ　岩手県岩手郡雫石町-
西庄　さいしょう・にししょう・にしのしょう
　にしのしょう-ちょう　滋賀県近江八幡市-町
　さいしょう　兵庫県姫路市-
　にしのしょう　和歌山県和歌山市-
　にししょう　岡山県岡山市東区-
　にししょう　徳島県三好郡東みよし町-
　にしのしょう-ちょう　香川県坂出市-町
西有年　にしうね　兵庫県赤穂市-
西有家町見岳　にしありえちょうみだけ　長崎県南島
　原市-
西朴木　にしほおのき　富山県氷見市-
西汗　にしふざかし　栃木県河内郡上三川町-

167

6画（西）

西米良 にしめら
　にしめら-そん　宮崎県児湯郡-村
西羽田 にしはだ
　にしはだ-ちょう　愛知県豊橋市-町
西伯 さいはく
　さいはく-ぐん　鳥取県-郡
西別院町大槻並 にしべついんちょうおおつくなみ
　京都府亀岡市-
西別院町柚原 にしべついんちょうゆのはら　京都府
　亀岡市-
西別院町神地 にしべついんちょうこうじ　京都府亀
　岡市-
西別院町笑路 にしべついんちょうわろうじ　京都府
　亀岡市-
西対海地 にしたいがんじ　三重県桑名郡木曽岬町-
西尾 さいお・にしお
　にしお　福島県大沼郡会津美里町-
　にしお-ちょう　福井県越前市-町
　さいお-ちょう　愛知県春日井市-町
　にしお-し　愛知県-市
　にしお　鳥取県東伯郡三朝町-
　にしお-ちょう　島根県松江市-町
　にしお　岡山県倉敷市-
西岐波 にしきわ　山口県宇部市-
西忌部 にしいんべ
　にしいんべ-ちょう　島根県松江市-町
西改田 にしかいでん　岐阜県岐阜市-
西条 さいじょう・にしじょう
　にしじょう　新潟県妙高市-
　にしじょう　新潟県胎内市-
　にしじょう-ちょう　新潟県胎内市-町
　さいじょう　山梨県中巨摩郡昭和町-
　にしじょう　長野県中野市-
　にしじょう　長野県東筑摩郡筑北村-
　さいじょう-ちょう　静岡県沼津市-町
　にしじょう　三重県鈴鹿市-
　にしじょう　三重県伊賀市-
　さいじょう-ちょう　大阪府富田林市-町
　さいじょう-し　愛媛県-市
西条町郷曽 さいじょうちょうごそ　広島県東広
　島市-
西条東北 さいじょうひがしきた
　さいじょうひがしきた-まち　広島県東広島市-町
西汰上 にしゆりあげ・にしよりあげ
　にしよりあげ　新潟県新潟市西蒲区-
　にしゆりあげ　三重県桑名市-
西沢 にしさわ・にしざわ・にしのさわ
　にしのさわ　北海道寿都郡黒松内町-
　にしざわ　岩手県一関市-
　にしさわ　秋田県由利本荘市-
　にしざわ　茨城県つくば市-
　にしざわ-まち　栃木県鹿沼市-町
西糺 にしただす
　にしただす-まち　高知県須崎市-町
西芦山寺 にしろざんじ
　にしろざんじ-ちょう　京都府京都市上京区-町
西花苑 せいかえん　宮城県仙台市青葉区-
西芭露 にしばろう　北海道紋別郡湧別町-
西見前 にしみるまえ　岩手県盛岡市-
西角間 にしかくま　福井県今立郡池田町-

西谷 にしたに・にしだに・にしや
　にしたに　福島県大沼郡金山町-
　にしや　埼玉県比企郡川島町-
　にしや-まち　神奈川県横浜市保土ケ谷区-町
　にしたに　新潟県長岡市-
　にしだに　新潟県刈羽郡刈羽村-
　にしたに　福井県福井市-
　にしたに-ちょう　福井県福井市-町
　にしたに-ちょう　福井県越前市-町
　にしたに-ちょう　愛知県瀬戸市-町
　にしたに-ちょう　兵庫県相生市-町
　にしたに-ちょう　兵庫県加西市-町
　にしたに　兵庫県篠山市-
　にしたに　奈良県吉野郡吉野町-
　にしだに　鳥取県八頭郡智頭町-
　にしだに　鳥取県八頭郡八頭町-
　にしだに-ちょう　島根県松江市-町
　にしだに-ちょう　島根県出雲市-町
　にしたに-ちょう　広島県呉市-町
　にしたに　愛媛県松山市-
　にしたに　愛媛県上浮穴郡久万高原町-
　にしたに　高知県安芸郡北川村-
　にしたに　福岡県行橋市-
　にしだに-まち　大分県佐伯市-町
西谷内 にしやち
　にしやち　新潟県糸魚川市-
　にしやち　新潟県上越市-
西谷地 にしやち
　にしやち　宮城県遠田郡涌谷町-
　にしやち　福島県大沼郡会津美里町-
西谷貝 にしやがい　茨城県筑西市-
西京極南方 にしきょうごくなんぼう
　にしきょうごくなんぼう-ちょう　京都府京都市右京区-町
西京極畔勝 にしきょうごくあぜかつ
　にしきょうごくあぜかつ-ちょう　京都府京都市右京区-町
西京極郡 にしきょうごくごおり
　にしきょうごくごおり-ちょう　京都府京都市右京区-町
西京極葛野 にしきょうごくかどの
　にしきょうごくかどの-ちょう　京都府京都市右京区-町
西味鋺 にしあじま　愛知県名古屋市北区-
西和 せいわ
　せいわ　北海道上川郡和寒町-
　せいわ　北海道中川郡幕別町-
　せいわ　北海道川上郡標茶町-
西宝 さいほう
　さいほう-ちょう　香川県高松市-町
西居辺 にしおりべ　北海道河東郡士幌町-
西幸 さいこう・にしさいわい・にしみゆき
　にしさいわい-まち　北海道常呂郡訓子府町-
　にしさいわい-ちょう　栃木県那須塩原市-町
　にしみゆき-ちょう　愛知県豊橋市-町
　さいこう　岡山県久米郡美咲町-
西彼町平原郷 せいひちょうひらばるごう　長崎県西
　海市-
西彼町喰場郷 せいひちょうじきばごう　長崎県西
　海市-
西彼杵 にしそのぎ
　にしそのぎ-ぐん　長崎県-郡
西念 さいねん
　さいねん　石川県金沢市-
　さいねん-まち　石川県金沢市-町

6画（西）

西昆陽　にしこや　兵庫県尼崎市-
西明　さいみょう　富山県南砺市-
西明見　にしあけみ
　にしあけみ-ちょう　岐阜県岐阜市-町
西東　さいとう
　さいとう-ちょう　京都府京都市上京区-町
西枇杷島町五軒割　にしびわじまちょうごせわり　愛
　知県清須市-
西枇杷島町北二ツ杁　にしびわじまちょうきたふたつ
　いり　愛知県清須市-
西枇杷島町砂入　にしびわじまちょうすいり　愛知県
　清須市-
西河内　にしがいち・にしかわうち・にしがわうち・にし
　かわち・にしこうち・にしごうち・にしごうど
　にしごうど　福島県東白川郡塙町-
　にしこうち-ちょう　福井県越前市-町
　にしかわうち　京都府船井郡京丹波町-
　にしがいち　兵庫県佐用郡佐用町-
　にしかわち-ちょう　奈良県五條市-町
　にしごうち　岡山県真庭市-
　にしこうち-まち　広島県三次市-町
　にしがわうち　徳島県海部郡美波町-
西河内上　にしごうとかみ
　にしごうとかみ-ちょう　茨城県常陸太田市-町
西河岸　にしかわぎし
　にしかわぎし-ちょう　和歌山県和歌山市-町
西河原　にしがわら・にしこうばら
　にしこうばら-ちょう　福井県福井市-町
　にしがわら　滋賀県野洲市-
　にしがわら　大阪府茨木市-
西河渡　にしごうど　岐阜県岐阜市-
西治　さいじ　兵庫県神崎郡福崎町-
西沼波　にしのなみ
　にしのなみ-ちょう　滋賀県彦根市-町
西泊津　にしはくつ　北海道新冠郡新冠町-
西法吉　にしほっき
　にしほっき-ちょう　島根県松江市-町
西油小路　にしあぶらのこうじ
　にしあぶらのこうじ-ちょう　京都府京都市下京区-町
西茂平　にしもびら　岡山県笠岡市-
西表　いりおもて　沖縄県八重山郡竹富町-
西迫　にしはさま
　にしはさま-ちょう　愛知県蒲郡市-町
西迫間　にしはさま　熊本県菊池市-
西金　さいがね　茨城県久慈郡大子町-
西金野井　にしかなのい　埼玉県春日部市-
西長　にしおさ・にしなが
　にしなが-まち　福井県小浜市-町
　にしなが-ちょう　岐阜県大垣市-町
　にしなが-まち　京都府福知山市-町
　にしおさ-ちょう　兵庫県加西市-町
　にしなが-まち　和歌山県和歌山市-町
西長田　にしながた　千葉県館山市-
西長柄　にしながら
　にしながら-ちょう　奈良県天理市-町
西阿漕町岩田　にしあこぎちょういわた　三重県津市-
西保　にしのほ・にしほ
　にしのほ　岐阜県安八郡神戸町-
　にしほ-ちょう　愛知県愛西市-町
西南湖　にしなんご　山梨県南アルプス市-

西厚保町原　にしあつちょうはら　山口県美祢市-
西品治　にしほんじ　鳥取県鳥取市-
西垣生　にしはぶ
　にしはぶ-まち　愛媛県松山市-町
西城　にしじょう・にししろ
　にしじょう　埼玉県熊谷市-
　にしじょう　埼玉県蓮田市-
　にししろ-ちょう　新潟県上越市-町
　にししろ　愛知県名古屋市守山区-
西城戸　にしじょうど
　にしじょうど-ちょう　奈良県奈良市-町
西城町小鳥原　さいじょうちょうひととばら　広島県
　庄原市-
西垪和　にしはが　岡山県久米郡美咲町-
西姶良　にしあいら　鹿児島県姶良市-
西後　さいご・にしご
　にしご-ちょう　長野県長野市-町
　さいご-ちょう　岐阜県岐阜市-町
西持田　にしもちだ・にしもった
　にしもった　奈良県御所市-
　にしもちだ-ちょう　島根県松江市-町
西柏　さいかし・にしかしわ
　にしかしわ　石川県白山市-
　にしかしわ-まち　石川県白山市-町
　さいかし-ちょう　奈良県御所市-町
西柏原新田　にしかしわばらしんでん　静岡県富士市-
西柳原　にしやなぎはら・にしやなぎわら
　にしやなぎはら-ちょう　愛知県津島市-町
　にしやなぎわら-ちょう　兵庫県神戸市兵庫区-町
西海　さいかい・にしうみ
　にしうみ-まち　長崎県長崎市-町
　さいかい-し　長崎県-市
西海子　さいかいし
　さいかいし-ちょう　京都府京都市東山区-町
西海町木場郷　さいかいちょうこばごう　長崎県西
　海市-
西海町水浦郷　さいかいちょうみずのうらごう　長崎
　県西海市-
西海町面高郷　さいかいちょうおもだかごう　長崎県
　西海市-
西海風戸　さいかいふと　石川県羽咋郡志賀町-
西海風無　さいかいかざなし　石川県羽咋郡志賀町-
西洲　いりじま　沖縄県浦添市-
西浅井町小山　にしあざいちょうおやま　滋賀県長
　浜市-
西浅井町岩熊　にしあざいちょうやのくま　滋賀県長
　浜市-
西浅井町祝山　にしあざいちょうほりやま　滋賀県長
　浜市-
西洗馬　にしせば　長野県東筑摩郡朝日村-
西洞　さいと・にしぼら
　にしぼら-まち　岐阜県高山市-町
　さいと　岐阜県可児郡御嵩町-
　にしぼら-ちょう　愛知県瀬戸市-町
　にしぼら　愛知県犬山市-
西洞院　にしのとういん
　にしのとういん-ちょう　京都府京都市下京区-町
西相内　にしあいのない　北海道北見市-
西砂原後　にしさわらご
　にしさわらご-ちょう　栃木県足利市-町

169

6画（西）

西神ノ川　にしこうのがわ　和歌山県日高郡印南町-
西神ノ浦郷　にしこうのうらごう　長崎県南松浦郡新上五島町-
西神戸　にしかんべ
　にしかんべ-ちょう　愛知県田原市-町
西神立　にしかんだつ　茨城県土浦市-
西神吉町鼎　にしかんきちょうかなえ　兵庫県加古川市-
西神西　にしじんざい
　にしじんざい-ちょう　島根県出雲市-町
西神原　にしかんばら
　にしかんばら-まち　福岡県北九州市八幡西区-町
西神崎　にしかんざき
　にしかんざき　京都府舞鶴市
　にしかんざき　広島県世羅郡世羅町-
西祖　せいそ　岡山県岡山市東区-
西祖谷山村下名　にしいややまむらしもみょう　徳島県三好市-
西祖谷山村小祖谷　にしいややまむらおいや　徳島県三好市-
西祖谷山村吾橋　にしいややまむらあはし　徳島県三好市-
西紀寺　にしきでら
　にしきでら-ちょう　奈良県奈良市-町
西美里別　にしびりべつ　北海道中川郡本別町-
西茨戸　にしばらと　北海道札幌市北区-
西茨戸一条　にしばらといちじょう　北海道札幌市北区-
西荘　にしじょう・にしのしょう
　にしのしょう　岐阜県岐阜市-
　にしじょう　兵庫県篠山市-
西郊通　さいこうとおり　愛知県名古屋市熱田区-
西面中　さいめなか　大阪府高槻市-
西革堂　にしこうどう
　にしこうどう-ちょう　京都府京都市中京区-町
西飛山　にしひやま　新潟県糸魚川市-
西原　いりばる・さいはら・さいばら・にしのはら・にしはら・にしばら・にしはる・にしばる・にしわら
　にしはら　北海道石狩郡新篠津村-
　にしはら-まち　北海道上川郡剣淵町-町
　にしはら　山形県山形市-
　にしはら　茨城県水戸市-
　にしはら　茨城県つくば市-
　にしはら　栃木県宇都宮市-
　にしはら-ちょう　栃木県宇都宮市-町
　にしはら-ちょう　栃木県那須塩原市-町
　にしはら　埼玉県さいたま市岩槻区-
　にしはら　埼玉県朝霞市-
　にしはら　埼玉県ふじみ野市-
　にしばら　埼玉県南埼玉郡宮代町-
　にしはら　千葉県柏市-
　にしはら　千葉県君津市-
　にしはら　千葉県南房総市-
　にしはら　東京都渋谷区-
　にしはら-ちょう　東京都府中市-町
　にしはら-ちょう　東京都西東京市-町
　にしはら　富山県南砺市-
　にしはら-まち　石川県小松市-町
　さいはら　山梨県上野原市-
　にしばら　長野県小諸市-
　にしはら-ちょう　愛知県名古屋市西区-町

　にしはら-ちょう　愛知県瀬戸市-町
　にしばら-ちょう　愛知県豊川市-町
　にしはら　愛知県長久手市-
　にしわら-ちょう　三重県名張市-町
　にしのはら　三重県南牟婁郡御浜町-
　にしはら-ちょう　京都府綾部市-町
　にしはら　奈良県吉野郡上北山村-
　にしはら　和歌山県日高郡日高川町-
　にしばら　鳥取県西伯郡南部町-
　にしはら　岡山県真庭市-
　にしはら　岡山県勝田郡奈義町-
　にしはら　広島県広島市安佐南区-
　にしばら-ちょう　愛媛県新居浜市-町
　さいはら　高知県高岡郡四万十町-
　にしばる　福岡県三井郡大刀洗町-
　にしばる　熊本県熊本市東区-
　にしばる-まち　熊本県荒尾市-町
　にしばら-むら　熊本県阿蘇郡-村
　にしはる　熊本県上益城郡甲佐町-
　にしばら　鹿児島県鹿屋市-
　にしばる　鹿児島県大島郡和泊町-
　にしはら　沖縄県浦添市-
　いりばる　沖縄県うるま市-
　にしはら-ちょう　沖縄県中頭郡-町
西宮　にしのみや・にしみや
　にしみや-ちょう　茨城県常陸太田市-町
　にしのみや-ちょう　栃木県足利市-町
　にしみや　富山県富山市-
　にしのみや-まち　富山県富山市-町
　にしみや-まち　岐阜県中津川市-町
　にしみや-まち　岐阜県羽島郡笠松町-町
　にしのみや-し　兵庫県-市
　にしのみや　奈良県生駒郡平群町-
　にしみや　鳥取県東伯郡琴浦町-
　にしみや　広島県三原市-
　にしみや　熊本県八代市-町
西宮市　にしみやいち　福岡県行橋市-
西宮城野　にしみやぎの　宮城県仙台市宮城野区-
西島　にししま・にしじま・にしのしま
　にしじま-まち　群馬県高崎市-町
　にしじま-ちょう　埼玉県深谷市-町
　にしじま　新潟県新潟市秋葉区-
　にしのしま　富山県小矢部市-
　にしじま-まち　石川県加賀市-町
　にしじま-ちょう　岐阜県岐阜市-町
　にしじま　静岡県静岡市駿河区-
　にしじま-ちょう　静岡県浜松市南区-町
　にしじま-ちょう　静岡県沼津市-町
　にしじま　静岡県磐田市-
　にしじま　静岡県焼津市-
　にしじま-ちょう　愛知県名古屋市守山区-町
　にしじま-ちょう　愛知県一宮市-町
　にしじま-ちょう　愛知県豊川市-町
　にしじま-ちょう　愛知県小牧市-町
　にしじま　愛知県稲沢市-
　にしじま-ちょう　愛知県稲沢市-町
　にししま　大阪府大阪市西淀川区-
　にしじま　高知県安芸郡安田町-
　にしじま　佐賀県三養基郡みやき町-
西時津郷　にしとぎつごう　長崎県西彼杵郡時津町-
西浦　にしうら・にしのうら
　にしうら　宮城県柴田郡大河原町-

6画（西）

にしうら-ちょう　栃木県佐野市-町
にしうら　千葉県船橋市-
にしうら　新潟県新発田市-
にしうら　長野県小諸市-
にしうら-ちょう　愛知県蒲郡市-町
にしうら　愛知県長久手市-
にしうら　三重県四日市市-
にしうら　大阪府羽曳野市-
にしのうら　山口県防府市-
にしのうら　福岡県福岡市西区-
西浦久連　にしうらくづら　静岡県沼津市-
西浦木負　にしうらきしょう　静岡県沼津市-
西浦河内　にしうらこうち　静岡県沼津市-
西酒匂　にしさかわ　神奈川県小田原市-
西酒屋　にしさかや・にしさけや
にしさかや　新潟県新潟市南区-
にしさけや-まち　広島県三次市-町
西浜　にしのはま・にしはま
にしはま　北海道稚内市-
にしはま-ちょう　北海道根室市-町
にしはま-ちょう　北海道伊達市-町
にしはま-ちょう　宮城県石巻市-町
にしはま　長野県諏訪郡下諏訪町-
にしはま　愛知県豊橋市-
にしはま-まち　愛知県碧南市-町
にしはま　愛知県海部郡飛島村-
にしはま-ちょう　京都府京都市伏見区-町
にしはま-ちょう　兵庫県赤穂市-町
にしはま　和歌山県和歌山市-
にしはま　広島県安芸郡海田町-
にしはま　香川県仲多度郡多度津町-
にしはま　高知県安芸市-
にしはま-まち　福岡県遠賀郡芦屋町-町
にしのはま-まち　佐賀県唐津市-町
にしはま　大分県大分市-
にしはま　大分県佐伯市-
にしはま　宮崎県串間市-
にしはま-ちょう　鹿児島県いちき串木野市-町
西真上　にしまかみ　大阪府高槻市-
西真土　にししんど　神奈川県平塚市-
西祓川　にしはらいがわ
にしはらいがわ-ちょう　鹿児島県鹿屋市-町
西納　にしの　徳島県那賀郡那賀町-
西納庫　にしなぐら　愛知県北設楽郡設楽町-
西院内　にしいんない
にしいんない-まち　石川県輪島市-町
西院月双　さいいんつきそう
さいいんつきそう-ちょう　京都府京都市右京区-町
西院坤　さいいんひつじさる
さいいんひつじさる-ちょう　京都府京都市右京区-町
西馬音内　にしもない　秋田県雄勝郡羽後町-
西高谷　にしごうや　栃木県塩谷郡高根沢町-
西高家　にしたけい　大分県宇佐市-
西高野　にしごうや
にしごうや　茨城県つくば市-
にしごや　千葉県野田市-
西高間木　にしこうまぎ　栃木県真岡市-
西問屋　にしといや
にしといや-まち　岐阜県岐阜市-町

西堂　せいどう・にしのどう
せいどう-ちょう　京都府京都市中京区-町
にしのどう　福岡県糸島市-
西帷子　にしかたびら　岐阜県可児市-
西据　にししがらみ　福井県大野市-
西深川　にしふかわ　山口県長門市-
西畦　にしうね　岡山県岡山市南区-
西畦野　にしうねの　兵庫県川西市-
西紫原　にしむらさきばる
にしむらさきばる-ちょう　鹿児島県鹿児島市-町
西船迫　にしふなばさま　宮城県柴田郡柴田町-
西船場　にしせんば
にしせんば-ちょう　徳島県徳島市-町
西葛籠　にしつづら
にしつづら-まち　滋賀県彦根市-町
西逸見　にしへみ
にしへみ-ちょう　神奈川県横須賀市-町
西郷　さいごう・にしごう・にしのごう
にしごう　宮城県亘理郡亘理町-
にしごう　山形県村山市-
にしごう-むら　福島県西白河郡-村
さいごう　茨城県つくば市-
にしごう　茨城県稲敷郡阿見町-
にしごう　栃木県真岡市-
さいごう-ちょう　愛知県豊橋市-町
さいごう-ちょう　愛知県瀬戸市-町
にしごう　和歌山県伊都郡高野町-
さいごう　島根県出雲市-町
にしのごう　福岡県嘉麻市-
にしごう-ちょう　長崎県諫早市-町
さいごう　宮崎県えびの市-
西郷小原　さいごうおばる　宮崎県東臼杵郡美郷町-
西都　さいと・せいと
せいと　石川県金沢市-
さいと　福岡県福岡市西区-
さいと-し　宮崎県-市
西都台　せいとだい
せいとだい-ちょう　静岡県浜松市西区-町
西部　さいぶ・せいぶ
さいぶ　福岡県田川郡糸田町-
せいぶ-まち　長崎県大村市-町
西野　せいの・にしの
にしの　北海道札幌市西区-
せいの　青森県上北郡七戸町-
にしの　秋田県南秋田郡大潟村-
にしの-まち　山形県酒田市-町
にしの　山形県東田川郡庄内町-
にしの-ちょう　群馬県伊勢崎市-町
にしの　埼玉県熊谷市-
にしの　千葉県茂原市-
にしの　千葉県市原市-
にしの　千葉県山武郡九十九里町-
にしの　新潟県新潟市東区-
にしの　新潟県新潟市江南区-
にしの　新潟県長岡市-
にしの　山梨県南アルプス市-
にしの-まち　岐阜県岐阜市-町
にしの　静岡県沼津市-
にしの-ちょう　愛知県名古屋市熱田区-町
にしの　愛知県犬山市-
にしの-ちょう　三重県松阪市-町

6画（西）

にしの-ちょう　滋賀県長浜市-町
にしの　大阪府堺市東区-
にしの　兵庫県伊丹市-
にしの　和歌山県岩出市-
にしの　和歌山県海草郡紀美野町-
にしの　鳥取県八頭郡智頭町-
にしの-ちょう　広島県竹原市-町
にしの　広島県三原市-
にしの-まち　愛媛県松山市-町

西野八幡田　にしのはちまんでん
　にしのはちまんでん-ちょう　京都府京都市山科区-町

西野山百々　にしのやまどど
　にしのやまどど-ちょう　京都府京都市山科区-町

西野垣内　にしのがいと
　にしのがいと-ちょう　奈良県大和郡山市-町

西野楳本　にしのむめもと
　にしのむめもと-ちょう　京都府京都市山科区-町

西陵　せいりょう
　せいりょう-まち　新潟県長岡市-町
　せいりょう　鹿児島県鹿児島市-

西鹿田　ししかた　広島県呉市-
西鹿篭　にしかご　鹿児島県枕崎市-
西麻　にしあさ
　にしあさ-まち　北海道富良野市-町

西厩島　にしうまやじま
　にしうまやじま-ちょう　新潟県新潟市中央区-町

西寒野　にしさまの　熊本県上益城郡甲佐町-
西富山　にしとみやま　栃木県那須塩原市-
西御門　にしごもん・にしみかど
　にしみかど　千葉県佐倉市-
　にしみかど　神奈川県鎌倉市-
　にしごもん-ちょう　京都府京都市東山区-町
　にしみかど-ちょう　奈良県奈良市-町
　にしみかど　鳥取県八頭郡八頭町-

西勝田　さいかちた　福島県二本松市-
西勝原　にしかどはら　福井県大野市-
西湖　さいこ　山梨県南都留郡富士河口湖町-
西港　にしこう・にしみなと
　にしこう　北海道釧路市-
　にしみなと-ちょう　新潟県柏崎市-町
　にしみなと-ちょう　大阪府泉大津市-町
　にしみなと-まち　香川県仲多度郡多度津町-町
　にしみなと-まち　福岡県北九州市小倉北区-町
　にしみなと-まち　福岡県大牟田市-町

西湯浦　にしゆのうら　熊本県阿蘇市-
西番　にしのばん・にしばん
　にしのばん　富山県富山市-
　にしばん-ちょう　福井県鯖江市-町

西結　にしむすぶ　岐阜県安八郡安八町-
西萩平　にしはぎのひら
　にしはぎのひら-ちょう　愛知県豊田市-町

西賀茂大深　にしがもおおぶけ
　にしがもおおぶけ-ちょう　京都府京都市北区-町

西賀茂大道口　にしがもおおどぐち
　にしがもおおどぐち-ちょう　京都府京都市北区-町

西賀茂円峰　にしがもまるみね　京都府京都市北区-
西賀茂角社　にしがもすみやしろ
　にしがもすみやしろ-ちょう　京都府京都市北区-町

西賀茂鹿ノ下　にしがもかのした
　にしがもかのした-ちょう　京都府京都市北区-町

西賀茂橙ノ木　にしがもはりのき
　にしがもはりのき-ちょう　京都府京都市北区-町

西賀茂鑓磨岩　にしがもやりときいわ　京都府京都市北区-

西越　さいごし・にしごし
　さいごし　青森県三戸郡新郷村-
　にしごし　山形県山形市-

西遊馬　にしあすま　埼玉県さいたま市西区-
西開発　にしかいほつ　福井県福井市-
西開聞　にしかいもん
　にしかいもん-ちょう　鹿児島県薩摩川内市-町

西間下　にしあいだしも
　にしあいだしも-まち　熊本県人吉市-町

西階　にししな
　にししな-まち　宮崎県延岡市-町

西雄信内　にしおのぶない　北海道天塩郡天塩町-
西飯降　にしいぶり　和歌山県伊都郡かつらぎ町-
西勢　にしせい　福井県小浜市-
西塩田　にしえんでん
　にしえんでん-ちょう　鹿児島県いちき串木野市-町

西夢前台　にしゆめさきだい　兵庫県姫路市-
西新　にしあら・にししん・にしじん
　にししん-まち　秋田県湯沢市-町
　にししん-まち　栃木県那須塩原市-町
　にししん-まち　群馬県太田市-町
　にししん-まち　埼玉県行田市-町
　にしあら-まち　新潟県長岡市-町
　にししん-まち　石川県白山市-町
　にししん-まち　福井県福井市-町
　にししん-まち　静岡県磐田市-町
　にししん-ちょう　愛知県名古屋市東区-町
　にししん　愛知県名古屋市守山区-
　にししん　愛知県豊橋市-
　にししん-まち　愛知県半田市-町
　にししん-ちょう　愛知県豊田市-町
　にししん-まち　愛知県新城市-町
　にししん-まち　京都府綾部市-町
　にししん-まち　兵庫県姫路市-町
　にししん-まち　兵庫県明石市-町
　にししん-まち　兵庫県篠山市-町
　にししん-まち　島根県出雲市-町
　にししん-まち　岡山県津山市-町
　にししん-まち　徳島県徳島市-町
　にししん-まち　福岡県北九州市門司区-町
　にしじん　福岡県福岡市早良区-
　にししん-まち　福岡県大牟田市-町
　にししん-まち　佐賀県鳥栖市-町
　にししん-まち　鹿児島県薩摩郡さつま町-町

西新屋　にしのしんや
　にしのしんや-ちょう　奈良県奈良市-町

西新殿　にしにいどの　福島県二本松市-
西福　さいふく・にしふく
　にしふく-まち　富山県小矢部市-町
　さいふく-ちょう　兵庫県西宮市-町

西竪　にしたつ
　にしたつ-ちょう　京都府亀岡市-町

西糀谷　にしこうじや　東京都大田区-
西蒲　にしかん
　にしかん-く　新潟県新潟市-区

7画（串,位,佐）

西蒲原　にしかんばら
　　にしかんばら-ぐん　　新潟県-郡
西蜆　にししじみ　愛知県弥富市-
西豊　にしゆたか
　　にしゆたか　長野県諏訪郡下諏訪町-
　　にしゆたか-まち　愛知県豊川市-町
西路見　さいろみ
　　さいろみ-ちょう　徳島県阿南市-町
西榎生　にしえのう　茨城県筑西市-
西様似　にしさまに　北海道様似郡様似町-
西熊堂　にしくまんどう　静岡県沼津市-
西窪　さいくぼ　群馬県吾妻郡嬬恋村-
西蓼沼　にしたてぬま　栃木県河内郡上三川町-
西銘　にしめ　沖縄県島尻郡久米島町-
西関内　にしせきない
　　にしせきない-ちょう　北海道伊達市-町
西幡豆　にしはず
　　にしはず-ちょう　愛知県西尾市-町
西槻木　にしつきのき　青森県上北郡七戸町-
西熱郛原野　にしねっぷげんや　北海道寿都郡黒松内町-
西諸県　にしもろかた
　　にしもろかた-ぐん　宮崎県-郡
西錺屋　にしかざりや
　　にしかざりや-ちょう　京都府京都市下京区-町
西興部　にしおこっぺ
　　にしおこっぺ-むら　北海道紋別郡-村
　　にしおこっぺ　北海道紋別郡西興部村-
西薩　せいさつ
　　せいさつ-ちょう　鹿児島県いちき串木野市-町
西観音　にしかんおん・にしかんのん
　　にしかんおん-まち　広島県広島市西区-町
　　にしかんのん-ちょう　山口県下関市-町
西麓　にしふもと　宮崎県西諸県郡高原町-
西麓郷　にしろくごう　北海道富良野市-

◆◆◆◆◆ 7画 ◆◆◆◆◆

| 串 |

串良町下小原　くしらちょうしもおばる　鹿児島県鹿屋市-
串良町上小原　くしらちょうかみおばる　鹿児島県鹿屋市-

| 位 |

位川　くらいがわ　石川県野々市市-
位田　いでん
　　いでん-ちょう　京都府綾部市-町
　　いでん　岡山県美作市-
位登　いとう　福岡県田川市-

| 佐 |

佐々生　さそう　福井県丹生郡越前町-
佐八　そうち
　　そうち-ちょう　三重県伊勢市-町
佐下部　さげぶ　栃木県日光市-

佐女牛井　さめがい
　　さめがい-ちょう　京都府京都市下京区-町
佐文　さぶみ　香川県仲多度郡まんのう町-
佐布里　そうり　愛知県知多市-
佐本東栗垣内　さもとひがしくりがいと　和歌山県西牟婁郡すさみ町-
佐生　さそ
　　さそ-ちょう　滋賀県東近江市-町
佐用　さよう
　　さよう-ぐん　兵庫県-郡
　　さよう-ちょう　兵庫県佐用郡-町
　　さよう　兵庫県佐用郡佐用町-
佐用谷　さよだに　兵庫県赤穂郡上郡町-
佐用岡　さよおか　兵庫県揖保郡太子町-
佐田町八幡原　さだちょうやたばら　島根県出雲市-
佐合島　さごうじま　山口県熊毛郡平生町-
佐名伝　さなて　奈良県吉野郡大淀町-
佐多馬籠　さたまごめ　鹿児島県肝属郡南大隅町-
佐伯　さいき・さえき
　　さえき　富山県魚津市-
　　さえき　岡山県和気郡和気町-
　　さえき-く　広島県広島市-区
　　さいき-まち　愛媛県宇和島市-町
　　さいき-し　大分県-市
佐那河内　さなごうち
　　さなごうち-そん　徳島県名東郡-村
佐夜鹿　さよしか
　　さよしか　静岡県島田市-
　　さよしか　静岡県掛川市-
佐治町尾際　さじちょうおわい　鳥取県鳥取市-
佐治町畑谷　さじちょうつくだに　鳥取県鳥取市-
佐波　さば・さわ・ざわ
　　さわ-ぐん　群馬県-郡
　　ざわ　埼玉県加須市-
　　さば-ちょう　広島県福山市-町
　　さば　山口県防府市-
佐知川　さじかわ　埼玉県さいたま市西区-
佐保庄　さほのしょう
　　さほのしょう-ちょう　奈良県天理市-町
佐美　さび・さみ
　　さみ-まち　石川県小松市-町
　　さび　鳥取県東伯郡湯梨浜町-
佐原　さはら・さばら・さわら
　　さばら　岩手県宮古市-
　　さばら　福島県福島市-
　　さわら　千葉県香取市-
　　さはら　神奈川県横須賀市-
　　さわら　岐阜県本巣市-
　　さわら　三重県多気郡大台町-
佐原下手　さわらしたて　茨城県稲敷市-
佐野　さの・さや
　　さの-ちょう　秋田県大仙市-町
　　さの　秋田県仙北郡美郷町-
　　さの　茨城県結城郡八千代町-
　　さの-し　栃木県-市
　　さの　栃木県那須塩原市-
　　さの　千葉県館山市-
　　さの　千葉県木更津市-
　　さの　千葉県成田市-
　　さの　千葉県勝浦市-

7画（作, 伺, 似, 住, 但, 佃, 伯）

さの　千葉県鴨川市-
さの　東京都足立区-
さの-ちょう　神奈川県横須賀市-町
さの　富山県高岡市-
さの-まち　石川県七尾市-町
さの-まち　石川県能美市-町
さの-ちょう　福井県福井市-町
さの　福井県三方郡美浜町-
さの　長野県下高井郡山ノ内町-
さの　岐阜県岐阜市-
さの　岐阜県山県市-
さの　静岡県三島市-
さの　静岡県裾野市-
さの　静岡県伊豆市-
さの-まち　愛知県名古屋市港区-町
さの-ちょう　滋賀県長浜市-町
さの-ちょう　滋賀県東近江市-町
さの　兵庫県豊岡市-
さの　兵庫県淡路市-
さの　和歌山県新宮市-
さや　和歌山県伊都郡かつらぎ町-
さの-ちょう　島根県浜田市-町
さの　山口県防府市-
さの　大分県大分市-
さの　大分県豊後高田市-
さの　大分県宇佐市-
さの-まち　宮崎県延岡市-町
佐斐神　さいのかみ
　さいのかみ-ちょう　鳥取県境港市-町
佐渡　さど・さわたり
　さど　山形県最上郡鮭川村-
　さわたり　新潟県燕市-
　さど-し　新潟県-市
　さわたり-ちょう　愛知県名古屋市瑞穂区-町
　さわたり　高知県高岡郡檮原町-
佐賀関　さがのせき　大分県大分市-
佐鳴台　さなるだい　静岡県浜松市中区-
佐敷小谷　さしきおこく　沖縄県南城市-
佐敷手登根　さしきてどこん　沖縄県南城市-
佐敷兼久　さしきかねく　沖縄県南城市-
佐敷新里　さしきしんざと　沖縄県南城市-

作

作手中河内　つくでなかごうち　愛知県新城市-
作手荒原　つくであわら　愛知県新城市-
作手清岳　つくできよおか　愛知県新城市-
作木　つくりき　千葉県君津市-
作木町門田　さくぎちょうもんで　広島県三次市-
作木町香淀　さくぎちょうこうよど　広島県三次市-
作谷　つくりや　茨城県つくば市-
作草部　さくさべ
　さくさべ　千葉県千葉市稲毛区-
　さくさべ-ちょう　千葉県千葉市稲毛区-町
作道　つくりみち　富山県射水市-

伺

伺去　しゃり　長野県長野市-

似

似首郷　にたくびごう　長崎県南松浦郡新上五島町-

似島　にのしま
　にのしま-ちょう　広島県広島市南区-町
似鳥　にたどり　岩手県二戸市-

住

住川　すがわ
　すがわ-ちょう　奈良県五條市-町
住用町山間　すみようちょうやんま　鹿児島県奄美市-
住用町城　すみようちょうぐすく　鹿児島県奄美市-
住初　すみぞめ
　すみぞめ　北海道夕張市-
　すみぞめ-ちょう　北海道二海郡八雲町-町
住所大山　すみんじょおおやま　京都府福知山市-
住道　すみのどう　大阪府大東市-
住道矢田　すんじやた　大阪府大阪市東住吉区-

但

但東町久畑　たんとうちょうくばた　兵庫県豊岡市-
但東町大河内　たんとうちょうおおごうち　兵庫県豊
　岡市-
但東町小坂　たんとうちょうこざこ　兵庫県豊岡市-
但東町小谷　たんとうちょうおだに　兵庫県豊岡市-
但東町日向　たんとうちょうひなだ　兵庫県豊岡市-
但東町水石　たんとうちょうみずし　兵庫県豊岡市-
但東町虫生　たんとうちょうむしゅう　兵庫県豊岡市-
但東町東里　たんとうちょうとうり　兵庫県豊岡市-
但東町南尾　たんとうちょうみなのお　兵庫県豊岡市-
但沼　ただぬま
　ただぬま-ちょう　静岡県静岡市清水区-町
但馬　たじま　奈良県磯城郡三宅町-

佃

佃　つくだ
　つくだ　青森県青森市-
　つくだ　東京都中央区-
　つくだ-ちょう　愛知県名古屋市瑞穂区-町
　つくだ-ちょう　京都府綾部市-町
　つくだ　大阪府大阪市西淀川区-
　つくだ-ちょう　兵庫県姫路市-町
　つくだ-まち　福岡県柳川市-町
佃野　つくの
　つくの-ちょう　神奈川県横浜市鶴見区-町

伯

伯太　はかた
　はかた-ちょう　大阪府和泉市-町
伯太町日次　はくたちょうひなみ　島根県安来市-
伯太町未明　はくたちょうほのか　島根県安来市-
伯太町母里　はくたちょうもり　島根県安来市-
伯太町峠之内　はくたちょうたわのうち　島根県安
　来市-
伯方町木浦　はかたちょうきのうら　愛媛県今治市-
伯方町有津　はかたちょうあろうづ　愛媛県今治市-
伯母沢　おばざわ
　おばざわ-ちょう　愛知県豊田市-町
伯母谷　おばたに　奈良県吉野郡川上村-
伯耆　ほうき
　ほうき-ちょう　京都府京都市伏見区-町
　ほうき-ちょう　鳥取県西伯郡-町

7画(伴,余,児,兵,冷,初,別)

伴

伴堂　ともんどう　奈良県磯城郡三宅町-

余

余戸　よど　鳥取県東伯郡三朝町-
余戸谷　よどや
　よどや-ちょう　鳥取県倉吉-町
余戸東　ようごひがし　愛媛県松山市-
余田　はぐり・よた
　はぐり-ちょう　福井県越前市-町
　よた　山口県柳井市-
余目　あまるめ　山形県東田川郡庄内町-
余目新田　あまるめしんでん　山形県東田川郡庄内町-
余地　よじ・よち
　よじ　石川県かほく市-
　よち　長野県南佐久郡佐久穂町-
余多　あまた　鹿児島県大島郡知名町-
余呉町八戸　よごちょうやと　滋賀県長浜市-
余呉町上丹生　よごちょうかみにゅう　滋賀県長浜市-
余呉町小谷　よごちょうおおたに　滋賀県長浜市-
余呉町中河内　よごちょうなかのかわち　滋賀県長浜市-
余部　あまるべ
　あまるべ-ちょう　京都府亀岡市-町
余部区上川原　よべくかみがわら　兵庫県姫路市-

児

児玉町八幡山　こだまちょうはちまんやま　埼玉県本庄市-
児玉町小平　こだまちょうこだいら　埼玉県本庄市-
児玉町吉田林　こだまちょうきたばやし　埼玉県本庄市-
児玉町河内　こだまちょうこうち　埼玉県本庄市-
児池　ちごいけ　新潟県新潟市東区-
児島柳田　こじまやないだ
　こじまやないだ-ちょう　岡山県倉敷市-町
児島通生　こじまかよう　岡山県倉敷市-
児島塩生　こじましおなす　岡山県倉敷市-

兵

兵家　ひょうげ　奈良県葛城市-
兵庫町藤木　ひょうごまちふじのき　佐賀県佐賀市-

冷

冷川　ひえかわ　静岡県伊豆市-
冷水　しみず・ひやみず
　ひやみず　北海道磯谷郡蘭越町-
　ひやみず　茨城県鉾田市-
　ひやみず-まち　群馬県高崎市-町
　しみず　和歌山県海南市-
　ひやみず-ちょう　鹿児島県鹿児島市-町
　ひやみず-ちょう　鹿児島県薩摩川内市-町
冷田　ひえだ
　ひえだ-ちょう　愛知県豊田市-町
冷泉　れいせん
　れいせん-ちょう　京都府京都市中京区-町
　れいせん-まち　福岡県福岡市博多区-町

初

初山別　しょさんべつ
　しょさんべつ-むら　北海道苫前郡-村
　しょさんべつ　北海道苫前郡初山別村-
初生　はつおい
　はつおい-ちょう　静岡県浜松市北区-町
初生谷　ういたに　和歌山県海草郡紀美野町-
初声町三戸　はっせまちみと　神奈川県三浦市-
初馬　はつま　静岡県掛川市-
初鹿島　はじかじま　山梨県南巨摩郡早川町-
初湯川　うぶゆがわ　和歌山県日高郡日高川町-
初越　はづこし　静岡県袋井市-
初瀬　はせ・はつせ
　はつせ　山形県酒田市-
　はせ　奈良県桜井市-

別

別名　べつみょう・べつめい
　べつみょう　富山県富山市-
　べつめい　三重県四日市市-
　べつみょう　兵庫県赤穂郡上郡町-町
　べつみょう　愛媛県今治市-
別役　べっちゃく　高知県安芸市-
別府　びゅう・びょう・べっぷ・べふ
　べっぷ-ちょう　北海道帯広市-町
　べっぷ　茨城県下妻市-
　べっぷ　埼玉県熊谷市-
　べっぷ　岐阜県瑞穂市-
　べふ　三重県伊賀市-
　べふ　大阪府摂津市-
　べふ-ちょう　兵庫県加西市-町
　べふ　鳥取県八頭郡八頭町-
　べっぷ　島根県邑智郡美郷町-
　べっぷ　島根県隠岐郡西ノ島町-
　べふ　山口県熊毛郡田布施町-
　べふ-ちょう　愛媛県松山市-町
　べふ　福岡県福岡市城南区-
　べふ　福岡県糟屋郡志免町-
　べふ　福岡県遠賀郡遠賀町-
　びょう　福岡県築上郡吉富町-
　べっぷし　大分県-市
　びゅう　大分県宇佐市-
　べっぷ-ちょう　宮崎県宮崎市-町
　びゅう-まち　宮崎県延岡市-町
　べっぷ　鹿児島県枕崎市-
　べっぷ　鹿児島県いちき串木野市-
別府町宮田　べふちょうみやでん
　べふちょうみやでん-まち　兵庫県加古川市-町
別府町新野辺　べふちょうしのべ　兵庫県加古川市-
別所町佐土　べっしょちょうさづち　兵庫県姫路市-
別所町東這田　べっしょちょうひがしほうだ　兵庫県三木市-
別迫　べっさこ　広島県世羅郡世羅町-
別保　べつほ・べつぼ
　べつほ　北海道釧路郡釧路町-
　べつぼ　群馬県富岡市-
　べつぼ　滋賀県大津市-
別宮　べっく・べつく・べっくう・べつみや
　べっく-まち　石川県白山市-町
　べっくう　兵庫県養父市-

175

7画（利, 助, 君, 呉, 吾, 吹）

べつみや　鳥取県東伯郡琴浦町-
べっく-ちょう　愛媛県今治市-町
別宮出　べつくで
べつくで-まち　石川県白山市-町
別堀　べっぽり　神奈川県小田原市-
別寒辺牛　べかんべうし　北海道厚岸郡厚岸町-

利

利　とぎ
とぎ-まち　静岡県浜松市中区-町
利上　としかみ　北海道足寄郡陸別町-
利木　りき　静岡県湖西市-
利弘　としひろ
としひろ-ちょう　島根県安来市-町
利生　りせい
りせい-ちょう　京都府京都市上京区-町
利田　かがだ・りた
かがだ　埼玉県行田市-
りた　富山県中新川郡立山町-
利別東　としべつひがし
としべつひがし-まち　北海道中川郡池田町-町
利岡　としおか　高知県四万十市-
利府　りふ
りふ-ちょう　宮城県宮城郡-町
りふ　宮城県宮城郡利府町-
利松　としまつ　広島県広島市佐伯区-
利波　となみ　富山県富山市-
利波河　とのご　富山県南砺市-
利保　かかぼ
かかぼ-ちょう　栃木県足利市-町
利屋　とぎや
とぎや-まち　富山県高岡市-町
とぎや　富山県南砺市-
とぎや-まち　石川県金沢市-町
利津保　りつほ　宮城県刈田郡七ケ宿町-
利倉　とくら　大阪府豊中市-
利島　としま
としま-むら　東京都-村
利根町日向南郷　とねまちひなたなんごう　群馬県沼田市-
利根町追貝　とねまちおっかい　群馬県沼田市-
利賀村大豆谷　とがむらおおまめだに　富山県南砺市-

助

助木生　すけぎゅう　福島県南会津郡南会津町-
助任橋　すけとうばし　徳島県徳島市-
助谷　すけがい・すけだに
すけがい　栃木県下都賀郡壬生町-
すけだに　鳥取県東伯郡三朝町-
助命　ぜみょう　奈良県山辺郡山添村-
助藤　すけとう　高知県長岡郡本山町-

君

君田町茂田　きみたちょうもだ　広島県三次市-

呉

呉我　ごが　沖縄県名護市-
呉我山　ごがやま　沖縄県国頭郡今帰仁村-
呉服　くれは・ごふく
ごふく-まち　新潟県長岡市-町

ごふく-ちょう　静岡県静岡市葵区-町
ごふく-ちょう　愛知県豊橋市-町
ごふく　京都府福知山市-
ごふく-ちょう　京都府亀岡市-町
くれは-ちょう　大阪府池田市-町
ごふく-まち　兵庫県姫路市-町
ごふく-まち　兵庫県篠山市-町
ごふく-まち　山口県萩市-町
ごふく-まち　佐賀県唐津市-町
ごふく-まち　熊本県熊本市中央区-町
ごふく-まち　鹿児島県鹿児島市-町
呉屋　ごや　沖縄県中頭郡西原町-

吾

吾井郷甲　あいのごうこう　高知県須崎市-
吾平町上名　あいらちょうかみみょう　鹿児島県鹿屋市-
吾田東　あがたひがし　宮崎県日南市-
吾妻　あがつま・あずま・あづま
あづま-ちょう　山形県米沢市-町
あづま　茨城県つくば市-
あがつま-ぐん　群馬県-郡
あづま　千葉県木更津市-
あづま　千葉県成田市-
あづま-ちょう　神奈川県厚木市-町
あづま-ちょう　富山県滑川市-町
あづま-ちょう　福井県越前市-町
あずま-ちょう　長野県飯田市-町
あづま　長野県木曽郡南木曽町-
あづま-ちょう　岐阜県岐阜市-町
あづま-ちょう　岐阜県関市-町
あづま-ちょう　愛知県豊橋市-町
あづま-ちょう　愛知県西尾市-町
あづま　広島県呉市-
あづま-ちょう　宮崎県宮崎市-町
吾妻町木場名　あづまちょうこばみょう　長崎県雲仙市-
吾妻町古城名　あづまちょうふるしろみょう　長崎県雲仙市-
吾妻町阿母名　あづまちょうあぼみょう　長崎県雲仙市-
吾野　あがの　埼玉県飯能市-

吹

吹上　ふきあげ・ふきがみ
ふきあげ　北海道空知郡上富良野町-
ふきあげ　青森県八戸市-
ふきあげ　宮城県岩沼市-
ふきあげ　栃木県栃木市-町
ふきあげ　埼玉県鴻巣市-
ふきあげ　東京都青梅市-
ふきあげ-ちょう　岐阜県岐阜市-町
ふきあげ　愛知県名古屋市千種区-
ふきあげ-ちょう　愛知県名古屋市昭和区-町
ふきあげ-まち　愛知県碧南市-町
ふきあげ　三重県伊勢市-
ふきがみ　兵庫県篠山市-
ふきあげ　和歌山県和歌山市-
ふきあげ　福岡県小郡市-
ふきあげ-まち　大分県日田市-町
吹上町花熟里　ふきあげちょうけじゅくり　鹿児島県日置市-

7画（坂）

吹井　ふけい　和歌山県日高郡由良町-
吹田　すいた・ふきた・ふきだ・ふけだ
　すいた-し　大阪府-市
　ふきた　徳島県板野郡板野町-
　ふきだ　福岡県朝倉郡筑前町-
　ふけだ　熊本県菊池郡大津町-
吹東　すいとう
　すいとう-ちょう　大阪府吹田市-町
吹屋敷　ぶきやしき
　ぶきやしき-まち　山形県米沢市-町
吹浦　ふくら　山形県飽海郡遊佐町-
吹張　ふっぱり・ふつぱり
　ふつぱり-ちょう　岩手県花巻市-町
　ふっぱり　秋田県湯沢市-
吹越　ふっこし
　ふっこし　青森県上北郡横浜町-
　ふっこし　秋田県能代市-
吹路　ふくろ　群馬県利根郡みなかみ町-

坂

坂ノ上　さかのうえ・さかのかみ
　さかのうえ　宮城県刈田郡七ケ宿町-
　さかのうえ　福島県伊達市-
　さかのうえ　長野県小諸市-
　さかのかみ　静岡県静岡市葵区-
坂下　さかげ・さかした・さかのした
　さかした-まち　北海道中川郡本別町-町
　さかした　宮城県伊具郡丸森町-
　さかした　福島県伊達郡猪苗代町-
　さかした-ちょう　群馬県館林市-町
　さかした-ちょう　埼玉県川口市-町
　さかした　東京都板橋区-
　さかした-ちょう　神奈川県横浜市磯子区-町
　さかした-まち　富山県高岡市-町
　さかした-ちょう　福井県福井市-町
　さかのした　福井県敦賀市-
　さかした　長野県伊那市-
　さかした-ちょう　岐阜県大垣市-町
　さかした-ちょう　岐阜県関市-町
　さかした　岐阜県中津川市-
　さかした-ちょう　愛知県春日井市-町
　さかげ　三重県伊賀市-
　さかした　香川県綾歌郡宇多津町-
　さかした-まち　長崎県島原市-町
坂下津　さかしづ　愛媛県宇和島市-
坂上　さかうえ・さかがみ・ばんじょう
　ばんじょう　宮城県伊具郡丸森町-
　さかうえ　栃木県河内郡上三川町-
　さかうえ-ちょう　岐阜県多治見市-町
　さかうえ-ちょう　静岡県磐田市-町
　さかうえ-ちょう　愛知県瀬戸市-町
　さかうえ-ちょう　愛知県豊田市-町
　さかがみ　兵庫県神戸市垂水区-
　さかうえ　岡山県津山市-
　さかうえ-まち　長崎県島原市-町
坂井　さかい・さかのい
　さかい　山形県南陽市-
　さかい　茨城県下妻市-
　さかのい　栃木県芳賀郡茂木町-
　さかい　千葉県館山市-
　さかい　新潟県新潟市西区-

　さかい-まち　新潟県見附市-町
　さかい　新潟県胎内市-
　さかい-し　福井県-市
　さかい　長野県飯山市-
　さかい　長野県東筑摩郡筑北村-
　さかい-まち　岐阜県岐阜市-町
　さかい　愛知県常滑市-
　さかい　三重県桑名市-
　さかい　三重県度会郡度会町-
　さかい-ちょう　京都府京都市中京区-町
　さかい　京都府船井郡京丹波町-
　さかい-ちょう　愛媛県新居浜市-町
　さかい　福岡県大川市-
　さかい-ちょう　大分県日田市-町
　さかい　鹿児島県熊毛郡中種子町-
坂井町東長田　さかいちょうひがしながた　福井県坂井市-
坂井町御油田　さかいちょうごゆうでん　福井県坂井市-
坂井町蔵垣内　さかいちょうくらがいち　福井県坂井市-
坂左右　さかそう
　さかそう-ちょう　愛知県岡崎市-町
坂本町百済来上　さかもとまちくだらぎかみ　熊本県八代市-
坂本町西部　さかもとまちさいぶ　熊本県八代市-
坂本町鮎帰　さかもとまちあゆがえり　熊本県八代市-
坂本町鶴喰　さかもとまちつるばみ　熊本県八代市-
坂田　さかた・さかだ・ばんだ
　さか　福島県南会津郡只見町-
　さかだ　群馬県邑楽郡大泉町-
　さかた　埼玉県桶川市-
　ばんだ　千葉県館山市-
　さかだ　千葉県君津市-
　さかた　千葉県山武郡横芝光町-
　さかた　新潟県新潟市西区-
　さかた　新潟県南蒲原郡田上町-
　さかた　福井県大飯郡高浜町-
　さかだ-まち　長野県須坂市-町
　さかた-ちょう　愛知県稲沢市-町
　さかた-まち　兵庫県姫路市-町
　さかだ　和歌山県和歌山市-
　さかだ　鳥取県八頭郡八頭町-
　さかた　佐賀県杵島郡白石町-
　さかだ　熊本県山鹿市-
坂辺　さかなべ　岡山県赤磐市-
坂足　さかあし・さかだる
　さかだる　千葉県館山市-
　さかあし　和歌山県東牟婁郡那智勝浦町-
坂東　さかひがし・ばんどう
　ばんどう-し　茨城県-市
　ばんどう　千葉県鴨川市-
　ばんどう　富山県射水市-
　さかひがし　広島県安芸郡坂町-
坂長　さかちょう　鳥取県西伯郡伯耆町-
坂城　さかき
　さかき-まち　長野県埴科郡-町
　さかき　長野県埴科郡坂城町-
坂祝　さかほぎ
　さかほぎ-ちょう　岐阜県加茂郡-町

7画（坊,壱,声,売,妙,孝,宍,寿,対,尾）

坂原　さかはら・さかばら・さかわら
　　さかはら　群馬県藤岡市-
　　さかばら　京都府船井郡京丹波町-
　　さかわら　鳥取県八頭郡智頭町-
坂越　さこし　兵庫県赤穂市-

坊

坊津町久志　ぼうのつちょうくし　鹿児島県南さつ
　ま市-

壱

壱分　いちぶ
　　いちぶ-ちょう　奈良県生駒市-町
壱岐　いき
　　いき-し　長崎県-市
壱町田　いっちょうだ
　　いっちょうだ　静岡県三島市-
　　いっちょうだ　愛知県知多郡武豊町-
壱町河内　いちょうごうち　静岡県榛原郡川根本町-
壱里山　いちりやま
　　いちりやま-ちょう　埼玉県行田市-町
壱畝　ひとせ
　　ひとせ-まち　愛知県知多郡武豊町-町
壱貫地　いっかんじ　静岡県磐田市-

声

声問　こえとい
　　こえとい　北海道稚内市-
　　こえとい-むら　北海道稚内市-村

売

売木　うるぎ
　　うるぎ-むら　長野県下伊那郡-村
売市　うるいち　青森県八戸市-
売布　めふ　兵庫県宝塚市-
売津　うるづ　千葉県富津市-

妙

妙義町八木連　みょうぎまちやぎつれ　群馬県富岡市-
妙義町行沢　みょうぎまちなめざわ　群馬県富岡市-

孝

孝子　きょうし　大阪府泉南郡岬町-

宍

宍甘　しじかい　岡山県岡山市東区-
宍喰浦　ししくいうら　徳島県海部郡海陽町-
宍粟　しさわ・しそう
　　しそう　北海道石狩郡新篠津村-
　　しそう-し　兵庫県-市
　　しさわ　岡山県総社市-
宍道町上来待　しんじちょうかみきまち　島根県松
　江市-
宍道町白石　しんじちょうはくいし　島根県松江市-
宍道町佐々布　しんじちょうさそう　島根県松江市-

寿

寿山　ことぶきやま・じゅざん
　　ことぶきやま　宮城県白石市-
　　じゅざん-ちょう　福岡県北九州市小倉北区-町
寿川　すがわ　富山県南砺市-

寿古　すこ
　　すこ-まち　長崎県大村市-町
寿命　じゅめい　福岡県嘉穂郡桂川町-
寿能　じゅのう
　　じゅのう-ちょう　埼玉県さいたま市大宮区-町
寿都　すっつ
　　すっつ-ぐん　北海道-郡
　　すっつ-ちょう　北海道寿都郡-町

対

対中　たいなか
　　たいなか-ちょう　兵庫県三田市-町
対田　たいた　兵庫県美方郡新温泉町-
対馬小路　つましょうじ　福岡県福岡市博多区-
対雁　ついしかり
　　ついしかり　北海道江別市-
　　ついしかり　北海道石狩郡当別町-

尾

尾八重　おはえ　宮崎県西都市-
尾下　おくだり　熊本県阿蘇郡高森町-
尾上　おがみ・おのうえ・おのえ
　　おがみ　千葉県印旛郡酒々井町-
　　おのえ-ちょう　神奈川県横浜市中区-町
　　おがみ-ちょう　神奈川県三浦市-町
　　おのえ-ちょう　愛知県名古屋市北区-町
　　おのえ-ちょう　三重県四日市市-町
　　おのえ-ちょう　三重県伊勢市-町
　　おのうえ　和歌山県有田郡有田川町-
　　おのうえ　岡山県岡山市北区-
　　おのうえ-まち　長崎県長崎市-町
尾上町口里　おのえちょうくちり　兵庫県加古川市-
尾上町長田　おのえちょうながた　兵庫県加古川市-
尾上栄松　おのさかえまつ　青森県平川市-
尾中　おちゅう・おなか
　　おちゅう-まち　石川県加賀市-町
　　おなか　和歌山県有田郡有田川町-
尾之間　おのあいだ　鹿児島県熊毛郡屋久島町-
尾井　おのい
　　おのい-ちょう　大阪府和泉市-町
尾井千原　おいちはら
　　おいちはら-ちょう　大阪府泉大津市-町
尾母　おも　鹿児島県大島郡徳之島町-
尾生　おう・おぶ
　　おぶ-ちょう　大阪府岸和田市-町
　　おう　高知県長岡郡大豊町-
尾白内　おしろない
　　おしろない-ちょう　北海道茅部郡森町-町
尾立　ひじ　高知県高知市-
尾当　おとう
　　おとう-まち　大分県日田市-町
尾別　おっぺつ　青森県北津軽郡中泊町-
尾岐窪　おまたくぼ　福島県大沼郡会津美里町-
尾車　びしゃ　千葉県君津市-
尾岱沼　おだいとう　北海道野付郡別海町-
尾原　おはら・おばら・おわら
　　おはら　青森県北津軽郡鶴田町-
　　おわら　鳥取県倉吉市-
　　おばら　岡山県倉敷市-
　　おばら　岡山県加賀郡吉備中央町-

178

7画（岐, 弄, 弟, 形, 役, 応, 忌, 志, 忍）

尾崎町河原　おさきちょうかわはら　愛知県江南市-
尾曽　おおそ　奈良県高市郡明日香村-
尾緩　おだるみ　福井県今立郡池田町-
尾頭橋　おとうばし　愛知県名古屋市中川区-
尾駮　おぶち　青森県上北郡六ケ所村-
尾鷲　おわせ
　おわせ-し　三重県-市

岐

岐山通り　きさんどおり　山口県周南市-
岐宿町河務　きしくまちこうむ　長崎県五島市-

弄

弄月　ろうげつ
　ろうげつ-ちょう　北海道伊達市-町

弟

弟子屈　てしかが
　てしかが-ちょう　北海道川上郡-町
弟国　おうぐに　三重県多気郡多気町-

形

形山　かたちやま
　かたちやま　山口県下関市-
　かたちやま-ちょう　山口県下関市-町

役

役犬原　やくいんばる　熊本県阿蘇市-
役田　やくでん　宮城県遠田郡美里町-
役行者　えんのぎょうじゃ
　えんのぎょうじゃ-ちょう　京都府京都市中京区-町

応

応仁　おうじん
　おうじん-ちょう　愛知県名古屋市中川区-町

忌

忌部　いんべ
　いんべ-ちょう　奈良県橿原市-町

志

志　し・しむら
　し-むら　東京都板橋区-村
　し　新潟県妙高市-
　しむら　福岡県筑後市-
　し-むら　大分県大分市-村
志口永　しぐちなが　熊本県玉名郡和水町-
志文　しぶみ・しぶん
　しぶん-ちょう　北海道岩見沢市-町
　しぶん　北海道紋別市-
　しぶみ　兵庫県佐用郡佐用町-
志方町投松　しかたちょうねじまつ　兵庫県加古川市-
志方町雑郷　しかたちょうぞうごう　兵庫県加古川市-
志布志町帖　しぶしちょうちょう　鹿児島県志布志市-
志生木　しゅうき　大分県大分市-
志田平　しだのひら　新潟県村上市-
志佐町柚木川内免　しさちょうゆのきがわちめん　長崎県松浦市-
志佐町栢木免　しさちょうかやのきめん　長崎県松浦市-

志佐町稗木場免　しさちょうひえこばめん　長崎県松浦市-
志君　しぎみ　島根県邑智郡美郷町-
志免　しめ
　しめ-まち　福岡県糟屋郡-町
　しめ　福岡県糟屋郡志免町-
志和町七条椛坂　しわちょうしちじょうかぶさか　広島県東広島市-
志和町別府　しわちょうべふ　広島県東広島市-
志波　しわ
　しわ-まち　宮城県仙台市若林区-町
志波姫八樟　しわひめやつくぬぎ　宮城県栗原市-
志波姫新熊谷　しわひめしんくまや　宮城県栗原市-
志知鈩　しちたたら　兵庫県南あわじ市-
志門気　しもんけ
　しもんけ-ちょう　北海道伊達市-町
志染町窟屋　しじみちょういわや　兵庫県三木市-
志津川助作　しづがわすけづくり　宮城県本吉郡南三陸町-
志津川城場　しづがわじょうば　宮城県本吉郡南三陸町-
志津川清水浜　しづわしずはま　宮城県本吉郡南三陸町-
志津川蒲の沢　しづがわかばのさわ　宮城県本吉郡南三陸町-
志津留　しつる　大分県大分市-
志原　しわら　三重県南牟婁郡御浜町-
志高　しだか
　しだか　千葉県香取市-
　しだか　京都府舞鶴市-
志都呂　しとろ
　しとろ　静岡県浜松市西区-
　しとろ-ちょう　静岡県浜松市西区-町
志登　しと　福岡県糸島市-
志筑　しづき　兵庫県淡路市-
志源行　しげんぎょう　福島県南会津郡下郷町-
志路原　しじはら　広島県山県郡北広島町-
志撫子　しぶし　北海道紋別郡湧別町-
志摩久家　しまくが　福岡県糸島市-
志摩芥屋　しまけや　福岡県糸島市-
志摩師吉　しまもろよし　福岡県糸島市-
志摩御床　しまみとこ　福岡県糸島市-
志籠谷　しこや
　しこや-ちょう　愛知県西尾市-町

忍

忍　おし・しのび・しのぶ
　おし　埼玉県行田市-
　しのび-ちょう　千葉県銚子市-町
　しのぶ-まち　石川県輪島市-町
　しのぶ　兵庫県姫路市-町
忍阪　おっさか　奈良県桜井市-
忍保　おしほ　埼玉県児玉郡上里町-
忍海　おしみ　奈良県葛城市-
忍草　しぼくさ　山梨県南都留郡忍野村-
忍辱山　にんにくせん
　にんにくせん-ちょう　奈良県奈良市-町
忍野　おしの
　おしの-むら　山梨県南都留郡-村
忍路　おしょろ　北海道小樽市-

7画（忰, 我, 戒, 折, 抜, 改, 旱, 杏, 杉, 束, 村）

忍路子　おしょろっこ　北海道紋別郡西興部村-

忰

忰谷　かせだに　鳥取県倉吉市-

我

我入道　がにゅうどう　静岡県沼津市-
我如古　がねこ　沖縄県宜野湾市-
我孫子　あびこ
　あびこ-し　千葉県-市
　あびこ　千葉県我孫子市-
　あびこ　大阪府大阪市住吉区-
　あびこ　大阪府泉大津市-
我峰　わがみね
　わがみね-まち　群馬県高崎市-町
我部祖河　がぶそか　沖縄県名護市-

戒

戒川甲　かいかわこう　愛媛県大洲市-
戒外　かいげ
　かいげ-ちょう　奈良県橿原市-町
戒重　かいじゅう　奈良県桜井市-

折

折平　おりだいら
　おりだいら-ちょう　愛知県豊田市-町
折生迫　おりうざこ　宮崎県宮崎市-
折立　おりたち・おりたて
　おりたて　宮城県仙台市青葉区-
　おりたて　千葉県白井市-
　おりたて-ちょう　福井県福井市-町
　おりたて　岐阜県岐阜市-
　おりたち-ちょう　愛知県豊田市-町
　おりたち　奈良県吉野郡十津川村-
　おりたて-まち　福岡県福岡市南区-町
折立又新田　おりたてまたしんでん　新潟県魚沼市-
折合　おれあい　高知県高岡郡四万十町-
折茂　おりも　青森県上北郡六戸町-
折門　おりかど　山梨県南巨摩郡身延町-
折浜　おりのはま　宮城県石巻市-
折違　すじかい
　すじかい-まち　石川県金沢市-町

抜

抜月　ぬくつき　島根県鹿足郡吉賀町-
抜海　ばっかい
　ばっかい-むら　北海道稚内市-村

改

改寄　あらき
　あらき-まち　熊本県熊本市北区-町

旱

旱泥　ひどろ　福島県大沼郡会津美里町-

杏

杏　からもも
　からもも-ちょう　奈良県奈良市-町

杉

杉ケ　するが
　するが-まち　奈良県奈良市-町
杉木　すぎき・すぎのき
　すぎのき　茨城県つくば市-
　すぎのき　富山県砺波市-
　すぎき　熊本県上益城郡山都町-
杉水流　すぎづる　宮崎県えびの市-
杉平　すぎたいら・すぎだいら・すぎひら
　すぎだいら　茨城県行方市-
　すぎたいら　新潟県村上市-
　すぎひら-まち　石川県輪島市-町
杉末　すぎのすえ　京都府宮津市-
杉目　すぎのめ・すぎめ
　すぎめ　秋田県横手市-
　すぎのめ　福島県相馬郡新地町-
杉谷　すぎたに・すぎや・すぎやつ
　すぎや　千葉県君津市-
　すぎたに　富山県富山市-
　すぎたに-ちょう　福井県福井市-町
　すぎたに　福井県南条郡南越前町-
　すぎや　静岡県掛川市-
　すぎたに　三重県三重郡菰野町-
　すぎたに　奈良県吉野郡東吉野村-
　すぎたに　鳥取県日野郡江府町-
　すぎたに　岡山県岡山市北区-
　すぎたに　岡山県加賀郡吉備中央町-
杉谷内　すんないち　富山県小矢部市-
杉津　すいづ　福井県敦賀市-
杉原　すいばら・すぎはら・すぎばる・すぎわら
　すぎわら　新潟県村上市-
　すぎはら　大阪府豊能郡能勢町-
　すいばら　和歌山県紀の川市-
　すぎはら　岡山県美作市-
　すぎばる　大分県大分市-
杉宮　すぎのみや
　すぎのみや　秋田県雄勝郡羽後町-
　すぎのみや　岡山県津山市-
杉清　すぎせ　奈良県吉野郡十津川村-
杉森　すぎのもり・すぎもり
　すぎもり-まち　石川県七尾市-町
　すぎもり-まち　石川県白山市-町
　すぎのもり-ちょう　滋賀県近江八幡市-町
杉蛭子　すぎえびす
　すぎえびす-ちょう　京都府京都市下京区-町
杉瀬　すぎせ・すぎのせ
　すぎせ　富山県富山市-
　すぎのせ　石川県河北郡津幡町-

束

束松　たばねまつ
　たばねまつ　福島県耶麻郡西会津町-
　たばねまつ　福島県河沼郡会津坂下町-
束前　そくぜん
　そくぜん-まち　福島県白河市-町
束荷　つかり　山口県光市-

村

村角　むらすみ
　むらすみ-ちょう　宮崎県宮崎市-町

7画（来, 李, 杠, 杣, 枥, 沖, 求, 沙, 沢, 狄）

村岡区寺河内　むらおかくてらがわうち　兵庫県美方郡香美町-

村岡区作山　むらおかくつくりやま　兵庫県美方郡香美町-

村岡区味取　むらおかくみどり　兵庫県美方郡香美町-

村岡区栂岡　むらおかくけびおか　兵庫県美方郡香美町-

村岡区神坂　むらおかくかんざか　兵庫県美方郡香美町-

村岡区耀山　むらおかくかかやま　兵庫県美方郡香美町-

村前　むらさき・むらまえ
　　むらまえ　福島県大沼郡会津美里町-
　　むらまえ-ちょう　愛知県名古屋市守山区-町
　　むらさき　愛媛県喜多郡内子町-

来

来丸　らいまる
　　らいまる-まち　石川県能美市-町
来伝　らいでん　新潟県長岡市-
来住　きし
　　きし-ちょう　兵庫県小野市-町
　　きし-まち　愛媛県松山市-町
来別　らいべつ　北海道厚岸郡厚岸町-
来秀　らいしゅう　千葉県鴨川市-
来見野　くるみの　鳥取県八頭郡若桜町-
来迎　らいこう
　　らいこう-ちょう　大阪府守口市-町
来居　くりい　島根県隠岐郡知夫村-
来岸　らいきし
　　らいきし-ちょう　北海道積丹郡積丹町-町
来巻　くるまき　山口県下松市-
来春　らいは　福岡県朝倉市-
来海沢　くるみざわ　新潟県糸魚川市-
来島　くるしま
　　くるしま　愛媛県今治市-
　　くるしま-まち　大分県佐伯市-町
来栖　くるす
　　くるす　茨城県笠間市-
　　くるす　富山県南砺市-
来栖野　くるすの　高知県幡多郡三原村-
来馬　らいば
　　らいば-ちょう　北海道登別市-町
来運　らいうん　北海道斜里郡斜里町-
来縄　くなわ　大分県豊後高田市-

李

李　すもも
　　すもも-ちょう　愛知県豊田市-町
　　すもも　広島県神石郡神石高原町-
李山　すももやま　山形県米沢市-
李川原　すももかわら　青森県上北郡七戸町-
李平　すももだいら　福島県福島市-
李平上安原　すももだいかみやすはら　青森県平川市-
李沢家ノ後　すももざわいえのうしろ　青森県上北郡七戸町-
李岱　すももだい　秋田県北秋田市-
李崎　すもんざき
　　すもんざき-まち　新潟県長岡市-町

杠

杠葉尾　ゆずりお
　　ゆずりお-ちょう　滋賀県東近江市-町

杣

杣山　そまやま　福井県南条郡南越前町-
杣木　そまぎ　新潟県燕市-
杣田　そまだ
　　そまだ　京都府相楽郡和束町-
　　そまだ　愛媛県今治市-

枥

枥原　とちはら　兵庫県川辺郡猪名川町-

沖

沖内　おきうち・おきない
　　おきない　北海道留萌郡小平町-
　　おきうち　福島県岩瀬郡天栄村-
沖代　おきだい
　　おきだい　兵庫県揖保郡太子町-
　　おきだい-まち　大分県中津市-町
沖田面　おきたおもて
　　おきたおもて　青森県三戸郡南部町-
　　おきたおもて　秋田県北秋田郡上小阿仁村-
沖島　おきしま
　　おきしま-ちょう　滋賀県近江八幡市-町
沖浜　おきのはま・おきはま
　　おきのはま　徳島県徳島市-
　　おきのはま-ちょう　徳島県徳島市-町
　　おきはま-まち　福岡県福岡市博多区-町
沖端　おきのはた
　　おきのはた-まち　福岡県柳川市-町
沖館長田　おきだておさだ　青森県平川市-

求

求名　ぐみょう
　　ぐみょう　千葉県東金市-
　　ぐみょう　鹿児島県薩摩郡さつま町-
求菩提　くぼて　福岡県豊前市-

沙

沙弥島　しゃみじま　香川県坂出市-
沙流　さる
　　さる-ぐん　北海道-郡
沙留　さるる　北海道紋別郡興部町-

沢

沢ケ内　そうがうち　高知県長岡郡本山町-
沢下条　さわげいじょう　新潟県長岡市-
沢川　そうごう　石川県羽咋郡宝達志水町-
沢内鍵飯　さわうちけんばん　岩手県和賀郡西和賀町-
沢水加　さばか　静岡県菊川市-
沢岻　たくし　沖縄県浦添市-
沢海　そうみ　新潟県新潟市江南区-
沢根五十里　さわねいかり　新潟県佐渡市-

狄

狄花　えぞばな　青森県上北郡七戸町-

181

7画（狄, 玖, 男, 町, 皂, 祁, 社, 私）

狄

狄塚　えづか　岩手県九戸郡軽米町-

玖

玖老勢　くろぜ　愛知県新城市-
玖波　くば
　くば　広島県大竹市-
　くば-ちょう　広島県大竹市-町
玖珂　くが
　くが-まち　山口県岩国市-町
　くが-ぐん　山口県-郡
玖島　くしま・くじま
　くじま　広島県廿日市市-
　くしま　長崎県大村市-
玖珠　くす
　くす-ぐん　大分県-郡
　くす-まち　大分県玖珠郡-町
玖須美元和田　くすみもとわだ　静岡県伊東市-

男

男山指月　おとこやましげつ　京都府八幡市-
男木　おぎ
　おぎ-ちょう　香川県高松市-町
男成　おとこなり　熊本県上益城郡山都町-
男里　おのさと　大阪府泉南市-
男沼　おぬま　埼玉県熊谷市-
男神　おかみ・おがみ
　おかみ　茨城県かすみがうら市-
　おかみ　静岡県牧之原市-
男能富　だんのっぷ　北海道天塩郡天塩町-
男鬼　おおり
　おおり-ちょう　滋賀県彦根市-町
男野芝丁　おのしばちょう　和歌山県和歌山市-
男鹿　おが
　おが-し　秋田県-市
男鹿中山　おがなかやま
　おがなかやま-まち　秋田県男鹿市-町

町

町ノ田　ちょうのた　兵庫県篠山市-
町上津役東　まちこうじゃくひがし　福岡県北九州市
　八幡西区-
町田　ちょうだ・まちだ
　まちだ　青森県弘前市-
　まちだ　福島県白河市-
　まちだ　福島県喜多方市-
　まちだ-ちょう　茨城県常陸太田市-町
　まちだ　茨城県稲敷市-
　まちだ　栃木県上野市-
　まちだ　栃木県芳賀郡茂木町-
　まちだ-まち　群馬県沼田市-町
　まちだ　埼玉県深谷市-
　まちだ　千葉県市原市-
　まちだ-し　東京都-市
　まちだ-まち　新潟県長岡市-町
　ちょうだ-ちょう　愛知県春日井市-町
　ちょうだ　兵庫県姫路市-
　まちだ　島根県鹿足郡津和野町-
　まちだ　香川県東かがわ市-
　ちょうだ　佐賀県唐津市-

　まちだ　大分県玖珠郡九重町-
町苅田　まちかんだ　岡山県赤磐市-
町谷　まちや
　まちや-ちょう　栃木県佐野市-町
　まちや　栃木県日光市-
　まちや　埼玉県さいたま市桜区-
　まちや　愛媛県今治市-
町坪　ちょうのつぼ　兵庫県姫路市-
町後　まちうしろ　秋田県能代市-
町野町井面　まちのまちいのもて　石川県輪島市-
町野町真久　まちのまちさんさ　石川県輪島市-

皂

皂莢　さいかち
　さいかち-ちょう　京都府京都市上京区-町

祁

祁答院町蘭牟田　けどういんちょういむた　鹿児島県
　薩摩川内市-

社

社　やしろ
　やしろ　北海道虻田郡真狩村-
　やしろ　長野県大町市-
　やしろ-ちょう　愛知県豊田市-町
　やしろ-ちょう　兵庫県宝塚市-町
　やしろ　兵庫県加東市-
　やしろ　岡山県真庭市-
社ノ木　しゃのき　福岡県北九州市門司区-
社が丘　やしろがおか　愛知県名古屋市名東区-
社の山　しゃのやま　北海道檜山郡厚沢部町-
社口　やしろぐち　愛知県名古屋市名東区-
社山　やしろやま　静岡県磐田市-
社台　しゃだい・やしろだい
　しゃだい　北海道白老郡白老町-
　やしろだい　愛知県名古屋市名東区-
社辺　こそべ　愛知県常滑市-
社光　しゃこう　北海道夕張市-
社名淵　しゃなふち　北海道紋別郡遠軽町-
社地　しゃち
　しゃち-ちょう　山口県周南市-町
社谷　やしろだに　福井県南条郡南越前町-
社東　やしろひがし
　やしろひがし-まち　長野県諏訪郡下諏訪町-町
社突抜　やしろつきぬけ
　やしろつきぬけ-ちょう　京都府京都市上京区-町
社前　やしろまえ　福島県二本松市-
社家　しゃけ
　しゃけ　神奈川県海老名市-
　しゃけ-ちょう　兵庫県西宮市-町
社家長屋　しゃけながや
　しゃけながや-ちょう　京都府京都市上京区-町
社領　しゃりょう　福岡県福岡市東区-
社横　やしろよこ
　やしろよこ-ちょう　京都府京都市上京区-町

私

私市　きさいち
　きさいち　京都府福知山市-
　きさいち-ちょう　京都府綾部市-町

7画(肝,肘,良,芦,花)

きさいち　大阪府交野市-
私部　きさべ　大阪府交野市-

肝

肝属　きもつき
　きもつき-ぐん　鹿児島県-郡

肘

肘塚　かいのづか
　かいのづか-ちょう　奈良県奈良市-町

良

良　やや
　やや-まち　熊本県熊本市南区-町

芦

芦川町鶯宿　あしがわちょうおうしゅく　山梨県笛
吹市-
芦生　あしおい・あしゅう
　あしおい　岩手県下閉伊郡普代村-
　あしゅう　富山県富山市-
芦生田　あしうだ　群馬県吾妻郡嬬恋村-
芦田子　あしだこ　秋田県大館市-
芦田町柞磨　あしだちょうたるま　広島県福山市-
芦谷　あしだに・あしのや
　あしだに　新潟県村上市-
　あしのや　愛知県額田郡幸田町-
芦峅寺　あしくらじ　富山県中新川郡立山町-
芦河内　あしがわち・あしごうち
　あしごうち　岡山県美作市-
　あしがわち　山口県宇部市-
芦浦　あしうら
　あしうら-ちょう　滋賀県草津市-町
芦畔　あしぐろ
　あしぐろ-ちょう　宮城県塩竈市-町
芦清良　あしきようら　鹿児島県大島郡知名町-
芦萢　あしやち
　あしやち-まち　青森県西津軽郡鰺ケ沢町-町
芦渡　あしわた・あしわたり
　あしわたり　岩手県下閉伊郡普代村-
　あしわた-ちょう　島根県出雲市-町
芦橋　よしはし　埼玉県春日部市-

花

花山草木沢上原　はなやまくさきさわうわはら　宮城
県栗原市-
花天　けてん　鹿児島県大島郡瀬戸内町-
花木　はなき・はなのき
　はなのき　富山県富山市-
　はなき-ちょう　鹿児島県薩摩川内市-町
花作　はなづくり
　はなづくり-まち　山形県長井市-町
花住坂　かすみざか　京都府京田辺市-
花良治　けらじ　鹿児島県大島郡喜界町-
花見原　はなみばる　宮崎県北諸県郡三股町-
花京院　かきょういん　宮城県仙台市青葉区-
花林苑　かりんえん　大阪府高槻市-
花長　はなおさ
　はなおさ-ちょう　愛知県春日井市-町
　はなおさ　愛知県あま市-

花咲　はなさき・はなさく
　はなさき-ちょう　北海道旭川市-町
　はなさき-ちょう　北海道根室市-町
　はなさき　福島県西白河郡矢吹町-
　はなさく　群馬県利根郡片品村-
　はなさき　千葉県習志野市-
　はなさき-ちょう　神奈川県横浜市西区-町
　はなさき-ちょう　神奈川県横浜市中区-町
　はなさき　長野県長野市-
　はなさき-ちょう　長野県諏訪郡下諏訪町-町
花城　かじょう
　かじょう-まち　岩手県花巻市-町
花泉町金沢　はないずみちょうかざわ　岩手県一関市-
花狭間　はなばさま　愛知県常滑市-
花畑　はなはた・はなばた・はなばたけ
　はなばた-まち　秋田県由利本荘市-町
　はなばたけ　茨城県つくば市-
　はなはた　東京都足立区-
　はなばたけ-ちょう　京都府京都市下京区-町
　はなはた　福岡県福岡市南区-
　はなばたけ　福岡県久留米市-
　はなばた-ちょう　熊本県熊本市中央区-町
花香谷　はながやつ　千葉県富津市-
花原　はなはら・はなばら
　はなはら-ちょう　愛知県名古屋市西区-町
　はなばら　鳥取県八頭郡八頭町-
花原市　けばらいち　岩手県宮古市-
花畔　ばんなぐろ　北海道石狩市-
花脊八桝　はなせやます
　はなせやます-ちょう　京都府京都市左京区-町
花堂中　はなんどうなか　福井県福井市-
花崗　みかげ
　みかげ-ちょう　愛知県岡崎市-町
花野　けや　和歌山県紀の川市-
花野井　はなのい
　はなのい　茨城県小美玉市-
　はなのい　千葉県柏市-
花野光ケ丘　けのひかりがおか　鹿児島県鹿児島市-
花富　けどみ　鹿児島県大島郡瀬戸内町-
花勝山　けかつやま　宮城県遠田郡涌谷町-
花開院　けいかいん
　けいかいん-ちょう　京都府京都市上京区-町
花陽　かよう　山口県周南市-
花園八幡　はなぞのやわた
　はなぞのやわた-まち　石川県金沢市-町
花園艮北　はなぞのこんぼく
　はなぞのこんぼく-ちょう　京都府京都市右京区-町
花園車道　はなぞのくるまみち
　はなぞのくるまみち-ちょう　京都府京都市右京区-町
花園坤南　はなぞのこんなん
　はなぞのこんなん-ちょう　京都府京都市右京区-町
花園馬代　はなぞのばだい
　はなぞのばだい-ちょう　京都府京都市右京区-町
花園巽南　はなぞのそんなん
　はなぞのそんなん-ちょう　京都府京都市右京区-町
花園新子　はなぞのあたらし　和歌山県伊都郡かつら
ぎ町-
花徳　けどく　鹿児島県大島郡徳之島町-
花蔵寺　けぞうじ
　けぞうじ-ちょう　愛知県西尾市-町

183

7画（芥、苅、芹、芸、芝、芭、芳、見）

花繰　はなぐり
　　はなぐり-ちょう　宮崎県都城市-町

芥

芥田　あくただ　福岡県嘉麻市-
芥見　あくたみ　岐阜県岐阜市-
芥見清水　あくたみきよみず　岐阜県岐阜市-
芥附　くぐつけ　徳島県海部郡海陽町-

苅

苅生　かろう　埼玉県飯能市-
苅田　かりた・かんだ
　　かりた　大阪府大阪市住吉区-
　　かんだ-まち　福岡県京都郡-町
　　かんだ　福岡県京都郡苅田町-
苅安賀　かりやすか　愛知県一宮市-
苅萱　かるかや
　　かるかや-ちょう　愛知県豊田市-町
苅藻島　かるもじま
　　かるもじま-ちょう　兵庫県神戸市長田区-町

芹

芹田　せつだ・せりだ
　　せりだ　秋田県にかほ市-
　　せつだ　山形県酒田市-
　　せりだ　新潟県南魚沼市-
　　せりだ　福岡県宮若市-

芸

芸西　げいせい
　　げいせい-むら　高知県安芸郡-村
芸濃町北神山　げいのうちょうきたこやま　三重県津市-
芸濃町忍田　げいのうちょうおしだ　三重県津市-
芸濃町河内　げいのうちょうこうち　三重県津市-
芸濃町雲林院　げいのうちょううじい　三重県津市-

芝

芝生　しぼ・しぼう
　　しぼ-ちょう　大阪府高槻市-町
　　しぼう-ちょう　徳島県小松島市-町
芝生田　しぼうた　長野県小諸市-
芝原　しばはら・しばわら
　　しばはら　埼玉県さいたま市緑区-
　　しばはら　千葉県長生郡長南町-
　　しばはら-まち　石川県金沢市-町
　　しばはら　福井県越前市-
　　しばはら　岐阜県安八郡安八町-
　　しばはら　静岡県静岡市葵区-
　　しばはら　滋賀県大津市-
　　しばはら-ちょう　滋賀県東近江市-町
　　しばわら　熊本県上益城郡甲佐町-
　　しばはら　大分県宇佐市-
芝童森　しどうもり　秋田県能代市-
芝新屋　しばのしんや
　　しばのしんや-ちょう　奈良県奈良市-町
芝樋ノ爪　しばひのつめ　埼玉県川口市-

芭

芭露　ばろう　北海道紋別郡湧別町-

芳

芳ケ崎　はがさき　三重県桑名市-
芳士　ほうじ　宮崎県宮崎市-
芳川　ほうがわ・よしかわ
　　ほうがわ-ちょう　静岡県浜松市南区-町
　　よしかわ-ちょう　愛知県高浜市-町
　　よしかわ　高知県高岡郡四万十町-
芳井町上鳴　よしいちょうかみしぎ　岡山県井原市-
芳友　ほうゆう
　　ほうゆう-ちょう　愛知県豊田市-町
芳生野甲　よしうのこう　高知県高岡郡津野町-
芳田　よしだ　長野県上田市-
芳志戸　ほうしと　栃木県芳賀郡芳賀町-
芳沢　よしざわ　山形県山形市-
芳斉　ほうさい　石川県金沢市-
芳河原台　ほうがわらだい　大分県大分市-
芳泉　ほうせん
　　ほうせん-まち　山形県米沢市-町
　　ほうせん　岡山県岡山市南区-
芳野　よしの
　　よしの　山形県山形市-
　　よしの　富山県高岡市-
　　よしの-ちょう　福井県勝山市-町
　　よしの　長野県松本市-
　　よしの　愛知県名古屋市東区-
　　よしの　愛知県名古屋市北区-
　　よしの-ちょう　京都府京都市東山区-町
　　よしの-ちょう　大阪府吹田市-町
芳賀　はが
　　はが　山形県天童市-
　　はが　福島県郡山市-
　　はが-ぐん　栃木県-郡
　　はが-まち　栃木県芳賀郡-町
　　はが　千葉県勝浦市-
　　はが　岡山県岡山市北区-
芳雄　よしお
　　よしお-まち　福岡県飯塚市-町
芳養　はや
　　はや-ちょう　和歌山県田辺市-町

見

見入　けんにゅう　三重県桑名郡木曽岬町-
見日　みるか
　　みるか-ちょう　鳥取県倉吉市-町
見立　みたち・みたて
　　みたて　新潟県佐渡市-
　　みたて　香川県仲多度郡多度津町-
　　みたて　宮崎県西臼杵郡日之影町-
見明　みみょう　福島県河沼郡会津坂下町-
見明戸　みあけど　岡山県真庭市-
見借　みるかし　佐賀県唐津市-
見能林　みのばやし
　　みのばやし-ちょう　徳島県阿南市-町
見晴　みはらし・みはる
　　みはらし-ちょう　北海道函館市-町
　　みはらし-ちょう　北海道小樽市-町
　　みはらし-ちょう　北海道留萌市-町
　　みはらし　北海道虻田郡真狩村-
　　みはらし-ちょう　北海道増毛郡増毛町-町
　　みはらし　北海道紋別郡遠軽町-

7画（角, 谷）

みはる　茨城県稲敷郡美浦村-
みはらし-ちょう　埼玉県熊谷市-町
みはらし-ちょう　埼玉県深谷市-町
みはらし-ちょう　愛知県名古屋市南区-町
みはらし　広島県呉市-
見福　けんぷく　埼玉県本庄市-

角

角　かど・すみ・つの
　つの　富山県高岡市-
　かど　京都府船井郡京丹波町-
　すみ　和歌山県有田郡有田川町-
　すみ　山口県岩国市-
角十　かくじゅう　北海道寿都郡黒松内町-
角三島　つのみしま　富山県高岡市-
角子南　つのごみなみ　大分県大分市-
角子原　つのこばる　大分県大分市-
角山　かくやま
　かくやま　北海道江別市-
　かくやま　埼玉県比企郡小川町-
角山免　つのやまめん　長崎県北松浦郡佐々町-
角川　つのかわ　山形県最上郡戸沢村-
角井　つのい　島根県飯石郡飯南町-
角五郎　つのごろう　宮城県仙台市青葉区-
角切　つのきり　宮城県伊具郡丸森町-
角木　かのぎ
　つのぎ　大分県中津市-
　つのぎ-まち　大分県中津市-町
角打　つのうち　山梨県南巨摩郡身延町-
角生　つのう　福島県南会津郡南会津町-
角田　かくた・かくだ・すみだ・つのだ
　かくた　北海道夕張郡栗山町-
　かくた　青森県黒石市-
　かくだ-し　宮城県-市
　かくだ　宮城県角田市-
　つのだ　千葉県印西市-
　すみだ　神奈川県愛甲郡愛川町-
　かくだ-ちょう　大阪府大阪市北区-町
　すみだ　大阪府東大阪市-
角田二口　かくたふたくち　山形県東田川郡三川町-
角田浜　かくだはま　新潟県新潟市西蒲区-
角石　かどいし・すみいし
　すみいし-ちょう　兵庫県西宮市-町
　かどいし　山口県山陽小野田市-
角石祖母　ついしそぼ　岡山県久米郡美咲町-
角地　かくじ　宮城県気仙沼市-
角池　かくいけ　愛知県犬山市-
角坂　かくさか　徳島県海部郡海陽町-
角折　つのおり・つのおれ
　つのおれ　茨城県鹿嶋市-
　つのおり-ちょう　福井県福井市-町
角来　かくらい　千葉県佐倉市-
角沢　つのざわ　山形県新庄市-
角茂谷　かもだに　高知県長岡郡大豊町-
角南　すなみ　岡山県美作市-
角屋　すみや　福井県あわら市-
角柄折　つのがらおり　青森県三戸郡階上町-
角海浜　かくみはま　新潟県新潟市西蒲区-
角泉　かくせん　埼玉県比企郡川島町-

角倉　すみくら
　すみくら-ちょう　京都府京都市中京区-町
角原　つのはら
　つのはら-ちょう　福井県福井市-町
角島　つのしま　新潟県東蒲原郡阿賀町-
角振　つのふり
　つのふり-ちょう　奈良県奈良市-町
角崎　すみざき・つのさき
　すみざき　茨城県稲敷市-
　つのさき-ちょう　愛知県春日井市-町
　つのさき　高知県四万十市-
角渕　つのぶち　群馬県佐波郡玉村町-
角野　かくの・すみの
　かくの　福井県大野市-
　すみの　愛媛県新居浜市-
角鹿　つのが
　つのが-ちょう　福井県敦賀市-町
角割　かくわり
　かくわり-ちょう　愛知県名古屋市中村区-町
角間　かくま
　かくま　秋田県湯沢市-
　かくま　新潟県十日町市-
　かくま　新潟県糸魚川市-
　かくま　富山県氷見市-
　かくま-まち　石川県金沢市-町
角盤　かくばん
　かくばん-ちょう　鳥取県米子市-町
角館町上野　かくのだてまちうわの　秋田県仙北市-
角館町古城　かくのだてまちふるしろ　秋田県仙北市-
角館町歩行　かくのだてまちおかち
　かくのだてまちおかち-まち　秋田県仙北市-町
角館町雲然　かくのだてまちくもしかり　秋田県仙
　北市-

谷

谷下　やじた　埼玉県さいたま市岩槻区-
谷三倉　さくみくら　千葉県香取郡多古町-
谷上東　たにがみひがし
　たにがみひがし-まち　兵庫県神戸市北区-町
谷万成　たにまんなり　岡山県岡山市北区-
谷口　たにぐち・やぐち
　やぐち　茨城県つくばみらい市-
　やぐち　埼玉県三郷市-
　やぐち　埼玉県比企郡吉見町-
　たにぐち　富山県中新川郡立山町-
　たにぐち　福井県敦賀市-
　たにぐち　福井県吉田郡永平寺町-
　たにぐち　福井県今立郡池田町-
　たにぐち-ちょう　愛知県名古屋市千種区-町
　たにぐち　愛知県知多郡武豊町-
　たにぐち-ちょう　滋賀県長浜市-町
　たにぐち-ちょう　兵庫県宝塚市-町
　たにぐち-ちょう　兵庫県加西市-町
　たにぐち　和歌山県日高郡みなべ町-
谷口園　たにぐちその
　たにぐちその-まち　京都府京都市右京区-町
谷口銀山　たにぐちぎんざん　山形県最上郡金山町-
谷山　たにやま・ややま
　ややま　静岡県浜松市天竜区-
　たにやま　兵庫県篠山市-

185

7画（谷）

たにやま　福岡県古賀市-
たにやま　鹿児島県大島郡和泊町-
谷川　たにがわ・やかわ・やがわ
　やかわ　栃木県那須郡那珂川町-
　たにがわ　群馬県利根郡みなかみ町-
　やがわ-ちょう　愛知県豊川市-町
　たにがわ-ちょう　京都府京都市東山区-町
　たにがわ-ちょう　大阪府富田林市-町
　たにがわ　大阪府大東市-
　たにがわ　鳥取県西伯郡伯耆町-
　たにがわ　宮崎県宮崎市-
　たにがわ-ちょう　宮崎県宮崎市-町
谷中　やなか
　やなか　福島県西白河郡矢吹町-
　やなか　茨城県取手市-
　やなか　茨城県筑西市-
　やなか　茨城県稲敷郡美浦村-
　やなか　埼玉県川越市-
　やなか-ちょう　埼玉県越谷市-町
　やなか　埼玉県三郷市-
　やなか　埼玉県比企郡川島町-
　やなか　千葉県袖ケ浦市-
　やなか　千葉県香取市-
　やなか　千葉県山武郡横芝光町-
　やなか　東京都台東区-
　やなか　東京都足立区-
　やなか　静岡県周智郡森町-
谷之　やの　埼玉県深谷市-
谷井田　やいた　茨城県つくばみらい市-
谷内　たにうち・やち
　やち　新潟県新潟市西区-
　やち　新潟県長岡市-
　やち　新潟県小千谷市-
　やち　新潟県中魚沼郡津南町-
　やち　富山県高岡市-
　やち　石川県河北郡津幡町-
　たにうち　徳島県那賀郡那賀町-
谷内丑　やちうし　新潟県十日町市-
谷内林新田　やちばやししんでん　新潟県妙高市-
谷戸　たんど・やと
　やと-ちょう　東京都西東京市-町
　たんど　島根県邑智郡川本町-
谷台　やつだい　千葉県山武郡横芝光町-
谷尻　たにしり・たにじり
　たにじり　奈良県吉野郡東吉野村-
　たにしり　岡山県岡山市東区-
谷本　やもと　千葉県茂原市-
谷永島　やながしま　茨城県筑西市-
谷田　たにだ・やた・やだ
　やだ-ちょう　茨城県水戸市-町
　やだ　栃木県那須郡那珂川町-
　やた　埼玉県ふじみ野市-
　やた　千葉県白井市-
　やだ　静岡県静岡市駿河区-
　やだ　静岡県静岡市清水区-
　やた　静岡県三島市-
　やた-ちょう　愛知県知立市-町
　たにだ-ちょう　奈良県生駒市-町
　やた　奈良県高市郡高取町-
谷田町本林　やたちょうほんばやし　愛知県知立市-

谷田部　やたべ
　やたべ　茨城県下妻市-
　やたべ　茨城県つくば市-
　やたべ　茨城県東茨城郡茨城町-
　やたべ　福井県小浜市-
谷向　やむかい
　やむかい-ちょう　茨城県石岡市-町
　やむかい　千葉県南房総市-
谷合　たにあい　岐阜県山県市-
谷在家　やさいけ　東京都足立区-
谷地　やじ・やち・やつじ
　やち　岩手県岩手郡雫石町-
　やち-まち　秋田県大館市-町
　やち-まち　秋田県由利本荘市-町
　やち　山形県西村山郡河北町-
　やじ　福島県郡山市-
　やち　福島県伊達郡桑折町-
　やち　福島県大沼郡会津美里町-
　やじ　福島県石川郡石川町-
　やち　群馬県利根郡川場村-
　やつじ　高知県土佐市-
谷地上　やちうえ　秋田県能代市-
谷地小屋　やちごや　福島県相馬郡新地町-
谷地田　やちた
　やちた　岩手県八幡平市-
　やちた　福島県喜多方市-
谷地町後　やちまちうしろ　秋田県大館市-
谷地所岡　やちところおか　山形県西村山郡河北町-
谷地前　やちまえ
　やちまえ　山形県山形市-
　やちまえ　福島県大沼郡会津美里町-
谷地荒町東　やちあらまちひがし　山形県西村山郡河北町-
谷地原　やちはら　長野県小諸市-
谷地森　やちもり　宮城県加美郡加美町-
谷地賀　やじつか　栃木県下野市-
谷地興屋　やちこうや　山形県鶴岡市-
谷地頭　やじがしら・やちがしら
　やちがしら-ちょう　北海道函館市-町
　やちがしら　青森県三沢市-
　やじがしら　青森県上北郡東北町-
谷好　たによし　北海道北斗市-
谷当　やとう
　やとう-ちょう　千葉県千葉市若葉区-町
谷汲有鳥　たにぐみあっとり　岐阜県揖斐郡揖斐川町-
谷汲岐礼　たにぐみきれ　岐阜県揖斐郡揖斐川町-
谷尾崎　たにおざき
　たにおざき-まち　熊本県熊本市西区-町
谷沢　やさわ・やざわ
　やざわ　山形県寒河江市-
　やざわ　福島県石川郡石川町-
　やざわ　新潟県東蒲原郡阿賀町-
谷貝　やがい　茨城県古河市-
谷貝新田　やがいしんでん　栃木県真岡市-
谷和子　やわこ　福島県二本松市-
谷坪野　たにつぼの　富山県小矢部市-
谷定　たにさだ　山形県鶴岡市-
谷河内　やごうち　東京都江戸川区-
谷河原　やがわら
　やがわら-ちょう　茨城県常陸太田市-町

7画（貝, 赤）

谷迫間　やばさま　岐阜県可児市-
谷保　やほ　東京都国立市-
谷垣内　たにがいと　奈良県吉野郡十津川村-
谷柏　やがしわ　山形県山形市-
谷浅見　やあざみ　栃木県那須烏山市-
谷津　やつ・やづ
　　やつ-ちょう　茨城県水戸市-町
　　やつ　埼玉県上尾市-
　　やつ　千葉県野田市-
　　やつ　千葉県習志野市-
　　やつ-まち　千葉県習志野市-町
　　やづ　千葉県香取郡東庄町-
　　やつ-ちょう　神奈川県横浜市金沢区-町
　　やつ　神奈川県小田原市-
　　やつ　静岡県静岡市葵区-
　　やつ-ちょう　静岡県静岡市清水区-町
　　やつ　静岡県賀茂郡河津町-
谷相　やそう　山梨県南都留郡道志村-
谷神　やちかみ　石川県羽咋郡志賀町-
谷茶　たんちゃ
　　たんちゃ　沖縄県国頭郡本部町-
　　たんちゃ　沖縄県国頭郡恩納村-
谷原　やはら・やわら
　　やわら　茨城県鹿嶋市-
　　やわら　茨城県筑西市-
　　やはら　埼玉県春日部市-
　　やはら　東京都練馬区-
谷島　やしま・やじま
　　やしま-まち　福島県郡山市-町
　　やじま　茨城県行方市-
谷根　たんね
　　たんね　新潟県柏崎市-
　　たんね　新潟県糸魚川市-
谷畠　たんばく　福井県あわら市-
谷郷　たにごう・やごう
　　やごう　埼玉県行田市-
　　たにごう-ちょう　長崎県佐世保市-町
谷部　やべ　茨城県筑西市-
谷野　やの
　　やの-まち　東京都八王子市-町
　　やの　東京都青梅市-
谷野口　たにのくち　和歌山県田辺市-
谷塚　やつか
　　やつか　埼玉県草加市-
　　やつか-ちょう　埼玉県草加市-町
谷奥深　たにおぶか　和歌山県橋本市-
谷熊　やぐま
　　やぐま-ちょう　愛知県田原市-町
谷稲葉　やいなば　静岡県藤枝市-
谷瀬　たにぜ　奈良県吉野郡十津川村-

貝

貝吹　かいふき
　　かいふき-ちょう　愛知県西尾市-町
貝谷　かいや　茨城県結城郡八千代町-
貝家　かいげ
　　かいげ-ちょう　三重県四日市市-町
貝渚　かいすか　千葉県鴨川市-
貝喰　かいばみ　新潟県阿賀野市-

赤

赤子田　あこだ　鳥取県鳥取市-
赤水　あかみず・あこず
　　あかみず　新潟県阿賀野市-
　　あこず-ちょう　三重県四日市市-町
　　あかみず　愛媛県南宇和郡愛南町-
　　あかみず　熊本県阿蘇市-
　　あかみず-まち　宮崎県延岡市-町
赤生田　あこうだ
　　あこうだ-ちょう　群馬県館林市-町
赤田　あかた・あかだ・あこだ
　　あかだ　青森県北津軽郡板柳町-
　　あかた　秋田県由利本荘市-
　　あかだ　神奈川県足柄上郡大井町-
　　あかだ　富山県富山市-
　　あこだ　岡山県岡山市中区-
　　あかだ　岡山県美作市-
赤目町柏原　あかめちょうかしわら　三重県名張市-
赤地　あかじ・あかち
　　あかち　宮城県刈田郡七ケ宿町-
　　あかじ　福島県直方市-
　　あかじ　福島県鞍手郡小竹町-
赤宇木　あこうぎ　福島県双葉郡浪江町-
赤池真崎　あかいけまつさき
　　あかいけまつさき-ちょう　愛知県稲沢市-町
赤尾　あかお・あこう・あこお
　　あかお　埼玉県坂戸市-
　　あかお　福井県あわら市-
　　あかお　岐阜県山県市-
　　あこお　三重県桑名市-
　　あかお-ちょう　滋賀県大津市-町
　　あこう-ちょう　滋賀県近江八幡市-町
　　あかお　奈良県桜井市-
　　あかお　和歌山県紀の川市-
　　あかお　大分県宇佐市-
赤尾台　あこおだい　三重県桑名市-
赤岩五駄鱈　あかいわごだんたら　宮城県気仙沼市-
赤岩老松　あかいわおいのまつ　宮城県気仙沼市-
赤河　あこう　岐阜県加茂郡白川町-
赤沼田　あかんた　和歌山県紀の川市-
赤法花　あかぼつけ　茨城県守谷市-
赤垣内　あかがいと　和歌山県岩出市-
赤城　あかぎ・あかしろ
　　あかぎ-ちょう　埼玉県熊谷市-町
　　あかぎ　埼玉県鴻巣市-
　　あかしろ-ちょう　愛知県名古屋市西区-町
　　あかぎ　島根県益田市-
赤城町見立　あかぎまちみたち　群馬県渋川市-
赤怒田　あかぬた　長野県松本市-
赤海　あこうみ　新潟県五泉市-
赤剥　あかはげ　山形県酒田市-
赤留　あかる　福島県大沼郡会津美里町-
赤荻　あかおぎ・あこおぎ
　　あこおぎ　岩手県一関市-
　　あかおぎ　千葉県成田市-
赤童子町白山　あかどうじちょうはくさん　愛知県江南市-
赤磐　あかいわ
　　あかいわ-し　岡山県-市

187

7画（走, 足, 身, 車, 辰, 近, 迎, 返, 那, 邑）

赤穂　あかほ・あこう
　　あかほ　長野県駒ケ根市-
　　あこう-し　兵庫県-市
　　あこう-ぐん　兵庫県-郡
赤膚　あかはだ
　　あかはだ-ちょう　奈良県奈良市-町
赤鏥　あかさび　新潟県新潟市西蒲区-

走

走入　はしり　石川県羽咋郡宝達志水町-

足

足山　たりやま　鳥取県鳥取市-
足山田　あしやまだ
　　あしやまだ-ちょう　愛知県豊川市-町
足代　あしろ・あじろ
　　あじろ　大阪府東大阪市-
　　あしろ　徳島県三好郡東みよし町-
足田　たらだ　秋田県雄勝郡羽後町-
足立　あしだち・あしたて・あだち
　　あしたて　宮城県柴田郡村田町-
　　あだち-く　東京都-区
　　あだち　東京都足立区-
　　あしだち　岡山県新見市-
　　あだち　福岡県北九州市小倉北区-
足成　あしなる　愛媛県西宇和郡伊方町-
足羽　あすわ　福井県福井市-
足助　あすけ
　　あすけ-ちょう　愛知県豊田市-町
足助白山　あすけしらやま
　　あすけしらやま-ちょう　愛知県豊田市-町
足尾町通洞　あしおまちつうどう　栃木県日光市-
足沢　たるさわ　岩手県二戸市-
足見　たるみ　岡山県新見市-
足近町直道　あじかちょうすぐみち　岐阜県羽島市-
足高　あしたか・あだか
　　あだか　茨城県つくばみらい市-
　　あしたか　静岡県沼津市-
足寄　あしょろ
　　あしょろ-ぐん　北海道-郡
　　あしょろ-ちょう　北海道足寄郡-町
足崎　たらざき　茨城県ひたちなか市-

身

身延　みのぶ
　　みのぶ-ちょう　山梨県南巨摩郡-町
　　みのぶ　山梨県南巨摩郡身延町-

車

車力　しゃりき
　　しゃりき-ちょう　青森県つがる市-町
車尾　くずも　鳥取県米子市-
車道　くるまみち
　　くるまみち-ちょう　愛知県名古屋市東区-町

辰

辰口　たつのくち
　　たつのくち-まち　石川県能美市-町

近

近内　ちかうち・ちかない
　　ちかない　岩手県宮古市-
　　ちかうち-ちょう　奈良県五條市-町
近文　ちかぶみ
　　ちかぶみ-ちょう　北海道旭川市-町
近木　こぎ
　　こぎ　大阪府貝塚市-
　　こぎ-ちょう　大阪府貝塚市-町
近右エ門田　こんうえもんでん　福島県大沼郡会津美
　　里町-
近平　ちから　兵庫県神崎郡市川町-
近江　おうみ
　　おうみ　山形県東村山郡山辺町-
　　おうみ　新潟県新潟市中央区-
近江八幡　おうみはちまん
　　おうみはちまん-し　滋賀県-市
近島　ごんのしま　岐阜県岐阜市-

迎

迎木場免　むかえこばめん　長崎県北松浦郡佐々町-

返

返田　かやだ　千葉県香取市-
返吉　そりよし　山形県東田川郡庄内町-

那

那久路　なぐち　島根県隠岐郡隠岐の島町-
那加土山　なかどやま
　　なかどやま-ちょう　岐阜県各務原市-町
那加芦原　なかあわら
　　なかあわら-ちょう　岐阜県各務原市-町
那加神田　なかじんでん
　　なかじんでん-ちょう　岐阜県各務原市-町
那加雲雀　なかひばり
　　なかひばり-ちょう　岐阜県各務原市-町
那谷　なた
　　なた-まち　石川県小松市-町
那波　なば　兵庫県相生市-
那賀川町八幡　なかがわちょうやわた　徳島県阿南市-
那賀川町三栗　なかがわちょうみぐりゅう　徳島県阿
　　南市-
那賀川町工地　なかがわちょうたくむじ　徳島県阿
　　南市-
那賀川町日向　なかがわちょうひなた　徳島県阿南市-

邑

邑久町山田庄　おくちょうやまだのしょう　岡山県瀬
　　戸内市-
邑久町尻海　おくちょうしりみ　岡山県瀬戸内市-
邑生　おう
　　おう-ちょう　島根県松江市-町
邑地　おおじ
　　おおじ-ちょう　奈良県奈良市-町
邑南　おおなん
　　おおなん-ちょう　島根県邑智郡-町
邑智　おおち
　　おおち-ぐん　島根県-郡
邑楽　おうら
　　おうら-ぐん　群馬県-郡

7画（采, 里, 阪, 防, 麦）8画（並, 乳, 京, 依, 供, 侭, 兎, 免, 具, 函, 卒）

おうら-まち　群馬県邑楽郡-町
邑輝　むらき　島根県鹿足郡津和野町-

| 采 |

采女　うねめ
　　うねめ-ちょう　三重県四日市市-町

| 里 |

里仁　さとに　鳥取県鳥取市-
里平　りびら　北海道新冠郡新冠町-
里本江　さとほんご　石川県羽咋郡志賀町-
里谷　さとだに　和歌山県西牟婁郡白浜町-
里美　さとみ・さとよし
　　さとみ　北海道千歳市-
　　さとよし-ちょう　長崎県佐世保市-町

| 阪 |

阪新屋　さかのしんや
　　さかのしんや-ちょう　奈良県奈良市-町

| 防 |

防己　つづら　和歌山県西牟婁郡すさみ町-
防鹿　ほうろく　広島県大竹市-

| 麦 |

麦生　むぎう・むぎお
　　むぎう　石川県羽咋郡宝達志水町-
　　むぎお　鹿児島県熊毛郡屋久島町-

◆◆◆◆◆ 8画 ◆◆◆◆◆

| 並 |

並松　なみまつ・なんまつ
　　なんまつ-ちょう　京都府綾部市-町
　　なみまつ-ちょう　大阪府堺市堺区-町
　　なんまつ-ちょう　大阪府岸和田市-町
　　なみまつ　愛媛県宇和島市-
並美ケ丘　ならびがおか　北海道標津郡中標津町-
並塚　ならびつか　埼玉県北葛飾郡杉戸町-

| 乳 |

乳井　にゅうい　青森県弘前市-
乳母子　うばこ　愛知県常滑市-

| 京 |

京北弓槻　けいほくゆづき
　　けいほくゆづき-ちょう　京都府京都市右京区-町
京北中地　けいほくちゅうじ
　　けいほくちゅうじ-ちょう　京都府京都市右京区-町
京北芹生　けいほくせりょう
　　けいほくせりょう-ちょう　京都府京都市右京区-町
京北室谷　けいほくしつたん
　　けいほくしつたん-ちょう　京都府京都市右京区-町
京北柏原　けいほくかしわら
　　けいほくかしわら-ちょう　京都府京都市右京区-町
京田　きょうだ・きょうでん
　　きょうでん　山形県酒田市-
　　きょうでん　千葉県鴨川市-
　　きょうでん　新潟県上越市-

　　きょうでん　富山県高岡市-
　　きょうでん-ちょう　愛知県名古屋市中村区-町
　　きょうだ　京都府舞鶴市-
京尾　きょうのお　岡山県久米郡久米南町-
京良城　きょうらぎ
　　きょうらぎ-まち　福岡県北九州市八幡西区-町
京坪　きょうのつぼ
　　きょうのつぼ-ちょう　長崎県佐世保市-町
京泉　きょうせん　栃木県真岡市-
京終地方東側　きょうばてじかたひがしがわ
　　きょうばてじかたひがしがわ-ちょう　奈良県奈良市-町
京都　きょうと・みやこ
　　きょうと-し　京都府-市
　　みやこ-ぐん　福岡県-郡

| 依 |

依井　よりい　福岡県朝倉郡筑前町-
依古島　よこじま　千葉県東金市-
依田　よだ
　　よだ-ちょう　北海道帯広市-町
　　よだ　北海道中川郡幕別町-
依那具　いなぐ　三重県伊賀市-

| 供 |

供米田　くまいでん　愛知県名古屋市中川区-

| 侭 |

侭ノ上　ままのうえ　宮城県刈田郡七ケ宿町-

| 兎 |

兎之山　とのやま　愛媛県西条市-
兎内　うさぎない　青森県三戸郡五戸町-
兎田　うさいだ　大阪府泉南市-
兎作　うさぎさく　宮城県白石市-
兎我野　とがの
　　とがの-ちょう　大阪府大阪市北区-町
兎谷　うさぎだに　熊本県熊本市北区-
兎品沢　とひんざわ　秋田県南秋田郡五城目町-
兎新田　うさぎしんでん　新潟県新潟市南区-

| 免 |

免田　めんでん　石川県羽咋郡宝達志水町-
免田東　めんだひがし　熊本県球磨郡あさぎり町-

| 具 |

具志頭　ぐしちゃん　沖縄県島尻郡八重瀬町-
具定　ぐじょう
　　ぐじょう-ちょう　愛媛県四国中央市-町

| 函 |

函谷鉾　かんこぼこ
　　かんこぼこ-ちょう　京都府京都市下京区-町
函南　かんなみ
　　かんなみ-ちょう　静岡県田方郡-町

| 卒 |

卒古沢　そつこざわ　青森県上北郡七戸町-
卒島　そしま　栃木県小山市-

189

8画（卓,参,取,受,叔,呼,周,味,和）

卓

卓屋　しょくや
　　しょくや-ちょう　京都府京都市下京区-町

参

参野　さんじの
　　さんじの-ちょう　静岡県浜松市南区-町

取

取出　とりいで・とりで
　　とりいで　長野県松本市-
　　とりで-まち　長野県佐久市-町
取香　とっこう　千葉県成田市-

受

受領　うけりょう　茨城県稲敷郡美浦村-

叔

叔廼前　しゅくのまえ　宮城県遠田郡美里町-

呼

呼人　よびと　北海道網走-
呼子　よびこ　静岡県裾野市-
呼子町加部島　よぶこちょうかべしま　佐賀県唐津市-
呼坂　よびさか　山口県周南市-
呼松　よびまつ
　　よびまつ　岡山県倉敷市-
　　よびまつ-ちょう　岡山県倉敷市-町
呼野　よぶの　福岡県北九州市小倉南区-
呼塚　よばつか　千葉県柏市-
呼塚新田　よばつかしんでん
　　よばつかしんでん　千葉県柏市-
　　よばつかしんでん　千葉県我孫子市-
呼続　よびつぎ　愛知県名古屋市南区-

周

周世　すせ　兵庫県赤穂市-
周匝　すさい　岡山県赤磐市-
周布　しゅう・すふ
　　すふ-ちょう　島根県浜田市-町
　　すふ-ちょう　山口県山口市-町
　　しゅう　愛媛県西条市-
周佐　すさ　岡山県久米郡美咲町-
周防　すおう
　　すおう-ちょう　京都府京都市伏見区-町
周参見　すさみ　和歌山県西牟婁郡すさみ町-
周東町祖生　しゅうとうまちそお　山口県岩国市-
周東町差川　しゅうとうまちさすがわ　山口県岩国市-
周東町獺越　しゅうとうまちおそごえ　山口県岩国市-
周南　しゅうなん
　　しゅうなん-し　山口県-市
周船寺　すせんじ　福岡県福岡市西区-
周智　しゅうち
　　しゅうち-ぐん　静岡県-郡
周陽　しゅうよう　山口県周南市-

味

味方　あじかた・みかた
　　あじかた　新潟県新潟市南区-
　　あじかた　新潟県新潟市西蒲区-
　　みかた-ちょう　京都府綾部市-町
味庄　みしょう　千葉県長生郡長柄町-
味見河内　あじみこうち
　　あじみこうち-ちょう　福井県福井市-町
味明　みあけ　宮城県黒川郡大郷町-
味泥　みどろ
　　みどろ-ちょう　兵庫県神戸市灘区-町
味美　あじよし
　　あじよし-ちょう　愛知県春日井市-町
味酒　みさけ
　　みさけ-まち　愛媛県松山市-町

和

和　かず・かのう・やわら・わ
　　やわら　北海道雨竜郡北竜町-
　　かず　茨城県鹿嶋市-
　　かのう　長野県東御市-
　　わ　鹿児島県大島郡和泊町-
和水　なごみ・わすい
　　わすい-ちょう　京都府京都市上京区-町
　　なごみ-まち　熊本県玉名郡-町
和布　めら・わぶ
　　めら-ちょう　福井県福井市-町
　　わぶ-ちょう　兵庫県西脇市-町
和田山町久留引　わだやまちょうくるぶき　兵庫県朝来市-
和田山町土田　わだやまちょうはんだ　兵庫県朝来市-
和田山町内海　わだやまちょううつのみ　兵庫県朝来市-
和田山町法興寺　わだやまちょうほつこうじ　兵庫県朝来市-
和田山町高生田　わだやまちょうたこうだ　兵庫県朝来市-
和田町五十蔵　わだちょうごじゅうくら　千葉県南房総市-
和田町白渚　わだちょうしらすか　千葉県南房総市-
和田町海発　わだちょうかいほつ　千葉県南房総市-
和田町真浦　わだちょうもうら　千葉県南房総市-
和田町礎森　わだちょうするすもり　千葉県南房総市-
和田河原　わだがはら　神奈川県南足柄市-
和会　かずえ
　　かずえ-ちょう　愛知県豊田市-町
和多田海士　わただあま
　　わただあま-まち　佐賀県唐津市-町
和気　わき・わけ
　　わけ-まち　石川県能美市-町
　　わき-ちょう　愛知県西尾市-町
　　わき-ちょう　京都府京都市下京区-町
　　わけ-ちょう　大阪府和泉市-町
　　わけ-ぐん　岡山県-郡
　　わけ-ちょう　岡山県和気郡-町
　　わけ　岡山県和気郡和気町-
　　わけ-ちょう　愛媛県松山市-町
　　わき　大分県宇佐市-
和坂　かにがさか・わさか
　　かにがさか　兵庫県明石市-
　　わさか　兵庫県明石市-
和良町安郷野　わらちょうあごの　岐阜県郡上市-
和泉　いずみ・わいずみ
　　わいずみ　青森県弘前市-

8画（呰, 国）

いずみ　青森県南津軽郡田舎館村-
いずみ-まち　秋田県由利本荘市-町
いずみ　栃木県日光市-
いずみ-ちょう　埼玉県秩父市-町
いずみ-ちょう　埼玉県東松山市-町
いずみ　埼玉県比企郡滑川町-
いずみ-ちょう　千葉県千葉市若葉区-町
いずみ　千葉県鴨川市-
いずみ　千葉県印西市-
いずみ　千葉県香取市-
いずみ　東京都杉並区-
いずみ-ちょう　神奈川県横浜市泉区-町
いずみ　新潟県新潟市南区-
いずみ　新潟県糸魚川市-
いずみ　富山県南砺市-
いずみ　山梨県南アルプス市-
いずみ　岐阜県安八郡神戸町-
いずみ　岐阜県加茂郡白川町-
いずみ-ちょう　愛知県安城市-町
いずみ-ちょう　愛知県西尾市-町
いずみ　三重県桑名市-
いずみ-ちょう　三重県鈴鹿市-町
いずみ　三重県桑名郡木曽岬町-
いずみ-ちょう　京都府京都市下京区-町
いずみ-まち　大阪府大阪市中央区-町
いずみ-し　大阪府-市
いずみ　兵庫県加西市-町
いずみ-ちょう　高知県高知市-町
いずみ　福岡県筑後市-
いずみ-まち　熊本県熊本市北区-町
和食　わじき　徳島県那賀郡那賀町-
和寒　わっさむ
　わっさむ-ちょう　北海道上川郡-町
和富　かずとみ　三重県桑名郡木曽岬町-
和無田　わんだ
　わんだ-ちょう　三重県四日市市-町
和徳　わとく
　わとく-まち　青森県弘前市-町
和邇高城　わにたかしろ　滋賀県大津市-

呰

呰見　あざみ　福岡県京都郡みやこ町-

国

国下　こくが
　こくが-まち　石川県七尾市-町
国上　くがみ・くにがみ
　くがみ　新潟県燕市-
　くにがみ　鹿児島県西之表市-
国分　こくぶ・こくぶん
　こくぶん-ちょう　宮城県仙台市青葉区-町
　こくぶ-ちょう　茨城県日立市-町
　こくぶ-ちょう　茨城県土浦市-町
　こくぶん　千葉県市川市-
　こくぶ　千葉県館山市-
　こくぶ-まち　石川県七尾市-町
　こくぶ　福井県小浜市-
　こくぶ　長野県上田市-
　こくぶ-ちょう　三重県鈴鹿市-町
　こくぶ　滋賀県大津市-
　こくぶん　京都府宮津市-
　こくぶ-ちょう　大阪府大阪市天王寺区-町

　こくぶ-ちょう　大阪府和泉市-町
　こくぶ-ちょう　島根県浜田市-町
　こくぶ　愛媛県今治市-
　こくぶ　高知県南国市-
　こくぶ-まち　福岡県久留米市-町
　こくぶ　福岡県太宰府市-
　こくぶ　福岡県京都郡みやこ町-
　こくぶ-まち　長崎県長崎市-町
　こくぶ　大分県大分市-
国分上小川　こくぶかみこがわ　鹿児島県霧島市-
国分川原　こくぶかわはら　鹿児島県霧島市-
国分向花　こくぶむけ
　こくぶむけ　鹿児島県霧島市-
　こくぶむけ-ちょう　鹿児島県霧島市-町
国分寺町柏原　こくぶんじちょうかしはら　香川県高松市-
国分寺町福家　こくぶんじちょうふけ　香川県高松市-
国分東条　こくぶひがんじょう
　こくぶひがんじょう-ちょう　大阪府柏原市-町
国分姫城　こくぶひめぎ　鹿児島県霧島市-
国分清水　こくぶきよみず　鹿児島県霧島市-
国包　くにかね　静岡県掛川市-
国北　くにほく　兵庫県加古郡稲美町-
国市松泉　くにししょうせん
　くにししょうせん-ちょう　三重県尾鷲市-町
国本　くにもと・こくもと
　こくもと　千葉県市原市-
　くにもと　静岡県袋井市-
国母　こくぼ　山梨県甲府市-
国玉　くだま
　くだま　山梨県甲府市-町
国玉通　くにたまどおり　兵庫県神戸市灘区-
国生　こっしょう　茨城県常総市-
国立　くにたち・くにたて
　くにたち-し　東京都-市
　くにたて　大分県別府市-
国見町千燈　くにみまちせんど　大分県国東市-
国見町土黒己　くにみちょうひじくろき　長崎県雲仙市-
国見町向田　くにみまちむかた　大分県国東市-
国見町神代庚　くにみちょうこうじろこう　長崎県雲仙市-
国見町鬼籠　くにみまちきこ　大分県国東市-
国見町櫛来　くにみまちくしく　大分県国東市-
国見町櫛海　くにみまちくしのみ　大分県国東市-
国谷　くにや
　くにや　栃木県下都賀郡壬生町-
　くにや-ちょう　愛知県豊田市-町
国府　こう・こくふ・こくぶ
　こくふ　北海道中川郡中川町-
　こくふ　茨城県石岡市-
　こくぶ-ちょう　茨城県結城市-町
　こう-まち　栃木県栃木市-町
　こくふ　新潟県上越市-
　こくふ　福井県越前市-
　こう-ちょう　愛知県豊川市-町
　こう-ちょう　三重県鈴鹿市-町
　こう　大阪府藤井寺市-
　こう　鳥取県倉吉市-
　こくふ　熊本県熊本市中央区-

8画（垂, 坪, 垈, 夜, 奉, 奔, 妻）

国府台　こうのだい・こくふだい
　こうのだい　千葉県市川市-
　こうのだい　千葉県いすみ市-
　こくふだい　石川県小松市-
　こうのだい　静岡県磐田市-
国府市場　こくふいちば　岡山県岡山市中区-
国府田　こうだ　茨城県筑西市-
国府寺　こおでら
　こおでら-まち　兵庫県姫路市-町
国府町上上地　こくふちょうかみわじ　鳥取県鳥取市-
国府町上地　こくふちょうわじ　鳥取県鳥取市-
国府町井戸　こくふちょういど　徳島県徳島市-
国府町分上　こくふちょうぶんじょう　鳥取県鳥取市-
国府町石井谷　こくふちょういわいだに　鳥取県鳥取市-
国府町金桶　こくふちょうかねおけ　岐阜県高山市-
国府町拾石　こくふちょうじっこく　鳥取県鳥取市-
国府町神垣　こくふちょうこうがけ　鳥取県鳥取市-
国府町神護　こくふちょうかんご　鳥取県鳥取市-
国府町美歎　こくふちょうみたに　鳥取県鳥取市-
国府町宮下　こくふちょうみやのした　鳥取県鳥取市-
国府町清水　こくふちょうすんず　鳥取県鳥取市-
国府町楠城　こくふちょうなわしろ　鳥取県鳥取市-
国府町漆垣内　こくふちょううるしがいと　岐阜県高山市-
国府里　こうり　千葉県長生郡長柄町-
国府津　こうづ　神奈川県小田原市-
国府宮　こうのみや
　こうのみや　愛知県稲沢市-
　こうのみや-ちょう　愛知県稲沢市-町
国府宮神田　こうのみやじんでん
　こうのみやじんでん-ちょう　愛知県稲沢市-町
国府新宿　こくふしんしゅく　神奈川県中郡大磯町-
国府関　こうせき　千葉県茂原市-
国東　くにさき
　くにさき-し　大分県-市
国東町来浦　くにさきまちくのうら　大分県国東市-
国東町東堅来　くにさきまちひがしかたく　大分県国東市-
国東町原　くにさきまちはる　大分県国東市-
国東町富来　くにさきまちとみく　大分県国東市-
国屋　くや
　くや-ちょう　島根県松江市-町
国神　くにかみ　埼玉県秩父郡皆野町-
国神前　こくじんまえ　茨城県ひたちなか市-
国香通　くにかどおり　兵庫県神戸市中央区-
国栖　くず　奈良県吉野郡吉野町-
国納　こくのう　埼玉県南埼玉郡宮代町-
国崎　くざき・くにさき
　くざき-ちょう　三重県鳥羽市-町
　くにさき　兵庫県川西市-
国場　こくば　沖縄県那覇市-
国賀　こくか　新潟県妙高市-
国閑　かいご
　かいご-ちょう　愛知県豊田市-町
国衙　こくが　山口県防府市-
国誉　こくよ　北海道釧路郡釧路町-
国縫　くんぬい　北海道山越郡長万部町-

国頭　くにがみ
　くにがみ　鹿児島県大島郡和泊町-
　くにがみ-ぐん　沖縄県-郡
　くにがみ-そん　沖縄県国頭郡-村

垂

垂水　たるみ・たるみず・たれみず
　たれみず-ちょう　宮城県石巻市-町
　たるみ　三重県津市-
　たるみ-ちょう　大阪府吹田市-町
　たるみ　大阪府豊能郡能勢町-
　たるみ-く　兵庫県神戸市-区
　たるみ　兵庫県篠山市-
　たるみ-ちょう　香川県丸亀市-町
　たるみ　福岡県築上郡上毛町-
　たるみず-し　鹿児島県-市

坪

坪内　つぼのうち
　つぼのうち　富山県砺波市-
　つぼのうち　奈良県吉野郡天川村-
坪生　つぼう
　つぼう-ちょう　広島県福山市-町

垈

垈　ぬた　山梨県西八代郡市川三郷町-

夜

夜久野町大油子　やくのちょうおゆご　京都府福知山市-
夜久野町日置　やくのちょうへき　京都府福知山市-
夜久野町板生　やくのちょういとう　京都府福知山市-
夜子沢　よごさわ　山梨県南巨摩郡身延町-
夜市　やじ　山口県周南市-
夜光　やこう　神奈川県川崎市川崎区-
夜臼　ゆうす　福岡県糟屋郡新宮町-
夜見　よみ
　よみ-ちょう　鳥取県米子市-町
夜後　よご　群馬県利根郡みなかみ町-
夜宮　よみや　福岡県北九州市戸畑区-
夜間瀬　よませ　長野県下高井郡山ノ内町-
夜須町手結　やすちょうてい　高知県香南市-

奉

奉社　びしゃ　茨城県つくばみらい市-
奉免　ほうめ
　ほうめ-まち　千葉県市川市-町
　ほうめ　千葉県市原市-
奉膳　ぶんぜ　奈良県御所市-

奔

奔別新　ぽんべつしん
　ぽんべつしん-まち　北海道三笠市-町
奔渡　ぽんと　北海道厚岸郡厚岸町-
奔幌戸　ぽんぽろと　北海道厚岸郡浜中町-

妻

妻の神　さいのかみ
　さいのかみ　岩手県滝沢市-
　さいのかみ　宮城県遠田郡美里町-

8画（始、姉、妹、学、実、宗、定、宝）

妻木　さいき・つまぎ・むき
　　さいき　茨城県つくば市-
　　つまぎ-ちょう　岐阜県土岐市-町
　　むき　鳥取県西伯郡大山町-
妻良　めら　静岡県賀茂郡南伊豆町-
妻沼　めぬま　埼玉県熊谷市-
妻崎開作　つまざきがいさく　山口県宇部市-
妻鳥　めんどり
　　めんどり-ちょう　愛媛県四国中央市-町

始
始神　はじかみ　三重県度会郡南伊勢町-

姉
姉大東　あねだいとう
　　あねだいとう-ちょう　京都府京都市中京区-町
姉西洞院　あねにしのとういん
　　あねにしのとういん-ちょう　京都府京都市中京区-町
姉帯　あねたい　岩手県二戸市一戸町-

妹
妹　いもと
　　いもと-ちょう　滋賀県東近江市-町
妹尾　せのお　岡山県岡山市南区-
妹背牛　もせうし
　　もせうし-ちょう　北海道雨竜郡-町

学
学文殿　がくぶんでん
　　がくぶんでん-ちょう　兵庫県西宮市-町
学文路　かむろ　和歌山県橋本市-
学田　がくでん
　　がくでん　北海道士別市-
　　がくでん　北海道紋別郡遠軽町-
　　がくでん　宮城県遠田郡美里町-

実
実ケ谷　さながや　埼玉県白岡市-
実久　さねく　鹿児島県大島郡瀬戸内町-
実田　みた　岩手県宮古市-
実沢　さねざわ
　　さねざわ　宮城県仙台市泉区-
　　さねざわ　福島県田村郡三春町-
実谷　じっこく　千葉県夷隅郡御宿町-
実取　みどり　栃木県大田原市-
実松　さねまつ
　　さねまつ-ちょう　島根県安来市-町
実法寺　じほうじ　兵庫県姫路市-
実門　さねかど　千葉県山武市-
実籾　みもみ　千葉県習志野市-
実栗　みぐり
　　みぐり-ちょう　愛知県豊田市-町
実留　さねどめ
　　さねどめ-ちょう　広島県庄原市-町
実崎　さんざき　高知県四万十市-
実郷　みさと　北海道常呂郡訓子府町-
実勢　じっせ　京都府船井郡京丹波町-
実豊　みとよ　北海道網走市-
実穀　じつこく　茨城県稲敷郡阿見町-

宗
宗枝　むねだ　岡山県苫田郡鏡野町-
宗高　むなだか・むねたか
　　むねたか-ちょう　群馬県伊勢崎市-町
　　むなだか　静岡県焼津市-
宗像　むなかた
　　むなかた　鳥取県米子市-
　　むなかた-し　福岡県-市
宗頤　そうえん
　　そうえん-まち　福島県大沼郡会津美里町-町

定
定山渓　じょうざんけい　北海道札幌市南区-
定元　さだもと
　　さだもと-まち　兵庫県姫路市-町
定内　さだない
　　さだない-ちょう　岩手県釜石市-町
定友　さだとも
　　さだとも-ちょう　福井県越前市-町
定方　さだかた　福井県今立郡池田町-
定正　さだまさ
　　さだまさ-ちょう　福井県福井市-町
定光　じょうこう　茨城県稲敷郡美浦村-
定次　さだつぎ
　　さだつぎ-ちょう　福井県鯖江市-町
定国　さだくに
　　さだくに-ちょう　愛知県岡崎市-町
定宗　さだむね　岡山県久米郡美咲町-
定府　じょうふ
　　じょうふ-まち　熊本県宇土市-町
定明　じょうみょう
　　じょうみょう-まち　新潟県長岡市-町
定峰　さだみね　埼玉県秩父市-
定留　さだのみ　大分県中津市-
定納山　じょうのうやま　愛知県名古屋市緑区-
定塚　じょうづか
　　じょうづか　富山県高岡市-
　　じょうづか-まち　富山県高岡市-町

宝
宝山　たからやま・ほうざん
　　たからやま-ちょう　岐阜県関市-町
　　ほうざん-ちょう　大阪府豊中市-町
　　たからやま　福岡県行橋市-
宝木　たからぎ
　　たからぎ-ちょう　栃木県宇都宮市-町
宝生　ほうしょう・ほうせい
　　ほうせい　北海道十勝郡浦幌町-
　　ほうしょう-ちょう　愛知県名古屋市南区-町
宝田　たからだ・ほうでん
　　たからだ　山形県鶴岡市-
　　たからだ　千葉県成田市-
　　ほうでん　愛知県名古屋市瑞穂区-町
　　ほうでん-ちょう　兵庫県神戸市須磨区-町
　　たからだ-ちょう　徳島県阿南市-町
宝立町大町泥木　ほうりゅうまちおおまちどろのき
　　石川県珠洲市-
宝立町柏原　ほうりゅうまちかしはら　石川県珠洲市-

193

8画（居, 屈, 岡, 岳, 岸, 岩）

宝地　ほうじ・ほうち
　ほうじ-まち　新潟県長岡市-町
　ほうち-ちょう　愛知県名古屋市西区-町
宝坂　たからざか・ほうざか
　ほうざか　福島県東白川郡矢祭町-
　たからざか-まち　福岡県大牟田市-町
宝来　たからぎ・ほうらい
　ほうらい-ちょう　北海道函館市-町
　ほうらい　北海道稚内市-
　ほうらい　埼玉県さいたま市西区-
　たからぎ-ちょう　富山県高岡市-町
　ほうらい-ちょう　岐阜県岐阜市-町
　ほうらい-ちょう　静岡県島田市-町
　ほうらい-ちょう　愛知県半田市-町
　ほうらい-ちょう　愛知県豊田市-町
　ほうらい　奈良県奈良市-
　ほうらい-ちょう　奈良県奈良市-町
　ほうらい-ちょう　和歌山県田辺市-町
　ほうらい-まち　熊本県人吉市-町
宝谷　たからだに・ほうや
　ほうや　山形県鶴岡市-
　たからだに　鳥取県日野郡日南町-

居

居　い
　い-まち　長野県長野市-町
居土　いづち　青森県南津軽郡大鰐町-
居辺　おりべ　北海道河東郡上士幌町-
居伝　いで
　いで-ちょう　奈良県五條市-町
居森平　いもりたい　青森県中津軽郡西目屋村-

屈

屈足　くったり　北海道上川郡新得町-
屈巣　くす　埼玉県鴻巣市-

岡

岡町小路　おかまちしょうじ　熊本県八代市-
岡谷　おかだに・おかや
　おかや-まち　群馬県沼田市-町
　おかや-し　長野県-市
　おかだに-ちょう　滋賀県長浜市-町
　おかだに　岡山県総社市-
岡谷地　おかやち　青森県三戸郡五戸町-
岡前　おかぜん・おかまえ
　おかまえ　福島県伊達市-
　おかぜん　鹿児島県大島郡天城町-
岡南　おかみなみ・こうなん
　おかみなみ-ちょう　大阪府枚方市-町
　こうなん-ちょう　岡山県岡山市北区-町
岡津　おかつ・おかづ・おこづ
　おかづ-ちょう　神奈川県横浜市泉区-町
　おこづ　福井県小浜市-
　おかつ　静岡県掛川市-
岡津古久　おかつこく　神奈川県厚木市-
岡発戸　おかほっと　千葉県我孫子市-
岡原北　おかはるきた　熊本県球磨郡あさぎり町-
岡宮　おかのみや　静岡県沼津市-
岡造道　おかつくりみち　青森県青森市-
岡経田　おかきょうでん　富山県魚津市-
岡部町内谷　おかべちょううつたに　静岡県藤枝市-

岡部町新舟　おかべちょうにゅうふね　静岡県藤枝市-
岡豊町八幡　おこうちょうやはた　高知県南国市-
岡豊町小篭　おこうちょうこごめ　高知県南国市-
岡織屋小路　おかおりやしょうじ　和歌山県和歌山市-

岳

岳谷　たけや　大分県臼杵市-
岳温泉大和　だけおんせんだいわ　福島県二本松市-

岸

岸上　きしがみ・きしのうえ
　きしがみ　和歌山県橋本市-
　きしのうえ　香川県仲多度郡まんのう町-
岸谷　きしだに・きしや
　きしや　神奈川県横浜市鶴見区-
　きしだに　京都府舞鶴市-
岸里　きしのさと　大阪府大阪市西成区-
岸河内　きしがわち　大分県佐伯市-
岸城　きしき
　きしき-ちょう　大阪府岸和田市-町

岩

岩子　いわこ・いわのこ
　いわのこ　福島県相馬市-
　いわこ　栃木県那須烏山市-
岩井寺　がんしょうじ　静岡県掛川市-
岩井畝　いわいうね　岡山県真庭市-
岩内　いわうち・いわない・ようち
　いわない-ちょう　北海道帯広市-町
　いわない-ぐん　北海道-郡
　いわない-ちょう　北海道岩内郡-町
　いわない　北海道夕張郡由仁町-
　いわうち-まち　石川県能美市-町
　いわうち-ちょう　福井県越前市-町
　ようち-ちょう　三重県松阪市-町
　ようち　三重県多気郡明和町-
　いわうち　和歌山県御坊市-
岩月千岩田　いわつきせんがんだ　宮城県気仙沼市-
岩月町橿野　いわつきまちかしわの　福島県喜多方市-
岩月箒沢　いわつきほうきさわ　宮城県気仙沼市-
岩出山本沢　いでやまあけびざわ　宮城県大崎市-
岩田辻垣内　いわたつじがいと　京都府八幡市-
岩石　がんじき・がんぜき
　がんじき　新潟県村上市-
　がんぜき-ちょう　長野県長野市-町
岩辺　いわなべ　岡山県美作市-
岩舟町五十畑　いわふねまちいかばた　栃木県栃木市-
岩舟町曲ケ島　いわふねまちまがのしま　栃木県栃木市-
岩舟町新里　いわふねまちにっさと　栃木県栃木市-
岩舟町鷲巣　いわふねまちわしのす　栃木県栃木市-
岩作申立花　やざこさるりっか　愛知県長久手市-
岩作泥亀首　やざことちくび　愛知県長久手市-
岩作長筬　やざこながおさ　愛知県長久手市-
岩作蛇洞　やざこじゃぼら　愛知県長久手市-
岩作権代　やざごんだい　愛知県長久手市-
岩谷　いわがたに・いわや
　いわや-まち　秋田県由利本荘市-町
　いわや　福島県福島市-
　いわや　新潟県東蒲原郡阿賀町-

8画（岨, 岱, 岬, 幸）

いわや-ちょう　愛知県豊田市-町
いわがたに　香川県小豆郡小豆島町-
いわや　愛媛県伊予郡砥部町-
いわや　愛媛県北宇和郡鬼北町-
いわや　大分県杵築市-
岩谷口　いわやぐち
いわやぐち　新潟県佐渡市-
いわやぐち　愛媛県伊予郡砥部町-
岩谷川内　いわたにがわち　佐賀県西松浦郡有田町-
岩谷沢　いわやさわ　山形県尾花沢市-
岩谷麓　いわやふもと　秋田県由利本荘市-
岩岡町古郷　いわおかちょうふるさと　兵庫県神戸市西区-
岩岫寺　いわくらじ　富山県中新川郡立山町-
岩城二古　いわきふたご　秋田県由利本荘市-
岩城滝俣　いわきたきのまた　秋田県由利本荘市-
岩城福俣　いわきふくのまた　秋田県由利本荘市-
岩廻間　いわばさま　愛知県長久手市-
岩神　いわがみ・やがみ
いわがみ-まち　群馬県前橋市-町
いわがみ　福井県大飯郡高浜町-
やがみ-ちょう　愛知県豊田市-町
いわがみ　鳥取県八頭郡智頭町-
岩倉上蔵　いわくらあぐら
いわくらあぐら-ちょう　京都府京都市左京区-町
岩倉長谷　いわくらながたに
いわくらながたに-ちょう　京都府京都市左京区-町
岩倉幡枝　いわくらはたえだ
いわくらはたえだ-ちょう　京都府京都市左京区-町
岩脇　いおぎ・いわわき
いわわき-ちょう　岩手県盛岡市-町
いおぎ　滋賀県米原市-
岩開　いわかい　福井県丹生郡越前町-
岩滑　いわなめ　静岡県掛川市-
岩滑高山　やなべたかやま
やなべたかやま-ちょう　愛知県半田市-町
岩端　いわばな
いわばな-ちょう　兵庫県姫路市-町
岩槻　いわつき
いわつき-く　埼玉県さいたま市-区
いわつき　埼玉県さいたま市岩槻区-
岩橋　いわせ　和歌山県和歌山市-
岩館下り松　いわだてさがりまつ　青森県平川市-
岩館長田　いわだておさだ　青森県平川市-
岩瀬　いわがせ・いわせ・いわぜ
いわせ　秋田県大館市-
いわせ-ぐん　福島県-郡
いわせ　茨城県桜川市-
いわせ　千葉県松戸市-
いわせ　千葉県富津市-
いわせ　神奈川県鎌倉市-
いわせ　新潟県十日町市-
いわがせ　富山県氷見市-
いわぜ　大阪府河内長野市-
いわせ　福岡県中間市-
いわせ　大分県竹田市-

岨

岨谷　すわたに　岡山県加賀郡吉備中央町-

岱

岱明町下沖洲　たいめいまちしもおきのす　熊本県玉名市-

岬

岬之　はなの
はなの-ちょう　山口県下関市-町
岬町三門　みさきちょうみかど　千葉県いすみ市-
岬町谷上　みさきちょうやがみ　千葉県いすみ市-
岬陽　こうよう
こうよう-ちょう　神奈川県三浦市-町

幸

幸ケ丘　さちがおか　山口県周南市-
幸ケ谷　こうがや　神奈川県横浜市神奈川区-
幸ノ神　さいのかみ　青森県三戸郡五戸町-
幸の台　こうのだい　山口県周南市-
幸子　こうじ　福岡県築上郡吉富町-
幸川　こうがわ
こうがわ-ちょう　愛知県名古屋市千種区-町
幸内　こうない　北海道有珠郡壮瞥町-
幸心　こうしん　愛知県名古屋市守山区-
幸手　さって
さって-し　埼玉県-市
さって　埼玉県幸手市-
幸丘　さちがおか　三重県鳥羽市-
幸主　こうしゅ　茨城県猿島郡五霞町-
幸平　こうびら　佐賀県西松浦郡有田町-
幸生　こうせい・さちう
さちう　山形県寒河江市-
こうせい-ちょう　三重県松阪市-町
幸田　こうた・こうだ・こうで・こうでん・さちた
こうだ　岩手県花巻市-
さちた-まち　山形県寒河江市-町
こうだ　茨城県坂東市-
こうだ　茨城県稲敷市-
こうで　千葉県松戸市-
こうだ　千葉県東金市-
こうでん　岐阜県下呂市-
こうた-ちょう　愛知県額田郡-町
こうだ　熊本県熊本市南区-
こうだ　鹿児島県姶良郡湧水町-
幸在　こうざい
こうざい-ちょう　京都府京都市上京区-町
幸地　こうじ・こうち
こうじ　島根県鹿足郡吉賀町-
こうち　沖縄県中頭郡西原町-
幸地崎　こうちざき
こうちざき-ちょう　岡山県岡山市東区-町
幸竹　こうたけ
こうたけ-ちょう　京都府京都市下京区-町
こうたけ　兵庫県加古郡稲美町-
幸谷　こうや
こうや　茨城県稲敷郡河内町-
こうや　千葉県松戸市-
幸和　こうわ　北海道天塩郡遠別町-
幸岡　こうおか・さちおか
さちおか　北海道常呂郡置戸町-
こうおか　栃木県矢板市-
幸房　こうぼう　埼玉県三郷市-

195

8画 (庚, 延, 弦, 弥, 征, 彼, 忠)

幸明　こうみょう
　こうみょう-まち　石川県白山市-町
幸治　こうじ　千葉県長生郡白子町-
幸知　こうち　群馬県利根郡みなかみ町-
幸前　こうぜん　奈良県生駒郡斑鳩町-
幸南　こうなん　新潟県長岡市-
幸栄　こうえい　新潟県新潟市東区-
幸海　こうかい
　こうかい-ちょう　愛知県豊田市-町
幸津　さいつ
　さいつ-まち　佐賀県鳥栖市-町
幸津川　さづかわ
　さづかわ-ちょう　滋賀県守山市-町
幸畑　こうばた　青森県青森市-
幸神　こうじん・さいのかみ
　さいのかみ-ちょう　京都府京都市上京区-町
　こうじん-ちょう　鳥取県境港市-町
　さいのかみ　福岡県北九州市八幡西区-
幸神平　こうしんだいら　茨城県坂東市-
幸原　こうばら
　こうばら-ちょう　静岡県三島市-町
幸浦　さちうら　神奈川県横浜市金沢区-
幸脇　さいわき　宮崎県日向市-
幸連　こうれん　北海道上磯郡木古内町-
幸高　こうたか
　こうたか-まち　長野県須坂市-町
幸崎　こうざき　高知県高知市-
幸崎能地　さいざきのうじ　広島県三原市-
幸庵新田　こうあんしんでん　静岡県静岡市葵区-
幸袋　こうぶくろ　福岡県飯塚市-
幸喜　こうき　沖縄県名護市-
幸塚　こうづか
　こうづか-まち　群馬県前橋市-町
幸陽　こうよう
　こうよう-ちょう　兵庫県神戸市北区-町
幸徳　こうとく　北海道広尾郡大樹町-
幸穂台　さちほだい　愛知県豊田市-

庚

庚午中　こうごなか　広島県広島市西区-
庚台　かのえだい　神奈川県横浜市南区-
庚申　こうしん
　こうしん-ちょう　愛知県半田市-町
庚申塚　かねづか
　かねづか-ちょう　栃木県佐野市-町
庚塚　かねづか・かのえづか
　かのえづか　宮城県塩竈市-
　かねづか　新潟県燕市-

延

延方　のぶかた　茨城県潮来市-
延沢　のぶさわ・のべさわ
　のべさわ　山形県尾花沢市-
　のぶさわ　神奈川県足柄上郡開成町-
延珠　えんじゅ
　えんじゅ-ちょう　愛知県名古屋市名東区-町
延野　のぶの　徳島県那賀郡那賀町-
延野々　のびのの　愛媛県北宇和郡松野町-

弦

弦谷　つるだに　兵庫県佐用郡佐用町-
弦巻　つるまき　東京都世田谷区-

弥

弥山　ややま　福岡県飯塚市-
弥永　いやなが・やなが
　やなが　福岡県福岡市南区-
　いやなが　福岡県朝倉郡筑前町-
弥生門田　やよいかんた　大分県佐伯市-
弥生提内　やよいひさぎうち　大分県佐伯市-
弥生藤枝　やよいふじえ
　やよいふじえ-ちょう　北海道三笠市-町
弥谷　いやだに　和歌山県日高郡日高川町-
弥陀ケ原　みだがはら　富山県中新川郡立山町-
弥栄　やえい・やさか・やさかえ
　やさかえ-ちょう　北海道根室市-町
　やさかえ　岩手県一関市-
　やさかえ　福島県西白河郡矢吹町-
　やさか-ちょう　埼玉県越谷市-町
　やえい　神奈川県相模原市中央区-
　やさか-ちょう　兵庫県豊岡市-町
弥栄台　やさかだい　兵庫県神戸市須磨区-
弥栄町小坂　やさかちょうおさか　島根県浜田市-
弥柳　いよやなぎ　茨城県つくばみらい市-

征

征矢　そや
　そや-ちょう　埼玉県飯能市-町
征矢野　そやの　長野県松本市-

彼

彼方　おちかた　大阪府富田林市-
彼杵宿郷　そのぎしゅくごう　長崎県東彼杵郡彼杵町-

忠

忠　ただ
　ただ-ちょう　京都府綾部市-町
忠生　ただお　東京都町田市-
忠白田　ちゅうしろだ　愛知県知多郡武豊町-
忠次　ちゅうじ　愛知県名古屋市南区-
忠別　ちゅうべつ　北海道上川郡美瑛町-
忠見　ただみ　福岡県八女市-
忠和一条　ちゅうわいちじょう　北海道旭川市-
忠岡　ただおか
　ただおか-ちょう　大阪府泉北郡-町
忠治山　ちゅうじやま　愛知県名古屋市緑区-
忠海床浦　ただのうみとこのうら　広島県竹原市-
忠庵　ちゅうあん
　ちゅうあん-ちょう　京都府京都市下京区-町
忠野　ちゅうの　福井県小浜市-
忠隈　ただくま　福岡県飯塚市-
忠節　ちゅうせつ
　ちゅうせつ-ちょう　岐阜県岐阜市-町
忠縄　ただなわ
　ただなわ-まち　石川県金沢市-町
忠蔵　ちゅうぞう
　ちゅうぞう-まち　新潟県新潟市中央区-町

8画（房,押,招,担,抽,拝,放,斧,於,易,昆,昇,明）

忠興　ただこう　愛知県豊橋市-
忠類　ちゅうるい　北海道標津郡標津町-

房

房丸　ぼうまる
　　ぼうまる-まち　群馬県前橋市-町
房内　ぼうち　茨城県つくば市-
房田　ふさだ
　　ふさだ-まち　石川県輪島市-町
房島　ぼうじま　岐阜県揖斐郡揖斐川町-

押

押口　おさえぐち　鳥取県西伯郡伯耆町-
押出　おしだし　長野県小諸市-
押平　おしなら　鳥取県西伯郡大山町-
押辺　おしのべ　茨城県笠間市-
押羽　おしは　長野県上高井郡小布施町-
押西洞院　おしにしのとういん
　　おしにしのとういん-ちょう　京都府京都市中京区-町
押尾　おしび　茨城県筑西市-
押角　おしかく　鹿児島県大島郡瀬戸内町-
押油小路　おしあぶらのこうじ
　　おしあぶらのこうじ-ちょう　京都府京都市中京区-町
押垣外　おしがいと　山梨県北都留郡丹波山村-
押帯　おしょつぶ　北海道中川郡本別町-
押部谷町木見　おしべだにちょうこうみ　兵庫県神戸
　市西区-
押部谷町近江　おしべだにちょうきんこう　兵庫県神
　戸市西区-
押部谷町細田　おしべだにちょうさいた　兵庫県神戸
　市西区-

招

招提大谷　しょうだいおおたに　大阪府枚方市-

担

担橋　かつぎばし　福島県田村郡三春町-

抽

抽ケ台　ゆがだい
　　ゆがだい-ちょう　茨城県常陸大宮市-町

拝

拝田原　はいたばる　大分県竹田市-
拝宮　はいぎゅう　徳島県那賀郡那賀町-

放

放出東　はなてんひがし　大阪府大阪市鶴見区-
放生津　ほうじょうづ
　　ほうじょうづ　富山県高岡市-
　　ほうじょうづ-まち　富山県射水市-町
放森　はなつもり　青森県上北郡七戸町-

斧

斧口　よきぐち　愛知県常滑市-
斧磨　よきとぎ　滋賀県愛知郡愛荘町-

於

於保多　おおた
　　おおた-まち　富山県富山市-町

易

易国間　いこくま　青森県下北郡風間浦村-
易居　やすい
　　やすい-ちょう　鹿児島県鹿児島市-町

昆

昆陽　こや　兵庫県伊丹市-

昇

昇平岱　しょうへいだい　秋田県能代市-

明

明ケ島　みょうがじま　静岡県磐田市-
明ケ島原　みょうがじまはら　静岡県磐田市-
明が丘　あけがおか　愛知県名古屋市名東区-
明の川内　あけのかわち　長崎県平戸市-町
　　あけのかわち-ちょう
明土　あけど　青森県上北郡おいらせ町-
明川　あすがわ
　　あすがわ-ちょう　愛知県豊田市-町
明元　あけもと
　　あけもと-ちょう　北海道留萌市-町
明円　みょうえん
　　みょうえん　福島県耶麻郡猪苗代町-
　　みょうえん-ちょう　愛知県名古屋市南区-町
明天　めいてん
　　めいてん-ちょう　愛知県津島市-町
明戸　あけと・あけど
　　あけと　岩手県下閉伊郡田野畑村-
　　あけど　宮城県気仙沼市-
　　あけど　福島県白河市-
　　あけと　埼玉県深谷市-
　　あけと　新潟県長岡市-
明戸岩　みょうといわ　高知県吾川郡仁淀川町-
明月　めいげつ
　　めいげつ　宮城県多賀城市-
　　めいげつ-ちょう　愛知県名古屋市昭和区-町
明木　あきらぎ　山口県萩市-
明王寺　みょうおうじ・みょうじ
　　みょうおうじ　和歌山県和歌山市-
　　みょうじ　和歌山県有田郡有田川町-
明世町月吉　あきみょうつきよし　岐阜県瑞浪市-
明主内　みょうしゅうち　福島県二本松市-
明正　めいしょう・めいせい
　　めいしょう　愛知県名古屋市港区-
　　めいせい-ちょう　三重県桑名市-町
明永　みょうえい
　　みょうえい-ちょう　秋田県横手市-町
明生　みょうじょう・めいせい
　　みょうじょう　石川県鳳珠郡能登町-
　　めいせい-ちょう　岐阜県関市-町
明用　みょうよう　埼玉県鴻巣市-
明田　あけた・みょうでん
　　みょうでん　新潟県新潟市西区-
　　あけた-ちょう　大阪府高槻市-町
明石　あかいし・あかし・あけし
　　あかいし　宮城県富谷市-
　　あけし　茨城県つくば市-
　　あかし　茨城県鹿嶋市-
　　あかし　千葉県南房総市-

8画 (杵, 杭, 枝, 松)

あかし-ちょう　東京都中央区-町
あかし-ちょう　神奈川県平塚市-町
あかし　新潟県新潟市中央区-
あかし-ちょう　新潟県十日町市-町
あかし-まち　愛知県碧南市-町
あけし　京都府与謝郡与謝野町-
あかし-まち　兵庫県神戸市中央区-町
あかし-し　兵庫県-市
あかし　広島県豊田郡大崎上島町-

明石公園　あかしこうえん　兵庫県明石市-
明石台　あかいしだい　宮城県富谷市-
明石南　あかいしみなみ　宮城県仙台市泉区-
明石堂　あかしどう　山形県山形市-
明辺　あけなべ　鳥取県八頭郡八頭町-
明伏　あけぶし　静岡県賀茂郡松崎町-
明光　めいこう　石川県白山市-
明地　めいち　愛知県一宮市-
明成　めいせい
　めいせい-ちょう　愛知県大府市-町
明見　みょうけん
　みょうけん-ちょう　愛知県岡崎市-町
　みょうけん　岡山県美作市-
　みょうけん　高知県南国市-
明豆　みょうず　三重県多気郡大台町-
明里　あかり・あけさと
　あけさと　北海道苫前郡初山別村-
　あかり-ちょう　福井県福井市-町
明宝寒水　めいほうかのみず　岐阜県郡上市-
明河　みょうが　愛媛県東温市-
明知　あけち・みょうち
　あけち-ちょう　愛知県春日井市-町
　みょうち-ちょう　愛知県みよし市-町
明保野　あけぼの
　あけぼの-ちょう　栃木県宇都宮市-町
明前　みょうまえ・めいぜん
　みょうまえ　青森県上北郡野辺地町-
　めいぜん-ちょう　愛知県名古屋市瑞穂区-町
明南　めいなん
　めいなん-ちょう　兵庫県明石市-町
明海　あけみ
　あけみ　千葉県浦安市-
　あけみ-ちょう　愛知県豊橋市-町
明津　あくつ　神奈川県川崎市高津区-
明洋　めいよう　和歌山県田辺市-
明科南陸郷　あかしなみなみりくごう　長野県安曇
　野市-
明秋　めいしゅう　埼玉県比企郡吉見町-
明美　あけみ
　あけみ　北海道中川郡本別町-
　あけみ-ちょう　大阪府八尾市-町
明原　あけはら　千葉県柏市-
明島　あからじま
　あからじま-まち　石川県白山市-町
明浜町渡江　あけはまちょうとのえ　愛媛県西予市-
明通　あけどおり　宮城県仙台市泉区-
明添　みょうぞえ　和歌山県東牟婁郡紀美野町-
明理川　あかりがわ　愛媛県西条市-
明郷　あけさと　北海道根室市-
明野町上手　あけのちょううえで　山梨県北杜市-

明塚　あかつか　島根県邑智郡美郷町-
明晶　みょうしょう
　みょうしょう-まち　新潟県見附市-町
明智町吉良見　あけちちょうきらみ　岐阜県恵那市-
明賀　あすが
　あすが-ちょう　愛知県豊田市-町
明賀台　みょうがだい　岐阜県瑞浪市-
明道　あけみち　沖縄県沖縄市-
明園　あけぞの
　あけぞの-まち　富山県高岡市-町
明新東　あけしんひがし　福島県西白河郡矢吹町-
明徳　みょうとく・めいとく
　めいとく-ちょう　北海道苫小牧市-町
　みょうとく-まち　長野県須坂市-町
　めいとく-ちょう　岐阜県岐阜市-町
　みょうとく　岐阜県養老郡養老町-
　めいとく-ちょう　愛知県名古屋市中川区-町
　めいとく　大阪府寝屋川市-
　めいとく-まち　熊本県熊本市北区-町
明磧　あけがわら　大分県大分市-
明礬　みょうばん　大分県別府市-

| 杵 |

杵臼　きなうす・きねうす
　きなうす　北海道夕張郡栗山町-
　きねうす　北海道浦河郡浦河町-
杵島　きしま
　きしま-ぐん　佐賀県-郡
杵築　きずき・きつき
　きずき　山口県山陽小野田市-
　きつき-し　大分県-市
　きつき　大分県杵築市-

| 杭 |

杭全　くまた　大阪府大阪市東住吉区-

| 枝 |

枝下　しだれ
　しだれ-ちょう　愛知県豊田市-町
枝去木　えざるき　佐賀県唐津市-
枝成沢　えだなりさわ　岩手県久慈市-
枝折　しおり　滋賀県米原市-
枝幸　えさし
　えさし-ぐん　北海道-郡
　えさし-ちょう　北海道枝幸郡-町

| 松 |

松ケ谷　まつがたに・まつがや
　まつがや　千葉県旭市-
　まつがや　千葉県山武市-
　まつがたに　福井県今立郡池田町-
松ケ崎三反長　まつがさきさんだんおさ
　まつがさきさんだんおさ-ちょう　京都府京都市左京区-町
松ケ崎久土　まつがさきくど
　まつがさきくど-ちょう　京都府京都市左京区-町
松ケ崎糺田　まつがさきただすでん
　まつがさきただすでん-ちょう　京都府京都市左京区-町
松ケ崎呼返　まつがさきよびかえり
　まつがさきよびかえり-ちょう　京都府京都市左京区-町

198

8画（松）

松ケ崎海尻　まつがさきかいじり
　　まつがさきかいじり・ちょう　京都府京都市左京区-町
松ケ崎修理式　まつがさきしゅうりしき
　　まつがさきしゅうりしき-ちょう　京都府京都市左京区-町
松ケ崎榎実ケ芝　まつがさきえのみがしば　京都京都市左京区-
松ケ崎樋ノ上　まつがさきひのえ
　　まつがさきひのえ-ちょう　京都府京都市左京区-町
松山町泰野　まつやまちょうたいの　鹿児島県志布志市-
松之山下鰕池　まつのやましもえびいけ　新潟県十日町市-
松之山五十子平　まつのやまいがごだいら　新潟県十日町市-
松之山天水越　まつのやまあまみずこし　新潟県十日町市-
松之山光間　まつのやまひかるま　新潟県十日町市-
松井田町土塩　まついだまちひじしお　群馬県安中市-
松井田町小日向　まついだまちおびなた　群馬県安中市-
松井田町行田　まついだまちおくなだ　群馬県安中市-
松井田町国街　まついだまちこくが　群馬県安中市-
松井田町新堀　まついだまちにいぼり　群馬県安中市-
松井交野ケ原　まついかたのがはら　京都府八幡市-
松井梅谷　まついとがだに　京都府八幡市-
松内　まつうち・まつない
　　まつない　岩手県盛岡市-
　　まつうち　岐阜県安八郡輪之内町-
松戸原　まつとはら　福島県南会津郡南会津町-
松月　しょうげつ
　　しょうげつ-ちょう　愛知県名古屋市瑞穂区-町
　　しょうげつ-ちょう　大阪府守口市-町
松木　まつき・まつぎ・まつのき
　　まつき　秋田県大館市-
　　まつき-ちょう　福島県福島市-町
　　まつき-ちょう　福島県郡山市-町
　　まつき　埼玉県さいたま市緑区-
　　まつき　千葉県印西市-
　　まつぎ　東京都八王子市-
　　まつのき　富山県富山市-
　　まつのき　富山県南砺市-
　　まつのき　富山県射水市-
　　まつのき　石川県羽咋郡志賀町-
　　まつき　岡山県赤磐市-
　　まつぎ　愛媛県今治市-
　　まつぎ-ちょう　愛媛県新居浜市-町
　　まつのき　福岡県筑紫郡那珂川町-
　　まつき　熊本県玉名市-
　　まつぎ　大分県玖珠郡九重町-
松木平　まつきたい　青森県弘前市-
松代　まつしろ・まつだい
　　まつだい-まち　青森県西津軽郡鰺ケ沢町-町
　　まつしろ　茨城県つくば市-
　　まつしろ　新潟県十日町市-
松代下山　まつだいしもやま　新潟県十日町市-
松代町東条　まつしろまちひがしじょう　長野県長野市-
松生　まつお・まつおい・まつばえ
　　まつおい-ちょう　石川県小松市-町
　　まつお-ちょう　大阪府門真市-町
　　まつおい-ちょう　兵庫県西宮市-町

　　まつばえ　熊本県葦北郡芦北町-
松田庶子　まつだそし　神奈川県足柄上郡松田町-
松任　まっとう
　　まっとう-まち　石川県小松市-町
松伏　まつぶし・まつぶせ
　　まつぶし-まち　埼玉県北葛飾郡-町
　　まつぶし　埼玉県北葛飾郡松伏町-
　　まつぶせ　岐阜県可児市-
松帆慶野　まつほけいの　兵庫県南あわじ市-
松帆櫟田　まつほいちだ　兵庫県南あわじ市-
松年　しょうねん
　　しょうねん-ちょう　愛知県名古屋市中川区-町
松杁　まついり　愛知県長久手市-
松江　しょうえ・まつえ
　　まつえ　北海道奥尻郡奥尻町-
　　まつえ-ちょう　埼玉県川越市-町
　　まつえ　埼玉県草加市-
　　まつえ　東京都江戸川区-
　　まつえ-まち　愛知県碧南市-町
　　まつえ　兵庫県明石市-
　　まつえ　和歌山県和歌山市-
　　まつえ-し　島根県-市
　　まつえ　岡山県倉敷市-
　　まつえ-ちょう　愛媛県松山市-町
　　しょうえ　福岡県豊前市-
　　まつえ-まち　熊本県八代市-町
松百　まっとう
　　まっとう-まち　石川県七尾市-町
松竹町八幡　まつたけちょうはちまん　愛知県江南市-
松竹町上野　まつたけちょうかみの　愛知県江南市-
松尾大利　まつおだいり
　　まつおだいり-ちょう　京都府京都市西京区-町
松尾水城　まつおみさじろ　長野県飯田市-
松尾寺　まつおじ
　　まつおじ　千葉県鴨川市-
　　まつおじ　滋賀県愛知郡愛荘町-
　　まつおじ-ちょう　大阪府和泉市-町
松尾寺所　まつおてらどこ　長野県飯田市-
松尾町近津　まつおまちちこうづ　熊本県熊本市西区-
松尾町金尾　まつおまちかんのお　千葉県山武市-
松尾町蕪木　まつおまちかぶらき　千葉県山武市-
松尾神ケ谷　まつおじんがたに
　　まつおじんがたに-ちょう　京都府京都市西京区-町
松角　まつかく　山口県山陽小野田市-
松谷　まつだに・まつや
　　まつや　群馬県吾妻郡東吾妻町-
　　まつだに　鳥取県東伯郡琴浦町-
　　まつだに　徳島県板野郡板野町-
　　まつだに　高知県高岡郡檮原町-
松岡御公領　まつおかごくりょう　福井県吉田郡永平寺町-
松岡椚　まつおかくぬぎ　福井県吉田郡永平寺町-
松岡樋爪　まつおかひづめ　福井県吉田郡永平寺町-
松明　たいまつ
　　たいまつ-ちょう　京都府京都市下京区-町
松枝　まつえ　神奈川県厚木市-
松林　しょうりん・まつばやし
　　まつばやし　福島県二本松市-
　　しょうりん　神奈川県茅ケ崎市-

199

8画（松）

松法　まつのり
　まつのり-ちょう　北海道目梨郡羅臼町-町
松迫　まつざく　福島県双葉郡双葉町-
松長布　まつながしき　秋田県能代市-
松前　まさき・まつまえ
　まつまえ-ぐん　北海道-郡
　まつまえ-ちょう　北海道松前郡-町
　まさき-まち　愛媛県松山市-町
　まさき-ちょう　愛媛県伊予郡-町
松南　しょうなん・まつなみ
　まつなみ　長野県上高井郡高山村-
　しょうなん-ちょう　佐賀県唐津市-町
松室吾田神　まつむろあたがみ
　まつむろあたがみ-ちょう　京都府京都市西京区-町
松栄　しょうえい・まつえ・まつえい・まつざか・まつさ
　かえ
　まつえい　山形県山形市-
　まつざか-ちょう　茨城県常陸太田市-町
　しょうえい　茨城県つくば市-
　まつえい-ちょう　新潟県新潟市北区-町
　まつえ-ちょう　福井県敦賀市-町
　しょうえい-ちょう　岐阜県美濃市-町
　しょうえい-ちょう　岐阜県羽島市笠松町-町
　まつさかえ-ちょう　愛知県名古屋市瑞穂区-町
　しょうえい-ちょう　愛知県刈谷市-町
松柏　まつかや　愛媛県八幡浜市-
松泉　しょうせん
　しょうせん-ちょう　三重県四日市市-町
松神子　まつみこ　愛媛県新居浜市-
松音知　まつねしり　北海道枝幸郡中頓別町-
松風台　しょうふうだい・まつかぜだい
　しょうふうだい　栃木県宇都宮市-
　まつかぜだい　埼玉県東松山市-
　まつかぜだい　神奈川県横浜市青葉区-
　まつかぜだい　神奈川県茅ケ崎市-
　しょうふうだい　大阪府泉佐野市-
　しょうふうだい　兵庫県神戸市垂水区-
松香台　まつかだい　福岡県福岡市東区-
松原　まつはら・まつばら・まつばる・まつわら
　まつばら　青森県青森市-
　まつばら　青森県黒石市-
　まつばら-ちょう　青森県三沢市-町
　まつばら-ちょう　青森県むつ市-町
　まつばら　青森県上北郡おいらせ町-
　まつばら-ちょう　岩手県釜石市-町
　まつばら-ちょう　宮城県石巻市-町
　まつばら　宮城県刈田郡七ケ宿町-
　まつばら-まち　秋田県横手市-町
　まつばら　山形県山形市-
　まつばら　山形県西置賜郡飯豊町-
　まつばら　福島県伊達郡桑折町-
　まつばら　茨城県筑西市-
　まつばら　栃木県宇都宮市-
　まつばら　栃木県鹿沼市-
　まつばら-ちょう　栃木県日光市-町
　まつばら　群馬県館林市-
　まつばら　埼玉県鴻巣市-
　まつばら　埼玉県草加市-
　まつばら　東京都世田谷区-
　まつばら-ちょう　東京都昭島市-町
　まつばら-ちょう　神奈川県秦野市-町

　まつばら-ちょう　新潟県村上市-町
　まつばら-ちょう　富山県高岡市-町
　まつばら-ちょう　富山県滑川市-町
　まつばら　富山県南砺市-
　まつばら-ちょう　福井県敦賀市-町
　まつばら　福井県三方郡美浜町-
　まつばら　長野県松本市-
　まつばら　長野県上高井郡高山村-
　まつばら-ちょう　岐阜県岐阜市-町
　まつばら-ちょう　静岡県静岡市清水区-町
　まつばら　静岡県伊東市-
　まつばら　静岡県袋井市-
　まつばら-ちょう　愛知県名古屋市中村区-町
　まつばら　愛知県名古屋市中区-
　まつばら-ちょう　愛知県瀬戸市-町
　まつばら-ちょう　愛知県豊川市-町
　まつばら-ちょう　愛知県津島市-町
　まつばら-まち　愛知県碧南市-町
　まつばら-ちょう　愛知県蒲郡市-町
　まつばら-ちょう　三重県四日市市-町
　まつばら-ちょう　三重県名張市-町
　まつばら-ちょう　滋賀県大津市-町
　まつばら　滋賀県彦根市-
　まつばら-ちょう　滋賀県彦根市-町
　まつばら-ちょう　京都府京都市東山区-町
　まつばら　京都府宮津市-
　まつばら　大阪府高槻市-
　まつばら　大阪府泉佐野市-
　まつばら-し　大阪府-市
　まつばら　大阪府東大阪市-
　まつばら-ちょう　兵庫県西宮市-町
　まつばら-ちょう　兵庫県赤穂市-町
　まつばら　和歌山県和歌山市-
　まつばら　和歌山県有田郡有田川町-
　まつばら　和歌山県日高郡印南町-
　まつばら　鳥取県鳥取市-
　まつばら-ちょう　島根県浜田市-町
　まつばら-ちょう　広島県広島市南区-町
　まつばら　広島県山県郡安芸太田町-
　まつばら　山口県防府市-
　まつばら　香川県東かがわ市-
　まつばら-ちょう　愛媛県新居浜市-町
　まつばら　高知県高岡郡檮原町-
　まつばら　福岡県北九州市門司区-
　まつばら-まち　福岡県大牟田市-町
　まつばら　福岡県行橋市-
　まつばる　福岡県筑紫郡那珂川町-
　まつばら-ちょう　福岡県京都郡苅田町-町
　まつばら　佐賀県佐賀市-
　まつばら-まち　佐賀県鳥栖市-町
　まつばら-まち　長崎県長崎市-町
　まつばら-ちょう　長崎県佐世保市-町
　まつばら　長崎県大村市-
　まつばら-まち　熊本県熊本市中央区-町
　まつわら-まち　熊本県宇土市-町
　まつばら-まち　大分県大分市-町
　まつばら-まち　大分県別府市-町
　まつばら-まち　宮崎県延岡市-町
　まつばら-ちょう　鹿児島県鹿児島市-町
　まつばら-ちょう　鹿児島県垂水市-町
　まつばら-まち　鹿児島県姶良市-町
　まつばら　鹿児島県大島郡天城町-

8画（東）

松原町大津寄　まつばらちょうおおづより　岡山県高梁市-
松原町春木　まつばらちょうはるき　岡山県高梁市-
松原町神原　まつばらちょうこうばら　岡山県高梁市-
松原際　まつばらきわ　福島県大沼郡会津美里町-
松島町内野河内　まつしままちうちのかわうち　熊本県上天草市-
松浦町桃川　まつうらちょうもものかわ　佐賀県伊万里市-
松浦町提川　まつうらちょうさげのかわ　佐賀県伊万里市-
松軒　しょうけん　愛知県名古屋市千種区-
松寄下　まつよりしも
　まつよりしも-ちょう　島根県出雲市-町
松崎　まつさき・まつざき・まんざき
　まつざき　山形県西置賜郡小国町-
　まつざき　福島県西白河郡中島村-
　まつざき　埼玉県比企郡吉見町-
　まんざき　千葉県成田市-
　まつざき　千葉県市原市-
　まつざき　千葉県印西市-
　まつざき　千葉県香取郡神崎町-
　まつざき　新潟県新潟市東区-
　まつざき　新潟県新潟市西蒲区-
　まつざき-まち　石川県小松市-町
　まつざき-ちょう　静岡県賀茂郡-町
　まつざき　静岡県賀茂郡松崎町-
　まつざき-まち　三重県名張市-
　まつざき-ちょう　大阪府大阪市阿倍野区-町
　まつざき　鳥取県東伯郡湯梨浜町-
　まつざき-ちょう　山口県宇部市-町
　まつざき-ちょう　山口県防府市-町
　まつざき　香川県東かがわ市-
　まつざき-ちょう　福岡県北九州市門司区-町
　まつざき　福岡県福岡市東区-
　まつざき　福岡県小郡市-
　まつざき-まち　長崎県長崎市-
　まつざき-まち　熊本県八代市-町
　まつざき　大分県宇佐市-
松崎五駄鱈　まつざきごだんたら　宮城県気仙沼-
松崎地生　まつざきじしょう　宮城県気仙沼市-
松崎面瀬　まつざきおもせ　宮城県気仙沼市-
松崎萱　まつざきかや　宮城県気仙沼市-
松庵　しょうあん　東京都杉並区-
松陵　しょうりょう　宮城県仙台市泉区-
松陽　しょうよう
　しょうよう　山形県東田川郡庄内町-
　しょうよう　滋賀県大津市-
　しょうよう　兵庫県高砂市-
松陽台　しょうようだい
　しょうようだい　宮城県塩竈市-
　しょうようだい　奈良県奈良市-
　しょうようだい-ちょう　鹿児島県鹿児島市-町
松橋　まつはし・まつばし
　まつばし　福島県田村郡三春町-
　まつはし　新潟県新潟市南区-
　まつはし　新潟県燕市-
　まつはし-ちょう　愛知県岡崎市-町
　まつばし　宮崎県宮崎市-
松橋町古保山　まつばせまちこおやま　熊本県宇城市-
松橋町曲野　まつばせまちまがの　熊本県宇城市-

松濤　しょうとう　東京都渋谷区-
松鴻　しょうこう
　しょうこう-ちょう　岐阜県岐阜市-町
松瀬川　ませかわ　愛媛県東温市-
松籟荘　しょうらいそう　兵庫県西宮市-

東

東　あずま・ひがし
　ひがし-く　北海道札幌市-区
　ひがし-まち　北海道室蘭市-町
　ひがし-まち　北海道岩見沢市-町
　ひがし-まち　北海道滝川市-町
　ひがし-まち　北海道富良野市-町
　ひがし-まち　北海道石狩郡当別町-町
　ひがし-ちょう　北海道二海郡八雲町-町
　あずま-ちょう　北海道瀬棚郡今金町-町
　ひがし-まち　北海道余市郡仁木町-町
　ひがし-まち　北海道空知郡南幌町-町
　ひがし-まち　北海道空知郡奈井江町-町
　ひがし-まち　北海道空知郡上砂川町-町-町
　ひがし-まち　北海道夕張郡長沼町-町
　ひがし　北海道上川郡当麻町-
　ひがし-まち　北海道上川郡比布町-町
　ひがし-まち　北海道上川郡愛別町-町
　ひがし-まち　北海道上川郡上川町-町
　ひがし-まち　北海道上川郡東川町-町
　ひがし-まち　北海道上川郡美瑛町-町
　ひがし-まち　北海道空知郡上富良野町-町
　ひがし-まち　北海道空知郡中富良野町-町
　ひがし-まち　北海道上川郡和寒町-町
　ひがし-まち　北海道上川郡剣淵町-町
　ひがし-まち　北海道天塩郡幌延町-町
　ひがし-まち　北海道網走郡美幌町-町
　ひがし-まち　北海道常呂郡訓子府町-町
　ひがし　北海道常呂郡佐呂間町-
　ひがし-まち　北海道紋別郡遠軽町-町
　ひがし　北海道紋別郡湧別町-
　ひがし-まち　北海道白老郡白老町-町
　あずま-ちょう　北海道新冠郡新冠町-町
　ひがし-まち　北海道河東郡鹿追町-町
　ひがし-まち　北海道中川郡本別町-町
　あずま-ちょう　青森県黒石市-町
　あずま-ちょう　青森県五所川原市-町
　ひがし-ちょう　青森県三沢市-町
　あずま-ちょう　岩手県花巻市-町
　ひがし-ちょう　宮城県白石市-町
　ひがし　宮城県柴田郡大河原町-
　ひがし-まち　秋田県能代市-町
　あずま　秋田県大館市-
　ひがし　秋田県由利本荘市-町
　ひがし　秋田県南秋田郡大潟村-
　ひがし　山形県米沢市-
　あずま-ちょう　山形県酒田市-町
　ひがし-まち　山形県上山市-町
　ひがし-まち　山形県長井市-町
　ひがし-まち　福島県須賀川市-町
　ひがし-まち　福島県喜多方市-町
　ひがし-まち　福島県二本松市-町
　ひがし-まち　福島県岩瀬郡鏡石町-町
　あずま　福島県南会津郡南会津町-
　ひがし-ちょう　茨城県日立市-町
　ひがし　茨城県古河市-

8画（東）

あずま-まち　茨城県龍ケ崎市-町
あずま-ちょう　茨城県常総市-町
ひがし　茨城県取手市-
ひがし　茨城県つくば市-
ひがし-まち　栃木県宇都宮市-町
あずま-ちょう　栃木県鹿沼市-町
あずま-ちょう　栃木県矢板市-町
あずま-ちょう　栃木県那須塩原市-町
あずま-ちょう　群馬県高崎市-町
ひがし　群馬県桐生市-
あずま-ちょう　群馬県桐生市-町
あずま-ちょう　群馬県伊勢崎市-町
あずま-ちょう　埼玉県さいたま市大宮区-町
ひがし-ちょう　埼玉県さいたま市岩槻区-町
ひがし-まち　埼玉県秩父市-町
ひがし-ちょう　埼玉県所沢市-町
あずま-ちょう　埼玉県飯能市-町
ひがし　埼玉県羽生市-
ひがし　埼玉県鴻巣市-
あずま-ちょう　埼玉県上尾市-町
あずま-ちょう　埼玉県越谷市-町
あずま-ちょう　埼玉県入間市-町
ひがし　埼玉県新座市-
ひがし　埼玉県桶川市-
あずま-ちょう　埼玉県三郷市-町
ひがし　埼玉県蓮田市-
ひがし　埼玉県幸手市-
ひがし　埼玉県南埼玉郡宮代町-
ひがし-ちょう　千葉県銚子市-町
あずま-ちょう　千葉県船橋市-町
あずま-ちょう　千葉県成田市-町
あずま　千葉県柏市-
ひがし　千葉県鴨川市-
ひがし-ちょう　千葉県鴨川市-町
ひがし　東京都渋谷区-
あずま-ちょう　東京都八王子市-町
あずま-ちょう　東京都昭島市-町
ひがし-ちょう　東京都小金井市-町
ひがし　東京都国立市-
ひがし-ちょう　東京都福生市-町
ひがし-ちょう　東京都西東京市-町
ひがし-ちょう　神奈川県横浜市磯子区-町
ひがし-ちょう　神奈川県小田原市-町
ひがし-ちょう　神奈川県厚木市-町
ひがし-ちょう　神奈川県中郡大磯町-町
ひがし-く　新潟県新潟市-区
あずま-ちょう　新潟県長岡市-町
あずま-ちょう　新潟県上越市-町
ひがし-まち　新潟県阿賀野市-町
ひがし-まち　富山県富山市-町
ひがし-まち　富山県魚津市-町
ひがし-まち　富山県中新川郡上市町-町
ひがし-まち　石川県金沢市-町
ひがし-ちょう　石川県小松市-町
ひがし　山梨県山梨市-
ひがし-まち　長野県長野市-町
ひがし-く　長野県小諸市-
ひがし-まち　長野県駒ケ根市-町
あずま-ちょう　岐阜県大垣市-町
ひがし-まち　岐阜県多治見市-町
ひがし-まち　岐阜県関市-町
ひがし-まち　岐阜県中津川市-町

ひがし-まち　岐阜県不破郡関ケ原町-町
ひがし　静岡県静岡市葵区-
あずま-ちょう　静岡県静岡市葵区-町
ひがし-く　静岡県浜松市-区
ひがし-ちょう　静岡県浜松市南区-町
ひがし-ちょう　静岡県三島市-町
ひがし-ちょう　静岡県富士宮市-町
ひがし-ちょう　静岡県島田市-町
ひがし　静岡県磐田市-
ひがし-ちょう　静岡県藤枝市-町
ひがし-く　愛知県名古屋市-区
あずま-ちょう　愛知県瀬戸市-町
ひがし-まち　愛知県安城市-町
ひがし　愛知県小牧市-
ひがし-まち　愛知県岩倉市-町
ひがし-まち　三重県松阪市-町
ひがし-まち　三重県名張市-町
ひがし-まち　三重県亀山市-町
ひがし-ちょう　滋賀県近江八幡市-町
ひがし-まち　京都府京都市上京区-町
ひがし-ちょう　京都府京都市東山区-町
ひがし　京都府京都市下京区-町
ひがし-まち　京都府京都市伏見区-町
ひがし　京都府京田辺市-
ひがし-く　大阪府堺市-区
ひがし　大阪府貝塚市-
ひがし-まち　大阪府守口市-町
ひがし-まち　大阪府八尾市-町
ひがし-まち　兵庫県神戸市須磨区-町
ひがし-まち　兵庫県神戸市中央区-町
ひがし-まち　兵庫県西宮市-町
ひがし-まち　鳥取県鳥取市-町
ひがし-ちょう　鳥取県米子市-町
ひがし-まち　鳥取県倉吉市-町
ひがし　鳥取県八頭郡八頭町-
ひがし-まち　鳥取県西伯郡南部町-町
ひがし-まち　島根県益田市-町
ひがし-まち　島根県隠岐郡隠岐の島町-町
ひがし-く　岡山県岡山市-区
ひがし-まち　岡山県倉敷市-町
ひがし-まち　岡山県高梁市-町
ひがし-く　広島県広島市-区
ひがし-まち　広島県三原市-町
ひがし-まち　広島県福山市-町
ひがし　広島県安芸郡海田町-
ひがし-まち　山口県山陽小野田市-町
ひがし-むら　愛媛県今治市-村
ひがし-まち　愛媛県西条市-町
ひがし-まち　高知県高岡郡四万十町-町
ひがし-く　福岡県福岡市-区
ひがし-まち　福岡県久留米市-町
ひがし　福岡県糸島市-
ひがし-まち　佐賀県唐津市-町
ひがし-まち　佐賀県鳥栖市-町
ひがし-まち　長崎県長崎市-町
ひがし-く　熊本県熊本市-区
ひがし-まち　熊本県熊本市東区-町
ひがし-まち　熊本県八代市-町
ひがし-まち　熊本県天草市-町
ひがし-まち　大分県日田市-町
ひがし-まち　大分県佐伯市-町
ひがし-まち　宮崎県都城市-町

8画（東）

ひがし-まち　宮崎県串間市-町
ひがし-まち　鹿児島県西之表市-町
ひがし-く　鹿児島県大島郡与論町-区
ひがし-まち　沖縄県那覇市-町
ひがし　沖縄県沖縄市-
ひがし-そん　沖縄県国頭郡-村
ひがし　沖縄県国頭郡本部町-
ひがし　沖縄県島尻郡粟国村-

東ケ丘　あずまがおか・ひがしがおか
　あずまがおか　神奈川県横浜市西区-
　ひがしがおか　神奈川県小田原市-
　ひがしがおか　富山県富山市-
　ひがしがおか-ちょう　大阪府岸和田市-町

東の輪　とうのわ
　とうのわ-ちょう　新潟県柏崎市-町

東一口　ひがしいもあらい　京都府久世郡久御山町-

東九条　とうくじょう・ひがしくじょう
　ひがしくじょう　北海道士別市-
　ひがしくじょう　北海道河西郡芽室町-
　とうくじょう-ちょう　奈良県奈良市-町

東九条東札辻　ひがしくじょうひがしふだのつじ
　ひがしくじょうひがしふだのつじ-ちょう　京都府京都市南区-町

東九条柳下　ひがしくじょうやなぎのした
　ひがしくじょうやなぎのした-ちょう　京都府京都市南区-町

東八田　ひがしはった・ひがしはんだ
　ひがしはんだ　大阪府堺市中区-
　ひがしはった　福岡県築上郡築上町-

東八幡　ひがしはちまん・ひがしやはた・ひがしやわた
　ひがしやわた　神奈川県平塚市-
　ひがしはちまん-ちょう　京都府京都市中京区-町
　ひがしやはた　鳥取県米子市-
　ひがしやはた　大分県大分市-

東八幡前　ひがしはちまんまえ　宮城県気仙沼市-

東八幡原　ひがしやわたはら　広島県山県郡北広島町-

東力　とうりき
　とうりき　石川県金沢市-
　とうりき-まち　石川県金沢市-町

東下関　ひがししもぜき　富山県高岡市-

東上　あずまかみ・とうじょう・ひがしかみ
　あずまかみ-ちょう　千葉県柏市-町
　とうじょう-ちょう　愛知県豊川市-町
　とうじょう-ちょう　大阪府大阪市天王寺区-町
　とうじょう　鳥取県西伯郡南部町-
　ひがしかみ　福岡県築上郡上毛町-

東上口甲　ひがしじょうぐちこう　福島県河沼郡会津坂下町-

東上坂　ひがしこうざか
　ひがしこうざか-ちょう　滋賀県長浜市-町

東上牧　ひがしかんまき　大阪府高槻市-

東上野出島　ひがしかみのでじま　福島県白河市-

東丸　ひがしまる
　ひがしまる-ちょう　三重県亀山市-町

東土古　ひがしどんご
　ひがしどんご-ちょう　愛知県名古屋市港区-町

東大　ひがしおお
　ひがしおお-まち　北海道赤平市-町
　ひがしおお-まち　山形県酒田市-町
　ひがしおお-むら　長崎県大村市-村

東大小路　ひがしおおしょうじ
　ひがしおおしょうじ-ちょう　鹿児島県薩摩川内市-町

東大利　ひがしおおとし・ひがしおおり
　ひがしおおとし-ちょう　大阪府寝屋川市-町
　ひがしおおり　福岡県大野城市-

東大物　ひがしだいもつ
　ひがしだいもつ-ちょう　兵庫県尼崎市-町

東大淀　ひがしおいず・ひがしおおよど
　ひがしおいず-ちょう　三重県伊勢市-町
　ひがしおおよど　宮崎県宮崎市-

東大道　ひがしおおみち・ひがしだいどう
　ひがしだいどう　福井県南条郡南越前町-
　ひがしおおみち　大分県大分市-

東大僧　ひがしおおそう　愛知県知多市-

東大路　ひがしおおじ・ひがしおおろ
　ひがしおおじ-ちょう　大阪府岸和田市-町
　ひがしおおろ　鳥取県鳥取市-

東小川　ひがしおがわ・ひがしこがわ
　ひがしおがわ　群馬県利根郡片品村-
　ひがしおがわ　埼玉県比企郡小川町-
　ひがしおがわ-ちょう　千葉県銚子市-町
　ひがしこがわ　静岡県焼津市-

東小吉　ひがしこよし　新潟県新潟市西蒲区-

東小来川　ひがしおころがわ　栃木県日光市-

東小谷ケ丘　ひがしこたにがおか　京都府福知山市-

東小保方　ひがしおぼかた
　ひがしおぼかた-ちょう　群馬県伊勢崎市-町

東小室　ひがしおもろ　石川県羽咋郡志賀町-

東小浜　ひがしこはま
　ひがしこはま-ちょう　愛知県豊橋市-町

東小鹿　ひがしおしか　鳥取県東伯郡三朝町-

東小橋　ひがしおばせ　大阪府大阪市東成区-

東川　うのがわ・ひがしかわ・ひがしがわ
　ひがしかわ-ちょう　北海道函館市-町
　ひがしかわ-ちょう　北海道釧路市-町
　ひがしかわ　北海道寿都郡黒松内町-
　ひがしかわ　北海道上川郡-
　ひがしかわ　北海道苫前郡苫前町-
　ひがしかわ　北海道新冠郡新冠町-
　ひがしかわ　秋田県大仙市-
　ひがしがわ-ちょう　滋賀県近江八幡市-町
　うのがわ　奈良県吉野郡川上村-
　ひがしがわ-まち　愛媛県松山市-町
　ひがしがわ　愛媛県上浮穴郡久万高原町-
　ひがしがわ　高知県高岡郡檮原町-

東川角　ひがしかわづの　高知県高岡郡四万十町-

東川面　ひがしかわも　岡山県小田郡矢掛町-

東川原　ひがしかわはら・ひがしかわら・ひがしがわら
　ひがしかわら　福島県大沼郡会津美里町-
　ひがしかわはら　福島県西白河郡矢吹町-
　ひがしかわら　新潟県糸魚川市-
　ひがしかわら-まち　石川県羽咋市-町
　ひがしかわら-ちょう　京都府京都市東山区-町
　ひがしかわら　和歌山県紀の川市-
　ひがしがわら　岡山県岡山市-

東中谷　ひがしなかんたに　石川県鳳珠郡穴水町-

東丹生図　ひがしにゅうのず　和歌山県有田郡有田川町-

東予　とうよ　北海道雨竜郡沼田町-

203

8画（東）

東井戸堂　ひがしいどうどう
　　ひがしいどうどう-ちょう　奈良県天理市-町
東五十子　ひがしいかつこ　埼玉県本庄市-
東五十里　ひがしいかり　富山県下新川郡入善町-
東五百住　ひがしよすみ
　　ひがしよすみ-ちょう　大阪府高槻市-町
東五城　ひがしいつしろ　愛知県一宮市-
東円堂　とうえんどう　滋賀県愛知郡愛荘町-
東分　ひがしぶん
　　ひがしぶん　香川県綾歌郡宇多津町-
　　ひがしぶん　香川県綾歌郡綾川町-
東分木　ひがしぶんき
　　ひがしぶんき-ちょう　京都府京都市東山区-町
東天満　ひがしてんま　大阪府大阪市北区-
東斗満　ひがしとまむ　北海道足寄郡陸別町-
東木代　ひがしきのしろ
　　ひがしきのしろ-まち　栃木県宇都宮市-町
東木倉　ひがしきのくら　茨城県那珂市-
東毛　とうげ　和歌山県紀の川市-
東牛谷　ひがしうしがや　茨城県古河市-
東丘　ひがしおか
　　ひがしおか　北海道士別市-
　　ひがしおか　北海道千歳市-
　　ひがしおか　北海道上川郡和寒町-
東主計　ひがしかぞえ
　　ひがしかずえ-ちょう　滋賀県長浜市-町
東出　とうで・ひがしで
　　ひがしで-ちょう　岐阜県関市-町
　　ひがしで-ちょう　愛知県一宮市-町
　　ひがしで　滋賀県愛知郡愛荘町-
　　ひがしで-まち　兵庫県神戸市兵庫区-町
　　とうで　兵庫県掲保郡太子町-
東出津　ひがししつ
　　ひがししつ-まち　長崎県長崎市-町
東出雲町出雲郷　ひがしいずもちょうあだかえ　島根
　　県松江市-
東包永　ひがしかねなが
　　ひがしかねなが-ちょう　奈良県奈良市-町
東北　とうほく・とおほく
　　とうほく-まち　青森県上北郡-町
　　とおほく　埼玉県新座市-
東古泉　ひがしこいずみ　愛媛県伊予郡松前町-
東古瀬　ひがしごせ　兵庫県加東市-
東台　とうだい・ひがしだい
　　とうだい　北海道河東郡士幌町-
　　とうだい　北海道中川郡池田町-
　　ひがしだい　岩手県一関市-
　　ひがしだい　秋田県大館市-
　　ひがしだい　茨城県水戸市-
　　ひがしだい　埼玉県本庄市-
　　ひがしだい-ちょう　三重県亀山市-町
東台本　あずまだいほん
　　あずまだいほん-ちょう　千葉県柏市-町
東台良　ひがしだいら
　　ひがしだいら-まち　福岡県北九州市八幡東区-町
東外　ひがしそと
　　ひがしそと-まち　愛知県清須市-町
東市布　ひがしいちぬの　福井県大野市-
東市場　といちば・ひがしいちば
　　といちば　福井県小浜市-

　　ひがしいちば-ちょう　岐阜県美濃市-町
東市瀬　ひがしいちのせ
　　ひがしいちのせ-まち　石川県金沢市-町
東布礼別　ひがしふれべつ　北海道富良野市-
東布経丁　ひがしぬのえちょう　和歌山県和歌山市-
東平　ひがしだいら・ひがしだいら
　　ひがしだいら　茨城県笠間市-
　　ひがしだいら　埼玉県東松山市-
　　ひがしだいら-ちょう　福井県福井市-町
　　とうへい　大阪府大阪市中央区-
東弁分甲　ひがしべんぶんこう　宮崎県日南市-
東生見　ひがしはえみ
　　ひがしはえみ-ちょう　愛知県半田市-町
東生洲　ひがしいけす
　　ひがしいけす-ちょう　京都府京都市中京区-町
東田　あずまだ・とうだ・ひがした・ひがしだ
　　ひがしだ　山形県山形市-
　　あずまだ-まち　福島県いわき市-町
　　ひがした-まち　埼玉県川越市-町
　　ひがした-ちょう　神奈川県川崎市川崎区-町
　　ひがした-まち　静岡県浜松市中区-町
　　あずまだ-ちょう　愛知県豊橋市-町
　　ひがしだ　愛知県長久手市-
　　ひがしだ-ちょう　大阪府門真市-町
　　ひがしだ　奈良県桜井市-
　　ひがした-まち　山口県萩市-町
　　ひがした-まち　香川県高松市-町
　　とうだ　愛媛県新居浜市-
　　ひがしだ　福岡県北九州市八幡東区-
東田中郷　あずまだなかごう
　　あずまだなかごう-ちょう　愛知県豊橋市-町
東田地方　ひがしでんぢがた
　　ひがしでんぢがた-まち　富山県富山市-町
東白島　ひがしはくしま
　　ひがしはくしま-ちょう　広島県広島市中区-町
東立売　ひがしたちうり
　　ひがしたちうり-ちょう　京都府京都市上京区-町
東立島　ひがしたつしま　新潟県佐渡市-
東両羽　ひがしりょうう
　　ひがしりょうう-ちょう　山形県酒田市-町
東仲間　ひがしちゅうげん
　　ひがしちゅうげん-まち　和歌山県和歌山市-町
東任田　ひがしとうだ
　　ひがしとうだ-まち　石川県能美市-町
東刑部　ひがしおさかべ
　　ひがしおさかべ-まち　栃木県宇都宮市-町
東印所　ひがしいんぞ
　　ひがしいんぞ-ちょう　愛知県瀬戸市-町
東向　こちむき　高知県高岡郡檮原町-
東合川干出　ひがしあいかわひいで
　　ひがしあいかわひいで-まち　福岡県久留米市-町
東同笠　ひがしどうりい　静岡県袋井市-
東地主　ひがしじしゅ
　　ひがしじしゅ-まち　岩手県一関市-町
東多久町別府　ひがしたくまちべふ　佐賀県多久市-
東多久町納所　ひがしたくまちのうそ　佐賀県多久市-
東夷川　ひがしえびすがわ
　　ひがしえびすがわ-ちょう　京都府京都市中京区-町
東安下庄　ひがしあげのしょう　山口県大島郡周防大
　　島町-

8画（東）

東安庭　ひがしあにわ　岩手県盛岡市-
東寺　とうじ・ひがしてら
　　ひがしてら-まち　新潟県糸魚川市-町
　　ひがしてら　滋賀県湖南市-
　　とうじ-ちょう　京都府京都市南区-町
東庄　とうのしょう
　　とうのしょう-まち　千葉県香取郡-町
東庄境　ひがししょうざかい
　　ひがししょうざかい-ちょう　福井県越前市-町
東早来　ひがしはやきた　北海道勇払郡安平町-
東有年　ひがしうね　兵庫県赤穂市-
東汗　ひがしふざかし　栃木県河内郡上三川町-
東江　あがりえ　沖縄県名護市-
東江上　ひがしえうえ・ひがしえがみ
　　ひがしえがみ　富山県中新川郡上市町-
　　ひがしえうえ　沖縄県国頭郡伊江村-
東池上　ひがしいけべ　三重県多気郡多気町-
東竹原　ひがしたけばる　熊本県上益城郡山都町-
東米泉　ひがしこめいずみ
　　ひがしこめいずみ-ちょう　愛知県瀬戸市-町
東佐波令　ひがしさばりょう　山口県防府市-
東作　ひがしさく　福島県須賀川市-
東伯　とうはく
　　とうはく-ぐん　鳥取県-郡
東別府　ひがしべっぷ・ひがしべふ
　　ひがしべっぷ　埼玉県熊谷市-
　　ひがしべふ　大阪府摂津市-
東別院町東掛　ひがしべついんちょうとうげ　京都府
　　亀岡市-
東別院町神原　ひがしべついんちょうかみはら　京都
　　府亀岡市-
東別院町栢原　ひがしべついんちょうかいばら　京都
　　府亀岡市-
東吹　ひがしぶき　兵庫県篠山市-
東坂　ひがしさか・ひがしざか
　　ひがしさか-ちょう　静岡県磐田市-町
　　ひがしさか　滋賀県栗東市-
東尾岐　ひがしおまた　福島県大沼郡会津美里町-
東志　ひがしし　新潟県妙高市-
東条　とうじょう・ひがしじょう
　　とうじょう　新潟県柏崎市-
　　ひがしじょう　長野県東筑摩郡筑北村-
　　ひがしじょう　三重県伊賀市-
東沖洲　ひがしおきのす　徳島県徳島市-
東汰上　ひがしゆりあげ・ひがしよりあげ
　　ひがしよりあげ　新潟県新潟市西蒲区-
　　ひがしゆりあげ　三重県桑名市-
東沢　ひがしさわ　宮城県刈田郡七ケ宿町-
東町小夜戸　あずまちょうさやど　群馬県みどり市-
東町神戸　あずまちょうごうど　群馬県みどり市-
東社　ひがしやしろ
　　ひがしやしろ-ちょう　京都府京都市上京区-町
東糺　ひがしただす
　　ひがしただす-まち　高知県須崎市-町
東花　とうか　北海道虻田郡京極町-
東芝　とうしば・ひがししば
　　ひがししば-ちょう　千葉県銚子市-町
　　とうしば-ちょう　東京都府中市-町
東芭露　ひがしばろう　北海道紋別郡湧別町-

東見前　ひがしみるまえ　岩手県盛岡市-
東角間　ひがしかくま　福井県今立郡池田町-
東谷　とうや・ひがしたに・ひがしだに・ひがしや
　　とうや-ちょう　栃木県宇都宮市-町
　　ひがしや　千葉県匝瑳市-
　　ひがしだに　新潟県長岡市-
　　ひがしだに　福井県南条郡南越前町-
　　ひがしだに　三重県伊賀市-
　　ひがしたに　和歌山県伊都郡かつらぎ町-
東谷地　ひがしやち
　　ひがしやち　宮城県岩沼市-
　　ひがしやち　福島県耶麻郡猪苗代町-
　　ひがしやち　福島県大沼郡会津美里町-
東阪　あずまさか　大阪府南河内郡千早赤阪村-
東味鋺　ひがしあじま　愛知県名古屋市北区-
東和田　とうわだ・ひがしわだ
　　ひがしわだ　北海道根室市-
　　とうわだ　茨城県神栖市-
　　ひがしわだ　埼玉県坂戸市-
　　とうわだ　千葉県成田市-
　　とうわだ　千葉県香取郡東庄町-
　　ひがしわだ　長野県長野市-
東和町北小山田　とうわちょうきたおやまだ　岩手県
　　花巻市-
東和町安俵　とうわちょうあひょう　岩手県花巻市-
東和町米谷　とうわちょうまいや　宮城県登米市-
東和町砂子　とうわちょういさご　岩手県花巻市-
東国分　ひがしこくぶ・ひがしこくぶん
　　ひがしこくぶ-まち　群馬県高崎市-町
　　ひがしこくぶん　千葉県市川市-
　　ひがしこくぶ　和歌山県紀の川市-
東国東　ひがしくにさき
　　ひがしくにさき-ぐん　大分県-郡
東実　とうじつ　兵庫県加東市-
東岸　とうがん・ひがしきし
　　ひがしきし-ちょう　埼玉県さいたま市浦和区-町
　　とうがん-ちょう　愛知県名古屋市西区-町
東幸　ひがしさいわい・ひがしみゆき
　　ひがしさいわい-まち　北海道常呂郡訓子府町-町
　　ひがしさいわい-ちょう　新潟県新潟市中央区-町
　　ひがしさいわい-ちょう　富山県砺波市-町
　　ひがしみゆき-ちょう　愛知県豊橋市-町
東幸西　ひがしこうざい　岡山県岡山市東区-
東彼杵　ひがしそのぎ
　　ひがしそのぎ-ぐん　長崎県-郡
　　ひがしそのぎ-ちょう　長崎県東彼杵郡-町
東明　とうめい
　　とうめい-ちょう　北海道美唄市-町
　　とうめい　北海道石狩郡新篠津村-
　　とうめい　新潟県新潟市東区-
　　とうめい-ちょう　愛知県名古屋市千種区-町
　　とうめい-ちょう　愛知県瀬戸市-町
　　とうめい-ちょう　愛知県安城市-町
東河内　ひがしこうち・ひがしごうど
　　ひがしごうど　福島県東白川郡塙町-
　　ひがしごうど-ちょう　茨城県日立市-町
　　ひがしこうち-まち　広島県三次市-町
東河地　とうこうち　兵庫県篠山市-
東河原　ひがしかわはら・ひがしかわら・ひがしこうばら
　　ひがしかわら　福島県岩瀬郡鏡石町-

205

8画（東）

ひがしこうばら-ちょう　福井県福井市-町
ひがしかわはら-ちょう　愛知県岡崎市-町

東沼波　ひがしのなみ
　ひがしのなみ-ちょう　滋賀県彦根市-町

東油小路　ひがしあぶらのこうじ
　ひがしあぶらのこうじ-ちょう　京都府京都市下京区-町

東牧　とうぼく　新潟県胎内市-

東狐　とっこ　富山県下新川郡入善町-

東茂福　ひがしもちぶく
　ひがしもちぶく-ちょう　三重県四日市市-町

東金　とうがね・ひがしかな
　とうがね-し　千葉県-市
　とうがね　千葉県東金市-
　ひがしかな-まち　東京都葛飾区-町

東金沢　ひがしかなざわ・ひがしかねさわ
　ひがしかねさわ-ちょう　茨城県日立市-町
　ひがしかなざわ　新潟県新潟市秋葉区-

東金野井　ひがしかなのい　千葉県野田市-

東長　ひがしおさ・ひがしなが
　ひがしなが-まち　青森県弘前市-町
　ひがしなが-ちょう　岐阜県大垣市-町
　ひがしなが-まち　京都府福知山市-町
　ひがしおさ-ちょう　兵庫県加西市-町
　ひがしなが-まち　和歌山県和歌山市-町

東長田　ひがしちょうだ・ひがしながた
　ひがしながた　千葉県館山市-
　ひがしちょうだ-ちょう　愛知県名古屋市北区-町

東保　とうぼ・ひがしほ・ひがしぼ
　ひがしほ　富山県砺波市-
　ひがしほ-ちょう　愛知県愛西市-町
　とうぼ　兵庫県揖保郡太子町-

東前　とうまえ・ひがしまえ
　ひがしまえ　北海道北斗市-
　ひがしまえ-ちょう　岩手県釜石市-町
　とうまえ　茨城県水戸市-
　とうまえ-ちょう　茨城県水戸市-町
　ひがしまえ　岐阜県大垣市-
　ひがしまえ-ちょう　岐阜県大垣市-町
　ひがしまえ-ちょう　京都府京都市下京区-町

東南湖　ひがしなんご　山梨県南アルプス市-

東垣生　ひがしはぶ
　ひがしはぶ-まち　愛媛県松山市-町

東城　とうじょう・ひがししろ
　ひがししろ-ちょう　新潟県上越市-町
　とうじょう　富山県魚津市-

東城山　ひがしじょうやま・ひがししろやま
　ひがししろやま-ちょう　大阪府高槻市-町
　ひがしじょうやま-ちょう　高知県高知市-町

東城戸　ひがしじょうど
　ひがしじょうど-ちょう　奈良県奈良市-町

東垪和　ひがしはが　岡山県久米郡美咲町-

東後谷地　ひがしうしろやち　青森県上北郡おいらせ町-

東後屋敷　ひがしごやしき　山梨県山梨市-

東持田　ひがしもちだ・ひがしもった
　ひがしもった　奈良県御所市-
　ひがしもちだ-ちょう　島根県松江市-町

東栄　とうえい・ひがしさかえ
　とうえい　北海道寿都郡黒松内町-
　とうえい　北海道夕張郡由仁町-

とうえい　北海道雨竜郡幌加内町-
とうえい　北海道浦河郡浦河町-
とうえい　北海道河西郡更別村-
とうえい-ちょう　山形県酒田市-町
ひがしさかえ-まち　福島県会津若松市-町
とうえい　栃木県那須塩原市-
とうえい　埼玉県加須市-
とうえい-ちょう　新潟県新潟市北区-町
ひがしさかえ-まち　新潟県新潟市北区-町
ひがしさかえ　新潟県長岡市-
とうえい　新潟県小千谷市-
とうえい-ちょう　長野県飯田市-町
とうえい-ちょう　岐阜県岐阜市-町
とうえい-ちょう　岐阜県多治見市-町
とうえい-ちょう　愛知県名古屋市瑞穂区-町
とうえい-ちょう　愛知県安城市-町
とうえい　愛知県知立市-
とうえい-ちょう　愛知県尾張旭市-町
とうえい-ちょう　愛知県北設楽郡-町
ひがしさかえ　広島県大竹市-
ひがしさかえ-まち　宮崎県東臼杵郡門川町-町

東柏原　ひがしかしわばら　長野県上水内郡飯綱町-

東柏原新田　ひがしかしわばらしんでん　静岡県富士市-

東柳原　ひがしやなぎはら・ひがしやなぎわら
　ひがしやなぎはら-ちょう　愛知県津島市-町
　ひがしやなぎわら-ちょう　兵庫県神戸市兵庫区-町

東海　とうかい・とうみ
　とうかい-むら　茨城県那珂郡-村
　とうかい　茨城県那珂郡東海村-
　とうかい　東京都大田区-
　ひがしうみ　新潟県糸魚川市-
　とうかい-し　愛知県-市
　とうかい-まち　愛知県東海市-町
　とうみ-まち　宮崎県延岡市-町

東海田　ひがしかいた　広島県安芸郡海田町-

東畑　とうはた・ひがしはた・ひがしばた
　ひがしはた-ちょう　北海道函館市-町
　とうはた-ちょう　愛知県名古屋市昭和区-町
　ひがしばた　京都府相楽郡精華町-
　ひがしはた　和歌山県海南市-
　ひがしはた　広島県呉市-
　ひがしはた-まち　福岡県北九州市若松区-町
　ひがしはた　福岡県嘉麻市-

東相内　ひがしあいのない
　ひがしあいのない-ちょう　北海道北見市-町

東砂原後　ひがしさわらご
　ひがしさわらご-ちょう　栃木県足利市-町

東神戸　ひがしかんべ
　ひがしかんべ-ちょう　愛知県田原市-町

東神田　ひがしかみだ・ひがしかんだ
　ひがしかみだ　東京都千代田区-
　ひがしかんだ　新潟県長岡市-
　ひがしかんだ　岐阜県不破郡垂井町-
　ひがしかみだ-ちょう　大阪府寝屋川市-町
　ひがしかんだ　山口県下関市-町

東神吉町出河原　ひがしかんきちょうでがはら　兵庫県加古川市-

東神吉町砂部　ひがしかんきちょういさべ　兵庫県加古川市-

東神地　ひがしかんじ　山梨県南都留郡道志村-

8画（東）

東神西　ひがしじんざい
　ひがしじんざい-ちょう　島根県出雲市-町
東神足　ひがしこうたり　京都府長岡京市-
東神明　ひがししんみょう・ひがししんめい
　ひがししんみょう-ちょう　愛知県春日井市-町
　ひがししんめい-ちょう　京都府京都市上京区-町
東神原　ひがしかんばら
　ひがしかんばら-まち　福岡県北九州市八幡西区-町
東神野　ひがしこうの　大分県臼杵市-
東神野川　ひがしこうのがわ　和歌山県日高郡みな
　べ町-
東祖谷元井　ひがしいやもっとい　徳島県三好市-
東祖谷麦生土　ひがしいやむじゅうと　徳島県三好市-
東祖谷栗枝渡　ひがしいやくりすど　徳島県三好市-
東祖谷菅生　ひがしいやすげおい　徳島県三好市-
東祖谷釣井　ひがしいやつるい　徳島県三好市-
東紀寺　ひがしきでら
　ひがしきでら-ちょう　奈良県奈良市-町
東茨　ひがしいばら
　ひがしいばら-ちょう　愛知県瀬戸市-町
東茨戸　ひがしばらと　北海道札幌市北区-
東荘園　ひがしそうえん　大分県別府市-
東茱萸木　ひがしくみのき　大阪府大阪狭山市-
東郊　とうこう　北海道千歳市-
東面　とうめん　秋田県能代市-
東音更　ひがしおとふけ　北海道河東郡音更町-
東風平　こちんだ　沖縄県島尻郡八重瀬町-
東原　とうばら・ひがしばら・ひがしばら・ひがしばる
　ひがしばら-まち　宮城県柴田郡大河原町-町
　ひがしばら-まち　山形県山形市-町
　ひがしばら-まち　山形県鶴岡市-町
　ひがしはら　山形県西置賜郡小国町-
　ひがしはら　茨城県水戸市-
　ひがしはら　茨城県結城郡八千代町-
　ひがしばら-まち　栃木県宇都宮市-町
　ひがしはら　栃木県那須塩原市-
　とうばら　栃木県那須烏山市-
　ひがしはら　神奈川県座間市-
　ひがしばら-まち　新潟県柏崎市-町
　ひがしはら　新潟県上越市-
　ひがしばら-まち　石川県金沢市-町
　ひがしはら　静岡県沼津市-
　ひがしはら　静岡県磐田市-
　ひがしはら　愛知県長久手市-
　ひがしはら　広島県広島市安佐南区-
　ひがしばら　大分県大分市-
　ひがしばる-ちょう　鹿児島県鹿屋市-町
東員　とういん
　とういん-ちょう　三重県員弁郡-町
東家　とうげ　和歌山県橋本市-
東宮　とうぐう・ひがしみや
　ひがしみや-まち　岐阜県中津川市-町
　ひがしみや-ちょう　岐阜県羽島郡笠松町-町
　とうぐう　三重県度会郡南伊勢町-
　とうぐう-ちょう　大阪府茨木市-町
　とうぐう　宮崎県宮崎市-
東峰　とうほう・ひがしみね
　ひがしみね-まち　栃木県宇都宮市-町
　ひがしみね　群馬県利根郡みなかみ町-
　とうほう　千葉県成田市-

とうほう-むら　福岡県朝倉郡-村
東梅　とうばい
　とうばい　北海道根室市-
　とうばい　北海道厚岸郡厚岸町-
東酒々井　ひがししすい　千葉県印旛郡酒々井町-
東浜　あがりはま・とうのはま・ひがしはま
　ひがしはま-ちょう　北海道伊達市-町
　ひがしはま　北海道北斗市-
　ひがしはま-ちょう　福島県福島市-町
　ひがしはま　千葉県市川市-
　とうのはま-まち　石川県七尾市-町
　ひがしはま-ちょう　愛知県半田市-町
　ひがしはま　愛知県海部郡飛島村-
　ひがしはま-ちょう　兵庫県尼崎市-町
　ひがしはま-ちょう　兵庫県西宮市-町
　ひがしはま-ちょう　兵庫県赤穂市-町
　ひがしはま-ちょう　香川県高松市-町
　ひがしはま　香川県仲多度郡多度津町-
　ひがしはま　高知県安芸市-
　ひがしはま-まち　福岡県北九州市八幡西区-町
　ひがしはま　福岡県福岡市東区-
　ひがしはま-ちょう　長崎県佐世保市-町
　ひがしはま-まち　長崎県五島市-町
　ひがしはま-まち　熊本県天草市-町
　ひがしはま　大分県大分市-
　ひがしはま　大分県中津市-
　ひがしはま　大分県佐伯市-
　あがりはま　沖縄県島尻郡与那原町-
東浜砂　ひがしはまご
　ひがしはまご-まち　宮城県延岡市-町
東浪見　とらみ　千葉県長生郡一宮町-
東粉浜　ひがしこはま　大阪府大阪市住吉区-
東納庫　ひがしなぐら　愛知県北設楽郡設楽町-
東能見　ひがしのみ
　ひがしのみ-ちょう　愛知県岡崎市-町
東蚊爪　ひがしかがつめ
　ひがしかがつめ-まち　石川県金沢市-町
東起　ひがしおこし
　ひがしおこし-ちょう　愛知県名古屋市中川区-町
東造道　ひがしつくりみち　青森県青森市-
東院　とい　大分県大分市-
東馬流　ひがしまながし　長野県南佐久郡小海町-
東馬寄　ひがしまいそう　福岡県北九州市門司区-
東高岩　ひがしこうがん
　ひがしこうがん-ちょう　岐阜県岐阜市-町
東高津　ひがしこうづ
　ひがしこうづ-ちょう　大阪府大阪市天王寺区-町
東高家　ひがしたけい　大分宇佐市-
東高野　ひがしごうや　千葉県野田市-
東宿　とうじゅく・ひがしじゅく
　とうじゅく　福島県郡山市-
　ひがしじゅく-ちょう　愛知県名古屋市中村区-町
東崎　あがりざき・とうざき・ひがしざき
　とうざき-まち　茨城県土浦市-町
　ひがしざき　高知県南国市-
　あがりざき　沖縄県中頭郡西原町-
東帷子　ひがしかたびら　岐阜県可児市-
東強清水　ひがしこわしみず　新潟県佐渡市-
東條　ひがしじょう
　ひがしじょう　長野県下伊那郡阿南町-

8画（東）

ひがしじょう-ちょう　愛知県愛西市-町
ひがしじょう　愛知県海部郡大治町-
東深川　ひがしふかわ　山口県長門市-
東産士　ひがしうぶし　北海道天塩郡天塩町-
東畦野　ひがしうねの　兵庫県川西市-
東船迫　ひがしふなばさま　宮城県柴田郡柴田町-
東船場　ひがしせんば・ひがしふなば
　ひがしふなば　新潟県新潟市江南区-
　ひがしせんば-ちょう　徳島県徳島市-町
東郷　とうごう・ひがしごう
　ひがしごう　宮城県亘理郡亘理町-
　とうごう　福島県西白河郡矢吹町-
　ひがしごう　栃木県真岡市-
　とうごう　千葉県茂原市-
　とうごう-ちょう　愛知県豊橋市-町
　とうごう-ちょう　愛知県瀬戸市-町
　とうごう-ちょう　愛知県半田市-町
　とうごう-ちょう　愛知県豊田市-町
　とうごう-ちょう　愛知県愛知郡-町
　とうごう-ちょう　兵庫県姫路市-町
　ひがしごう　和歌山県伊都郡九度山町-
　とうごう-ちょう　島根県出雲市-町
　とうごう　島根県隠岐郡隠岐の島町-
　とうごう　福岡県宗像市-
　ひがしごう　佐賀県杵島郡白石町-
東郷町八重原　とうごうちょうはえばる　宮崎県日向市-
東郷町南瀬　とうごうちょうのうぜ　鹿児島県薩摩川内市-
東野　あずまの・とうの・ひがしの
　ひがしの　北海道二海郡八雲町-
　ひがしの　北海道天塩郡遠別町-
　ひがしの　北海道斜里郡小清水町-
　ひがしの　秋田県南秋田郡大潟村-
　とうの-ちょう　茨城県水戸市-町
　とうの　茨城県常陸大宮市-
　ひがしの　埼玉県比企郡川島町-
　ひがしの　埼玉県比企郡吉見町-
　ひがしの　千葉県浦安市-
　ひがしの　千葉県長生郡一宮町-
　あずまの　神奈川県横浜市瀬谷区-
　ひがしの　富山県高岡市-
　ひがしの　富山県中新川郡立山町-
　ひがしの　石川県羽咋郡宝達志水町-
　ひがしの-まち　岐阜県関市-町
　ひがしの　岐阜県恵那市-
　ひがしの　静岡県駿東郡長泉町-
　ひがしの-ちょう　愛知県春日井市-町
　ひがしの　三重県桑名市-
　ひがしの-ちょう　滋賀県長浜市-町
　ひがしの-ちょう　京都府福知山市-町
　ひがしの　京都府宮津市-
　ひがしの-ちょう　兵庫県明石市-町
　ひがしの　兵庫県伊丹市-
　ひがしの　和歌山県紀の川市-
　ひがしの　和歌山県海草郡紀美野町-
　ひがしの　広島県広島市安佐南区-
　ひがしの-ちょう　広島県竹原市-町
　ひがしの　広島県豊田郡大崎上島町-
　ひがしの　愛媛県松山市-
　ひがしの　熊本県熊本市東区-

東野台　あずまのだい・とうのだい
　あずまのだい　神奈川県横浜市瀬谷区-
　とうのだい　大分県大分市-
東野町河戸　ひがしのちょうこうど　愛知県江南市-
東野町神田　ひがしのちょうじんでん　愛知県江南市-
東野町鐘鋳山　ひがしのちょうかねいりやま　愛知県江南市-
東野原　とうのはら　茨城県常総市-
東野幌　ひがしのっぽろ
　ひがしのっぽろ　北海道江別市-
　ひがしのっぽろ-ちょう　北海道江別市-町
東鳥生　ひがしとりう
　ひがしとりう-ちょう　愛媛県今治市-町
東鹿篭　ひがしかご　鹿児島県枕崎市-
東麻　ひがしあさ
　ひがしあさ-まち　北海道富良野市-町
東厩島　ひがしうまやじま
　ひがしうまやじま-ちょう　新潟県新潟市中央区-町
東寒野　ひがしさまの　熊本県上益城郡甲佐町-
東御　とうみ
　とうみ-し　長野県-市
東勝谷　ひがししょうや　山口県下関市-
東勝原　ひがしかどはら　福井県大野市-
東温　とうおん
　とうおん-し　愛媛県-市
東港　ひがしこう・ひがしみなと
　ひがしみなと-ちょう　新潟県柏崎市-町
　ひがしこう　新潟県北蒲原郡聖籠町-
　ひがしみなと-ちょう　大阪府泉大津市-町
　ひがしみなと-まち　香川県仲多度郡多度津町-町
　ひがしみなと-まち　福岡県北九州市門司区-町
　ひがしみなと　福岡県北九州市小倉北区-
東渡合　ひがしどあい
　ひがしどあい-ちょう　愛知県豊田市-町
東犀南　ひがしさいなみ　長野県長野市-
東猫穴　ひがしまみあな
　ひがしまみあな-ちょう　茨城県牛久市-町
東筑　とうちく　福岡県北九州市八幡西区-
東結　ひがしむすぶ　岐阜県安八郡安八町-
東開　とうかい
　とうかい-ちょう　北海道苫小牧市-町
　とうかい-ちょう　鹿児島県鹿児島市-町
東開発　ひがしかいほつ　富山県砺波市-
東開聞　ひがしかいもん
　ひがしかいもん-ちょう　鹿児島県薩摩川内市-町
東間　あずま
　あずま　埼玉県北本市-
　あずま　石川県羽咋郡宝達志水町-
東雁来　ひがしかりき
　ひがしかりき-ちょう　北海道札幌市東区-町
東雄信内　ひがしおのぶない　北海道天塩郡天塩町-
東雲　しののめ・とううん
　しののめ-ちょう　北海道函館市-町
　しののめ-ちょう　北海道小樽市-町
　しののめ-ちょう　北海道留萌市-町
　しののめ-ちょう　北海道千歳市-町
　しののめ-ちょう　北海道富良野市-町
　しののめ-ちょう　北海道二海郡八雲町-町
　とううん　北海道上川郡上川町-
　しののめ-ちょう　北海道虻田郡豊浦町-町

8画（杷，板）

しののめ　東京都江東区-
しののめ-ちょう　新潟県妙高市-町
とううん-ちょう　新潟県上越市-町
しののめ　長野県小諸市-
しののめ-ちょう　愛知県豊橋市-町
しののめ-ちょう　愛知県半田市-町
しののめ-ちょう　大阪府泉大津市-町
しののめ-ちょう　兵庫県姫路市-町
しののめ-ちょう　奈良県大和高田市-町
しののめ-ちょう　鳥取県境港市-町
しののめ　広島県広島市南区-
しののめ-ちょう　愛媛県松山市-町
しののめ-ちょう　愛媛県新居浜市-町
しののめ-ちょう　高知県高知市-町
しののめ-まち　福岡県福岡市博多区-町
東雲名　ひがしうんな　静岡県浜松市天竜区-
東勢　ひがしせい　福井県小浜市-
東園　ひがしその・ひがしぞの
　ひがしその　鳥取県東伯郡北栄町-
　ひがしぞの-ちょう　島根県出雲市-町
東新　とうしん・ひがしあら・ひがししん
　ひがししん-ちょう　青森県黒石市-町
　ひがししん-ちょう　宮城県柴田郡大河原町-町
　ひがししん-まち　群馬県太田市-町
　とうしん-ちょう　東京都板橋区-町
　とうしん-ちょう　新潟県新潟市東区-町
　ひがしあら-まち　新潟県長岡市-町
　とうしん-ちょう　新潟県新発田市-町
　ひがししん-まち　石川県白山市-町
　ひがししん-まち　福井県福井市-町
　とうしん-ちょう　長野県飯田市-町
　とうしん-ちょう　岐阜県関市-町
　とうしん-ちょう　静岡県磐田市-町
　ひがししん-ちょう　愛知県名古屋市東区-町
　ひがししん-まち　愛知県豊橋市-町
　ひがししん-まち　愛知県半田市-町
　とうしん-ちょう　愛知県豊川市-町
　とうしん-ちょう　愛知県刈谷市-町
　とうしん-ちょう　愛知県豊田市-町
　とうしん-ちょう　愛知県安城市-町
　ひがししん-ちょう　愛知県小牧市-町
　とうしん-ちょう　愛知県大府市-町
　ひがししん-まち　愛知県岩倉市-町
　とうしん-ちょう　三重県四日市市-町
　とうしん-ちょう　大阪府松原市-町
　ひがししん-まち　兵庫県篠山市-町
　ひがししん-まち　奈良県生駒市-町
　ひがししん-まち　岡山県津山市-町
　ひがししん-まち　徳島県徳島市-町
　ひがししん-まち　香川県仲多度郡多度津町-町
　ひがししん-まち　福岡県北九州市門司区-町
　ひがししん-まち　福岡県大牟田市-町
東新川　ひがししんかわ
　ひがししんかわ-ちょう　山口県宇部市-町
　ひがししんかわ　愛媛県八幡浜市-
東新田　とうしんでん　静岡県静岡市駿河区-
東新殿　ひがしにいどの　福島県二本松市-
東椹木　ひがしさわらぎ
　ひがしさわらぎ-ちょう　京都府京都市中京区-町
東福　とうふく・ひがしふく
　ひがしふく-まち　富山県小矢部市-町

　とうふく-ちょう　島根県出雲市-町
東竪　ひがしたつ・ひがしたて
　ひがしたて-ちょう　京都府京都市上京区-町
　ひがしたつ-ちょう　京都府亀岡市-町
東糀谷　ひがしこうじや　東京都大田区-
東蒔田　ひがしまいた
　ひがしまいた-まち　神奈川県横浜市南区-町
東蜆　ひがししじみ　愛知県弥富市-
東豊　ひがしゆたか
　ひがしゆたか　長野県諏訪郡下諏訪町-
　ひがしゆたか-まち　愛知県豊川市-町
東徳久　ひがしとくさ　兵庫県佐用郡佐用町-
東榎生　ひがしよのう　茨城県筑西市-
東熊堂　ひがしくまんどう　静岡県沼津市-
東蓼沼　ひがしたてぬま　栃木県河内郡上三川町-
東関　ひがしせき　新潟県妙高市-
東幡豆　ひがしはず
　ひがしはず-ちょう　愛知県西尾市-町
東横　ひがしよこ
　ひがしよこ-まち　秋田県北秋田市-町
　ひがしよこ-ちょう　長野県須坂市-町
東槻木　ひがしつきのき　青森県上北郡七戸町-
東蔵　とうぞう　富山県魚津市-
東諸県　ひがしもろかた
　ひがしもろかた-ぐん　宮崎県-郡
東輝　とうき　千葉県香取郡多古町-
東錺屋　ひがしかざりや
　ひがしかざりや-ちょう　京都府京都市下京区-町
東築城　ひがしついき　福岡県築上郡築上町-
東興　とうこう
　とうこう　北海道紋別郡西興部村-
　とうこう-ちょう　岐阜県岐阜市-町
東頼城　ひがしらいじょう
　ひがしらいじょう-ちょう　北海道芦別市-町
東簗瀬　ひがしやなぜ　栃木県宇都宮市-
東藤平蔵　ひがしとうへいぞう　富山県高岡市-
東観音　ひがしかんおん・ひがしかんのん
　ひがしかんおん-まち　広島県広島市西区-町
　ひがしかんのん-ちょう　山口県下関市-町
東藻琴明生　ひがしもことめいせい　北海道網走郡大空町-
東鶉　ひがしうずら
　ひがしうずら　北海道空知郡上砂川町-
　ひがしうずら　岐阜県岐阜市-
東巌城　ひがしいわき
　ひがしいわき-ちょう　鳥取県倉吉市-町

杷

杷木松末　はきますえ　福岡県朝倉市-
杷木寒水　はきそうず　福岡県朝倉市-

板

板ケ谷　いたがたに・いたがや
　いたがや-まち　石川県金沢市-町
　いたがたに　広島県山県郡安芸太田町
板倉区国川　いたくらくこくがわ　新潟県上越市-
板倉区菰立　いたくらくこもだて　新潟県上越市-
板倉区筒方　いたくらくどうがた　新潟県上越市-
板峰　いたのみね　茨城県行方市-
板荷　いたが　栃木県鹿沼市-

8画（枇, 枚, 林, 枌, 枋, 枦, 枡, 武, 歩, 河）

板宿　いたやど
　　いたやど-ちょう　兵庫県神戸市須磨区-町
板櫃　いたびつ
　　いたびつ-まち　福岡県北九州市小倉北区-町

枇

枇杷庄　びわのしょう　京都府城陽市-

枚

枚方　ひらかた
　　ひらかた-し　大阪府-市

林

林下　りんか
　　りんか-ちょう　京都府京都市東山区-町
林内　りんない　北海道足寄郡陸別町-
林友　りんゆう　北海道常呂郡置戸町-
林田　はいだ・はやした・はやしだ
　　はやしだ　北海道恵庭市-
　　はやしだ-ちょう　滋賀県東近江市-町
　　はやしだ-ちょう　兵庫県西宮市-町
　　はやした　兵庫県川辺郡猪名川町-
　　はいだ　岡山県津山市-
　　はいだ-まち　岡山県津山市-町
　　はやしだ-ちょう　香川県坂出市-町
　　はやしだ　福岡県朝倉-
林田町八幡　はやしだちょうやはた　兵庫県姫路市-
林田町六九谷　はやしだちょうむくだに　兵庫県姫路市-
林寺　はやしじ　大阪府大阪市生野区-
林堂　はやしどう　奈良県葛城市-
林崎　はやさき・はやしさき・はやしざき
　　はやしざき　青森県南津軽郡藤崎町-
　　はやしざき　秋田県雄勝郡羽後町-
　　はやしざき　山形県鶴岡市-
　　はやしざき　山形県村山市-
　　はやしざき　福島県耶麻郡猪苗代町-
　　はやしざき　富山県富山市-
　　はやさき　三重県鈴鹿市-
　　はやさき-ちょう　三重県鈴鹿市-町
　　はやしさき-ちょう　兵庫県明石市-町
　　はやしざき　兵庫県佐用郡佐用町-
林添　はやしぞれ
　　はやしぞれ-ちょう　愛知県豊田市-町
林道　りんどう　富山県南砺市-

枌

枌尾　そぎお　奈良県吉野郡川上村-
枌所東　そぎしょひがし　香川県綾歌郡綾川町-

枋

枋木　こぼのき　青森県上北郡東北町-

枦

枦宇土　はじうと
　　はじうと-まち　熊本県天草市-町

枡

枡川　ひじきがわ　三重県伊賀市-

武

武士　たけし・ぶし
　　ぶし　北海道常呂郡佐呂間町-
　　たけし　千葉県市原市-
武士沢　ぶしざわ　宮城県伊具郡丸森町-
武子　たけし　栃木県鹿沼市-
武川　たけかわ　埼玉県深谷市-
武川町牧原　むかわちょうまきのはら　山梨県北杜市-
武川町宮脇　むかわちょうみやのわき　山梨県北杜市-
武木　たきぎ　奈良県吉野郡川上村-
武平　ぶへい
　　ぶへい-ちょう　愛知県名古屋市東区-町
武平太　ぶへだ
　　ぶへだ-まち　富山県滑川市-町
武生　むしゅう　福井県三方上中郡若狭町-
武生柳　たけふやなぎ
　　たけふやなぎ-ちょう　福井県越前市-町
武石鳥屋　たけしとや　長野県上田市-
武西　むさい
　　むざい　千葉県印西市-
　　むざい　千葉県白井市-
武佐　むさ
　　むさ　北海道釧路市-
　　むさ　北海道標津郡中標津町-
　　むさ-ちょう　滋賀県近江八幡市-町
武体　ぶたい　埼玉県熊谷市-
武志　たけし
　　たけし-ちょう　島根県出雲市-町
武芸川町八幡　むげがわちょうはちまん　岐阜県関市-
武芸川町小知野　むげがわちょうおじの　岐阜県関市-
武周　ぶしゅう
　　ぶしゅう-ちょう　福井県福井市-町
武奈　ぶな
　　ぶな-ちょう　滋賀県彦根市-町
武留路　むろろ
　　むろろ-まち　長崎県大村市-町
武連　むれ　石川県鳳珠郡能登町-
武曽横山　むそよこやま　滋賀県高島市-
武勝　むしょう　千葉県山武市-
武節　ぶせつ
　　ぶせつ-まち　愛知県豊田市-町
武徳　ぶとく
　　ぶとく-ちょう　北海道士別市-町
武蔵町小城　むさしまちおぎ　大分県国東市-
武蔵町糸原　むさしまちいとはる　大分県国東市-
武衛陣　ぶえいじん
　　ぶえいじん-ちょう　京都府京都市上京区-町

歩

歩行　おかち・かち
　　おかち-まち　岐阜県大垣市-町
　　かち-まち　愛媛県松山市-町

河

河ケ谷　かがたに　石川県鳳珠郡能登町-
河ノ瀬　ごうのせ
　　ごうのせ-ちょう　高知県高知市-町
河の子　こうのこ　愛媛県上浮穴郡久万高原町-

8画（河）

河下 かわしも
　かわしも-ちょう　島根県出雲市-町
河内 かわうち・かわち・かわのうち・こうち
　かわち-まち　茨城県稲敷郡-町
　かわち-ぐん　栃木県-郡
　こうち　東京都西多摩郡奥多摩町-
　こうち　神奈川県平塚市-
　かわうち-ちょう　新潟県十日町市-町
　かわうち　新潟県村上市-
　かわち　石川県河北郡津幡町-
　かわち　石川県鳳珠郡穴水町-
　こうち-ちょう　福井県福井市-町
　こうち　福井県今立郡池田町-
　こうち　福井県南条郡南越前町-
　こうち　福井県三方上中郡若狭町-
　こうち　静岡県静岡市清水区-
　こうち　静岡県下田市-
　こうち-ちょう　三重県鳥羽市-町
　こうち　三重県度会郡南伊勢町-
　こうち　三重県北牟婁郡紀北町-
　かわち　滋賀県犬上郡多賀町-
　かわち-ちょう　大阪府東大阪市-町
　こうち-ちょう　兵庫県加西市-町
　こうち　兵庫県淡路市-
　こうち　鳥取県鳥取市-
　こうち-ちょう　島根県浜田市-町
　かわち　島根県仁多郡奥出雲町-
　こうち　岡山県美作市-
　こうち　岡山県苫田郡鏡野町-
　こうち　山口県下松市-
　こうち-ちょう　山口県周南市-町
　こうち　徳島県海部郡牟岐町-
　こうち-ちょう　愛媛県新居浜市-町
　かわのうち　愛媛県喜多郡内子町-
　かわうち　愛媛県西宇和郡伊方町-
　かわうち　高知県安芸郡東洋町-
　かわうち　高知県高岡郡四万十町-
　かわち　福岡県北九州市八幡東区-
　かわち-まち　佐賀県鳥栖市-町
　こうち　大分県別府市-
　かわち　宮崎県西臼杵郡高千穂町-
　かわうち　鹿児島県いちき串木野市-
河内台 こうちだい　兵庫県篠山市-
河内西 かわちにし
　かわにし-ちょう　茨城県常陸太田市-町
河内町入野 こうちちょうにゅうの　広島県東広島市-
河内町下折 かわちまちそそり　石川県白山市-
河内町口直海 かわちまちくちのみ　石川県白山市-
河内町内尾 かわちまちうつお　石川県白山市-
河内町江津 かわちまちごうづ　石川県白山市-
河内町岳 かわちまちたけ　熊本県熊本市西区-
河内町河戸 こうちちょうこうど　広島県東広島市-
河内町金間 かわちまちきんま　石川県白山市-
河内町面木 かわちまちおものぎ　熊本県熊本市西区-
河内町野出 かわちまちのいで　熊本県熊本市西区-
河内長野 かわちながの
　かわちながの-し　大阪府-市
河内南 こうちみなみ　広島県広島市佐伯区-
河内屋新田 かわちやしんでん　愛知県小牧市-
河水 こうすい
　こうすい-ちょう　福井県福井市-町

河北 かほく・こぎた
　かほく-ちょう　山形県西村山郡-町
　かほく-ぐん　石川県-郡
　こぎた　愛知県丹羽郡大口町-
　かほく-ちょう　鳥取県倉吉市-町
河北中 かわきたなか
　かわきたなか-まち　大阪府寝屋川市-町
河本 こうもと
　こうもと-ちょう　岡山県岡山市東区-町
　こうもと　岡山県赤磐市-
　こうもと　岡山県苫田郡鏡野町-
河田 かわだ・こうだ
　かわだ-ちょう　東京都新宿区-町
　こうだ-まち　石川県小松市-町
　かわだ-ちょう　愛知県名古屋市熱田区-町
　かわだ-ちょう　愛知県津島市-町
　こうだ-ちょう　三重県鈴鹿市-町
　こうだ　三重県多気郡多気町-
河田原 かわたはら　岡山県赤磐市-
河辺 かべ・かわなべ・こうべ
　かべ-まち　東京都青梅市-町
　こうべ-ちょう　三重県津市-町
　かわなべ　岡山県津山市-
河辺町山鳥坂 かわべちょうやまとさか　愛媛県大洲市-
河合 かあい・かわい
　かわい-ちょう　栃木県栃木市-町
　かわい-まち　石川県白山市-町
　かわい-ちょう　岐阜県関市-町
　かわい-ちょう　愛知県豊田市-町
　かあい-ちょう　大阪府岸和田市-町
　かわい　大阪府松原市-
　かわい-ちょう　奈良県北葛城郡-町
　かわい　奈良県吉野郡上北山村-
河合町小無雁 かわいちょうこむかり　岐阜県飛騨市-
河合町中沢上 かわいちょうなかぞうれ　岐阜県飛騨市-
河合町元田 かわいちょうげんだ　岐阜県飛騨市-
河合町天生 かわいちょうあもう　岐阜県飛騨市-
河合町角川 かわいちょうつのがわ　岐阜県飛騨市-
河西 かさい・かわにし
　かさい-ぐん　北海道-郡
　かさい　山梨県中巨摩郡昭和町-
　かわにし　奈良県桜井市-
河岐 かわまた　岐阜県加茂郡白川町-
河来見 かわくるみ　鳥取県倉吉市-
河芸町赤部 かわげちょうあかぶ　三重県津市-
河谷 こうだに　兵庫県豊岡市-
河和 こうわ　愛知県知多郡美浜町-
河和田 かわだ・かわわだ
　かわわだ　茨城県水戸市-
　かわわだ-ちょう　茨城県水戸市-町
　かわだ-ちょう　福井県鯖江市-町
河岸 かわぎし
　かわぎし　愛知県名古屋市瑞穂区-
　かわぎし-ちょう　愛知県名古屋市瑞穂区-町
河東 かとう・かわひがし
　かとう-ぐん　北海道-郡
　かとう　岐阜県加茂郡白川町-
　かとう　静岡県菊川市-

211

8画（河）

かわひがし-ちょう　山口県周南市-町
かとう　福岡県宗像市-

河東中島　かとうなかじま　山梨県中巨摩郡昭和町-

河東町代田　かわひがしまちよだ　福島県会津若松市-

河南　かなん・かわなみ・かわみなみ
かなん　岩手県宮古市-
かわみなみ-まち　石川県加賀市-町
かわなみ　滋賀県米原市-
かなん-ちょう　大阪府南河内郡-町
かなん-ちょう　広島県府中市-
かなん-ちょう　愛媛県今治市-町

河津原　かわつはら・こうづわら
こうづわら　鳥取県八頭郡智頭町-
かわづはら　広島県廿日市市-

河面　こうも
こうも　岡山県津山市-
こうも-ちょう　広島県府中市-町

河原　かわはら・かわら・こうら
かわはら　北海道白糠郡白糠町-
かわはら-ちょう　青森県弘前市-町
かわら-まち　宮城県仙台市若林区-町
かわら　福島県岩瀬郡鏡石町-
かわら　栃木県大田原市-
かわら-ちょう　埼玉県熊谷市-
かわはら-ちょう　埼玉県川口市-町
かわら-まち　埼玉県入間市-町
かわら　千葉県市川市-
かわら-ちょう　神奈川県川崎市幸区-町
かわら-まち　神奈川県秦野市-町
かわら-まち　石川県加賀市-町
かわら　石川県羽咋郡宝達志水町-
かわは-ちょう　福井県敦賀市-町
かわら　静岡県島田市-
かわら-ちょう　静岡県磐田市-町
かわら-ちょう　愛知県岡崎市-町
かわら-ちょう　愛知県津島市-町
かわら　滋賀県彦根市-
かわら　滋賀県蒲生郡日野町-
こうら　京都府舞鶴市-
かわら　京都府宮津市-
かわら-ちょう　京都府亀岡市-町
かわら　京都府京田辺市-
かわはら-ちょう　大阪府泉大津市-町
かわはら-ちょう　大阪府守口市-町
かわはら-ちょう　大阪府柏原市-町
かわはら-ちょう　兵庫県西宮市-町
かわら-まち　兵庫県篠山市-町
かわら-まち　鳥取県倉吉市-町
かわら　岡山県岡山市北区-
かわら-まち　岡山県津山市-町
かわら　岡山県勝田郡勝央町-
かわら-まち　広島県広島市中区-町
かわら-まち　愛媛県松山市-町
かわら　熊本県熊本市中央区-町
かわら　熊本県阿蘇郡高森町-
かわはら　熊本県阿蘇郡西原村-
かわはら　熊本県八代郡氷川町-

河原口　かわらぐち　神奈川県海老名市-

河原子　かわらご
かわらご-ちょう　茨城県日立市-町
かわらご　千葉県白井市-

河原山　かわはらやま
かわはらやま-まち　石川県白山市-町

河原井　かわらい
かわらい-ちょう　埼玉県久喜市-町

河原井手　かわらいで　福井県あわら市-

河原内　かわらうち　大分県大分市-

河原代　かわらだい　埼玉県久喜市-

河原市　かわらいち
かわらいち-まち　石川県金沢市-町
かわらいち　福井県三方郡美浜町-

河原田　かわはらだ・かわらだ
かわらだ　宮城県気仙沼市-
かわらだ-ちょう　三重県四日市市-町
かわはらだ　福岡県豊前市-

河原田諏訪　かわはらだすわ
かわはらだすわ-まち　新潟県佐渡市-町

河原沢　かわらさわ　埼玉県秩父郡小鹿野町-

河原町小河内　かわはらちょうおごうち　鳥取県鳥取市-

河原町弓河内　かわはらちょうゆみごうち　鳥取県鳥取市-

河原町本鹿　かわはらちょうほんが　鳥取県鳥取市-

河原町曳田　かわはらちょうひけた　鳥取県鳥取市-

河原町谷一木　かわはらちょうたにひとつぎ　鳥取県鳥取市-

河原町神馬　かわはらちょうかんば　鳥取県鳥取市-

河原角　かわらづの　山形県西置賜郡小国町-

河原城　かわはらじょう　大阪府羽曳野市-

河原屋　かわはらや・かわらや
かわはらや　奈良県吉野郡吉野町-
かわらや　岡山県赤磐市-

河原津　かわらづ　愛媛県西条市-

河原浜　かわらはま
かわらはま-まち　群馬県前橋市-町

河原塚　かわらづか　千葉県松戸市-

河根　かね　和歌山県伊都郡九度山町-

河根川　かねがわ
かねがわ-まち　新潟県長岡市-町

河桃　こうとう
こうとう-まち　福岡県北九州市八幡西区-町

河浦町白木河内　かわうらまちしらきかわち　熊本県天草市-

河浦町宮野河内　かわうらまちみやのかわち　熊本県天草市-

河高　こうたか　兵庫県加東市-

河崎　かわさき・こうざき
かわさき　山形県上山市-
かわさき　新潟県佐渡市-
かわさき　三重県伊勢市-
こうざき　兵庫県佐用郡佐用町-
かわさき　鳥取県米子市-
かわさき　鳥取県岩美郡岩美町-
かわさき　熊本県玉名市-

河添　こうぞえ　山口県萩市-

河野　かわの・がわの・こうの
がわの-まち　新潟県見附市附市-町
こうの　福井県南条郡南越前町-
かわの　長野県下伊那郡豊丘村-
かわの-ちょう　愛知県安城市-町

河野町管竹　こうのちょうかんちく　愛知県江南市-

8画（沓,治,沼,注,泥,波）

河野原　こうのはら　兵庫県赤穂郡上郡町-
河野高山　こうのこやま　愛媛県松山市-
河陰　かいん　熊本県阿蘇郡南阿蘇村-
河渡　こうど・ごうど
　　こうど　新潟県新潟市東区-
　　ごうど　岐阜県岐阜市-
河間　がま・こうま・こばさま
　　こうま　新潟県新潟市西蒲区-
　　こうま　福井県あわら市-
　　がま-ちょう　岐阜県大垣市-
　　こばさま-ちょう　兵庫県姫路市-町
河陽　かわよう　熊本県阿蘇郡南阿蘇村-
河陽が丘　かようがおか　京都府長岡京市-
河増　こうます
　　こうます-ちょう　福井県福井市-町
河端　かわばた
　　かわばた-まち　富山県滑川市-町
河瀬　ごのせ　和歌山県有田郡広川町-

沓

沓谷　くつのや　静岡県静岡市葵区-

治

治田　はった　三重県伊賀-
治和　ちわ
　　ちわ-ちょう　島根県浜田市-町
治郎丸大角　じろまるおおすみ
　　じろまるおおすみ-ちょう　愛知県稲沢市-町
治郎丸神木　じろまるしんぼく
　　じろまるしんぼく-ちょう　愛知県稲沢市-町
治郎丸清敷　じろまるせいしき
　　じろまるせいしき-ちょう　愛知県稲沢市-町
治部　じぶ
　　じぶ-ちょう　京都府京都市伏見区-町
治部袋　じんば　青森県上北郡七戸町-

沼

沼ノ上　ぬまのうえ・ぬまのかみ
　　ぬまのかみ　北海道川上郡標茶町-
　　ぬまのうえ　秋田県能代市-
　　ぬまのうえ　福島県大沼郡会津美里町-
沼山津　ぬやまつ　熊本県熊本市東区-
沼田　ぬた・ぬただ・ぬまた
　　ぬまた-ちょう　北海道雨竜郡-町
　　ぬた　北海道雨竜郡沼田町-
　　ぬまた　岩手県一関市-
　　ぬまた　宮城県刈田郡七ケ宿町-
　　ぬまた　宮城県柴田郡村田町-
　　ぬまた　山形県新庄市-
　　ぬまた-まち　山形県新庄市-町
　　ぬまた　福島県喜多方市-
　　ぬまた　福島県耶麻郡猪苗代町-
　　ぬまた　福島県大沼郡会津美里町-
　　ぬまた　茨城県つくば市-
　　ぬまた　茨城県稲敷市-
　　ぬまた-し　群馬県-市
　　ぬまた　神奈川県南足柄市-
　　ぬまた-ちょう　静岡県静岡市清水区-町
　　ぬまた　静岡県御殿場市-
　　ぬただ　和歌山県有田郡有田川町-
　　ぬた　岡山県赤磐市-

沼　ぬた　広島県三原市-
　　ぬた-ちょう　広島県三原市-町
沼田東町納所　ぬたひがしちょうのうそ　広島県三
　　原市-
沼田原　ぬたのはら　奈良県吉野郡十津川村-
沼江　ぬえ　徳島県勝浦郡勝浦町-
沼垂東　ぬったりひがし　新潟県新潟市中央区-
沼波　のなみ
　　のなみ-まち　滋賀県彦根市-町
沼宮内　ぬまくない　岩手県岩手郡岩手町-
沼森　ぬまもり　茨城県結城郡八千代町-
沼樋　ぬまどい　秋田県湯沢市-

注

注連川　しめがわ　島根県鹿足郡吉賀町-
注連指　しめさす　三重県度会郡度会町-

泥

泥亀　でいき　神奈川県横浜市金沢区-

波

波子　はし
　　はし-ちょう　島根県江津市-町
波川　はかわ　高知県吾川郡いの町-
波介　はげ　高知県土佐市-
波分　はぶ　和歌山県岩出市-
波方町馬刀潟　なみかたちょうまてがた　愛媛県今
　　治市-
波方町樋口　なみかたちょうひのくち　愛媛県今治市-
波木　はぎ
　　はぎ-ちょう　三重県四日市市-町
波止土濃　はしどの
　　はしどの-ちょう　京都府京都市下京区-町
波止浜　はしはま　愛媛県今治市-
波平　なみひら　沖縄県中頭郡読谷村-
波打　なみうち
　　なみうち-まち　福岡県北九州市若松区-町
波田　はた・はだ
　　はた　長野県松本市-
　　はだ-ちょう　島根県益田市-町
波立　はったち　栃木県那須塩原市-
波多津町木場　はたつちょうこば　佐賀県伊万里市-
波多津町馬蛤潟　はたつちょうまてがた　佐賀県伊万
　　里市-
波多島　はたとう　熊本県葦北郡芦北町-
波江　はたう　京都府福知山市-
波志借　はじかし　石川県鳳珠郡穴水町-
波見　はみ　鹿児島県肝属郡肝付町-
波豆　はず　兵庫県宝塚市-
波並　はなみ　石川県鳳珠郡能登町-
波岡　はおか　富山県高岡市-
波松　なみまつ　福井県あわら市-
波垣　なみがき
　　なみがき-ちょう　福井県越前市-町
波津　はつ・はづ
　　はづ　静岡県牧之原市-
　　はつ　福岡県遠賀郡垣町-
波倉　なみくら　福島県双葉郡楢葉町-
波島　なみしま　宮崎県宮崎市-

213

8画（泊,法,油,泗,物,牧）

波根　はね
　はね-ちょう　島根県大田市-町
波浮港　はぶみなと　東京都大島町-
波留　はる　鹿児島県阿久根市-
波除　なみよけ　大阪府大阪市港区-
波高島　はだかじま　山梨県南巨摩郡身延町-
波寄　なみよせ
　なみよせ-ちょう　福井県福井市-町
　なみよせ-ちょう　愛知県名古屋市熱田区-町
波崎　はさき　茨城県神栖市-
波野　はの　山口県熊毛郡田布施町-
波野小地野　なみのしょうちの　熊本県阿蘇市-
波賀町安賀　はがちょうやすが　兵庫県宍粟市-
波賀町音水　はがちょうおんずい　兵庫県宍粟市-
波賀町道谷　はがちょうどうたに　兵庫県宍粟市-
波須　はす　岐阜県大垣市-
波路　はじ
　はじ　京都府宮津市-
　はじ-まち　京都府宮津市-町
波路上後原　はじかみうしろばら　宮城県気仙沼市-
波積町北　はづみちょうきた　島根県江津市-
波瀬　はぜ
　はぜ-ちょう　愛知県田原市-町
　はぜ　山口県山陽小野田市-

泊

泊崎　はっさき　茨城県つくば市-

法

法士　ほうぜ
　ほうぜ-ちょう　滋賀県彦根市-町
法田　ほうだ・ほうでん
　ほうでん　山形県最上郡最上町-
　ほうだ-ちょう　三重県松阪市-町
法吉　ほっき
　ほっき-ちょう　島根県松江市-町
法花　ほうげ・ほっけ
　ほうげ　千葉県勝浦市-
　ほっけ　三重県伊賀市-
法花寺　ほっけいじ・ほっけじ
　ほっけじ　富山県滑川市-
　ほっけじ-ちょう　愛知県稲沢市-町
　ほっけいじ　兵庫県豊岡市-
　ほっけいじ-ちょう　奈良県橿原市-町
法性寺　ほうしょうじ
　ほうしょうじ-ちょう　愛知県岡崎市-町
法枝　のりえだ
　のりえだ-ちょう　静岡県浜松市中区-町
　のりえだ-ちょう　静岡県浜松市南区-町
法海　のりかい　福井県小浜市-
法勝寺　ほっしょうじ・ほっしょうじ
　ほっしょうじ-まち　鳥取県米子市-町
　ほっしょうじ　鳥取県西伯郡南部町-

油

油一色　あぶらいしき　静岡県浜松市浜北区-
油久　ゆく　鹿児島県熊毛郡中種子町-
油小路　あぶらのこうじ
　あぶらのこうじ-ちょう　京都府京都市下京区-町
油山　ゆやま　静岡県静岡市葵区-

油井　あぶらい・ゆい
　ゆい　福島県二本松市-
　ゆい　栃木県那須塩原市-
　ゆい　千葉県東金市-
　あぶらい　兵庫県篠山市-
　ゆい　島根県隠岐郡隠岐の島町-
　ゆい　鹿児島県大島郡瀬戸内町-
油夫　ゆぶ　三重県多気郡多気町-
油木　あぶらぎ・ゆき
　ゆき　広島県神石郡神石高原町-
　あぶらぎ-まち　長崎県長崎市-町
油比　ゆび　福岡県糸島市-
油田　あぶらた・あぶらでん
　あぶらでん　宮城県亘理郡亘理町-
　あぶらでん　福島県大沼郡会津美里町-
　あぶらでん-まち　栃木県鹿沼市-町
　あぶらた　千葉県香取市-
　あぶらでん　新潟県刈羽郡刈羽村-
油宇　ゆう　山口県大島郡周防大島町-
油江　ゆご　京都府舞鶴市-
油良　ゆら　山口県大島郡周防大島町-
油見　ゆうみ　広島県大竹市-
油谷　ゆだに
　ゆだに-ちょう　兵庫県加西市-町
油谷向津具上　ゆやむかつくかみ　山口県長門市-
油谷角山　ゆやかどやま　山口県長門市-
油阪地方　あぶらさかじかた
　あぶらさかじかた-ちょう　奈良県奈良市-町
油河内　ゆごうと　茨城県常陸大宮市-
油島　あぶらじま・ゆじま
　あぶらじま　新潟県新潟市西蒲区-
　ゆじま　静岡県静岡市葵区-
油留木　ゆるぎ
　ゆるぎ-ちょう　奈良県奈良市-町
油袋　ゆたい　愛媛県南宇和郡愛南町-
油野　ゆの　静岡県静岡市葵区-

泗

泗水町富納　しすいまちとみのう　熊本県菊池市-

物

物部　もののべ・ものべ
　ものべ-ちょう　京都府綾部市-町
　ものべ　兵庫県洲本市-
　もののべ　兵庫県朝来市-
　ものべ　高知県南国市-
物部町別役　ものべちょうべっちゃく　高知県香美市-
物部町別府　ものべちょうべふ　高知県香美市-
物部町押谷　ものべちょうおすだに　高知県香美市-
物部町拓　ものべちょうつぶせ　高知県香美市-
物部町楮佐古　ものべちょうかじさこ　高知県香美市-
物集女　もずめ
　もずめ-ちょう　京都府向日市-町

牧

牧区下湯谷　まきくしもゆうや　新潟県上越市-
牧区上昆子　まきくかみびりご　新潟県上越市-
牧区切光　まきくせっこう　新潟県上越市-
牧区平山　まきくたいらやま　新潟県上越市-
牧区平方　まきくひらかた　新潟県上越市-

8画（狗, 画, 直, 知, 空, 突, 育, 肬, 肥, 臥, 舎, 英）

牧区宇津俣　まきくうつのまた　新潟県上越市-
牧区国川　まきくこくがわ　新潟県上越市-
牧丘町杣口　まきおかちょうそまぐち　山梨県山梨市-
牧目　まきのめ　新潟県村上市-
牧西　もくさい　埼玉県本庄市-
牧浜　まきのはま　宮城県石巻市-
牧場　まきば
　まきば-ちょう　北海道江別市-町
　まきば　北海道恵庭市-

狗

狗子ノ川　くじのかわ　和歌山県東牟婁郡那智勝浦町-

画

画図町所島　えずまちところじま　熊本県熊本市東区-

直

直入町神堤　なおいりまちかみつつみ　大分県竹田市-
直下　そそり
　そそり-まち　石川県加賀市-町
直川　のうがわ　和歌山県和歌山市-
直川上直見　なおかわかみなおみ　大分県佐伯市-
直井　なおい　茨城県筑西市-
直方　のおがた
　のおがた-し　福岡県-市
　のおがた　福岡県直方市-
直木　なおき
　なおき-ちょう　鹿児島県鹿児島市-町
直世　すぐせ　山形県飽海郡遊佐町-
直地　ただち　島根県鹿足郡津和野町-
直江　すぐえ・なおえ
　なおえ-ちょう　山形県米沢市-町
　すぐえ-ちょう　新潟県三条市-町
　なおえ-まち　石川県金沢市-町
　すぐえ-ちょう　岐阜県大垣市-町
　なおえ　岐阜県養老郡養老町-
　なおえ　福岡県築上郡吉富町-
直別　ちょくべつ　北海道十勝郡浦幌町-
直坂　すぐさか　富山県富山市-
直来　なおらい
　なおらい-ちょう　愛知県名古屋市瑞穂区-町
直見　ぬくみ　和歌山県東牟婁郡古座川町-
直弥　なおや　千葉県佐倉市-
直柱　ひたはしら　和歌山県東牟婁郡那智勝浦町-
直海　のうみ　石川県羽咋郡志賀町-
直津　ただつ
　ただつ-まち　石川県七尾市-町
直家　なおいえ
　なおいえ-ちょう　京都府京都市上京区-町
直島　なおしま
　なおしま-ちょう　香川県香川郡-町
直鮒　すうぶな　茨城県龍ケ崎市-
直瀬　なおせ　愛媛県上浮穴郡久万高原町-

知

知人　しりと
　しりと-ちょう　北海道釧路市-町
知内　しりうち
　しりうち-ちょう　北海道上磯郡-町
知手　しって　茨城県神栖市-

知立　ちりゅう
　ちりゅう-し　愛知県-市
知足　ちそく　兵庫県篠山市-

空

空久保　あきくぼ　青森県上北郡東北町-
空城　そらじょう　広島県山県郡北広島町-
空清　からきよ
　からきよ-ちょう　大阪府大阪市天王寺区-町

突

突抜　つきぬけ
　つきぬけ-ちょう　京都府京都市上京区-町
　つきぬけ-ちょう　京都府京都市中京区-町
　つきぬけ　京都府京都市下京区-
　つきぬけ-ちょう　京都府亀岡市-町

育

育生町粉所　いくせいちょうこどころ　三重県熊野市-
育波　いくは　兵庫県淡路市-

肬

肱川町山鳥坂　ひじかわちょうやまとさか　愛媛県大洲市-

肥

肥土　ひど　埼玉県児玉郡神川町-
肥田　ひた・ひだ
　ひた　静岡県田方郡函南町-
　ひだ-ちょう　三重県鈴鹿市-町
　ひだ-ちょう　滋賀県彦根市-町
肥前町向島　ひぜんまちむくしま　佐賀県唐津市-
肥前町納所　ひぜんまちのうさ　佐賀県唐津市-
肥前町新木場　ひぜんまちにいこば　佐賀県唐津市-
肥島　ひしま　山口県萩市-
肥留　ひる
　ひる-ちょう　三重県松阪市-町
肥猪　こえい
　こえい　熊本県玉名郡南関町-
　こえい-まち　熊本県玉名郡南関町-町
肥塚　こいづか　埼玉県熊谷市-

臥

臥牛　ふししうし　岩手県北上市-
臥竜　がりゅう　長野県須坂市-

舎

舎人　とねり
　とねり　東京都足立区-
　とねり-まち　東京都足立区-町
舎熊　しゃくま　北海道増毛郡増毛町-

英

英　はなぶさ
　はなぶさ-ちょう　神奈川県横浜市中区-町
英田　あいだ
　あいだ-ぐん　岡山県-郡
英田青野　あいだあおの　岡山県美作市-
英彦山　ひこさん　福岡県田川郡添田町-

215

8画（茄,芽,茅,苦,若,苔,苧,苫,苗,茂）

茄

茄子　なすび
　なすび-ちょう　静岡県浜松市中区-町
茄子川　なすびがわ　岐阜県中津川市-
茄子作　なすづくり　大阪府枚方市-
茄子島　なすじま　富山県小矢部市-

芽

芽生　めむ　北海道沙流郡平取町-
芽武　めむ　北海道広尾郡大樹町-
芽室　めむろ
　めむろ-ちょう　北海道河西郡-町
芽登　めとう　北海道足寄郡足寄町-

茅

茅ケ崎　ちがさき
　ちがさき-ちょう　神奈川県横浜市都筑区-町
　ちがさき-し　神奈川県-市
　ちがさき　神奈川県茅ケ崎市-
茅原　ちはら・ちわら
　ちわら　山形県鶴岡市-
　ちわら-まち　山形県鶴岡市-町
　ちはら　新潟県三条市-
　ちはら-まち　石川県金沢市-町
　ちはら-ちょう　三重県松阪市-町
　ちわら　奈良県桜井市-
　ちはら　奈良県御所市-
茅原沢　ちはらざわ
　ちはらざわ-ちょう　愛知県岡崎市-町
茅根　ちのね
　ちのね-ちょう　茨城県常陸太田市-町
茅野　かやの・ちの
　かやの　千葉県木更津市-
　ちの-し　長野県-市
　かやの-ちょう　鹿児島県枕崎市-町
茅野山　ちのやま　新潟県新潟市江南区-

苦

苦木　にがき
　にがき　青森県南津軽郡大鰐町-
　にがき　岡山県和気郡和気町-
苦竹　にがたけ　宮城県仙台市宮城野区-
苦林　にがばやし　埼玉県入間郡毛呂山町-

若

若山町出田　わかやままちすつた　石川県珠洲市-
若木　おさなぎ・わかぎ
　わかぎ　北海道常呂郡置戸町-
　わかぎ　山形県山形市-
　おさなぎ　山形県東根市-
　わかぎ-ちょう　栃木県小山市-町
　わかぎ　東京都板橋区-
　わかぎ-ちょう　兵庫県神戸市須磨区-町
若木町桃川　わかきちょうもものかわ　佐賀県武雄市-
若王子　にゃくおうじ・わかおうじ
　わかおうじ　福井県三方上中郡若狭町-
　にゃくおうじ　静岡県藤枝市-
　にゃくおうじ-ちょう　京都府京都市左京区-町
若王寺　なこうじ　兵庫県尼崎市-
若代畝　わかしろうね　岡山県真庭市-

若生

若生　わかおい・わっかおい
　わっかおい-ちょう　北海道伊達市-町
　わかおい-ちょう　北海道石狩市-町
若白毛　わかしらが　千葉県柏市-
若柳　わかやぎ・わかやなぎ
　わかやなぎ　茨城県下妻市-
　わかやなぎ　神奈川県相模原市緑区-
　わかやぎ-ちょう　愛知県名古屋市昭和区-町
若柳武鍮　わかやなぎむやり　宮城県栗原市-
若泉　わかいずみ
　わかいずみ　埼玉県本庄市-
　わかいずみ-ちょう　福井県敦賀市-町
若狭野町八洞　わかさのちょうはっとう　兵庫県相生市-
若狭野町雨内　わかさのちょうあまうち　兵庫県相生市-
若桜　わかさ
　わかさ-まち　鳥取県鳥取市-町
　わかさ-ちょう　鳥取県八頭郡-町
　わかさ　鳥取県八頭郡若桜町-

苔

苔実　こけのみ　新潟県胎内市-

苧

苧　お
　お-まち　島根県松江市-町
苧島　おのしま　新潟県十日町市-

苫

苫生　とまぶ
　とまぶ-ちょう　青森県むつ市-町
苫米地　とまべち　青森県三戸郡南部町-
苫務　とまむ　北海道足寄郡陸別町-
苫編　とまみ　兵庫県姫路市-

苗

苗代　なえしろ
　なえしろ-ちょう　愛知県名古屋市瑞穂区-町
　なえしろ　愛知県名古屋市守山区-
　なえしろ-ちょう　愛知県半田市-町
　なえしろ-ちょう　広島県呉市-町
苗代川目　なわしろかわめ　青森県上北郡横浜町-
苗代田　なわしろだ　島根県隠岐郡隠岐の島町-
苗代沢　なしろざわ　青森県三戸郡五戸町-
苗代端　なわしろばた　宮城県刈田郡七ケ宿町-
苗加　のうか　富山県砺波市-
苗生松一本柳　なんばいまついっぽんやなぎ　青森県平川市-
苗田　なえだ・のうだ
　なえだ-ちょう　愛知県名古屋市北区-町
　のうだ　香川県仲多度郡琴平町-
苗羽　のうま　香川県小豆郡小豆島町-
苗島　のじま　富山県南砺市-
苗鹿　のうか　滋賀県大津市-

茂

茂内　しげない　秋田県大館市-
茂木　しげき・もぎ・もてぎ・もとぎ
　もとぎ　茨城県潮来市-
　もてぎ-まち　栃木県芳賀郡-町

もてぎ　栃木県芳賀郡茂木町-
もとぎ-まち　群馬県前橋市-町
もてぎ-ちょう　群馬県太田市-町
しげき-ちょう　香川県観音寺市-町
もぎ-まち　長崎県長崎市-町

茂西　しげにし
しげにし-ちょう　香川県観音寺市-町

茂串　しげくし
しげくし-ちょう　高知県高岡郡四万十町-町

茂野島　しげのしま　静岡県静岡市清水区-

茂福　もちぶく
もちぶく　三重県四日市市-
もちぶく-ちょう　三重県四日市市-町

苣

苣原　ちしゃわら
ちしゃわら-ちょう　奈良県天理市-町

苞

苞木　すぼき　愛媛県松山市-

虎

虎杖浜　こじょうはま　北海道白老郡白老町-
虎秀　こしゅう　埼玉県飯能市-
虎居　とらい
とらい　鹿児島県薩摩郡さつま町-
とらい-まち　鹿児島県薩摩郡さつま町-町
虎渓　こけい
こけい-ちょう　岐阜県多治見市-町
虎渡　とらと　青森県三戸郡南部町-

表

表佐　おさ　岐阜県不破郡垂井町-
表郷八幡　おもてごうやわた　福島県白河市-
表郷河東田　おもてごうかとうだ　福島県白河市-
表郷深渡戸　おもてごうふかあど　福島県白河市-
表野　ひょうの
ひょうの-ちょう　奈良県五條市-町

迫

迫　さこ・はさま
はさま-ちょう　愛知県豊田市-町
はさま　滋賀県蒲生郡日野町-
さこ　奈良県吉野郡川上村-
さこ　大分県大分市-
迫川　はざかわ　岡山県岡山市南区-
迫戸　せばと
せばと-ちょう　山口県防府市-町
迫西川　せにしがわ　奈良県吉野郡十津川村-
迫間　はさま・はざま
はさま-ちょう　栃木県足利市-町
はさま　岐阜県関市-
はさま　岡山県玉野市-

金

金　かな・かね・こがね
かね-まち　茨城県水戸市-町
かな-まち　東京都葛飾区-町
かね-まち　新潟県長岡市-町
こがね-まち　岐阜県岐阜市-町
かな-まち　愛知県津島市-町

金下　かなげ・かねした
かなげ　愛知県知多郡武豊町-
かねした-ちょう　大阪府守口市-町
金上　かながみ・かねあげ
かながみ　福島県河沼郡会津坂下町-
かねあげ　茨城県ひたちなか市-
金上野　きんじょうの　高知県高岡郡四万十町-
金丸　かなまる・かねまる
かなまる　茨城県筑西市-
かなまる-まち　群馬県前橋市-町
かなまる　新潟県佐渡市-
かなまる　新潟県岩船郡関川村-
かなまる　石川県鹿島郡能登町-
かなまる　福岡県宮若市-
かなまる　福岡県朝倉市-
かなまる　大分県宇佐市-
金山　かなやま・かねやま・きんざん
かなやま　北海道虻田郡喜茂別町-
かなやま　北海道空知郡南富良野町-
かねやま　青森県五所川原市-
かねやま　宮城県伊具郡丸森町-
かねやま　秋田県由利本荘市-
かねやま　山形県上山市-
かねやま　山形県南陽市-
かねやま-まち　山形県最上郡-町
かねやま　山形県最上郡金山町-
かねやま-まち　福島県いわき市-町
かねやま　福島県大沼郡-
かなやま-ちょう　群馬県太田市-町
かなやま-ちょう　埼玉県川口市-町
かなやま-ちょう　埼玉県所沢市-町
かなやま　千葉県柏市-
かなやま-ちょう　東京都東久留米市-町
かなやま　新潟県新発田市-
かなやま　富山県下新川郡朝日町-
きんざん　福井県敦賀市-
かなやま　福井県大野市-
きんざん　福井県三方郡美浜町-
かなやま-まち　長野県松本市-町
かなやま-ちょう　岐阜県多治見市-町
かなやま　愛知県名古屋市中区-
かなやま-ちょう　愛知県名古屋市中区-町
かなやま　愛知県名古屋市熱田区-
かなやま-ちょう　愛知県名古屋市熱田区-町
かなやま-ちょう　愛知県半田市-町
かなやま-ちょう　愛知県碧南市-町
かなやま　愛知県常滑市-
かなやま-ちょう　三重県熊野市-町
かねやま-ちょう　島根県益田市-町
かなやま　熊本県荒尾市-
きんざん-ちょう　鹿児島県枕崎市-町
きんざん　鹿児島県いちき串木野市-
金山町弓掛　かなやままちょうゆがけ　岐阜県下呂市-
金川　かながわ・かねかわ
かながわ-まち　福島県会津若松市-町
かながわ-まち　石川県金沢市-町
かねかわ-ちょう　愛知県名古屋市港区-町
金出　かないで　福岡県糟屋郡篠栗町-
金出地　かなじ　兵庫県赤穂郡上郡町-
金古　かねこ
かねこ-まち　群馬県高崎市-町

8画（金）

金古曽　かなこそ
　かなこそ-ちょう　山口県山口市-町
金平　かなひら・かねひら・きんぺい
　かなひら-まち　石川県小松市-町
　かねひら-ちょう　愛知県蒲郡市-町
　きんぺい-ちょう　兵庫県神戸市兵庫区-町
金生　かなおい・かのう・きんせい
　かなおい　山形県上山市-
　かのう　福岡県宮若市-
　きんせい-ちょう　鹿児島県鹿児島市-町
金生町下分　きんせいちょうしもぶん　愛媛県四国中
央市-
金田　かなだ・かねた・かねだ・かねでん・きんだ・こんだ
　かねだ　福島県耶麻郡猪苗代町-
　こんだ　茨城県つくば市-
　かねだ-ちょう　栃木県宇都宮市-町
　かねだ　埼玉県坂戸市-
　かねだ　千葉県長生郡長生村-
　かねだ　神奈川県厚木市-
　かねだ-ちょう　新潟県阿賀野市-町
　かねだ-ちょう　愛知県名古屋市北区-町
　かねだ-ちょう　滋賀県彦根市-町
　かねでん-ちょう　大阪府吹田市-町
　きんだ-ちょう　大阪府守口市-町
　かねだ　鳥取県西伯郡南部町-
　かねた-ちょう　島根県江津市-町
　かなだ　岡山県岡山市東区-
　かなだ　福岡県北九州市小倉北区-
　かなだ　福岡県田川郡福智町-
　かなだ-ちょう　宮崎県都城市-町
金石北　かないわきた　石川県金沢市-
金立町千布　きんりゅうまちちふ　佐賀県佐賀市-
金光町占見　こんこうちょううらみ　岡山県浅口市-
金成入生田　かんなりいりうだ　宮城県栗原市-
金成小迫　かんなりおばさま　宮城県栗原市-
金成日向　かんなりひむかい　宮城県栗原市-
金成赤児　かんなりあかちご　宮城県栗原市-
金成金生　かんなりかんせい　宮城県栗原市-
金成楓木沢　かんなりはぬきざわ　宮城県栗原市-
金成狼ノ沢　かんなりおいのざわ　宮城県栗原市-
金色　かないろ　福島県二本松市-
金吹　かなふき・きんぶき
　かなふき-ちょう　栃木県佐野市-町
　きんぶき-ちょう　京都府京都市中京区-町
金束　こづか　千葉県鴨川市-
金沢　かなざわ・かねざわ・かねざわ
　かなざわ　北海道石狩郡当別町-
　かなざわ　青森県青森市-
　かねざわ　岩手県上閉伊郡大槌町-
　かねざわ　秋田県横手市-
　かねざわ　秋田県仙北郡美郷町-
　かねざわ　山形県鶴岡市-
　かねざわ　山形県新庄市-
　かねざわ　山形県南陽市-
　かねざわ　山形県東村山郡中山町-
　かねざわ　福島県東白川郡矢祭町-
　かねざわ-ちょう　茨城県日立市-町
　かねざわ　栃木県那須塩原市-
　かねざわ　埼玉県秩父郡皆野町-
　かねさわ　千葉県市原市-
　かなざわ-く　神奈川県横浜市-区

　かなざわ-ちょう　神奈川県横浜市金沢区-町
　かなざわ-ちょう　新潟県新潟市秋葉区-町
　かなざわ　新潟県長岡市-
　かなざわ　新潟県新発田市-
　かなざわ　新潟県阿賀野市-
　かなざわ-し　石川県-市
　かなざわ　長野県茅野市-
　かねざわ　静岡県裾野市-
　かなざわ-ちょう　愛知県豊川市-町
　かなざわ　愛知県知多市-
　かなざわ-ちょう　滋賀県彦根市-町
　かなざわ-ちょう　兵庫県加古川市-町
　かなざわ　奈良県磯城郡田原本町-
　かなざわ　鳥取県鳥取市-
　かなざわ　徳島県徳島市-
金良　かねら　沖縄県豊見城市-
金谷　かなだに・かなや・かねや
　かなや　青森県むつ市-
　かなや　秋田県湯沢市-
　かなや　山形県鶴岡市-
　かなや　山形県酒田市-
　かなや　山形県上山市-
　かなや　山形県村山市-
　かなや-ちょう　茨城県水戸市-町
　かなや　千葉県富津市-
　かなや　千葉県長生郡長柄町-
　かねや　神奈川県横須賀市-
　かなや　新潟県新発田市-
　かなだに-ちょう　福井県鯖江市-町
　かなや　福井県丹生郡越前町-
　かなや-ちょう　愛知県豊田市-町
　かなや　和歌山県和歌山市-
　かなや　岡山県新見市-
　かなや-まち　長崎県諫早市-町
　かなや　大分県中津市-
　かなや-まち　大分県豊後高田市-町
金谷東　かなやあずま　静岡県島田市-
金谷迫　かなやざこ　大分県大分市-
金谷金山　かなやきんざん
　かなやきんざん-ちょう　静岡県島田市-町
金谷猪土居　かなやしじい　静岡県島田市-
金足鳰崎　かなあしにおざき　秋田県秋田市-
金宝　きんぽう
　きんぽう-ちょう　岐阜県岐阜市-町
金岡　かなおか・かねおか
　かねおか　茨城県猿島郡境町-
　かなおか-ちょう　岐阜県岐阜市-町
　かなおか-ちょう　岐阜県多治見市-町
　かなおか　愛知県海部郡飛島村-
　かなおか-ちょう　大阪府堺市北区-町
　かなおか　大阪府東大阪市-
金明　きんめい
　きんめい-ちょう　埼玉県草加市-町
金東横　きんとうよこ
　きんとうよこ-ちょう　京都府京都市下京区-町
金武　かなたけ・きん
　かなたけ　福岡県福岡市西区-
　かなたけ　福岡県福岡市早良区-
　きん-ちょう　沖縄県国頭郡-町
　きん　沖縄県国頭郡金武町-

8画（長）

金河内　かねごうち
　　かねごうち-ちょう　京都府綾部市-町
金城　かなぐすく・かねしろ・きんじょう
　　かねしろ　静岡県掛川市-
　　きんじょう　愛知県名古屋市北区-
　　きんじょう-ちょう　愛知県名古屋市北区-町
　　かなぐすく　沖縄県那覇市-
金城町上来原　かなぎちょうかみくるばら　島根県浜
田市-
金城町長田　かなぎちょうながた　島根県浜田市-
金屋　かなや・きんや
　　かなや-まち　福島県白河市-町
　　かなや　新潟県新潟市秋葉区-
　　かなや　新潟県村上市-
　　かなや　新潟県阿賀野市-
　　かなや　富山県富山市-
　　かなや　富山県高岡市-
　　かなや-まち　富山県高岡市-町
　　かなや　富山県滑川市-
　　かなや　富山県黒部市-
　　かなや-まち　石川県小松市-町
　　かなや-ちょう　福井県福井市-町
　　かなや　福井県小浜市-
　　かなや-ちょう　福井県越前市-町
　　かなや-ちょう　岐阜県岐阜市-町
　　かなや-ちょう　岐阜県関市-町
　　かなや　岐阜県養老郡養老町-
　　かなや　愛知県名古屋市守山区-
　　かなや-ちょう　愛知県豊川市-町
　　かなや　滋賀県犬上郡甲良町-
　　かなや-ちょう　京都府京都市中京区-町
　　かなや-ちょう　京都府京都市東山区-町
　　かなや-ちょう　京都府京都市下京区-町
　　かなや-ちょう　京都府舞鶴市-町
　　かなや　京都府与謝郡与謝野町-
　　かなや-まち　兵庫県姫路市-町
　　かなや　兵庫県洲本市-
　　かなや　兵庫県佐用郡佐用町-
　　かなや　兵庫県美方郡新温泉町-
　　かなや　奈良県桜井市-
　　かなや　和歌山県岩出市-
　　かなや　和歌山県有田郡有田川町-
　　かなや　鳥取県東伯郡琴浦町-
　　かなや　岡山県津山市-
　　きんや-ちょう　広島県広島市南区-町
　　かなや　福岡県行橋市-
　　かなや-まち　長崎県長崎市-町
　　かなや　大分県宇佐市-
金持　かもち　鳥取県日野郡日野町-
金砂町小川山　きんしゃちょうおがわやま　愛媛県四
国中央市-
金原　かなはら・かなばら・かねはら・きんばら
　　きんばら　北海道瀬棚郡今金町-
　　かなばら　山形県東置賜郡高畠町-
　　かねはら　埼玉県南埼玉郡宮代町-
　　かなはら　千葉県匝瑳市-
　　きんばら　岐阜県本巣市-
　　かなはら　岡山県美作市-
金峰　みたけ　山口県周南市-
金峰町尾下　きんぼうちょうおくだり　鹿児島県南さ
つま市-

金浦　かなうら・このうら
　　かなうら　北海道天塩郡遠別町-
　　このうら　秋田県にかほ市-
　　かなうら-まち　富山県魚津市-町
　　かなうら　岡山県笠岡市-
金納　かんの　福岡県柳川市-
金馬場　きんばば
　　きんばば-ちょう　京都府京都市上京区-町
金亀　こんき
　　こんき-ちょう　滋賀県彦根市-町
金堀　かなほり・かなぼり・かねほり
　　かなほり-ちょう　北海道函館市-町
　　かねほり-ちょう　千葉県船橋市-町
　　かなぼり　岡山県久米郡美咲町-
　　かなほり-まち　長崎県長崎市-町
金崎　かなさき・かねざき
　　かなさき　埼玉県春日部市-
　　かなさき　埼玉県秩父郡皆野町-
　　かねざき　宮崎県宮崎市-
金野　かねの
　　かねの-まち　石川県小松市-町
金森　かなもり・かねがもり
　　かなもり　東京都町田市-
　　かねがもり-ちょう　滋賀県守山市-町
　　かなもり-ちょう　鳥取県倉吉市-町
金港　きんこう
　　きんこう-ちょう　神奈川県横浜市神奈川区-町
金園　かなぞの・きんえん
　　かなぞの-ちょう　岐阜県岐阜市-町
　　きんえん-ちょう　京都府京都市東山区-町
金鈴　きんれい　福島県白河市-
金蔵寺　こんぞうじ
　　こんぞうじ-ちょう　香川県善通寺市-町
金鶏　きんけい
　　きんけい-ちょう　福岡県北九州市小倉北区-町

　　　　　　　　　長

長　おさ・ちょう・なが
　　なが-まち　岩手県宮古市-町
　　なが-まち　宮城県仙台市太白区-町
　　なが-まち　宮城県白石市-町
　　なが-まち　山形県山形市-町
　　なが-まち　福島県伊達市-町
　　なが-まち　新潟県長岡市-町
　　ちょう　富山県小矢部市-
　　なが-まち　石川県金沢市-町
　　おさ-ちょう　滋賀県東近江市-町
長刀鉾　なぎなたほこ
　　なぎなたほこ-ちょう　京都府京都市下京区-町
長万部　おしゃまんべ
　　おしゃまんべ-ちょう　北海道山越郡-町
　　おしゃまんべ　北海道山越郡長万部町-
長土塀　ながどへ　石川県金沢市-
長川原　ながかわら・なんかわら
　　ながかわら　福島県伊達市-
　　なんかわら　富山県富山市-
長五　ちょうご
　　ちょうご-ちょう　福井県越前市-町
長内　おさない・ながうち
　　おさない-ちょう　岩手県久慈市-町

8画（長）

ながうち　福島県喜多方市-
ながうち　岡山県美作市-
長太旭　なごあさひ
　なごあさひ-まち　三重県鈴鹿市-町
長方　おさかた　茨城県桜川市-
長月　ちょうげつ
　ちょうげつ-ちょう　三重県松阪市-町
長木　おさぎ・ながき
　ながき　新潟県佐渡市-
　おさぎ　福岡県行橋市-
長木川南　ながきかわみなみ　秋田県大館市-
長毛　ながもう　沖縄県島尻郡八重瀬町-
長生　ちょうせい・ながいけ
　ちょうせい-ぐん　千葉県-郡
　ちょうせい-むら　千葉県長生郡-村
　ながいけ-ちょう　徳島県阿南市-町
長田　おさだ・ちょうだ・ながた・ながだ
　ながた-ちょう　岩手県盛岡市-町
　おさだ　福島県耶麻郡猪苗代町-
　おさだ　茨城県常陸大宮市-
　ながた　栃木県真岡市-
　ながた　千葉県成田市-
　ながた　石川県金沢市-
　ながた-まち　石川県金沢市-町
　ながだ-まち　石川県小松市-町
　ながた　石川県羽咋郡志賀町-
　ながた-ちょう　静岡県浜松市南区-町
　ちょうだ-ちょう　愛知県名古屋市北区-町
　おさだ-まち　愛知県碧南市-町
　おさだ　愛知県常滑市-
　ながた　愛知県知立市-
　ながた　三重県伊賀市-
　ながた-ちょう　滋賀県長浜市-町
　おさだ-ちょう　滋賀県近江八幡市-町
　ながた　大阪府東大阪市-
　ながた-く　兵庫県神戸市-区
　ながた-ちょう　兵庫県神戸市長田区-町
　ながた-ちょう　兵庫県西宮市-町
　ながた　和歌山県有田郡有田川町-
　ながた　鳥取県西伯郡大山町-
　ながた　広島県世羅郡世羅町-
　ながた-ちょう　山口県周南市-町
　ながた-ちょう　高知県宿毛市-町
　ながた-まち　福岡県大牟田市-町
　ながた　福岡県朝倉市-
　ながた-まち　長崎県諫早市-町
　ながた-まち　熊本県八代市-町
　ながた　熊本県菊池市-
　ながた　熊本県上益城郡山都町-
　ながた　宮崎県北諸県郡三股町-
　ながた-ちょう　鹿児島県鹿児島市-町
　ながた　沖縄県那覇市-
　ながた　沖縄県宜野湾市-
長田沼田　おさだぬまた　青森県平川市-
長田段　おさだだん　京都府福知山市-
長石　ながいし・ながし
　ながし　千葉県君津市-
　ながいし　新潟県佐渡市-
長地　おさち　長野県岡谷市-
長地鎮　おさちしずめ　長野県岡谷市-
長寺　おさでら　滋賀県犬上郡甲良町-

長行　おさゆき　福岡県北九州市小倉南区-
長更　ながふけ　三重県度会郡玉城町-
長呂　ながろ　新潟県長岡市-
長坂町大井ケ森　ながさかちょうおいがもり　山梨県北杜市-
長尾名　ながおみょう　香川県さぬき市-
長尾町上津　ながおちょうこうづ　兵庫県神戸市北区-
長尾町宅原　ながおちょうえいばら　兵庫県神戸市北区-
長束　ながつか・なつか・なづか
　なづか-ちょう　愛知県稲沢市-町
　なつか-ちょう　滋賀県草津市-町
　ながつか　広島県広島市安佐南区-
長沢　ながさわ・ながそ
　ながさわ　岩手県宮古市-
　ながさわ　宮城県塩竈市-
　ながさわ-ちょう　宮城県塩竈市-町
　ながさわ　山形県最上郡舟形町-
　ながさわ　山形県西置賜郡小国町-
　ながさわ　茨城県常陸大宮市-
　ながさわ　埼玉県飯能市-
　ながさわ　神奈川県川崎市多摩区-
　ながさわ　神奈川県横須賀市-
　ながさわ　新潟県三条市-
　ながさわ　新潟県妙高市-
　ながさわ　石川県羽咋郡志賀町-
　ながそ　福井県敦賀市-
　ながさわ　福井県南条郡南越前町-
　ながさわ-ちょう　岐阜県大垣市-町
　ながさわ　静岡県浜松市天竜区-
　ながさわ　静岡県駿東郡清水町-
　ながさわ-ちょう　愛知県豊川市-町
　ながさわ-ちょう　愛知県豊田市-町
　ながさわ-ちょう　愛知県田原市-町
　ながさわ　滋賀県米原市-
　ながさわ　兵庫県淡路市-
　ながさわ　島根県浜田市-
　ながさわ-ちょう　島根県益田市-町
　ながさわ　愛媛県今治市-
　ながさわ　高知県吾川郡いの町-
長沢原　ながさわら　新潟県妙高市-
長良白妙　ながらしらたえ
　ながらしらたえ-ちょう　岐阜県岐阜市-町
長良志段見　ながらしだみ　岐阜県岐阜市-
長良城西　ながらしろにし
　ながらしろにし-ちょう　岐阜県岐阜市-町
長良雄総　ながらおぶさ　岐阜県岐阜市-
長谷　ながたに・ながや・ながやつ・はせ
　はせ　茨城県古河市-
　はせ-まち　茨城県古河市-町
　はせ-ちょう　茨城県常陸太田市-町
　ながや　茨城県坂東市-
　ながやつ　埼玉県比企郡吉見町-
　ながや　千葉県茂原市-
　ながや　千葉県匝瑳市-
　はせ　神奈川県鎌倉市-
　はせ　神奈川県厚木市-
　ながたに　新潟県加茂市-
　はせ　新潟県佐渡市-
　ながたに　新潟県東蒲原郡阿賀町-
　ながたに-まち　石川県小松市-町

220

8画（長）

ながたに　福井県敦賀市-
ながたに-ちょう　福井県越前市-町
はせ-ちょう　静岡県静岡市葵区-町
ながや　静岡県掛川市-
はせ　三重県多気郡多気町-
はせ-ちょう　京都府京都市上京区-町
ながたに　京都府舞鶴市-
ながたに　大阪府茨木市-
ながたに-ちょう　大阪府豊能郡能勢町-
ながたに　兵庫県豊岡市-
ながたに　兵庫県宝塚市-
はせ　兵庫県神崎郡神河町-
ながたに-ちょう　奈良県奈良市-町
ながたに　奈良県吉野郡下市町-
ながたに　和歌山県海草郡紀美野町-
ながたに　和歌山県有田郡有田川町-
はせ　鳥取県鳥取市-
ながたに　鳥取県倉吉市-
ながたに　鳥取県岩美郡岩美町-
ながたに　島根県飯石郡飯南町-
ながたに-ちょう　広島県呉市-町
ながたに　広島県三原市-
ながたに-ちょう　広島県三原市-町
ながたに　愛媛県大洲市-
ながたに　福岡県北九州市門司区-
はせ　福岡県鞍手郡鞍手町-
ながたに　佐賀県唐津市-
ながたに　熊本県上益城郡山都町-
ながたに-まち　大分県大分市-町
はせ　大分県佐伯市-

長谷口　はせぐち
　はせぐち-ちょう　愛知県瀬戸市-町
長谷山　はせやま　福岡県朝倉市-
長谷内　はせうち　岡山県美作市-
長谷寺　はせでら
　はせでら-ちょう　岐阜県関市-町
長谷非持　はせひじ　長野県伊那市-
長谷宮　はせみや　和歌山県海草郡紀美野町-
長谷堂　はせどう　山形県山形市-
長谷黒河内　はせくろごうち　長野県伊那市-
長谷場　はせば
　はせば-ちょう　栃木県佐野市-町
長走　ながしり・ながばしり
　ながばしり　秋田県大館市-
　ながしり　富山県富山市-
長辰　ちょうしん　新潟県燕市-
長兎路　ながとろ　茨城県笠間市-
長和　ながわ
　ながわ-ちょう　北海道伊達市-町
　ながわ-まち　長野県小県郡-町
長和田　なごうた　鳥取県東伯郡湯梨浜町-
長岡　なおか・ながおか
　ながおか　宮城県岩沼市-
　ながおか　山形県天童市-
　ながおか　山形県南陽市-
　ながおか　福島県伊達市-
　ながおか　茨城県東茨城郡茨城町-
　ながおか-ちょう　栃木県宇都宮市-町
　ながおか　群馬県北群馬郡榛東村-
　ながおか　埼玉県坂戸市-
　ながおか　千葉県四街道市-

ながおか　千葉県匝瑳市-
ながおか　千葉県香取市-
ながおか　東京都西多摩郡瑞穂町-
ながおか-し　新潟県-市
なおか　新潟県上越市-
ながおか　富山県富山市-
ながおか　静岡県伊豆の国市-
ながおか-ちょう　三重県津市-町
ながおか　滋賀県米原市-
ながおか　京都府長岡京市-
ながおか　岡山県岡山市中区-
ながおか-ぐん　高知県-郡

長府八幡　ちょうふやはた
　ちょうふやはた-ちょう　山口県下関市-町
長府古江小路　ちょうふふるえしょうじ
　ちょうふふるえしょうじ-ちょう　山口県下関市-町
長府江下　ちょうふえげ
　ちょうふえげ-まち　山口県下関市-町
長府豊城　ちょうふほうじょう
　ちょうふほうじょう-ちょう　山口県下関市-町
長府豊浦　ちょうふとよら
　ちょうふとよら-ちょう　山口県下関市-町
長延　ちょうえん・ながのぶ
　ちょうえん　京都府与謝郡伊根町-
　ながのぶ　福岡県八女郡広川町-
長知内　おさちない　北海道沙流郡平取町-
長知沢　ちょうちざわ　山梨県南巨摩郡富士川町-
長者原　ちょうじゃがはら・ちょうじゃはら・ちょうじゃ
ばら・ちょうじゃばる
　ちょうじゃはら　山形県最上郡舟形町-
　ちょうじゃがはら　静岡県伊豆の国市-
　ちょうじゃばら　広島県尾道市-
　ちょうじゃばる　福岡県糟屋郡粕屋町-
長乗東　ちょうじょうひがし
　ちょうじょうひがし-まち　京都府京都市北区-町
長南　ちょうなん
　ちょうなん-まち　千葉県長生郡-町
　ちょうなん　千葉県長生郡長南町-
長屋　ちょうや・ながや
　ながや　福島県本宮市-
　ながや　富山県中新川郡立山町-
　ちょうや-まち　石川県白山市-町
　ながや　岐阜県本巣市-
　ながや　岡山県新見市-
　ながや　高知県吾川郡仁淀川町-
長峡　ながお
　ながお-ちょう　大阪府大阪市住吉区-町
長後　ちょうご
　ちょうご　青森県下北郡佐井村-
　ちょうご　神奈川県藤沢市-
長栄　ちょうえい
　ちょうえい　埼玉県草加市-
　ちょうえい　愛知県名古屋市守山区-
長柄　ながえ・ながら
　ながえ-ちょう　宮城県遠田郡涌谷町-町
　ながら-まち　千葉県長生郡-町
　ながえ　神奈川県三浦郡葉山町-
　ながえ　富山県富山市-
　ながら-まち　石川県かほく市-町
　ながら-ちょう　奈良県天理市-町
　ながら　鳥取県鳥取市-

8画（門）

長柄東　ながらひがし　大阪府大阪市北区-
長海　ながみ
　　ながみ-ちょう　島根県松江市-町
長畑　ながはた・ながばた・ながばたけ
　　ながはた　岩手県岩手郡雫石町-
　　ながはた　栃木県日光市-
　　ながばたけ　新潟県新発田市-
　　ながはた-ちょう　兵庫県神戸市西区-町
　　ながばた　高知県高岡郡日高村-
　　ながはた-ちょう　長崎県佐世保市-町
長追　ながおい　和歌山県東牟婁郡古座川町-
長面　ながおもて・ながつら
　　ながつら　宮城県石巻市-
　　ながおもて　福島県喜多方市-
　　ながおもて　新潟県上越市-
長原　ながはら・ながわら
　　ながわら　三重県度会郡度会町-
　　ながはら　徳島県板野郡松茂町-
　　ながはら　熊本県上益城郡山都町-
長姫　おさひめ
　　おさひめ-ちょう　長野県飯田市-町
長島町久須見　おさしまちょうくすみ　岐阜県恵那市-
長島町正家　おさしまちょうしょうげ　岐阜県恵那市-
長島町白鶏　ながしまちょうはっけ　三重県桑名市-
長島町殿名　ながしまちょうとのめ　三重県桑名市-
長島町源部外面　ながしまちょうげんべども　三重県桑名市-
長島町横満蔵　ながしまちょうよこまくら　三重県桑名市-
長島町鎌ケ地　ながしまちょうかまがんじ　三重県桑名市-
長浜町上老松甲　ながはまちょうじょろまつこう　愛媛県大洲市-
長浜町今坊甲　ながはまちょうこんぼうこう　愛媛県大洲市-
長浜町仁久甲　ながはまちょうにぎゅうこう　愛媛県大洲市-
長浜町出海甲　ながはまちょういずみこう　愛媛県大洲市-
長浜町櫛生甲　ながはまちょうくしゅうこう　愛媛県大洲市-
長流枝　おさるし　北海道河東郡音更町-
長畝　ながうね　長野県塩尻市-
長留　ながる　埼玉県秩父郡小鹿野町-
長留内　おさるない　北海道雨竜郡幌加内町-
長起　ながおき　新潟県阿賀野市-
長配　ちょうはい　愛知県長久手市-
長高野　おさごうや　茨城県つくば市-
長堂　ちょうどう・ながどう
　　ちょうどう　大阪府東大阪市-
　　ながどう　沖縄県豊見城市-
長深　ながふけ　三重県員弁郡東員町-
長清水　ちょうしみず・ながしみず
　　ちょうしみず　宮城県加美郡加美町-
　　ながしみず　山形県上山市-
　　ながしみず　千葉県茂原市-
長船町土師　おさふねちょうはじ　岡山県瀬戸内市-
長郷　ちょうごう　鳥取県岩美郡岩美町-
長郷田　おさごうだ　福島県石川郡石川町-
長都　おさつ　北海道千歳市-

長割　おさわり　新潟県新潟市秋葉区-
長喜　ながき
　　ながき-ちょう　愛知県名古屋市北区-町
長喜城　ちょうきじょう　宮城県仙台市若林区-
長渡　ながわたり　新潟県燕市-
長渡浜　ながわたしはま　宮城県石巻市-
長禄　ちょうろく
　　ちょうろく-ちょう　福島県須賀川市-町
長萱　おさがや　茨城県下妻市-
長間　ちょうま・ながま
　　ながま　埼玉県幸手市-
　　ちょうま　愛知県常滑市-
長楽　ちょうらく・ながら・ながらく
　　ながらく　埼玉県比企郡川島町-
　　ながら-ちょう　兵庫県神戸市長田区-町
　　ちょうらく　奈良県北葛城郡河合町-
長源段　ちょうげんだん　福島県喜多方市-
長節　ちょうぶし
　　ちょうぶし　北海道根室市-
　　ちょうぶし　北海道中川郡豊頃町-
長筬　ながおさ
　　ながおさ-ちょう　愛知県名古屋市中村区-町
長潟　ながた
　　ながた　新潟県新潟市中央区-
　　ながた　新潟県新潟市江南区-
長蔵　ちょうぞう　埼玉県川口市-
長瀞　ながとろ
　　ながとろ　宮城県亘理郡亘理町-
　　ながとろ　山形県東根市-
　　ながとろ　山形県南陽市-
　　ながとろ-まち　埼玉県秩父郡-
　　ながとろ　埼玉県秩父郡長瀞町-
　　ながとろ　神奈川県平塚市-
長藤　ながとう
　　ながとう　島根県邑智郡美郷町-
　　ながとう　岡山県苫田郡鏡野町-

門

門入　かどにゅう　岐阜県揖斐郡揖斐川町-
門口　もんぐち
　　もんぐち-ちょう　兵庫県神戸市兵庫区-町
門川　かどがわ・もんがわ
　　もんがわ　神奈川県足柄下郡湯河原町-
　　かどがわ-ちょう　宮崎県東臼杵郡-町
門内　かどうち・もんない
　　かどうち-まち　長崎県島原市-町
　　もんない-まち　熊本県宇土市-町
門司　もじ
　　もじ-く　福岡県北九州市-区
　　もじ　福岡県北九州市門司区-
門外　かどの　青森県弘前市-
門生　かどう
　　かどう-ちょう　島根県安来市-町
門田　かどた・もんた・もんで・もんでん
　　かどた　山形県酒田市-
　　もんた　新潟県新潟市西蒲区-
　　かどた　鳥取県東伯郡湯梨浜町-
　　もんでん-ちょう　岡山県井原市-町
　　もんで　岡山県総社市-
　　もんでん-ちょう　広島県尾道市-町

8画（阿）

もんで-ちょう　広島県庄原市-町
かどた-まち　愛媛県松山市-町
もんでん　大分県竹田市-
門田町飯寺　もんでんまちにいでら　福島県会津若松市-
門田新田　もんでんしんでん　新潟県上越市-
門谷　かどたに・かどや
かどや　愛知県新城市-
かどたに　鳥取県日野郡日野町-
門前　もんぜ・もんぜん
もんぜん-まち　岩手県久慈市-
もんぜん-まち　宮城県仙台市太白区-町
もんぜん　群馬県利根郡川場村-
もんぜん　千葉県市原市-
もんぜん　新潟県村上市-
もんぜん　新潟県南魚沼市-
もんぜん　石川県羽咋郡宝達志水町-
もんぜん　福井県福井市-
もんぜん-ちょう　福井県福井市-町
もんぜん　福井県小浜市-
もんぜん-ちょう　岐阜県羽島郡笠松町-町
もんぜん-ちょう　愛知県名古屋市中区-町
もんぜん-ちょう　愛知県岡崎市-町
もんぜん-ちょう　愛知県瀬戸市-町
もんぜん-ちょう　愛知県豊川市-町
もんぜん　三重県度会郡玉城町-
もんぜん-ちょう　京都府京都市中京区-町
もんぜん-ちょう　京都府京都市下京区-町
もんぜん　京都府相楽郡和束町-
もんぜん-ちょう　大阪府岸和田市-町
もんぜん-ちょう　兵庫県西宮市-町
もんぜん　奈良県生駒市-
もんぜん　和歌山県日高郡由良町-
もんぜん　鳥取県西伯郡大山町-
もんぜん　岡山県岡山市北区-
もんぜん-まち　山口県岩国市-町
もんぜ　大分県佐伯市-
もんぜん-まち　大分県津久見市-町
門前町八幡　もんぜんまちやわた　石川県輪島市-
門前町上代　もんぜんまちうだい　石川県輪島市-
門前町上河内　もんぜんまちかみがわち　石川県輪島市-
門前町久川　もんぜんまちきゅうかわ　石川県輪島市-
門前町千代　もんぜんまちせんだい　石川県輪島市-
門前町大生　もんぜんまちおはえ　石川県輪島市-
門前町小山　もんぜんまちこやま　石川県輪島市-
門前町小石　もんぜんまちおいし　石川県輪島市-
門前町五十洲　もんぜんまちいぎす　石川県輪島市-
門前町白禿　もんぜんまちしらはげ　石川県輪島市-
門前町安代原　もんぜんまちあんだいはら　石川県輪島市-
門前町百成大角間　もんぜんまちどうみきおおかくま　石川県輪島市-
門前町栃木　もんぜんまちとちのき　石川県輪島市-
門前町浅生田　もんぜんまちあそだ　石川県輪島市-
門前町神明原　もんぜんまちしめはら　石川県輪島市-
門前町能納屋　もんぜんまちのうのや　石川県輪島市-
門前町馬場　もんぜんまちばんば　石川県輪島市-
門前町清沢　もんぜんまちせいざわ　石川県輪島市-
門前町窊　もんぜんまちうつろ　石川県輪島市-
門前町鹿磯　もんぜんまちかいそ　石川県輪島市-

門前町椎木　もんぜんまちしいのき　石川県輪島市-
門前町道下　もんぜんまちとうげ　石川県輪島市-
門前町滝上　もんぜんまちたきのうえ　石川県輪島市-
門前町薄野　もんぜんまちすすきの　石川県輪島市-
門前町藤浜　もんぜんまちふじのはま　石川県輪島市-
門屋門　かどやかど　岐阜県岐阜市-
門脇　かどのわき・かどわき
かどのわき　宮城県石巻市-
かどのわき-ちょう　宮城県石巻市-町
かどわき-ちょう　京都府京都市東山区-町
門跡　もんぜき
もんぜき-ちょう　京都府京都市上京区-町
門静　もんしず　北海道厚岸郡厚岸町-

阿

阿久比　あぐい
あぐい-ちょう　愛知県知多郡-町
あぐい　愛知県知多郡阿久比町-
阿川　あこう　石川県羽咋郡志賀町-
阿仁打当　あにうっとう　秋田県北秋田市-
阿仁根子　あにねっこ　秋田県北秋田市-
阿仁笑内　あにおかしない　秋田県北秋田市-
阿仁萱草　あにかやくさ　秋田県北秋田市-
阿内　おうち　山口県下関市-
阿木川上　あぎかおれ　岐阜県中津川市-
阿字万字　あぜまめ
あぜまめ-ちょう　奈良県奈良市-町
阿寺　あてら　静岡県浜松市天竜区-
阿児町安乗　あごちょうあのり　三重県志摩市-
阿児町国府　あごちょうこう　三重県志摩市-
阿形　あがた
あがた-ちょう　三重県松阪市-町
あがた-ちょう　兵庫県小野市-町
阿弥陀寺　あみだいじ・あみだじ
あみだじ-ちょう　京都府京都市上京区-町
あみだいじ-ちょう　山口県下関市-町
阿弥陀寺生石　あみだちょうおおしこ　兵庫県高砂市-
阿波　あば・あわ
あば　茨城県稲敷市-
あわ-ちょう　栃木県那須塩原市-町
あわ　奈良県生駒郡斑鳩町-
あば　岡山県津山市-
あわ-し　徳島県-市
阿波岐原　あわぎがはら
あわぎがはら-ちょう　宮崎県宮崎市-町
阿波町中川原　あわちょうなかがわら　徳島県阿波市-
阿波町北五味知　あわちょうきたごみじり　徳島県阿波市-
阿波町伊沢谷東縁　あわちょういさわだにひがしべり　徳島県阿波市-
阿波町早田　あわちょうわさだ　徳島県阿波市-
阿波町糸下　あわちょういとが　徳島県阿波市-
阿波町東川原　あわちょうひがしかわはら　徳島県阿波市-
阿波町栩ケ窪　あわちょうとちがくぼ　徳島県阿波市-
阿波町清原　あわちょうせいはら　徳島県阿波市-
阿波町新開　あわちょうしんばり　徳島県阿波市-
阿波根　あはごん　沖縄県糸満市-
阿波連　あはれん　沖縄県島尻郡渡嘉敷村-

8画（附, 雨, 青）

阿波崎　あばさき　茨城県稲敷市-
阿知須　あじす　山口県山口市-
阿保　あお・あぼ
　　あぼ-まち　埼玉県秩父市-町
　　あお　三重県伊賀市-
　　ぁお　大阪府松原市-
　　あぼ　兵庫県姫路市-
阿毘縁　あびれ　鳥取県日野郡日南町-
阿原　あはら・あわら
　　あはら-ちょう　愛知県名古屋市南区-町
　　あわら-ちょう　愛知県半田市-町
　　あわら　愛知県知多市-
　　あわら　愛知県清須市-
阿納　あの　福井県小浜市-
阿納尻　あのじり　福井県小浜市-
阿部　あぶ・あべ
　　あべ　千葉県袖ケ浦市-
　　あべ　奈良県桜井市-
　　あぶ　徳島県海部郡美波町-
阿寒町舌辛　あかんちょうしたから　北海道釧路市-
阿寒町知茶布　あかんちょうちちゃっぷ　北海道釧路市-
阿寒町飽別　あかんちょうあくべつ　北海道釧路市-
阿寒町徹別中央　あかんちょうてしべつちゅうおう　北海道釧路市-
阿間河滝　あまかだき
　　あまかだき-ちょう　大阪府岸和田市-町
阿須　あず　埼玉県飯能市-
阿漕　あこぎ
　　あこぎ-まち　三重県津市-町
阿権　あごん　鹿児島県大島郡伊仙町-
阿蔵　あぞう
　　あぞう-ちょう　愛知県豊田市-町
　　あぞう　愛媛県大洲市-
阿霄月　あよいづき　宮城県気仙沼市-
阿難祖領家　あどそりょうけ　福井県大野市-

附

附田川目　つくたかわめ　青森県上北郡七戸町-
附島　つけしま
　　つけしま-ちょう　愛知県稲沢市-町
附馬牛町安居台　つきもうしちょうあおだい　岩手県遠野市-
附船　つけふね
　　つけふね-ちょう　新潟県新潟市中央区-町

雨

雨田　あめだ　福島県須賀川市-
雨池　あまいけ
　　あまいけ-まち　新潟県長岡市-町
　　あまいけ-まち　愛知県碧南市-町
雨坪　あまつぼ・あめつぼ
　　あめつぼ　千葉県山武市-
　　あまつぼ　神奈川県南足柄市-
雨畑　あめはた　山梨県南巨摩郡早川町-
雨宮　あめのみや　長野県千曲市-
雨竜　うりゅう
　　うりゅう-ぐん　北海道-郡
　　うりゅう-ちょう　北海道雨竜郡-町
雨堤　あまづつみ　愛知県長久手市-

雨間　あめま　東京都あきる野市-
雨煙別　うえんべつ
　　うえんべつ　北海道夕張郡栗山町-
　　うえんべつ　北海道雨竜郡幌加内町-
雨窪　あまくぼ　福岡県京都郡苅田町-
雨踊　あまおどり
　　あまおどり-ちょう　岐阜県岐阜市-町
雨潜　あめくぐり　富山県南砺市-

青

青女子　あおなご　青森県弘前市-
青木　あおき・おうぎ・おおぎ
　　あおき　福島県河沼郡会津坂下町-
　　あおき　茨城県桜川市-
　　あおき　茨城県つくばみらい市-
　　あおき　栃木県那須塩原市-
　　あおき　埼玉県川口市-
　　あおき　埼玉県飯能市-
　　あおき　埼玉県坂戸市-
　　あおき　千葉県富津市-
　　あおき-ちょう　神奈川県横浜市神奈川区-町
　　あおき-まち　新潟県長岡市-町
　　あおき-まち　新潟県見附市-町
　　あおき　新潟県上越市-
　　あおき　富山県下新川郡入善町-
　　あおき-むら　長野県小県郡-村
　　あおき-ちょう　岐阜県大垣市-町
　　あおき-ちょう　岐阜県多治見市-町
　　あおき　静岡県静岡市駿河区-
　　あおき　静岡県三島市-
　　あおき　静岡県富士宮市-
　　あおき　静岡県藤枝市-
　　あおき-ちょう　静岡県袋井市-町
　　あおき-ちょう　愛知県岡崎市-町
　　あおき-ちょう　愛知県豊田市-町
　　あおき-ちょう　愛知県高浜市-町
　　おうぎ　兵庫県神戸市東灘区-
　　あお-ちょう　兵庫県西宮市-町
　　あおき　和歌山県有田郡湯浅町-
　　あおき　鳥取県米子市-
　　あおき　岡山県美作市-
　　おおぎ-まち　山口県岩国市-町
　　おおぎ　香川県仲多度郡多度津町-
　　あおき-まち　高知県須崎市-町
　　あおき　福岡県福岡市博多区-
　　あおき　熊本県玉名市-
青生　あおう　宮城県遠田郡美里町-
青生野　あおの　福島県東白川郡鮫川村-
青谷　あおたに・あおや
　　あおや　栃木県真岡市-
　　あおや　静岡県浜松市天竜区-
　　あおたに　大阪府柏原市-
　　あおたに-ちょう　兵庫県神戸市灘区-町
青谷町八葉寺　あおやちょうはつしょうじ　鳥取県鳥取市-
青谷町澄水　あおやちょうすんず　鳥取県鳥取市-
青河　あおが
　　あおが-まち　広島県三次市-町
青垣町大名草　あおがきちょうおなざ　兵庫県丹波市-
青垣町大稗　あおがきちょうおびえ　兵庫県丹波市-
青垣町山垣　あおがきちょうやまがい　兵庫県丹波市-

8画（鼡）9画（乗, 帝, 信）

青垣町文室　あおがきちょうふむろ　兵庫県丹波市-
青垣町栗住野　あおがきちょうくりすの　兵庫県丹
　波市-
青垣町惣持　あおがきちょうそうじ　兵庫県丹波市-
青柳　あおやぎ・あおやなぎ
　あおやぎ-ちょう　北海道函館市-町
　あおやぎ　青森県青森市-
　あおやぎ-ちょう　岩手県北上市-町
　あおやぎ　山形県山形市-
　あおやぎ-ちょう　山形県鶴岡市-町
　あおやぎ　福島県南会津郡南会津町-
　あおやぎ-ちょう　茨城県水戸市-町
　あおやなぎ　茨城県取手市-
　あおやぎ　茨城県桜川市-
　あおやぎ　茨城県鉾田市-
　あおやぎ-まち　群馬県前橋市-町
　あおやぎ-ちょう　群馬県館林市-町
　あおやぎ　埼玉県川越市-
　あおやぎ　埼玉県狭山市-
　あおやぎ　埼玉県草加市-
　あおやぎ-ちょう　埼玉県草加市-町
　あおやぎ　千葉県市原市-
　あおやぎ　千葉県君津市-
　あおやぎ　東京都国立市-
　あおやなぎ　富山県富山市-
　あおやなぎ　富山県魚津市-
　あおやぎ-まち　山梨県南巨摩郡富士川町-町
　あおやぎ-ちょう　岐阜県岐阜市-町
　あおやなぎ-ちょう　岐阜県大垣市-町
　あおやなぎ　岐阜県揖斐郡池田町-
　あおやぎ-ちょう　愛知県名古屋市千種区-町
　あおやぎ　山口県下松市-
　あおやぎ-ちょう　高知県高知市-町
　あおやぎ　福岡県古賀市-
　あおやぎ-まち　福岡県古賀市-町
青柳海岸　あおやぎかいがん　千葉県市原市-
青海　あおみ・おうみ・せいかい
　あおみ　東京都江東区-
　あおみ-ちょう　新潟県加茂市-町
　おうみ　新潟県糸魚川市-
　せいかい-ちょう　愛知県常滑市-町
　おうみ-ちょう　香川県坂出市-町
青海川　おうみがわ　新潟県柏崎市-
青峰　せいほう　福岡県久留米市-
青梅　おうめ
　おうめ　栃木県芳賀郡茂木町-
　おうめ-し　東京都-市
青砥　あおと
　あおと-ちょう　神奈川県横浜市緑区-町
青馬　おおま　千葉県香取郡東庄町-
青野　あおの・おおの
　あおの　山形県山形市-
　あおの　新潟県上越市-
　あおの　新潟県佐渡市-
　あおの　福井県丹生郡越前町-
　おおの　岐阜県大垣市-
　あおの　静岡県沼津市-
　あおの　静岡県賀茂郡南伊豆町-
　あおの-ちょう　滋賀県東近江市-町
　あおの-ちょう　京都府綾部市-町
　あおの-ちょう　兵庫県加西市-町

　あおの-ちょう　奈良県奈良市-町
　あおの-ちょう　岡山県井原市-町
　あおの　熊本県玉名市-
青蓮寺　しょうれんじ　三重県名張市-
青豊　せいほう　福岡県豊前市-
青龍　せいりゅう
　せいりゅう-ちょう　京都府京都市上京区-町
青龍寺　しょうりゅうじ　山形県鶴岡市-

┌─────────┐
│　　鼡　　│
└─────────┘

鼡ケ池　ねずがいけ　福岡県田川郡糸田町-
鼡野　ねずみの
　ねずみの-ちょう　静岡県浜松市南区-町

◆◆◆◆◆ 9画 ◆◆◆◆◆

┌─────────┐
│　　乗　　│
└─────────┘

乗附　のつけ
　のつけ-まち　群馬県高崎市-町
乗倉　のせくら
　のせくら-ちょう　滋賀県長浜市-町

┌─────────┐
│　　帝　　│
└─────────┘

帝塚山　てづかやま
　てづかやま　大阪府大阪市阿倍野区-
　てづかやま　奈良県奈良市-

┌─────────┐
│　　信　　│
└─────────┘

信友　のぶとも　千葉県長生郡長生村-
信太　しだ　茨城県稲敷郡美浦村-
信太古渡　しだふっと　茨城県稲敷市-
信夫　しのぶ
　しのぶ-まち　山形県米沢市-町
信末　のぶすえ　富山県南砺市-
信州新町水内　しんしゅうしんまちみのち　長野県長
　野市-
信州新町左右　しんしゅうしんまちそう　長野県長
　野市-
信州新町信級　しんしゅうしんまちのぶしな　長野県
　長野市-
信州新町越道　しんしゅうしんまちこえどう　長野県
　長野市-
信更町三水　しんこうまちさみず　長野県長野市-
信取　のぶとり　北海道中川郡池田町-
信砂　のぶしゃ　北海道増毛郡増毛町-
信香　のぶか
　のぶか-ちょう　北海道小樽市-町
信部内　しぶない　北海道紋別郡湧別町-
信喜　しき　島根県邑智郡美郷町-
信富　しんとみ
　しんとみ-ちょう　京都府京都市上京区-町
信貴山　しぎさん　奈良県生駒郡平群町-
信達大苗代　しんだちおのしろ　大阪府泉南市-
信達六尾　しんだちむつお　大阪府泉南市-
信達葛畑　しんだちつづらばた　大阪府泉南市-
信達童子畑　しんだちわらづはた　大阪府泉南市-
信楽町柞原　しがらきちょうほそはら　滋賀県甲賀市-
信楽町神山　しがらきちょうこうやま　滋賀県甲賀市-

225

9画（保, 爼, 冑, 冠, 前）

信楽町黄瀬　しがらきちょうきのせ　滋賀県甲賀市-

保

保　ほ・ほう
　ほ　埼玉県吉川市-
　ほ　山梨県南巨摩郡早川町-
　ほう　鳥取県東伯郡琴浦町-
保久　ほっきゅう
　ほっきゅう-ちょう　愛知県岡崎市-町
保戸野金砂　ほどのかなさ
　ほどのかなさ-まち　秋田県秋田市-町
保月　ほうづき　滋賀県犬上郡多賀町-
保木　ほうき　山口県岩国市-
保木脇　ほきわき
　ほきわき　岐阜県美濃市-
　ほきわき　岐阜県大野郡白川村-
保木間　ほきま　東京都足立区-
保田　ほうで・ほた・やすだ
　ほた　千葉県安房郡鋸南町-
　やすだ　新潟県阿賀野市-
　ほうで-ちょう　滋賀県長浜市-町
　ほた　奈良県磯城郡川西町-
　やすだ　鳥取県西伯郡大山町-
　やすだ　愛媛県宇和島市-
保田原　ほだわら　埼玉県大里郡寄居町-
保田窪　ほたくぼ
　ほたくぼ　熊本県熊本市中央区-
　ほたくぼ　熊本県熊本市東区-
保谷　ほうや
　ほうや-ちょう　東京都西東京市-町
保免上　ほうめんかみ　愛媛県松山市-
保岡　やすおか　山形県酒田市-
保明　ほうみょう　岐阜県関市-
保明新田　ほみょうしんでん　新潟県南蒲原郡田上町-
保城　ほうしろ　兵庫県姫路市-
保栄茂　びん　沖縄県豊見城市-
保津　ほうづ・ほつ・ほづ
　ほうづ-ちょう　三重県松阪市-町
　ほづ-ちょう　京都府亀岡市-町
　ほつ　奈良県磯城郡田原本町-
　ほうづ-まち　山口県岩国市-町
保美　ほび・ほみ
　ほみ　群馬県藤岡市-
　ほび-ちょう　愛知県田原市-町
保美濃山　ほみのやま　群馬県藤岡市-
保原町八幡　ほばらまちやはた
　ほばらまちやはた-まち　福島県伊達市-町
保原町八幡台　ほばらまちはちまんだい　福島県伊達市-
保原町将監　ほばらまちしょうかん　福島県伊達市-
保野　ほうの・ほや
　ほや　長野県上田市-
　ほうの　愛媛県西条市-
保野子　ほのこ　秋田県南秋田郡井川町-
保賀　ほうが
　ほうが-まち　石川県加賀市-町

爼

爼柳　まないたやなぎ　山形県南陽市-

冑

冑山　かぶとやま　埼玉県熊谷市-

冠

冠山　かんざん
　かんざん-ちょう　奈良県大和郡山市-町
冠木　かぶき　福島県二本松市-
冠嶽　かんむりだけ　鹿児島県いちき串木野市-

前

前九年　ぜんくねん　岩手県盛岡市-
前平　まえたい・まえひら
　まえたい　青森県三沢市-
　まえひら　青森県上北郡野辺地町-
　まえひら-ちょう　岐阜県美濃加茂市-町
　まえひら　兵庫県洲本市-
前沢区八幡　まえさわくやわた　岩手県奥州市-
前沢区日向　まえさわくひなた　岩手県奥州市-
前沢区平前　まえさわくたいらまえ　岩手県奥州市-
前沢区白山　まえさわくしらやま　岩手県奥州市-
前沢区白鳥舘　まえさわくしろとりだて　岩手県奥州市-
前沢区両手沢　まえさわくもろてざわ　岩手県奥州市-
前沢区衣関　まえさわくきぬとめ　岩手県奥州市-
前沢区谷起　まえさわくやぎ　岩手県奥州市-
前沢区赤面　まえさわくあかつら　岩手県奥州市-
前沢区河ノ畑　まえさわくかのはた　岩手県奥州市-
前沢区蛇ノ鼻　まえさわくじゃのはな　岩手県奥州市-
前沢区道場　まえさわくどうば　岩手県奥州市-
前沢区簾森　まえさわくみすもり　岩手県奥州市-
前谷　まえたに・まえだに・まえや
　まえや　埼玉県行田市-
　まえたに　富山県中新川郡立山町-
　まえだに　福井県あわら市-
前谷内　まえやち　新潟県三条市-
前谷地　まえやち　宮城県石巻市-
前河内　まえごうち　埼玉県比企郡吉見町-
前波　まえなみ・まえば
　まえなみ　石川県鳳珠郡穴水町-
　まえば-ちょう　福井県福井市-町
前後　ぜんご
　ぜんご-ちょう　愛知県豊明市-町
前津江町柚木　まえつえまちゆうぎ　大分県日田市-
前飛保町河原　まえひぼちょうかわはら　愛知県江南市-
前兼久　まえがねく　沖縄県国頭郡恩納村-
前原　まえはら・まえばら・まえばる
　まえはら　福島県二本松市-
　まえはら　福島県双葉郡楢葉町-
　まえばら　埼玉県本庄市-
　まえばら　千葉県鴨川市-
　まえはら-ちょう　東京都小金井市-町
　まえはら-ちょう　新潟県南魚沼市-町
　まえはら　長野県伊那市-
　まえはら-まち　岐阜県高山市-町
　まえはら　愛知県犬山市-
　まえばら-ちょう　兵庫県神戸市長田区-町
　まえばら-ちょう　徳島県小松島市-町
　まえばる　福岡県糸島市-
　まえばる　熊本県玉名郡和水町-

9画（則, 剃, 勅, 勇, 負, 南）

まえばる-ちょう　宮崎県宮崎市-町
まえはら　沖縄県うるま市-
前原中央　まえばるちゅうおう　福岡県糸島市-
前原北　まえばるきた　福岡県糸島市-
前原味鹿　まえはらあじか　愛知県犬山市-
前原駅南　まえばるえきみなみ　福岡県糸島市-
前栽　せんざい
せんざい-ちょう　奈良県天理市-町
前鬼　ぜんき　奈良県吉野郡下北山村-
前勝谷　まえしょうや
まえしょうや-ちょう　山口県下関市-町
前開南　ぜんかいみなみ
ぜんかいみなみ-まち　兵庫県神戸市西区-町
前間　ぜんま　埼玉県三郷市-

則

則之内甲　すのうちこう　愛媛県東温市-

剃

剃金　そりがね　千葉県長生郡白子町-

勅

勅使　ちょくし
ちょくし-まち　石川県加賀市-町
ちょくし　京都府福知山市-
ちょくし-ちょう　香川県高松市-町
勅使河原　てしがわら　埼玉県児玉郡上里町-

勇

勇駒別　ゆこまんべつ　北海道上川郡東川町-

負

負箙　おふいびら　北海道中川郡本別町-

南

南一色　みなみいしき・みなみいっしき
みなみいっしき-ちょう　岐阜県大垣市-町
みなみいしき　静岡県駿東郡長泉町-
南入蔵　みなみにゅうぐら　新潟県三条市-
南八幡　みなみはちまん・みなみやはた・みなみやわた
みなみやわた　千葉県市川市-
みなみやはた-ちょう　静岡県静岡市駿河区-町
みなみはちまん-まち　福岡県福岡市博多区-町
南十神　みなみとかみ
みなみとかみ-ちょう　島根県安来市-町
南十軒街　みなみじゅっけんこうじ　岩手県一関市-
南下　のうげ・みなみしも
みなみしも　群馬県北群馬郡吉岡町-
のうげ　新潟県柏崎市-
南三箇　みなみさんが　熊本県上益城郡甲佐町-
南上　みなみうえ・みなみうわ
みなみうわ-まち　福島県須賀川市-町
みなみうえ-まち　大阪府岸和田市-
南上木場　みなみかみこば
みなみかみこば-まち　長崎県島原市-町
南上原　みなみうえばる　沖縄県中頭郡中城村-
南千両　みなみちぎり　愛知県豊川市-
南大平　みなみおおだいら　新潟県村上市-
南大河　みなみおおこう
みなみおおこう-ちょう　広島県広島市南区-町

南大門　みなみだいもん
みなみだいもん-ちょう　愛媛県今治市-町
南小山　みなみおやま
みなみおやま-ちょう　福井県越前市-町
南小牛田　みなみこごた　宮城県遠田郡美里町-
南小来川　みなみおころがわ　栃木県日光市-
南小谷ケ丘　みなみこたにがおか　京都府福知山市-
南小河原　みなみおがわら
みなみおがわら-まち　長野県須坂市-町
南山　なんざん・みなみやま
みなみやま　北海道雨竜郡秩父別町-
みなみやま　青森県三沢市-
みなみやま　山形県最上郡大蔵村-
みなみやま　千葉県白井市-
みなみやま-ちょう　福井県福井市-町
みなみやま-ちょう　愛知県名古屋市昭和区-町
みなみやま-ちょう　愛知県名古屋市瑞穂区-町
みなみやま-ちょう　愛知県瀬戸市-町
みなみやま　兵庫県加東市-
みなみやま-ちょう　奈良県橿原市-町
みなみやま　愛媛県喜多郡内子町-
なんざん　佐賀県西松浦郡有田町-
南山来　みなみやまく　茨城県稲敷市-
南川　みながわ・みなみかわ・みなみがわ
みながわ　埼玉県飯能市-
みなみがわ-ちょう　福井県小浜市-町
みなみかわ-ちょう　愛知県名古屋市西区-町
みながわ　高知県土佐郡土佐町-
南不動堂　みなみふどんどう
みなみふどんどう-ちょう　京都府京都市下京区-町
南中音更　みなみなかおとふけ　北海道河東郡音更町-
南丹　なんたん
なんたん-し　京都府-市
南井　なおい・みなみい
なおい-ちょう　福井県鯖江市-町
みなみい-ちょう　奈良県大和郡山市-町
南五百川　みなみいもがわ　新潟県三条市-
南分　みなみわけ
みなみわけ-ちょう　愛知県名古屋市昭和区-町
南戸　みなと　岐阜県加茂郡八百津町-
南斗満　みなみとまむ　北海道足寄郡陸別町-
南方　なんぼう・みなみかた・みなみがた
なんぼう　栃木県大田原市-
みなみがた　新潟県上越市-
みなみがた　岐阜県安八郡神戸町-
みなみがた　岐阜県揖斐郡大野町-
みなみがた　鳥取県八頭郡智頭町-
みなみがた　島根県隠岐郡隠岐の島町-
みなみがた　岡山県岡山市北区-
みなみがた　岡山県赤磐市-
みなみがた　広島県三原市-
みなみがた　広島県山県郡北広島町-
みなみがた　愛媛県東温市-
みなみがた　福岡県北九州市小倉南区-
みなみがた-ちょう　宮崎県宮崎市-町
みなみがた　宮崎県串間市-
みなみがた　宮崎県西都市-
みなみかた　鹿児島県肝属郡肝付町-
南方町秡荷山　みなみかたまちぜんかやま　宮城県登米市-
南方町一網　みなみかたまちいちあじ　宮城県登米市-

227

9画(南)

南方町上原　みなみかたまちかみはら　宮城県登米市-
南方町大平　みなみかたまちおおだいら　宮城県登
　米市-
南方町大垈　みなみかたまちおおぞね　宮城県登米市-
南方町小山　みなみかたまちこやま　宮城県登米市-
南方町米袋　みなみかたまちよねぶくろ　宮城県登
　米市-
南方町角欠前　みなみかたまちつのがけまえ　宮城県
　登米市-
南方町河面　みなみかたまちかわづら　宮城県登米市-
南方町狼掛　みなみかたまちおいのがけ　宮城県
　米市-
南方町砥落　みなみかたまちとおとし　宮城県登米市-
南方町堀切　みなみかたまちほっきり　宮城県登米市-
南方町新井宿　みなみかたまちにいじゅく　宮城県登
　米市-
南方町雷　みなみかたまちいかずち　宮城県登米市-
南方町樟　みなみかたまちくぬぎ　宮城県登米市-
南方町鰐丸　みなみかたまちわにまる　宮城県登米市-
南日当　みなみひなた　千葉県長生郡白子町-
南木曽　なぎそ
　なぎそ-まち　長野県木曽郡-町
南牛　みなみうし
　みなみうし-まち　和歌山県和歌山市-町
南丘　みなみおか・みなみがおか
　みなみおか　北海道北見市-
　みなみおか　北海道上川郡和寒町-
　みなみがおか　福岡県北九州市小倉北区-
南加茂台　ながもだい　京都府木津川市-
南古千代　みなみごちよ　愛知県常滑市-
南古都　みなみこず　岡山県岡山市東区-
南四十万　みなみしじま　石川県金沢市-
南外及位　なんがいのぞき　秋田県大仙市-
南外小浪滝　なんがいざんざら　秋田県大仙市-
南外山　みなみとやま　愛知県小牧市-
南外木直沢　なんがいきじきざわ　秋田県大仙市-
南外坊田石兀ノ下　なんがいぼうだいしはけのした
　秋田県大仙市-
南外物渡台　なんがいぶつどだい　秋田県大仙市-
南外葎沢　なんがいむぐらさわ　秋田県大仙市-
南外鞦田　なんがいしりがいだ　秋田県大仙市-
南市　みなみいち
　みなみいち　福井県三方郡美浜町-
　みなみいち-ちょう　奈良県奈良市-町
南平　なべら・なんべい・みなみだいら
　なんべい　宮城県柴田郡大河原町-
　なんべい　福島県福島市-
　みなみだいら　東京都日野市-
　みなみだいら　東京都西多摩郡瑞穂町-
　なべら　和歌山県東牟婁郡古座川町-
南平沢　みなみひらさわ・みなみへいざわ
　みなみへいざわ　山形県酒田市-
　みなみひらさわ　埼玉県日高市-
南正雀　みなみしょうじゃく　大阪府吹田市-
南汀丁　みなみみぎわちょう　和歌山県和歌山市-
南玉　なんぎょく・みなみだま
　なんぎょく　群馬県佐波郡玉村町-
　みなみだま　千葉県大網白里市-
南生石東　みなみいくしひがし　大分県大分市-

南生実　みなみおゆみ
　みなみおゆみ-ちょう　千葉県千葉市中央区-町
南田気　みなみたげ　茨城県久慈郡大子町-
南田原　みなみたはら・みなみたわら
　みなみたはら　兵庫県川辺郡猪名川町-
　みなみたわら　兵庫県神崎郡福崎町-
　みなみたわら-ちょう　奈良県奈良市-町
　みなみたわら-ちょう　奈良県生駒市-町
南目館　みなみのめたて　宮城県仙台市宮城野区-
南矢三　みなみやそ
　みなみやそ-ちょう　徳島県徳島市-町
南立石八幡　みなみたていしはちまん
　みなみたていしはちまん-ちょう　大分県別府市-町
南夷　みなみえびす
　みなみえびす-ちょう　京都府京都市下京区-町
南庄　みなみしょう
　みなみしょう-ちょう　大阪府堺市堺区-町
　みなみしょう-ちょう　奈良県奈良市-町
　みなみしょう　岡山県久米郡久米南町-
　みなみしょう-まち　徳島県徳島市-町
　みなみしょう　福岡県福岡市早良区-
南牟婁　みなみむろ
　みなみむろ-ぐん　三重県-郡
南羽生　みなみはにゅう　埼玉県羽生市-
南羽合　みなみはごう　京都府福知山市-
南耳原　みなみのはら　大阪府茨木市-
南西方　みなみにしかた　宮崎県小林市-
南西俣　みなみにしまた
　みなみにしまた-ちょう　福井県福井市-町
南西海子　みなみさいかいし
　みなみさいかいし-ちょう　京都府京都市東山区-町
南西郷　みなみさいごう　静岡県掛川市-
南作開　みなみさっかい　北海道寿都郡黒松内町-
南余部　みなみあまべ　大阪府堺市美原区-
南別府　みなみべふ
　みなみべふ-ちょう　大阪府摂津市-町
　みなみべふ　兵庫県神戸市西区-
南弟子屈　みなみてしかが　北海道川上郡弟子屈町-
南条　なんじょう・みなみじょう
　なんじょう　千葉県館山市-
　みなみじょう　新潟県柏崎市-
　なんじょう-ぐん　福井県-郡
　みなみじょう　長野県埴科郡坂城町-
　なんじょう　兵庫県姫路市-
　なんじょう-まち　香川県丸亀市-町
南沖洲　みなみおきのす　徳島県徳島市-
南肘塚　みなみかいのづか
　みなみかいのづか-ちょう　奈良県奈良市-町
南良津　ならづ　福岡県鞍手郡小竹町-
南花台　なんかだい　大阪府河内長野市-
南花長　みなみはなおさ
　みなみはなおさ-ちょう　愛知県春日井市-町
南花畑　みなみはなはた・みなみはなばたけ
　みなみはなばたけ　福島県会津若松市-
　みなみはなはた　東京都足立区-
南角　みのずみ　奈良県吉野郡天川村-
南角田　みなみかくた　北海道夕張郡栗山町-
南谷内　みなみやち　新潟県新潟市西蒲区-
南谷地　みなみやち　宮城県石巻市-

228

9画（南）

南里　みなみざと　福岡県糟屋郡志免町-
南京終　みなみきょうばて
　　みなみきょうばて-ちょう　奈良県奈良市-町
南国栖　みなみくず　奈良県吉野郡吉野町-
南居　なご
　　なご-ちょう　福井県福井市-町
南明　なんめい
　　なんめい-ちょう　愛知県名古屋市千種区-町
南杵築　みなみきつき　大分県杵築市-
南東　みなみあずま
　　みなみあずま-ちょう　愛知県瀬戸市-町
南林崎　みなみはやさき
　　みなみはやさき-ちょう　三重県鈴鹿市-町
南河ノ瀬　みなみごうのせ
　　みなみごうのせ-ちょう　高知県高知市-町
南河内　みなみかわち
　　みなみかわち-ぐん　大阪府-郡
南河田　みなみごうた
　　みなみごうた-ちょう　愛知県愛西市-町
南河路　みなみこうじ　三重県津市-
南波多町大川原　みなみはたちょうおおかわばる　佐賀県伊万里市-
南波多町小麦原　みなみはたちょうこむぎはる　佐賀県伊万里市-
南波多町水留　みなみはたちょうつづみ　佐賀県伊万里市-
南波多町古川　みなみはたちょうふるこ　佐賀県伊万里市-
南波多町府招　みなみはたちょうふまねき　佐賀県伊万里市-
南波多町笠椎　みなみはたちょうかさじ　佐賀県伊万里市-
南波佐間　なばさま　千葉県四街道市-
南牧　なんもく・みなみまき
　　なんもく　群馬県渋川市-
　　なんもく-むら　群馬県甘楽郡-村
　　みなみまき-むら　長野県南佐久郡-村
南股　みなみのまた　岩手県下閉伊郡普代村-
南金田　みなみかなだ・みなみかねでん
　　みなみかねでん　大阪府吹田市-
　　みなみかなだ　高知県高知市-
南長太　みなみなご
　　みなみなご-ちょう　三重県鈴鹿市-町
南長谷　みなみはせ　宮城県岩沼市-
南長潟　みなみながた　新潟県新潟市中央区-
南門原　なもんばら　広島県山県郡北広島町-
南信濃八重河内　みなみしなのやえごうち　長野県飯田市-
南保　なんぼ
　　なんぼ　富山県下新川郡朝日町-
　　なんぼ-まち　富山県下新川郡朝日町-町
南城　なんじょう・みなみしろ
　　なんじょう　岩手県花巻市-
　　みなみしろ-ちょう　新潟県上越市-町
　　なんじょう-し　沖縄県-市
南城戸　みなみじょうど
　　みなみじょうど-ちょう　奈良県奈良市-町
南城西　みなみじょうせい　青森県弘前市-

南後谷　みなみうしろだに・みなみうしろや
　　みなみうしろや　埼玉県八潮市-
　　みなみうしろだに　滋賀県犬上郡多賀町-
南栄　なんえい・みなみさかえ
　　みなみさかえ-ちょう　北海道山越郡長万部町-町
　　なんえい-ちょう　北海道瀬棚郡今金町-町
　　なんえい-ちょう　山形県山形市-町
　　みなみさかえ-ちょう　埼玉県春日部市-町
　　みなみさかえ-ちょう　愛知県豊橋市-町
　　みなみさかえ-ちょう　愛知県尾張旭市-町
　　みなみさかえ-まち　京都府福知山市-町
　　なんえい-ちょう　鳥取県鳥取市-町
　　みなみさかえ　広島県大竹市-
　　なんえい　鹿児島県鹿児島市-
南柏　みなみかしわ・みなみがや
　　みなみかしわ　千葉県柏市-
　　みなみがや　愛媛県八幡浜市-
南海　なんがい　岡山県美作市-
南海神　みなみかいじん　千葉県船橋市-
南泉　みないずみ・みなみいずみ
　　みないずみ　高知県土佐郡土佐町-
　　みなみいずみ　福岡県行橋市-
南浅間　みなみあさま・みなみせんげん
　　みなみせんげん-ちょう　神奈川県横浜市西区-町
　　みなみあさま　長野県松本市-
南畑　みなみはた・みなみばた
　　みなみはた　岩手県岩手郡雫石町-
　　みなみばた　愛知県新城市-
　　みなみばた　奈良県生駒郡三郷町-
　　みなみはた　和歌山県和歌山市-
　　みなみはた　和歌山県海草郡紀美野町-
　　みなみはた　岡山県久米郡久米南町-
　　みなみはた　大分県速見郡日出町-
南畑新田　なんばたしんでん　埼玉県富士見市-
南畑敷　みなみはたじき
　　みなみはたじき-まち　広島県三次市-町
南県　みなみあがた
　　みなみあがた-まち　長野県長野市-町
南砂　みなみすな　東京都江東区-
南神戸　みなみかんべ
　　みなみかんべ-ちょう　愛知県田原市-町
南紀の台　なんきのだい　和歌山県西牟婁郡上富田町-町
南荘　なんそう
　　なんそう-ちょう　大阪府東大阪市-町
南荘園　みなみそうえん
　　みなみそうえん-ちょう　大分県別府市-町
南面利　なめり
　　なめり-ちょう　大阪府和泉市-町
南面里　なめり　福岡県筑紫郡那珂川町-
南風台　みなみかぜだい　福岡県糸島市-
南風見　はいみ　沖縄県八重山郡竹富町-
南風原　はえばる
　　はえばる-ちょう　沖縄県島尻郡-町
南風崎　はえのさき
　　はえのさき-ちょう　長崎県佐世保市-町
南飛渡　みなみとんど　愛知県常滑市-
南倉沢　なぐらさわ　福島県南会津郡下郷町-
南原　なんばる・みなみはら・みなみばる
　　みなみはら-まち　宮城県柴田郡大河原町-町
　　みなみはら-まち　山形県山形市-町

229

9画（南）

みなみはら　福島県喜多方市-
みなみはら　茨城県下妻市-
みなみはら　茨城県つくば市-
みなみはら　神奈川県平塚市-
みなみはら　富山県南砺市-
みなみはら　長野県松本市-
みなみはら-まち　長野県須坂市-町
みなみはら　長野県諏訪郡原村-
みなみはら　静岡県島田市-
みなみばる　福岡県京都郡苅田町-
なんばる　佐賀県西松浦郡有田町-
みなみはら　鹿児島県大島郡徳之島町-

南宮　なんぐう
　なんぐう　宮城県多賀城市-
　なんぐう　長野県岡谷市-
　なんぐう　長野県中野市-
　なんぐう-ちょう　兵庫県芦屋市-町
　なんぐう-ちょう　兵庫県赤穂市-町
南宮地　みなみみやじ
　みなみみやじ-ちょう　福井県福井市-町
南宮原　みなみみやばる　熊本県阿蘇-
南峯　みなみみね　埼玉県入間市-
南恩加島　みなみおかじま　大阪府大阪市大正区-
南扇　みなみおうぎ
　みなみおうぎ-まち　大阪府大阪市北区-町
南桜　なんおう・みなみさくら・みなみざくら
　なんおう-まち　北海道上川郡剣淵町-町
　みなみさくら-ちょう　宮城県柴田郡大河原町-町
　みなみさくら-まち　愛知県刈谷市-町
　みなみざくら　滋賀県野洲市-
南桃原　みなみとうばる　沖縄県沖縄市-
南畝　のうねん・みなみせ
　のうねん-ちょう　兵庫県姫路市-町
　みなみせ　岡山県倉敷市-
南砺　なんと
　なんと-し　富山県-市
南起　みなみおこし
　みなみおこし　愛知県知多郡武豊町-
　みなみおこし-ちょう　三重県四日市市-町
南高下　みなみこうげ
　みなみこうげ-ちょう　愛媛県今治市-町
南高城　みなみたかぎ　宮城県遠田郡美里町-
南高野　みなみこうや
　みなみこうや-ちょう　茨城県日立市-町
南宿　みなみやどり　和歌山県橋本市-
南崎　みなみざき
　みなみざき-ちょう　三重県亀山市-町
南崩山　みなみくえやま
　みなみくえやま-まち　長崎県島原市-町
南斎院　みなみさや
　みなみさや-ちょう　愛媛県松山市-町
南條　なんじょう・みなみじょう
　なんじょう　福島県喜多方市-
　みなみじょう　長野県下伊那郡阿南町-
　みなみじょう　岐阜県安八郡安八町-
　なんじょう　静岡県伊豆の国市-
南清水　みなみしみず・みなみしゅうず
　みなみしゅうず-ちょう　滋賀県東近江市-町
　みなみしみず-ちょう　京都府京都市上京区-町
　みなみしみず-ちょう　大阪府堺市堺区-町

みなみしみず-ちょう　大阪府茨木市-町
みなみしみず　兵庫県尼崎市-
南粕谷　みなみかすや　愛知県知多市-
南菅生　みなみすごう
　みなみすごう-ちょう　福井県福井市-町
南蛇井　なんじゃい　群馬県富岡市-
南蛇廻間　みなみじゃばさま　愛知県常滑市-
南郷町榎原　なんごうちょうよわら　宮崎県日南-
南郷町贄波　なんごうちょうにえなみ　宮崎県日南市-
南郷泥障作　なんごうあおづくり　青森県八戸市-
南郷神門　なんごうみかど　宮崎県東臼杵郡美郷町-
南郷鬼神野　なんごうきじの　宮崎県東臼杵郡美郷町-
南部　なべ・なんぶ
　なんぶ　北海道虻田郡真狩村-
　なんぶ-まち　青森県三戸郡-町
　なんぶ　千葉県成田市-
　なんぶ-ちょう　山梨県南巨摩郡-町
　なんぶ　山梨県南巨摩郡南部町-
　なんぶ-まち　京都府京都市伏見区-町
　なんぶ-ちょう　鳥取県西伯郡-町
　なべ-ちょう　山口県下関市-町
　なんぶ-まち　大分県日田市-町
南部夕南　なんぶゆうなん
　なんぶゆうなん-ちょう　北海道夕張市-町
南部東　なんぶあずま
　なんぶあずま-ちょう　北海道夕張市-町
南部幌南　なんぶこうなん
　なんぶこうなん-ちょう　北海道夕張市-町
南部遠幌　なんぶえんほろ
　なんぶえんほろ-ちょう　北海道夕張市-町
南部領辻　なんぶりょうつじ　埼玉県さいたま市緑区-
南魚　みなみうお
　みなみうお-まち　三重県桑名市-町
南鳥生　みなみとりう
　みなみとりう-ちょう　愛媛県今治市-町
南麻　みなみあさ
　みなみあさ-まち　北海道富良野市-町
南麻績　みなみおうみ
　みなみおうみ-ちょう　愛知県稲沢市-町
南暑寒　みなみしょかん
　みなみしょかん-ちょう　北海道増毛郡増毛町-町
南稀府　みなみまれふ
　みなみまれふ-ちょう　北海道伊達市-町
南街　なんがい　東京都東大和市-
南越　なんごし
　なんごし-まち　長崎県長崎市-町
南道　みなみどう　和歌山県日高郡みなべ町-
南道穂　みなみみつほ　奈良県葛城市-
南隈　みなみがくま　鳥取県鳥取市-
南雄武　みなみおうむ　北海道紋別郡雄武町-
南雲　なぐも　新潟県十日町市-
南勢　なんせい　北海道中川郡幕別町-
南勢田　みなみせいだ　和歌山県紀の川市-
南塘　なんとう
　なんとう-ちょう　青森県弘前市-町
南幌　なんぼろ・みなみほろ
　みなみほろ-ちょう　北海道留萌市-町
　なんぼろ-ちょう　北海道空知郡-町

9画（厚, 咲, 品, 垣, 垢, 城）

南新田　みなみしんた・みなみしんでん
　　みなみしんでん　北海道樺戸郡月形町-
　　みなみしんでん　岩手県花巻市-
　　みなみしんでん-ちょう　新潟県十日町市-町
　　みなみしんでん　大阪府大東市-
　　みなみしんた-ちょう　高知県高知市-町
南椿尾　みなみつばお
　　みなみつばお-ちょう　奈良県奈良市-町
南種子　みなみたね
　　みなみたね-ちょう　鹿児島県熊毛郡-町
南関　なんかん
　　なんかん-まち　熊本県玉名郡-町
南敷　なじき　千葉県成田市-
南敷田　みなみしきだ　大分県宇佐市-
南標茶　みなみしべちゃ　北海道川上郡標茶町-
南蝉　みなみせみ　岐阜県岐阜市-
南輝　なんき　岡山県岡山市南区-
南頬　みなみのかわ
　　みなみのかわ-ちょう　岐阜県大垣市-町
南橘　なんきつ
　　なんきつ-まち　群馬県前橋市-町
南濃町上野河戸　なんのうちょううえのこうず　岐阜
　　県海津市-
南薫　なんくん
　　なんくん-まち　福岡県久留米市-町
南錦　みなみにしき
　　みなみにしき-ちょう　宮城県塩竈市-町
南鴨宮　みなみかものみや　神奈川県小田原市-
南檜杖　みなみひづえ　和歌山県新宮市-
南観音　みなみかんおん
　　みなみかんおん　広島県広島市西区-
　　みなみかんおん-まち　広島県広島市西区-町
南鶉　みなみうずら　岐阜県岐阜市-
南麓郷　みなみろくごう　北海道富良野市-
南鐙坂　みなみあぶざか　新潟県十日町市-
南靂霪　みなみほうりょう　岩手県一関市-

厚

厚生　こうせい
　　こうせい　北海道上川郡愛別町-
　　こうせい　北海道川上郡標茶町-
　　こうせい-ちょう　岡山県岡山市北区-町
　　こうせい-ちょう　高知県土佐清水市-町
　　こうせい-まち　長崎県諫早市-町
厚田区安瀬　あつたくやすせ　北海道石狩市-
厚田区聚富　あつたくしっぷ　北海道石狩市-
厚田区濃昼　あつたくごきびる　北海道石狩市-
厚別町小野幌　あつべつちょうこのっぽろ　北海道札
　　幌市厚別区-
厚利　あつとし　兵庫県加東市-
厚床　あっとこ　北海道根室市-
厚沢部　あっさぶ
　　あっさぶ-ちょう　北海道檜山郡-町
厚和　こうわ　北海道勇払郡厚真町-
厚岸　あっけし
　　あっけし-ぐん　北海道-郡
　　あっけし-ちょう　北海道厚岸郡-町
厚東　あつひがし
　　あつひがし-まち　京都府福知山市-町
厚栄　こうえい　北海道樺戸郡月形町-

厚狭　あさ　山口県山陽小野田市-
厚真　あつま
　　あつま-ちょう　北海道勇払郡-町
厚賀　あつが
　　あつが-ちょう　北海道沙流郡日高町-町
厚陽　こうよう　北海道厚岸郡浜中町-

咲

咲来　さつくる　北海道中川郡音威子府村-

品

品之木　ぼんのき　新潟県長岡市-

垣

垣内　かいち・かきうち
　　かいち　大阪府八尾市-
　　かきうち-ちょう　大阪府門真市-町
　　かきうち-ちょう　兵庫県相生市-町
　　かきうち　愛媛県南宇和郡愛南町-
垣内田　かいとだ・かくた
　　かくた-まち　石川県羽咋市-町
　　かいとだ-ちょう　三重県松阪市-町
垣戸　がいど
　　がいど-ちょう　愛知県名古屋市北区-町
垣生　はぶ
　　はぶ　愛媛県新居浜市-
　　はぶ　福岡県中間市-
垣花　かきのはな
　　かきのはな-ちょう　沖縄県那覇市-町
垣倉　かいぐら　和歌山県有田郡有田川町-
垣鼻　かいばな
　　かいばな-ちょう　三重県松阪市-町
垣籠　かいごめ
　　かいごめ-ちょう　滋賀県長浜市-町

垢

垢田　あかだ
　　あかだ　山口県下関市-
　　あかだ-ちょう　山口県下関市-町

城

城　ぐすく・じょう・しろ
　　しろ-まち　群馬県館林市-町
　　しろ-まち　埼玉県さいたま市岩槻区-町
　　しろ　埼玉県所沢市-
　　じょう　埼玉県蓮田市-
　　じょう　千葉県佐倉市-
　　じょう　新潟県阿賀野市-
　　じょう-むら　富山県富山市-村
　　しろ-まち　福井県大野市-町
　　じょう　福井県あわら市-
　　しろ　岐阜県安八郡安八町-
　　じょう　静岡県伊豆市-
　　しろ-まち　愛知県名古屋市西区-町
　　しろ-まち　愛知県刈谷市-町
　　しろ　愛知県海部郡蟹江町-
　　しろ-まち　滋賀県彦根市-町
　　じょう-ちょう　奈良県大和郡山市-町
　　じょう　和歌山県西牟婁郡白浜町-
　　しろ-まち　広島県三原市-町
　　しろ-まち　福岡県大牟田市-町

9画（城）

しろ　福岡県朝倉市-
じょう　熊本県山鹿市-
しろ-まち　大分県日田市-町
ぐすく　鹿児島県大島郡与論町-
ぐすく　沖縄県名護市-

城ケ入　じょうがいり
　じょうがいり-ちょう　愛知県安城市-町

城ケ丘　じょうがおか
　じょうがおか　富山県富山市-
　じょうがおか　広島県安芸郡府中町-
　じょうがおか　山口県周南市-
　じょうがおか　宮崎県東臼杵郡門川町-

城ケ沢　じょうがさわ　青森県むつ市-

城ケ谷　じょうがたに
　じょうがたに　福井県丹生郡越前町-
　じょうがたに　福岡県宗像市-

城ケ根　しろがね
　しろがね-ちょう　愛知県瀬戸市-町

城ケ堀　じょうがほり
　じょうがほり-ちょう　兵庫県西宮市-町

城ケ崎　じょうがさき　宮崎県宮崎市-

城ノ内　じょうのうち
　じょうのうち　福島県岩瀬郡鏡石町-
　じょうのうち　茨城県龍ケ崎市-

城ノ後　しろのあと　青森県上北郡七戸町-
城が山　しろがやま　兵庫県神戸市垂水区-
城の下通　しろのしたどおり　兵庫県神戸市灘区-
城の台　しろのだい
　しろのだい-ちょう　奈良県大和郡山市-町
城の里　しろのさと　京都府長岡京市-
城の前　しろのまえ
　しろのまえ-ちょう　大阪府茨木市-町
城の原団地　じょうのはるだんち　福岡県福岡市西区-
城力　じょうりき
　じょうりき-まち　石川県金沢市-町
城下　じょうか・しろした・ねごや
　しろした　青森県八戸市-
　しろした　茨城県龍ケ崎市-
　しろした-まち　埼玉県川越市-町
　ねごや　千葉県匝瑳市-
　しろした　新潟県五泉市-
　しろした　静岡県掛川市-
　しろした　静岡県周智郡森町-
　しろした-ちょう　愛知県名古屋市南区-町
　しろした-ちょう　愛知県豊橋市-町
　しろした-ちょう　愛媛県新居浜市-町
　じょうか-まち　熊本県天草市-町
城下東　じょうかひがし
　じょうかひがし-まち　大分県佐伯市-町
城上　じょうかみ
　じょうかみ-ちょう　鹿児島県薩摩川内市-町
城久　ぐすく　鹿児島県大島郡喜界町-
城土　しろつち
　しろつち-ちょう　愛知県名古屋市守山区-町
城山　じょうざん・じょうやま・しろやま
　しろやま　北海道釧路市-
　しろやま-まち　秋田県横手市-町
　しろやま　茨城県つくば市-
　しろやま　茨城県鹿嶋市-
　しろやま-ちょう　栃木県小山市-町
　しろやま　栃木県大田原市-
　しろやま　栃木県那須烏山市-
　しろやま-まち　群馬県高崎市-町
　しろやま　神奈川県相模原市緑区-
　しろやま　神奈川県小田原市-
　しろやま-ちょう　神奈川県三浦市-町
　じょうやま　新潟県新潟市江南区-
　しろやま-まち　富山県小矢部市-町
　じょうやま　長野県松本市-
　じょうやま　長野県茅野市-
　しろやま　岐阜県高山市-
　しろやま-ちょう　愛知県名古屋市千種区-町
　しろやま-ちょう　愛知県豊橋市-町
　しろやま-ちょう　愛知県津島市-町
　しろやま-まち　愛知県碧南市-町
　しろやま　愛知県犬山市-
　しろやま　愛知県小牧市-
　しろやま　三重県津市-
　しろやま-ちょう　三重県四日市市-町
　しろやま　三重県員弁郡東員町-
　しろやま　京都府福知山市-
　しろやま-ちょう　京都府綾部市-町
　しろやま-ちょう　大阪府豊中市-町
　しろやま-ちょう　大阪府池田市-町
　しろやま　兵庫県西宮市-
　しろやま　兵庫県芦屋市-
　じょうやま　広島県広島市佐伯区-
　じょうざん-まち　愛媛県松山市-町
　じょうやま-ちょう　高知県高知市-町
　しろやま-ちょう　福岡県北九州市門司区-町
　しろやま-まち　長崎県長崎市-町
　しろやま-ちょう　長崎県佐世保市-町
　しろやま-ちょう　長崎県東彼杵郡川棚町-町
　しろやま　鹿児島県鹿児島市-
　しろやま-ちょう　鹿児島県鹿児島市-町
城山ニュータウン　じょうやまにゅーたうん　福岡県宗像市-
城山上代　じょうざんかみだい
　じょうざんかみだい-まち　熊本県熊本市西区-町
城山大塘　じょうざんおおども　熊本県熊本市西区-
城山新田　じょうやましんでん　新潟県南魚沼市-
城川内　じょうかわうち　鹿児島県出水郡長島町-
城川町下相　しろかわちょうおりあい　愛媛県西予市-
城川町男河内　しろかわちょうおんがわち　愛媛県西予市-
城川町魚成　しろかわちょううおなし　愛媛県西予市-
城川町遊子谷　しろかわちょうゆすたに　愛媛県西予市-
城川原　じょうがわら　富山県富山市-
城中　じょうちゅう
　じょうちゅう-ちょう　茨城県牛久市-町
　じょうちゅう　茨城県つくばみらい市-
城之内　じょうのうち・しろのうち
　じょうのうち　茨城県東茨城郡茨城町-
　しろのうち　群馬県邑楽郡大泉町-
城之丘　じょうのおか　新潟県長岡市-
城之古　たてのこし　新潟県十日町市-
城之堀　じょうのほり　広島県安芸郡熊野町-
城之崎　きのさき　静岡県磐田市-
城之越　しろのこし
　しろのこし-ちょう　愛知県津島市-町

9画（城）

城之腰　じょうのこし　静岡県焼津市-
城井　じょうい　大分県宇佐市-
城内通　しろのうちどおり　兵庫県神戸市灘区-
城戸ノ内　きどのうち
　きどのうち-ちょう　福井県福井市-町
城丘　しろおか　北海道檜山郡厚沢部町-
城北　じょうほく・しろきた
　じょうほく-ちょう　宮城県白石市-町
　じょうほく-まち　山形県山形市-町
　じょうほく　山形県米沢市-
　じょうほく-まち　山形県鶴岡市-町
　じょうほく-まち　福島県会津若松市-町
　じょうほく-まち　茨城県土浦市-町
　じょうほく　栃木県小山市-
　じょうほく-ちょう　新潟県新発田市-町
　じょうほく-まち　富山県富山市-町
　じょうほく-まち　富山県高岡市-町
　じょうほく-まち　石川県小松市-町
　じょうほく　静岡県静岡市葵区-
　じょうほく　静岡県浜松市中区-
　じょうほく-ちょう　静岡県富士宮市-町
　じょうほく　静岡県掛川市-
　じょうほく-ちょう　愛知県名古屋市西区-町
　じょうほく-ちょう　愛知県岡崎市-町
　じょうほく　愛知県新城市-
　しろきた-ちょう　三重県四日市市-町
　じょうほく-ちょう　大阪府高槻市-町
　じょうほく-ちょう　奈良県大和郡山市-町
　じょうほく-まち　島根県隠岐郡隠岐の島町-町
　じょうほく-ちょう　高知県高知市-
城平　じょうひら　熊本県上益城郡山都町-
城生　じょう　宮城県加美郡加美町-
城田　じょうでん　岡山県美作市-
城田寺　きだいじ　岐阜県岐阜市-
城辺友利　ぐすくべともり　沖縄県宮古島市-
城辺甲　じょうへんこう　愛媛県南宇和郡愛南町-
城辺砂川　ぐすくべうるか　沖縄県宮古島市-
城辺新城　ぐすくべあらぐすく　沖縄県宮古島市-
城西　じょうさい・じょうせい・しろにし
　じょうせい　青森県青森市-
　じょうせい-ちょう　岩手県盛岡市-町
　しろにし-まち　秋田県横手市-町
　しろにし-ちょう　秋田県大館市-町
　しろにし-まち　山形県山形市-町
　じょうせい　山形県米沢市-
　しろにし-まち　山形県新庄市-町
　じょうさい-まち　福島県会津若松市-町
　じょうさい-ちょう　群馬県太田市-町
　じょうせい　埼玉県行田市-
　じょうせい　長野県松本市-
　しろにし　静岡県掛川市-
　じょうさい　愛知県名古屋市西区-
　しろにし-ちょう　愛知県名古屋市西区-町
　しろにし-ちょう　三重県四日市市-町
　じょうさい-ちょう　大阪府高槻市-町
　じょうさい-ちょう　兵庫県赤穂市-町
　じょうせい-ちょう　香川県丸亀市-町
　じょうせい　福岡県福岡市早良区-
　じょうせい-く　大分県佐伯市-区
　じょうせい　鹿児島県鹿児島市-
城西ケ丘　じょうせいがおか　福岡県宗像市-

城西中の丁　じょうせいなかのちょう　長崎県島原市-
城岡　じょうおか　新潟県長岡市-
城所　きどころ・じょうしょ
　きどころ　神奈川県平塚市-
　じょうしょ　新潟県新潟市江南区-
城東　じょうとう・しろひがし
　じょうとう　青森県弘前市-
　じょうとう　宮城県伊具郡丸森町-
　じょうとう-まち　福島県会津若松市-町
　じょうとう　茨城県水戸市-
　じょうとう　栃木県宇都宮市-
　じょうとう　栃木県小山市-
　じょうとう　栃木県那須烏山市-
　じょうとう-まち　群馬県前橋市-町
　じょうとう　新潟県柏崎市-
　じょうとう　富山県高岡市-
　じょうとう　福井県福井市-
　じょうとう　山梨県甲府市-
　じょうとう　長野県松本市-
　じょうとう-ちょう　静岡県静岡市葵区-町
　じょうとう-ちょう　愛知県名古屋市北区-町
　しろひがし-まち　三重県四日市市-町
　じょうとう-く　大阪府大阪市-区
　じょうとう-ちょう　大阪府高槻市-町
　じょうとう-まち　兵庫県姫路市-町
　じょうとう-ちょう　徳島県徳島市-町
　じょうとう-ちょう　香川県高松市-町
　じょうとう-ちょう　香川県丸亀市-町
　じょうとう-まち　熊本県熊本市中央区-町
　じょうとう-まち　大分県大分市-町
　じょうとう-まち　大分県佐伯市-町
城若　じょうわか
　じょうわか-まち　富山県富山市-町
城前　じょうぜん・しろまえ
　しろまえ　福島県会津若松市-
　しろまえ-ちょう　岐阜県岐阜市-町
　しろまえ-ちょう　愛知県尾張旭市-町
　じょうぜん　大分県豊後高田市-
　しろまえ-ちょう　沖縄県沖縄市-町
城前町茅池　しろまえちょうちがいけ　愛知県尾張
　旭市-
城南　じょうなん・しろみなみ
　じょうなん　青森県弘前市-
　じょうなん　宮城県白石市-
　じょうなん　宮城県多賀城市-
　しろみなみ-まち　秋田県横手市-町
　じょうなん-まち　山形県山形市-町
　じょうなん　山形県米沢市-
　じょうなん-まち　山形県鶴岡市-町
　じょうなん-まち　山形県新庄市-町
　じょうなん-まち　福島県会津若松市-町
　しろみなみ　福島県耶麻郡猪苗代町-
　じょうなん　茨城県水戸市-
　じょうなん-ちょう　茨城県日立市-町
　じょうなん-まち　茨城県結城市-町
　じょうなん　栃木県宇都宮市-
　じょうなん　埼玉県さいたま市岩槻区-
　じょうなん　埼玉県行田市-
　じょうなん　神奈川県藤沢市-
　じょうなん　石川県金沢市-
　じょうなん-まち　石川県小松市-町
　じょうなん　長野県諏訪市-

233

9画（垳，垰，奏，姶，姥，室，屋）

じょうなん　静岡県藤枝市-
じょうなん-ちょう　愛知県名古屋市守山区-町
じょうなん-ちょう　愛知県岡崎市-町
じょうなん-ちょう　愛知県安城市-町
じょうなん　大阪府池田市-
じょうなん-ちょう　大阪府高槻市-町
じょうなん-ちょう　兵庫県豊岡市-町
じょうなん-ちょう　奈良県大和郡山市-町
じょうなん-ちょう　徳島県徳島市-町
じょうなん-ちょう　香川県丸亀市-町
じょうなん-く　福岡県福岡市-区
じょうなん-まち　福岡県久留米市-町
じょうなん-まち　福岡県柳川市-町
じょうなん-まち　大分県佐伯市-町
じょうなん-ちょう　鹿児島県鹿児島市-町

城南町丹生宮　じょうなんまちにうのみや　熊本県熊本市南区-
城南町出水　じょうなんまちいずみ　熊本県熊本市南区-
城南町陳内　じょうなんまちじんない　熊本県熊本市南区-
城南町隈庄　じょうなんまちくまのしょう　熊本県熊本市南区-
城南町舞原　じょうなんまちまいのはら　熊本県熊本市南区-
城南町築地　じょうなんまちついじ　熊本県熊本市南区-
城垣　しろがき
しろがき-ちょう　大阪府門真市-町
城屋　じょうや　京都府舞鶴市-
城屋敷　しろやしき
しろやしき-ちょう　愛知県名古屋市中村区-町
しろやしき-ちょう　愛知県瀬戸市-町
しろやしき　愛知県長久手市-
しろやしき　愛知県丹羽郡大口町-
城廻　しろまわり・しろめぐり
しろめぐり　神奈川県鎌倉市-
しろまわり　愛媛県喜多郡内子町-
城栄　じょうえい
じょうえい-まち　長崎県長崎市-町
城原　きばる・じょうはる・じょうばる
じょうはら　熊本県上益城郡山都町-
じょうはる　大分県大分市-
きばる　大分県竹田市-
城島　きじま　大分県別府市-
城島町大依　じょうじままちおおより　福岡県久留米市-
城島町六町原　じょうじままちろくちょうばる　福岡県久留米市-
城通　じょうどおり
じょうどおり-ちょう　京都府京都市伏見区-町
城崎　しろさき
しろさき-ちょう　愛知県西尾市-町
しろさき-まち　大分県大分市-町
城崎町上山　きのさきちょううやま　兵庫県豊岡市-
城崎町楽々浦　きのさきちょうささうら　兵庫県豊岡市-
城崎通　しろさきどおり　愛知県一宮市-
城望　じょうぼう
じょうぼう-ちょう　岐阜県岐阜市-町
城野　じょうの　福岡県北九州市小倉南区-

城塚　じょうつか・じょうづか
じょうつか　新潟県柏崎市-
じょうづか-まち　熊本県宇土市-町
城間　ぐすくま・じょうま
じょうま-ちょう　長崎県佐世保市-町
ぐすくま　沖縄県浦添市-
城隅　じょうぐう
じょうぐう-まち　福岡県柳川市-町
城新　じょうしん
じょうしん-まち　富山県富山市-町
城新田　じょうしんでん　福井県あわら市-
城殿　きどの
きどの-ちょう　奈良県橿原市-町
城腰　じょうのこし　新潟県佐渡市-
城端　じょうはな　富山県南砺市-
城輪　きのわ　山形県酒田市-

垳

垳　がけ　埼玉県八潮市-

垰

垰　たお　山口県周南市-

奏

奏の杜　かなでのもり　千葉県習志野市-

姶

姶良　あいら
あいら-し　鹿児島県-市
あいら-ぐん　鹿児島県-郡

姥

姥萢　うばやち　青森県五所川原市-

室

室牛　むろじ　京都府舞鶴市-
室本　むろほん・むろもと
むろほん-まち　岐阜県大垣市-町
むろもと-ちょう　香川県観音寺市-町
室生田口元角川　むろうたぐちもとつのがわ　奈良県宇陀市-
室生向渕　むろうむこうぢ　奈良県宇陀市-
室生砥取　むろうととり　奈良県宇陀市-
室積神田　むろづみじんでん　山口県光市-

屋

屋入　やにゅう　鹿児島県大島郡龍郷町-
屋子母　やこも　鹿児島県大島郡知名町-
屋形原　やかたばら・やかたばる
やかたばら-まち　群馬県沼田市-町
やかたばる　福岡県福岡市南区-
やかたばる　福岡県朝倉市-
屋宜原　やぎばる
やぎばる　沖縄県中頭郡北中城村-
やぎばる　沖縄県島尻郡八重瀬町-
屋波牧　やなみまき　富山県小矢部市-
屋堂羅　やどら　鳥取県八頭郡若桜町-
屋鈍　やどん　鹿児島県大島郡宇検村-

9画（昼,峠,巻,度,廻,建,彦,後）

昼

昼飯　ひるい
　　ひるい-ちょう　岐阜県大垣市-町

峠

峠ノ越　とうのこえ　高知県吾川郡仁淀川町-
峠下　とうげした・とうげしも
　　とうげした　北海道亀田郡七飯町-
　　とうげした　北海道檜山郡厚沢部町-
　　とうげした　北海道虻田郡倶知安町-
　　とうげしも　宮城県伊具郡丸森町-

巻

巻東　まきあずま
　　まきあずま-ちょう　新潟県新潟市西蒲区-町

度

度会　わたらい
　　わたらい-ぐん　三重県-郡
　　わたらい-ちょう　三重県度会郡-町
度島　たくしま
　　たくしま-ちょう　長崎県平戸市-町

廻

廻戸　はさまど　茨城県稲敷郡阿見町-
廻田　めぐりた
　　めぐりた-ちょう　東京都東村山市-町
廻神　めぐりかみ
　　めぐりかみ-まち　広島県三次市-町
廻倉　まわりぐら　宮城県伊具郡丸森町-
廻栖野　めぐすの　大分県大分市-
廻渕　まわりぶち　兵庫県加東市-
廻堰　まわりぜき　青森県北津軽郡鶴田町-
廻間　はざま・はざま
　　はざま-ちょう　愛知県春日井市-町
　　はざま　愛知県清須市-
　　はざま　愛知県知多郡武豊町-
廻舘　まわりだて　宮城県気仙沼市-
廻館　まわたて・まわりたて
　　まわりたて　宮城県刈田郡七ケ宿町-
　　まわたて　山形県東田川郡庄内町-

建

建花寺　けんげいじ　福岡県飯塚市-
建屋　たきのや　兵庫県養父市-
建部町下神目　たけべちょうしもこうめ　岡山県岡山市北区-
建部町土師方　たけべちょうはじかた　岡山県岡山市北区-
建部町角石畝　たけべちょうついしうね　岡山県岡山市北区-
建部町豊楽寺　たけべちょうぶらくじ　岡山県岡山市北区-
建部町鶴田　たけべちょうたづた　岡山県岡山市北区-
建穂　たきょう　静岡県静岡市葵区-

彦

彦三　ひこそ
　　ひこそ-まち　石川県金沢市-町
彦島弟子待　ひこしまでしまつ
　　ひこしまでしまつ-ちょう　山口県下関市-町

彦島角倉　ひこしますまくら
　　ひこしますまくら-ちょう　山口県下関市-町
彦島海士郷　ひこしまあまのごう
　　ひこしまあまのごう-ちょう　山口県下関市-町
彦徳　けんどく　福岡県京都郡みやこ町-

後

後　うしろ
　　うしろ　岩手県滝沢市-
　　うしろ-まち　秋田県由利本荘市-町
後九条　うしろくじょう　宮城県気仙沼市-
後三条　ごさんじょう
　　ごさんじょう-ちょう　滋賀県彦根市-町
後久保　うしろくぼ　青森県上北郡東北町-
後大工　うしろだいく
　　うしろだいく-まち　青森県黒石市-町
後山　うしろやま
　　うしろやま　福井県あわら市-
　　うしろやま-ちょう　三重県松阪市-町
　　うしろやま　岡山県美作市-
　　うしろやま-まち　広島県三次市-町
　　うしろやま　香川県仲多度郡まんのう町-
後川内　うしろかわち・うしろがわち
　　うしろがわち　佐賀県唐津市-
　　うしろがわち　宮崎県西諸県郡高原町-
後川原　うしろかわら　青森県上北郡七戸町-
後川奥　しつかわおく　兵庫県篠山市-
後台　ごだい
　　ごだい　茨城県ひたちなか市-
　　ごだい　茨城県那珂市-
後平　うしろたいら・うしろだいら
　　うしろたいら　青森県上北郡七戸町-
　　うしろだいら　長野県小諸市-
後田　うしろだ・しれだ
　　うしろだ　青森県上北郡おいらせ町-
　　うしろだ-まち　福島県いわき市-町
　　うしろだ　福島県伊達郡川俣町-
　　うしろだ　愛知県知多郡武豊町-
　　しれだ　和歌山県紀の川市-
　　うしろだ　島根県鹿足郡津和野町-
　　うしろだ-ちょう　山口県下関市-町
　　うしろだ　鹿児島県肝属郡肝付町-
後疋間　うしろひきま
　　うしろひきま-まち　群馬県高崎市-町
後地　うしろじ
　　うしろじ-ちょう　島根県江津市-町
後有田　うしろありだ　広島県山県郡北広島町-
後江　ひつえ
　　ひつえ-ちょう　愛知県愛西市-町
後別当　ごべっとう　高知県高岡郡檮原町-
後尾　うしろお　新潟県佐渡市-
後谷　うしろだに・うしろや
　　うしろや　埼玉県三郷市-
　　うしろだに　新潟県上越市-
　　うしろだに　富山県小矢部市-
　　うしろだに　滋賀県犬上郡多賀町-
　　うしろだに　岡山県真庭市-
後谷地　うしろやち　秋田県能代市-
後谷畝　うしろだにうね　岡山県真庭市-

235

9画（思, 怒, 指, 持, 拾, 政, 春）

後免　ごめん
　ごめん-まち　高知県南国市-町
後河原　うしろがわら　山口県山口市-
後屋　うしろや
　うしろや-ちょう　山梨県甲府市-町
後屋敷　うしろやしき　宮城県伊具郡丸森町-
後畑　うしろばた　愛知県知多郡武豊町-
後草　うしろぐさ　千葉県旭市-
後飛保町両家　うしろひぼちょうりょうけ　愛知県江
　南市-
後原　こしはら　沖縄県島尻郡八重瀬町-
後畠　うしろばたけ
　うしろばたけ-まち　石川県七尾市-町
後庵　ごあん　福島県伊達郡川俣町-
後萢　うしろやち　青森県青森市-
後郷　うらごう　栃木県芳賀郡茂木町-
後野　うしろの・のちの
　うしろの　茨城県ひたちなか市-
　のちの　福井県大野市-
　うしろの　京都府与謝郡与謝野町-
　うしろの-ちょう　島根県浜田市-
　うしろの　福岡県筑紫郡那珂川町-
後野上　うしろのがみ　大分県玖珠郡九重町-
後須田　うらすだ　新潟県加茂市-
後飯　ごはん
　ごはん-ちょう　千葉県銚子市-町
後飯島　うしろいいたに　広島県大竹市-
後榛沢　うしろはんざわ　埼玉県深谷市-
後静　しりしず
　しりしず　北海道厚岸郡浜中町-
　しりしず-むら　北海道厚岸郡浜中町-村
後潟　うしろがた　青森県青森市-
後瀬　のちせ
　のちせ-ちょう　福井県小浜市-町

思

思井　おもい　千葉県流山市-
思勝　おんがち　鹿児島県大島郡大和村-

怒

怒田　ぬた・ぬだ
　ぬだ　千葉県君津市-
　ぬた　神奈川県南足柄市-
　ぬた　高知県長岡郡大豊町-
怒田沢　ぬたざわ
　ぬたざわ　千葉県君津市-
　ぬたざわ-ちょう　愛知県豊田市-町

指

指ケ浜　さしのはま　宮城県牡鹿郡女川町-
指中　ゆびなか　福井県あわら市-
指合　さしあわせ　新潟県村上市-
指江　さしえ・さすえ
　さしえ　石川県かほく市-
　さすえ　鹿児島県出水郡長島町-
指扇　さしおうぎ　埼玉県さいたま市西区-
指宿　いぶすき
　いぶすき-し　鹿児島県-市
指崎　さっさき　富山県氷見市-
指塩　さしお　新潟県糸魚川市-

持

持子沢　もっこざわ　青森県五所川原市-
持中　もっちゅう
　もっちゅう-ちょう　愛知県愛西市-町
持田　もちだ・もった
　もちだ　埼玉県行田市-
　もちだ　福井県三方上中郡若狭町-
　もった　奈良県御所市-
　もちだ-まち　愛媛県松山市-町
　もちだ　宮崎県児湯郡高鍋町-

拾

拾石　ひろいし
　ひろいし-ちょう　愛知県蒲郡市-町

政

政所　まどころ・まんどころ
　まんどころ　山形県酒田市-
　まんどころ　群馬県利根郡みなかみ町-
　まんどころ-ちょう　滋賀県東近江市-町
　まんどころ　広島県山県郡北広島町-
　まどころ　山口県周南市-
　まどころ　大分県大分市-

春

春日　かすが・はるひ
　かすが　北海道恵庭市-【ほか107ヶ所】
　はるひ-まち　富山県砺波市-町
春日八幡　はるひはちまん　愛知県清須市-
春日下河原　はるひしもがわら　愛知県清須市-
春日上河原　はるひかみがわら　愛知県清須市-
春日大河戸　はるひたいこうど　愛知県清須市-
春日小松生　はるひこまつばえ　愛知県清須市-
春日中河原　はるひなかがわら　愛知県清須市-
春日午　はるひうま　愛知県清須市-
春日向河原　はるひむこうがわら　愛知県清須市-
春日寺　かすがんじ　愛知県小牧市-
春日杁前　はるひいりまえ　愛知県清須市-
春日江　かすがえ　兵庫県篠山市-
春日江先　はるひえさき　愛知県清須市-
春日町上三井庄　かすがちょうかみみのしょう　兵庫
　県丹波市-
春日町牛河内　かすがちょううしがわち　兵庫県丹
　波市-
春日町柚津　かすがちょうゆづ　兵庫県丹波市-
春日町栢野　かすがちょうかやの　兵庫県丹波市-
春日町野上野　かすがちょうのこの　兵庫県丹波市-
春日町鹿場　かすがちょうかんば　兵庫県丹波市-
春日町歌道谷　かすがちょううとうだに　兵庫県丹
　波市-
春日定ノ割　はるひじょうのわり　愛知県清須市-
春日居町鎮目　かすがいちょうしずめ　山梨県笛吹市-
春日明河原　はるひあけがわら　愛知県清須市-
春日河原　はるひかわら　愛知県清須市-
春日県　はるひあがた　愛知県清須市-
春日砂賀東　はるひすかひがし　愛知県清須市-
春日原東　はるがばるひがし
　かすがばるひがし-まち　福岡県春日市-町
春日野　かすがの
　かすがの　新潟県上越市-

9画（昭, 星, 栄, 柿）

　かすがの-ちょう　福井県越前市-町
　かすがの-ちょう　愛知県名古屋市南区-町
　かすがの　大阪府枚方市-
　かすがの-ちょう　兵庫県高砂市-町
　かすがの-ちょう　奈良県奈良市-町
春日野田　はるひのだ
　はるひのだ-まち　愛知県清須市-町
春日新田　かすがしんでん・はるひしんでん
　かすがしんでん　新潟県上越市-
　はるひしんでん　愛知県清須市-
春日樋　はるひとい　愛知県清須市-
春木大小路　はるきおおしょうじ
　はるきおおしょうじ-ちょう　大阪府岸和田市-町
春田　しゅんだ・はるた・はるだ
　はるだ　福島県田村郡三春町-
　はるた　愛知県名古屋市中川区-
　しゅんだ-ちょう　広島県庄原市-町
春江町千歩寺　はるえちょうせんぼうじ　福井県坂井市-
春江町中庄　はるえちょうなかのしょう　福井県坂井市-
春江町井向　はるえちょういのむかい　福井県坂井市-
春江町正善　はるえちょうしょうぜん　福井県坂井市-
春江町西長田　はるえちょうにしながた　福井県坂井市-
春江町針原　はるえちょうはりばら　福井県坂井市-
春明　しゅんめい　愛知県一宮市-
春哉　はるかな　兵庫県佐用郡佐用町-
春海　はるみ　千葉県匝瑳市-
春原　はるはら
　はるはら-ちょう　宮崎県日向市-町
春採　はるとり　北海道釧路市-
春野町田河内　はるのちょうたごうち　静岡県浜松市天竜区-
春野町気田　はるのちょうけた　静岡県浜松市天竜区-
春野町芳原　はるのちょうよしはら　高知県高知市-
春野町砂川　はるのちょういさがわ　静岡県浜松市天竜区-
春野町筏戸大上　はるのちょういかんどおおかみ　静岡県浜松市天竜区-
春湖台　しゅんこだい　北海道釧路市-
春照　すいじょう　滋賀県米原市-
春遠　はるどお　高知県幡多郡大月町-
春敲　しゅんこう
　しゅんこう-ちょう　愛知県名古屋市瑞穂区-町

昭

昭和豊川槻木　しょうわとよかわつきのき　秋田県潟上市-
昭島　あきしま
　あきしま-し　東京都-市
昭野　あきの　北海道網走郡美幌町-

星

星谷　ほしたに・ほしや
　ほしや　千葉県大網白里市-
　ほしたに　徳島県勝浦郡勝浦町-

栄

栄　えい・さかえ
　さかえ　北海道網走市-【ほか268ヶ所】

　えい-まち　鳥取県境港市-町
栄生　えいせい・さこ・さこう
　さこう　愛知県名古屋市西区-
　さこ-ちょう　愛知県名古屋市中村区-町
　えいせい-ちょう　愛知県豊田市-町
栄田　えいだ・さかえだ
　さかえだ　秋田県湯沢市-
　さかえだ　鳥取県西伯郡大山町-
　さかえだ-ちょう　高知県高知市-町
　さかえだ　福岡県三井郡大刀洗町-
　えいだ-まち　長崎県諫早市-町
栄和　えいわ・さかわ
　えいわ　北海道枝幸郡浜頓別町-
　さかわ　埼玉県さいたま市桜区-
　えいわ-ちょう　大阪府大東市-町
　えいわ-ちょう　奈良県橿原市-町
栄枝　さかえ・さかえだ
　さかえだ-ちょう　岐阜県岐阜市-町
　さかえ　兵庫県加東市-
栄扇　えいせん
　えいせん-ちょう　岐阜県岐阜市-町
栄根　さかね　兵庫県川西市-
栄盛川　えいせいがわ
　えいせいがわ-まち　福岡県北九州市若松区-町
栄野比　えのび　沖縄県うるま市-
栄富　えいとみ　福島県南会津郡下郷町-
栄穂　えいほ　北海道十勝郡浦幌町-

柿

柿木　かきき・かきのき
　かきき　岩手県岩手郡雫石町-
　かきのき-ちょう　埼玉県草加市-町
　かきのき　新潟県三島郡出雲崎町-
　かきのき-ちょう　岡山県高梁市-町
柿木村椛谷　かきのきむらかばたに　島根県鹿足郡吉賀町-
柿平　かきだいら
　かきだいら-ちょう　栃木県佐野市-町
柿本　かきのもと・かきもと
　かきもと-ちょう　愛知県豊田市-町
　かきもと-ちょう　京都府京都市中京区-町
　かきもと-ちょう　京都府京都市下京区-町
　かきのもと　奈良県葛城市-
柿生　かきお　石川県鳳珠郡能登町-
柿谷　かきだに・かきなや
　かきなや　富山県氷見市-
　かきだに-ちょう　福井県福井市-町
　かきだに　鳥取県東伯郡三朝町-
　かきだに　島根県安来市-
柿原　かきはら・かきばら・かきばる
　かきはら　福井県あわら市-
　かきはら　三重県南牟婁郡御浜町-
　かきはら　鳥取県八頭郡八頭町-
　かきはら　鳥取県日野郡江府町-
　かきはら　愛媛県宇和島市-
　かきばる　福岡県朝倉市-
柿崎区竹鼻　かきざきくたけはな　新潟県上越市-
柿崎区芋島　かきざきくいものしま　新潟県上越市-
柿崎区角取　かきざきくつのどり　新潟県上越市-
柿崎区直海浜　かきざきくのうみはま　新潟県上越市-

9画（柑, 柵, 柴, 栂, 柘, 栃, 柏, 柊）

柿崎区城腰　かきざきくじょうのこし　新潟県上越市-
柿崎区荻谷　かきざきくおぎのたに　新潟県上越-

柑

柑子　こうじ
　　こうじ-まち　石川県七尾市-町
　　こうじ-ちょう　愛知県豊川市-町
柑子袋　こうじぶくろ　滋賀県湖南市-

柵

柵口　ませぐち　新潟県糸魚川市-
柵原　やなはら　岡山県久米郡美咲町-

柴

柴木　しばき・しわぎ
　　しばき　石川県白山市-
　　しばき-まち　石川県白山市-町
　　しわぎ　広島県山県郡安芸太田町-
柴生　しぼう
　　しぼう-ちょう　愛媛県四国中央市-町
柴怒田　しばんた　静岡県御殿場市-
柴原　しばはら・しばら
　　しばはら　福島県田村郡三春町-
　　しばはら　千葉県山武市-
　　しばはら-ちょう　大阪府豊中市-町
　　しばら　岡山県真庭市-
柴島　くにじま　大阪府大阪市東淀川区-

栂

栂　とが　大阪府堺市南区-
栂野　とがの
　　とがの-ちょう　福井県福井市-町

柘

柘植　つげ
　　つげ-まち　三重県伊賀市-町
柘榴　ざくろ　京都府相楽郡精華町-

栃

栃木竈　とちのきがま　三重県度会郡南伊勢町-
栃谷　とちだに・とちや
　　とちや　埼玉県秩父市-
　　とちだに　富山県富山市-
　　とちだに　兵庫県美方郡新温泉町-

柏

柏ケ洞　かしがほら
　　かしがほら-ちょう　愛知県豊田市-町
柏の森　かやのもり　福岡県飯塚市-
柏子所　かしこどころ　秋田県能代市-
柏木古渡　かしわぎふっと　茨城県稲敷市-
柏田東　かしたひがし
　　かしたひがし-まち　大阪府東大阪市-町
柏合　かしあい　埼玉県深谷市-
柏尾　かしお・かしわお
　　かしお-ちょう　神奈川県横浜市戸塚区-町
　　かしお　新潟県村上市-
　　かしわお　岐阜県養老郡養老町-
　　かしお　静岡県静岡市清水区-
　　かしお　三重県伊賀市-
　　かしお　兵庫県神崎郡神河町-

柏村　かしむら
　　かしむら-ちょう　大阪府八尾市-町
柏谷　かしや　静岡県田方郡函南町-
柏谷沢　かしやざわ　山形県酒田市-
柏原　かしはら・かしばら・かしわばら・かしわばる・かしわら・かせばら
　　かしわばら　北海道苫小牧市-
　　かしわばら-ちょう　青森県五所川原市-町
　　かしわばら　秋田県雄勝郡羽後町-
　　かしわばら　山形県東根市-
　　かしわばら　茨城県石岡市-
　　かしわばら-ちょう　茨城県石岡市-町
　　かしわばら　埼玉県狭山市-
　　かしわばら　千葉県市原市-
　　かしわばら　長野県上水内郡信濃町-
　　かしわばら　静岡県富士市-
　　かしはら-ちょう　愛知県春日井市-町
　　かしわばら-ちょう　愛知県蒲郡市-町
　　かしわばら　滋賀県米原市-
　　かしわら-し　大阪府-市
　　かしはら　大阪府豊能郡能勢町-
　　かしはら　兵庫県川辺郡猪名川町-
　　かしはら　奈良県御所市-
　　かせばら　和歌山県橋本市-
　　かしばら-ちょう　島根県益田市-町
　　かしわら　福岡県福岡市南区-
　　かしわばる　宮崎県宮崎市-
　　かしわばる　鹿児島県薩摩郡さつま町-
柏原町大新屋　かいばらちょうおおにや　兵庫県丹波市-
柏原町母坪　かいばらちょうほつぼ　兵庫県丹波市-
柏原町挙田　かいばらちょうあぐた　兵庫県丹波市-
柏堂　かやんどう
　　かやんどう-ちょう　兵庫県西宮市-町
柏崎　かしざき・かしわざき
　　かしわざき　青森県八戸市-
　　かしざき　岩手県久慈市-
　　かしざき　宮城県気仙沼市-
　　かしわざき　福島県相馬市-
　　かしわざき　福島県伊達郡川俣町-
　　かしわざき　茨城県かすみがうら市-
　　かしわざき　埼玉県さいたま市岩槻区-
　　かしわざき　埼玉県東松山市-
　　かしわざき-し　新潟県-市
　　かしわざき　愛媛県南宇和郡愛南町-
　　かしわざき　佐賀県唐津市-
柏梨田　かしうだ　兵庫県川辺郡猪名川町-
柏葉　かしわば・はくよう
　　はくよう　北海道河東郡士幌町-
　　かしわば　神奈川県横浜市中区-
柏陽　はくよう
　　はくよう-ちょう　北海道北見市-町
　　はくよう　北海道千歳市-
　　はくよう-ちょう　北海道恵庭市-町
　　はくよう　神奈川県横浜市栄区-

柊

柊　ひいらぎ
　　ひいらぎ-ちょう　愛知県半田市-町
　　ひいらぎ-ちょう　京都府京都市中京区-町

柊山 ひいらぎやま
　ひいらぎやま-ちょう　愛知県大府市-町
柊原 くぬぎばる　鹿児島県垂水市-
柊野 くきの　鹿児島県薩摩郡さつま町-

柄

柄杓田 ひしゃくだ
　ひしゃくだ　福岡県北九州市門司区-
　ひしゃくだ-まち　福岡県北九州市門司区-町

柳

柳八幡 やなぎはちまん
　やなぎはちまん-ちょう　京都府京都市中京区-町
柳久瀬 やなくせ　山形県鶴岡市-
柳井原 やないばる　熊本県上益城郡山都町-
柳戸 やなぎと・やなぎど・やなど
　やなぎど-ちょう　埼玉県鶴ケ島市-町
　やなど　千葉県柏市-
　やなぎと　岐阜県岐阜市-
　やなぎど-ちょう　愛知県一宮市-町
柳水 りゅうすい
　りゅうすい-ちょう　京都府京都市中京区-町
柳水流 やなぎずる　宮崎県えびの市-
柳古新田 りゅうこしんでん　新潟県南魚沼市-
柳生 やぎゅう・やなぎう
　やなぎう　宮城県仙台市太白区-
　やぎゅう　秋田県由利本荘市-
　やぎゅう　埼玉県加須市-
　やぎゅう-ちょう　岐阜県岐阜市-町
　やぎゅう-ちょう　愛知県豊橋市-町
　やぎゅう-ちょう　奈良県奈良市-町
柳田 やないだ・やなぎた・やなぎだ
　やなぎだ　青森県西津軽郡深浦町-
　やなぎだ　宮城県伊具郡丸森町-
　やなぎだ　秋田県秋田市-
　やなぎだ　秋田県横手市-
　やなぎだ　秋田県湯沢市-
　やなぎだ　山形県鶴岡市-
　やなぎた-まち　栃木県宇都宮市-町
　やなぎだ-まち　埼玉県秩父市-町
　やなぎだ-ちょう　新潟県柏崎市-町
　やないだ　富山県氷見市-
　やないだ-まち　石川県羽咋市-町
　やなぎだ　石川県鳳珠郡能登町-
　やなぎだ-ちょう　愛知県名古屋市中川区-町
　やなぎだ-ちょう　大阪府門真市-町
　やなぎだ-ちょう　奈良県御所市-町
　やなぎだ-まち　長崎県長崎市-町
柳図子 やなぎのずし
　やなぎのずし-ちょう　京都府京都市上京区-町
柳沢 やぎさわ・やなぎさわ・やなぎざわ・やなざわ
　やなぎさわ　北海道北斗市-
　やなぎざわ　青森県上北郡東北町-
　やなぎさわ　岩手県滝沢市-
　やなぎさわ　岩手県和賀郡西和賀町-
　やなぎさわ　宮城県気仙沼市-
　やなぎさわ　宮城県加美郡加美町-
　やなぎさわ　山形県東村山郡中山町-
　やなぎさわ　茨城県ひたちなか市-
　やなぎさわ　千葉県野田市-
　やぎさわ　東京都西東京市-

やなぎさわ　新潟県三条市-
やなぎさわ　新潟県佐渡市-
やなぎさわ　富山県黒部市-
やなぎさわ　長野県中野市-
やなぎさわ　長野県諏訪郡原村-
やなざわ-ちょう　岐阜県岐阜市-町
やなぎさわ　静岡県沼津市-
やなぎさわ　兵庫県淡路市-
やなぎさわ　愛媛県大洲市-
やなざわ-まち　宮崎県延岡市-町
柳谷 やないだに・やなぎたに・やなぎだに
やなぎたに　兵庫県川西市-
やないだに-まち　愛媛県松山市-町
やなぎだに-まち　長崎県長崎市-町
柳河 やなかわ
やなかわ-ちょう　茨城県水戸市-町
柳河内 やなごうち　福岡県福岡市南区-
柳城 やなしろ　千葉県君津市-
柳津 やないづ
やないづ-まち　福島県河沼郡-町
やないづ　福島県河沼郡柳津町-
やないづ-ちょう　広島県福山市-町
柳津町佐波 やないづちょうさば　岐阜県岐阜市-
柳原 やぎわら・やなぎはら・やなぎわら・やなばら
やなぎはら　岩手県北上市-町
やなぎはら　岩手県滝沢市-
やなぎわら-まち　福島県会津若松市-町
やなぎはら　福島県喜多方市-
やぎわら　茨城県下妻市-
やなぎわら-ちょう　栃木県足利市-町
やなぎはら-まち　栃木県栃木市-町
やなぎはら-ちょう　群馬県伊勢崎市-町
やなぎはら　千葉県市原市-
やなばら　千葉県夷隅郡大多喜町-
やなぎはら　東京都足立区-
やなぎはら　新潟県新潟市北区-
やなぎはら-まち　新潟県長岡市-町
やなぎはら　新潟県魚沼市-
やなぎはら　富山県滑川市-
やなぎはら　富山県小矢部市-
やなぎはら-まち　石川県白山市-町
やなぎはら　長野県長野市-
やなぎはら-ちょう　岐阜県羽島郡笠松町-町
やなぎはら　静岡県静岡市葵区-
やなぎはら　愛知県名古屋市北区-
やなぎはら-ちょう　愛知県津島市-町
やなぎはら　三重県桑名市-
やなぎはら-ちょう　三重県名張市-町
やなぎはら　三重県多気郡大台町-
やなぎはら　奈良県御所市-
やなぎはら　愛媛県松山市-
やなぎはら-まち　福岡県北九州市門司区-町
柳島 やなぎしま・やなぎじま・やなじま
やなぎしま-ちょう　埼玉県草加市-町
やなぎしま　神奈川県茅ケ崎市-
やなぎしま　新潟県新潟市中央区-町
やなぎしま　山梨県南巨摩郡南部町-
やなぎしま　静岡県富士市-
やなぎしま　静岡県駿東郡小山町-
やなぎしま-ちょう　愛知県名古屋市中川区-町
やなぎじま-ちょう　徳島県阿南市-町
やなじま　福岡県八女市-

9画（柚, 柞, 段, 海）

柳根　やなね
　やなね-ちょう　埼玉県川口市-町
柳崎　やながさき・やなぎさき・やなぎざき
　やなぎざき-ちょう　北海道檜山郡江差町-町
　やなぎざき　埼玉県川口市-
　やながさき-まち　福岡県北九州市若松区-町
柳森　やなぎもり・やなもり
　やなぎもり-ちょう　岐阜県岐阜市-町
　やなもり-ちょう　愛知県名古屋市中川区-町
柳橋　やぎはし・やなぎばし
　やぎはし　茨城県古河市-
　やぎはし　茨城県つくば市-
　やなぎばし-ちょう　栃木県栃木市-町
　やなぎばし　千葉県大網白里市-
　やなぎばし　東京都台東区-
　やなぎばし　神奈川県大和市-
　やなぎばし-ちょう　新潟県柏崎市-町
　やなぎばし-まち　新潟県見附市-町
　やなぎばし-まち　石川県金沢市-町
　やなぎばし-まち　石川県羽咋市-町
　やなぎばし　福岡県飯塚市-
柳瀬上分　やなのせかみぶん　高知県吾川郡いの町-

柚

柚木　ゆうぎ・ゆぎ・ゆずのき・ゆぬき・ゆのき
　ゆぬき　福島県相馬市-
　ゆぎ-まち　東京都青梅市-町
　ゆのき-まち　石川県金沢市-町
　ゆのき　静岡県静岡市葵区-
　ゆずのき-ちょう　静岡県静岡市葵区-町
　ゆのき　静岡県富士市-
　ゆぎ-ちょう　愛知県愛西市-町
　ゆのき　愛媛県大洲市-
　ゆのき　高知県長岡郡大豊町-
　ゆのき-ちょう　長崎県佐世保市-町
　ゆのき　熊本県上益城郡山都町-
　ゆうぎ-まち　宮崎県延岡市-町
柚木凧　ゆぎおろし　愛知県一宮市-
柚原　ゆのはら
　ゆのはら-ちょう　三重県松阪市-町
柚須原　ゆすばる　福岡県筑紫野市-

柞

柞田　くにた
　くにた-ちょう　香川県観音寺市-町
柞原　くばら・ほそはら
　ほそはら　奈良県吉野郡野迫川村-
　くばら-ちょう　香川県丸亀市-町

段

段下　だんげ・だんした
　だんした　岐阜県関市-
　だんげ-ちょう　兵庫県加西市-町
段山本　だにやまほん
　だにやまほん-まち　熊本県熊本市中央区-町

海

海上　うみがみ・かいしょ
　かいしょ-ちょう　愛知県瀬戸市-町
　うみがみ　兵庫県美方郡新温泉町-

海土路　みどろ
　みどろ-まち　山口県岩国市-町
海士　あま
　あま-まち　石川県輪島市-町
　あまどう　島根県隠岐郡-
　あま　島根県隠岐郡海士町-
海士ケ島新田　あまがしましんでん　新潟県南魚沼市
海士有木　あまありき　千葉県市原市-
海士江　あまがえ
　あまがえ-まち　熊本県八代市-町
海士坂　あまさか　福井県三方上中郡若狭町-
海山　うみやま・かいさん
　うみやま　福井県三方上中郡若狭町-
　かいさん-ちょう　大阪府堺市堺区-町
海山道　みやまど
　みやまど-ちょう　三重県四日市市-町
海川　かいかわ　徳島県那賀郡那賀町-
海内　うみない・みうち
　うみない　青森県上北郡七戸町-
　みうち　兵庫県佐用郡佐用町-
　みうち　岡山県美作市-
海外　かいと
　かいと-ちょう　神奈川県三浦市-町
海本　かいもと
　かいもと-ちょう　三重県亀山市-町
海吉　みよし　岡山県岡山市中区-
海老　えび・かいろう
　かいろう　新潟県十日町市-
　かいろう　岐阜県本巣市-
　えび　愛知県新城市-
海老山　えびやま・かいろうやま
　えびやま-ちょう　愛知県名古屋市天白区-町
　かいろうやま-ちょう　広島県広島市佐伯区-町
海老江　えびえ
　えびえ　茨城県筑西市-
　えびえ　新潟県村上市-
　えびえ　富山県射水市-
　えびえ　富山県中新川郡舟橋村-
　えびえ　愛知県弥富市-
　えびえ　大阪府大阪市福島区-
海老園　かいろうえん　広島県広島市佐伯区-
海沢　うなさわ　東京都西多摩郡奥多摩町-
海谷　かいや　山形県北村山郡大石田町-
海味　かいしゅう　山形県西村山郡西川町-
海松新田　みるしんでん　岐阜県安八郡輪之内町-
海屋　かいおく
　かいおく　愛知県弥富市-
　かいおく-ちょう　愛知県弥富市-町
海津町江東　かいづちょうえひがし　岐阜県海津市-
海津町松木　かいづちょうまつのき　岐阜県海津市-
海津町馬目　かいづちょうまのめ　岐阜県海津市-
海津町鹿野　かいづちょうかの　岐阜県海津市-
海津町福一色　かいづちょうふくいしき　岐阜県海津市-
海原　かいわら　大分県大分市-
海浦　うみのうら　熊本県葦北郡芦北町-
海添　かいぞえ　大分県臼杵市-
海部　あま・かいふ
　あま-ぐん　愛知県-郡
　かいふ-ぐん　徳島県-郡

9画 (洲,浄,泉,浅)

海野 かいの 三重県北牟婁郡紀北町-
海鹿島 あしかじま
　あしかじま-ちょう 千葉県銚子市-町
海渡 うと
　うと-まち 広島県三次市-町
海路 かいじ 熊本県葦北郡芦北町-
海路口 うじぐち
　うじぐち-まち 熊本県熊本市南区-町
海潟 かいがた 鹿児島県垂水市-
海瀬 かいぜ
　かいぜ 長野県南佐久郡佐久穂町-
　かいぜ-ちょう 滋賀県彦根市-町
　かいぜ 鹿児島県いちき串木野市-

洲

洲宮 すのみや 千葉県館山市-
洲島 すのしま 山形県東置賜郡川西町-
洲崎 すさき・すざき・すのさき
　すさき 茨城県潮来市-
　すのさき 千葉県館山市-
　すさき 神奈川県横浜市金沢区-町
　すざき 岡山県岡山市南区-

浄

浄土寺小山 じょうどじこやま
　じょうどじこやま-ちょう 京都府京都市左京区-町
浄谷 きよたに
　きよたに-ちょう 兵庫県小野市-町
浄法寺町八幡舘 じょうぼうじまちはちまんだて 岩手県二戸市-
浄法寺町上野 じょうぼうじまちうわの 岩手県二戸市-
浄法寺町大平 じょうぼうじまちおおだいら 岩手県二戸市-
浄法寺町小平 じょうぼうじまちこだいら 岩手県二戸市-
浄法寺町山内 じょうぼうじまちさんない 岩手県二戸市-
浄法寺町尻平 じょうぼうじまちしっぺい 岩手県二戸市-
浄法寺町安比内 じょうぼうじまちあっぴない 岩手県二戸市-
浄法寺町季ケ平 じょうぼうじまちしもがたいら 岩手県二戸市-
浄法寺町長流部 じょうぼうじまちおさるべ 岩手県二戸市-
浄法寺町門崎 じょうぼうじまちかんざき 岩手県二戸市-
浄法寺町御山上平 じょうぼうじまちおんやまうわだい 岩手県二戸市-
浄法寺町御山上野 じょうぼうじまちおんやまうわの 岩手県二戸市-
浄法寺町焼切 じょうぼうじまちやっきり 岩手県二戸市-
浄法寺町樋口 じょうぼうじまちといぐち 岩手県二戸市-
浄法寺町樋田 じょうぼうじまちといだ 岩手県二戸市-

泉

泉 いずみ・しみず
　いずみ 北海道芦別市-【ほか142ヶ所】
　しみず 福井県敦賀市-
泉井 いずい 埼玉県比企郡鳩山町-
泉北 いずみきた・せんぼく
　いずみきた 秋田県秋田市-
　せんぼく-ぐん 大阪府-郡
泉玉露 いずみたまつゆ 福島県いわき市-
泉尾 いずお 大阪府大阪市大正区-
泉町本谷 いずみまちほんや 福島県いわき市-
泉町椎原 いずみまちしいばる 熊本県八代市-
泉河内 いずみこうち 福岡県嘉麻市-
泉南 いずみみなみ・せんなん
　いずみみなみ 秋田県秋田市-
　せんなん-し 大阪府-市
　せんなん-ぐん 大阪府-郡
泉津 せんづ 東京都大島町-
泉原 いずはら・いずみはら・いずみばら
　いずはら 大阪府茨木市-
　いずみはら-ちょう 奈良県大和郡山市-町
　いずみばら-ちょう 山口県周南市-町
泉涌寺山内 せんにゅうじやまのうち
　せんにゅうじやまのうち-ちょう 京都府京都市東山区-町
泉涌寺門前 せんにゅうじもんぜん
　せんにゅうじもんぜん-ちょう 京都府京都市東山区-町
泉郷 いずみごう・いずみさと
　いずみさと 北海道千歳市-
　いずみごう 山形県東根市-
　いずみごう-まち 岐阜県土岐市-町
泉都 せんと
　せんと-ちょう 山口県山口市-町

浅

浅川清水 あさかわきよみず 長野県長野市-
浅井町河田 あざいちょうこうだ 愛知県一宮市-
浅井町河端 あざいちょうこうばた 愛知県一宮市-
浅内 あさない
　あさない 岩手県下閉伊郡岩泉町-
　あさない 秋田県能代市-
浅水 あさみず・あそうず
　あさみず 青森県三戸郡五戸町-
　あそうず-ちょう 福井県福井市-町
　あそうず 愛知県知多郡武豊町-
浅生 あそ・あそう
　あそう 富山県魚津市-
　あそ 富山県中新川郡上市町-
　あそ 富山県中新川郡立山町-
　あそ 福岡県北九州市戸畑区-
浅生原 あそうはら 宮城県亘理郡山元町-
浅羽一色 あさばいしき 静岡県袋井市-
浅岐 あさまた 福島県大沼郡三島町-
浅谷 あざかい・あさや・あさんたに
　あさんたに 富山県砺波市-
　あさんたに 石川県河北郡津幡町-
　あさかい-ちょう 愛知県豊田市-町
　あさや 愛知県新城市-
浅茅野 あさちの 北海道宗谷郡猿払村-
浅海 あすみ 岡山県小田郡矢掛町-
浅海原 あさなみはら 愛媛県松山市-
浅間 あさま・せんげん
　せんげん-ちょう 埼玉県さいたま市大宮区-町
　せんげん 千葉県成田市-

9画（洗, 津, 洞, 洋, 為, 点, 炬, 爼, 狭, 狩）

せんげん-ちょう　東京都府中市-町
せんげん-ちょう　東京都東久留米市-町
せんげん-ちょう　神奈川県横浜市西区-町
せんげん-ちょう　神奈川県平塚市-町
せんげん-ちょう　静岡県静岡市葵区-町
せんげん-ちょう　静岡県沼津市-町
あさま-ちょう　静岡県富士宮市-町
せんげん　愛知県名古屋市西区-
あさま-まち　愛知県碧南市-
あさま　和歌山県日高郡日高川町-
あさま　鹿児島県大島郡天城町-

浅間上 せんげんかみ
　せんげんかみ-ちょう　静岡県富士市-町
浅間台 あさまだい・せんげんだい
　あさまだい　埼玉県上尾市-
　せんげんだい　神奈川県横浜市西区-
浅間前 せんげんまえ　千葉県印西市-
浅間前新田 せんげんまえしんでん　千葉県我孫子市-
浅間温泉 あさまおんせん　長野県松本市-
浅瀬石 あせいし　青森県黒石市-

洗

洗 あらい
　あらい-まち　福岡県久留米市-町
洗井 あらい　鳥取県岩美郡岩美町-
洗切 あらいきり
　あらいきり-まち　長崎県島原市-町
　あらいきり-まち　熊本県水俣市-
洗心 せんしん　北海道常呂郡置戸町-
洗平 あらいだい　青森県上北郡おいらせ町-
洗足 せんぞく　東京都目黒区-
洗馬 せば　長野県塩尻市-

津

津母 つも　京都府与謝郡伊根町-
津向 つむぎ
　つむぎ-まち　石川県七尾市-町
津江 つえ・つのえ
　つえ　高知県吾川郡仁淀川町-
　つのえ　福岡県八女市-
津花波 つはなみ　沖縄県中頭郡西原町-
津谷 つや　山形県最上郡戸沢村-
津波 つは　沖縄県国頭郡大宜味村-
津門仁辺 つとにべ
　つとにべ-ちょう　兵庫県西宮市-町
津門飯田 つといいでん
　つといいでん-ちょう　兵庫県西宮市-町
津海木 つのうぎ　山口県大島郡周防大島町-
津原 つわら
　つわら　鳥取県倉吉市-
　つわら　福岡県飯塚市-
津宮 つのみや　千葉県香取市-
津島町弓立 つしまちょうゆだち　愛媛県宇和島市-
津島町泥目水 つしまちょうどろめず　愛媛県宇和島市-
津島町岻鳴 つしまちょうねずなき　愛媛県宇和島市-
津島町浦知 つしまちょううらしり　愛媛県宇和島市-
津島町塩定 つしまちょうえんじょう　愛媛県宇和島市-

津浦 つのうら
　つのうら-まち　熊本県熊本市西区-町
　つのうら-まち　熊本県熊本市北区-町
津秦 つわだ　和歌山県和歌山市-
津森 つのもり
　つのもり-ちょう　香川県丸亀市-町
津越 つごえ　愛媛県西条市-

洞

洞 ほら
　ほら　長野県松本市-
　ほら　岐阜県岐阜市-
　ほら-ちょう　愛知県岡崎市-町
　ほら　兵庫県三田市-
洞下 どうした・ほらげ
　ほらげ　茨城県つくば市-
　どうした-ちょう　茨城県ひたちなか市-町
洞川 どろがわ　奈良県吉野郡天川村-
洞内 ほらない　青森県十和田市-
洞戸飛瀬 ほらどひせ　岐阜県関市-
洞北 どうほく
　どうほく-まち　福岡県北九州市八幡西区-町
洞田 ほらだ　岐阜県山県市-
洞尾 うつお　和歌山県東牟婁郡古座川町-
洞谷 ほらだに　鳥取県鳥取市-
洞岳 ほらおか　熊本県下益城郡美里町-
洞南 くきなみ
　くきなみ-まち　福岡県北九州市八幡西区-町
洞島 どうじま　栃木県那須塩原市-
洞爺 とうや
　とうや-まち　北海道虻田郡洞爺湖町-町

洋

洋野 ひろの
　ひろの-ちょう　岩手県九戸郡-町

為

為又 びいまた　沖縄県名護市-
為石 ためし
　ためし-まち　長崎県長崎市-町

点

点野 しめの　大阪府寝屋川市-

炬

炬口 たけのくち　兵庫県洲本市-

爼

爼倉 まないたぐら　石川県鳳珠郡能登町-

狭

狭口 せばぐち　新潟県加茂市-
狭戸 せばと　奈良県吉野郡東吉野村-
狭原 せばはら　栃木県大田原市-

狩

狩生 かりう　大分県佐伯市-
狩留家 かるが
　かるが-ちょう　広島県広島市安佐北区-町
狩留賀 かるが
　かるが-ちょう　広島県呉市-町

9画（独, 狢, 玻, 甚, 界, 畑, 畋, 発, 癸, 皆, 皇, 県）

狩宿　かりしゅく・かりじゅく・かりやど
　かりやど　静岡県富士宮市-
　かりじゅく-ちょう　愛知県尾張旭市-町
　かりしゅく　大分県杵築市-
狩野　かの・かりの
　かりの　福島県福島市-
　かの　神奈川県南足柄市-
狩鹿野　かるがの　石川県かほく市-

独

独狐　とっこ　青森県弘前市-
独鈷沢　とっこざわ　栃木県日光市-

狢

狢谷津　むじなやつ　茨城県ひたちなか市-
狢野　むじなの　千葉県旭市-

玻

玻名城　はなしろ　沖縄県島尻郡八重瀬町-

甚

甚目　はだめ
　はだめ-ちょう　三重県松阪市-町
甚目寺　じもくじ　愛知県あま市-

界

界　さかい
　さかい　福島県伊達郡桑折町-
　さかい　福島県南会津郡南会津町-
　さかい　長崎県長崎市-
　さかい　大分県豊後高田市-
界川　さかいがわ　北海道札幌市中央区-
界外　かいげ　三重県伊賀市-

畑

畑中　はたけなか・はたなか
　はたけなか　青森県南津軽郡田舎館村-
　はたけなか　宮城県伊具郡丸森町-
　はたけなか　山形県西村山郡河北町-
　はたなか　埼玉県新座市-
　はたなか　埼玉県比企郡川島町-
　はたなか　東京都青梅市-
　はたなか　富山県富山市-
　はたけか　静岡県駿東郡清水町-
　はたなか　愛知県名古屋市港区-
　はたなか　京都府福知山市-
　はたけなか-ちょう　奈良県奈良市-町
　はたけなか　大分県大分市-
畑田　はたけだ・はたた・はただ
　はたけだ　岩手県久慈市-
　はただ　福島県須賀川市-
　はただ　福島県石川郡浅川町-
　はただ-ちょう　愛知県名古屋市中川区-町
　はたけだ　滋賀県愛知郡愛荘町-
　はたけだ-ちょう　大阪府茨木市-町
　はたけだ-ちょう　奈良県五條市-町
　はたた　島根県飯石郡飯南町-
　はただ　香川県綾歌郡綾川町-
　はたけだ-まち　福岡県北九州市門司区-町
　はたけだ　大分県宇佐市-
畑谷　はただに・はたや
　はたや　秋田県由利本荘市-

　はたや　山形県東村山郡山辺町-
　はただに　京都府与謝郡伊根町-
　はただに-まち　福岡県北九州市若松区-町
畑屋敷新道丁　はたやしきしんみちちょう　和歌山県
　和歌山市-

畋

畋田　ふた　新潟県佐渡市-

発

発久　ほっきゅう　新潟県阿賀野市-
発戸　ほっと　埼玉県羽生市-
発地　ほっち　長野県北佐久郡軽井沢町-
発作　ほっさく　千葉県印西市-
発志院　はつしいん
　はつしいん-ちょう　奈良県大和郡山市-町
発足　はったり　北海道岩内郡共和町-
発知新田　ほっちしんでん
　ほっちしんでん-まち　群馬県沼田市-町
発寒一条　はっさむいちじょう　北海道札幌市西区-

癸

癸巳　きし
　きし-ちょう　北海道美唄市-町

皆

皆山　かいざん
　かいざん-ちょう　京都府京都市下京区-町
皆毛　かいも　福岡県豊前市-
皆生　かいけ　鳥取県米子市-
皆田　かいた　兵庫県佐用郡佐用町-
皆同　かいどう
　かいどう-まち　長崎県大村市-町
皆谷　かいや　埼玉県秩父郡東秩父村-
皆実　みなみ
　みなみ-まち　広島県広島市南区-町
　みなみ　広島県三原市-
皆原　かいはら・かいばら
　かいばら　京都府宮津市-
　かいはら　鳥取県八頭郡八頭町-
皆葎　かいむくら　富山県南砺市-
皆瀬　かいぜ・みなせ
　みなせ　秋田県湯沢市-
　かいぜ　和歌山県日高郡日高川町-
　かいぜ-ちょう　長崎県佐世保市-町
皆瀬川　かいぜがわ・みなせがわ
　みなせがわ　神奈川県足柄上郡山北町-
　かいぜがわ　和歌山県日高郡印南町-
皆瀬免　かいぜめん　長崎県北松浦郡佐々町-

皇

皇后崎　こうがさき
　こうがさき-まち　福岡県北九州市八幡西区-町

県

県　あがた・けん
　あがた-ちょう　栃木県足利市-町
　あがた-まち　長野県長野市-町
　あがた　長野県松本市-
　あがた　長野県東御市-
　あがた-まち　岐阜県岐阜市-町

9画（相）

けん-まち　岐阜県羽島郡笠松町-町
県守　あがたもり　兵庫県篠山市-

相

相上　あいあげ　埼玉県熊谷市-
相川　あいかわ・あいがわ・そうがわ・そうご
　あいかわ　北海道虻田郡喜茂別町-
　あいかわ　北海道広尾郡大樹町-
　あいかわ　北海道中川郡幕別町-
　あいかわ　北海道十勝郡浦幌町-
　あいかわ　秋田県湯沢市-
　あいかわ　茨城県久慈郡大子町-
　あいかわ　千葉県市原市-
　あいかわ　千葉県富津市-
　そうご-まち　石川県白山市-町
　あいかわ　静岡県焼津市-
　あいかわ　愛知県名古屋市緑区-
　あいかわ　愛知県名古屋市天白区-
　あいかわ-ちょう　愛知県田原市-町
　あいかわ-ちょう　三重県桑名市-町
　あいかわ　大阪府大阪市東淀川区-
　そうかわ-ちょう　大阪府岸和田市-町
　あいかわ　徳島県海部郡海陽町-
　あいかわ　高知県土佐郡土佐町-
　あいがわ-まち　長崎県長崎市-町
相川下戸　あいかわおりと
　あいかわおりと-むら　新潟県佐渡市-村
　あいかわおりと-まち　新潟県佐渡市-町
相川水金　あいかわみずかね
　あいかわみずかね-まち　新潟県佐渡市-町
相川四十物　あいかわあいもの
　あいかわあいもの-まち　新潟県佐渡市-町
相川石扣　あいかわいしはたき
　あいかわいしはたき-まち　新潟県佐渡市-町
相川海士　あいかわあま
　あいかわあま-まち　新潟県佐渡市-町
相川鹿伏　あいかわかぶせ　新潟県佐渡市-
相内　あいうち・あいない・あいのない
　あいのない-ちょう　北海道北見市-町
　あいうち　青森県五所川原市-
　あいない　青森県三戸郡南部町-
相木　あいのき
　あいのき　富山県魚津市-
　あいのき　石川県白山市-
　あいのき-まち　石川県白山市-町
　あいのき-ちょう　福井県越前市-町
相去　あいさり・あいざれ
　あいさり-ちょう　岩手県北上市-町
　あいさり　岩手県一関市-
　あいざれ　高知県高岡郡四万十町-
相可　おうか　三重県多気郡多気町-
相合谷　あおだに
　あおだに-まち　石川県金沢市-町
相米　そうまい　青森県三戸郡田子町-
相坂　おうさか・そうざか
　おうさか　青森県十和田市-
　そうざか　和歌山県和歌山市-
相良　さがら
　さがら-ちょう　青森県弘前市-町
　さがら　静岡県牧之原市-
　さがら-まち　熊本県人吉市-町

さがら-むら　熊本県球磨郡-村
相谷　あいたに・あいだに・あいのたに
　あいだに-ちょう　奈良県五條市-町
　あいだに　和歌山県岩出市-
　あいだに　鳥取県岩美郡岩美町-
　あいのたに　熊本県玉名郡南関町-
相武台　そうぶだい
　そうぶだい　神奈川県相模原市南区-
　そうぶだい　神奈川県座間市-
相河郷　あいこうごう　長崎県南松浦郡新上五島町-
相知町町切　おうちちょうちょうぎり　佐賀県唐津市-
相知町相知　おうちちょうおうち　佐賀県唐津市-
相金　そうがね
　そうがね-ちょう　茨城県ひたちなか市-町
相南　そうなん　神奈川県相模原市南区-
相染沢中岱　あいぞめさわなかたい　秋田県大館市-
相津　そうづ　静岡県浜松市天竜区-
相倉　あいのくら　富山県南砺市-
相原　あいはら・あいばら・あいわら
　あいばら　群馬県多野郡神流町-
　あいはら-まち　東京都町田市-町
　あいはら　神奈川県相模原市緑区-
　あいはら　大分県中津市-
　あいわら　大分県杵築市-
相島　あいしま・あいのしま・おじま
　おじま　京都府久世郡久御山町-
　あいしま　山口県萩市-
　あいのしま　福岡県糟屋郡新宮町-
相島新田　あいじましんでん　千葉県我孫子市-
相差　おうさつ
　おうさつ-ちょう　三重県鳥羽市-町
相浦　あいのうら
　あいのうら-ちょう　長崎県佐世保市-町
相馬　そうま
　そうま　青森県弘前市-
　そうま-し　福島県-市
　そうま-ぐん　福島県-郡
　そうま　新潟県新発田市-
相野谷　あいのや・あいのやつ
　あいのや　宮城県石巻市-
　あいのや-まち　茨城県常総市-町
　あいのやつ　千葉県富津市-
相鹿瀬　おうかせ　三重県多気郡多気町-
相森　あいのもり・おおもり
　あいのもり　山形県東置賜郡高畠町-
　おおもり-まち　長野県須坂市-町
相賀　あいが・おうか・おうが・おおか・そうが
　あいが-ちょう　茨城県日立市-町
　おおか　静岡県島田市-
　そうが-ちょう　愛知県半田市-町
　あいが　三重県北牟婁郡紀北町-
　おうが　和歌山県新宮市-
　おうか　佐賀県唐津市-
相賀浦　おうかうら　三重県度会郡南伊勢町-
相楽　さがなか・さがら・そうらく
　さがら-ちょう　愛知県蒲郡市-町
　さがなか　京都府木津川市-
　そうらく-ぐん　京都府-郡
相模　さがみ
　さがみ-ちょう　埼玉県越谷市-町

9画（研, 砂, 祝, 神）

　さがみ-ちょう　滋賀県大津市-町
　さがみ-ちょう　高知県高知市-町
相模原　さがみはら
　さがみはら-し　神奈川県-市
　さがみはら　神奈川県相模原市中央区-
相窪　あいくぼ・あいのくぼ
　あいくぼ　石川県河北郡津幡町-
　あいのくぼ　福岡県朝倉市-
相撲　すまい
　すまい-ちょう　滋賀県長浜市-町
相撲ケ原　すもうがはら　島根県鹿足郡津和野町-
相撲庭　すまいにわ
　すまいにわ-ちょう　滋賀県長浜市-町

研

研屋　とぎや
　とぎや-ちょう　静岡県静岡市葵区-町
　とぎや-まち　鳥取県倉吉市-町

砂

砂　いさご・すな
　すな-まち　茨城県龍ケ崎市-町
　すな-ちょう　埼玉県さいたま市見沼区-町
　すな　埼玉県川越市-
　いさご　千葉県八街市-
　すな-まち　富山県富山市-町
　すな-ちょう　愛知県豊田市-町
　すな　大阪府四條畷市-
砂ケ原　いさがはら　栃木県真岡市-
砂子　いさご・すなご・まなご
　いさご　神奈川県川崎市川崎区-
　すなご　愛知県長久手市-
　すなご　愛知県海部郡大治町-
　すなご-まち　京都府福知山市-町
　まなご　兵庫県赤穂市-
　すなご-ちょう　島根県松江市-町
砂子下　すなごした　秋田県由利本荘市-
砂子田　すなごだ
　すなごだ　宮城県遠田郡美里町-
　すなごだ-ちょう　福井県福井市-町
砂子坂　すなござか・すなござか
　すなござか-まち　石川県金沢市-町
　すなござか-ちょう　福井県福井市-町
砂子沢　いさござわ・すなござわ
　いさござわ　岩手県盛岡市-
　すなござわ　福島県伊達郡桑折町-
砂子谷　すなごだに　富山県南砺市-
砂子原　すなこはら　福島県河沼郡柳津町-
砂子塚　すなごつか　新潟県燕市-
砂子関　すなごせき　山形県西村山郡西川町-
砂子瀬　すなこせ　青森県中津軽郡西目屋村-
砂井新田　いさごいしんでん　茨城県古河市-
砂古瀬　いさごぜ　千葉県東金市-
砂田　いさごだ・すなた・すなだ
　すなた　宮城県遠田郡涌谷町-
　すなだ　山形県山形市-
　すなだ-まち　山形県鶴岡市-町
　すなた-まち　栃木県宇都宮市-町
　すなだ-ちょう　埼玉県東松山市-町
　いさごた　千葉県大網白里市-
　すなだ-ちょう　山梨県甲府市-町

　すなだ-ちょう　愛知県名古屋市中村区-町
　すなだ　愛知県名古屋市緑区-
砂沢　いさござわ
　いさござわ-ちょう　茨城県日立市-町
砂谷　いさごだに・すなだに
　いさごだに　山形県鶴岡市-
　すなだに-ちょう　愛知県半田市-町
砂林開　すなばやしびらき　富山県中新川郡上市町-
砂沼新田　さぬましんでん　茨城県下妻市-
砂金　しゃきん
　しゃきん-ちょう　京都府京都市中京区-町
砂原　さわら・すなはら・すなわら
　さわら　北海道茅部郡森町-
　すなはら　埼玉県加須市-
　すなはら　埼玉県越谷市-
　すなはら　埼玉県久喜市-
　すなはら-ちょう　愛知県名古屋市西区-町
　すなわら　鳥取県東伯郡三朝町-
　すなはら-まち　熊本県熊本市南区-町
砂流　すながれ　福井県敦賀市-
砂越　さごし　山形県酒田市-

祝

祝子　ほうり
　ほうり-まち　宮崎県延岡市-町
祝吉　いわよし
　いわよし　宮崎県都城市-
　いわよし-ちょう　宮崎県都城市-町
祝津　しゅくつ・しゅくづ
　しゅくつ　北海道小樽市-
　しゅくづ-ちょう　北海道室蘭市-町
祝梅　しゅくばい　北海道千歳市-
祝部内　ほうりうじ　福島県東白川郡棚倉町-
祝森　いわいのもり　愛媛県宇和島市-
祝園　ほうその　京都府相楽郡精華町-

神

神　こう・じん
　じん-まち　山形県東根市-町
　こう　岡山県真庭市-
神々廻　ししば　千葉県白井市-
神ノ西　こうのさい　高知県高岡郡四万十-
神下　かみした・こうか・こうした
　かみした-ちょう　愛知県西尾市-町
　こうか　奈良県吉野郡十津川村-
　こうした　岡山県岡山市中区-
神上　かみあげ
　かみあげ-ちょう　長崎県平戸市-町
神久　じんきゅう　三重県伊勢市-
神久保　いものくぼ　千葉県八千代市-
神土　かんど　岐阜県加茂郡東白川村-
神大寺　かんだいじ　神奈川県横浜市神奈川区-
神子　こうし・みこ
　みこ　福井県三方上中郡若狭町-
　こうし　鹿児島県薩摩郡さつま町-
神子山新田　みこやましんでん　大分県宇佐市-
神子沢　みこざわ　富山県下新川郡入善町-
神子岡前　みこおかまえ　兵庫県姫路市-
神子原　みこはら
　みこはら-まち　石川県羽咋市-町

9画（神）

神子浜　みこのはま　和歌山県田辺市-
神子清水　みこしみず
　みこしみず-まち　石川県白山市-町
神山　かみやま・こうやま・こやま・じんやま
　かみやま　北海道函館市-
　かみやま-ちょう　北海道函館市-町
　かみやま　北海道松前郡松前町-
　かみやま　青森県五所川原市-
　かみやま　宮城県気仙沼市-
　かみやま-ちょう　茨城県東茨城郡大洗町-町
　かみやま　栃木県小山市-
　かみやま-ちょう　東京都渋谷区-町
　こうやま　神奈川県足柄上郡松田町-
　かみやま　新潟県新潟市西区-
　こうやま　静岡県御殿場市-
　かみやま　愛知県一宮市-
　かみやま-ちょう　大阪府大阪市北区-町
　こやま　大阪府豊能郡能勢町-
　こうやま　大阪府南河内郡河南町-
　じんやま　広島県呉市-
　かみやま-ちょう　徳島県名西郡-町
　かみやま-まち　福岡県北九州市八幡東区-町
　かみやま　沖縄県宜野湾市-
神山平　こうやまだいら　静岡県御殿場市-
神山西　しんざんにし　宮城県加美郡加美町-
神山町北宮地　かみやままちきたみやじ　山梨県韮崎市-
神山国際　かみやまこくさい
　かみやまこくさい-むら　長野県上水内郡信濃町-村
神川　かみかわ
　かみかわ-まち　埼玉県児玉郡-町
　かみかわ-ちょう　愛知県瀬戸市-町
　かみかわ　鹿児島県肝属郡錦江町-
神川町神上　かみかわちょうこうのうえ　三重県熊野市-
神中　かみなか
　かみなか-ちょう　福井県鯖江市-町
神之山　じんのやま
　じんのやま-ちょう　宮崎県都城市-町
神之木　かみのき
　かみのき-ちょう　神奈川県横浜市神奈川区-町
神之谷　こうのたに　奈良県吉野郡川上村-
神之嶺　かみのみね　鹿児島県大島郡徳之島町-
神井　かのい　栃木県芳賀郡茂木町-
神内　こうない・こうのうち
　こうのうち　三重県南牟婁郡紀宝町-
　こうない　大阪府高槻市-
神分　かみわけ　茨城県筑西市-
神戸　かのと・かんど・かんべ・ごうど・こうべ・じんご
　ごうど-まち　群馬県高崎市-町
　ごうど　埼玉県川口市-
　ごうど　埼玉県東松山市-
　ごうど　埼玉県羽生市-
　かのと　東京都西多摩郡檜原村-
　ごうど-ちょう　神奈川県横浜市保土ケ谷区-町
　ごうど　神奈川県伊勢原市-
　ごうど　山梨県甲斐市-
　ごうど-ちょう　岐阜県安八郡-町
　ごうど　岐阜県安八郡神戸町-
　ごうど　静岡県富士市-
　かんど　静岡県榛原郡吉田町-

　ごうど-ちょう　愛知県名古屋市熱田区-町
　かんべ-ちょう　愛知県一宮市-町
　かんべ-ちょう　愛知県田原市-町
　かんど　愛知県弥富市-
　かんど-ちょう　愛知県弥富市-町
　かんべ　三重県津市-
　かんべ　三重県鈴鹿市-
　こうべ-し　兵庫県-市
　じんご　岡山県津山市-
　こうべ-まち　宮崎県延岡市-町
神戸上　かどのかみ　鳥取県日野郡日南町-
神戸本多　かんべほんだ
　かんべほんだ-まち　三重県鈴鹿市-町
神月　しんげつ
　しんげつ-ちょう　愛知県名古屋市名東区-町
神木　かみき・こうのぎ・しぼく
　しぼく　神奈川県川崎市宮前区-
　こうのぎ　三重県南牟婁郡御浜町-
　かみき-ちょう　大阪府守口市-町
神水　くわみず　熊本県熊本市中央区-
神水本　くわみずほん
　くわみずほん-まち　熊本県熊本市中央区-町
　くわみずほん-まち　熊本県熊本市東区-町
神爪　かづめ　兵庫県高砂市-
神丘　かみおか
　かみおか　北海道瀬棚郡今金町-
　かみおか-ちょう　愛知県名古屋市名東区-町
神主　かんぬし
　かんぬし-まち　富山県高岡市-町
神代　かくみ・かじろ・かみしろ・こうじろ
　かみしろ-ちょう　北海道室蘭市-町
　かじろ　千葉県市原市-
　こうじろ　富山県氷見市-
　かくみ　石川県羽咋郡志賀町-
　かみしろ-ちょう　愛知県半田市-町
　こうじろ　岡山県津山市-
　こうじろ-ちょう　岡山県井原市-町
　こうじろ　岡山県真庭市-
　こうじろ　山口県柳井市-
神代地頭方　じんだいじとほう　兵庫県南あわじ市-
神出町五百蔵　かんでちょういおろい　兵庫県神戸市西区-
神出町紫合　かんでちょうゆうだ　兵庫県神戸市西区-
神出町勝成　かんでちょうよしなり　兵庫県神戸市西区-
神功　じんぐう　奈良県奈良市-
神末　こうずえ　奈良県宇陀郡御杖村-
神正　しんせい
　しんせい-まち　福岡県直方市-町
神生　かんのう
　かんのう　茨城県つくばみらい市-
　かんのう　千葉県香取市-
神田　かだ・かみだ・かんだ・こうだ・じんだ・じんで・じんでん
　かんだ　青森県弘前市-
　じんでん　山形県最上郡戸沢村-
　かんだ-ちょう　茨城県日立市-町
　かんだ-ちょう　栃木県栃木市-町
　じんだ　群馬県藤岡市-
　じんで　埼玉県さいたま市桜区-
　かんだ　千葉県香取郡東庄町-

9画（神）

かんだ-まち　新潟県長岡市-町
じんでん　富山県中新川郡上市町-
かんだ　石川県金沢市-
かんだ　長野県松本市-
かんだ-まち　岐阜県岐阜市-町
かんだ-ちょう　岐阜県大垣市-町
かんだ-まち　岐阜県高山市-町
かんだ-ちょう　静岡県静岡市清水区-町
かみだ-まち　静岡県浜松市中区-町
かんだ-ちょう　静岡県沼津市-町
かんだ-ちょう　愛知県名古屋市千種区-町
かんだ-ちょう　愛知県半田市-町
かんだ-ちょう　愛知県碧南市-町
かんだ-ちょう　愛知県刈谷市-町
かんだ-ちょう　愛知県豊田市-町
かんだ-ちょう　愛知県大府市-町
かんだ　愛知県知多市-
かだ　愛知県北設楽郡設楽町-
じんでん-ちょう　滋賀県東近江市-町
こうだ　大阪府池田市-
かんだ-ちょう　大阪府東大阪市-町
かんだ-ちょう　兵庫県神戸市兵庫区-町
かんだ-ちょう　兵庫県神戸市垂水区-町
かんだ-ちょう　兵庫県姫路市-町
こうだ　和歌山県伊都郡かつらぎ-
かんだ-ちょう　島根県益田市-町
かんだ-ちょう　岡山県岡山市北区-町
かんだ　岡山県倉敷市-
こうだ　岡山県赤磐市-
かんだ-ちょう　広島県尾道市-町
かんだ　広島県安芸郡熊野町-
かんだ　山口県下関市-
かんだ-ちょう　山口県下関市-町
かんだ-ちょう　山口県山口市-町
かんだ-まち　愛媛県松山市-町
こうだ　高知県高知市-
こうだ　高知県須崎市-
かんだ-まち　福岡県大牟田市-町
じんでん-まち　福岡県行橋市-町
じんでん-ちょう　福岡県京都郡苅田町-町
こうだ　佐賀県唐津市-
かんだ-ちょう　鹿児島県薩摩川内市-町

神田久志本　こうだくしもと
　こうだくしもと-ちょう　三重県伊勢市-町
神田山　かどやま　茨城県坂東市-
神田川原　じんでんがわら　愛媛県宇和島市-
神田免　こうだめん　長崎県北松浦郡佐々町-
神田練塀　かんだねりべい
　かんだねりべい-ちょう　東京都千代田区-町
神目中　こうめなか　岡山県久米郡久米南町-
神石　じんせき
　じんせき-ぐん　広島県-郡
神石市之　かみいしいちの
　かみいしいちの-ちょう　大阪府堺市堺区-町
神立　かんだつ・こうだち
　かんだつ-まち　茨城県土浦市-町
　かんだつ　新潟県南魚沼郡湯沢町-
　こうだち-ちょう　静岡県浜松市東区-町
　こうだち　大阪府八尾市-
神辺　こうのえ
　こうのえ-まち　佐賀県鳥栖市-町

神辺町道上　かんなべちょうみちのうえ　広島県福
　山市-
神向寺　じんこうじ　茨城県鹿嶋市-
神合　こうあい
　こうあい-まち　熊本県宇土市-町
神在　かみあり　福岡県糸島市-
神在川窪　しんざいかわくぼ
　しんざいかわくぼ-ちょう　香川県高松市-町
神在居　かんざいこ　高知県高岡郡檮原町-
神守　かもり・かんもり
　かもり-ちょう　愛知県津島市-町
　かんもり-ちょう　三重県松阪市-町
神宅　かんやけ　徳島県板野郡上板町-
神州　かみす
　かみす-ちょう　大阪府豊中市-町
神帆　かみほ
　かみほ-ちょう　山口県山陽小野田市-町
神当部　かんとべ
　かんとべ-ちょう　福井県福井市-町
神成　かみなり・かんなり・しんせい
　かんなり　群馬県富岡市-
　かみなり　富山県南砺市-
　しんせい-ちょう　三重県桑名市-町
神有　かみあり
　かみあり-まち　愛知県碧南市-町
神池　かみいけ
　かみいけ-ちょう　愛知県豊田市-町
神米金　かめがね　埼玉県所沢市-
神西沖　じんざいおき
　じんざいおき-ちょう　島根県出雲市-町
神住　かすみ　茨城県取手市-
神住新田　かすみしんでん　茨城県つくばみらい市-
神余　かなまり　千葉県館山市-
神坂　こうざか・みさか
　みさか　岐阜県中津川市-
　こうざか　三重県多気郡多気町-
神尾　かみお・かんの・かんのう・かんのお
　かんのう　山形県山形市-
　かみお　静岡県島田市-
　かんのお　静岡県菊川市-
　かんの-ちょう　愛知県津島市-町
神条　かみじょう　新潟県三島郡出雲崎町-
神村　かみむら・かむら
　かみむら-ちょう　愛知県名古屋市昭和区-町
　かむら-ちょう　広島県福山市-町
神来　かみく
　かみく-ちょう　大分県日田市-町
神沢　かみさわ・かんざわ・しんのさわ
　しんのさわ　秋田県由利本荘市-
　かんざわ　静岡県浜松市天竜区-
　かみさわ　愛知県名古屋市緑区-
神社港　かみやしろこう　三重県伊勢市-
神花　かんばな　山形県東田川郡三川町-
神谷　かみや・かんだに・かんや・こうだに・こうのた
　に・こんたに
　かみや　茨城県牛久市-
　かんや　茨城県東茨城郡茨城町-
　かみや　東京都北区-
　かみや　新潟県長岡市-
　こんたに　富山県黒部市-

247

9画（神）

こうだに　福井県三方上中郡若狭町-
かみや　静岡県富士市-
かみや　和歌山県日高郡由良町-
かんだに-ちょう　香川県坂出市-
こうのたに　高知県吾川郡いの町-

神谷内　かみやち
かみやち　新潟県新潟市北区-
かみやち-まち　石川県金沢市-町

神谷甲　かみたにこう　新潟県東蒲原郡阿賀町-
神谷沢　かみやさわ　宮城県宮城郡利府町-
神谷城　かみやしろ　静岡県島田市-
神足　こうたり　京都府長岡京市-
神里　かみさと・かみざと
かみさと　北海道虻田郡真狩村-
かみさと　愛知県名古屋市名東区-
かみざと　沖縄県島尻郡南風原町-

神呪　かんのう
かんのう-ちょう　兵庫県西宮市-町

神和　しんわ
しんわ-ちょう　兵庫県姫路市-町

神和台　しんわだい　兵庫県神戸市垂水区-
神和住　かみわすみ　石川県鳳珠郡能登町-
神宝　しんほう
しんほう-ちょう　東京都東久留米市-町

神居町雨紛　かむいちょううぶん　北海道旭川市-
神居町神華　かむいちょうしんか　北海道旭川市-
神岡町東雲　かみおかちょうあずま　岐阜県飛騨市-
神岡町柏原　かみおかちょうかしはら　岐阜県飛騨市-
神岡町麻生野　かみおかちょうあそや　岐阜県飛騨市-
神岡町朝浦　かみおかちょうあそら　岐阜県飛騨市-
神岡町森茂　かみおかちょうもりも　岐阜県飛騨市-
神岡町数河　かみおかちょうすごう　岐阜県飛騨市-
神岳　かんたけ　福岡県北九州市小倉北区-
神岩　かむいわ　北海道厚岸郡厚岸町-
神岬　こうざき
こうざき-ちょう　北海道積丹郡積丹町-町

神幸　しんこう
しんこう-ちょう　福岡県北九州市小倉北区-町

神房　かんぼう　千葉県大網白里市-
神拝甲　かんばいこう　愛媛県西条市-
神於　こうの
こうの-ちょう　大阪府岸和田市-町

神明寺　じみょうじ　兵庫県赤穂郡上郡町-
神松　かみまつ
かみまつ-ちょう　愛知県名古屋市南区-町

神林　かんばやし
かんばやし　岩手県宮古市-
かんばやし　富山県下新川郡入善町-
かんばやし　長野県松本市-

神林山　かみばやしやま　宮城県刈田郡七ケ宿町-
神武　じんむ
じんむ-ちょう　大阪府八尾市-町

神河　かみかわ
かみかわ-ちょう　兵庫県神崎郡-町

神波　こうなみ　和歌山県和歌山市-
神苑　しんえん　北海道河東郡士幌町-
神長　かなが・かみなが
かなが　栃木県那須烏山市-
かみなが　静岡県袋井市-

神門　かんど・ごうど
ごうど　千葉県佐倉市-
かんど-ちょう　島根県出雲市-町

神門前　じんもんまえ　愛知県長久手市-
神保　しんぼ・じんぼう
じんぼう-ちょう　千葉県船橋市-町
しんぼ-まち　新潟県見附市-町

神保原　じんぼはら
じんぼはら-まち　埼玉県児玉郡上里町-町

神保通　しんぼどおり　大阪府堺市堺区-
神前　かみまえ・こうざき・しんぜん
かみまえ-ちょう　愛知県名古屋市瑞穂区-町
しんぜん-ちょう　滋賀県長浜市-町
こうざき　大阪府貝塚市-
かみまえ-ちょう　兵庫県神戸市灘区-町
こうざき　和歌山県和歌山市-

神前浦　かみさきうら　三重県度会郡南伊勢町-
神南　じんなん
じんなん　東京都渋谷区-
じんなん　奈良県生駒郡斑鳩町-

神南辺　かんなべ
かんなべ-ちょう　大阪府堺市堺区-町

神垣　かみがき
かみがき-ちょう　兵庫県西宮市-町

神城　かみしろ　長野県北安曇郡白馬村-
神威　かもい
かもい　北海道歌志内市-
かもい　北海道斜里郡清里町-

神室　かむろ
かむろ-ちょう　岐阜県岐阜市-町

神屋　かぎや・かみや
かみや　新潟県新潟市南区-
かぎや-ちょう　愛知県春日井市-町
かみや　三重県名張市-
かみや-ちょう　兵庫県姫路市-町
かみや-まち　福岡県福岡市博多区-町

神指町東城戸　こうざしまちひがしきど　福島県会津若松市-
神指町榎木檀　こうざしまちえのきだん　福島県会津若松市-
神海　こうみ　岐阜県本巣市-
神泉　しんせん
しんせん-ちょう　東京都渋谷区-町

神津佐　こんさ　三重県度会郡南伊勢町-
神洞　かんぼら　岐阜県美濃市-
神畑　かばたけ　長野県上田市-
神美台　かみよしだい　兵庫県豊岡市-
神倉　かみくら・かんのくら
かみくら　和歌山県新宮市-
かんのくら　鳥取県東伯郡三朝町-

神原　かみはら・かんばら・こうばる・このはら
かみはら　山形県米沢市-
かみはら　長野県下伊那郡天龍村-
かみはら-ちょう　静岡県浜松市西区-町
このはら　三重県度会郡大紀町-
かんばら　兵庫県西宮市-
かんばら　鳥取県西伯郡大山町-
かんばら-ちょう　広島県呉市-町
かみはら-ちょう　山口県宇部市-町
こうばる　大分県竹田市-

9画（神）

神家　じんか
　　じんか-まち　富山県滑川市-町
神宮　かんのみや・じんぐう
　　じんぐう　愛知県名古屋市熱田区-
　　じんぐう-ちょう　滋賀県大津市-町
　　じんぐう-ちょう　奈良県御所市-町
　　かんのみや　愛媛県今治市-
　　じんぐう　宮崎県宮崎市-
　　じんぐう-ちょう　宮崎県宮崎市-町
神島　かしま・かみしま・かみじま・こうのしま
　　かじま　富山県砺波市-
　　かみしま　静岡県伊豆の国市-
　　かみじま-ちょう　三重県鳥羽市-町
　　こうのしま　岡山県笠岡市-
　　かしま-ちょう　広島県福山市-町
　　かみしま-ちょう　長崎県佐世保市-町
神島台　かしまだい　和歌山県田辺市-
神峰　かみね
　　かみね-ちょう　茨城県日立市-町
神座　かんざ
　　かんざ　静岡県島田市-
　　かんざ　静岡県湖西市-
神庭　かんば
　　かんば-ちょう　島根県安来市-町
　　かんば　岡山県真庭市-
神恵内　かもえない
　　かもえない-むら　北海道古宇郡-村
　　かもえない-むら　北海道古宇郡神恵内村-村
神扇　かみおうぎ　埼玉県幸手市-
神栖　かみす
　　かみす-し　茨城県-市
　　かみす　茨城県神栖市-
神浦　かみうら・かんのうら・こうのうら
　　かみうら　北海道斜里郡小清水町-
　　かんのうら　茨城県取手市-
　　こうのうら　山口県大島郡周防大島町-
　　こうのうら　香川県小豆郡小豆島町-
　　こうのうら　愛媛県松山市-
神浦口福　こうのうらくちぶく
　　こうのうらくちぶく-まち　長崎県長崎市-町
神流　かんな
　　かんな-まち　群馬県多野郡-町
神納　かのう・かんのう
　　かんのう　千葉県袖ケ浦市-
　　かのう　三重県津市-
　　かのう-ちょう　三重県津市-町
神通　じんづう
　　じんづう　富山県富山市-
　　じんづう-まち　富山県富山市-町
　　じんづう　和歌山県紀の川市-
神郡　かんごおり　茨城県つくば市-
神馬　しんめ
　　しんめ-まち　熊本県宇土市-町
神埼　かんざき
　　かんざき-し　佐賀県-市
　　かんざき-ぐん　佐賀県-郡
神埼町本告牟田　かんざきまちもとおりむた　佐賀県
　　神埼市-
神埼町的　かんざきまちいくわ　佐賀県神埼市-
神埼町城原　かんざきまちじょうばる　佐賀県神埼市-

神宿　かみやど　茨城県東茨城郡茨城町-
神崎　かんざき・こうざき
　　かんざき　北海道枝幸郡中頓別町-
　　かんざき　千葉県市原市-
　　こうざき-まち　千葉県香取郡-町
　　こうざき　福井県大飯郡おおい町-
　　かんざき　岐阜県山県市-
　　かんざき-ちょう　大阪府大阪市中央区-町
　　かんざき-ちょう　兵庫県尼崎市-町
　　かんざき-ぐん　兵庫県-郡
　　かんざき　兵庫県神崎郡市川町-
　　かんざき-ちょう　岡山県岡山市東区-町
　　かんざき　愛媛県伊予郡松前町-
　　こうざき　愛媛県西宇和郡伊方町-
　　こうざき　福岡県田川郡福智町-
神崎本宿　こうざきほんじゅく・こうざきほんじゅく
　　こうざきほんじゅく　茨城県稲敷市-
　　こうざきほんじゅく　千葉県香取郡神崎町-
神崎神宿　こうざきしんしゅく　千葉県香取郡神崎町-
神渕　かぶち　岐阜県加茂郡七宗町-
神船　しぶね
　　しぶね-ちょう　長崎県平戸市-町
神郷　こうざと・しんごう・じんごう
　　しんごう-ちょう　愛知県名古屋市中川区-町
　　じんごう-ちょう　滋賀県東近江市-町
　　こうざと　愛媛県新居浜市-
神郷油野　しんごうゆの　岡山県新見市-
神野　かの・かみの・かんの・こうの・じんの
　　かの　茨城県鹿嶋市-
　　かの　千葉県八千代市-
　　かみの　石川県金沢市-
　　かみの-まち　石川県金沢市-町
　　こうの　福井県大飯郡高浜町-
　　かみの　岐阜県関市-
　　じんの-ちょう　愛知県名古屋市熱田区-町
　　かみの-ちょう　愛知県岩倉市-町
　　こうの-ちょう　大阪府堺市西区-町
　　こうの　徳島県海部郡海陽町-
　　かんの　香川県仲多度郡まんのう町-
神野々　このの　和歌山県橋本市-
神野ふ頭　じんのふとう
　　じんのふとう-ちょう　愛知県豊橋市-町
神野川　このがわ　和歌山県東牟婁郡串本町-
神野市場　こうのいちば　和歌山県海草郡紀美野町-
神野西　こうのにし・じんのにし
　　じんのにし-まち　愛知県豊橋市-町
　　こうのにし　佐賀県佐賀市-
神野町神野　かんのちょうかんの　兵庫県加古川市-
神野浦　こうのうら　福井県大飯郡高浜町-
神野新田　じんのしんでん
　　じんのしんでん-ちょう　愛知県豊橋市-町
神陵台　しんりょうだい　兵庫県神戸市垂水区-
神鳥谷　ひととのや　栃木県小山市-
神場　じんば　静岡県御殿場市-
神森　かもり　三重県三重郡菰野町-
神湊　こうのみなと　福岡県宗像市-
神着　かみつき　東京都三宅島三宅村-
神道寺　かんどうじ　新潟県新潟市中央区-
神間　かんま　埼玉県春日部市-
神集島　かしわじま　佐賀県唐津市-

249

9画（祖, 祐, 科, 秋, 竿, 笂, 紀, 紅, 美）

神須屋　こうずや
　　こうずや-ちょう　大阪府岸和田市-町
神園　かみぞの・こうぞの
　　かみぞの-ちょう　兵庫県西宮市-町
　　かみぞの　佐賀県佐賀市-
　　こうぞの　熊本県熊本市東区-
神楽　かぐら・じんらく
　　かぐら-まち　富山県射水市-町
　　かぐら-ちょう　福井県敦賀市-町
　　かぐら-ちょう　岐阜県岐阜市-町
　　かぐら-まち　岐阜県多治見市-町
　　かぐら-ちょう　三重県桑名市-町
　　かぐら-ちょう　兵庫県神戸市長田区-町
　　かぐら-ちょう　兵庫県西宮市-町
　　じんらく　奈良県大和高田市-
神殿　かんどの・こどの
　　かんどの-ちょう　愛知県豊田市-町
　　こどの-ちょう　奈良県奈良市-町
神滝　こうたき　三重県多気郡大台町-
神照　かみてる
　　かみてる-ちょう　滋賀県長浜市-町
神福　かみふく　鳥取県日野郡日南町-
神置　かみおき
　　かみおき　千葉県いすみ市-
　　かみおき-ちょう　岐阜県各務原市-町
神路　かみじ　大阪府大阪市東成区-
神農原　かのはら　群馬県富岡市-
神増　かんぞ　静岡県磐田市-
神稲　くましろ　長野県下伊那郡豊丘村-
神領　じんりょう
　　じんりょう-ちょう　愛知県春日井市-町
　　じんりょう　滋賀県大津市-
　　じんりょう　和歌山県紀の川市-
　　じんりょう　徳島県名西郡神山町-
　　じんりょう　鹿児島県曽於郡大崎町-
神領町北　じんりょうちょうきた　愛知県春日井市-
神撫　じんぶ
　　じんぶ-ちょう　兵庫県神戸市須磨区-町
神穂　かみほ
　　かみほ-ちょう　愛知県名古屋市瑞穂区-町
神縄　かみなわ　神奈川県足柄上郡山北町-
神薗　かみその
　　かみその-ちょう　三重県伊勢市-町
神瀬　かみぜ・かんせ・こうのせ
　　かみぜ　三重県多気郡大台町-
　　かんせ　岡山県加賀郡吉備中央町-
　　こうのせ　熊本県球磨郡球磨村-
神懸通　かんかけどおり　香川県小豆郡小豆島町-

祖

祖父江町上牧　そぶえちょうかんまき　愛知県稲沢市-
祖父江町四貫　そぶえちょうよつのき　愛知県稲沢市-
祖父江町神明津　そぶえちょうしんみょうづ　愛知県
　　稲沢市-
祖父興野　おじごや
　　おじごや　新潟県新潟市中央区-
　　おじごや　新潟県新潟市江南区-
祖母井　うばがい　栃木県芳賀郡芳賀町-
祖母島　うばしま　群馬県渋川市-

祖母懐　そぼかい
　　そぼかい-ちょう　愛知県瀬戸市-町
祖谷　そだに　富山県南砺市-

祐

祐久　ゆうく　愛知県一宮市-
祐光　ゆうこう　千葉県千葉市中央区-
祐安　すけやす　岡山県倉敷市-
祐金　ゆうきん
　　ゆうきん-ちょう　愛知県岡崎市-町

科

科沢　しなざわ　山形県東田川郡庄内町-

秋

秋田　あいだ・あきた
　　あきた　北海道枝幸郡中頓別町-
　　あきた　北海道常呂郡置戸町-
　　あきた-し　秋田県-市
　　あきた　茨城県常陸大宮市-
　　あきた　千葉県旭市-
　　あきた　愛知県丹羽郡大口町-
　　あきた-まち　徳島県徳島市-町
　　あいだ　高知県四万十市-
秋芳町嘉万　しゅうほうちょうかま　山口県美祢市-
秋谷　あきや　神奈川県横須賀市-
秋原　あきばる
　　あきばる-まち　大分県日田市-町
秋留　あきる　東京都あきる野市-
秋鹿　あいか
　　あいか-ちょう　島根県松江市-町
秋喜　しゅうき　鳥取県倉吉市-
秋穂二島　あいおふたじま　山口県山口市-

竿

竿浦　さおのうら
　　さおのうら-まち　長崎県長崎市-町

笂

笂井　うつぼい
　　うつぼい-まち　群馬県前橋市-町

紀

紀和町大河内　きわちょうおち　三重県熊野市-
紀和町花井　きわちょうけい　三重県熊野市-

紅

紅粉屋　べにや　福岡県大川市-
紅葉　もみじ
　　もみじ　茨城県鉾田市-
　　もみじ　京都府京都市下京区-町
　　もみじ-ちょう　広島県福山市-町
　　もみじ-まち　愛媛県松山市-町
紅葉台　こうようだい　静岡県掛川市-

美

美々　びび　北海道千歳市-
美々津　みみつ
　　みみつ-ちょう　宮崎県日向市-町
美ノ郷町猪子迫　みのごうちょういのこざこ　広島県
　　尾道市-

9画（美）

美の里　みのり
　みのり　新潟県新潟市中央区-
　みのり　広島県広島市佐伯区-
美土里　みどり
　みどり-ちょう　埼玉県熊谷市-町
　みどり-ちょう　埼玉県東松山市-町
美土里町生田　みどりちょういけだ　広島県安芸高
　田市-
美女木　びじょぎ　埼玉県戸田市-
美山町安掛　みやまちょうあがけ　京都府南丹市-
美山町河内谷　みやまちょうかわうちだに　京都府南
　丹市-
美山町肱谷　みやまちょうひじたに　京都府南丹市-
美山町長谷　みやまちょうながたに　京都府南丹市-
美山町音海　みやまちょうおとみ　京都府南丹市-
美山町宮脇　みやまちょうみやのわき　京都府南丹市-
美川町小川　みかわまちこがわ　山口県岩国市-
美川町四مل.神　みかわまちしめがみ　山口県岩国市-
美川町南桑　みかわまちなぐわ　山口県岩国市-
美川神幸　みかわじんこう
　みかわじんこう-まち　石川県白山市-町
美甘　みかも　岡山県真庭市-
美生　びせい　北海道河西郡芽室町-
美合町生田　みあいちょうしょうだ　愛知県岡崎市-
美宇　びう　北海道新冠郡新冠町-
美守　ひだのもり　新潟県妙高市-
美成　びせい　北海道広尾郡大樹町-
美佐野　みざの　岐阜県可児郡御嵩町-
美作　みさく・みまさか
　みさく-ちょう　兵庫県西宮市-町
　みまさか-し　岡山県-市
美利河　びりか　北海道瀬棚郡今金町-
美杉町八手俣　みすぎちょうやてまた　三重県津市-
美杉町丹生俣　みすぎちょうにゅうのまた　三重県
　津市-
美里別　びりべつ　北海道中川郡本別町-
美里町五百野　みさとちょういおの　三重県津市-
美里町家所　みさとちょういえどころ　三重県津市-
美並町三戸　みなみちょうみと　岐阜県郡上市-
美和　びわ・みわ
　みわ　北海道三笠市-
　みわ　北海道檜山郡厚沢部町-
　びわ　北海道網走郡美幌町-
　みわ　北海道斜里郡小清水町-
　みわ　北海道虻田郡豊浦町-
　みわ-ちょう　岐阜県大垣市-町
　みわ-ちょう　岐阜県関市-町
　みわ-ちょう　愛知県豊田市-町
　みわ　鳥取県鳥取市-
　みわ　岡山県倉敷市-
　みわ-ちょう　山口県防府市-町
　みわ　大分県豊後高田市-
美和町中垣内　みわまちなかがうち　山口県岩国市-
美和町日宛　みわまちひなた　山口県岩国市-
美和町岸根　みわまちがんね　山口県岩国市-
美和町長谷　みわまちながたに　山口県岩国市-
美和町渋前　みわまちしぶくま　山口県岩国市-
美和町滑　みわまちなめら　山口県岩国市-

美国　びくに
　びくに-ちょう　北海道積丹郡積丹町-町
美岬　みさき
　みさき　北海道網走市-
　みさき-まち　石川県加賀市-町
美東町長田　みとうちょうながた　山口県美祢市-
美保里　みほのさと　兵庫県高砂市-
美保関町菅浦　みほのせきちょうすげうら　島根県松
　江市-
美保関町諸喰　みほのせきちょうもろくい　島根県松
　江市-
美星町上高末　びせいちょうかみこうずえ　岡山県井
　原市-
美星町東水砂　びせいちょうひがしみずすな　岡山県
　井原市-
美栄　びえい
　びえい-ちょう　北海道帯広市-町
　びえい　北海道中川郡本別町-
美津島町大山　みつしままちおやま　長崎県対馬市-
美津島町芦浦　みつしままちよしがうら　長崎県対
　馬市-
美津島町濃部　みつしままちのぶ　長崎県対馬市-
美津島町鶏知　みつしままちけち　長崎県対馬市-
美畑　びはた・みはた
　びはた　北海道山越郡長万部町-
　みはた-ちょう　山形県山形市-町
美唄　びばい
　びばい-し　北海道-市
美浦　みほ
　みほ-むら　茨城県稲敷郡-村
美留和　びるわ　北海道川上郡弟子屈町-
美馬　みま
　みま-し　徳島県-市
　みま-ちょう　徳島県美馬市-町
　みま-ぐん　徳島県-郡
美馬牛　びばうし　北海道上川郡美瑛町-
美深　びふか
　びふか-ちょう　北海道中川郡-町
　びふか　北海道中川郡美深町-
美盛　びせい　北海道足寄郡足寄町-
美笛　びふえ　北海道千歳市-
美袋　みなぎ　岡山県総社市-
美郷下城戸　みさとしもじょうど　徳島県吉野川市-
美郷上谷　みさとかみだに　徳島県吉野川市-
美郷中谷　みさとなかのたに　徳島県吉野川市-
美郷木屋浦　みさとこやのうら　徳島県吉野川市-
美郷古土地　みさとこどち　徳島県吉野川市-
美郷古井　みさとこい　徳島県吉野川市-
美郷田平　みさとただいら　徳島県吉野川市-
美郷来見坂　みさとくるみざか　徳島県吉野川市-
美郷刷石　みさとはけいし　徳島県吉野川市-
美郷岸宗　みさときしのむね　徳島県吉野川市-
美郷栗木　みさとくりのき　徳島県吉野川市-
美郷栩谷　みさととちだに　徳島県吉野川市-
美郷菅草　みさとすげそう　徳島県吉野川市-
美郷照尾　みさとてらお　徳島県吉野川市-
美野　みの・よしの
　よしの-ちょう　島根県出雲市-町
　みの　岡山県勝田郡勝央町-

9画 (耶, 胡, 胆, 背, 冑, 茜, 茨, 荏, 荊, 荒)

美瑛　びえい
　びえい-ちょう　北海道上川郡-町
美登位　びとい　北海道石狩市-
美登里　みどり
　みどり-ちょう　静岡県磐田市-町
　みどり-まち　熊本県熊本市南区-町
美葉牛　びばうし　北海道雨竜郡北竜町-
美幌　びほろ
　びほろ-ちょう　北海道網走郡-町
　びほろ　北海道広尾郡広尾町-
美禽　みどり　北海道網走郡美幌町-
美蔓　びまん　北海道上川郡清水町-
美談　みだみ
　みだみ-ちょう　島根県出雲-町
美濃　みの・みのう
　みのう　北海道釧路市-
　みの-し　岐阜県-市
　みの-まち　愛知県春日井市-町
　みの-まち　岡山県津山市-町
美篶　みすず　長野県伊那市-
美蘭別　びらんべつ　北海道中川郡本別町-

耶

耶馬溪町山移　やばけいまちやまうつり　大分県中津市-
耶馬溪町戸原　やばけいまちとばる　大分県中津市-
耶馬溪町冠石野　やばけいまちかぶしの　大分県中津市-

胡

胡　えびす
　えびす-ちょう　広島県広島市中区-町
　えびす-まち　広島県福山市-町
胡四王　こしおう　岩手県花巻市-
胡屋　ごや　沖縄県沖縄市-
胡桃　くるみ　富山県氷見市-
胡桃舘　くるみだて　青森県北津軽郡鶴田町-
胡麻生　ごもう　和歌山県橋本市-

胆

胆沢　いさわ
　いさわ-ぐん　岩手県-郡
胆沢区小山　いさわくおやま　岩手県奥州市-

背

背合　せなごう　新潟県佐渡市-

冑

冑中　かぶちゅう　福島県河沼郡柳津町-

茜

茜部新所　あかなべしんしょ　岐阜県岐阜市-

茨

茨ケ廻間　いばらがばさま　愛知県長久手市-
茨田大宮　まったおおみや　大阪府大阪市鶴見区-
茨田後　ばらだうしろ　宮城県亘理郡亘理町-
茨城　いばらき・ばらき
　ばらき　茨城県石岡市-
　いばらき-まち　茨城県東茨城郡-町

茨島　いばらしま・ばらじま
　ばらじま　秋田県秋田市-
　ばらじま　埼玉県北葛飾郡杉戸町-
　いばらしま　新潟県新潟市西蒲区-
茨野新田　ばらのしんでん　山形県酒田市-
茨新田　ばらしんでん　山形県鶴岡市-

荏

荏子田　えこだ　神奈川県横浜市青葉区-
荏田　えだ
　えだ-ちょう　神奈川県横浜市青葉区-町
荏原　えばら
　えばら　東京都品川区-
　えばら　富山県富山市-
荏隈　えのくま　大分県大分市-

荊

荊木　いばらき
　いばらき　和歌山県御坊市-
　いばらき　和歌山県日高郡日高町-
荊本　いばらもと　和歌山県岩出市-
荊沢　おとろざわ・ばらざわ
　おとろざわ　栃木県日光市-
　ばらざわ　山梨県南アルプス市-
荊原　ばらはら　埼玉県鴻巣市-

荒

荒土町堀名　あらどちょうほりめ　福井県勝山市-
荒川白久　あらかわしろく　埼玉県秩父市-
荒川贄川　あらかわにえがわ　埼玉県秩父市-
荒生　あらおい
　あらおい　千葉県東金市-
　あらおい　千葉県山武郡九十九里町-
荒生田　あろうた　福岡県北九州市八幡東区-
荒田　あらた・あらだ・あれた
　あらだ　宮城県伊具郡丸森町-
　あれた　富山県中新川郡上市町-
　あらた-ちょう　愛知県名古屋市昭和区-町
　あらた　愛知県長久手市-
　あらた-ちょう　兵庫県神戸市兵庫区-町
　あらた　岡山県真庭市-
　あらた　鹿児島県鹿児島市-
荒地　あらじ　茨城県鉾田市-
荒戎　あらえびす
　あらえびす-ちょう　兵庫県西宮市-町
荒尾　あらお・あろう
　あらお-ちょう　岐阜県大垣市-町
　あらお-まち　愛知県東海市-町
　あろう　愛知県北設楽郡設楽町-
　あらお　熊本県熊本市南区-
　あらお-まち　熊本県熊本市南区-町
　あらお-し　熊本県-市
　あらお　熊本県荒尾市-
　あらお　大分県豊後高田市-
荒谷　あらたに・あらだに・あらや
　あらや　北海道松前郡松前町-
　あらや　岩手県九戸郡九戸村-
　あらや　秋田県鹿角郡小坂町-
　あらや　山形県天童市-
　あらたに　石川県白山市-
　あらたに-ちょう　福井県福井市-町

9画（草, 荘, 茶, 茱, 虻, 計）

　　あらたに-ちょう　福井県越前市-町
　　あらたに　福井県吉田郡永平寺町-
　　あらたに-ちょう　広島県府中市-町
　　あらだに　熊本県上益城郡山都町-
荒神　こうじん
　　こうじん-ちょう　京都府京都市上京区-町
　　こうじん-ちょう　京都府京都市下京区-町
　　こうじん-ちょう　鳥取県倉吉市-町
　　こうじん-ちょう　岡山県高梁市-町
　　こうじん-まち　広島県広島市南区-町
荒野　こうや
　　こうや　茨城県鹿嶋市-
　　こうや　千葉県印西市-
荒蒔　あらまき
　　あらまき　三重県多気郡多気町-
　　あらまき-ちょう　奈良県天理市-町
荒網代浦　あらじろうら　大分県佐伯市-

| 草 |

草久　くさぎゅう　栃木県鹿沼市-
草水　くそうず・そうず
　　くそうず-ちょう　新潟県新潟市秋葉区-町
　　くそうず　新潟県阿賀野市-
　　そうず　福岡県朝倉市-
草牛　そうぎゅう　千葉県君津市-
草加　そうか
　　そうか-し　埼玉県-市
　　そうか　埼玉県草加市-
草加部　くさかべ
　　くさかべ　岡山県津山市-
　　くさかべ　岡山県真庭市-
草生　くそう　岡山県赤磐市-
草生津　くそうづ　新潟県長岡市-
草江　くさえ・そうご
　　そうご　石川県羽咋郡志賀町-
　　くさえ　山口県宇部市-
草牟田　そうむた
　　そうむた　鹿児島県鹿児島市-
　　そうむた-ちょう　鹿児島県鹿児島市-町
草柳　そうやぎ　神奈川県大和市-
草荷　そうか　新潟県新発田市-
草深　くさぶか・そうふけ
　　そうふけ　千葉県印西市-
　　くさぶか　千葉県山武市-
　　くさぶか　石川県能美郡川北町-
　　くさぶか　岐阜県揖斐郡池田町-
草部　くさかべ・くさべ
　　くさべ　大阪府堺市西区-
　　くさべ　熊本県阿蘇郡高森町-
草野町紅桃林　くさのまちことばやし　福岡県久留米市-
草鹿沢　そうかざわ
　　そうかざわ-ちょう　山梨県甲府市-町
草道島　そうどうじま
　　そうどうじま-ちょう　岐阜県大垣市-町
草薙　くさなぎ
　　くさなぎ　静岡県静岡市清水区-
　　くさなぎ-ちょう　愛知県名古屋市中村区-町

| 荘 |

荘　しょう
　　しょう　鳥取県西伯郡伯耆町-
　　しょう　鹿児島県出水市-
荘山田　そうやまだ
　　そうやまだ-むら　広島県呉市-村
荘川町三尾河　しょうかわちょうみおご　岐阜県高山市-
荘川町三谷　しょうかわちょうさんだに　岐阜県高山市-
荘川町六厩　しょうかわちょうむまや　岐阜県高山市-
荘内　そうない
　　そうない-ちょう　大阪府八尾市-町
荘田　しょうだ　鳥取県西伯郡大山町-
荘成　しょうじょう
　　しょうじょう-ちょう　島根県松江市-町
荘苑　そうえん　兵庫県川辺郡猪名川町-
荘島　しょうじま
　　しょうじま-まち　福岡県久留米市-町
荘園　そうえん
　　そうえん　大阪府池田市-
　　そうえん-ちょう　大阪府河内長野市-町
　　そうえん　大分県別府市-
荘厳寺　しょうごんじ
　　しょうごんじ-ちょう　滋賀県彦根市-町

| 茶 |

茶内橋北東　ちゃないきょうほくひがし　北海道厚岸郡浜中町-
茶臼原　ちゃうすばる　宮崎県西都市-
茶屋の原　ちゃやのはる　福岡県北九州市八幡西区-
茶畑　ちゃばたけ・ちゃばた
　　ちゃばたけ-ちょう　青森県弘前市-町
　　ちゃばたけ　岩手県盛岡市-
　　ちゃばたけ-まち　福島県須賀川市-町
　　ちゃばたけ-ちょう　千葉県銚子市-町
　　ちゃばたけ　静岡県裾野市-
　　ちゃばた　鳥取県西伯郡大山町-
茶園　さえん・ちゃえん
　　さえん　福島県二本松市-
　　ちゃえん　福島県耶麻郡猪苗代町-
茶園場　さえんば
　　さえんば-ちょう　兵庫県明石市-町

| 茱 |

茱原　ぐみわら　福井県丹生郡越前町-
茱崎　ぐみざき
　　ぐみざき-ちょう　福井県福井市-町
茱萸木　くみのき　大阪府大阪狭山市-
茱萸沢　ぐみざわ　静岡県御殿場市-

| 虻 |

虻田　あぶた
　　あぶた-ぐん　北海道-郡

| 計 |

計石　はかりいし
　　はかりいし-ちょう　福井県福井市-町
　　はかりいし　熊本県葦北郡芦北町-
計呂地　けろち　北海道紋別郡湧別町-

9画（軍, 逆, 追, 重, 面, 革, 音）

計根別　けねべつ　北海道標津郡中標津町-

軍

軍川　いくさがわ　北海道亀田郡七飯町-
軍水　ぐんすい
　ぐんすい-ちょう　愛知県名古屋市瑞穂区-町
軍岡　いくさおか　北海道中川郡幕別町-

逆

逆川　さかがわ・さかさがわ
　さかさがわ　福島県東白川郡棚倉町-
　さかさがわ　埼玉県鴻巣市-
　さかがわ　静岡県掛川市-
　さかさがわ　静岡県賀茂郡河津町-
　さかさがわ　愛知県額田郡幸田町-
逆井　さかさい
　さかさい　茨城県坂東市-
　さかさい　埼玉県南埼玉郡宮代町-
　さかさい　千葉県柏市-
逆谷　さかしだに　新潟県長岡市-
逆面　さかづら
　さかづら-ちょう　栃木県宇都宮市-町
逆瀬川　さかせがわ
　さかせがわ　大阪府堺市南区-
　さかせがわ　兵庫県宝塚市-

追

追入　おいれ　兵庫県篠山市-
追子野木　おっこのき　青森県黒石市-
追手　おうて
　おうて-まち　福島県会津若松市-町
　おうて-まち　長野県飯田市-町
　おうて-まち　静岡県静岡市葵区-町
追原　おっぱら　茨城県稲敷郡阿見町-
追浜　おっぱま
　おっぱま-ちょう　神奈川県横須賀市-町
追進　ついしん
　ついしん-ちょう　愛知県春日井市-町

重

重ノ木　じゅうのき　佐賀県鹿島市-
重井田　しげいだ
　しげいだ-まち　長崎県大村市-町
重内　おもない
　おもない　北海道上磯郡知内町-
　おもない　北海道川上郡弟子屈町-
重本　しげもと　愛知県稲沢市-
重永　しげなが　広島県世羅郡世羅町-
重立　しげたて
　しげたて-ちょう　福井県福井市-町
重光　しげみつ　愛媛県伊予郡砥部町-
重吉　しげよし
　しげよし-ちょう　宮城県石巻市-町
重地　じゅうじ　新潟県十日町市-
重池　おもいけ
　おもいけちょう　兵庫県神戸市長田区-町
重行　しげき　和歌山県紀の川市-
重住　しげずみ
　しげずみ　福岡県北九州市小倉北区-
　しげずみ　福岡県北九州市小倉南区-

重尾　しげお
　しげお-ちょう　長崎県佐世保市-町
重里　しげさと
　しげさと　岐阜県瑞穂市-
　しげさと　奈良県吉野郡十津川村-
重阪　へいさか　奈良県御所市-
重味　しげみ　熊本県菊池市-
重枝　しげえだ　鳥取県八頭郡八頭町-
重松　しげまつ　愛媛県喜多郡内子町-
重河内　しげかわち　佐賀県唐津市-
重茂　おもえ　岩手県宮古市-
重倉　しげくら　高知県高知市-
重根　しこね　和歌山県海南市-
重留　しげどめ　福岡県福岡市早良区-
重義　しげよし　福井県あわら市-
重藤　しげとう　岡山県久米郡美咲町-

面

面川　めんがわ　和歌山県田辺市-

革

革堂　こうどう
　こうどう-ちょう　京都府京都市上京区-町

音

音戸山山ノ茶屋　おんどやまやまのちゃや
　おんどやまやまのちゃや-ちょう　京都府京都市右京区-町
音戸町北隠渡　おんどちょうきたおんど　広島県呉市-
音戸町渡子　おんどちょうとのこ　広島県呉市-
音戸町藤脇　おんどちょうふじのわき　広島県呉市-
音戸町鰯浜　おんどちょういわしはま　広島県呉市-
音羽　おとは・おとわ
　おとわ-ちょう　北海道苫小牧市-町
　おとわ　東京都文京区-
　おとわ-ちょう　富山県富山市-町
　おとわ-ちょう　山梨県甲府市-町
　おとわ-ちょう　岐阜県多治見市-町
　おとわ-ちょう　静岡県静岡市葵区-町
　おとわ-ちょう　静岡県藤枝市-町
　おとわ　愛知県一宮市-
　おとは-まち　愛知県碧南市-町
　おとわ　三重県伊賀市-
　おとわ　三重県三重郡菰野町-
　おとわ-ちょう　滋賀県近江八幡市-町
　おとわ　滋賀県高島市-
　おとわ　滋賀県蒲生郡日野町-
　おとわ-ちょう　京都府京都市東山区-町
　おとわ-ちょう　大阪府寝屋川市-町
音更　おとふけ
　おとふけ-ちょう　北海道河東郡-町
　おとふけ　北海道河東郡音更町-
音別町馬主来　おんべつちょうばしくる　北海道釧路市-
音谷　おんだに　徳島県那賀郡那賀町-
音威子府　おといねっぷ
　おといねっぷ-むら　北海道中川郡-村
　おといねっぷ　北海道中川郡音威子府村-
音海　おとみ　福井県大飯郡高浜町-
音標　おとしべ　北海道枝幸郡枝幸町-
音調津　おしらべつ　北海道広尾郡広尾町-

254

9画（風, 飛, 食, 首, 香）

風

風市　かざし　和歌山県紀の川市-
風布　ふうぶ
　ふうぶ　埼玉県秩父郡長瀞町-
　ふうぶ　埼玉県大里郡寄居町-
風合瀬　かぜせ　青森県西津軽郡深浦町-
風成　かざなし　大分県臼杵市-
風烈布　ふうれっぷ　北海道枝幸郡枝幸町-
風連町瑞生　ふうれんちょうずいしょう　北海道名
　寄市-
風深　ふうか　兵庫県篠山市-
風袋　ふるたい
　ふるたい-まち　香川県丸亀市-町
風渡野　ふっとの　埼玉県さいたま市見沼区-

飛

飛内　とびない　青森県黒石市-
飛田　とびた・ひだ
　とびた　山形県新庄市-
　ひだ　新潟県妙高市-
　ひだ　熊本県熊本市北区-
飛田川　ひだがわ　大分県竹田市-
飛田給　とびたきゅう　東京都調布市-
飛香台　あすかだい　愛知県常滑市-
飛島　とびしま・ひしま
　とびしま　山形県酒田市-
　とびしま-むら　愛知県海部郡-村
　ひしま　岡山県笠岡市-
飛鳥町神山　あすかちょうこうのやま　三重県熊野市-
飛森　とびのもり　山形県最上郡金山町-
飛渡川　とんどがわ　愛知県常滑市-
飛駒　ひこま
　ひこま-ちょう　栃木県佐野市-町

食

食場　じきば
　じきば-まち　愛媛県松山市-町
食満　けま　兵庫県尼崎市-

首

首里汀良　しゅりてら
　しゅりてら-ちょう　沖縄県那覇市-町
首里当蔵　しゅりとうのくら
　しゅりとうのくら-ちょう　沖縄県那覇市-町
首里金城　しゅりきんじょう
　しゅりきんじょう-ちょう　沖縄県那覇市-町
首里桃原　しゅりとうばる
　しゅりとうばる-ちょう　沖縄県那覇市-町
首里寒川　しゅりさむかわ
　しゅりさむかわ-ちょう　沖縄県那覇市-町
首部　こうべ　岡山県岡山市北区-

香

香　こうやつ　千葉県館山市-
香ケ丘　かおりがおか
　かおりがおか-ちょう　大阪府堺市堺区-町
香力　こうりき　福岡県糸島市-
香下　かした　兵庫県三田市-

香山　こうざん
　こうざん-ちょう　山口県山口市-町
香山新田　かやましんでん　千葉県山武郡芝山町-
香之庄　このしょう　滋賀県愛知郡愛荘町-
香日向　かひなた　埼玉県幸手市-
香月が丘　かげつがおか　高知県高岡郡四万十町-
香月西　かつきにし　福岡県北九州市八幡西区-
香木原　かぎはら　千葉県君津市-
香北町五百蔵　かほくちょういおろい　高知県香美市-
香北町有川　かほくちょうあらかわ　高知県香美市-
香北町有瀬　かほくちょうあらせ　高知県香美市-
香北町朴ノ木　かほくちょうほうのき　高知県香美市-
香北町西峯　かほくちょうにしのみね　高知県香美市-
香北町河野　かほくちょうこうの　高知県香美市-
香北町梅久保　かほくちょううめのくぼ　高知県香
　美市-
香北町清爪　かほくちょうせいづめ　高知県香美市-
香北町韮生野　かほくちょうにろうの　高知県香美市-
香北町蕨野　かほくちょうわらびの　高知県香美市-
香田　こうだ　鳥取県八頭郡若桜町-
香合新田　こうばこしんでん　兵庫県宝塚市-
香寺町久畑　こうでらちょうくばた　兵庫県姫路市-
香寺町土師　こうでらちょうはぜ　兵庫県姫路市-
香西　こうさい　静岡県富士市-
香西東　こうざいひがし
　こうざいひがし-まち　香川県高松市-町
香住区一日市　かすみくひといち　兵庫県美方郡香
　美町-
香住区下浜　かすみくしものはま　兵庫県美方郡香
　美町-
香住区上計　かすみくあげ　兵庫県美方郡香美町-
香住区土生　かすみくはぶ　兵庫県美方郡香美町-
香住区丹生地　かすみくにうじ　兵庫県美方郡香美町-
香住区加鹿野　かすみくかじかの　兵庫県美方郡香
　美町-
香住区守柄　かすみくすから　兵庫県美方郡香美町-
香住区余部　かすみくあまるべ　兵庫県美方郡香美町-
香住区沖浦　かすみくおきのうら　兵庫県美方郡香
　美町-
香住区無南垣　かすみくむながい　兵庫県美方郡香
　美町-
香呑　こうのみ
　こうのみ-ちょう　愛知県名古屋市西区-町
香坂　こうさか
　こうさか　長野県佐久市-
　こうさか　愛知県名古屋市名東区-
香我美町上分　かがみちょうかみぶん　高知県香南市-
香我美町別役　かがみちょうべっちゃく　高知県香
　南市-
香我美町撫川　かがみちょうむがわ　高知県香南市-
香束　こうそく　奈良県吉野郡吉野町-
香良洲　からす
　からす-ちょう　三重県津市-町
香花寺　こうけいじ
　こうけいじ-ちょう　滋賀県長浜市-町
香芝　かしば
　かしば-し　奈良県-市
香里園　こうりえん
　こうりえん-ちょう　大阪府枚方市-町

255

10画（倶, 借, 修, 倉, 俵, 倭, 兼, 剣）

香取　かとり・かんどり
　　かんどり　千葉県市川市-
　　かとり-し　千葉県-市
　　かとり　千葉県香取市-
　　かとり-ぐん　千葉県-郡
　　かとり-ちょう　岐阜県岐阜市-町
　　かとり-ちょう　愛知県名古屋市中村区-町
　　かとり　鳥取県鳥取市-
香林　こうばやし
　　こうばやし-ちょう　群馬県伊勢崎市-町
香林坊　こうりんぼう　石川県金沢市-
香河　かご　京都府与謝郡与謝野町-
香南　こうなん
　　こうなん　愛知県名古屋市名東区-
　　こうなん-し　高知県-市
香南町池内　こうなんちょういけのうち　香川県高
松市-
香南町西庄　こうなんちょうにしのしょう　香川県高
松市-
香春　かわら
　　かわら-まち　福岡県田川郡-町
　　かわら　福岡県田川郡香春町-
香津　こうづ
　　こうづ-まち　宮城県塩竈市-町
香美　かみ
　　かみ-ちょう　兵庫県美方郡-町
　　かみ-し　高知県-市
香流　かなれ　愛知県名古屋市名東区-
香流橋　かなればし　愛知県名古屋市千種区-
香能　かのう　石川県羽咋郡志賀町-
香桶　こおけ　愛知県長久手市-
香深　かふか
　　かふか-むら　北海道礼文郡礼文町-村
香椎　かしい　福岡県福岡市東区-
香焼　こうやぎ
　　こうやぎ-まち　長崎県長崎市-町
香園　こうぞの　福岡県筑紫野市-
香澄　かすみ
　　かすみ-ちょう　山形県山形市-町
　　かすみ　千葉県習志野市-
香蘭　こうらん　岐阜県岐阜市-

◆◆◆◆◆ 10画 ◆◆◆◆◆

倶

倶利伽羅　くりから　石川県河北郡津幡町-
倶知安　くっちゃん
　　くっちゃん-ちょう　北海道虻田郡-町

借

借宿　かりやど
　　かりやど　福島県白河市-
　　かりやど　福島県二本松市-
　　かりやど　福島県岩瀬郡鏡石町-
　　かりやど　茨城県坂東市-
　　かりやど　茨城県鉾田市-
　　かりやど-ちょう　栃木県足利市-町

修

修多羅　すたら　福岡県北九州市若松区-
修学院北沮沢　しゅうがくいんきたふけ
　　しゅうがくいんきたふけ-ちょう　京都府京都市左京区-町
修学院鹿ノ下　しゅうがくいんかのした
　　しゅうがくいんかのした-ちょう　京都府京都市左京区-町
修理川　すりがわ　和歌山県有田郡有田川町-
修理枝　しゅりえだ　奈良県桜井市-
修善寺　しゅぜんじ　静岡県伊豆市-

倉

倉栄　そうえい　北海道斜里郡小清水町-
倉真　くらみ　静岡県掛川市-
倉梯　くらはし
　　くらはし-ちょう　京都府舞鶴市-町

俵

俵　たわら・ひょう
　　たわら-まち　石川県金沢市-町
　　たわら-まち　岐阜県大垣市-町
　　たわら-まち　岐阜県美濃市-町
　　たわら-まち　長崎県佐世保市-町
　　ひょう　鹿児島県大島郡瀬戸内町-
俵中　ひょうちゅう　北海道標津郡中標津町-
俵原　たらわら・たわら
　　たらわら-まち　石川県金沢市-町
　　たわら　鳥取県東伯郡三朝町-
俵真布　たわらまっぷ　北海道上川郡美瑛町-

倭

倭　やまと
　　やまと-ちょう　栃木県栃木市-町
　　やまと-まち　三重県伊勢市-町
　　やまと　鳥取県西伯郡南部町-
倭文　しとり　鳥取県鳥取市-
倭文委文　しとおりいぶん　兵庫県南あわじ市-
倭文長田　しとおりながた　兵庫県南あわじ市-

兼

兼久　かねく・かねひさ
　　かねひさ　鳥取県米子市-
　　かねく　鹿児島県大島郡天城町-
　　かねく　沖縄県中頭郡嘉手納町-
　　かねく　沖縄県中頭郡西原町-
兼六　けんろく
　　けんろく-まち　石川県金沢市-町
兼次　かねし　沖縄県国頭郡今帰仁村-
兼城　かねぐすく
　　かねぐすく　沖縄県糸満市-
　　かねぐすく　沖縄県島尻郡南風原町-
　　かねぐすく　沖縄県島尻郡久米島町-
兼箇段　かねかだん　沖縄県うるま市-

剣

剣吉　けんよし　青森県三戸郡南部町-
剣沢　つるぎさわ　富山県中新川郡立山町-
剣谷　けんたに・けんだに
　　けんだに-ちょう　兵庫県西宮市-町
　　けんたに　兵庫県芦屋市-

10画（原, 員, 哲, 唐）

剣崎　けんざき
　けんざき　宮城県柴田郡柴田町-
　けんざき-まち　群馬県高崎市-町
　けんざき-まち　石川県白山市-町
剣淵　けんぶち
　けんぶち-ちょう　北海道上川郡-町
剣野　けんの
　けんの　新潟県柏崎市-
　けんの-ちょう　新潟県柏崎市-町

原

原　はら・はらの・はる
　はら　青森県三戸郡田子町-【ほか91ヶ所】
　はらの-まち　宮城県仙台市宮城野区-町
　はる　福岡県筑紫野市-
　はる-まち　福岡県宗像市-町
　はる-まち　福岡県糟屋郡粕屋町-町
　はる　福岡県田川郡糸田町-
　はる　佐賀県唐津市-
　はる-まち　佐賀県鳥栖市-町
　はる　熊本県菊池市-
原ケ平　はらがたい　青森県弘前市-
原セ川原　はらせかわはら　福島県二本松市-
原上　はるがみ　福岡県糟屋郡新宮町-
原上原　はらかみはら　青森県平川市-
原口　はらぐち・はるぐち
　はらぐち　北海道松前郡松前町-
　はらぐち　山形県上山市-
　はらぐち　長崎県島原市-
　はらぐち-まち　長崎県諫早市-町
　はらぐち-まち　長崎県大村市-町
　はるぐち　熊本県玉名郡和水町-
原川　はらがわ・はるかわ
　はらがわ　埼玉県比企郡小川町-
　はらがわ　静岡県掛川市-
　はるかわ　大分県大分市-
原分　はるぶん
　はるぶん-ちょう　長崎県佐世保市-町
原日浦　はらびうら　和歌山県日高郡日高川町-
原古賀　はらこが・はらんこが・はるこが
　はらんこが-まち　福岡県久留米市-町
　はらこが-まち　佐賀県鳥栖市-町
　はるこが　佐賀県三養基郡みやき町-
原田　はらだ・はるだ
　はらだ　山形県尾花沢市-
　はらだ　山形県西村山郡大江町-
　はらだ　福島県喜多方市-
　はらだ　福島県二本松市-
　はらだ　千葉県市原市-
　はらだ　静岡県富士市-
　はらだ　愛知県知多郡武豊町-
　はらだ　大阪府堺市西区-
　はらだ　兵庫県神戸市灘区-
　はらだ　和歌山県橋本市-
　はらだ　島根県隠岐郡隠岐の島町-
　はらだ　岡山県久米郡美咲町-
　はらだ　広島県豊田郡大崎上島町-
　はらだ-ちょう　香川県丸亀市-町
　はらだ-ちょう　香川県善通寺市-町
　はらだ　福岡県福岡市東区-
　はるだ　福岡県筑紫野市-
　はらだ　福岡県宮若市-
　はるだ　福岡県糟屋郡宇美町-
　はらだ　熊本県下益城郡美里町-
　はらだ　宮崎県えびの市-
　はらだ-ちょう　鹿児島県薩摩川内市-町
原町区大谷　はらまちくおおがい　福島県南相馬市-
原町区大甕　はらまちくおおみか　福島県南相馬市-
原町区牛来　はらまちくごらい　福島県南相馬市-
原町区江井　はらまちくえねい　福島県南相馬市-
原町区米々沢　はらまちくめめざわ　福島県南相馬市-
原町区東　はらまちくあずま
　はらまちくあずま-ちょう　福島県南相馬市-町
原町区信田沢　はらまちくしだざわ　福島県南相馬市-
原町区高倉　はらまちくたかのくら　福島県南相馬市-
原町区深野　はらまちくふこうの　福島県南相馬市-
原町区雫　はらまちくしどけ　福島県南相馬市-
原町区堤谷　はらまちくつつみがい　福島県南相馬市-
原町区萱浜　はらまちくかいばま　福島県南相馬市-
原町区鶴谷　はらまちくつるがい　福島県南相馬市-
原町南目　はらのまちみなみのめ　宮城県仙台市宮城
　野区-
原谷地際　はらやちぎわ　宮城県刈田郡七ケ宿町-
原邸　はらやしき　愛知県長久手市-
原保　わらぼ　静岡県伊豆市-
原城　はらのじょう
　はらのじょう-まち　熊本県人吉市-町
原場　げんば　宮城県伊具郡丸森町-
原新　はらしん・はるしん
　はらしん-まち　埼玉県上尾市-町
　はるしん-まち　大分県大分市-町

員

員弁　いなべ
　いなべ-ぐん　三重県-郡
員弁町暮明　いなべちょうくらがり　三重県いなべ市-
員光　かずみつ
　かずみつ　山口県下関市-
　かずみつ-ちょう　山口県下関市-町

哲

哲多町老栄　てったちょういざこ　岡山県新見市-
哲多町宮河内　てったちょうみやごうち　岡山県新
　見市-
哲多町蚊家　てったちょうこうのいえ　岡山県新見市-
哲西町上神代　てっせいちょうかみこうじろ　岡山県
　新見市-

唐

唐人　とうじん
　とうじん-まち　高知県高知市-町
　とうじん-まち　福岡県福岡市中央区-町
　とうじん　佐賀県佐賀市-
唐久谷　からくだに　大阪府河内長野市-
唐川　からかわ・とうのかわ
　からかわ　鳥取県岩美郡岩美町-
　からかわ-ちょう　島根県出雲市-町
　とうのかわ　佐賀県唐津市-
唐丹　とうに
　とうに-ちょう　岩手県釜石市-町
唐牛　かろうじ　青森県南津軽郡大鰐町-

257

10画（埋, 埒, 垈, 夏, 姫, 娚, 家, 宮）

唐王　とうのう　鳥取県西伯郡大山町-
唐竹苺原　からたけいちごはら　青森県平川市-
唐尾　かろ　和歌山県有田郡広川町-
唐谷山　からかいやま　福島県二本松市-
唐房　とうぼう　佐賀県唐津市-
唐松　からまつ・とうまつ
　とうまつ-ちょう　北海道三笠市-町
　からまつ　長野県小諸市-
　からまつ　岡山県新見市-
唐原　とうのはる　福岡県福岡市東区-
唐桑町西舞根　からくわちょうにしもうね　宮城県気
仙沼市-
唐桑町松圃　からくわちょうまつばたけ　宮城県気仙
沼市-
唐桑町東舞根　からくわちょうひがしもうね　宮城県
気仙沼市-
唐桑町堂角　からくわちょうどうかく　宮城県気
沼市-
唐桑町載鈎　からくわちょうのせかぎ　宮城県気仙
沼市-
唐桑町鮪立　からくわちょうしびたち　宮城県気仙
沼市-
唐浜　とうのはま　高知県安芸郡安田町-
唐院　とういん　奈良県磯城郡川西町-
唐船　とうせん　福岡県大牟田市-
唐湊　とそ　鹿児島県鹿児島市-
唐園　とうのそ　徳島県板野郡板野町-
唐橋経田　からはしけいでん
　からはしけいでん-ちょう　京都府京都市南区-町
唐櫃　からと　三重県多気郡大台町-
唐櫃台　からとだい　兵庫県神戸市北区-

埋

埋田　うめだ
　うめだ　秋田県由利本荘市-
　うめだ-ちょう　愛知県津島市-町
埋金　うめがね　福岡県筑紫郡那珂川町-
埋縄　うずなわ　三重県三重郡朝日町-
埋橋　うずはし　長野県松本市-

埒

埒木崎　らちきざき　福島県相馬郡新地町-

垈

垈渡　ごみわたり　青森県三戸郡南部町-

夏

夏茂　なつも　山形県東置賜郡高畠町-
夏焼　なつやき・なつやけ
　なつやき　青森県上北郡七戸町-
　なつやけ　富山県南砺市-
　なつやけ　岐阜県下呂市-
　なつやけ-ちょう　愛知県豊田市-町
夏端　なつばた
　なつばた-ちょう　長野県須坂市-町

姫

姫城　ひめぎ
　ひめぎ-ちょう　宮崎県都城市-町

娚

娚杉　めおとすぎ
　めおとすぎ-まち　石川県金沢市-町

家

家ノ上　いえのうえ・いえのかみ
　いえのうえ　青森県上北郡野辺地町-
　いえのかみ　青森県上北郡七戸町-
家中　かちゅう　香川県仲多度郡多度津町-
家内　けない　兵庫県佐用郡佐用町-
家代　いえしろ・えしろ
　いえしろ　静岡県掛川市-
　えしろ　宮崎県東臼杵郡諸塚村-
家地川　いえじがわ　高知県高岡郡四万十町-
家和楽　やわら　茨城県常陸大宮市-
家房　かぼう　山口県大島郡周防大島町-
家武　えたけ
　えたけ-ちょう　愛知県西尾市-町
家根合　かねあい　山形県東田川郡庄内町-
家徳　かとく　千葉県東金市-
家籠戸　かろうと　高知県高岡郡檮原町-

宮

宮下　みやげ・みやした・みやしも・みやのした
　みやした-ちょう　北海道赤平市-町
　みやした　北海道夕張郡長沼町-
　みやした　北海道常呂郡置戸町-
　みやした-ちょう　北海道沙流郡日高町-町
　みやした-ちょう　岩手県一関市-町
　みやした-ちょう　福島県福島市-町
　みやした　福島県大沼郡三島町-
　みやした　茨城県鹿嶋市-
　みやした-ちょう　栃木県佐野市-町
　みやした-まち　埼玉県川越市-町
　みやのした　千葉県君津市-
　みやした　千葉県南房総市-
　みやした-まち　東京都八王子市-町
　みやしも　神奈川県相模原市中央区-
　みやした　神奈川県足柄下郡湯河原町-
　みやした-まち　新潟県長岡市-町
　みやのした　新潟県阿賀野市-
　みやした-ちょう　静岡県静岡市清水区-町
　みやした　静岡県富士市-
　みやした-ちょう　愛知県豊橋市-町
　みやした-ちょう　大阪府堺市西区-町
　みやした　兵庫県神戸市西区-
　みやした-ちょう　香川県坂出市-町
　みやした-ちょう　愛媛県今治市-町
　みやした　愛媛県宇和島市-
　みやした　愛媛県伊予市-
　みやげ　鹿児島県肝属郡肝付町-
宮上　みやうえ・みやかみ・みやがみ
　みやかみ　神奈川県足柄下郡湯河原町-
　みやかみ　静岡県伊豆市-
　みやがみ-ちょう　愛知県豊田市-町
　みやうえ-ちょう　兵庫県姫路市-町
宮小来川　みやおころがわ　栃木県日光市-
宮小路　みやこうじ・みやしょうじ
　みやこうじ-まち　千葉県佐倉市-町
　みやしょうじ　長崎県大村市-

10画（宮）

宮川町小豆沢　みやがわちょうあずきざわ　岐阜県飛
　驒市-
宮川町中沢上　みやがわちょうなかぞれ　岐阜県飛
　驒市-
宮川町祢宜ケ沢上　みやがわちょうねがそれ　岐阜県
　飛驒市-
宮中　きゅうちゅう・みやなか
　　きゅうちゅう　茨城県鹿嶋市-
　　みやなか　新潟県十日町市-
　　みやなか　富山県小矢部市-
宮之一色　みやのいしき　静岡県磐田市-
宮内　くない・みやうち
　　みやうち　宮城県多賀城市-
　　みやうち　秋田県由利本荘市-
　　みやうち　山形県酒田市-
　　みやうち-まち　山形県新庄市-町
　　みやうち　山形県寒河江市-
　　みやうち　山形県南陽市-
　　みやうち-ちょう　茨城県水戸市-町
　　みやうち　埼玉県北本市-
　　みやうち　千葉県佐倉市-
　　みやうち　神奈川県川崎市中原区-
　　みやうち　新潟県長岡市-
　　みやうち-まち　新潟県長岡市-町
　　みやうち　新潟県妙高市-
　　みやうち　静岡県御前崎市-
　　みやうち　静岡県賀茂郡松崎町-
　　みやうち-ちょう　滋賀県近江八幡市-町
　　みやうち-ちょう　兵庫県尼崎市-町
　　みやうち　鳥取県東伯郡湯梨浜町-
　　みやうち　鳥取県西伯郡大山町-
　　みやうち　鳥取県日野郡日南町-
　　みやうち-ちょう　島根県安来市-町
　　みやうち　島根県邑智郡美郷町-
　　みやうち　岡山県勝田郡奈義町-
　　みやうち-ちょう　広島県庄原市-町
　　みやうち　広島県廿日市市-
　　みやうち　愛媛県松山市-
　　みやうち　愛媛県伊予郡砥部町-
　　みやうち　高知県高岡郡四万十町-
　　みやうち　熊本県熊本市中央区-
　　くない　熊本県荒尾市-
　　みやうち-ちょう　鹿児島県薩摩川内市-町
宮夫　みやぶ　大分県中津市-
宮代　みやしろ・みやだい
　　みやしろ　福島県福島市-
　　みやしろ-まち　埼玉県南埼玉郡-町
　　みやしろ　埼玉県南埼玉郡宮代町-
　　みやしろ　福井県三方郡美浜町-
　　みやしろ　岐阜県不破郡垂井町-
　　みやしろ-ちょう　静岡県静岡市清水区-町
　　みやしろ-ちょう　愛知県豊田市-町
　　みやしろ-ちょう　京都府綾部市-町
　　みやしろ　兵庫県篠山市-
　　みやだい-まち　長崎県大村市-町
宮古　みやこ・みやふる
　　みやこ-し　岩手県-市
　　みやこ　福島県河沼郡会津坂下町-
　　みやふる-まち　群馬県伊勢崎市-町
　　みやこ　三重県度会郡玉城町-
　　みやこ　奈良県磯城郡田原本町-

　　みやこ-ぐん　沖縄県-郡
宮台　みやのだい　神奈川県足柄上郡開成町-
宮市　みやいち・みやち
　　みやいち　鳥取県日野郡江府町-
　　みやち-ちょう　山口県防府市-町
　　みやいち-まち　福岡県行橋市-町
宮平　みやだいら・みやひら
　　みやだいら　新潟県柏崎市-
　　みやだいら　新潟県糸魚川市-
　　みやひら　沖縄県島尻郡南風原町-
宮田　みやた・みやだ・みやでん
　　みやた　北海道虻田郡ニセコ町-
　　みやた　青森県青森市-
　　みやた　宮城県加美郡加美町-
　　みやだ　山形県飽海郡遊佐町-
　　みやた-ちょう　茨城県日立市-町
　　みやた　茨城県小美玉市-
　　みやた-まち　栃木県栃木市-町
　　みやた-まち　神奈川県横浜市保土ケ谷区-町
　　みやた-まち　富山県高岡市-町
　　みやだ　富山県氷見市-
　　みやだ　石川県河北郡津幡町-
　　みやた　長野県松本市-
　　みやだ-むら　長野県上伊那郡-村
　　みやでん　岐阜県瑞穂市-
　　みやだ-ちょう　滋賀県彦根市-町
　　みやだ-ちょう　大阪府高槻市-町
　　みやだ　兵庫県篠山市-
　　みやだ-まち　山口県下関市-町
　　みやだ　香川県仲多度郡まんのう町-
　　みやた-まち　愛媛県松山市-町
　　みやた-まち　福岡県北九州市八幡東区-町
　　みやた　福岡県宗像市-
　　みやた　福岡県宮若市-
　　みやだ-まち　長崎県佐世保市-町
　　みやた-ちょう　宮崎県宮崎市-町
　　みやた-ちょう　鹿児島県枕崎市-町
宮田町生原　みやたちょうはいばら　愛知県江南市-
宮地　みやじ・みやち
　　みやじ　青森県弘前市-
　　みやじ　茨城県稲敷郡美浦村-
　　みやじ　群馬県前橋市-町
　　みやじ　埼玉県鴻巣市-
　　みやじ-まち　石川県加賀市-町
　　みやち　石川県鳳珠郡能登町-
　　みやじ-まち　福井県福井市-町
　　みやじ-ちょう　岐阜県関市-町
　　みやじ　岐阜県下呂市-
　　みやじ　岐阜県揖斐郡池田町-
　　みやじ-ちょう　愛知県岡崎市-町
　　みやじ　愛知県一宮市-
　　みやじ-ちょう　愛知県瀬戸市-町
　　みやじ-ちょう　愛知県愛西市-町
　　みやじ　岡山県真庭市-
　　みやじ　岡山県久米郡久米南町-
　　みやち　岡山県加賀郡吉備中央町-
　　みやじ　広島県山県郡北広島町-
　　みやじ-ちょう　山口県宇部市-町
　　みやじ　高知県高岡郡越知町-
　　みやじ-まち　長崎県佐世保市-町
　　みやじ-まち　熊本県八代市-町

259

10画（射，島，峰，差，師）

宮庄　みやのしょう
　　みやのしょう-まち　熊本県宇土市-町
宮谷　みやたに・みやだに・みやのやつ
　　みやのやつ　千葉県南房総市-
　　みやだに　福井県あわら市-
　　みやだに-ちょう　福井県越前市-町
　　みやだに　鳥取県鳥取市-
　　みやだに　鳥取県八頭郡八頭町-
　　みやたに　福岡県田川郡糸田町-
宮河内　みやかわうち　大分県大分市-
宮河内ハイランド　みやかわうちはいらんど　大分県
　大分市-
宮保　みやのほ・みやぼ
　　みやのほ　富山県富山市-
　　みやぼ-まち　石川県金沢市-町
　　みやぼ-まち　石川県白山市-町
宮前　みやのまえ・みやまえ
　　みやまえ　宮城県刈田郡七ケ宿町-【ほか48ヶ所】
　　みやのまえ　新潟県岩船郡関川村-
宮前町神前　みやざきちょうこうざき　京都府亀岡市-
宮城　みやぎ・みやぐすく
　　みやぎ-ぐん　宮城県-郡
　　みやぎ　千葉県館山市-
　　みやぎ　東京都足立区-
　　みやぐすく　沖縄県那覇市-
　　みやぎ　沖縄県浦添市-
　　みやぎ　沖縄県国頭郡大宜味村-
　　みやぎ　沖縄県国頭郡東村-
　　みやぎ　沖縄県中頭郡北谷町-
　　みやぐすく　沖縄県島尻郡南風原町-
宮後　みやうしろ・みやご・みやじり・みやのうしろ
　　みやご　福島県大沼郡会津美里町-
　　みやご　茨城県筑西市-
　　みやのうしろ　埼玉県さいたま市緑区-
　　みやのうしろ　富山県南砺市-
　　みやご-まち　愛知県碧南市-町
　　みやうしろ-ちょう　愛知県江南市-町
　　みやじり　三重県伊勢市-
　　みやうしろ　滋賀県愛知郡愛荘町-
宮原町須谷　みやはらちょうすがい　和歌山県有田市-
宮原町滝川原　みやはらちょうたきがはら　和歌山県
　有田市-
宮浦　みやうら・みやのうら
　　みやうら　山形県山形市-
　　みやうら-ちょう　岐阜県岐阜市-町
　　みやうら　愛知県犬山市-
　　みやうら　岡山県岡山市南区-
　　みやうら　広島県三原市-
　　みやのうら　福岡県福岡市西区-
　　みやうら　佐賀県三養基郡基山町-
　　みやのうら　熊本県葦北郡芦北町-
　　みやうら　宮崎県日南市-
宮脇　みやのわき・みやわき
　　みやのわき　宮城県伊具郡丸森町-
　　みやのわき　山形県上山市-
　　みやわき-ちょう　富山県高岡市-町
　　みやわき　静岡県掛川市-
　　みやわき-ちょう　愛知県名古屋市中川区-町
　　みやわき-ちょう　愛知県瀬戸市-町
　　みやわき　愛知県長久手市-
　　みやわき　兵庫県三田市-

　　みやわき　兵庫県美方郡新温泉町-
　　みやわき-ちょう　岡山県津山市-町
　　みやわき-ちょう　香川県高松市-町
　　みやわき-ちょう　宮崎県宮崎市-町
宮野下　みやのした・みやのしも
　　みやのした　新潟県五泉市-
　　みやのした　新潟県南魚沼市-
　　みやのしも　山口県山口市-
宮森　みやのもり・みやもり
　　みやもり　富山県砺波市-
　　みやのもり　奈良県磯城郡田原本町-
宮窪　みやのくぼ　富山県滑川市-
宮窪町余所国　みやくぼちょうよそくに　愛媛県今
　治市-

射

射水　いみず
　　いみず-し　富山県-市
　　いみず-ちょう　富山県射水市-町
射和　いざわ
　　いざわ-ちょう　三重県松阪市-町
射場　いば
　　いば-ちょう　京都府京都市上京区-町

島

島川原　しまかわはら・しまがわら
　　しまがわら　新潟県三条市-
　　しまがわら　長野県東御市-
　　しまかわはら-まち　岐阜県高山市-町
島中　しまじゅう・しまなか
　　しまじゅう　高知県高岡郡檮原町-
　　しまなか　鹿児島県大島郡喜界町-
島立　しまだち　長野県松本市-
島地　しまち・しまんじ
　　しまんじ-ちょう　長崎県佐世保市-町
　　しまち　熊本県八代郡氷川町-
島門　しまど　福岡県遠賀郡遠賀町-
島根町大芦　しまねちょうおわし　島根県松江市-
島越　しまのこし　岩手県下閉伊郡田野畑村-
島瀬　しまのせ
　　しまのせ-ちょう　長崎県佐世保市-町

峰

峰坂　みねのさか
　　みねのさか-ちょう　長崎県佐世保市-町
峰南　ほうなん
　　ほうなん-ちょう　兵庫県姫路市-町
峰後　みねうしろ　茨城県ひたちなか市-
峰浜高野々　みねはまこうやの　秋田県山本郡八峰町-

差

差首鍋　さすなべ　山形県最上郡真室川町-

師

師戸　もろと　千葉県印西市-
師田　もろだ　群馬県利根郡みなかみ町-
師岡　もろおか
　　もろおか-ちょう　東京都青梅市-町
　　もろおか-ちょう　神奈川県横浜市港北区-町
師長　もろなが
　　もろなが-ちょう　愛知県名古屋市瑞穂区-町

10画（帯,庫,座,徒,恩,恐,恵,恋,扇,挙,拳,振,挾,敏,効,旅,晒,時,書,朔,株）

師崎　もろざき　愛知県知多郡南知多町-

帯

帯刀　たてわき　埼玉県児玉郡上里町-
帯島　たいしま　岩手県九戸郡洋野町-

庫

庫場　くらば　福島県伊達郡桑折町-
庫富　くらとみ　北海道沙流郡日高町-

座

座川内　そそろがわち　佐賀県東松浦郡玄海町-
座主坊　ざしゅうぼう　富山県中新川郡立山町-
座生　ざおう　千葉県野田市-

徒

徒　おかち・かち
　おかち-まち　青森県弘前市-町
　かち-まち　和歌山県和歌山市-町
徒士　かじし
　かじし-ちょう　青森県八戸市-町
徒之　かちの
　かちの-まち　福島県会津若松市-町
徒町川端　おかちまちかわばた
　おかちまちかわばた-ちょう　青森県弘前市-町

恩

恩地　おんじ・おんぢ
　おんぢ-ちょう　静岡県浜松市南区-町
　おんじ　鳥取県東伯郡三朝町-
　おんじ-まち　愛媛県松山市-町
恩根内　おんねない
　おんねない　北海道中川郡美深町-
　おんねない　北海道足寄郡陸別町-
　おんねない　北海道十勝郡浦幌町-
恩納　おんな
　おんな-そん　沖縄県国頭郡-村
　おんな　沖縄県国頭郡恩納村-
恩智中　おんぢなか
　おんぢなか-まち　大阪府八尾市-町

恐

恐神　おそがみ
　おそがみ-ちょう　福井県福井市-町

恵

恵下越　えげのこし　福島県田村郡三春町-
恵央　けいおう
　けいおう-ちょう　北海道恵庭市-町
恵和　けいわ
　けいわ-まち　宮城県仙台市太白区-町
恵岱別　えたいべつ　北海道雨竜郡北竜町-
恵美酒　えびす
　えびす-ちょう　京都府京都市伏見区-町
恵茶人　えさしと　北海道厚岸郡浜中町-

恋

恋木　こいのき　愛媛県大洲市-

扇

扇ガ谷　おうぎがやつ　神奈川県鎌倉市-

扇島
おうぎしま・おおしま
　おうぎしま　千葉県香取市-
　おうぎしま　神奈川県横浜市鶴見区-
　おおぎしま　神奈川県川崎市川崎区-

挙

挙母　ころも
　ころも-ちょう　愛知県豊田市-町
挙野　あげの　福井県敦賀市-

拳

拳ノ川　こぶしのかわ　高知県幡多郡黒潮町-

振

振内　ふれない
　ふれない-ちょう　北海道沙流郡平取町-町
振老　ふらおい　北海道天塩郡天塩町-
振別　ふるべつ　北海道広尾郡大樹町-
振甫　しんぼ
　しんぼ-ちょう　愛知県名古屋市千種区-町
振草　ふりくさ　愛知県北設楽郡東栄町-
振慶名　ぶりけな　沖縄県名護市-

挾

挾田　はさだ　大分県竹田市-
挾石　はさみし　石川県鳳珠郡穴水町-
挾間町向原　はさままちむかいのはる　大分県由布市-
挾間町朴木　はさままちほおのき　大分県由布市-
挾間町来鉢　はさままちくばち　大分県由布市-
挾間町東院　はさままちとい　大分県由布市-
挾間町鬼瀬　はさままちおにがせ　大分県由布市-

敏

敏音知　びんねしり　北海道枝幸郡中頓別町-

効

効範　こうはん
　こうはん-ちょう　愛知県瀬戸市-町

旅

旅来　たびこらい　北海道中川郡豊頃町-

晒

晒屋　さらしや
　さらしや　富山県滑川市-
　さらしや-ちょう　京都府京都市下京区-町

時

時任　ときとう
　ときとう-ちょう　北海道函館市-町
　ときとう-ちょう　宮崎県日南市-町

書

書副　かいぞえ　岡山県久米郡美咲町-

朔

朔日　ついたち
　ついたち-まち　青森県八戸市-町
朔日市　ついたち　愛媛県西条市-

株

株梗木　ぐみのき　青森県黒石市-

10画（栢, 桔, 桐, 栗, 桑）

株梗木横丁　ぐみのきよこちょう　青森県黒石市-

栢

栢山　かやま　神奈川県小田原市-
栢木　かいのき　石川県羽咋郡志賀町-
栢田　かやだ　千葉県匝瑳市-
栢谷　かいだに　岡山県岡山市北区-
栢森　かやもり　奈良県高市郡明日香村-
栢橋　かやはし　千葉県市原市-

桔

桔梗　ききょう
　ききょう　北海道函館市-
　ききょう-ちょう　北海道函館市-町

桐

桐木　きりのき
　きりのき　茨城県坂東市-
　きりのき-まち　富山県高岡市-町
　きりのき　富山県南砺市-
　きりのき-ちょう　京都府京都市上京区-町
桐木沢　きりのきざわ　福島県耶麻郡猪苗代町-
桐古里郷　きりふるさとごう　長崎県南松浦郡新上五島町-
桐生　きりう・きりゅう
　きりゅう-し　群馬県-市
　きりう-まち　岐阜県高山市-町
　きりゅう　滋賀県大津市-
桐谷　きりざく　千葉県香取市-
桐谷台　きりやだい　岐阜県関市-
桐畑　きりはた・きりばたけ
　きりばたけ　神奈川県横浜市神奈川区-
　きりはた　石川県鳳珠郡能登町-
　きりはた-ちょう　愛知県名古屋市北区-町

栗

栗山添　くりやまぞい　青森県上北郡東北町-
栗生　くりお・くりゅう
　くりゅう　宮城県仙台市青葉区-
　くりお　鹿児島県熊毛郡屋久島町-
栗生沢　くりゅうざわ　福島県南会津郡南会津町-
栗住波　くりすなみ　福井県吉田郡永平寺町-
栗沢町万字大平　くりさわちょうまんじおおたいら　北海道岩見沢市-
栗谷　くりたに・くりだに・くりや
　くりや　神奈川県川崎市多摩区-
　くりだに　三重県多気郡大台町-
　くりたに-ちょう　鳥取県鳥取市-町
栗谷沢　くりやざわ　福島県須賀川市-
栗谷町後原　くりたにちょううしろばら　広島県大竹市-
栗東　りっとう
　りっとう-し　滋賀県-市
栗林　くりばやし・りつりん
　くりばやし-ちょう　岩手県釜石市-町
　くりばやし　福島県田村郡三春町-
　くりばやし　新潟県三条市-
　くりばやし　長野県中野市-
　くりばやし　愛知県犬山市-
　くりばやし-ちょう　滋賀県大津市-町
　りつりん-ちょう　香川県高松市-町

栗柄　くりから・くりがら
　くりから　兵庫県篠山市-
　くりがら-ちょう　広島県府中市-町
栗面　くれも
　くれも-まち　長崎県諫早市-町
栗栖　くりす・くるす
　くりす　愛知県犬山市-
　くるす　滋賀県犬上郡多賀町-
　くるす　大阪府豊能郡能勢町-
　くるす　和歌山県和歌山市-
　くりす　広島県廿日市市-
栗栖野　くりすの　兵庫県篠山市-
栗真小川　くりまこがわ
　くりまこがわ-ちょう　三重県津市-町
栗須　くるす　三重県南牟婁郡御浜町-
栗駒八幡　くりこまやはた　宮城県栗原市-
栗駒芋埣　くりこまいもぞね　宮城県栗原市-
栗駒猿飛来　くりこまさづびらい　宮城県栗原市-

桑

桑山　くわのやま・くわやま
　くわやま　茨城県筑西市-
　くわやま　茨城県稲敷市-
　くわやま　新潟県新潟市西蒲区-
　くわやま　長野県佐久市-
　くわやま　和歌山県和歌山市-
　くわのやま　山口県防府市-
桑木荒　くわのきあら　宮城県遠田郡涌谷町-
桑木原　くわのきばる　佐賀県西松浦郡有田町-
桑木場　くわこば
　くわこば-ちょう　長崎県佐世保市-町
桑折　こおり
　こおり-まち　福島県伊達郡-町
桑谷　くわがい
　くわがい-ちょう　愛知県岡崎市-町
桑取火　くわとび　福島県南会津郡下郷町-
桑南　そうなん　山口県防府市-
桑栄　そうえい
　そうえい-ちょう　三重県桑名市-町
桑原　くわのはら・くわはら・くわばら
　くわばら　青森県青森市-
　くわばら　宮城県岩沼-
　くわのはら　福島県大沼郡三島町-
　くわばら　茨城県取手市-
　くわばら　群馬県富岡市-
　くわばら　神奈川県小田原市-
　くわばら　富山県富山市-
　くわばら-まち　石川県加賀市-町
　くわばら　福井県あわら市-
　くわばら　長野県千曲市-
　くわはら　静岡県田方郡函南町-
　くわばら-ちょう　愛知県岡崎市-町
　くわばら-ちょう　愛知県豊田市-町
　くわばら-ちょう　京都府京都市中京区-町
　くわのはら　大阪府茨木市-
　くわばら-ちょう　大阪府和泉市-町
　くわばら　兵庫県三田市-
　くわばら　兵庫県篠山市-
　くわばら　愛媛県松山市-
　くわばら　福岡県福岡市西区-
　くわばら　福岡県朝倉市-

10画（桂, 根, 桜, 栖, 梅）

くわばら　熊本県葦北郡芦北町-
桑原町午南　くわばらちょううまみなみ　岐阜県羽
　島市-
桑納　かんのう　千葉県八千代市-
桑院　くわのいん　富山県氷見市-
桑崎　かざき・くわがさき・くわさき
　くわがさき　秋田県湯沢市-
　くわさき　埼玉県羽生市-
　かざき　静岡県富士市-
桑園　そうえん　北海道留萌郡小平町-
桑橋　そうのはし　千葉県八千代市-

桂

桂上野川原　かつらかみのかわら
　かつらかみのかわら-ちょう　京都府京都市西京区-町
桂上野北　かつらかみのきた
　かつらかみのきた-ちょう　京都府京都市西京区-町
桂山　かつらやま・かやま
　かつらやま　千葉県大網白里市-
　かやま　静岡県静岡市葵区-
桂川　けいせん
　けいせん-まち　福岡県嘉穂郡-町
桂艮　かつらうしとら
　かつらうしとら-ちょう　京都府京都市西京区-町
桂坤　かつらひつじさる
　かつらひつじさる-ちょう　京都府京都市西京区-町
桂城　けいじょう　秋田県大館市-
桂後水　かつらこうず
　かつらこうず-ちょう　京都府京都市西京区-町

根

根上　ねあがり・ねのうえ
　ねのうえ　富山県富山市-
　ねあがり-まち　石川県能美市-町
根子　ねっこ　山梨県南巨摩郡身延町-
根元原　ごんげんばら　高知県高岡郡四万十町-
根反　ねそり　岩手県二戸郡一戸町-
根太口　ねぶとぐち　奈良県磯城郡田原本町-
根木名　ねこな　千葉県富里市-
根木原　ねぎばる
　ねぎばる-ちょう　鹿児島県鹿屋市-町
根占辺田　ねじめへた　鹿児島県肝属郡南大隅町-
根田　こんだ・ねだ
　こんだ　秋田県北秋田市-
　ねだ　福島県伊達市-
　ねだ　千葉県市原市-
根田茂　ねだも　岩手県盛岡市-
根白石　ねのしろいし　宮城県仙台市泉区-
根宇野　みよの　兵庫県神崎郡神河町-
根尾水鳥　ねおみどり　岐阜県本巣市-
根尾神所　ねおこうどころ　岐阜県本巣市-
根尾越卒　ねおおっそ　岐阜県本巣市-
根尾越波　ねおおっぱ　岐阜県本巣市-
根来　ねごろ　和歌山県岩出市-
根城　ねじょう　青森県八戸市-
根廻　ねまわり　宮城県宮城郡松島町-
根獅子　ねしこ
　ねしこ-ちょう　長崎県平戸市-町

桜

桜井総稱鬼泪山　さくらいそうしょうきなだやま　千
　葉県富津市-
桜丘　さくらおか・さくらがおか
　さくらおか　北海道夕張郡栗山町-
　さくらおか　北海道勇払郡厚真町-
　さくらおか　北海道川上郡弟子屈町-
　さくらおか　埼玉県さいたま市中央区-
　さくらがおか　東京都世田谷区-
　さくらがおか-ちょう　東京都渋谷区-町
　さくらがおか-ちょう　大阪府枚方市-町
　さくらがおか　福岡県糟屋郡志免町-
桜本　さくらほん・さくらもと
　さくらもと　福島県福島市-
　さくらもと　神奈川県川崎市川崎区-
　さくらもと　岐阜県関市-
　さくらほん-まち　愛知県名古屋市南区-町
桜江町八戸　さくらえちょうやと　島根県江津市-
桜江町江尾　さくらえちょうえのお　島根県江津市-
桜江町谷住郷　さくらえちょうたにじゅうごう　島根
　県江津市-
桜江町長谷　さくらえちょうながたに　島根県江津市-
桜江町鹿賀　さくらえちょうしかが　島根県江津市-
桜花台　おうかだい　三重県四日市市-
桜谷　さくらだに・さくらや
　さくらだに　福島県田村郡三春町-
　さくらや　千葉県長生郡長柄町-
　さくらだに　福井県丹生郡越前町-
　さくらだに-ちょう　兵庫県西宮市-町
　さくらだに　鳥取県鳥取市-
　さくらだに　徳島県那賀郡那賀町-
　さくらだに-ちょう　愛媛県松山市-町
桜岡　さくらおか・さくらがおか
　さくらがおか　福島県須賀川市-
　さくらおか　福島県岩瀬郡鏡石町-
桜岱　さくらたい　北海道北斗市-
桜原　さくらばる　福岡県糟屋郡宇美町-
桜島赤生原　さくらじまあこうばる
　さくらじまあこうばる-ちょう　鹿児島県鹿児島市-町
桜馬場　さくらのばば・さくらばば
　さくらばば-ちょう　広島県福山市-町
　さくらばば　高知県高知市-
　さくらのばば　佐賀県唐津市-
　さくらばば　長崎県長崎市-
　さくらばば　長崎県大村市-
桜森　さくらしん・さくらもり
　さくらもり　北海道恵庭市-
　さくらもり　神奈川県大和市-
　さくらしん-まち　兵庫県神戸市北区-町
桜渡戸　さくらわたしど　宮城県宮城郡松島町-
桜街　さくらこうじ　岩手県一関市-
桜鶴円　おうかくえん
　おうかくえん-ちょう　京都府京都市上京区-町

栖

栖本町河内　すもとまちかわち　熊本県天草市-

梅

梅檀　せんだん
　せんだん-まち　熊本県八代市-町

10画（桃, 梅, 桧）

桃

桃山井伊掃部東　ももやまいいかもんひがし
　ももやまいいかもんひがし-まち　京都府京都市伏見区-町
桃山町下野　ももやまちょうしもずけ　京都府京都市伏見区-
桃山町日向　ももやまちょうひゅうが　京都府京都市伏見区-
桃山町本多上野　ももやまちょうほんだこうずけ　京都府京都市伏見区-
桃山町垣内　ももやまちょうかいと　和歌山県紀の川市-
桃山町神田　ももやまちょうこうだ　和歌山県紀の川市-
桃山町調月　ももやまちょうつかつき　和歌山県紀の川市-
桃井　ももい・もものい
　ももい　東京都杉並区-
　もののい-ちょう　富山県富山市-町
桃内　ももない　北海道小樽市-
桃木　もものき　埼玉県比企郡ときがわ町-
桃生町倉埣　ものうちょうくらぞね　宮城県石巻市-
桃里　とうざと・ももざと
　ももざと　静岡県沼津市-
　とうざと　沖縄県石垣市-
桃俣　もののまた　奈良県宇陀郡御杖村-
桃栄　とうえい　愛知県清須市-
桃紅大地　とうこうだいち　岐阜県関市-
桃原　とうばる・もばら・ももはら
　もばら　滋賀県犬上郡多賀町-
　ももはら　高知県長岡郡大豊町-
　とうばる　沖縄県沖縄市-
　とうばる　沖縄県国頭郡国頭村-
　とうばる　沖縄県中頭郡北谷町-
　とうばる　沖縄県中頭郡西原町-
桃浦　もののうら　宮城県石巻市-
桃陵　とうりょう
　とうりょう-ちょう　京都府京都市伏見区-町
桃園　とうえん・ももその・ももぞの
　ももぞの　茨城県土浦市-
　ももぞの　福井県福井市-
　ももぞの　山梨県南アルプス市-
　ももぞの-ちょう　静岡県静岡市駿河区-町
　ももぞの　静岡県裾野市-
　ももぞの-ちょう　愛知県名古屋市瑞穂区-町
　ももぞの　大阪府池田市-
　とうえん-ちょう　大阪府高槻市-町
　ももぞの　福岡県北九州市八幡東区-

梅

梅ケ谷　うめがたに・うめがや
　うめがや　静岡県静岡市清水区-
　うめがたに　京都府舞鶴市-
　うめがたに-ちょう　兵庫県姫路市-町
梅ケ畑栂尾　うめがはたとがのお
　うめがはたとがのお-ちょう　京都府京都市右京区-町
梅ケ畑槇尾　うめがはたまきのお
　うめがはたまきのお-ちょう　京都府京都市右京区-町
梅ケ畑篝　うめがはたかがり
　うめがはたかがり-ちょう　京都府京都市右京区-町

梅木　うめき・うめぎ・うめのき
　うめのき　富山県射水市-
　うめぎ　静岡県伊豆市-
　うめき-ちょう　広島県呉市-町
　うめき-ちょう　愛媛県松山市-町
梅花　ばいか
　ばいか-ちょう　静岡県熱海市-町
梅林　うめばやし・ばいりん
　ばいりん　岐阜県岐阜市-
　うめばやし　滋賀県大津市-
　うめばやし-ちょう　滋賀県東近江市-町
　ばいりん-ちょう　京都府京都市東山区-町
　うめばやし　福岡県福岡市城南区-
　うめばやし　福岡県福岡市早良区-
梅南　ばいなん　大阪府大阪市西成区-
梅津高畝　うめづたかぜ
　うめづたかぜ-ちょう　京都府京都市右京区-町
梅津罧原　うめづふしはら
　うめづふしはら-ちょう　京都府京都市右京区-町
梅香　ばいか・ばいこう
　ばいか　北海道厚岸郡厚岸町-
　ばいこう　茨城県水戸市-
　ばいか　大阪府大阪市此花区-
梅香崎　うめがさき　長崎県長崎市-町
　うめがさき-まち　長崎県長崎市-町
梅郷　ばいごう　東京都青梅市-
梅須賀　めすか
　めすか-ちょう　愛知県稲沢市-町
梅園　うめその・ばいえん
　うめぞの　茨城県つくば市-
　うめぞの-ちょう　栃木県佐野市-町
　うめぞの　東京都清瀬市-
　うめぞの-ちょう　岐阜県岐阜市-町
　ばいえん-ちょう　静岡県熱海市-町
　うめぞの-ちょう　愛知県岡崎市-町
　うめぞの-ちょう　大阪府守口市-町
　うめぞの-ちょう　山口県周南市-町
　うめぞの-まち　長崎県島原市-町

桧

桧山　ひやま
　ひやま　茨城県常陸大宮市-
　ひやま　栃木県芳賀郡茂木町-
桧生原　ひさはら　高知県高岡郡四万十町-
桧尾　ひのきお　兵庫県美方郡新温泉町-
桧谷　ひのきだに・ひのたに
　ひのたに　富山県中新川郡上市町-
　ひのきだに　愛媛県八幡浜市-
桧岱　ひのきたい　北海道檜山郡江差町-
桧物　ひもの
　ひもの-まち　石川県七尾市-町
桧股　ひのきまた　奈良県吉野郡野迫川村-
桧垣本　ひがいもと　奈良県吉野郡大淀町-
桧倉　ひくら　北海道松前郡福島町-
桧原　きそはら・ひのはら・ひばら・ひばる
　ひのはら　福島県大沼郡三島町-
　ひばら　愛知県常滑市-
　きそはら　三重県多気郡大台町-
　ひばる　福岡県福岡市南区-
桧曽根　ひそね　徳島県那賀郡那賀町-

10画（栫, 桙, 浦, 酒, 泰, 浜, 浮, 涌, 流, 浪, 烏）

栫

栫 かこい　熊本県八代郡氷川町-

桙

桙衝 ほこつき　福島県須賀川市-

浦

浦川内 うらがわち
　うらがわち-ちょう　長崎県佐世保市-町
浦川原区小谷島 うらがわらくこやじま　新潟県上
　越市
浦川原区日向 うらがわらくひなた　新潟県上越市-
浦戸朴島 うらとほうじま　宮城県塩竈市-
浦戸寒風沢 うらとさぶさわ　宮城県塩竈市-
浦向 うらむかい・うらむこう
　うらむこう　茨城県猿島郡境町-
　うらむかい　奈良県吉野郡下北山村-
浦柄 うらがら　新潟県小千谷市-
浦富 うらどめ　鳥取県岩美郡岩美町-
浦興野 うらごや　新潟県新潟市秋葉区-

酒

酒々井 しすい
　しすい-まち　千葉県印旛郡-町
　しすい　千葉県印旛郡酒々井町-
酒丸 さけまる　茨城県つくば市-
酒匂 さかわ　神奈川県小田原市-
酒見 さかみ・さけみ
　さかみ　石川県羽咋郡志賀町-
　さけみ　福岡県大川市-
酒谷 さけだに　島根県邑智郡美郷町-
酒伊甲 さかたにこう　宮崎県日南市-
酒直卜杭 さかなおぼっくい　千葉県印西市-
酒門 さかど
　さかど-ちょう　茨城県水戸市-町
酒野谷 さけのや　栃木県鹿沼市-
酒殿 さかど　福岡県糟屋郡粕屋町-
酒蔵 しゅぞう　千葉県東金市-

泰

泰阜 やすおか
　やすおか-むら　長野県下伊那郡-村

浜

浜三川 はまさんかわ　秋田県由利本荘市-
浜大樹 はまたいき　北海道広尾郡大樹町-
浜川 はまがわ・はまごう
　はまがわ-まち　群馬県高崎市-町
　はまごう　熊本県球磨郡湯前町-
　はまがわ　沖縄県中頭郡北谷町-
浜平 はまひら・はまびら
　はまひら　長崎県長崎市-
　はまびら　鹿児島県垂水市-
浜玉町平原 はまたままちひらばる　佐賀県唐津市-
浜玉町渕上 はまたままちふちのうえ　佐賀県唐津市-
浜寺諏訪森町東 はまでらすわのもりちょうひがし
　大阪府堺市西区-
浜当目 はまとうめ　静岡県焼津市-
浜行川 はまなめがわ　千葉県勝浦市-

浜住 はまじゅう
　はまじゅう-ちょう　福井県福井市-町
浜角 はまかど　広島県安芸郡海田町-
浜谷 はまや
　はまや-ちょう　新潟県新潟市東区-町
浜河内 はまかわち・はまごうち
　はまかわち　新潟県佐渡市-
　はまごうち　山口県山陽小野田市-
浜厚真 はまあつま　北海道勇払郡厚真町-
浜砂 はまご　宮崎県延岡市-
浜家苫 はまけとば　青森県上北郡東北町-
浜島町迫子 はまじまちょうはざこ　三重県志摩市-
浜島町南張 はまじまちょうなんばり　三重県志摩市-
浜益区濃昼 はまますくごきびる　北海道石狩市-
浜高家 はまたけい　大分県宇佐市-
浜開発 はまかいはつ
　はまかいはつ-まち　石川県能美市-町
浜猿払 はまさるふつ　北海道宗谷郡猿払村-

浮

浮気 ふけ
　ふけ-ちょう　滋賀県守山市-町
浮羽町田篭 うきはまちたごもり　福岡県うきは市-
浮羽町東隈上 うきはまちひがしくまのうえ　福岡県
　うきは市-
浮城 うきしろ・うきのじょう
　うきしろ-まち　石川県小松市-町
　うきのじょう-ちょう　宮崎県宮崎市-町
浮島 うかしま・うきしま・うきじま
　うきしま　宮城県多賀城市-
　うきしま　茨城県稲敷市-
　うきしま-ちょう　神奈川県川崎市川崎区-町
　うきしま-ちょう　愛知県名古屋市瑞穂区-町
　うきじま　和歌山県新宮市-
　うかしま　山口県大島郡周防大島町-
浮鞭 うきぶち　高知県幡多郡黒潮町-

涌

涌井 ゆい　熊本県下益城郡美里町-
涌谷 わくや
　わくや-ちょう　宮城県遠田郡-町
　わくや　宮城県遠田郡涌谷町-

流

流末 りゅうまつ　福岡県行橋市-
流作 りゅうさく
　りゅうさく-まち　愛知県碧南市-町
流留 ながる　宮城県石巻市-

浪

浪岡女鹿沢 なみおかめがさわ　青森県青森市-
浪岡王余魚沢 なみおかかれいざわ　青森県青森市-
浪岡銀 なみおかしろがね　青森県青森市-

烏

烏丸 からすま
　からすま-ちょう　京都府京都市上京区-町
　からすま　京都府京都市下京区-
烏生田 うごうだ　栃木県芳賀郡茂木町-

265

10画（烟, 狸, 狼, 狭, 珠, 班, 畝, 畠, 畔, 留, 益, 真）

烏帽子　えぼし
　えぼし-ちょう　新潟県新潟市中央区-町
　えぼし-ちょう　兵庫県神戸市灘区-町
　えぼし-ちょう　長崎県佐世保市-町
烏森　かすもり・からすもり
　からすもり　青森県五所川原市-
　かすもり-ちょう　愛知県名古屋市中村区-町
　かすもり-ちょう　愛知県名古屋市中川区-町
烏集院　うすのいん　福岡県朝倉市-
烏鴉　うがらす　宮城県遠田郡涌谷町-

烟

烟田　かまた　茨城県鉾田市-

狸

狸穴　まみあな
　まみあな　茨城県稲敷市-
　まみあな　茨城県つくばみらい市-
狸渕　むじなぶち　茨城県つくばみらい市-
狸塚　むじなづか　群馬県邑楽郡邑楽町-
狸森　むじなもり
　むじなもり　山形県上山市-
　むじなもり　福島県須賀川市-

狼

狼ノ沢　おいのさわ　青森県上北郡東北町-
狼久保　おいのくぼ　岩手県滝沢市-
狼内　おおかみうち　高知県幡多郡三原村-
狼沢　おおかみざわ　岩手県花巻市-
狼森　おいのもり　青森県弘前市-
狼煙　のろし
　のろし-まち　石川県珠洲市-町

狭

狭間田　はさまだ　栃木県さくら市-

珠

珠洲　すず
　すず-し　石川県-市
珠師ケ谷　しゅしがやつ　千葉県南房総市-

班

班目　まだらめ　神奈川県南足柄市-
班島郷　まだらしまごう　長崎県北松浦郡小値賀町-
班渓　ばんけ
　ばんけ　北海道上川郡下川町-
　ばんけ　北海道中川郡美深町-
班蛇口　はんじゃく　熊本県菊池市-

畝

畝　うね　広島県安芸郡海田町-
畝刈　あぜかり
　あぜかり-まち　長崎県長崎市-町
畝傍　うねび
　うねび-ちょう　奈良県橿原市-町

畠

畠中　はたけなか・はたなか
　はたなか-ちょう　北海道増毛郡増毛町-町
　はたけなか　富山県小矢部市-
　はたけなか-まち　富山県小矢部市-町

　はたけなか-ちょう　福井県福井市-町
　はたなか-ちょう　京都府京都市上京区-町
　はたけなか　大阪府貝塚市-
　はたけなか　福岡県豊前市-

畔

畔戸　くろと　千葉県木更津市-
畔田　あぜた　千葉県佐倉市-
畔吉　あぜよし　埼玉県上尾市-
畔地　あぜち　新潟県南魚沼市-
畔屋　あぜや
　あぜや　新潟県柏崎市-
　あぜや　愛媛県北宇和郡鬼北町-
畔蛸　あだこ
　あだこ-ちょう　三重県鳥羽市-町
畔藤　くろふじ　山形県西置賜郡白鷹町-

留

留辺藥町金華　るべしべちょうかねはな　北海道北見市-
留寿都　るすつ
　るすつ-むら　北海道虻田郡-村
　るすつ　北海道虻田郡留寿都村-
留原　ととはら　東京都あきる野市-
留浦　とづら　東京都西多摩郡奥多摩町-
留真　るしん　北海道十勝郡浦幌町-
留産　るさん　北海道虻田郡喜茂別町-
留萌　るもい
　るもい-し　北海道-市
　るもい-むら　北海道留萌市-村
　るもい-ぐん　北海道-郡
留萌原野　るもいげんや　北海道留萌市-

益

益子　ましこ
　ましこ-まち　栃木県芳賀郡-町
　ましこ　栃木県芳賀郡益子町-
益生　ますお
　ますお-ちょう　三重県桑名市-町
益城　ましき
　ましき-まち　熊本県上益城郡-町

真

真人　まっと
　まっと-ちょう　新潟県小千谷市-町
真上　まかみ・まがみ
　まがみ-ちょう　大阪府岸和田市-町
　まかみ-ちょう　大阪府高槻市-町
真弓八幡　まゆみはちまん
　まゆみはちまん-ちょう　京都府京都市北区-町
真布　まっぷ　北海道雨竜郡沼田町-
真玉橋　まだんばし　沖縄県豊見城市-
真田　さなだ
　さなだ　神奈川県平塚市-
　さなだ　新潟県新潟市西蒲区-
　さなだ　島根県鹿足郡吉賀町-
真田町傍陽　さなだまちそえひ　長野県上田市-
真伝　しんでん
　しんでん　愛知県岡崎市-
　しんでん-ちょう　愛知県岡崎市-町

10画（砧, 砺, 破, 祠, 祓, 称, 秦, 秩, 秤, 秬, 秣, 竜）

真光　しんこう
　　しんこう・ちょう　島根県浜田市-町
真名　まな・まんな
　　まんな　千葉県茂原市-
　　　鳥取県岩美郡岩美町-
真地　まあじ　沖縄県那覇市-
真行田　しんぎょうだ　愛知県長久手市-
真更川　まさらがわ　新潟県佐渡市-
真尾　まなお　山口県防府市-
真谷地　まやち　北海道夕張市-
真里谷　まりやつ　千葉県木更津市-
真国宮　まくにみや　和歌山県海草郡紀美野町-
真宗　さのむね　兵庫県佐用郡佐用町-
真岡　しんおか・もおか
　　もおか-し　栃木県-市
　　しんおか　福岡県田川郡糸田町-
真泥　みどろ　三重県伊賀市-
真苧屋　まおや
　　まおや-ちょう　京都府京都市下京区-町
真星　まなぼし　岡山県岡山市北区-
真栄　しんえい・まさかえ
　　しんえい　北海道札幌市清田区-
　　まさかえ　北海道小樽市-
　　しんえい　北海道厚岸郡厚岸町-
真栄原　まえはら　沖縄県宜野湾市-
真狩　まっかり
　　まっかり-むら　北海道虻田郡-村
　　まっかり　北海道虻田郡真狩村-
真砂　まさご・まなご
　　まさご-ちょう　北海道苫小牧市-町
　　まさご-ちょう　北海道紋別市-町
　　まさご-ちょう　青森県むつ市-町
　　まさご-ちょう　栃木県足利市-町
　　まさご　千葉県千葉市美浜区-
　　まさご-ちょう　神奈川県横浜市中区-町
　　まさご　新潟県新潟市西区-
　　まさご-ちょう　岐阜県岐阜市-町
　　まさご-ちょう　静岡県静岡市清水区-町
　　まさご-ちょう　静岡県沼津市-町
　　まさご　大阪府茨木市-
　　まなご　和歌山県東牟婁郡古座川町-
　　まさご　愛媛県松山市-
　　まさご-ちょう　鹿児島県鹿児島市-町
真宮　しんぐう
　　しんぐう-ちょう　愛知県岡崎市-町
真宮新町北　まみやしんまちきた　福島県会津若松市-
真浦　まうら
　　まうら　新潟県佐渡市-
　　まうら-まち　石川県珠洲市-町
真畔　まぐろ
　　まぐろ-ちょう　愛知県名古屋市北区-町
真清田　ますみだ　愛知県一宮市-
真盛　さねもり・しんせい
　　しんせい-ちょう　京都府京都市上京区-町
　　さねもり　兵庫県佐用郡佐用町-
真備町箭田　まびちょうやた　岡山県倉敷市-
真殿　まとの
　　まとの　兵庫県赤穂市-
　　まとの　岡山県美作市-
真端　さなばた　茨城県東茨城郡城里町-

真壁町古城　まかべちょうふるしろ　茨城県桜川市-
真壁町塙世　まかべちょうはなわぜ　茨城県桜川市-
真鶴　まなつる・まなづる
　　まなつる-まち　神奈川県足柄下郡-町
　　まなつる　神奈川県足柄下郡真鶴町-
　　まなづる　福岡県北九州市小倉北区-

砧

砧　きぬた　東京都世田谷区-

砺

砺波　となみ
　　となみ　北海道名寄市-
　　となみ-し　富山県-市

破

破岩　われいわ　鳥取県八頭郡八頭町-
破籠井　わりごい
　　わりごい-まち　長崎県諫早市-町

祠

祠峯　ほこらみね　愛知県知多郡武豊町-

祓

祓川　はらいかわ・はらいがわ
　　はらいかわ　愛媛県松山市-
　　はらいがわ-ちょう　鹿児島県鹿屋市-町

称

称名　しょうみょう
　　しょうみょう　新潟県新潟市西蒲区-
　　しょうみょう　富山県中新川郡立山町-

秦

秦庄　はたのしょう　奈良県磯城郡田原本町-
秦野　はだの
　　はだの-し　神奈川県-市

秩

秩父　ちちぶ
　　ちちぶ-し　埼玉県-市
　　ちちぶ-ぐん　埼玉県-郡
秩父別　ちっぷべつ
　　ちっぷべつ-ちょう　北海道雨竜郡-町

秤

秤口　はかりぐち
　　はかりぐち-ちょう　京都府京都市上京区-町

秬

秬谷　きびたに　大阪府貝塚市-

秣

秣川岸通　まぐさかわぎしどおり　新潟県新潟市中
　　央区-

竜

竜口　りゅうぐち　三重県名張市-
竜山　たつやま　兵庫県高砂市-
竜台　たつだい　千葉県成田市-
竜田　たつた
　　たつた-まち　岐阜県岐阜市-町

267

10画（笏, 笊, 笄, 筍, 粉, 紙, 素, 納, 翁, 耻, 脊, 能, 脇, 舮）

竜串　たつくし　高知県土佐清水市-
竜見　たつみ
　　たつみ-ちょう　群馬県高崎市-町
竜谷　りゅうざく・りゅうたに
　　りゅうざく　千葉県香取市-
　　りゅうたに　奈良県桜井市-
竜岡　たつおか・りゅうおか
　　りゅうおか　千葉県館山市-
　　たつおか-ちょう　愛知県豊田市-町
竜洋稗原　りゅうようひえばら　静岡県磐田市-
竜美旭　たつみあさひ
　　たつみあさひ-まち　愛知県岡崎市-町
竜島　りゅうしま　千葉県安房郡鋸南町-
竜崎　たつざき　福島県石川郡玉川村-

笏

笏賀　つが　鳥取県東伯郡三朝町-

笊

笊田　ざるた　青森県上北郡七戸町-

笄

笄島　こうがいじま　千葉県香取市-

筍

筍　たかんな
　　たかんな-ちょう　京都府京都市中京区-町

粉

粉川　こかわ・こがわ
　　こがわ-ちょう　京都府京都市下京区-町
　　こかわ-ちょう　大阪府大阪市中央区-町
粉白　このしろ　和歌山県東牟婁郡那智勝浦町-
粉河　こかわ　和歌山県紀の川市-
粉浜　こはま　大阪府大阪市住之江区-

紙

紙漉　かみすき
　　かみすき-まち　青森県弘前市-町

素

素柄邸　すがらやしき　青森県上北郡東北町-

納

納　おさめ　兵庫県洲本市-
納内　おさむない
　　おさむない-ちょう　北海道深川市-町
納米里　なめり　静岡県駿東郡長泉町-
納所　のうそ
　　のうそ-ちょう　三重県津市-町
　　のうそ-ちょう　京都府京都市伏見区-町
　　のうそ　岡山県岡山市北区-
納富分　のうどみぶん　佐賀県鹿島市-

翁

翁長　おなが
　　おなが　沖縄県豊見城市-
　　おなが　沖縄県中頭郡西原町-

耻

耻風　はじかぜ　福島県南会津郡南会津町-

脊

脊振町服巻　せふりまちはらまき　佐賀県神埼市-
脊振町鹿路　せふりまちろくろ　佐賀県神埼市-

能

能代　のうだい・のしろ
　　のしろ-し　秋田県-市
　　のしろ-まち　秋田県能代市-町
　　のうだい　新潟県五泉市-
能古　のこ　福岡県福岡市西区-
能生　のう　新潟県糸魚川市-
能田　のうだ　愛知県北名古屋市-
能竹　のうじく　鳥取県西伯郡南部町-
能見　のみ
　　のみ-ちょう　愛知県岡崎市-町
能見台　のうけんだい　神奈川県横浜市金沢区-
能取　のとり　北海道網走市-
能実　のうじつ　千葉県いすみ市-
能美　のみ
　　のみ　富山県南砺市-
　　のみ-まち　石川県小松市-町
　　のみ-し　石川県-市
　　のみ　石川県能美市-
　　のみ-ぐん　石川県-郡
能美町鹿川　のうみちょうかのかわ　広島県江田島市-
能島　のうじま
　　のうじま　静岡県静岡市清水区-
　　のうじま　広島県福山市-
能座　のうざ　兵庫県養父市-
能部　のんべ　三重県桑名市-
能満　のうまん　千葉県市原市-
能登島向田　のとじまこうだ
　　のとじまこうだ-まち　石川県七尾市-町
能登島祖母ケ浦　のとじまばがうら
　　のとじまばがうら-まち　石川県七尾市-町
能登島鰀目　のとじまえのめ
　　のとじまえのめ-まち　石川県七尾市-町
能勢　のせ
　　のせ-ちょう　大阪府豊能郡-町
能義　のき
　　のき-ちょう　島根県安来市-町
能増　のうます　埼玉県比企郡小川町-
能褒野　のぼの
　　のぼの-ちょう　三重県亀山市-町
能瀬　のせ　石川県河北郡津幡町-

脇

脇町田上　わきまちたねえ　徳島県美馬市-
脇浜　わきのはま・わきはま
　　わきはま　大阪府貝塚市-
　　わきのはま-ちょう　兵庫県神戸市中央区-町
脇野沢九艘泊　わきのさわくそうどまり　青森県む
　　つ市-
脇野沢寄浪　わきのさわきなみ　青森県むつ市-

舮

舮作　へなし　青森県西津軽郡深浦町-

268

10画（荻, 荷, 華, 苆, 莚, 莪, 莇, 蚊, 蚕, 貢, 財, 逢, 逗）

荻

荻　おおぎ・おぎ
　おぎ　山形県南陽市-
　おぎ-まち　岐阜県大野郡白川村-町
　おぎ　静岡県伊東市-
　おぎ　愛知県額田郡幸田町-
　おおぎ-ちょう　奈良県奈良市-
　おぎ-ちょう　山口県山口市-町
荻布　おぎの　富山県高岡市-
荻生　おぎゅう　富山県黒部市-
荻町大平　おぎまちおおだいら　大分県竹田市-
荻町北原　おぎまちきたばる　大分県竹田市-
荻町叶野　おぎまちかなの　大分県竹田市-
荻町瓜作　おぎまちうりつくり　大分県竹田市-
荻町南河内　おぎまちみなみがわち　大分県竹田市-
荻町政所　おぎまちまどころ　大分県竹田市-
荻町柏原　おぎまちかしわばる　大分県竹田市-
荻町恵良原　おぎまちえらはる　大分県竹田市-
荻町高城　おぎまちたかじょう　大分県竹田市-
荻町陽目　おぎまちひなため　大分県竹田市-
荻町鴫田　おぎまちしぎた　大分県竹田市-
荻谷　おぎのやち　石川県羽咋郡宝達志水町-
荻杼　おぎとち
　おぎとち-ちょう　島根県出雲市-町
荻原　おぎはら・おぎわら
　おぎはら　千葉県いすみ市-
　おぎはら　長野県木曽郡上松町-
荻島　おぎしま・おぎじま・おぎのしま
　おぎじま　山形県酒田市-
　おぎじま　新潟県新潟市秋葉区-
　おぎじま　新潟県三条市-
　おぎしま　新潟県阿賀野市-
　おぎのしま　石川県羽咋郡宝達志水町-
　おぎしま　福岡県大川市-
荻浦　おぎのうら　福岡県糸島市-
荻浜　おぎのはま　宮城県石巻市-
荻埣　おぎぞね　宮城県遠田郡美里町-
荻袋　おぎのふくろ　山形県尾花沢市-
荻道　おぎどう　沖縄県中頭郡北中城村-

荷

荷八田　にはた　秋田県能代市-
荷尾杵　におき　大分県大分市-
荷負　におい　北海道沙流郡平取町-
荷原　いないばる　福岡県朝倉市-
荷掛　にかけ
　にかけ-ちょう　愛知県豊田市-町
荷稲　かいな　高知県幡多郡黒潮町-

華

華川町小豆畑　はなかわちょうあずはた　茨城県北茨
　城市-
華城中央　はなぎちゅうおう　山口県防府市-
華浦　かほ　山口県防府市-
華蔵寺　けぞうじ
　けぞうじ-まち　群馬県伊勢崎市-町

苆

苆　のぞき　山形県東置賜郡川西町-

莚

莚打　むしろうち
　むしろうち　茨城県坂東市-
　むしろうち　千葉県野田市-
莚場　むしろば　新潟県佐渡市-

莪

莪原　ばいばら
　ばいばら-ちょう　愛知県津島市-町

莇

莇平　あざみひら　新潟県十日町市-
莇生　あざぶ・あぞう
　あぞう-まち　石川県能美市-町
　あざぶ-ちょう　愛知県みよし市-町
莇生田　あぞうだ
　あぞうだ-ちょう　福井県鯖江市-町
莇生野　あその　福井県敦賀市-
莇地　あどうじ　山口県周南市-
莇谷　あざみだに　石川県河北郡津幡町-

蚊

蚊斗谷　かばかりや　埼玉県比企郡吉見町-
蚊爪　かがつめ
　かがつめ-まち　石川県金沢市-町
蚊谷寺　かだんじ　福井県丹生郡越前町-
蚊野　かの
　かの　三重県度会郡玉城町-
　かの　滋賀県愛知郡愛荘町-
蚊野外　かのとの　滋賀県愛知郡愛荘町-

蚕

蚕養　こがい
　こがい-まち　福島県会津若松市-町
　こがい　福島県耶麻郡猪苗代町-

貢

貢川　くがわ　山梨県甲府市-

財

財田　たからだ　北海道虻田郡洞爺湖町-
財田町財田上　さいたちょうさいたかみ　香川県三
　豊市-
財部町北俣　たからべちょうきたまた　鹿児島県曽
　於市-

逢

逢束　おおつか　鳥取県東伯郡琴浦町-
逢谷内　おうやち　新潟県新潟市東区-
逢妻　あいづま
　あいづま-ちょう　愛知県刈谷市-町
　あいづま-ちょう　愛知県豊田市-町
　あいづま-ちょう　愛知県知立市-町
逢隈　おおくま　宮城県亘理郡亘理町-
逢隈小山　おおくまこやま　宮城県亘理郡亘理町-
逢隈蕨　おおくまわらび　宮城県亘理郡亘理町-
逢瀬町河内　おうせまちこうず　福島県郡山市-

逗

逗子　ずし
　ずし-し　神奈川県-市

269

10画（造,通,連,郡,釜,針,釘,鈩,院）

ずし　神奈川県逗子市-

造

造山　つくりやま　山形県西村山郡河北町-
造田　そうだ・ぞうた
　ぞうた　香川県さぬき市-
　そうだ　香川県仲多度郡まんのう町-
造石　つくりいし　群馬県甘楽郡甘楽町-
造谷　つくりや
　つくりや　茨城県鉾田市-
　つくりや　千葉県印西市-
造道　つくりみち　青森県青森市-

通

通　かよい・とおり
　とおり-ちょう　宮城県仙台市青葉区-町
　とおり-まち　秋田県能代市-町
　とおり-まち　山形県米沢市-町
　とおり　栃木県足利市-
　とおり-まち　栃木県下都賀郡壬生町-町
　とおり-まち　群馬県高崎市-町
　とおり-まち　埼玉県川越市-町
　とおり-ちょう　千葉県銚子市-町
　とおり-ちょう　神奈川県横浜市南区-町
　とおり-まち　富山県高岡市-町
　とおり-ちょう　三重県伊勢市-町
　かよい　山口県長門市-
　とおり-ちょう　徳島県徳島市-町
　とおり-まち　香川県高松市-町
　とおり-ちょう　香川県丸亀市-町
　とおり-ちょう　愛媛県今治市-町
　とおり-ちょう　高知県高知市-町
　とおり-ちょう　福岡県大牟田市-町
　とおり-まち　福岡県久留米市-町
　とおり-ちょう　熊本県熊本市中央区-町
　とおり-ちょう　熊本県八代市-町
通古賀　とおのこが　福岡県太宰府市-
通外　とおりほか
　とおりほか-まち　福岡県久留米市-町
通津　つづ　山口県岩国市-
通堂　とんどう
　とんどう-ちょう　沖縄県那覇市-町
通船場　つうせんば　福島県喜多方市-

連

連火　つれび　高知県長岡郡大豊町-
連石　れんじゃく　岡山県久米郡美咲町-
連谷　れんだに
　れんだに-ちょう　愛知県豊田市-町
連取　つなとり
　つなとり-まち　群馬県伊勢崎市-町
連島　つらじま　岡山県倉敷市-

郡

郡上　ぐじょう
　ぐじょう-し　岐阜県-市
郡戸　こおず　大阪府羽曳野市-
郡司分　ぐじぶん　宮崎県宮崎市-
郡津　こうづ　大阪府交野市-
郡家　ぐげ・ぐんげ・こおげ
　ぐげ　岐阜県揖斐郡大野町-

　ぐんげ　兵庫県篠山市-
　ぐんげ　兵庫県淡路市-
　こおげ　鳥取県八頭郡八頭町-
　ぐんげ-ちょう　香川県丸亀市-町
郡家新　ぐんげしん
　ぐんげしん-まち　大阪府高槻市-町
郡築一番　ぐんちくいちばん
　ぐんちくいちばん-ちょう　熊本県八代市-町

釜

釜生　かもう　千葉県君津市-
釜谷　かまだに・かまや
　かまや-ちょう　北海道函館市-町
　かまや　北海道上磯郡木古内町-
　かまや　宮城県石巻市-
　かまや　茨城県潮来市-
　かまだに　石川県白山市-
釜倉　かまのくら　愛媛県八幡浜市-
釜座　かまんざ
　かまんざ-ちょう　京都府京都市中京区-町
釜渡戸　かまのはた　山形県南陽市-
釜窪　かまのくぼ
　かまのくぼ-ちょう　奈良県五條市-町
釜輪　かまのわ
　かまのわ-ちょう　京都府綾部市-町
釜額　かまひたい　山梨県南巨摩郡身延町-

針

針木　はりのき　富山県氷見市-
針木東　はりぎひがし
　はりぎひがし-まち　高知県高知市-町
針生　はりう・はりゅう
　はりう　山形県西置賜郡小国町-
　はりゅう　山形県西置賜郡白鷹町-
　はりゅう　福島県南会津郡南会津町-
　はりう　栃木県矢板市-
針浜　はりのはま　宮城県牡鹿郡女川町-

釘

釘貫小川　くぎぬきこがわ　岡山県真庭市-

鈩

鈩　こがね　鳥取県東伯郡琴浦町-

院

院内町上納持　いんないまちかみのうじ　大分県宇
　佐市-
院内町小平　いんないまちこびら　大分県宇佐市-
院内町小坂　いんないまちおさか　大分県宇佐市-
院内町日岳　いんないまちひのたけ　大分県宇佐市-
院内町月俣　いんないまちつきのまた　大分県宇佐市-
院内町平原　いんないまちひらばる　大分県宇佐市-
院内町来鉢　いんないまちくばち　大分県宇佐市-
院内町原口　いんないまちはるぐち　大分県宇佐市-
院内町宮原　いんないまちみやばる　大分県宇佐市-
院内町副　いんないまちそい　大分県宇佐市-
院内町景平　いんないまちかげへら　大分県宇佐市-
院内町温見　いんないまちぬくみ　大分県宇佐市-
院庄　いんのしょう　岡山県津山市-
院瀬見　いぜみ　富山県南砺市-

10画（除、陣、隼、馬）

除

除 のぞき 宮城県伊具郡丸森町-
除ケ よげ
 よげ-ちょう 群馬県伊勢崎市-町
除川 よけがわ 群馬県邑楽郡板倉町-
除戸 のぞきど 新潟県妙高市-
除堀 よけぼり 埼玉県久喜市-

陣

陣原 じんのはる 福岡県北九州市八幡西区-
陣場岱 じんばだい 秋田県由利本荘市-

隼

隼人町姫城 はやとちょうひめぎ 鹿児島県霧島市-
隼人町嘉例川 はやとちょうかれいがわ 鹿児島県霧
 島市-
隼郡家 はやぶさこおげ 鳥取県八頭郡八頭町-
隼福 はやふく 鳥取県八頭郡八頭町-

馬

馬ケ地 うまがんじ 愛知県弥富市-
馬入 ばにゅう 神奈川県平塚市-
馬下 まおろし
 まおろし 新潟県村上市-
 まおろし 新潟県五泉市-
馬上免 ばじょうめ・ばじょうめん
 ばじょうめ-ちょう 福井県越前市-町
 ばじょうめん 福井県南条郡南越前町-
馬山 まやま 群馬県甘楽郡下仁田町-
馬内 もうち 埼玉県加須市-
馬引沢 うまひきざわ・まひきざわ
 うまひきざわ 埼玉県日高市-
 まひきざわ 東京都多摩市-
馬手 うまて
 うまて-ちょう 愛知県名古屋市中川区-町
馬木 うまき・まき
 まき-ちょう 島根県出雲市-町
 うまき 広島県広島市東区-
 うまき-ちょう 広島県広島市東区-町
 うまき 香川県小豆郡小豆島町-
 うまき-ちょう 愛媛県松山市-町
馬毛島 まげしま 鹿児島県西之表市-
馬水 まみず 熊本県上益城郡益城町-
馬主来 ばしくる 北海道白糠郡白糠町-
馬出 まいだし・まだし
 まだし-まち 石川県七尾市-町
 まいだし 福岡県福岡市東区-
馬司 まつかさ
 まつかさ-ちょう 奈良県大和郡山市-町
馬尻 うまじり 青森県上北郡東北町-
馬市 うまいち 福岡県筑紫野市-
馬田 うまだ・ばた・まだ
 ばた 三重県伊賀市-
 うまだ 兵庫県神崎郡福崎町-
 まだ 福岡県朝倉市-
馬立 うまたて・またて
 またて 茨城県坂東市-
 うまたて 千葉県市原市-

馬込 まごめ
 まごめ 埼玉県さいたま市岩槻区-
 まごめ 埼玉県蓮田市-
 まごめ-ちょう 千葉県船橋市-町
 まごめ 静岡県沼津市-
 まごめ-まち 福岡県大牟田市-町
馬伏 ばぶし
 ばぶし-ちょう 愛知県田原市-町
馬池 うまいけ
 うまいけ-ちょう 愛知県大府市-町
馬佐 ばさ 奈良県吉野郡大淀町-
馬佐良 ばさら 鳥取県西伯郡南部町-
馬形 まがた 岡山県美作市-
馬町裏 うままちうら 福島県白河市-
馬見 うまみ 福岡県嘉麻市-
馬見ケ崎 まみがさき 山形県山形市-
馬見山 まみやま 茨城県稲敷郡美浦村-
馬見北 うまみきた 奈良県北葛城郡広陵町-
馬見原 まみはら 熊本県上益城郡山都町-
馬見塚 うまみづか・まみづか
 まみづか-まち 群馬県伊勢崎市-町
 まみづか 埼玉県行田市-
 うまみづか 静岡県富士宮市-
 まみづか-ちょう 愛知県豊橋市-町
 まみづか 愛知県一宮市-
馬谷 うまだに・まだに
 まだに 大阪府南河内郡河南町-
 うまだに-ちょう 島根県益田市-町
馬走 まばせ 静岡県静岡市清水区-
馬走北 まばせきた 静岡県静岡市清水区-
馬門 まかど
 まかど 青森県上北郡野辺地町-
 まかど-ちょう 栃木県佐野市-町
 まかど 栃木県芳賀郡茂木町-
馬乗里 まじょうり 千葉県成田市-
馬垣 うまがき
 うまがき-ちょう 福井県福井市-町
馬屋 うまや・まや
 まや-ちょう 青森県弘前市-町
 まや 岡山県赤磐市-
 うまや 山口県周南市-
馬屋尻 まやじり 青森県青森市-
馬洗 もうらい 佐賀県杵島郡白石町-
馬洗場 うまあらいば 青森県十和田市-
馬狩 まがり 岐阜県大野郡白川村-
馬神 うまがみ
 うまがみ 山形県西村山郡朝日町-
 うまがみ 山口県周南市-
馬草 まぐさ 新潟県三島郡出雲崎町-
馬追 うまおい
 うまおい 北海道夕張郡由仁町-
 うまおい 北海道夕張郡長沼町-
馬首 うまくび 新潟県佐渡市-
馬借 ばしゃく 福岡県北九州市小倉北区-
馬島 うましま・まじま
 まじま 愛知県海部郡大治町-
 うましま 山口県熊毛郡田布施町-
 うましま 愛媛県今治市-
 うましま 福岡県北九州市小倉北区-
馬桑 まぐわ 岡山県勝田郡奈義町-

271

10画（馬）

馬根　ばね　鹿児島県大島郡伊仙町-
馬荷　うまに　高知県幡多郡黒潮町-
馬郡　まごおり
　まごおり-ちょう　静岡県浜松市西区-町
馬堀　まぼり
　まぼり-ちょう　神奈川県横須賀市-町
　まぼり　新潟県新潟市西蒲区-
馬宿　うまやど
　うまやど　和歌山県紀の川市-
　うまやど　香川県東かがわ市-
馬掛　まがき　茨城県稲敷郡美浦村-
馬捨　うますて
　うますて-ちょう　愛知県半田市-町
馬淵　まぶち
　まぶち-ちょう　滋賀県近江八幡市-町
馬渕　まぶち
　まぶち　宮城県伊具郡丸森町-
　まぶち　静岡県静岡市駿河区-
馬野原　まのはら　島根県邑智郡川本町-
馬喰　ばくろ・ばくろう
　ばくろ-ちょう　青森県弘前市-町
　ばくろ-まち　青森県三戸郡三戸町-町
　ばくろう-まち　秋田県大館市-町
　ばくろう-まち　群馬県沼田市-町
　ばくろ-ちょう　京都府京都市上京区-町
馬場　ばば・ばばの・ばばん・ばんば
　ばば-ちょう　青森県八戸市-町
　ばば-ちょう　岩手県盛岡市-町
　ばば　秋田県にかほ市-
　ばば-ちょう　山形県鶴岡市-町
　ばば-まち　福島県会津若松市-町
　ばば　福島県喜多方市-
　ばば　福島県耶麻郡猪苗代町-
　ばば　福島県西白河郡矢吹町-
　ばば　福島県田村郡三春町-
　ばば　茨城県常総市-
　ばば-ちょう　茨城県常陸太田市-町
　ばば　栃木県さくら市-
　ばば-まち　群馬県前橋市-町
　ばんば　埼玉県さいたま市緑区-
　ばば　埼玉県新座市-
　ばんば　埼玉県比企郡ときがわ町-
　ばば-ちょう　千葉県銚子市-町
　ばば　千葉県成田市-
　ばば　神奈川県横浜市鶴見区-
　ばば-ちょう　神奈川県横浜市磯子区-町
　ばば　新潟県三条市-
　ばば　新潟県十日町市-
　ばば-ちょう　新潟県五泉市-町
　ばんば-まち　石川県小松市-町
　ばば　石川県白山市-
　ばんば　山梨県南都留郡道志村-
　ばばん-ちょう　長野県飯田市-町
　ばば-ちょう　長野県須坂市-町
　ばば-ちょう　岐阜県大垣市-町
　ばば-まち　岐阜県高山市-町
　ばば　岐阜県瑞穂市-
　ばばん-ちょう　静岡県静岡市葵区-町
　ばば-ちょう　静岡県伊東市-町
　ばば-ちょう　静岡県磐田市-町
　ばば-ちょう　愛知県豊川市-町

　ばば-ちょう　愛知県津島市-町
　ばば-ちょう　愛知県西尾市-町
　ばんば　愛知県稲沢市-
　ばんば-ちょう　愛知県稲沢市-町
　ばば　三重県伊賀市-
　ばんば　滋賀県大津市-
　ばんば　滋賀県彦根市-
　ばんば-ちょう　滋賀県草津市-町
　ばば　京都府長岡京市-
　ばば-ちょう　大阪府大阪市中央区-町
　ばば　大阪府貝塚市-
　ばば-ちょう　大阪府守口市-町
　ばば　大阪府泉南市-
　ばば-ちょう　兵庫県神戸市兵庫区-町
　ばば-ちょう　兵庫県西宮市-町
　ばば　兵庫県揖保郡太子町-
　ばば-ちょう　奈良県奈良市-町
　ばば　和歌山県和歌山市-
　ばば-ちょう　和歌山県海南市-町
　ばば　鳥取県鳥取市-
　ばばの-ちょう　鳥取県鳥取市-町
　ばば　鳥取県倉吉市-
　ばば　鳥取県岩美郡岩美町-
　ばば　鳥取県西伯郡南部町-
　ばば　岡山県苫田郡鏡野町-
　ばば-まち　福岡県大牟田市-町
　ばば　福岡県八女市-
　ばば　福岡県行橋市-
　ばば　福岡県豊前市-
　ばば　福岡県京都郡苅田町-
　ばば　熊本県下益城郡美里町-
　ばば　熊本県球磨郡湯前町-
　ばば　大分県大分市-
　ばば　大分県別府市-
　ばば　鹿児島県肝属郡錦江町-
馬場島　ばんばじま　富山県中新川郡上市町-
馬塚　まづか　岡山県新見市-
馬堤　うまづつみ　愛知県長久手市-
馬揚沢　うまあげさわ　岩手県八幡平市-
馬替　まがえ　石川県金沢市-
馬渡　うまわたり・まわたし・まわたり
　まわたり　山形県鶴岡市-
　まわたり　茨城県ひたちなか市-
　うまわたり　茨城県東茨城郡茨城町-
　まわたし　千葉県佐倉市-
　うまわたり　兵庫県三田市-
　まわたり-まち　福岡県大牟田市-町
　まわたり-まち　長崎県諫早市-町
　まわたり　熊本県熊本市南区-
馬渡谷　もおたに
　もおたに-ちょう　兵庫県加西市-町
馬登　まのぼり　千葉県君津市-
馬越　うまごえ・まごせ
　まごせ-ちょう　三重県尾鷲市-町
　うまごえ　香川県小豆郡土庄町-
　うまごえ-ちょう　愛媛県今治市-町
馬道　うまみち　三重県桑名市-
馬絹　まぎぬ　神奈川県川崎市宮前区-
馬路　うまじ
　うまじ-ちょう　京都府亀岡市-町
　うまじ　徳島県那賀郡那賀町-

10画（骨，高）

うまじ-むら　高知県安芸郡-村
うまじ　高知県安芸郡馬路村-
馬飼　まかい　岡山県笠岡市-
馬馳　まばせ　島根県仁多郡奥出雲町-
馬敷　ましき　福岡県飯塚市-
馬潟　まかた
　　まかた-ちょう　島根県松江市-町
馬繰　まつなぎ
　　まつなぎ-まち　石川県珠洲市-町
馬鞍　まぐら　宮城県石巻市-
馬橋　まばし
　　まばし　千葉県松戸市-
　　まばし　千葉県成田市-
　　まばし　千葉県印旛郡酒々井町-
馬頭　ばとう
　　ばとう　山形県東置賜郡高畠町-
　　ばとう　栃木県那須郡那珂川町-
馬篠　うましの　香川県東かがわ市-
馬瀬　うませ・うまのせ・まぜ
　　うまのせ　富山県富山市-
　　まぜ-ちょう　三重県伊勢市-町
　　うまぜ　三重県北牟婁郡紀北町-
　　まぜ　大阪府泉北郡忠岡町-
　　うまぜ　兵庫県加東市-
　　うまぜ　高知県長岡郡大豊町-
馬瀬口　ませぐち
　　ませぐち　富山県富山市-
　　ませぐち　長野県北佐久郡御代田町-
馬瀬川上　まぜかおれ　岐阜県下呂市-
馬瀬井谷　まぜいだに　岐阜県下呂市-
馬瀬数河　まぜすごう　岐阜県下呂市-
馬籠　まごめ
　　まごめ　山梨県中央市-
　　まごめ　岐阜県中津川市-

骨

骨原　こつはら　富山県中新川郡上市町-

高

高ケ坂　こがさか　東京都町田市-
高下　こうげ・たかおり
　　たかおり　山梨県南巨摩郡富士川町-
　　こうげ　岡山県久米郡美咲町-
高下東　こうげひがし
　　こうげひがし-まち　熊本県八代市-町
高上　たかうえ・たかがみ・たこえ
　　たかがみ　愛知県豊田市-
　　たかうえ　福岡県糸島市-
　　たこえ　福岡県朝倉郡筑前町-
高久　たかく・たかひさ
　　たかく　茨城県桜川市-
　　たかく　茨城県東茨城郡城里町-
　　たかひさ　埼玉県吉川市-
高久甲　たかくこう　栃木県那須郡那須町-
高土　こうど
　　こうど-ちょう　新潟県上越市-町
高小原　こうごばら
　　こうごばら-まち　熊本県八代市-町
高天　こうてん・たかま
　　たかま-ちょう　奈良県奈良市-町

たかま　奈良県御所市-
こうてん-ちょう　長崎県佐世保市-町
こうてん-まち　長崎県諫早市-町
高天市　たかまいち
　　たかまいち-ちょう　奈良県奈良市-町
高天原　たかまがはら　茨城県鹿嶋市-
高日向　たかひなた　群馬県利根郡みなかみ町-
高月　こうづき・たかつき
　　たかつき-まち　東京都八王子市-町
　　たかつき-まち　富山県滑川市-町
　　たかつき-ちょう　岐阜県瑞浪市-町
　　こうづき　熊本県上益城郡山都町-
高月町東物部　たかつきちょうひがしものべ　滋賀県
　　長浜市-
高月町東阿閉　たかつきちょうひがしあつじ　滋賀県
　　長浜市-
高月町雨森　たかつきちょうあめのもり　滋賀県長
　　浜市-
高月町柏原　たかつきちょうかしはら　滋賀県長浜市-
高月町馬上　たかつきちょうまけ　滋賀県長浜市-
高月町渡岸寺　たかつきちょうどうがんじ　滋賀県長
　　浜市-
高水　こうずい・たかみず
　　たかみず　千葉県君津市-
　　こうずい　島根県邑智郡邑南町-
高水原　たかみずはら　山口県周南市-
高平　たかだいら・たかひら
　　たかひら-ちょう　北海道室蘭市-町
　　たかひら　福島県二本松市-
　　たかだいろ　新潟県村上市-
　　たかひら　福岡県福津市-
　　たかひら-まち　長崎県長崎市-町
　　たかひら　熊本県熊本市北区-
高生　たかおい　千葉県旭市-
高田　こうだ・たかた・たかだ
　　たかだ　青森県青森市-
　　たかだ　青森県弘前市-
　　たかだ　青森県上北郡おいらせ町-
　　たかだ　岩手県花巻市-
　　たかた-ちょう　岩手県陸前高田市-町
　　たかた　岩手県紫波郡矢巾町-
　　たかだ　宮城県遠田郡美里町-
　　たかだ　山形県山形市-
　　たかだ　山形県鶴岡市-
　　たかだ　山形県寒河江市-
　　たかだ　福島県二本松市-
　　たかだ　福島県伊達市-
　　たかだ　福島県大沼郡会津美里町-
　　たかだ　福島県石川郡石川町-
　　たかだ-ちょう　茨城県水戸市-町
　　たかた　茨城県つくば市-
　　たかだ　茨城県稲敷市-
　　たかだ　茨城県鉾田市-
　　たかだ　茨城県小美玉市-
　　たかだ　茨城県久慈郡大子町-
　　たかだ　栃木県真岡市-
　　たかだ-ちょう　千葉県千葉市緑区-町
　　たかだ-ちょう　千葉県銚子市-町
　　たかだ　千葉県茂原市-
　　たかだ　千葉県柏市-
　　たかだ　千葉県市原市-

273

10画（高）

たかだ　千葉県山武郡芝山町-
たかだ　東京都豊島区-
たかた-ちょう　神奈川県横浜市港北区-町
たかた　神奈川県小田原市-
たかた　神奈川県茅ケ崎市-
たかだ　新潟県新発田市-
たかだ-ちょう　新潟県十日町市-町
たかだ　新潟県阿賀野市-
たかだ　新潟県岩船郡関川村-
たかた　富山県富山市-
たかた-まち　石川県七尾市-町
たかた-ちょう　福井県福井市-町
たかた　山梨県西八代郡市川三郷町-
たかた　長野県長野市-
たかた　岐阜県岐阜市-
たかた-ちょう　岐阜県多治見市-町
たかだ　岐阜県養老郡養老町-
たかた　静岡県掛川市-
たかた　静岡県藤枝市-
たかた-ちょう　愛知県名古屋市瑞穂区-町
たかだ-ちょう　愛知県豊橋市-町
たかた　愛知県一宮市-
たかだ-ちょう　滋賀県長浜市-町
たかだ-ちょう　京都府京都市中京区-町
こうだ　大阪府枚方市-
たかた-ちょう　大阪府茨木市-町
こうだ　大阪府泉南郡熊取町-
たかた-ちょう　兵庫県尼崎市-町
たかた-ちょう　兵庫県小野市-町
たかだ　奈良県大和高田市-
たかだ-ちょう　奈良県大和郡山市-町
たかた　奈良県桜井市-
たかだ　和歌山県新宮市-
たかだ　和歌山県伊都郡かつらぎ町-
たかた　鳥取県西伯郡大山町-
たかた-ちょう　島根県浜田市-町
たかた　島根県仁多郡奥出雲町-
たかた　愛媛県松山市-
たかた　愛媛県新居浜市-
たかた　愛媛県西条市-
たかだ　福岡県北九州市門司区-
たかた　福岡県飯塚市-
たかた　福岡県豊前市-
たかた　福岡県糸島市-
たかた　福岡県糟屋郡篠栗町-
たかた　福岡県朝倉郡筑前町-
たかた-まち　佐賀県鳥栖市-町
こうだ-ちょう　長崎県五島市-町
たかだ　大分県豊後高田市-

高田中川原道下　たかだなかがわらみちした　福島県大沼郡会津美里町-
高田井　こうだい
　こうだい-ちょう　兵庫県西脇市-町
高田町田浦　たかたまちたのうら　福岡県みやま市-
高田町江浦　たかたまちえのうら
　たかたまちえのうら　福岡県みやま市-
　たかたまちえのうら-まち　福岡県みやま市-町
高田町原　たかたまちはる　福岡県みやま市-
高田町飯江　たかたまちはえ　福岡県みやま市-
高田前川原　たかだまえかわはら　福島県大沼郡会津美里町-

高田馬場　たかだのばば・たかだばば
　たかだのばば　東京都新宿区-
　たかだばば-ちょう　岐阜県養老郡養老町-町
高田郷　こうだごう　長崎県西彼杵郡長与町-
高田道上　たかだみちうえ　福島県大沼郡会津美里町-
高辻西洞院　たかつじにしのとういん
　たかつじにしのとういん-ちょう　京都府京都市下京区-町
高伏　こうふく・たかぶし
　こうふく-まち　富山県高岡市-町
　たかぶし　大分県竹田市-
高向　たこう　大阪府河内長野市-
高安　こうやす・たかやす
　こうやす　山形県東置賜郡高畠町-
　たかやす　奈良県生駒郡斑鳩町-
　たかやす　沖縄県豊見城市-
高羽　たかは
　たかは-ちょう　長野県飯田市-町
　たかは　兵庫県神戸市灘区-
　たかは-ちょう　兵庫県神戸市灘区-町
高西　こうさい・たかにし
　たかにし　福島県二本松市-
　こうさい-ちょう　大阪府高槻市-町
　たかにし-ちょう　広島県福山市-町
高西新田　こうさいしんでん　千葉県印西市-
高佐　こうさ・たかさ
　たかさ　福井県丹生郡越前町-
　こうさ-ちょう　島根県浜田市-町
高作　こうさ
　こうさ-まち　茨城県龍ケ崎市-町
高住　こうじゅう・たかすみ・たかずみ
　たかすみ　新潟県上越市-
　こうじゅう　山梨県南巨摩郡早川町-
　たかずみ　鳥取県鳥取市-
　たかずみ　鳥取県岩美郡岩美町-
高判形山　たかはんぎょうやま　宮城県気仙沼市-
高別当　こうべつとう　群馬県安中市-
高坂　こうさか・こうざか・たかさか
　たかさか　山形県鶴岡市-
　たかさか　埼玉県東松山市-
　こうさか　千葉県市原市-
　こうさか　千葉県君津市-
　たかさか　富山県小矢部市-
　たかさか-まち　石川県金沢市-町
　たかさか-まち　石川県能美市-町
　こうさか　長野県上水内郡飯綱町-
　たかさか-ちょう　愛知県名古屋市天白区-町
　たかさか　愛知県常滑市-
　たかさか　兵庫県篠山市-
高尾　こうの・こお・たかお
　こうの　秋田県由利本荘市-
　たかお　埼玉県北本市-
　たかお-まち　東京都八王子市-町
　たかお　東京都あきる野市-
　たかお　神奈川県足柄上郡大井町-
　たかお　石川県金沢市-
　たかお-まち　石川県金沢市-町
　たかお-まち　石川県加賀市-町
　たかお　福井県福井市-
　たかお　山梨県南アルプス市-
　たかお　山梨県北都留郡丹波山村-
　たかお-ちょう　岐阜県岐阜市-町

10画（高）

たかお　静岡県袋井市-
たかお-ちょう　静岡県袋井市-町
たかお　三重県伊賀市-
こうの　京都府綴喜郡宇治田原町-
たかお　京都府相楽郡南山城村-
たかお　大阪府堺市南区-
たかお-ちょう　兵庫県姫路市-町
こお　鳥取県日野郡日野町-
たかお　島根県仁多郡奥出雲町-
たかお　岡山県津山市-
たかお　岡山県新見市-
たかお　福岡県北九州市小倉北区-
たかお　福岡県遠賀郡水巻町-
たかお-まち　長崎県長崎市-町
高尾田　たこうだ・たこおだ
　たこうだ　秋田県雄勝郡羽後町-
　たこおだ　愛媛県伊予郡砥部町-
高尾野町上水流　たかおのまちかみずる　鹿児島県出水市-
高志　こうし　新潟県新潟市中央区-
高志保　たかしほ　沖縄県中頭郡読谷村-
高杖原　たかつえはら　福島県南会津郡南会津町-
高来　こうらい・たかく
　こうらい　富山県富山市-
　たかく　福岡県行橋市-
高来町上与　たかきちょううわぐみ　長崎県諫早市-
高来町西平原　たかきちょうにしひらばる　長崎県諫早市-
高来町西尾　たかきちょうにしのお　長崎県諫早市-
高来町町名　たかきちょうまちみょう　長崎県諫早市-
高来町東平原　たかきちょうひがしひらばる　長崎県諫早市-
高来町法川　たかきちょうのりがわ　長崎県諫早市-
高良　たから
　たから　沖縄県那覇市-
　たから　沖縄県島尻郡八重瀬町-
高良内　こうらうち
　こうらうち-まち　福岡県久留米市-町
高良田　たからだ　茨城県つくば市-
高角　たかつの
　たかつの-ちょう　三重県四日市市-町
　たかつの　高知県長岡郡本山町-
高谷　こうや・たかだに・たかや
　こうや-まち　栃木県栃木市-町
　こうや　栃木県鹿沼市-
　こうや　埼玉県比企郡小川町-
　こうや　千葉県市川市-
　たかや　千葉県袖ケ浦市-
　たかだに　千葉県いすみ市-
　こうや　千葉県香取郡神崎町-
　たかや　千葉県山武郡芝山町-
　たかや　神奈川県藤沢市-
　こうや　岡山県加賀郡吉備中央町-
高豆蒄　こうずく　山形県東置賜郡川西町-
高免　こうめん
　こうめん-ちょう　鹿児島県鹿児島市-町
高岡町小山田　たかおかちょうおやまだ　宮崎県宮崎市-
高岩　こうがん・たかいわ
　たかいわ　埼玉県白岡市-
　こうがん-ちょう　岐阜県岐阜市-町

高岱　たかだい
　たかだい-ちょう　北海道函館市-町
高府　たかふ　長野県上水内郡小川村-
高東　こうとう
　こうとう-ちょう　兵庫県神戸市長田区-町
高茂　こうも
　こうも-ちょう　広島県庄原市-町
　こうも　愛媛県西宇和郡伊方町-
　こうも　愛媛県南宇和郡愛南町-
高門　たかかど
　たかかど-ちょう　広島県庄原市-町
高城　たかぎ・たかじょう・たかしろ・たき
　たかぎ　宮城県宮城郡松島町-
　たかぎ　宮城県加美郡色麻町-
　たかじょう　秋田県大仙市-
　たかぎ　福島県伊達郡国見町-
　たかしろちょう　大阪府吹田市-町
　たかしろ　岡山県久米郡美咲町-
　たかしろ-まち　長崎県諫早市-町
　たかじょう　宮崎県児湯郡木城町-
　たかじょう　鹿児島県垂水市-
　たきちょう　鹿児島県薩摩川内市-町
高城台　たかじょうだい・たかしろだい
　たかしろだい　長崎県長崎市-
　たかじょうだい　大分県大分市-
高屋町八幡　たかやちょうはちまん　愛知県江南市-
高屋町中屋舗　たかやちょうなかやしき　愛知県江南市-
高屋町杵原　たかやちょうきねはら　広島県東広島市-
高屋町神戸　たかやちょうごうど　愛知県江南市-
高柳　たかやぎ・たかやなぎ
　たかやなぎ　宮城県名取市-
　たかやなぎ　栃木県那須塩原市-
　たかやなぎ　埼玉県熊谷市-
　たかやなぎ　埼玉県久喜市-
　たかやなぎ　千葉県木更津市-
　たかやなぎ　千葉県松戸市-
　たかやなぎ　千葉県柏市-
　たかやなぎ　新潟県妙高市-
　たかやなぎ　富山県滑川市-
　たかやなぎ-まち　石川県金沢市-町
　たかやなぎ　福井県福井市-
　たかやなぎ-ちょう　福井県福井市-町
　たかやぎ　長野県佐久市-
　たかやなぎ　静岡県藤枝市-
　たかやなぎ-ちょう　愛知県名古屋市名東区-町
　たかやなぎ　大阪府寝屋川市-
　たかやなぎ-まち　熊本県宇土市-町
高柳町門出　たかやなぎちょうかどいで　新潟県柏崎市-
高津　こうづ・たかつ・たかづ・たこうつ
　たかつ　茨城県筑西市-
　たかつ　千葉県八千代市-
　たかつ-く　神奈川県川崎市-区
　たかつ　新潟県上越市-
　たかつ　京都府綾部市-
　こうづ　大阪府大阪市中央区-
　たかつ-ちょう　大阪府泉大津市-町
　たこうつ　奈良県吉野郡十津川村-
　たかづ　和歌山県海南市-
　たかつ　島根県益田市-

10画（高）

たかつ-ちょう　島根県益田市-町
たかつ-ちょう　愛媛県新居浜市-町
高津気　こうづけ　和歌山県東牟婁郡那智勝浦町-
高津原　たかつはら
　たかつはら　千葉県香取郡多古町-
　たかつはら　佐賀県鹿島市-
高畑　たかはた・たかばた・たかばたけ
　たかはた　岩手県八幡平市-
　たかばたけ　宮城県伊具郡丸森町-
　たかばたけ　埼玉県さいたま市緑区-
　たかばたけ　埼玉県深谷市-
　たかばたけ　新潟県新潟市西蒲区-
　たかばたけ-まち　新潟県長岡市-町
　たかばたけ　新潟県胎内市-
　たかばたけ　山梨県甲府市-
　たかはた　山梨県北都留郡丹波山村-
　たかばた-まち　長野県須坂市-町
　たかはた　岐阜県加茂郡富加町-
　たかばたけ　静岡県浜松市浜北区-
　たかばた　愛知県名古屋市中川区-
　たかばた-ちょう　愛知県一宮市-町
　たかばた-ちょう　愛知県津島市-町
　たかばた-ちょう　愛知県愛西市-町
　たかはた　三重県伊賀市-
　たかばた-ちょう　滋賀県長浜市-町
　たかばたけ-ちょう　京都府京都市東山区-町
　たかばたけ　京都府福知山市-
　たかばた-ちょう　兵庫県西宮市-町
　たかばたけ-ちょう　奈良県奈良市-町
　たかはた　和歌山県海草郡紀美野町-
　たかはた　島根県邑智郡美郷町-
　たかはた　山口県下関市-
　たかはた　山口県山陽小野田市-
　たかはた　愛媛県南宇和郡愛南町-
　たかばた　熊本県上益城郡山都町-
　たかばた　大分県佐伯市-
高畑熊沢　たかはたけくまざわ　青森県平川市-
高砂　たかさご・たかすな
　たかさご　北海道虻田郡倶知安町-【ほか48ヶ所】
　たかすな　茨城県龍ケ崎市-
高砂町戎　たかさごちょうえびす
　たかさごちょうえびす-まち　兵庫県高砂市-町
高砂町農人　たかさごちょうのうにん
　たかさごちょうのうにん-まち　兵庫県高砂市-町
高神原　たかがみはら
　たかがみはら-まち　千葉県銚子市-町
高祖　たかす　福岡県糸島市-
高草嶺　たかそうれい　富山県南砺市-
高倉町大瀬八長　たかくらちょうおおせおなが　岡山県高梁市-
高原　たかはら・たかはる
　たかはら-まち　山形県山形市-町
　たかはら　栃木県日光市-
　たかはら-まち　富山県富山市-町
　たかはら　富山県中新川郡立山町-
　たかはら　愛知県豊田市-
　たかはら　奈良県吉野郡川上村-
　たかはら　徳島県名西郡石井町-
　たかはら　大分県大分市-
　たかはる-ちょう　宮崎県西諸県郡-町
　たかはら　沖縄県沖縄市-

高埇　たかそね　高知県高知市-
高家　こうけ・たいえ
　こうけ　岩手県九戸郡軽米町-
　たいえ　奈良県桜井市-
　たいえ　和歌山県日高郡日高町-
高宮町来女木　たかみやちょうくるめぎ　広島県安芸高田市-
高宮町房後　たかみやちょうぼうご　広島県安芸高田市-
高師浜　たかしのはま　大阪府高石市-
高座　こうざ・たかくら
　こうざ-ぐん　神奈川県-郡
　こうざ-まち　石川県能美市-町
　たかくら-ちょう　愛知県春日井市-町
　たかくら-ちょう　兵庫県西宮市-町
高根町黍生　たかねまちきびゅう　岐阜県高山市-
高畠　たかはた・たかばた・たかばたけ
　たかはた-まち　山形県東置賜郡-町
　たかはた　山形県東置賜郡高畠町-
　たかばたけ-まち　富山県富山市-町
　たかばたけ　富山県魚津市-
　たかばたけ　富山県南砺市-
　たかばたけ　富山県下新川郡入善町-
　たかばたけ　石川県金沢市-
　たかばたけ　石川県鹿島郡中能登町-
　たかばた-ちょう　愛知県西尾市-町
　たかばた　大分県佐伯市-
高畔　たかぜ　新潟県柏崎市-
高造路　たかぞうろ　山形県西置賜郡飯豊町-
高隈　たかしま　福島県南会津郡下郷町-
高馬　たこうま　静岡県下田市-
高堂　たかどう・たかんどう
　たかどう　山形県山形市-
　たかんどう-まち　石川県小松市-町
高梁　たかはし
　たかはし-し　岡山県-市
高清水大寺　たかしみずだいてら　宮城県栗原市-
高清水小山下　たかしみずおやました　宮城県栗原市-
高清水五輪　たかしみずごりん　宮城県栗原市-
高清水日向　たかしみずひなた　宮城県栗原市-
高清水仰ケ返り　たかしみずむけがえり　宮城県栗原市-
高清水忽滑沢　たかしみずぬかりさわ　宮城県栗原市-
高清水明官　たかしみずみょうかん　宮城県栗原市-
高清水宮脇　たかしみずやのわき　宮城県栗原市-
高郷町揚津　たかさとまちあがつ　福島県喜多方市-
高部　たかぶ・たかべ
　たかぶ　茨城県常陸大宮市-
　たかべ　千葉県香取郡東庄町-
　たかべ　山梨県中央市-
　たかべ　愛媛県今治市-
高野　こうの・こうや・たかの
　たかの　北海道松前郡松前町-
　たかの　北海道網走郡美幌町-
　こうや　青森県弘前市-
　こうや　青森県五所川原市-
　こうや　山形県上山市-
　こうや-ちょう　山形県長井市-町
　こうや　福島県南会津郡南会津町-
　こうや　福島県東白川郡矢祭町-

10画（高）

こうや　茨城県古河市-
こうや　茨城県つくば市-
こうや　茨城県ひたちなか市-
こうや　茨城県守谷市-
たかの-まち　千葉県銚子市-町
こうや　千葉県富里市-
こうや　千葉県匝瑳市-
こうや　千葉県香取市-
たかの　神奈川県鎌倉市-
たかの-まち　新潟県長岡市-町
たかの　新潟県胎内市-
たかの　福井県敦賀市-
たかの　福井県大飯郡高浜町-
たかの-まち　長野県南佐久郡佐久穂町-町
たかの-まち　岐阜県岐阜市-町
たかの-ちょう　愛知県豊田市-町
たかの　滋賀県栗東市-
こうの　兵庫県赤穂市-
たかの　和歌山県紀の川市-
こうや-ちょう　和歌山県伊都郡-町
たかの　和歌山県日高郡みなべ町-
たかの　和歌山県東牟婁郡那智勝浦町-
たかの　鳥取県八頭郡若桜町-
たかの　岡山県岡山市北区-
たかの　広島県山県郡北広島町-
たかの　徳島県那賀郡那賀町-
たかの-まち　愛媛県松山市-町
たかの　高知県土佐郡大川村-
たかの　高知県高岡郡四万十町-
たかの　福岡県北九州市小倉南区-
たかの　福岡県久留米市-
たかの　福岡県宮若市-
たかの　福岡県田川郡香春町-
たかの　熊本県玉名郡和水町-
たかの-ちょう　宮崎県都城市-町
たかの-まち　宮崎県延岡市-町
高野口町応其　こうやぐちちょうおうご　和歌山県橋本市-
高野山　こうのやま・こうやさん
こうのやま　千葉県我孫子市-
こうやさん　和歌山県伊都郡高野町-
高野山西　たかのやまにし　岡山県津山市-
高野台　こうやだい・たかのだい
こうやだい　茨城県つくば市-
こうやだい　千葉県船橋市-
たかのだい　東京都練馬区-
たかのだい　京都府舞鶴市-
たかのだい　大阪府吹田市-
高野台東　たかのだいひがし　埼玉県北葛飾郡杉戸町-
高野尻　こうやじり　岡山県岡山市北区-
高野由里　たかのゆり　京都府舞鶴市-
高野辺　たかのべ　山形県天童市-
高野地　たかのじ　愛媛県八幡浜市-
高野尾　たかのお
たかのお-ちょう　三重県津市-町
高野沢　たかのさわ　青森県三沢市-
高野町界沢　こうやまちさかいざわ　福島県会津若松市-
高野町奥門田　たかのちょうおくもんで　広島県庄原市-
高野河原下　こうやかわはらした　福島県福島市-

高野前　たかのまえ　愛知県知多郡武豊町-
高野倉　たかのくら　埼玉県比企郡鳩山町-
高野原　たかのはら　宮城県仙台市青葉区-
高野原新田　こうやはらしんでん　茨城県つくば市-
高野宮　こうのみや　新潟県新潟市西蒲区-
高野堂　こうやどう
こうやどう-ちょう　京都府京都市下京区-町
高野道　こうやみち　大阪府枚方市-
高野蓼原　たかのたではら
たかのたではら-ちょう　京都府京都市左京区-町
高野瀬　たかのせ　滋賀県犬上郡豊郷町-
高御所　こうごしょ　静岡県掛川市-
高朝田　たかちょうだ　兵庫県神崎郡神河町-
高椅　たかはし　栃木県小山市-
高賀野　こがの　青森県黒石市-
高越　たかごえ
たかごえ-ちょう　長崎県平戸市-町
高越屋戸　たかこしやど　福島県二本松市-
高道　たかみち・たかんど
たかんど　富山県砺波市-
たかみち-ちょう　愛知県名古屋市中村区-町
高道山　こうみちやま　新潟県十日町市-
高道祖　たかさい　茨城県下妻市-
高須絶海　たかすたるみ　高知県高知市-
高路　こうろ　鳥取県鳥取市-
高遠井　こうどい　和歌山県東牟婁郡那智勝浦町-
高遠町荊口　たかとおまちばらぐち　長野県伊那市-
高徳　こうとく・たかとく
こうとく　北海道河東郡士幌町-
たかとく　栃木県日光市-
こうとく-ちょう　兵庫県神戸市灘区-町
高樋　たかえ・たかひ
たかひ　青森県南津軽郡田舎館村-
たかひ-ちょう　奈良県奈良市-町
たかえ　福岡県三井郡大刀洗町-
高輪　たかなわ　東京都港区-
高頭　たかとう
たかとう-まち　新潟県長岡市-町
高嶺　たかね・たかみね
たかね-ちょう　静岡県富士市-町
たかみね　沖縄県豊見城市-
高撣　たかだま　山形県天童市-
高瀬　たかせ・たかぜ・たこせ
たかせ　青森県五所川原市-
たかせ　青森県三戸郡南部町-
たかせ　宮城県亘理郡山元町-
たかせ　福島県双葉郡浪江町-
たかせ　栃木県那須烏山市-
たかぜ-ちょう　群馬県太田市-町
たかせ-ちょう　千葉県船橋市-町
たかせ-まち　新潟県長岡市-町
たこせ　新潟県佐渡市-
たかせ　新潟県岩船郡関川村-
たかせ　富山県南砺市-
たかせ　富山県下新川郡入善町-
たかせ　福井県越前市-
たかせ　静岡県掛川市-
たかせ-ちょう　大阪府守口市-町
たかせ　和歌山県岩出市-
たかせ　和歌山県東牟婁郡古座川町-

10画（鬼）11画（乾, 亀, 商, 健, 冨, 動, 問）

たかせ　山口県周南市-
たかせ　徳島県板野郡上板町-
たかせ　高知県四万十市-
たかせ　高知県吾川郡仁淀川町-
たかせ　福岡県行橋市-
たかせ　熊本県玉名市-
たかせ　大分県大分市-
たかせ　大分県中津市-
高麗　こうらい・こま
　こま　神奈川県中郡大磯町-
　こうらい-ちょう　鹿児島県鹿児島市-町
高麗川　こまがわ　埼玉県日高市-
高麗本郷　こまほんごう　埼玉県日高市-
高麗橋　こうらいばし　大阪府大阪市中央区-
高鷲　たかわし　大阪府羽曳野市-
高鷲町鷲見　たかすちょうわしみ　岐阜県郡上市-

```
　　　　　鬼
```

鬼木　おにき・おにぎ・おにのき
　おにぎ　新潟県三条市-
　おにのき　福岡県豊前市-
　おにき-まち　熊本県人吉市-町
鬼北　きほく
　きほく-ちょう　愛媛県北宇和郡-町
鬼石　おにし　群馬県藤岡市-
鬼長　おにおさ　茨城県つくばみらい市-
鬼怒　きぬ　茨城県下妻市-
鬼無町鬼無　きなしちょうきなし　香川県高松市-
鬼無里　きなさ　長野県長野市-
鬼童　おんどう
　おんどう-まち　福岡県柳川市-町
鬼舞　きぶ　新潟県糸魚川市-
鬼籠野　おろの　徳島県名西郡神山町-

◆◆◆◆◆ 11画 ◆◆◆◆◆

```
　　　　　乾
```

乾徳　けんとく　福井県福井市-

```
　　　　　亀
```

亀ケ地　かめがんじ　愛知県弥富市-
亀山　かめやま・きざん
　かめやま　宮城県気仙沼市-
　かめやま　栃木県真岡市-
　かめやま　栃木県那須塩原市-
　かめやま-ちょう　石川県七尾市-町
　かめやま　福井県大野市-
　かめやま-ちょう　愛知県田原市-町
　かめやま-し　三重県-市
　かめやま　兵庫県姫路市-
　かめやま　岡山県倉敷市-
　かめやま　広島県広島市安佐北区-
　かめやま-ちょう　山口県山口市-町
　きざん-まち　大分県日田市-町
亀戸　かめいど　東京都江東区-
亀水　たるみ
　たるみ-ちょう　香川県高松市-町

亀甲　かめのこ・かめのこう
　かめのこう-まち　青森県弘前市-町
　かめのこ-まち　福岡県大牟田市-町
　かめのこう　福岡県八女市-
　かめのこう　熊本県玉名市-
亀田四ツ興野　かめだよつごや　新潟県新潟市江南区-
亀田長潟　かめだながた　新潟県新潟市江南区-
亀吉一条　かめきちいちじょう　北海道旭川市-
亀作　かめざく
　かめざく-まち　茨城県常陸太田市-町
亀谷　かめがい・かめたに・かめだに
　かめがい　福島県二本松市-
　かめがい　富山県富山市-
　かめだに　鳥取県東伯郡北栄町-
　かめにに-まち　福岡県大牟田市-町
亀場町食場　かめばまちじきば　熊本県天草市-
亀嵩　かめだけ　島根県仁多郡奥出雲町-

```
　　　　　商
```

商人　あきんど　島根県鹿足郡津和野町-
商人留　あきひとどめ　秋田県大館市-

```
　　　　　健
```

健老　けんろう
　けんろう-まち　福岡県大牟田市-町
健武　たけぶ　栃木県那須郡那珂川町-
健軍　けんぐん　熊本県熊本市東区-
健堅　けんけん　沖縄県国頭郡本部町-

```
　　　　　冨
```

冨尾　とんびゅう
　とんびゅう-ちょう　愛知県岡崎市-町
冨居栄　ふごさかえ
　ふごさかえ-まち　富山県富山市-町
冨波甲　とばこう　滋賀県野洲市-
冨着　ふちゃく　沖縄県国頭郡恩納村-

```
　　　　　動
```

動木　とどろき　和歌山県海草郡紀美野町-
動橋　いぶりはし
　いぶりはし-まち　石川県加賀市-町

```
　　　　　問
```

問屋　といや・とんや
　とんや-まち　青森県青森市-町
　とんや-まち　栃木県宇都宮市-町
　とんや-ちょう　栃木県足利市-町
　とんや-まち　群馬県前橋市-町
　とんや-まち　群馬県高崎市-町
　とんや-まち　埼玉県川越市-町
　とんや-ちょう　埼玉県熊谷市-町
　とんや-ちょう　千葉県千葉市中央区-町
　といや-まち　富山県富山市-町
　とんや-まち　富山県高岡市-町
　とんや-まち　石川県金沢市-町
　とんや-まち　石川県小松市-町
　といや-まち　福井県福井市-町
　とんや-まち　福井県越前市-町
　といや-まち　岐阜県岐阜市-町
　とんや-まち　岐阜県大垣市-町
　とんや-まち　岐阜県高山市-町

11画（基,埼,埴,堂,堀,婆,婦）

とんや-ちょう　愛知県豊橋市-町
とんや-まち　三重県伊賀市-町
とんや-まち　京都府京都市伏見区-町
とんや-まち　京都府福知山市-町
といや-ちょう　岡山県岡山市北区-町
といや-まち　徳島県徳島市-町
とんや-ちょう　愛媛県松山市-町
問寒別　といかんべつ　北海道天塩郡幌延町-

基

基山　きやま
きやま-ちょう　佐賀県三養基郡-町
基松　もといまつ
もといまつ-ちょう　北海道帯広市-町
基線　きせん
きせん　北海道石狩郡新篠津村-
きせん　北海道上川郡東神楽町-
きせん　北海道上川郡比布町-

埼

埼玉　さきたま
さきたま　栃木県那須塩原市-
さきたま　埼玉県行田市-

埴

埴生　はにゅう・はぶ
はにゅう　富山県小矢部市-
はぶ　山口県山陽小野田市-
埴生野　はにゅうの　大阪府羽曳野市-
埴田　はねた・はねだ
はねだ-まち　石川県小松市-町
はねた　和歌山県日高郡みなべ町-
埴見　はなみ　鳥取県東伯郡湯梨浜町-
埴谷　はにや　千葉県山武市-
埴科　はにしな
はにしな-ぐん　長野県-郡
埴師　はにし　鳥取県八頭郡智頭町-

堂

堂尾　どうのお　岡山県津山市-
堂谷　どうだに・どうやつ
どうやつ　千葉県袖ケ浦市-
どうだに　滋賀県米原市-
堂浦　どううら
どううら-ちょう　愛知県豊橋市-町
堂奥　どうのおく　京都府舞鶴市-

堀

堀上　ほりあげ・ほりかみ
ほりあげ　千葉県東金市-
ほりかみ-ちょう　富山県高岡市-町
ほりかみ-ちょう　滋賀県近江八幡市-町
ほりかみ　京都府舞鶴市-
ほりあげ-ちょう　大阪府堺市中区-町
堀上新田　ほりあげしんでん　新潟県新潟市西蒲区-
堀上緑　ほりあげみどり
ほりあげみどり-まち　大阪府堺市西区-町
堀之上　ほりのうえ・ほりのがみ
ほりのうえ-ちょう　京都府京都市上京区-町
ほりのうえ-ちょう　京都府京都市中京区-町
ほりのがみ-ちょう　京都府京都市下京区-町

堀内　ほりうち・ほりない・ほりのうち
ほりない　岩手県下閉伊郡普代村-
ほりうち　宮城県名取市-
ほりうち　秋田県雄勝郡羽後町-
ほりうち　山形県最上郡舟形町-
ほりうち　栃木県真岡市-
ほりうち　神奈川県三浦郡葉山町-
ほりうち　富山県滑川市-
ほりのうち　富山県砺波市-
ほりうち　富山県射水市-
ほりうち　石川県野々市市-
ほりのうち　山梨県山梨市-
ほりうち-ちょう　愛知県安城市-町
ほりうち　山口県萩市-
堀田　ほった・ほりた
ほった　茨城県稲敷郡美浦村-
ほった　埼玉県本庄市-
ほりた　富山県氷見市-
ほりた-まち　岐阜県岐阜市-町
ほった-ちょう　愛知県稲沢市-町
ほりた　大分県別府市-
堀込　ほりごみ・ほりごめ
ほりごめ　福島県須賀川市-
ほりごめ-ちょう　栃木県足利市-町
ほりごめ　栃木県真岡市-
ほりごめ　埼玉県坂戸市-
ほりごめ　千葉県白井市-
ほりごめ　静岡県静岡市清水区-
ほりごみ-ちょう　愛知県蒲郡市-町
堀南　ほりなん　岡山県倉敷市-
堀廻　ほりめぐり
ほりめぐり-まち　群馬県沼田市-町
堀津　ほっつ
ほっつ-ちょう　岐阜県羽島市-町
堀株　ほりかっぷ
ほりかっぷ-むら　北海道古宇郡泊村-村

婆

婆沢　ばばさわ　北海道寿都郡黒松内町-

婦

婦中町下条　ふちゅうまちげじょう　富山県富山市-
婦中町三瀬　ふちゅうまちさんのせ　富山県富山市-
婦中町上野　ふちゅうまちうわの　富山県富山市-
婦中町上轡田　ふちゅうまちかみくつわだ　富山県富山市-
婦中町千里　ふちゅうまちちさと　富山県富山市-
婦中町小野島　ふちゅうまちこのしま　富山県富山市-
婦中町中名　ふちゅうまちなかのみょう　富山県富山市-
婦中町分田　ふちゅうまちぶんでん　富山県富山市-
婦中町牛滑　ふちゅうまちうしなめり　富山県富山市-
婦中町平等　ふちゅうまちだいら　富山県富山市-
婦中町地角　ふちゅうまちじかく　富山県富山市-
婦中町持田　ふちゅうまちもちでん　富山県富山市-
婦中町浜子　ふちゅうまちはまのこ　富山県富山市-
婦中町萩島　ふちゅうまちはぎのしま　富山県富山市-
婦中町葎原　ふちゅうまちむくがはら　富山県富山市-
婦中町熊野道　ふちゅうまちやんど　富山県富山市-
婦中町鉾木　ふちゅうまちほこのき　富山県富山市-
婦中町蔵島　ふちゅうまちぞうじま　富山県富山市-

279

11画（寄, 寂, 宿, 崎, 崩, 常, 帷, 庵）

婦中町鵜坂谷　ふちゅうまちみさごだに　富山県富山市-

寄

寄　やどりき　神奈川県足柄上郡松田町-
寄人　よりうと　佐賀県三養基郡みやき町-
寄附　きふ
　　きふ-ちょう　新潟県新潟市中央区-町
寄巻　よまき　埼玉県三郷市-
寄島　よりしま
　　よりしま-ちょう　岡山県浅口市-町

寂

寂蒔　じゃくまく　長野県千曲市-

宿

宿久庄　しゅくのしょう　大阪府茨木市-
宿女　やどめ　石川県羽咋郡志賀町-
宿川原　しゅくがはら・しゅくがわら
　　しゅくがわら　青森県南津軽郡大鰐町-
　　しゅくがはら-ちょう　大阪府茨木市-町
宿井　しゅくい　山口県熊毛郡田布施町-
宿戸　しゅくど　千葉県勝浦市-
宿毛　しゅくも・すくも
　　しゅくも　岡山県岡山市東区-
　　すくも-し　高知県-市
宿布　しくぬの
　　しくぬの-ちょう　福井県福井市-町
宿田　やずた　新潟県村上市-
宿谷　しゅくや　埼玉県入間郡毛呂山町-
宿岩　やどいわ　長野県南佐久郡佐久穂町-
宿屋　しゅくや　富山県射水市-
宿屋町東　しゅくやちょうひがし　大阪府堺市堺区-

崎

崎戸町江島　さきとちょうえのしま　長崎県西海市-
崎戸町蠣浦郷　さきとちょうかきのうらごう　長崎県
　　西海市-
崎平　さきだいら　静岡県榛原郡川根本町-
崎原　さきばる　鹿児島県大島郡伊仙町-

崩

崩山　くえやま
　　くえやま-まち　長崎県島原市-町

常

常入　ときいり　長野県上田市-
常万　じょうまん　山形県東田川郡庄内町-
常井　とこい　茨城県東茨城郡茨城町-
常六　じょうろく　高知県四万十市-
常世中野　とこよなかの　福島県東白川郡塙町-
常世北野　とこよきたの　福島県東白川郡塙町-
常世田　とこよだ
　　とこよだ-ちょう　千葉県銚子市-町
常代　とこしろ　千葉県君津市-
常用　つねもち　福岡県筑後市-
常田　ときだ
　　ときだ　長野県上田市-
　　ときだ　長野県佐久市-
　　ときだ　長野県東御市-
常全　じょうぜん　兵庫県揖保郡太子町-

常光　じょうこう・つねみつ
　　じょうこう　埼玉県鴻巣市-
　　じょうこう-ちょう　静岡県浜松市東区-町
　　つねみつ　広島県神石郡神石高原町-
常名　ひたな　茨城県土浦市-
常呂　ところ
　　ところ-ぐん　北海道-郡
常呂町常呂　ところちょうところ　北海道北見市-
常和　ときわ　長野県佐久市-
常保免　じょうほうめん　愛媛県松山市-
常海　じょうかい
　　じょうかい-ちょう　青森県八戸市-町
常宮　じょうぐう　福井県敦賀市-
常真横　じょうしんよこ
　　じょうしんよこ-ちょう　京都府京都市中京区-町
常郷　ときさと　長野県飯山市-
常陸太田　ひたちおおた
　　ひたちおおた-し　茨城県-市
常喜　じょうぎ
　　じょうぎ-ちょう　滋賀県長浜市-町
常普請　じょうぶし　愛知県小牧市-
常番　じょうばん
　　じょうばん-ちょう　青森県八戸市-町
常葉　ときは・ときわ
　　ときは-まち　山形県新庄市-町
　　ときわ　山梨県南巨摩郡身延町-
　　ときわ-ちょう　京都府京都市下京区-町
常葉町西向　ときわまちにしむき　福島県田村市-
常葉町鹿山　ときわまちかやま　福島県田村市-
常楽　じょうらく　宮城県気仙沼市-
常滑　とこなめ
　　とこなめ-し　愛知県-市
常徳　じょうとく　石川県河北郡津幡町-
常総　じょうそう
　　じょうそう-し　茨城県-市
常盤音戸　ときわおんと
　　ときわおんと-ちょう　京都府京都市右京区-町
常磐上湯長谷　じょうばんかみゆながや
　　じょうばんかみゆながや-まち　福島県いわき市-町
常磐長孫　じょうばんおさまご
　　じょうばんおさまご-まち　福島県いわき市-町
常磐城　ときわぎ　長野県上田市-
常磐馬玉　じょうばんまだま
　　じょうばんまだま-まち　福島県いわき市-町

帷

帷子　かたびら
　　かたびら　岩手県八幡平市-
　　かたびら-ちょう　神奈川県横浜市保土ケ谷区-町

庵

庵川　いおりがわ　宮崎県東臼杵郡門川町-
庵住　いおすみ　奈良県吉野郡天川村-
庵谷　いおのたに・いおりだに
　　いおりだに　富山県富山市-
　　いおのたに　高知県長岡郡大豊町-
庵治　あじ・おうじ
　　おうじ-ちょう　奈良県天理市-町
　　あじ-ちょう　香川県高松市-町

11画（強,張,彩,掛,接,掃,掻,捻,掎,掉,教,斎,巻,曽,望,梓,梶,椛,梯,梨）

庵原　いおはら・いはら
　　いおはら-ちょう　北海道函館市-町
　　いはら-ちょう　静岡県静岡市清水区-町
庵浦　いおのうら
　　いおのうら-ちょう　長崎県佐世保市-町

強

強戸　ごうど
　　ごうど-ちょう　群馬県太田市-町
強巻　こわまき　青森県北津軽郡鶴田町-
強首　こわくび　秋田県大仙市-
強梨　こわなし　福島県東白川郡棚倉町-
強羅　ごうら　神奈川県足柄下郡箱根町-

張

張碓　はりうす
　　はりうす-ちょう　北海道小樽市-町

彩

彩都粟生北　さいとあおきた　大阪府箕面市-

掛

掛合町掛合　かけやちょうかけや　島根県雲南市-
掛落林　かけおちばやし　青森県北津軽郡板柳町-

接

接骨木　にわとこ　栃木県那須塩原市-

掃

掃部沖名　かもんおきな　宮城県遠田郡涌谷町-

掻

掻懐　かきだき　大分県臼杵市-

捻

捻木　ねじき　茨城県行方市-

掎

掎鹿谷　はしかだに　兵庫県加東市-

掉

掉ケ島　そうかじま　茨城県筑西市-

教

教楽来　きょうらぎ　福岡県大牟田市-

斎

斎藤　さいと・さいとう
　　さいとう　福島県田村郡三春町-
　　さいと　愛知県丹羽郡扶桑町-
　　さいとう-ちょう　京都府京都市下京区-町

巻

巻米　つきよね・つくよね
　　つきよね　山梨県南巨摩郡富士川町-
　　つくよね　鳥取県八頭郡若桜町-

曽

曽万布　そんぼ
　　そんぼ-ちょう　福井県福井市-町
曽大根　そおね　奈良県大和高田市-

曽本町幼川添　そもとちょうおさながわぞえ　愛知県
　江南市-
曽地　そち　新潟県柏崎市-
曽地奥　そうじおく　兵庫県篠山市-
曽我谷津　そがやつ　神奈川県小田原市-
曽我部町穴太　そがべちょうあなお　京都府亀岡市-
曽谷　そだに・そや
　　そや　千葉県市川市-
　　そだに-まち　石川県白山市-町
曽屋　そうや・そや
　　そや　神奈川県秦野市-
　　そうや　和歌山県岩出市-
曽爾　そに
　　そに-むら　奈良県宇陀郡-村

望

望井　もちい　千葉県富津市-
望月　もちづき
　　もちづき　長野県佐久市-
　　もちづき　大分県臼杵市-
望地　ぼうじ・もうち
　　もうち　神奈川県海老名市-
　　ぼうじ-ちょう　広島県呉市-町
望海　ぼうかい　茨城県高萩市-
望海坂　のぞみざか　大阪府泉南郡岬町-

梓

梓川倭　あずさがわやまと　長野県松本市-
梓河内　あんさかわち　滋賀県米原市-

梶

梶原　かじはら・かじわら
　　かじわら　神奈川県鎌倉市-
　　かじはら　大阪府高槻市-
　　かじわら　兵庫県豊岡市-
　　かじわら　兵庫県加東市-
　　かじわら　岡山県美作市-

椛

椛木　かばき　青森県三戸郡南部町-
椛名木　かばなき　青森県上北郡横浜町-

梯

梯　かけはし
　　かけはし-まち　石川県小松市-町
　　かけはし-まち　山梨県甲府市-町

梨

梨子　なしご　山梨県南巨摩郡身延町-
梨子木　なしのき
　　なしのき-まち　福島県伊達市-町
梨木　なしのき
　　なしのき-ちょう　岩手県盛岡市-町
　　なしのき　新潟県村上市-
　　なしのき　新潟県妙高市-
　　なしのき-まち　石川県金沢市-町
　　なしのき-ちょう　京都府京都市上京区-町
梨谷小山　なしたにこやま　石川県羽咋郡志賀町-
梨郷　りんごう　山形県南陽市-
梨野舞納　りやむない　北海道岩内郡共和町-

11画（梁, 桴, 欲, 済, 渋, 渚, 深）

梁

梁川町八幡　やながわまちやわた　福島県伊達市-
梁川町五十沢　やながわまちいさざわ　福島県伊達市-
梁川町右城　やながわまちうしろ
　やながわまちうしろ-まち　福島県伊達市-町
梁川町四石蒔　やながわまちしこくまき　福島県伊達市-
梁川町伝樋　やながわまちでんぴ　福島県伊達市-
梁川町舟生　やながわまちふにゅう　福島県伊達市-
梁川町足駄木　やながわまちあしなぎ　福島県伊達市-
梁川町新倉　やながわまちあらくら　山梨県大月市-

桴

桴海　ふかい　沖縄県石垣-
桴場　いかだば　愛知県弥富市-

欲

欲賀　ほしか
　ほしか-ちょう　滋賀県守山市-町

済

済井出　すみいで　沖縄県名護市-

渋

渋山　しぶさん　北海道河西郡芽室町-
渋谷　しぶたに・しぶや
　しぶたに　福島県耶麻郡猪苗代町-
　しぶや　千葉県茂原市-
　しぶや-く　東京都-区
　しぶや　東京都渋谷区-
　しぶや　神奈川県大和市-
　しぶや　富山県高岡市-
　しぶや-ちょう　岐阜県岐阜市-町
　しぶや-ちょう　愛知県豊田市-町
　しぶや　大阪府池田市-
　しぶたに　兵庫県篠山市-
　しぶたに-ちょう　奈良県天理市-町

渚

渚滑　しょこつ
　しょこつ-ちょう　北海道紋別市-町

深

深山　みやま
　みやま　山形県西置賜郡白鷹町-
　みやま　和歌山県和歌山市-
深川　ふかがわ・ふかわ
　ふかがわ-し　北海道-市
　ふかがわ　山形県東田川郡庄内町-
　ふかがわ　東京都江東区-
　ふかがわ-ちょう　福井県敦賀市-町
　ふかがわ-ちょう　愛知県名古屋市中村区-町
　ふかがわ　愛知県瀬戸市-
　ふかわ　広島県広島市安佐北区-
　ふかわ-ちょう　広島県広島市安佐北区-町
　ふかがわ-ちょう　長崎県平戸市-町
　ふかがわ　熊本県水俣市-
　ふかがわ　熊本県菊池市-
深川湯本　ふかわゆもと　山口県長門市-
深井水池　ふかいみずがいけ
　ふかいみずがいけ-ちょう　大阪府堺市中区-町

深内　ふこうち
　ふこうち-まち　福島県岩瀬郡鏡石町-町
深日　ふけ　大阪府泉南郡岬町-
深水　ふかみ・ふかみず
　ふかみ-ちょう　埼玉県行田市-町
　ふかみ　熊本県球磨郡相良村-
　ふかみず　鹿児島県姶良市-
深田　ふかた・ふかだ・ふけだ
　ふかだ　宮城県伊具郡丸森町-
　ふかだ　石川県加賀市-
　ふかた-ちょう　岐阜県美濃加茂市-町
　ふかだ-ちょう　愛知県豊田市-町
　ふかだ　愛知県長久手市-
　ふかだ-ちょう　大阪府門真市-町
　ふかだ-ちょう　兵庫県神戸市灘区-町
　ふけだ　和歌山県紀の川市-
　ふかた　福岡県宗像市-
　ふかた　大分県臼杵市-
深良　ふから　静岡県裾野市-
深谷　ふかたに・ふかだに・ふかや
　ふかや　青森県三沢市-
　ふかや-まち　青森県西津軽郡鰺ケ沢町-町
　ふかや　福島県相馬郡飯舘村-
　ふかや　茨城県かすみがうら市-
　ふかや-し　埼玉県-市
　ふかや-ちょう　埼玉県深谷市-町
　ふかや　千葉県いすみ市-
　ふかや-ちょう　神奈川県横浜市戸塚区-町
　ふかや　神奈川県綾瀬市-
　ふかたに-まち　石川県金沢市-町
　ふかたに-ちょう　福井県福井市-町
　ふかたに　福井県小浜市-
　ふかたに-ちょう　愛知県半田市-町
　ふかや-ちょう　三重県桑名市-町
　ふかだに-ちょう　兵庫県西宮市-町
　ふかたに　和歌山県田辺市-
　ふかだに-ちょう　高知県高知市-町
深河内　ふかがわうち　大分県大分市-
深長　ふこさ
　ふこさ-ちょう　三重県松阪市-町
深廻間　ふかばさま　愛知県長久手市-
深津　ふかず・ふかづ
　ふかず　栃木県鹿沼市-
　ふかず-ちょう　兵庫県西宮市-町
深草　ふかくさ・ふこそ
　ふかくさ　福井県越前市-
　ふこそ　滋賀県愛知郡愛荘町-
　ふかくさ-ちょう　京都府京都市下京区-町
　ふかくさ　兵庫県淡路市-
深草泓ノ壺　ふかくさふけのつぼ
　ふかくさふけのつぼ-ちょう　京都府京都市伏見区-町
深草直違橋　ふかくさすじかいばし　京都府京都市伏見区-
深草砥粉山　ふかくさとのこやま
　ふかくさとのこやま-ちょう　京都府京都市伏見区-町
深草飯食　ふかくさいじき
　ふかくさいじき-ちょう　京都府京都市伏見区-町
深草藤田坪　ふかくさふじたのつぼ
　ふかくさふじたのつぼ-ちょう　京都府京都市伏見区-町
深草藤森　ふかくさふじのもり
　ふかくさふじのもり-ちょう　京都府京都市伏見区-町

11画（清, 淡）

深草願成　ふかくさがんしょう
　ふかくさがんしょう-ちょう　京都府京都市伏見区-町
深草鐙ケ谷　ふかくさあぶみがたに
　ふかくさあぶみがたに-ちょう　京都府京都市伏見区-町
深野　ふかの・ふこの
　ふかの　福井県小浜市-
　ふこの　大阪府大東市-
深溝　ふかみぞ・ふこうず
　ふこうず　愛知県額田郡幸田町-
　ふかみぞ-ちょう　三重県鈴鹿市-町
　ふかみぞ　山口県山口市-

【清】

清久　きよく
　きよく-ちょう　埼玉県久喜市-町
清久島　せいきゅうじま　茨城県稲敷市-
清子　せいご　山梨県南巨摩郡身延町-
清川町六種　きよかわまちむくさ　大分県豊後大野市-
清川町左右知　きよかわまちそうち　大分県豊後大野市-
清内路　せいないじ　長野県下伊那郡阿智村-
清戸　きよど　千葉県白井市-
清月　せいげつ
　せいげつ-ちょう　北海道北見市-町
　せいげつ　北海道雨竜郡幌加内町-
清水　きよみず・しみず・しょうず・せいすい・せいずい
　しみず-ちょう　北海道小樽市-町【ほか122ヶ所】
　きよみず　宮城県加美郡色麻町-
　きよみず　茨城県潮来市-
　きよみず-ちょう　福井県敦賀市-町
　しょうず　福井県大野市-
　しょうず　福井県丹生郡越前町-
　きよみず　岐阜県揖斐郡揖斐川町-
　きよみず　京都府京都市東山区-
　きよみず-ちょう　島根県安来市-町
　せいずい　愛媛県北宇和郡鬼北町-
　きよみず　福岡県北九州市小倉北区-
　きよみず　熊本県下益城郡美里町-
　きよみず　宮崎県西都市-
　きよみず-まち　鹿児島県枕崎市-町
　せいすい　鹿児島県大島郡瀬戸内町-
清水上分　きよみずかみぶん　高知県吾川郡いの町-
清水中　しみずなか・しゅうずなか
　しみずなか-まち　富山県富山市-町
　しゅうずなか-ちょう　滋賀県東近江市-町
清水町　しょうず　福岡県豊前市-
清水明　しみずみょう　富山県南砺市-
清本　きよもと・せいほん
　きよもと　新潟県魚沼市-
　せいほん-まち　岐阜県岐阜市-町
　きよもと-ちょう　京都府京都市東山区-町
清末　きよすえ　山口県下関市-
清生　せいせい
　せいせい-ちょう　三重県松阪市-町
清田　きよた・せいだ
　きよた-く　北海道札幌市-区
　きよた　北海道札幌市清田区-
　せいだ-ちょう　愛知県蒲郡市-町
　きよた　滋賀県蒲生郡日野町-
　きよた　福岡県北九州市八幡東区-
清田山　せいだやま　新潟県十日町市-

清名幸谷　せいなごうや　千葉県大網白里市-
清地　きよじ・せいじ
　せいじ　埼玉県北葛飾郡杉戸町-
　きよじ　静岡県静岡市清水区-
清池　しょうげ　山形県天童市-
清児　せちご　大阪府貝塚市-
清冷寺　しょうれんじ　兵庫県豊岡市-
清尾　せいのお　山口県周南市-
清見　きよみ・せいみ
　きよみ-ちょう　北海道北見市-町
　きよみ　北海道中川郡池田町-
　きよみ　埼玉県ふじみ野市-
　せいみ-ちょう　島根県江津市-町
　きよみ　福岡県北九州市門司区-
清見町夏厩　きよみちょうなつまや　岐阜県高山市-
清谷　せいたに・せいだに
　せいだに　鳥取県倉吉市-
　せいだに-ちょう　鳥取県倉吉市-町
　せいたに　岡山県真庭市-
清里区友俊　きよさとくもののふ　新潟県上越市-
清里区馬屋　きよさとくまや　新潟県上越市-
清河寺　せいがんじ　埼玉県さいたま市西区-
清金　きよかね　石川県野々市市-
清城　せいしろ
　せいしろ-ちょう　愛知県半田市-町
清後　せいご　静岡県御殿場市-
清泉　きよいずみ　北海道斜里郡清里町-
清荒神　きよしこうじん　兵庫県宝塚市-
清音三因　きよねみより　岡山県総社市-
清風　せいふう
　せいふう-ちょう　富山県富山市-町
　せいふう-ちょう　滋賀県大津市-町
清風荘　せいふうそう　大阪府豊中市-
清哲町樋口　せいてつまちひのぐち　山梨県韮崎市-
清真　きよざね　石川県鳳珠郡能登町-
清納　せいのう　福岡県北九州市八幡西区-
清部　きよべ　北海道松前郡松前町-
清野　きよの・せいの
　きよの-まち　群馬県前橋市-町
　せいの　新潟県阿賀野市-
清野袋　せいのふくろ　青森県弘前市-
清隆　きよたか
　きよたか-ちょう　北海道根室市-町
清道　きよみち　京都府舞鶴市-
清間　せいま　福井県あわら市-
清徳　せいとく　鳥取県八頭郡八頭町-
清輝橋　せいきばし　岡山県岡山市北区-
清瀧　きよたき・せいりゅう
　せいりゅう　福井県大野市-
　きよたき　大阪府四條畷市-

【淡】

淡河町北僧尾　おうごちょうきたそお　兵庫県神戸市北区-
淡河町行原　おうごちょうぎょうのはら　兵庫県神戸市北区-
淡河町神田　おうごちょうこうだ　兵庫県神戸市北区-
淡河町神影　おうごちょうみかげ　兵庫県神戸市北区-

283

11画（添, 淀, 涼, 淋, 淞, 猪, 猫, 現, 珸, 瓶, 産）

淡島　あわしま
　　あわしま-ちょう　静岡県静岡市清水区-町
淡窓　たんそう　大分県日田市-
淡陽　たんよう　静岡県掛川市-
淡輪　たんのわ
　　たんのわ　大阪府阪南市-
　　たんのわ　大阪府泉南郡岬町-

添

添ノ川　そいのかわ　高知県幡多郡大月町-
添石　そえし　沖縄県中頭郡中城村-
添別　そいべつ　北海道寿都郡黒松内町-
添野川　そいのがわ　和歌山県東牟婁郡古座川町-

淀

淀川顔　よどかわづら
　　よどかわづら-ちょう　京都府京都市伏見区-町
淀江町本宮　よどえちょうほんぐう　鳥取県米子市-
淀美豆　よどみづ
　　よどみづ-ちょう　京都府京都市伏見区-町
淀際目　よどさいめ
　　よどさいめ-ちょう　京都府京都市伏見区-町

涼

涼松　すずみまつ　愛知県愛知郡東郷町-
涼風　すずかぜ
　　すずかぜ-ちょう　兵庫県芦屋市-町

淋

淋代　さびしろ
　　さびしろ　青森県三沢市-
　　さびしろ　青森県上北郡七戸町-
　　さびしろ　青森県上北郡東北町-

淞

淞北台　しょうほくだい　島根県松江市-

猪

猪子　いのこ・ししこ
　　いのこ　山形県東田川郡三川町-
　　ししこ-ちょう　茨城県牛久市-町
　　いのこ-ちょう　滋賀県東近江市-町
　　いのこ　鳥取県鳥取市-
猪子石　いのこいし　愛知県名古屋市名東区-
猪子場新田　いのこばしんでん　新潟県三条市-
猪小路　いのこうじ　鳥取県西伯郡南部町-
猪山　いのしやま　広島県山県郡安芸太田町-
猪川　いかわ
　　いかわ-ちょう　岩手県大船渡市-町
猪戸　ししど　静岡県伊東市-
猪方　いのがた　東京都狛江市-
猪木　いのき　愛媛県松山市-
猪去　いさり　岩手県盛岡市-
猪平　いのひら　石川県鳳珠郡能登町-
猪田　いだ　三重県伊賀市-
猪目　いのめ
　　いのめ-ちょう　島根県出雲市-町
猪尾　いのお　大分県杵築市-
猪谷　いのたに
　　いのたに　富山県富山市-

　　いのたに　富山県南砺市-
猪国　いのくに
　　いのくに　福岡県田川市-
　　いのくに　福岡県嘉麻市-
猪岡　いのおか　秋田県横手市-
猪臥　いぶし　岡山県美作市-
猪苗代　いなわしろ
　　いなわしろ-まち　福島県耶麻郡-町
猪乗川内郷　いのりごうちごう　長崎県東彼杵郡川棚町-
猪俣　いのまた　埼玉県児玉郡美里町-
猪垣　いのかけ　和歌山県紀の川市-
猪狩　いかり
　　いかり-ちょう　山梨県甲府市-町
猪倉　いのくら
　　いのくら　栃木県日光市-
　　いのくら-まち　福岡県北九州市八幡東区-町
　　いのくら　福岡県鞍手郡鞍手町-
猪倉野　いくらの　福島県河沼郡柳津町-
猪島　いのしま　福井県大野市-
猪高台　いだかだい　愛知県名古屋市名東区-
猪高町猪子石猪々道　いたかちょういのこいししみち　愛知県名古屋市千種区-
猪崎　いざき　京都府福知山市-
猪渕　いぶち　兵庫県川辺郡猪名川町-
猪野　いの
　　いの　福井県勝山市-
　　いの　福岡県糟屋郡久山町-
　　いの　大分県大分市-
猪渡谷　いとや
　　いとや-ちょう　長崎県平戸市-町
猪熊　いのくま
　　いのくま　京都府京都市上京区-
　　いのくま　福岡県遠賀郡水巻町-
猪鼻　いのはな　京都府船井郡京丹波町-
猪篠　いざさ　兵庫県神崎郡神河町-

猫

猫実　ねこざね
　　ねこざね　茨城県坂東市-
　　ねこざね　千葉県浦安市-

現

現川　うつつがわ
　　うつつがわ-まち　長崎県長崎市-町
現和　げんな　鹿児島県西之表市-

珸

珸瑤瑁　ごようまい　北海道根室市-

瓶

瓶山　かめやま　静岡県伊東市-

産

産士　うぶし　北海道天塩郡天塩町-
産女　うぶめ　静岡県静岡市葵区-
産山　うぶやま
　　うぶやま-むら　熊本県阿蘇郡-村
　　うぶやま　熊本県阿蘇郡産山村-
産所　さんしょ
　　さんしょ-ちょう　兵庫県西宮市-町

11画（畦、眼、移、笠、笹、粗、粕、紺、細）

産物　さんぶつ　秋田県能代市-
産品　うぶしな　三重県津市-
産湯　うぶゆ　和歌山県日高郡日高町-

畦

畦　あぜ
　あぜ-まち　福岡県福津市-町
　あぜ-まち　長崎県長崎市-町
畦布　あぜふ　鹿児島県大島郡和泊町-

眼

眼目　さっか　富山県中新川郡上市町-
眼目新　さっかしん　富山県中新川郡上市町-

移

移原　うつのはら　広島県山県郡北広島町-

笠

笠利町手花部　かさりちょうてはぶ　鹿児島県奄美市-
笠利町辺留　かさりちょうべる　鹿児島県奄美市-
笠沙町赤生木　かささちょうあこうぎ　鹿児島県南さ
　つま市-
笠指　かざし
　かざし-ちょう　香川県坂出市-町
笠滝　かさがだき　香川県小豆郡土庄町-
笠置　かさぎ
　かさぎ-ちょう　京都府相楽郡-町
　かさぎ　京都府相楽郡笠置町-
笠置町毛呂窪　かさぎちょうけろくぼ　岐阜県恵那市-
笠懸町久宮　かさかけちょうくぐう　群馬県みどり市-

笹

笹下　ささげ　神奈川県横浜市港南区-
笹平　ささだいら　新潟県村上市-
笹谷　ささだに・ささや
　ささや　福島県福島市-
　ささだに-ちょう　福井県福井市-町
　ささだに　福井県大飯郡おおい町-
笹原　ささはら・ささわら
　ささはら　栃木県下野市-
　ささわら　富山県下新川郡入善町-
　ささはら　静岡県賀茂郡河津町-
　ささはら-ちょう　愛知県名古屋市天白区-町
　ささはら-まち　福岡県大牟田市-町
　ささわら-まち　熊本県宇土市-町

粗

粗毛　ほほけ　茨城県行方市-

粕

粕川町一日市　かすかわまちひといち　群馬県前橋市-

紺

紺屋　こうや・こんや
　こんや-まち　青森県弘前市-町
　こんや-ちょう　岩手県盛岡市-町
　こんや-ちょう　茨城県水戸市-町
　こうや　埼玉県坂戸市-
　こうや　千葉県夷隅郡大多喜町-
　こんや-まち　神奈川県川崎市幸区-町
　こんや-まち　石川県羽咋郡宝達志水町-町

　こんや-まち　長野県小諸市-町
　こうや-まち　静岡県静岡市葵区-町
　こうや-まち　静岡県浜松市中区-町
　こうや-まち　静岡県掛川市-町
　こんや-まち　三重県桑名市-町
　こんや-ちょう　京都府京都市下京区-町
　こんや-まち　京都府京都市伏見区-町
　こんや　京都府舞鶴市-
　こんや-ちょう　京都府亀岡市-町
　こんや-まち　大阪府高槻市-町
　こんや　大阪府泉南郡熊取町-
　こんや-まち　兵庫県姫路市-町
　こんや-まち　奈良県大和郡山市-町
　こんや-まち　和歌山県田辺市-町
　こうや-まち　鳥取県米子市-町
　こんや-まち　島根県浜田市-町
　こんや-まち　徳島県徳島市-町
　こんや-まち　香川県高松市-町
　こんや-まち　福岡県北九州市小倉北区-町
　こんや-まち　佐賀県佐賀市-町
　こんや-まち　佐賀県唐津市-町
　こうや-まち　長崎県平戸市-町
　こうや-まち　長崎県五島市-町
　こうや-まち　熊本県熊本市中央区-町
　こうや-まち　熊本県人吉市-町
　こうや-まち　宮崎県延岡市-町
紺屋田　こんやだ
　こんやだ-ちょう　愛知県瀬戸市-町

細

細工　さいく・さいくの
　さいく-まち　福島県白河市-町
　さいく-まち　東京都新宿区-町
　さいく-まち　新潟県村上市-町
　さいく-ちょう　石川県小松市-町
　さいくの-ちょう　岡山県津山市-町
　さいく-まち　山口県萩市-町
　さいく-まち　福岡県柳川市-町
　さいく-まち　熊本県熊本市中央区-町
細内　ほそうち・ほそない
　ほそない　岩手県和賀郡西和賀町-
　ほそうち-ちょう　群馬県館林市-町
細田　さいだ・ほそだ
　ほそだ　福島県喜多方市-
　ほそだ　福島県伊達郡川俣町-
　ほそだ　茨城県葛西市-
　ほそだ　東京都葛飾区-
　さいだ　静岡県掛川市-
　ほそだ-ちょう　愛知県豊田市-町
　ほそだ-ちょう　兵庫県神戸市長田区-町
　ほそだ　兵庫県美方郡新温泉町-
　ほそだ　岡山県加賀郡吉備中央町-
細谷　ほそたに・ほそや
　ほそや　青森県三沢市-
　ほそや　山形県上山市-
　ほそや　福島県伊達市-
　ほそや　福島県双葉郡双葉町-
　ほそや　茨城県石岡市-
　ほそや　栃木県宇都宮市-
　ほそや-ちょう　栃木県宇都宮市-町
　ほそや　栃木県下野市-
　ほそや-ちょう　群馬県太田市-町

11画（紫, 脚, 脛, 船, 舳, 葛）

ほそや　群馬県邑楽郡板倉町-
ほそや　静岡県掛川市-
ほそや-ちょう　愛知県豊橋市-町
ほそや-ちょう　愛知県豊田市-町
ほそたに　京都府船井郡京丹波町-

紫

紫山　むらさきやま　宮城県仙台市泉区-
紫水　しすい　茨城県取手市-
紫台　むらさきだい　福島県大野城市-
紫合　ゆうだ　兵庫県川辺郡猪名川町-
紫竹　しちく
　しちく　埼玉県比企郡川島町-
　しちく　新潟県新潟市東区-
　しちく　新潟県新潟市中央区-
紫竹下園生　しちくしもそのう
　しちくしもそのう-ちょう　京都府京都市北区-町
紫尾　しび　鹿児島県薩摩郡さつま町-
紫波　しわ
　しわ-ぐん　岩手県-郡
　しわ-ちょう　岩手県紫波郡-町
紫原　むらさきばる　鹿児島県鹿児島市-
紫野　むらさきの　岩手県紫波郡紫波町-
紫野泉堂　むらさきのせんどう
　むらさきのせんどう-ちょう　京都府京都市北区-町
紫塚　むらさきづか　栃木県大田原市-
紫雲　しうん
　しうん-ちょう　香川県高松市-町
紫園　しおん　奈良県吉野郡野迫川村-
紫福　しぶき　山口県萩市-

脚

脚折　すねおり
　すねおり　埼玉県鶴ケ島市-
　すねおり-ちょう　埼玉県鶴ケ島市-町

脛

脛永　はぎなが　岐阜県揖斐郡揖斐川町-

船

船上　ふなげ
　ふなげ-ちょう　兵庫県明石市-町
船井　ふない
　ふない-ぐん　京都府-郡
船引町北鹿又　ふねひきまちきたかのまた　福島県田村市-
船引町長外路　ふねひきまちながとろ　福島県田村市-
船引町門沢　ふねひきまちかどさわ　福島県田村市-
船引町門鹿　ふねひきまちかどしか　福島県田村市-
船引町椚山　ふねひきまちくぬぎやま　福島県田村市-
船生　ふにゅう　栃木県塩谷郡塩谷町-
船尾　ふなお・ふなお
　ふなお　千葉県印西市-
　ふのお　和歌山県海南市-
船谷　ふなだに・ふねだに
　ふなだに　兵庫県豊岡市-
　ふねだに　兵庫県養父市-
船明　ふなぎら　静岡県浜松市天竜区-
船迫　ふなさこ・ふなばさま
　ふなばさま　宮城県柴田郡柴田町-

ふなさこ　福岡県築上郡築上町-
船馬　せんば
　せんば-ちょう　三重県桑名市-町
船堂　せんどう
　せんどう-ちょう　大阪府堺市北区-町
船場　せんば・ふなば
　ふなば-ちょう　北海道留萌市-町
　ふなば-ちょう　北海道石狩市-町
　ふなば　宮城県伊具郡丸森町-
　ふなば-ちょう　山形県酒田市-町
　ふなば　福島県大沼郡会津美里町-
　ふなば　茨城県那珂郡東海村-
　ふなば-ちょう　新潟県新潟市中央区-町
　せんば-ちょう　和歌山県和歌山市-町
　せんば-まち　福岡県北九州市小倉北区-町
　せんば-まち　熊本県熊本市中央区-町
　せんば-まち　熊本県宇土市-町
　せんば-まち　大分県中津市-町
　ふなば　宮崎県日向市-
船場向　ふなばむかい　福島県郡山市-
船場町下　せんばまちしも　熊本県熊本市中央区-
船場東　せんばひがし　大阪府箕面市-
船場通　せんばどおり　愛媛県八幡浜市-
船穂町水江　ふなおちょうみずえ　岡山県倉敷市-
船頭　せんど・せんどう
　せんどう-ちょう　京都府京都市下京区-町
　せんどう-ちょう　岡山県岡山市北区-町
　せんどう-まち　岡山県津山市-町
　せんどう-まち　福岡県北九州市小倉北区-町
　せんどう-まち　福岡県遠賀郡芦屋町-町
　せんど-まち　大分県中津市-町
　せんどう-まち　大分県佐伯市-町

舳

舳越　へごし
　へごし-ちょう　愛知県岡崎市-町

葛

葛　かずら・くず・つづら
　くず　岩手県花巻市-
　つづら-ちょう　愛知県豊田市-町
　かずら　奈良県宇陀郡曽爾村-
葛ケ丘　かつらがおか　静岡県掛川市-
葛が谷　くずがや　神奈川県横浜市都筑区-
葛の葉　くずのは
　くずのは-ちょう　大阪府和泉市-町
葛下　かつしも　奈良県北葛城郡王寺町-
葛山　かずらやま　静岡県裾野市-
葛川　くずかわ・くずがわ
　くずかわ　静岡県掛川市-
　くずがわ　福岡県京都郡苅田町-
葛川家岸　くずかわやぎし　青森県平川市-
葛川貫井　かつらがわぬくい
　かつらがわぬくい-ちょう　滋賀県大津市-町
葛木　かつらぎ
　かつらぎ-ちょう　愛知県愛西市-町
　かつらぎ　奈良県葛城市-
　かつらぎ　大分県大分市-
葛布　かつぶ　静岡県周智郡森町-
葛本　くずもと
　くずもと-ちょう　奈良県橿原市-町

11画（菊, 菜, 菖）

葛生　かずろう　茨城県古河市-
葛生東　くずうひがし　栃木県佐野市-
葛尾　かつらお・くずお
　かつらお-むら　福島県双葉郡-村
　かつらお　福島県双葉郡葛尾村-
　くずお　三重県名張市-
　くずお　奈良県山辺郡山添村-
葛沢　つづらさわ・とずらさわ
　とずらさわ　静岡県静岡市清水区-
　つづらさわ　愛知県豊田市-町
葛和田　くずわだ　埼玉県熊谷市-
葛岡　くずおか
　くずおか　秋田県由利本荘市-
　くずおか-ちょう　福井県越前市-町
葛法　くずのり　秋田県由利本荘市-
葛城　かつらぎ
　かつらぎ　栃木県さくら市-
　かつらぎ　千葉県千葉市中央区-
　かつらぎ-ちょう　大阪府岸和田市-町
　かつらぎ-し　奈良県-市
葛巻　かずらまき・くずまき
　くずまき-まち　岩手県岩手郡-町
　くずまき　岩手県岩手郡葛巻町-
　くずまき　新潟県見附市-
　くずまき-まち　新潟県見附市-町
　かずらまき-ちょう　滋賀県東近江市-町
葛畑　かずらはた　兵庫県養父市-
葛原　かずはら・かずはら・かずわら・くずはら・く
　ずわら・つづはら
　くずはら　青森県弘前市-
　くずわら　秋田県大館市-
　くずはら　神奈川県藤沢市-
　つづはら　富山県富山市-
　くずはら　岐阜県山県市-
　くずわら　三重県度会郡度会町-
　くずはら　大阪府寝屋川市-
　かずはら　香川県仲多度郡多度津町-
　かずわら　高知県長岡郡大豊町-
　かずはら　高知県吾川郡いの町-
　くずわら　高知県吾川郡仁淀川町-
　くずはら　福岡県北九州市小倉南区-
　くずはら　熊本県上益城郡山都町-
　くずはら　大分県宇佐市-
葛島　かつらしま・かづらしま
　かつらしま　長野県上伊那郡中川村-
　かつらしま　高知県高知市-
葛梅　くずめ　埼玉県久喜市-
葛袋　くずぶくろ　埼玉県東松山市-
葛貫　つづらぬき　埼玉県入間郡毛呂山町-
葛野　かずらの・くずの
　くずの　青森県南津軽郡藤崎町-
　かずらの　福井県丹生郡越前町-
葛塚　くずつか　新潟県新潟市北区-
葛港　かづらみなと　大分県佐伯市-
葛渡　くずわたり　熊本県水俣市-
葛葉　くずは・くずば
　くずば　富山県氷見市-
　くずは　福岡県北九州市門司区-
葛飾　かつしか
　かつしか-ちょう　千葉県船橋市-町
　かつしか-く　東京都-区

葛藤　くずふじ　千葉県夷隅郡大多喜町-
葛籠　つづら
　つづら-まち　滋賀県彦根市-町
葛籠山　つづらやま　新潟県村上市-
葛籠沢　つづらさわ　山梨県西八代郡市川三郷町-

菊

菊川町貴飯　きくがわちょうきば　山口県下関市-
菊川町轡井　きくがわちょうくつわい　山口県下関市-
菊丘　きくおか・きくがおか
　きくおか　北海道中川郡美深町-
　きくがおか-ちょう　大阪府枚方市-町
菊地　きくち・きくち
　きくち-まち　群馬県高崎市-町
　きくち-ちょう　岐阜県岐阜市-町
菊池　きくいけ・きくち
　きくいけ-ちょう　兵庫県神戸市須磨区-町
　きくち-し　熊本県-市
　きくち-ぐん　熊本県-郡
菊鹿町米原　きくかまちよなばる　熊本県山鹿市-
菊鹿町宮原　きくかまちみやのはる　熊本県山鹿市-
菊間町中川　きくまちょうなかのかわ　愛媛県今治市-
菊間町池原　きくまちょういけのはら　愛媛県今治市-

菜

菜畑　なばた・なばたけ
　なばた-ちょう　奈良県生駒市-町
　なばたけ　佐賀県唐津市-
菜園　さいえん　岩手県盛岡市-
菜園場　さえんば
　さえんば-ちょう　高知県高知市-町
　さえんば　福岡県北九州市小倉北区-

菖

菖蒲　あやめ・しょうぶ
　しょうぶ　山形県上山市-
　しょうぶ　山形県西置賜郡白鷹町-
　しょうぶ　神奈川県秦野市-
　あやめ　滋賀県野洲市-
　しょうぶ-ちょう　奈良県橿原市-町
　しょうぶ　鳥取県鳥取市-
　しょうぶ　徳島県那賀郡那賀町-
菖蒲ケ池　しょうぶがいけ　静岡県掛川市-
菖蒲が丘　しょうぶがおか　兵庫県神戸市北区-
菖蒲川　しょうぶかわ　青森県北津軽郡鶴田町-
菖蒲田　しょうぶだ　福島県耶麻郡猪苗代町-
菖蒲田浜　しょうぶたはま　宮城県宮城郡七ケ浜町-
菖蒲池　しょうぶいけ
　しょうぶいけ　福井県大野市-
　しょうぶいけ　愛知県長久手市-
　しょうぶいけ　三重県伊賀市-
　しょうぶいけ-ちょう　奈良県奈良市-町
菖蒲沢　しょうぶさわ・しょうぶざわ
　しょうぶざわ　福島県白河市-
　しょうぶざわ　茨城県石岡市-
　しょうぶざわ　神奈川県藤沢市-
　しょうぶざわ　山梨県甲斐市-
　しょうぶざわ　長野県諏訪郡原村-
菖蒲町下栢間　しょうぶちょうしもかやま　埼玉県久
　喜市-

287

11画（菅）

菖蒲町河原井 しょうぶちょうかわはらい　埼玉県久喜市-

菖蒲谷 しょうぶたに・しょうぶだに・しょうぶや
　しょうぶや　福島県田村郡小野町-
　しょうぶだに-ちょう　福井県福井市-町
　しょうぶだに-ちょう　福井県越前市-町
　しょうぶたに　和歌山県橋本市-

菖蒲原 あやめばる
　あやめばる-ちょう　宮崎県都城市-町

```
菅
```

菅 すげ
　すげ　神奈川県川崎市多摩区-
　すげ-ちょう　福井県越前市-町
　すげ　長野県木曽郡木祖村-
　すげ　兵庫県篠山市-
　すげ　熊本県上益城郡山都町-

菅ケ谷 すげがや　静岡県牧之原市-

菅ケ原 すがはら　富山県小矢部市-

菅ノ上 すげのうえ　高知県安芸郡北川村-

菅の台 すがのだい　兵庫県神戸市須磨区-

菅大臣 かんだいじん
　かんだいじん-ちょう　愛知県春日井市-町
　かんだいじん-ちょう　京都府京都市下京区-町

菅山 すがやま　熊本県阿蘇郡高森町-

菅井 すがい　京都府相楽郡精華町-

菅内 すがうち
　すがうち-ちょう　三重県亀山市-町

菅刈 すがかり・すげかり
　すがかり　新潟県十日町市-
　すげかり　岐阜県可児市-

菅引 すげひき　静岡県伊豆市-

菅木屋 すがごや　三重県多気郡大台町-

菅仙谷 すげせんごく　神奈川県川崎市多摩区-

菅出 すがいで　新潟県五泉市-

菅北浦 すげきたうら　神奈川県川崎市多摩区-

菅平高原 すがだいらこうげん　長野県上田市-

菅生 すがお・すぎゅう・すごう
　すごう　宮城県柴田郡村田町-
　すがお-まち　茨城県常総市-町
　すごう　千葉県木更津市-
　すがお　東京都あきる野市-
　すがお　神奈川県川崎市宮前区-
　すごう　福井県今立郡池田町-
　すごう　岐阜県岐阜市-
　すごう-ちょう　愛知県岡崎市-町
　すごう-ちょう　愛知県豊田市-町
　すぎゅう-ちょう　三重県松阪市-町
　すごう　大阪府堺市美原区-
　すごう　奈良県山辺郡山添村-
　すごう　岡山県新見市-
　すごう　愛媛県上浮穴郡久万高原町-
　すごう　大分県竹田市-

菅生ケ丘 すがおがおか　神奈川県川崎市宮前区-

菅生台 すごうだい　兵庫県姫路市-

菅生舘 すごうだて　福島県白河市-

菅田 すがた・すがだ・すげた
　すがた　福島県二本松市-
　すがた　福島県伊達市-
　すげた-ちょう　栃木県足利市-町

　すがだ　埼玉県比企郡滑川町-
　すげた-ちょう　神奈川県横浜市神奈川区-町
　すげた　新潟県胎内市-
　すげた　愛知県名古屋市天白区-
　すがた-ちょう　兵庫県小野市-町
　すがた-ちょう　島根県松江市-町

菅田町宇津甲 すげたちょううずこう　愛媛県大洲市-

菅合 すあい　三重県多気郡大台町-

菅江 すえ　滋賀県米原市-

菅池 すがいけ
　すがいけ-まち　石川県金沢市-町
　すがいけ-まち　石川県羽咋市-町
　すがいけ　愛知県長久手市-

菅牟田 すがむた　佐賀県唐津市-

菅尾 すがお　熊本県上益城郡山都町-

菅沢 すがさわ・すげさわ・すげざわ
　すげさわ　山形県山形市-
　すがさわ　埼玉県新座市-
　すがさわ-ちょう　神奈川県横浜市鶴見区-町
　すげさわ　新潟県五泉市-
　すげざわ　和歌山県海草郡紀美野町-
　すげざわ　鳥取県日野郡日南町-
　すげざわ-ちょう　香川県高松市-町
　すげざわ　愛媛県松山市-町

菅谷 すがたに・すがや・すげのたに・すけのや・すげんたに
　すがや　宮城県宮城郡利府町-
　すげのや-まち　茨城県土浦市-町
　すがや　茨城県那珂市-
　すがや　茨城県筑西市-
　すがや　茨城県坂東市-
　すげのや　茨城県結城郡八千代町-
　すがや-まち　群馬県高崎市-町
　すがや　埼玉県上尾市-
　すがや　埼玉県比企郡嵐山町-
　すがたに　新潟県新発田市-
　すげんたに　石川県鳳珠郡穴水町-
　すがや　福井県福井市-
　すがや-ちょう　福井県福井市-町
　すげのたに　福井県南条郡南越前町-
　すがたに　岡山県真庭市-

菅谷台 すがやだい　宮城県宮城郡利府町-

菅里 すがさと　山形県飽海郡遊佐町-

菅沼 すがぬま
　すがぬま　山形県西置賜郡小国町-
　すがぬま　群馬県利根郡片品村-
　すがぬま　埼玉県深谷市-
　すがぬま　新潟県十日町市-
　すがぬま　新潟県村上市-
　すがぬま　新潟県妙高市-
　すがぬま　富山県南砺市-
　すがぬま　静岡県駿東郡小山町-

菅波 すがなみ
　すがなみ-まち　石川県白山市-町

菅城下 すげしろした　神奈川県川崎市多摩区-

菅栄 かんえい
　かんえい-ちょう　大阪府大阪市北区-町

菅畑 すがばたけ　新潟県長岡市-

菅相塚 かんそうづか
　かんそうづか-ちょう　大阪府寝屋川市-町

11画（萌,菫,菢,萠,蛍,蛇,蚫,袋,裵,許,設,貫）

菅原　すがはら・すがわら・すげがはら
　すがわら-まち　埼玉県川越市-町
　すがはら-まち　石川県野々市市-町
　すがはら　石川県羽咋郡宝達志水町-
　すがはら-ちょう　岐阜県岐阜市-町
　すがわら-ちょう　静岡県浜松市中区-町
　すがわら-ちょう　愛知県西尾市-町
　すがはら-ちょう　三重県四日市市-町
　すがはら　大阪府大阪市東淀川区
　すがはら-ちょう　大阪府大阪市北区-町
　すがはら-ちょう　大阪府池田市-町
　すがはら-ちょう　大阪府泉大津市-町
　すがはら-ちょう　兵庫県相生市-町
　すがはら-ちょう　奈良県奈良市-町
　すげがはら　鳥取県倉吉市
　すがわら　福岡県北九州市戸畑区
　すがわら-まち　福岡県北九州市八幡西区-町
　すがわら-ちょう　熊本県熊本市中央区-町
　すがわら　大分県玖珠郡九重町-

菅島　すがしま
　すがしま-ちょう　三重県鳥羽市-町

菅根　すがね
　すがね-ちょう　新潟県新潟市中央区-町

菅浜　すがはま　福井県三方郡美浜町

菅馬場　すげばんば　神奈川県川崎市多摩区

菅野　すがの・すげの
　すげの　千葉県市川市-
　すげの　千葉県市原市-
　すげの　福井県あわら市-
　すげの-まち　長野県諏訪郡下諏訪町-町
　すがの　岐阜県大垣市-
　すがの　京都府与謝郡伊根町-
　すがの　奈良県宇陀郡御杖村-
　すがの　岡山県岡山市北区-
　すがの　福岡県三井郡大刀洗町-

菅野戸呂　すげのとろ　神奈川県川崎市多摩区-

菅野代　すがのだい　山形県鶴岡市-

菅野台　すがのだい　奈良県奈良市-

菅野谷　すげのや　茨城県鉾田市-

菅場　すがば　愛知県常滑市-

菅無田郷　すがむたごう　長崎県東彼杵郡東彼杵町-

菅間　すがま
　すがま　茨城県つくば市-
　すがま　埼玉県川越市-

菅塩　すがしお
　すがしお-ちょう　群馬県太田市-町

菅稲田堤　すげいなだづつみ　神奈川県川崎市多摩区-

菅窪　すげのくぼ　岩手県下閉伊郡田野畑村-

萌
萌出　もえで　北海道石狩郡新篠津村-
萌出道ノ上　もだしみちのかみ　青森県上北郡東北町-

菫
菫平　すみれだいら　神奈川県平塚市-

菢
菢中　やちなか　青森県弘前市-

萠
萠和　もいわ　北海道広尾郡大樹町-

蛍
蛍池北　ほたるがいけきた
　ほたるがいけきた-まち　大阪府豊中市-町

蛇
蛇ケ谷　ぢゃがたに　愛知県知多郡武豊町-
蛇ケ端　じゃがはな　京都府福知山市-
蛇の崎　じゃのさき
　じゃのさき-まち　秋田県横手市-町
蛇口　じゃぐち・へびくち
　へびくち　岩手県九戸郡軽米町-
　じゃぐち　山形県東置賜郡高畠町-
蛇石　じゃいし・へびいし
　じゃいし　岩手県八幡平市-
　へびいし　福島県白河市-
　へびいし　福島県田村郡三春町-
　じゃいし　静岡県賀茂郡南伊豆町-
蛇穴　さらぎ　奈良県御所市-
蛇池　じゃいけ　茨城県猿島郡境町-
蛇松　じゃまつ
　じゃまつ-ちょう　静岡県沼津市-町
蛇沼　じゃぬま　青森県三戸郡三戸町-
蛇廻間　じゃばさま　愛知県常滑市-
蛇持　じゃもち　岐阜県養老郡養老町-
蛇渕　ぢゃぶち　愛知県知多郡武豊町-
蛇喰　じゃばみ
　じゃばみ　新潟県岩船郡関川村-
　じゃばみ　富山県南砺市-
蛇籠　じゃかご
　じゃかご-まち　熊本県八代市-町

蚫
蚫　あわび　新潟県佐渡市-

袋
袋口　ふろく　愛媛県喜多郡内子町-
袋達布　ふくろたっぷ　北海道石狩郡新篠津村-

裵
裵月　ほろづき　青森県東津軽郡今別町-
裵野　ほろの　岩手県下閉伊郡岩泉町-
裵綿　ほろわた　岩手県下閉伊郡岩泉町-

許
許田　きょだ　沖縄県名護市-
許斐　このみ
　このみ-まち　福岡県北九州市小倉北区-町

設
設楽　したら
　したら-ちょう　愛知県北設楽郡-町

貫
貫井　ぬくい
　ぬくい　埼玉県児玉郡神川町-
　ぬくい　東京都練馬区-
貫戸　ぬくど　静岡県富士宮市-
貫田　ぬきた　富山県中新川郡立山町-
貫気別　ぬきべつ　北海道沙流郡平取町-
貫見　ぬくみ　山形県西村山郡大江町-

11画（転, 逸, 郭, 郷, 都, 部）

貫津　ぬくづ　山形県天童市-
貫原　ぬきはる　熊本県上益城郡山都町-

転

転坂　ころびざか　福島県白河市-

逸

逸見が丘　へみがおか　神奈川県横須賀市-

郭

郭　くるわ
　　くるわ-まち　埼玉県川越市-町
　　くるわ-まち　岐阜県大垣市-町
郭内　かくない
　　かくない　福島県白河市-
　　かくない　福島県二本松市-
　　かくない　奈良県磯城郡田原本町-
郭巨山　かつきょやま
　　かつきょやま-ちょう　京都府京都市下京区-町

郷

郷ケ丘　さとがおか　福島県いわき市-
郷ノ浦町大原触　ごうのうらちょうたいばるふれ　長崎県壱岐市-
郷ノ浦町片原触　ごうのうらちょうかたばるふれ　長崎県壱岐市-
郷ノ浦町半城本村触　ごうのうらちょうはんせいほんむらふれ　長崎県壱岐市-
郷ノ浦町平人触　ごうのうらちょうひろうとふれ　長崎県壱岐市-
郷ノ浦町原島　ごうのうらちょうはるしま　長崎県壱岐市-
郷山前　ごうさんまえ　青森県南津軽郡藤崎町-
郷市　ごいち　福井県三方郡美浜町-
郷地　ごうじ・ごうち
　　ごうじ　埼玉県鴻巣市-
　　ごうち-ちょう　東京都昭島市-町
郷東　ごうとう・ごうひがし
　　ごうひがし　愛知県犬山市-
　　ごうとう-ちょう　香川県高松市-町
郷屋川　こうやがわ　新潟県五泉市-
郷原　ごうはら・ごうばら・ごうばる
　　ごうばら　群馬県安中市-
　　ごうばら　群馬県吾妻郡東吾妻町-
　　ごうばら　鳥取県八頭郡智頭町-
　　ごうはら-ちょう　広島県呉市-町
　　ごうばる　福岡県大川市-
郷野原　ごうのはる　熊本県上益城郡山都町-
郷瀬　ごのせ
　　ごのせ-ちょう　兵庫県西脇市-町

都

都万　つま　島根県隠岐郡隠岐の島町-
都井　とい　宮崎県串間市-
都夫良野　つぶらの　神奈川県足柄上郡山北町-
都丘　みやこがおか
　　みやこがおか-ちょう　大阪府枚方市-町
都加賀　つがか　島根県飯石郡飯南町-
都北　とほく
　　とほく-ちょう　宮崎県都城市-町

都市　といち
　　といち-ちょう　京都府京都市下京区-町
都平　みやこたい　青森県上北郡七戸町-
都由乃　つゆの
　　つゆの-ちょう　兵庫県神戸市兵庫区-町
都辺　とべ
　　とべ-ちょう　福井県越前市-町
都住　つすみ　長野県上高井郡小布施町-
都呂々　とろろ　熊本県天草郡苓北町-
都志見　つしみ　広島県山県郡北広島町-
都祁小山戸　つげおやまと
　　つげおやまと-ちょう　奈良県奈良市-町
都祁甲岡　つげこうか
　　つげこうか-ちょう　奈良県奈良市-町
都祁吐山　つげはやま
　　つげはやま-ちょう　奈良県奈良市-町
都祁相河　つげそうご
　　つげそうご-ちょう　奈良県奈良市-町
都和　つわ　茨城県土浦市-
都岡　つおか
　　つおか-ちょう　神奈川県横浜市旭区-町
都府楼南　とふろうみなみ　福岡県太宰府市-
都於郡　とのこおり
　　とのこおり-まち　宮崎県西都市-町
都治　つち
　　つち-ちょう　島根県江津市-町
都城　みやこのじょう
　　みやこのじょう-し　宮崎県-市
都屋　とや　沖縄県中頭郡読谷村-
都染　つそめ
　　つそめ-ちょう　兵庫県加西市-町
都原　みやこばる
　　みやこばる-ちょう　宮崎県都城市-町
都留　つる
　　つる-し　山梨県-市
都盛　つもり
　　つもり-ちょう　静岡県浜松市南区-町
都部　いちぶ　千葉県我孫子市-
都野津　つのづ
　　つのづ-ちょう　島根県江津市-町
都喜足　つきたる　岡山県真庭市-
都筑　つづき
　　つづき-く　神奈川県横浜市-区
都賀　つが　千葉県千葉市若葉区-
都賀行　つがゆき
　　つがゆき　島根県邑智郡川本町-
　　つがゆき　島根県邑智郡美郷町-
都路町古道　みやこじまちふるみち　福島県田村市-
都農　つの
　　つの-ちょう　宮崎県児湯郡-町
都窪　つくぼ
　　つくぼ-ぐん　岡山県-郡
都橋　みやこばし　北海道網走郡美幌町-

部

部入道　ぶにゅうどう
　　ぶにゅうどう-まち　石川県白山市-町
部田　へた　千葉県夷隅郡大多喜町-
部田野　へたの　茨城県ひたちなか市-

11画（釈, 野）

部垂　へだれ
　へだれ-まち　秋田県大館市-町
部室　へむろ　茨城県小美玉市-
部栄　ぶさか　島根県鹿足郡津和野町-
部原　へばら
　へばら　茨城県石岡市-
　へばら　千葉県勝浦市-
部連　ぶれん　鹿児島県大島郡宇検村-

釈

釈迦谷　しゃかやつ　千葉県いすみ市-

野

野一色　のいしき・のいっしき
　のいっしき　岐阜県岐阜市-
　のいしき　滋賀県米原市-
野上　のがみ・のじょう
　のがみ　北海道紋別郡遠軽町-
　のがみ　福島県双葉郡大熊町-
　のがみ　茨城県常陸大宮市-
　のがみ　栃木県那須烏山市-
　のがみ　群馬県富岡市-
　のがみ-ちょう　東京都青梅市-町
　のがみ-まち　福井県越前市-
　のがみ　岐阜県不破郡関ケ原町-
　のがみ　岐阜県加茂郡八百津町-
　のがみ-ちょう　愛知県名古屋市中村区-町
　のじょう　兵庫県豊岡市-
　のがみ　兵庫県宝塚市-
　のがみ-ちょう　兵庫県加西市-町
　のがみ　和歌山県紀の川市-
　のがみ-ちょう　岡山県井原市-町
　のがみ　広島県福山市-町
　のがみ-ちょう　山口県周南市-町
　のがみ　大分県玖珠郡九重町-
野上野　のじょの　和歌山県岩出市-
野介代　のけだ　岡山県津山市-
野火止　のびどめ・のびどめ
　のびとめ　埼玉県新座市-
　のびどめ　東京都東久留米市-
野牛　のうし・やぎゅう
　のうし　青森県下北郡東通村-
　やぎゅう　埼玉県白岡市-
　やぎゅう　千葉県茂原市-
野牛島　やごしま　山梨県南アルプス市-
野代　のしろ・のだい
　のしろ　石川県野々市市-
　のだい　福井県小浜市-
野尻城究　のじりじょうぎわ　京都府八幡市-
野市町兎田　のいちちょううさいだ　高知県香南市-
野田生　のだおい　北海道二海郡八雲町-
野田目　のだのめ　山形県鶴岡市-
野田町上名　のだちょうかみみょう　鹿児島県出水市-
野白町葭場　のばくちょうよしば　愛知県江南市-
野白新田　のばくしんでん　岐阜県瑞穂市-
野立　のだち・のだて
　のだち-まち　石川県小松市-町
　のだて-ちょう　愛知県名古屋市熱田区-町
野辺　のべ・のんべ
　のべ-ちょう　群馬県館林市-町
　のべ　東京都あきる野市-

　のべ-まち　長野県須坂市-町
　のんべ　三重県鈴鹿市-
　のんべ-ちょう　三重県鈴鹿市-町
野向町聖丸　のむきちょうひじりまる　福井県勝山市-
野地　のうち・のじ
　のうち-まち　石川県白山市-町
　のじ-まち　三重県尾鷲市-町
　のじ　高知県宿毛市-
　のじ　高知県高岡郡四万十町-
　のじ-まち　宮崎県延岡市-町
野地城　やちじょう　新潟県阿賀野市-
野老山　ところやま　高知県高岡郡越知町-
野佐来　やさらい　愛媛県大洲市-
野条　のうじょう
　のうじょう-ちょう　兵庫県加西市-町
野村町河西　のむらちょうかわさい　愛媛県西予市-
野村町長谷　のむらちょうながたに　愛媛県西予市-
野村町鳥鹿野　のむらちょうとじがの　愛媛県西予市-
野村町鎌田　のむらちょうかまんた　愛媛県西予市-
野来見　のぐるみ　山口県山陽小野田市-
野花　のきょう・のばな
　のばな　京都府福知山市-
　のきょう　鳥取県東伯郡湯梨浜町-
野花南　のかなん
　のかなん-ちょう　北海道芦別市-町
野芥　のけ　福岡県福岡市早良区-
野依　のより
　のより-ちょう　愛知県豊橋市-町
　のより　大分県中津市-
野忽那　のぐつな　愛媛県松山市-
野狐台　やっこだい
　やっこだい-まち　千葉県佐倉市-町
野迫川　のせがわ
　のせがわ-むら　奈良県吉野郡-村
野垣内　のがいと
　のがいと-ちょう　奈良県大和郡山市-町
野洲　やす
　やす-し　滋賀県-市
　やす　滋賀県野洲市-
野津町山頭　のつまちやまず　大分県臼杵市-
野津町西神野　のつまちにしこうの　大分県臼杵市-
野津町西寒田　のつまちささむた　大分県臼杵市-
野津町垣河内　のつまちかきがわち　大分県臼杵市-
野津町原　のつまちはる　大分県臼杵市-
野津町宮原　のつまちみやばる　大分県臼杵市-
野津町烏嶽　のつまちうがく　大分県臼杵市-
野津町亀甲　のつまちかめこう　大分県臼杵市-
野津町清水原　のつまちそうずばる　大分県臼杵市-
野津町都原　のつまちやこば　大分県臼杵市-
野津原　のつはる　大分県大分市-
野面　のぶ　福岡県北九州市八幡西区-
野原　のはら・のばら・のばる・のわら・やはら
　やはら-まち　茨城県龍ケ崎市-町
　のはら　埼玉県熊谷市-
　のばる　富山県南砺市-
　のわら-ちょう　愛知県豊田市-町
　のわら　三重県度会郡大紀町-
　のはら　京都府舞鶴市-
　のはら-ちょう　奈良県五條市-町

11画（釣, 陳, 陶, 陸, 隆, 雀, 雫, 雪, 頂, 魚, 鳥）

のばら　鳥取県八頭郡智頭町-
のばら-ちょう　島根県松江市-町
のばら-ちょう　島根県浜田市-町
のはら　岡山県真庭市-
のはら　岡山県美作市-
のばら　山口県宇部市-
のばら　熊本県荒尾市-
のばる　沖縄県国頭郡本部町-
野島蟇浦　のじまひきのうら　兵庫県淡路市-
野高谷　のごや
　のごや-まち　栃木県宇都宮市-町
野崎垣内岩田　のざきがいといわた　三重県津市-
野郷　のざと
　のざと-ちょう　島根県出雲市-町
野郷原　のごうはら　滋賀県大津市-
野開発　のかいほつ　富山県中新川郡上市町-
野間出野　のましゅつの　大阪府豊能郡能勢町-
野間谷原　のまやわら　千葉県香取市-
野幌　のっぽろ
　のっぽろ-ちょう　北海道江別市-町
野蒜　のびる　宮城県東松島市-
野路　のじ
　のじ　滋賀県草津市-
　のじ-ちょう　滋賀県草津市-町
野端　のばな　富山県小矢部市-

釣

釣上　かぎあげ　埼玉県さいたま市岩槻区-
釣井　つるい　岡山県赤磐市-
釣部　つるべ
　つるべ-まち　石川県金沢市-町

陳

陳ケ森　じんがもり　秋田県由利本荘市-
陳ノ窪　じんのくぼ　宮城県刈田郡七ケ宿町-

陶

陶　すえ
　すえ　山口県山口市-
　すえ　香川県綾歌郡綾川町-
陶の谷　すえのたに　福井県丹生郡越前町-
陶町猿爪　すえちょうましづめ　岐阜県瑞浪市-

陸

陸　くが　兵庫県相生市-
陸上　くがみ　鳥取県岩美郡岩美町-
陸本　くがほん
　くがほん-まち　兵庫県相生市-町
陸田　くがた
　くがた-ちょう　愛知県稲沢市-町
陸田宮前　くがたみやまえ
　くがたみやまえ　愛知県稲沢市-
　くがたみやまえ-ちょう　愛知県稲沢市-町

隆

隆城　りゅうじょう
　りゅうじょう-ちょう　岐阜県岐阜市-町

雀

雀ケ森　すずがもり
　すずがもり-ちょう　愛知県愛西市-町

雀居　ささい　福岡県福岡市博多区-
雀宮　すずめのみや
　すずめのみや-ちょう　栃木県宇都宮市-町

雫

雫石　しずくいし
　しずくいし-ちょう　岩手県岩手郡-町

雪

雪谷　ゆきたに　山形県西村山郡朝日町-
雪谷大塚　ゆきがやおおつか
　ゆきがやおおつか-まち　東京都大田区-町
雪車　そり
　そり-まち　秋田県由利本荘市-町
　そり-まち　福島県伊達市-町
雪御所　ゆきのごしょ
　ゆきのごしょ-ちょう　兵庫県神戸市兵庫区-町

頂

頂吉　かぐめよし　福岡県北九州市小倉南区-

魚

魚　うお・さかな
　さかな-まち　宮城県石巻市-町
　さかな-まち　宮城県気仙沼市-町
　うお-まち　石川県七尾市-町
　うお-ちょう　静岡県沼津市-町
　うお-まち　愛知県豊橋市-町
　うお-まち　愛知県岡崎市-町
　うお-まち　三重県松阪市-町
　うお-まち　兵庫県姫路市-町
　うお-まち　奈良県大和郡山市-町
　うお-まち　奈良県磯城郡田原本町-町
　うお-まち　鳥取県倉吉市-町
　うお-まち　島根県松江市-町
　うお-まち　福岡県北九州市小倉北区-町
　うお-まち　福岡県田川市-町
魚尾　よのお　群馬県多野郡神流町-
魚屋町元　うわいちょうもと　滋賀県近江八幡市-
魚神山　ながみやま　愛媛県南宇和郡愛南町-
魚帰　うおがえり
　うおがえり-まち　石川県金沢市-町
魚躬　うおのみ　富山県滑川市-
魚梁瀬　やなせ　高知県安芸郡馬路村-
魚貫　おにき
　おにき-まち　熊本県天草市-町
魚瀬　おのぜ
　おのぜ-ちょう　島根県松江市-町

鳥

鳥ケ地　とりがんじ
　とりがんじ　愛知県弥富市-
　とりがんじ-ちょう　愛知県弥富市-町
鳥口平　とりぐちたい　青森県上北郡東北町-
鳥矢場　とやば　秋田県能代市-
鳥羽　とっぱ・とば・とりば
　とりば-まち　群馬県前橋市-町
　とっぱ　千葉県香取市-
　とば　福井県鯖江市-
　とば-ちょう　福井県鯖江市-町
　とば-ちょう　愛知県西尾市-町

11画（鹿）

とば-し 三重県-市
とば 三重県鳥羽市-
とば-まち 京都府京都市伏見区-町
とば 大阪府貝塚市-
とば 兵庫県明石市-
とば 岡山県倉敷市-
鳥羽田 とりはた 茨城県東茨城郡茨城町-
鳥羽見 とりはみ 愛知県名古屋市守山区-
鳥舌内 ちょうしたない 青森県三戸郡南部町-
鳥谷 とや
　とや 青森県三戸郡南部町-
　とや 静岡県沼津市-
鳥谷部 とりやべ 青森県上北郡七戸町-
鳥谷野 とやの 福島県福島市-
鳥居跡 とりいど
　とりいど-ちょう 栃木県鹿沼市-町
鳥屋 とや・とりや
　とりや 宮城県伊具郡丸森町-
　とや 神奈川県相模原市緑区-
　とや 新潟県新潟市北区-
　とりや 新潟県村上市-
　とや 山梨県南巨摩郡富士川町-
　とりや-ちょう 奈良県橿原市-町
鳥屋ケ崎 とりやがさき 宮城県加美郡加美町-
鳥屋尾 とりやお 石川県河北郡津幡町-
鳥屋脇 とやわき
　とやわき-まち 新潟県見附市-町
鳥屋部 とやべ
　とやべ-ちょう 青森県八戸市-町
　とやべ 青森県階上町-
鳥屋野 とやの 新潟県新潟市中央区-
鳥屋越 とりやこし 愛知県犬山市-
鳥海町上直根 ちょうかいまちかみひたね 秋田県由利本荘市-
鳥海町上笹子 ちょうかいまちかみじねご 秋田県由利本荘市-
鳥海町小川 ちょうかいまちこがわ 秋田県由利本荘市-
鳥海町戈之神 ちょうかいまちさいのかみ 秋田県由利本荘市-
鳥海町百宅 ちょうかいまちももやけ 秋田県由利本荘市-
鳥原 とっぱら・とりはら
　とっぱら 新潟県新潟市西区-
　とりはら-ちょう 愛知県瀬戸市-町
鳥栖 とす・とりす・とりのす
　とりのす 茨城県鉾田市-
　とりす 愛知県名古屋市南区-
　とす-し 佐賀県-市
鳥通 とりとうし 北海道釧路郡釧路町-
鳥喰 とりはみ 茨城県古河市-
鳥喰新田 とりはみしんでん 千葉県山武郡横芝光町-
鳥飼銘木 とりかいめいもく
　とりかいめいもく-ちょう 大阪府摂津市-町

鹿

鹿ケ谷栗木谷 ししがたにくりきたに
　ししがたにくりきたに-ちょう 京都府京都市左京区-町
鹿ケ瀬 ししがせ 滋賀県高島市-
鹿ノ下通 しかのしたどおり 兵庫県神戸市灘区-

鹿ノ子田 かのこだ 愛知県知多郡武豊町-
鹿ノ台西 しかのだいにし 奈良県生駒市-
鹿ノ坂 かのさか 福島県石川郡石川町-
鹿ノ倉 かのくら 宮城県気仙沼市-
鹿の子 かのこ 茨城県石岡市-
鹿の谷 しかのたに 北海道夕張市-
鹿又 かのまた 宮城県石巻市-
鹿下 かのした 埼玉県入間郡越生町-
鹿上 しかがみ 石川県鳳珠郡穴水町-
鹿子 かのこ
　かのこ-ちょう 愛知県名古屋市千種区-町
鹿子木 かのこぎ
　かのこぎ-まち 熊本県熊本市北区-町
鹿子前 かしまえ
　かしまえ-ちょう 長崎県佐世保市-町
鹿子畑 かのこはた 栃木県さくら市-
鹿子島 かのこじま
　かのこじま-ちょう 愛知県江南市-町
鹿小路 かしょうじ 宮崎県延岡市-
鹿山 かやま・しかやま
　かやま 埼玉県日高市-
　しかやま 愛知県名古屋市緑区-
鹿中 しかなか 青森県三沢市-
鹿内 しかない
　しかない 青森県三戸郡五戸町-
　しかない 秋田県雄勝郡羽後町-
鹿手袋 しかてぶくろ 埼玉県さいたま市南区-
鹿毛馬 かけのうま 福岡県飯塚市-
鹿北町芋生 かほくまちいもう 熊本県山鹿市-
鹿央町中浦 かおうまちちゅうのうら 熊本県山鹿市-
鹿央町合里 かおうまちあいざと 熊本県山鹿市-
鹿央町岩原 かおうまちいわばる 熊本県山鹿市-
鹿央町梅木谷 かおうまちうめのきだに 熊本県山鹿市-
鹿本町分田 かもとまちぶんだ 熊本県山鹿市-
鹿本町来民 かもとまちくたみ 熊本県山鹿市-
鹿田 かつた・しかた・しかだ
　しかだ 茨城県鉾田市-
　しかた 愛知県北名古屋市-
　しかた-ちょう 岡山県岡山市北区-町
　かつた 岡山県真庭市-
鹿目 かなめ
　かなめ-まち 熊本県人吉市-町
鹿立 すだち 宮城県石巻市-
鹿伏 ししぶせ 香川県木田郡三木町-
鹿伏兎 かぶと
　かぶと-ちょう 愛知県津島市-町
鹿尾 かのお
　かのお-まち 長崎県長崎市-町
鹿町町長串 しかまちちょうなぐし 長崎県佐世保市-
鹿見塚 ししみづか 埼玉県吉川市-
鹿角 かづの・かのつの
　かづの-し 秋田県-市
　かづの-ぐん 秋田県-郡
　かのつの-ちょう 香川県高松市-町
鹿谷 しかたに
　しかたに-ちょう 静岡県浜松市中区-町
鹿谷町東遅羽口 しかだにちょうひがしおそわぐち 福井県勝山市-

11画（鹿）

鹿谷町発坂　しかだにちょうほっさか　福井県勝山市-
鹿足　かのあし
　　かのあし-ぐん　島根県-郡
鹿妻北　かづまきた　宮城県石巻市-
鹿放ケ丘　ろっぽうがおか　千葉県四街道市-
鹿松　しかまつ
　　しかまつ-ちょう　兵庫県神戸市長田区-町
鹿沼　かぬま・しかぬま
　　しかぬま　北海道勇払郡厚真町-
　　かぬま-し　栃木県-市
鹿沼台　かぬまだい　神奈川県相模原市中央区-
鹿波　かなみ　石川県鳳珠郡穴水町-
鹿乗　かのり
　　かのり-ちょう　愛知県瀬戸市-町
鹿俣　かなまた
　　かなまた-ちょう　福井県福井市-町
鹿室　かなむろ　埼玉県さいたま市岩槻区-
鹿屋　かのや
　　かのや-し　鹿児島県-市
鹿峠　かとうげ　新潟県三条市-
鹿海　かのみ
　　かのみ-ちょう　三重県伊勢市-町
鹿狩瀬　かがせ
　　かがせ-まち　宮崎県延岡市-町
鹿畑　かばた・しかはた
　　かばた　栃木県大田原市-
　　しかはた-ちょう　奈良県生駒市-町
鹿背山　かせやま　京都府木津川市-
鹿追　しかおい
　　しかおい-ちょう　北海道河東郡-町
鹿原　かのはら・かはら
　　かのはら　宮城県加美郡加美町-
　　かはら　京都府舞鶴市-
鹿島　かしま・かのしま
　　かしま-ちょう　北海道伊達市-町
　　かしま　福島県岩瀬郡鏡石町-
　　かしま　福島県大沼郡会津美里町-
　　かしま-ちょう　茨城県日立市-町
　　かしま　茨城県那珂市-
　　かしま-ちょう　栃木県足利市-町
　　かしま-ちょう　栃木県矢板市-町
　　かしま-ちょう　群馬県伊勢崎市-町
　　かしま　東京都八王子市-
　　かしま-ちょう　富山県富山市-町
　　かのしま　富山県砺波市-
　　かしま-まち　石川県白山市-町
　　かしま-ぐん　石川県-郡
　　かしま　石川県鳳珠郡穴水町-
　　かしま　山梨県南巨摩郡富士川町-
　　かしま-ちょう　岐阜県岐阜市-町
　　かしま-ちょう　岐阜県大垣市-町
　　かしま-ちょう　愛知県蒲郡市-町
　　かしま　愛媛県南宇和郡愛南町-
　　かしま-し　佐賀県-市
　　かしま　熊本県八代郡氷川町-
鹿島千年　かしまちとせ
　　かしまちとせ-ちょう　北海道夕張市-町
鹿島区小山田　かしまくこやまだ　福島県南相馬市-
鹿島区牛河内　かしまくうしこうち　福島県南相馬市-
鹿島区角川原　かしまくつのがわら　福島県南相馬市-

鹿島区南柚木　かしまくみなみゆのき　福島県南相
　馬市-
鹿島区塩崎　かしまくしおのさき　福島県南相馬市-
鹿島区椿原　かしまくじさばら　福島県南相馬市-
鹿島台大迫　かしまだいおおばさま　宮城県大崎市-
鹿島台平渡　かしまだいひらわた　宮城県大崎市-
鹿島町手結　かしまちょうたゆ　島根県松江市-
鹿島町名分　かしまちょうみょうぶん　島根県松江市-
鹿島町米田　かしままちこもだ　福島県いわき市-
鹿島町武代　かしまちょうたけだい　島根県松江市-
鹿島町恵曽　かしまちょうえとも　島根県松江市-
鹿島町藺牟田　かしまちょういむた　鹿児島県薩摩川
　内市-
鹿峰　かのみね　愛媛県松山市-
鹿帰瀬　かきぜ
　　かきぜ-まち　熊本県熊本市東区-町
鹿庭　かにわ　香川県木田郡三木町-
鹿浜　しかはま　東京都足立区-
鹿留　ししどめ　山梨県都留市-
鹿骨　ししぼね
　　ししぼね　東京都江戸川区-
　　ししぼね-ちょう　東京都江戸川区-町
鹿教湯温泉　かけゆおんせん　長野県上田市-
鹿部　しかべ・ししぶ
　　しかべ-ちょう　北海道茅部郡-町
　　しかべ　北海道茅部郡鹿部町-
　　ししぶ　福岡県古賀市-
鹿野　かの・しかの
　　かの　宮城県仙台市太白区-
　　しかの　福井県大飯郡おおい町-
　　しかの-ちょう　兵庫県西脇市-町
　　かの-ちょう　兵庫県小野市-町
　　かの　熊本県八代郡氷川町-
鹿野上　かのかみ　山口県周南市-
鹿野山　かのうざん　千葉県君津市-
鹿野田　かのだ　宮崎県西都市-
鹿野沢　かのさわ
　　かのさわ　山形県飽海郡遊佐町-
　　かのさわ　群馬県利根郡みなかみ町-
鹿野町乙亥正　しかのちょうおつがせ　鳥取県鳥取市-
鹿野町末用　しかのちょうすえもち　鳥取県鳥取市-
鹿野町河内　しかのちょうこうち　鳥取県鳥取市-
鹿野町閉野　しかのちょうとじの　鳥取県鳥取市-
鹿野町鷲峯　しかのちょうじゅうぼう　鳥取県鳥取市-
鹿野崎　かのさき　栃木県那須塩原市-
鹿野園　ろくやおん
　　ろくやおん-ちょう　奈良県奈良市-町
鹿野境　かのざかい　福島県耶麻郡猪苗代町-
鹿黒　かぐろ　千葉県印西市-
鹿勝川　かかつがわ
　　かかつがわ-ちょう　愛知県岡崎市-町
鹿森　ししもり　高知県吾川郡仁淀川町-
鹿渡　かど・しかわたし
　　かど　秋田県山本郡三種町-
　　しかわたし　千葉県四街道市-
鹿間　しかま
　　しかま-ちょう　三重県四日市市-町
鹿塩　かしお
　　かしお　長野県下伊那郡大鹿村-

11画（麻，黄，黒）

かしお　岐阜県加茂郡川辺町-
かしお　兵庫県宝塚市-
鹿路 ろくろ
　ろくろ　石川県鳳珠郡穴水町-
　ろくろ　奈良県桜井市-
鹿飼 ししかい　埼玉県川越市-
鹿熊 かくま
　かくま　新潟県三条市-
　かくま-まち　新潟県見附市-町
　かくま　富山県魚津市-
鹿窪 かなくぼ　茨城県結城市-
鹿敷 かしき　高知県吾川郡いの町-
鹿篭籠 かごふもと
　かごふもと-まち　鹿児島県枕崎市-町
鹿頭 ししず　石川県羽咋郡志賀町-
鹿瀬 かのせ　新潟県東蒲原郡阿賀町-
鹿籠 こごもり　広島県安芸郡府中町-

麻

麻 お　長野県東筑摩郡麻績村-
麻友 まゆう　北海道広尾郡大樹町-
麻加江 まかえ　三重県度会郡度会町-
麻布狸穴 あざぶまみあな
　あざぶまみあな-ちょう　東京都港区-町
麻生 あさお・あさぶ・あぞ・あそ・あそう
　あさぶ-ちょう　北海道札幌市北区-町
　あざぶ　北海道樺戸郡月形町-
　あざぶ　北海道川上郡標茶町-
　あそう　茨城県行方市-
　あそう　群馬県多野郡神流町-
　あそう　千葉県印旛郡栄町-
　あさお-く　神奈川県川崎市-区
　あそう-まち　石川県七尾市-町
　あそ　福井県三方郡美浜町-
　あそう　岐阜県揖斐郡大野町-
　あそう　鳥取県八頭郡八頭町-
　あそう　愛媛県伊予郡砥部町-
　あそう　高知県四万十市-
　あそう　大分県宇佐市-
麻生中 あそなか　大阪府貝塚市-
麻生田 あそうだ
　あそうだ-まち　新潟県長岡市-町
　あそうだ-ちょう　愛知県豊川市-町
　あそうだ　熊本県熊本市北区-
麻生津中 おうづなか　和歌山県紀の川市-
麻生原 あそばる　熊本県上益城郡甲佐町-
麻生野 あその・あぞの
　あその　福井県三方上中郡若狭町-
　あぞの　熊本県山鹿市-
麻宇那 あそうな　岡山県備前市-
麻見田 まみだ　岩手県岩手郡雫石町-
麻里布 まりふ
　まりふ-まち　山口県岩国市-町
麻苧 あさう
　あさう-ちょう　栃木県鹿沼市-町
麻郷 おごう　山口県熊毛郡田布施町-
麻溝台 あさみぞだい　神奈川県相模原市南区-
麻績 おみ
　おみ-むら　長野県東筑摩郡-村

黄

黄金山 おうごんざん
　おうごんざん-ちょう　広島県広島市南区-町
黄金通 おうごんどおり　愛知県名古屋市中村区-
黄柳野 つげの　愛知県新城市-
黄島 おうしま
　おうしま-ちょう　長崎県五島市-町

黒

黒川 くろかわ・くろがわ・くろごう
　くろかわ　北海道虻田郡ニセコ町-
　くろかわ-ちょう　北海道余市郡余市町-町
　くろかわ　岩手県盛岡市-
　くろかわ-ぐん　宮城県-郡
　くろかわ　秋田県横手市-
　くろかわ　秋田県にかほ市-
　くろかわ　山形県鶴岡市-
　くろかわ　山形県東置賜郡川西町-
　くろかわ　福島県大沼郡会津美里町-
　くろかわ　群馬県富岡市-
　くろかわ　神奈川県川崎市麻生区-
　くろかわ　新潟県胎内市-
　くろかわ　新潟県刈羽郡刈羽村-
　くろかわ　富山県中新川郡上市町-
　くろがわ　石川県かほく市-
　くろかわ　石川県鳳珠郡能登町-
　くろかわ-ちょう　福井県越前市-町
　くろかわ　長野県上水内郡飯綱町-
　くろかわ　岐阜県加茂郡白川町-
　くろかわ　兵庫県川西市-
　くろかわ-ちょう　兵庫県小野市-町
　くろかわ-ちょう　島根県浜田市-町
　くろかわ　広島県大竹市-
　くろかわ　広島県世羅郡世羅町-
　くろかわ　山口県山口市-
　くろがわ　山口県萩市-
　くろかわ　高知県高岡郡津野町-
　くろがわ　福岡県北九州市門司区-
　くろかわ　福岡県朝倉市-
　くろがわ-ちょう　佐賀県伊万里市-町
　くろごう　佐賀県西松浦郡有田町-
　くろかわ　熊本県阿蘇市-
　くろかわ　熊本県上益城郡山都町-
黒木町木屋 くろぎまちこや　福岡県八女市-
黒木町鹿子生 くろぎまちかこお　福岡県八女市-
黒平 くろべら
　くろべら-ちょう　山梨県甲府市-町
黒生 くろはい
　くろはい-ちょう　千葉県銚子市-町
黒生野 くろうの　宮崎県西都市-
黒田庄町門柳 くろだしょうちょうもんりゅう　兵庫県西脇市-
黒谷 くろたに・くろだに・くろや
　くろたに　福島県南会津郡只見町-
　くろや　埼玉県さいたま市岩槻区-
　くろや　埼玉県秩父市-
　くろだに　富山県魚津市-
　くろだに　滋賀県高島市-
　くろだに-ちょう　京都府京都市左京区-町
　くろたに-ちょう　京都府綾部市-町
　くろだに　大阪府八尾市-

12画（傘, 傍, 割, 博, 厨, 喜, 喬, 喰, 善, 堰, 堅, 堺）

くろだに　兵庫県淡路市-
くろだに　兵庫県加東市-
くろだに　和歌山県和歌山市-
くろだに　鳥取県岩美郡岩美町-
くろだに　徳島県板野郡板野町-
くろだに　愛媛県西条市-

黒周　くろす
　くろす-ちょう　島根県益田市-町

黒保根町宿廻　くろほねちょうしゅくめぐり　群馬県桐生市-

黒原　くろはら・くろばる
　くろはら　千葉県夷隅郡大多喜町-
　くろはら　高知県高岡郡佐川町-
　くろばる　福岡県北九州市小倉北区-

黒桂　つづら　山梨県南巨摩郡早川町-

黒流　くろながれ
　くろながれ-まち　熊本県阿蘇市-町

黒瀬町川角　くろせちょうかわすみ　広島県東広島市-

◆◆◆◆◆ 12画 ◆◆◆◆◆

［傘］

傘松　からかさまつ　青森県三戸郡五戸町-

［傍］

傍示　ほうじ
　ほうじ　大阪府交野市-
　ほうじ　徳島県勝浦郡上勝町-

傍所　ほうじょ
　ほうじょ-まち　新潟県見附市-町

［割］

割田　わりでん
　わりでん　岐阜県大垣-
　わりでん-ちょう　岐阜県大垣市-町

［博］

博労　ばくろ・ばくろう
　ばくろう-まち　青森県三戸郡五戸町-町
　ばくろう-まち　富山県高岡市-町
　ばくろう-まち　石川県金沢市-町
　ばくろ　石川県白山市-
　ばくろう-まち　大阪府大阪市中央区-町
　ばくろう-まち　兵庫県姫路市-町
　ばくろう-まち　鳥取県米子市-町
　ばくろう-まち　宮崎県延岡市-町

博労町上　ばくろちょうかみ　滋賀県近江八幡市-

［厨］

厨　くりや
　くりや　茨城県鹿嶋市-
　くりや　福井県丹生郡越前町-

厨子奥尾上　ずしおくおのえ
　ずしおくおのえ-ちょう　京都府京都市山科区-町

厨川　くりやがわ　岩手県盛岡市-

［喜］

喜入生見　きいれぬくみ
　きいれぬくみ-ちょう　鹿児島県鹿児島市-町

喜光地　きこうじ
　きこうじ-ちょう　愛媛県新居浜市-町

喜屋武　きゃん
　きゃん　沖縄県糸満市-
　きゃん　沖縄県うるま市-
　きゃん　沖縄県島尻郡南風原町-

喜連　きれ　大阪府大阪市平野区-

喜連川　きつれがわ　栃木県さくら市-

喜瀬武原　きせんばる　沖縄県国頭郡恩納村-

［喬］

喬木　たかぎ
　たかぎ-むら　長野県下伊那郡-村

［喰］

喰丸　くいまる　福島県大沼郡昭和村-

喰代　ほうじろ　三重県伊賀市-

［善］

善久　ぜんく　新潟県新潟市西区-

善久寺　ぜんきゅうじ　新潟県三条市-

善和　よしわ　山口県宇部市-

善明　ぜんみょう・ぜんめい
　ぜんめい-まち　愛知県碧南市-町
　ぜんみょう-ちょう　愛知県西尾市-町

善波　ぜんば　神奈川県伊勢原市-

善阿弥　ぜんなみ　山形県東田川郡三川町-

善城　ぜんぎ　奈良県吉野郡下市町-

善根　ぜごん　新潟県柏崎市-

善根寺　ぜんこんじ
　ぜんこんじ-ちょう　大阪府東大阪市-町

［堰］

堰代　せきしろ
　せきしろ　青森県上北郡七戸町-
　せきしろ-ちょう　群馬県高崎市-町

堰場　どうば　宮城県仙台市若林区-

［堅］

堅来　かたく　大分県豊後高田市-

堅苔沢　かたのりざわ　山形県鶴岡市-

堅海　かつみ　福井県小浜市-

堅達　げんだつ
　げんだつ-ちょう　福井県福井市-町

堅磐　かきわ
　かきわ-ちょう　茨城県常陸太田市-町

［堺］

堺　さかい・さかえ
　さかい-まち　北海道小樽市-町
　さかい-まち　新潟県長岡市-町
　さかい　長野県下水内郡栄村-
　さかい-まち　愛知県豊川市-町
　さかい-まち　京都府京都市下京区-町
　さかい-し　大阪府-市
　さかい-く　大阪府堺市-区
　さかい-まち　大阪府岸和田市-町
　さかい-まち　兵庫県姫路市-町
　さかい-ちょう　奈良県大和郡山市-町
　さかい-まち　奈良県磯城郡田原本町-町
　さかい　和歌山県日高郡みなべ町-

12画（堕, 塚, 堤, 塔, 報, 壺, 奥, 寒）

さかえ-まち	鳥取県倉吉市-町
さかい-まち	岡山県津山市-町
さかい-まち	広島県広島市中区-町
さかい-まち	高知県高知市-町
さかい-まち	福岡県北九州市小倉北区-町

堕

堕星 だたぼし　愛知県常滑市-

塚

塚角 つかつの　岡山県久米郡久米南町-
塚原 つかはら・つかばら・つかばる
　つかはら　福島県東白川郡棚倉町-
　つかはら　茨城県筑西市-
　つかはら　千葉県君津市-
　つかはら　神奈川県南足柄市-
　つかはら-ちょう　新潟県十日町市-町
　つかはら　富山県富山市-
　つかばら　福井県大野市-
　つかはら-ちょう　福井県越前市-町
　つかはら-ちょう　山梨県甲府市-町
　つかばら　山梨県南アルプス市-
　つかばら　長野県茅野市-
　つかばら　長野県佐久市-
　つかばら　静岡県御殿場市-
　つかはら　大阪府高槻市-
　つかばる　宮崎県東諸県郡国富町-
塚部 つかのべ　福島県相馬市-
塚無岱 つかなしたい　青森県三戸郡五戸町-

堤

堤上 つつみのうえ　茨城県桜川市-
堤外 ていがい
　ていがい　埼玉県さいたま市南区-
　ていがい　岐阜県岐阜市-

塔

塔下 とうのした　新潟県村上市-
塔尾 とうの・とのお
　とうの　富山県南砺市-
　とのお-まち　石川県加賀市-町
塔原 とうのはる・とのはら
　とのはら-ちょう　大阪府岸和田市-町
　とうのはる　福岡県筑紫野市-

報

報恩寺 ほうおんじ・ほおじ
　ほうおんじ　千葉県長生郡長南町-
　ほおじ　京都府福知山市-

壺

壺川 こせん・つぼがわ
　こせん　熊本県熊本市中央区-
　つぼがわ　沖縄県那覇市-

奥

奥 おき・おく
　おく　新潟県南魚沼市-
　おく　岐阜県岐阜市-
　おく-ちょう　愛知県一宮市-町
　おく-まち　愛知県半田市-町
　おく　兵庫県神崎郡市川町-

おく	兵庫県赤穂郡上郡町-
おき	和歌山県有田郡有田川町-
おく	岡山県美作市-
おく	大分県大分市-
おく	沖縄県国頭郡国頭村-

奥大道 おくおおどう　高知県高岡郡四万十町-
奥川高陽根 おくがわかやね　福島県耶麻郡西会津町-
奥戸 おくど・おこっぺ
　おこっぺ　青森県下北郡大間町-
　おくど-ちょう　栃木県足利市-町
　おくど　東京都葛飾区-
奥古閑 おくこが
　おくこが-まち　熊本県熊本市南区-町
奥田長角 おくだながずみ
　おくだながずみ-ちょう　愛知県稲沢市-町
奥田馬場 おくだばんば
　おくだばんば-ちょう　愛知県稲沢市-町
奥田縄 おくだの　福井県小浜市-
奥米地 おくめいじ　兵庫県養父市-
奥谷 おくだに・おくのたに・おくのや
　おくのや　茨城県東茨城郡茨城町-
　おくのや-まち　石川県加賀市-町
　おくのたに　鳥取県米子市-
　おくだに　鳥取県八頭郡八頭町-
　おくだに-ちょう　島根県松江市-町
奥武 おう　沖縄県島尻郡久米島町-
奥武山 おおのやま
　おおのやま-ちょう　沖縄県那覇市-町
奥河内 おくがわうち　徳島県海部郡美波町-
奥迫川 おくはざかわ　岡山県岡山市南区-
奥長谷 おくながたに　兵庫県佐用郡佐用町-
奥春別 おくしゅんべつ　北海道川上郡弟子屈町-
奥海 おねみ　兵庫県佐用郡佐用町-
奥県守 おくあがたもり　兵庫県篠山市-
奥神ノ川 おくごうのかわ　高知県高岡郡四万十町-
奥夏敷 おくなちき　愛知県常滑市-
奥鹿野 おくがの　三重県伊賀市-
奥興部 おくおこっぺ　北海道紋別郡西興部村-

寒

寒川 かんがわ・さぶかわ・さむかわ・さむがわ・さんがわ・そうがわ
　さむかわ　栃木県小山市-
　さむがわ-ちょう　千葉県千葉市中央区-町
　さむかわ-まち　神奈川県高座郡-町
　かんがわ　新潟県村上市-
　そうがわ　和歌山県日高郡日高川町-
　さんがわ-ちょう　愛媛県四国中央市-町
　さぶかわ　宮崎県西都市-
寒川町神前 さんがわまちかんざき　香川県さぬき市-
寒水 ひやみず
　ひやみず　青森県上北郡七戸町-
　ひやみず　青森県上北郡東北町-
寒田 さわだ・そうだ
　さわだ　福岡県築上郡築上町-
　そうだ　大分県大分市-
寒別 かんべつ　北海道虻田郡倶知安町-
寒沢 かんざわ・さむさわ
　かんざわ-ちょう　青森県弘前市-町
　かんざわ　新潟県長岡市-

297

12画（富）

　　さむさわ　長野県下高井郡山ノ内町-
寒昇　かんのぼり　北海道瀬棚郡今金町-
寒河江　さがえ
　　さがえ-し　山形県-市
　　さがえ　山形県寒河江市-
寒風　さむかぜ　千葉県佐倉市-

| 富 |

富の中　とみのじゅう　山形県山形市-
富土　ふと　宮崎県日南市-
富士山　ふじやま
　　ふじやま　長野県上田市-
　　ふじやま　愛知県犬山市-
富士町小副川　ふじちょうおそえがわ　佐賀県佐賀市-
富士町中原　ふじちょうなかばる　佐賀県佐賀市-
富士町苣木　ふじちょうちゃのき　佐賀県佐賀市-
富士町鎌原　ふじちょうかまばる　佐賀県佐賀市-
富士見町市之木場　ふじみまちいちのきば　群馬県前橋市-
富士見町漆窪　ふじみまちうるくぼ　群馬県前橋市-
富山　とみやま・とやま
　　とみやま　山形県尾花沢市-
　　とみやま　福島県南会津郡南会津町-
　　とみやま　栃木県那須郡那珂川町-
　　とやま　千葉県八街市-
　　とやま-し　富山県-市
　　とやま-ちょう　愛知県西尾市-町
　　とみやま　愛知県北設楽郡豊根村-
　　とみやま　大分県宇佐市-
　　とみやま　鹿児島県肝属郡肝付町-
富山町神原　とみやまちょうかんばら　島根県大田市-
富之尾　とみのお　滋賀県犬上郡多賀町-
富双　ふそう　三重県四日市市-
富戸　ふと　静岡県伊東市-
富木島　ふきしま
　　ふきしま-まち　愛知県東海市-町
富丘　とみおか・とみがおか
　　とみおか　北海道千歳市-
　　とみおか　北海道常呂郡佐呂間町-
　　とみおか　北海道紋別郡興部町-
　　とみおか　北海道虻田郡洞爺湖町-
　　とみがおか　静岡県磐田市-
富本　とみもと・とんもと
　　とみもと-ちょう　岐阜県関市-町
　　とみもと-ちょう　愛知県豊橋市-町
　　とんもと　奈良県磯城郡田原本町-
富田　とみた・とみだ・とんだ
　　とみた　北海道余市郡赤井川村-
　　とみた　青森県青森市-
　　とみた　青森県弘前市-
　　とみた-まち　青森県弘前市-町
　　とみた　青森県黒石市-
　　とみた　宮城県仙台市太白区-
　　とみた　山形県最上郡舟形町-
　　とみた-まち　福島県郡山市-町
　　とみた　福島県東白川郡鮫川村-
　　とみた　茨城県行方市-
　　とみた　栃木県矢板市-
　　とみだ-まち　群馬県前橋市-町
　　とみた　埼玉県大里郡寄居町-
　　とみた-ちょう　千葉県千葉市若葉区-町

　　とみだ　千葉県君津市-
　　とみた　千葉県香取市-
　　とみだ　千葉県山武市-
　　とみた　千葉県大網白里市-
　　とみだ　石川県河北郡津幡町-
　　とみだ　長野県長野市-
　　とみだ　長野県下伊那郡喬木村-
　　とみた-まち　静岡県三島市-町
　　とみた　静岡県菊川市-
　　とみだ-ちょう　愛知県豊田市-町
　　とみだ　三重県四日市市-
　　とんだ-ちょう　滋賀県長浜市-町
　　とんだ-ちょう　京都府京都市下京区-町
　　とみた　京都府船井郡京丹波町-
　　とんだ-ちょう　大阪府高槻市-町
　　とみた-ちょう　兵庫県西脇市-町
　　とんだ　和歌山県西牟婁郡白浜町-
　　とみた　岡山県岡山市北区-
　　とんだ-ちょう　岡山県岡山市北区-町
　　とんだ　山口県周南市-
　　とみた-まち　徳島県徳島市-町
　　とんだ　徳島県海部郡海陽町-
　　とんだ　宮崎県児湯郡新富町-
富田子　とみたね　三重県桑名郡木曽岬町-
富田丘　とんだおか
　　とんだおか-まち　大阪府高槻市-町
富田町包里　とみだちょうかのさと　愛知県名古屋市中川区-
富田町榎津　とみだちょうよのきづ　愛知県名古屋市中川区-
富田林　とんだばやし
　　とんだばやし-し　大阪府-市
　　とんだばやし-ちょう　大阪府富田林市-町
富光寺　とみこうじ
　　とみこうじ-まち　石川県白山市-町
富合町平原　とみあいまちひらばる　熊本県熊本市南区-
富合町田尻　とみあいまちたのしり　熊本県熊本市南区-
富合町廻江　とみあいまちまいのえ　熊本県熊本市南区-
富合町莎崎　とみあいまちこうざき　熊本県熊本市南区-
富合町菰江　とみあいまちこものえ　熊本県熊本市南区-
富合町硴江　とみあいまちかきのえ　熊本県熊本市南区-
富尾　とみのお
　　とみのお　岡山県真庭市-
　　とみのお　熊本県玉名市-
富来七海　とぎしつみ　石川県羽咋郡志賀町-
富来牛下　とぎうしおろし　石川県羽咋郡志賀町-
富来生神　とぎうるかみ　石川県羽咋郡志賀町-
富沢　とみさわ・とみざわ・とんざわ
　　とみさわ-ちょう　北海道余市郡余市町-町
　　とみざわ　宮城県仙台市太白区-
　　とみざわ　宮城県柴田郡柴田町-
　　とみざわ　山形県西村山郡大江町-
　　とみざわ　福島県相馬市-
　　とみざわ　福島県田村郡三春町-
　　とみざわ-ちょう　群馬県太田市-町
　　とみざわ-ちょう　岐阜県岐阜市-町

298

12画（嵐, 幾, 御）

とんざわ　静岡県静岡市葵区-
とみざわ　静岡県裾野市-
とみざわ　愛知県新城市-
富岸　とんけし
　とんけし-ちょう　北海道登別市-町
富松　とまつ・とみまつ
　とみまつ-ちょう　京都府京都市下京区-町
　とまつ-ちょう　兵庫県尼崎市-町
富武士　とっぷし　北海道常呂郡佐呂間町-
富厚里　ふこうり　静岡県静岡市葵区-
富室　ふむろ　京都府舞鶴市-
富栄　とみえい・とみさか・とみさかえ
　とみえい　北海道檜山郡厚沢部町-
　とみさかえ　青森県弘前市-
　とみさか　愛知県新城市-
富海　とどみ・とのみ
　とどみ　鳥取県倉吉市-
　とのみ　山口県防府市-
富津　とみつ・ふっつ
　とみつ-まち　福島県いわき市-町
　ふっつ-し　千葉県-市
　ふっつ　千葉県富津市-
　とみつ　福井県あわら市-
富津内富田　ふつないとみた　秋田県南秋田郡五城
　目町-
富県　とみがた　長野県伊那市-
富神台　とがみだい　山形県山形市-
富美　ふみ　北海道紋別郡湧別町-
富美ケ丘　ふみがおか
　ふみがおか-ちょう　大阪府富田林市-町
富美山　とみやま
　とみやま-まち　宮崎県延岡市-町
富原　とみはら・とんばら
　とみはら　北海道釧路郡釧路町-
　とみはら　岡山県岡山市北区-
　とんばら　岡山県総社市-
富島　としま・とみしま・とみじま
　とみじま-まち　新潟県長岡市-町
　とみじま　新潟県新発田市-
　とみしま　愛知県弥富市-
　とみしま-ちょう　愛知県弥富市-町
　としま　兵庫県淡路市-
富根　ふね
　ふね-ちょう　青森県西津軽郡鯵ケ沢町-町
富浦町丹生　とみうらちょうにゅう　千葉県南房総市-
富盛　ともり　沖縄県島尻郡八重瀬町-
富菴　とみやち
　とみやち-ちょう　青森県つがる市-町
富郷町寒川山　とみさとちょうさんがわやま　愛媛県
　四国中央市-
富部　とんべ　静岡県掛川市-
富野　との・とみの
　とみの　北海道夕張市-
　とみの　北海道山越郡長万部町-
　とみの　北海道勇払郡厚真町-
　とみの-ちょう　青森県弘前市-町
　とみの　青森県北津軽郡中泊町-
　とみの　岐阜県美濃市-
　との　京都府城陽市-
　とみの　福岡県北九州市小倉北区-

富嶋　とびしま　福井県大野市-

嵐

嵐山　あらしやま・らんざん
　らんざん-まち　埼玉県比企郡-町
　あらしやま-ちょう　兵庫県姫路市-町

幾

幾久　いくひさ
　いくひさ-ちょう　福井県福井市-町
幾久富　きくどみ　熊本県合志市-
幾世　いくよ　千葉県旭市-
幾世森　いくせもり　青森県五所川原市-
幾世橋　きよはし　福島県双葉郡浪江町-町

御

御三軒　ごさんげん
　ごさんげん-ちょう　京都府京都市上京区-町
御三壇　ごさんだん　福島県耶麻郡猪苗代町-
御子神　みこがみ　千葉県南房総市-
御山　おやま・みやま
　おやま　福島県福島市-
　おやま-ちょう　福島県福島市-町
　おやま-ちょう　新潟県長岡市-町
　みやま-ちょう　奈良県五條市-町
　みやま-ちょう　山口県周南市-町
御弓　おゆみ・おゆみの
　おゆみの-ちょう　鳥取県鳥取市-町
　おゆみの-ちょう　山口県周南市-町
御井　みい
　みい-まち　福岡県久留米市-町
御仁田　おにた　北海道白糠郡白糠町-
御内　みうち
　みうち-ちょう　愛知県豊田市-町
御内谷　みうちだに　鳥取県西伯郡南部町-町
御太刀　みたち　山梨県大月市-
御手水　おちょうず
　おちょうず-まち　長崎県島原市-町
　おちょうず-まち　長崎県諫早市-町
御手作　おてさく　山形県山形市-
御手洗　みたらい・みたらし
　みたらし　岐阜県岐阜市-
　みたらい　岐阜県美濃市-
　みたらい　福岡県糟屋郡志免町-
御手洗瀬　みたらせ　青森県上北郡野辺地町-
御手船場　おてせんば
　おてせんば-ちょう　島根県松江市-町
御方紺屋　みかたこんや
　みかたこんや-ちょう　京都府京都市下京区-町
御代　みだい　三重県伊賀市-
御代田　みよた
　みよた-まち　長野県北佐久郡-町
　みよた　長野県北佐久郡御代田町-
御代志　みよし　熊本県合志市-
御代原　みよばら　千葉県富津市-
御札免　おさつべ　北海道白糠郡白糠町-
御正新田　みしょうしんでん　埼玉県熊谷市-
御母衣　みぼろ　岐阜県大野郡白川村-
御玉　おだま　大分県豊後高田市-

299

12画（御）

御田　おんた・みた
　　おんた　福島県大沼郡会津美里町-
　　みた-まち　長野県諏訪郡下諏訪町-町
御田長島　みたながしま
　　みたながしま-ちょう　栃木県宇都宮市-町
御田屋　おたや
　　おたや-ちょう　岩手県花巻市-町
御立　みたち
　　みたち-ちょう　愛知県豊田市-町
御立東　みたちひがし　兵庫県姫路市-
御仮屋　おかりや
　　おかりや-ちょう　静岡県島田市-町
御吉野　みよしの　奈良県吉野郡黒滝村-
御名　ごみょう　福井県敦賀市-
御庄　みしょう
　　みしょう　千葉県南房総市-
　　みしょう　山口県岩国市-
御机　みつくえ　鳥取県日野郡江府町-
御池　みいけ
　　みいけ-ちょう　宮崎県都城市-町
御池大東　おいけだいとう
　　おいけだいとう-ちょう　京都府京都市中京区-町
御池台　みいけだい　大阪府堺市南区-
御池田　おいけだ　福島県河沼郡会津坂下町-
御舟　みふね
　　みふね-ちょう　大阪府藤井寺市-町
　　みふね-ちょう　宮崎県西都市-町
御舟入　おふないり
　　おふないり-ちょう　岡山県岡山市北区-町
御作　みつくり
　　みつくり-ちょう　愛知県豊田市-町
御囲地　おかち
　　おかち-まち　秋田県湯沢市-町
御坂　みさか　秋田県大館市-
御坂町国衙　みさかちょうこくが　山梨県笛吹市-
御坂町藤野木　みさかちょうとうのき　山梨県笛吹市-
御坊　ごぼう
　　ごぼう-ちょう　奈良県橿原市-町
　　ごぼう-し　和歌山県-市
　　ごぼう　和歌山県御坊市-
　　ごぼう-まち　香川県高松市-町
御坊山　ごぼうやま
　　ごぼうやま　富山県高岡市-
　　ごぼうやま-まち　石川県羽咋市-町
御坊畑　おんぼうばた　高知県幡多郡黒潮町-
御杖　みつえ
　　みつえ-むら　奈良県宇陀郡-村
御杉　おすぎ
　　おすぎ-ちょう　岐阜県岐阜市-町
御来屋　みくりや　鳥取県西伯郡大山町-
御供　おそなえ・おんとも
　　おそなえ　北海道厚岸郡厚岸町-
　　おんとも-ちょう　京都府京都市中京区-町
御供田　ごくでん
　　ごくでん-まち　石川県金沢市-町
　　ごくでん　大阪府大東市-
御供石　ごくいし
　　ごくいし-ちょう　京都府京都市下京区-町

御供所　ごくしょ・ごごしょ・ごぶしょ
　　ごくしょ-ちょう　愛知県稲沢市-町
　　ごごしょ　愛知県丹羽郡大口町-
　　ごぶしょ-ちょう　香川県丸亀市-町
　　ごぶしょ-ちょう　香川県坂出市-町
　　ごくしょ-まち　福岡県福岡市博多区-町
御免　ごめん
　　ごめん-まち　福島県田村郡三春町-町
御国通り　みくにどおり　奈良県御所市-
御国野町御着　みくにのちょうごちゃく　兵庫県姫
　　路市-
御宝　みたから
　　みたから-まち　愛媛県松山市-町
御岳　みたけ
　　みたけ　東京都青梅市-
　　みたけ-ちょう　山梨県甲府市-町
　　みたけ　愛知県愛知郡東郷町-
御幸　ごこう・みゆき
　　みゆき-ちょう　北海道茅部郡森町-町
　　みゆき-ちょう　青森県弘前市-
　　みゆき-ちょう　栃木県宇都宮市-町
　　ごこう-まち　栃木県日光市-町
　　みゆき-ちょう　埼玉県所沢市-町
　　みゆき-ちょう　東京都小平市-町
　　みゆき-ちょう　新潟県新発田市-町
　　みゆき　福井県福井市-
　　みゆき-ちょう　福井県鯖江市-町
　　みゆき-ちょう　福井県越前市-町
　　みゆき-ちょう　長野県小諸市-町
　　みゆき-まち　岐阜県多治見市-町
　　みゆき-ちょう　岐阜県土岐市-町
　　みゆき-ちょう　静岡県静岡市葵区-町
　　みゆき-ちょう　静岡県沼津市-町
　　みゆき-ちょう　静岡県富士市-町
　　みゆき-まち　愛知県半田市-町
　　みゆき-ちょう　愛知県春日井市-町
　　みゆき-ちょう　愛知県刈谷市-町
　　みゆき-ちょう　愛知県豊田市-町
　　みゆき-ちょう　愛知県蒲郡市-町
　　みゆき-ちょう　三重県亀山市-町
　　みゆき-ちょう　滋賀県大津市-町
　　みゆき-ちょう　大阪府大阪市都島区-町
　　みゆき-ちょう　大阪府東大阪市-町
　　みゆき-ちょう　岡山県岡山市中区-町
　　みゆき-ちょう　広島県大竹市-町
　　みゆき　愛媛県松山市-
　　みゆき-まち　愛媛県宇和島市-町
　　みゆき　大分県別府市-
御幸町　みゆき　大分県大分市-
御所　ごしょ・ごせ
　　ごしょ　埼玉県比企郡吉見町-
　　ごしょ-まち　石川県金沢市-町
　　ごしょ　長野県上田市-
　　ごせ-し　奈良県-市
　　ごせ　和歌山県伊都郡かつらぎ町-
　　ごしょ　熊本県上益城郡山都町-
御所八幡　ごしょはちまん
　　ごしょはちまん-ちょう　京都府京都市上京区-町
　　ごしょはちまん-ちょう　京都府京都市中京区-町
御所垣内　ごしょがいち
　　ごしょがいち-ちょう　福井県福井市-町

12画（御）

御明神　おみょうじん　岩手県岩手郡雫石町-
御波　みなみ　島根県隠岐郡海士町-
御油　ごゆ
　　ごゆ-ちょう　福井県福井市-町
　　ごゆ-ちょう　愛知県豊川市-町
御牧　みまき　北海道上川郡美瑛町-
御牧ケ原　みまきがはら　長野県小諸市-
御牧原　みまきはら　長野県東御市-
御門　ごもん・みかど
　　ごもん　秋田県由利本荘市-
　　みかど　千葉県東金市-
　　みかど　石川県河北郡津幡町-
　　みかど-ちょう　岐阜県美濃加茂市-町
　　みかど　静岡県伊豆の国市-
　　みかど-ちょう　奈良県御所市-町
　　みかど-ちょう　広島県福山市-町
御門台　みかどだい　静岡県静岡市清水区-
御前　おんざき
　　おんざき-ちょう　岡山県高梁市-町
御前山　ごぜんやま
　　ごぜんやま　茨城県東茨城郡城里町-
　　ごぜんやま　新潟県糸魚川市-
御前水　ごぜんすい
　　ごぜんすい-ちょう　北海道室蘭市-町
御前南　ごぜんみなみ　福島県郡山市-
御前浜　おんまえはま　宮城県牡鹿郡女川町-
御前崎　おまえざき
　　おまえざき-し　静岡県-市
　　おまえざき　静岡県御前崎市-
御前場　ごぜんば
　　ごぜんば-ちょう　愛知県名古屋市天白区-町
御前橋　おまえばし　埼玉県蓮田市-
御室双岡　おむろならびがおか
　　おむろならびがおか-ちょう　京都府京都市右京区-町
御津宇甘　みつうかい　岡山県岡山市北区-
御津町下佐脇是願　みとちょうしもさわきぜがん　愛知県豊川市-
御津町上佐脇河原田　みとちょうかみさわきかわはらだ　愛知県豊川市-
御津町大草分莚　みとちょうおおくさふんむしろ　愛知県豊川市-
御津町大草神田　みとちょうおおくさじんでん　愛知県豊川市-
御津町大草神場　みとちょうおおくさかんば　愛知県豊川市-
御津町広石小城前　みとちょうひろいしこじろまえ　愛知県豊川市-
御津町広石枋ケ坪　みとちょうひろいしとちがつぼ　愛知県豊川市-
御津町広石神子田　みとちょうひろいしみこでん　愛知県豊川市-
御津町広石祓田　みとちょうひろいしはらいでん　愛知県豊川市-
御津町広石蛇塚　みとちょうひろいしくちなわづか　愛知県豊川市-
御津町西方長田　みとちょうにしがたちょうだ　愛知県豊川市-
御津町西方樋田　みとちょうにしがたといだ　愛知県豊川市-
御津町苅屋　みつちょうかりや　兵庫県たつの市-

御津町赤根百々　みとちょうあかねどうどう　愛知県豊川市-
御津町赤根角田　みとちょうあかねかくだ　愛知県豊川市-
御津町赤根柑子　みとちょうあかねこうじ　愛知県豊川市-
御津町赤根神場　みとちょうあかねかんば　愛知県豊川市-
御津町泙野　みとちょうなぎの　愛知県豊川市-
御津町金野足見　みとちょうかねのたるみ　愛知県豊川市-
御津町金野長谷沢　みとちょうかねのはせざわ　愛知県豊川市-
御津町朝臣　みつちょうあさとみ　兵庫県たつの市-
御津町豊沢小山　みとちょうとよさわこやま　愛知県豊川市-
御津町豊沢川原　みとちょうとよさわかわはら　愛知県豊川市-
御津河内　みつこうち　岡山県岡山市北区-
御津草生　みつくそう　岡山県岡山市北区-
御津紙工　みつしとり　岡山県岡山市北区-
御津鹿瀬　みつかせ　岡山県岡山市北区-
御神楽　みかぐら
　　みかぐら-ちょう　栃木県佐野市-町
御荘平城　みしょうひらじょう　愛媛県南宇和郡愛南町-
御荘深泥　みしょうみどろ　愛媛県南宇和郡愛南町-
御香宮門前　ごこうぐうもんぜん
　　ごこうぐうもんぜん-ちょう　京都府京都市伏見区-町
御倉　おくら・おぐら・みくら
　　おぐら-ちょう　福島県福島市-町
　　おくら-ちょう　長野県岡谷市-町
　　みくら-ちょう　滋賀県草津市-町
　　くら-ちょう　京都府京都市中京区-町
　　おくら-ちょう　鹿児島県いちき串木野市-町
御姫　おひめ
　　おひめ-ちょう　山口県周南市-町
御宮　おみや
　　おみや-まち　石川県小松市-町
御射山　みさやま
　　みさやま-ちょう　京都府京都市中京区-町
御島崎　みしまざき　福岡県福岡市東区-
御座入　みざのり　群馬県利根郡片品村-
御徒　おかち
　　おかち-まち　愛媛県宇和島市-町
御料　ごりょう
　　ごりょう　北海道増毛郡増毛町-
　　ごりょう　千葉県富里市-
御旅　おたび
　　おたび-ちょう　京都府京都市下京区-町
御旅屋　おたや
　　おたや-まち　富山県高岡市-町
御浜　みはま
　　みはま-ちょう　三重県南牟婁郡-町
御浪　おなみ
　　おなみ-ちょう　岐阜県岐阜市-町
御祓　みそぎ
　　みそぎ-ちょう　石川県七尾市-町
御莨　おたばこ
　　おたばこ-ちょう　愛知県名古屋市瑞穂区-町

301

12画（御）

御馬出　おんまだし
おんまだし-まち　富山県高岡市-町
御馬寄　みまよせ　長野県佐久市-
御宿　おんじゅく・みしゅく
おんじゅく-まち　千葉県夷隅郡-町
みしゅく　静岡県裾野市-
御宿台　おんじゅくだい　千葉県夷隅郡御宿町-
御崎　おんざき・みさき
みさき-ちょう　北海道函館市-町
みさき-ちょう　北海道室蘭市-町
みさき　北海道岩内郡岩内町-
みさき-ちょう　北海道古平郡古平町-町
みさき　大阪府大阪市住之江区-
みさき-ちょう　兵庫県神戸市兵庫区-町
みさき　兵庫県赤穂市-
みさき　鳥取県西伯郡大山町-
おんざき　岡山県玉野市-
御望　ごも　岐阜県岐阜市-
御清水　おしみず　福島県喜多方市-
御祭　おまつり
おまつり　福島県田村郡三春町-
おまつり　山梨県北都留郡丹波山村-
御祭田　ごさいでん　岐阜県不破郡関ケ原町-
御経野　ごきょうの
ごきょうの-ちょう　奈良県天理市-町
御経塚　おきょうづか　石川県野々市市-
御船　みふね
みふね-ちょう　愛知県豊田市-町
みふね-ちょう　広島県福山市-町
みふね-ちょう　長崎県佐世保市-町
みふね-まち　熊本県上益城郡-町
みふね　熊本県上益城郡御船町-
御船蔵　おふなぐら
おふなぐら-まち　長崎県長崎市-町
御許　おもと
おもと-まち　山口県萩市-町
御野場　おのば　秋田県秋田市-
御陵　ごりょう
ごりょう-ちょう　滋賀県大津市-町
御陵下　ごりょうした
ごりょうした-ちょう　鹿児島県薩摩川内市-町
御陵大枝山　ごりょうおおえやま
ごりょうおおえやま-ちょう　京都府京都市西京区-町
御陵岡　みささぎおか
みささぎおか-ちょう　京都府京都市山科区-町
御陵鴨戸　みささぎかもと
みささぎかもと-ちょう　京都府京都市山科区-町
御陵鴫谷　ごりょうしぎたに　京都府京都市西京区-
御麻生薗　みおぞの
みおぞの-ちょう　三重県松阪市-町
御厩　みまや
みまや-ちょう　香川県高松市-町
御厩野　みまやの　岐阜県下呂市-
御厨　みくりや　大阪府東大阪市-
御厨町木場免　みくりやちょうこばめん　長崎県松浦市-
御厨町田原免　みくりやちょうたばるめん　長崎県松浦市-
御厨町郭公尾免　みくりやちょうこっこうのおめん
長崎県松浦市-

御棚　おたな
おたな-ちょう　愛知県名古屋市千種区-町
御棟　おむなぎ　三重県多気郡大台町-
御畳瀬　みませ　高知県高知市-
御給　ごきゅう
ごきゅう　福井県大野市-
ごきゅう-ちょう　静岡県浜松市南区-町
御嵩　みたけ
みたけ-ちょう　岐阜県可児郡-町
みたけ　岐阜県可児郡御嵩町-
御稜威ケ原　みいずがはら　埼玉県熊谷市-
御徳　ごとく　福岡県鞍手郡小竹町-
御旗　おはた
おはた-まち　福島県会津若松市-町
御熊　みくま　鳥取県鳥取市-
御領　ごりょう
ごりょう　茨城県桜川市-
ごりょう　福井県大野市-
ごりょう　大阪府大東市-
ごりょう　熊本県熊本市東区-
御器所　ごきそ
ごきそ　愛知県名古屋市昭和区-
ごきそ-ちょう　愛知県名古屋市昭和区-町
御幣島　みてじま　大阪府大阪市西淀川区-
御廟　ごびょう　山形県米沢市-
御影郡家　みかげぐんげ　兵庫県神戸市東灘区-
御影堂　ごえどう・みえいどう
ごえどう-まち　石川県白山市-町
みえいどう-ちょう　京都府京都市下京区-町
御影堂前　みかげどうまえ
みかげどうまえ-ちょう　京都府京都市下京区-町
御蔵　おくら・みくら
おくら-まち　栃木県宇都宮市-町
みくら　埼玉県さいたま市見沼区-
みくら-ちょう　愛知県豊田市-町
おくら-ちょう　愛媛県新居浜市-町
御蔵芝　みくらしば　千葉県茂原市-
御蔵南　おくらみなみ　福島県大沼郡会津美里町-
御蔵島　みくらじま
みくらじま-むら　東京都-村
御蔵通　みくらどおり　兵庫県神戸市長田区-
御請　おうけ　静岡県島田市-
御調町白太　みつぎちょうはかた　広島県尾道市-
御霊　ごりょう
ごりょう-ちょう　京都府京都市上京区-町
ごりょう-ちょう　兵庫県神戸市垂水区-町
御剱　みつるぎ
みつるぎ-ちょう　愛知県名古屋市瑞穂区-町
御膳洞　ごぜんぼら　愛知県名古屋市守山区-
御舘　おたち　石川県羽咋郡宝達志水町-
御薗町高向　みそのちょうたかぶく　三重県伊勢市-
御館　おたち・みたち
おたち-ちょう　石川県小松市-町
みたち　滋賀県長浜市-
御嶽堂　みたけどう　長野県上田市-
御簾尾　みすのお　福井県あわら市-
御願塚　ごがづか　兵庫県伊丹市-

12画（惣,悲,掫,提,揖,敬,散,敦,斑,斐,景,晴,智,晩,最,勝）

惣

惣社　そうざ・そうしゃ・そうじゃ
　そうじゃ-まち　栃木県栃木市-町
　そうじゃ　千葉市市原市-
　そうざ　長野県松本市-
　そうしゃ　大阪府藤井寺市-
　そうしゃ-ちょう　山口県防府市-町
　そうしゃ　福岡県京都郡みやこ町-
惣開　そうびらき
　そうびらき-ちょう　愛媛県新居浜市-町

悲

悲田院　ひでんいん
　ひでんいん-ちょう　大阪府大阪市天王寺区-町

掫

掫山　くしやま　山口県山陽小野田市-

提

提　ひさげ　福岡県京都郡苅田町-
提興屋　ひさげこうや　山形県東田川郡庄内町-

揖

揖西町土師　いっさいちょうはぜ　兵庫県たつの市-
揖西町中垣内　いっさいちょうなかがいち　兵庫県たつの市-
揖西町竹万　いっさいちょうちくま　兵庫県たつの市-
揖保川町神戸北山　いぼがわちょうかんべきたやま　兵庫県たつの市-
揖保川町馬場　いぼがわちょううまば　兵庫県たつの市-
揖保川町養久　いぼがわちょうやく　兵庫県たつの市-
揖保町中臣　いぼちょうなかじん　兵庫県たつの市-
揖保町萩原　いぼちょうはいばら　兵庫県たつの市-

敬

敬川　うやがわ
　うやがわ-ちょう　島根県江津市-町

散

散布　ちりっぷ
　ちりっぷ-むら　北海道厚岸郡浜中町-村
散田　さんた・さんだ・さんでん
　さんた　岩手県一関市-
　さんだ-まち　東京都八王子市-町
　さんでん　石川県羽咋郡宝達志水町-

敦

敦盛　あつもり　愛媛県南宇和郡愛南町-
敦賀　つるが
　つるが　新潟県新発田市-
　つるが-し　福井県-市

斑

斑尾高原　まだらおこうげん　長野県飯山市-
斑鳩　いかるが
　いかるが-ちょう　奈良県生駒郡-町

斐

斐川町三絡　ひかわちょうみつがね　島根県出雲市-
斐川町中洲　ひかわちょうなかのす　島根県出雲市-
斐川町沖洲　ひかわちょうおきのす　島根県出雲市-
斐川町求院　ひかわちょうぐい　島根県出雲市-
斐川町併川　ひかわちょうあいかわ　島根県出雲市-
斐川町阿宮　ひかわちょうあぐ　島根県出雲市-
斐川町神氷　ひかわちょうかんび　島根県出雲市-
斐川町神庭　ひかわちょうかんば　島根県出雲市-
斐川町富　ひかわちょうとび
　ひかわちょうとび-むら　島根県出雲市-村

景

景勝　かげかつ・けいしょう
　かげかつ-ちょう　京都府京都市伏見区-町
　けいしょう-まち　福岡県北九州市八幡東区-町

晴

晴山　はれやま
　はれやま　岩手県岩手郡雫石町-
　はれやま　岩手県九戸郡軽米町-
晴山沢　はれやまさわ　青森県三戸郡階上町-
晴門田　はれもんだ　福島県郡山市-

智

智里　ちさと　長野県下伊那郡阿智村-
智恵文　ちえぶん　北海道名寄市-
智積　ちしゃく
　ちしゃく-ちょう　三重県四日市市-町
智頭　ちず・ちづ
　ちづ-ちょう　鳥取県八頭郡-町
　ちず　鳥取県八頭郡智頭町-

晩

晩生内　おそきないだい　北海道樺戸郡浦臼町-
晩稲　おくて・おしね
　おしね　和歌山県日高郡みなべ町-
　おくて　鳥取県鳥取市-

最

最上　もがみ
　もがみ　北海道小樽市-
　もがみ　北海道網走郡津別町-
　もがみ-ぐん　山形県-郡
　もがみ-まち　山形県最上郡-町
　もがみ　千葉県佐倉市-町
　もがみ-ちょう　京都府京都市中京区-町
最知川原　さいちかわら　宮城県気仙沼市-
最栄利別　もえりべつ　北海道川上郡弟子屈町-
最勝講　さいすこ　石川県鹿島郡中能登町-

勝

勝入塚　しょうにゅうづか　愛知県長久手市-
勝下　かつおり　茨城県鉾田市-
勝大　かつおお　福島県河沼郡会津坂下町-
勝山宮原　かつやまみやばる　福岡県京都郡みやこ町-
勝山浦河内　かつやまうらがわち　福岡県京都郡みやこ町-
勝山箕田　かつやまみだ　福岡県京都郡みやこ町-
勝川　かちがわ
　かちがわ-ちょう　愛知県春日井市-町
勝木　がつぎ　新潟県村上市-
勝木原　のでわら　富山県高岡市-

12画（朝, 検, 植, 森）

勝央 しょうおう
  しょうおう-ちょう　岡山県勝田郡-町
勝本町湯本浦　かつもとちょうゆのもとうら　長崎県
壱岐市-
勝田　かちだ・かった・かつた・かんだ
  かった　青森県青森市-
  かちだ　埼玉県比企郡嵐山町-
  かつた　千葉県八千代市-
  かちだ-ちょう　神奈川県横浜市都筑区-町
  かつた　静岡県牧之原市-
  かつた　三重県度会郡玉城町-
  かんだ-まち　鳥取県米子市-町
  かつた　鳥取県東伯郡琴浦町-
  かつた-ぐん　岡山県-郡
勝目　かじめ・かちめ
  かじめ　奈良県大和高田市-
  かちめ-ちょう　鹿児島県薩摩川内市-町
勝地　かちじ　三重県伊賀市-
勝呂　すぐろ　埼玉県比企郡小川町-
勝谷　かちや・しょうや
  かちや　和歌山県海草郡紀美野町-
  しょうや　山口県下関市-
勝南院　しょうなみ
  しょうなみ-ちょう　奈良県奈良市-町
勝神　かすかみ　和歌山県紀の川市-
勝浦　かちうら・かつうら
  かつうら-し　千葉県-市
  かつうら　千葉県勝浦市-
  かつうら　和歌山県東牟婁郡那智勝浦町-
  かつうら-ぐん　徳島県-郡
  かつうら-ちょう　徳島県勝浦郡-町
  かつうら　香川県仲多度郡まんのう町-
  かつうら　福岡県福津市-
  かちうら　鹿児島県大島郡瀬戸内町-
勝納　かつない
  かつない-ちょう　北海道小樽市-町
勝能　かちゆき　鹿児島県大島郡瀬戸内町-
勝連平安名　かつれんへんな　沖縄県うるま市-
勝連平敷屋　かつれんへしきや　沖縄県うるま市-
勝連南風原　かつれんはえばる　沖縄県うるま市-
勝連津堅　かつれんつけん　沖縄県うるま市-
勝堂　しょうどう
  しょうどう-ちょう　滋賀県東近江市-町
勝常　しょうじょう　福島県河沼郡湯川村-
勝善川原　しょうぜんかわら　岩手県八幡平市-
勝賀野　しょうがの　高知県高岡郡四万十町-
勝賀瀬　しょうがせ　高知県吾川郡いの町-
勝瑞　しょうずい　徳島県板野郡藍住町-
勝蓮花　しょうれんげ
  しょうれんげ-ちょう　福井県越前市-町
勝幡　しょばた
  しょばた-ちょう　愛知県愛西市-町
勝蔵　しょうぞう　新潟県岩船郡関川村-

朝

朝日丘　あさひおか・あさひがおか
  あさひおか　北海道様似郡様似町-
  あさひがおか　富山県氷見市-
  あさひがおか-ちょう　大阪府枚方市-町
朝日町甲　あさひちょうかぶと　岐阜県高山市-

朝日町黍生谷　あさひちょうきびゅうだに　岐阜県高
山市-
朝日曽雌　あさひそし　山梨県都留市-
朝生　あそう　徳島県那賀郡那賀町-
朝生田　あそだ
  あそだ-まち　愛媛県松山市-町
朝生原　あそうばら　千葉県市原市-
朝来　あさご・あっそ
  あさご-し　兵庫県-市
  あっそ　和歌山県西牟婁郡上富田町-
朝来中　あせくなか　京都府舞鶴市-
朝里　あさり　北海道小樽市-
朝府　あざぶ
  あざぶ-ちょう　愛知県稲沢市-町
朝明　あさけ
  あさけ-ちょう　三重県四日市市-町
朝長　あさおさ　三重県多気郡多気町-
朝屋　ちょうや　三重県伊賀市-
朝酌　あさくみ
  あさくみ-ちょう　島根県松江市-町
朝捲　あさまくり　新潟県新潟市南区-
朝陽　ちょうよう　北海道河東郡士幌町-
朝熊　あさま
  あさま-ちょう　三重県伊勢市-町

検

検見川　けみがわ
  けみがわ-ちょう　千葉県千葉市花見川区-町
検見坂　けんみざか　福井県小浜市-
検儀谷　けぎや　千葉県南房総市-

植

植木町一木　うえきまちひとつぎ　熊本県熊本市北区-
植木町平原　うえきまちひらばる　熊本県熊本市北区-
植木町正清　うえきまちしょうせい　熊本県熊本市
北区-
植木町有泉　うえきまちありずみ　熊本県熊本市北区-
植木町色出　うえきまちしきで　熊本県熊本市北区-
植木町投刀塚　うえきまちなたつか　熊本県熊本市
北区-
植木町味取　うえきまちみとり　熊本県熊本市北区-
植木町宮原　うえきまちみやばる　熊本県熊本市北区-
植木町亀甲　うえきまちかめこう　熊本県熊本市北区-
植木町清水　うえきまちきよみず　熊本県熊本市北区-
植木町滴水　うえきまちたるみず　熊本県熊本市北区-
植木町舞尾　うえきまちもうの　熊本県熊本市北区-
植木町鐙田　うえきまちあぶみだ　熊本県熊本市北区-
植田谷本　うえたやほん　埼玉県さいたま市西区-
植柳上　うやなぎかみ
  うやなぎかみ-まち　熊本県八代市-町

森

森上　もりあげ・もりがみ
  もりあげ　新潟県長岡市-
  もりがみ　大阪府豊能郡能勢町-
森小手穂　もりおてぼ　和歌山県和歌山市-
森小路　もりしょうじ　大阪府大阪市旭区-
森山町唐比東　もりやまちょうからこひがし　長崎県
諫早市-

12画（椙,棚,椎,椋,楢,桎,楲,稔,椚,椣,温,湖）

森川原　もりかわら
　もりかわら-ちょう　滋賀県守山市-町
森本　もりほん・もりもと
　もりもと　石川県羽咋郡宝達志水町-
　もりもと　福井県大野市-
　もりもと　静岡県磐田市-
　もりもと　愛知県一宮市-
　もりほん-まち　京都府舞鶴市-町
　もりもと-ちょう　京都府向日市-町
　もりもと　兵庫県伊丹市-
　もりもと-ちょう　奈良県天理市-町
森町中　しんまちなか　大阪府箕面市-
森河内東　もりかわちひがし　大阪府東大阪市-
森垣　もりがい　京都府福知山市-

椙

椙谷　すいだに
　すいだに-ちょう　福井県福井市-町

棚

棚原　たなばる　沖縄県中頭郡西原町-
棚鱗　たなひれ　新潟県三条市-

椎

椎木　しいぎ・しいのき・しぎ
　しいのき　福島県相馬市-
　しぎ-ちょう　奈良県大和郡山市-町
　しいぎ-ちょう　山口県周南市-町
　しいのき　福島県嘉麻市-
　しいのき-ちょう　長崎県佐世保市-町
　しいのき　宮崎県児湯郡木城町-
椎谷　しいや・しゅうがい
　しゅうがい　栃木県芳賀郡市貝町-
　しいや　新潟県柏崎市-
椎倉　しぐら　岐阜県山県市-
椎原　しいば・しいばら
　しいばら　静岡県下田市-
　しいば　福岡県福岡市早良区-
椎堂　しどう　兵庫県尼崎市-

椋

椋木　むくのき　和歌山県海南市-
椋波　もくなみ　鳥取県倉吉市-

楢

楢原　ゆずりはら　山梨県上野原市-

桎

桎木通　ごうらきどおり　宮城県仙台市若林区-

楲

楲辻東潰　なぎつじひがしつぶし　京都府京都市山
科区-

稔

稔小野　うつぎおの　山口県宇部市-

椚

椚　くぬぎ
　くぬぎ　埼玉県春日部市-
　くぬぎ　福井県あわら市-

椚山　くぬぎやま　富山県下新川郡入善町-
椚木　くぬぎ　茨城県取手市-
椚平　くぬぎだいら　埼玉県比企郡ときがわ町-
椚田　くぬぎだ
　くぬぎだ-まち　東京都八王子市-町
椚林　くぬぎばやし　宮城県伊具郡丸森町-
椚塚　くぬぎづか
　くぬぎづか　宮城県伊具郡丸森町-
　くぬぎづか　山形県南陽市-

椣

椣原　しではら　奈良県生駒郡平群町-

温

温井　ぬくい
　ぬくい-まち　石川県七尾市-町
　ぬくい　岐阜県本巣市-
温水　ぬるみず　神奈川県厚木市-
温出　ぬくいで　新潟県村上市-
温田　おんだ　山口県周南市-
温江　あつえ　京都府与謝郡与謝野町-
温見　ぬくみ　山口県下松市-
温品　ぬくしな
　ぬくしな　広島県広島市東区-
　ぬくしな-ちょう　広島県広島市東区-町
温海　あつみ　山形県鶴岡市-
温泉津町飯原　ゆのつちょうはんばら　島根県大田市-
温根元　おんねもと　北海道根室市-
温根沼　おんねとう　北海道根室市-
温湯　ぬるゆ　青森県黒石市-

湖

湖北町五坪　こほくちょうごのつぼ　滋賀県長浜市-
湖北町尾上　こほくちょうおのえ　滋賀県長浜市-
湖北町津里　こほくちょうつのさと　滋賀県長浜市-
湖北町留目　こほくちょうとどめ　滋賀県長浜市-
湖北町馬渡　こほくちょうもうたり　滋賀県長浜市-
湖北東尾上　こほくひがしおのえ
　こほくひがしおのえ-ちょう　滋賀県長浜市-町
湖光　こうこう　富山県氷見市-
湖西　こさい・こせい
　こせい　石川県河北郡内灘町-
　こさい-し　静岡県-市
　こせい-まち　愛知県碧南市-町
湖東　ことう・こひがし
　ことう　石川県河北郡津幡町-
　こひがし　長野県茅野市-
　ことう-ちょう　静岡県浜松市西区-町
　ことう　熊本県熊本市中央区-
　ことう　熊本県熊本市東区-
湖南　こなみ・こなん
　こなみ　北海道根室市-
　こなん　新潟県新潟市中央区-
　こなん　新潟県新発田市-
　こなん-まち　石川県金沢市-町
　こなみ　長野県諏訪市-
　こなん-し　滋賀県-市
　こなん-まち　長崎県島原市-町
湖南町三代　こなんまちみよ　福島県郡山市-

12画（渡, 湯）

渡

渡　ど・わたし・わたり
　わたり-ちょう　福井県福井市-町
　ど　静岡県静岡市葵区-
　わたり-ちょう　愛知県岡崎市-町
　わたり-ちょう　鳥取県境港市-町
　わたり　福岡県福津市-
　わたし-まち　熊本県八代市-町
　わたり　熊本県球磨郡球磨村-
渡口　とぐち　沖縄県中頭郡北中城村-
渡内　わたうち　神奈川県藤沢市-
渡刈　とがり
　とがり-ちょう　愛知県豊田市-町
渡戸　わたど
　わたど　宮城県気仙沼市-
　わたど　埼玉県富士見市-
渡合　どあい
　どあい-ちょう　愛知県豊田市-町
渡利　わたり　福島県福島市-
渡沢　わたざわ
　わたざわ-まち　新潟県長岡市-町
渡里　わたり
　わたり-ちょう　茨城県水戸市-町
　わたり-まち　新潟県長岡市-町
渡波　わたのは
　わたのは　宮城県石巻市-
　わたのは-ちょう　宮城県石巻市-町
渡前　わたまえ・わたりまえ
　わたまえ　山形県鶴岡市-
　わたりまえ　新潟県三条市-
渡津　わたづ
　わたづ-まち　石川県白山市-町
　わたづ-ちょう　島根県江津市-町
渡原　どのはら　富山県南砺市-
渡島　としま
　としま-ちょう　北海道寿都郡寿都町-町
渡通津　わつづ
　わつづ-ちょう　愛知県岡崎市-町
渡連　どれん　鹿児島県大島郡瀬戸内町-
渡鹿　とろく
　とろく　熊本県熊本市中央区-
　とろく　熊本県熊本市東区-
渡散布　わたりちりっぷ　北海道厚岸郡浜中町-
渡橋　わたりはし
　わたりはし-ちょう　島根県出雲市-町
渡橋名　とはしな　沖縄県豊見城市-
渡瀬　わたせ・わたらせ・わたるせ
　わたらせ　福島県東白川郡鮫川村-
　わたせ　埼玉県児玉郡神川町-
　わたせ-ちょう　静岡県浜松市南区-町
　わたせ　大分県竹田市-

湯

湯ノ岱　ゆのたい　北海道檜山郡上ノ国町-
湯上　ゆのえ・ゆのかみ
　ゆのえ　富山県魚津市-
　ゆのかみ-まち　石川県小松市-町
湯上野　ゆうわの　富山県中新川郡上市町-

湯川　ゆかわ・ゆがわ・ゆのかわ
　ゆのかわ-ちょう　北海道函館市-町
　ゆがわ　岩手県和賀郡西和賀町-
　ゆがわ-まち　福島県会津若松市-町
　ゆかわ-ちょう　福島県二本松市-町
　ゆがわ-むら　福島県河沼郡-村
　ゆがわ　新潟県南蒲原郡田上町-
　ゆがわ-まち　石川県七尾市-町
　ゆかわ　静岡県伊東市-
　ゆかわ　静岡県駿東郡清水町-
　ゆかわ　和歌山県伊都郡高野町-
　ゆかわ　和歌山県東牟婁郡那智勝浦町-
　ゆかわ　福岡県北九州市小倉南区-
湯川町財部　ゆかわちょうたから　和歌山県御坊市-
湯元　ゆのもと・ゆもと
　ゆもと　栃木県日光市-
　ゆのもと-ちょう　兵庫県西宮市-町
湯日　ゆい　静岡県島田市-
湯布院町湯平　ゆふいんちょうゆのひら　大分県由
　布市-
湯次　ゆすき
　ゆすき-ちょう　滋賀県長浜市-町
湯尾　ゆのお　福井県南条郡南越前町-
湯岐　ゆじまた　福島県東白川郡塙町-
湯来町葛原　ゆきちょうつづらはら　広島県広島市佐
　伯区-
湯谷　ゆたに・ゆだに・ゆのたに・ゆや
　ゆや　新潟県南魚沼市-
　ゆだに　富山県南砺市-
　ゆのたに-まち　石川県能美市-町
　ゆや-ちょう　福井県越前市-町
　ゆたに　福井県大飯郡高浜町-
　ゆたに　鳥取県東伯郡三朝町-
　ゆだに　島根県邑智郡川本町-
湯谷市塚　ゆたにいちづか
　ゆたにいちづか-ちょう　奈良県五條市-町
湯谷原　ゆやがはら
　ゆやがはら-まち　石川県金沢市-町
湯里　ゆざと・ゆのさと
　ゆざと　北海道磯谷郡蘭越町-
　ゆざと　大阪府大阪市東住吉区-
湯岡　ゆのおか　福井県小浜市-
湯抱　ゆがかい　島根県邑智郡美郷町-
湯迫　ゆば　岡山県岡山市中区-
湯前　ゆのまえ
　ゆのまえ-まち　熊本県球磨郡-町
湯屋　ゆのや・ゆや
　ゆのや-まち　石川県能美市-町
　ゆや-ちょう　滋賀県東近江市-町
　ゆや　大分県中津市-
湯神子　ゆのみこ　富山県中新川郡上市町-
湯神子野　ゆのみこの　富山県中新川郡上市町-
湯原　ゆのはら・ゆばら・ゆばら・ゆばる・ゆわら
　ゆのはら　宮城県刈田郡七ケ宿町-
　ゆばら　群馬県利根郡みなかみ町-
　ゆばら　長野県佐久市-
　ゆわら　鳥取県八頭郡若桜町-
　ゆばる　福岡県宮若市-
湯宮　ゆぐう　栃木県那須塩原市-

12画（満, 湧, 焼, 然, 無, 犀, 猩, 琴, 番, 畩, 登, 短）

湯浦　ゆのうら
　　ゆのうら　熊本県阿蘇市-
　　ゆのうら　熊本県葦北郡芦北町-
湯浜　ゆのはま
　　ゆのはま-ちょう　北海道函館市-町
　　ゆのはま　北海道奥尻郡奥尻町-
湯涌　ゆわく
　　ゆわく-まち　石川県金沢市-町
湯涌河内　ゆわくかわち
　　ゆわくかわち-まち　石川県金沢市-町
湯梨浜　ゆりはま
　　ゆりはま-ちょう　鳥取県東伯郡-町
湯郷　ゆのごう　岡山県美作市-
湯郷渡　ゆごうと　福島県石川郡石川-
湯温海　ゆあつみ　山形県鶴岡市-

満

満久　まく
　　まく-ちょう　兵庫県加西市-町
満仁　まに
　　まに-まち　石川県七尾市-町
満水　たまり　静岡県掛川市-
満田　まんだ　奈良県磯城郡田原本町-
満全　まんぜん
　　まんぜん-ちょう　愛知県西尾市-町
満池谷　まんちだに
　　まんちだに-ちょう　兵庫県西宮市-町
満寿美　ますみ
　　ますみ-ちょう　大阪府池田市-町
満屋　みつや　和歌山県和歌山市-
満美穴　まみあな
　　まみあな-まち　栃木県宇都宮市-町
満倉　みちくら　愛媛県南宇和郡愛南町-
満穂　みつほ
　　みつほ　徳島県板野郡松茂町-
　　みつほ　愛媛県伊予郡砥部町-
満澤　みつさわ　山形県最上郡最上-町

湧

湧水　ゆうすい
　　ゆうすい-ちょう　鹿児島県姶良郡-町
湧洞　ゆうどう　北海道中川郡豊頃村-

焼

焼山　やきやま・やけやま
　　やけやま　北海道砂川市-
　　やけやま　山形県西置賜郡小国町-
　　やきやま　愛知県名古屋市天白区-
　　やけやま　広島県呉市-
　　やけやま-ちょう　広島県呉市-町
焼山政畝　やけやままさうね　広島県呉市-
焼米　やいごめ　熊本県玉名郡和水町-
焼津　やいづ
　　やいづ-し　静岡県-市
　　やいづ　静岡県焼津市-

然

然別　しかりべつ
　　しかりべつ　北海道余市郡仁木町-
　　しかりべつ　北海道河東郡音更村-

無

無代寺　ぶだいじ
　　ぶだいじ-ちょう　長崎県平戸市-町
無田　むた　熊本県阿蘇市-
無音　よばらず　山形県鶴岡市-
無悪　さかなし　福井県三方上中郡若狭町-
無鹿　むしか
　　むしか-まち　宮崎県延岡市-町

犀

犀川山鹿　さいがわやまが　福岡県京都郡みやこ町-
犀川末江　さいがわすえ　福岡県京都郡みやこ町-
犀川鐙畑　さいがわあぶみはた　福岡県京都郡みや
　　こ町-

猩

猩々　しょうじょう
　　しょうじょう-ちょう　京都府京都市中京区-町

琴

琴海形上　きんかいかたがみ
　　きんかいかたがみ-まち　長崎県長崎市-町

番

番田　ばんだ・ばんでん
　　ばんでん　山形県鶴岡市-
　　ばんでん　新潟県加茂市-
　　ばんだ-まち　石川県白山市-町
　　ばんでん　福井県あわら市-
　　ばんだ　大阪府高槻市-
　　ばんだ　岡山県玉野市-
　　ばんだ-まち　福岡県田川市-町
番堂野　ばんどの　福井県あわら市-

畩

畩　はり
　　はり-ちょう　徳島県阿南市-町

登

登戸　のぶと・のぼりと
　　のぼりと　埼玉県鴻巣市-
　　のぼりと-ちょう　埼玉県越谷市-町
　　のぶと　千葉県千葉市中央区-
　　のぶと　千葉県匝瑳市-
　　のぼりと　神奈川県川崎市多摩区-
登米　とめ
　　とめ-し　宮城県-市
登米町日野渡　とよままちひのと　宮城県登米市-
登呂　とろ　静岡県静岡市駿河区-
登栄　といえ　北海道網走郡美幌町-
登栄床　とえとこ　北海道紋別郡湧別町-
登野城　とのしろ　沖縄県石垣市-
登喜岱　ときたい　北海道厚岸郡厚岸町-

短

短野　みじかの
　　みじかの　三重県名張市-
　　みじかの　和歌山県伊都郡かつらぎ町-

12画（筋, 策, 筑, 筒, 筈, 筏, 筆, 粟, 粭, 絵, 結, 萱）

筋

筋海　すじかい
　　すじかい-ちょう　大阪府岸和田市-町
筋違橋　すじかいばし
　　すじかいばし-ちょう　京都府京都市上京区-町

策

策牛　むちうし　静岡県焼津市-

筑

筑土八幡　つくどはちまん
　　つくどはちまん-ちょう　東京都新宿区-町
筑北　ちくほく
　　ちくほく-むら　長野県東筑摩郡-村
筑地　ついじ
　　ついじ-ちょう　茨城県水戸市-町
筑西　ちくせい
　　ちくせい-し　茨城県-市
筑波　つくば
　　つくば　茨城県つくば市-
　　つくば　埼玉県熊谷市-
　　つくば　埼玉県鴻巣市-
筑波島　ちくわじま　茨城県下妻市-
筑後　ちくご
　　ちくご-し　福岡県-市
　　ちくご-まち　長崎県長崎市-町
筑紫　ちくし・つくし
　　つくし　三重県桑名市-
　　つくし　三重県員弁郡東員町-
　　ちくし-まち　福岡県柳川市-町
　　ちくし　福岡県筑紫野市-
　　ちくし-ぐん　福岡県-郡
筑紫丘　ちくしがおか　福岡県福岡市南区-
筑紫恋　つくしこい　北海道厚岸郡厚岸町-
筑紫野　ちくしの
　　ちくしの-し　福岡県-市
筑摩　つかま　長野県松本市-
筑縄　つくなわ
　　つくなわ-まち　群馬県高崎市-町
筑瀬　ちくぜ　茨城県筑西市-

筒

筒口川原　どうぐちかわら　青森県三戸郡五戸町-

筈

筈巻　はずまき　京都府福知山市-

筏

筏津　いかだつ
　　いかだつ　岡山県英田郡西粟倉村-
　　いかだつ　広島県山県郡北広島町-
筏場　いかだば
　　いかだば　静岡県伊豆市-
　　いかだば-ちょう　愛知県津島市-町
筏溝　いかだみぞ　福岡県三潴郡大木町-

筆

筆甫　ひっぽ　宮城県伊具郡丸森町-

粟

粟生　あお・あおう
　　あおう　茨城県鹿嶋市-
　　あお　千葉県山武郡九十九里町-
　　あお-まち　石川県羽咋市-町
　　あお-まち　石川県能美市-町
　　あお　三重県多気郡大台町-
　　あお　京都府長岡京市-
　　あお-ちょう　兵庫県小野市-町
　　あお　和歌山県有田郡有田川町-
　　あおう　高知県長岡郡大豊町-
粟生外院　あおういん　大阪府箕面市-
粟生田　あおた　埼玉県坂戸市-
粟生津　あおうづ　新潟県燕市-
粟生野　あおの　千葉県茂原市-
粟谷　あわだに・あわのや
　　あわのや-ちょう　栃木県足利市-町
　　あわだに　岡山県真庭市-
粟国　あぐに
　　あぐに-そん　沖縄県島尻郡-村
粟原　あわばら・あわら・おおばら
　　あわばら-ちょう　茨城県常陸太田市-町
　　あわら　富山県氷見市-
　　あわら-まち　石川県羽咋市-町
　　おおばら　奈良県桜井市-
粟宮　あわのみや　栃木県小山市-
粟崎　あわがさき
　　あわがさき-まち　石川県金沢市-町
粟野名　あわのみょう
　　あわのみょう-まち　宮崎県延岡市-町
粟飯谷　あわいだに　奈良県吉野郡黒滝村-
粟殿　おおどの　奈良県桜井市-

粭

粭島　すくもじま　山口県周南市-

絵

絵下古賀　えげこが　福岡県三潴郡大木町-
絵鞆　えとも
　　えとも-ちょう　北海道室蘭市-町

結

結佐　けっさ　茨城県稲敷市-
結束　けっそく
　　けっそく-ちょう　茨城県牛久市-町
結東　けっとう　新潟県中魚沼郡津南町-
結馬　けちば　三重県名張市-
結崎　ゆうざき　奈良県磯城郡川西町-
結善　けつぜん
　　けつぜん-ちょう　兵庫県西宮市-町

萱

萱生　かよう
　　かよう-ちょう　三重県四日市市-町
　　かよう-ちょう　奈良県天理市-町
萱沼　かいぬま　埼玉県川越市-
萱津　かいづ
　　かいづ-まち　大分県中津市-町
萱原　かいはら・かやはら
　　かいはら　滋賀県犬上郡多賀町-

12画（菟、萩、落、葎、葭、菔、蛭、蛯、象、賀）

かやはら　香川県綾歌郡綾川町-

菟

菟田野入谷　うたのにゅうだに　奈良県宇陀市-
菟道　とどう　京都府宇治市-
菟道東垣内　とどうひがしがいと　京都府宇治市-

萩

萩の岱　はぎのたい　北海道檜山郡江差町-
萩牛　はぎゅう
　はぎゅう　岩手県下閉伊郡田野畑村-
　はぎゅう　岩手県下閉伊郡普代村-
萩生　はぎう・はぎゅう
　はぎゅう　山形県西置賜郡飯豊町-
　はぎゅう　群馬県吾妻郡東吾妻町-
　はぎう　千葉県富津市-
　はぎゅう　愛媛県新居浜市-
萩生田　はぎうだ　山形県南陽市-
萩尾　はぎお・はぎのう
　はぎお-まち　福岡県大牟田市-町
　はぎのう　福岡県糟屋郡篠栗町-
　はぎお　大分県大分市-
萩垣面　はんがきめん　栃木県日光市-
萩原　はぎはら・はぎわら
　はぎわら-ちょう　北海道伊達市-町
　はぎわら　茨城県神栖市-
　はぎわら-まち　群馬県高崎市-町
　はぎわら-ちょう　千葉県茂原市-町
　はぎわら　千葉県印西市-
　はぎはら　富山県富山市-
　はぎわら-ちょう　福井県越前市-町
　はぎわら　岐阜県揖斐郡池田町-
　はぎわら　静岡県御殿場市-
　はぎわら-ちょう　愛知県名古屋市昭和区-町
　はぎわら　京都府福知山市-
　はぎはら　兵庫県川西市-
　はぎはら-ちょう　奈良県生駒市-町
　はぎわら　奈良県吉野郡東吉野村-
　はぎはら　和歌山県伊都郡かつらぎ町-
　はぎわら　和歌山県日高郡日高町-
　はぎはら　鳥取県日野郡日南町-
　はぎわら　広島県安芸郡熊野町-
　はぎわら　愛媛県松山市-
　はぎわら　高知県宿毛市-
　はぎわら　福岡県北九州市八幡西区-
　はぎわら　福岡県筑紫野市-
　はぎはら　長崎県島原市-
　はぎわら-まち　熊本県熊本市中央区-町
　はぎわら-まち　熊本県八代市-町
　はぎわら　熊本県玉名郡和水町-
　はぎわら　大分県大分市-
萩原台東　はぎはらだいひがし　兵庫県川西市-

落

落合町近似　おちあいちょうちかのり　岡山県高梁市-
落合町福地　おちあいちょうしろち　岡山県高梁市-
落合蒜袋　おちあいひるぶくろ　宮城県黒川郡大和町-
落地　おろち　兵庫県赤穂市上郡町-
落衣前　おともまえ　山形県寒河江市-
落部　おとしべ　北海道二海郡八雲町-

葎

葎生　もぐろう　新潟県妙高市-
葎沢　むぐらさわ・むぐらさわ
　むぐらさわ　新潟県十日町市-
　むぐらさわ　新潟県魚沼市-
葎谷　むぐらだに・もぐらだに
　むぐらだに　新潟県長岡市-
　もぐらだに　新潟県三条市-
葎島　むくらじま　富山県南砺市-

葭

葭　かや・よし
　よし-ちょう　岐阜県岐阜市-町
　かや-まち　香川県丸亀市-町
葭ケ廻間　よしがばさま　愛知県長久手市-
葭生　よしおい
　よしおい-まち　愛知県碧南市-町
葭島渡場島　よしじまわたしばじま
　よしじまわたしばじま-ちょう　京都府京都市伏見区-町

菔

菔田　なもみだ　秋田県南秋田郡井川町-

蛭

蛭子　えびす
　えびす-ちょう　愛知県瀬戸市-町
　えびす　愛知県長久手市-
　えびす-ちょう　京都府京都市上京区-町
　えびす-ちょう　京都府京都市下京区-町
　えびす　京都府宮津市-
　えびす　和歌山県伊都郡かつらぎ町-
　えびす-ちょう　島根県浜田市-町
　えびす-まち　長崎県島原市-町
　えびす-まち　大分県中津市-町
蛭谷　ひるたに・びるたに
　びるたに　富山県下新川郡朝日町-
　ひるたに-ちょう　滋賀県東近江市-町

蛯

蛯　えび
　えび-ちょう　富山県富山市-町

象

象潟町白山堂　きさかたまちしらやまどう　秋田県にかほ市-
象潟町後田　きさかたまちうしろだ　秋田県にかほ市-

賀

賀田　かた・よした
　よした　青森県弘前市-
　かた-ちょう　三重県尾鷲市-町
賀田山　かたやま
　かたやま-ちょう　滋賀県彦根市-町
賀来　かく　大分県大分市-
賀茂半木　かもはんぎ
　かもはんぎ-ちょう　京都府京都市左京区-町
賀張　かばり　北海道沙流郡日高町-
賀集八幡　かしゅうやはた　兵庫県南あわじ市-
賀集生子　かしゅうせいご　兵庫県南あわじ市-
賀数　かかず　沖縄県糸満市-

309

12画（貴,買,貰,越,軽,運,過,達,遅,道）

貴

貴生　きせい
　きせい-ちょう　愛知県名古屋市西区-町
貴老路　きろろ　北海道十勝郡浦幌町-
貴志川町国主　きしがわちょうくにし　和歌山県紀の
　川市-
貴志川町神戸　きしがわちょうこうど　和歌山県紀の
　川市-

買

買田　かいた　香川県仲多度郡まんのう町-

貰

貰人　もうらいと　北海道厚岸郡浜中町-

越

越久　おっきゅう　福島県須賀川市-
越川　こしかわ・こすがわ
　こしかわ　北海道斜里郡斜里町-
　こすがわ　福島県大沼郡金山町-
越戸　おっと・こうど・こえど・こしど
　こえど　栃木県宇都宮市-
　こえど-まち　栃木県宇都宮市-町
　こうど　長野県上田市-
　こしど-ちょう　愛知県豊田市-
　おっと-ちょう　愛知県田原市-町
越水　うてみ・こしみず
　こしみず-ちょう　兵庫県西宮市-町
　うてみ-ちょう　兵庫県加西市-町
越生　おごせ
　おごせ-まち　埼玉県入間郡-町
　おごせ　埼玉県入間郡越生町-
越田　こえだ・こしだ
　こえだ　宮城県伊具郡丸森町-
　こしだ　愛媛県南宇和郡愛南町-
越名　こえな
　こえな-ちょう　栃木県佐野市-町
越地　こえち　沖縄県国頭郡今帰仁村-
越安　こやす　茨城県東茨城郡茨城町-
越坂　おっさか
　おっさか　石川県鳳珠郡能登町-
　おっさか　福井県敦賀市-
　おっさか　兵庫県美方郡新温泉町-
越尾　こよお　岡山県久米郡美咲町-
越来　ごえく　沖縄県沖縄市-
越沢　こえさわ
　こえさわ　山形県鶴岡市-
　こえさわ　新潟県村上市-
越谷　こしがや
　こしがや-し　埼玉県-市
越河　こすごう　宮城県白石市-
越知　おうち・おち
　おうち-ちょう　三重県鈴鹿市-町
　おち　兵庫県神崎郡神河町-
　おち-ちょう　高知県高岡郡-町
越後京田　えちごきょうでん　山形県鶴岡市-
越後突抜　えちごつきぬけ
　えちごつきぬけ-ちょう　京都府京都市中京区-町
越畑　おつばた・こえはた・こしわた
　こえはた　栃木県矢板市-

　おつばた　埼玉県比企郡嵐山町-
　こしわた　岡山県苫田郡鏡野町-
越原　おっぱら　岐阜県加茂郡東白川村-
越堀　こえぼり　栃木県那須塩原市-
越智　おち
　おち-ちょう　千葉県千葉市緑区-町
　おち　奈良県高市郡高取村-
　おち　愛媛県松山市-
　おち-ぐん　愛媛県-郡
越渡　こえと　石川県鳳珠郡穴水町-
越裏門　えりもん　高知県吾川郡いの町-
越路　こいじ・こえじ・こしじ
　こしじ　北海道上川郡上川町-
　こえじ　宮城県仙台市太白区-
　こいじ　鳥取県鳥取市-
　こいじ　福岡県築上郡築上町-
越路中島　こしじなかじま　新潟県長岡市-

軽

軽米　かるまい
　かるまい-まち　岩手県九戸郡-町
　かるまい　岩手県九戸郡軽米町-
軽海　かるみ
　かるみ-まち　石川県小松市-町
　かるみ　岐阜県本巣市-

運

運天原　うんてんばる　沖縄県名護市-

過

過足　よぎあし　福島県田村郡三春町-
過書　かしょ
　かしょ-まち　京都府京都市伏見区-町

達

達上ケ丘　たんじょうがおか　神奈川県平塚市-
達布　たっぷ
　たっぷ　北海道三笠市-
　たっぷ　北海道留萌郡小平町-

遅

遅羽町蓬生　おそわちょうよもぎ　福井県勝山市-
遅郷　おそのごう　新潟県村上市-

道

道下　どうげ・どうした・みちした
　どうした　栃木県塩谷郡塩谷町-
　どうげ　富山県下新川郡朝日町-
　みちした-ちょう　愛知県名古屋市中村区-町
道下丙　みちしたへい　福島県河沼郡会津坂下町-
道三　どうさん
　どうさん-ちょう　岐阜県岐阜市-町
　どうさん-ちょう　広島県福山市-町
道上　どうじょう　新潟県新潟市西蒲区-
道口　みちぐち・みちのくち
　みちのくち　福井県敦賀市-
　みちぐち　福井県丹生郡越前町-
道口蛭田　どうぐちひるだ　埼玉県春日部市-
道土井郷　みちどいごう　長崎県南松浦郡新上五島町-町
道川内　みちがわち　熊本県葦北郡芦北町-
道仏　どうぶつ　青森県三戸郡階上町-町

12画（遊）

道内　みちうち　福島県伊達郡川俣町-
道方　みちかた　三重県度会郡南伊勢町-
道仙田　どうせんだ　愛知県知多郡武豊町-
道北　みちきた
　みちきた-ちょう　青森県黒石市-町
道古　どうこ　富山県下新川郡入善町-
道市　どいち　富山県下新川郡入善町-
道平　どうたいら　新潟県糸魚川市-
道本　どうほん　静岡県浜松市浜北区-
道正　どうしょう
　どうしょう　富山県富山市-
　どうしょう-ちょう　京都府京都市上京区-町
道生　どうしょう・どうじょう
　どうしょう　山形県寒河江市-
　どうじょう-まち　埼玉県秩父市-町
道田　みちだ
　みちだ-まち　山形県鶴岡市-町
道田東　どうだひがし　宮城県亘理郡亘理町-
道目　どうめ　埼玉県加須市-
道目木　どうめき　秋田県大館市-
道全　どうぜん
　どうぜん-ちょう　愛知県名古屋市南区-町
道合　みちあい　埼玉県川口市-
道地　どうち　埼玉県加須市-
道寺　どうじ　富山県滑川市-
道行竈　みちゆくがま　三重県度会郡南伊勢町-
道伯　どうはく
　どうはく　三重県鈴鹿市-
　どうはく-ちょう　三重県鈴鹿市-町
道佛　どうぶつ　埼玉県南埼玉郡宮代町-
道坂　どうさか　富山県魚津市-
道形　どうがた
　どうがた　山形県鶴岡市-
　どうがた-まち　山形県鶴岡市-町
道志　どうし
　どうし-むら　山梨県南都留郡-村
道坪野　どうつぼの　富山県小矢部市-
道明　どうみょう
　どうみょう　新潟県糸魚川市-
　どうみょう　富山県小矢部市-
　どうみょう-ちょう　愛知県名古屋市天白区-町
道東　みちひがし　福島県白河市-
道林　どうりん
　どうりん-まち　石川県能美市-町
道河内　どうがわうち　鳥取県西伯郡南部町-
道河原　どうがわら　新潟県新潟市西区-
道表　どうびょう　千葉県茂原市-
道金　どうきん　新潟県燕市-
道阿弥　どうあみ
　どうあみ-ちょう　京都府京都市伏見区-町
道前　みちまえ　福島県福島市-
道南東　どうなんひがし　福島県西白河郡西郷村-
道城　どうじょう　秋田県北秋田市-
道泉　どうせん
　どうせん-ちょう　愛知県瀬戸市-町
道祖　どうそ
　どうそ-ちょう　山口県山口市-町
道祖土　さいど・さやど
　さやど　栃木県真岡市-

　さいど　埼玉県さいたま市緑区-
道祖元　さやのもと
　さやのもと-まち　佐賀県佐賀市-町
道祖本　さいのもと　大阪府茨木市-
道修　どしょう
　どしょう-まち　大阪府大阪市中央区-町
道原　どうばら・どうばる
　どうばら　静岡県焼津市-
　どうばる　福岡県北九州市小倉南区-
道家　どうけ　高知県安芸郡芸西村-
道庭　どうにわ
　どうにわ　埼玉県吉川市-
　どうにわ　千葉県東金市-
道悦　どうえつ　静岡県島田市-
道笑　どうしょう
　どうしょう-ちょう　鳥取県米子市-町
道崎　どうさき　愛知県知多郡武豊町-
道部　みちぶ　静岡県賀茂郡松崎町-
道野　みちの
　みちの-ちょう　鹿児島県枕崎市-町
道野辺　みちのべ　千葉県鎌ケ谷市-
道善　どうぜん　福岡県筑紫郡那珂川町-
道場　どうじょう・どうば
　どうば　福島県郡山市-
　どうじょう-まち　福島県白河市-町
　どうじょう　福島県伊達郡川俣町-
　どうじょう　埼玉県さいたま市桜区-
　どうじょう　埼玉県新座市-
　どうじょう　静岡県牧之原市-
　どうじょう-ちょう　京都府京都市中京区-町
　どうじょう-まち　和歌山県和歌山市-町
道場町日下部　どうじょうちょうくさかべ　兵庫県神戸市北区-
道満　どうまん　山形県天童市-
道賀　どうが　新潟県新発田市-
道順川戸　どうじゅんかわど　埼玉県春日部市-
道意　どい
　どい-ちょう　兵庫県尼崎市-町
道鵜　どうう
　どうう-ちょう　大阪府高槻市-町
道瀬　どうぜ　三重県北牟婁郡紀北町-

遊

遊子　ゆうし・ゆす
　ゆうし　福井県三方上中郡若狭町-
　ゆす　愛媛県宇和島市-
遊木　ゆき
　ゆき-ちょう　三重県熊野市-町
遊行前　ゆうぎょうまえ
　ゆうぎょうまえ-ちょう　京都府京都市東山区-町
遊佐　ゆざ
　ゆざ-まち　山形県飽海郡-町
　ゆざ　山形県飽海郡遊佐町-
遊谷　あぞうだに　広島県山県郡安芸太田町-
遊屋　ゆや
　ゆや-ちょう　愛知県豊田市-町
遊家　ゆけ　静岡県掛川市-
遊馬　あすま
　あすま-ちょう　埼玉県草加市-町
遊部　あそぶ　富山県南砺市-

311

12画（鈍, 鈑, 閏, 開, 間, 閑, 閖, 階, 隅, 隈, 随, 陽, 雁, 集, 雄）

遊摺部　ゆするべ　山形県酒田市-

鈍

鈍池　にぶいけ
　にぶいけ-ちょう　愛知県名古屋市中村区-町

鈑

鈑戸　たたらど　鳥取県西伯郡大山町-

閏

閏戸　うるいど　埼玉県蓮田市-

開

開口　かいぐち　富山県射水市-
開出　かいで　山口県防府市-
開田　かいで・かいでん
　かいでん　岐阜県揖斐郡揖斐川町-
　かいでん　京都府長岡京市-
　かいで　岡山県真庭市-
開田高原末川　かいだこうげんすえかわ　長野県木曽
　郡木曽町-
開江　ひらくえ
　ひらくえ-ちょう　茨城県水戸市-町
開発　かいはつ・かいほつ
　かいはつ　北海道北斗市-
　かいほつ　富山県富山市-
　かいほつ　富山県南砺市-
　かいほつ　福井県福井市-
　かいほつ-ちょう　福井県福井市-町
　かいほつ　福井県大野市-
　かいはつ-ちょう　岐阜県大垣市-町
開発町親和　かいはつちょうしんわ　北海道美唄市-
開聞仙田　かいもんせんた　鹿児島県指宿市-

間

間　はさま　福岡県柳川市-
間之　あいの
　あいの-まち　岐阜県岐阜市-町
　あいの-まち　滋賀県近江八幡市-町
　あいの-まち　岡山県高梁市-町
間田　はさまた　滋賀県米原市-
間明　まぎら
　まぎら-まち　石川県金沢市-町
間崎　かんざき・まさき
　かんざき　愛知県弥富市-
　かんざき-ちょう　愛知県弥富市-町
　まさき　高知県四万十市-
間野々　あいのの　岩手県紫波郡矢巾町-
間野谷　あいのや
　あいのや-ちょう　群馬県伊勢崎市-町
間新田　あいしんでん
　あいしんでん-ちょう　徳島県小松島市-町

閑

閑谷　しずたに　岡山県備前市-
閑馬　かんま
　かんま-ちょう　栃木県佐野市-町
閑羅瀬　しずらせ
　しずらせ-ちょう　愛知県豊田市-町

閖

閖上　ゆりあげ　宮城県名取市-

階

階上　はしかみ
　はしかみ-ちょう　青森県三戸郡-町
階見　しなみ　広島県神石郡神石高原町-

隅

隅田町中下　すだちょうちゅうげ　和歌山県橋本市-
隅田町河瀬　すだちょうこうぜ　和歌山県橋本市-

隈

隈府　わいふ　熊本県菊池市-

随

随分附　なむさんづけ　茨城県笠間市-

陽

陽皐　ひさわ　長野県下伊那郡下條村-

雁

雁ケ地　がんがじ　三重県桑名郡木曽岬町-
雁の巣　がんのす　福岡県福岡市東区-
雁丸　がんまる　千葉県八街市-
雁木田　がんぎた　福島県田村郡三春町-
雁田　かりだ　長野県上高井郡小布施町-
雁多尾畑　かりんどおばた　大阪府柏原市-
雁坂下　がんざかした　新潟県魚沼市-
雁来　かりき　北海道釧路郡釧路町-
雁里　かりさと　北海道樺戸郡月形町-
雁股田　かりまんだ　福島県田村郡小野町-
雁金　かりがね
　かりがね-ちょう　京都府京都市中京区-町
　かりがね-ちょう　京都府京都市下京区-町
　かりがね-ちょう　京都府京都市伏見区-町
雁屋北　かりやきた
　かりやきた-まち　大阪府四條畷市-町
雁巻島　がんまきじま　富山県南砺市-
雁原　がんばら　宮城県加美郡加美町-
雁島　がんじま
　がんじま-まち　新潟県長岡市-町
雁宿　かりやど
　かりやど-ちょう　愛知県半田市-町
雁道　がんみち
　がんみち-ちょう　愛知県名古屋市瑞穂区-町
　がんみち-まち　愛知県碧南市-町
雁歌　かりが　宮城県伊具郡丸森町-

集

集　あつまり
　あつまり-ちょう　滋賀県草津市-町
　あつまり　福岡県京都郡苅田町-

雄

雄　お・おんどり
　お-まち　岡山県岡山市中区-町
　おんどり　徳島県那賀郡那賀町-
雄ケ原　ますらがはら
　ますらがはら-まち　長崎県大村市-町

12画（雲、靭、鞁、須、飯）

雄山　おやま
　　おやま　東京都三宅島三宅村-
　　おやま-ちょう　富山県富山市-町
雄冬　おふゆ　北海道増毛郡増毛町-
雄和女米木　ゆうわめめき　秋田県秋田市-
雄和碇田　ゆうわいかりだ　秋田県秋田市-
雄松　おまつ
　　おまつ-ちょう　和歌山県和歌山市-町
雄武　おうむ
　　おうむ-ちょう　北海道紋別郡-町
　　おうむ　北海道紋別郡雄武町-
雄信内　おのぶない　北海道天塩郡天塩町-
雄城台団地　おぎのだいだんち　大分県大分市-
雄柏　ゆうはく　北海道紋別郡滝上町-
雄飛ケ丘　ゆうひがおか　岐阜県関市-
雄郡　ゆうぐん　愛媛県松山市-
雄馬別　おまべつ　北海道河西郡芽室町-
雄勝　おかち・おがち
　　おかち　北海道常呂郡置戸町-
　　おがち-ぐん　秋田県-郡
雄勝田　おがちた　秋田県湯沢市-
雄勝町小島　おがつちょうおじま　宮城県石巻市-
雄琴　おごと　滋賀県大津市-
雄総桜　おぶささくら
　　おぶささくら-まち　岐阜県岐阜市-町
雄踏　ゆうとう　静岡県浜松市西区-
雄興　ゆうこう　北海道天塩郡幌延町-
雄鎮内　おちんない　北海道紋別郡滝上町-

雲

雲出　くもいで
　　くもいで-まち　新潟県長岡市-町
雲出本郷　くもずほんごう
　　くもずほんごう-ちょう　三重県津市-町
雲谷　うのや・もや
　　もや　青森県青森市-
　　うのや-ちょう　愛知県豊橋市-町
雲浜　うんぴん　福井県小浜市-
雲耕　うずのう　広島県山県郡北広島町-
雲梯　うなて
　　うなて-ちょう　奈良県橿原市-町
雲雀　ひばり
　　ひばり-ちょう　新潟県新潟市中央区-町
　　ひばり-ちょう　岐阜県岐阜市-町

靭

靭屋　うつぼや
　　うつぼや-ちょう　京都府京都市上京区-町

鞁

鞁負　ゆきえ　埼玉県比企郡小川町-
鞁屋　うつぼや
　　うつぼや-ちょう　岐阜県岐阜市-町

須

須天　すあま
　　すあま-まち　石川県小松市-町
須玉町大豆生田　すたまちょうまみょうだ　山梨県北杜市-
須玉町小倉　すたまちょうこごえ　山梨県北杜市-

須玉町若神子　すたまちょうわかみこ　山梨県北杜市-
須玉町藤田　すたまちょうとうだ　山梨県北杜市-
須河　すごう　和歌山県橋本市-
須知　しゅうち　京都府船井郡京丹波町-
須原　すはら・すばる・すわら
　　すはら　新潟県魚沼市-
　　すわら　富山県富山市-
　　すはら　長野県木曽郡大桑村-
　　すはら　岐阜県美濃市-
　　すはら　静岡県下田市-
　　すはら-ちょう　愛知県瀬戸市-町
　　すわら　滋賀県野洲市-
　　すばる　熊本県上益城郡山都町-
須賀谷　すがたに・すがや
　　すがや　千葉県いすみ市-
　　すがたに-ちょう　滋賀県長浜市-町
須軽谷　すがるや　神奈川県横須賀市-
須縄　すの　福井県小浜市-

飯

飯　い・いい
　　いい　栃木県芳賀郡茂木町-
　　いい　新潟県上越市-
　　い　滋賀県米原市-
飯ノ川　はんのかわ　高知県高岡郡四万十町-
飯ノ木　はんのき　岐阜県養老郡養老町-
飯ノ瀬戸郷　いのせどごう　長崎県南松浦郡新上五島町-
飯久保　いくぼ　富山県氷見市-
飯山　いいのやま・いいやま・いのやま・いやま
　　いやま-まち　栃木県宇都宮市-町
　　いいやま　神奈川県厚木市-
　　いのやま-まち　石川県羽咋市-町
　　いいやま-し　長野県-市
　　いいやま　長野県飯山市-
　　いやま-ちょう　滋賀県長浜市-町
　　いいのやま　広島県廿日市市-
飯山町川原　はんざんちょうかわはら　香川県丸亀市-
飯山町真時　はんざんちょうさんとき　香川県丸亀市-
飯山満　はさま
　　はさま-ちょう　千葉県船橋市-町
飯川　いがわ
　　いがわ-まち　石川県七尾市-町
飯氏　いいじ　福岡県福岡市西区-
飯生　いなり
　　いなり　北海道北斗市-
　　いなり-ちょう　島根県安来市-町
飯石　いいし
　　いいし-ぐん　島根県-郡
飯寺北　にいでらきた　福島県会津若松市-
飯村　いむれ
　　いむれ-ちょう　愛知県豊橋市-町
飯良　いいら
　　いいら-ちょう　長崎県平戸市-町
飯角　いいずみ　新潟県胎内市-
飯岡　いいおか・いのおか・いのうか
　　いいおか　岩手県下閉伊郡山田町-
　　いいおか　栃木県塩谷郡塩谷町-
　　いのおか　千葉県成田市-
　　いいおか　千葉県旭市-

313

12画（黍）13画（催, 勢）

いいおか　新潟県村上市-
いのおか　京都府京田辺市-
ゆうか　岡山県久米郡美咲町-
いいさき　愛媛県西条市-
飯前 いいさき　茨城県小美玉市-
飯南町粥見 いいなんちょうかゆみ　三重県松阪市-
飯柳 いやなぎ　新潟県新潟市秋葉区-
飯泉 いいずみ・いいせん
　いいせん　宮城県伊具郡丸森町-
　いいずみ　神奈川県小田原市-
飯重 いいじゅう　千葉県佐倉市-
飯香浦 いかのうら
　いかのうら-まち　長崎県長崎市-
飯原 いいはら・いいばる
　いいはら-ちょう　埼玉県川口市-町
　いいばる　福岡県糸島市-
飯島 いいしま・いいじま・はしま
　いいじま　秋田県秋田市-
　いいじま-ちょう　茨城県水戸市-町
　いいじま　茨城県筑西市-
　いいじま　茨城県稲敷市-
　いいじま　茨城県鉾田市-
　いいじま-ちょう　群馬県伊勢崎市-町
　いいじま　埼玉県吉川市-
　いいじま　埼玉県比企郡川島町-
　いいじま　千葉県香取市-
　いいじま-ちょう　神奈川県横浜市栄区-町
　いいじま　神奈川県平塚市-
　いいじま　新潟県新潟市南区-
　いいじま　新潟県長岡市-
　いいじま　福井県吉田郡永平寺町-
　いいじま-まち　長野県上伊那郡-町
　いいじま　長野県上伊那郡飯島町-
　いいしま　岐阜県大野郡白川村-
　はしま-ちょう　島根県安来市-町
　いいじま-ちょう　山口県周南市-町
飯島美砂 いいじまみさご
　いいじまみさご-ちょう　秋田県秋田市-町
飯島鼠田 いいじまねずみた　秋田県秋田市-
飯浦 いいのうら
　いいのうら-ちょう　島根県益田市-町
飯能 はんのう
　はんのう-し　埼玉県-市
　はんのう　埼玉県飯能市-
飯降 いふり　福井県大野市-
飯高 いいだか・ひだか
　いいだか　千葉県匝瑳市-
　ひだか-ちょう　奈良県橿原市-町
飯高町乙栗子 いいたかちょうおとぐるす　三重県松阪市-
飯高町赤桶 いいたかちょうあこう　三重県松阪市-
飯高町波瀬 いいたかちょうはぜ　三重県松阪市-
飯高町青田 いいたかちょうおおだ　三重県松阪市-
飯高町草鹿野 いいたかちょうそうがの　三重県松阪市-
飯高町猿山 いいたかちょうえてやま　三重県松阪市-
飯高町蓮 いいたかちょうはちす　三重県松阪市-
飯淵 いいぶち・はぶち
　いいぶち　茨城県桜川市-
　はぶち　静岡県焼津市-

飯盛 いいもり・はんせい
　いいもり　福島県会津若松市-
　はんせい　福井県小浜市-
　いいもり　福岡県福岡市西区-
飯野町東二 いいのちょうひがしふた　香川県丸亀市-
飯喰 いっくい　山梨県中巨摩郡昭和町-
飯森 いいもり
　いいもり-ちょう　愛知県半田市-町
飯森山 いいもりやま　山形県酒田市-
飯満 はんま　三重県度会郡南伊勢町-
飯給 いたぶ　千葉県市原市-
飯間 はんま　静岡県静岡市葵区-
飯福田 いふた
　いふた-ちょう　三重県松阪市-町
飯豊 いいで・いいとよ
　いいとよ　岩手県北上市-
　いいで-まち　山形県西置賜郡-町
　いいとよ　福島県岩瀬郡天栄村-
　いいとよ　福島県田村郡小野町-
飯積 いいずみ・いいづみ
　いいづみ　埼玉県加須市-
　いいずみ　千葉県印旛郡酒々井町-
　いいづみ　岐阜県養老郡養老町-
飯櫃 いびつ　千葉県山武郡芝山町-

黍

黍田 きびた
　きびた-ちょう　兵庫県小野市-町

◆◆◆◆◆ **13画** ◆◆◆◆◆

催

催合 もやい
　もやい-まち　熊本県八代市-町

勢

勢力 せいりき　岡山県赤磐市-
勢子坊 せこぼう　愛知県名古屋市名東区-
勢田 せいた・せた
　せた　千葉県八街市-
　せいた-ちょう　三重県伊勢市-町
　せいた　福岡県飯塚市-
勢至 せいし　岐阜県養老郡養老町-
勢見 せいみ
　せいみ-ちょう　徳島県徳島市-町
勢津 せいづ
　せいづ-ちょう　三重県松阪市-町
勢家 せいけ
　せいけ-まち　大分県大分市-町
勢理客 じっちゃく・せりきゃく
　じっちゃく　沖縄県浦添市-
　せりきゃく　沖縄県国頭郡今帰仁村-
　せりきゃく　沖縄県島尻郡伊是名村-
勢野 せや　奈良県生駒郡三郷町-
勢雄 せお　北海道河西郡更別村-

13画（園, 塩, 塗, 塘, 夢, 嵯）

園

園生 そのお・そんのう
　そのお　北海道石狩郡当別町-
　そんのう-ちょう　千葉県千葉市稲毛区-町
園城寺 おんじょうじ
　おんじょうじ-ちょう　滋賀県大津市-町
園部町口人 そのべちょうくちうど　京都府南丹市-
園部町大河内 そのべちょうおおかわち　京都府南丹市-
園部町小山東 そのべちょうおやまひがし
　そのべちょうおやまひがし-まち　京都府南丹市-町
園部町天引 そのべちょうあまびき　京都府南丹市-
園部町宍人 そのべちょうししうど　京都府南丹市-
園部町埴生 そのべちょうはぶ　京都府南丹市-
園部町越方 そのべちょうおちかた　京都府南丹市-

塩

塩ノ平 しおのたいら・しおのひら
　しおのたいら　山形県西村山郡大江町-
　しおのひら　福島県石川郡石川町-
塩上 しおがみ・しおのうえ
　しおのうえ　鳥取県八頭郡八頭町-
　しおがみ-ちょう　香川県高松市-
塩山 しおやま
　しおやま-まち　栃木県鹿沼市-町
　しおやま　兵庫県美方郡新温泉町-
塩山下柚木 えんざんしもゆのき　山梨県甲州市-
塩山福生里 えんざんふくおり　山梨県甲州市-
塩川町反 しおかわまちそり
　しおかわまちそり-ちょう　福島県喜多方市-町
塩干田 しおからだ　秋田県能代市-
塩出迫 しおいでさこ　熊本県上益城郡山都町-
塩生 しおのう・しょうぶ
　しおのう　福島県南会津郡下郷町-
　しょうぶ　長野県長野市-
塩田町真崎 しおたちょうまつさき　佐賀県嬉野市-
塩江 しおえ　福島県南会津郡南会津町-
塩江町安原下 しおのえちょうやすはらしも　香川県高松市-
塩冶 えんや
　えんや-ちょう　島根県出雲市-町
塩冶神前 えんやかんまえ　島根県出雲市-
塩坂越 しゃくし　福井県三方上中郡若狭町-
塩尾 しお　兵庫県淡路市-
塩谷 しおた・しおだに・しおのたに・しおや
　しおや　北海道小樽市-
　しおや-ぐん　栃木県-郡
　しおや-まち　栃木県塩谷郡-町
　しおだに　新潟県新潟市秋葉区-
　しおだに　新潟県小千谷市-
　しおや　新潟県村上市-
　しおのたに　富山県中新川郡上市町-
　しおたに　京都府船井郡京丹波町-
　しおだに　奈良県吉野郡天川村-
　しおだに　島根県飯石郡飯南町-
塩岡 しょうか　兵庫県篠山市-
塩河 しゅうが　岐阜県可児市-
塩前 しおのまえ　山梨県南アルプス市-

塩原 しおはら・しおばら・しおばる
　しおばら　茨城県常陸大宮市-
　しおばら　栃木県那須塩原市-
　しおはら-まち　石川県小松市-町
　しおばる　福岡県福岡市南区-
　しおばる　熊本県上益城郡山都町-
塩原新田 しおばらしんでん　静岡県御前崎市-
塩浸 しおひたし
　しおひたし-ちょう　長崎県佐世保市-町
　しおひたし　熊本県葦北郡芦北町-
塩崎 しおがさき
　しおがさき-ちょう　茨城県水戸市-町
塩喰 しおばみ　岐阜県安八郡輪之内町-
塩森 しおのもり　山形県東置賜郡高畠町-
塩新 しおあら
　しおあら-まち　新潟県長岡市-町
塩飽 しわく
　しわく-まち　香川県丸亀市-町
塩嶺 えんれい　長野県岡谷市-
塩竈 しおがま
　しおがま-し　宮城県-市
　しおがま-ちょう　京都府京都市下京区-町

塗

塗戸 ぬると
　ぬると-まち　茨城県龍ケ崎市-町
塗師 ぬし
　ぬし-まち　石川県七尾市-町
塗師屋 ぬしや
　ぬしや-ちょう　京都府京都市中京区-町
　ぬしや-ちょう　京都府京都市東山区-町
　ぬしや-ちょう　京都府京都市下京区-町

塘

塘路 とうろ　北海道川上郡標茶町-

夢

夢前町神種 ゆめさきちょうこのくさ　兵庫県姫路市-
夢前町莇野 ゆめさきちょうあぞの　兵庫県姫路市-
夢前町菅生澗 ゆめさきちょうすごうだに　兵庫県姫路市-
夢洲東 ゆめしまひがし　大阪府大阪市此花区-

嵯

嵯峨天龍寺芒ノ馬場 さがてんりゅうじすすきのばば
　さがてんりゅうじすすきのばば-ちょう　京都府京都市右京区-町
嵯峨天龍寺角倉 さがてんりゅうじすみのくら
　さがてんりゅうじすみのくら-ちょう　京都府京都市右京区-町
嵯峨天龍寺造路 さがてんりゅうじつくりみち
　さがてんりゅうじつくりみち-ちょう　京都府京都市右京区-町
嵯峨甲塚 さがかぶとづか
　さがかぶとづか-ちょう　京都府京都市右京区-町
嵯峨居本化野 さがとりいもとあだしの
　さがとりいもとあだしの-ちょう　京都府京都市右京区-町
嵯峨鳥居本仏餉田 さがとりいもとぶつしょうでん
　さがとりいもとぶつしょうでん-ちょう　京都府京都市右京区-町

13画（嵩, 幌, 愛, 感, 慈, 数, 新）

嵯峨鳥居本仙翁　さがとりいもとせんのう
　さがとりいもとせんのう・ちょう　京都府京都市右京区-町
嵯峨越畑桃原垣内　さがこしはたももはらがいち　京都府京都市右京区-
嵯峨罧原　さがふしはら
　さがふしはら・ちょう　京都府京都市右京区-町
嵯峨蜻蛉尻　さがとんぼじり
　さがとんぼじり・ちょう　京都府京都市右京区-町
嵯峨樒原清水　さがしきみがはらしみず
　さがしきみがはらしみず・ちょう　京都府京都市右京区-町

嵩

嵩山　すせ
　すせ・ちょう　愛知県豊橋市-町

幌

幌内　ほろない
　ほろない　北海道芦別市-
　ほろない・ちょう　北海道三笠市-町
　ほろない　北海道深川市-
　ほろない　北海道夕張郡長沼町-
　ほろない　北海道紋別郡雄武町-
　ほろない　北海道勇払郡厚真町-
幌向　ほろむい
　ほろむい・ちょう　北海道岩見沢市-町
幌美内　ほろびない・ほろぴない
　ほろびない　北海道千歳市-
　ほろぴない・ちょう　北海道伊達市-町
幌糠　ほろぬか
　ほろぬか・ちょう　北海道留萌市-町

愛

愛子東　あやしひがし　宮城県仙台市青葉区-
愛川　あいかわ・あたいがわ
　あいかわ・まち　神奈川県愛甲郡-町
　あたいがわ　和歌山県日高郡日高川町-
愛戸　あたど
　あたど・まち　茨城県龍ケ崎市-町
愛生　あいおい
　あいおい・ちょう　千葉県千葉市若葉区-町
愛宕後　あたごうしろ　青森県三戸郡五戸町-
愛東外　あいとうとの
　あいとうとの・ちょう　滋賀県東近江市-町
愛知　あいち・えち
　あいち・ちょう　愛知県名古屋市中川区-町
　あいち・ちょう　愛知県春日井市-町
　あいち・ぐん　愛知県-郡
　えち・ぐん　滋賀県-郡
　あいち　沖縄県宜野湾市-
愛知川　えちがわ　滋賀県愛知郡愛荘町-
愛冠　あいかっぷ
　あいかっぷ　北海道足寄郡足寄町-
　あいかっぷ　北海道厚岸郡厚岸町-
愛栄　あさか
　あさか・ちょう　島根県益田市-町
愛染　あいぞめ
　あいぞめ・ちょう　静岡県静岡市清水区-町
愛染寺　あいぜんじ
　あいぜんじ・ちょう　京都府京都市上京区-町
愛島小豆島　めでしまあずきしま　宮城県名取市-

感

感田　がんだ　福岡県直方市-

慈

慈悲尾　しいのお　静岡県静岡市葵区-

数

数牛　かそし　青森県上北郡東北町-
数津　すづ　鳥取県鳥取市-
数神　かずこう　高知県高岡郡四万十町-

新

新　あら・し・しむら・しん・にい
　しん・まち　北海道網走市-町【ほか169ヶ所】
　あら・まち　青森県弘前市-町
　あら・まち　青森県西津軽郡鰺ケ沢町-町
　あら・まち　岩手県宮古市-町
　あら・まち　宮城県気仙沼市-町
　あら・まち　山形県新庄市-町
　あら・まち　山形県最上郡真室川町-町
　あら・まち　福島県耶麻郡猪苗代町-町
　しむら　千葉県匝瑳市-
　あら・まち　新潟県長岡市-町
　あら・まち　新潟県糸魚川市-町
　あら・まち　富山県富山市-町
　にい・むら　長野県松本市-村
　し・むら　奈良県葛城市-村
新丁　しんちょう・しんまち
　しんちょう　青森県三戸郡五戸町-
　しんちょう　山形県上山市-
　しんまち　千葉県夷隅郡大多喜町-
新八幡　しんはちまん
　しんはちまん・ちょう　北海道函館市-町
新十神　しんとかみ
　しんとかみ・ちょう　島根県安来市-町
新又　あらまた　富山県砺波市-
新久　あらく　埼玉県入間市-
新久田　あらくだ　茨城県古河市-
新久保　しんくぼ　福岡県古賀市-
新口　にのくち
　にのくち・ちょう　奈良県橿原市-町
新子　あたらし　奈良県吉野郡吉野町-
新子田　あらこだ　長野県佐久市-
新小倉　しんおぐら　神奈川県川崎市幸区-
新小轡　しんこぐつわ　千葉県茂原市-
新山　あらやま・しんざん・しんやま・にいやま
　にいやま　岩手県一関市-
　にいやま　山形県山形市-
　しんざん　山形県寒河江市-
　しんざん・まち　山形県寒河江市-町
　しんざん　福島県双葉郡双葉町-
　しんやま・ちょう　栃木県足利市-町
　あらやま　長野県千曲市-
　にいやま　鳥取県米子市-
　しんやま　長崎県島原市-
　しんやま　熊本県菊池郡菊陽町-
新山岡部　にいやまおかべ　青森県平川市-
新山前　しんざんまえ　秋田県能代市-
新山浜　にいやまはま　宮城県石巻市-

13画（新）

新川　あらかわ・しんかわ・にいかわ・にっかわ
　しんかわ　北海道札幌市北区-
　しんかわ-ちょう　北海道函館市-町
　しんかわ-ちょう　北海道釧路市-町
　にいかわ　北海道千歳市-
　しんかわ-ちょう　北海道登別市-町
　しんかわ-ちょう　北海道茅部郡森町-町
　しんかわ　北海道中川郡幕別町-
　しんかわ　北海道厚岸郡浜中町-
　しんかわ-ちょう　岩手県宮古市-町
　にっかわ　宮城県仙台市青葉区-
　しんかわ　茨城県取手市-
　しんかわ　埼玉県熊谷市-
　しんかわ　埼玉県春日部市-
　しんかわ-ちょう　埼玉県越谷市-町
　しんかわ　千葉県成田市-
　しんかわ　東京都中央区-
　しんかわ　東京都三鷹市-
　しんかわ-ちょう　東京都東久留米市-町
　しんかわ-ちょう　神奈川県横浜市南区-町
　しんかわ-ちょう　新潟県新潟市東区-町
　しんかわ　静岡県静岡市駿河区-
　しんかわ-ちょう　愛知県名古屋市港区-町
　しんかわ-ちょう　愛知県豊橋市-町
　しんかわ-ちょう　愛知県半田市-町
　しんかわ-まち　愛知県碧南市-町
　しんかわ　愛知県犬山市-
　しんかわ　山口県下松市-
　しんかわ　愛媛県八幡浜市-
　しんかわ-まち　福岡県北九州市戸畑区-町
　しんかわ-まち　大分県大分市-町
　しんかわ-まち　鹿児島県鹿屋市-町
　あらかわ　沖縄県石垣市-
　あらかわ　沖縄県島尻郡南風原町-

新工　しんこう
　しんこう-ちょう　新潟県妙高市-町

新丹谷　あらたんや　静岡県静岡市清水区-

新之栄　しんのえ
　しんのえ-ちょう　大阪府枚方市-町

新井　あらい・にい
　にい-まち　宮城県亘理郡亘理町-町
　あらい　茨城県つくば市-
　あらい　茨城県結城郡八千代町-
　あらい-まち　栃木県栃木市-町
　あらい-まち　群馬県前橋市-町
　あらい-ちょう　群馬県太田市-町
　あらい　群馬県北群馬郡榛東村-
　あらい-ちょう　埼玉県川口市-町
　あらい　埼玉県本庄市-
　あらい　埼玉県鴻巣市-
　あらい　埼玉県深谷市-
　あらい　埼玉県久喜市-
　あらい　千葉県市川市-
　あらい　千葉県市原市-
　あらい　千葉県富津市-
　あらい　千葉県山武郡横芝光町-
　あらい　東京都中野区-
　あらい　東京都日野市-
　あらい-ちょう　神奈川県横浜市保土ケ谷区-町
　あらい　新潟県妙高市-
　あらい　長野県中野市-
　あらい　岐阜県不破郡垂井町-

　あらい　静岡県伊東市-
　あらい-ちょう　愛知県蒲郡市-町
　にい　京都府与謝郡伊根町-
　にい　大阪府貝塚市-
　にい　兵庫県姫路市-
　にい　鳥取県岩美郡岩美町-

新井木　あらいぎ
　あらいぎ-まち　茨城県常総市-町

新井田　にいだ
　にいだ　青森県八戸市-
　にいだ　岩手県久慈市-
　にいだ-まち　山形県酒田市-町
　にいだ　千葉県山武郡芝山町-

新井宿　あらいじゅく　埼玉県川口市-
新井郷　にいごう　新潟県新潟市北区-
新内　あろち・しんうち・にいない
　にいない　北海道上川郡新得町-
　あろち　和歌山県和歌山市-
　しんうち-まち　徳島県徳島市-町

新内谷　しんうちや　福島県伊達郡国見町-
新戸　あらと・しんと・しんど
　あらと　茨城県つくばみらい市-
　しんど　千葉県勝浦市-
　しんど　神奈川県相模原市南区-
　しんど　長崎県長崎市-町

新方袋　にいがたふくろ　埼玉県春日部市-
新方須賀　にいがたすか　埼玉県さいたま市岩槻区-
新木　あらき・にき
　あらき　千葉県我孫子市-
　あらき-ちょう　愛知県名古屋市西区-町
　にき-ちょう　奈良県大和郡山市-町
　にき　奈良県磯城郡田原本町-

新木伏　しんきつぶし　宮城県加美郡加美町-
新木野　あらきの　千葉県我孫子市-
新木場　しんきば　東京都江東区-
新片　しんかた
　しんかた-まち　富山県射水市-町

新代　にいしろ　福岡県八女郡広川町-
新出　しんで
　しんで　山形県酒田市-
　しんで　静岡県磐田市-
　しんで-ちょう　滋賀県東近江市-町

新北　しんきた・にぎた
　しんきた-まち　香川県高松市-町
　にぎた　福岡県鞍手郡鞍手町-

新外　しんほか
　しんほか-まち　福岡県柳川市-町
　しんほか　熊本県熊本市東区-

新市町相方　しんいちちょうさがた　広島県福山市-
新平　につべい　岩手県北上市-
新生　あらおい・しんじょう・しんせい
　しんせい-ちょう　北海道北見市-町
　しんせい　北海道紋別市-
　しんせい-ちょう　北海道登別市-町
　しんせい　北海道樺戸郡月形町-
　しんせい　北海道天塩郡豊富町-
　しんせい　北海道河東郡士幌町-
　しんせい　北海道河西郡芽室町-
　しんせい　北海道河西郡中札内村-
　しんせい　北海道中川郡幕別町-

317

13画（新）

しんせい-ちょう　福島県二本松市-町
あらおい-ちょう　千葉県銚子市-町
あらおい　千葉県市原市-
しんせい-ちょう　新潟県新潟市南区-町
しんせい-ちょう　新潟県燕市-町
しんせい-ちょう　岐阜県羽島市-町
しんせい　愛知県一宮市-
しんせい-ちょう　愛知県半田市-町
しんせい-ちょう　愛知県豊田市-町
しんじょう-ちょう　兵庫県加西市-町
しんせい-ちょう　和歌山県和歌山市-町
しんせい　山口県山陽小野田市-
しんせい-まち　佐賀県佐賀市-町
しんせい　熊本県熊本市東区-
しんせい-ちょう　宮崎県日向市-町
しんせい-ちょう　鹿児島県鹿屋市-町
しんせい-ちょう　鹿児島県いちき串木野市-町

新田　あらた・しんた・しんでん・にいだ・にった・につた・にゅうた
しんでん　北海道樺戸郡月形町-
につた　北海道河東郡士幌町-
につた　青森県青森市-
しんでん　青森県上北郡野辺地町-
しんでん　青森県上北郡おいらせ町-
しんでん-ちょう　岩手県盛岡市-町
しんでん　岩手県花巻市-
しんでん　岩手県八幡平市-
しんでん　宮城県仙台市宮城野区-
しんでん　宮城県気仙沼市-
にいだ　宮城県多賀城市-
につた　宮城県東松島市-
しんでん　宮城県遠田郡涌谷町-
しんでん　秋田県由利本荘市-
しんでん-まち　山形県東根市-町
しんでん　山形県南陽市-
しんでん　福島県須賀川市-
にいだ　福島県相馬市-
しんでん　福島県二本松市-
しんでん　福島県伊達郡川俣町-
しんでん-まち　群馬県高崎市-町
しんでん　埼玉県ふじみ野市-
しんでん-ちょう　千葉県千葉市中央区-町
しんでん　千葉県市川市-
しんでん　千葉県木更津市-
しんでん　千葉県成田市-
につた　千葉県いすみ市-
しんでん　東京都足立区-
しんでん　新潟県新潟市西区-
しんでん-まち　新潟県五泉市-町
しんでん-まち　石川県白山市-町
しんでん　福井県大野市-
しんでん-ちょう　山梨県甲府市-町
あらた　山梨県上野原市-
しんでん-ちょう　長野県長野市-町
しんでん-ちょう　長野県須坂市-町
しんでん　長野県千曲市-
しんでん-ちょう　岐阜県大垣市-町
しんでん　岐阜県関市-
しんでん-ちょう　静岡県島田市-町
しんでん　静岡県田方郡函南町-
しんでん-ちょう　愛知県瀬戸市-町
しんでん-ちょう　愛知県刈谷市-町

しんでん-ちょう　愛知県安城市-町
しんでん-ちょう　愛知県常滑市-町
しんでん-ちょう　愛知県高浜市-町
しんでん-ちょう　愛知県豊明市-町
しんでん　三重県名張市-
しんでん-ちょう　三重県尾鷲市-町
しんでん　三重県多気郡大台町-
しんでん　兵庫県赤穂市-
しんでん　兵庫県川西市-
しんでん　兵庫県神崎郡神河町-
しんでん　奈良県御所市-
しんでん　和歌山県伊都郡かつらぎ町-
しんでん　鳥取県倉吉市-
しんでん　岡山県倉敷市-
にいだ　岡山県津山市-
しんでん　山口県防府市-
しんでん　山口県周南市-
しんでん-ちょう　香川県丸亀市-町
しんでん-ちょう　香川県観音寺市-町
しんでん-ちょう　愛媛県宇和島市-町
しんでん-ちょう　愛媛県新居浜市-町
しんでん　愛媛県西条市-
しんた-ちょう　高知県高知市-町
しんでん　高知県宿毛市-
しんでん　福岡県大川市-
しんでん　福岡県糸島市-
しんでん　佐賀県東松浦郡玄海町-
しんでん-ちょう　長崎県佐世保市-町
しんでん-まち　長崎県島原市-町
しんでん　熊本県八代郡氷川町-
にゅうた　宮崎県児湯郡新富町-

新田戸　にったど
にったど　茨城県猿島郡境町-
にったど　千葉県野田市-

新田本　しんでんほん
しんでんほん-まち　福井県福井市-町
しんでんほん-まち　大阪府大東市-町

新田目　あらため・にいだめ
にいだめ　秋田県北秋田市-
あらため　山形県東田川郡庄内町-

新田町甲　しんでんちょうこう　香川県高松市-

新田野　にったの　千葉県いすみ市-

新田塚　にったづか・につたづか
にったづか　福井県福井市-
につたづか-ちょう　福井県福井市-町

新田瑞木　にったみずき
にったみずき-ちょう　群馬県太田市-町

新田嘉祢　にったかね
にったかね-ちょう　群馬県太田市-町

新目　しんめ　香川県仲多度郡まんのう町-

新立　しんだて
しんだて-まち　愛媛県松山市-町

新光　しんこう・にっこう
しんこう　北海道小樽市-
しんこう-ちょう　北海道小樽市-町
しんこう-ちょう　北海道稚内市-町
しんこう-ちょう　北海道深川市-町
しんこう-ちょう　北海道富良野市-町
しんこう　北海道夕張郡由仁町-
しんこう-ちょう　北海道上川郡上川町-町
しんこう-ちょう　北海道斜里郡斜里町-町

13画（新）

しんこう　北海道常呂郡置戸町-
しんこう　北海道河東郡士幌町-
しんこう-ちょう　茨城県ひたちなか市-町
しんこう　埼玉県飯能市-
しんこう　埼玉県入間市-
しんこう-ちょう　新潟県新潟市中央区-町
にっこう-ちょう　新潟県三条市-町
しんこう-ちょう　新潟県上越市-町
新先斗　しんぽんと
　しんぽんと-ちょう　京都府京都市左京区-町
新名　しんみょう　富山県富山市-
新名爪　にいなづめ　宮崎県宮崎市-
新名鰭　しんなびれ　宮城県遠田郡涌谷町-
新地　あらじ・あらち・しんち
　しんち-ちょう　北海道檜山郡江差町-町
　しんち-ちょう　北海道古平郡古平町-町
　しんち-まち　青森県西津軽郡鰺ケ沢町-町
　しんち　福島県耶麻郡猪苗代町-
　しんち-まち　福島県相馬市-
　あらじ-ちょう　茨城県常陸太田市-町
　しんち-ちょう　茨城県牛久市-町
　しんち　茨城県結城郡八千代町-
　しんち-ちょう　千葉県銚子市-町
　あらち　千葉県長生郡一宮町-
　しんち-ちょう　岐阜県大垣市-町
　しんち-ちょう　愛知県知立市-町
　しんち　三重県桑名市-
　しんち-まち　奈良県御所市-町
　しんち　奈良県磯城郡田原本町-
　しんち　広島県安芸郡府中町-
　しんち-ちょう　山口県下関市-町
　しんち　山口県周南市-
　しんち-ちょう　山口県周南市-町
　しんち-まち　福岡県大牟田市-町
　しんち-まち　長崎県長崎市-町
　しんち-まち　熊本県八代市-町
　しんち　大分県豊後高田市-
新多　にいだ　福岡県鞍手郡小竹町-
新寺　しんてら・にいでら・にってら
　しんてら-まち　青森県弘前市-町
　しんてら　宮城県仙台市若林区-
　にってら　宮城県柴田郡大河原町-
　にいでら　千葉県香取市-
　しんてら-まち　富山県高岡市-町
新庄馬場　しんじょうばんば
　しんじょうばんば-ちょう　滋賀県長浜市-町
新成　しんせい・しんなり
　しんせい　北海道天塩郡天塩町-
　しんせい　宮城県石巻市-
　しんせい-まち　富山県高岡市-町
　しんなり　石川県白山市-
新成生　しんなりう　北海道雨竜郡幌加内町-
新旭町饗庭　しんあさひちょうあいば　滋賀県高島市-
新有帆　しんありほ
　しんありほ-ちょう　山口県山陽小野田市-町
新池　しんいけ・にいいけ・にいけ
　しんいけ　福島県白河市-
　しんいけ-ちょう　岐阜県美濃加茂市-町
　にいけ　静岡県袋井市-
　しんいけ-ちょう　愛知県名古屋市千種区-町
　しんいけ-ちょう　愛知県半田市-町

にいいけ　愛知県常滑市-
しんいけ　愛知県知立市-
しんいけ　福岡県北九州市戸畑区-
新羽　にっぱ
　にっぱ　群馬県多野郡上野村-
　にっぱ-ちょう　神奈川県横浜市港北区-町
新行江　しんぎょうえ
　しんぎょうえ-ちょう　長崎県佐世保市-町
新西　しんにし
　しんにし　富山県小矢部市-
　しんにし　愛知県名古屋市千種区-
新作　しんさく・しんざく
　しんざく　千葉県松戸市-
　しんさく　神奈川県川崎市高津区-
新住　あたらすみ　奈良県吉野郡下市町-
新坂　しんざか・にいざか
　にいざか-まち　宮城県仙台市青葉区-町
　しんざか-ちょう　秋田県横手市-町
新尾切　しんおぎれ　宮城県遠田郡涌谷町-
新尾頭　しんおとう　愛知県名古屋市熱田区-
新形　にいがた
　にいがた-まち　山形県鶴岡市-町
新戒　しんがい　埼玉県深谷市-
新沖　しんおき　山口県山陽小野田市-
新見　にいみ
　にいみ　北海道磯谷郡蘭越町-
　にいみ　鳥取県八頭郡智頭町-
　にいみ-し　岡山県-市
　にいみ　岡山県新見市-
新角川　しんかどがわ　富山県魚津市-
新谷　あらや・にいや・にや
　あらや　新潟県新潟市西蒲区-
　あらや　新潟県東蒲原郡阿賀町-
　あらや　静岡県三島市-
　にや　愛媛県今治市-
　にいや　愛媛県大洲市-
　にいや-まち　愛媛県大洲市-町
新谷地　にいやじ　秋田県大仙市-
新谷郷　しんがえごう　長崎県東彼杵郡川棚町-
新貝　しんがい
　しんがい-ちょう　静岡県浜松市南区-町
　しんがい　静岡県磐田市-
　しんがい　大分県大分市-
新里　あらさと・しんさと・にいさと・にさと・にっさと
　にさと　青森県弘前市-
　にっさと-ちょう　栃木県宇都宮市-町
　にっさと　群馬県邑楽郡明和町-
　にっさと-ちょう　埼玉県草加市-町
　にいさと　埼玉県児玉郡神川町-
　にっさと　千葉県香取市-
　あらさと　新潟県十日町市-
　しんさと　沖縄県国頭郡本部町-
新里町新川　にいさとちょうにっかわ　群馬県桐生市-
新和町碇石　しんわまちいかりいし　熊本県天草市-
新妻　にっつま　千葉県成田市-
新妻の神　しんさいのかみ　宮城県遠田郡美里町-
新居　あらい・にい・にのい
　あらい-ちょう　愛知県岡崎市-町
　あらい-ちょう　愛知県半田市-町
　あらい　愛知県尾張旭市-

319

13画（新）

にのい-ちょう　滋賀県長浜市-町
にい　高知県土佐-

新居見　にいみ
にいみ-ちょう　徳島県小松島市-町

新居屋　にいや　愛知県あま市-

新居浜　にいはま
にいはま-し　愛媛県-市

新岡　にいおか　青森県弘前市-

新幸　しんこう
しんこう-ちょう　新潟県見附市-町

新幸谷　しんこうや　茨城県猿島郡五霞町-

新延　にのぶ　福岡県鞍手郡鞍手町-

新明　しんみょう・しんめい
しんめい-ちょう　北海道苫小牧市-町
しんみょう　富山県砺波市-
しんめい-ちょう　愛知県瀬戸市-町
しんめい-ちょう　愛知県安城市-町
しんめい-ちょう　兵庫県明石市-町
しんめい　佐賀県杵島郡白石町-

新松原　しんまつわら
しんまつわら-まち　熊本県宇土市-町

新東　しんとう・しんひがし
しんひがし　宮城県柴田郡大河原町-
しんとう　沖縄県島尻郡南大東村-

新東名　しんとうな　宮城県東松島市-

新東町塔世　しんひがしまちとうせ　三重県津市-

新東洞院　しんひがしどういん
しんひがしどういん-ちょう　京都府京都市左京区-町

新治　にいはり・にいはる・にいばる
にいはり　茨城県筑西市-
にいはり　茨城県かすみがうら市-
にいはる-ちょう　神奈川県横浜市緑区-町
にいばる-まち　大分県日田市-町

新沼　しんぬま・にいぬま
にいぬま　福島県相馬市-
しんぬま-ちょう　愛知県名古屋市北区-町

新牧田　あらまきだ　茨城県つくば市-

新股　あらまた　山形県西置賜郡小国町-

新茅　しんかや
しんかや-まち　岡山県津山市-町

新金代　しんかなだい　富山県富山市-

新保　しんぼ・しんぼう・にいぼ
しんぼ-まち　群馬県高崎市-町
しんぼ　新潟県新潟市秋葉区-
しんぼ　新潟県新潟市西蒲区-
にいぼ　新潟県長岡市-
にいぼ-まち　新潟県長岡市-町
しんぼ　新潟県三条市-
しんぼ　新潟県阿賀野市-
しんぼ　新潟県魚沼市-
しんぼ　富山県富山市-
しんぼ　富山県氷見市-
しんぼ-まち　石川県金沢市-町
しんぼ-まち　石川県七尾市-町
しんぼ-まち　石川県小松市-町
しんぼ-まち　石川県加賀市-町
しんぼ-まち　石川県羽咋市-町
しんぼ-まち　石川県能美市-町
しんぼ　石川県鳳珠郡能登町-
しんぼ　福井県福井市-

しんぼ-ちょう　福井県福井市-町
しんぼ　福井県敦賀市-
しんぼ　福井県小浜市-
しんぼ　福井県越前市-
しんぼ-ちょう　福井県越前市-町
しんぼ　福井県今立郡池田町-
しんぼ　福井県丹生郡越前町-
しんぼ　長野県中野市-
しんぼう　岡山県岡山市南区-

新冠　にいかっぷ
にいかっぷ-ぐん　北海道-郡
にいかっぷ-ちょう　北海道新冠郡-町

新南　しんなん・しんみなみ
しんみなみ　宮城県柴田郡大河原町-
しんなん　栃木県那須塩原市-
しんなん-ちょう　新潟県上越市-町

新南部　しんなべ　熊本県熊本市東区-

新品治　しんほんじ
しんほんじ-ちょう　鳥取県鳥取市-町

新垣　あらかき
あらかき　沖縄県糸満市-
あらかき　沖縄県中頭郡中城村-

新城　あらぐすく・しんじょう・しんしろ
しんじょう-ちょう　北海道芦別市-町
しんじょう　青森県青森市-
しんじょう　神奈川県川崎市中原区-
しんしろ　愛知県名古屋市守山区-
しんしろ-し　愛知県-市
しんじょう　和歌山県伊都郡かつらぎ町-
しんじょう　岡山県久米郡美咲町-
しんじょう　大分県豊後高田市-
しんじょう-ちょう　宮崎県宮崎市-町
しんじょう　鹿児島県垂水市-
しんじょう　鹿児島県大島郡知名町-
あらぐすく　沖縄県宜野湾市-
あらぐすく　沖縄県島尻郡八重瀬町-
あらぐすく　沖縄県八重山郡竹富町-

新屋　あたらしや・あらや・にいや
あらや-まち　秋田県秋田市-町
あらや　神奈川県小田原市-
あらや　新潟県三条市-
あらや　新潟県村上市-
あらや　新潟県五泉市-
あらや　富山県富山市-
あたらしや　富山県南砺市-
あらや　富山県中新川郡上市町-
あらや　富山県下新川郡入善町-
あらや-まち　石川県七尾市-町
あらや　山梨県富士吉田市-
あらや　長野県東御市-
あらや　静岡県焼津市-
あらや　静岡県袋井市-
にいや-ちょう　鳥取県境港市-町
にいや　鳥取県日野郡日南町-

新屋町北鶉野　あらやまちきたうずらの　青森県平川市-

新屋長田　あらやおさだ　青森県平川市-

新屋敷　あらやしき・しんやしき
あらやしき　山形県鶴岡市-
しんやしき　山形県酒田市-
しんやしき　山形県西置賜郡小国町-

320

13画（新）

あらやしき 福島県郡山市-
しんやしき 福島県大沼郡会津美里町-
あらやしき 福島県石川郡石川町-
あらやしき 新潟県新発田市-
あらやしき 新潟県十日町市-
あらやしき 新潟県刈羽郡刈羽村-
しんやしき 岐阜県安八郡神戸町-
しんやしき-ちょう 愛知県西尾市-町
しんやしき-ちょう 三重県松阪市-町
しんやしき 三重県桑名市-
しんやしき 奈良県桜井市-
しんやしき-まち 和歌山県田辺市-町
しんやしき-ちょう 岡山県岡山市北区-町
しんやしき 高知県高知市-
しんやしき 熊本県熊本市中央区-
しんやしき-ちょう 鹿児島県鹿児島市-町

新巻 あらまき・しんまき
あらまき 群馬県吾妻郡東吾妻町-
あらまき 群馬県利根郡みなかみ町-
あらまき 千葉県市原-
しんまき-ちょう 滋賀県近江八幡市-町

新建 しんたけ・しんだち
しんたけ-ちょう 京都府京都市上京区-町
しんだち 長崎県島原市-

新栄 しんえい・しんさかえ・にいさか
しんえい-ちょう 北海道釧路市-町
しんえい-ちょう 北海道登別市-町
しんえい-ちょう 北海道松前郡福島町-町
しんえい-ちょう 北海道檜山郡江差町-町
しんえい 北海道檜山郡厚沢部町-
しんえい 北海道寿都郡寿都町-町
しんえい 北海道樺戸郡月形町-
しんさかえ-まち 北海道枝幸郡枝幸町-町
しんえい 北海道新冠郡新冠町-
しんえい 北海道河東郡士幌町-
しんえい 北海道河西郡更別村-
しんえい 宮城県石巻市-
しんえい-ちょう 群馬県伊勢崎市-町
しんさかえ-ちょう 群馬県館林市-町
しんえい 埼玉県草加市-
しんえい 埼玉県吉川市-
しんえい 千葉県習志野市-
しんえい-ちょう 神奈川県横浜市都筑区-町
しんえい-ちょう 神奈川県茅ヶ崎市-町
しんえい-ちょう 新潟県新潟市秋葉区-町
しんえい 新潟県長岡市-
しんさかえ-ちょう 新潟県長岡市-町
しんえい-ちょう 新潟県新発田市-町
しんえい-ちょう 新潟県加茂市-町
しんえい-ちょう 新潟県燕市-町
しんさかえ-ちょう 新潟県妙高市-町
しんえい-ちょう 新潟県胎内市-町
しんさかえ-まち 富山県高岡市-町
しんさかえ-まち 富山県砺波市-町
しんさかえ-まち 岐阜県岐阜市-町
しんさかえ 愛知県名古屋市千種-
しんさかえ 愛知県名古屋市中区-
しんさかえ-ちょう 愛知県名古屋市中区-町
しんさかえ-ちょう 愛知県豊橋市-町
しんさかえ-まち 愛知県半田市-町
しんさかえ-まち 愛知県豊川市-町
しんさかえ-まち 愛知県刈谷市-町

しんさかえ-ちょう 愛知県豊明市-町
しんさかえ 愛知県知多郡南知多町-
にいさか-ちょう 滋賀県長浜市-町
しんさかえ-まち 滋賀県近江八幡市-町
しんえい-ちょう 愛媛県八幡浜市-町
しんさかえ-まち 福岡県大牟田市-町
しんさかえ-まち 大分県大分市-町
しんえい 大分県豊後高田市-
しんえい-ちょう 宮崎県宮崎市-町
しんえい-ちょう 鹿児島鹿児島市-町
しんえい-ちょう 鹿児島県鹿屋市-町
しんえい-ちょう 沖縄県石垣市-町

新柴 あらしば 静岡県駿東郡小山町-
新柳 しんやなぎ
しんやなぎ-ちょう 愛知県岩倉市-町
新柳馬場頭 しんやなぎのばんばかしら
しんやなぎのばんばかしら-ちょう 京都府京都市上京区-町
新海 しんかい・しんがい
しんかい-まち 山形県鶴岡市-町
しんがい-ちょう 滋賀県彦根市-町
新泉 しんいずみ・にいずみ・にいのみ
しんいずみ 千葉県成田市-
にいのみ 千葉県山武市-
にいずみ-ちょう 奈良県天理市-町
新津 あらつ・しんづ・にいつ
にいつ 新潟県新潟市秋葉区-
しんづ-ちょう 静岡県浜松市中区-町
しんづ 兵庫県養父市-
あらつ 福岡県京都郡苅田町-
新津四ツ興野 にいつよつごや 新潟県新潟市秋葉区-
新発田 しばた
しばた-し 新潟県-市
新発寒一条 しんはっさむいちじょう 北海道札幌市手稲区-
新砂 しんすな 東京都江東区-
新神野 しんかんの 兵庫県加古川市-
新荘 しんじょう・しんそう
しんそう 茨城県水戸市-
しんじょう 兵庫県篠山市-
新逆井 しんさかさい 千葉県柏市-
新倉 あらくら・しんくら・にいくら
にいくら 埼玉県和光市-
あらくら 山梨県富士吉田市-
あらくら 山梨県南巨摩郡早川町-
しんくら 広島県三原市-
しんくら-ちょう 広島県三原市-町
新原 しんはら・しんばら・しんばら・しんばる
しんばら 山形県西置賜郡小国町-
しんはら 茨城県水戸市-
しんばら 静岡県浜松市浜北区-
しんばら-まち 福岡県北九州市門司区-町
しんばる 福岡県古賀市-
しんばる 福岡県糟屋郡須惠町-
新夏梨 しんなつなし 福島県白河市-
新家 しんけ・しんげ・にいえ・にのみ
にいえ 愛知県名古屋市中川区-
にのみ-ちょう 三重県津市-町
しんけ-ちょう 大阪府堺市中区-町
しんけ-ちょう 大阪府八尾市-町
しんけ 大阪府富田林市-

321

13画（新）

しんけ　大阪府寝屋川市-
しんけ　大阪府東大阪市-
しんげ　大阪府泉南市-
新宮　しんぐう・しんみや
　　しんぐう　北海道樺戸郡月形町-
　　しんみや　青森県五所川原市-
　　しんみや-ちょう　青森県五所川原市-町
　　しんみや　福島県伊達郡川俣町-
　　しんぐう　茨城県潮来市-
　　しんぐう　茨城県行方市-
　　しんみや　新潟県十日町市-
　　しんぐう　石川県羽咋郡宝達志水町-
　　しんぐう-まち　岐阜県高山市-
　　しんぐう　岐阜県揖斐郡揖斐川町-
　　しんぐう-ちょう　愛知県半田市-町
　　しんみや　愛知県丹羽郡大口町-
　　しんぐう-ちょう　滋賀県東近江市-町
　　しんぐう　京都府福知山市-
　　しんぐう-ちょう　京都府綾部市-町
　　しんぐう　京都府宮津市-
　　しんぐう-し　和歌山県-市
　　しんぐう　和歌山県新宮市-
　　しんぐう　広島県呉市-町
　　しんぐう　広島県廿日市市-
　　しんぐう　広島県安芸郡熊野町-
　　しんぐう-ちょう　山口県周南市-町
　　しんぐう-まち　福岡県糟屋郡-町
　　しんぐう　福岡県糟屋郡新宮町-
新宮町二柏野　しんぐうちょうふたつがいの　兵庫県たつの市-
新宮町上莇原　しんぐうちょうかみあざわら　兵庫県たつの市-
新宮町角亀　しんぐうちょうつのがめ　兵庫県たつの市-
新宮町善定　しんぐうちょうぜんじょ　兵庫県たつの市-
新宮町觜崎　しんぐうちょうはしさき　兵庫県たつの市-
新島　あらしま・しんじま・にいじま
　　にいじま-ちょう　群馬県太田市-町
　　にいじま　埼玉県熊谷市-
　　にいじま　千葉県山武郡横芝光町-
　　にいじま-むら　東京都-村
　　あらしま　静岡県磐田市-
　　にいじま　兵庫県加古郡播磨町-
　　しんじま-ちょう　鹿児島県鹿児島市-町
新島町通　しんしまちょうどおり　新潟県新潟市中央区-
新座　しんざ・にいざ
　　しんざ　福島県二本松市-
　　にいざ-し　埼玉県-市
　　にいざ　埼玉県新座市-
　　しんざ　新潟県十日町市-
　　しんざ　新潟県阿賀野市-
　　しんざ-まち　三重県松阪市-町
新恵山　しんえさん
　　しんえさん-ちょう　北海道函館市-町
新桑竈　さらくわがま　三重県度会郡南伊勢町-
新浜　しんはま・にいはま
　　しんはま-ちょう　北海道函館市-町
　　しんはま　北海道幌泉郡えりも町-
　　しんはま-ちょう　岩手県釜石市-町

しんはま-ちょう　宮城県塩竈市-町
しんはま-ちょう　宮城県気仙沼市-町
しんはま-ちょう　福島県福島市-町
しんはま　茨城県鹿嶋市-
にいはま-ちょう　千葉県千葉市中央区-町
にいはま　千葉県市川市-
しんはま-ちょう　愛知県半田市-町
しんはま-ちょう　愛知県常滑市-町
しんはま-ちょう　三重県四日市市-町
しんはま-ちょう　滋賀県草津市-町
しんはま　京都府宮津市-
にいはま-ちょう　大阪府泉佐野市-町
にいはま　大阪府泉北郡忠岡町-
にいはま-ちょう　兵庫県芦屋市-町
しんはま　広島県尾道市-
しんはま-ちょう　広島県福山市-町
しんはま-ちょう　徳島県徳島市-町
しんはま-ちょう　香川県丸亀市-町
しんはま-ちょう　香川県坂出市-町
しんはま-まち　愛媛県松山市-町
しんはま-ちょう　福岡県京都郡苅田町-町
しんはま　熊本県八代市-市
しんはま-まち　宮崎県延岡市-町
新留丁　にんとめちょう　和歌山県和歌山市-
新釜座　しんかまんざ
　　しんかまんざ-ちょう　京都府京都市下京区-町
新高　にいたか
　　にいたか　大阪府大阪市淀川区-
　　にいたか-ちょう　和歌山県和歌山市-町
新冨居　しんふご　富山県富山市-
新堀　しんぼり・にいほり・にいぼり
　　にいぼり　山形県酒田市-
　　にいぼり　茨城県下妻市-
　　にいぼり-まち　群馬県前橋市-町
　　にいぼり　埼玉県熊谷市-
　　にいぼり　埼玉県川口市-
　　にいぼり-ちょう　埼玉県川口市-町
　　しんぼり　埼玉県新座市-
　　にいぼり　埼玉県坂戸市-
　　にいぼり　埼玉県日高市-
　　にいぼり　埼玉県比企郡川島町-
　　にいぼり　千葉県市原市-
　　にいぼり　千葉県匝瑳市-
　　にいぼり　東京都江戸川区-
　　にいぼり　東京都東大和市-
　　にいぼり　新潟県三条市-
　　にいぼり　新潟県燕市-
　　にいぼり　新潟県南魚沼市-
　　しんぼり-ちょう　富山県富山市-町
　　しんぼり　富山県射水市-
　　しんぼり　富山県中新川郡立山町-
　　しんぼり　長野県上高井郡高山村-
　　しんぼり-ちょう　岐阜県関市-町
　　にいぼり　静岡県浜松市浜北区-
　　にいぼり　静岡県袋井市-
　　しんぼり-ちょう　愛知県名古屋市北区-町
　　にいぼり-ちょう　愛知県岡崎市-町
　　しんぼり-ちょう　大阪府堺市北区-町
　　しんぼり　山口県周南市-
　　しんぼり　大分県中津市-
新堀向　しんぼりむかい　福島県耶麻郡猪苗代町-

322

13画（新）

新堀新田 にいほりしんでん・にいぼりしんでん
　にいほりしんでん　埼玉県熊谷市-
　にいほりしんでん　埼玉県日高市-
　にいぼりしんでん　新潟県南魚沼市-
新宿 あらじゅく・しんしゅく・しんじゅく・にいじゅく
　あらじゅく　山形県西村山郡朝日町-
　あらじゅく-ちょう　茨城県常陸太田市-町
　あらじゅく-ちょう　栃木県足利市-町
　あらじゅく　栃木県大田原市-
　しんじゅく　群馬県桐生市-
　しんじゅく　群馬県館林市-
　しんじゅく　埼玉県さいたま市緑区-
　あらじゅく-まち　埼玉県川越市-町
　しんじゅく-ちょう　埼玉県東松山市-町
　しんしゅく　埼玉県鴻巣市-
　しんじゅく　埼玉県児玉郡神川町-
　しんじゅく　千葉県千葉市中央区-
　しんじゅく　千葉県館山市-
　しんじゅく　千葉県木更津市-
　にいじゅく　千葉県香取郡東庄町-
　しんじゅく-く　東京都-区
　しんじゅく　東京都新宿区-
　にいじゅく　東京都葛飾区-
　しんじゅく　神奈川県逗子市-
　しんじゅく　富山県魚津市-
　しんじゅく-ちょう　静岡県沼津市-町
　しんしゅく　静岡県駿東郡清水町-
　しんじゅく　愛知県名古屋市名東区-
　しんじゅく-ちょう　愛知県豊川市-町
新崎 にいざき・にんざき
　にいざき　新潟県新潟市北区-
　にんざき　石川県鳳珠郡穴水町-
新張 みはり　長野県東御市-
新斎部 しんさいぶ　山形県鶴岡市-
新曽 にいぞ　埼玉県戸田市-
新清水 あらしみず　富山県中新川郡上市町-
新盛 しんせい・しんもり
　しんせい　北海道河東郡士幌町-
　しんもり-ちょう　愛知県豊田市-
新船 しんふね
　しんふね-ちょう　愛知県名古屋市港区-町
新郷 しんごう
　しんごう-むら　青森県三戸郡-村
　しんごう　埼玉県所沢市-
　しんごう　埼玉県東松山市-
　しんごう-ちょう　愛知県瀬戸市-町
　しんごう　広島県山県郡北広島町-
新郷屋 しんごや　新潟県新潟市秋葉区-
新都田 しんみやこだ　静岡県浜松市北区-
新部 しんべ・にっぺ
　にっぺ　千葉県香取市-
　しんべ-ちょう　兵庫県小野市-町
新野 あらたの・しんの・にいの・にの
　にいの　北海道釧路市-
　にいの-ちょう　群馬県太田市-町
　しんの　長野県中野市-
　にいの　長野県下伊那郡阿南町-
　にいの　静岡県浜松市浜北区-
　にいの　静岡県御前崎市-
　にいの-ちょう　愛知県半田市-町

　にいの　兵庫県神崎郡神河町-
　にの　奈良県吉野郡大淀町-
　あらたの-ちょう　徳島県阿南市-町
新野山形 にいのやまがた　岡山県津山市-
新魚 しんうお・しんぎょ
　しんぎょ-まち　和歌山県和歌山市-町
　しんうお-まち　岡山県津山市-町
　しんうお-まち　大分県中津市-町
新鹿 あたしか
　あたしか-ちょう　三重県熊野市-町
新喜多 しぎた
　しぎた　大阪府大阪市城東区-
　しぎた　大阪府東大阪市-
新塚 にいづか　埼玉県新座市-
新堤 しんづつみ・にいづつみ
　にいづつみ　茨城県ひたちなか市-
　にいづつみ　埼玉県さいたま市見沼区-
　しんづつみ-ちょう　山口県周南市-町
新富 しんとみ・にいとみ
　しんとみ-ちょう　北海道小樽市-町
　しんとみ-ちょう　北海道室蘭市-町
　しんとみ-ちょう　北海道釧路市-町
　しんとみ-ちょう　北海道苫小牧市-町
　しんとみ　北海道千歳市-
　しんとみ-ちょう　北海道富良野市-町
　しんとみ　北海道樺戸郡月形町-
　しんとみ　北海道雨竜郡幌加内町-
　しんとみ　北海道虻田郡豊浦町-
　しんとみ　北海道様似郡様似町-
　しんとみ-ちょう　宮城県塩竈市-町
　しんとみ-ちょう　栃木県宇都宮市-町
　しんとみ-ちょう　栃木県大田原市-町
　しんとみ-ちょう　埼玉県川越市-町
　しんとみ-ちょう　千葉県柏市-町
　しんとみ　千葉県富津市-
　しんとみ　東京都中央区-
　しんとみ-ちょう　新潟県新潟市北区-町
　しんとみ-ちょう　新潟県新発田市-町
　しんとみ-ちょう　富山県富山市-町
　しんとみ-ちょう　富山県滑川市-町
　しんとみ-ちょう　富山県砺波市-町
　しんとみ-まち　富山県小矢部市-町
　しんとみ-ちょう　岐阜県多治見市-町
　しんとみ-ちょう　静岡県静岡市葵区-町
　しんとみ-ちょう　静岡県静岡市清水区-町
　しんとみ-ちょう　愛知県名古屋市中村区-町
　しんとみ-ちょう　愛知県刈谷市-町
　しんとみ　愛知県知立市-
　しんとみ-ちょう　宮崎県児湯郡-町
　にいとみ　鹿児島県肝属郡肝付町-
新御幸 しんごこう
　しんごこう-ちょう　京都府京都市上京区-町
新御堂 しみどう・しんみどう
　しみどう　千葉県君津市-
　しんみどう　鹿児島県垂水市-
新替 しんがえ
　しんがえ-ちょう　長崎県佐世保市-町
新港 しんこう・しんみなと
　しんみなと-ちょう　北海道稚内市-町
　しんこう-ちょう　北海道紋別市-町
　しんこう-ちょう　北海道枝幸郡枝幸町-町

13画（樅, 椴, 楽）

しんみなと・まち　岩手県上閉伊郡大槌町-町
しんみなと　千葉県千葉市美浜区-
しんみなと　千葉県木更津市-
しんこう　神奈川県横浜市中区-
しんみなと・ちょう　神奈川県横須賀市-町
しんみなと・ちょう　静岡県静岡市清水区-町
しんみなと・まち　大阪府岸和田市-町
しんみなと・ちょう　大阪府泉大津市-町
しんこう・ちょう　兵庫県神戸市中央区-町
しんみなと・まち　山口県岩国市-町
しんみなと　愛媛県八幡浜市-
しんこう　高知県宿毛市-
しんこう・まち　福岡県大牟田市-町
しんみなと・まち　長崎県佐世保市-町
しんみなと・まち　長崎県五島市-町
しんみなと　熊本県熊本市西区-
しんみなと・まち　熊本県八代市-町
しんみなと・まち　大分県別府市-町

新湯　しんゆ　山形県上山市-
新湧　しんゆう　北海道石狩郡新篠津村-
新琴似　しんことに
　　しんことに・ちょう　北海道札幌市北区-町
新賀　しんが
　　しんが-ちょう　奈良県橿原市-町
　　しんが　岡山県笠岡市-
新道　しんどう・しんみち
　　しんみち　北海道上磯郡木古内町-
　　しんみち　福島県白河市-
　　しんどう・ちょう　群馬県太田市-町
　　しんどう　新潟県柏崎市-
　　しんどう　福井県敦賀市-
　　しんどう　福井県南条郡南越前町-
　　しんどう　福井県三方上中郡若狭町-
　　しんみち　愛知県名古屋市西区-
　　しんどう・ちょう　愛知県瀬戸市-町
　　しんみち・ちょう　愛知県豊川市-町
　　しんみち・まち　愛知県碧南市-町
　　しんみち　岡山県岡山市北区-
　　しんみち・まち　長崎県諫早市-町
新開　しびらき・しんかい・しんがい・しんびらき
　　しんかい・ちょう　北海道苫小牧市-町
　　しんかい・ちょう　北海道山越郡長万部町-町
　　しんかい　北海道釧路郡釧路町-
　　しんかい　山形県山形市-
　　しびらき　埼玉県さいたま市桜区-
　　しんかい　新潟県長岡市-
　　しんびらき・ちょう　福井県福井市-町
　　しんかい　長野県木曽郡木曽町-
　　しんかい・ちょう　岐阜県大垣市-町
　　しんかい　静岡県磐田市-
　　しんかい・ちょう　愛知県名古屋市瑞穂区-町
　　しんかい・ちょう　愛知県春日井市-町
　　しんがい　愛知県津島市-
　　しんがい・ちょう　愛知県津島市-町
　　しんがい・ちょう　愛知県常滑市-町
　　しんかい・ちょう　三重県松阪市-町
　　しんかい・ちょう　京都府京都市下京区-町
　　しんかい　鳥取県米子市-
　　しんかい　香川県綾歌郡宇多津町-
　　しんかい　高知県高岡郡四万十町-町
　　しんかい　福岡県北九州市門司区-
　　しんかい・まち　福岡県大牟田市-町

しんかい　佐賀県杵島郡白石町-
しんかい・まち　熊本県八代市-町
しんがい・まち　熊本県宇土市-町
新開発　しんかいほつ　富山県射水市-
新間　しんま　静岡県静岡市葵区-
新飯田　にいだ
　　にいだ　新潟県新潟市南区-
　　にいだ　新潟県村上市-
新園　しんその
　　しんその・まち　富山県富山市-町
新溝　しんみぞ　福岡県筑後市-
新竪　しんたて
　　しんたて・まち　石川県金沢市-町
新豊　しんゆたか
　　しんゆたか・まち　愛知県豊川市-町
新稲　にいな　大阪府箕面市-
新綱　にいづな　秋田県大館市-
新総曲輪　しんそうがわ　富山県富山市-
新敷　にしき　青森県上北郡おいらせ町-
新穂　にいほ　新潟県佐渡市-
新蔵長根　しんぞうながね　青森県三戸郡五戸町-
新橋　しんばし・にいはし・にっぱし
　　しんばし　宮城県石巻市-
　　しんばし　山形県酒田市-
　　しんばし　茨城県稲敷市-
　　にっぱし　千葉県富里市-
　　しんばし　東京都港区-
　　しんばし・ちょう　神奈川県横浜市泉区-町
　　しんばし　新潟県柏崎市-
　　しんばし　長野県松本市-
　　にっぱし・ちょう　静岡県浜松市南区-町
　　しんばし・ちょう　静岡県富士市-町
　　にいはし　静岡県御殿場市-
　　しんばし・ちょう　大阪府門真市-町
　　しんばし・ちょう　山口県防府市-町
新舘　しんだて・にいだて
　　にいだて　青森県上北郡東北町-
　　にいだて　福島県河沼郡会津坂下町-
　　しんだて　新潟県胎内市-
新館　しんたて・しんだて
　　しんだて　宮城県石巻市-
　　しんだて・ちょう　宮城県白石市-町
新館後野　にいだてうしろの　青森県平川市-
新磯野　あらいその　神奈川県相模原市南区-

⬚ 樅

樅代　たらのきだい　山形県鶴岡市-

⬚ 椴

椴川　とどがわ
　　とどがわ・ちょう　北海道檜山郡江差町-町

⬚ 楽

楽平　よしひら　愛知県弥富市-
楽田　がくでん
　　がくでん・ちょう　岐阜県大垣市-町
楽田一色浦　がくでんいしきうら　愛知県犬山市-
楽田勝部前　がくでんかちべまえ　愛知県犬山市-

13画（業, 椿, 楢, 楠, 楊, 楜, 楮, 椹, 楡, 楪, 殿, 滑）

業

業平 なりひら
　なりひら　東京都墨田区-
　なりひら-ちょう　兵庫県芦屋市-町

椿

椿山 つばきやま・つばやま
　つばきやま　埼玉県蓮田市-
　つばやま　高知県吾川郡仁淀川町-
椿井 つばい
　つばい-ちょう　奈良県奈良市-町
　つばい　奈良県生駒郡平群町-
　つばい　熊本県山鹿市-
椿世 つばいそ
　つばいそ-ちょう　三重県亀山市-町
椿市 つばいち
　つばいち-ちょう　愛知県津島市-町
椿東 ちんとう　山口県萩市-
椿原 つばきはら・つばはら・つばわら
　つばきはら　岐阜県大野郡白川村-
　つばはら-まち　福岡県柳川市-町
　つばわら-まち　熊本県宇土市-町
椿高下 つばきこうげ　岡山県津山市-
椿黒 つばくろ
　つばくろ-まち　福岡県大牟田市-町

楢

楢下 ならげ　山形県上山市-
楢山金照 ならやまきんしょう
　ならやまきんしょう-まち　秋田県秋田市-町
楢木 ならのき
　ならのき　青森県弘前市-
　ならのき　栃木県小山市-
　ならのき　愛媛県西条市-

楠

楠 くす・くすのき
　くすのき　北海道中川郡美深町-
　くすのき-ちょう　群馬県館林市-町
　くすのき-ちょう　神奈川県横浜市西区-町
　くすのき-ちょう　岐阜県岐阜市-町
　くすのき　静岡県静岡市清水区-
　くすのき　愛知県名古屋市北区-
　くすのき-ちょう　愛知県名古屋市南区-町
　くすのき　愛知県弥富市-
　くすのき　愛知県知多郡武豊町-
　くすのき-ちょう　京都府京都市中京区-町
　くすのき-ちょう　大阪府堺市堺区-町
　くすのき-ちょう　大阪府富田林市-町
　くすのき-ちょう　兵庫県神戸市中央区-町
　くすのき-ちょう　兵庫県姫路市-町
　くすのき-ちょう　兵庫県芦屋市-町
　くすのき　兵庫県赤穂郡上郡町-
　くす　和歌山県東牟婁郡古座川町-
　くす　岡山県苫田郡鏡野町-
　くすのき-まち　山口県岩国市-町
　くす　愛媛県西条市-
　くす　高知県四万十市-
　くすのき　熊本県熊本市北区-
　くすのき-まち　大分県別府市-町
楠公 なんこう　大阪府四條畷市-

楠木原 くすのきばる　佐賀県西松浦郡有田町-
楠右衛門小路 くすえもんしょうじ　和歌山県和歌山市-
楠平尾 くすびらお
　くすびらお-ちょう　三重県亀山市-町
楠味鋺 くすのきあじま　愛知県名古屋市北区-
楠風台 なんぷうだい　大阪府富田林市-
楠原 くすばる　宮崎県日南市-
楠崎 くっさき　愛媛県新居浜市-
楠瀬 くすのせ　高知県吾川郡いの町-

楊

楊子 ようず
　ようず-ちょう　静岡県浜松市南区-町
楊井 やぎい　埼玉県熊谷市-

楜

楜ケ原 くるみがはら　富山県富山市-

楮

楮 こうじ・こうず・こうぞ
　こうじ-まち　青森県弘前市-町
　こうず　富山県南砺市-
　こうぞ　岡山県美作市-
楮原 かじはら　高知県吾川郡仁淀川町-
楮根 かぞね　山梨県南巨摩郡南部町-

椹

椹原 ふしはら　奈良県生駒郡平群町-

楡

楡木 にれぎ・にれのき
　にれぎ-まち　栃木県鹿沼市-町
　にれぎ　埼玉県日高市-
　にれのき　熊本県熊本市北区-
楡生 にりょう　福岡県築上郡吉富町-

楪

楪 ゆずりは　山形県鶴岡市-

殿

殿所 とのところ・とのどころ
　とのどころ　岡山県美作市-
　とのどころ　宮崎県日南市-
殿河内 とのがわち　鳥取県西伯郡大山町-
殿垣内 とのごうち
　とのごうち-ちょう　広島県庄原市-町

滑

滑川 なめかわ・なめがわ・なめりかわ
　なめかわ　山形県山形市-
　なめがわ　福島県須賀川市-
　なめかわ-ちょう　茨城県日立市-町
　なめがわ-まち　埼玉県比企郡-町
　なめがわ　千葉県成田市-
　なめりかわ-し　富山県-市
　なめがわ　愛媛県東温市-
滑田 なめしだ　岩手県北上市-
滑石 なめいし・なめし
　なめし　長崎県長崎市-
　なめいし　熊本県玉名市-

325

13画 (源, 溝, 滝, 溜, 煙, 照, 煤, 猿, 獅, 畷)

滑谷　ぬかりや　千葉県鴨川市-

源

源河　げんか　沖縄県名護市-
源栄　もとえ
　もとえ-まち　大分県日田市-町
源緑輪中　げんろくわじゅう　三重県桑名郡木曽岬町-
源藤　げんどう
　げんどう-ちょう　宮崎県宮崎市-町

溝

溝上　みぞのうえ　熊本県玉名市-
溝口　みぞくち・みぞぐち・みぞのくち
　みぞぐち　茨城県神栖市-
　みぞのくち　神奈川県川崎市高津区-
　みぞぐち　岐阜県岐阜市-
　みぞぐち　兵庫県三田市-
　みぞぐち　鳥取県西伯郡伯耆町-
　みぞくち　岡山県総社市-
　みぞぐち　広島県山県郡北広島町-
　みぞくち　福岡県筑後市-
溝之杁　みぞのいり　愛知県長久手市-
溝辺町竹子　みぞべちょうたかげ　鹿児島県霧島市-
溝足　みずおし　新潟県新発田市-
溝陸　みぞろく
　みぞろく-まち　長崎県大村市-町

滝

滝の上　たきのうえ・たきのかみ
　たきのかみ　北海道雨竜郡秩父別町-
　たきのかみ　宮城県伊具郡丸森町-
　たきのうえ-まち　埼玉県秩父市-町
滝八幡　たきはちまん　福島県西白河郡矢吹町-
滝上　たきがみ・たきのうえ
　たきのうえ-ちょう　北海道紋別郡-町
　たきがみ　熊本県上益城郡山都町-
滝之坊　たきのぼ　石川県鳳珠郡能登町-
滝平　たきのひら　山形県山形市-
滝谷　たきたに・たきだに・たきや
　たきや　福島県大沼郡三島町-
　たきや-ちょう　栃木県宇都宮市-町
　たきや-ちょう　新潟県新潟市秋葉区-町
　たきや-まち　新潟県長岡市-町
　たきや　新潟県三条市-
　たきだに　新潟県新発田市-
　たきや　新潟県南魚沼市-
　たきや　新潟県三島郡出雲崎町-
　たきや　新潟県刈羽郡刈羽村-
　たきだに-まち　石川県羽咋市-町
　たきだに　福井県小浜市-
　たきや　三重県多気郡大台町-
　たきたに-ちょう　兵庫県神戸市長田区-町
滝倉　たきぐら・たきのくら
　たきぐら　山形県西置賜郡小国町-
　たきのくら　奈良県桜井市-
滝原　たきのはら・たきはら・たきばら・たきばら
　たきばら　宮城県伊具郡丸森町-
　たきのはら　福島県南会津郡南会津町-
　たきばら　福島県大沼郡三島町-
　たきはら　千葉県君津市-
　たきはら　新潟県岩船郡関川村-

　たきばら　長野県小諸市-
　たきはら　三重県度会郡大紀町-
　たきばら　島根県邑智郡美郷町-
滝宮　たきのみや・たきみや
　たきみや　岡山県美作市-
　たきのみや　香川県小豆郡土庄町-
　たきのみや　香川県綾歌郡綾川町-
滝根町神俣　たきねまちかんまた　福島県田村市-
滝馬　たきば　京都府宮津市-
滝馬室　たきまむろ　埼玉県鴻巣市-

溜

溜井　ぬるい　高知県土佐郡土佐町-

煙

煙山　けむやま　岩手県紫波郡矢巾町-

照

照光　しょうこう
　しょうこう-まち　愛知県碧南市-町

煤

煤ケ谷　すすがや　神奈川県愛甲郡清川村-

猿

猿川原　さるかわばら　愛媛県松山市-
猿払　さるふつ
　さるふつ-むら　北海道宗谷郡-村
　さるふつ　北海道宗谷郡猿払村-
猿田　さるた・さるだ・やえんだ
　さるた　茨城県鹿嶋市-
　さるだ　茨城県桜川市-
　さるた-ちょう　栃木県足利市-町
　やえんだ　埼玉県日高市-
　さるだ-ちょう　千葉県銚子市-町
　さるた　新潟県村上市-
猿田上ノ台　やえんだうえのだい　埼玉県日高市-
猿投　さなげ
　さなげ-ちょう　愛知県名古屋市北区-町
　さなげ-ちょう　愛知県豊田市-町
猿島　さしま・さるしま
　さしま　茨城県稲敷郡河内町-
　さしま-ぐん　茨城県-郡
　さるしま　神奈川県横須賀市-
猿野　ましの　三重県伊賀市-
猿喰　さるはみ　福岡県北九州市門司区-
猿猴橋　えんこうばし
　えんこうばし-ちょう　広島県広島市南区-町
猿鳴　さるなぎ　愛媛県南宇和郡愛南町-

獅

獅子　しし・ちし
　ちし　京都府宮津市-
　しし　島根県飯石郡飯南町-
　しし-ちょう　長崎県平戸市-町

畷

畷　なわて
　なわて-ちょう　福井県越前市-町
　なわて-まち　岐阜県岐阜市-町

13画（當, 睦, 碓, 碇, 福）

當

當麻　たいま　奈良県葛城市-

睦

睦　むつみ
　むつみ　北海道河東郡士幌町-
　むつみ　北海道釧路郡釧路町-
　むつみ-まち　山形県鶴岡市-町
　むつみ-ちょう　栃木県宇都宮市-町
　むつみ-ちょう　栃木県鹿沼市-町
　むつみ　栃木県那須塩原市-
　むつみ-ちょう　埼玉県加須市-町
　むつみ-ちょう　神奈川県横浜市南区-町
　むつみ-ちょう　静岡県袋井市-町
　むつみ-ちょう　兵庫県姫路市-町
睦平　むつだいら　愛知県新城市-

碓

碓井　うすい　大阪府羽曳野市-

碇

碇ケ関　いかりがせき　青森県平川市-
碇ケ関久吉蒜ケ平　いかりがせきひさよしいもがたい
　ら　青森県平川市-
碇ケ関雷林　いかりがせきいかずちばやし　青森県平
　川市-
碇ケ関樋ケ沢　いかりがせきといがさわ　青森県平
　川市-
碇ケ関樋ノ口　いかりがせきひのくち　青森県平川市-

福

福万来　ふくまき　鳥取県日野郡日南町-
福土　ふくど　福岡県三潴郡大木町-
福手　ふくずて　栃木県芳賀郡茂木町-
福木　ふくのき　茨城県北相馬郡利根町-
福平　ふくだいら・ふくひら
　ふくだいら　茨城県高萩市-
　ふくひら　富山県黒部市-
福母　ふくも　佐賀県杵島郡大町町-
福生　ふっさ
　ふっさ-し　東京都-市
　ふっさ　東京都福生市-
福田　ふくた・ふくだ・ふくで
　ふくだ　青森県弘前市-
　ふくだ　青森県三戸郡南部町-
　ふくだ　岩手県二戸市-
　ふくだ-まち　宮城県仙台市宮城野区-町
　ふくだ　宮城県柴田郡大河原町-
　ふくだ　秋田県大仙市-
　ふくだ-ちょう　秋田県大仙市-町
　ふくだ　秋田県北秋田市-
　ふくだ　山形県米沢市-
　ふくだ-まち　山形県米沢市-町
　ふくだ　山形県鶴岡市-
　ふくだ　山形県新庄市-
　ふくだ　福島県相馬郡新地町-
　ふくだ　茨城県下妻市-
　ふくだ　茨城県笠間市-
　ふくだ-ちょう　茨城県牛久市-町
　ふくだ　茨城県那珂市-
　ふくだ　茨城県稲敷市-

　ふくだ　茨城県つくばみらい市-
　ふくだ　茨城県稲敷郡阿見町-
　ふくだ　埼玉県川越市-
　ふくだ　埼玉県比企郡滑川町-
　ふくだ　千葉県香取市-
　ふくだ　神奈川県大和市-
　ふくだ　新潟県村上市-
　ふくだ　新潟県上越市-
　ふくだ　新潟県阿賀野市-
　ふくた　富山県高岡市-
　ふくた　富山県中新川郡立山町-
　ふくた　石川県鹿島郡中能登町-
　ふくた　長野県上田市-
　ふくた-まち　岐阜県岐阜市-町
　ふくた-ちょう　岐阜県大垣市-町
　ふくで　静岡県磐田市-
　ふくた　愛知県名古屋市港区-
　ふくた-ちょう　愛知県みよし市-町
　ふくだ　大阪府堺市中区-
　ふくだ　大阪府貝塚市-
　ふくだ　兵庫県神戸市垂水区-
　ふくだ　兵庫県豊岡市-
　ふくだ　兵庫県神崎郡福崎町-
　ふくだ　和歌山県海草郡紀美野町-
　ふくだ　鳥取県東伯郡三朝町-
　ふくだ　岡山県岡山市南区-
　ふくだ　岡山県津山市-
　ふくだ　岡山県備前市-
　ふくだ　岡山県赤磐市-
　ふくだ　岡山県真庭市-
　ふくだ　広島県広島市東区-
　ふくだ-ちょう　広島県広島市東区-町
　ふくだ-ちょう　広島県竹原市-町
　ふくだ　山口県山陽小野田市-
　ふくだ-ちょう　香川県高松市-町
　ふくだ　香川県小豆郡小豆島町-
　ふくた　高知県土佐市-
　ふくだ　佐賀県杵島郡白石町-
　ふくだ-まち　長崎県佐世保市-町
　ふくだ-まち　長崎県諫早市-町
福地　ふくじ・ふくち
　ふくじ　宮城県石巻市-
　ふくじ　岐阜県加茂郡八百津町-
　ふくち-ちょう　愛知県半田市-町
　ふくち　三重県桑名市-
　ふくじ　兵庫県揖保郡太子町-
　ふくち　鳥取県八頭郡八頭町-
　ふくち-ちょう　広島県尾道市-町
　ふくじ　沖縄県糸満市-
福米沢　ふくめざわ
　ふくめざわ　秋田県男鹿市-
　ふくめざわ　福島県南会津郡南会津町-
福寿実　ふくすみ　鳥取県日野郡日南町-
福来　ふき・ふくらい
　ふくらい　富山県中新川郡立山町-
　ふき　京都府舞鶴市-
福旬　ふくでん
　ふくでん-ちょう　兵庫県小野市-町
福角　ふくずみ
　ふくずみ-ちょう　愛媛県松山市-町
福谷　うきがい・ふくたに
　ふくたに　福井県小浜市-

327

13画（稚, 節, 筵, 筥, 糀, 継, 続, 置, 群, 羨, 聖）

ふくたに　福井県大飯郡おおい町-
うきがい-ちょう　愛知県みよし市-町
ふくたに　岡山県岡山市北区-
ふくたに　岡山県総社市-
ふくたに　岡山県真庭市-
福岡八宮　ふくおかやつみや　宮城県白石市-
福岡町下向田　ふくおかまちしもむくた　富山県高岡市-
福岡町下老子　ふくおかまちしもおいご　富山県高岡市-
福岡町上向田　ふくおかまちかみむくた　富山県高岡市-
福岡町上野　ふくおかまちうわの　富山県高岡市-
福岡町沢川　ふくおかまちそうごう　富山県高岡市-
福岡町馬場　ふくおかまちばんば　富山県高岡市-
福岡町舞谷　ふくおかまちまいのや　富山県高岡市-
福柳木　ふくりゅうぎ　福岡県北九州市戸畑区-
福泉　ふくせん　神奈川県南足柄市-
福重　ふくしげ
　ふくしげ　福岡県福岡市西区-
　ふくしげ-まち　長崎県大村市-町
福重岡　ふくえおか　福島県大沼郡会津美里町-
福原　ふくはら・ふくばる・ふくわら
　ふくはら　北海道上川郡和寒町-
　ふくわら　山形県東田川郡庄内町-
　ふくはら　福島県河沼郡会津坂下町-
　ふくはら　茨城県笠間市-
　ふくわら　茨城県つくばみらい市-
　ふくわら　栃木県大田原市-
　ふくはら　新潟県長岡市-
　ふくはら　山梨県南巨摩郡身延町-
　ふくはら　長野県上高井郡小布施町-
　ふくはら-ちょう　愛知県名古屋市昭和区-町
　ふくわら-ちょう　兵庫県神戸市兵庫区-町
　ふくわら　鳥取県八頭郡智頭町-
　ふくはら-ちょう　島根県松江市-町
　ふくはら　徳島県勝浦郡上勝町-
　ふくばる　福岡県行橋市-
　ふくはら　熊本県合志市-
　ふくはら　熊本県上益城郡益城町-
　ふくはら　大分県竹田市-
福島町土谷免　ふくしまちょうどやめん　長崎県松浦市-
福島町原免　ふくしまちょうはるめん　長崎県松浦市-
福庭　ふくば
　ふくば　鳥取県倉吉市-
　ふくば-ちょう　鳥取県倉吉市-町
福釜　ふかま
　ふかま-ちょう　愛知県安城市-町
福部町左近　ふくべちょうさこ　鳥取県鳥取市-
福部町南田　ふくべちょうのうだ　鳥取県鳥取市-
福部町海士　ふくべちょうあもう　鳥取県鳥取市-
福部町前渓　ふくべちょうやだに　鳥取県鳥取市-
福富町久芳　ふくとみちょうくば　広島県東広島市-
福富笠海道　ふくとみかさかいどう　岐阜県岐阜市-
福渡　ふくわた・ふくわたり
　ふくわた　福島県南会津郡南会津町-
　ふくわたり-まち　岡山県津山市-町
福貴　ふき　奈良県生駒郡平群町-
福貴作　ふきざく　福島県石川郡浅川町-

福貴畑　ふきはた　奈良県生駒郡平群町-
福貴浦　ふっきうら　宮城県石巻市-

稚

稚内　わっかない
　わっかない-し　北海道-市
稚日野　わかひの
　わかひの-まち　石川県金沢市-町
稚児宮通　ちごのみやとおり　愛知県名古屋市北区-
稚咲内　わかさかない　北海道天塩郡豊富町-

節

節子　せっこ　鹿児島県大島郡瀬戸内町-
節婦　せっぷ
　せっぷ-ちょう　北海道新冠郡新冠町-町

筵

筵内　むしろうち　福岡県古賀市-

筥

筥松　はこまつ　福岡県福岡市東区-

糀

糀　こうじ
　こうじ-まち　鳥取県米子市-町
　こうじ-まち　山口県周南市-町
糀台　こうじだい　兵庫県神戸市西区-
糀谷　こうじや　埼玉県所沢市-
糀屋　こうじや
　こうじや-まち　福岡県柳川市-町

継

継鹿尾　つがお　愛知県犬山市-

続

続谷　つづきや　栃木県芳賀郡市貝町-

置

置戸　おけと
　おけと-ちょう　北海道常呂郡-町
置杵牛　おききねうし　北海道上川郡美瑛町-
置賜　おきたま
　おきたま-ちょう　福島県福島市-町

群

群来　くき
　くき-ちょう　北海道古平郡古平町-町
群岡　むらおか　福島県耶麻郡西会津町-

羨

羨古丹　うらやこたん　北海道厚岸郡浜中町-

聖

聖川　ひじりかわ　石川県羽咋郡宝達志水町-
聖天　しょうてん
　しょうてん-ちょう　京都府京都市上京区-町
聖石　ひじりいし
　ひじりいし-まち　群馬県高崎市-町
聖和　せいわ
　せいわ-ちょう　滋賀県東近江市-町
聖和台　せいわだい　大阪府南河内郡太子町-

13画(腹, 艀, 蓋, 蒲, 蒔, 蒼, 蒜, 蓬)

聖真子　しょうしんじ
　　しょうしんじ-ちょう　京都府京都市下京区-町
聖陵　せいりょう
　　せいりょう-ちょう　宮崎県西都市-町
聖徳　せいとく　滋賀県東近江市-町
　　せいとく-ちょう
聖護院川原　しょうごいんかわはら
　　しょうごいんかわはら-ちょう　京都府京都市左京区-町
聖護院円頓美　しょうごいんえんとみ
　　しょうごいんえんとみ-ちょう　京都府京都市左京区-町
聖籠　せいろう
　　せいろう-まち　新潟県北蒲原郡-町

腹

腹赤　はらか　熊本県玉名郡長洲町-
腹帯　はらたい　岩手県宮古市-
腹鞍ノ沢　はらがいのさわ　秋田県能代市-

艀

艀川岸　はしけかわぎし
　　はしけかわぎし-ちょう　新潟県新潟市中央区-町

蓋

蓋井島　ふたおいじま　山口県下関市-

蒲

蒲　かばの
　　かばの-まち　宮城県仙台市若林区-町
蒲ケ沢　がわがさわ　新潟県新潟市秋葉区-
蒲入　かまにゅう　京都府与謝郡伊根町-
蒲之沢　かばのさわ
　　かばのさわ-まち　福島県岩瀬郡鏡石町-町
蒲木　かばのき　宮城県刈田郡七ケ宿町-
蒲生　かもう・がもう・こも
　　がもう　宮城県仙台市宮城野区-
　　がもう　福島県南会津郡只見町-
　　がもう　埼玉県越谷市-
　　がもう　新潟県十日町市-
　　がもう-ちょう　福井県福井市-町
　　がもう-ぐん　滋賀県-郡
　　こも　京都府船井郡京丹波町-
　　がもう　大阪府大阪市城東区-
　　がもう　鳥取県岩美郡岩美町-
　　がもう　香川県小豆郡小豆島町-
　　がもう　福岡県北九州市小倉南区-
　　がもう　福岡県柳川市-
　　がもう　熊本県山鹿市-
蒲生野　かもうの　山口県下関市-
蒲田　かまた・かわた
　　かまた　東京都大田区-
　　かわた　富山県氷見市-
　　かまた　福岡県福岡市東区-
蒲江　かまや・こもえ
　　かまや　京都府舞鶴市-
　　こもえ　兵庫県西脇市-
蒲江丸市尾浦　かまえまるいちびうら　大分県佐伯市-
蒲江竹野浦河内　かまえたけのうらごうち　大分県佐伯市-
蒲江葛原浦　かまえかずらはらうら　大分県佐伯市-
蒲江野々河内浦　かまえののかわちうら　大分県佐伯市-

蒲池　かばいけ・がまいけ
　　がまいけ　新潟県糸魚川市-
　　かばいけ　愛知県常滑市-
　　かばいけ-ちょう　愛知県常滑市-町
蒲倉　かばくら
　　かばくら-まち　福島県郡山市-町
蒲原　かまはら・かんばら
　　かんばら-まち　新潟県新潟市中央区-町
　　かんばら　静岡県静岡市清水区-
　　かまはら　福岡県八女市-
蒲原神沢　かんばらかんざわ　静岡県静岡市清水区-
蒲庭　かばにわ　福島県相馬市-
蒲郡　がまごおり
　　がまごおり-し　愛知県-市
　　がまごおり-ちょう　愛知県蒲郡市-町
蒲萄　ぶどう　新潟県村上市-
蒲野沢　がまのさわ　青森県下北郡東通村-

蒔

蒔田　まいた・まきた・まきだ・まくだ
　　まきだ　福島県喜多方市-
　　まくだ　茨城県筑西市-
　　まいた　埼玉県秩父市-
　　まいた-ちょう　神奈川県横浜市南区-町
　　まいた　新潟県阿賀野市-
　　まきた　三重県四日市市-
　　まきた-ちょう　京都府京都市東山区-町
蒔苗　まかなえ　青森県弘前市-

蒼

蒼久保　あおくぼ　長野県上田市-
蒼社　そうじゃ
　　そうじゃ-ちょう　愛媛県今治市-町
蒼前　そうぜん　青森県上北郡七戸町-

蒜

蒜山下和　ひるぜんしたお　岡山県真庭市-
蒜山上長田　ひるぜんかみながた　岡山県真庭市-
蒜山東茅部　ひるぜんひがしかやべ　岡山県真庭市-
蒜生　ひりゅう　福島県石川郡玉川村-
蒜畠　ひるばたけ　福井県大飯郡高浜町-

蓬

蓬川　よもがわ
　　よもがわ-ちょう　兵庫県尼崎市-町
蓬平　よもぎひら
　　よもぎひら-まち　新潟県長岡市-町
　　よもぎひら　新潟県十日町市-
蓬生　よもぎゅう
　　よもぎゅう-ちょう　愛知県岡崎市-町
蓬田　よもぎた・よもぎだ
　　よもぎた-むら　青森県東津軽郡-村
　　よもぎ　青森県東津軽郡蓬田村-
　　よもぎだ　福島県二本松市-
　　よもぎだ　茨城県筑西市-
　　よもぎだ　長野県佐久市-
蓬沢　よもぎさわ・よもぎざわ
　　よもぎさわ　富山県中新川郡上市町-
　　よもぎさわ　山梨県甲府市-
　　よもぎさわ-まち　山梨県甲府市-町

13画（蓑, 蓮, 蛸, 蜆, 蜑, 裏, 誉, 詫, 豊）

蓑

蓑垣内　みのがいと　和歌山県海草郡紀美野町-
蓑原　みのばる
　　みのばる-ちょう　宮崎県都城市-町

蓮

蓮　はす・はちす
　　はす-まち　富山県富山市-町
　　はちす　長野県飯山市-
蓮ケ浴　はすがえき　山口県周南市-
蓮花　れんげ
　　れんげ-まち　石川県金沢市-町
蓮角　れんがく　福岡県遠賀郡遠賀町-

蛸

蛸木　たくぎ　島根県隠岐郡隠岐の島町-

蜆

蜆塚　しじみづか　静岡県浜松市中区-

蜑

蜑住　あますみ　福岡県北九州市若松区-

裏

裏城戸　うらきど　宮城県亘理郡亘理町-

誉

誉田　こんだ・ほんだ
　　ほんだ-ちょう　千葉県千葉市緑区-町
　　こんだ　大阪府羽曳野市-
誉田町井上　ほんだちょういのかみ　兵庫県たつの市-

詫

詫間町生里　たくまちょうなまり　香川県三豊市-
詫間町積　たくまちょうつむ　香川県三豊市-

豊

豊　とよ・ゆたか
　　ゆたか-まち　岩手県一関市-町
　　ゆたか-ちょう　秋田県大館市-町
　　ゆたか-ちょう　栃木県那須塩原市-町
　　ゆたか-ちょう　埼玉県春日部市-町
　　ゆたか-ちょう　千葉県柏市-町
　　ゆたか-ちょう　東京都品川区-町
　　ゆたか-ちょう　神奈川県相模原市南区-町
　　ゆたか　新潟県新潟市東区-
　　ゆたか　新潟県長岡市-
　　ゆたか-ちょう　新潟県柏崎市-町
　　ゆたか-ちょう　新潟県新発田市-町
　　ゆたか-まち　富山県砺波市-町
　　ゆたか-ちょう　石川県加賀市-町
　　ゆたか-ちょう　福井県越前市-町
　　とよ　岐阜県養老郡養老町-
　　ゆたか-ちょう　静岡県浜松市東区-町
　　ゆたか-ちょう　静岡県沼津市-町
　　ゆたか-ちょう　静岡県富士宮市-町
　　ゆたか　愛知県名古屋市南区-
　　ゆたか-まち　福岡県北九州市八幡東区-町
　　ゆたか　福岡県福岡市博多区-
　　ゆたか-まち　大分県大分市-町

豊が丘　とよがおか・ゆたかがおか
　　ゆたかがおか　愛知県名古屋市名東区-
　　ゆたかがおか-ちょう　愛知県豊川市-町
　　とよがおか　三重県津市-
豊久　とよひさ　徳島県板野郡松茂町-
豊久田　とよくだ　岡山県勝田郡勝央町-
豊久新田　ほうきゅうしんでん　新潟県小千谷市-
豊北町田耕　ほうほくちょうたすき　山口県下関市-
豊北町角島　ほうほくちょうつのしま　山口県下関市-
豊永赤馬　とよながあこうま　岡山県新見市-
豊玉町千尋藻　とよたままちちろも　長崎県対馬市-
豊玉町志多浦　とよたままちしたのうら　長崎県対
　　馬市-
豊田　とよた・とよだ・ほうでん
　　とよた　北海道北見市-
　　とよた　北海道亀田郡七飯町-
　　とよた　北海道檜山郡上ノ国町-
　　とよた　北海道瀬棚郡今金町-
　　ほうでん　北海道天塩郡豊富町-
　　とよた　北海道沙流郡日高町-
　　とよた　北海道河東郡音更町-
　　とよた　北海道中川郡池田町-
　　とよだ　青森県弘前市-
　　とよだ　山形県鶴岡市-
　　とよだ　山形県北村山郡大石田町-
　　とよだ-まち　福島県福島市-町
　　とよだ-まち　福島県郡山市-町
　　とよだ　福島県岩瀬郡鏡石町-
　　とよだ-ちょう　茨城県龍ケ崎市-町
　　とよだ　茨城県常総市-
　　とよだ　栃木県日光市-
　　とよだ　栃木県矢板市-
　　とよだ-ちょう　埼玉県川越市-町
　　とよだ　千葉県君津市-
　　とよだ　東京都日野市-
　　とよだ-まち　新潟県長岡市-町
　　とよた　新潟県佐渡市-
　　とよた　富山県富山市-
　　とよだ-まち　富山県富山市-町
　　とよだ　長野県諏訪市-
　　とよだ　長野県飯山市-
　　とよだ　静岡県静岡市駿河区-
　　とよだ　静岡県磐田市-
　　とよだ　愛知県名古屋市南区-
　　とよだ-ちょう　愛知県名古屋市南区-町
　　とよだ-ちょう　愛知県刈谷市-町
　　とよた-し　愛知県-市
　　とよだ-ちょう　愛知県高浜市-町
　　とよた　愛知県丹羽郡大口町-
　　とよだ　三重県三重郡川越町-
　　とよだ　滋賀県蒲生郡日野町-
　　とよた　京都府船井郡京丹波町-
　　とよだ　大阪府堺市南区-
　　とよだ-ちょう　奈良県天理市-町
　　とよだ-ちょう　奈良県橿原市-町
　　とよだ　奈良県桜井市-
　　とよだ　奈良県御所市-
　　とよだ　和歌山県紀の川市-
　　とよだ　島根県隠岐郡海士町-
　　とよだ　岡山県岡山市東区-
　　とよた-ぐん　広島県-郡
　　とよだ-まち　大分県中津市-町

13画（跡, 農）

豊田町八道　とよたちょうやじ　山口県下関市-
豊田町大河内　とよたちょうおおかわち　山口県下
　関市-
豊田町手洗　とよたちょうたらい　山口県下関市-
豊田町杢路子　とよたちょうむくろうじ　山口県下
　関市-
豊田町城戸　とよたちょうきど　山口県下関市-
豊田町鷹子　とよたちょうたかのこ　山口県下関市-
豊地　とよち・ほうち
　ほうち　北海道北見市-
　とよち　福島県白河市-
　とよち　静岡県静岡市葵区-
豊成　とよしげ・とよなり・ほうせい
　とよなり　青森県五所川原市-
　とよなり　福島県南会津郡下郷町-
　とよなり　千葉市市原市-
　ほうせい-ちょう　愛知県名古屋市中川区-町
　ほうせい　愛知県知多郡武豊町-
　とよしげ　鳥取県西伯郡大山町-
　とよなり　岡山県岡山市南区-
豊体　ぶたい　茨城県つくばみらい市-
豊見城　とみぐすく
　とみぐすく-し　沖縄県-市
　とみぐすく　沖縄県豊見城市-
豊里町大椚　とよさとちょうおおくぬぎ　宮城県登
　米市-
豊里町切津　とよさとちょうきつつ　宮城県登米市-
豊里町白鳥　とよさとちょうしろとり　宮城県登米市-
豊里町白鳥山　とよさとちょうしらとりやま　宮城県
　登米市-
豊里町杢沢　とよさとちょうもくさわ　宮城県登米市-
豊里町南切津　とよさとちょうみなみきつつ　宮城県
　登米市-
豊里町笑沢　とよさとちょうえみさわ　宮城県登米市-
豊里町蕪木　とよさとちょうかぶき　宮城県登米市-
豊岡町五良野　とよおかちょういらの　愛媛県四国中
　央市-
豊岡町長田　とよおかちょうおさだ　愛媛県四国中
　央市-
豊岡金田　とよおかきんでん　秋田県山本郡三種町-
豊岩小山　とよいわおやま　秋田県秋田市-
豊岬　とよさき　北海道苫前郡初山別村-
豊昇　ほうしょう　長野県北佐久郡御代田町-
豊茂甲　とよしげこう　愛媛県大洲市-
豊前　とよまえ・ぶぜん・ぶんぜ
　とよまえ-ちょう　愛知県名古屋市東区-町
　ぶんぜ　奈良県桜井市-
　ぶぜん-し　福岡県-市
豊南町東　ほうなんちょうひがし　大阪府豊中市-
豊後名　ぶんごめ　石川県羽咋市志賀町-
豊栄　とよさか・とよさかえ・ほうえい
　ほうえい-ちょう　北海道赤平市-町
　ほうえい　北海道名寄市-
　ほうえい　北海道天塩郡豊富町-
　とよさかえ　青森県上北郡おいらせ町-
　ほうえい　山形県鶴岡市-
　とよさかえ　長野県下水内郡栄村-
　ほうえい-ちょう　愛知県豊橋市-町
　ほうえい-ちょう　愛知県豊川市-町
　ほうえい-ちょう　愛知県豊田市-町

　とよさか　愛知県新城市-
　とよさかえ　鳥取県日野郡日南町-
　とよさか　岡山県真庭市-
豊栄平　とよさかたいら　青森県上北郡横浜町-
豊栄町安宿　とよさかちょうあすか　広島県東広島市-
豊栄町別府　とよさかちょうべふ　広島県東広島市-
豊海　とよみ
　とよみ-ちょう　東京都中央区-町
　とよみ　大分県大分市-
豊科高家　とよしなたきべ　長野県安曇野市-
豊原上　ぶいわらかみ
　ぶいわらかみ-まち　熊本県八代市-町
豊原甲　とよはらこう　栃木県那須郡那須町-
豊島　としま・とよしま
　とよしま　青森県北津軽郡中泊町-
　としま-く　東京都-区
　としま　東京都北区-
　とよしま-ちょう　富山県富山市-町
　とよしま　福井県福井市-
　とよしま-まち　長野県須坂市-町
　とよしま　静岡県磐田市-
　とよしま　愛知県新城市-
　としま-ちょう　愛知県田原市-町
豊島甲生　てしまこう　香川県小豆郡土庄町-
豊島唐櫃　てしまからと　香川県小豆郡土庄町-
豊島家浦　てしまいえうら　香川県小豆郡土庄町-
豊浦町厚母郷　とようらちょうあつもごう　山口県下
　関市-
豊浦町涌田後地　とようらちょうわいたうしろじ　山
　口県下関市-
豊浜町斎島　とよはまちょういつきしま　広島県呉市-
豊祥岱　ほうしょうだい　秋田県能代市-
豊能　とよの
　とよの-ぐん　大阪府-郡
　とよの-ちょう　大阪府豊能郡-町
豊清　ほうせい
　ほうせい-ちょう　愛知県豊橋市-町
豊喰　とよばみ　茨城県那珂市-
豊富町甲丘　とよとみちょうかぶとおか　兵庫県姫
　路市-
豊富町神谷　とよとみちょうこうだに　兵庫県姫路市-
豊間　とよま　熊本県菊池市-
豊新　ほうしん　大阪府大阪市東淀川区-
豊楽　ほうらく
　ほうらく-ちょう　兵庫県西宮市-町
豊徳　ほうとく　北海道天塩郡豊富町-
豊稼　とよか　島根県鹿足郡津和野町-
豊饒　ぶにょう　大分県大分市-

跡

跡永賀　あとえか
　あとえか-むら　北海道釧路郡釧路町-村
跡佐登　あとさのぼり　北海道川上郡弟子屈町-

農

農人　のうにん
　のうにん-まち　兵庫県姫路市-町
　のうにん-まち　高知県高知市-町
農野牛　のやうし　北海道中川郡豊頃町-

331

13画（遠,鉦,鉄,鉢,鈴,鉈,雷,飾,飽,飫,麁,鼓,鼠）14画（嘉）

遠

遠井　とい　和歌山県有田郡有田川町-
遠刈田温泉　とおがったおんせん　宮城県刈田郡蔵
　　王町-
遠方　おちかた
　　おちかた　兵庫県篠山市-
　　おちかた　和歌山県紀の川市-
遠田　とうだ・とおだ
　　とおだ-ぐん　宮城県-郡
　　とおだ　兵庫県淡路市-
　　とおだ-ちょう　奈良県天理市-町
　　とうだ-ちょう　島根県益田市-町
遠石　といし　山口県周南市-
遠江　とおのえ　佐賀県杵島郡白石町-
遠別　えんべつ
　　えんべつ-ちょう　北海道天塩郡-町
遠里小野　おりおの
　　おりおの　大阪府大阪市住吉区-
　　おりおの-ちょう　大阪府堺市堺区-町
遠若　えんじゃく
　　えんじゃく-ちょう　愛知県名古屋市港区-町
遠浅　とあさ　北海道勇払郡安平町-
遠野　とおの・とおや
　　とおや　北海道釧路郡釧路町-
　　とおの-し　岩手県-市
　　とおの-ちょう　岩手県遠野市-町
　　とおの　埼玉県北葛飾郡杉戸町-
　　とおの　熊本県下益城郡美里町-
遠野町大平　とおのまちおおだいら　福島県いわき市-
遠賀　おんが
　　おんが-ぐん　福岡県-郡
　　おんが　福岡県遠賀郡-町
遠賀川　おんががわ　福岡県遠賀郡遠賀町-
遠賀原　おがわら　山形県鶴岡市-
遠軽　えんがる
　　えんがる-ちょう　北海道紋別郡-町
遠敷　おにゅう　福井県小浜市-

鉦

鉦打沢　かねうちざわ　秋田県湯沢市-

鉄

鉄　くろがね
　　くろがね-ちょう　神奈川県横浜市青葉区-町
　　くろがね　岡山県岡山市東区-
鉄山　かねやま・てつざん
　　てつざん-ちょう　北海道函館市-町
　　かねやま　岡山県真庭市-
鉄屋米地　かなやめいじ　兵庫県養父市-
鉄輪　かなわ
　　かなわ-ちょう　福井県敦賀市-町

鉢

鉢木　はちのき
　　はちのき-ちょう　栃木県佐野市-町
鉢地　はつち
　　はつち-ちょう　愛知県岡崎市-町
鉢森平　はちもりたい　青森県上北郡七戸町-

鈴

鈴家　すずけ　岡山県美作市-
鈴連　すずれ
　　すずれ-まち　大分県日田市-町

鉈

鉈屋　なたや
　　なたや-ちょう　岩手県盛岡市-町

雷

雷　いかずち・いかつち・いかづち
　　いかずち　福島県耶麻郡猪苗代町-
　　いかづち　新潟県村上市-
　　いかつち　奈良県高市郡明日香村-
雷土　いかづち　新潟県南魚沼市-
雷山　らいさん　福岡県糸島市-

飾

飾東町佐良和　しきとうちょうさろお　兵庫県姫路市-
飾磨区妻鹿　しかまくめが　兵庫県姫路市-
飾磨区英賀　しかまくあが　兵庫県姫路市-
飾磨区阿成　しかまくあなせ　兵庫県姫路市-
飾磨区阿成下垣内　しかまくあなせしもかいち　兵庫
　　県姫路市-
飾磨区阿成鹿古　しかまくあなせかこ　兵庫県姫路市-
飾磨区恵美酒　しかまくえびす　兵庫県姫路市-
飾磨区蓼野　しかまくたでの
　　しかまくたでの-ちょう　兵庫県姫路市-町

飽

飽海　あくみ
　　あくみ-ぐん　山形県-郡
　　あくみ-ちょう　愛知県豊橋市-町
飽浦　あくら　岡山県岡山市南区-

飫

飫肥　おび　宮崎県日南市-

麁

麁津田　そつだ　岩手県岩手郡雫石町-

鼓

鼓海　こかい　山口県周南市-

鼠

鼠ケ関　ねずがせき　山形県鶴岡市-
鼠入　そいり　岩手県下閉伊郡岩泉町-
鼠蔵　そぞう
　　そぞう-まち　熊本県八代市-町

◆◆◆◆◆ 14画 ◆◆◆◆◆

嘉

嘉入　かにゅう　鹿児島県大島郡瀬戸内町-
嘉手苅　かでかる
　　かでかる　沖縄県中頭郡西原町-
　　かでかる　沖縄県島尻郡久米島町-

14画（境，増，徳）

嘉手納　かでな
　　かでな-ちょう　沖縄県中頭郡-町
　　かでな　沖縄県中頭郡嘉手納町-
嘉例川　かれがわ　三重県桑名市-
嘉例沢　かれいさわ　富山県黒部市-
嘉家作丁　かけづくりちょう　和歌山県和歌山市-
嘉鈍　かどん　鹿児島県大島郡喜界町-
嘉数　かかず
　　かかず　沖縄県宜野湾市-
　　かかず　沖縄県豊見城市-
嘉瀬町中原　かせまちなかばる　佐賀県佐賀市-

境

境　さかい・さかえ
　　さかい　青森県北津軽郡鶴田町-
　　さかい　福島県岩瀬郡鏡石町-
　　さかい-ちょう　福島県西白河郡矢吹町-町
　　さかい-まち　茨城県猿島郡-町
　　さかい-ちょう　栃木県栃木市-町
　　さかい　栃木県真岡市-
　　さかい　群馬県伊勢崎市-
　　さかい　埼玉県鴻巣市-
　　さかい　埼玉県深谷市-
　　さかい　千葉県山武郡芝山町-
　　さかい　東京都武蔵野市-
　　さかい　東京都西多摩郡奥多摩町-
　　さかい-まち　神奈川県川崎市川崎区-町
　　さかい　神奈川県足柄上郡中井町-
　　さかい　新潟県新発田市-
　　さかい　富山県高岡市-
　　さかい　富山県下新川郡朝日町-
　　さかい　山梨県都留市-
　　さかい　山梨県甲斐市-
　　さかい　長野県伊那市-
　　さかい　長野県諏訪郡富士見町-
　　さかい　静岡県富士市-
　　さかい-ちょう　愛知県弥富市-町
　　さかい　兵庫県美方郡新温泉町-
　　さかえ　鳥取県西伯郡南部町-
　　さかい　岡山県久米郡美咲町-
　　さかい　高知県土佐郡土佐町-
　　さかい　熊本県下益城城美里町-
　　さかい-ちょう　鹿児島県出水市-町
境上武士　さかいかみたけし　群馬県伊勢崎市-
境女塚　さかいおなづか　群馬県伊勢崎市-
境小此木　さかいおこのぎ　群馬県伊勢崎市-
境川町三椚　さかいがわちょうみつくぬき　山梨県笛
　　吹市-
境川町小山　さかいがわちょうこやま　山梨県笛吹市-
境川町藤垈　さかいがわちょうふじぬた　山梨県笛
　　吹市-
境江　さかえ　新潟県西蒲原郡弥彦村-
境百々　さかいどうどう　群馬県伊勢崎市-
境東　さかいあずま　群馬県伊勢崎市-
境東新井　さかいひがしあらい　群馬県伊勢崎市-
境保泉　さかいほずみ　群馬県伊勢崎市-
境南　きょうなん
　　きょうなん-ちょう　東京都武蔵野市-町
境栄　さかいさかえ　群馬県伊勢崎市-

増

増　ぞう・まし
　　ぞう　静岡県静岡市清水区-
　　まし　奈良県御所市-
増口　ましぐち　奈良県吉野郡大淀町-
増井　ましい
　　ましい-ちょう　茨城県常陸太田市-町
　　ましい　茨城県東茨城郡城里町-
　　ましい　栃木県芳賀郡茂木町-
増戸　ましと　埼玉県春日部市-
増毛　ましけ
　　ましけ-ぐん　北海道-郡
　　ましけ-ちょう　北海道増毛郡-町
増田　ました・ましだ・ますた・ますだ
　　ますた　青森県東津軽郡平内町-
　　ますだ　宮城県名取市-
　　ました　千葉県香取市-
　　ますだ　千葉県いすみ市-
　　ましだ　静岡県御殿場市-
　　ました-ちょう　愛知県稲沢市-町
　　ますだ　三重県桑名市-
　　ましだ　滋賀県蒲生郡日野町-
　　ますだ　愛媛県南宇和郡愛南町-
　　ますだ-ちょう　長崎県五島市-町
　　ますだ　鹿児島県姶良市-
　　ますだ　鹿児島県熊毛郡中種子町-
増田町狙半内　ますだまちさるはんない　秋田県横
　　手市-
増田町荻袋　ますだまちおぎのふくろ　秋田県横手市-
増田町熊渕　ますだまちくまのふち　秋田県横手市-
増田新田　ますだしんでん　埼玉県春日部市-
増長　ましなが　埼玉県さいたま市岩槻区-
増富　ましとみ　埼玉県春日部市-
増森　ましもり　埼玉県越谷市-
増楽　ぞうら
　　ぞうら-ちょう　静岡県浜松市南区-町

徳

徳下　とくげ　青森県南津軽郡藤崎町-
徳山　とくさん・とくやま
　　とくさん-まち　石川県能美市-町
　　とくやま　岐阜県揖斐郡揖斐川町-
　　とくやま　静岡県榛原郡川根本町-
　　とくやま-ちょう　滋賀県長浜市-町
　　とくやま　山口県周南市-
徳氏　とくうじ　千葉県市原市-
徳王　とくおう
　　とくおう　熊本県熊本市北区-
　　とくおう-まち　熊本県熊本市北区-町
徳用　とくもと
　　とくもと-まち　石川県野々市市-町
徳地小古祖　とくぢおごそ　山口県山口市-
徳地引谷　とくぢひくたに　山口県山口市-
徳地柚木　とくぢゆのき　山口県山口市-
徳地鯖河内　とくぢさばごうち　山口県山口市-
徳尾　とくお・とくのお
　　とくお-ちょう　福井県福井市-町
　　とくのお　鳥取県鳥取市-
徳居　とくすい
　　とくすい-ちょう　三重県鈴鹿市-町

14画（恦，摺，旗，榎，榛，樋）

徳泉　とくいずみ　静岡県掛川市-
徳泉川内　とくせんがわち
　　とくせんがわち-まち　長崎県大村市-町
徳倉　とくら
　　とくら　静岡県三島市-
　　とくら　静岡県駿東郡清水町-
徳渕　とくのふち　福岡県朝倉市-
徳森　とくのもり　愛媛県大洲市-
徳蔵　とくぞう・とくら
　　とくら　茨城県東茨城郡城里町-
　　とくぞう　和歌山県日高郡みなべ町-

恦

恦柄浦　たしからうら　三重県度会郡南伊勢町-

摺

摺見　するみ　三重県伊賀市-
摺淵　するぶち　群馬県利根郡片品村-

旗

旗指　はっさし　静岡県島田市-

榎

榎　えの・えのき
　　えのき-ちょう　埼玉県熊谷市-町
　　えのき-ちょう　埼玉県所沢市-町
　　えのき　埼玉県春日部市-
　　えのき-ちょう　埼玉県富士見市-町
　　えのき-ちょう　東京都新宿区-町
　　えのき　東京都武蔵村山市-
　　えのき-ちょう　神奈川県横浜市南区-町
　　えのき-ちょう　神奈川県川崎市川崎区-町
　　えのき　新潟県新潟市東区-
　　えのき-ちょう　新潟県新潟市東区-町
　　えのき　新潟県阿賀野市-
　　えのき　富山県中新川郡立山町-
　　えのき　福井県大野市-
　　えのき-ちょう　京都府京都市上京区-町
　　えのき-ちょう　京都府京都市伏見区-町
　　えの-まち　広島県広島市中区-町
　　えの-まち　熊本県熊本市東区-町
榎井　えない　香川県仲多度郡琴平町-
榎戸　えのきど・よのきど
　　えのきど　福島県二本松市-
　　えのきど　茨城県つくば市-
　　えのきど　埼玉県鴻巣市-
　　えのきど　千葉県八街市-
　　よのきど-ちょう　岐阜県大垣市-町
　　えのきど　愛知県常滑市-
　　えのきど-ちょう　愛知県常滑市-町
榎本　えのもと・えもと
　　えのもと-ちょう　北海道函館市-町
　　えもと　千葉県長生郡長柄町-
榎生　よのう　茨城県筑西市-
榎列掃守　えなみかもり　兵庫県南あわじ市-
榎神房　えのきかんぼう　千葉県茂原市-
榎原　えのきはら・えのきばる
　　えのきはら　山梨県南アルプス市-
　　えのきはら　和歌山県和歌山市-
　　えのきはら　鳥取県米子市-
　　えのきばる　熊本県玉名郡和水町-

榛

榛名　はるな
　　はるな-まち　群馬県沼田市-町
榛名山　はるなさん
　　はるなさん-まち　群馬県高崎市-町
榛沢　はんざわ　埼玉県深谷市-
榛松　はえまつ　埼玉県川口市-
榛東　しんとう
　　しんとう-むら　群馬県北群馬郡-村
榛原　はいばら
　　はいばら-ぐん　静岡県-郡
榛原上井足　はいばらかみいだに　奈良県宇陀市-
榛原天満台東　はいばらてんまだいひがし　奈良県宇
　　陀市-
榛原角柄　はいばらつのがわら　奈良県宇陀市-
榛原赤埴　はいばらあかばね　奈良県宇陀市-
榛原榛見が丘　はいばらはるみがおか　奈良県宇陀市-
榛原篠楽　はいばらささがく　奈良県宇陀市-

樋

樋ノ入　どのいり　新潟県新潟市北区-
樋ノ口　といのくち・ひのくち
　　といのくち　福島県伊達郡川俣町-
　　といのくち　福島県田村郡三春町-
　　ひのくち-まち　栃木県栃木市-町
　　ひのくち　埼玉県久喜市-
　　ひのくち-ちょう　兵庫県西宮市-町
樋下　ひのした　和歌山県海草郡紀美野町-
樋上　ひのうえ　埼玉県行田市-
樋口　ひぐち・ひのくち
　　ひぐち　茨城県筑西市-
　　ひぐち　長野県上伊那郡辰野町-
　　ひぐち　滋賀県米原市-
　　ひぐち-ちょう　京都府京都市下京区-町
　　ひのくち　鳥取県西伯郡大山町-
　　ひぐち　島根県鹿足郡吉賀町-
　　ひぐち　山口県周南市-
　　ひのくち　愛媛県東温市-
　　ひぐち-まち　福岡県北九州市八幡西区-町
　　ひぐち-まち　福岡県大牟田市-町
　　ひぐち　福岡県遠賀郡水巻町-
樋之口　てのくち・ひのくち
　　ひのくち-ちょう　京都府京都市上京区-町
　　ひのくち-ちょう　京都府京都市中京区-町
　　ひのくち-ちょう　大阪府大阪市北区-町
　　ひのくち　愛媛県西条市-
　　てのくち-ちょう　鹿児島県鹿児島市-町
樋田　といだ・ひだ
　　といだ　宮城県加美郡加美町-
　　といだ　山梨県南巨摩郡身延町-
　　ひだ　滋賀県犬上郡多賀町-
　　ひだ　大分県宇佐市-
樋島　といしま　福島県河沼郡会津坂下町-
樋掛　といがけ　愛知県常滑市-
樋場　といば　福島県耶麻郡猪苗代町-
樋越　といごし・とよごし・ひごし
　　とよごし　山形県山形市-
　　といごし　福島県喜多方市-
　　ひごし-まち　群馬県前橋市-町
　　ひごし　群馬県佐波郡玉村町-

334

14画（槐, 橋, 榧, 梗, 榑, 榴, 槙, 歌, 歴, 漁, 漆, 熊）

樋橋　とよはし・ひばし
　　ひばし　茨城県下妻市-
　　とよはし　長野県諏訪郡下諏訪町-
樋瀬戸　ひのせと　富山県南砺市-
樋籠　ひろう　埼玉県春日部市-

槐
槐　さいかち　秋田県能代市-

橋
橋　けやき　岡山県総社市-

榧
榧の木　かやのき　福島県郡山市-

梗
梗川　ほくそがわ　和歌山県日高郡印南町-

榑
榑坪　くれつぼ　山梨県南巨摩郡早川町-
榑俣　くれまた
　　くれまた-ちょう　愛知県豊田市-町

榴
榴ケ岡　つつじがおか　宮城県仙台市宮城野区-
榴岡　つつじがおか　宮城県仙台市宮城野区-

槙
槙野地　まきのじ・まぎのち
　　まぎのち　茨城県久慈郡大子町-
　　まきのじ　埼玉県幸手市-

歌
歌才　うたさい　北海道寿都郡黒松内町-
歌内　うたない　北海道中川郡中川町-
歌長　うたおさ　兵庫県美方郡新温泉町-
歌津白山　うたつしらやま　宮城県本吉郡南三陸町-
歌津石泉　うたついしずみ　宮城県本吉郡南三陸町-
歌津名足　うたつなたり　宮城県本吉郡南三陸町-
歌津番所　うたつばんどころ　宮城県本吉郡南三陸町-
歌神　かしん　北海道歌志内市-
歌登大奮　うたのぼりおふん　北海道枝幸郡枝幸町-
歌棄　うたすつ
　　うたすつ-ちょう　北海道寿都郡寿都町-町
　　うたすつ-ちょう　北海道古平郡古平町-町

歴
歴木　くぬぎ　福岡県大牟田市-

漁
漁　いざり
　　いざり-まち　北海道恵庭市-町
漁太　いざりぶと　北海道恵庭市-
漁生浦郷　りょうせうらごう　長崎県南松浦郡新上五島町-

漆
漆玉　しったま　青森県上北郡東北町-
漆生　うるしお　福岡県嘉麻市-
漆垣内　うるしがいとう
　　うるしがいとう-まち　岐阜県高山市-町

漆草　うるしのくさ　福島県東白川郡棚倉町-
漆端　うるしがはな　京都府福知山市-

熊
熊内　くもち
　　くもち　三重県多気郡大台町-
　　くもち-ちょう　兵庫県神戸市中央区-町
熊出　くまいで
　　くまいで　山形県鶴岡市-
　　くまいで　新潟県新発田市-
熊石見日　くまいしけんにち
　　くまいしけんにち-ちょう　北海道二海郡八雲町-町
熊石雲石　くまいしうんせき
　　くまいしうんせき-ちょう　北海道二海郡八雲町-町
熊耳　くまがみ　福島県田村郡三春町-
熊谷　くまがい・くまがや・くまだに・くまんたに
　　くまがや-し　埼玉県-市
　　くまがや　埼玉県熊谷市-
　　くまがい　新潟県新潟市西蒲区-
　　くまんたに-まち　石川県珠洲市-町
　　くまだに　福井県丹生郡越前町-
　　くまだに　兵庫県篠山市-
　　くまだに　兵庫県美方郡新温泉町-
　　くまがや-ちょう　山口県萩市-町
　　くまだに-ちょう　徳島県阿南市-町
　　くまがい　福岡県北九州市小倉北区-
熊党　くまんとう　鳥取県米子市-
熊原　くまのはら
　　くまのはら-まち　佐賀県唐津市-町
熊袋　くまのふくろ　新潟県長岡市-
熊野　いや・くまの
　　くまの-ちょう　岩手県宮古市-町
　　くまの-ちょう　群馬県太田市-町
　　くまの-ちょう　埼玉県川越市-町
　　くまの-ちょう　東京都板橋区-町
　　くまの-まち　富山県高岡市-町
　　くまの-まち　富山県中新川郡上市町-町
　　くまの-まち　石川県輪島市-町
　　くまの　福井県小浜市-
　　くまの-ちょう　岐阜県岐阜市-町
　　くまの-ちょう　岐阜県大垣市-町
　　くまの-ちょう　愛知県名古屋市中村区-町
　　くまの-ちょう　愛知県瀬戸市-町
　　くまの-ちょう　愛知県春日井市-町
　　くまの-ちょう　愛知県刈谷市-町
　　くまの　愛知県常滑市-
　　くまの-ちょう　愛知県常滑市-町
　　くまの　愛知県知多郡武豊町-
　　くまの-し　三重県-市
　　くまの　滋賀県蒲生郡日野町-
　　くまの-ちょう　大阪府豊中市-町
　　くまの-ちょう　兵庫県神戸市兵庫区-町
　　くまの-ちょう　兵庫県西宮市-町
　　いや　和歌山県御坊市-
　　いや　和歌山県田辺市-
　　くまの-ちょう　広島県福山市-町
　　くまの-ちょう　広島県安芸郡-町
　　くまの-ちょう　山口県下関市-町
　　くまの-ちょう　山口県山口市-町
　　くまの　福岡県筑後市-
　　くまの-ちょう　長崎県佐世保市-町

335

14画（爾, 瑠, 皷, 碩, 碑, 碧, 稲, 稗, 窪, 端）

　くまの　大分県杵築市-
　くまの　宮崎県宮崎市-
熊野川町九重　くまのがわちょうくじゅう　和歌山県
　新宮市-
熊野川町日足　くまのがわちょうひたり　和歌山県新
　宮市-
熊野川町田長　くまのがわちょうたなご　和歌山県新
　宮市-
熊野川町畝畑　くまのがわちょううねはた　和歌山県
　新宮市-
熊野川町能城山本　くまのがわちょうのきやまもと
　和歌山県新宮市-
熊野川町椋井　くまのがわちょうむくのい　和歌山県
　新宮市-
熊森　くまのもり　新潟県燕市-
熊登　くまと　新潟県村上市-

爾

爾志　にし
　にし-ぐん　北海道-郡

瑠

瑠辺蘂　るべしべ　北海道上川郡美瑛町-

皷

皷川　つづみがわ
　つづみがわ-ちょう　鹿児島県鹿児島市-町

碩

碩田　せきでん
　せきでん-まち　大分県大分市-町

碑

碑文谷　ひもんや　東京都目黒区-

碧

碧水　へきすい　北海道雨竜郡北竜町-
碧南　へきなん
　へきなん-し　愛知県-市
碧海　あおみ
　あおみ-ちょう　愛知県高浜市-町

稲

稲下　いなくだし　山形県村山市-
稲永　いなえい　愛知県名古屋市港区-
稲生　いなおい・いなぶ・いのう
　いなおい-ちょう　青森県十和田市-町
　いのう　青森県東津軽郡平内町-
　いなおい　山形県鶴岡市-
　いのう-ちょう　愛知県名古屋市西区-町
　いのう　三重県鈴鹿市-
　いのう-ちょう　三重県鈴鹿市-町
　いなぶ　高知県南国市-
稲成　いなり
　いなり-ちょう　和歌山県田辺市-町
稲里町下氷鉋　いなさとまちしもひがの　長野県長
　野市-
稲垂　いなたり
　いなたり-ちょう　滋賀県東近江市-町
稲枝　いなえ
　いなえ-ちょう　滋賀県彦根市-町

稲河　いなご
　いなご-ちょう　岐阜県関市-町
稲波　いなみ　茨城県稲敷市-
稲狐　いなこ
　いなこ-ちょう　愛知県弥富市-町
稲城　いなぎ
　いなぎ-し　東京都-市
稲津町小里　いなつちょうおり　岐阜県瑞浪市-
稲島　いなじま・とうじま
　とうじま　新潟県新潟市西蒲区-
　いなじま　新潟県長岡市-
　いなじま　愛知県稲沢市-
　いなじま-ちょう　愛知県稲沢市-町
稲荷　いなり・とうか
　いなり　茨城県筑西市-【ほか48ヶ所】
　とうか-まち　福岡県大牟田市-
稲荷山　いなりやま・とうかやま
　いなりやま　埼玉県狭山市-
　とうかやま　千葉県成田市-
　いなりやま　長野県千曲市-
　いなりやま　岐阜県岐阜市-
稲荷木　とうかぎ　千葉県市川市-
稲荷台　いなりだい・とうかだい
　とうかだい-まち　群馬県高崎市-町
　いなりだい　千葉県佐倉市-
　いなりだい　東京都板橋区-
稲荷宮　いなりのみや　福島県喜多方市-
稲荷新田　いなりしんでん・とうかしんでん
　いなりしんでん-まち　茨城県龍ケ崎市-町
　とうかしんでん-まち　群馬県前橋市-町
稲寄　いなよせ
　いなよせ-ちょう　福井県越前市-町
稲宿　いないど　奈良県御所市-
稲郷　とうごう　福井県大野市-
稲葉母袋　いなばもたい　長野県長野市-
稲越　いなごえ・いなごし
　いなごし-まち　千葉県市川市-町
　いなごえ　福井県あわら市-
稲蒔　いなまき　岡山県赤磐市-
稲積　いなずみ・いなづみ
　いなづみ　富山県氷見市-
　いなづみ　富山県射水市-
　いなずみ　愛媛県大洲市-
　いなづみ　福岡県北九州市門司区-

稗

稗木場郷　ひえこばごう　長崎県東彼杵郡波佐見町-
稗原　ひえはら・ひえばら・ひえばる
　ひえばら　静岡県磐田市-
　ひえばら-ちょう　兵庫県神戸市灘区-町
　ひえばら-ちょう　島根県出雲市-町
　ひえはら-ちょう　岡山県井原市-町
　ひえばる-ちょう　宮崎県宮崎市-町

窪

窪垣内　くぼがいと　奈良県吉野郡吉野町-

端

端気　はけ
　はけ-まち　群馬県前橋市-町

14画（筬, 箕, 篦, 簸, 精, 綾, 綱, 緒, 総, 綴, 網, 緑）

端野町緋牛内　たんのちょうひうしない　北海道北見市-

端登　はたのぼり　大分県大分市-

端詰　はしづめ
　　はしづめ・ちょう　岐阜県岐阜市-町

筬

筬津　のつ　鳥取県東伯郡琴浦町-

箕

箕　み
　　み・ちょう　茨城県常陸太田市-町

箕土路　みどろ
　　みどろ・ちょう　大阪府岸和田市-町

箕六　みろく　和歌山県海草郡紀美野町-

箕升新田　みますしんでん　山形県鶴岡市-

箕打　みうち　石川県かほく市-

箕田　みだ　埼玉県鴻巣市-

箕曲中　みのわなか
　　みのわなか・むら　三重県名張市-村

箕作　みつくり　静岡県下田市-

箕形　みがた
　　みがた・ちょう　大阪府和泉市-町

箕面　みのお
　　みのお・し　大阪府-市
　　みのお　大阪府箕面市-

箕島　みしま・みのしま
　　みのしま　和歌山県有田市-
　　みしま　岡山県岡山市南区-
　　みのしま・ちょう　広島県福山市-町
　　みしま・まち　長崎県大村市-町

箕郷町生原　みさとまちおいばら　群馬県高崎市-

篦

篦岳　ののだけ　宮城県遠田郡涌谷町-

簸

簸瀬　えびらせ　熊本県葦北郡芦北町-

精

精　しらげ
　　しらげ・まち　佐賀県佐賀市-町

精舎　しょうじゃ　福島県南会津郡南会津町-

精華　せいか
　　せいか・まち　岐阜県多治見市-町
　　せいか・ちょう　京都府相楽郡-町

精進　しょうじ　山梨県南都留郡富士河口湖町-

精進川　しょうじんがわ　静岡県富士宮市-

精道　せいどう
　　せいどう・ちょう　兵庫県芦屋市-町

綾

綾田　あいでん
　　あいでん・まち　富山県富山市-町

綾西　りょうせい　神奈川県綾瀬市-

綾西洞院　あやにしのとういん
　　あやにしのとういん・ちょう　京都府京都市下京区-町

綾歌　あやうた
　　あやうた・ぐん　香川県-郡

綾織町新里　あやおりちょうにっさと　岩手県遠野市-

綾羅木　あやらぎ　山口県下関市-

綱

綱木箱口　つなぎはこのぐち　山形県西置賜郡小国町-

緒

緒方町上冬原　おがたまちかみふゆばる　大分県豊後大野市-

緒方町小宛　おがたまちおあて　大分県豊後大野市-

緒方町小原　おがたまちおはる　大分県豊後大野市-

緒方町冬原　おがたまちふゆばる　大分県豊後大野市-

緒方町寺原　おがたまちてらばる　大分県豊後大野市-

緒方町柚木　おがたまちゆぎ　大分県豊後大野市-

緒方町夏足　おがたまちなたせ　大分県豊後大野市-

緒方町滞迫　おがたまちたいざこ　大分県豊後大野市-

総

総曲輪　そうがわ　富山県富山市-

綴

綴子　つづれこ　秋田県北秋田市-

綴喜　つづき
　　つづき・ぐん　京都府-郡

網

網干区垣内北　あぼしくかいちきた
　　あぼしくかいちきた・まち　兵庫県姫路市-町

網干区興浜　あぼしくおきのはま　兵庫県姫路市-

網引　あびき
　　あびき・ちょう　兵庫県加西市-町
　　あびき・まち　熊本県宇土市-町

網戸　あじと　栃木県小山市-

網戸瀬　あどせ
　　あどせちょう　福井県福井市-

網代　あじろ
　　あじろ・ちょう　北海道伊達市-町
　　あじろ　東京都あきる野市-
　　あじろ　静岡県熱海市-
　　あじろ　和歌山県日高郡由良町-
　　あじろ　鳥取県岩美郡岩美町-
　　あじろ　愛媛県南宇和郡愛南町-
　　あじろ　大分県津久見市-

網走　あばしり
　　あばしり・し　北海道-市
　　あばしり・ぐん　北海道-郡

網津　あみづ・おうづ
　　あみづ・まち　熊本県宇土市-町
　　おうづ・ちょう　鹿児島県薩摩川内市-町

網浜　あみのはま　岡山県岡山市中区-

網掛　あがけ・あみかけ
　　あがけ　茨城県東茨城郡茨城町-
　　あみかけ　長野県埴科郡坂城町-
　　あがけ　兵庫県篠山市-

網野町公庄　あみのちょうぐじょう　京都府京丹後市-

網場　あば
　　あば・まち　長崎県長崎市-町

緑

緑丘　みどりおか・みどりがおか
　　みどりおか　北海道名寄市-
　　みどりがおか　北海道檜山郡江差町-

337

14画（綺、綣、聞、聚、蔀、蒋、蓼、蜷、蜻、誓、銀、銭、鉾、銘、関）

みどりおか　北海道夕張郡栗山町-
みどりおか　北海道常呂郡訓子府町-
みどりがおか　北海道白老郡白老町-
みどりおか　北海道新冠郡新冠町-
みどりおか　埼玉県上尾市-
みどりがおか　愛知県岡崎市-
みどりがおか-ちょう　三重県四日市市-町
みどりがおか　大阪府豊中市-
みどりがおか　大阪府池田市-
みどりがおか　兵庫県高砂市-
みどりがおか-ちょう　大分県別府市-町
緑光　りょくこう　北海道河東郡士幌町-
緑苑　ろくえん　北海道広尾郡大樹町-
緑苑台東一条　りょくえんだいひがしいちじょう　北
海道石狩市-
緑苑坂　りょくえんざか　京都府綴喜郡宇治田原町-
緑苑東　りょくえんひがし　岐阜県各務原市-
緑泉　ろくせん
　ろくせん-ちょう　北海道芦別市-町
緑埜　みどの　群馬県藤岡市-
緑郷　ろくごう　北海道上川郡当麻町-
緑陽　りょくよう
　りょくよう-ちょう　北海道北広島市-町
　りょくよう-まち　富山県富山市-
　りょくよう-ちょう　広島県福山市-町
緑園　みどりえん・りょくえん
　りょくえん　神奈川県横浜市泉区-
　みどりえん　岐阜県大垣市-
緑蔭　りょくいん　北海道紋別郡湧別町-

綺

綺田　かばた
　かばた-ちょう　滋賀県東近江市-町

綣

綣　へそ　滋賀県栗東市-

聞

聞出　きけいで　新潟県岩船郡関川村-

聚

聚楽廻東　じゅらくまわりひがし
　じゅらくまわりひがし-まち　京都府京都市中京区-町

蔀

蔀屋　しとみや　大阪府四條畷市-

蒋

蒋渕　こもぶち　愛媛県宇和島市-

蓼

蓼川　たてかわ　神奈川県綾瀬市-
蓼内久保　たてないくぼ　青森県上北郡東北町-
蓼池　たでいけ　宮崎県北諸県郡三股町-
蓼畑　たてはた
　たてはた-ちょう　滋賀県東近江市-町
蓼原　たではら
　たではら-ちょう　静岡県沼津市-町
　たではら　静岡県富士市-
　たではら-ちょう　静岡県富士市-町
蓼野　たでの　島根県鹿足郡吉賀町-

蜷

蜷川　にながわ・みなかわ
　にながわ　富山県富山市-
　みなかわ　高知県幡多郡黒潮町-
蜷木　になぎ　大分県宇佐市-
蜷田若園　になたわかぞの　福岡県北九州市小倉南区-

蜻

蜻浦　へぼうら　熊本県玉名郡和水町-

誓

誓多林　せたりん
　せたりん-ちょう　奈良県奈良市-町

銀

銀　しろがね
　しろがね-まち　岐阜県岐阜市-町
銀山　かなやま・ぎんざん
　ぎんざん　北海道余市郡仁木町-
　ぎんざん　兵庫県川辺郡猪名川町-
　ぎんざん　鳥取県岩美郡岩美町-
　かなやま-ちょう　広島県広島市中区-町
銀丘　ぎんがおか　京都府宮津市-
銀杏木　いちょうのき・いちょのき
　いちょうのき　青森県三戸郡五戸町-
　いちょのき-ちょう　愛知県瀬戸市-町
銀南木　いちょうのき　青森県上北郡七戸町-
銀鏡　しろみ　宮崎県西都市-

銭

銭田　ぜにた・ぜんだ
　ぜにた　福島県喜多方市-
　ぜんだ　沖縄県島尻郡久米島町-
銭函　ぜにばこ　北海道小樽市-
銭座　ぜんざ
　ぜんざ-まち　静岡県静岡市葵区-町
　ぜんざ-まち　長崎県長崎市-町
銭湯小路　せんとうしょうじ　山口県山口市-
銭塘　ぜんども
　ぜんども-まち　熊本県熊本市南区-町

鉾

鉾田　ほこた・ほこでん
　ほこた-し　茨城県-市
　ほこた　茨城県鉾田市-
　ほこでん-ちょう　京都府京都市中京区-町

銘

銘苅　めかる　沖縄県那覇市-

関

関下　せきした・せきしも
　せきした　福島県本宮市-
　せきした　千葉県東金市-
　せきしも　熊本県玉名郡南関町-
関川窪　かんせんくぼ　福島県白河市-
関内　せきうち　千葉県東金市-
関外目　せきほかめ　熊本県玉名郡南関町-
関本　せきほん・せきもと
　せきもと　福島県南会津郡南会津町-
　せきもと　神奈川県南足柄市-

14画（閣、際、障、雑、静、鞍、鞆、餅、駅、駄、魁、鳳、鳴）

　せきほん-まち　富山県高岡市-町
　せきもと　岡山県勝田郡奈義町-
関本肥土　せきもとあくと　茨城県筑西市-
関西　かんせい・かんぜい
　かんぜい-ちょう　岡山県岡山市北区-町
　かんせい-ちょう　山口県下関市-町
関町木崎　せきちょうこざき　三重県亀山市-
関町古厩　せきちょうふるまや　三重県亀山市-
関町会下　せきちょうえげ　三重県亀山市-
関町越川　せきちょうえちがわ　三重県亀山市-
関谷　せきや・せきやつ
　せきや　栃木県那須塩原市-
　せきやつ　千葉県勝浦市-
　せきや　神奈川県鎌倉市-
関谷沖名　せきやおきな　宮城県遠田郡涌谷町-
関東　かんとう・せきひがし
　かんとう-まち　新潟県長岡市-町
　せきひがし　熊本県玉名郡南関町-
関金町安歩　せきがねちょうあぶ　鳥取県倉吉市-
関金町郡家　せきがねちょうこおげ　鳥取県倉吉市-
関前小大下　せきぜんこおげ　愛媛県今治市-
関南　せきなみ
　せきなみ-ちょう　新潟県新潟市中央区-町
関屋本村　せきやほんそん
　せきやほんそん-ちょう　新潟県新潟市中央区-町
関柴町西勝　せきしばまちさいかち　福島県喜多方市-
関津　せきのつ　滋賀県大津市-
関宮　せきのみや　兵庫県養父市-

[閣]

閣　ごう　大分県宇佐市-

[際]

際波　きわなみ　山口県宇部市-

[障]

障子谷　しょうじやつ　千葉県富津市-

[雑]

雑司　ぞうし
　ぞうし-ちょう　奈良県奈良市-町
雑司が谷　ぞうしがや　東京都豊島区-
雑吉沢　ぞうよしざわ　青森県上北郡野辺地町-
雑式ノ目　ぞうしきのめ　宮城県加美郡加美町-
雑色　ぞうしき　神奈川県足柄上郡中井町-
雑賀　さいか
　さいか-まち　和歌山県和歌山市-町
　さいか-まち　島根県松江市-町
　さいか-ちょう　徳島県徳島市-町
雑穀　ざこく
　ざこく-まち　奈良県大和郡山市-町
雑餉隈　ざっしょのくま
　ざっしょのくま-まち　福岡県大野城市-町

[静]

静　しず・しずか
　しずか-まち　秋田県横手市-町
　しずか-まち　福島県郡山市-町
　しずか-まち　茨城県古河市-町
　しず　茨城県那珂市-

静内　しずない　北海道十勝郡浦幌町-
静内木場　しずないきば
　しずないきば-ちょう　北海道日高郡新ひだか町-町
静内農屋　しずないのや　北海道日高郡新ひだか町-
静平　しずだいら　新潟県佐渡市-
静海　しずみ
　しずみ-ちょう　静岡県伊東市-町

[鞍]

鞍筒　つづみどう
　つづみどう-まち　石川県金沢市-町

[鞆]

鞆町後地　ともちょううしろじ　広島県福山市-
鞆浦　ともうら　徳島県海部郡海陽町-

[餅]

餅木　もちのき　千葉県大網白里市-
餅原　もちばる　宮崎県北諸県郡三股町-

[駅]

駅南　えきなん・えきみなみ
　えきみなみ　秋田県横手市-
　えきみなみ-ちょう　栃木県小山市-町
　えきなん　埼玉県本庄市-
　えきなん　富山県高岡市-
　えきみなみ　静岡県湖西市-
　えきなん-ちょう　京都府福知山市-町
　えきみなみ-まち　島根県出雲市-町
　えきみなみ-まち　山口県防府市-町
　えきみなみ　山口県下松市-
　えきなん　山口県柳井市-
　えきみなみ-まち　高知県吾川郡いの町-町
　えきみなみ　宮崎県小林市-
駅家町万能倉　えきやちょうまなぐら　広島県福山市-
駅部田　まえのへた
　まえのへた-ちょう　三重県松阪市-町

[駄]

駄科　だしな　長野県飯田市-

[魁]

魁　さきがけ
　さきがけ-ちょう　新潟県新潟市中央区-町
　さきがけ-ちょう　長野県諏訪郡下諏訪町-町
　さきがけ-ちょう　愛知県名古屋市港区-町

[鳳]

鳳至　ふげし
　ふげし-まち　石川県輪島市-町
鳳東　おおとりひがし
　おおとりひがし-まち　大阪府堺市西区-町
鳳凰岱　ほうおうだい　秋田県能代市-

[鳴]

鳴子温泉川渡　なるこおんせんかわたび　宮城県大崎市-
鳴子温泉日向山　なるこおんせんひなたやま　宮城県大崎市-
鳴子温泉尿前　なるこおんせんしとまえ　宮城県大崎市-
鳴子温泉柳木　なるこおんせんやなぎ　宮城県大崎市-

14画（墨）15画（堋, 嬉, 幡, 幣, 幟, 憧, 撰, 撫, 横, 樫）

鳴子温泉鬼首　なるこおんせんおにこうべ　宮城県大
崎市-
鳴子温泉築沢　なるこおんせんきざわ　宮城県大崎市-
鳴鹿山鹿　なるかさんが　福井県吉田郡永平寺町-
鳴滝音戸山　なるたきおんどやま
　なるたきおんどやま-ちょう　京都府京都市右京区-町

墨

墨名　とな　千葉県勝浦市-
墨俣町先入方　すのまたちょうせんいりかた　岐阜県
大垣市-

◆◆◆◆◆ 15画 ◆◆◆◆◆

堋

堋之上　ままのうえ　静岡県伊豆の国市-

嬉

嬉石　うれいし
　うれいし-ちょう　岩手県釜石市-町
嬉野　うれしの
　うれしの-ちょう　三重県松阪市-町
　うれしの-し　佐賀県-市
嬉野天花寺　うれしのてんげえじ
　うれしのてんげえじ-ちょう　三重県松阪市-町
嬉野平生　うれしのひろ
　うれしのひろ-ちょう　三重県松阪市-町
嬉野矢下　うれしのやおろし
　うれしのやおろし-ちょう　三重県松阪市-町
嬉野津屋城　うれしのつやじょう
　うれしのつやじょう-ちょう　三重県松阪市-町
嬉野釜生田　うれしのかもだ
　うれしのかもだ-ちょう　三重県松阪市-町
嬉野新屋庄　うれしのにわのしょう
　うれしのにわのしょう-ちょう　三重県松阪市-町

幡

幡生　はたぶ
　はたぶ-ちょう　山口県下関市-町
幡多　はた
　はた-ぐん　高知県-郡
幡路　はだち　兵庫県篠山市-

幣

幣舞　ぬさまい
　ぬさまい-ちょう　北海道釧路市-町

幟

幟　のぼり
　のぼり-ちょう　広島県広島市中区-町
　のぼり-ちょう　徳島県徳島市-町

憧

憧憻　どうばん
　どうばん-ちょう　愛知県名古屋市北区-町

撰

撰原　えりはら　京都府相楽郡和束町-

撫

撫子原　なでしこはら　神奈川県平塚市-
撫川　なつかわ　岡山県岡山市北区-
撫牛子　ないじょうし　青森県弘前市-
撫養町斎田　むやちょうさいた　徳島県鳴門市-

横

横大路三栖大黒　よこおおじみすだいこく
　よこおおじみすだいこく-ちょう　京都府京都市伏見区-町
横大路畔ノ内　よこおおじくろのうち　京都府京都市
伏見区-
横小路　よこしょうじ
　よこしょうじ-ちょう　大阪府東大阪市-町
横川　よこかわ・よこがわ・よこごう
　よこかわ　宮城県刈田郡七ケ宿町-
　よこかわ　山形県東田川郡三川町-
　よこかわ-まち　福島県郡山市-町
　よこかわ　茨城県高萩市-
　よこかわ　栃木県日光市-
　よこかわ　東京都墨田区-
　よこかわ-まち　東京都八王子市-町
　よこがわ　石川県金沢市-
　よこかわ　長野県上伊那郡辰野町-
　よこかわ　静岡県浜松市天竜区-
　よこかわ　静岡県下田市-
　よこがわ-ちょう　愛知県半田市-町
　よこがわ　愛知県新城市-
　よこがわ-ちょう　広島県広島市西区-町
　よこごう　広島県山県郡安芸太田町-
横川原　よこかわはら　宮城県刈田郡七ケ宿町-
横水　よこずい・よこみず
　よこみず　富山県下新川郡朝日町-
　よこずい-ちょう　愛媛県新居浜市-町
横代　よこしろ・よこだい
　よこだい　山形県酒田市-
　よこしろ　福岡県北九州市小倉南区-
横地　よこじ・よこち
　よこじ-まち　石川県輪島市-町
　よこち　愛知県稲沢市-
　よこち　三重県松阪市-町
　よこち　大阪府門真市-
横城　よこぎ　大分県杵築市-
横津海　よこつみ　福井県大飯郡高浜町-
横畑　よこばたけ　新潟県上越市-
横渚　よこすか　千葉県鴨川市-
横菴　よこやち　青森県北津軽郡鶴田町-
横野神田　よこのじんでん
　よこのじんでん-ちょう　愛知県稲沢市-町
横渡　よこわたし・よこわたり
　よこわたし　新潟県小千谷市-
　よこわたし　新潟県五泉市-
　よこわたり　福井県三方上中郡若狭町-
横樋　よこどい　富山県富山市-

樫

樫月　かしづく　愛媛県南宇和郡愛南町-
樫原　かしはら・かしばら・かしわら
　かしばら　岐阜県揖斐郡揖斐川町-
　かしわら-ちょう　三重県伊勢市-町
　かしわら　奈良県吉野郡十津川村-

15画（権, 樟, 槻, 標, 樛, 樅, 潟, 潜, 潮, 潰, 縢, 熟, 熱, 熨, 瘤, 盤, 磐, 穂）

かしはら　和歌山県伊都郡高野町-
かしわら　和歌山県東牟婁郡那智勝浦町-
樫原中垣外　かたぎはらなかかいと　京都府京都市西京区-
樫原百々ケ池　かたぎはらどどがいけ　京都府京都市西京区-
樫原角田　かたぎはらすみた
　かたぎはらすみた-ちょう　京都府京都市西京区-町
樫原硲　かたぎはらはがま
　かたぎはらはがま-ちょう　京都府京都市西京区-町
樫原蛸田　かたぎはらたこでん
　かたぎはらたこでん-ちょう　京都府京都市西京区-町
樫原鴫谷　かたぎはらしぎたに　京都府京都市西京区-

権

権世　ごんぜ　福井県あわら市-
権堂　ごんどう
　ごんどう-ちょう　長野県長野市-町

樟

樟谷　くのぎたに　石川県鳳珠郡穴水町-
樟陽台　しょうようだい　福岡県宗像市-

槻

槻下　つきのした　鳥取県東伯郡琴浦町-
槻木　つきぎ・つきのき
　つきのき　宮城県柴田郡柴田町-
　つきのき　福島県二本松市-
　つきのき-ちょう　大阪府池田市-町
　つきぎ　熊本県球磨郡多良木町-
槻沢　つきざわ・つきぬきざわ
　つきざわ　岩手県和賀郡西和賀町-
　つきぬきざわ　栃木県那須塩原市-
槻並　つくなみ　兵庫県川辺郡猪名川町-

標

標津　しべつ
　しべつ-ぐん　北海道-郡
　しべつ-ちょう　北海道標津郡-町
標茶　しべちゃ
　しべちゃ-ちょう　北海道川上郡-町
　しべちゃ　北海道川上郡標茶町-

樛

樛木　つきぬき　茨城県つくばみらい市-

樅

樅山　もみやま
　もみやま　茨城県鉾田市-
　もみやま-まち　栃木県鹿沼市-町

潟

潟上　かたがみ
　かたがみ-し　秋田県-市
　かたがみ　新潟県新潟市西蒲区-
潟端　かたばた
　かたばた　新潟県村上市-
　かたばた　新潟県佐渡市-
　かたばた　石川県河北郡津幡町-

潜

潜木　くぐるぎ
　くぐるぎ-ちょう　長崎県佐世保市-町

潮

潮田　うしおだ・しおた
　うしおだ-ちょう　神奈川県横浜市鶴見区-町
　しおた-まち　高知県須崎市-町
潮来　いたこ
　いたこ-し　茨城県-市
　いたこ　茨城県潮来市-
潮岬　しおのみさき　和歌山県東牟婁郡串本町-
潮津　うしおづ
　うしおづ-まち　石川県加賀市-町
潮通　うしおどおり　岡山県倉敷市-
潮静　ちょうせい　北海道留萌市-

潰

潰溜　つえだまり　高知県吾川郡仁淀川町-

縢

縢屋　ちぎりや
　ちぎりや-ちょう　京都府京都市中京区-町

熟

熟田　ずくだ　徳島県海部郡海陽町-

熱

熱池　にいけ
　にいけ-ちょう　愛知県西尾市-町
熱海町石筵　あたみまちいしむしろ　福島県郡山市-
熱海町安子島　あたみまちあこがしま　福島県郡山市-
熱郛　ねっぷ　北海道寿都郡黒松内町-
熱塩加納町居廻　あつしおかのうまちいまわり　福島県喜多方市-

熨

熨斗戸　のしと　福島県南会津郡南会津町-

瘤

瘤木　こぶき・こぶのき
　こぶき-ちょう　愛知県瀬戸市-町
　こぶのき　京都府福知山市-

盤

盤の沢町高台　ばんのさわちょうたかだい　北海道美唄市-
盤尻　ばんじり　北海道恵庭市-
盤若　はんにゃ
　はんにゃ-まち　秋田県能代市-町

磐

磐　いわお　秋田県能代市-
磐梯　ばんだい
　ばんだい-まち　福島県耶麻郡-町
　ばんだい　福島県耶麻郡磐梯町-

穂

穂仁原　おにはら　広島県大竹市-
穂出　ほので
　ほので-ちょう　島根県浜田市-町

15画（箭, 箱, 縁, 縄, 舞, 蕎, 蔵, 蕃, 蕪, 蕨, 蝦）

穂見　ほのみ　鳥取県八頭郡智頭町-
穂香　ほにおい　北海道根室市-
穂高柏原　ほたかかしわばら　長野県安曇野市-

箭

箭弓　やきゅう
　　やきゅう-ちょう　埼玉県東松山市-町
箭坪　やつぼ　栃木県那須塩原市-

箱

箱作　はこつくり　大阪府阪南市-
箱森　はこのもり
　　はこのもり-まち　栃木県栃木市-町

縁

縁山畑　へりやまはた　福岡県宮若市-

縄

縄生　なお　三重県三重郡朝日町-
縄間　のうま　福井県敦賀市-

舞

舞々木　まいまいぎ
　　まいまいぎ-ちょう　静岡県富士宮市-町
舞木　まいぎ・もうぎ
　　もうぎ-まち　福島県郡山市-町
　　まいぎ　群馬県邑楽郡千代田町-
　　まいぎ-ちょう　愛知県岡崎市-
　　まいぎ-ちょう　愛知県豊田市-町
舞原　まいばる　佐賀県西松浦郡有田町-
舞綱　もうつな　広島県山県郡北広島町-

蕎

蕎原　そぶら　大阪府貝塚市-

蔵

蔵々　ぞうぞう　新潟県妙高市-
蔵人　くらんど　兵庫県宝塚市-
蔵人沖名　くらんどおきな　宮城県遠田郡涌谷町-
蔵上　くらのうえ
　　くらのうえ　佐賀県鳥栖市-
　　くらのうえ-まち　佐賀県鳥栖市-町
蔵土　くろず　和歌山県東牟婁郡古座川町-
蔵子　ぞうし　愛知県豊川市-
蔵小路　くらこうじ・くらしょうじ
　　くらこうじ　山形県酒田市-
　　くらしょうじ　和歌山県和歌山市-
蔵王　ざおう
　　ざおう-まち　宮城県刈田郡-町
　　ざおう　山形県上山市-
　　ざおう　新潟県長岡市-
　　ざおう　新潟県胎内市-
　　ざおう　滋賀県蒲生郡日野町-
　　ざおう-ちょう　広島県福山市-町
蔵王上野　ざおううわの　山形県山形市-
蔵主　くらぬし・ぞうす
　　くらぬし-ちょう　青森県弘前市-町
　　ぞうす　新潟県新潟市南区-
蔵田　くらた・くらだ
　　くらだ　鳥取県鳥取市-
　　くらた　島根県隠岐郡隠岐の島町-

蔵田島　そうだしま　新潟県岩船郡関川村-
蔵次　くらなみ
　　くらなみ-ちょう　愛知県岡崎市-町
蔵所　くらしょ
　　くらしょ-ちょう　愛知県瀬戸市-町
蔵前　くらのまえ・くらまえ
　　くらまえ　東京都台東区-
　　くらのまえ　岐阜県岐阜市-
　　くらまえ-ちょう　大阪府堺市北区-町
蔵垣内　くらかきうち　大阪府茨木市-
蔵原　くらはら・くらばる
　　くらはら　富山県南砺市-
　　くらばる　熊本県阿蘇市-
　　くらはら-ちょう　宮崎県都城市-町
蔵堂　くらどう　奈良県磯城郡田原本町-
蔵宿　ぞうしゅく　佐賀県西松浦郡有田町-
蔵増　くらぞう　山形県天童市-
蔵敷　くらしき・ぞうしき
　　ぞうしき　東京都東大和市-
　　くらしき-ちょう　愛媛県今治市-町

蕃

蕃山　しげやま・ばんざん
　　ばんざん-ちょう　岡山県岡山市北区-町
　　しげやま　岡山県備前市-

蕪

蕪城　かぶらぎ・ぶじょう
　　ぶじょう　石川県白山市-
　　かぶらぎ-ちょう　岐阜県岐阜市-町

蕨

蕨　わらび
　　わらび　茨城県筑西市-
　　わらび　群馬県富岡市-
　　わらび-し　埼玉県-市
　　わらび　愛媛県宇和島市-
　　わらび-ちょう　長崎県五島市-町
蕨平　わらびたいら・わらびだいら
　　わらびだいら　宮城県伊具郡丸森町-
　　わらびだいら　福島県相馬郡飯舘村-
　　わらびだいら　長野県上高井郡高山村-
蕨生　わらび・わらびょう
　　わらびょう　福井県大野市-
　　わらび　岐阜県美濃市-
　　わらびょう　愛媛県北宇和郡松野町-
蕨岱　わらびたい
　　わらびたい　北海道石狩郡当別町-
　　わらびたい　北海道山越郡長万部町-
蕨野　わらびの
　　わらびの　新潟県柏崎市-
　　わらびの　新潟県岩船郡関川村-
　　わらびの　静岡県静岡市葵区-

蝦

蝦夷森　えぞもり　岩手県下閉伊郡田野畑村-
蝦貫　えぞぬき　福島県福島市-
蝦蟆渕　がまぶち　福島県喜多方市-

15画（諸, 諏, 請, 調, 質, 賎, 輝, 輪, 鋳, 霊, 養, 駕, 駒）

諸

諸仏　しょぶつ
　しょぶつ-まち　山形県米沢市-町
諸田　しょだ・もろた
　もろた　福岡県筑紫野市-
　もろた　大分県中津市-
　しょだ　鹿児島県大島郡徳之島町-
諸志　しょし　沖縄県国頭郡今帰仁村-
諸見　しょみ　沖縄県島尻郡伊是名村-
諸見里　もろみざと　沖縄県沖縄市-
諸浦　しょうら・もろうら
　もろうら　佐賀県東松浦郡玄海町-
　しょうら　鹿児島県出水郡長島町-
諸鹿　もろが　鳥取県八頭郡若桜町-
諸越谷　もろこしがい　福島県二本松市-
諸鈍　しょどん　鹿児島県大島郡瀬戸内町-
諸数　しょかず　鹿児島県大島郡瀬戸内町-
諸願小路　しょがんしょうじ　山口県山口市-

諏

諏訪川原　すわのかわら　富山県富山市-
諏訪沢　すわのさわ　青森県青森市-

請

請ノ谷　うけのたに　徳島県那賀郡那賀町-
請戸　うけど　福島県双葉郡浪江町-
請方　うけかた　千葉県印旛郡栄町-
請地　うけち
　うけち-まち　群馬県高崎市-町
請西　じょうざい　千葉県木更津市-
請阿室　うけあむろ　鹿児島県大島郡瀬戸内町-
請負新田　うけおいしんでん　静岡県磐田市-

調

調川町上免　つきのかわちょうかみめん　長崎県松浦市-
調殿　つきどの　宮崎県西都市-

質

質志　しずし　京都府船井郡京丹波町-

賎

賎ノ田　しつのた　福島県伊達郡川俣町-

輝

輝北町平房　きほくちょうひらぼう　鹿児島県鹿屋市-

輪

輪厚　わっつ　北海道北広島市-

鋳

鋳物師　いもじ・いものし
　いもじ　新潟県村上市-
　いもじ-ちょう　福井県敦賀市-町
　いものし　福井県南条郡南越前町-
　いものし-ちょう　滋賀県東近江市-町
　いもじ　京都府福知山市-
　いもじ　兵庫県伊丹市-
　いもじ-ちょう　山口県防府市-町
　いもじ-まち　福岡県北九州市小倉北区-町

鋳物師沢　いものしざわ　富山県中新川郡立山町-
鋳物師屋　いもじや
　いもじや　長野県千曲市-
　いもじや　岐阜県関市-
鋳物師興野　いものしごうや　新潟県新潟市南区-
鋳銭司　すぜんじ　山口県山口市-
鋳銭場　いせんば　宮城県石巻市-

霊

霊山町泉原　りょうぜんまちいずみはら　福島県伊達市-
霊仙　りょうぜん　滋賀県犬上郡多賀町-
霊安寺　りょうあんじ
　りょうあんじ-ちょう　奈良県五條市-町
霊南　れいなん　長崎県島原市-
霊屋下　おたまやした　宮城県仙台市青葉区-

養

養父　やぶ
　やぶ-まち　愛知県東海市-町
　やぶ-し　兵庫県-市
　やぶ-まち　佐賀県鳥栖市-町
養父丘　やぶがおか　大阪府枚方市-
養母田　やぶた　佐賀県唐津市-
養老散布　ようろうちりっぷ　北海道厚岸郡浜中町-

駕

駕与丁　かよいちょう　福岡県糟屋郡粕屋町-
駕輿丁　かよちょう　滋賀県蒲生郡竜王町-

駒

駒生　こまおい・こまにゅう
　こまおい　北海道網走郡美幌町-
　こまにゅう　栃木県宇都宮市-
　こまにゅう-まち　栃木県宇都宮市-町
駒込　こまごみ・こまごめ
　こまごめ　青森県青森市-
　こまごめ　茨城県古河市-
　こまごめ　茨城県つくば市-
　こまごめ　千葉県旭市-
　こまごめ　千葉県市原市-
　こまごめ　千葉県大網白里市-
　こまごめ　東京都豊島区-
　こまごみ　新潟県新潟市江南区-
　こまごみ　新潟県三条市-
駒栄　こまえ
　こまえ-ちょう　兵庫県神戸市長田区-町
駒帰　こまがえり
　こまがえり-まち　石川県金沢市-町
　こまがえり　鳥取県八頭郡智頭町-
駒場　こまば・こまんば
　こまば-ちょう　北海道函館市-町
　こまば-ちょう　北海道釧路市-町
　こまば-ちょう　北海道根室市-町
　こまば-ちょう　北海道恵庭市-町
　こまば　北海道勇払郡むかわ町-
　こまば　北海道河東郡音更町-
　こまば　宮城県気仙沼市-
　こまば　宮城県黒川郡大衡村-
　こまば　茨城県取手市-
　こまば　茨城県東茨城郡茨城町-

15画（駛, 髭, 魵, 鴇, 麹）16画（壇, 壁, 操, 橳, 機, 橋, 樽, 橡, 橦, 濁, 澳, 燈, 瓢）

こまば-ちょう　栃木県足利市-町
こまば　埼玉県さいたま市浦和区-
こまば　埼玉県加須市-
こまば　東京都目黒区-
こまば　山梨県南アルプス市-
こまば　長野県下伊那郡阿智村-
こまば　長野県上高井郡高山村-
こまんば　岐阜県中津川市-
こまんば-ちょう　岐阜県中津川市-町
こまば　静岡県磐田市-
こまば-ちょう　愛知県名古屋市瑞穂区-町
こまば-ちょう　愛知県豊田市-町
こまば-ちょう　愛知県西尾市-町
駒越　こまごえ・こまごし
こまごし　青森県弘前市-
こまごし-まち　青森県弘前市-町
こまごえ　静岡県静岡市清水区-
駒蹴　こまはね　茨城県坂東市-
駒籠　こまごめ　山形県北村山郡大石田町-

駛

駛馬　はやめ
はやめ-まち　福岡県大牟田市-町

髭

髭茶屋桃燈　ひげちゃやちょうちん
ひげちゃやちょうちん-ちょう　京都府京都市山科区-町

魵

魵穴　えびあな　新潟県西蒲原郡弥彦村-

鴇

鴇ケ谷　とがたに　石川県白山市-
鴇久保　ときくぼ　長野県小諸市-
鴇子　とうのこ　福島県石川郡平田村-
鴇谷　とうや　千葉県長生郡長柄町-
鴇崎　ときざき　千葉県香取市-
鴇巣　とうのす　福島県南会津郡南会津町-
鴇頭森　ときとうもり　福島県福島市-

麹

麹　こうじ
こうじ-まち　東京都千代田区-町
麹屋　こうじや
こうじや-まち　長崎県長崎市-町

◆◆◆◆◆ 16画 ◆◆◆◆◆

壇

壇前　だんのまえ　宮城県刈田郡七ケ宿町-

壁

壁田　へきだ　長野県中野市-

操

操　みさお
みさお-ちょう　栃木県宇都宮市-町
操出　くりだし　愛知県弥富市-

橳

橳島　ぬでじま
ぬでじま-まち　群馬県前橋市-町

機

機織轌ノ目　はたおりそりのめ　秋田県能代市-

橋

橋下条　はしげじょう　富山県射水市-
橋上町橋上　はしかみちょうはしかみ　高知県宿毛市-
橋上町還住薮　はしかみちょうげんじゅやぶ　高知県
宿毛市-
橋本狩尾　はしもととがのお　京都府八幡市-
橋本興正　はしもとこうしょう　京都府八幡市-
橋向　はしむかい・はしむこう
はしむこう　茨城県稲敷市-
はしむこう　愛知県新城市-
はしむかい-ちょう　滋賀県彦根市-町
橋西　きょうせい・はしにし
きょうせい　北海道白糠郡白糠町-
はしにし-ちょう　京都府京都市中京区-町
橋賀台　はしかだい　千葉県成田市-

樽

樽水　たるみ
たるみ　愛知県常滑市-
たるみ-ちょう　愛知県常滑市-町
たるみ　京都府福知山市-
樽真布　たるまっぷ
たるまっぷ-ちょう　北海道留萌市-町

橡

橡久保　とちくぼ　群馬県利根郡昭和村-

橦

橦木　しゅもく
しゅもく-ちょう　愛知県名古屋市東区-町

濁

濁川　にごりかわ
にごりかわ　北海道茅部郡森町-
にごりかわ　秋田県秋田市-
にごりかわ　新潟県新潟市北区-
にごりかわ-ちょう　広島県庄原市-町
濁沢　にごりさわ
にごりさわ-まち　新潟県長岡市-町
にごりさわ　新潟県三条市-
濁谷　にごたに　鳥取県日野郡日野町-

澳

澳田　いくた　福島県南会津郡下郷町-

燈

燈豊　とうぶ
とうぶ-ちょう　福井県福井市-町

瓢

瓢　ひさご・ふくべ
ふくべ　青森県上北郡おいらせ町-
ふくべ-ちょう　富山県滑川市-町
ひさご-ちょう　岐阜県羽島郡笠松町-町

16画（甑, 瘦, 磨, 穎, 積, 築, 簑, 糒, 繁, 膳）

甑

甑谷 こしきだに
　こしきだに-ちょう　福井県福井市-町
甑岩 こしきいわ
　こしきいわ-ちょう　兵庫県西宮市-町

瘦

瘦槻 こぶつき　宮城県気仙沼市-

磨

磨屋 とぎや
　とぎや-ちょう　岡山県岡山市北区-町
　とぎや-まち　香川県高松市-町

穎

穎娃町郡 えいちょうこおり　鹿児島県南九州市-

積

積川 つがわ
　つがわ-ちょう　大阪府岸和田市-町
積丹 しゃこたん
　しゃこたん-ぐん　北海道-郡
　しゃこたん-ちょう　北海道積丹郡-町
積志 せきし
　せきし-ちょう　静岡県浜松市東区-町
積良 つむろ　三重県度会郡玉城町-
積善寺 しゃくぜんじ　高知県土佐市-

築

築 ちく・つき
　ちく-まち　福岡県大牟田市-町
　つき-まち　長崎県長崎市-町
築三 つきさん
　つきさん-ちょう　愛知県名古屋市港区-町
築上 ちくじょう
　ちくじょう-ぐん　福岡県-郡
　ちくじょう-まち　福岡県築上郡-町
築山 つきやま・つくやま
　つきやま　宮城県石巻市-
　つくやま　山梨県南アルプス市-
　つきやま-まち　愛知県碧南市-町
　つきやま　奈良県大和高田市-
　つきやま-ちょう　愛媛県松山市-町
築切 ついきり　佐賀県杵島郡白石町-
築木館 つきのきだて　青森県青森市-
築比地 つきひじ　埼玉県北葛飾郡松伏町-
築地 ついじ・つきじ
　つきじ-ちょう　北海道室蘭市-町
　つきじ　北海道浦河郡浦河町-
　つきじ　岩手県宮古市-
　ついじ　茨城県潮来市-
　ついじ　茨城県筑西市-
　ついじ-ちょう　栃木県佐野市-町
　ついじ　群馬県利根郡片品村-
　つきじ　埼玉県ふじみ野市-
　つきじ　千葉県木更津市-
　つきじ　東京都中央区-
　つきじ-ちょう　東京都新宿区-町
　ついじ-ちょう　東京都昭島市-町
　ついじ　新潟県胎内市-
　ついじ　長野県上田市-

つきじ-ちょう　静岡県静岡市清水区-町
ついじ　静岡県藤枝市
つきじ-ちょう　愛知県名古屋市港区-町
つきじ-ちょう　愛知県豊橋市-町
ついじ-ちょう　愛知県刈谷市-町
つきじ-ちょう　兵庫県神戸市兵庫区-町
つきじ　兵庫県尼崎市-
つきじ　和歌山県海南市-
ついじ　和歌山県東牟婁郡那智勝浦町-
つきじ-ちょう　広島県呉市-町
つきじ-ちょう　香川県高松市-町
つきじ-ちょう　愛媛県宇和島市-町
つきじ-まち　福岡県北九州市八幡西区-町
つきじ-ちょう　長崎県平戸市-町
つきじ　熊本県水俣市-
ついじ　熊本県玉名市-
ついじ　大分県豊後高田市-
築地之内 つじのうち
　つじのうち-ちょう　奈良県奈良市-町
築地新居 ついじあらい　山梨県中巨摩郡昭和町-
築別 ちくべつ　北海道苫前郡羽幌町-
築城 ついき　福岡県築上郡築上町-
築捨 つきすて
　つきすて-ちょう　岐阜県大垣市-町
築添 つきぞえ
　つきぞえ-まち　熊本県八代市-町
築盛 ちくもり
　ちくもり-ちょう　愛知県名古屋市港区-町
築港八幡 ちっこうやわた
　ちっこうやわた-まち　大阪府堺市堺区-町
築館左足 つきだてこえだて　宮城県栗原市-
築館芋埣 つきだていもぞね　宮城県栗原市-
築館西小山 つきだてにしこやま　宮城県栗原市-
築館城生野 つきだてじょうの　宮城県栗原市-
築籠 ついごめ
　ついごめ-まち　熊本県宇土市-町

簑

簑原 みのばる　佐賀県三養基郡みやき町-

糒

糒 ほしい　福岡県田川市-

繁

繁山 しげやま　新潟県新発田市-
繁本 しげもと
　しげもと-ちょう　愛媛県新居浜市-町
繁多川 はんたがわ　沖縄県那覇市-
繁和 はんわ
　はんわ-ちょう　大阪府和泉市-町
繁昌 はんじょう
　はんじょう　茨城県行方市-
　はんじょう-ちょう　京都府京都市下京区-町
　はんじょう-ちょう　兵庫県加西市-町
繁松新田 しげまつしんでん　三重県桑名市-
繁根木 はねぎ　熊本県玉名市-

膳

膳夫 かしわで
　かしわて-ちょう　奈良県橿原市-町
膳所 ぜぜ　滋賀県大津市-

345

16画（興, 舘, 薜, 薪, 薦, 薄, 薬, 薑, 薊, 親, 謡）

膳前　ぜんまえ　青森県上北郡東北町-
膳棚　ぜんだな
　　ぜんだな-ちょう　愛知県名古屋市瑞穂区-町

興

興　おき　京都府福知山市-
興ケ原　おくがはら
　　おくがはら-ちょう　奈良県奈良市-町
興戸　こうど　京都府京田辺市-
興志内　おきしない
　　おきしない-むら　北海道古宇郡泊村-村
興津　おきつ・おこつ・きょうづ
　　おこつ　北海道釧路市-
　　おこつ　北海道苫前郡苫前町-
　　おきつ　茨城県稲敷郡美浦村-
　　おきつ　千葉県勝浦市-
　　おきつ　千葉県印旛郡栄町-
　　きょうづ　石川県河北郡津幡町-
　　おきつ　高知県高岡郡四万十町-
興宮　おきのみや
　　おきのみや-ちょう　東京都江戸川区-町
興部　おこっぺ
　　おこっぺ-ちょう　北海道紋別郡-町
　　おこっぺ　北海道紋別郡興部町-
興野　おきの・きょうの・こうや
　　きょうの　栃木県那須烏山市-
　　おきの　東京都足立区-
　　こうや　新潟県長岡市-
　　こうや　新潟県三条市-
興野々　おきのの　愛媛県北宇和郡鬼北町-

舘

舘　たち・たて・だて
　　だて　青森県上北郡東北町-
　　たて　秋田県由利本荘市-
　　たて　福島県伊達郡桑折町-
　　たて　福島県伊達郡川俣町-
　　たち　富山県南砺市-
　　たち　富山県中新川郡上市町-
　　たち-まち　石川県金沢市-町
　　たち-まち　石川県能美市-町
　　たち　石川県羽咋郡志賀町-
　　たち-ちょう　京都府綾部市-町
舘山　たちやま・たてやま
　　たてやま　宮城県気仙沼市-
　　たてやま　山形県米沢市-
　　たちやま-まち　石川県金沢市-町
舘開　たちひらき　石川県羽咋郡志賀町-

薜

薜生　ひう　新潟県小千谷市-
薜田野町鹿谷　ひえだのちょうろくや　京都府亀岡市-
薜島　ひえじま　大阪府門真市-

薪

薪　たきぎ　京都府京田辺市-
薪森原　たきぎもりばら　岡山県苫田郡鏡野町-

薦

薦川　こもがわ　新潟県村上市-
薦生　こもお　三重県名張市-

薦津　こもづ
　　こもづ-ちょう　島根県松江市-町
薦野　こもの　福岡県古賀市-

薄

薄沢口　すすきざわぐち　宮城県刈田郡七ケ宿町-
薄谷　すすきや　埼玉県春日部市-
薄原　すすきばら・すすばる
　　すすきばら-ちょう　島根県益田市-町
　　すすばる　熊本県水俣市-
薄島　すすきしま　千葉県東金市-
薄袋　すすきぶくろ　新潟県上越市-

薬

薬井　くすりい　奈良県北葛城郡河合町-
薬水　くすりみず　奈良県吉野郡大淀町-
薬利　くずり　栃木県那須郡那珂川町-
薬谷　くすりや
　　くすりや-ちょう　茨城県常陸太田市-町
薬研堀　やげんぼり　広島県広島市中区-
薬師　くずし・やくし
　　やくし-ちょう　青森県三沢市-町
　　やくし-まち　山形県山形市-町
　　やくし　福島県二本松市-
　　やくし-ちょう　埼玉県坂戸市-町
　　やくし-まち　石川県金沢市-町
　　やくし-ちょう　福井県福井市-町
　　やくし-ちょう　岐阜県岐阜市-町
　　やくし-ちょう　岐阜県瑞浪市-町
　　やくし　静岡県静岡市葵区-
　　やくし-ちょう　静岡県浜松市東区-町
　　やくし-まち　愛知県瀬戸市-町
　　やくし-ちょう　愛知県津島市-町
　　やくし-ちょう　滋賀県近江八幡市-町
　　くずし　滋賀県蒲生郡竜王町-
　　やくし-ちょう　京都府京都市上京区-町
　　やくし-ちょう　京都府京都市中京区-町
　　やくし-ちょう　京都府京都市東山区-町
　　やくし-ちょう　兵庫県西宮市-町
　　やくし-まち　和歌山県新宮市-町
　　やくし-まち　鳥取県鳥取市-町
　　やくし　鹿児島県鹿児島市-
薬師平　やくしたい　青森県上北郡七戸町-
薬袋　みない　山梨県南巨摩郡早川町-

薑

薑　はじかみ　奈良県葛城市-

薊

薊野　あぞうの　高知県高知市-

親

親園　ちかその　栃木県大田原市-

謡

謡坂　うとうざか　岐阜県可児郡御嵩町-
謡谷　うたいだに
　　うたいだに-ちょう　福井県福井市-町

16画（醒、醍、鋸、錦、錫、頭、頼、頸、館、鮎、鮖、鴛、鴬、鴨）

醒

醒ケ井　さめがい
　　さめがい-ちょう　石川県金沢市-町
醒井　さめがい　滋賀県米原市-

醍

醍醐勝口　だいごしょうくち
　　だいごしょうくち-ちょう　京都府京都市伏見区-町
醍醐僧尊坊　だいごどどんぼう
　　だいごどどんぼう-ちょう　京都府京都市伏見区-町

鋸

鋸南　きょなん
　　きょなん-まち　千葉県安房郡-町

錦

錦江　きんこう
　　きんこう-ちょう　鹿児島県鹿児島市-町
　　きんこう-ちょう　鹿児島県垂水市-町
　　きんこう-ちょう　鹿児島県肝属郡-町
錦町府谷　にしきまちふのたに　山口県岩国市-
錦松台　きんしょうだい　兵庫県川西市-
錦城　きんじょう
　　きんじょう-ちょう　愛知県西尾市-町
錦海　きんかい
　　きんかい-ちょう　鳥取県米子市-町
錦砂　きんしゃ
　　きんしゃ-ちょう　京都府京都市上京区-町
錦綾　きんりょう
　　きんりょう-ちょう　大阪府堺市堺区-町
錦織　にしきおり・にしこおり・にしこり
　　にしこおり　岐阜県加茂郡八百津町-
　　にしこおり　滋賀県大津市-
　　にしこおり-ちょう　滋賀県長浜市-町
　　にしきおり　大阪府富田林市-
　　にしこり　岡山県久米郡美咲町-

錫

錫高野　すずこうや　茨城県東茨城郡城里町-

頭

頭　かしら
　　かしら-ちょう　京都府京都市上京区-町
　　かしら-ちょう　京都府京都市左京区-町
　　かしら-ちょう　京都府京都市中京区-町
頭山　つむりやま　新潟県糸魚川市-
頭川　ずかわ　富山県高岡市-
頭陀寺　ずだじ
　　ずだじ-ちょう　静岡県浜松市南区-町
　　ずだじ　和歌山県和歌山市-
頭集　かしらつどい　高知県幡多郡大月町-

頼

頼成　らんじょう　富山県砺波市-
頼城　らいじょう
　　らいじょう-ちょう　北海道芦別市-町

頸

頸城区下神原　くびきくしもかなはら　新潟県上越市-
頸城区上神原　くびきくかみかなはら　新潟県上越市-
頸城区大蒲生田　くびきくおおかもだ　新潟県上越市-
頸城区姥谷内　くびきくばやち　新潟県上越市-

館

館　たて・やかた
　　たて-まち　北海道函館市-町
　　たて-まち　北海道檜山郡厚沢部町-町
　　たて　青森県三戸郡五戸町-
　　やかた　宮城県仙台市泉区-
　　たて　埼玉県志木市-
　　たて-まち　東京都八王子市-町
　　やかた-まち　広島県三原市-町
館川　たちかわ　福井県三方上中郡若狭町-
館内　かんない
　　かんない-まち　長崎県長崎市-町
館出　たちいで
　　たちいで-まち　富山県富山市-町
館田柳原　たちたやなぎはら　青森県平川市-
館田稲　たちたいな
　　たちたいな-むら　青森県平川市-村
館後　たてうしろ　青森県弘前市-

鮎

鮎川　あいかわ・あゆかわ・あゆがわ
　　あゆかわ　北海道磯谷郡蘭越町-
　　あゆかわ-ちょう　茨城県日立市-町
　　あゆがわ　群馬県藤岡市-
　　あゆかわ-ちょう　福井県福井市-町
　　あゆかわ　大阪府茨木市-
　　あゆかわ　和歌山県田辺市-
　　あいかわ　徳島県那賀郡那賀町-
　　あゆかわ-ちょう　長崎県平戸市-町
鮎田　あいだ　栃木県芳賀郡茂木町-
鮎屋　あいや　兵庫県洲本市-
鮎喰　あくい
　　あくい-ちょう　徳島県徳島市-町

鮖

鮖谷　かじかだに　新潟県岩船郡関川村-

鴛

鴛泊　おしどまり　北海道利尻郡利尻富士町-
鴛原　おしはら
　　おしはら-まち　石川県金沢市-町
鴛野　おしの　大分県大分市-
鴛鴨　おしかも
　　おしかも-ちょう　愛知県豊田市-町

鴬

鴬宿　おうしゅく　岩手県岩手郡雫石町-

鴨

鴨女　かもめ
　　かもめ-ちょう　鹿児島県西之表市-町
鴨庄　かもしょう・かものしょう
　　かものしょう　山口県山陽小野田市-
　　かもしょう　香川県さぬき市-
鴨河内　かもごうち　鳥取県倉吉市-
鴨前　かもさき　岡山県赤磐市-
鴨宮　かものみや　神奈川県小田原市-
鴨島町山路　かもじまちょうさんじ　徳島県吉野川市-

16画（鴫、黛、龍）17画（厳、壚、嬬、橿、櫛、檀、檜、燧、磯）

鴨島町麻植塚　かもじまちょうおえづか　徳島県吉野川市-

鴨島町喜来　かもじまちょうきらい　徳島県吉野川市-

鴨部　かべ・かもべ
　　かもべ　鳥取県西伯郡南部町-
　　かべ　香川県さぬき市-
　　かもべ　高知県高知市-

鴫

鴫内　しぎうち　栃木県那須塩原市-

鴫野東　しぎのひがし　大阪府大阪市城東区-

黛

黛　まゆずみ　埼玉県児玉郡上里町-

龍

龍ケ岳町樋島　りゅうがたけまちひのしま　熊本県上天草市-

龍田　たつた・たつだ
　　たつた　奈良県生駒郡斑鳩町-
　　たつだ　熊本県熊本市北区-

龍光　りゅうこう
　　りゅうこう-ちょう　静岡県浜松市東区-町

龍地　りゅうじ　山梨県甲斐市-

龍江　たつえ　長野県飯田市-

龍池　たついけ
　　たついけ-ちょう　京都府京都市中京区-町

龍助　りゅうすけ
　　りゅうすけ-ちょう　石川県小松市-町

龍明　りゅうめい　茨城県石岡市-

龍前　たつまえ
　　たつまえ-ちょう　京都府京都市上京区-町

龍城ケ丘　りゅうじょうがおか　神奈川県平塚市-

龍泉　りゅうせん　大阪府富田林市-

龍神村小家　りゅうじんむらおいえ　和歌山県田辺市-

龍神村丹生ノ川　りゅうじんむらにゅうのがわ　和歌山県田辺市-

龍島　りゅうとう　鳥取県東伯郡湯梨浜町-

龍華　りゅうげ
　　りゅうげ-ちょう　大阪府八尾市-町

龍郷　たつごう
　　たつごう-ちょう　鹿児島県大島郡-町
　　たつごう　鹿児島県大島郡龍郷町-

龍野　たつの
　　たつの-まち　兵庫県姫路市-町

龍野町上霞城　たつのちょうかみかじょう　兵庫県たつの市-

龍野町四箇　たつのちょうよっか　兵庫県たつの市-

龍間　たつま　大阪府大東市-

龍徳　りゅうとく　福岡県宮若市-

龍舞　りゅうまい
　　りゅうまい-ちょう　群馬県太田市-町

◆◆◆◆◆ 17画 ◆◆◆◆◆

厳

厳木町箞木　きゅうらぎまちうつぼき　佐賀県唐津市-

厳木町瀬戸木場　きゅうらぎまちせとこば　佐賀県唐津市-

厳美　げんび
　　げんび-ちょう　岩手県一関市-町

厳原町下原　いづはらまちしもばる　長崎県対馬市-

厳原町上槻　いづはらまちこうつき　長崎県対馬市-

厳原町久田　いづはらまちくた　長崎県対馬市-

厳原町天道茂　いづはらまちてんどうしげ　長崎県対馬市-

厳原町豆酘　いづはらまちつつ　長崎県対馬市-

厳原町阿連　いづはらまちあれ　長崎県対馬市-

厳原町南室　いづはらまちなむろ　長崎県対馬市-

厳原町桟原　いづはらまちさじきばら　長崎県対馬市-

壚

壚下　まました　神奈川県南足柄市-

嬬

嬬恋　つまごい
　　つまごい-むら　群馬県吾妻郡-村

橿

橿原　かしはら
　　かしはら-し　奈良県-市

櫛

櫛笥　くしげ
　　くしげ　新潟県新潟市南区-
　　くしげ-ちょう　京都府京都市上京区-町

櫛羅　くじら　奈良県御所市-

檀

檀田　まゆみだ　長野県長野市-

檜

檜尾　ひのお　大阪府堺市南区-

檜尾谷　ひおだに
　　ひおだに-ちょう　福井県越前市-町

檜枝岐　ひのえまた
　　ひのえまた-むら　福島県南会津郡-村

檜物　ひもの
　　ひもの-ちょう　群馬県高崎市-町

檜前　ひのくま　奈良県高市郡明日香村-

檜垣　ひがい
　　ひがい-ちょう　奈良県天理市-町

檜原　ひのはら・ひばら
　　ひばら　福島県耶麻郡北塩原村-
　　ひのはら-むら　東京都西多摩郡-村
　　ひばら　新潟県村上市-

燧

燧　ひうち　福井県南条郡南越前町-

燧ケ岳　ひうちがたけ　福島県南会津郡檜枝岐村-

燧田　ひうちた　福島県郡山市-

磯

磯上　いそがみ・いそのかみ
　　いそがみ　福島県南会津郡下郷町-
　　いそのかみ-ちょう　大阪府岸和田市-町

磯上通　いそがみどおり　兵庫県神戸市中央区-

磯分内憩　いそぶんないこい　北海道川上郡標茶町-

17画（穐, 篠, 築, 薩, 藍, 螺, 謝, 鍵, 鍛, 鍋, 鍜, 闇, 霞）

磯谷　いそだに・いそや
　　いそや-ちょう　北海道寿都郡寿都町-町
　　いそや-ぐん　北海道-郡
　　いそだに　高知県長岡郡大豊町-
磯河内　いそこうち　愛媛県松山市-
磯城　しき
　　しき-ぐん　奈良県-郡
磯部町渡鹿野　いそべちょうわたかの　三重県志摩市-
磯鶏　そけい　岩手県宮古市-

　　　　　穐

穐東　さいひがし
　　さいひがし-まち　岡山県岡山市中区-町

　　　　　篠

篠ケ瀬　ささがせ
　　ささがせ-ちょう　静岡県浜松市東区-町
篠ノ井有旅　しのいうたび　長野県長野市-
篠ノ井御幣川　しののいおんべがわ　長野県長野市-
篠山　ささやま・しのやま
　　しのやま　茨城県常総市-
　　ささやま-し　兵庫県-市
　　ささやま-まち　福岡県久留米市-町
篠内　しのないたい　青森県上北郡東北町-
篠木苧桶沢　しのぎおぼけざわ　岩手県滝沢市-
篠木鳥谷平　しのぎとやひら　岩手県滝沢市-
篠木樋の口　しのぎといのくち　岩手県滝沢市-
篠本　ささもと　千葉県山武郡横芝光町-
篠目　ささめ
　　ささめ-ちょう　愛知県安城市-町
篠尾　ささお・しのお
　　ささお-まち　群馬県沼田市-町
　　しのお-ちょう　福井県福井市-町
篠尾新　さそおしん
　　さそおしん-まち　京都府福知山市-町
篠町柏原　しのちょうかせばら　京都府亀岡市-
篠花　ささばな　新潟県長岡市-
篠波　ささなみ　鳥取県八頭郡八頭町-
篠屋　ささや
　　ささや-ちょう　京都府京都市下京区-町
篠原　ささばら・しのはら・しのわら
　　しのはら-ちょう　神奈川県横浜市港北区-町
　　しのはら-まち　石川県加賀市-町
　　しのはら　山梨県甲斐市-
　　しのはら-ちょう　静岡県浜松市西区-町
　　しのはら　静岡県磐田市-
　　ささばら-ちょう　愛知県豊田市-町
　　しのはら-ちょう　滋賀県近江八幡市-町
　　しのはら　京都府船井郡京丹波町-
　　しのはら　兵庫県神戸市灘区-
　　しのはら　高知県南国市-
　　しのはら-まち　福岡県久留米市-町
　　しのわら　福岡県糸島市-
篠座　しのくら
　　しのくら　福井県大野市-
　　しのくら-ちょう　福井県大野市-町
篠栗　ささぐり
　　ささぐり-まち　福岡県糟屋郡-町
　　ささぐり　福岡県糟屋郡篠栗町-

篠場　しのば・しのんば
　　しのんば　静岡県掛川市-
　　しのば-ちょう　愛媛県新居浜市-町
篠路町福移　しのろちょうふくい　北海道札幌市北区-
篠籠田　しこだ　千葉県柏市-

　　　　　築

築川　やながわ　岩手県盛岡市-
築平　やだいら
　　やだいら-ちょう　愛知県豊田市-町
築沢　やなざわ
　　やなざわ　山形県米沢市-
　　やなざわ　山形県東村山郡山辺町-
築瀬　やなせ・やなぜ
　　やなぜ　栃木県宇都宮市-
　　やなぜ-まち　栃木県宇都宮市-町
　　やなせ　群馬県安中市-
　　やなぜ　島根県邑智郡美郷町-

　　　　　薩

薩摩川内　さつませんだい
　　さつませんだい-し　鹿児島県-市

　　　　　藍

藍内　あいない　青森県弘前市-
藍島　あいのしま　福岡県北九州市小倉北区-

　　　　　螺

螺湾　らわん　北海道足寄郡足寄町-

　　　　　謝

謝名　じゃな　沖縄県国頭郡今帰仁村-
謝名城　じゃなぐすく　沖縄県国頭郡大宜味村-
謝名堂　じゃなどう　沖縄県島尻郡久米島町-
謝花　じゃはな　沖縄県国頭郡本部町-
謝敷　じゃしき　沖縄県国頭郡国頭村-

　　　　　鍵

鍵掛　かいかけ　高知県土佐清水市-

　　　　　鍛

鍛高　たんたか　北海道白糠郡白糠町-
鍛埜　かじの
　　かじの-ちょう　愛知県岡崎市-町

　　　　　鍋

鍋谷　なべたに・なべや
　　なべや　群馬県邑楽郡千代田町-
　　なべたに-まち　石川県能美市-町
鍋原　なべら　岐阜県本巣市-
鍋島町八戸　なべしままちやえ　佐賀県佐賀市-
鍋島町蛎久　なべしままちかきひさ　佐賀県佐賀市-

　　　　　鍜

鍜治ケ一色　かじがいしき　愛知県北名古屋市-

　　　　　闇

闇無　くらなし
　　くらなし-まち　大分県中津市-町

　　　　　霞

霞目　かすみのめ　宮城県仙台市若林区-

349

17画（鞠, 鮫, 鮠, 鮨, 鴻）18画（檮, 櫃, 織, 藤）

霞城　かじょう
　かじょう-まち　山形県山形市-町

鞠

鞠山　まるやま　福井県敦賀市-
鞠生　まりふ
　まりふ-ちょう　山口県防府市-町

鮫

鮫ケ地　さめがんじ
　さめがんじ　愛知県弥富市-
　さめがんじ-ちょう　愛知県弥富市-町
鮫浦　さめのうら　宮城県石巻市-

鮠

鮠川　はいかわ　三重県度会郡度会町-

鮨

鮨洗　すしあらい　山形県山形市-

鴻

鴻池　こうのいけ
　こうのいけ-ちょう　大阪府東大阪市-町
　こうのいけ　兵庫県伊丹市-
鴻草　こうのくさ　福島県双葉郡双葉町-
鴻巣　こうのす
　こうのす　茨城県古河市-
　こうのす　茨城県笠間市-
　こうのす　茨城県那珂市-
　こうのす-し　埼玉県-市
　こうのす　埼玉県鴻巣市-
　こうのす-ちょう　新潟県小千谷市-町

◆◆◆◆◆ 18画 ◆◆◆◆◆

檮

檮原　ゆすはら
　ゆすはら-ちょう　高知県高岡郡-町
　ゆすはら　高知県高岡郡檮原町-

櫃

櫃石　ひついし　香川県坂出市-
櫃島　ひつしま　山口県萩市-
櫃挾　ひつば　千葉県市原市-
櫃崎　ひつざき　秋田県大館市-

織

織部　おべ
　おべ-ちょう　愛知県名古屋市北区-町

藤

藤ケ谷　ふじがたに・ふじがや
　ふじがや　茨城県筑西市-
　ふじがや　千葉県柏市-
　ふじがたに-ちょう　山口県下関市-町
藤七温泉　とうしちおんせん　岩手県八幡平市-
藤下　とうげ・ふじした
　ふじした　千葉県山武郡九十九里町-
　とうげ　岐阜県不破郡関ケ原町-

藤上原　ふじかんばら　静岡県磐田市-
藤六　とうろく
　とうろく-まち　石川県金沢市-町
藤内　とうない
　とうない-まち　青森県弘前市-町
藤木　ふじき・ふじのき
　ふじき　秋田県大仙市-
　ふじき　群馬県富岡市-
　ふじき-ちょう　埼玉県川越市-町
　ふじのき　富山県富山市-
　ふじのき-まち　石川県白山市-町
　ふじのき-ちょう　福井県越前市-町
　ふじのき-ちょう　京都府京都市上京区-町
　ふじ-ちょう　京都府京都市中京区-町
　ふじのき　福岡県北九州市若松区-
　ふじのき-まち　佐賀県鳥栖市-町
　ふじき　熊本県上益城郡山都町-
藤平田　とへいだ　石川県野々市市-
藤生　とうにゅう・ふじゅう
　とうにゅう　福島県南会津郡南会津町-
　ふじゅう　岡山県美作市-
　ふじゅう-まち　山口県岩国市-町
藤田　とうだ・ふじた
　ふじた　宮城県角田市-
　ふじた　山形県西村山郡大江町-
　ふじた　福島県伊達郡国見町-
　ふじた-ちょう　茨城県常陸太田市-町
　ふじた-まち　栃木県栃木市-町
　ふじた　栃木県那須烏山市-
　ふじた　埼玉県大里郡寄居町-
　とうだ　山梨県南アルプス市-
　とうだ-ちょう　大阪府守口市-町
　とうだ-ちょう　大阪府枚方市-町
　ふじた　兵庫県加東市-
　ふじた　和歌山県和歌山市-
　ふじた　岡山県岡山市南区-
　ふじた　福岡県北九州市八幡西区-
　ふじた-まち　福岡県大牟田市-町
　ふじた　福岡県八女郡広川町-
　ふじた　熊本県菊池市-
　ふじた　熊本県玉名郡和水町-
　とうだ　宮崎県西都市-
藤田尾　とうだお
　とうだお-まち　長崎県長崎市-町
藤光　とうみつ・ふじみつ
　とうみつ-ちょう　山口県下松市-町
　ふじみつ　福岡県久留米市-
　ふじみつ-まち　福岡県久留米市-町
藤吾　とうご　山形県上山市-
藤沢町黄海　ふじさわちょうきのみ　岩手県一関市-
藤岡町新波　ふじおかまちにっば　栃木県栃木市-
藤河内　ふじかわち・ふじごうち
　ふじごうち　山口県宇部市-
　ふじかわち　大分県臼杵市-
藤治台　とうじだい　千葉県佐倉市-
藤治屋敷　とうじやしき　山形県山形市-
藤附　ふじつく
　ふじつく-ちょう　山口県下関市-町
藤後　とうご　新潟県糸魚川市-
藤原　ふじはら・ふじわら
　ふじわら　岩手県宮古市-

18画（藪,蟠,覆,観,贄,轆,鎌,鎮,難）

ふじはら　栃木県日光市-
ふじわら　群馬県利根郡みなかみ町-
ふじわら-ちょう　埼玉県川越市-町
ふじわら-ちょう　埼玉県行田市-町
ふじわら　千葉県船橋市-
ふじわら　千葉県館山市-
ふじわら　東京都西多摩郡檜原村-
ふじはら　新潟県南魚沼市-
ふじわら　富山県下新川郡入善町-
ふじわら-ちょう　奈良県奈良市-町
ふじわら-ちょう　奈良県大和郡山市-町
ふじわら　岡山県岡山市中区-
ふじわら　岡山県久米郡美咲町-
ふじわら　愛媛県松山市-
ふじわら-まち　愛媛県松山市-町
ふじわら　福岡県北九州市八幡西区-
ふじわら-ちょう　長崎県佐世保市-町
ふじわら　大分県速見郡日出町-

藤崎　とうざき・ふじさき
ふじさき-まち　青森県南津軽郡-町
ふじさき　青森県南津軽郡藤崎町-
ふじさき　秋田県由利本荘市-
ふじさき　山形県飽海郡遊佐町-
ふじさき　千葉県習志野市-
ふじさき　神奈川県川崎市川崎区-
とうざき　新潟県糸魚川市-
ふじさき　和歌山県紀の川市-
ふじさき　岡山県岡山市中区-
ふじさき　福岡県福岡市早良区-

藤野川　とうのがわ　和歌山県日高郡日高川町-
藤森　ふじのもり・ふじもり
ふじのもり　富山県小矢部市-
ふじのもり　愛知県名古屋市名東区-
ふじのもり　奈良県大和高田市-
ふじもり　岡山県真庭市-

藤間　とうま・ふじま
ふじま　埼玉県川越市-
とうま　埼玉県行田市-

藤蔵　とうぞう　石川県能美郡川北町-

【藪】

薮畔　やぶぐろ　愛知県犬山市-

【蟠】

蟠渓　ばんけい　北海道有珠郡壮瞥町-

【覆】

覆盆子原　いちごはら　宮城県伊具郡丸森町-

【観】

観三橋　かんさんたちばな
かんさんたちばな-ちょう　京都府京都市上京区-町
観音　かんおん・かんのう・かんのん
かんおん-まち　秋田県由利本荘市-町
かんのう　千葉県香取市-
かんのん　神奈川県川崎市川崎区-
かんのん-まち　富山県小矢部市-町
かんのん-まち　石川県金沢市-町
かんのん-ちょう　福井県敦賀市-町
かんのん-ちょう　愛知県名古屋市南区-町
かんのん-ちょう　愛知県一宮市-町
かんのん-ちょう　愛知県津島市-町

かんのん-ちょう　京都府京都市中京区-町
かんおん-まち　広島県広島市西区-町
かんのん　広島県山県郡安芸太田町-
観音下　かながそ
かながそ-まち　石川県小松市-町
観音寺　かんおんじ・かんのんじ
かんのんじ　山形県酒田市-
かんのんじ　山形県東根市-
かんおんじ　新潟県西蒲原郡弥彦村-
かんのんじ　愛知県一宮市-
かんおんじ-ちょう　三重県津市-町
かんのんじ　滋賀県大津市-
かんおんじ　滋賀県栗東市-
かんのんじ-ちょう　京都府京都市伏見区-町
かんのんじ　京都府福知山市-
かんのんじ　京都府舞鶴市-
かんのんじ-ちょう　大阪府和泉市-町
かんのんじ-ちょう　奈良県大和郡山市-町
かんのんじ-ちょう　奈良県橿原市-町
かんのんじ　鳥取県米子市-
かんおんじ-し　香川県-市
かんおんじ-ちょう　香川県観音寺市-町
かんのんじ-ちょう　福岡県北九州市戸畑区-町

【贄】

贄川　にえかわ　長野県塩尻市-
贄田　ねだ　京都府綴喜郡宇治田原町-
贄浦　にえうら　三重県度会郡南伊勢町-

【轆】

轆轤　ろくろ
ろくろ-ちょう　京都府京都市東山区-町

【鎌】

鎌井田桑薮　かまいだくやぶ　高知県高岡郡越知町-
鎌沢　かまのさわ　秋田県北秋田市-
鎌谷　かまたに・かまや
かまや-ちょう　青森県五所川原市-町
かまや-ちょう　神奈川県横浜市保土ケ谷区-町
かまだに　福井県あわら市-
かまや-ちょう　愛知県西尾市-町
鎌谷奥　かまだにおく　京都府船井郡京丹波町-
鎌原　かんばら　群馬県吾妻郡嬬恋村-
鎌掛　かいがけ　滋賀県蒲生郡日野町-

【鎮】

鎮西町加唐島　ちんぜいまちかからしま　佐賀県唐津市-
鎮西町馬渡島　ちんぜいまちまだらしま　佐賀県唐津市-
鎮岩　とこなべ
とこなべ-ちょう　兵庫県加西市-町

【難】

難波　なんば
なんば-ちょう　滋賀県長浜市-町
なんば-ちょう　京都府京都市左京区-町
なんば-ちょう　京都府京都市下京区-町
なんば　大阪府大阪市中央区-
難波江　なばえ　福井県大飯郡高浜町-

18画（額, 顔, 鮪, 鯏, 鵜, 鵠, 鵤）19画（櫓, 櫟, 瀬）

額

額乙丸 ぬかおとまる
ぬかおとまる-まち　石川県金沢市-町
額田 ぬかた
ぬかた-ぐん　愛知県-郡
ぬかた　三重県桑名市-
ぬかた-ちょう　大阪府東大阪市-町
ぬかた-ちょう　兵庫県尼崎市-町
額田南郷 ぬかだみなみごう　茨城県那珂市-
額谷 ぬかだに
ぬかだに　石川県金沢市-
ぬかだに-まち　石川県金沢市-町
額原 がくはら
がくはら-ちょう　大阪府岸和田市-町
額塚 すくもづか　京都府福知山市-

顔

顔戸 ごうど
ごうど　岐阜県可児郡御嵩町-
ごうど　滋賀県米原市-

鮪

鮪越 いるかごえ　愛媛県南宇和郡愛南町-

鯏

鯏浦 うぐいうら
うぐいうら-ちょう　愛知県弥富市-町

鵜

鵜入 うにゅう
うにゅう-まち　石川県輪島市-町
鵜木 うのき
うのき　秋田県男鹿市-
うのき　福岡県朝倉市-
うのき　福岡県三井郡大刀洗町-
鵜池 うのいけ　福岡県八女市-
鵜住居 うのすまい
うのすまい-ちょう　岩手県釜石市-町
鵜来巣 うぐるす　高知県高知市-
鵜谷地 うのどりやち　岩手県八幡平市-
鵜浦 うのうら
うのうら-まち　石川県七尾市-町
鵜崎 うのさき　愛媛県伊予市-
鵜森 うのもり
うのもり　埼玉県本庄市-
うのもり　新潟県加茂市-
鵜渡路 うのとろ　新潟県村上市-
鵜無ケ淵 うないがふち　静岡県富士市-
鵜飼上山 うかいかみのやま　岩手県滝沢市-
鵜飼大綴 うかいおおだるみ　岩手県滝沢市-
鵜飼年毛 うかいとしもう　岩手県滝沢市-
鵜飼諸葛川 うかいもろくずがわ　岩手県滝沢市-
鵜飼鰍森 うかいかじかもり　岩手県滝沢市-

鵠

鵠戸 くぐいど　茨城県坂東市-
鵠沼海岸 くげぬまかいがん　神奈川県藤沢市-

鵤

鵤 いかるが　兵庫県揖保郡太子町-

鵤木 いかるぎ
いかるぎ-ちょう　栃木県足利市-町

◆◆◆◆◆ **19画** ◆◆◆◆◆

櫓

櫓山 たもやま　山形県村山市-

櫟

櫟本 いちのもと
いちのもと-ちょう　奈良県天理市-町
櫟田原 いちいたばら
いちいたばら-ちょう　島根県浜田市-町
櫟枝 いちえだ
いちえだ-ちょう　奈良県大和郡山市-町
櫟原 いちいばら・いちぎばる・いちはら
いちはら　奈良県生駒郡平群町-
いちいばら　山口県宇部市-
いちぎばる　福岡県築上郡築上町-
櫟野 いちの　福岡県大牟田市-

瀬

瀬下 せのした
せのした-まち　福岡県久留米市-町
瀬上 せのうえ
せのうえ-まち　福島県福島市-町
瀬戸田町高根 せとだちょうこうね　広島県尾道市-
瀬戸町大井 せとちょうだい　岡山県岡山市東区-
瀬戸町明神 せとちょうあきのかみ　徳島県鳴門市-
瀬戸町堂浦 せとちょうどうのうら　徳島県鳴門市-
瀬田月輪 せたつきのわ
せたつきのわ-ちょう　滋賀県大津市-町
瀬田来 せたらい
せたらい-ちょう　北海道函館市-町
瀬石 せせき　北海道目梨郡羅臼町-
瀬辺地 せへじ　青森県東津軽郡蓬田村-
瀬多来 せたらい　北海道十勝郡浦幌町-
瀬尾 せのお　栃木県日光市-
瀬峰神田 せみねかみた　宮城県栗原市-
瀬峰桃生田 せみねものうた　宮城県栗原市-
瀬峰筒ケ崎 せみねどがさき　宮城県栗原市-
瀬峰筒場 せみねどば　宮城県栗原市-
瀬峰蔵王 せみねぞうおう　宮城県栗原市-
瀬高町上庄 せたかまちかみのしょう　福岡県みやま市-
瀬高町太神 せたかまちおおが　福岡県みやま市-
瀬高町文廣 せたかまちあやひろ　福岡県みやま市-
瀬高町河内 せたかまちかわち　福岡県みやま市-
瀬高町長田 せたかまちながた　福岡県みやま市-
瀬部 せべ
せべ　愛知県一宮市-
せべ　徳島県板野郡上板町-
瀬嵩 せだけ　沖縄県名護市-
瀬領 せいりょ・せりょう
せりょう-まち　石川県金沢市-町
せいりょ-まち　石川県小松市-町

352

19画（犢, 獺, 簾, 蘇, 藻, 蘭, 藺, 蟹, 蟷, 警, 鏡, 鏑, 鯛, 鵰, 鶏, 鵲, 鶉, 鵯, 鴇, 麓）20画（巌, 櫨）

犢

犢橋 こてはし
　こてはし-ちょう　千葉県千葉市花見川区-町

獺

獺ケ口 うそがぐち
　うそがぐち-ちょう　福井県福井市-町
獺ケ通 うすがどおり　新潟県新潟市南区-
獺河内 うそごうち　福井県敦賀市-
獺郷 おそごう　神奈川県藤沢市-
獺野 うその　青森県上北郡おいらせ町-

簾

簾舞 みすまい　北海道札幌市南区-

蘇

蘇刈 そかる　鹿児島県大島郡瀬戸内町-
蘇原申子 そはらさるこ
　そはらさるこ-ちょう　岐阜県各務原市-町

藻

藻津 むくづ　高知県宿毛市-
藻散布 もちりっぷ　北海道厚岸郡浜中町-

蘭

蘭 あららぎ
　あららぎ-ちょう　愛知県豊田市-町

藺

藺 いの
　いの-まち　奈良県大和郡山市-町
藺生 いう
　いう-ちょう　奈良県奈良市-町

蟹

蟹田 かにた・がんだ
　かにた　青森県東津軽郡外ケ浜町-
　かにた　青森県上北郡野辺地町-
　かにた　千葉県勝浦市-
　がんだ　大分県佐伯市-
蟹田大平 かにたおおだい　青森県東津軽郡外ケ浜町-
蟹作 がんつくり
　がんつくり-まち　熊本県人吉市-町

蟷

蟷螂山 とうろうやま
　とうろうやま-ちょう　京都府京都市中京区-町

警

警固 けいご・けご
　けいご-まち　山口県防府市-町
　けご　福岡県福岡市中央区-
警固屋 けごや　広島県呉市-
警弥郷 けやごう　福岡県福岡市南区-

鏡

鏡大河内 かがみおおがち　高知県高知市-
鏡小山 かがみこやま　高知県高知市-
鏡水 かがみず　沖縄県那覇市-
鏡去坂 かがみさるさか　高知県高知市-
鏡地 かがんじ　沖縄県国頭郡国頭村-

鏡原 きょうはら
　きょうはら-ちょう　沖縄県那覇市-町
鏡宮 かがのみや　富山県射水市-
鏡島 かがしま
　かがしま　岐阜県岐阜市-
　かがしま-ちょう　岐阜県岐阜市-町

鏑

鏑木 かぶらぎ・かぶらぎ
　かぶらぎ-まち　千葉県佐倉市-町
　かぶらぎ　千葉県旭市-

鯛

鯛浜 たいのはま　徳島県板野郡北島町-

鵰

鵰 くまだか
　くまだか-ちょう　静岡県沼津市-町

鶏

鶏沢 にわとりざわ　青森県上北郡横浜町-
鶏冠井 かいで
　かいで-ちょう　京都府向日市-町
鶏鉾 にわとりぼこ
　にわとりぼこ-ちょう　京都府京都市下京区-町

鵲

鵲 かささぎ
　かささぎ-ちょう　奈良県奈良市-町

鶉

鶉 うずら
　うずら　北海道砂川市-
　うずら　北海道檜山郡厚沢部町-
　うずら-まち　北海道檜山郡厚沢部町-町
　うずら　北海道空知郡上砂川町-
　うずら　群馬県邑楽郡邑楽町-

鵯

鵯巣 とうのす
　とうのす-ちょう　愛知県岡崎市-町

鴇

鴇島 ひよどりじま　富山県富山市-
鴇越 ひよどりごえ
　ひよどりごえ-ちょう　兵庫県神戸市兵庫区-町

麓

麓山 はやま・ふもとやま
　ふもとやま　宮城県加美郡加美町-
　はやま　福島県郡山市-

◆◆◆◆◆ 20画 ◆◆◆◆◆

巌

巌城 いわき　鳥取県倉吉市-

櫨

櫨木 ろうぼく　愛知県長久手市-
櫨谷 かたらがい　島根県邑智郡美郷町-

353

20画（礫, 糯, 朧, 護, 讓, 鐘, 鐙, 鰍, 鰄, 鹹）21画（竈, 轟, 鐺, 饒, 鰭, 鶴）

櫨谷町長谷 はせたにちょうはせ　兵庫県神戸市西区-
櫨谷町栃木 はせたにちょうとちのき　兵庫県神戸市西区-
櫨原 はぜはら　岐阜県揖斐郡揖斐川町-
櫨塚 はぜつか
　はぜつか-ちょう　兵庫県西宮市-町

礫

礫石原 くれいしばる
　くれいしばる-まち　長崎県島原市-町
礫浦 ささらうら　三重県度会郡南伊勢町-

糯

糯ケ坪 もちがつぼ　兵庫県篠山市-

朧

朧気 おぼろけ　山形県尾花沢市-

護

護江 もりえ　大分県佐伯市-
護藤 ごんどう
　ごんどう-まち　熊本県熊本市南区-町

讓

讓羽 ゆずりは　山口県周南市-
讓原 ゆずりはら　群馬県藤岡市-

鐘

鐘木 しゅもく
　しゅもく　新潟県新潟市中央区-
　しゅもく　新潟県新潟市江南区-
鐘楼 しょうろう
　しょうろう-ちょう　山口県周南市-町
鐘鋳 かねい
　かねい-ちょう　京都府京都市東山区-町

鐙

鐙 あぶみ　新潟県新潟市中央区-
鐙塚 あぶつか
　あぶつか-ちょう　栃木県佐野市-町
鐙摺石 あぶずりいし　福島県二本松市-

鰍

鰍沢 かじかざわ　山梨県南巨摩郡富士川町-

鰄

鰄川 うぐいかわ
　うぐいかわ-ちょう　北海道檜山郡江差町-町

鹹

鹹渕 かいらげふち　秋田県能代市-

◆◆◆◆◆ 21画 ◆◆◆◆◆

竈

竈 かまど　静岡県御殿場市-
竈門 かまど　熊本県玉名郡和水町-

轟

轟 とどろ・とどろき・とどろく・どめき
　とどろき　北海道余市郡赤井川村-
　とどろき　秋田県能代市-
　とどろく　栃木県日光市-
　とどろく　群馬県甘楽郡甘楽町-
　とどろき-ちょう　千葉県千葉市稲毛区-町
　どめき　福井県吉田郡永平寺町-
　とどろき　兵庫県養父市-
　とどろ-まち　鹿児島県薩摩郡さつま町-町

鐺

鐺山 こてやま
　こてやま-まち　栃木県宇都宮市-町
鐺別 とうべつ　北海道川上郡弟子屈町-

饒

饒 にょう　愛媛県松山市-
饒平名 よへな　沖縄県名護市-
饒波 ぬうは・のは
　のは　沖縄県豊見城市-
　ぬうは　沖縄県国頭郡大宜味村-

鰭

鰭ケ崎 ひれがさき　千葉県流山市-

鶴

鶴ケ田 つるけた　熊本県上益城郡山都町-
鶴ケ岱 つるがだい　北海道釧路市-
鶴三緒 つるみお　福岡県飯塚市-
鶴生 つりゅう　福島県西白河郡西郷村-
鶴生田 つるうだ
　つるうだ-ちょう　群馬県太田市-町
鶴甲 つるかぶと　兵庫県神戸市灘区-
鶴羽 つるは
　つるは-ちょう　愛知県名古屋市昭和区-町
鶴羽田 つるはだ
　つるはだ　熊本県熊本市北区-
　つるはだ-まち　熊本県熊本市北区-町
鶴羽美 つるばみ　宮城県加美郡加美町-
鶴児平 つるのこたい　青森県上北郡七戸町-
鶴来清沢 つるぎせいさわ
　つるぎせいさわ-まち　石川県白山市-町
鶴見羽出浦 つるみはいでうら　大分県佐伯市-
鶴谷 つるや
　つるや-まち　大分県佐伯市-町
鶴河内 つるがわち
　つるがわち-まち　大分県日田市-町
鶴城 つるぎ・つるしろ
　つるしろ-ちょう　愛知県西尾市-町
　つるぎ-まち　大分県日田市-町
鶴島 つるしま・つるのしま
　つるしま　山梨県上野原市-
　つるしま-ちょう　愛媛県宇和島市-町
　つるのしま　宮崎県宮崎市-
鶴巣大平 つるすおおだいら　宮城県黒川郡大和町-
鶴巣鳥屋 つるすとや　宮城県黒川郡大和町-
鶴望 つるみ　大分県佐伯市-
鶴脛 つるはぎ
　つるはぎ-ちょう　山形県上山市-町

21画（鶺）22画（籠,纒,讃,轡,驚,鰹）23画（鷲）24画（鑪,鷺,鷹）25画（鼈）26画（鯏）30画（轟）

鶴喰　つるはみ・つるばみ
　つるばみ　青森県上北郡六戸町-
　つるはみ　宮城県加美郡加美町-
　つるはみ　静岡県三島市-

鶺

鶺和　てんわ　兵庫県赤穂市-

◆◆◆◆◆ 22画 ◆◆◆◆◆

籠

籠山　こもりやま　奈良県吉野郡天川村-
籠月　こもつき　石川県河北郡津幡町-
籠田　かごた・かごだ・こもた
　こもた　茨城県行方市-
　かごた　新潟県阿賀野市-
　かごだ-ちょう　愛知県岡崎市-町
籠淵　こもりぶち
　こもりぶち-ちょう　長崎県五島市-町

纒

纒　まとい　神奈川県平塚市-

讃

讃岐　さぬき
　さぬき　北海道磯谷郡蘭越町-
　さぬき-ちょう　京都府京都市伏見区-町

轡

轡取　くつわどり　福島県石川郡石川町-

驚

驚　おどろき・おどろく
　おどろく　山形県西置賜郡小国町-
　おどろき　千葉県長生郡長生村-
　おどろき　千葉県長生郡白子町-

鰹

鰹淵　かつおぶち　愛知県新城市-

◆◆◆◆◆ 23画 ◆◆◆◆◆

鷲

鷲子　とりのこ　茨城県常陸大宮市-
鷲府　わしっぷ　北海道足寄郡足寄町-
鷲神浜　わしのかみはま　宮城県牡鹿郡女川町-
鷲宮　わしのみや　埼玉県久喜市-
鷲島　わしがしま　富山県小矢部市-
鷲巣　わしず・わしのす
　わしのす　栃木県真岡市-
　わしのす　埼玉県北葛飾郡杉戸町-
　わしのす　千葉県茂原市-
　わしのす　岐阜県養老郡養老町-
　わしず　静岡県袋井市-

◆◆◆◆◆ 24画 ◆◆◆◆◆

鑪

鑪　たたら　長野県長野市-

鷺

鷺ノ森新道　さぎのもりしんみち　和歌山県和歌山市-
鷺宮　さぎのみや
　さぎのみや　群馬県安中市-
　さぎのみや　東京都中野区-
鷺巣　さぎす・さぎのす
　さぎのす-まち　新潟県長岡市-町
　さぎす　岡山県美作市-

鷹

鷹子　たかのこ
　たかのこ-まち　愛媛県松山市-町
鷹架　たかほこ　青森県上北郡六ケ所村-
鷹島町神崎免　たかしまちょうこうざきめん　長崎県松浦市-
鷹島町原免　たかしまちょうはるめん　長崎県松浦市-
鷹峯千束　たかがみねせんぞく
　たかがみねせんぞく-ちょう　京都府京都市北区-町
鷹栖　たかす・たかのす
　たかす-ちょう　北海道上川郡-町
　たかのす　富山県砺波市-
　たかのす-ちょう　京都府綾部市-町
鷹巣　たかす・たかのす
　たかのす　宮城県白石市-
　たかのす　秋田県北秋田市-
　たかのす　山形県北村山郡大石田町-
　たかのす　福島県田村郡三春町-
　たかのす　茨城県常陸大宮市-
　たかのす　埼玉県比企郡小川町-
　たかのす　埼玉県大里郡寄居町-
　たかのす　鹿児島県出水郡長島町-

◆◆◆◆◆ 25画 ◆◆◆◆◆

鼈

鼈奴　べっちゃろ　北海道十勝郡浦幌町-

◆◆◆◆◆ 26画 ◆◆◆◆◆

鯏

鯏野川　くじのかわ　和歌山県東牟婁郡串本町-

◆◆◆◆◆ 30画 ◆◆◆◆◆

轟

轟木　とどろき　青森県西津軽郡深浦町-

地 域 順 一 覧

都道府県（県庁所在地）目次

北海道（札幌市）‥‥‥‥‥ 359

青森県（青森市）‥‥‥‥‥ 364

岩手県（盛岡市）‥‥‥‥‥ 367

宮城県（仙台市）‥‥‥‥‥ 369

秋田県（秋田市）‥‥‥‥‥ 372

山形県（山形市）‥‥‥‥‥ 374

福島県（福島市）‥‥‥‥‥ 376

茨城県（水戸市）‥‥‥‥‥ 380

栃木県（宇都宮市）‥‥‥‥ 383

群馬県（前橋市）‥‥‥‥‥ 386

埼玉県（さいたま市）‥‥‥ 387

千葉県（千葉市）‥‥‥‥‥ 391

東京都（東京23区）‥‥‥‥ 395

神奈川県（横浜市）‥‥‥‥ 396

新潟県（新潟市）‥‥‥‥‥ 398

富山県（富山市）‥‥‥‥‥ 404

石川県（金沢市）‥‥‥‥‥ 407

福井県（福井市）‥‥‥‥‥ 410

山梨県（甲府市）‥‥‥‥‥ 412

長野県（長野市）‥‥‥‥‥ 414

岐阜県（岐阜市）‥‥‥‥‥ 416

静岡県（静岡市）‥‥‥‥‥ 419

愛知県（名古屋市）‥‥‥‥ 422

三重県（津市）‥‥‥‥‥‥ 429

滋賀県（大津市）‥‥‥‥‥ 432

京都府（京都市）‥‥‥‥‥ 434

大阪府（大阪市）‥‥‥‥‥ 439

兵庫県（神戸市）‥‥‥‥‥ 442

奈良県（奈良市）‥‥‥‥‥ 447

和歌山県（和歌山市）‥‥‥ 450

鳥取県（鳥取市）‥‥‥‥‥ 452

島根県（松江市）‥‥‥‥‥ 454

岡山県（岡山市）‥‥‥‥‥ 455

広島県（広島市）‥‥‥‥‥ 458

山口県（山口市）‥‥‥‥‥ 460

徳島県（徳島市）‥‥‥‥‥ 461

香川県（高松市）‥‥‥‥‥ 463

愛媛県（松山市）‥‥‥‥‥ 463

高知県（高知市）‥‥‥‥‥ 465

福岡県（福岡市）‥‥‥‥‥ 467

佐賀県（佐賀市）‥‥‥‥‥ 471

長崎県（長崎市）‥‥‥‥‥ 472

熊本県（熊本市）‥‥‥‥‥ 474

大分県（大分市）‥‥‥‥‥ 477

宮崎県（宮崎市）‥‥‥‥‥ 479

鹿児島県（鹿児島市）‥‥‥ 480

沖縄県（那覇市）‥‥‥‥‥ 482

北海道

足寄(郡) あしょろ
厚岸(郡) あっけし
網走(郡) あばしり
網走(市) あばしり
虻田(郡) あぶた
磯谷(郡) いそや
岩内(郡) いわない
有珠(郡) うす
雨竜(郡) うりゅう
枝幸(郡) えさし
小樽(郡) おたる
河西(郡) かさい
河東(郡) かとう
上川(郡) かみかわ
久遠(郡) くどう
沙流(郡) さる
標津(郡) しべつ
積丹(郡) しゃこたん
白老(郡) しらおい
白糠(郡) しらぬか
寿都(郡) すっつ
伊達(市) だて
千歳(市) ちとせ
天塩(郡) てしお
常呂(郡) ところ
中川(郡) なかがわ
新冠(郡) にいかっぷ
爾志(郡) にし
美唄(市) びばい
深川(市) ふかがわ
二海(郡) ふたみ
古宇(郡) ふるう
古平(郡) ふるびら
増毛(郡) ましけ
松前(郡) まつまえ
山越(郡) やまこし
留萌(郡) るもい
留萌(市) るもい
稚内(市) わっかない

札幌市
清田(区) きよた
白石(区) しろいし
東(区) ひがし

札幌市厚別区
厚別町小野幌 あつべつちょうこのっぽろ

札幌市北区
麻生(町) あさぶ
篠路町福移 しのろちょうふくい
新川 しんかわ
新琴似(町) しんことに
西茨戸 にしばらと
西茨戸一条 にしばらといちじょう
東茨戸 ひがしばらと

札幌市清田区
有明 ありあけ

清田 きよた
真栄 しんえい

札幌市白石区
川下 かわしも
北郷 きたごう

札幌市中央区
界川 さかいがわ

札幌市手稲区
新発寒一条 しんはっさむいちじょう

札幌市豊平区
月寒東一条 つきさむひがしいちじょう

札幌市西区
小別沢 こべつざわ
西野 にしの
発寒一条 はっさむいちじょう
平和 へいわ

札幌市東区
北丘珠一条 きたおかだまいちじょう
東雁来(町) ひがしかりき

札幌市南区
川沿一条 かわぞえいちじょう
定山渓 じょうざんけい
簾舞 みすまい

赤平市
東大(町) ひがしおお
百戸町東 ひゃっこちょうひがし
豊里(町) とよえい
宮下(町) みやした

旭川市
旭岡 あさひがおか
神居町雨紛 かむいちょううぶん
神居町神華 かむいちょうしんか
亀吉一条 かめきちいちじょう
旭神 きょくしん
大雪通 たいせつどおり
近文(町) ちかぶみ
忠和一条 ちゅうわいちじょう
花咲(町) はなさき
北門(町) ほくもん
本(町) もと

芦別市
旭町油谷 あさひまちゅや
泉 いずみ
新城(町) しんじょう
野花南(町) のかなん
東城(町) ひがし
幌内 ほろない
頼城(町) らいじょう
緑泉(町) ろくせん

網走市
栄 さかえ
三眺 さんちょう
新(町) しん
能取 のとり
美岬 みさき
実豊 みとよ
八坂 やさか
呼人 よびと

石狩市
厚田区濃昼 あつたくごきびる
厚田区聚富 あつたくしっぷ
厚田区安瀬 あつたくやそすけ
北生振 きたおやふる
八幡 はちまん
八幡(町) はちまん
浜益区濃昼 はますくごきびる
花畔 ばんなぐろ
美登位 びとい
船場(町) ふなば
緑苑台東一条 りょくえんだいひがしいちじょう
若生(町) わかおい

岩見沢市
上幌向(町) かみほろむい
北村大願 きたむらおおねがい
北村豊里 きたむらとよさと
北村豊正 きたむらほうせい
栗沢町万字大平 くりさわちょうまんじおおたいら
志文(町) しぶん
中幌向(町) なかほろむい
東(町) ひがし
幌向(町) ほろむい
毛陽(町) もうよう
大和(町) やまと

歌志内市
歌神 かしん
上歌 かみうた
神威 かもい

恵庭市
有明(町) ありあけ
漁太 いざりぶと
漁(町) いざり
春日 かすが
恵央(町) けいおう
駒場(町) こまば
桜森 さくらもり
中島(町) なかじま
柏陽(町) はくよう
林田 はやしだ
盤尻 ばんじり
牧場 まきば
本(町) もと

江別市
江別太 えべつぶと
大麻 おおあさ
大麻南樹(町) おおあさみなき
角山 かくやま
対雁 ついしかり
中島 なかじま
野幌(町) のっぽろ
東野幌 ひがしのっぽろ
東野幌(町) ひがしのっぽろ
牧場(町) まきば
向ケ丘 むこうがおか
元野幌 もとのっぽろ
八幡 やはた

小樽市
朝里 あさり
入船 いりふね
色内 いろない
忍路 おしょろ
勝納(町) かつない
堺(町) さかい
塩谷 しおや
東雲(町) しののめ
清水(町) しみず
祝津 しゅくつ
新光 しんこう
新光(町) しんこう
新富(町) しんとみ
銭函 ぜにばこ
信香(町) のぶか
張碓(町) はりうす
真栄 まさかえ
見晴(町) みはらし
最上 もがみ
桃内 ももない

帯広市
岩内(町) いわない
中島(町) なかじま
美栄(町) びえい
広野(町) ひろの
別府(町) べっぷ
基松(町) もといまつ
依田(町) よだ

北広島市
大曲柏葉 おおまがりはくよう
共栄 きょうえい
共栄(町) きょうえい
広葉(町) こうよう
三島 みしま
緑陽(町) りょくよう
輪厚 わっつ

北見市
相内(町) あいのない
川沿(町) かわぞえ
北上 きたがみ
清見 きよみ
光西(町) こうせい
広明(町) こうめい
光葉(町) こうよう

新生(町) しんせい
清月(町) せいげつ
端野町緋牛内 たんのちょうひうしない
常呂町常呂 ところちょうところ
豊田 とよた
西相内 にしあいのない
柏陽(町) はくよう
東相内(町) ひがしあいのない
豊地 ほうち
北光 ほっこう
本沢 ほんざわ
南丘 みなみおか
本(町) もと
山下(町) やました
大和 やまと
留辺蘂町金華 るべしべちょうかねはな

釧路市
阿寒町飽別 あかんちょうあくべつ
阿寒町舌辛 あかんちょうしたから
阿寒町知茶布 あかんちょうちちゃっぷ
阿寒町徹別中央 あかんちょうてつべつちゅうおう
入江 いりえ
入舟 いりふね
興津 おこつ
大楽毛 おたのしけ
音別町馬主来 おんべつちょうぱしくる
駒場(町) こまば
春湖台 しゅんこだい
知人(町) しりと
白金(町) しろがね
城山 しろやま
新栄(町) しんえい
新川(町) しんかわ
新富(町) しんとみ
千歳(町) ちとせ
鶴ケ岱 つるがだい
中島(町) なかじま
新野 にいの
西港 にしこう
幣舞(町) ぬさまい
春採 はるとり
東川(町) ひがしかわ
文苑 ふみぞの
美濃 みのう
武佐 むさ
米(町) よね

士別市
学田 がくでん
九十九(町) つくも
東丘 ひがしおか
東九条 ひがしくじょう
武徳(町) ぶとく

北海道　　　　　　　　　　　　地域順一覧

砂川市
鶉 うずら
北光(町) ほっこう
三砂(町) みさご
焼山 やけやま

滝川市
有明(町) ありあけ
中島(町) なかじま
東(町) ひがし

伊達市
網代(町) あじろ
有珠(町) うす
大平(町) おおだいら
鹿島(町) かしま
北稲府(町) きたまれふ
志門気(町) しもんけ
竹原(町) たけはら
中稲府(町) なかまれふ
長和(町) ながわ
西関内(町) にしせきない
西浜(町) にしはま
萩原(町) はぎわら
東浜(町) ひがしはま
幌美内(町) ほろびない
南稲府(町) みなみまれふ
向有珠(町) むかいうす
山下(町) やました
弄月(町) ろうげつ
若生(町) わっかおい

千歳市
泉郷 いずみさと
長都 おさつ
上長都 かみおさつ
里美 さとみ
支寒内 ししゃもない
東雲(町) しののめ
祝梅 しゅくばい
新富 しんとみ
水明郷 すいめいきょう
東郊 とうこう
富丘 とみおか
新川 にいかわ
柏陽 はくよう
東丘 ひがしおか
美々 びび
美笛 びふえ
北栄 ほくえい
北光 ほっこう
幌美内 ほろぴない
大和 やまと

苫小牧市
有明(町) ありあけ
入船(町) いりふね
永福(町) えいふく
音羽(町) おとわ
柏原 かしわばら
川沿(町) かわぞえ

木場(町) きば
小糸井(町) こいとい
白金(町) しろがね
新開(町) しんかい
新富(町) しんとみ
新明(町) しんめい
大成(町) たいせい
東開(町) とうかい
日吉(町) ひよし
北栄(町) ほくえい
北光(町) ほっこう
真砂(町) まさご
明徳(町) めいとく

名寄市
旭東 きょくとう
智恵文 ちえぶん
砺波 となみ
内淵 ないぶち
日彰 にっしょう
風連町瑞生 ふうれんちょうずいしょう
豊栄 ほうえい
緑丘 みどりおか

根室市
明郷 あけさと
厚床 あっとこ
有磯(町) ありいそ
温根沼 おんねとう
温根元 おんねもと
清隆 きよたか
光和(町) こうわ
湖南 こなん
駒場(町) こまば
珸瑶瑁 ごようまい
千島(町) ちしま
長節 ちょうぶし
東梅 とうばい
友知 ともしり
西浜(町) にしはま
花咲(町) はなさき
東和田 ひがしわだ
双沖 ふたおき
平内(町) へいない
穂香 ほにおい
弥栄(町) やさかえ

登別市
札内(町) さつない
新栄(町) しんえい
新川(町) しんかわ
新生(町) しんせい
千歳(町) ちとせ
富岸(町) とんけし
大和(町) やまと
来馬(町) らいば

函館市
青柳(町) あおやぎ
旭岡(町) あさひおか
庵原(町) いおはら
入舟(町) いりふね
上野(町) うえの
榎本(町) えのもと
大船(町) おおふね

大澗(町) おおま
小安(町) おやす
小安山(町) おやすやま
川汲(町) かっくみ
金堀(町) かなほり
釜谷(町) かまや
神山 かみやま
神山(町) かみやま
上湯川(町) かみゆのかわ
川原(町) かわはら
桔梗 ききょう
桔梗(町) ききょう
吉畑(町) きちはた
古武井(町) こぶい
駒場(町) こまば
東雲(町) しののめ
白鳥(町) しらとり
白石(町) しろいし
新恵山(町) しんえさん
新川(町) しんかわ
新八幡(町) しんはちまん
新浜(町) しんはま
瀬田来(町) せたらい
高岱(町) たかだい
館(町) たて
田家(町) たや
千歳(町) ちとせ
千代台(町) ちよがだい
鉄山(町) てつざん
時任(町) ときとう
中島(町) なかじま
中浜(町) なかはま
中道 なかみち
八幡(町) はちまん
万代(町) ばんだい
東川(町) ひがしかわ
東畑(町) ひがしはた
日吉(町) ひよし
日和山(町) ひよりやま
広野(町) ひろの
双見(町) ふたみ
古部(町) ふるべ
宝来(町) ほうらい
本(町) ほん
米原(町) まいはら
御崎(町) みさき
三森(町) みつもり
見晴(町) みはらし
女那川(町) めながわ
谷地頭(町) やちがしら
湯川(町) ゆのかわ
湯浜(町) ゆのはま
吉川(町) よしかわ

美唄市
開発町親和 かいはつちょうしんわ
葵巳(町) きし

光珠内上中の沢 こうしゅないかみなかのさわ
光珠内拓北 こうしゅないたくほく
東明(町) とうめい
盤の沢町高台 ばんのさわちょうたかだい

深川市
一已(町) いちやん
納内(町) おさむない
新光(町) しんこう
太子(町) たいし
北光(町) ほっこう
幌内 ほろない

富良野市
上五(区) かみご
東雲(町) しののめ
新光(町) しんこう
新富(町) しんとみ
平沢 たいらざわ
西麻(町) にしあさ
西麓郷 にしろくごう
東麻(町) ひがしあさ
東布礼別 ひがしふれべつ
東(町) ひがし
南麻(町) みなみあさ
南麓郷 みなみろくごう
本(町) もと
八幡丘 やはたおか
老節布 ろうせっぷ

北斗市
市渡 いちのわたり
飯生 いなり
開発 かいはつ
桜岱 さくらたい
谷好 たによし
中山 なかやま
七重浜 ななえはま
東浜 ひがしはま
東前 ひがしまえ
向野 むかいの
柳沢 やなぎさわ
矢不来 やふらい

三笠市
有明(町) ありあけ
大里 おおさと
川内 かわない
達布 たっぷ
唐松(町) とうまつ
幌内(町) ほろない
奔別新(町) ぽんべつしん
美和 みわ
弥生藤枝(町) やよいふじえ

室蘭市
入江(町) いりえ
絵鞆(町) えとも
小橋内(町) おはしない
神代(町) かみしろ

御前水(町) ごぜんすい
祝津(町) しゅくづ
新富(町) しんとみ
高平(町) たかひら
築地(町) つきじ
中島(町) なかじま
西小路(町) にしこうじ
白鳥台 はくちょうだい
東(町) ひがし
母恋北(町) ほこいきた
御崎(町) みさき
本輪西(町) もとわにし

紋別市
大山(町) おおやま
上渚滑(町) かみしょこつ
弘道 こうどう
小向 こむかい
志文 しぶん
渚滑(町) しょこつ
新港(町) しんこう
新生 しんせい
真砂(町) まさご
八十士 やそし

夕張市
鹿島千年(町) かしまちとせ
鹿の谷 しかのたに
社光 しゃこう
末広 すえひろ
住初 すみぞめ
丁未 ていみ
富野 とみの
南部東(町) なんぶあずま
南部遠幌(町) なんぶえんほろ
南部幌南(町) なんぶこうなん
南部夕南(町) なんぶゆうなん
日吉 ひよし
真谷地 まやち

留萌市
明元(町) あけもと
五十嵐(町) いがらし
三泊(町) さんどまり
東雲(町) しののめ
樽真布(町) たるまっぷ
潮静 ちょうせい
船場(町) ふなば
幌糠(町) ほろぬか
南幌(町) みなみほろ
見晴(町) みはらし
留萌原野 るもいげんや
留萌(村) るもい
礼受(町) れうけ

地域順一覧　　　　　　　北海道

稚内市
声間 こえとい
声間(村) こえとい
新光(町) しんこう
新港(町) しんみなと
大黒 だいこく
西浜 にしはま
抜海(村) ばっかい
宝来 ほうらい
阿寒郡鶴居村
支雪裡 しせつり
中雪裡 なかせつり
足寄郡
足寄(町) あしょろ
足寄郡足寄町
愛冠 あいかっぷ
大誉地 およち
上螺湾 かみらわん
共栄(町) きょうえい
美盛 びせい
芽登 めとう
螺湾 らわん
鷲府 わしっぷ
足寄郡陸別町
恩根内 おんねない
川向 かわむかい
北斗満 きたとまむ
下斗満 しもとまむ
小利別 しょうとし
　　　べつ
利上 としかみ
苦務 とまむ
中斗満 なかとまむ
西斗満 にしとまむ
日宗 にっしゅう
東斗満 ひがしとまむ
南斗満 みなみとまむ
止若内 やむわっか
　　　ない
林内 りんない
厚岸郡
厚岸(町) あっけし
厚岸郡厚岸町
愛冠 あいかっぷ
有明 ありあけ
糸魚沢 いといざわ
御供 おそなえ
乙幌 おっぽろ
片無去 かたむさり
神岩 かむいわ
光栄 こうえい
小島 こじま
真栄 しんえい
筑紫恋 つくしこい
東梅 とうばい
登喜岱 ときたい
梅香 ばいか
別寒辺牛 べかんべ
　　　うし
奔渡 ぽんと
末広 まびろ
門静 もんしず
来別 らいべつ

厚岸郡浜中町
湊古丹 うらやこたん
恵茶人 えさしと
厚陽 こうよう
後静 しりしず
後静(村) しりしず
新川 しんかわ
仙鳳趾 せんぽうじ
茶内橋北東 ちゃな
　　　いきょうほくひがし
散布(村) ちりっぷ
火散布 ひちりっぷ
奔幌戸 ぽんぽろと
貫人 もうらいと
藻散布 もちりっぷ
養老散布 ようろう
　　　ちりっぷ
四番沢 よばんさわ
渡散布 わたりち
　　　りっぷ
網走郡
美幌(町) びほろ
網走郡大空町
東藻琴明生 ひがし
　　　もことめいせい
女満別巴沢 めまん
　　　べつともえざわ
網走郡津別町
上里 かみさと
大昭 たいしょう
布川 ぬのかわ
本岐 ほんき
最上 もがみ
網走郡美幌町
昭野 あきの
上(町) かみ
駒生 こまおい
高野 たかの
登栄 といえ
東(町) ひがし
美和 みわ
古梅 ふるうめ
三橋(町) みつはし
美禽 みどり
都橋 みやこばし
虻田郡
倶知安(町) くっ
　　　ちゃん
真狩 まっかり
留寿都(村) るすつ
虻田郡喜茂別町
相川 あいかわ
金山 かなやま
共栄 きょうさかえ
留産 るさん
虻田郡京極町
東花 とうか
虻田郡倶知安町
出雲 いずも
寒別 かんべつ
高砂 たかさご
峠下 とうげした
八幡 やはた

大和 やまと
虻田郡洞爺湖町
入江 いりえ
大原 おおはら
財田 たからだ
月浦 つきうら
洞爺(町) とうや
富丘 とみおか
成香 なるか
三豊 みとよ
虻田郡豊浦町
東雲(町) しののめ
新富 しんとみ
美和 みわ
大和 やまと
虻田郡ニセコ町
黒川 くろかわ
宮田 みやた
虻田郡真狩村
神里 かみさと
南部 なんぶ
光 ひかり
真狩 まっかり
見晴 みはらし
社 やしろ
虻田郡留寿都村
三豊 みとよ
向丘 むかいおか
留寿都 るすつ
石狩郡新篠津村
川上 かわかみ
川下 かわしも
基線 きせん
宍粟 しそう
新湧 しんゆう
東明 とうめい
中原 なかはら
西原 にしはら
袋達布 ふくろたっぷ
北新 ほくしん
萌出 もえで
石狩郡当別町
金沢 かなざわ
川下 かわしも
下川(町) しもかわ
園生 そのおり
対雁 ついしかり
東(町) ひがし
太美(町) ふとみ
北栄(町) ほくえい
蕨岱 わらびたい
磯谷郡蘭越町
鮎川 あゆかわ
大谷 おおたに
上里 かみさと
共栄 きょうえい
讃岐 さぬき
田下 たしも
立川 たちかわ
新見 にいみ
日出 ひので
冷水 ひやみず

水上 みずかみ
三和 みつわ
湯里 ゆのさと
岩内郡
岩内(町) いわない
岩内郡岩内町
万代 まんだい
御崎 みさき
大和 やまと
岩内郡共和町
小沢 こざわ
発足 はったり
梨野舞納 りやむ
　　　ない
有珠郡壮瞥町
幸内 こうない
立香 たつか
蟠渓 ばんけい
浦河郡浦河町
入船(町) いりふね
上杵臼 かみきねうす
上西舎 かみにしちゃ
上向別 かみむこう
　　　べつ
杵臼 きねうす
白泉 しろいずみ
月寒 つきさっぷ
築地 つきじ
東栄 とうえい
向が丘東 むこうが
　　　おかひがし
向別 むこうべつ
雨竜郡
雨竜(町) うりゅう
秩父別(町) ちっぷ
　　　べつ
沼田(町) ぬまた
北竜(町) ほくりゅう
妹背牛(町) もせうし
雨竜郡秩父別町
滝の上 たきのかみ
南山 みなみやま
雨竜郡沼田町
東予 とうよ
沼田 ぬまた
北竜 ほくりゅう
真布 まっぷ
雨竜郡北竜町
恵岱別 えたいべつ
美葉牛 びばうし
碧水 へきすい
三谷 みたに
和 やわら
雨竜郡幌加内町
雨煙別 うえんべつ
長留内 おさるない
共栄 きょうえい
新富 しんとみ
新成生 しんなりう
清月 せいげつ
東栄 とうえい
母子里 もしり

枝幸郡
枝幸(町) えさし
枝幸郡枝幸町
歌登大奮 うたのほ
　　　りおぶん
乙忠部 おつちゅうべ
音標 おとしべ
上音標 かみおとしべ
新港(町) しんこう
新栄(町) しんさかえ
風烈布 ふうれっぷ
北栄(町) ほくえい
北幸(町) ほっこう
枝幸郡中頓別町
秋田 あきた
上駒 かみこま
神崎 かんざき
小頓別 しょうとん
　　　べつ
敏音知 ぴんねしり
松音知 まつねしり
枝幸郡浜頓別町
栄和 えいわ
戸出 といで
奥尻郡奥尻町
松江 まつえ
湯浜 ゆのはま
河西郡
芽室(町) めむろ
河西郡更別村
新栄 しんえい
勢雄 せお
東栄 とうえい
河西郡中札内村
共栄 きょうえい
新生 しんせい
河西郡芽室町
雄馬別 おまべつ
上美生 かみびせい
渋山 しぶさん
新生 しんせい
中美生 ちゅうびせい
西九条 にしくじょう
東九条 ひがしく
　　　じょう
美生 びせい
河東郡
音更(町) おとふけ
鹿追(町) しかおい
河東郡音更町
長流枝 おさるし
音更 おとふけ
上然別 かみしかり
　　　べつ
駒場 こまば
然別 しかりべつ
下音更 しもおとふけ
豊田 とよた
中音更 なかおとふけ
西中音更 にしなか
　　　おとふけ
東音更 ひがしおと
　　　ふけ

361

南中音更 みなみなかおとふけ

河東郡上士幌町
居辺 おりべ
上音更 かみおとふけ
三股 みつまた

河東郡鹿追町
東(町) ひがし

河東郡士幌町
高徳 こうとく
下居辺 しもおりべ
新栄 しんえい
神苑 しんえん
新光 しんこう
新生 しんせい
新盛 しんせい
朝陽 ちょうよう
東台 とうだい
中音更 なかおとふけ
西居辺 にしおりべ
新田 につた
柏葉 はくよう
百戸 ひゃっこ
平原 へいげん
北開 ほっかい
睦 むつみ
緑光 りょくこう

樺戸郡浦臼町
晩生内 おそきないだい

樺戸郡新十津川町
大和 やまと

樺戸郡月形町
麻生 あざぶ
雁里 かりさと
北郷 きたごう
厚栄 こうえい
札比内 さっぴない
市南 しなん
市北 しほく
新栄 しんえい
新宮 しんぐう
新生 しんせい
新田 しんでん
新富 しんとみ
南新田 みなみしんでん

上磯郡
知内(町) しりうち

上磯郡木古内町
大釜谷 おおかまや
大平 おおひら
釜谷 かまや
幸連 こうれん
札苅 さつかり
新道 しんみち
二八谷 にのたい

上磯郡知内町
重内 おもない
小谷石 こたにいし
上雷 じょうらい

上川郡
上川(町) かみかわ
剣淵(町) けんぶち
下川(町) しもかわ
鷹栖(町) たかす
当麻(町) とうま
美瑛(町) びえい
東川(町) ひがしかわ
比布(町) ぴっぷ
和寒(町) わっさむ

上川郡愛別町
厚生 こうせい
東(町) ひがし

上川郡上川町
越路 こしじ
新光(町) しんこう
東雲 とううん
中越 なかこし
日東 にっとう
東(町) ひがし

上川郡剣淵町
南桜(町) なんおう
西原(町) にしはら
東(町) ひがし

上川郡清水町
上然別 かみしかりべつ
羽帯 はおび
美蔓 びまん

上川郡下川町
共栄(町) きょうえい
班渓 ばんけ

上川郡新得町
屈足 くったり
新内 にいない

上川郡当麻町
東 ひがし
緑郷 ろくごう

上川郡美瑛町
置杵牛 おきぎねうし
上宇莫別 かみうばくべつ
白金 しろがね
俵真布 たわらまっぷ
忠別 ちゅうべつ
中宇莫別 なかうばくべつ
東(町) ひがし
美馬牛 びばうし
水沢 みずさわ
御牧 みまき
本(町) もと
瑠辺蘂 るべしべ

上川郡東神楽町
基線 きせん

上川郡東川町
東(町) ひがし
勇駒別 ゆこまんべつ

上川郡比布町
基線 きせん
東(町) ひがし

上川郡和寒町
北原 きたはら
三和 さんわ
西和 せいわ
大成 たいせい
中和 ちゅうわ
東丘 ひがしおか
東(町) ひがし
福原 ふくはら
南丘 みなみおか

亀田郡
七飯(町) ななえ

亀田郡七飯町
軍川 いくさがわ
上軍川 かみいくさがわ
峠下 とうげした
豊田 とよだ
中島 なかじま

茅部郡
鹿部(町) しかべ

茅部郡鹿部町
鹿部 しかべ
本別 ほんべつ

茅部郡森町
上台 うわだい
尾白内(町) おしろない
砂原 さわら
三岱 さんたい
新川(町) しんかわ
濁川 にごりかわ
本茅部(町) ほんかやべ
御幸(町) みゆき

川上郡
標茶(町) しべちゃ
弟子屈(町) てしかが

川上郡標茶町
麻生 あざぶ
磯分内憩 いそぶんないこい
北標茶 きたしべちゃ
厚生 こうせい
五十石 ごじゅっこく
標茶 しべちゃ
西和 せいわ
塘路 とうろ
沼ノ上 ぬまのかみ
南標茶 みなみしべちゃ

川上郡弟子屈町
跡佐登 あとさのぼり
奥春別 おくしゅんべつ
重内 おもない
古丹 こたん
桜丘 さくらおか
札友内 さっともない
鐺別 とうべつ
美留和 びるわ
南弟子屈 みなみてしかが
最栄利別 もえり

べつ

釧路郡釧路町
跡永賀(村) あとえか
雁来 かりき
木場 きば
光和 こうわ
国誉 こくよ
新開 しんかい
仙鳳趾(村) せんぽうし
遠野 とおや
富原 とみはら
鳥通 とりとうし
別保 べつほ
睦 むつみ

久遠郡せたな町
北檜山区小川 きたひやまくこがわ
北檜山区丹羽 きたひやまくにわ
北檜山区太櫓 きたひやまくふとろ

様似郡様似町
朝日丘 あさひおか
新富 しんとみ
田代 たしろ
西様似 にしさまに
冬島 ふゆしま

沙流郡日高町
厚賀(町) あつが
賀張 かばり
庫富 くらとみ
正和 しょうわ
千栄 ちさか
豊田 とよた
宮下(町) みやした
三和 みわ

沙流郡平取町
長知内 おさちない
川向 かわむかい
小平 こびら
荷負 におい
仁世宇 にせう
二風谷 にぶたに
貫気別 ぬきべつ
振内(町) ふれない
芽生 めむ

標津郡
標津(町) しべつ
中標津(町) なかしべつ

標津郡標津町
古多糠 こたぬか
忠類 ちゅうるい

標津郡中標津町
上標津 かみしべつ
北中 きたなか
計根別 けねべつ
並美ケ丘 ならびがおか
俵中 ひょうちゅう
武佐 むさ

島牧郡島牧村
大平 おおひら
千走 ちわせ
本目 ほんめ

積丹郡
積丹(町) しゃこたん

積丹郡積丹町
入舸 いりか
神岬(町) こうざき
美国(町) びくに
日司(町) ひづか
来岸(町) らいきし

斜里郡
小清水(町) こしみず

斜里郡清里町
神威 かもい
川向 かわむかい
清泉 きよいずみ
江南 こうなん
札弦(町) さっつる
下江鳶 しもとんび

斜里郡小清水町
神浦 かみうら
上徳 かみとく
小清水 こしみず
倉栄 そうえい
東野 ひがしの
水上 みずかみ
美和 みわ
止別 やんべつ

斜里郡斜里町
越川 こしかわ
新光(町) しんこう
大栄 たいえい
三井 みつい
来運 らいうん

白老郡
白老(町) しらおい

白老郡白老町
川沿 かわぞえ
北吉原 きたよしはら
虎杖浜 こじょうはま
社台 しゃだい
竹浦 たけうら
東(町) ひがし
緑丘 みどりがおか

白糠郡
白糠(町) しらぬか

白糠郡白糠町
大平 おおひら
御札部 おさっぺ
大楽毛 おたのしけ
御仁田 おにた
河原 かわはら
橋西 きょうせい
大秋 たいしゅう
鍛高 たんたか
馬主来 ばしくる
左股 ひだりまた

寿都郡
寿都(町) すっつ

地域順一覧　　　　北海道

寿都郡黒松内町
五十嵐 いがらし
歌才 うたさい
大谷地 おおやち
角十 かくじゅう
北作開 きたさっかい
白井川 しろいかわ
白炭 しろずみ
添別 そいべつ
大成 たいせい
東栄 とうえい
西熱郛原野 にしねっぷげんや
西沢 にしのさわ
熱郛 ねっぷ
婆沢 ばばさわ
東川 ひがしかわ
南作開 みなみさっかい

寿都郡寿都町
磯谷 いそや
歌棄(町) うたすつ
新栄(町) しんえい
渡島(町) としま

瀬棚郡今金町
東(町) あずま
神丘 かみおか
寒昇 かんのぼり
金原 きんばら
白石 しらいし
田代 たしろ
豊田 とよた
南栄(町) なんえい
八幡(町) はちまん
光台 ひかりだい
美利河 ぴりか
大和(町) やまと

宗谷郡
猿払(村) さるふつ

宗谷郡猿払村
浅茅野 あさちの
猿払 さるふつ
浜猿払 はまさるふつ

空知郡
南幌(町) なんぽろ

空知郡上砂川町
鶉 うずら
下鶉 しもうずら
東鶉 ひがしうずら
東(町) ひがし

空知郡上富良野町
東(町) ひがし
光(町) ひかり
吹上 ふきあげ
向(町) むかい
本(町) もと

空知郡奈井江町
白山 はくさん
東(町) ひがし
向ケ丘 むこうがおか
大和 やまと

空知郡中富良野町
東(町) ひがし
本(町) もと

空知郡南幌町
東(町) ひがし

空知郡南富良野町
金山 かなやま

天塩郡
遠別(町) えんべつ
天塩(町) てしお

天塩郡遠別町
金浦 かなうら
久光 きゅうこう
共栄 きょうえい
幸和 こうわ
大成 たいせい
東野 ひがしの

天塩郡天塩町
産士 うぶし
雄信内 おのぶない
新成 しんせい
男能富 だんのっぷ
天塩 てしお
西雄信内 にしおのぶない
東産士 ひがしうぶし
東雄信内 ひがしおのぶない
振老 ふらおい
円山 まるやま
山手通 やまてどおり

天塩郡豊富町
有明 ありあけ
新生 しんせい
豊栄 ほうえい
豊田 ほうでん
豊徳 ほうとく
稚咲内 わかさかない

天塩郡幌延町
上問寒 かみといかん
下沼 しもぬま
問寒別 といかんべつ
中問寒 なかといかん
東(町) ひがし
雄興 ゆうこう

十勝郡浦幌町
相川 あいかわ
打内 うつない
栄穂 えいほ
恩根内 おんねない
川流布 かわりゅうふ
共栄 きょうえい
貴老路 きろろ
光南 こうなん
静内 しずない
生剛 せいごう
瀬多来 せたらい
大平 たいへい
千歳(町) ちとせ
直別 ちょくべつ
籠奴 べっちゃろ
宝生 ほうせい

北栄 ほくえい
円山 まるやま
留真 るしん

常呂郡
置戸(町) おけと

常呂郡置戸町
秋田 あきた
雄勝 おかち
幸岡 さちおか
新光 しんこう
洗心 せんしん
北光 ほっこう
宮下 みやした
林友 りんゆう
若木 わかぎ

常呂郡訓子府町
大谷 おおたに
西幸(町) にしさいわい
東幸(町) ひがしさいわい
東(町) ひがし
日出 ひので
北栄 ほくえい
実穂 みさと
緑丘 みどりおか

常呂郡佐呂間町
永代 えいだい
大成 たいせい
富武士 とっぷし
富丘 とみおか
東 ひがし
武士 ぶし

苫前郡
初山別(村) しょさんべつ

苫前郡初山別村
明里 あけさと
有明 ありあけ
初山別 しょさんべつ
豊岬 とよさき

苫前郡苫前町
上平 うえひら
興津 おこつ
小川 こがわ
九重 ここのえ
古丹別 こたんべつ
三渓 さんけい
東川 ひがしかわ
三豊 みとよ
力昼 りきびる

苫前郡羽幌町
上築 かみちく
平 たいら
築別 ちくべつ
天売 てうり

中川郡
音威子府(村) おといねっぷ
中川(町) なかがわ
美深(町) びふか
本別(町) ほんべつ

中川郡池田町
川合 かわい
清見 きよみ
東台 とうだい
利別東(町) としべつひがし
豊田 とよた
信取 のぶとり

中川郡音威子府村
音威子府 おといねっぷ
咲来 さっくる

中川郡豊頃町
安骨 あんこつ
大津港(町) おおつみなと
旅来 たびこらい
長節 ちょうぶし
十弗 とおふつ
二宮 にのみや
農野牛 のやうし
北栄 ほくえい
湧洞 ゆうどう
礼作別 れいさくべつ

中川郡中川町
歌内 うたない
国府 こくふ
中川 なかがわ

中川郡美深町
小車 おぐるま
恩根内 おんねない
菊丘 きくおか
楠 くすのき
仁宇布 にうぶ
班渓 ばんけ
美深 びふか
辺渓 ぺんけ

中川郡本別町
明美 あけみ
押帯 おしょつぷ
負箙 おいびら
上仙美里 かみせんびり
共栄 きょうえい
坂下(町) さかした
仙美里 せんびり
西美里別 にしびりべつ
美栄 びえい
東(町) ひがし
美蘭別 びらんべつ
美里別 びりべつ
木札内 ぼくさつない

中川郡幕別町
相川 あいかわ
軍岡 いくさおか
新川 しんかわ
新生 しんせい
西和 せいわ
千住 せんじゅう
南勢 なんせい
古舞 ふるまい
本(町) もと

依田 よだ

新冠郡
新冠(町) にいかっぷ

新冠郡新冠町
東(町) あずま
共栄 きょうえい
新栄 しんえい
節婦(町) せっぷ
西泊津 にしはくつ
万世 ばんせい
美宇 びう
東川 ひがしかわ
古岸 ふるぎし
緑丘 みどりおか
里平 りびら

爾志郡乙部町
旭岱 あさひたい
元和 げんな

野付郡別海町
尾岱沼 おだいとう
大成 たいせい
本別 ほんべつ
本別海 ほんべつかい

日高郡新ひだか町
静内木場(町) しずないきば
静内農屋 しずないのや
三石蜀舞 みついしけりまい

檜山郡
厚沢部(町) あっさぶ
上ノ国(町) かみのくに

檜山郡厚沢部町
旭丘 あさひおか
鶉 うずら
鶉(町) うずら
上里 かみさと
上の山 かみのやま
社の山 しゃのやま
城丘 しろおか
新栄 しんえい
館(町) たて
峠下 とうげした
富栄 とみえい
美和 みわ

檜山郡江差町
上野(町) うえの
鰍川(町) うぐいかわ
大澗(町) おおま
小黒部(町) おぐろっぺ
新栄(町) しんえい
新地(町) しんち
椴川(町) とどがわ
萩の岱 はぎのたい
桧岱 ひのきたい
円山 まるやま
緑丘 みどりおか
柳崎(町) やなぎざき

檜山郡上ノ国町
上ノ国 かみのくに

青森県　地域順一覧

小安在 こあんざい
小砂子 ちいさご
豊田 とよた
早川 はやかわ
向浜 むかいはま
湯ノ岱 ゆのたい
広尾郡
大樹(町) たいき
広尾郡大樹町
相川 あいかわ
上萠和 かみもいわ
幸徳 こうとく
下大樹 しもたいき
下芽武 しもめむ
生花 せいか
大樹 たいき
大光 たいこう
中島 なかじま
浜大樹 はまたいき
美成 びせい
振別 ふるべつ
麻友 まゆう
芽武 めむ
崩和 もいわ
大和 やまと
緑苑 ろくえん
広尾郡広尾町
音調津 おしらべつ
美幌 びほろ
二海郡八雲町
旭丘 あさひおか
出雲(町) いずも
入沢 いりさわ
内浦(町) うちうら
大新 おおしん
落部 おとしべ
熊石雲石(町) くまいしうんせき
熊石見日(町) くまいしけんにち
東雲(町) しののめ
住初(町) すみぞめ
立岩 たていわ
野田生 のだおい
東(町) ひがし
東野 ひがしの
山越 やまこし
山崎 やまざき
古宇郡
神恵内(村) かもえない
古宇郡神恵内村
神恵内(村) かもえない
古宇郡泊村
興志内(村) おきしない
堀株(村) ほりかっぷ
古平郡
古平(町) ふるびら
古平郡古平町
入船(町) いりふね
歌棄(町) うたすつ

群来(町) くき
新地(町) しんち
御崎(町) みさき
幌泉郡えりも町
新浜 しんはま
大和 やまと
増毛郡
増毛(町) ましけ
増毛郡増毛町
永寿(町) えいじゅ
雄冬 おぶゆ
御料 ごりょう
七源(町) しちげん
舎熊 しゃくま
信砂 のぶしゃ
畠中(町) はたなか
南暑寒(町) みなみしょかん
見晴(町) みはらし
松前郡
松前(町) まつまえ
松前郡福島町
上(町) うえ
川原(町) かわら
新栄(町) しんえい
千軒 せんげん
桧倉 ひくら
日向 ひゅうが
三岳 みたけ
吉岡 よしおか
吉田(町) よしだ
松前郡松前町
荒谷 あらや
上川 かみかわ
神山 かみやま
清部 きよべ
小浜 こはま
札前 さつまえ
高野 たかの
原口 はらぐち
目梨郡羅臼町
共栄(町) きょうえい
瀬石 せせき
松法(町) まつのり
紋別郡
遠軽(町) えんがる
雄武(町) おうむ
興部(町) おこっぺ
滝上(町) たきのうえ
西興部(村) にしおこっぺ
紋別郡遠軽町
生田原 いくたはら
学田 がくでん
社名淵 しゃなぶち
白滝上支湧別 しらたきかみしゅうべつ
野上 のがみ
東(町) ひがし
丸瀬布大平 まるせっぷたいへい
丸瀬布武利 まるせっぷむりい

見晴 みはらし
向遠軽 むかいえんがる
紋別郡雄武町
雄武 おうむ
上雄武 かみおうむ
北雄武 きたおうむ
中雄武 なかおうむ
幌内 ほろない
南雄武 みなみおうむ
紋別郡興部町
興部 おこっぺ
沙留 さるる
富丘 とみおか
紋別郡滝上町
雄鎮内 おちんない
札久留 さっくる
白鳥 しらとり
雄柏 ゆうはく
紋別郡西興部村
奥興部 おくおこっぺ
忍路子 おしょろこ
上興部 かみおこっぺ
上藻 かみも
札滑 さっこつ
東興 とうこう
中興部 なかおこっぺ
西興部 にしおこっぺ
紋別郡湧別町
上芭露 かみばろう
上富美 かみふみ
計呂地 けろち
志撫子 しぶし
信部内 しぶない
登栄床 とえとこ
西芭露 にしばろう
芭露 ばろう
東 ひがし
東芭露 ひがしばろう
富美 ふみ
緑蔭 りょくいん
山越郡
長万部(町) おしゃまんべ
山越郡長万部町
長万部 おしゃまんべ
国縫 くんぬい
新開(町) しんかい
富野 とみの
美畑 びはた
南栄(町) みなみさかえ
蕨岱 わらびたい
夕張郡栗山町
雨煙別 うえんべつ
大井分 おおいわけ
角田 かくた
杵臼 きなうす
桜丘 さくらおか
日出 ひので
本沢 ほんさわ
円山 まるやま
緑丘 みどりおか

南角田 みなみかくた
夕張郡長沼町
馬追 うまおい
川沿 かわぞい
木詰 きづまり
東(町) ひがし
幌内 ほろない
宮下 みやした
夕張郡由仁町
岩内 いわない
馬追 うまおい
光栄 こうえい
新光 しんこう
東栄 とうえい
西三川 にしみかわ
古川 ふるかわ
古山 ふるさん
北栄 ほくえい
三川旭(町) みかわあさひ
本三川 もとみかわ
勇払郡
厚真(町) あつま
安平(町) あびら
占冠(村) しむかっぷ
勇払郡厚真町
上野 うえの
共栄 きょうえい
厚和 こうわ
桜丘 さくらおか
鹿沼 しかぬま
富野 とみの
浜厚真 はまあつま
幌内 ほろない
勇払郡安平町
安平 あびら
遠浅 とあさ
早来源武 はやきたげんぶ
東早来 ひがしはやきた
勇払郡占冠村
占冠 しむかっぷ
双珠別 そうしゅべつ
勇払郡むかわ町
旭岡 あさじおか
有明 ありあけ
生田 いくた
大原 おおはら
駒場 こまば
大成 たいせい
田浦 たうら
二宮 にのみや
米原 よねはら
余市郡
仁木(町) にき
余市郡赤井川村
旭丘 あさひおか
轟 とどろき
富田 とみた
余市郡仁木町
大江 おおえ

銀山 ぎんざん
然別 しかりべつ
東(町) ひがし
余市郡余市町
入舟(町) いりふね
黒川(町) くろかわ
白岩(町) しろいわ
富沢(町) とみさわ
利尻郡利尻富士町
鴛泊 おしどまり
留萌郡
小平(町) おびら
留萌郡小平町
臼谷 うすや
大椴 おおとど
沖内 おきない
小平(町) おびら
桑園 そうえん
達布 たっぷ
礼文郡礼文町
香深(村) かふか

青森県

上北(郡) かみきた
三戸(郡) さんのへ
八戸(市) はちのへ
平川(市) ひらかわ
弘前(市) ひろさき
三沢(市) みさわ
青森市
青柳 あおやぎ
後潟 うしろがた
後萢 うしろやち
内真部 うちまんべ
上野 うわの
大谷 おおたに
岡造道 おかつくりみち
小畑沢 おばたけざわ
勝田 かった
合浦 がっぽ
金沢 かなざわ
久栗坂 くぐりざか
桑原 くわばら
合子沢 ごうしざわ
幸畑 こうばた
小館 こだて
小橋 こばし
駒込 こまごめ
小柳 こやなぎ
三内 さんない
三本木 さんぼんぎ
四戸橋 しとばし
新城 しんじょう
諏訪沢 すわのさわ
千刈 せんがり
千富 せんとみ
高田 たかだ
築木館 つきのきだて
佃 つくだ
造道 つくりみち

地域順一覧　青森県

富田 とみた
間屋(町) とんや
浪岡王余魚沢 なみおかかれいざわ
浪岡銀 なみおかしろがね
浪岡女鹿沢 なみおかめがさわ
新田 にった
入内 にゅうない
東造道 ひがしつくりみち
左堰 ひだりぜき
古館 ふるだて
松原 まつばら
馬屋尻 まやじり
宮田 みやた
本泉 もといずみ
雲谷 もや
矢作 やさく
安田 やすた
八幡林 やはたばやし
六枚橋 ろくまえばし

黒石市
東(町) あずま
浅瀬石 あせいし
後大工(町) うしろだいく
追子野木 おっこのき
角田 かくた
上十川 かみとがわ
上(町) かん
株梗木 ぐみのき
株梗木横丁 ぐみのきよこちょう
高賀野 こがの
小屋敷 こやしき
飛内 とびない
富田 とみた
中川 なかがわ
二双子 にそうし
温湯 ぬるゆ
八甲 はっこう
東新(町) ひがししん
松原 まつばら
三島 みしま
道北 みちきた

五所川原市
相内 あいうち
東(町) あずま
幾世森 いくせもり
不魚生 うおすまず
姥萢 うばやち
柏原(町) かしわばら
金山 かねやま
鎌谷(町) かまや
神山 かみやま
烏森 からすもり
高野 こうや
小曲 こまがり
十三 じゅうさん
新宮 しんみや
新宮(町) しんみや

高瀬 たかせ
豊成 とよなり
持子沢 もっこざわ
米田 よねた

つがる市
木造出野里 きづくりいでのさと
木造有楽(町) きづくりうらく
木造菰槌 きづくりこもつち
木造筒木坂 きづくりどうきざか
木造日向 きづくりひなた
下車力(町) しゃりき
車力(町) しゃりき
富萢(町) とみやち

十和田市
稲生(町) いなおい
馬洗場 うまあらいば
相坂 おうさか
切田 きりだ
三本木 さんぼんぎ
立崎 たちざき
八斗沢 はっとざわ
洞内 ほらない
米田 まいた

八戸市
売市 うるいち
上野 うわの
徒士(町) かじし
柏崎 かしわざき
上徒士(町) かみかじし
上組(町) かみくみ
小田 こだ
小中野 こなかの
常海(町) じょうかい
常番(町) じょうばん
白銀 しろがね
白銀(町) しろがね
城下 しろした
田面木 たものき
朔日(町) ついたち
十日町 とおかいち
鳥屋部(町) とやべ
南郷泥障作 なんごうあおづくり
新井田(町) にいだ
根城 ねじょう
馬場(町) ばば
日計 ひばかり
吹上 ふきあげ
三日(町) みっか
本徒士(町) もとかじし
本鍛冶(町) もとかじ
八幡 やわた

平川市
新屋長田 あらやおさだ
新屋町北鵺野 あらやまちきたぬらの

碇ケ関 いかりがせき
碇ケ関雷林 いかりがせきいかずちばやし
碇ケ関樋ケ沢 いかりがせきといがさわ
碇ケ関久吉舘ケ平 いかりがせきひさよしいもがたい
碇ケ関樋ノ口 いかりがせきひのくち
石畑岡元 いしはたおかもと
岩館長田 いわだておさだ
岩館下り松 いわだてさがりまつ
沖館長田 おきだておさだ
長田沼田 おさだぬまた
尾上栄松 おのえさかえまつ
唐竹莓原 からたけいちごはら
切明誉田邸 きりあけこんだやしき
切明滝候沢 きりあけたっこうさわ
切明温川森 きりあけぬるかわもり
葛川家岸 くずかわやぎし
光城 こうじょう
小和森松(村) こわもりまつ
李平上安原 すももだいかみやすはら
大光寺白山 だいこうじしろやま
高畑熊沢 たかはたくまざわ
館田稲(村) たちないな
館田柳原 たちたやなぎはら
苗松一本柳 なんばいまついっぽんやなぎ
新館後野 にいだてうしろの
新山岡部 にいやまおかべ
原上原 はらかみはら
日沼李田 ひぬますももだ
日沼樋田 ひぬまといだ
本町西宮 もとまちにしのみや
八幡崎松枝 やわたさきまつえだ

弘前市
藍内 あいない
青女子 あおなご
新(町) あら
石渡 いしわたり
一町田 いっちょうだ
狼森 おいのもり
大浦(町) おおうら

大清水 おおしみず
大原 おおはら
大開 おおびらき
大和沢 おおわさわ
徒(町) おかち
徒町川端(町) おかちまちかわばた
小友 おとも
門外 かどけ
紙漉(町) かみすき
亀甲(町) かめのこう
川合 かわい
河原(町) かわはら
寒沢(町) かんざわ
神田 かんだ
葛原 くずはら
蔵主(町) くらぬし
椿(町) こうじ
高野 こうや
小栗山 こぐりやま
小沢 こざわ
五十石(町) ごじっこく
小人(町) こびと
駒越 こまごし
駒越(町) こまごし
紺屋(町) こんや
相良(町) さがら
三世寺 さんぜじ
小比内 さんぴない
下鞘師(町) しもさやし
城西 じょうせい
城東 じょうとう
城南 じょうなん
新寺(町) しんてら
清野袋 せいのふくろ
相馬 そうま
高田 たかだ
田代(町) たしろ
館後 たてうしろ
千年 ちとせ
茶畑(町) ちゃばたけ
田園 でんえん
藤内(町) とうない
十腰内 とこしない
独狐 とっこ
十面沢 とつらざわ
外崎 とのさき
外瀬 とのせ
富栄 とみさかえ
富田 とみた
富田(町) とみた
富野(町) とみの
豊田 とよだ
撫牛子 ないじょうし
中畑 なかはた
楢木 ならのき
南塘(町) なんとう
新岡 にいおか
新里 にさと
乳井 にゅうい
馬喰(町) ばくろ

八幡(町) はちまん
原ケ平 はらがたい
東長(町) ひがしなが
百沢 ひゃくざわ
百石(町) ひゃっこく
広野 ひろの
福田 ふくだ
蒔苗 まかなえ
町田(町) まちだ
松木平 まつきたい
馬屋(町) まや
三岳(町) みたけ
南城西 みなみじょうせい
宮地 みやじ
御幸(町) みゆき
三和 みわ
向外瀬 むかいとのせ
百田 ももた
八代(町) やしろ
萢中 やちなか
山崎 やまざき
山下(町) やました
八幡 やわた
吉川 よしかわ
賀田 よした
米ケ袋 よねがふくろ
和泉 わいずみ
和徳(町) わとく

三沢市
五川目 いつかわめ
淋代 さびしろ
鹿中 しかなか
高野沢 たかのさわ
東(町) ひがし
深谷 ふかや
古間木 ふるまき
細谷 ほそや
前平 まえたいら
松原(町) まつばら
三沢 みさわ
南山 みなみやま
六川目 むかわめ
薬師(町) やくし
谷地頭 やちがしら
八幡 やわた
四川目 よかわめ

むつ市
大平 おおだいら
大平(町) おおだいら
大畑(町) おおはた
金谷 かなや
上川(町) かみかわ
川内(町) かわうち
小川(町) こがわ
城ケ沢 じょうがさわ
苫生(町) とまぶ
真砂(町) まさご
松原(町) まつばら
脇野沢寄浪 わきのさわねさなみ
脇野沢九艘泊 わきのさわくそうどまり

青森県　　　　　　　　　　地域順一覧

上北郡
七戸（町）しちのへ
東北（町）とうほく
六戸（町）ろくのへ
上北郡おいらせ町
明土 あけど
洗平 あらいだい
後田 うしろだ
鵆野 うその
上川原 かみかわら
上谷地 かみやち
三本木 さんぼんぎ
下明堂 しもあけどう
上水下 じょうすい
　　　した
新田 しんでん
高田 たかだ
立蛇 たちじゃ
豊栄 とよさかえ
中平下長根山 なか
　　たいしもながねやま
中野平 なかのたい
中谷地 なかやち
新敷 にしき
東後谷地 ひがしう
　　　しろやち
一川目 ひとかわめ
瓢 ふくべ
松原 まつばら
向川原 むかいかわら
向坂 むかいさか
向平 むかいたい
向山 むかいやま
山崎 やまざき
上北郡七戸町
有田沢 ありたさわ
家ノ上 いえのうえ
銀南木 いちょうのき
上ノ山 うえのやま
上屋田 うえやだ
後川原 うしろかわら
後平 うしろたいら
海内 うみない
狄花 えぞばな
大平 おおだいら
上川原 かみかわら
上平 かみたいら
川去 かわさり
小田下 こだした
小田平 こだたい
小又 こまた
古和備 こわそなえ
淋代 さびしろ
笊田 ざるた
七戸 しちのへ
下見（町）しもみる
白石 しろいし
城ノ後 しろのあと
治部袋 じんば
李川原 すももかわら
李沢家ノ後 すもも
　　ざわいえのうしろ
西野 せいの

堰代 せきしろ
蒼前 そうぜん
卒古沢 そつこざわ
立野頭 たてのがしら
附田川目 つくたか
　　　わめ
鶴児平 つるのこたい
手代森 てしろもり
天間舘寒水 てんま
　　だてかんすい
十枝内 としない
十役野 とやくの
鳥谷部 とりやべ
中岫 なかぐき
夏焼 なつやき
西槻木 にしつきのき
鉢森平 はちもりたい
八栗平 はっくりたい
八尺堂 はっしゃく
　　　どう
放森 はなつもり
東槻木 ひがしつき
　　　のき
寒水 ひやみず
古屋敷 ふるやしき
都平 みやこたい
向川原 むかいかわら
向平 むかいたい
向中野川向 むかい
　なかのかわむかい
薬師平 やくしたい
上北郡東北町
空久保 あきくぼ
旭北 あさひきた
旭南 あさひみなみ
五十嵐 いがらし
後久保 うしろくぼ
馬尻 うまじり
上野 うわの
狼ノ沢 おいのさわ
大浦 おおうら
大平 おおだいら
大撫沢 おおなでさわ
小沢 おざわ
乙供 おっとも
数牛 かそし
栗山添 くりやまぞい
枌ノ木 こぶのき
淋代 さびしろ
漆玉 しったま
篠内平 しのないたい
下山 しもやま
素柄邸 すがらやしき
膳前 ぜんまえ
舘 だて
蓼内久保 たてない
　　　くぼ
田面木 たもぎ
千曳 ちびき
鳥口平 とりぐちたい
新舘 にいだて
子ノ鳥平 ねのとり
　　　たい
浜家苦 はまけとば

寒水 ひやみず
夫雑原 ぶぞうはら
古屋敷 ふるやしき
水流 みずながれ
水喰 みずはみ
向平 むかいたい
向旗屋 むかいはたや
向屋敷 むかいやしき
萌出道ノ上 もだし
　みちのかみ
谷地頭 やじがしら
柳沢 やなぎざわ
山添 やまぞい
上北郡野辺地町
家ノ上 いえのうえ
大平下 おおだいした
大月平 おおつきたい
小沢平 おざわだい
蟹田 かにた
上河渡頭 かみかど
　がしら
上川原 かみかわら
川目 かわめ
木明 きみょう
久田 くんでん
下道 したみち
地統山 じつづきやま
下坂 しもさか
白岩 しらいわ
新田 しんでん
雑吉沢 ぞうよしざわ
中田 なかた
中道 なかみち
中渡 なかわたり
干草橋 ひくさばし
古明前 ふるみょう
　　　まえ
前平 まえひら
馬門 まかど
御手洗瀬 みたらせ
明前 みょうまえ
向田 むかいだ
米内沢 よないさわ
上北郡横浜町
大畑 おおはた
椛名木 かばなき
下川原 しもがわら
百目木 どめき
豊栄平 とよさかた
　　　いら
中畑 なかはた
苗代川目 なわしろ
　　　かわめ
鶏沢 にわとりざわ
吹越 ふっこし
大豆田 まめだ
向平 むかいたいら
上北郡六戸町
折茂 おりも
小平 こだいら
鶴喰 つるはみ
上北郡六ケ所村
尾駮 おぶち

鷹架 たかほこ
出戸 でと
北津軽郡板柳町
赤田 あかだ
掛落林 かけおちば
　　　やし
五幾形 ごきがた
小幡 こはた
五林平 ごりんたい
北津軽郡鶴田町
尾原 おはら
胡桃舘 くるみだて
強巻 こわまき
境 さかい
菖蒲川 しょうぶかわ
大性 だいしょう
廻堰 まわりぜき
横萢 よこやち
北津軽郡中泊町
尾別 おっぺつ
小泊嗽沢 こどまり
　うがいさわ
小泊襞内 こどまり
　ほろない
小泊水潤 こどまり
　みずのま
富野 とみの
豊島 とよしま
八幡 はちまん
三戸郡
五戸（町）ごのへ
三戸（町）さんのへ
新郷（村）しんごう
田子（町）たっこ
階上（町）はしかみ
三戸郡五戸町
浅水 あさみず
愛宕後 あたごうしろ
五百刈 いおくぼ
銀杏木 いちょうのき
兎内 うさぎない
大渡 おおわたり
大渡道ノ下 おおわ
　たみちのしも
岡谷地 おかやち
上兎内 かみうさぎ
　ない
上川原 かみかわら
上新道 かみしんみち
上谷地 かみやち
傘松 からかさまつ
川原（町）かわら
小渡 こわたり
小渡頭 こわたりがし
　ら
幸ノ神 さいのかみ
鹿内 しかない
地蔵岱 じぞうたい
下新道 しもしんみち
下井田 しもに
　いだ
正場沢 しょうばさわ
新蔵長根 しんぞう
　ながね

新丁 しんちょう
竹原 たけはら
舘 たて
丁塚 ちょうづか
塚無岱 つかなしたい
天満 てんまん
筒口川原 どうぐち
　かわら
中道 なかみち
苗代沢 なしろざわ
白山 はくさん
博労（町）ばくろう
八景 はっけい
古街道長根 ふるか
　いどうながね
古舘 ふるだて
古堂 ふるどう
平佐窪 へいさくぼ
虫追塚前 むしおい
　づかまえ
三戸郡三戸町
蛇沼 じゃぬま
馬喰（町）ばくろ
二日（町）ふつか
三戸郡新郷村
西越 さいごし
戸来 へらい
三戸郡田子町
相米 そうまい
田子 たっこ
原 はら
三戸郡
南部（町）なんぶ
三戸郡南部町
相内 あいない
沖田面 おきたおもて
桃木 かばき
剣吉 けんよし
埖渡 ごみわたり
小向 こむかい
平 たいら
高瀬 たかせ
鳥舌内 ちょうした
　ない
苫米地 とまべち
鳥谷 とや
虎渡 とらた
福田 ふくだ
三戸郡階上町
田代 たしろ
角柄折 つのがらおり
道仏 どうぶつ
鳥屋部 とやべ
晴山沢 はれやまさわ
平内 ひらない
下北郡
大間（町）おおま
下北郡大間町
大間 おおま
奥戸 おこっぺ
下北郡風間浦村
易国間 いこくま

366

地域順一覧　　　　岩手県

下北郡佐井村
　長後 ちょうご
下北郡東通村
　大利 おおり
　小田野沢 おだのさわ
　蒲野沢 がまのさわ
　尻労 しつかり
　白糠 しらぬか
　野牛 のうし
中津軽郡西目屋村
　居森平 いもりたい
　川原平 かわらたい
　白沢 しらさわ
　砂子瀬 すなこせ
　大秋 たいあき
　田代 たしろ
西津軽郡鰺ケ沢町
　芦萢(町) あしやち
　新(町) あら
　米(町) こめ
　小屋敷(町) こやしき
　新地(町) しんち
　深谷(町) ふかや
　富根(町) ふね
　松代(町) まつだい
西津軽郡深浦町
　風合瀬 かそせ
　正信尻 しょうどうじり
　轟木 とどろき
　久田 ひさだ
　舮作 へなし
　柳田 やなぎた
東津軽郡
　平内(町) ひらない
　蓬田(村) よもぎた
東津軽郡今別町
　大川平 おおかわたい
　袰月 ほろづき
　山崎 やまざき
東津軽郡外ケ浜町
　上蟹田 うえかにた
　蟹田 かにた
　蟹田大平 かにたおおだい
　下蟹田 したかにた
　平舘 たいらだて
　三厩川柱 みんまやかわしら
　三厩梍梛 みんまやひょうろう
　三厩鑪泊 みんまやたつかりどまり
東津軽郡平内町
　小豆沢 あずきさわ
　稲生 いのう
　内童子 うちどうじ
　小湊 こみなと
　白砂 しらす
　増田 ますだ
東津軽郡蓬田村
　瀬辺地 せへじ

蓬田 よもぎだ
南津軽郡
　藤崎(町) ふじさき
南津軽郡田舎館村
　和泉 いずみ
　川部 かわべ
　高樋 たかひ
　畑中 はたけなか
南津軽郡大鰐町
　居土 いづち
　唐牛 かろうじ
　宿川原 しゅくがわら
　苦木 にがき
　八幡館 はちまんだて
南津軽郡藤崎町
　葛野 くずの
　郷山前 ごうさんまえ
　小畑 こばた
　徳下 とくげ
　中島 なかじま
　林崎 はやしざき
　藤崎 ふじさき

岩手県

胆沢(郡) いさわ
一関(市) いちのせき
上閉伊(郡) かみへい
北上(市) きたかみ
九戸(郡) くのへ
気仙(郡) けせん
下閉伊(郡) しもへい
紫波(郡) しわ
遠野(市) とおの
二戸(郡) にのへ
二戸(市) にのへ
八幡平(市) はちまんたい
宮古(市) みやこ

盛岡市
　砂子沢 いさござわ
　猪去 いさり
　岩脇(町) いわわき
　上田 うえだ
　上田堤 うえだつつみ
　大ケ生 おおがゆう
　上鹿妻 かみかづま
　上厨川 かみくりやがわ
　上堂 かみどう
　上ノ橋(町) かみのはし
　上米内 かみよない
　川目 かわめ
　川目(町) かわめ
　厨川 くりやがわ
　黒川 くろかわ
　好摩 こうま
　小鳥沢 ことりざわ
　紺屋(町) こんや
　菜園 さいえん
　下鹿妻 しもかづま

下厨川 しもくりやがわ
下田 しもだ
下米内 しもよない
城西(町) じょうせい
新田(町) しんでん
前九年 ぜんくねん
大新(町) だいしん
茶畑 ちゃばたけ
土淵 つちぶち
手代森 てしろもり
中川(町) なかがわ
長田(町) ながた
梨木(町) なしのき
鉈屋(町) なたや
西下台(町) にししただい
西見前 にしみるまえ
根田茂 ねだも
八幡(町) はちまん
馬場(町) ばば
東安庭 ひがしあにわ
東見前 ひがしみるまえ
日戸 ひのと
本町通 ほんちょうどおり
松内 まつない
向中野 むかいなかの
本宮 もとみや
簗川 やながわ

一関市
　相去 あいさり
　赤荻 あこおぎ
　石畑 いしばたけ
　上大槻街 かみおおつきこうじ
　川崎町門崎 かわさきちょうかんざき
　北霊麾 きたほうりょう
　厳美(町) げんび
　五十人(町) ごじゅうにん
　桜街 さくらこうじ
　散田 さんた
　三関 さんのせき
　地主(町) じしゅ
　下大槻街 しもおおつきこうじ
　上坊 じょうぼう
　吸川街 すいかわこうじ
　千厩町磐清水 せんまやちょういわしみず
　反(町) たん
　新山 にいやま
　西沢 にしざわ
　沼田 ぬまた
　八幡 はちまん
　花泉町金沢 はないずみちょうかざわ
　東地主(町) ひがしじしゅ
　東台 ひがしだい

広街 ひろこうじ
藤沢町黄海 ふじさわちょうきのみ
南十軒街 みなみじゅっけんこうじ
南霊麾 みなみほうりょう
宮下(町) みやした
弥栄 やさかえ
山目 やまのめ
山目(町) やまのめ
豊(町) ゆたか

奥州市
　胆沢区小山 いさわくおやま
　衣川区石生 ころもがわくいしゅう
　衣川区畦畑 ころもがわくうねはた
　衣川区采女沢 ころもがわくうねめざわ
　衣川区上野 ころもがわくうわの
　衣川区大平 ころもがわくおおだいら
　衣川区大面 ころもがわくおおつら
　衣川区月山 ころもがわくがっさん
　衣川区上河内 ころもがわくかみかわうち
　衣川区金成 ころもがわくかんなり
　衣川区桑木平谷地 ころもがわくくわのきやち
　衣川区噌味 ころもがわくそうみ
　衣川区長麑 ころもがわくながふくろ
　衣川区西風山 ころもがわくなれやま
　衣川区日向 ころもがわくひなた
　衣川区百姓袋 ころもがわくもびゃくしょうふくろ
　衣川区餅転 ころもがわくもちころばし
　前沢区赤面 まえさわくあかつら
　前沢区河ノ畑 まえさわくかのはた
　前沢区衣関 まえさわくきぬとめ
　前沢区蛇ノ鼻 まえさわくじゃのはな
　前沢区白山 まえさわくしらやま
　前沢区白鳥舘 まえさわくしろとりだて
　前沢区平前 まえさわくたいらまえ
　前沢区道場 まえさわくどうば
　前沢区日向 まえさわくひなた
　前沢区簾森 まえさわくみすもり
　前沢区両手沢 まえさわくもろてざわ

前沢区谷起 まえさわくやぎ
前沢区八幡 まえさわくやわた
水沢区久田 みずさわくきゅうでん
水沢区高網 みずさわくこうあみ
水沢区真城 みずさわくしんじょう
水沢区樋(町) みずさわくそり
水沢区内匠田 みずさわくたくみだ
水沢区築舘 みずさわくつきだて
水沢区羽田(町) みずさわくはだ
水沢区東上野(町) みずさわくひがしうわの
水沢区水ノ口 みずさわくみずのくち

大船渡市
　猪川(町) いかわ
　三陸町綾里 さんりくちょうりょうり
　立根(町) たっこん
　末崎(町) まっさき

釜石市
　鵜住居(町) うのすまい
　嬉石(町) うれいし
　大平(町) おおだいら
　大渡(町) おおわたり
　甲子(町) かっし
　栗林(町) くりばやし
　小川(町) こがわ
　小佐野(町) こさの
　定内(町) さだない
　新浜(町) しんはま
　只越(町) ただこえ
　唐丹(町) とうに
　東前(町) ひがしまえ
　平田 へいた
　松原(町) まつばら

北上市
　相去(町) あいさり
　青柳(町) あおやぎ
　飯豊 いいとよ
　上野(町) うえの
　小鳥崎 ことりざき
　下江釣子 しもえづりこ
　立花 たちばな
　滑田 なめしだ
　成田 なりた
　新平 につべい
　平沢 ひらさわ
　臥牛 ふしうし
　本石(町) ほんごく
　柳原(町) やなぎはら
久慈市
　枝成沢 えだなりさわ
　長内(町) おさない
　柏崎 かしわざき

367

岩手県　　　　　　　　　　　　　　　　地域順一覧

小久慈(町) こくじ
新井田 にいだ
畑田 はたけだ
門前 もんぜん
山形町戸呂(町) やまがたちょうへろ
山形町来内 やまがたちょうらいない
山根(町) やまね
滝沢市
鵜飼大綬 うかいおおだるみ
鵜飼鰍森 うかいかじかもり
鵜飼上山 うかいかみのやま
鵜飼年毛 うかいとしもう
鵜飼諸葛川 うかいもろくずがわ
後 うしろ
卯遠坂 うとうざか
狼久保 おいのくぼ
大釜風林 おおがまかざばやし
大釜白山 おおがましろやま
大釜八幡前 おおがままはちまんまえ
大沢新道 おおさわしんみち
大沢割田 おおさわわった
妻の神 さいのかみ
篠木苧桶沢 しのぎおばけざわ
篠木樋の口 しのぎといのくち
篠木鳥谷平 しのぎとやひら
外山 そとやま
土沢 つちざわ
木賊川 とくさがわ
平蔵沢 へいぞうさわ
柳沢 やなぎさわ
柳原 やなぎはら
遠野市
綾織町新里 あやおりちょうにっさと
小友(町) おとも
上組(町) かみくみ
上郷町来内 かみごうちょうらいない
附馬牛町安居台 つきもうしちょうあおだい
遠野(町) とおの
二戸市
石切所 いしきりどころ
下斗米 しもとまい
浄法寺町安比内 じょうほうじまちあっぴない
浄法寺町上野 じょうほうじまちうわの
浄法寺町大平 じょうほうじまちおおだ

いら
浄法寺町長流部 じょうほうじまちおおさるべ
浄法寺町御山上平 じょうほうじまちおんやまうわだい
浄法寺町御山上野 じょうほうじまちおんやまうわの
浄法寺町門崎 じょうほうじまちかんざき
浄法寺町小平 じょうほうじまちこだいら
浄法寺町山内 じょうほうじまちさんない
浄法寺町尻平 じょうほうじまちしっぺい
浄法寺町季ケ平 じょうほうじまちしもがたいら
浄法寺町樋口 じょうほうじまちといぐち
浄法寺町樋田 じょうほうじまちといだ
浄法寺町八幡舘 じょうほうじまちはちまんだて
浄法寺町焼切 じょうほうじまちやっきり
白鳥 しらとり
足沢 たるさわ
仁左平 にさたい
似鳥 にたどり
福田 ふくだ
米沢 まいさわ
八幡平市
安代寄木 あしろよりき
安比高原 あっぴこうげん
上の山 うえのやま
打田内 うつたない
鵜谷地 うのどりやち
馬揚沢 うまあげさわ
上関 うわせき
大面平 おおつらだいら
大更 おおぶけ
幌子 かたびら
叺田 かますだ
川原 かわら
小峠 ことうげ
小原道ノ上 こはらみちのうえ
小柳田 こやなぎだ
小屋畑 こやのはた
下(町) しも
蛇石 じゃいし
勝善川原 しょうぜんかわら
新田 しんでん
平舘 たいらだて

高畑 たかはた
土沢 つちざわ
田頭 でんどう
藤七温泉 とうしちおんせん
中田 なかだ
古屋敷 ふるやしき
曲田 まがた
谷地田 やちた
花巻市
東(町) あずま
石鳥谷町好地 いしどりやちょうこうち
石鳥谷町八幡 いしどりやちょうはちまん
狼沢 おおかみざわ
大迫町外川目 おおはさままちそとかわめ
大畑 おおはた
大谷地 おおやち
御田屋(町) おたや
花城(町) かじょう
上諏訪 かみすわ
上(町) かみ
上似内 かみにたない
葛 くず
幸田 こうだ
胡四王 こしおう
小瀬川 こせがわ
下幅 したはば
下似内 しもにたない
尻平川 しりたいらがわ
新田 しんでん
高田 たかだ
田力 たぢから
天下田 てんかだ
東和町安俵 とうわちょうあひょう
東和町砂子 とうわちょういさご
東和町北小山田 とうわちょうきたおやまだ
成田 なりた
南城 なんじょう
一日市 ひといち
吹張(町) ふっぱり
南新田 みなみしんでん
本館 もとだて
宮古市
新(町) あら
小国 おぐに
重茂 おもえ
河南 かなん
川内 かわうち
上鼻 かみはな
神林 かんばやし
熊野(町) くまの
花原市 けばらいち
小沢 こざわ
小山田 こやまだ

五月(町) さつき
佐原 さばら
新川(町) しんかわ
千徳 せんとく
千徳(町) せんとく
磯鶏 そけい
田代 たしろ
田老荒谷 たろうあらや
田老新田 たろうしんでん
田老摂待 たろうせったい
田老新田平 たろうにっただいら
田老八幡水神 たろうやはたすいじん
近内 ちかない
築地 つきじ
長沢 ながさわ
長(町) なが
腹帯 はらたい
藤原 ふじわら
古田 ふった
実田 みた
向(町) むかい
本(町) もと
山根(町) やまね
老木 ろうき
上(村) わ
陸前高田市
小友(町) おとも
気仙(町) けせん
高田(町) たかた
矢作(町) やはぎ
米崎(町) よねさき
胆沢郡金ケ崎町
永沢 ながさわ
三ケ尻 みかじり
岩手郡
葛巻(町) くずまき
雫石(町) しずくいし
岩手郡岩手町
一方井 いっかたい
子抱 こだき
沼宮内 ぬまくない
岩手郡葛巻町
葛巻 くずまき
田部 たべ
岩手郡雫石町
上野 うわの
鶯宿 おうしゅく
御明神 おみょうじん
柿木 かきき
上平 かみだいら
川原 かわはら
小日谷地 こびやち
下(町) しも
鹿津田 そつだ
長畑 ながはた
西安庭 にしあにわ
晴山 はれやま
麻見田 まみだ

丸谷地 まるやち
南畑 みなみはた
谷地 やち
上閉伊郡
大槌(町) おおつち
上閉伊郡大槌町
安渡 あんど
大槌 おおつち
大ケ口 おおがくち
金沢 かねざわ
上(町) かみ
吉里吉里 きりきり
小鎚 こづち
新港 しんみなと
九戸郡
軽米(町) かるまい
九戸(村) くのへ
洋野(町) ひろの
九戸郡軽米町
狄塚 えづか
上舘 かみだて
軽米 かるまい
高家 こうけ
小軽米 こかるまい
山内 さんない
晴山 はれやま
蛇口 へびぐち
円子 まるこ
九戸郡九戸村
荒谷 あらや
伊保内 いぼない
江刺家 えさしか
小倉 こぐら
山根 さんね
戸田 とだ
九戸郡洋野町
有家 うげ
小子内 おこない
上館 かみだて
帯島 たいしま
水沢 みずさわ
気仙郡住田町
上有住 かみありす
下有住 しもありす
下閉伊郡岩泉町
浅内 あさない
安家 あっか
尼額 あまひたい
乙茂 おとも
小本 おもと
上有芸 かみうげい
下有芸 しもうげい
鼠入 そいり
中島 なかしま
袰野 ほろの
袰綿 ほろわた
下閉伊郡田野畑村
明戸 あけと
蝦夷森 えぞもり
川平 かわだい
島越 しまのこし
菅窪 すげのくぼ

地域順一覧　　　　　　　　　宮城県

千丈 せんじょう
千足 せんぞく
田代 たしろ
七滝 ななたき
子木地 ねぎち
子木屋敷 ねぎやしき
萩牛 はぎゅう
三沢 みさわ
下閉伊郡普代村
芦生 あしおい
芦渡 あしわたり
上の山 うえのやま
卯子酉 うねどり
上(村) かみ
小谷地 こやち
下(村) しも
白井 しらい
萩牛 はぎゅう
堀内 ほりない
南股 みなみのまた
下閉伊郡山田町
飯岡 いいおか
川向 かわむかい
八幡(町) はちまん
紫波郡
紫波(町) しわ
紫波郡紫波町
犬吠森 いぬぼえもり
小屋敷 こやしき
中島 なかじま
平沢 ひらさわ
二日(町) ふつか
紫野 むらさきの
紫波郡矢巾町
間野々 あいのの
煙山 けむやま
白沢 しらさわ
高田 たかた
土橋 つちはし
二戸郡
一戸(町) いちのへ
二戸郡一戸町
姉帯 あねたい
出ル(町) いずる
一戸 いちのへ
小友 おとも
小鳥谷 こずや
小繋 こつなぎ
根反 ねぞり
女鹿 めが
和賀郡西和賀町
大渡 おおわたり
甲子 かっこ
小繋沢 こつなぎざわ
沢内鍵飯 さわうちけんばん
下前 したまえ
下左草 しもさそう
槻沢 つきざわ
細内 ほそない
本内 ほんない

本屋敷 もとやしき
柳沢 やなぎざわ
湯川 ゆがわ

宮城県

石巻(市) いしのまき
角田(市) かくだ
刈田(郡) かった
黒川(郡) くろかわ
気仙沼(市) けせんぬま
塩竈(市) しおがま
白石(市) しろいし
遠田(郡) とおだ
登米(市) とめ
宮城(郡) みやぎ
亘理(郡) わたり
仙台市
太白(区) たいはく
仙台市青葉区
愛子東 あやしひがし
五橋 いつつばし
霊屋下 おたまやした
小田原 おだわら
折立 おりたて
花京院 かきょういん
上愛子 かみあやし
上杉 かみすぎ
川内 かわうち
川平 かわだいら
栗生 くりゅう
国分(町) こくぶん
米ケ袋 こめがふくろ
子平(町) しへい
下愛子 しもあやし
西花苑 せいかえん
台原 だいのはら
高野原 たかのはら
立(町) たち
土樋 つちとい
角五郎 つのごろう
通(町) とおり
新坂(町) にいざか
新川 にいかわ
支倉(町) はせくら
八幡 はちまん
二日(町) ふつか
向田 むかいだ
仙台市泉区
明石南 あかいしみなみ
明通 あけどおり
小角 おがく
上谷刈 かみやがり
実沢 さねざわ
松陵 しょうりょう
七北田 ななきた
根白石 ねのしろいし
古内 ふるうち
朴沢 ほうざわ
本田(町) ほんだ

紫山 むらさきやま
館 やかた
仙台市太白区
大塒(町) おおとや
大谷地 おおやち
鹿野 かの
上野山 かみのやま
恵和(町) けいわ
越路 こえじ
太白 たいはく
富沢 とみざわ
富田 とみた
中田 なかだ
中田(町) なかだ
長(町) なが
三神峯 みかみね
向山 むかいやま
門前(町) もんぜん
柳生 やなぎう
仙台市宮城野区
出花 いでか
小田原 おだわら
蒲生 がもう
白鳥 しらとり
新田 しんでん
田子 たご
榴ケ岡 つつじがおか
榴岡 つつじがおか
苦竹 にがたけ
西宮城野 にしみやぎの
原(町) はらの
原町南目 はらのまちみなみのめ
福田(町) ふくだ
南目館 みなみのめたて
仙台市若林区
五橋 いつつばし
霞目 かすみのめ
蒲(町) かばの
河原町 かわら
椌木通 ごうらきどおり
五十人(町) ごじゅうにん
志波(町) しわ
新寺 しんてら
長喜城 ちょうきじょう
土樋 つちとい
堰場 どうば
成田町 なりた
日辺 にっぺ
二木 ふたき
古城 ふるじろ
大和(町) やまと
六丁目 ろくちょうのめ
石巻市
相野谷 あいのや
鋳銭場 いせんば
井内 いない
大瓜 おうり

大谷川浜 おおやがわはま
雄勝町小島 おがっちょうおじま
荻浜 おぎのはま
折浜 おりのはま
鹿妻北 かづまきた
門脇 かどのわき
門脇(町) かどのわき
鹿又 かのまた
釜谷 かまや
十八成浜 くぐなりはま
小網倉浜 こあみくらはま
小竹浜 こだけはま
小積浜 こづみはま
小渕浜 こぶちはま
小船越 こふなこし
魚(町) さかな
鮫浦 さめのうら
重吉(町) しげよし
新栄 しんえい
新成 しんせい
新館 しんたて
新橋 しんばし
鹿立 すだち
千石(町) せんごく
大門(町) だいもん
竹浜 たけのはま
立(町) たち
垂水(町) たれみず
月浦 つきのうら
築山 つきやま
中島 なかじま
中島(町) なかじま
長面 ながつら
流留 ながる
成田 なりた
新山浜 にいやまはま
西浜(町) にしはま
八幡(町) はちまん
福地 ふくじ
長渡浜 ふたわたしはま
福貴浦 ふっきうら
前谷地 まえやち
牧浜 まきのはま
馬鞍 まぐら
松原(町) まつばら
三和(町) みつわ
南谷地 みなみやち
三輪田 みのわだ
桃生町倉埣 ものうちょうくらぞね
桃浦 もものうら
山下(町) やました
渡波 わたのは
渡波(町) わたのは
岩沼市
小川 おがわ
北長谷 きたはせ
桑原 くわばら
大昭和 だいしょうわ

長岡 ながおか
東谷地 ひがしやち
平等 びょうどう
吹上 ふきあげ
二木 ふたき
三色吉 みいろよし
南長谷 みなみはせ
大和 やまと
大崎市
岩出山木通沢 いわでやまあけびざわ
鹿島台大迫 かしまだいおおばさま
鹿島台平渡 かしまだいひらわた
三本木 さんぼんぎ
三本木桑折 さんぼんぎこおり
三本木蒜袋 さんぼんぎひるぶくろ
田尻 たじり
田尻北小牛田 たじりきたこごた
田尻北高城 たじりきたたかぎ
田尻北牧目 たじりきたまぎのめ
田尻中目 たじりなかのめ
田尻八幡 たじりやわた
鳴子温泉鬼首 なるこおんせんおにこうべ
鳴子温泉川渡 なるこおんせんかわたび
鳴子温泉築沢 なるこおんせんきざわ
鳴子温泉尿前 なるこおんせんしとまえ
鳴子温泉日向山 なるこおんせんひなたやま
鳴子温泉柳木 なるこおんせんやぎ
古川雨生沢 ふるかわあめおざわ
古川荒田目 ふるかわあらためのめ
古川小林 ふるかわおばやし
古川上埣 ふるかわかみぞね
古川上中目 ふるかわかみなかのめ
古川小野 ふるかわこの
古川城西 ふるかわしろにし
古川李埣 ふるかわすももぞね
古川千手寺(町) ふるかわせんじゅうじ
古川楡木 ふるかわたまのき
古川塚目 ふるかわつかのめ
古川鶴ケ埣 ふるかわつるがぞね
古川新田 ふるかわ

369

にいだ
古川矢目 ふるかわやのめ

角田市
小坂 おさか
小田 おだ
角田 かくだ
藤田 ふじた

栗原市
一迫大清水 いちはさまおおすず
一迫鹿込 いちはさまししごめ
一迫神山 いちはさまししんざん
一迫清水目 いちはさまみずのめ
一迫大際 いちはさまだいぎわ
一迫西風 いちはさまないら
一迫日向 いちはさまひなか
一迫女子(町) いちはさまめご
一迫柳目 いちはさまやなぎのめ
金成赤児 かんなりあかちご
金成人生田 かんなりいりうだ
金成狼ノ沢 かんなりおいのざわ
金成小迫 かんなりおばさま
金成金生 かんなりきんせい
金成梶木沢 かんなりはぬきざわ
金成日向 かんなりひむかい
栗駒芋埣 くりこまいもぞね
栗駒猿飛来 くりこままさぴびらい
栗駒八幡 くりこまやはた
志波姫新熊谷 しわひめしんくまや
志波姫八樟 しわひめやつくぬぎ
瀬峰神田 せみねかみた
瀬峰蔵王 せみねぞうおう
瀬峰筒ケ崎 せみねどがさき
瀬峰筒場 せみねとば
瀬峰桃生田 せみねものうた
高清水小山下 たかしみずおやました
高清水五輪 たかしみずごりん
高清水大寺 たかしみずだいでら
高清水忽滑沢 たかしみずぬかりさわ
高清水日向 たかし

みずひなた
高清水宮脇 たかしみずみやのわき
高清水明官 たかしみずみょうかん
高清水仰ケ返り たかしみずむけがえり
築館芋埣 つきだていもぞね
築館左足 つきだてこえだて
築館城生野 つきだてじょうの
築館西小山 つきだてにしこやま
花山草木沢上原 はなやまくさきさわうわはら
若柳武鎗 わかやなぎむやり

気仙沼市
赤岩老松 あかいわおいのまつ
赤岩五駄鱈 あかいわごだんたら
明戸 あけど
阿靍月 あよいづき
新(町) あら
入沢 いりさわ
岩月千岩田 いわつきせんがんだ
岩月箒沢 いわつきほうきさわ
後九条 うしろくじょう
大浦 おおうら
大峠山 おおとうげやま
角地 かくじ
柏崎 かしざき
鹿ノ倉 かのくら
上田中 かみたなか
神山 かみやま
亀山 かめやま
唐桑町鮪立 からくわちょうしびたち
唐桑町堂角 からくわちょうどうかく
唐桑町西舞根 からくわちょうにしもうね
唐桑町載鉤 からくわちょうのせかぎ
唐桑町東舞根 からくわちょうひがしもうね
唐桑町松圃 からくわちょうまつばたけ
川原崎 かわらざき
河原田 かわらだ
化粧坂 けしょうざか
小芦 こあし
小々汐 こごしお
痩槻 こぶつき
駒場 こまば
最知川原 さいちかわら
魚(町) さかな
四反田 したんだ

下新田 しもしんでん
下八瀬 しもやつせ
常楽 じょうらく
白石 しらいし
新田 しんでん
新浜(町) しんはま
高判形山 たかはんぎょうやま
田尻 たじり
舘山 たてやま
百目木 どうめき
内ノ脇 ないのわき
西八幡(町) にしはちまん
波路上後原 はじかみうしろばら
東八幡前 ひがしはちまんまえ
松崎面瀬 まつざきおもせ
松崎萱 まつざきかや
松崎五駄鱈 まつざきごだんたら
松崎地生 まつざきじしょう
廻舘 まわりだて
三日(町) みっか
本浜(町) もとはま
本(町) もと
本吉町歌生 もとよしちょううとう
本吉町狼の巣 もとよしちょうおいのす
本吉町大槻 もとよしちょうおおくぬぎ
本吉町大杙木 もとよしちょうおおぼうき
本吉町尾坂 もとよしちょうおでん
本吉町狩猟 もとよしちょうかりょう
本吉町今朝磯 もとよしちょうけさいそ
本吉町外尾 もとよしちょうそでお
本吉町平槻 もとよしちょうたいらぬぎ
本吉町角柄 もとよしちょうつのがら
本吉町寺谷 もとよしちょうてらがい
本吉町道貫 もとよしちょうどうめき
本吉町登米沢 もとよしちょうとよまざわ
本吉町中平 もとよしちょうなかだいら
本吉町幣掛 もとよしちょうぬさかけ
本吉町圃の沢 もとよしちょうはたのさわ
本吉町上野 もとよしちょうわの
本吉町蕨野 もとよしちょうわらびの
柳沢 やなぎざわ

渡戸 わたど

塩竈市
芦畔(町) あしぐろ
浦戸寒風沢 うらとさぶさわ
浦戸朴島 うらとほうじま
大日向(町) おおひなた
庚塚 かのえづか
牛生(町) ぎゅう
香津(町) こうづ
松島台 しょうようだい
新富(町) しんとみ
新浜(町) しんはま
千賀の台 ちがのだい
長沢 ながさわ
長沢(町) ながさわ
母子沢(町) ははこざわ
舟入 ふないり
南錦(町) みなみにしき
向ケ丘 むかいがおか
本(町) もと

白石市
兎作 うさぎさく
大平坂谷 おおだいらさかや
大平中目 おおだいらなかのめ
大平森合 おおだいらもりあい
大鷹沢鷹巣 おおたかさわたかのす
大畑 おおはた
小原 おばら
上堰 かみぜき
小下倉 こしたぐら
越河 こすごう
寿山 ことぶきやま
城南 じょうなん
城北(町) じょうほく
白川内親 しらかわうちおやか
白鳥 しらとり
新館(町) しんだて
不澄ケ池 すますがいけ
鷹巣 たかのす
長(町) なが
八幡(町) はちまん
東(町) ひがし
福岡八宮 ふくおかやつみや
本鍛冶小路 もとかじこうじ
本(町) もと
亘理(町) わたり

多賀城市
浮島 うきしま
大代 おおしろ
下馬 げば
城南 じょうなん

南宮 なんぐう
新田 にいだ
宮内 みやうち
明月 めいげつ
八幡 やわた

富谷市
明石 あかいし
明石台 あかいしだい
石積 いしづもり
大清水 おおしみず
大童 おおわら
成田 なりた

登米市
東和町米谷 とうわちょうまいや
豊里町笑沢 とよさとちょうえみさわ
豊里町大槻 とよさとちょうおおくぬぎ
豊里町蕪木 とよさとちょうかぶき
豊里町切津 とよさとちょうきつつ
豊里町白鳥山 とよさとちょうしらとりやま
豊里町白鳥 とよさとちょうしろとり
豊里町南切津 とよさとちょうみなみきつつ
豊里町杢沢 とよさとちょうもくさわ
登米町日野渡 とよままちひのと
中田町石森 なかだちょういしのもり
南方町雷 みなみかたまちいかづち
南方町一網 みなみかたまちいあじ
南方町狼掛 みなみかたまちおいのがけ
南方町大槻 みなみかたまちおおぞね
南方町大平 みなみかたまちおおだいら
南方町上原 みなみかたまちかみはら
南方町河面 みなみかたまちかわづら
南方町樟 みなみかたまちくぬぎ
南方町小山 みなみかたまちこやま
南方町秞荷山 みなみかたまちぜんかやま
南方町角欠前 みなみかたまちつのがけまえ
南方町砥落 みなみかたまちとおとし
南方町新井宿 みなみかたまちにいじゅく
南方町堀切 みなみかたまちほっきり
南方町米袋 みなみかたまちよねぶくろ

地域順一覧　　　　宮城県

南方町鰐丸 みなみかたまちわにまる
名取市
小山 おやま
上余田 かみようでん
小塚原 こづかはら
下余田 しもようでん
高柳 たかやなぎ
堀内 ほりうち
増田 ますだ
愛島小豆島 めでしまあずきしま
閖上 ゆりあげ
東松島市
小野 おの
川下 かわくだり
新東名 しんとうな
新田 につた
野蒜 のびる
伊具郡丸森町
天炉 あまほど
荒田 あらだ
飯泉 いいせん
覆盆子原 いちごはら
後屋敷 うしろやしき
大内 おおうち
大鹿野 おおがの
大舘 おおだて
大畑 おおばたけ
欠入菅 かけいりすげ
金山 かねやま
雁歌 かりが
川原田 かわはらだ
榀塚 くぬぎづか
榀林 くぬぎばやし
原場 げんば
越田 こえだ
小倉 こぐら
小斎 こさい
小塚 こづか
小坊木北 こぼうききた
小保田 こぼた
子安 こやす
坂下 さかした
三瓶内 さんべいうち
四反田 したんだ
上地 じょうち
城東 じょうとう
上林東 じょうりんひがし
平 たいら
高畑 たかばたけ
滝の上 たきのかみ
滝原 たきばら
竹谷 たけや
立沢北 たつざわきた
角切 つのきり
寺内 てらうち
峠下 とうげしも
鳥屋 とりや
中島 なかじま

中道 なかみち
除 のぞき
畑中 はたけなか
坂上 ばんじょう
筆甫 ひっぽ
日向 ひなた
深田 ふかだ
武士沢 ぶしざわ
船場 ふなば
曲木 まがき
馬渕 まぶち
廻倉 まわりぐら
水沢 みずさわ
宮脇 みやのわき
向原 むかえばら
柳田 やなぎだ
山崎 やまざき
山田下 やまだしも
四重麦一 よえむぎいち
吉田 よしだ
由縄坂 よなざか
蕨平 わらびだいら
牡鹿郡
女川(町) おながわ
牡鹿郡女川町
出島 いずしま
江島 えのしま
御前浜 おんまえはま
小乗浜 このりはま
指ケ浜 さしのはま
竹浦 たけのうら
針浜 はりのはま
鷲神浜 わしのかみはま
刈田郡
蔵王(町) ざおう
七ケ宿(町) しちかしゅく
刈田郡蔵王町
円田 えんだ
小村崎 こむらさき
遠刈田温泉 とおがったおんせん
平沢 ひらさわ
曲竹 まがたけ
刈田郡七ケ宿町
赤地 あかち
上野 うわの
大萱 おおがや
蒲木 がばのき
上川原 かみかわら
上ノ台 かみのだい
上ノ平 かみのたいら
上ノ平山 かみのたいらやま
神林山 かみばやしやま
小駕籠沢 こかごさわ
坂ノ上 さかのうえ
陳ノ窪 じんのくぼ
薄沢口 すすきざわぐち

壇前 だんのまえ
中川原 なかがわはら
苗代端 なわしろばた
沼田 ぬまた
原谷地際 はらやちぎわ
東沢 ひがしさわ
干蒲 ひかば
松原 まつばら
侭ノ上 ままのうえ
廻館 まわりたて
水上口 みずかみぐち
水下道上 みずしたみちうえ
宮前 みやまえ
湯原 ゆのはら
横川 よこかわ
横川原 よこかわはら
利津保 りつほ
加美郡
色麻(町) しかま
加美郡加美町
石原 いしはら
内谷地 うちやじ
鹿原 かのはら
上狼塚 かみおいのづか
上川原 かみかわら
雁原 がんばら
北川内 きたかわうち
北原 きたはら
木伏 きっぷし
小瀬 こぜ
五百刈 ごひゃくがり
米泉 こめいずみ
下狼塚 しもおいのづか
下川原 しもかわら
下新田 しもにいだ
下原 しもはら
城生 じょう
新木伏 しんきっぷし
神山西 しんざんにし
雑式ノ目 ぞうしきのめ
大門 だいもん
長清水 ちょうしみず
鶴羽美 つるばみ
鶴喰 つるばみ
樋田 といだ
百目木1番 どうめきいちばん
鳥屋ケ崎 とりやがさき
中畑 なかはた
中原 なかはら
西田 にしだ
八石下 はっこくした
麓山 ふもとやま
宮田 みやた
谷地森 やちもり
柳沢 やなぎさわ
加美郡色麻町
清水 きよみず

小栗山 こぐりやま
四竈 しかま
高城 たかぎ
平沢 ひらさわ
吉田 よしだ
黒川郡
大郷(町) おおさと
大衡(村) おおひら
大和(町) たいわ
黒川郡大郷町
石原 いしばら
川内 かわうち
不来内 こずない
土橋 つちはし
羽生 はにゅう
味明 みあけ
山崎 やまさき
黒川郡大衡村
大瓜 おおうり
大衡 おおひら
駒場 こまば
黒川郡大和町
落合蒜袋 おちあいひるぶくろ
小野 おの
鶴巣大平 つるすおおだいら
鶴巣鳥屋 つるすとや
吉岡 よしおか
吉田 よしだ
柴田郡大河原町
大竜 おおたつ
大谷 おおや
大谷地 おおやち
小島 おしま
小山田 おやまだ
上川原 かみかわら
甲子(町) きのいね
新東 しんひがし
新南 しんみなみ
千塚前 せんつかまえ
中川原 なかがわら
中島(町) なかじま
南平 なんぺい
西浦 にしうら
新寺 にってら
東 ひがし
東新(町) ひがししん
東原(町) ひがしはら
福田 ふくだ
南桜(町) みなみさくら
南原(町) みなみはら
山崎(町) やまざき
柴田郡川崎町
小野 おの
川内 かわうち
支倉 はせくら
本砂金 もといさご
柴田郡柴田町
入間田 いりまだ
上名生 かみのみょう

剣崎 けんざき
小成田 こなりた
下名生 しものみょう
槻木 つきのき
富沢 とみざわ
中名生 なかのみょう
成田 なりた
西船迫 にしふなばさま
東船迫 ひがしふなばさま
船迫 ふなばさま
本船迫 ほんふなばさま
柴田郡村田町
足立 あしたて
菅生 すごう
沼田 ぬまた
遠田郡
涌谷(町) わくや
遠田郡美里町
青生 あおう
大柳 おおやなぎ
荻埣 おぎぞね
学田 がくでん
北原 きたはら
木間塚 きまつか
化粧坂 けしょうざか
小沼 こぬま
小沼添 こぬまぞい
妻の神 さいのかみ
叔廻前 しゅくのまえ
上意江 じょういえ
新妻の神 しんさいのかみ
砂子田 すなごだ
大所 だいどころ
高田 たかだ
中埣 なかぞね
中高城 なかたかぎ
成田 なりた
南小牛田 みなみごた
南高城 みなみたかぎ
役坦 やくでん
遠田郡涌谷町
市道 いちみち
烏鴉 うがらす
小里 おさと
上郡 かみごおり
掃部沖名 かもんおきな
刈萱(町) かるかや
川原(町) かわら
九軒 くけん
蔵人沖名 くらんどおきな
桑木荒 くわのきあら
花勝山 けかつやま
下道 げどう
小塚 こづか
小谷地 こやち
小山下 こやました
下郡 しもごおり

371

秋田県　　　　　地域順一覧

下新田 しもしんでん
新尾切 しんおぎれ
新田 しんでん
新名鰺 しんなびれ
砂田 すなた
関谷沖名 せきやおきな
立(町) たつ
長柄(町) ながえ
中島 なかじま
成沢 なりさわ
西谷地 にしやち
篭岳 ののだけ
八百刈 はっぴゃくがり
本(町) もと
涌谷 わくや

宮城郡
七ケ浜(町) しちがはま
利府(町) りふ

宮城郡七ケ浜町
菖蒲田浜 しょうぶたはま

宮城郡松島町
桜渡戸 さくらわたしど
高城 たかぎ
竹谷 たけや
根廻 ねまわり

宮城郡利府町
神谷沢 かみやさわ
菅谷 すがや
菅谷台 すがやだい
利府 りふ

本吉郡南三陸町
入谷 いりや
歌津石泉 うたついしずみ
歌津白山 うたつしらやま
歌津名足 うたつなたり
歌津番所 うたつばんどころ
志津川蒲の沢 しづがわばのさわ
志津川清水浜 しづがわしずはま
志津川城場 しづがわじょうば
志津川助作 しづがわすけづくり

亘理郡
亘理(町) わたり

亘理郡山元町
浅生原 あそうはら
大平 おおだいら
小平 こだいら
高瀬 たかせ
八手庭 はでにわ

亘理郡亘理町
油田 あぶらでん
裏城戸 うらきど
逢隈 おおくま
逢隈小山 おおくまこやま
豊岩小山 とよいわおやま
逢隈蕨 おおくまわらび
上(町) かん
北新田 きたしんでん
北新(町) きたしん
下小路 しもこうじ
先達前 せんだつまえ
道田東 どうだひがし
長瀞 ながとろ
新井(町) にい
西郷 にしごう
茨田後 ばらだうしろ
東郷 ひがしごう
吉田 よしだ

秋田県

秋田(市) あきた
男鹿(市) おが
雄勝(郡) おがち
潟上(市) かたがみ
鹿角(郡) かづの
鹿角(市) かづの
能代(市) のしろ

秋田市
新屋(町) あらや
飯島 いいじま
飯島鼠田 いいじまねずみた
飯島美砂(町) いいじまみさ
泉北 いずみきた
泉南 いずみみなみ
牛島 うしじま
大平台 おおひらだい
御野場 おのば
金足鳰崎 かなあしにおざき
上北手小山田 かみきたておやまだ
上新城白山 かみしんじょうしらやま
旭南 きょくなん
山内 さんない
下北手寒川 しもきたてさむかわ
下浜名ケ沢 しもはまみょうがさわ
千秋城下(町) せんしゅうじょうか
外旭川八幡田 そとあさひかわはちまんでん
太平寺庭 たいへいてらにわ
土崎港相染(町) つちざきみなとそうぜん
手形休下(町) てがたきゅうした
寺内 てらうち
寺内油田 てらうちあぶらでん
寺内後城 てらうちうしろじょう
豊岩小山 とよいわおやま
中通 なかどおり
楢山金照(町) ならやまきんしょう
仁井田目長田 にいだめながた
濁川 にごりかわ
茨島 ばらじま
広面 ひろおもて
保戸野金砂(町) ほどのかなさ
向浜 むかいはま
柳田 やなぎだ
八橋 やばせ
八橋鯨沼(町) やばせじょうぬま
雄和碇田 ゆうわいかりだ
雄和女米木 ゆうわめめき

大館市
相染沢中岱 あいぞさわなかたい
商人留 あきひとどめ
芦田子 あしだこ
東 あずま
池内 いけない
出川 いでがわ
岩瀬 いわせ
上(町) うえ
大子内 おおしない
大田面 おおたおもて
大披 おおびらき
上代野 かみだいの
葛原 くずわら
桂城 けいじょう
小釈迦内道上 こしゃかないみちうえ
小館(町) こたて
小館花 こだてはな
小袴 こはかま
茂内 しげない
下川原 したかわら
十二所 じゅうにしょ
城西(町) じょうせい
白沢 しらさわ
水門(市) すいもん
立花 たてばな
道目木 どうめき
土飛山下 どびやました
長木川南 ながきかわみなみ
中城 なかじょう
長走 ながばしり
中道 なかみち
七曲岱 ななまがりたい
二井田 にいだ
新綱 にいづな
馬喰(町) ばくろう
八幡 はちまん
八幡沢岱 はちまんさわたい

東台 ひがしだい
櫃崎 ひつざき
比内町大葛 ひないまちおおくぞ
比内町独鈷 ひないまちとっこ
部垂(町) へだれ
曲田 まがた
松木 まつき
御坂 みさか
向(町) むかい
本宮 もとみや
谷地 やち
谷地町後 やちまちうしろ
豊(町) ゆたか

男鹿市
五里合鮪川 いりあいしびかわ
鵜木 うのき
男鹿中山(町) おがなかやま
福米沢 ふくめざわ
払戸 ふっと
本内 ほんない

潟上市
昭和豊川槻木 しょうわとよかわつきのき

鹿角市
八幡平 はちまんたい

北秋田市
阿仁打当 あにうっとう
阿仁笑内 あにおかしない
阿仁萱草 あにかやくさ
阿仁根子 あにねっこ
鎌沢 かまのさわ
上杉 かみすぎ
小又 こまた
根田 こんだ
李岱 すももだい
鷹巣 たかのす
綴子 つづれこ
道城 どうじょう
七日市 なぬかいち
新田目 にいだめ
八幡岱新田 はちまんたいしんでん
東横(町) ひがしよこ
福田 ふくだ
本城 ほんじょう
三木田 みつきた
三里 みっさと
米内沢 よないざわ
米代(町) よねしろ

仙北市
角館町上野 かくのだてまちうわの
角館町歩行(町) かくのだてまちおかち
角館町雲然 かくのだてまちくもしかり

角館町古城 かくのだてまちふるしろ
田沢湖生保内 たざわこおぼない
西木町小山田 にしきちょうこやまだ

大仙市
大神成 おおかんなり
太田町小神成 おおたちょうこかんなり
大曲戸巻(町) おおまがりとまき
小貫高畑 おぬきたかばたけ
川目 かわのめ
上野田 こうずけた
強首 こわくび
佐野(町) さの
正手沢 しょうてざわ
高城 たかじょう
戸地谷 とやち
南外本直沢 なんがいきじきざわ
南外小浪滝 なんがいいざんざら
南外鞍掛 なんがいしりがいだ
南外及位 なんがいのぞき
南外物渡台 なんがいぶつどだい
南外坊田石兀ノ下 なんがいぼうだいしはげげした
南外葎沢 なんがいむぐらさわ
新田地 にいやじ
東川 ひがしかわ
福田 ふくだ
福田(町) ふくだ
藤木 ふじき
払田 ほった

にかほ市
小国 おぐに
象潟町後田 きさかたまちうしろだ
象潟町白山堂 きさかたまちしらやまどう
黒川 くろかわ
金浦 このうら
芹田 せりだ
田抓 たづかみ
冬師 とうし
馬場 ばば
平沢 ひらさわ
水沢 みずさわ
三森 みつもり

能代市
浅内 あさない
万(町) あら
磐 いわお
上ノ山 うえのやま
上ノ山台 うえのやまだい
後谷地 うしろやち
大瀬儘下 おおせまました

地域順一覧 　　　秋田県

Column 1

ました
鰄渕 かいらげふち
柏子所 かしこどころ
上悪土 かみあくど
上関 かみせき
上古川布 かみふる
　かわしき
上谷地 かみやち
上柳 かみやなぎ
川反(町) かわばた
上(町) かん
下内崎 げないざき
五雲岱 ごうんだい
槐 さいかち
産物 さんぶつ
塩土留 しおからだ
十洲崎 じっしゅうざき
芝童森 しどうもり
下瀬 しもせ
下関 しもせき
下野 しもの
下古川布 しもふる
　かわしき
昇平岱 しょうへいだい
新山前 しんざんまえ
竹生 たこう
中和 ちゅうわ
東面 とうめん
通(町) とおり
轟 とどろき
鳥矢場 とやば
外割田 とわりだ
中川原 なかがわら
仁井田白山 にいだ
　しろやま
荷八田 にはた
沼ノ上 ぬまのうえ
能代(町) のしろ
機織轡ノ目 はたお
　りそりのめ
腹籠ノ沢 はらがい
　のさわ
盤若(町) はんにゃ
東(町) ひがし
日吉(町) ひよし
日和山下 ひよりや
　ました
二ツ井町上台 ふた
　ついまちうわだい
二ツ井町上野 ふた
　ついまちうわの
二ツ井町太田面
　ふたついまちおおた
　もて
二ツ井町小槻木
　ふたついまちこつき
　のき
二ツ井町塚台 ふた
　ついまちつかのだい
二ツ井町飛根 ふた
　ついまちとぶね
二ツ井町稗柄 ふた
　ついまちひえがら
二ツ井町稗川原
　ふたついまちひえか

Column 2

わはら
吹越 ふっこし
古屋布 ふるやしき
不老岱 ふろうだい
鳳凰岱 ほうおうだい
豊祥岱 ほうしょう
　だい
朴瀬 ほのきせ
町後 まちうしろ
松長布 まつながしき
向田表 むかいたお
　もて
向能代 むかいのしろ
母体 もたい
谷地上 やちうえ
湯沢市
相川 あいかわ
小豆田 あづきた
大島 おおしま
雄勝田 おがちた
御囲地(町) おかち
小野 おの
角間 かくま
金谷 かなや
鉦打沢 かねうちざわ
上関 かみせき
川連(町) かわつら
桑崎 くわがさき
栄田 さかえだ
下関 しもせき
下山谷 しもやまや
千刈 せんがり
千石 せんごく
中川原 なかがわら
成沢 なりさわ
二井田 にいだ
西新(町) にししん
沼樋 ぬまどい
吹張 ふっぱり
古館(町) ふるだて
三梨(町) みつなし
皆瀬 みなせ
柳田 やなぎだ
山谷 やまや
八幡 やわた
両神 りょうじん
由利本荘市
赤田 あかた
五十土 いかづち
和泉(町) いずみ
岩城滝俣 いわきたき
　のまた
岩城福俣 いわきふ
　くのまた
岩城二古 いわきふ
　たご
岩谷籠 いわやふもと
岩谷(町) いわや
後(町) うしろ
内越 うてつ
埋田 うめだ
上野 うわの
大谷 おおたに
大水口 おおみなくち

Column 3

大簗 おおやな
大浦 おおら
金山 かねやま
観音(町) かんのん
葛岡 くずおか
葛法 くずのり
下地ケ沢 げちが
　さわ
小栗山 こぐりやま
小菅野 こすがの
小人(町) こびと
小防ケ沢 こほうが
　さわ
御門 ごもん
下川原中島 しもか
　わはらなかじま
陳ケ森 じんがもり
新田 しんでん
神沢 しんのさわ
陣場岱 じんばだい
砂子下 すなごした
千刈 せんがり
雪車(町) そり
大門 だいもん
高尾 たかお
舘 たて
鳥海町上笹子 ちょ
　うかいまちかみじ
　ねご
鳥海町上直根 ちょ
　うかいまちかみひ
　たね
鳥海町小川 ちょう
　かいまちこがわ
鳥海町戈之神 ちょ
　うかいまちさいの
　かみ
鳥海町百宅 ちょう
　かいまちももやけ
土谷 つちや
出戸(町) でと
寺後 てらうしろ
中俣 なかのまた
西沢 にしさわ
西目町海士剥 にし
　めまちあまはぎ
及位(町) のぞき
畑谷 はたや
八幡下 はちまんした
花畑(町) はなばた
浜三川 はまさんかわ
東(町) ひがし
日役(町) ひきじ
平岫 ひらぐき
藤崎 ふじさき
古雪(町) ふるゆき
宮内 みやうち
柳生 やぎゅう
矢島町木在 やしま
　まちきざき
谷地(町) やち
山内 やまうち
吉沢 よしざわ
横手市
猪岡 いのおか
駅南 えきみなみ

Column 4

大森町清水上 おお
　もりまちしみずの
　うえ
大森町菅生田 おお
　もりまちすごうた
大森町鯲沼 おおも
　りまちどじょうぬま
金沢 かねざわ
上内(町) かみうち
黒川 くろかわ
山内筏 さんないか
　だ
静(町) しずか
蛇の崎(町) じゃの
　さき
十文字町越前 じゅ
　うもんじまちえつ
　ぜん
十文字町梨木 じゅ
　うもんじまちなし
　のき
城西(町) しろにし
城南(町) しろみなみ
城山(町) しろやま
新坂(町) しんざか
杉目 すぎめ
外目 そとのめ
大雄潤井地神 たい
　ゆううるいやち
大雄傾城塚 たいゆ
　うけいせいづか
大雄根田谷地 たい
　ゆうこんだやち
大雄剰水 たいゆう
　せきなぎ
大雄乗阿気 たいゆ
　うのりあげ
百万刈 ひゃくまん
　がり
平城(町) ひらじょう
増田町荻袋 ますだ
　まちおぎのふくろ
増田町熊渕 ますだ
　まちくまのふち
増田町狙半内 ます
　だまちさるはんない
松原(町) まつばら
明永(町) みょうえい
本(町) もと
安田 やすだ
柳田 やなぎだ
八幡 やわた
雄勝郡
羽後(町) うご
雄勝郡羽後町
大戸 おおど
柏原 かしわばら
鹿内 しかない
杉宮 すぎのみや
高尾田 たこうだ
田代 たしろ
足田 たらだ
西馬音内 にしもない
林崎 はやしざき
払体 ほったい
堀内 ほりうち

Column 5

水沢 みずさわ
雄勝郡東成瀬村
田子内 たごない
鹿角郡
小坂(町) こさか
鹿角郡小坂町
荒谷 あらや
上向 うわむき
小坂 こさか
小坂鉱山 こさかこ
　うざん
大地 だいち
北秋田郡上小阿仁村
沖田面 おきたおもて
小沢田 こさわだ
仏社 ぶっしゃ
仙北郡美郷町
金沢 かねざわ
小荒川 こあらかわ
佐野 さの
千屋 せんや
南秋田郡
五城目(町) ごじょ
　うめ
南秋田郡井川町
井内 いない
小竹花 こだけはな
菰田 なもみだ
八田大倉 はったお
　おくら
保野子 ほのこ
南秋田郡大潟村
方上 かたがみ
方口 かたぐち
西野 にしの
東 ひがし
東野 ひがしの
南秋田郡五城目町
上(町) うわ
小池 こいけ
兎品沢 とひんざわ
七倉 ななくら
富津内富田 ふつな
　いとみた
南秋田郡八郎潟町
大道 おおみち
小池 こいけ
下川原 しもかわら
中田 なかだ
中谷地 なかやち
八幡沼 はちまぬま
一日市 ひといち
山本郡
八峰(町) はっぽう
三種(町) みたね
山本郡八峰町
八森樋長 はちもり
　とよなが
峰浜高野々 みねは
　まこうやの
山本郡藤里町
太良 だいら

373

山形県 地域順一覧

山本郡三種町
鹿渡 かど
豊岡金田 とよおか きんでん

山形県

飽海(郡) あくみ
上山(市) かみのやま
寒河江(市) さがえ
最上(郡) もがみ
米沢(市) よねざわ

山形市
青野 あおの
青柳 あおやぎ
明石堂 あかしどう
五十鈴 いすず
上(町) うわ
大道端 おおみちばた
小立 おだち
御手作 おてさく
霞城 かじょう
香澄 かすみ
片谷地 かたやち
上椹沢 かみくぬぎざわ
上反田 かみそりた
上柳 かみやなぎ
上山家(町) かみやんべ
神尾 かんのう
江南 こうなん
小姓 こしょう
小白川(町) こじらかわ
小荷駄(町) こにだ
蔵王上野 ざおううわの
早乙女 さおとめ
下椹沢 しもくぬぎざわ
下条(町) しもじょう
下田 しもだ
下宝沢 しもほうざわ
下山家(町) しもやんべ
城南(町) じょうなん
城北(町) じょうほく
城西(町) しろにし
新開 しんかい
菅沢 すげさわ
鰤洗 すしあらい
砂田 すなだ
千刈 せんがり
千石 せんごく
千手堂 せんじゅどう
双月(町) そうつき
反(町) そり
大野目 だいのめ
高田 たかだ
高堂 たかどう
高原(町) たかはら
滝平 たきのひら
千歳 ちとせ
土樋 つちどい
十日(町) とうか
藤治屋敷 とうじやしき
富神台 とがみだい
富の中 とみのじゅう
百目鬼 どめき
樋越 とよこし
長(町) なが
七浦 ななうら
七十刈 ななじゅうがり
七日(町) なぬか
滑川 なめかわ
成安 なりやす
南栄(町) なんえい
新山 にいやま
西越 にしごし
西田 にした
西原 にしはら
白山 はくさん
長谷堂 はせどう
八幡前 はちまんまえ
八森 はちもり
東田 ひがしだ
東原(町) ひがしはら
古館 ふるだて
平田 へいだ
松栄 まつえい
松原 まつばら
馬見ケ崎 まみがさき
三日(町) みっか
南原(町) みなみはら
美畑(町) みはた
宮浦 みやうら
向新田 むかいしんでん
谷柏 やがしわ
薬師(町) やくし
谷地前 やちまえ
山家(町) やんべ
芳沢 よしざわ
芳野 よしの
吉原 よしはら
若木 わかぎ

尾花沢市
五十沢 いさざわ
岩谷沢 いわやさわ
荻袋 おぎのふくろ
朧気 おぼろけ
上ノ畑 かみのはた
上(町) かん
北郷 きたごう
牛房野 ごぼうの
正厳 しょうごん
寺内 てらうち
富山 とみやま
中島 なかじま
行沢 なめさわ
二藤袋 にとうぶくろ
丹生 にゅう
延沢 のべさわ
原田 はらだ
母袋 もたい
六沢 ろくさわ

上山市
大石 おおいし
小倉 おぐら
小笹 おざさ
小白府 おじらふ
金生 かなおい
金谷 かなや
金山 かねやま
河崎 かわさき
小穴 こあな
高野 こうや
蔵王 ざおう
菖蒲 しょうぶ
新丁 しんちょう
新湯 しんゆ
大門 だいもん
鶴脛(町) つるはぎ
藤吾 とうご
十日(町) とおか
長清水 ながしみず
中生居 なかなまい
楢下 ならげ
原口 はらぐち
東(町) ひがし
二日(町) ふつか
細谷 ほそや
宮脇 みやのわき
狸森 むじなもり
矢来 やらい

寒河江市
落衣前 おともまえ
小沼(町) こぬま
寒河江 さがえ
幸生 さちう
幸田(町) さちた
下河原 しもがわら
白岩 しらいわ
新山 しんざん
新山(町) しんざん
高田 たかだ
田代 たしろ
道生 どうしょう
中河原 なかがわら
中郷 なかごう
仲谷地 なかやち
七日(町) なのか
日田 にった
入倉 にゅうぐら
平塩 ひらしお
日和田 ひわだ
丸内 まるのうち
宮内 みやうち
本楯 もとだて
八鍬 やくわ
谷沢 やさわ
八幡(町) やわた
夕カへ ゆうがえ
米沢 よねざ
六供(町) ろっく

酒田市
赤剥 あかはげ
東(町) あずま
飯森山 いいもりやま
入船(町) いりふね
生石 おいし
大蕨 おおわらび
荻島 おぎじま
小見 おみ
柏谷沢 かしやざわ
門田 かどた
金谷 かなや
上興野 かみこうや
上野曽根 かみのそね
上本(町) かみほん
上安(町) かみやす
観音寺 かんのんじ
木川 きがわ
北仁田 きたじんでん
北新(町) きたしん
北平沢 きたへいざわ
城輪 きのわ
京田 きょうでん
蔵小路 くらこうじ
古荒新田 こあらしんでん
広栄(町) こうえい
小林 こばやし
小牧 こまき
小牧新田 こまぎしんでん
古湊(町) こみなと
砂越 さごし
山居(町) さんきょ
下瀬 したせ
新出 しんで
新橋 しんばし
新屋敷 しんやしき
芹田 せつだ
千石(町) せんごく
土渕 つちぶち
東栄(町) とうえい
飛島 とびしま
成興野 なりこうや
新井田(町) にいだ
新堀 にいほり
西田 にしだ
西野(町) にしの
初瀬 はつせ
茨新田 ばらのしんでん
東大(町) ひがしおお
東両羽(町) ひがしりょうう
引地 ひきじ
日吉(町) ひよし
広野 ひろの
船場(町) ふなば
古青渡 ふるあおど
本川 ほんがわ
政所 まんどころ
南平沢 みなみへいざわ
宮内 みやうち
本楯 もとたて
保岡 やすおか
安田 やすだ
山谷 やまや
遊摺部 ゆするべ
横代 よこだい
吉田 よしだ
四ツ興野 よっごや
米島 よねしま

新庄市
新(町) あら
小田島 おだしま
小田島(町) おだしま
金沢 かなざわ
下田(町) しもだ
城南(町) じょうなん
城西(町) しろにし
千門(町) せんもん
角沢 つのざわ
十日(町) とおか
常葉(町) ときは
飛田 とびた
中道(町) なかみち
仁間 にけん
沼田 ぬまた
沼田(町) ぬまた
万場(町) ばんば
福田 ふくだ
宮内(町) みやうち
本合海 もとあいかい

鶴岡市
青柳(町) あおやぎ
温海 あつみ
新屋敷 あらやしき
安丹 あんたん
砂谷 いさごだに
稲生 いなおい
井岡 いのおか
五十川 いらがわ
越後京田 えちごきょうでん
大荒 おおあら
大西(町) おおにし
大山 おおやま
遠賀原 おがわら
小国 おぐに
小名部 おなべ
堅苦沢 かたのりざわ
金谷 かなや
金沢 かねざわ
上畑(町) かみはた
上山谷 かみやまや
熊出 くまいで
黒川 くろかわ
越沢 こえさわ
小京田 こきょうでん
小菅野代 こすがのだい
小中島 こなかじま
小波渡 こばと
小真木原(町) こまぎはら

小淀川 こよどかわ	文下 ほうだし	小滝 こたき	いちょうずさやま	綱木箱口 つなぎは
三瀬 さんぜ	宝谷 ほうや	坂井 さかい	東 ひがし	このぐち
下川 しもがわ	本田 ほんでん	新田 しんでん	広幡町小山田 ひろ	長沢 ながさわ
城南(町) じょうなん	丸岡 まるおか	竹原 たけはら	はたまちおやまだ	中島 なかじま
城北(町) じょうほく	馬渡 まわたり	長岡 ながおか	吹嵐敷(町) ぶきや	針生 はりう
青龍寺 しょうりゅ	水沢 みずさわ	長瀞 ながとろ	しき	東原 ひがしはら
うじ	道田(町) みちだ	二色根 にいろね	福田 ふくだ	百子沢 ひゃっこざわ
白山 しらやま	箕升新田 みますし	萩生田 はぎゅうだ	福田(町) ふくだ	古田 ふるた
新海(町) しんかい	んでん	羽付 はねつき	古志田(町) ふるしだ	松崎 まつざき
新斎部 しんさいぶ	三和 みわ	俎柳 まないたやなぎ	芳泉(町) ほうせん	焼山 やけやま
菅野代 すがのだい	三和(町) みわ	三間通 みつまどおり	三沢 みさわ	**西置賜郡白鷹町**
砂田(町) すなだ	民田 みんでん	宮内 みやうち	簗沢 やなざわ	畔藤 くろふじ
千石(町) せんごく	睦(町) むつみ	梨郷 りんごう	矢来 やらい	下山 しもやま
大東(町) だいとう	八色木 やいろぎ	上野 わの	六郷町一漆 ろくご	菖蒲 しょうぶ
大部(町) だいぶ	谷地興屋 やちこ	**東根市**	うまちひとつうるし	針生 はりゅう
高坂 たかさか	うや	泉郷 いずみごう	**飽海郡**	広野 ひろの
高田 たかだ	柳田 やなぎだ	若木 おさなぎ	遊佐(町) ゆざ	深山 みやま
宝田 たからだ	柳久瀬 やなくせ	柏原 かしわばら	**飽海郡遊佐町**	**西村山郡**
田代 たしろ	矢馳 やばせ	観音寺 かんのんじ	小原田 おはらだ	大江(町) おおえ
谷定 たにさだ	山五十川 やまいら	小林 こばやし	鹿野沢 かのさわ	河北(町) かほく
梳代 たらのきだい	がわ	下川原 しもがわら	上蕨岡 かみわらび	**西村山郡朝日町**
千安京田 ちやす	湯温海 ゆあつみ	白水 しろみず	おか	新宿 あらじゅく
きょうでん	楪 ゆずりは	新田(町) しんでん	庄泉 しょういずみ	馬神 うまがみ
茅原 ちわら	無音 よばず	神(町) じん	菅里 すがさと	大谷 おおや
茅原(町) ちわら	早田 わさだ	長瀞 ながとろ	直世 すぐせ	石須部 こくすべ
道形 どうがた	渡前 わたまえ	三日(町) みっか	吹浦 ふくら	今平 こんぺい
道形(町) どうがた	**天童市**	六田 ろくた	藤崎 ふじさき	立木 たてき
外内島 とのじま	荒谷 あらや	**村山市**	宮田 みやだ	古槇 ふるまき
豊田 とよだ	大清水 おおしみず	五十沢 いさざわ	遊佐 ゆざ	三中 みなか
中田 なかだ	川原子 かわらご	稲下 いなくだし	**北村山郡大石田町**	雪谷 ゆきたに
行沢 なめざわ	蔵増 くらぞう	金谷 かなや	大浦 おおうら	**西村山郡大江町**
新形(町) にいがた	小路 こうじ	白鳥 しろとり	海谷 かいや	左沢 あてらざわ
鼠ケ関 ねずがせき	小関 こぜき	楯山 たもやま	駒籠 こまごめ	小見 おおみ
野田目 のだのめ	清池 しょうげ	土生田 とちうだ	次年子 じねんご	小釿 こじゅうな
羽黒町後田 はぐろ	高擶 たかだま	西郷 にしごう	鷹巣 たかのす	小清 こせい
まちうしろだ	高野辺 たかのべ	林崎 はやしざき	豊田 とよだ	三郷甲 さんごうこう
羽黒町上野新田	田鶴 たづる	本飯田 もといいだ	**西置賜郡**	塩ノ平 しおのたいら
はぐろまちうわの	道満 どうまん	**米沢市**	飯豊(町) いいで	十八才甲 じゅうは
しんでん	長岡 ながおか	吾妻(町) あづま	小国(町) おぐに	っさいこう
羽黒町押口 はぐろ	成生 なりう	入田沢 いりたざわ	**西置賜郡飯豊町**	富沢 とみざわ
まちおさえぐち	貫津 ぬくづ	大小屋 おおごや	上原 うわばら	貫見 ぬくみ
羽黒町川代 はぐろ	芳賀 はが	大平 おおだいら	川内戸 かわないど	原田 はらだ
まちかわだい	万代 ばんだい	上新田 かみにいだ	小白川 こじらかわ	藤田 ふじた
羽黒町川行 はぐろ	一日(町) ひといち	神原 かんばら	小屋 こや	**西村山郡河北町**
まちかわつら	三日(町) みっか	木場(町) きば	高造路 たかぞうろ	造山 つくりやま
羽黒町手向 はぐろ	**長井市**	御廟 ごびょう	萩生 はぎゅう	畑中 はたけなか
まちとうげ	五十川 いかがわ	信夫(町) しのぶ	松原 まつばら	谷地 やち
馬場(町) ばば	川原沢 かわらざわ	下新田 しもにいだ	**西置賜郡小国町**	谷地荒町東 やちあ
林崎 はやしざき	小出 こいで	城西 じょうせい	新股 あらまた	らまちひがし
茨新田 ばらしんでん	高野(町) こうや	城南 じょうなん	小国 おぐに	谷地所岡 やちとこ
番田 ばんでん	白兎 しろうさぎ	城北 じょうほく	小渡 おど	ろおか
日枝 ひえ	十日(町) とおか	諸仏(町) しょぶつ	鷲 おどろく	吉田 よしだ
東原(町) ひがしはら	中道 なかみち	李山 すももやま	小股 おまた	**西村山郡西川町**
一霞 ひとかすみ	成田 なりた	立(町) たつ	叶水 かのみず	入間 いりま
日出 ひので	花作(町) はなづくり	立石 たていし	河原角 かわらづの	海味 かいしゅう
日吉(町) ひよし	東(町) ひがし	舘山 たてやま	小倉 こぐら	砂子関 すなごせき
日和田(町) ひよりだ	本(町) もと	通(町) とおり	小玉川 こたまがわ	水沢 みずさわ
平田 ひらた	**南陽市**	直江(町) なおえ	白子沢 しらこざわ	吉川 よしかわ
福田 ふくだ	荻 おぎ	中田(町) なかだ	尻無沢 しりなしざわ	**東置賜郡**
文園(町) ふみぞの	金沢 かねざわ	成島(町) なるしま	新原 しんばら	高畠(町) たかはた
古郡 ふるこおり	金山 かねやま	八幡原 はちまんばら	新屋敷 しんやしき	**東置賜郡川西町**
平京田 へいきょう	釜渡戸 かまのはた	万世町梓山 ばんせ	菅沼 すがぬま	黒川 くろかわ
でん	椚塚 くぬぎづか		滝倉 たきぐら	髙豆蒄 こうずく
平足 へいそく				
豊栄 ほうえい				

福島県　　　　地域順一覧

洲島 すのしま
荵 のぞき
朴沢 ほおのさわ
吉田 よした
東置賜郡高畠町
相森 あいのもり
入生田 いりゅうだ
小其塚 おそのづか
金原 かなばら
高安 こうやす
小郡山 こごおりやま
三条目 さんじょのめ
塩森 しおのもり
蛇口 じゃぐち
高畠 たかはた
竹森 たけのもり
中島 なかじま
夏茂 なつも
二井宿 にいじゅく
馬頭 ばとう
山崎 やまざき
東田川郡
三川(町) みかわ
東田川郡庄内町
余目 あまるめ
余目新田 あまるめ
　しんでん
新田目 あらため
生三 いくさん
家根合 かねあい
久田 きゅうでん
小出新田 こいでし
　んでん
科沢 しなざわ
常万 じょうまん
松陽 しょうよう
返吉 そりよし
立谷沢 たちやざわ
千河原 ちがわら
廿六木 とどろき
主殿新田 とのもし
　んでん
西野 にしの
払田 はらいだ
提興屋 ひさげこうや
深川 ふかがわ
福原 ふくわら
古関 ふるせき
廻館 まわたて
三ケ沢 みかざわ
本田川方 もとのか
　た
吉岡 よしおか
東田川郡三川町
猪子 いのこ
角田二口 かくたふ
　たくち
神花 かんばな
小尺 しょうしゃく
善阿弥 ぜんなみ
土口 どぐち
横川 よこかわ

東村山郡
山辺(町) やまのべ
東村山郡中山町
金沢 かねざわ
小塩 こしお
土橋 つちはし
向新田 むこうしん
　でん
柳沢 やなぎさわ
東村山郡山辺町
近江 おうみ
大寺 おおてら
大蕨 おおわらび
畑谷 はたや
簗沢 やなざわ
山辺 やまのべ
最上郡
大蔵(村) おおくら
金山(町) かねやま
最上(町) もがみ
最上郡大蔵村
合海 あいかい
南山 みなみやま
最上郡金山町
上台 うわだい
金山 かねやま
下野明 しものみょう
谷口銀山 たにぐち
　ぎんざん
飛森 とびのもり
中田 なかだ
朴山 ほおやま
安沢 やすざわ
山崎 やまざき
最上郡鮭川村
佐渡 さど
中渡 なかわたり
向居 むかい
最上郡戸沢村
神田 じんでん
角川 つのかわ
津谷 つや
古口 ふるくち
最上郡舟形町
長者原 ちょうじゃ
　はら
富田 とみた
長沢 ながさわ
堀内 ほりうち
最上郡真室川町
新(町) あら
差首鍋 さすなべ
及位 のぞき
最上郡最上町
法田 ほうでん
本城 ほんじょう
満澤 みつざわ
向(町) むかい

福島県

岩瀬(郡) いわせ

白河(市) しらかわ
相馬(郡) そうま
相馬(市) そうま
伊達(郡) だて
伊達(市) だて
本宮(市) もとみや
福島市
入江(町) いりえ
岩谷 いわや
上(町) うわ
蝦貫 えぞぬき
大笹生 おおざそう
大波 おおなみ
置賜(町) おきたま
小倉寺 おぐらじ
御倉(町) おぐら
小田 おだ
御山 おやま
御山(町) おやま
上鳥渡 かみとりわた
上野寺 かみのでら
上浜(町) かみはま
狩野 かりの
北中川原 きたなか
　かわはら
北原 きたはら
公事田 こうじだ
高野河原下 こうや
　がわらした
五老内(町) ごろう
　うち
在庭坂 ざいにわさか
桜本 さくらもと
笹谷 ささや
五月(町) さつき
佐原 さばら
山居 さんきょ
新浜(町) しんはま
李平 すももだいら
瀬上(町) せのうえ
太平寺 たいへいじ
立子山 たつごやま
立石 たていし
仲間(町) ちゅうげん
鵜頭森 ときとうもり
鳥谷野 とやの
豊田(町) とよだ
成川 なりかわ
南平 なんぺい
万世(町) ばんせい
東浜(町) ひがしはま
伏拝 ふしおがみ
方木田 ほうきだ
松木(町) まつき
丸子 まりこ
道前 みちまえ
宮下(町) みやした
宮代 みやしろ
本内 もとうち
本(町) もと
八島(町) やしま
山下(町) やました
渡利 わたり

会津若松市
飯盛 いいもり
一箕町八角 いっき
　まちやすみ
一箕町八幡 いっき
　まちやはた
上(町) うわ
追手(町) おうて
大戸町芦牧 おおと
　まちあしのまき
大戸町小谷坂下
　おおとまちおやさか
　のした
大戸町小原 おお
　とまちおやはら
大戸町上小塩 おお
　とまちかみおしゅう
大戸町上三寄香塩
　おおとまちかみみよ
　りかしゅう
御旗(町) おはた
徒之(町) かちの
金川(町) かながわ
河東町代田 かわひ
　がしまちよだ
川原(町) かわら
北会津町柏原 きた
　あいづまちかしわ
　ばら
北会津町白山 きた
　あいづまちはくさん
北青木 きたあおき
神指町榎木檀 こう
　ざしまちえのきだん
神指町東城戸 こう
　ざしまちひがしきど
高野町界沢 こうや
　まちさかいざわ
蚕養(町) こがい
五月(町) さつき
城西(町) じょうさい
城東(町) じょうとう
城南(町) じょうなん
城北(町) じょうほく
城前 しろまえ
千石(町) せんごく
中島(町) なかじま
七日(町) なのか
飯寺北 にいでらきた
馬場(町) ばば
東栄(町) ひがしさ
　か
白虎(町) びゃっこ
日吉(町) ひよし
真宮新町北 まみや
　しんまちきた
南花畑 みなみはな
　ばたけ
門田町飯寺 もんで
　んまちにいでら
八角(町) やすみ
柳原(町) やなぎわら
山鹿(町) やまが
湯川(町) ゆがわ
米代 よねだい
いわき市
東田(町) あずまだ

泉玉露 いずみたま
　つゆ
泉町本谷 いずみま
　ちほんや
後田(町) うしろだ
内郷綴(町) うちご
　うつづら
内郷御廐(町) うち
　ごうみまや
大久町小山田 おお
　ひさまちおやまだ
大久町小久 おおひ
　さまちこひさ
小川町上平 おがわ
　まちうわだいら
小島(町) おじま
小名浜 おなはま
小名浜相子島 おな
　はまあいこしま
小名浜金成 おなは
　まかなり
小名浜上神白 おな
　はまかみかじろ
小名浜林城 おなは
　まりんじょう
小浜(町) おばま
鹿島町米田 かしま
　まちこもだ
金山(町) かねやま
川部(町) かわべ
郷ケ丘 さとがおか
常磐長孫(町) じょ
　うばんおさまご
常磐上湯長谷(町)
　じょうばんかみゆな
　がや
常磐馬玉(町) じょ
　うばんまだま
平 たいら
平赤井 たいらあかい
平荒目田 たいら
　あっためだ
平泉崎 たいらいず
　みざき
平薄磯 たいらうす
　いそ
平大室 たいらおお
　むろ
平鎌田 たいらかまた
平鎌田(町) たいら
　かまた
平上神谷 たいらか
　みかべや
平神谷作 たいらか
　みやさく
平北神谷 たいらき
　たかべや
平絹谷 たいらきぬや
平鯨岡 たいらくじ
　らおか
平小泉 たいらこい
　ずみ
平塩 たいらしお
平下神谷 たいらし
　もかべや
平正月(町) たいら
　しょうがつ
平菅波 たいらすが
　なみ
平鶴ケ井 たいらつ

るがい
平豊間 たいらとよま
平中神谷 たいらなかかべや
平沼ノ内 たいらぬまのうち
平祢宜(町) たいらねぎ
平原高野 たいらはらごや
平藤間 たいらふじま
平幕ノ内 たいらまくのうち
平馬目 たいらまのめ
平水品 たいらみずしな
平南白土 たいらみなみしらど
平谷川瀬 たいらやがわせ
平山崎 たいらやまざき
平吉野谷 たいらよしのや
平四ツ波 たいらよつなみ
田人町旅人 たびとまちたびうと
田人町荷路夫 たびとまちにちぶ
田人町南大平 たびとまちみなみおおだいら
遠野町大平 とおのまちおおだいら
富津(町) とみつ
勿来(町) なこそ
久之浜町末続 ひさのはままちすえつぎ
三沢(町) みさわ
三和町差塩 みわまちさいそ
好間町小谷作 よしままちおやさく
四倉町八茎 よっくらまちやぐき

喜多方市
熱塩加納町居廻 あつしおかのうまちいまわり
市道 いちみち
稲荷宮 いなりのみや
岩月町橲野 いわつきまちかしわの
永久 えいきゅう
大豆田 おおまめだ
大道田 おおみちた
大谷地 おおやち
御清水 おしみず
小田 おだ
小田付道上 おたづきみちうえ
蝦蟆渕 がまぶち
上江 かみえ
上三宮町吉川 かみさんみやまちよしかわ
川下 かわしも
北原 きたはら

塩川町反(町) しおかわまちそり
下川原 しもかわら
関柴町西勝 せきばまちさいかち
銭田 ぜにた
千苅 せんがり
高郷町揚津 たかさとまちあがつ
長源段 ちょうげんだん
通船場 つうせんば
天満前 てんまんまえ
樋越 ひごし
長内 ながうち
長面 ながおもて
中川原 なかがわら
中島 なかじま
中台 なかだい
七百苅 ななひゃくがり
南條 なんじょう
沼田 ぬまた
馬場 ばば
原田 はらだ
東(町) ひがし
百苅田 ひゃくがりだ
広面 ひろおもて
古寺 ふるでら
細田 ほそだ
蒔田 まきた
町田 まちだ
水上 みずかみ
南原 みなみはら
谷地田 やちた
柳原 やなぎはら
山都町石堀古 やまとまちいしぼつこ
山都町馬放場 やまとまちうまはなしば
山都町五十苅 やまとまちごじゅうがり
山都町小山 やまとまちこやま
山都町蛇崩 やまとまちじゃくずれ
山都町舘原 やまとまちたてのうえ
山都町広葎田 やまとまちひろのくろだ
山都町葎田 やまとまちむくろだ
四百苅 よんひゃくがり

郡山市
安積町日出山 あさかまちひでのやま
熱海町安子島 あたみまちあこがしま
熱海町石筵 あたみまちいしむしろ
新屋敷 あらやしき
逢瀬町河内 おうせまちこうず
大平(町) おおだいら
蒲倉(町) かばくら
上野山 かみのやま

榧の木 かやのき
川向 かわむかい
北畑 きたばたけ
御前南 ごぜんみなみ
湖南町三代 こなんまちみよ
小原田 こはらだ
五百渕山 ごひゃくぶちやま
静(町) しずか
白岩(町) しらいわ
水門(町) すいもん
大名長 だいなごん
台東 だいひがし
田村町岩作 たむらまちがんざく
田村町小川 たむらまちこがわ
田村町山中 たむらまちさんちゅう
東宿 とうじゅく
道場 どうば
富田(町) とみた
豊田(町) とよた
中田町牛絵本郷 なかたまちうしくびりほんごう
中田町木目沢 なかたまちこのめざわ
成山(町) なりやま
西田町阿広木 にしたまちあこうぎ
西田町丹伊田 にしたまちにいた
芳賀 はが
八作内 はっさくうち
麓山 はやま
晴門田 はれもんだ
燧田 ひうちた
日和田(町) ひわだ
船場向 ふなばむかい
古屋敷 ふるやしき
方八(町) ほうはつ
松木(町) まつき
三穂田町八幡 みほたまちやはた
向河原(町) むかいがわら
舞木(町) もうぎ
本(町) もと
谷地 やじ
谷島(町) やしま
八山田 やつやまだ
山崎 やまざき
山根(町) やまね
横川(町) よこかわ

白河市
明戸 あけど
上ノ台 うえのだい
上ノ原 うえのはら
馬町裏 うままちうら
表郷河東田 おもてごうかとうだ
表郷深渡戸 おもてごうふかあど
表郷八幡 おもてご

うやわた
女石 おんないし
郭内 かくない
金屋(町) かなや
借宿 かりやど
関川窪 かんせんくぼ
北中川原 きたなかがわら
金鈴 きんれい
九番(町) くばん
双石 くらべいし
合戦坂 こうせんざか
小田川 こたがわ
転坂 ころびざか
細工(町) さいく
七番(町) しちばん
菖蒲沢 しょうぶざわ
新池 しんいけ
新夏梨 しんなつなし
新道 しんみち
菅生館 すごうだて
東前(町) そくぜん
田島 たじま
立石 たていし
立石山 たていしやま
手代(町) てだい
道場(町) どうじょう
土武塚 どぶづか
豊地 とよち
中島 なかじま
中田 なかだ
中山下 なかやました
八幡小路 はちまんこうじ
八幡山 はちまんやま
八竜神 はちりゅうじん
東上野出島 ひがしかみのでじま
日向 ひなた
古池 ふるいけ
古高山 ふるたかやま
蛇石 へびいし
町田 まちだ
丸小山 まるこやま
道東 みちひがし
向新蔵 むかいしんくら
向寺 むかいでら
本沼 もとぬま
本(町) もと
友月山 ゆうげつざん

須賀川市
雨田 あめだ
池上(町) いけがみ
大桑原 おおかんばら
小倉 おぐら
越久 おっきゅう
上小山田 かみおやまだ
上北(町) かみきた
北上(町) きたうわ
栗谷沢 くりやさわ
小作田 こさくだ

小中 こなか
桜岡 さくらがおか
五月雨 さみだれ
下小山田 しもおやまだ
下宿(町) しもじゅく
新田 しんでん
大黒(町) だいこく
茶畑(町) ちゃばたけ
長禄(町) ちょうろく
中宿 なかじゅく
滑川 なめがわ
西田(町) にしだ
畑田 はただ
八幡(町) はちまん
八幡山 はちまんやま
東作 ひがしさく
東(町) ひがし
日向(町) ひなた
古河 ふるかわ
古舘 ふるだて
古屋敷 ふるやしき
桙衝 ほこつき
堀込 ほりごめ
南(町) みなみうわ
狸森 むじなもり
本(町) もと
吉美根 よしみね

相馬市
石上 いしがみ
岩子 いわのこ
小野 おの
柏崎 かしわざき
蒲庭 かばにわ
椎木 しいのき
立谷 たちや
塚部 つかのべ
百槻 どうづき
富沢 とみざわ
成田 なりた
新田 にいだ
新沼 にいぬま
日下石 にっけし
本笑 もとわらい
山上 やまかみ
柚木 ゆぬき

伊達市
右城 うしろ
上台 うわだい
江向 えむかい
岡前 おかまえ
上川原 かみかわら
川原田 かわらだ
川原(町) かわら
北後 きたうしろ
北畑 きたはた
坂ノ上 さかのうえ
下川原 しもかわら
菅田 すがた
雪車(町) そり
高田 たかだ
月舘町上手渡 つきだてまちかみてど

長岡 ながおか
長川原 ながかわら
中畑 なかはた
長(町) なが
中道 なかみち
梨子木(町) なしのき
根田 ねだ
日照 ひでり
干供田 ほしくでん
細谷 ほそや
保原町将監 ほばらまちしょうかん
保原町八幡台 ほばらまちはちまんだい
保原町八幡(町) ほばらまちやはた
本(町) もと
梁川町足駄木 やながわまちあしなぎ
梁川町五十沢 やながわまちいさざわ
梁川町右城(町) やながわまちうしろ
梁川町四石蒔 やながわまちしこくまき
梁川町伝樋 やながわまちでんぴ
梁川町舟生 やながわまちふにゅう
梁川町八幡 やながわまちやわた
霊山町泉原 りょうぜんまちいずみはら

田村市
滝根町神俣 たきねまちかんまた
常葉町鹿山 ときわまちかやま
常葉町西向 ときわまちにしむき
船引町門沢 ふねひきまちかどさわ
船引町門鹿 ふねひきまちかどしか
船引町北鹿又 ふねひきまちきたのまた
船引町椚山 ふねひきまちくぬぎやま
船引町長外路 ふねひきまちながとろ
都路町古道 みやこじまちふるみち

二本松市
鐙摺石 あぶずりいし
石畑 いしはた
上原 うわばら
榎戸 えのきど
大坂 おおさか
大平中井 おおたいらなかい
小沢 おざわ
小浜 おばま
郭内 かくない
金色 かないろ
冠木 かぶき
上新田 かみしんでん
上蓬田 かみよもぎた

亀谷 かめがい
唐谷山 からかいやま
借宿 かりやど
小セ川 こせがわ
小関 こせき
小高内 こだこうち
木幡 こはた
古家 こや
西勝田 さいかちだ
西光内 さいこううち
茶園 さえん
五月(町) さつき
三合町 さんごううち
三雄山 さんゆうざん
下(町) した
上竹 じょうたけ
新座 しんざ
新生(町) しんせい
新田 しんでん
水神 すいじん
菅田 すがた
反田 そりた
大作 だいさく
高越屋戸 たかこしやど
高田 たかだ
高西 たかにし
高平 たかひら
岳温泉大和 だけおんせんだいわ
立石 たていし
槻木 つきのき
百目木 どうめき
十神 とおがみ
成上 なりかみ
成田 なりた
成田日向 なりたひなた
成田(町) なりた
西新殿 にしにいどの
八万舘 はちまんだて
羽石 はねいし
原セ川原 はらせかわはら
原田 はらだ
東新殿 ひがしにいどの
東(町) ひがし
前原 まえはら
松林 まつばやし
水上 みずかみ
三原 みはら
明主内 みょうしゅうち
向作田 むかいさくた
向原 むかいはら
本(町) もと
諸越谷 もろこしがい
薬師 やくし
八坂(町) やさか
社前 やしろまえ
谷和子 やわこ
油井 ゆい
湯川(町) ゆかわ

米五(町) よなご
米沢 よなざわ
蓬田 よもぎだ

南相馬市
小高区女場 おだかくおなば
小高区小谷 おだかくおや
小高区北鳩原 おだかくきたはっぱら
小高区角部内 おだかくつのべうち
小高区行津 おだかくなめづ
小高区羽倉 おだかくはのくら
小高区飯崎 おだかくはんさき
小高区水谷 おだかくみずがい
小高区耳谷 おだかくみみがい
鹿島区牛河内 かしまくうしこうち
鹿島区小山田 かしまくこやまだ
鹿島区塩崎 かしまくしおのさき
鹿島区橲原 かしまくじさばら
鹿島区角川原 かしまくつのがわら
鹿島区南柚木 かしまくみなみゆのき
原町区東(町) はらまちあずま
原町区江井 はらまちくえねい
原町区大谷 はらまちくおおがい
原町区大甕 はらまちくおおみか
原町区萱浜 はらまちくかいばま
原町区牛来 はらまちくごらい
原町区信田沢 はらまちくしだざわ
原町区雫 はらまちくしどけ
原町区高倉 はらまちくたかのくら
原町区堤谷 はらまちくつつみがい
原町区鶴谷 はらまちくつるがい
原町区深野 はらまちくふこうの
原町区米々沢 はらまちくめめざわ

本宮市
白岩 しらいわ
関下 せきした
長屋 ながや
本宮懸鉄 もとみやかんかね
本宮北川原田 もとみやきたかわはらだ
本宮北山神 もとみやきたやまのかみ

本宮九縄 もとみやくなわ
本宮蛇ノ鼻 もとみやじゃのはな
本宮竹花 もとみやたけのはな
本宮樋ノ口 もとみやといのくち
本宮雲雀田 もとみやひばりた
本宮堀切 もとみやほっきり
本宮南河原田 もとみやみなみかわはらだ

安達郡
大玉(村) おおたま

安達郡大玉村
大山 おおやま
玉井 たまのい

石川郡
平田(村) ひらた
古殿(町) ふるどの

石川郡浅川町
小貫 おぬき
畑田 はただ
福貴作 ふきざく

石川郡石川町
新屋敷 あらやしき
大内 おおうち
長郷田 おさごうだ
鹿ノ坂 かのさか
轡取 くつわどり
古舘 こだて
塩ノ平 しおのひら
白石 しろいし
双里 そうり
高田 たかだ
立ケ岡 たてがおか
中田 なかだ
成亀 なりがめ
母畑 ほばた
曲木 まがき
谷沢 やざわ
谷地 やじ
湯郷渡 ゆごうと

石川郡玉川村
小高 おだか
川辺 かわべ
竜崎 たつざき
蒜生 ひりゅう

石川郡平田村
小平 おだいら
上蓬田 かみよもぎだ
北方 きたかた
九生滝 くりゅうだき
鴇子 とうのこ

石川郡古殿町
竹貫 たかぬき
田口 たぐち
山上 やまかみ

岩瀬郡鏡石町
大山 おおやま
鹿島 かしま

蒲之沢(町) かばのさわ
借宿 かりやど
河原 かわら
久来石 きゅうらいし
小栗山 こぐりやま
境 さかい
桜岡 さくらおか
城ノ内 じょうのうち
豊田 とよだ
成田 なりた
東河原 ひがしかわら
東(町) ひがし
深内(町) ふこうち
本(町) もと

岩瀬郡天栄村
飯豊 いいとよ
大里 おおさと
小川 おがわ
沖内 おきうち
白子 しろこ

大沼郡
金山(町) かねやま
三島(町) みしま

大沼郡会津美里町
赤留 あかる
油田 あぶらでん
上野川原 うえのかわら
上平 うわだいら
上町甲 うわまちこう
大石 おおいし
大道上 おおみちかみ
御蔵南 おくらみなみ
小沢 おざわ
尾岐窪 おまたくぼ
御田 おんた
鹿島 かしま
川原 かわら
北原 きたはら
黒川 くろかわ
近右エ門田 こんうえもんでん
下川原 しもがわら
下川原甲 しもかわらこう
上戸原 じょうどはら
新屋敷 しんやしき
宗顕(町) そうえん
高田 たかだ
高田中川原道下 たかだなかがわらみちした
高田前川原 たかだまえかわはら
高田道上 たかだみちうえ
竹原 たけはら
立石田 たちいしだ
中樋 なかとい
西尾 にしお
西谷地 にしやち
沼田 ぬまた
沼ノ上 ぬまのうえ

地域順一覧　　　　　　　　　福島県

東尾岐 ひがしおまた
東川原 ひがしかわら
東谷地 ひがしやち
氷玉 ひだま
旱沢 ひどろ
広面 ひろづら
福重岡 ふくえおか
布才地 ふさいち
船場 ふなば
本郷前川原 ほんごうまえかわはら
松原際 まつばらきわ
三日(町) みっか
宮後 みやご
向川原甲 むかいかわはらこう
向川原 むかいがわら
村前 むらまえ
本屋敷 もとやしき
安田 やすだ
谷地 やち
谷地前 やちまえ
山南 やまなみ
吉田 よしだ
米田 よねた
大沼郡金山町
大志 おおし
小栗山 こぐりやま
越川 こすがわ
太郎布 たらぶ
中川 なかがわ
西谷 にしたに
八(町) はち
本名 ほんな
大沼郡昭和村
喰丸 くいまる
小中津川 こなかつかわ
大沼郡三島町
浅岐 あさまた
大谷 おおたに
桑原 くわのはら
小山 こやま
滝原 たきばら
滝谷 たきや
西方 にしかた
桧原 ひのはら
宮下 みやした
河沼郡
柳津(町) やないづ
湯川(村) ゆがわ
河沼郡会津坂下町
合川 あいかわ
青木 あおき
市中新町甲 いちかしんちょうこう
御池田 おいけだ
大上 おおかみ
小川原 おがわはら
勝大 かつおお
金上 かながみ
上沼ノ上丙 かみぬまのうえへい

上ノ台乙 かみのだいおつ
北小川原乙 きたおがわはらおつ
気多宮 けたのみや
五香 ごか
四十石 しじゅっこく
上口 じょうぐち
大道 だいどう
立川 たちかわ
東松 たばねまつ
樋島 ひしま
新舘 にいだて
東上口甲 ひがしじょうぐちこう
白狐 びゃっこ
福原 ふくはら
古町川尻 ふるまちかわじり
曲田 まがりだ
三谷 みたに
道下丙 みちしたへい
見明 みみょう
宮古 みやこ
河沼郡柳津町
猪倉野 いくらの
大成沢 おおなりさわ
大柳 おおりゅう
冑中 かぶちゅう
小椿 こつばき
砂子原 すなごはら
柳津 やないづ
河沼郡湯川村
勝常 しょうじょう
三川 みかわ
相馬郡
新地(町) しんち
相馬郡飯舘村
小宮 こみや
深谷 ふかや
蕨平 わらびだいら
相馬郡新地町
小川 おがわ
杉目 すぎのめ
福田 ふくだ
谷地小屋 やちごや
埒木崎 らちきざき
伊達郡
桑折(町) こおり
伊達郡川俣町
上桜 うえざくら
後田 うしろだ
大内 おおうち
大作 おおさく
大清水 おおしみず
小島 おじま
柏崎 かしわざき
川原田 かわはらだ
後庵 ごあん
小神 こかみ
小作 こさく
小綱木 こつなぎ
五百田 ごひゃくだ

下拍子 したびょうし
賤ノ田 しつのた
新田 しんでん
新宮 しんみや
舘 たて
樋ノ口 といのくち
道場 どうじょう
中島 なかじま
中丁 なかちょう
七窪 ななくぼ
七曲 ななまがり
西戸ノ内 にしとのうち
羽田 はねだ
日和田 ひわだ
細田 ほそだ
道内 みちうち
本(町) もと
伊達郡国見町
内谷 うちや
川内 かわうち
小坂 こさか
新内谷 しんうちや
高城 たかぎ
藤田 ふじた
山崎 やまざき
伊達郡桑折町
上(町) うわ
上郡 かみごおり
庫場 くらば
界 さかい
下郡 しもごおり
白銀 しろがね
砂子沢 すなごさわ
舘 たて
伊達崎 だんざき
成田 なりた
平沢 ひらさわ
松原 まつばら
本(町) もと
谷地 やじ
田村郡
小野(町) おの
田村郡小野町
飯豊 いいとよ
小戸神 おとかみ
小野新(町) おのにい
雁股田 かりまんだ
皮籠石 かわごいし
菖蒲谷 しょうぶや
田村郡三春町
尼ケ谷 あまがや
会下谷 えげたに
恵下越 えげのこし
大平 おおだいら
小浜海道 おばまかいどう
御祭 おまつり
担橋 かつぎばし
上舞木 かみもうぎ
雁木田 がんぎた
北向(町) きたむき
込木 くぐりき

熊耳 くまがみ
栗林 くりばやし
化粧坂 けはいざか
小滝 こだき
御免 ごめん
斎藤 さいとう
桜谷 さくらだに
実沢 さねざわ
山中 さんちゅう
四軒丁 しけんちょう
四反田 したんだ
柴原 しばはら
下舞木 しももうぎ
鷹巣 たかのす
天王前 てんのうまえ
樋ノ口 といのくち
富沢 とみさわ
七草木 ななくさぎ
西方 にしかた
八幡(町) はちまん
八方谷 はっぽうや
馬場 ばば
春田 はるだ
日向(町) ひなた
平沢 ひらさわ
蛇石 へびいし
松橋 まつばし
八十内 やそうち
山崎 やまざき
過足 よぎあし
西白河郡
中島(村) なかじま
西郷(村) にしごう
西白河郡中島村
川原田 かわはらだ
中島 なかじま
松崎 まつざき
吉岡 よしおか
西白河郡西郷村
小田倉 おだくら
鶴生 つりゅう
道南東 どうなんひがし
米 よね
西白河郡矢吹町
川原 かわはら
子ハ清水 こはしみず
境(町) さかい
上敷面 じょうしきめん
田内 たうち
滝八幡 たきはちまん
寺内 てらうち
天開 てんかい
東郷 とうごう
中畑 なかはた
中丸 なかまる
白山 はくさん
八幡(町) はちまん
花咲 はなさき
馬場 ばば
東川原 ひがしかわ

はら
平鉢 へいばち
明新東 みょうしんひがし
本(町) もと
弥栄 やさかえ
谷中 やなか
東白川郡鮫川村
青生野 あおの
富田 とみた
渡瀬 わたらせ
東白川郡棚倉町
一色 いっしき
漆草 うるしのくさ
上台 うわだい
北山本 きたやまもと
小菅生 こすごう
小爪 こづめ
強梨 こわなし
逆川 さかさがわ
塚原 つかはら
戸中 とちゅう
祝部内 ほうりうじ
八槻 やつき
東白川郡塙町
伊香 いこう
大蕨 おおわらび
田代 たしろ
常世北野 とこよきたの
常世中野 とこよなかの
西河内 にしごうど
東河内 ひがしごうど
湯岐 ゆじまた
東白川郡矢祭町
大垬 おおぬかり
小田川 おだがわ
金沢 かねざわ
上関河内 かみせきごうど
高野 こうや
下関河内 しもせきごうど
宝坂 ほうざか
山下 やました
双葉郡
大熊(町) おおくま
葛尾(村) かつらお
川内(村) かわうち
広野(町) ひろの
双葉郡大熊町
夫沢 おっとざわ
小良浜 おらはま
小入野 こいりの
野上 のがみ
双葉郡葛尾村
葛尾 かつらお
上野川 かみのがわ
双葉郡川内村
上川内 かみかわうち
双葉郡富岡町
大菅 おおすげ

379

茨城県　　　　　　　　　　　　地域順一覧

小良ケ浜 おらがはま	
小浜 こばま	
仏浜 ほとけはま	
本(町) もと	

双葉郡浪江町
赤宇木 あこうぎ
請戸 うけど
牛渡 うしわた
小野田 おのだ
小丸 おまる
北幾世橋 きたきよはし
幾世橋 きよはし
末森 すえのもり
高瀬 たかせ
田尻 たじり
立野 たつの
中浜 なかはま
羽附 はつけ
両竹 もろたけ

双葉郡楢葉町
大谷 おおや
上小塙 かみこばな
下小塙 しもこばな
波倉 なみくら
前原 まえばら

双葉郡広野町
上北迫 かみきたば
下北迫 しもきたば

双葉郡双葉町
鴻草 こうのくさ
新山 しんざん
中田 なかだ
中浜 なかはま
細谷 ほそや
松迫 まつざく
水沢 みずさわ
目迫 めさく
両竹 もろたけ

南会津郡
下郷(町) しもごう
檜枝岐(村) ひのえまた

南会津郡下郷町
合川 あいかわ
澳田 いくた
磯上 いそがみ
栄富 えいとみ
大内 おおうち
小沼 おぬまざき
桑取火 くわとび
塩生 しおのう
志源行 しげんぎょう
白岩 しらいわ
高陦 たかしま
豊成 とよなり
南倉沢 なぐらさわ

南会津郡只見町
小川 おがわ
叶津 かのうづ
蒲生 がもう
黒谷 くろたに

小林 こばやし
坂田 さかた
十島 じゅうじま
布沢 ふざわ

南会津郡檜枝岐村
上ノ台 うえのだい
上ノ原 かみのはら
下ノ台 したのだい
燧ケ岳 ひうちがたけ

南会津郡南会津町
青柳 あおやぎ
東 あずま
大新田 おおにた
大原 おおはら
木伏 きぶし
栗生沢 くりゅうざわ
高野 こうや
小塩 こしお
小高林 こたかばやし
小立岩 こだていわ
界 さかい
塩江 しおえ
下山 しもやま
精舎 しょうじゃ
白沢 しらさわ
水石 すいし
助木生 すけぎゅう
関本 せきもと
高杖原 たかつえはら
滝原 たきのはら
田島 たじま
田部 たべ
角生 つのう
藤生 とうにゅう
鴇巣 とうのす
木賊 とくさ
戸中 とちゅう
富山 とみやま
熨斗戸 のしと
耻風 はじかぜ
針生 はりゅう
福米沢 ふくめざわ
福渡 ふくわた
松戸原 まつとはら
八総 やそう

耶麻郡
猪苗代(町) いなわしろ
磐梯(町) ばんだい

耶麻郡猪苗代町
新(町) あら
雷 いかずち
上ノ山 うえのやま
大道西 おおみちにし
大谷地 おおやち
小黒川 おぐろがわ
長田 ながた
金田 かねだ
鹿野境 かのざかい
桐木沢 きりのきざわ
蚕養 こがい
御三壇 ごさんだん

古城(町) こじょう
五百苅 ごひゃくがり
坂下 さかした
渋谷 しぶたに
下辺沢 しもへんざわ
菖蒲田 しょうぶだ
城南 しろみなみ
新地 しんち
新堀向 しんほりむかい
茶園 ちゃえん
寺後 てらご
樋場 といば
沼田 ぬまた
土(町) はに
土町西裡 はにまちにしうら
馬場 ばば
林崎 はやしざき
東谷地 ひがしやち
辺沢 へんざわ
三郷 みさと
明円 みょうえん
本(町) もと
八幡 やはた
山神原 やまかみはら

耶麻郡北塩原村
檜原 ひばら

耶麻郡西会津町
奥川高陽根 おくがわかやね
上野尻 かみのじり
下谷 したたに
東松 たばねまつ
群岡 むらおか

耶麻郡磐梯町
大谷 おおたに
磐梯 ばんだい

茨城県

潮来(市) いたこ
小美玉(市) おみたま
神栖(市) かみす
古河(市) こが
猿島(郡) さしま
常総(市) じょうそう
筑西(市) ちくせい
行方(市) なめがた
坂東(市) ばんどう
常陸太田(市) ひたちおおた
鉾田(市) ほこた

水戸市
青柳(町) あおやぎ
坏大野 あくつおおの
木葉下(町) あぼっけ
飯島(町) いいじま
牛伏(町) うしぶし
内原 うちはら
内原(町) うちはら
大足(町) おおだら
大場(町) おおば

小原(町) おばら
金谷(町) かなや
金(町) かね
上河内(町) かみがち
瓦谷 かわらや
河和田 かわわだ
河和田(町) かわわだ
小林 こばやし
小吹(町) こぶき
紺屋 こんや
酒門(町) さかど
塩(町) しおがさき
下野(町) しもの
城東 じょうとう
城南 じょうなん
白梅 しらうめ
新荘 しんそう
新原 しんはら
水府(町) すいふ
千波(町) せんば
高田(町) たかだ
田島(町) たじま
筑地 ついじ
東野 とうの
東前 とうまえ
東前(町) とうまえ
中河内(町) なかがち
中原 なかはら
中丸(町) なかまる
成沢(町) なるさわ
西原 にしはら
梅香 ばいこう
八幡 はちまん
東台 ひがしだい
東原 ひがしはら
開江(町) ひらくえ
平戸(町) ひらと
全隈(町) またぐま
三野輪(町) みのわ
宮内(町) みやうち
三湯 みゆ
谷田(町) やだ
谷津(町) やつ
柳河(町) やなかわ
吉沢(町) よしざわ
吉田 よしだ
米沢(町) よねざわ
渡里(町) わたり

石岡市
上曽 うわそ
大谷津 おおやつ
小倉 おぐら
小幡 おばた
小見 おみ
小山田 おやまだ
柏原 かしわばら
柏原(町) かしわばら
鹿の子 かのこ
上林 かみばやし
加生野 かようの
瓦谷 かわらや
小井戸 こいど

国府 こくふ
小塙 こばな
小屋 こや
下林 しもばやし
正上内 しょうじょううち
菖蒲沢 しょうぶざわ
田島 たじま
行里川 なめりかわ
茨城 ばらき
半田 はんだ
部原 へばら
細谷 ほそや
三(村) み
山崎 やまざき
谷向(町) やむかい
弓弦 ゆづる
吉生 よしう
龍明 りゅうめい

潮来市
潮来 いたこ
上戸 うわと
大生 おおう
大山 おおやま
釜谷 かまや
清水 しみず
下田 しただ
新宮 しんぐう
洲崎 すさき
築地 ついじ
延方 のぶかた
古高 ふったか
水原 みずはら
茂木 もとぎ
米崎 よねざき

稲敷市
阿波 あば
阿波崎 あばさき
甘田 あまだ
飯島 いいじま
伊佐部 いさぶ
稲波 いなみ
戌渡 いぬわたり
浮島 うきしま
大島 おおしま
小野 おの
柏木古渡 かしわぎふっと
上之島 かみのしま
上馬渡 かみまわたし
桑山 くわやま
結佐 けっさ
神崎本宿 こうざきほんじゅく
幸田 こうだ
石納 こくのう
小羽賀 こはが
佐原下手 さわらしたて
四箇 しか
信太古渡 しだふっと
下馬渡 しもまわたし

地域順一覧　　　　　　　　　　　　　茨城県

新橋 しんばし
月出里 すだち
角崎 すみざき
清久島 せいきゅうじま
高田 たかだ
寺内 てらうち
中島 なかじま
西代 にししろ
沼田 ぬまた
橋向 はしむこう
羽生 はにゅう
福田 ふくだ
古渡 ふっと
曲渕 まがぶち
町田 まちだ
狸穴 まみあな
三島 みしま
三次 みつぎ
光葉 みつば
南山来 みなみやまく
本新 もとしん
八筋川 やすじかわ

牛久市
小坂(町) おさか
女化(町) おなばけ
神谷 かみや
久野(町) くの
結束(町) けっそく
猪子(町) ししこ
正直(町) しょうじき
城中(町) じょうちゅう
新地(町) しんち
田宮 たぐう
田宮(町) たぐう
東猫穴(町) ひがしまみあな
福田(町) ふくだ

小美玉市
飯前 いいさき
大谷 おおや
小川 おがわ
小曽納 おそのう
上合 かみあい
上玉里 かみたまり
上馬場 かみばば
川中子 かわなご
小塙 こばなわ
三箇 さんが
下玉里 しもたまり
高田 たかだ
田木谷 たぎや
竹原 たけはら
外之内 とのうち
中台 なかだい
中延 なかのべ
花野井 はなのい
百里 ひゃくり
部室 へむろ
先後 まつのち
宮田 みやた
山野 やまの

笠間市
安居 あご
大郷戸 おおごと
大古山 おおごやま
押辺 おしのべ
小原 おばら
北吉原 きたよしわら
来栖 くるす
鴻巣 こうのす
下郷 しもごう
平(町) たいら
長兎路 ながとろ
随分附 なむさんづけ
土師 はじ
東平 ひがしだいら
日草場 ひくさば
福田 ふくだ
福原 ふくはら
本戸 もとど
吉岡 よしおか

鹿嶋市
粟生 あおう
明石 あかし
下津 おりつ
和 かず
神野 かの
宮中 きゅうちゅう
厨 くりや
荒野 こうや
小宮作 こみやさく
小山 こやま
猿田 さるた
下塙 しもはなわ
城山 しろやま
神向寺 じんこうじ
新浜 しんはま
大小志崎 だいしょうしざき
高天原 たかまがはら
角折 つのおれ
爪木 つまぎ
光 ひかり
宮下 みやした
谷原 やわら

かすみがうら市
有河 あるが
安食 あんじき
牛渡 うしわた
男神 おがみ
柏崎 かしわざき
上佐谷 かみさや
上志筑 かみしづく
下志筑 しもしづく
中志筑 なかしづく
中台 なかだい
新治 にいはり
深谷 ふかや

神栖市
神栖 かみす
知手 しって
田畑 たばた
東和田 とうわだ

日川 にっかわ
萩原 はぎわら
波崎 はさき
光 ひかり
溝口 みぞぐち

北茨城市
大津町五浦 おおつちょういづら
華川町小豆畑 はなかわちょうあずはた

古河市
新久田 あらくだ
砂井新田 いさごいしんでん
大山 おおやま
女沼 おなぬま
葛生 かずろう
上砂井 かみいさごい
上辺見 かみへみ
久能 くのう
鴻巣 こうのす
高野 こうや
古河 こが
小堤 こづつみ
五部 ごへい
駒込 こまごめ
三和 さんわ
静(町) しずか
下辺見 しもへみ
下山(町) しもやま
立崎 たつざき
鳥喰 とりはみ
中田 なかだ
仁連 にれい
長谷 はせ
長谷(町) はせ
東 あずま
東牛谷 ひがしうしがや
谷貝 やがい
柳橋 やぎはし

桜川市
青木 あおき
青柳 あおやぎ
飯淵 いいぶち
入野 いりの
岩瀬 いわせ
大泉 おおいずみ
大国玉 おおくにたま
大曽根 おおぞね
長方 おさかた
上城 かみしろ
久原 くばら
小塩 こしお
御領 ごりょう
猿田 さるだ
高久 たかく
堤上 つつみのうえ
西小塙 にしこばなわ
羽田 はねた
真壁町塙世 まかべちょうはなせ
真壁町古城 まかべちょうふるしろ

本木 もとぎ

下妻市
大木 おおき
長萱 おさがや
小島 おじま
鬼怒 きぬ
坂井 さかい
砂沼新田 さぬましんでん
下宮 したみや
尻手 しって
下田 しもだ
大宝 だいほう
高道祖 たかさい
田下 たげ
筑波島 ちくわじま
中郷 なかごう
新堀 にいぼり
羽子 はねご
樋橋 ひばし
福田 ふくだ
古沢 ふるさわ
別府 べっぷ
本宿(町) ほんじゅく
南原 みなみはら
本城(町) もとしろ
柳原 やぎわら
谷田部 やたべ
若柳 わかやなぎ

常総市
相野谷(町) あいのや
東(町) あずま
新井木(町) あらいぎ
大生郷(町) おおのごう
大輪(町) おおわ
小保川 おぼかわ
国生 こっしょう
小山戸(町) こやまど
篠山 しのやま
十花(町) じゅっか
上蛇(町) じょうじゃ
菅生(町) すがお
収納谷 すのうや
大房 だいほう
東野原 とうのはら
豊田 とよだ
羽生(町) はにゅう
馬場 ばば
古間木 ふるまぎ
平内 へいない
平(町) へい
曲田 まがった
向石下 むこういしげ
本石下 もといしげ
本豊田 もととよだ

高萩市
安良川 あらかわ
有明(町) ありあけ
大能 おおの
上手綱 かみてづな
下手綱 しもてづな
福平 ふくだいら

望海 ぼうかい
大和(町) やまと
横川 よこかわ

筑西市
飯島 いいじま
伊讃美 いさみ
石原田 いしはらだ
稲荷 いなり
井上 いのうえ
上野 うえの
海老江 えびえ
大島 おおしま
大谷 おおや
小川 おがわ
小栗 おぐり
女方 おざかた
押尾 おしび
乙 おつ
小林 おばやし
金丸 かなまる
上川中子 かみかわなご
神分 かみわけ
川連 かわづれ
久地楽 くじら
桑山 くわやま
甲 こう
国府田 こうだ
小塙 こばな
山王堂 さんおうどう
三郷 さんごう
下郷谷 しもごうや
菅谷 すがや
関本肥土 せきもとあくど
掉ケ島 そうかじま
高津 たかつ
筑瀬 ちくぜ
築地 ついじ
塚原 つかはら
外塚 とのづか
直井 なおい
成田 なりた
成井 なるい
新治 にいはり
二木成 にぎなり
西方 にしほう
西谷貝 にしやがい
西榎生 にしよのう
布川 ぬのがわ
八田 はった
東榎生 ひがしよのう
樋口 ひぐち
藤ケ谷 ふじがや
舟生 ふにゅう
古内 ふるうち
古郡 ふるごおり
細田 ほそだ
蒔田 まくだ
松原 まつばら
宮後 みやご
向上野 むこううえの
向川澄 むこうかわ

381

すみ
谷中 やなか
谷永島 やながしま
八幡 やはた
谷部 やべ
山崎 やまざき
谷原 やわら
吉田 よしだ
榎生 よのう
蓬田 よもぎた
蕨 わらび

つくば市

明石 あけし
安食 あじき
吾妻 あづま
天宝喜 あまほうき
新井 あらい
新牧田 あらまきだ
上野 うえの
上ノ室 うえのむろ
梅園 うめぞの
榎戸 えのきど
大白硴 おおじらはざま
大曽根 おおぞね
大穂 おおほ
小茎 おぐき
長高野 おさごうや
小沢 おざわ
小田 おだ
上里 かみさと
上沢 かみさわ
上菅間 かみすがま
上原 かみはら
神郡 かんごおり
吉瀬 きせ
北郷 きたさと
北原 きたはら
高野 こうや
高野台 こうやだい
高野原新田 こうやはらしんでん
小白硴 こじらはざま
木俣 このまた
駒込 こまごめ
小山 こやま
小和田 こわだ
金田 こんだ
妻木 さいき
西郷 さいごう
酒丸 さけまる
大角豆 ささぎ
下原 しもはら
下別府 しもべっぷ
松栄 しょうえい
城山 しろやま
菅間 すがま
杉木 すぎのき
千現 せんげん
平 たいら
高田 たかた
高良田 たからだ
立原 たちはら

田水山 たみやま
筑波 つくば
作谷 つくりや
土田 つちだ
手子生 てごまる
手代木 てしろぎ
西高野 にしごうや
西沢 にしざわ
西原 にしはら
沼田 ぬまた
八幡台 はちまんだい
百家 はっけ
泊崎 はっさき
花畑 はなばたけ
羽成 はなれ
東 ひがし
平沢 ひらさわ
古来 ふるく
古館 ふるだて
北条 ほうじょう
房内 ぼうち
洞下 ほらげ
本沢 ほんざわ
松代 まつしろ
南原 みなみはら
水守 みもり
柳橋 やぎはし
谷田部 やたべ
山中 やまなか

つくばみらい市

青木 あおき
足高 あだか
新戸 あらと
弥柳 いよやなぎ
小島新田 おじましんでん
鬼長 おにおさ
小張 おばり
神住新田 かすみしんでん
上小目 かみおめ
上島 かみじま
神生 かんのう
小絹 こきぬ
山谷 さんや
下小目 しもおめ
下島 しもじま
十和 じゅうわ
城中 じょうちゅう
樛木 つきぬき
中島 なかじま
中原 なかはら
成瀬 なるせ
日川 にっかわ
奉社 ぶしゃ
福田 ふくだ
福原 ふくわら
豊体 ぶたい
狸穴 まみあな
狸渕 むじなぶち
谷井田 やいた
谷口 やぐち

土浦市

天川 あまかわ
有明(町) ありあけ
生田(町) いくた
大志戸 おおしど
大畑 おおばたけ
小高 おだか
小野 おの
小山田 おやまだ
神立(町) かんだつ
木田余東台 きだまりひがしだい
国分(町) こくぶ
小山崎 こやまざき
城北(町) じょうほく
白鳥(町) しらとり
菅谷(町) すげのや
千束(町) せんぞく
立田(町) たつた
田宮 たみや
都和 つわ
東崎(町) とうざき
中神立(町) なかかんだつ
中貫 なかぬき
西神立 にしかんだつ
常名 ひたな
桃園 ももぞの
矢作 やはぎ
大和(町) やまと

取手市

青柳 あおやなぎ
小堀 おおほり
小文間 おもんま
神住 かすみ
神浦 かんのうら
椚木 くぬぎ
桑原 くわばら
小浮気 こぶけ
駒場 こまば
紫水 しすい
新川 しんかわ
中田 なかだ
中原(町) なかはら
白山 はくさん
東 ひがし
谷中 やなか
吉田 よしだ
米田 よねだ

那珂市

瓜連 うりづら
大内 おおうち
鹿島 かしま
上河内 かみがうち
鴻巣 こうのす
後台 ごだい
古徳 ことく
静 しず
菅谷 すがや
豊喰 とよばみ
中台 なかだい
西木倉 にしきのくら
額田南郷 ぬかだみ

なみごう
東木倉 ひがしのきのくら
福田 ふくだ
向山 むこうやま
本米崎 もとこめざき

行方市

麻生 あそう
板峰 いたのみね
井上 いのうえ
小高 おだか
小貫 おぬき
小幡 おばた
小牧 こまき
籠田 こもた
四鹿 しろく
新宮 しんぐう
杉平 すぎだいら
富田 とみた
次木 なみき
行方 なめかた
成田 なりた
捻木 ねじき
羽生 はにゅう
繁昌 はんじょう
粗毛 ほぼけ
三和 みわ
谷島 やじま
矢幡 やばた
行戸 ゆくど
吉川 よしかわ

坂東市

生子 おいご
大馬新田 おおましんでん
大谷口 おおやぐち
小山 おやま
神田山 かどやま
上出島 かみいずしま
借宿 かりやど
桐木 きりのき
鵠戸 くぐいど
幸神平 こうしんだいら
幸田 こうだ
古布内 こぶうち
駒跿 こまはね
逆井 さかさい
菅谷 すがや
寺久 てらく
長谷 ながや
猫実 ねこざね
辺田 へた
馬立 まてた
莚打 むしろうち
矢作 やはぎ
山 やま
弓田 ゆだ

常陸太田市

新地(町) あらじ
新宿(町) あらじゅく
粟原(町) あわばら
内堀(町) うちほり

大里(町) おおさと
大菅(町) おおすげ
大平(町) おおだいら
大中(町) おおなか
小沢(町) おざわ
小島(町) おじま
小目(町) おめ
堅磐(町) かきわ
上土木内(町) かみどぎうち
上利員(町) かみとしかず
上宮河内(町) かみみやかわうち
亀作(町) かめざく
河内西(町) かわちにし
薬谷(町) くすりや
久米(町) くめ
天下野(町) けがの
小菅(町) こすげ
小妻(町) こづま
小中(町) こなか
三才(町) さんざい
下利員(町) しもとしかず
下宮河内(町) しもみやかわうち
白羽(町) しらわ
千寿(町) せんす
玉造(町) たまつくり
茅根(町) ちのね
中城(町) なかじょう
中利員(町) なかとしかず
西河内上(町) にしごうとかみ
西宮(町) にしみや
長谷(町) はせ
馬場(町) ばば
藤田(町) ふじた
増井(町) ましい
町田(町) まちだ
松栄(町) まつざか
箕(町) み
谷河原(町) やがわら
山下(町) やました

常陸大宮市

秋田 あきた
小倉 おぐら
長田 おさだ
小瀬沢 おせざわ
小田野 おたの
小玉 おだま
小貫 おぬき
小野 おの
小場 おば
上小瀬 かみおせ
上(町) かみ
小祝 こいわい
小舟 こぶね
塩原 しおばら
下(町) しも
千田 せんだ

鷹巣 たかす
高部 たかぶ
田子内(町) たごうち
東野 とうの
鷲沢 とりのこ
長沢 ながさわ
野上 のがみ
八田 はった
桧山 ひやま
舟生 ふにゅう
三美 みよし
家和楽 やわら
抽ケ台(町) ゆがだい
油河内 ゆごうと
日立市
相賀(町) あいが
鮎川(町) あゆかわ
砂沢(町) いさござわ
入四間(町) いりしけん
会瀬(町) おうせ
小木津(町) おぎつ
鹿島(町) かしま
金沢(町) かねさわ
神峰(町) かみね
河原子(町) かわらご
神田(町) かんだ
国分(町) こくぶ
城南(町) じょうなん
白銀(町) しろがね
台原(町) だいはら
田尻(町) たじり
千石(町) ちこく
中成沢(町) なかなるさわ
中丸(町) なかまる
滑川(町) なめかわ
成沢(町) なるさわ
東金沢(町) ひがしかねさわ
東河内(町) ひがしごうど
東(町) ひがし
南高野(町) みなみこうや
宮田(町) みやた
本宮(町) もとみや
ひたちなか市
後野 うしろの
大平 おおだいら
小貫山 おぬきやま
金上 かねあげ
上野 かみの
共栄(町) きょうえい
高野 こうや
国神前 こくじんまえ
小砂(町) こすな
後台 ごだい
小谷金 こやがね
西光地 さいこうち
四十発句 しじゅうほっく
新光(町) しんこう
相金(町) そうがね

外野 そとの
大成(町) たいせい
田宮原 たみやはら
足崎 たらざき
洞下(町) どうした
新堤 にいづつみ
八幡(町) はちまん
部田野 へたの
馬渡 まわたり
三反田 みたんだ
峰後 みねうしろ
狢谷津 むじなやつ
柳沢 やなぎさわ
山崎 やまざき
鉾田市
青柳 あおやぎ
荒地 あらじ
安房 あんぼう
飯島 いいじま
大蔵 おおくら
大戸 おおど
勝下 かつおり
畑田 はただ
上釜 かみがま
上沢 かみざわ
上幡木 かみはたき
借宿 かりやど
子生 こなじ
鹿田 しかだ
菅野谷 すげのや
高田 たかだ
造谷 つくりや
当間 とうま
鳥栖 とりのす
半原 はばら
冷水 ひやみず
二重作 ふたえさく
鉾田 ほこた
紅葉 もみじ
樅山 もみやま
守谷市
赤法花 あかほっけ
大柏 おおがしわ
大木 おおき
乙子 おとご
高野 こうや
小山 こやま
立沢 たつざわ
結城市
上成 うえなし
大木 おおき
大谷瀬 おおやぜ
小田林 おだばやし
鹿窪 かなくぼ
国府(町) こくぶ
七五三場 しめば
城南(町) じょうなん
古城新田 ふるじょくしんでん
北南茂呂 ほくなんもろ
水海道 みっかいどう

龍ケ崎市
東(町) あずま
愛戸(町) あたど
稲荷新田(町) いなりしんでん
入地(町) いれじ
上(町) かみ
川原代(町) かわらしろ
北方(町) きたかた
高作(町) こうさ
小柴 こしば
古城 こじょう
小通幸谷(町) ことおりこうや
米(町) こめ
下(町) しも
城ノ内 じょうのうち
白羽 しらはね
城下 しろした
直鮒 すうぶな
砂(町) すな
大徳(町) だいとく
高砂 たかすな
寺後 てらご
豊田(町) とよだ
塗戸(町) ぬると
半田(町) はんだ
水門 みずもん
八代(町) やしろ
野原(町) やはら
稲敷郡
河内(町) かわち
美浦(村) みほ
稲敷郡阿見町
追原 おっぱら
上長 かみなが
小池 こいけ
実穀 じっこく
上条 じょうじょう
竹来 たかく
中郷 なかごう
西郷 にしごう
廻戸 はさまど
福田 ふくだ
吉原 よしわら
稲敷郡河内町
幸谷 こうや
古河林 こがばやし
猿島 さしま
下町歩 しもちょうぶ
十三間戸 じゅうさんまど
庄布川 しょうぶかわ
羽子騎 はねぎ
平川 ひらかわ
布鎌 ふかま
生板 まないた
生板鍋子新田 まないたなべこしんでん
稲敷郡美浦村
受領 うけりょう
大谷 おおや

大山 おおやま
興津 おきつ
木原 きはら
信太 しだ
定光 じょうこう
布佐 ふさ
堀田 ほった
馬掛 まがけ
馬見山 まみやま
見晴 みはる
宮地 みやじ
谷中 やなか
山内 やまうち
北相馬郡利根町
大平 だいへい
大房 だいぼう
立木 たつぎ
立崎 たつざき
中谷 なかや
布川 ふかわ
福木 ふくのき
久慈郡
大子(町) だいご
久慈郡大子町
相川 あいかわ
上岡 うわおか
大生瀬 おおなませ
上野宮 かみのみや
北田気 きたたげ
小生瀬 こなませ
西金 さいがね
下津原 しもつはら
大子 だいご
高田 たかだ
中郷 なかごう
槇野地 まぎのち
南田気 みなみたげ
猿島郡
境(町) さかい
猿島郡五霞町
幸主 こうしゅ
小手指 こてさし
小福田 こふくだ
新幸谷 しんこうや
猿島郡境町
一ノ谷 いちのや
浦向 うらむこう
金岡 かねおか
下砂井 しもいさごい
蛇池 じゃいけ
新田戸 にったど
伏木 ふせぎ
百戸 もど
山崎 やまざき
大歩 わご
那珂郡
東海(村) とうかい
那珂郡東海村
東海 とうかい
船場 ふなば

東茨城郡
茨城(町) いばらき
東茨城郡茨城町
網掛 あがけ
馬渡 うまわたり
大戸 おおど
奥谷 おくのや
小堤 おづつみ
小幡 おばた
上雨ケ谷 かみあまがい
神宿 かみやど
神谷 かんや
下座 げざ
駒場 こまば
越安 こやす
下雨ケ谷 しもあまがい
下土師 しもはじ
城之内 じょうのうち
常井 とこい
鳥羽田 とりはた
長岡 ながおか
生井沢 なまいざわ
谷田部 やたべ
東茨城郡大洗町
神山 かみやま
成田(町) なりた
東茨城郡城里町
小勝 おがち
小坂 おさか
上圷 かみあくつ
北方 きたかた
御前山 ごぜんやま
真端 さなばた
下圷 しもあくつ
下古内 しもふるうち
錫高野 すずこうや
高久 たかく
徳蔵 とくら
増井 ましい
結城郡八千代町
新井 あらい
大里 おおさと
大渡戸 おおわだど
貝谷 かいや
片角 かたかく
久下田 くげた
小屋 こや
佐野 さの
新地 しんち
菅谷 すげのや
成田 なりた
沼森 ぬまもり
八(町) はっ
東原 ひがしはら
水口 みのくち

栃木県

小山(市) おやま
鹿沼(市) かぬま

栃木県　　　　　　　　地域順一覧

河内(郡) かわち
佐野(市) さの
塩谷(郡) しおや
下都賀(郡) しもつが
下野(市) しもつけ
芳賀(郡) はが
真岡(市) もおか

宇都宮市
明保野(町) あけほの
飯山(町) いいやま
池上(町) いけがみ
上野(町) うえの
上田(町) うえだ
江野(町) えの
大谷(町) おおや
御蔵(町) おくら
小幡 おばた
金田(町) かねだ
叶谷(町) かのうや
上欠(町) かみかけ
上小倉(町) かみこぐら
上籠谷(町) かみこもりや
上田原(町) かみたわら
上戸祭 かみとまつり
上戸祭(町) かみとまつり
川向(町) かわむこう
河原(町) かわら
瓦谷(町) かわらや
越戸 こえど
越戸(町) こえど
鐺山(町) こてやま
駒生 こまにゅう
駒生(町) こまにゅう
逆面(町) さかづら
下欠(町) しもかけ
下河原 しもがわら
下河原(町) しもがわら
下小倉(町) しもこぐら
下田原(町) しもたわら
下砥上(町) しもとかみ
下戸祭 しもとまつり
城東 じょうとう
城南 じょうなん
松風台 しょうふうだい
白沢(町) しらさわ
新富(町) しんとみ
雀宮(町) すずめのみや
砂田(町) すなた
千波(町) せんなみ
大寛 だいかん
宝木(町) たからぎ
滝谷(町) たきや
田下(町) たげ
東谷(町) とうや
間屋(町) とんや

長岡(町) ながおか
中河原(町) なかがわら
中島(町) なかじま
西原 にしはら
西原(町) にしはら
新里(町) にっさと
野高谷(町) のごや
羽牛田(町) はぎゅうだ
八幡台 はちまんだい
東刑部(町) ひがしおさかべ
東木代(町) ひがしきのしろ
東原(町) ひがしはら
東(町) ひがし
東峰(町) ひがしみね
東簗瀬(町) ひがしやなぜ
平出(町) ひらいで
古田(町) ふるた
細谷 ほそや
細谷(町) ほそや
曲師(町) まげし
松原 まつばら
満美穴(町) まみあな
操(町) みさお
御田長島(町) みたながしま
御幸(町) みゆき
睦(町) むつみ
柳田(町) やなぎた
簗瀬 やなぜ
簗瀬(町) やなぜ
大和 やまと
立伏(町) りゅうぶく

足利市
県(町) あがた
新宿(町) あらじゅく
粟谷(町) あわのや
鵤木(町) いかるぎ
奥戸(町) おくど
小曽根(町) おぞね
小俣(町) おまた
利保(町) かかぼ
鹿島(町) かしま
借宿(町) かりやど
駒場(町) こまば
猿田(町) さるた
新山(町) しんやま
菅田(町) すげた
田島(町) たじま
千歳(町) ちとせ
月谷(町) つきや
通 とおり
間屋(町) とんや
中川(町) なかがわ
西砂原後(町) にしさわらご
西宮(町) にしのみや
迫間(町) はさま
東砂原後(町) ひがしさわらご
堀込(町) ほりごめ

本城 ほんじょう
真砂(町) まさご
百頭(町) ももがしら
八椚(町) やつくぬぎ
柳原(町) やなぎはら
山川(町) やまがわ
山下(町) やました
八幡(町) やわた
有楽(町) ゆうらく
五十部(町) よべ

大田原市
新宿 あらじゅく
大神 おおがみ
大豆田 おおまめだ
大輪 おおわ
乙連沢 おとれざわ
鹿畑 かばた
河原 かわら
北大和久 きたおおわぐ
小滝 こだき
小船渡 こぶなと
城山 しろやま
新富(町) しんとみ
狭原 せばはら
親園 ちかその
中田原 なかだわら
中の原 なかのはら
南方 なんぽう
羽田 はんだ
平沢 ひらさわ
福原 ふくわら
実取 みどり
紫塚 むらさきづか

小山市
網戸 あじと
粟宮 あわのみや
井岡 いおか
出井 いでい
駅南(町) えきみなみ
小宅 おやけ
小山 おやま
上国府塚 かみこうづか
神山 かみやま
生良 きら
小薬 こぐすり
小袋 こぶくろ
寒川 さむかわ
三拝川岸 さんばいかわぎし
城東 じょうとう
城北 じょうほく
白鳥 しらとり
城山(町) しろやま
卒島 そしま
高椅 たかはし
立木 たつぎ
外城 とじょう
土塔 どとう
中河原 なかがわら
中島 なかじま
楢木 ならのき

羽川 はねかわ
神鳥谷 ひととのや
平和 ひらわ
向野 むかいの
向原新田 むかいはらしんでん
八幡(町) やはた
若木(町) わかぎ

鹿沼市
麻苧(町) あさう
東(町) あずま
油田(町) あぶらでん
板荷 いたが
入粟野 いりあわの
上野(町) うわの
上田(町) かみた
上殿(町) かみよの
上日向 かみひなた
草久 くさぎゅう
久野 くの
高谷 こうや
酒野谷 さけのや
三幸(町) さんこう
塩山(町) しおやま
下武子(町) しもたけし
下田(町) しもた
下南摩(町) しもなんま
下日向 しもひなた
千手(町) せんじゅ
千渡 せんど
武子 たけし
鳥居跡(町) とりいど
中田(町) なかた
西沢(町) にしざわ
楡木(町) にれき
引田 ひきだ
日吉(町) ひよし
深津 ふかづ
松原 まつばら
睦(町) むつみ
樅山(町) もみやま
万(町) よろず

さくら市
上野 うわの
小入 おいれ
大中 おおなか
葛城 かつらぎ
鹿子畑 かのこばた
上河戸 かみこうど
喜連川 きつれがわ
下河戸 しもこうど
早乙女 そうとめ
狭間田 はさまだ
馬場 ばば
向河原 むこうがわら

佐野市
鐺塚(町) あぶつか
伊保内(町) いぼうち
梅園(町) うめぞの
大蔵(町) おおくら
大古屋(町) おおごや

小見(町) おみ
柿平(町) かきだいら
金吹(町) かなふき
庚申塚(町) かねづか
上台(町) かみだい
閑馬(町) かんま
葛生東 くずうひがし
越名(町) こえな
小中(町) こなか
七軒(町) しちけん
寺中(町) じちゅう
白岩(町) しらいわ
大祝(町) だいしゅく
田島(町) たじま
多田(町) ただ
築地(町) ついじ
天明(町) てんみょう
西浦(町) にしうら
長谷場(町) はせば
鉢木(町) はちのき
飛駒(町) ひこま
馬門(町) まかど
町谷(町) まちや
御神楽(町) みかぐら
宮下(町) みやした
山越(町) やまこし
山菅(町) やますげ
大和(町) やまと
万(町) よろず

下野市
上古山 かみこやま
上台 かみだい
川中子 かわなご
笹原 ささはら
下長田 しもながた
下文狭 しもふばさみ
成田 なりた
細谷 ほそや
町田 まちだ
本吉田 もとよしだ
谷地賀 やじつか

栃木市
新井(町) あらい
出流(町) いずる
入舟(町) いりふね
岩舟町五十畑 いわふねまちいかばた
岩舟町新里 いわふねまちにっさと
岩舟町曲ケ島 いわふねまちまがのしま
岩舟町鷲巣 いわふねまちわしのす
大平町新 おおひらまちあらい
河合(町) かわい
川原田(町) かわらだ
神田(町) かんだ
国府(町) こう
高谷(町) こうや
小平(町) こひら
境(町) さかい
惣社(町) そうじゃ

地域順一覧　栃木県

千塚(町) ちづか
箱森(町) はこのもり
樋ノ口(町) ひのくち
吹上(町) ふきあげ
藤岡町新波 ふじおかまちにっぱ
藤田(町) ふじた
宮田(町) みやた
柳橋(町) やなぎばし
柳原(町) やなぎはら
倭(町) やまと
万(町) よろず

那須烏山市
岩子 いわこ
大桶 おおけ
大里 おおさと
小倉 おぐら
神長 かなが
興野 きょうの
小河原 こがわら
小木須 こぎす
小白井 こじろい
小塙 こばな
小原沢 こはらざわ
三箇 さんが
城東 じょうとう
白久 しらく
城山 しろやま
曲畑 そりはた
高瀬 たかせ
月次 つきなみ
東原 とうばら
野上 のがみ
藤田 ふじた
曲田 まがつた
向田 むかだ
谷浅見 やあざみ
八ケ代 やかしろ

那須塩原市
青木 あおき
東(町) あずま
阿波(町) あわ
井口 いぐち
金沢 かねざわ
鹿野崎 かのさき
上中野 かみなかの
亀山 かめやま
北栄(町) きたさかえ
越堀 こえほり
小結 こゆい
埼玉 さきたま
佐野 さの
三本木 さんぼんぎ
塩原 しおばら
鴫内 しぎうち
新南 しんなん
関谷 せきや
大黒(町) だいこく
高柳 たかやなぎ
槻沢 つきぬきざわ
東栄 とうえい
洞島 どうじま

戸田 とだ
西幸(町) にしさいわい
西新(町) にししん
西富山 にしとみやま
西原(町) にしはら
西大和 にしやまと
接骨木 にわとこ
波立 はったち
東原 ひがしはら
方京 ほうきょう
三島 みしま
睦 むつみ
百(村) も
箭坪 やつぼ
油井 ゆい
湯宮 ゆぐう
豊(町) ゆたか

日光市
足尾町通洞 あしおまちつうどう
五十里 いかり
和泉 いずみ
猪倉 いのくら
大桑 おおくわ
大渡 おおわたり
荊沢 おとろざわ
上鉢石(町) かみはついし
上三依 かみみより
吉沢 きちさわ
小倉 こぐら
御幸(町) ごこう
小佐越 こさごえ
小代 こしろ
小林 こばやし
小百 こびゃく
佐下部 さげぶ
山内 さんない
七里 しちり
下鉢石(町) しもはついし
瀬尾 せのお
高徳 たかとく
高原 たかはら
丹勢 たんぜ
中宮祠 ちゅうぐうし
手岡 ちょうか
土沢 どさわ
独鈷沢 とっこざわ
轟 とどろく
豊田 とよだ
中小来川 なかおころがわ
長畑 ながはた
中鉢石(町) なかはついし
中三依 なかみより
西小来川 にしおころがわ
萩垣面 はんがきめん
東小来川 ひがしおころがわ
日向 ひなた

藤原 ふじはら
文挟(町) ふばさみ
町谷 まちや
松原(町) まつばら
南小来川 みなみおころがわ
宮小来川 みやおころがわ
湯元 ゆもと
横川 よこかわ

真岡市
青谷 あおや
砂ケ原 いさがはら
石島 いしじま
大谷台(町) おおやだい
上江連 かみえづら
上高間木 かみこうまぎ
上鷺谷 かみさぎのや
上谷貝 かみやがい
亀山 かめやま
京泉 きょうせん
久下田 くげた
小橋 こばし
小林 こばやし
古山 こやま
境 さかい
道祖土 さやど
下高間木 しもこうまぎ
下籠谷 しもこもりや
下鷺谷 しもさぎのや
反(町) そり
大道泉 だいどういずみ
高田 たかだ
田島 たじま
寺内 てらうち
寺分 てらぶん
中郷 なかごう
長田 ながた
西郷 にしごう
西高間木 にしこうまぎ
白布ケ丘 はくふがおか
東郷 ひがしごう
堀内 ほりうち
堀込 ほりごめ
三谷 みや
谷貝新田 やがいしんでん
鷲巣 わしのす

矢板市
東(町) あずま
安沢 あんざわ
鹿島(町) かしま
上(町) かみ
木幡 きばた
幸岡 こうおか
越畑 こえはた
立足 たつあし
富田 とみた

豊田 とよだ
成田 なりた
早川(町) はやかわ
針生 はりう

河内郡
上三川(町) かみのかわ

河内郡上三川町
大山 おおやま
上神主 かみこうぬし
上三川 かみのかわ
上文挟 かみふばさみ
川中子 かわなご
坂上 さかうえ
三本木 さんぼんぎ
下神主 しもこうぬし
西木代 にしきのしろ
西蓼沼 にしたてぬま
西汗 にしふざかし
東蓼沼 ひがしたてぬま
東汗 ひがしふざかし
三(村) み

塩谷郡
塩谷(町) しおや

塩谷郡塩谷町
飯岡 いいおか
上沢 うわさわ
上平 うわたいら
玉生 たまにゅう
道下 どうした
船生 ふにゅう

塩谷郡高根沢町
大谷 おおや
西高谷 にしごうや
平田 ひらた
伏久 ふすく
文挟 ふばさみ

下都賀郡
壬生(町) みぶ

下都賀郡野木町
中谷 なかや

下都賀郡壬生町
上田 かみだ
国谷 くにや
助谷 すけがい
通(町) とおり
羽生田 はにゅうだ

那須郡那珂川町
大内 おおうち
小川 おがわ
北向田 きたむかだ
薬利 くずり
小砂 こいさご
小口 こぐち
白久 しらく
健武 たけぶ
富山 とみやま
馬頭 ばとう
谷川 やかわ
谷田 やだ
吉田 よしだ

那須郡那須町
大島 おおしま
大畑 おおはた
大和須 おおわす
高久甲 たかくこう
豊原甲 とよはらこう

芳賀郡
芳賀(町) はが
益子(町) ましこ
茂木(町) もてぎ

芳賀郡市貝町
石下 いしおろし
市塙 いちはな
大谷津 おおやつ
上根 かみね
椎谷 しゅうがい
竹内 たけうち
続谷 つづきや
羽仏 はぶつ
文谷 ふみや

芳賀郡芳賀町
祖母井 うばがい
上延生 かみのぶ
下延生 しものぶ
芳志戸 ほうしと

芳賀郡益子町
大郷戸 おおごうど
大平 おおひら
小宅 おやけ
上山 かみやま
北中 きたなか
七井 なない
生田目 なばため
益子 ましこ
本沼 もとぬま

芳賀郡茂木町
鮎田 あいだ
飯 いい
入郷 いりごう
烏生田 うごうだ
後郷 うしろごう
青梅 おうめ
大畑 おおばたけ
小貫 おぬき
小深 おぶか
小山 おやま
神井 かのい
上後郷 かみうらごう
上菅又 かみすがまた
木幡 きばた
小井戸 こいど
坂井 さかのい
九石 さざらし
千本 せんぼ
竹原 たけわら
生井 なまい
桧山 ひやま
福手 ふぐて
馬門 まかど
増井 ましい
町田 まちだ
茂木 もてぎ

山内 やまうち

群馬県

吾妻(郡) あがつま
安中(市) あんなか
邑楽(郡) おうら
甘楽(郡) かんら
桐生(市) きりゅう
佐波(郡) さわ
沼田(市) ぬまた

前橋市
青柳(町) あおやぎ
天川大町(町) あまがわおおまち
天川(町) あまがわ
新井(町) あらい
岩神(町) いわがみ
笂井(町) うつぼい
大胡(町) おおご
大渡(町) おおわたり
女屋(町) おなや
粕川町一日市 かすかわまちひといち
金丸(町) かなまる
上新田(町) かみしんでん
川原(町) かわはら
河原浜(町) かわらはま
北代田(町) きたしろた
清野(町) きよの
公田(町) くでん
小相木(町) こあいぎ
幸塚(町) こうづか
小坂子(町) こざかし
小島田(町) こじまた
小神明(町) こじんめい
下沖(町) しもおき
下川(町) しもかわ
下新田(町) しもしんでん
城東(町) じょうとう
田口(町) たぐち
稲荷新田(町) とうかしんでん
富田(町) とみだ
鳥羽(町) とりば
問屋(町) とんや
南橘(町) なんきつ
新堀(町) にいぼり
楢島(町) ぬでじま
端気(町) はけ
馬場(町) ばば
樋越(町) ひごし
日吉(町) ひよし
富士見町市之木場 ふじみまちいちのきば
富士見町漆窪 ふじみまちうるくぼ
房丸(町) ぼうまる
三俣(町) みつまた

宮地(町) みやじ
三夜沢(町) みよさわ
茂木(町) もとぎ
六供(町) ろっく

安中市
安中 あんなか
大谷 おおや
小俣 おまた
上間仁田 かみまにた
郷原 ごうばら
高別当 こうべつとう
鷺宮 さぎのみや
中宿 なかじゅく
古屋 ふるや
松井田町行田 まついだまちおくなだ
松井田町小日向 まついだまちおびなた
松井田町国衙 まついだまちこくが
松井田町新堀 まついだまちにいぼり
松井田町土塩 まついだまちひじしお
簗瀬 やなせ

伊勢崎市
間野谷(町) あいのや
東(町) あずま
飯島(町) いいじま
鹿島(町) かしま
上諏訪(町) かみすわ
上田(町) かみだ
上蓮(町) かみはす
曲輪(町) くるわ
華蔵寺(町) けぞうじ
下道寺(町) げどうじ
香林(町) こうばやし
五目牛(町) ごめうし
境 さかい
境東 さかいあずま
境小此木 さかいおこのぎ
境女塚 さかいおなづか
境上武士 さかいかみたけし
境栄 さかいさかえ
境百々 さかいどうどう
境東新井 さかいひがしあらい
境保泉 さかいほずみ
三和(町) さんわ
下蓮(町) しもはす
下触(町) しもふれい
新栄(町) しんえい
連取(町) つなとり
戸谷塚(町) とやづか
西小保方(町) にしおぼかた
西上之宮(町) にしかみのみや
西田(町) にしだ
西野(町) にしの
八寸(町) はちす

東小保方(町) ひがしおぼかた
本関(町) ほんせき
馬見塚(町) まみづか
宮古(町) みやふる
宗高(町) むねたか
八坂(町) やさか
八斗島(町) やったじま
柳原(町) やなぎはら
八幡(町) やはた
除ケ(町) よげ

太田市
新井(町) あらい
石原(町) いしはら
出塚(町) いでづか
大島(町) おおしま
大舘(町) おおたち
大原(町) おおばら
金山(町) かなやま
上強戸(町) かみごうど
熊野(町) くまの
強戸(町) ごうど
小角田(町) こずみだ
小舞木(町) こまいぎ
城西(町) じょうさい
新道(町) しんどう
菅塩(町) すがしお
太子(町) たいし
高瀬(町) たかぜ
只上(町) ただがり
鶴生田(町) つるうだ
天良(町) てんら
富沢(町) とみざわ
新島(町) にいじま
新野(町) にいの
西新(町) にししん
新田嘉祢(町) にったかね
新田瑞木(町) にったみずき
八幡(町) はちまん
東新(町) ひがししん
古戸(町) ふると
細谷(町) ほそや
茂木(町) もてぎ
安良岡(町) やすらおか
山之神(町) やまのかみ
吉沢(町) よしざわ
米沢(町) よねざわ
龍舞(町) りゅうまい

桐生市
東(町) あずま
川内(町) かわうち
黒保根町宿廻 くろほねちょうしゅくめぐり
小梅(町) こうめ
小曾根(町) こそね
新宿 しんしゅく
新里町新川 にいさとちょうにっかわ

西久方(町) にしひさかた
東 ひがし
三吉(町) みよし

渋川市
赤城町見立 あかぎまちみたち
石原 いしはら
祖母島 うばしま
北牧 きたもく
白井 しろい
中郷 なかごう
南牧 なんもく
半田 はんだ
北橘町上南室 ほっきつまちかみなむろ
行幸田 みゆきだ

高崎市
東(町) あずま
石原(町) いしはら
請地(町) うけち
後疋間(町) うしろひきま
金古(町) かねこ
上小塙(町) かみこばな
上滝(町) かみたき
上並榎(町) かみなみえ
菊地(町) きくち
北原(町) きたはら
行力(町) ぎょうりき
剣崎(町) けんざき
神戸(町) ごうど
小八木(町) こやぎ
下大類(町) しもおおるい
下小塙(町) しもこばな
白岩(町) しらいわ
白銀(町) しろがね
城山(町) しろやま
新田(町) しんでん
新保(町) しんぼ
菅谷(町) すがや
堰代(町) せきしろ
竜見(町) たつみ
筑縄(町) つくなわ
稲荷台(町) とうかだい
通(町) とおり
間屋(町) とんや
中島(町) なかじま
成田(町) なりた
西島(町) にしじま
乗附(町) のつけ
萩原(町) はぎわら
浜川(町) はまがわ
榛名山(町) はるなさん
東国分(町) ひがしこくぶ
聖石(町) ひじりいし
檜物(町) ひもの
冷水(町) ひやみず

箕郷町生原 みさとまちおいばら
本(町) もと
八島(町) やしま
八幡原(町) やわたばら
八幡(町) やわた
吉井町多比良 よしいまちたいら
我峰(町) わがみね

館林市
青柳(町) あおやぎ
赤生田(町) あこうだ
入ケ谷(町) いりかや
大島(町) おおしま
大新田(町) おおしんでん
大谷(町) おおや
上赤生田(町) かみあこうだ
上早川田(町) かみさがわだ
楠(町) くすのき
小桑原(町) こくわばら
坂下(町) さかした
下早川田(町) しもさがわだ
下三林(町) しもみばやし
城(町) しろ
新栄(町) しんさかえ
新宿 しんじゅく
千塚(町) ちづか
成島(町) なるしま
野辺(町) のべ
羽附(町) はねつぎ
日向(町) ひなた
分福(町) ぶんぶく
細内(町) ほそうち
松原 まつばら

富岡市
大島 おおしま
神農原 かのはら
上丹生 かみにゅう
神成 かんなり
黒川 くろかわ
桑原 くわはら
小桑原 こくわはら
下丹生 しもにゅう
白岩 しらいわ
内匠 たくみ
田島 たじま
七日市 なのかいち
南蛇井 なんじゃい
野上 のがみ
藤木 ふじき
別保 べつほ
妙義町行沢 みょうぎまちなめざわ
妙義町八木連 みょうぎまちやぎつれ
蕨 わらび

沼田市
井土上(町) いどの

地域順一覧　埼玉県

うえ
岡谷(町) おかや
上之(町) かみの
上原(町) かみはら
篠尾(町) ささお
白岩(町) しらいわ
白沢町上古語父 しらさわまちかみこぶ
戸鹿野(町) とがの
利根町道具 とねまちおっかい
利根町日向南郷 とねまちひなたなんごう
中発知(町) なかほっち
馬喰(町) ばくろう
榛名(町) はるな
発知新田(町) ほっちしんでん
堀廻(町) ほりめぐり
町田(町) まちだ
屋形原(町) やかたばら

藤岡市
鮎川 あゆがわ
鬼石 おにし
上戸塚 かみとづか
川除 かわよけ
小林 こばやし
坂原 さかばら
三波川 さんばがわ
三本木 さんぼぎ
白石 しろいし
神田 じんだ
立石 たついし
中島 なかじま
保美 ほみ
保美濃山 ほみのやま
緑埜 みどの
本動堂 もとゆるぎどう
譲原 ゆずりはら
みどり市
東町神戸 あずまちょうごうど
東町小夜戸 あずまちょうさやど
大間々町小平 おおままちょうおだいら
大間々町上神梅 おおままちょうかみかんばい
笠懸町久宮 かさかけちょうひさぐう
吾妻郡
嬬恋(村) つまごい
吾妻郡高山村
尻高 しったか
吾妻郡嬬恋村
芦生田 あしうだ
鎌原 かんばら
西窪 さいくぼ
田代 たしろ

三原 みはら
吾妻郡中之条町
市城 いちしろ
入山 いりやま
太子 おおし
小雨 こさめ
四万 しま
大道 だいどう
平 たいら
生須 なます
吾妻郡長野原町
川原畑 かわらはた
川原湯 かわらゆ
古森 ふるもり
吾妻郡東吾妻町
新巻 あらまき
大戸 おおど
郷原 ごうばら
萩生 はぎう
松谷 まつや
三島 みしま
本宿 もとじゅく
邑楽郡
邑楽(町) おうら
大泉(町) おおいずみ
邑楽郡板倉町
大蔵 おおくら
大荷場 おおにんば
細谷 ほそや
除川 よけがわ
邑楽郡邑楽町
鶉 うずら
狸塚 むじなづか
邑楽郡大泉町
古海 こかい
坂田 さかだ
城之内 きのうち
古氷 ふるこおり
吉田 よしだ
邑楽郡千代田町
鍋谷 なべや
舞木 まいぎ
邑楽郡明和町
入ケ谷 いりかや
大輪 おおわ
千津井 せんづい
田島 たじま
中谷 なかや
新里 にっさと
甘楽郡
甘楽(町) かんら
南牧(村) なんもく
甘楽郡甘楽町
上野 うえの
小川 おがわ
小幡 おばた
造石 つくりいし
轟 とどろく
甘楽郡下仁田町
大桑原 おおくわはら
下小坂 しもおさか
下郷 しもごう

中小坂 なかおさか
白山 はくさん
平原 へばら
馬山 まやま
本宿 もとじゅく
甘楽郡南牧村
大日向 おおひなた
小沢 おざわ
千原 ちはら
羽沢 はざわ
六車 むくるま
北群馬郡
榛東(村) しんとう
吉岡(町) よしおか
北群馬郡榛東村
新井 あらい
長岡 ながおか
北群馬郡吉岡町
小倉 おぐら
上野田 かみのだ
南下 みなみしも
佐波郡玉村町
上新田 かみしんでん
上之手 かみのて
下新田 しもしんでん
角渕 つのぶち
南玉 なんぎょく
樋越 ひごし
八幡原 やわたばら
多野郡
上野(村) うえの
神流(町) かんな
多野郡上野村
乙父 おっち
乙母 おとも
新羽 にっぱ
多野郡神流町
相原 あいばら
麻生 あそう
小平 こだいら
生利 しょうり
平原 へばら
万場 まんば
魚尾 よのお
利根郡片品村
菅沼 すがぬま
摺淵 するぶち
築地 ついじ
土出 つちいで
花咲 はなさく
東小川 ひがしおがわ
御座入 みざのり
利根郡川場村
小田川 こたがわ
立岩 たついわ
生品 なましな
門前 もんぜん
谷地 やち
利根郡昭和村
生越 おごせ
川額 かわはけ
橡久保 とちくぼ

利根郡みなかみ町
新巻 あらまき
小川 おがわ
小日向 おびなた
鹿野沢 かのさわ
上津 かみづ
上牧 かみもく
幸知 こうち
小仁田 こにた
下津 しもづ
下牧 しももく
高日向 たかひなた
谷川 たにがわ
東峰 ひがしみね
吹路 ふくろ
藤原 ふじわら
布施 ふせ
政所 まんどころ
向山 むこうやま
師田 もろだ
湯原 ゆばら
夜後 よご

埼玉県

上尾(市) あげお
入間(郡) いるま
入間(郡) いるま
大里(郡) おおさと
加須(市) かぞ
川越(市) かわごえ
北本(市) きたもと
行田(市) ぎょうだ
熊谷(市) くまがや
鴻巣(市) こうのす
越谷(市) こしがや
幸手(市) さって
草加(市) そうか
秩父(郡) ちちぶ
秩父(市) ちちぶ
戸田(市) とだ
新座(市) にいざ
羽生(市) はにゅう
飯能(市) はんのう
深谷(市) ふかや
三郷(市) みさと
八潮(市) やしお
吉川(市) よしかわ
蕨(市) わらび
さいたま市
岩槻(区) いわつき
さいたま市岩槻区
岩槻 いわつき
上野 うえの
大戸 おおと
大谷 おおや
釣上 かぎあげ
柏崎 かしわざき
鹿室 かむろ
上里 かみさと
黒谷 くろや
古ケ場 こかば

小溝 こみぞ
城南 じょうなん
城(町) しろ
新方須賀 にいがたすか
西原 にしはら
東(町) ひがし
本宿 ほんじゅく
馬込 まごめ
増長 ましなが
谷下 やじた
さいたま市浦和区
大原 おおはら
駒場 こまば
大東 だいとう
東岸(町) ひがしきし
本太 もとぶと
さいたま市大宮区
東(町) あずま
大成(町) おおなり
大原 おおはら
上小(町) かみこ
吉敷(町) きしき
下(町) しも
寿能(町) じゅのう
浅間(町) せんげん
大門(町) だいもん
三橋 みはし
さいたま市北区
大成(町) おおなり
上加 かみか
今羽(町) こんば
さいたま市桜区
在家 ざいけ
栄和 さかわ
新開 しびらき
神田 じんで
田島 たじま
道場 どうじょう
中島 なかじま
町谷 まちや
さいたま市中央区
上峰 うえみね
円阿弥 えんなみ
大戸 おおと
桜丘 さくらおか
さいたま市西区
植田谷本 うえたやほん
指扇 さしおうぎ
佐知川 さじかわ
清河寺 せいがんじ
西遊馬 にしあすま
宝来 ほうらい
水判土 みずはた
三橋 みはし
さいたま市緑区
大谷口 おおやぐち
上野田 かみのだ
北原 きたはら
道祖土 さいど
芝原 しばはら

387

新宿 しんじゅく	南峯 みなみみね	下谷 しもや	郭(町) くるわ	西新(町) にししん
太田窪 だいたくぼ	**桶川市**	正能 しょうのう	広栄(町) こうえい	樋上 ひのうえ
大道 だいどう	上日出谷 かみひでや	砂原 すなはら	小仙波 こせんば	深水(町) ふかみ
大門 だいもん	小針領家 こばりりょうけ	外川 そとかわ	小仙波(町) こせんば	藤原(町) ふじわら
高畑 たかばたけ	坂田 さかた	外野 そとの	小堤 こづつみ	前谷 まえや
南部領辻 なんぶりょうつじ	下日出谷 しもひでや	大門(町) だいもん	小中居 こなかい	馬見塚 まみづか
馬場 ばんば	東 ひがし	東栄 とうえい	小室 こむろ	向(町) むかい
松木 まつき	**春日部市**	道地 どうち	三久保(町) さんくぼ	持田 もちだ
宮後 みやうしろ	牛島 うしじま	道目 どうめ	鹿飼 ししかい	谷郷 やごう
山崎 やまざき	内牧 うちまき	中種足 なかたなだれ	下小坂 しもおさか	**久喜市**
さいたま市南区	榎 えのき	中樋遣川 なかひやりかわ	城下(町) しろした	新井 あらい
内谷 うちや	大枝 おおえだ	中渡 なかわた	新富(町) しんとみ	上内 うえうち
大谷口 おおやぐち	大場 おおば	西ノ谷 にしのや	菅間 すがま	上清久 かみきよく
大谷場 おおやば	大畑 おおはた	不動岡 ふどおか	菅原(町) すがわら	上(町) かみ
鹿手袋 しかてぶくろ	大衾 おおぶすま	三俣 みつまた	砂 すな	河原井(町) かわらい
太田窪 だいたくぼ	金崎 かなさき	向古河 むかいこが	通(町) とおり	河原代 かわらだい
堤外 ていがい	上吉妻 かみきつま	向川岸(町) むこうがし	豊田(町) とよだ	清久 きよく
文蔵 ぶぞう	上柳 かみやなぎ	睦(町) むつみ	間屋(町) とんや	葛梅 くずめ
曲本 まがもと	神間 かんま	馬内 もうち	中台 なかだい	小右衛門 こえもん
さいたま市見沼区	椚 くぬぎ	柳生 やぎゅう	中原(町) なかはら	古久喜 こぐき
大谷 おおや	小平 こだいら	礼羽 らいは	日東(町) にっとう	下清久 しもきよく
小深作 こふかさく	小渕 こぶち	**川口市**	東田(町) ひがした	菖蒲町河原井 しょうぶちょうかわらい
砂(町) すな	米崎 こめさき	青木 あおき	広谷新(町) ひろやしん	菖蒲町下栢間 しょうぶちょうしもかやま
中川 なかがわ	米島 こめじま	新井宿 あらいじゅく	福田 ふくだ	砂原 すなはら
新堤 にいづつみ	下吉妻 しもきつま	新井(町) あらい	藤木(町) ふじき	外野 そとの
風渡野 ふっとの	新川 しんかわ	安行 あんぎょう	藤間 ふじま	高柳 たかやなぎ
御蔵 みくら	水角 すいかく	安行小山 あんぎょうこやま	藤原(町) ふじわら	八甫 はっぽう
山 やま	薄谷 すすきや	飯原(町) いいはら	古谷上 ふるやかみ	樋ノ口 ひのくち
上尾市	千間 せんげん	金山(町) かなやま	松江(町) まつえ	除堀 よけほり
上尾宿 あげおしゅく	立野 たての	河原(町) かわはら	宮下(町) みやした	鷲宮 わしのみや
上尾(村) あげお	道口蛭田 どうぐちひるだ	行衛 ぎょえ	谷中 やなか	**熊谷市**
浅間台 あさまだい	道順川戸 どうじゅんかわど	神戸 ごうど	山城 やましろ	相上 あいあげ
東(町) あずま	新方袋 にいがたふくろ	小谷場 こやば	吉田 よしだ	赤城(町) あかぎ
畔吉 あぜよし	西金野井 にしかなのい	在家(町) ざいけ	四都野台 よつやだい	池上 いけがみ
上野 うえの	樋籠 ひろう	坂下(町) さかした	**北本市**	石原 いしはら
上 かみ	本田(町) ほんでん	芝樋ノ爪 しばひのつめ	東(町) あずま	江波 えなみ
上(町) かみ	増戸 ましと	長蔵 ちょうぞう	北本 きたもと	榎(町) えのき
小敷谷 こしきや	増富 ましとみ	新堀 にいほり	高尾 たかお	小江川 おえがわ
地頭方 じとうがた	増田新田 ますだしんでん	新堀(町) にいほり	中丸 なかまる	太井 おおい
菅谷 すがや	南栄(町) みなみさかえ	榛松 はえまつ	宮内 みやうち	大原 おおはら
原新(町) はらしん	谷原 やはら	八幡木 はちまんぎ	本宿 もとじゅく	小曽根 おぞね
緑丘 みどりがおか	豊(町) ゆたか	本蓮 ほんばす	山中 やまなか	男沼 おぬま
向山 むこうやま	芦橋 よしはし	道合 みちあい	**行田市**	冑山 かぶとやま
谷津 やつ	**加須市**	柳崎 やなぎさき	壱里山(町) いちりやま	上新田 かみしんでん
朝霞市	飯積 いいづみ	柳根(町) やなね	忍 おし	上中条 かみちゅうじょう
北原 きたはら	牛重 うしがさね	**川越市**	小見 おみ	上根 かみね
田島 たじま	生出 おいで	安比奈新田 あいなしんでん	利田 かがだ	上之 かみの
西原 にしはら	大桑 おおくわ	青柳 あおやぎ	行田 ぎょうだ	川原明戸 かわはらあけと
三原 みはら	上崎 かみさき	新宿 あらじゅく	小敷田 こしきだ	河原(町) かわら
入間市	上種足 かみたなだれ	新宿(町) あらじゅく	小針 こばり	吉所敷 きしょしき
東(町) あずま	久下 くげ	池辺 いけのべ	埼玉 さきたま	久下(町) くげ
新久 あらく	駒場 こまば	石原(町) いしわら	下忍 しもおし	葛和田 くずわだ
上小谷田 うえこやた	佐波 ざわ	上戸 うわど	下中条 しもちゅうじょう	熊谷 くまがや
上谷ケ貫 かみやがぬき	下種足 しもたなだれ	小ケ谷 おがや	城西 じょうさい	肥塚 こいづか
河原(町) かわら	下樋遣川 しもひやりかわ	萱沼 かいぬま	城南 じょうなん	小島 こじま
小谷田 こやた		上野田(町) かみのだ	水城公園 すいじょうこうえん	小八林 こやつばやし
下谷ケ貫 しもやがぬき		川越 かわごえ	天満 てんま	四方寺 しほうじ
新光 しんこう		熊野(町) くまの	藤間 とうま	新川 しんかわ
仏子 ぶし				

地域順一覧　　　　　　　　　　　　　　　埼玉県

千代 せんだい
代 だい
高柳 たかやなぎ
田島 たじま
玉井 たまい
玉作 たまつくり
筑波 つくば
戸出 とで
問屋(町) とんや
中西 なかにし
成沢 なりさわ
新島 にいじま
新堀 にいほり
新堀新田 にいほりしんでん
西城 にしじょう
西野 にしの
野原 のはら
東別府 ひがしべっぷ
日向 ひなた
平戸 ひらと
武体 ぶたい
別府 べっぷ
本石 ほんごく
万吉 まげち
万平(町) まんべい
御稜威ケ原 みいずがはら
三ケ尻 みかじり
御正新田 みしょうしんでん
三本 みつもと
美土里(町) みどり
見晴(町) みはらし
向谷 むこうや
妻沼 めぬま
楊井 やぎい

鴻巣市
赤城 あかぎ
新井 あらい
榎戸 えのきど
生出塚 おいねづか
大間 おおま
上会下 かみえげ
上生出塚 かみおいねづか
上谷 かみや
川面 かわづら
屈巣 くす
郷地 ごうじ
鴻巣 こうのす
小谷 こや
境 さかい
逆川 さかさがわ
下生出塚 しもおいねづか
下忍 しもおし
下谷 しもや
常光 じょうこう
新宿 しんしゅく
滝馬室 たきまむろ
筑波 つくば
寺谷 てらや
登戸 のぼりと

八幡田 はちまんでん
荊原 ばらはら
東 ひがし
吹上 ふきあげ
本宮 ほんみや
松原 まつばら
箕田 みだ
宮地 みやじ
明用 みょうよう

越谷市
東(町) あずま
大里 おおざと
大房 おおふさ
大松 おおまつ
大道 おおみち
大吉 おおよし
小曽川 おそがわ
上間久里 かみまくり
蒲生 がもう
相模 さがみ
三野宮 さんのみや
七左(町) しちざ
新川(町) しんかわ
砂原 すなはら
大成(町) たいせい
中島 なかじま
西方 にしかた
登戸(町) のぼりと
増森 ましもり
向畑 むこうばたけ
弥栄(町) やさか
谷中(町) やなか

坂戸市
青木 あおき
粟生田 あおた
赤尾 あかお
金田 かねだ
紺屋 こうや
小沼 こぬま
小山 こやま
戸口 とぐち
長岡 ながおか
中小坂 なかおさか
新堀 にいほり
東和田 ひがしわだ
堀込 ほりごめ
薬師(町) やくし
八幡 やはた

幸手市
内国府間 うちごうま
香日向 かひなた
神扇 かみおうぎ
上高野 かみたかの
幸手 さって
外国府間 そとごうま
千塚 ちづか
中島 なかじま
長間 ながま
東 ひがし
槙野地 まきのじ

狭山市
青柳 あおやぎ
稲荷山 いなりやま
入間川 いるまがわ
柏原 かしわばら

志木市
館 たて

白岡市
上野田 かみのだ
小久喜 こぐき
実ケ谷 さねがや
高岩 たかいわ
野牛 やぎゅう

草加市
青柳 あおやぎ
青柳(町) あおやぎ
遊馬(町) あすま
柿木(町) かきのき
北谷 きたや
北谷(町) きたや
金明(町) きんめい
小山 こやま
新栄 しんえい
草加 そうか
長栄 ちょうえい
手代(町) てしろ
新里(町) にっさと
松江 まつえ
松原 まつばら
谷塚 やつか
谷塚(町) やつか
柳島(町) やなぎしま
八幡(町) やわた

秩父市
阿保(町) あぼ
荒川白久 あらかわしろく
荒川贄川 あらかわにえがわ
和泉(町) いずみ
上野(町) うえの
大畑(町) おおばたけ
小柱 おばしら
上(町) かみ
黒谷 くろや
定峰 さだみね
滝の上(町) たきのうえ
道生(町) どうじょう
栃谷 とちや
東(町) ひがし
蒔田 まいた
本(町) もと
柳田(町) やなぎだ
吉田石間 よしだいさま

鶴ケ島市
上新田 かみしんでん
共栄(町) きょうえい
下新田 しもしんでん
脚折 すねおり
脚折(町) すねおり
羽折(町) はねおり

柳戸(町) やなぎど

所沢市
榎(町) えのき
金山(町) かなやま
神米金 かめがね
北中 きたなか
北原(町) きたはら
久米 くめ
糀谷 こうじや
小手指(町) こてさし
城 しろ
新郷 しんごう
東(町) ひがし
日吉(町) ひよし
三ケ島 みかじま
御幸(町) みゆき
有楽(町) ゆうらく

戸田市
上戸田 かみとだ
下前 しもまえ
新曽 にいぞ
美女木 びじょぎ

新座市
新堀 しんぼり
菅沢 すがさわ
道場 どうじょう
東北 とおほく
新座 にいざ
新塚 にいづか
野火止 のびとめ
畑中 はたなか
馬場 ばば
東 ひがし

蓮田市
閖戸 うるいど
御前橋 おまえばし
上 かみ
城 じょう
椿山 つばきやま
西城 にしじょう
東 ひがし
馬込 まごめ

羽生市
上羽生 かみはにゅう
桑崎 くわさき
神戸 ごうど
小須賀 こすか
下新田 しもしんでん
下羽生 しもはにゅう
羽生 はにゅう
東 ひがし
発戸 ほっと
南羽生 みなみはにゅう
名 みょう

飯能市
青木 あおき
吾野 あがの
阿須 あず
東(町) あずま
井上 いのうえ
上赤工 かみあかだ

くみ
上直竹上分 かみなおたけかみぶん
上畑 かみはた
苅生 かろう
北川 きたがわ
久下 くげ
小久保 こくぼ
虎秀 こしゅう
小瀬戸 こせど
下赤工 しもあかだ
くみ
白子 しらこ
新光 しんこう
征矢 そや
長沢 ながさわ
双柳 なみやなぎ
八幡(町) はちまん
飯能 はんのう
平戸 ひらっと
南川 みなみかわ
矢颪 やおろし

東松山市
和泉(町) いずみ
大黒部 おおくろべ
大谷 おおや
柏崎 かしわざき
上押垂 かみおしだり
上野本 かみのもと
葛袋 くずぶくろ
神戸 ごうど
下青鳥 しもおおどり
下押垂 しもおしだり
正代 しょうだい
新郷 しんごう
新宿(町) しんじゅく
砂田 すなだ
高坂 たかさか
西本宿 にしもとじゅく
東平 ひがしだいら
日吉(町) ひよし
古凍 ふるこおり
松風台 まつかぜだい
美土里(町) みどり
箭弓(町) やきゅう
山崎(町) やまざき

日高市
馬引沢 うまひきざわ
大谷沢 おおやざわ
女影 おなかげ
上鹿山 かみかやま
鹿山 かやま
北平沢 きたひらさわ
高麗川 こまがわ
高麗本郷 こまほんごう
四本木 しほぎ
下鹿山 しもかやま
中鹿山 なかかやま
新堀 にいほり
新堀新田 にいほりしんでん
楡木 にれぎ

389

埼玉県　地域順一覧

南平沢 みなみひらさわ
猿田 やえんだ
猿田上ノ台 やえんだうえのだい
山根 やまね
深谷
明戸 あけと
新井 あらい
後榛沢 うしろはんざわ
上野台 うわのだい
江原 えばら
大谷 おおや
小前田 おまえだ
柏合 かしあい
上手計 かみてばか
上原 かみはら
境 さかい
下手計 しもてばか
上敷免 じょうしきめん
新戒 しんがい
菅沼 すがぬま
高畑 たかばたけ
武川 たけかわ
血洗島 ちあらいじま
西島(町) にしじま
西田 にしだ
榛沢 はんざわ
深谷(町) ふかや
本田 ほんだ
曲田 まがつた
町田 まちだ
見晴(町) みはらし
本住(町) もとすみ
谷之 やの
山崎 やまざき
富士見市
榎(町) えのき
上沢 かみさわ
上南畑 かみなんばた
下南畑 しもなんばた
南畑新田 なんばたしんでん
羽沢 はねさわ
水谷 みずたに
渡戸 わたど
ふじみ野市
池上 いけがみ
上野台 うえのだい
上ノ原 うえのはら
大原 おおはら
清見 きよみ
新田 しんでん
水宮 すいぐう
築地 つきじ
中丸 なかまる
西原 にしはら
本新田 もとしんでん
谷田 やた
本庄市
新井 あらい

五十子 いかっこ
鵜森 うのもり
駅南 えきなん
小島 おじま
上仁手 かみにって
共栄 きょうえい
見福 けんぷく
児玉町吉田林 こだまちょうきたばやし
児玉町河内 こだまちょうこうち
児玉町小平 こだまちょうこだいら
児玉町八幡山 こだまちょうはちまんやま
小和瀬 こわぜ
山王堂 さんのうどう
四方田 しほうでん
下仁手 しもにつて
西五十子 にしいかつこ
仁手 にって
東五十子 ひがしいかつこ
東台 ひがしだい
堀田 ほった
前原 まえはら
牧西 もくさい
本(町) もと
若泉 わかいずみ
三郷市
東(町) あずま
後谷 うしろや
上口 かみぐち
幸房 こうぼう
小谷堀 こやぼり
前間 ぜんま
仁蔵 にぞう
半田 はんた
三郷 みさと
谷口 やぐち
谷中 やなか
寄巻 よまき
八潮市
大曽根 おおそね
垳 がけ
上馬場 かみばんば
小作田 こさくだ
古新田 こしんでん
大原 だいばら
中馬場 なかばんば
南後谷 みなみうしろや
八潮 やしお
吉川市
飯島 いいじま
鹿見塚 ししみづか
新栄 しんえい
高久 たかひさ
道庭 どうにわ
土場 どじょう
中島 なかじま
八子新田 はちこし

んでん
保 ほ
吉川 よしかわ
和光市
下新倉 しもにいくら
白子 しらこ
新倉 にいくら
西大和団地 にしやまとだんち
入間郡
越生(町) おごせ
毛呂山(町) もろやま
入間郡越生町
上野 うえの
大谷 おおや
越生 おごせ
鹿下 かのした
上谷 かみやつ
大満 だいま
成瀬 なるせ
如意 ねおい
古池 ふるいけ
入間郡三芳町
上富 かみとめ
竹間沢 ちくまざわ
入間郡毛呂山町
川角 かわかど
小田谷 こだや
西戸 さいど
下川原 しもがわら
宿谷 しゅくや
葛貫 つづらぬき
苦林 にがばやし
大里郡寄居町
小園 こぞの
鷹巣 たかのす
立原 たてはら
富田 とみだ
風布 ふうぶ
藤田 ふじた
保田原 ほだわら
三ケ山 みかやま
三品 みしな
牛札 むれい
用土 ようど
北足立郡伊奈町
小針内宿 こばりうちじゅく
小室 こむろ
北葛飾郡
松伏(町) まつぶし
北葛飾郡杉戸町
大島 おおじま
下高野 しもたかの
下野 しもの
清地 せいじ
高野台東 たかのだいひがし
遠野 とおの
並塚 ならびつか
茨島 ばらじま
本島 もとじま
鷲巣 わしのす

北葛飾郡松伏町
田島 たじま
築比地 つきひじ
松伏 まつぶし
児玉郡
神川(町) かみかわ
上里(町) かみさと
児玉郡神川町
小浜 こばま
四軒在家 しけんざいけ
新宿 しんしゅく
中新里 なかにいさと
新里 にいさと
貫井 ぬくい
肥土 ひど
渡瀬 わたせ
児玉郡上里町
大御堂 おおみどう
忍保 おしほ
五明 ごみょう
七本木 しちほんぎ
神保原(町) じんぼはら
帯刀 たてわき
勅使河原 てしがわら
黛 まゆずみ
三(町) み
児玉郡美里町
猪俣 いのまた
小茂田 こもだ
白石 しろいし
円良田 つぶらだ
古郡 ふるこおり
秩父郡
小鹿野(町) おがの
長瀞(町) ながとろ
秩父郡小鹿野町
小鹿野 おがの
河原沢 かわらさわ
三山 さんやま
下小鹿野 しもおがの
長留 ながる
日尾 ひお
両神薄 りょうかみすすき
秩父郡長瀞町
長瀞 ながとろ
風布 ふうぶ
秩父郡東秩父村
皆谷 かいや
白石 しろいし
秩父郡皆野町
金崎 かなさき
金沢 かねざわ
国神 くにかみ
三沢 みさわ
比企郡
小川(町) おがわ
滑川(町) なめがわ
嵐山(町) らんざん

比企郡小川町
小川 おがわ
角山 かくやま
高谷 こうや
下里 しもざと
勝呂 すぐろ
鷹巣 たかのす
能増 のうます
原川 はらがわ
東小川 ひがしおがわ
靱負 ゆきえ
比企郡川島町
飯島 いいじま
小見野 おみの
角泉 かくせん
加胡 かご
上小見野 かみおみの
上狢 かみむじな
紫竹 しちく
下狢 しもむじな
正直 しょうじき
白井沼 しろいぬま
長楽 ながらく
新堀 にいほり
西谷 にしや
畑中 はたなか
八幡 はちまん
東野 ひがしの
曲師 まげし
谷中 やなか
吉原 よしわら
比企郡ときがわ町
椚平 くぬぎだいら
五明 ごみょう
西平 にしだいら
馬場 ばんば
桃木 もものき
比企郡滑川町
和泉 いずみ
菅田 すがだ
月輪 つきのわ
土塩 つちしお
羽尾 はねお
福田 ふくだ
比企郡鳩山町
泉井 いずい
小用 こよう
高野倉 たかのくら
大豆戸 まめど
比企郡吉見町
蚊斗谷 かばかりや
上銀谷 かみぎんや
上砂 かみずな
久米田 くめだ
小新井 こあらい
御所 ごしょ
古名 こみょう
地頭方 じとうほう
長谷 ながやつ
東野 ひがしの
本沢 ほんざわ

前河内 まえごうち
松崎 まつざき
明秋 めいしゅう
谷口 やぐち
比企郡嵐山町
大蔵 おおくら
越畑 おつばた
勝田 かちだ
菅谷 すがや
千手堂 せんじゅどう
平沢 ひらさわ
広野 ひろの
古里 ふるさと
吉田 よしだ
南埼玉郡
宮代(町) みやしろ
南埼玉郡宮代町
金原 かねはら
国納 こくのう
逆井 さかさい
道佛 どうぶつ
中島 なかじま
西原 にしばら
東 ひがし
本田 ほんでん
宮代 みやしろ
百間 もんま
山崎 やまざき

千葉県

我孫子(市) あびこ
安房(郡) あわ
夷隅(郡) いすみ
市原(市) いちはら
印西(市) いんざい
勝浦(市) かつうら
香取(市) かとり
香取(郡) かとり
山武(郡) さんぶ
山武(市) さんむ
白井(市) しろい
匝瑳(市) そうさ
長生(郡) ちょうせい
東金(市) とうがね
成田(市) なりた
富津(市) ふっつ
八街(市) やちまた
千葉市稲毛区
小仲台 こなかだい
小中台(町) こなかだい
小深(町) こぶけ
作草部 さくさべ
作草部(町) さくさべ
園生(町) そんのう
轟(町) とどろき
千葉市中央区
亥鼻 いのはな
生実(町) おゆみ
葛城 かつらぎ
寒川(町) さむがわ

白旗 しらはた
新宿 しんじゅく
新田(町) しんでん
出洲港 でずみなと
間屋 とんや
新浜(町) にいはま
登戸 のぶと
南生実(町) みなみおゆみ
矢作(町) やはぎ
祐光 ゆうこう
千葉市花見川区
検見川(町) けみがわ
犢橋(町) こてはし
三角(町) さんかく
千葉市緑区
大椎(町) おおじ
大高(町) おおたか
越智(町) おち
小山(町) おやま
高田(町) たかだ
土気(町) とけ
中西(町) なかにし
平川(町) ひらかわ
辺田(町) へた
誉田(町) ほんだ
小食土(町) やさしど
千葉市美浜区
打瀬 うたせ
新港 しんみなと
真砂 まさご
千葉市若葉区
愛生(町) あいおい
五十土(町) いかづち
和泉(町) いずみ
小倉台 おぐらだい
小倉(町) おぐら
小間子(町) おまご
古泉(町) こいずみ
下田(町) しもだ
千城台北 ちしろだいきた
都賀(町) つが
富田(町) とみた
中田(町) なかた
谷当(町) やとう
旭市
秋田 あきた
飯岡 いいおか
幾世 いくよ
入野 いりの
後草 うしろぐさ
鏑木 かぶらぎ
行内 ぎょうじ
駒込 こまごめ
三川 さんがわ
高生 たかおい
中谷里 なかやり
仁玉 にったま
松ケ谷 まつがや
猪野 むじなの
八木 やぎ

我孫子市
相島新田 あいじましんでん
我孫子 あびこ
新木 あらき
新木野 あらきの
都部 いちぶ
岡発戸 おかほっと
北新田 きたしんでん
高野山 こうのやま
浅間前新田 せんげんまえしんでん
中峠 なかびょう
白山 はくさん
日秀 ひびり
布佐 ふさ
布施 ふせ
古戸 ふるど
呼塚新田 よばつかしんでん
いすみ市
小池 おいけ
大原 おおはら
荻原 おぎわら
小沢 おざわ
小高 おだか
神置 かみおき
国府台 こうのだい
小又井 こまたい
札森 さつもり
下原 しもはら
釈迦谷 しゃかやつ
須賀谷 すがや
高谷 たかだに
行川 なめがわ
新田 にった
新田野 にったの
能実 のうじつ
日在 ひあり
引田 ひきだ
深谷 ふかや
増田 ますだ
万木 まんぎ
岬町三門 みさきちょうみかど
岬町谷上 みさきちょうやがみ
市川市
新井 あらい
稲越(町) いなごし
入船 いりふね
河原 かわら
香取 かんどり
北方 きたかた
国府台 こうのだい
高谷 こうや
国分 こくぶん
新田 しんでん
菅野 すがの
曽谷 そや
田尻 たじり
稲荷木 とうかぎ
中国分 なかこくぶん
新浜 にいはま

東国分 ひがしこくぶん
東浜 ひがしはま
平田 ひらた
奉免(町) ほうめ
北方(町) ほっけ
本塩 ほんしお
南八幡 みなみやわた
本北方 もときたかた
八幡 やわた
市原市
相川 あいかわ
青柳 あおやぎ
青柳海岸 あおやぎかいがん
安久谷 あくや
安須 あず
朝生原 あそうばら
海士有木 あまありき
天羽田 あもうだ
新井 あらい
新生 あらおい
新巻 あらまき
飯給 いたぶ
市原 いちはら
犬成 いぬなり
不入斗 いりやます
上原 うえはら
馬立 うまたて
大桶 おおおけ
大蔵 おおくら
大作 おおさく
大戸 おおと
大厩 おおまや
小田部 おだつべ
神代 かじろ
柏原 かしわばら
金沢 かねさわ
栢橋 かやはし
神崎 かんざき
吉沢 きちさわ
高坂 こうざか
小折 こおり
小草畑 こくさばた
国本 こくもと
古敷谷 こしきや
古都辺 こつべ
駒込 こまごめ
小谷田 こやた
西広 さいひろ
下野 しもの
白金(町) しろがね
菅野 すげの
惣社 そうじゃ
高田 たかだ
武士 たけし
立野 たての
田尾 たび
廿五里 ついへいじ
土宇 つちう
出津 でづ
寺谷 てらやつ

徳氏 とくうじ
戸面 とづら
外部田 とのべた
豊成 とよなり
新堀 にいほり
西野 にしの
根田 ねだ
能満 のうまん
原田 はらだ
引田 ひきだ
櫃挾 ひつば
平田 ひらた
平蔵 へいぞう
奉免 ほうめ
町田 まちだ
松崎 まつざき
水沢 みずさわ
門前 もんぜん
柳原 やなぎはら
山小川 やまこがわ
八幡 やわた
八幡石塚 やわたいしづか
八幡浦 やわたうら
八幡海岸通 やわたかいがんどおり
有秋台東 ゆうしゅうだいひがし
米沢 よねざわ
米原 よねわら
分目 わんめ
印西市
安食卜杭 あじきぼっくい
和泉 いずみ
内野 うちの
大廻 おおば
小倉 おぐら
小倉台 おぐらだい
鹿黒 かぐろ
川向 かわむかい
木下 きおろし
高西新田 こうさいしんでん
荒野 こうや
小林 こばやし
小林浅間 こばやしせんげん
酒直卜杭 さかなおぼっくい
浅間前 せんげんまえ
草深 そうふけ
造谷 つくりや
角田 つのだ
萩原 はぎわら
船尾 ふなお
発作 ほっさく
松木 まつき
松崎 まつざき
武西 たけにし
師戸 もろと
吉田 よしだ
浦安市
明海 あけみ

千葉県　地域順一覧

入船 いりふね
北栄 きたざかえ
猫実 ねこざね
東野 ひがしの
大網白里市
砂田 いさごだ
上谷新田 うわやしんでん
桂山 かつらやま
神房 かんぼう
九十根 くじゅうね
小中 こなか
小西 こにし
駒込 こまごめ
四天木 してんぎ
清名幸谷 せいなごうや
富田 とみだ
星谷 ほしや
仏島 ほとけしま
南玉 みなみだま
餅木 もちのき
柳橋 やなぎばし
柏市
明原 あけはら
東 あずま
東上(町) あずまかみ
東台本(町) あずまだいほん
今泉上(町) いまやかみ
金山 かねやま
小青田 こあおた
五條谷 ごじょうや
逆井 さかさい
篠籠田 しこだ
新逆井 しんさかさい
新富(町) しんとみ
高田 たかた
高柳 たかやなぎ
十余二 とよふた
中原 なかはら
西原 にしはら
八幡(町) はちまん
花野井 はなのい
藤ケ谷 ふじがや
布施 ふせ
布瀬 ふぜ
南柏 みなみかしわ
向原(町) むかいはら
柳戸 やなど
豊(町) ゆたか
呼塚 よばつか
呼塚新田 よばつかしんでん
若白毛 わかしらが
勝浦市
出水 いでみず
上野 うえの
興津 おきつ
勝浦 かつうら
蟹田 かにた
小羽戸 こばど

佐野 さの
宿戸 しゅくど
白木 しらき
新戸 しんど
関谷 せきやつ
墨名 とな
中島 なかじま
中谷 なかや
芳賀 はが
浜行川 はまなめがわ
平田 ひらた
部原 へばら
法花 ほうげ
香取市
油田 あぶらた
飯島 いいじま
和泉 いずみ
入会地 いりあいち
内野 うちの
扇島 おうぎしま
大倉丁子 おおくらようろご
大島 おおしま
大戸 おおと
大角 おおとがり
小川 おがわ
小見 おみ
小見川 おみがわ
香取 かとり
返田 かやだ
観音 かんのう
神生 かんのう
木内 きのうち
桐谷 きりざく
篝島 こうがいじま
高野 こうや
石納 こくのう
五郷内 ごごうち
米野井 こめのい
佐原 さわら
志高 しだか
白井 しらい
多田 ただ
田部 たべ
玉造 たまつくり
津宮 つのみや
寺内 てらうち
鴒崎 ときざき
鳥羽 とっぱ
富田 とみた
長岡 ながおか
新寺 にいでら
新里 にっさと
新部 にっぺ
野間谷原 のまやわら
福田 ふくだ
布野 ふの
古内 ふるうち
増田 ますだ
三島 みしま
本矢作 もとやはぎ
八筋川 やすじかわ

谷中 やなか
山川 やまがわ
丁子 ようろご
吉原 よしわら
竜谷 りゅうざく
分郷 わかれごう
鎌ケ谷市
道野辺 みちのべ
鴨川市
天面 あまつら
和泉 いずみ
内浦 うちうら
打墨 うつつみ
江見内遠野 えみうちとの
大川面 おおかわづら
太田学 おだがく
貝渚 かいすか
上 かみ
京田 きょうでん
金束 こづか
古畑 こばた
小湊 こみなと
佐野 さの
主基西 すきにし
代 だい
大里 だいり
田原西 たばらにし
寺門 てらかど
北風原 ならいはら
成川 なりがわ
滑谷 ぬかりや
坂東 ばんどう
東 ひがし
東(町) ひがし
太尾 ふとお
太海 ふとみ
前原 まえばら
松尾寺 まつおじ
八色 やいろ
横渚 よこすか
四方木 よもぎ
来秀 らいしゅう
木更津市
吾妻 あづま
犬成 いんなり
大寺 おおてら
上望陀 かみもうだ
茅野 かやの
畔戸 くろと
下内橋 げないばし
小浜 こばま
佐野 さの
下郡 しもごおり
請西 じょうざい
新宿 しんじゅく
新田 しんでん
新港 しんみなと
菅生 すごう
高柳 たかやなぎ
築地 つきじ
十日市場 とおかいちば

中島 なかじま
八幡台 はちまんだい
真里谷 まりやつ
大和 やまと
君津市
青柳 あおやぎ
大坂 おさか
小櫃台 おびつだい
香木原 かぎはら
鹿野山 かのうざん
上 かみ
上新田 かみにった
釜生 かもう
川谷 かわやつ
行馬 ぎょうま
久留里大谷 くるりおおやつ
小市部 こいちぶ
小糸大谷 こいとおおやつ
高坂 こうさか
小山野 こやまの
坂田 さかだ
三田 さんだ
新御堂 しみどう
小香 しょうこう
白駒 しろこま
杉谷 すぎやつ
草牛 そうぎゅう
大中 だいなか
高水 たかみず
滝原 たきはら
塚原 つかはら
作木 つくりき
常代 とこしろ
富田 とみた
豊田 とよだ
長石 ながし
中島 なかじま
西原 にしばら
日渡根 にっとね
怒田 ぬだ
怒田沢 ぬだざわ
尾車 びしゃ
平田 ひらった
二入 ふたいり
正木 まさき
馬登 まのぼり
三直 みのう
宮下 みやのした
向郷 むかいごう
六手 むて
柳城 やなしろ
八幡 やわた
佐倉市
畔田 あぜた
飯重 いいじゅう
稲荷台 いなりだい
印南 いんなん
江原 えばら
大作 おおさく
大篠塚 おおしのづか
大蛇(町) おおじゃ

小竹 おだけ
角来 かくらい
鏑木(町) かぶらぎ
上代 かみだい
神門 ごうど
小篠塚 こしのづか
米戸 こめど
寒風 さむかぜ
城 じょう
上座 じょうざ
白銀 しろがね
千成 せんなり
土浮 つちうき
藤治台 とうじだい
直弥 なおや
中尾余(町) なかびょう
七曲 ななまがり
西御門 にしみかど
八幡台 はちまんだい
先崎 まっさき
馬渡 まわたし
宮内 みやうち
宮小路(町) みやこうじ
六崎 むつざき
最上(町) もがみ
本(町) もと
八木 やぎ
野狐台(町) やっこだい
山崎 やまのさき
山武市
雨坪 あめつぼ
大木 おおぎ
木原 きばら
草深 くさぶか
五木田 ごきた
実門 さねかど
柴原 しばはら
下布田 しもふだ
戸田 とだ
富田 とみだ
成東 なるとう
新泉 にいのみ
埴谷 はにや
日向台 ひゅうがだい
松尾町蕪木 まつおまちかぶらき
松尾町金尾 まつおまちかんのお
松ケ谷 まつがや
武勝 むしょう
本須賀 もとすか
白井市
大山口 おおやまぐち
折立 おりたて
河原子 かわらご
清戸 きよど
神々廻 ししば
白井 しろい
大松 だいまつ
堀込 ほりごめ

地域順一覧　　　　　　　　　　　　千葉県

南山 みなみやま
武西 むざい
谷田 やた
匝瑳市
安久山 あぐやま
飯高 いいだか
生尾 おいお
大浦 おおうら
大寺 おおでら
小高 おだか
金原 かなばら
栢田 かやだ
川辺 かわべ
川向 かわむかい
木積 きづみ
公崎 こうざき
高野 こうや
新 しむら
上谷中 じょうやなか
長岡 ながおか
中台 なかだい
長谷 ながや
新堀 にいほり
城下 ねごや
登戸 のぶと
春海 はるみ
東谷 ひがしや
八辺 やっぺ
吉田 よしだ
米持 よねもち
袖ケ浦市
阿部 あべ
永地 えいち
大曽根 おおぞね
川原井 かわはらい
神納 かんのう
三箇 さんが
下新田 しもにった
高谷 たかや
百目木 どうめき
堂谷 どうやつ
三黒 みくろ
谷中 やなか
館山市
安布里 あぶり
安東 あんどう
出野尾 いでのお
大戸 おおと
神余 かなまり
上真倉 かみさなぐら
香 こうやつ
国分 こくぶ
小沼 こぬま
小原 こばら
古茂口 こもぐち
坂井 さかい
坂足 さかだる
佐野 さの
下真倉 しもさなぐら
新宿 しんじゅく
洲崎 すのさき
洲宮 すのみや

竹原 たけわら
南条 なんじょう
西長田 にしながた
早物 はやぶつ
坂田 ばんだ
東長田 ひがしながた
藤原 ふじわら
北条 ほうじょう
正木 まさき
宮城 みやぎ
布沼 ぬぬま
布良 めら
山荻 やもおぎ
八幡 やわた
竜岡 りゅうおか
銚子市
海鹿島(町) あしかじま
新生(町) あらおい
犬吠埼 いぬぼうざき
上野(町) うえの
小浜(町) こはま
黒生(町) くろはい
小長(町) こなが
小畑(町) こばたけ
後飯(町) ごはん
小船木(町) こぶなき
猿田(町) さるだ
忍(町) しのび
正明寺(町) しょうみょうじ
白石(町) しらいし
新地(町) しんち
高神原(町) たかがみはら
高田(町) たかだ
高野(町) たかの
茶畑(町) ちゃばたけ
通(町) とおり
外川台(町) とかわだい
外川(町) とかわ
常世田(町) とこよだ
中島(町) なかじま
西小川(町) にしおがわ
馬場(町) ばば
東小川(町) ひがしおがわ
東芝(町) ひがししば
東(町) ひがし
本城(町) ほんじょう
三門(町) みかど
八木(町) やぎ
八幡(町) やはた
東金市
荒生 あらおい
砂古瀬 いさごぜ
上谷 うわや
小野 おの
家徳 かとく
上布田 かみふだ
上武射田 かみむざた

求名 ぐみょう
幸田 こうだ
小沼田 こぬまた
下武射田 しもむざた
下谷 しもや
酒蔵 しゅぞう
薄島 すすきじま
関内 せきうち
関下 せきした
丹尾 たんのお
東金 とうがね
道庭 どうにわ
堀上 ほりあげ
大豆谷 まめざく
三ケ尻 みかじり
御門 みかど
油井 ゆい
依古島 よこじま
富里市
大和 おおわ
久能 くのう
高野 こうや
御料 ごりょう
立沢 たつざわ
十倉 とくら
七栄 ななえ
新橋 にっぱし
根木名 ねこな
流山市
大畔 おおぐろ
思井 おもい
小屋 こや
名都借 なづかり
鰭ケ崎 ひれがさき
古間木 ふるまぎ
向小金 むかいこがね
習志野市
香澄 かすみ
奏の杜 かなでのもり
新栄 しんえい
花咲 はなさき
藤崎 ふじさき
実籾 みもみ
本大久保 もとおおくぼ
谷津 やつ
谷津(町) やつ
成田市
赤荻 あかおぎ
東(町) あずま
吾妻 あづま
飯岡 いのおか
臼作 うすくり
江弁須 えべす
大生 おおう
大清水 おおしみず
大菅 おおすげ
大山 おおやま
小野 おの
上(町) かみ
吉岡 きちおか
久井崎 くいざき

久米 くめ
久米野 くめの
公津の杜 こうづのもり
小菅 こすげ
小浮 こぶけ
佐野 さの
下方 したかた
新泉 しんいずみ
新川 しんかわ
新田 しんでん
浅間 せんげん
宝田 たからだ
竜台 たつだい
玉造 たまつくり
土室 つちむろ
天浪 てんなみ
稲荷山 とうかやま
東峰 とうほう
東和田 とうわだ
取香 とっこう
冬父 とぶ
長田 ながた
中台 なかだい
南敷 なじき
七沢 ななさわ
滑川 なめがわ
成田 なりた
成井 なるい
成毛 なるげ
南部 なんぶ
新妻 にっつま
橋賀台 はしかだい
馬場 ばば
一坪田 ひとつぼた
古込 ふるごめ
本城 ほんじょう
馬乗里 まじょうり
馬橋 まばし
松崎 まんざき
水の上 みずのかみ
八代 やっしろ
米野 よねの
野田市
小山 おやま
光葉(町) こうよう
五木 ごき
古布内 こぶうち
座生 ざおう
七光台 ななこうだい
次木 なみき
西高野 にしごうや
新田戸 にったど
東金野井 ひがしかなのい
東高野 ひがしごうや
二ツ塚 ふたつか
莚打 むしろうち
谷津 やつ
柳沢 やなぎさわ
山崎 やまざき
富津市
相川 あいかわ

相野谷 あいのやつ
青木 あおき
新井 あらい
一色 いっしき
不入斗 いりやまず
岩瀬 いわせ
上後 うえご
売津 うるづ
金谷 かなや
上 かみ
小久保 こくほ
小志駒 こじこま
桜井総稱鬼泪山 さくらいそうしょうきなだやま
障子谷 しょうじやつ
新富 しんとみ
台原 だいばら
田原 たばら
萩生 はぎう
花香谷 はながやつ
二間塚 ふたまづか
富津 ふっつ
御代原 みよばら
六野 むつの
望井 もちい
八田沼 やたぬま
山中 やまなか
八幡 やわた
船橋市
東(町) あずま
大神保(町) おおじんぼう
葛飾(町) かつしか
金堀(町) かねほり
上山(町) かみやま
北本(町) きたほん
行田 ぎょうだ
行田(町) ぎょうだ
高野台 こうやだい
古作 こさく
古作(町) こさく
小野田(町) このだ
小室(町) こむろ
古和釜(町) こわがま
神保(町) じんぼう
高瀬(町) たかせ
七林(町) ななばやし
西浦 にしうら
二宮 にのみや
飯山満(町) はさま
藤原 ふじわら
二和東 ふたわひがし
馬込(町) まごめ
南海神 みなみかいじん
三山 みやま
本中山 もとなかやま
山野(町) やまの
松戸市
岩瀬 いわせ
大金平 おおがねだいら

393

千葉県　　地域順一覧

大谷口 おおやぐち
河原塚 かわらづか
幸田 こうで
幸谷 こうや
古ケ崎 こがさき
小金 こがね
五香 ごこう
五香六実 ごこうむつみ
小根本 こねもと
小山 こやま
新作 しんさく
高柳 たかやなぎ
八ケ崎 はちがさき
八ケ崎緑(町) はちがさきみどり
馬橋 まばし
三ケ月 みこぜ
三矢小台 みやこだい
六実 むつみ
主水新田 もんとしんでん

南房総市
明石 あかし
安馬谷 あんばや
市部 いちぶ
小戸 おど
上堀 かみほり
川谷 かわやつ
久枝 くし
検儀谷 けぎや
合戸 ごうど
小浦 こうら
珠師ケ谷 しゅしがやつ
白子 しらこ
千代 せんだい
竹内 たけのうち
千倉町北朝夷 ちくらちょうきたあさい
千倉町忽戸 ちくらちょうこっと
富浦町丹生 とみうらちょうにゅう
西原 にしはら
平久里中 へぐりなか
御子神 みこがみ
御庄 みしょう
宮下 みやした
宮谷 みやのやつ
本織 もとおり
山下 やました
谷向 やむかい
吉沢 よしざわ
和田町海発 わだちょうかいほつ
和田町五十海 わだちょうごじゅうくら
和田町白渚 わだちょうしらすか
和田町礒森 わだちょうすもり
和田町真浦 わだちょうもうら

茂原市
粟生野 あおの
内長谷 うちながや
榎神房 えのきかんぼう
上林 かんばやし
国府関 こうせき
小萱場 こかやば
小轡 こぐつわ
小林 こばやし
三ケ谷 さんがや
渋谷 しぶや
新小轡 しんこぐつわ
千沢 せんざわ
千(町) せん
高田 たかだ
立木 たちき
東郷 とうごう
道表 どうびょう
長清水 ながしみず
長谷 ながや
七渡 ななわたり
西野 にしの
萩原(町) はぎわら
本小轡 ほんこぐつわ
本納 ほんのう
真名 まんな
御蔵芝 みくらしば
野牛 やぎゅう
山崎 やまさき
谷本 やもと
八幡原 やわたばら
鷲巣 わしのす

八街市
砂 いさご
榎戸 えのきど
大木 おおぎ
大谷流 おおやる
上砂 かみいさご
雁丸 がんまる
木原 きばら
小谷流 こやる
四木 しもく
勢田 せた
富山 とやま
文違 ひじかい
用草 もちくさ
八街 やちまた

八千代市
神久保 いものくぼ
勝田 かつた
神野 かの
上高野 かみこうや
桑納 かんのう
小池 こいけ
下高野 しもこうや
桑橋 そうのはし
高津 たかづ
平戸 ひらと
米本 よなもと

四街道市
上野 うえの

小名木 おなぎ
鹿渡 しかわたし
長岡 ながおか
中台 なかだい
南波佐間 なばさま
成山 なりやま
吉岡 よしおか
鹿放ケ丘 ろっぽうがおか

安房郡
鋸南(町) きょなん

安房郡鋸南町
大帷子 おおかたびら
大崩 おくずれ
小保田 こぼた
大六 だいろく
保田 ほた
竜島 りゅうしま

夷隅郡
御宿(町) おんじゅく

夷隅郡大多喜町
上原 うえはら
宇筒原 うとうばら
大田代 おおただい
大戸 おおと
小土呂 おどろ
葛藤 くずふじ
黒原 くろはら
小内 こうち
小内笛倉入会 こうちふえぐらいりあい
紺屋 こうや
小沢又 こざわまた
小田代 こただい
小苗 こみょう
小谷松 こやまつ
新丁 しんまち
田代 たしろ
田丁 たまち
平沢 ひらさわ
部田 へた
百鉾 もふく
八声 やこえ
柳原 やなばら
弓木 ゆみぎ

夷隅郡御宿町
御宿台 おんじゅくだい
実谷 じっこく
七本 ななもと

印旛郡
酒々井(町) しすい

印旛郡栄町
安食 あじき
安食台 あじきだい
安食卜杭新田 あじきぼっくいしんでん
麻生 あそう
請方 うけかた
興津 おきつ
北辺田 きたべた
四箇 しか
中谷 なかや

布鎌酒直 ふかまさかなお
布太 ふだ
生板鍋子新田 まないたなべこしんでん
三和 みわ
矢口 やこう

印旛郡酒々井町
飯積 いいずみ
伊篠 いじの
尾上 おがみ
酒々井 しすい
中川 なかがわ
東酒々井 ひがしすい
馬橋 まばし
本佐倉 もとさくら

香取郡
神崎(町) こうざき
東庄(町) とうのしょう

香取郡神崎町
神崎神宿 こうざきしんしゅく
神崎本宿 こうざきほんしゅく
高谷 こうや
古原 こはら
十三間戸 じゅうさんまど
立野 たちの
松崎 まつざき

香取郡多古町
出沼 いでぬま
牛尾 うしのお
大門 おおかど
大高 おおたか
北中 きたなか
谷三倉 さくみくら
高津原 たかつはら
千田 ちだ
東輝 とうき
一鍬田 ひとくわだ
方田 ほうだ
本三倉 もとみくら

香取郡東庄町
青馬 おおま
小座 おざ
神田 かんだ
小貝野 こがいの
小南 こみなみ
高部 たかべ
東和田 とうわだ
新宿 にじゅく
羽計 はばかり
谷津 やづ

山武郡
九十九里(町) くじゅうくり

山武郡九十九里町
粟生 あお
荒生 あらおい
小関 こせき
西野 にしの

藤下 ふじした
山武郡芝山町
飯櫃 いびつ
大里 おおさと
小原子 おばらく
香山新田 かやましんでん
小池 こいけ
境 さかい
高田 たかだ
高谷 たかや
新井田 にいだ
山中 やまなか

山武郡横芝光町
新井 あらい
市野原 いちのはら
小川台 おがわだい
小堤 おんづみ
上原 かんばら
北清水 きたしみず
古川 こかわ
小田部 こたべ
坂田 さかた
篠本 ささもと
鳥喰新田 とりはみしんでん
中台 なかだい
新島 にいじま
母子 ははこ
虫生 むしょう
谷台 やつだい
谷中 やなか

長生郡
一宮(町) いちのみや
白子(町) しらこ
長生(村) ちょうせい
長南(町) ちょうなん
長柄(町) ながら

長生郡一宮町
新地 あらち
一宮 いちのみや
東浪見 とらみ
白山 はくさん
東野 ひがしの

長生郡白子町
鷲 おどろき
北日当 きたひなた
幸治 こうじ
剃金 そりがね
八斗 はっと
古所 ふるところ
南日当 みなみひなた

長生郡長生村
鷲 おどろき
金田 かねだ
北水口 きたみよぐち
七井土 なないど
信友 のぶとも
一松 ひとつまつ
水口 みよぐち

長生郡長南町
小沢 おざわ

地域順一覧　　　　　　　　　　　　　　　　　東京都

小生田 おぶた
芝原 しばはら
千手堂 せんじゅどう
千田 せんだ
長南 ちょうなん
中原 なかはら
報恩寺 ほうおんじ
山内 やまうち
長生郡長柄町
上野 うえの
榎本 えもと
大庭 おおにわ
刑部 おさかべ
金谷 かなや
国府里 こうり
小榎本 こえもと
桜谷 さくらや
田代 たしろ
立鳥 たつとり
鴇谷 とうや
味庄 みしょう
山根 やまんね
長生郡睦沢町
大上 おおがみ
上之郷 かみのごう
小滝 こだき

東京都

昭島(市) あきしま
足立(区) あだち
稲城(市) いなぎ
青梅(市) おうめ
大島(町) おおしま
小笠原(村) おがさわら
葛飾(区) かつしか
国立(市) くにたち
江東(区) こうとう
小平(市) こだいら
渋谷(区) しぶや
新宿(区) しんじゅく
台東(区) たいとう
立川(市) たちかわ
豊島(区) としま
利島(村) としま
新島(村) にいじま
福生(市) ふっさ
町田(市) まちだ
御蔵島(村) みくらじま
足立区
足立 あだち
入谷 いりや
入谷(町) いりや
大谷田 おおやた
興野 おきの
小台 おだい
弘道 こうどう
江北 こうほく
古千谷 こぢや
佐野 さの

鹿浜 しかはま
新田 しんでん
千住 せんじゅ
舎人 とねり
舎人(町) とねり
中川 なかがわ
花畑 はなはた
保木間 ほきま
南花畑 みなみはなはた
宮城 みやぎ
六木 むつぎ
本木 もとき
本木東(町) もときひがし
谷在家 やざいけ
谷中 やなか
柳原 やなぎはら
板橋区
小豆沢 あずさわ
稲荷台 いなりだい
大原(町) おおはら
大谷口 おおやぐち
大山(町) おおやま
熊野(町) くまの
小茂根 こもね
坂下 さかした
志(村) し
大門 だいもん
東新(町) とうしん
中台 なかだい
中丸(町) なかまる
成増 なります
三園 みその
向原 むかいはら
大和(町) やまと
若木 わかぎ
江戸川区
興宮(町) おきのみや
鹿骨 ししぼね
鹿骨(町) ししぼね
新堀 にいほり
松江 まつえ
谷河内 やごうち
大田区
池上 いけがみ
蒲田 かまた
北糀谷 きたこうじや
北嶺(町) きたみね
東海 とうかい
西糀谷 にしこうじや
羽田 はねだ
東糀谷 ひがしこうじや
矢口 やぐち
雪谷大塚(町) ゆきがやおおつか
葛飾区
奥戸 おくど
金(町) かな
小菅 こすげ
白鳥 しらとり
立石 たていし

新宿 にいじゅく
東金(町) ひがしかな
細田 ほそだ
北区
神谷 かみや
豊島 としま
江東区
青海 あおみ
有明 ありあけ
石島 いしじま
永代 えいたい
大島 おおじま
亀戸 かめいど
木場 きば
東雲 しののめ
白河 しらかわ
新木場 しんきば
新砂 しんすな
千石 せんごく
千田 せんだ
深川 ふかがわ
古石場 ふるいしば
南砂 みなみすな
品川区
荏原 えばら
小山 こやま
小山台 こやまだい
中延 なかのぶ
八潮 やしお
豊(町) ゆたか
渋谷区
上原 うえはら
大山(町) おおやま
神山(町) かみやま
桜丘(町) さくらがおか
渋谷 しぶや
松濤 しょうとう
神泉(町) しんせん
神南 じんなん
西原 にしはら
東 ひがし
円山(町) まるやま
新宿区
市谷砂土原(町) いちがやさどはら
市谷八幡(町) いちがやはちまん
榎(町) えのき
河田(町) かわだ
細工(町) さいく
三栄(町) さんえい
白銀(町) しろがね
新宿 しんじゅく
高田馬場 たかだのばば
築地(町) つきじ
筑土八幡(町) つくどはちまん
百人(町) ひゃくにん
本塩(町) ほんしお
矢来(町) やらい

杉並区
和泉 いずみ
永福 えいふく
上荻 かみおぎ
松庵 しょうあん
方南 ほうなん
桃井 ももい
墨田区
石原 いしわら
江東橋 こうとうばし
立花 たちばな
立川 たてかわ
千歳 ちとせ
業平 なりひら
文花 ぶんか
向島 むこうじま
八広 やひろ
横川 よこかわ
世田谷区
池尻 いけじり
大蔵 おおくら
大原 おおはら
上馬 かみうま
上野毛 かみのげ
砧 きぬた
桜丘 さくらがおか
下馬 しもうま
代田 だいた
弦巻 つるまき
八幡山 はちまんやま
松原 まつばら
三宿 みしゅく
台東区
入谷 いりや
上野 うえの
蔵前 くらまえ
小島 こじま
下谷 したや
千束 せんぞく
台東 たいとう
谷中 やなか
柳橋 やなぎばし
中央区
明石(町) あかし
入船 いりふね
新川 しんかわ
新富 しんとみ
築地 つきじ
佃 つくだ
豊海(町) とよみ
日本橋 にほんばし
日本橋蛎殻(町) にほんばしかきがら
日本橋茅場(町) にほんばしかやば
日本橋小伝馬(町) にほんばしこでんま
日本橋馬喰(町) にほんばしばくろ
千代田区
神田練塀(町) かんだねりべい
麹(町) こうじ

東神田 ひがしかんだ
有楽(町) ゆうらく
四番(町) よんばん
豊島区
駒込 こまごめ
千川 せんかわ
雑司が谷 ぞうしがや
高田 たかだ
千早 ちはや
中野区
新井 あらい
江原(町) えはら
鷺宮 さぎのみや
白鷺 しらさぎ
大和(町) やまと
練馬区
旭丘 あさひがおか
大泉(町) おおいずみ
上石神井 かみしゃくじい
向山 こうやま
小竹(町) こたけ
下石神井 しもしゃくじい
石神井(町) しゃくじい
高野台 たかのだい
立野(町) たての
土支田 どしだ
貫井 ぬくい
羽沢 はざわ
谷原 やはら
文京区
音羽 おとわ
小日向 こひなた
千石 せんごく
白山 はくさん
向丘 むこうがおか
港区
麻布狸穴(町) あざぶまみあな
白金 しろかね
新橋 しんばし
高輪 たかなわ
三田 みた
目黒区
駒場 こまば
洗足 せんぞく
平(町) たいら
碑文谷 ひもんや
三田 みた
昭島市
東 あずま
大神 おおがみ
郷地(町) ごうち
上川原(町) じょうがわら
築地(町) ついじ
松原(町) まつばら
あきる野市
秋留 あきる
網代 あじろ

神奈川県　　　　　地域順一覧

雨間 あめま
入野 いりの
上ノ台 うえのだい
小川 おがわ
小川東 おがわひがし
乙津 おつ
上代継 かみよつぎ
切欠 きっかけ
小中野 こなかの
小峰台 こみねだい
小和田 こわだ
三内 さんない
下代継 しもよつぎ
菅生 すがお
高尾 たかお
留原 ととはら
二宮 にのみや
野辺 のべ
引田 ひきだ
平沢 ひらさわ
稲城市
大丸 おおまる
百(村) も
青梅市
大柳(町) おおやな
小曾木 おそき
河辺(町) かべ
上(町) かみ
大門 だいもん
千ケ瀬(町) ちがせ
成木 なりき
西分(町) にしわけ
野上(町) のがみ
梅郷 ばいごう
畑中 はたなか
日向和田 ひなたわだ
吹上 ふきあげ
御岳 みたけ
師岡(町) もろおか
谷野 やの
柚木(町) ゆぎ
清瀬市
梅園 うめぞの
下宿 したじゅく
国立市
青柳 あおやぎ
東 ひがし
谷保 やほ
小金井市
東(町) ひがし
前原(町) まえはら
国分寺市
光(町) ひかり
日吉(町) ひよし
小平市
小川(町) おがわ
小川東(町) おがわひがし
中島(町) なかじま
御幸(町) みゆき
回田(町) めぐりた

狛江市
猪方 いのがた
立川市
上砂(町) かみすな
多摩市
乞田 こった
馬引沢 まひきざわ
百草 もぐさ
調布市
入間(町) いりま
小島(町) こじま
飛田給 とびたきゅう
布田 ふだ
西東京市
北原(町) きたはら
西原(町) にしはら
東(町) ひがし
保谷(町) ほうや
向台(町) むこうだい
柳沢 やぎさわ
谷戸(町) やと
八王子市
東(町) あずま
上野(町) うえの
大船(町) おおふね
大谷(町) おおや
小門(町) おかど
小津(町) おつ
鹿島 かしま
叶谷(町) かのうや
上川(町) かみかわ
上柚木 かみゆぎ
椚田(町) くぬぎだ
小比企(町) こびき
小宮(町) こみや
子安(町) こやす
左入(町) さにゅう
散田(町) さんだ
下柚木 しもゆぎ
平(町) たいら
高尾(町) たかお
高月(町) たかつき
館(町) たて
廿里(町) とどり
七国(町) ななくに
八幡(町) はちまん
日吉(町) ひよし
松木 まつぎ
宮下(町) みやした
八木(町) やぎ
谷野(町) やの
横川(町) よこかわ
万(町) よろず
羽村市
小作台 おざくだい
羽加美 はねかみ
羽中 はねなか
羽東 はねひがし
東久留米市
上の原 うえのはら
金山(町) かなやま
小山 こやま

下里 しもさと
新川(町) しんかわ
神宝(町) しんぽう
浅間(町) せんげん
大門(町) だいもん
野火止 のびどめ
八幡(町) はちまん
東村山市
廻田(町) めぐりた
東大和市
新堀 しんぼり
蔵敷 ぞうしき
立野 たての
仲原 なかはら
南街 なんがい
向原 むこうはら
日野市
新井 あらい
上田 かみだ
下田 しもだ
豊田 とよだ
三沢 みさわ
南平 みなみだいら
百草 もぐさ
府中市
小柳(町) こやなぎ
浅間(町) せんげん
東芝(町) とうしば
西原(町) にしはら
八幡(町) はちまん
日吉(町) ひよし
分梅(町) ぶばい
本宿(町) ほんしゅく
福生市
東(町) ひがし
福生 ふっさ
町田市
相原(町) あいはら
大蔵(町) おおくら
小川 おがわ
小山ケ丘 おやまがおか
小山田桜台 おやまだ さくらだい
小山(町) おやま
金森 かなもり
上小山田(町) かみおやまだ
高ケ坂 こがさか
下小山田(町) しもおやまだ
忠生 ただお
成瀬 なるせ
山崎 やまざき
山崎(町) やまざき
三鷹市
井口 いぐち
新川 しんかわ
中原 なかはら
牟礼 むれ
武蔵野市
吉祥寺東(町) きちじょうひがし

境南(町) きょうなん
境 さかい
八幡(町) やはた
武蔵村山市
榎 えのき
中原 なかはら
西多摩郡
檜原(村) ひのはら
西多摩郡奥多摩町
海沢 うなざわ
大丹波 おおたば
河内 こうち
小丹波 こたば
境 さかい
白丸 しろまる
留浦 とずら
日原 にっぱら
西多摩郡檜原村
小沢 おざわ
神戸 かのと
藤原 ふじわら
人里 へんぼり
三都郷 みつご
本宿 もとしゅく
西多摩郡瑞穂町
石畑 いしはた
長岡 ながおか
南平 みなみだいら
大島町
泉津 せんづ
波浮港 はぶみなと
八丈島八丈町
三根 みつね
三宅島三宅村
雄山 おやま
神着 かみつき

神奈川県

小田原(市) おだわら
高座(郡) こうざ
相模原(市) さがみはら
逗子(市) ずし
茅ケ崎(市) ちがさき
秦野(市) はだの
大和(市) やまと
横浜市
金沢(区) かなざわ
都筑(区) つづき
横浜市青葉区
荏子田 えこだ
荏田 えだ
大場(町) おおば
上谷本(町) かみやもと
鉄(町) くろがね
寺家(町) じけ
下谷本(町) しもやもと
成合(町) なりあい
松風台 まつかぜだい

横浜市旭区
小高(町) おたか
左近山 さこんやま
三反田(町) さんたんだ
白根 しらね
白根(町) しらね
都岡(町) つおか
本宿(町) ほんじゅく
本村(町) ほんむら
横浜市泉区
和泉(町) いずみ
岡津(町) おかづ
新橋(町) しんばし
中田(町) なかた
緑園 りょくえん
横浜市磯子区
上(町) かみ
坂下(町) さかした
下(町) しも
中浜(町) なかはま
中原 なかはら
馬場(町) ばば
東(町) ひがし
久木(町) ひさき
氷取沢(町) ひとりざわ
横浜市神奈川区
青木(町) あおき
出田(町) いずた
入江 いりえ
上反(町) かみたん
神之木(町) かみのき
神大寺 かんだいじ
桐畑 きりばたけ
金港(町) きんこう
幸ケ谷 こうがや
菅田(町) すげた
立(町) たて
反(町) たん
千若(町) ちわか
中丸 なかまる
七島(町) ななしま
白楽 はくらく
羽沢(町) はざわ
平川(町) ひらかわ
山内(町) やまのうち
横浜市金沢区
乙舳 おつとも
金沢(町) かなざわ
幸浦 さちうら
洲崎(町) すさき
大道 だいどう
泥亀 でいき
能見台 のうけんだい
谷津(町) やつ
横浜市港南区
笹下 ささげ
日限山 ひぎりやま
横浜市港北区
大曽根 おおそね
小机(町) こづくえ

地域順一覧　　　　　　　　　　　　　　　　　　　　　　　　　　神奈川県

篠原(町) しのはら
下田(町) しもだ
高田(町) たかた
新羽(町) にっぱ
日吉 ひよし
大豆戸(町) まめど
師岡(町) もろおか
横浜市栄区
飯島(町) いいじま
犬山(町) いのやま
上之(町) かみの
公田(町) くでん
小菅ケ谷 こすがや
小菅ケ谷(町) こすがや
小山台 こやまだい
柏陽 はくよう
横浜市瀬谷区
東野 あずまの
東野台 あずまのだい
北新 きたしん
三ツ境 みつきょう
横浜市都筑区
池辺(町) いこのべ
大熊(町) おおくま
大丸 おおまる
勝田(町) かちだ
川向(町) かわむこう
葛が谷 くずがや
新栄(町) しんえい
茅ケ崎(町) ちがさき
中川 なかがわ
横浜市鶴見区
安善(町) あんぜん
潮田(町) うしおだ
扇島 おうぎしま
小野(町) おの
岸谷 きしや
下野谷(町) したのや
尻手 しって
菅沢(町) すがさわ
大黒(町) だいこく
大東(町) だいとう
佃野(町) つくの
寺谷 てらや
馬場 ばば
本町通 ほんちょうどおり
矢向 やこう
横浜市戸塚区
柏尾(町) かしお
汲沢 ぐみざわ
汲沢(町) ぐみざわ
小雀(町) こすずめ
平戸 ひらど
平戸(町) ひらど
深谷(町) ふかや
吉田(町) よしだ
横浜市中区
上野(町) うえの
大平(町) おおひら
尾上(町) おのえ

柏葉 かしわば
北方(町) きたがた
小港(町) こみなと
新港 しんこう
立野 たての
千蔵(町) ちとせ
花咲(町) はなさき
英(町) はなぶさ
万代(町) ばんだい
不老(町) ふろう
本牧満坂 ほんもくまんざか
真砂(町) まさご
三吉(町) みよし
山下(町) やました
大和(町) やまと
吉田(町) よしだ
横浜市西区
東ケ丘 あずまがおか
北幸 きたさいわい
楠(町) くすのき
浅間台 せんげんだい
浅間(町) せんげん
花咲(町) はなさき
南浅間(町) みなみせんげん
横浜市保土ケ谷区
新井(町) あらい
帷子(町) かたびら
鎌谷(町) かまや
上菅田(町) かみすげだ
川辺(町) かわべ
神戸(町) ごうど
西谷(町) にしや
仏向(町) ぶっこう
宮田(町) みやた
横浜市緑区
青砥(町) あおと
上山(町) かみやま
小山(町) こやま
十日市場(町) とおかいちば
新治(町) にいはる
白山 はくさん
横浜市南区
榎(町) えのき
庚台 かのえだい
弘明寺(町) ぐみょうじ
山谷 さんや
白金(町) しろがね
白妙(町) しろたえ
新川(町) しんかわ
通(町) とおり
中島(町) なかじま
八幡(町) はちまん
日枝(町) ひえ
東蒔田(町) ひがしまいた
平楽 へいらく
蒔田(町) まいた
万世(町) ばんせい
睦(町) むつみ

厚木市
吾妻(町) あづま
飯山 いいやま
岡津古久 おかつこく
小野 おの
金田 かねだ
上依知 かみえち
上古沢 かみふるさわ
三田 さんだ
下依知 しもえち
下津古久 しもつこく
下古沢 しもふるさわ
戸田 とだ
中依知 なかえち
七沢 ななさわ
温水 ぬるみず
長谷 はせ
東(町) ひがし
松枝 まつえ
綾瀬市
大上 おおがみ
小園 こぞの
蓼川 たてかわ
早川 はやかわ
深谷 ふかや
本蓼川 ほんたてかわ
吉岡 よしおか
綾西 りょうせい
伊勢原市
大山 おおやま
上谷 かみや
小稲葉 こいなば
神戸 ごうど
子易 こやす
下谷 しもや
白根 しらね
善波 ぜんば
八幡台 はちまんだい
日向 ひなた
海老名市
大谷 おおや
上河内 かみごうち
河原口 かわらぐち
社家 しゃけ
中河内 なかごうち
望地 もうち
小田原市
新屋 あらや
飯泉 いいずみ
池上 いけがみ
井細田 いさいだ
入生田 いりゅうだ
小竹 おだけ
小船 おぶね
上(町) かの
上新田 かみしんでん
鴨宮 かものみや
栢山 かやま
川匂 かわわ
久野 くの
桑原 くわばら

国府津 こうづ
小台 こだい
米神 こめかみ
小八幡 こやわた
酒匂 さかわ
下新田 しもしんでん
城山 しろやま
曽我谷津 そがやつ
高田 たかた
田島 たじま
千代 ちよ
成田 なるだ
西酒匂 にしさかわ
早川 はやかわ
東今丘 ひがしいまおか
東(町) ひがし
別堀 べっぽり
南鴨宮 みなみかものみや
谷津 やつ
矢作 やはぎ
鎌倉市
岩瀬 いわせ
扇ガ谷 おうぎがやつ
大船 おおふな
梶原 かじわら
小袋谷 こぶくろや
小(町) こ
七里ガ浜 しちりがはま
十二所 じゅうにそ
城廻 しろめぐり
関谷 せきや
高野 たかの
寺分 てらぶん
西御門 にしみかど
長谷 はせ
山崎 やまさき
川崎市
麻生(区) あさお
高津(区) たかつ
中原(区) なかはら
川崎市麻生区
上麻生 かみあさお
黒川 くろかわ
下麻生 しもあさお
白鳥 しらとり
白山 はくさん
古沢 ふるさわ
向原 むかいばら
川崎市川崎区
池上 いけがみ
砂子 いさご
浮島(町) うきしま
榎(町) えのき
扇島 おおぎしま
大島 おおしま
小川 おがわ
小田 おだ
小田栄 おださかえ
観音 かんのん
小島 こじま
境(町) さかい

桜本 さくらもと
白石(町) しらいし
田島(町) たじま
中島 なかじま
東田(町) ひがしだ
藤崎 ふじさき
夜光 やこう
川崎市幸区
小倉 おぐら
河原(町) かわら
小向(町) こむかい
紺屋(町) こんや
新小倉 しんおぐら
川崎市高津区
明津 あくつ
久地 くじ
子母口 しぼくち
新作 しんさく
千年 ちとせ
溝口 みぞのくち
向ケ丘 むかいがおか
川崎市多摩区
生田 いくた
栗谷 くりや
菅 すげ
菅稲田堤 すげいなだづつみ
菅北浦 すげきたうら
菅城下 すげしろした
菅仙谷 すげせんごく
菅馬場 すげばんば
長沢 ながさわ
登戸 のぼりと
布田 ふだ
三田 みた
川崎市中原区
井田 いだ
上小田中 かみこだなか
上丸子八幡(町) かみまるこはちまん
北谷(町) きたや
下小田中 しもこだなか
新城 しんじょう
田尻(町) たじり
宮内 みやうち
川崎市宮前区
小台 こだい
神木 しぼく
菅生 すがお
菅生ケ丘 すがおがおか
平 たいら
土橋 つちはし
馬絹 まぎぬ
水沢 みずさわ
相模原市中央区
小山 おやま
鹿沼台 かぬまだい
上溝 かみみぞ

397

新潟県　　　　　　　　　　　地域順一覧

相模原 さがみはら
宮下 みやした
弥栄 やえい
由野台 よしのだい
相模原市緑区
相原 あいはら
太井 おおい
大島 おおしま
大山(町) おおやま
小倉 おぐら
小原 おばら
小渕 おぶち
城山 しろやま
寸沢嵐 すわらし
千木良 ちぎら
鳥屋 とや
日連 ひづれ
三井 みい
三ケ木 みかげ
向原 むかいはら
若柳 わかやなぎ
相模原市南区
麻溝台 あさみぞだい
新磯野 あらいその
古淵 こぶち
新戸 しんど
相南 そうなん
相武台 そうぶだい
当麻 たいま
豊(町) ゆたか
座間市
入谷 いりや
相武台 そうぶだい
立野台 たつのだい
東原 ひがしはら
逗子市
小坪 こつぼ
新宿 しんじゅく
逗子 ずし
久木 ひさぎ
茅ヶ崎市
小桜(町) こざくら
小和田 こわだ
十間坂 じゅっけんざか
松林 しょうりん
新栄(町) しんえい
高田 たかた
茅ヶ崎 ちがさき
出口(町) でぐち
共恵 ともえ
中島 なかじま
行谷 なめがや
本宿(町) ほんじゅく
松風台 まつかぜだい
柳島 やなぎしま
秦野市
入船(町) いりふね
河原(町) かわら
小蓑毛 こみのげ
三屋 さんや
菖蒲 しょうぶ

水神(町) すいじん
曽屋 そや
大秦(町) たいしん
立野台 たてのだい
千(村) ち
名古木 ながぬき
八沢 はっさわ
平沢 ひらさわ
松原(町) まつばら
三廻部 みくるべ
平塚市
明石(町) あかし
飯島 いいじま
出縄 いでなわ
入野 いの
入部 いりぶ
大神 おおかみ
大島 おおしま
大原 おおはら
上吉沢 かみきちさわ
城所 きどころ
公所 ぐぞ
河内 こうち
小鍋島 こなべしま
真田 さなだ
下吉沢 しもきちさわ
下島 しもじま
菫平 すみれだいら
浅間(町) せんげん
千須谷 せんずや
立野 たての
達上ケ丘 たんじょうがおか
長瀞 ながとろ
中原 なかはら
撫子原 なでしこはら
西真土 にししんど
西八幡 にしやわた
馬入 ばにゅう
東八幡 ひがしやわた
日向岡 ひなたおか
札場(町) ふだば
纒 まとい
南原 みなみはら
山下 やました
八幡 やわた
龍城ケ丘 りゅうじょうがおか
藤沢市
打戻 うちもどり
大庭 おおば
獺郷 おそごう
鵠沼海岸 くげぬまかいがん
葛原 くずはら
小塚 こつか
城南 じょうなん
菖蒲沢 しょうぶさわ
白旗 しらはた
大鋸 だいぎり
高谷 たかや
立石 たていし
長後 ちょうご

辻堂神台 つじどうかんだい
本鵠沼 ほんくげぬま
用田 ようだ
渡内 わたうち
三浦市
尾上(町) おがみ
海外(町) かいと
岬陽(町) こうよう
白石(町) しらいし
城山(町) しろやま
初声町三戸 はっせまちみと
三崎町小網代 みさきまちこあじろ
三崎町六合 みさきまちむつあい
向ケ崎(町) むこうがさき
南足柄市
雨坪 あまつぼ
狩野 かの
小市 こいち
関本 せきもと
千津島 せんづしま
大雄(町) だいゆう
塚原 つかはら
怒田 ぬだ
沼田 ぬまた
福泉 ふくせん
班目 まだらめ
壗下 まました
三竹 みたけ
向田 むかいだ
和田河原 わだがはら
大和市
桜森 さくらもり
渋谷 しぶや
下草柳 しもそうやぎ
草柳 そうやぎ
福田 ふくだ
柳橋 やなぎばし
横須賀市
秋谷 あきや
池上 いけがみ
不入斗(町) いりやまず
上(町) うわ
小川(町) おがわ
追浜(町) おっぱま
小原台 おばらだい
金谷 かねや
公郷(町) くごう
子安 こやす
小矢部(町) こやべ
佐野(町) さの
佐原 さはら
猿島 さるしま
新港(町) しんこう
須軽谷 すがるや
田浦(町) たうら
長沢 ながさわ
西逸見(町) にしへみ

逸見が丘 へみがおか
馬堀(町) まほり
山中(町) やまなか
愛甲郡
愛川(町) あいかわ
愛甲郡愛川町
角田 すみだ
田代 たしろ
八菅山 はすげさん
半原 はんばら
三増 みませ
愛甲郡清川村
煤ケ谷 すすがや
足柄上郡
山北(町) やまきた
足柄上郡大井町
赤田 あかだ
高尾 たかお
足柄上郡開成町
牛島 うしじま
延沢 のぶさわ
宮台 みやのだい
足柄上郡中井町
久所 ぐそ
古怒田 こぬた
境 さかい
雑色 ぞうしき
半分形 はぶがた
足柄上郡松田町
神山 こうやま
松田庶子 まつだそし
寄 やどりき
足柄上郡山北町
神縄 かみなわ
玄倉 くろくら
都夫良野 つぶらの
中川 なかがわ
皆瀬川 みなせがわ
向原 むこうはら
山北 やまきた
世附 よづく
足柄下郡箱根町
大平台 おおひらだい
強羅 ごうら
小涌谷 こわくだに
足柄下郡
真鶴(町) まなつる
足柄下郡真鶴町
真鶴 まなつる
足柄下郡湯河原町
土肥(町) どい
宮上 みやかみ
宮下 みやした
門川 もんがわ
高座郡
寒川(町) さむかわ
高座郡寒川町
大蔵 おおぞう
小谷 こやと
小動 こゆるぎ

中郡
二宮(町) にのみや
中郡大磯町
生沢 いくさわ
月京 がっきょう
国府新宿 こくふしんしゅく
高麗 こま
東(町) ひがし
中郡二宮町
一色 いしき
川匂 かわわ
二宮 にのみや
三浦郡葉山町
一色 いっしき
長柄 ながえ
堀内 ほりうち

新潟県

糸魚川(市) いといがわ
小千谷(市) おぢや
柏崎(市) かしわざき
刈羽(郡) かりわ
五泉(市) ごせん
佐渡(市) さど
三島(郡) さんとう
新発田(市) しばた
長岡(市) ながおか
西蒲原(郡) にしかんばら
新潟市
江南(区) こうなん
西蒲(区) にしかん
東(区) ひがし
新潟市秋葉区
飯柳 いやなぎ
浦興野 うらごうや
大秋 おおあき
大鹿 おおじか
荻島 おぎじま
長割 おさわり
金沢 かなざわ
金屋 かなや
蒲ケ沢 がわがさわ
北上 きたかみ
草水 くそうず
小口 こぐち
小須戸 こすど
古田 こだ
小戸上組 こどかみぐみ
子成場 こなしば
小向 こむかい
塩谷 しおだに
下興野 しもごや
下興野(町) しもごや
下新 しもしん
新栄 しんえい
新郷屋 しんごや
新保 しんほ
水田 すいた

地域順一覧　　新潟県

田家 たい
大蔵 だいぞう
滝谷(町) たきや
田島 たじま
出戸 でと
七日(町) なのか
新津 にいつ
新津四ツ興野 にいつよつごや
西島 にしじま
日宝(町) にっぽう
東金沢 ひがしかなざわ
古津 ふるつ
山谷(町) やまや
吉岡(町) よしおか

新潟市北区
石動 いするぎ
上堀田 かみほりだ
神谷内 かみやち
葛塚 くずつか
下大谷内 しもおおやち
白勢 しろせ
新富(町) しんとみ
東栄(町) とうえい
樋ノ入 どのいり
鳥屋 とや
新井郷 にいごう
新崎 にいざき
濁川 にごりかわ
西名目所 にしなめところ
白新(町) はくしん
東栄(町) ひがしさかえ
仏伝 ぶつでん
松栄(町) まつえい
柳原 やなぎはら

新潟市江南区
祖父興野 おじごや
亀田長潟 かめだながた
亀田四ツ興野 かめだよつごや
木津 きつ
久蔵興野 きゅうぞうごや
駒込 こまごみ
五月(町) さつき
早苗 さなえ
鐘木 しゅもく
城所 じょうしょ
城山 じょうやま
沢海 そうみ
茅野山 ちのやま
手代山 てしろやま
長潟 ながた
西野 にしの
東船場 ひがしふなば
日水 ひみず

新潟市中央区
明石 あかし
鐙 あぶみ

入船(町) いりふね
上沼 うわぬま
烏帽子(町) えぼし
近江 おうみ
大島 おおじま
祖父興野 おじごや
上所 かみところ
神道寺 かんどうじ
蒲原 かんばら
寄附(町) きふ
久蔵興野 きゅうぞうごや
高志 こうし
湖南 こなん
小張木 こばりのき
魁(町) さきがけ
三和 さんわ
紫竹 しちく
鐘木 しゅもく
新光(町) しんこう
新島町通 しんしまちょうどおり
菅根(町) すがね
関南(町) せきなみ
関屋本村(町) せきやほんそん
忠蔵(町) ちゅうぞう
附船(町) つけふね
天明(町) てんめい
鳥屋野 とやの
長潟 ながた
西厩島(町) にしうまやじま
沼垂東 ぬったりひがし
艀川岸(町) はしけかわぎし
早川(町) はやかわ
万代 ばんだい
万代島 ばんだいじま
東厩島(町) ひがしうまやじま
東幸(町) ひがしさいわい
雲雀(町) ひばり
船場(町) ふなば
古町通 ふるまちどおり
本町通 ほんちょうどおり
秣川岸通 まぐさかわぎしどおり
南長潟 みなみながた
美の里 みのり
女池 めいけ
本雲越 もとうまこし
柳島町 やなぎしま
米山 よねやま

新潟市西蒲区
赤鏥 あかさび
味方 あじかた
安尻 あんじり
油島 あぶらじま
新谷 あらや
茨島 いばらしま

大曽根 おおぞね
大原 おおはら
角田浜 かくだはま
角海浜 かくみはま
潟上 かたがみ
熊谷 くまがい
桑山 くわやま
高野宮 こうのみや
河間 こうま
小吉 こよし
真田 さなだ
三角野新田 さんかくのしんでん
三方 さんぽう
下山 しもやま
称名 しょうみょう
白鳥 しろとり
新保 しんぼ
高畑 たかばたけ
稲島 とうじま
道上 どうじょう
中島 なかじま
西汰上 にしよりあげ
羽田 はねだ
東小吉 ひがしこよし
東汰上 ひがしよりあげ
平沢 ひらさわ
伏部 ふすべ
堀上新田 ほりあげしんでん
巻東(町) まきあずま
松崎 まつさき
馬堀 まぼり
南谷内 みなみやち
門田 もんた

新潟市西区
有明(町) ありあけ
内野早角 うちのはやつの
内野(町) うちの
小見郷屋 おみごうや
神山 かみやま
木場 きば
小新 こしん
小瀬 こぜ
小針 こばり
小針が丘 こばりがおか
小針台 こばりだい
小平方 こひらかた
坂井 さかい
坂田 さかた
新田 しんでん
善久 ぜんく
田島 たじま
立仏 たちほとけ
寺地 てらじ
道河原 どうがわら
鳥原 とっぱら
平島 へいじま
真砂 まさご
明田 みょうでん

谷内 やち
山崎 やまざき

新潟市東区
石動 いするぎ
榎 えのき
榎(町) えのき
逢谷内 おうやち
大山 おおやま
下場 げば
幸栄 こうえい
河渡 こうど
江南 こうなん
小金(町) こがね
下山 したやま
紫竹 しちく
白銀 しろがね
新川(町) しんかわ
児池 ちごいけ
東新(町) とうしん
東明 とうめい
中興野 なかごうや
中島 なかじま
西野 にしの
浜谷(町) はまや
一日市 ひといち
古湊(町) ふるみなと
松崎 まつさき
有楽 ゆうらく
豊 ゆたか

新潟市南区
朝捲 あさまくり
味方 あじかた
飯島 いいじま
和泉 いずみ
鋳物師興野 いものしごうや
兎新田 うさぎしんでん
癇ケ通 うすがどおり
上新田 かみしんでん
神屋 かみや
木滑 きなめり
櫛笥 くしげ
小坂 こさか
小蔵子 こぞうす
七軒 しちけん
七軒(町) しちけん
下道潟 しもどうがた
上下諏訪木 じょうげすわのき
庄瀬 しょうぜ
白根 しろね
白根魚(町) しろねさかな
新生(町) しんせい
蔵主 ぞうす
大郷 だいごう
田尾 だお
七穂 ななほ
新飯田 にいだ
西酒屋 にしさかや
古川新田 ふるかわしんでん

松橋 まつはし

阿賀野市
赤水 あかみず
安野(町) あんの
榎 えのき
大野地 おおやち
荻島 おぎしま
小里 おさと
女堂 おんなどう
貝喰 かいばみ
籠田 かごた
金沢 かなざわ
金屋 かなや
金田(町) かねだ
上坂(町) かみさか
北本(町) きたほん
草水 くそうず
下条 げじょう
下条(町) げじょう
小浮 こうけ
小河原 こがわら
小栗山 こぐりやま
小境 こざかい
小島 こじま
下里 さがり
七石 しちこく
城 じょう
次郎丸 じろうまる
新座 しんざ
新保 しんぼ
水原 すいばら
清野 せいの
千唐仁 せんとうじ
高田 たかだ
千原 ちわら
出湯 でゆ
外城(町) とじょう
土橋 どばし
長起 ながおき
中島 なかじま
中島(町) なかじま
七浦 ななうら
七島 ななしま
東(町) ひがし
福田 ふくだ
分田 ぶんだ
発久 ほっきゅう
蒔田 まいた
宮下 みやのした
向中ノ通 むかいなかのとおり
百津 ももづ
百津(町) ももづ
保田 やすだ
野地城 やちじょう
山崎 やまざき
大和 やまと
六野瀬 ろくのせ

糸魚川市
上路 あげろ
新(町) あら
五十原 いかはら

新潟県　　　　　　　　　　　　地域順一覧

和泉 いずみ
上刈 うえかり
上野山 うえのやま
上横 うえよこ
上野 うわの
青海 おうみ
大平 おおだいら
大所 おおところ
大谷内 おおやち
小見 おみ
角間 かくま
蒲池 がまいけ
上出 かみいで
上沢 かみざわ
鬼舞 きぶ
来海沢 くるみざわ
御前山 ごぜんやま
小滝 こたき
木浦 このうら
指塩 さしお
下倉 したくら
下出 しもいで
上覚 じょうかく
大神堂 だいじんどう
平 たいら
谷根 たんね
土塩 つちしお
頭山 つむりやま
寺地 てらじ
藤後 とうご
藤ъき とうざき
道平 どうたいら
田海 とうみ
道明 どうみょう
外波 となみ
中宿 なかしゅく
中浜 なかはま
中谷内 なかやち
成沢 なりさわ
西川原 にしがわら
西飛山 にしひやま
西谷内 にしやち
能生 のう
羽生 はにゅう
東海 ひがしうみ
東川原 ひがしかわら
東寺(町) ひがしてら
柵口 ませぐち
宮平 みやだいら
百川 ももがわ

魚沼市
井口新田 いのくち
　しんでん
大石 おおいし
大浦 おおうら
小平尾 おびろお
折立又新田 おりた
　てまたしんでん
上原 かみはら
雁坂下 がんざかした
清本 きよもと
小出島 こいでじま
古新田 こしんでん

小庭名 こてんみょう
下倉 したぐら
下島 しもじま
下新田 しもしんでん
下田 しもだ
新保 しんぼ
須原 すはら
外山 そでやま
田尻 たじり
中家 ちゅうか
中子沢 ちゅうしざわ
十日(町) とおか
中島 なかじま
中原 なかはら
七日市 なのかいち
一日市 ひといち
干溝 ひみぞ
水沢 みずさわ
葎沢 むぐらざわ
柳原 やなぎはら
山田下 やまだした
吉田 よしだ
吉平 よしだいら
吉原 よしわら
米沢 よねざわ

小千谷市
上ノ山 うえのやま
浦柄 うらがら
鴻巣(町) こうのす
小栗山 こぐりやま
小粟田 こわだ
三仏生 さんぶしょう
塩谷 しおだに
千谷 ちや
千谷川 ちやがわ
東栄 とうえい
薭生 ひう
日吉 ひよし
平沢 ひらさわ
豊久新田 ほうきゅ
　うしんでん
真人(町) まっと
谷内 やち
山谷 やまや
横渡 よこわたし

柏崎市
上輪 あげわ
畔屋 あぜや
安政(町) あんせい
五十土 いかづち
青海川 おうみがわ
大河内新田 おおこ
　うちしんでん
大清水 おおしみず
大平 おおだいら
小倉(町) おくら
女谷 おなだに
上方 かみがた
上原 かみはら
北条 きたじょう
久米 くんめ
剣野 けんの
剣野(町) けんの

小金(町) こがね
小黒須 こぐろす
小島 こじま
小田山新田 こだや
　ましんでん
三和(町) さんわ
椎谷 しいや
下方 しもがた
上条 じょうじょう
城塚 じょうづか
城東 じょうとう
新道 しんどう
新橋 しんばし
善根 ぜごん
曽地 そち
高畔 たかぜ
高柳町門出 たかや
　なぎちょうかどいで
谷根 たんね
土合 どあい
東条 とうじょう
東の輪(町) とうのわ
中田 なかだ
中浜 なかはま
成沢 なりさわ
西港(町) にしみなと
西山町伊毛 にしや
　まちょういも
西山町鬼王 にしや
　まちょうおにお
西山町尾(町) にし
　やまちょうお
西山町浜忠 にしや
　まちょうはまつだ
日石(町) にっせき
南下 のうげ
半田 はんだ
東原(町) ひがしはら
東港(町) ひがしみ
　なと
比角 ひすみ
日吉(町) ひよし
三島 みしま
水上 みずかみ
南条 みなみじょう
宮平 みやだいら
元城(町) もとしろ
安田 やすだ
柳田(町) やなぎだ
柳橋(町) やなぎばし
山澗 やまだに
大和(町) やまと
豊(町) ゆたか
与三 よそう
米山(町) よねやま
蕨野 わらびの

加茂市
青海(町) あおみ
鵜森 うのもり
後須田 うらすだ
上(町) かみ
下条 げじょう
小橋 こばし
上条 じょうじょう

新栄(町) しんえい
狭口 せばぐち
千刈 せんがり
大郷(町) だいごう
長谷 ながたに
番田 ばんでん
八幡 やわた

五泉市
赤海 あこうみ
新屋 あらや
上野 うえの
大蔵 おおくら
大谷 おおたに
大原 おおはら
小熊 おぐま
小山田 おやまだ
上戸倉 かみとぐら
刈羽 かりわ
川内 かわち
郷屋川 こうやがわ
小搦 こがらみ
小栗山 こぐりやま
五泉 ごせん
小面谷 こつらだに
小流 こながし
三本木 さんぼんぎ
下大蒲原 しもおお
　かんばら
下条 しもじょう
下新 しもしん
尻上 しりあがり
城下 しろした
新田(町) しんでん
菅出 すがいで
菅沢 すげさわ
千原 ちわら
土深 どぶけ
土淵 どぶち
中島 なかじま
能代 のうだい
羽下 はが
白山 はくさん
馬場(町) ばば
馬下 まおろし
宮前下 みやのした
本田屋 もとだい
安出 やすいで
山崎 やまざき
山谷 やまや
横渡 よこわたし
吉沢 よしざわ

佐渡市
相川四十物(町) あ
　いかわあいもの
相川海士(町) あい
　かわあま
相川石扣(町) あい
　かわいしはたき
相川下戸(町) あい
　かわおりと
相川下戸(村) あい
　かわおりと
相川鹿伏 あいかわ
　かぶせ

相川水金(町) あい
　かわみずかね
青野 あおの
蛄 あわび
五十浦 いかうら
石花 いしげ
岩谷口 いわやぐち
後尾 うしろお
馬首 うまくび
多田 おおた
小川 おがわ
小木 おぎ
小木大浦 おぎおお
　うら
小木木野浦 おぎき
　のうら
小木強清水 おぎこ
　わしみず
小木堂釜 おぎどう
　のかま
小木(町) おぎ
小倉 おぐら
潟端 かたばた
金丸 かなまる
河崎 かわさき
河原田諏訪(町) か
　わはらだすわ
北五十里 きたい
　かり
北狄 きたえびす
北川内 きたかわち
久知河内 くぢか
　わち
小田 こだ
木流 こながせ
小比叡 こびえ
沢根五十里 さわね
　いかり
三宮 さんぐう
三瀬川 さんせがわ
静平 しずだいら
下新穂 しもにいぼ
城腰 じょうのこし
白瀬 しろせ
水津 すいづ
背合 せなごう
大小 だいしょう
高瀬 たかせ
立間 たつま
立野 たての
戸中 とちゅう
外山 とやま
豊田 とよた
長石 ながいし
長木 ながき
中原 なかはら
新穂 にいぼ
二宮 にくう
西三川 にしみかわ
入川 にゅうがわ
長谷 はせ
浜河内 はまかわち
羽茂亀脇 はもちか
　めわき
東強清水 ひがしこ

地域順一覧　　　　　　　新潟県

わしみず
東立島 ひがしたつしま
畔田 ふた
真浦 まうら
真更川 まさらがわ
三川 みかわ
見立 みたて
水渡田 みとだ
蓙場 むしろば
両尾 もろお
柳立 やなぎさわ
八幡 やはた
八幡新(町) やはたしん
八幡(町) やはた
大和 やまと
吉岡 よしおか
米郷 よなごう

三条市
新屋 あらや
石上 いしがみ
猪子場新田 いのこばしんでん
大島 おおじま
大平 おおだいら
大谷 おおたに
大面 おおも
大谷地 おおやち
荻島 おぎじま
小古瀬 おごせ
鬼木 おにぎ
鹿熊 かくま
鹿峠 かとうげ
上谷地 かみやち
北五百川 きたいもがわ
北中 きたなか
北入蔵 きたにゅうぐら
栗林 くりばやし
興野 こうや
小滝 こだき
小長沢 こながさわ
駒込 こまごみ
五明 ごみょう
三竹 さんちく
島原 しまがわら
下新田 しもしんでん
白山新田 しらやましんでん
新保 しんぽ
直江(町) すぐえ
善久寺 ぜんきゅうじ
千把野新田 せんのしばでん
滝谷 たきや
田島 たじま
棚鱗 たなひれ
茅原 ちはら
中新 ちゅうしん
戸口 とぐち
土場 どば
長沢 ながさわ

中島 なかじま
新堀 にいほり
濁沢 にごりさわ
新光(町) にっこう
入蔵新田 にゅうぐらしんでん
八幡(町) はちまん
馬場 ばば
前谷内 まえやち
曲谷 まがりたに
曲渕 まがりふち
三柳 みつやなぎ
南五百川 みなみいもがわ
南入蔵 みなみにゅうぐら
名下 みょうげ
葎谷 もぐらだに
安代 やすしろ
柳沢 やなぎさわ
吉田 よしだ
渡前 わたりまえ

新発田市
新屋敷 あらやしき
五十公野 いじみの
小川 おがわ
小国谷 おぐにだに
小島 おじま
小戸 おど
乙次 おとじ
小友 おども
小見 おみ
金沢 かなざわ
金谷 かなや
金山 かなやま
上寺内 かみじない
上館 かみたて
上内竹 かみないだけ
上羽津 かみはねづ
熊出 くまいで
小出 こいで
小坂 こさか
古田 こだ
湖南 こなん
小舟(町) こふね
境 さかい
繁山 しげやま
下興野 しもこうや
下坂(町) しもさか
下城 しもじょう
下羽津 しもはねづ
城北(町) じょうほく
新栄(町) しんえい
新富(町) しんとみ
菅谷 すがたに
草荷 そうか
相馬 そうま
大栄(町) だいえい
大伝 だいでん
高田 たかだ
滝谷 たきだに
太斎 ださい
敦賀 つるが

道賀 どうが
東新(町) とうしん
富島 とみじま
中川 なかがわ
中島 なかじま
中田(町) なかた
長畑 ながばたけ
中谷内 なかやち
西浦 にしうら
早道場 はやみちば
万代 ばんだい
日渡 ひわたし
舟入 ふないり
舟入(町) ふねいり
古寺 ふるてら
本田 ほんだ
弓越 みこし
溝足 みぞあし
三ツ樹 みつくぬぎ
御幸(町) みゆき
向中条 むかいなかじょう
山内 やまうち
山崎 やまざき
八幡 やわた
八幡新田 やわたしんでん
豊(町) ゆたか
吉田 よしだ
米子 よねこ

上越市
青木 あおき
青野 あおの
東(町) あずま
有間川 ありまがわ
飯 いい
板倉区国川 いたくらくこくがわ
板倉区猿立 いたくらくこもだて
板倉区筒方 いたくらくどうがた
後谷 うしろだに
浦川原区小谷島 うらがわらくこやじま
浦川原区日向 うらがわらくひなた
小池 おいけ
小池新田 おいけしんでん
大潟区雁子浜 おおがたくがんこはま
大潟区九戸浜 おおがたくどはま
大潟区土底浜 おおがたくどそこはま
大島区大平 おおしまくおおだいら
大島区上達 おおしまくかみたて
大島区仁上 おおしまくにがみ
大潟 おおばた
柿崎区芋島 かきざきくいものしま
柿崎区荻谷 かきざ

きくおぎのたに
柿崎区城腰 かきざきくじょうのこし
柿崎区竹鼻 かきざきくたけがはな
柿崎区角取 かきざきくつのどり
柿崎区直海浜 かきざきくのうみはま
春日新田 かすがしんでん
春日野 かすがの
上島 かみじま
上野田 かみのた
上真砂 かみまなご
川原(町) かわら
北方 きたがた
北城(町) きたしろ
北谷 きただに
北本 きたほん
京田 きょうでん
清里区馬屋 きよさとくまや
清里区武士 きよさとくもののふ
頸城区大蒲生田 くびきくおおかもだ
頸城区上神原 くびきくかみかみはら
頸城区下神原 くびきくしもかみはら
頸城区姥ヶ内 くびきくばやち
高土(町) こうど
国府 こくふ
小猿屋 こざるや
小滝 こたき
子安 こやす
三田 さんだ
三伝 さんでん
三和区北代 さんわくきただい
三和区米子 さんわくこめこ
三和区日和(町) さんわくひより
三和区法花寺 さんわくほっけいじ
三和区山腰新田 さんわくやまのこししんでん
七ケ所新田 しちかしょしんでん
地頭方 じとうがた
下源入 しもげんにゅう
下新田 しもしんでん
下新(町) しもしん
下百々 しもどうどう
下真砂 しもまなご
下門前 しももんぜん
新光(町) しんこう
新南(町) しんなん
薄袋 すすきぶくろ
大豆 だいず
大道福田 だいどうふくだ
高住 たかすみ

高津 たかつ
丹原 たんばら
土橋 つちはし
田園 でんえん
土合 どあい
東雲(町) とううん
土口 どぐち
長岡 なおか
長面 ながおもて
中田原 なかだはら
中通(町) なかどおり
中真砂 なかまなご
名立区躰翁畑 なだちくたいばたけ
西城(町) にししろ
西谷内 にしやち
西山寺 にしやまでら
東城(町) ひがししろ
東原 ひがしはら
福田 ふくだ
本道 ほんどう
牧区宇津俣 まきくうつのまた
牧区上昆子 まきくかみびりご
牧区国川 まきくこくがわ
牧区下湯谷 まきくしもゆうや
牧区切光 まきくせっこう
牧区平山 まきくひらやま
牧区平方 まきくひらかた
南方 みなみがた
南城(町) みなみしろ
向橋 むかばし
虫生岩戸 むしゅういわと
本城(町) もとしろ
本長者原 もとちょうじゃはら
門田新田 もんでんしんでん
安塚区真荻平 やすづかくもおぎたいら
大和 やまと
横畑 よこばたけ
吉岡 よしおか
吉川区河沢 よしかわくかわぞう
吉川区国田 よしかわくくにた
吉川区米山 よしかわくこめやま
吉川区下八幡 よしかわくしもはちまん
吉川区代石 よしかわくたいし
吉川区福平 よしかわくふくだいら
吉川区山直海 よしかわくやまのうみ
四辻(町) よつじ
米(町) よね

401

胎内市

- 飯角 いいずみ
- 大長谷 おおながたに
- 小地谷 おぢや
- 上城塚 かみじょうづか
- 北本(町) きたほん
- 切田 きった
- 乙 きのと
- 黒川 くろかわ
- 苔実 こけのみ
- 小長谷 こながたに
- 小舟戸 こぶなど
- 小牧台 こまきだい
- 蔵王 ざおう
- 坂井 さかい
- 新栄(町) しんえい
- 新舘 しんだて
- 菅田 すげた
- 高野 たかの
- 高畑 たかばたけ
- 築地 ついじ
- 東牧 とうぼく
- 中条 なかじょう
- 仁谷野 にいだの
- 西条 にしじょう
- 西条(町) にしじょう
- 八幡 はちまん
- 八田 はった
- 水沢(町) みずさわ

燕市

- 粟生津 あおうづ
- 大武新田 おおたけしんでん
- 庚塚 かねづか
- 上諏訪 かみすわ
- 上児木 かみちごのき
- 国上 くがみ
- 熊森 くまのもり
- 小池 こいけ
- 小島 こじま
- 小関 こせき
- 小高 こたか
- 小中川 こなかがわ
- 小古津新 こふるつしん
- 小牧 こまき
- 佐渡 さわたり
- 下粟生津 しもあおうづ
- 下諏訪 しもすわ
- 下児木 しもちごのき
- 新栄(町) しんえい
- 新生(町) しんせい
- 砂子塚 すなこつか
- 柚木 そまぎ
- 大保 だいほ
- 長辰 ちょうしん
- 道金 どうきん
- 中川 なかがわ
- 中島 なかじま
- 長渡 ながわたり
- 新堀 にいほり

- 白山(町) はくさん
- 分水栄(町) ぶんすいさかえ
- 松橋 まつはし
- 吉田 よしだ
- 吉田東(町) よしだあづま
- 吉田上(町) よしだかん
- 吉田法花堂 よしだほっけどう
- 吉田本(町) よしだもと
- 米納津 よのうづ

十日町市

- 明石(町) あかし
- 莇平 あざみひら
- 当間 あてま
- 新里 あらさと
- 新屋敷 あらやしき
- 池尻 いけじり
- 岩瀬 いわせ
- 上野 うえの
- 上山 うわやま
- 江道 えどう
- 大石 おおいし
- 大黒沢 おおぐろさわ
- 大白倉 おおじらくら
- 苧島 おのしま
- 海老 かいろう
- 角間 かくま
- 上川(町) かみかわ
- 上組 かみぐみ
- 蒲生 かもう
- 河内(町) かわうち
- 川原(町) かわはら
- 北鐙坂 きたあぶざか
- 北新田 きたしんでん
- 下条 げじょう
- 小荒戸 こあらと
- 小池 こいけ
- 小出 こいで
- 高道山 こうみちやま
- 小黒沢 こぐろさわ
- 小白倉 こじらくら
- 小根岸 こねぎし
- 小原 こはら
- 小脇 こわき
- 西方 さいほう
- 三領 さんりょう
- 三和(町) さんわ
- 下平新田 しただいらしんでん
- 七軒(町) しちけん
- 下川原(町) しもがわら
- 重地 じゅうじ
- 新座 しんざ
- 新宮 しんみや
- 菅刈 すがかり
- 菅沼 すがぬま
- 清田山 せいだやま
- 高田(町) たかだ
- 田代 たしろ

- 伊達 だて
- 城之古 たてのこし
- 千年 ちとせ
- 千歳(町) ちとせ
- 塚原(町) つかはら
- 土市 どいち
- 中在家 なかざいけ
- 南雲 なぐも
- 名平 なびろう
- 仁田 にた
- 八幡田(町) はちまんだ
- 八箇 はっか
- 馬場 ばば
- 干溝 ひみぞ
- 朴木沢 ほきざわ
- 松代 まつだい
- 松代下山 まつだいしもやま
- 松之山天水越 まつのやまあまみこし
- 松之山五十子平 まつのやまいがごだいら
- 松之山下鰕池 まつのやましもえびいけ
- 松之山光間 まつのやまひかるま
- 水沢 みずさわ
- 南鐙坂 みなみあぶざか
- 南新田(町) みなみしんでん
- 宮中 みやなか
- 蕕沢 むぐらさわ
- 本屋敷 もとやしき
- 谷内丑 やちうし
- 山崎 やまざき
- 山谷 やまや
- 蓬平 よもぎひら

長岡市

- 青木(町) あおき
- 明戸 あけと
- 東(町) あずま
- 麻生田(町) あそうだ
- 雨池(町) あまいけ
- 天下島 あまがしま
- 新(町) あら
- 飯島 いいじま
- 石動(町) いするぎ
- 稲島 いなじま
- 入塩川 いりしおがわ
- 上田(町) うえだ
- 上の原(町) うえのはら
- 上沼新田 うわぬましんでん
- 王番田(町) おうばでん
- 大積折渡(町) おおづみおりわたり
- 大積灰下(町) おおづみはいげ
- 大曲戸 おおまがと
- 大山 おおやま
- 小国町上谷内新田 おぐにまちかみやないしんでん
- 小国町小栗山 おぐにまちこぐりやま
- 小国町千谷沢 おぐにまちちやざわ
- 小国町法末 おぐにまちほうすえ
- 小島谷 おじまや
- 乙吉(町) おとよし
- 御山(町) おやま
- 金沢 かなざわ
- 金(町) かね
- 上樫出 かみかしいで
- 上桐 かみぎり
- 上塩 かみしお
- 上除(町) かみのぞき
- 上野(町) かみの
- 神谷 かみや
- 上柳(町) かみやなぎ
- 河根川(町) かわねがわ
- 川辺(町) かわべ
- 寒沢 かんざわ
- 雁島(町) がんじま
- 神田(町) かんだ
- 関東(町) かんとう
- 気比宮 きのみや
- 北荷頃 きたにごろ
- 草生津 くそうづ
- 熊袋 くまのふくろ
- 雲出 くもいで
- 今朝白 けさじろ
- 下条(町) げじょう
- 幸南 こうなん
- 興野 こうや
- 小沢(町) こざわ
- 越路中島 こしじなかじま
- 小曽根(町) こぞね
- 小貫 こつなぎ
- 小沼新田 こぬましんでん
- 五百刈 ごひゃっかり
- 呉服(町) ごふく
- 小向 こむかい
- 蔵王 ざおう
- 堺(町) さかい
- 逆谷 さかさだに
- 鷺巣(町) さぎのす
- 篠花 ささばな
- 沢下条 さわげじょう
- 三瀬ケ谷 さんぜがや
- 三俵野(町) さんびょうの
- 三和 さんわ
- 三和(町) さんわ
- 塩新(町) しおあら
- 下沼新田 したぬましんでん
- 七軒(町) しちけん
- 寺宝(町) じほう
- 下樫出 しもかしいで

- 下々条 しもげじょう
- 下々条(町) しもげじょう
- 下山 しもやま
- 城岡 じょうおか
- 上条(町) じょうじょう
- 城之丘 じょうのおか
- 定明(町) じょうみょう
- 白鳥 しろとり
- 新栄 しんえい
- 新開(町) しんかい
- 新栄(町) しんさかえ
- 菅畑 すがばたけ
- 李崎(町) すもんざき
- 西陵(町) せいりょう
- 千歳 せんざい
- 千手 せんじゅ
- 千秋 せんしゅう
- 大黒(町) だいこく
- 大保 だいほ
- 平 たいら
- 高瀬(町) たかせ
- 高頭(町) たかとう
- 高野(町) たかの
- 高畑(町) たかばたけ
- 滝谷(町) たきや
- 千谷沢 ちやざわ
- 中永 ちゅうえい
- 千代栄(町) ちよえ
- 寺泊小豆曽根 てらどまりあずきそね
- 寺泊敦ケ曽根 てらどまりつるがそね
- 寺泊硲田 てらどまりはざまだ
- 寺泊求草 てらどまりもとめぐさ
- 土合 どあい
- 土合(町) どあい
- 十日(町) とおか
- 富島(町) とみじま
- 豊田(町) とよだ
- 中興野 なかごうや
- 中西 なかさい
- 中島 なかじま
- 長(町) なが
- 中貫(町) なかぬき
- 長呂 ながろ
- 七日市 なのかいち
- 七日(町) なのか
- 成沢(町) なりさわ
- 新保 にいぼ
- 新保(町) にいぼ
- 濁沢(町) にごりさわ
- 西新(町) にしあら
- 西谷 にしだに
- 西野 にしの
- 東(町) ひがしあら
- 東神田 ひがしかんだ
- 東栄 ひがしさかえ
- 東谷 ひがしだに
- 日越 ひごし

地域順一覧　　　　新潟県

人面 ひとづら
百束(町) ひゃくそく
福原 ふくはら
二日(町) ふつか
文納 ぶんのう
平島 へいじま
平島(町) へいじま
宝地(町) ほうじ
品之木 ほんのき
町田(町) まちだ
末宝 まっぽう
三島上条 みしまじょうじょう
水沢 みずさわ
宮内 みやうち
宮内(町) みやうち
宮下(町) みやした
葎谷 むぐらだに
森上 もりあげ
谷内 やち
柳原(町) やなぎはら
山古志種苧原 やまこしたねすはら
豊 ゆたか
与板町蔦都 よいたまちつたいち
蓬平(町) よもぎひら
来伝 らいでん
山葵沢 わさびだに
渡沢(町) わたざわ
渡里(町) わたり

見附市
青木(町) あおき
鹿熊(町) かくま
上新田(町) かみしんでん
河明(町) がわの
葛巻 くずまき
葛巻(町) くずまき
小栗山(町) こぐりやま
坂井(町) さかい
三林(町) さんばやし
下新(町) しもあら
下関(町) しもせき
庄川(町) しょうがわ
新幸(町) しんこう
神保(町) しんぼ
反田(町) そりだ
戸代新田(町) とだいしんでん
鳥屋脇(町) とやわき
傍所(町) ほうじょ
明晶(町) みょうしょう
柳橋(町) やなぎばし
山崎(町) やまざき

南魚沼市
畔地 あぜち
海士ケ島新田 あまがしましんでん
雷土 いかづち
上野 うわの
大桑原 おおくわばら

大里 おおざと
小川 おがわ
奥 おく
上出浦 かみいずな
上原 かみはら
上一日市 かみひといち
小木六 こぎろく
小栗山 こぐりやま
五郎丸 ごろうまる
三郎丸 さぶろうまる
四十日 しとか
下出浦 しもいずな
下原 しもはら
下一日市 しもひといち
城山新田 じょうやましんでん
芹田 せりだ
滝谷 たきや
土沢 つちさわ
中川 なかがわ
新堀 にいほり
新堀新田 にいほりしんでん
八竜新田 はちりゅうしんでん
早川 はやかわ
一村尾 ひとむらお
藤原 ふじはら
二日(町) ふつか
前原(町) まえはら
宮野下 みやのした
目来田 もくらいでん
門前 もんぜん
八色原 やいろはら
山崎 やまざき
山谷 やまや
八幡 やわた
湯谷 ゆや
柳古新田 りゅうこしんでん

妙高市
新井 あらい
小出雲 おいずも
大鹿 おおしか
大下 おおしも
大谷 おおたに
乙吉 おとよし
上百々 かみどうどう
上八幡新田 かみはちまんしんでん
上馬場 かみばば
上(町) かみ
北条 きたじょう
毛坂 けわいざか
国賀 こくが
小局 こつぼね
木成 こなり
小濁 こにごり
小原新田 こばらしんでん
小丸山新田 こまるやましんでん
志 し

東雲(町) しののめ
下(町) しも
新工(町) しんこう
新栄(町) しんさかえ
菅沼 すがぬま
蔵々 ぞうぞう
高柳 たかやなぎ
田口 たぐち
十日市 とおかいち
土田 どだ
土路 どろ
中川 なかがわ
長沢 ながさわ
長沢原 ながさわら
中宿 なかじく
梨木 なしのき
西条 にしじょう
除戸 のぞきど
白山(町) はくさん
東志 ひがしし
東関 ひがしせき
飛田 ひだ
美守 ひだのもり
宮内 みやうち
葎生 もぐろう
谷内林新田 やちばやししんでん

村上市
芦谷 あしだに
安良(町) あら
新屋 あらや
有明 ありあけ
飯岡 いいおか
雷 いかづち
石原 いしわら
鋳物師 いもじ
上野 うえの
鵜渡路 うのとろ
海老江 えびえ
大代 おおだい
大平 おおだいら
大谷沢 おおたにざわ
小川 おがわ
小国(町) おぐに
迂郷 おそのごう
小谷 おだに
小俣 おまた
柏尾 かしお
潟端 かたばた
勝木 がつぎ
金屋 かなや
上片(町) かみかた
上の山 かみのやま
河内 かわうち
川部 かわべ
寒川 かんがわ
岩石 がんじき
上(町) かん
北大平 きたおおだいら
北中 きたなか
切田 きった
日下 くさか

熊登 くまと
下渡 げど
小揚 こあげ
小出 こいで
越沢 こえさわ
小口川 こくちがわ
小須戸 こすど
小(町) こ
鷹川 こもがわ
細工(町) さいく
笹平 ささだいら
指合 さしあわせ
山辺 さべり
猿沢 さるた
山居(町) さんきょ
塩谷 しおや
志田平 しだのひら
菅沼 すがぬま
杉平 すぎたいら
杉原 すぎわら
十川 そがわ
高平 たかだいら
立島 たてしま
千縄 ちなわ
仲間(町) ちゅうげん
葛籠山 つづらやま
塔下 とうのした
鳥屋 とりや
中津原 なかつはら
中浜 なかはま
中原 なかはら
梨木 なしのき
七湊 ななみなと
新飯田 にいだ
温出 ぬくいで
早川 はやかわ
檜原 ひばら
福田 ふくだ
蒲萄 ぶどう
古渡路 ふるとろ
朴平 ほうだいら
馬下 まおろし
牧目 まきのめ
松原(町) まつばら
三面 みおもて
南大平 みなみおおだいら
本(町) もと
門前 もんぜん
宿田 やすた

岩船郡関川村
安角 あずみ
上野 うえの
上野新 うえのしん
上野山 うえのやま
打上 うちあげ
大内淵 おおうちぶち
小見 おうみ
大石 おおいし
大島 おおしま
鮎谷 かじめがたに
金丸 かなまる
上関 かみせき

聞出 きけいで
小和田 こわだ
下関 しもせき
蛇喰 じゃばみ
勝蔵 しょうぞう
蔵田島 そうだしま
高瀬 たかせ
高田 たかだ
滝原 たきはら
中東 なかまるけ
平内新 へいないしん
朴坂 ほうさか
宮前 みやのまえ
蕨野 わらびの

刈羽郡
刈羽(村) かりわ

刈羽郡刈羽村
油田 あぶらでん
新屋敷 あらやしき
井岡 いのおか
上高(町) かみたか
刈羽 かりわ
黒川 くろかわ
西元寺 さいげんじ
正明寺 しょうみょうじ
滝谷 たきや
十日市 とおかいち
西谷 にしだに

北蒲原郡
聖籠(町) せいろう

北蒲原郡聖籠町
上大谷内 かみおおやち
大夫 だいぶ
東港 ひがしこう

三島郡出雲崎町
井鼻 いのはな
上野山 うえのやま
大釜谷 おおがまや
大寺 おおてら
小木 おぎ
乙茂 おとも
柿木 かきのき
神条 かみじょう
上中条 かみなかじょう
久田 くった
小釜谷 こがまや
小竹 こだけ
米田 こめだ
大門 だいもん
滝谷 たきや
立石 たていし
馬草 まぐさ
山谷 やまや
吉川 よしかわ

中魚沼郡津南町
穴藤 けっとう
結東 けっとう
三箇 さんが
外丸 とまる
米原 まいばら

403

谷内 やち
西蒲原郡弥彦村
井田 いだ
鮒穴 えびあな
大戸 おおど
観音寺 かんおんじ
境江 さかえ
矢作 やはぎ
山崎 やまざき
東蒲原郡阿賀町
新谷 あらや
五十沢 いかざわ
五十島 いがしま
岩谷 いわや
上ノ山 うえのやま
小手茂 おても
鹿瀬 かのせ
上島 かみしま
神金甲 かみたにこう
九島 くしま
小出 こいで
小花地 こばなち
三宝分甲 さんぼうぶんこう
白崎 しろさき
角島 つのしま
天満 てんまん
長谷 ながたに
七名甲 ななめこう
日出谷 ひでや
広谷甲 ひろたにこう
古岐 ふるまた
三方甲 みかたこう
向鹿瀬 むかいかのせ
谷沢 やざわ
行地 ゆくじ
南魚沼郡湯沢町
神立 かんだつ
三俣 みつまた
南蒲原郡
田上(町) たがみ
南蒲原郡田上町
坂田 さかた
田上 たがみ
羽生田 はにゅうだ
保明新田 ほみょうしんでん
湯川 ゆがわ

富山県

射水(市) いみず
小矢部(市) おやべ
下新川(郡) しもにいかわ
砺波(市) となみ
富山(市) とやま
中新川(郡) なかにいかわ
滑川(市) なめりかわ
南砺(市) なんと
富山市
綾田(町) あいでん

青柳 あおやなぎ
赤田 あかだ
芦生 あしゅう
新(町) あら
新屋 あらや
有明(町) ありあけ
庵谷 いおりだに
猪谷 いのたに
今生津 いもづ
牛ケ増 うしがませ
牛島(町) うしじま
打出 うちいで
馬瀬 うまのせ
上野 うわの
上野寿(町) うわのことぶき
上野新 うわのしん
上野新(町) うわのしん
上野南(町) うわのみなみ
江本 えのもと
荏原 えばら
蛯(町) えび
大泉 おおいずみ
大泉(町) おおいずみ
大島 おおしま
大清水 おおしみず
大双嶺 おおぞうれい
於保多(町) おおた
大場 おおば
大山上野 おおやまうわの
大山松木 おおやままつのき
小黒 おぐろ
小佐波 おざなみ
小谷 おたに
音羽(町) おとわ
小原屋 おはらや
小見 おみ
雄山(町) おやま
開発 かいほつ
鹿島(町) かしま
金屋 かなや
上今(町) かみいま
上栄 かみさかえ
上庄(町) かみしょう
上滝 かみだき
上袋 かみふくろ
上冨居 かみふご
上堀 かみほり
上本(町) かみほん
亀谷 かめがい
北新(町) きたしん
木場(町) きば
久郷 くごう
公文名 くもんみょう
榾ケ原 くるみがはら
桑原 くわはら
下伏 げぶせ
小糸 こいと
合田 ごうだ
高来 こうらい

小坂 こさか
古志(町) こし
小島(町) こじま
五艘 ごそう
小中(町) こなか
小西 こにし
小羽 こば
三郷 さんごう
三熊 さんのくま
寺家 じけ
七軒(町) しちけん
清水中(町) しみずなか
下新(町) しもしん
下双嶺 しもぞうれい
下野 しもの
下番 しものばん
下冨居 しもふご
城ケ丘 じょうがおか
城川原 じょうがわら
城新(町) じょうしん
城北(町) じょうほく
城(村) じょう
城若(町) じょうわか
白銀(町) しろがね
新金代 しんかなだい
新総曲輪 しんそうがわ
新園(町) しんその
神通 じんづう
神通(町) じんづう
新富(町) しんとみ
新冨居 しんふご
新保 しんぼ
新堀(町) しんぼり
新名 しんみょう
杉瀬 すぎせ
杉谷 すぎたに
直坂 すぐざか
砂(町) すな
諏訪川原 すわのかわら
須原 すわら
清風(町) せいふう
千石(町) せんごく
千成(町) せんなり
千俵(町) せんびょう
総曲輪 そうがわ
双代(町) そうたい
高田 たかた
高畠(町) たかばたけ
高原(町) たかはら
館出(町) たちいで
田尻 たのしり
田畑 たばた
手屋 たや
千歳(町) ちとせ
千原崎 ちはらざき
中間島 ちゅうげんじま
塚原 つかはら
葛原 つづはら
土 ど

間屋(町) といや
道正 どうしょう
栃谷 とちだに
利波 となみ
豊島(町) とよしま
豊田 とよた
豊田(町) とよた
永久(町) とわ
長柄(町) ながえ
長岡 ながおか
中川原 なかがわら
中島 なかじま
長走 ながしり
中田 なかだ
中地山 なかちやま
中番 なかのばん
中冨居 なかふご
中屋 なかや
長川原 なんかわら
西四十物(町) にしあいもん
西公文名 にしくもんみょう
西公文名(町) にしくもんみょう
西田地方 にしでんじがた
西田地方(町) にしでんじがた
西番 にしのばん
西宮(町) にしのみや
西宮 にしみや
蜷川 ながわ
布瀬(町) ぬのせ
根上 ねのうえ
萩原 はぎはら
蓮(町) はす
畑中 はたなか
八川 はちかわ
八人(町) はちにん
八ケ山 はっかやま
八(町) はっ
花木 はなのき
林崎 はやしざき
日尾 ひお
東ケ丘 ひがしがおか
東田地方(町) ひがしでんぢがた
東(町) ひがし
百塚 ひゃくづか
鴨島 ひよどりじま
平榎 ひらえのき
平吹(町) ひらき
冨居栄(町) ふごさかえ
伏木 ふしき
藤木 ふじのき
婦中町牛滑 ふちゅうまちうしなめり
婦中町上野 ふちゅうまちうわの
婦中町上轡田 ふちゅうまちかみくつわだ
婦中町下条 ふちゅ

うまちげじょう
婦中町小野島 ふちゅうまちこのしま
婦中町三瀬 ふちゅうまちさんのせ
婦中町地角 ふちゅうまちじかく
婦中町蔵島 ふちゅうまちぞうじま
婦中町平等 ふちゅうまちだいら
婦中町千里 ふちゅうまちさと
婦中町中名 ふちゅうまちなかのみょう
婦中町萩島 ふちゅうまちはぎのしま
婦中町浜子 ふちゅうまちはまのこ
婦中町分田 ふちゅうまちぶんでん
婦中町鉾木 ふちゅうまちほこのき
婦中町鵯谷 ふちゅうまちさざに
婦中町蕕原 ふちゅうまちむくがはら
婦中町持田 ふちゅうまちもちでん
婦中町熊野道 ふちゅうまちやんど
古鍛冶(町) ふるかじ
古沢 ふるさわ
古寺 ふるでら
別名(町) べつみょう
本宮 ほんぐう
馬瀬口 ませぐち
松木 まつのき
水落 みずおち
水橋魚躬 みずはしうおのみ
水橋肘崎 みずはしかいなざき
水橋開発 みずはしかいほつ
水橋開発(町) みずはしかいほつ
水橋北馬場 みずはしきたばんば
水橋高志園(町) みずはしこしぞの
水橋小路 みずはししょうじ
水橋上条新(町) みずはしじょうじょうしん
水橋入部(町) みずはしにゅうぶ
水橋畠等 みずはしはたけら
宮保 みやのほ
向新庄 むかいしんじょう
向新庄(町) むかいしんじょう
向川原(町) むこうがわら
桃井(町) もものい
安田(町) やすだ
安野屋(町) やすのや

地域順一覧　　富山県

八尾町庵谷 やつおまちいおりだに
八尾町上野 やつおまちうわの
八尾町大玉生 やつおまちおおだもう
八尾町尾久 やつおまちおぎゅう
八尾町角間 やつおまちかくま
八尾町上一歩 やつおまちかみにんぶ
八尾町小長谷 やつおまちこながたに
八尾町東坂下 やつおまちさきこぎ
八尾町清水 やつおまちしょうず
八尾町城生 やつおまちしょうのう
八尾町薄尾 やつおまちすすきお
八尾町滝脇 やつおまちたきのわき
八尾町田頭 やつおまちたのかしら
八尾町道畑下中山 やつおまちどばたけしもなかやま
八尾町西原 やつおまちにしがはら
八尾町正間 やつおまちまさま
八尾町翠尾 やつおまちみすお
八尾町宮腰 やつおまちみやのこし
八尾町八十島 やつおまちやとじま
八尾町柚木 やつおまちゆのき
八尾町鼠谷 やつおまちよめだに
八幡 やはた
八幡新(町) やはたしん
山田清水 やまだしょうず
山田宿坊 やまだすくぼう
山田中瀬 やまだなかのせ
山田沼又 やまだぬまのまた
四方 よかた
四方田(町) よかたた
横樋 よこどい
吉岡 よしおか
吉作 よしづくり
米田 よねだ
米田(町) よねだ
緑陽(町) りょくよう
射水市
有磯 ありそ
市井 いちのい
稲積 いなづみ
今開発 いまかいほつ
射水(町) いみず
犬内 いんない

梅木 うめのき
上野 うわの
海老江 えびえ
大江 おおごう
開口 かいぐち
鏡宮 かがのみや
神楽(町) かぐら
下条 げじょう
小島 こじま
小林 こばやし
三ケ さんが
七美 しちみ
宿屋 しゅくや
上条 じょうじょう
庄西(町) しょうせい
白石 しらいし
新開発 しんかいほつ
新片(町) しんかた
新堀 しんほり
大門 だいもん
立(町) たて
作道 つくりみち
円池 つぶらいけ
土合 どあい
土代 どだい
入会地 にゅうかいち
橋下条 はしげじょう
八幡(町) はちまん
八講 はっこう
坂東 ばんどう
日宮 ひのみや
戸破 ひばり
放生津(町) ほうじょうづ
朴木 ほおのき
堀内 ほりうち
本開発 ほんかいほつ
本江 ほんごう
本江利波 ほんごうとなみ
本江後新 ほんごうのちしん
本田 ほんでん
松木 まつのき
八塚 やつづか
魚津市
相木 あいのき
青柳 あおやなぎ
山女 あけび
浅生 あそう
出 でい
印田 いんでん
上野 うわの
大熊 おおくま
大菅沼 おおすがぬま
岡経田 おかきょうでん
小川寺 おがわじ
鹿熊 かくま
金浦(町) かなうら
上口 かみぐち
川原 かわはら
川縁 かわべり

北中 きたなか
吉島 きちじま
黒谷 くろだに
小菅沼 こすがぬま
佐伯 さえき
三ケ さんが
三田 さんだ
新角川 しんかどがわ
新宿 しんじゅく
高畠 たかばたけ
立石 たていし
道坂 どうざか
東城 とうじょう
東蔵 とうぞう
日尾 ひお
東(町) ひがし
平沢 ひらさわ
仏田 ぶつでん
仏又 ぶつまた
本江 ほんごう
本新 もとしん
本新(町) もとしん
湯上 ゆのえ
小矢部市
石動(町) いするぎ
今石動(町) いまいするぎ
後谷 うしろだに
臼谷 うすたに
内御堂 うちおんどう
上野本 うわのほん
小神 おこ
小矢部 おやべ
小矢部(町) おやべ
観音寺 かんのん
五郎丸 ごろうまる
七社 しちしゃ
下後亟 しもごぜ
下島 しもじま
城山(町) しろやま
新富(町) しんとみ
新西 しんにし
菅ケ原 すがはら
杉谷内 すんないち
千石 せんごく
高坂 たかさか
谷坪野 たにつぼの
長 ちょう
道坪野 どうつぼの
道明 どうみょう
茄子島 なすじま
西川原 にしがわら
西島 にしのしま
西福(町) にしふく
野端 のばな
畠中 はたけなか
畠中町 はたけなかちょう
八伏 はちぶせ
埴生 はにゅう
東福(町) ひがしふく
平田 ひらた
藤森 ふじのもり
水落 みずおち

宮中 みやなか
名ケ滝 みょうがだき
八和(町) やつわ
柳原 やなぎはら
屋波牧 やなみまき
鷲島 わしがしま
黒部市
生地 いくじ
池尻 いけじり
犬山 いぬやま
内生谷 うちゅうだに
宇奈月町明日 うなづきまちあけび
宇奈月町下立 うなづきまちおりたて
宇奈月町土山 うなづきまちどやま
宇奈月町中谷 うなづきまちなかだん
大開 おおびらき
荻生 おぎゅう
金屋 かなや
嘉例沢 かれいさわ
北新 きたしん
神谷 こんたに
田家野 たいえの
田家角内 たいがぐち
立野 たての
田籾 たもみ
出島 でじま
中新 なかしん
福平 ふくひら
古御堂 ふるみどう
朴谷 ほおのきだに
本野 もとの
柳沢 やなぎさわ
吉田 よしだ
高岡市
明国(町) あけぞの
五十辺 いからべ
五十里 いかり
駅南 えきなん
江尻白山(町) えじりしらやま
江道 えんどう
太田谷内 おおたやち
大鋸屋(町) おがや
荻布 おぎの
小竹 おだけ
御旅屋(町) おたや
御馬出(町) おんまだし
金屋 かなや
金屋(町) かなや
上麻生 かみあそ
上開発 かみかいほつ
上関 かみぜき
上関(町) かみぜき
上伏間江 かみふすまえ
上渡 かみわたり
川原(町) かわら

神主(町) かんぬし
木津 きづ
京田 きょうでん
桐木(町) きりのき
熊野(町) くまの
高伏(町) こうふく
古城 こじょう
御坊山 ごぼうやま
小馬出(町) こんまだし
西田 さいだ
境 さかい
坂下(町) さかした
佐野 さの
山下 さんか
三ケ さんが
三女子 さんよし
渋谷 しぶや
下麻生 しもあそ
下麻生伸(町) しもあそうしん
下島(町) しもじま
下関 しもぜき
下関(町) しもぜき
下伏間江 しもふすまえ
定塚 じょうづか
定塚(町) じょうづか
城東 じょうとう
城北(町) じょうほく
白銀(町) しろがね
白金(町) しろがね
新栄(町) しんさかえ
新成(町) しんせい
新寺(町) しんてら
頭川 ずかわ
関本(町) せきほん
千木屋(町) せんぎや
千石(町) せんごく
宝来(町) たからぎ
立野 たての
立野美鳥(町) たてのみどり
手洗野 たらいの
千鳥丘(町) ちどりがおか
角 つの
角三島 つのみしま
戸出石代 といでこくだい
戸出(町) といで
戸出六十歩 といでろくじゅうぶ
十日市 とうかいち
通(町) とおり
利屋(町) とぎや
間屋(町) とんや
内免 ないめん
中川 なかがわ
中川(町) なかがわ
中島(町) なかじま
中田 なかだ
勝木原 のでわら
波岡 はおか

富山県　　　地域順一覧

博労(町) ばくろう
八ケ はっか
早川 はやかわ
東下関 ひがししもぜき
東藤平蔵 ひがしとうへいぞう
東野 ひがしの
福岡町上野 ふくおかまちうわの
福岡町上向田 ふくおかまちかみむくた
福岡町下老子 ふくおかまちしもおいご
福岡町下向田 ふくおかまちしもむくた
福岡町沢川 ふくおかまちそうごう
福岡町馬場 ふくおかまちばんば
福岡町舞谷 ふくおかまちまいのや
福田 ふくた
伏木 ふしき
二上 ふたがみ
二上(町) ふたがみ
二塚 ふたづか
古定塚 ふるじょうづか
放生津 ほうじょうづ
堀上(町) ほりかみ
本保 ほんぽ
松原(町) まつばら
宮田 みやた
宮脇(町) みやわき
向野(町) むかいの
谷内 やち
八口 やつくち
山川 やまかわ
芳野 よしの
米島 よねじま
六家 ろっけ

砺波市
浅谷 あさんたに
新又 あらまた
池原 いけのはら
市谷 いちのたに
永福(町) えいふく
大門 おおかど
小島 おじま
鹿島 かのしま
神島 かみじま
上中野 かみなかの
木下 きのした
川内 こうち
五郎丸 ごろまる
三郎丸 さぶろまる
下中条 しもなかじょう
十年明 じゅうねんみょう
庄川町筏 しょうがわまちいかだ
庄川町隠尾 しょうがわまちかくりょう
新栄(町) しんさかえ

新富(町) しんとみ
新明 しんみょう
杉木 すぎのき
千代 せんだい
千保 せんぼ
鷹栖 たかのす
高道 たかんど
坪内 つぼのうち
出町中央 でまちちゅうおう
苗加 のうか
八十歩 はちじゅうぶ
春日(町) はるひ
東開発 ひがしかいほつ
東幸(町) ひがしさいわい
東保 ひがしぼ
堀内 ほりのうち
三合 みあい
三島(町) みしま
宮森 みやもり
本小林 もとこばやし
豊(町) ゆたか
頼成 らんじょう

滑川市
吾妻(町) あづま
魚躬 うおのみ
大浦 おおうら
大島 おおじま
金屋 かなや
上島 かみじま
河端 かわばた
小林 こばやし
晒屋 さらしや
三ケ さんが
寺家(町) じけい
四間(町) しけん
七間(町) しちけん
下島 しもじま
下野 しもの
神家(町) じんか
新富(町) しんとみ
大門 だいもん
高月(町) たかつき
高柳 たかやなぎ
道寺 どうじ
中川原 なかがわら
中新 なかしん
七口 ななくち
瓢(町) ふくべ
二塚 ふたつか
武平太(町) ぶへだ
法花寺 ほっけじ
堀内 ほりうち
本江 ほんごう
曲淵 まがりぶち
松原(町) まつばら
宮窪 みやのくぼ
安田 やすだ
柳原 やなぎはら
米島 よねじま

南砺市
相倉 あいのくら
安室 あじつ
遊部 あそぶ
新屋 あたらしや
雨潜 あめくぐり
在房 ありふさ
池尻 いけのしり
和泉 いずみ
院瀬見 いぜみ
井口 いのくち
猪谷 いのたに
入谷 いりたに
上田 うえだ
上野 うえの
打尾 うちお
上見 うわみ
大崩島 おおくずしま
大島 おおしま
大西 おおにし
大鋸屋 おがや
小瀬 おぜ
小原 おはら
小又 おまた
開発 かいほつ
皆葎 かいむなら
上平細島 かみたいらほそじま
上梨 かみなし
神成 かみなり
上原 かみはら
川原崎 かわらさき
雁巻島 がんまきじま
北川 きたがわ
北新(町) きたしん
桐木 きりのき
蔵原 くらはら
来栖 くるす
小院瀬見 こいんぜみ
楮 こうず
小来栖 こぐるす
小坂 こざか
小林 こばやし
小二又 こぶたまた
小山 こやま
西明 さいみょう
三清東 さんきよひがし
寺家 じけ
下島 したじま
下野 したの
一日市 していち
清水明 しみずみょう
示野 しめの
下新(町) しもあら
下出 しもで
蛇喰 じゃばみ
上津 じょうづ
城端 じょうはな
菅沼 すがぬま
寿川 すがわ
砂子谷 すなごだに

千福 せんぶく
祖谷 そだに
高瀬 たかせ
高草嶺 たかそうれい
高畠 たかばたけ
竹内 たけうち
田尻 たじり
舘 たち
立野原東 たてのはらひがし
立野脇 たてのわき
田下 たのした
出(村) で
塔尾 とうの
刀利 とうり
利賀村大豆谷 とがむらおおまめだに
利屋 とぎや
利波河 とのご
渡原 どのはら
土山 どやま
中ノ江 なかのご
中畑 なかばたけ
夏焼 なつやけ
七曲 ななまがり
七村滝寺 ななむらたきでら
成出 なかやで
西原 にしはら
苗島 のじま
野原 のはら
信末 のぶすえ
能美 のみ
八幡 はちまん
土生 はぶ
人母 ひとぶ
樋瀬戸 ひのせと
百(町) ひゃく
二日(町) ふつか
太美 ふとみ
布袋 ほてい
本江 ほんごう
正谷 まさたに
松木 まつのき
松原 まつばら
三日(町) みっか
南原 みなみはら
宮後 みやのうしろ
葎島 むくらじま
安居 やすい
安清 やすきよ
八塚 やつづか
山下 やました
山斐 やまび
湯谷 ゆだに
林道 りんどう

氷見市
朝日丘 あさひがおか
粟原 あわら
五十谷 いかだに
飯久保 いくぼ
稲積 いなづみ
岩瀬 いわがせ

上田 うわだ
大浦 おおうら
小窪 おくぼ
小久米 おぐめ
小滝 おたき
小竹 おだけ
柿谷 かきなや
角間 かくま
上田子 かみたこ
蒲田 かわた
北八代 きたやしろ
葛葉 くずば
久目 くめ
胡桃 くるみ
桑院 くわのいん
湖光 こうこう
神代 こうじろ
小境 こざかい
指崎 さっさき
七分一 しちぶいち
下田子 しもたこ
新保 しんぼ
平 だいら
中島 なかじま
中田 なかた
中波 なかなみ
中谷内 なかやち
西朴木 にしほおのき
針木 はりのき
一刎 ひとはね
平沢 ひらさわ
布施 ふせ
堀田 ほりた
三尾 みお
宮田 みやだ
万尾 もお
柳田 やないだ
矢方 やのほう
吉岡 よしおか

下新川郡
入善(町) にゅうぜん
下新川郡朝日町
石谷 いしたに
大家庄 おおいえのしょう
金山 かなやま
境 さかい
下ран しもの
大屋 だいや
大平 だいら
道下 どうげ
南保 なんぽ
南保(町) なんぽ
下山新 にざやましん
蛭谷 びるたに
山崎 やまざき
横水 よこみず
下新川郡入善町
青木 あおき
新屋 あらや
五十里 いかり
一宿 いちやどり

地域順一覧　　　　石川県

上野 うわの
神林 かんばやし
木根 きのね
椚山 くぬぎやま
小摺戸 こすりど
笹原 ささわら
下上野 しもうわの
高瀬 たかせ
高畠 たかばたけ
道市 どいち
道古 どうこ
東狐 とっこ
下山 にざやま
入膳 にゅうぜん
東五十里 ひがしいかり
日吉 ひよし
藤原 ふじわら
古黒部 ふるくろべ
神子沢 みこざわ
八幡 やはた
吉原 よしわら
中新川郡
　上市(町) かみいち
　立山(町) たてやま
中新川郡上市町
　浅生 あそ
　新清水 あらしみず
　新屋 あらや
　荒田 あれた
　永代 えいたい
　大松 おおまつ
　大永田 おおながた
　女川 おながわ
　上正 かみしょう
　川原田 かわはらだ
　熊野 くまの
　黒川 くろかわ
　下田 げだ
　骨原 こつはら
　眼目 さっか
　眼目新 さっかしん
　塩谷 しおのたに
　正印 しょいん
　上条沖 じょうじょうおき
　神田 じんでん
　砂林開 すなばやしびらき
　千石 せんごく
　舘 たち
　中開発 なかかいほつ
　野開発 のかいほつ
　馬場島 ばんばじま
　東江上 ひがしえがみ
　東(町) ひがし
　桧谷 ひのたに
　広野 ひろの
　水上 みずかみ
　湯上野 ゆうわの
　湯神子 ゆのみこ
　湯神子野 ゆのみこの

蓬沢 よもぎざわ
中新川郡立山町
　芦峅寺 あしくらじ
　浅生 あそ
　鋳物師沢 いものしざわ
　岩峅寺 いわくらじ
　上末 うわずえ
　榎 えのき
　大島 おおしま
　大清水 おおしょうず
　小又 おまた
　上鉾木 かみほこのき
　上宮 かみみや
　川原木 かわらぎ
　小林 こばやし
　五郎丸 ごろうまる
　座主坊 ざしゅうぼう
　下段 しただん
　四谷尾 しだにお
　下新 しもしん
　称名 しょうみょう
　白岩 しらいわ
　新堀 しんぼり
　末上野 すえうわの
　千寿ケ原 せんじゅがはら
　高原 たかはら
　谷口 たにぐち
　手屋 てや
　千垣 ちがき
　剣沢 つるぎさわ
　天林 てんばやし
　長屋 ながや
　半屋 なかりや
　日中上野 にっちゅううわの
　貫田 ぬきた
　東野 ひがしの
　福田 ふくた
　福来 ふくらい
　二ツ塚 ふたつづか
　前谷 まえたに
　下田 みさだ
　弥陀ケ原 みだがはら
　向新庄 むかいしんじょう
　目桑 めっか
　米沢 よねざわ
　利田 りた
中新川郡舟橋村
　海老江 えびえ
　竹内 たけのうち
　古海老江 ふるえびえ

石川県

鹿島(郡) かしま
金沢(市) かなざわ
河北(郡) かほく
珠洲(市) すず

七尾(市) ななお
能美(郡) のみ
能美(市) のみ
羽咋(郡) はくい
羽咋(市) はくい
白山(市) はくさん
金沢市
　相合谷(町) あおだに
　小豆沢(町) あずきざわ
　粟崎(町) あわがさき
　出雲(町) いずも
　板ケ谷(町) いたがや
　市瀬(町) いちのせ
　入江 いりえ
　上野本(町) うえのほん
　上山(町) うえやま
　魚帰(町) うおがえり
　打尾(町) うちお
　打木(町) うつぎ
　上平(町) うわだいら
　小池(町) おいけ
　大浦(町) おおうら
　大桑 おおくわ
　大桑(町) おおくわ
　大額 おおぬか
　大額(町) おおぬか
　大場(町) おおば
　大平沢(町) おおひらそう
　大河端(町) おこばた
　鶯原(町) おしはら
　乙丸(町) おとまる
　小原(町) おはら
　大菱池(町) おびしけ
　蚊爪(町) かがつめ
　角間(町) かくま
　主計(町) かずえ
　金石北(町) かないわきた
　金川(町) かながわ
　上柿木畠(町) かみかきのきばたけ
　上堤(町) かみつつみ
　神野 かみの
　神野(町) かみの
　神谷内(町) かみやち
　河原市(町) かわらいち
　神田 かんだ
　観音(町) かんのん
　上原(町) かんばら
　木倉(町) きくら
　北方(町) きたがた
　兼六(町) けんろく
　香林坊(町) こうりんぼう
　小金(町) こがね
　古郷(町) こきょう
　御供田(町) ごくでん
　小坂(町) こさか
　小将(町) こしょう
　御所(町) ごしょ
　小立野 こだつの
　湖南(町) こなん

小野(町) この
小橋(町) こばし
小菱池(町) こびしけ
古府 こぶ
小二又(町) こふたまた
古府(町) こぶ
駒帰(町) こまがえり
小嶺(町) こみね
子来(町) こらい
五郎島(町) ごろじま
西念 さいねん
西念(町) さいねん
醒ケ井(町) さめがい
三十苅(町) さんじゅうがり
四十万 しじま
四十万(町) しじま
寺中(町) じちゅう
十間(町) じっけん
芝原(町) しばはら
四坊(町) しぼう
示野(町) しめの
下新(町) しもしん
下谷(町) しもや
十三間(町) じゅうさんげん
城南 じょうなん
正部(町) しょうぶ
城力(町) じょうりき
白見(町) しろみ
新竪(町) しんたて
新保(町) しんぼ
菅池(町) すがいけ
折違(町) すじかい
砂子坂(町) すなござか
西都 せいと
千木 せぎ
千木(町) せぎ
瀬領(町) せりょう
千田(町) せんだ
千杉(町) せんのすぎ
平等本(町) だいらほん
平(町) たいら
大和(町) だいわ
高尾 たかお
高尾(町) たかお
高坂(町) たかさか
高畠 たかばたけ
田上(町) たがみ
田上 たがみ
高柳(町) たかやなぎ
忠縄(町) ただなわ
舘(町) たち
舘山(町) たちやま
田島(町) たのしま
俵原(町) たらわら
俵(町) たわら
茅原(町) ちはら
月浦(町) つきうら
鞁筒(町) つづみどう
釣部(町) つるべ

寺地 てらじ
出羽(町) でわ
間屋(町) といや
東力 とうりき
東力(町) とうりき
藤六(町) とうろく
利屋(町) とぎや
直江(町) なおえ
長田 ながた
長田(町) ながた
長土塀 ながどへ
長(町) なが
中屋 なかや
中屋(町) なかや
梨木(町) なしのき
七曲(町) ななまがり
西市瀬(町) にしいちのせ
二宮(町) にのみや
額乙丸(町) ぬかおとまる
額谷 ぬかだに
額谷(町) ぬかだに
博労(町) ばくろ
八田(町) はった
花園八幡(町) はなぞのやわた
東市瀬(町) ひがしいちのせ
東蚊爪(町) ひがしかがつめ
東原(町) ひがしはら
東(町) ひがし
彦三(町) ひこそ
日吉(町) ひよし
深谷(町) ふかたに
古屋谷(町) ふるやだに
芳斉 ほうさい
馬替(町) まがえ
間明(町) まぎら
曲子原(町) まげしはら
大豆田本(町) まめだほん
三口(町) みつくち
三小牛(町) みつこうじ
南四十万(町) みなみしじま
宮保(町) みやぼ
三馬 みんま
向中(町) むこうなか
姥杉(町) めおとすぎ
本江(町) もとえ
百坂(町) ももさか
薬師(町) やくし
柳橋(町) やなばし
山川(町) やまご
山科 やましな
山科(町) やましな
柚木(町) ゆのき
湯谷原(町) ゆやがはら
湯涌河内(町) ゆわ

407

くかわち

湯涌(町) ゆわく
横川 よこがわ
吉原(町) よしわら
米泉 よないずみ
蓮花(町) れんげ
稚日野(町) わかひの

加賀市
合河(町) あいかわ
一白(町) いっぱく
動橋(町) いぶりはし
潮津(町) うしおづ
上野(町) うわの
大菅波(町) おおすがなみ
奥谷(町) おくのや
小塩辻(町) おしおつじ
小塩(町) おしお
尾中(町) おちゅう
河南(町) かわみなみ
河原(町) かわら
桑原(町) くわばら
小坂(町) こさか
小菅波(町) こすがなみ
篠原(町) しのはら
白鳥(町) しらとり
新保(町) しんぼ
吸坂(町) すいさか
直下(町) そそり
大聖寺大新道(町) だいしょうじおおしんみち
大聖寺菅生(町) だいしょうじすごう
大聖寺菅生(町) だいしょうじすごう
大聖寺耳聞山(町) だいしょうじみみきやま
高尾(町) たかお
田尻(町) たじり
勅使(町) ちょくし
天日(町) てんにち
百々(町) どど
塔尾(町) とのお
中島(町) なかじま
七日市(町) なんかいち
西島(町) にしじま
日谷(町) ひのや
深田(町) ふかた
分校(町) ぶんぎょう
保賀(町) ほうが
美岬(町) みさき
水田丸(町) みずたまる
宮地(町) みやじ
山中温泉上原(町) やまなかおんせんうわばら
山中温泉河鹿(町) やまなかおんせんじか
山中温泉栢野(町)

やまなかおんせんかやの
山中温泉坂下(町) やまなかおんせんさかのしも
山中温泉杉水(町) やまなかおんせんすぎのみず
山中温泉菅生谷(町) やまなかおんせんすごうだに
山中温泉真砂(町) やまなかおんせんまなご
豊(町) ゆたか

かほく市
宇気 うけ
内日角 うちひすみ
上田名 うわだな
狩鹿野 かるがの
元女 がんにょ
木津 きづ
黒川 くろがわ
指江 さしえ
白尾 しろお
外日角 そとひすみ
多田 ただ
長柄(町) ながら
七窪 ななくぼ
八野 はちの
箕打 みうち
余地 よち

小松市
安宅(町) あたか
有明(町) ありあけ
池城(町) いけのじょう
井口(町) いのくち
浮城(町) うきしろ
打木(町) うつぎ
大島(町) おおしま
御館(町) おたち
小野(町) おの
御宮(町) おみや
梯(町) かけはし
観音下(町) かながそ
金平(町) かなひら
金屋(町) かなや
金野(町) かねの
上寺(町) かみでら
上牧(町) かみまき
上八里(町) かみやさと
軽海(町) かるみ
川辺(町) かわべ
木場(町) きば
河田(町) こうだ
国府台 こくふだい
五国寺 ごこくじ
小島(町) こじま
古城(町) こじょう
小寺(町) こでら
古府(町) こふ
小山田(町) こやまだ
小馬出(町) こんまで

細工(町) さいく
佐美(町) さみ
三谷(町) さんだに
塩原(町) しおはら
地子(町) じし
四丁(町) しちょう
下牧(町) しもまき
城南(町) じょうなん
城北(町) じょうほく
白山田(町) しらやまだ
新保(町) しんぼ
須天(町) すあま
瀬領(町) せいりょ
千木野(町) せぎの
千代(町) せんだい
大領(町) だいりょう
高堂(町) たかんどう
戸津(町) とづ
間屋(町) とんや
中海(町) なかうみ
長谷(町) ながたに
長田(町) ながだ
那谷(町) なた
西原(町) にしはら
野立(町) のだち
能美(町) のみ
白山(町) はくさん
埴田(町) はねだ
馬場(町) ばんば
東(町) ひがし
光(町) ひかり
一針(町) ひとつはり
日用(町) ひよう
日吉(町) ひよし
古河(町) ふるかわ
本鍛冶(町) ほんかじ
本江(町) ほんごう
松生(町) まつおい
松崎(町) まつざき
松任(町) まっとう
丸内(町) まるのうち
三田(町) みた
向本折(町) むかいもとおり
八里台 やさとだい
大和(町) やまと
八幡 やわた
八幡(町) やわた
湯上(町) ゆのかみ
龍助(町) りゅうすけ

珠洲市
上戸町寺社 うえどまちじしゃ
大谷(町) おおたに
熊谷(町) くまんたに
正院町正院 しょういんまちしょういん
狼煙(町) のろし
宝立町大町泥木 ほうりゅうまちおおまちどろのき
宝立町柏原 ほうりゅうまちかしはら

真浦(町) まうら
馬緤(町) まつなぎ
三崎町高波 みさきまちこうなみ
三崎町雲津 みさきまちもづ
若山町出田 わかやままちすった

七尾市
麻生(町) あそう
新屋(町) あらや
飯川(町) いがわ
伊久留(町) いくろ
魚(町) うお
後畠(町) うしろばたけ
鵜浦(町) うのうら
上野ケ丘(町) うわのがおか
江泊(町) えのとまり
小栗(町) おぐり
亀山(町) かめやま
川原(町) かわら
小池川原(町) こいけがわら
柑子(町) こうじ
国下(町) こくが
国分(町) こくぶ
小島(町) こじま
小丸山台(町) こまるやまだい
米(町) こめ
佐野(町) さの
七原(町) しつはら
下(町) しも
白馬(町) しろうま
白銀(町) しろがね
新保(町) しんぼ
杉森(町) すぎもり
高田(町) たかた
直津(町) ただつ
田鶴浜(町) たつるはま
千野(町) ちの
津向(町) つむぎ
東浜(町) とうのはま
中島町大平 なかじままちおおだいら
中島町河内 なかじままちかわち
中島町外 なかじままちそで
中島町藤瀬 なかじままちふじのせ
中島町宮前 なかじままちみやのまえ
中島町谷内 なかじままちやち
西下(町) にししも
西三階(町) にしみかい
温井(町) ぬくい
塗師(町) ぬし
能登島鰀目(町) のとじまえのめ
能登島向田(町) のとじまこうだ

能登島祖母ケ浦(町) のとじまばがうら
八田(町) はった
桧物(町) ひもの
舟尾(町) ふのお
古府(町) ふるこ
古城(町) ふるしろ
古屋敷(町) ふるやしき
馬出(町) まだし
松百(町) まっとう
満仁(町) まに
万行(町) まんぎょう
三島(町) みしま
御祓(町) みそぎ
本府中(町) もとふちゅう
山崎(町) やまざき
大和(町) やまと
八幡(町) やわた
湯川(町) ゆがわ
吉田(町) よした

野々市市
御経塚 おきょうづか
上林 かんばやし
清金 きよかね
位川 くらいがわ
三納 さんの
下林 しもばやし
菅原(町) すがはら
田尻(町) たのしり
太平寺 たへいじ
徳用(町) とくもと
藤平田 とへいだ
野代 のしろ
白山(町) はくさん
堀内 ほりうち
矢作 やはぎ

能美市
粟生(町) あお
莇生(町) あぞう
岩内(町) いわうち
牛島(町) うしじま
上開発(町) かみかいはつ
高座(町) こうざ
小長野(町) こながの
佐野(町) さの
下開発(町) しもかいはつ
下ノ江(町) しものごう
新保(町) しんぼ
大成(町) たいせい
高坂(町) たかさか
舘(町) たち
辰口(町) たつのくち
出口(町) でぐち
道林(町) どうりん
徳山(町) とくさん
灯台笹(町) とうしの
中ノ江(町) なかのごう

地域順一覧　　　　　　　　　　　　　石川県

中庄(町) なかのしょう
鍋谷(町) なべたに
根上(町) ねあがり
能美 のみ
浜開発(町) はまかいはつ
東任田(町) ひがしとうだ
末寺(町) まつじ
湯谷(町) ゆのたに
湯屋(町) ゆのや
吉原釜屋(町) よしはらがまや
吉原(町) よしはら
来丸(町) らいまる
和気(町) わけ
羽咋市
粟生(町) あお
粟原(町) あわら
飯山(町) いのやま
上江(町) うわえ
垣内田(町) かくった
川原(町) かわら
御坊山(町) ごぼうやま
寺家(町) じけ
四(町) し
白石(町) しろいし
白瀬(町) しろせ
新保(町) しんぼ
菅池(町) すがいけ
次場(町) すば
千石(町) せんごく
千田(町) せんだ
滝谷(町) たきだに
千路(町) ちじ
千代(町) ちよ
千里浜(町) ちりはま
土橋(町) つちはし
円井(町) つむらい
中川(町) なかがわ
羽咋(町) はくい
東川原(町) ひがしかわら
本江(町) ほんごう
神子原(町) みこはら
柳田(町) やないだ
柳橋(町) やなぎばし
四柳(町) よつやなぎ
立開(町) りゅうがい
白山市
相木 あいのき
相木(町) あいのき
明島(町) あからじま
旭丘 あさひがおか
荒谷 あらただに
行(町) あるき
市原 いちはら
井口(町) いのくち
今平(町) いまひら
小川(町) おがわ
乙丸(町) おとまる
女原 おなばら

小柳(町) おやなぎ
鹿島(町) かしま
釜谷 かまだに
上野(町) かみの
河合(町) かわい
河内町内尾 かわちまちうつお
河内町金間 かわちまちきんま
河内町口直海 かわちまちくちのみ
河内町江津 かわちまちごうづ
河内町下折 かわちまちそそり
河原山(町) かわらやま
木滑 きなめり
剣崎(町) けんざき
木津(町) こうづ
幸明(町) こうみょう
御影堂(町) ごえどう
小上(町) こがみ
五十谷(町) ごじゅうだに
五歩市(町) ごほいち
三宮(町) さんのみや
七原(町) しちはら
柴生(町) しばき
柴木(町) しばき
下田原(町) しもたわら
下野(町) しもの
白山(町) しらやま
新田(町) しんでん
新成 しんなり
菅波(町) すがなみ
杉森(町) すぎもり
相川(町) そうやご
曽谷(町) そだに
中宮 ちゅうぐう
長屋(町) ちょうや
鶴来清沢(町) つるぎせいさわ
鴇ケ谷(町) とがたに
富光寺(町) とみこうじ
中島(町) なかじま
中成 なかなり
成(町) なり
西柏 にしかしわ
西柏(町) にしかしわ
西新(町) にししん
野地(町) のうち
博労(町) ばくろ
八田(町) はった
馬場 ばば
番田(町) ばんだ
東新(町) ひがししん
左礫(町) ひだりつぶて
日御子(町) ひのみこ
日向(町) ひゅうが
仏師ケ野(町) ぶしがの
藤木(町) ふじのき

蕪城 ぶじょう
部入道(町) ぶにゅうどう
古城(町) ふるしろ
別宮出(町) べつぐで
別宮(町) べつぐ
美川神幸(町) みかわじんこう
神子清水(町) みこしみず
水澄(町) みすみ
宮保(町) みやぼ
三幸(町) みゆき
向島(町) むかいじま
明光 めいこう
安田(町) やすた
八束穂 やつかほ
柳原(町) やなぎはら
八幡(町) やわた
吉田(町) よしだ
渡津(町) わたづ
輪島市
海士(町) あま
鵜入(町) うにゅう
小池(町) おいけ
小伊勢(町) おいせ
小田屋(町) おだや
上山(町) かみやま
北谷(町) きただに
熊野(町) くまの
気勝平(町) けかちだいら
忍(町) しのぶ
下山(町) しもやま
白米(町) しろよね
杉平(町) すぎひら
中段(町) ちゅうだ
西院内(町) にしいんない
光浦(町) ひかりうら
鳳至(町) ふげし
房田(町) ふさだ
二勢(町) ふたせ
久手川(町) ふてがわ
町野町井面 まちのまちいのもて
町野町真久 まちのまちさんきさ
三井町渡合 みいまちどあい
三井町本江 みいまちほんこう
水守(町) みともり
門前町浅生田 もんぜんまちあそだ
門前町安代原 もんぜんまちあんだいはら
門前町五十洲 もんぜんまちいぎす
門前町宲 もんぜんまちうつろ
門前町上代 もんぜんまちわだい
門前町小石 もんぜんまちおいし

門前町大生 もんぜんまちおはえ
門前町鹿磯 もんぜんまちかいそ
門前町上河内 もんぜんまちかみがわち
門前町久川 もんぜんまちきゅうかわ
門前町小山 もんぜんまちこやま
門前町椎木 もんぜんまちしいのき
門前町神明原 もんぜんまちしめはら
門前町白禿 もんぜんまちしらはげ
門前町薄野 もんぜんまちすすきの
門前町清沢 もんぜんまちせいざわ
門前町千代 もんぜんまちせんだい
門前町滝上 もんぜんまちたきのうえ
門前町道下 もんぜんまちとうげ
門前町百成大角間 もんぜんまちどうみきおおかくま
門前町栃木 もんぜんまちとちのき
門前町能納屋 もんぜんまちのうや
門前町馬場 もんぜんまちばんば
門前町藤浜 もんぜんまちふじのはま
門前町八幡 もんぜんまちやわた
大和(町) やまと
横地(町) よこじ
鹿島郡中能登町
在江 あるえ
井田 いだ
今羽坂 いまはざか
小竹 おだけ
金丸 かねまる
上後山 かみうしろやま
久江 くえ
小田中 こだなか
最勝講 さいすこ
石動山 せきどうさん
高畠 たかばたけ
二宮 にのみや
廿九日 ひずめ
一青 ひとと
福田 ふくだ
水白 みじろ
河北郡内灘町
湖西 こせい
向粟崎 むかいあわがさき
河北郡津幡町
相鹿 あいくぼ
莇谷 あざみだに
浅谷 あさんたに
市谷 いちのたに

井野河内 いのかわち
上野 うわの
大熊 おんま
潟端 かたばた
河内 かわち
北中条 きたちゅうじょう
興津 きょうづ
倶利伽羅 くりから
仮生 けしょう
湖東 ことう
籠月 こもつき
小熊 こんま
七黒 しちくろ
七野 しちの
常徳 じょうとく
杉瀬 すぎのせ
竹橋 たけのはし
九折 つづらおり
富田 とみた
鳥屋尾 とりやお
能瀬 のせ
八ノ谷 はちのたに
舟尾 ふなお
御門 みかど
宮田 みやだ
谷内 やち
山北 やまきた
能美郡川北町
上先出 かみせんでん
草深 くさぶか
木呂場 ころば
三反田 さんたんだ
下先出 しもせんでん
土室 つちむろ
藤蔵 とうぞう
中島 なかじま
山田先出 やまだせんでん
羽咋郡志賀町
阿川 あこう
安部屋 あぶや
甘田 あまだ
出雲 いずも
入釜 いりがま
上棚 うわだな
上野 うわの
小浦 おうら
大坂 おおさか
大西 おおにし
小窪 おくぼ
大島 おしま
栢木 かいのき
神代 かくみ
香能 かのう
小室 こもろ
米(町) こん
西海風無 さいかいかざなし
西海風戸 さいかいふと
酒見 さかみ

409

福井県　　　　　　　　地域順一覧

里本江 さとほんご
三明 さんみょう
鹿頭 ししず
代田 しなんた
草江 そうご
舘 たち
舘開 たちひらき
田原 たわら
富来牛下 とぎうしおろし
富来生神 とぎうるかみ
富来七海 とぎしつみ
灯 とほし
長沢 ながさわ
長田 ながた
中浜 なかはま
梨谷小山 なしたにこやま
二所宮 にしょのみや
直海 のうみ
東小室 ひがしおもろ
日下田 ひげた
日用 ひよう
豊後名 ぶんごめ
仏木 ほとぎり
松木 まつのき
六実 むつみ
百浦 ももうら
谷神 やちかみ
宿女 やどめ
八幡 やわた
八幡座主 やわたざす

羽咋郡宝達志水町
東間 あずま
上田 うわだ
上田出 うわだで
小川 おがわ
荻島 おぎのしま
荻谷 おぎのやち
御舘 おたち
河原 かわら
米出 こめだし
紺屋(町) こんや
下石 さがりし
散田 さんでん
子浦 しお
新宮 しんぐう
菅原 すがはら
沢川 そうごう
竹生野 たこの
出浜 ではま
当熊 とうのくま
走入 はしり
東野 ひがしの
聖川 ひじりかわ
正友 まさとも
三日(町) みっか
麦生 むぎう
向瀬 むこせ
免田 めんでん
森本 もりもと

門前 もんぜん
山崎 やまざき
鳳珠郡穴水町
伊久留 いくる
内浦 うちうら
上野 うわの
大角間 おおかくま
大甲 おおかぶと
乙ケ崎 おとがさき
小又 おまた
鹿島 かしま
鹿波 かなみ
甲 かぶと
河内 かわち
北七海 きたしつみ
木原 きはら
此木 くのぎ
樟谷 くのぎたに
越渡 こえと
小甲 こかぶと
小又 こまた
鹿上 しかがみ
七海 しつみ
菅谷 すげんたに
大郷 だいごう
新崎 にんざき
挟石 はさみいし
波志借 はじかし
東中谷 ひがしなかんたに
古君 ふるきみ
前波 まえなみ
女良川 めらがわ
山中 やまなか
鹿路 ろくろ
鳳珠郡能登町
五十里 いかり
猪平 いのひら
宇出津 うしつ
内浦長尾 うちうらなご
小浦 おうら
太田原 おおだわら
小垣 おがき
小木 おぎ
越坂 おっさか
小間生 おもう
河ケ谷 かがたに
柿生 かきお
上 かみ
神和住 かみわすみ
上(町) かん
北河内 きたかわち
久田 きゅうでん
清真 きよざね
桐畑 きりはた
黒川 くろかわ
合鹿 ごうろく
七見 しちみ
白丸 しろまる
新保 しんほ
滝之坊 たきのほ
田代 たしろ

立壁 たてかべ
寺分 てらぶん
天坂 てんざか
波並 はなみ
羽生 はにゅう
本木 ほんき
粗倉 まないたぐら
宮地 みやち
明生 みょうじょう
武連 むれ
柳田 やなぎだ
山中 やまなか
行延 ゆきのべ
四方山 よもやま

福井県
小浜(市) おばま
坂井(市) さかい
敦賀(市) つるが
南条(郡) なんじょう
丹生(郡) にゅう
三方(郡) みかた
吉田(郡) よしだ

福井市
在田(町) あいだ
明里(町) あかり
味見河内(町) あじみこうち
足羽 あすわ
浅水(町) あそうず
網戸瀬(町) あどせ
安保(町) あぼ
尼ケ谷(町) あまがたに
天菅生(町) あますごう
鮎川(町) あゆかわ
荒谷(町) あらたに
幾久(町) いくひさ
池尻(町) いけのしり
生部(町) いけぶ
印田(町) いんでん
上野(町) うえの
上野本(町) うえのほん
上伏(町) うえぶせ
羽水 うすい
瀬ケ口(町) うそがぐち
謡谷(町) うたいだに
馬垣(町) うまがき
円山 えんざん
大島(町) おおしま
大谷(町) おおたに
恐神(町) おそがみ
小当見(町) おとみ
大丹生(町) おにゅう
大畑(町) おばたけ
小羽(町) おば
小山谷(町) おやまだに
折立(町) おりたて

開発 かいほつ
開発(町) かいほつ
柿谷(町) かきだに
主計中(町) かずえなか
鹿俣(町) かなまた
金屋(町) かなや
上苅生田(町) かみあぞうだ
上一光(町) かみいかり
上河北(町) かみこきた
上天下(町) かみてがわ
蒲生(町) がもう
神当部(町) かんとべ
北菅生(町) きたすごう
城戸ノ内(町) きどのうち
木下(町) きのした
茱崎(町) ぐみざき
下馬 げば
下馬(町) げば
堅達(町) げんだつ
乾徳 けんとく
小稲津(町) こいなづ
小宇坂(町) こうさか
合島(町) ごうしま
河水(町) こうすい
合谷(町) ごうだに
河内(町) こうち
河増(町) こうます
瓶谷(町) こしきだに
小尉(町) こじょう
御所垣内(町) ごしょがいち
小丹生(町) こにゅう
小野(町) この
御油(町) ごゆ
小和清水(町) こわしょうず
小幡(町) こわた
坂下(町) さかした
笹谷(町) ささだに
定正(町) さだまさ
佐野(町) さの
三郎丸 さぶろうまる
三郎丸(町) さぶろうまる
三十八社(町) さんじゅうはっしゃ
三本木(町) さんぼんぎ
三万谷(町) さんまんだに
宿布(町) しくぬの
重立(町) しげたて
篠尾(町) しのお
下莇生田(町) しもあぞうだ
下一光(町) しもいかり
下天下(町) しもてがわ
小路(町) しょうじ
城東 じょうとう

生野(町) しょうの
菖蒲谷(町) しょうぶだに
次郎丸(町) じろうまる
新田本(町) しんでんほん
新開(町) しんびらき
新保 しんほ
新保(町) しんほ
椙谷(町) すいだに
菅谷 すがや
菅谷(町) すがや
杉谷(町) すぎたに
砂子坂(町) すなごさか
砂子田(町) すなごだ
成和 せいわ
曽万布(町) そんぼ
大東 だいとう
高尾(町) たかお
高田(町) たかた
高柳 たかやなぎ
高柳(町) たかやなぎ
竹生(町) たこお
田尻(町) たじり
田原 たわら
千合(町) ちごう
土橋(町) つちはし
角折(町) つのおり
角原(町) つのはら
問屋(町) といや
燈豊(町) とうぶ
栂野(町) とがの
徳尾(町) とくお
豊島 とよしま
中河内(町) なかうち
中平(町) なかだいら
中角(町) なかつの
中手(町) なかんて
南居(町) なご
波寄(町) なみよせ
西開発(町) にしかいはつ
西方 にしかた
西河原(町) にしこうばら
西新(町) にししん
西谷(町) にしたに
西谷(町) にしたに
新田塚(町) にったづか
新田塚(町) にったづか
計石(町) はかりいし
畠中(町) はたけなか
花堂中(町) はなんどうなか
浜住(町) はまじゅう
半田(町) はんだ
東河原(町) ひがしこうばら
東新(町) ひがししん
東平(町) ひがしだいら
深谷(町) ふかたに

地域順一覧　　　　　　　　　　　　福井県

武周(町) ぶしゅう
二上(町) ふたがみ
前波(町) まえば
水谷(町) みずたに
南菅生(町) みなみすごう
南西俣(町) みなみにしまた
南宮地(町) みなみみやじ
南山(町) みなみやま
宮地(町) みやじ
御幸 みゆき
和布(町) めら
桃園 ももぞの
門前 もんぜん
門前(町) もんぜん
薬師(町) やくし
安田(町) やすだ
山内(町) やまうち
八幡(町) やわた
有楽(町) ゆうらく
渡(町) わたり

あわら市
赤尾 あかお
井江葭 いえよし
稲越 いなごえ
後山 うしろやま
上野 うわの
柿原 かきばら
鎌谷 かまだに
上番 かみばん
河原井手 かわらいで
椚 くぬぎ
桑原 くわばら
河間 こうま
権世 ごんぜ
重義 しげよし
下番 しもばん
十三 じゅうぞう
城 じょう
城新田 じょうしんでん
次郎丸 じろうまる
菅野 すがの
角屋 すみや
清間 せいま
谷畠 たにばく
富津 とみつ
中川 なかがわ
中浜 なかのはま
中番 なかばん
波松 なみまつ
番田 ばんでん
番堂野 ばんどの
二面 ふたおもて
古石石塚 ふるやいししづか
前谷 まえだに
御簾尾 みすのお
宮谷 みやだに
指中 ゆびなか

越前市
相木(町) あいのき
吾妻(町) あづま
荒谷(町) あらたに
池ノ上(町) いけのかみ
稲寄(町) いなよせ
入谷(町) いりたに
岩内(町) いわうち
瓜生野(町) うりゅうの
不老(町) おいず
大谷(町) おおたに
大平(町) おおひら
大屋(町) おおや
春日野(町) かすがの
金屋(町) かなや
上四目(町) かみしめ
北小山(町) きたおやま
北府 きたご
葛岡(町) くずおか
朽飯(町) くだし
黒川(町) くろかわ
勾当原(町) こうとうがはら
国府 こくふ
小谷(町) こだに
小野(町) この
米口(町) こめぐち
定友(町) さだとも
芝原 しばはら
下四目(町) しもしめ
庄田(町) しょうでん
菖蒲谷(町) しょうぶだに
勝蓮花(町) しょうれんげ
白崎(町) しろさき
新保 しんぼ
新保(町) しんぼ
菅(町) すげ
千合谷(町) せんごうだに
千福(町) せんぷく
高瀬 たかせ
武生柳(町) たけふやなぎ
千原(町) ちはら
長五(町) ちょうご
塚原(町) つかばら
土山(町) つちやま
寺地(町) てらじ
戸谷(町) とたに
都辺(町) とべ
問屋(町) とんや
長谷(町) ながたに
中津原(町) なかつはら
波垣(町) なみがき
暖(町) なわて
西尾(町) にしお
西河内(町) にしこうち
西谷(町) にしたに

丹生郷(町) にゅうのごう
野上(町) のがみ
萩原(町) はぎわら
余田(町) はぐり
馬上免(町) ばじょうめ
八石(町) はちこく
八幡 はちまん
万代(町) ばんだい
檜尾谷(町) ひおだに
東庄境(町) ひがししょうざかい
平出 ひらいで
深草 ふかくさ
藤木(町) ふじのき
文室(町) ふむろ
仏谷(町) ほとけだに
帆山(町) ほやま
本保(町) ほんほ
丸岡(町) まるか
水間(町) みずま
南小山(町) みなみおやま
宮谷(町) みやだに
御幸(町) みゆき
向が丘(町) むかいがおか
向新保(町) むかいしんぼ
豊(町) ゆたか
湯谷(町) ゆや

大野市
阿難祖領家 あどそりょうけ
有明(町) ありあけ
石谷 いしたに
糸魚 いとよ
犬山 いぬやま
猪島 いのしま
飯降 いふり
上野 うわの
榎 えのき
小黒見 おぐろみ
開発 かいほつ
角野 かくの
上大槻 かみおおのう
上舌 かみした
上丁 かみようろ
亀山 かめやま
川合 かわい
北御門 きたみかど
金山 きんざん
御給 ごきゅう
木本 このもと
小矢戸 こやと
御領 ごりょう
篠座 しのくら
篠座(町) しのくら
下麻生嶋 しもあそうじま
下打波 しもうちなみ
下郷 しもごう
下据 しもしがらみ

下山 しもやま
下唯野 しもゆいの
下丁 しもようろ
下若生子 しもわかご
清水 しょうず
菖蒲池 しょうぶいけ
城(町) しろ
新田 しんでん
清瀧 せいりゅう
千歳 ちとせ
塚原 つかばら
土布子 つちぶご
稲郷 とうごう
富嶋 とびしま
中据 なかしがらみ
中丁 なかようろ
七板 なないた
西市 にしいち
西勝原 にしかどはら
西据 にししがらみ
後野 のちの
東市布 ひがしいちぬの
東勝原 ひがしかどはら
日吉(町) ひよし
平沢 ひらさわ
伏石 ふくいし
仏原 ほとけばら
水落 みずおとし
水落(町) みずおとし
森本 もりもと
八(町) や
大和(町) やまと
蕨生 わらびょう

小浜市
阿納 あの
阿納尻 あのじり
池河内 いけのこうち
生守 いごもり
生守団地 いごもりだんち
犬熊 いのくま
上野 うえの
雲浜 うんぴん
大谷 おおたに
大戸 おおど
奥田縄 おくだの
岡津 おこづ
遠敷 おにゅう
小浜塩竈 おばましおがま
小浜白鬚 おばましらひげ
小屋 おや
堅海 かつみ
金屋 かなや
上田 かみた
上根来 かみねごり
北川 きたがわ
口田縄 くちだの
熊野 くまの
検見坂 けんみざか

甲ケ崎 こがさき
国分 こくぶ
小湊 こみなと
三分一 さんぶいち
四分一 しぶいち
下田 しもた
下根来 しもねごり
新保 しんぼ
須縄 すの
滝谷 たきだに
多田 ただ
太良庄 たらのしょう
竹原 たわら
忠野 ちゅうの
東市場 といちば
西小川 にしおがわ
西勢 にしせい
西長(町) にしなが
野代 のだい
後瀬(町) のちせ
法海 のりかい
飯盛 はんせい
東勢 ひがしせい
深谷 ふかたに
深野 ふかの
福谷 ふくたに
伏原 ふしわら
仏谷 ほとけだに
本保 ほんぼ
南川(町) みなみがわ
門前 もんぜん
谷田部 やたべ
湯岡 ゆのおか

勝山市
荒土町堀名 あらどちょうほりめ
猪野 いの
遅羽町蓬生 おそわちょうよもぎ
北郷町上野 きたごうちょううわの
北郷町志比原 きたごうちょうしいわら
北谷町河合 きただにちょうこうご
鹿谷町東遅羽口 しかだにちょうひがしおそわぐち
鹿谷町発坂 しかだにちょうほっさか
立川(町) たてかわ
野向町聖丸 のむきちょうひじりまる
平泉寺町神明 へいせんじちょうしんめい
芳野(町) よしの

坂井市
坂井町蔵垣内 さかいちょうくらがいち
坂井町御油田 さかいちょうごゆうだ
坂井町東長田 さかいちょうひがしながた
春江町井向 はるえちょういのむかい

411

山梨県　　　　地域順一覧

春江町正善 はるえちょうしょうぜん
春江町千歩寺 はるえちょうせんぽうじ
春江町中庄 はるえちょうなかのしょう
春江町西長田 はるえちょうにしながた
春江町針原 はるえちょうはりはら
丸岡町油ケ頭 まるおかちょうあぶらためとう
丸岡町石城戸(町) まるおかちょういしきど
丸岡町女形谷 まるおかちょうおながたに
丸岡町熊堂 まるおかちょうくまんどう
丸岡町反保 まるおかちょうたんぼ
丸岡町筑後清水 まるおかちょうちくごしょうず
丸岡町長畝 まるおかちょうのうね
丸岡町八幡(町) まるおかちょうはちまん
三国町玉江 みくにちょうたまえ
三国町米納津 みくにちょうよのづ

鯖江市
莇生田(町) あぞうだ
石生谷(町) いしょうだに
乙坂今北(町) おつさかこんぼく
金谷(町) かなだに
上氏家(町) かみうじえ
上河内(町) かみこうち
上河端(町) かみこうばた
上戸口(町) かみとのくち
神中(町) かみなか
上野田(町) かみのだ
川去(町) かわさり
河和田(町) かわだ
北中(町) きたなか
下司(町) げし
小黒(町) こぐろ
五郎丸(町) ごろうまる
定次(町) さだつぎ
三六(町) さんろく
寺中(町) じちゅう
四方谷(町) しほうだに
下氏家(町) しもうじえ
当田(町) とうで
戸口(町) とのくち
鳥羽 とば
鳥羽(町) とば

南井(町) なおい
中戸口(町) なかとのくち
西番(町) にしばん
冬島(町) ふじま
三尾野出作(町) みおのしゅつさく
水落(町) みずおち
御幸(町) みゆき
吉田(町) よしだ

敦賀市
挙野 あげの
莇生野 あぞの
池河内 いけのこうち
五幡 いつはた
鋳物師(町) いもじ
色浜 いろはま
獺河内 うそこうち
大蔵 おおくら
小河 おご
小河口 おごぐち
越坂 おっさか
神楽(町) かぐら
金山 かなやま
鉄輪(町) かなわ
河原(町) かわはら
観音(町) かんのん
清水(町) きよみず
公文名 くもんみょう
古田刈 こたかり
御名 ごみょう
坂下 さかのした
泉 しみず
常宮 じょうぐう
白木 しらき
白銀(町) しろがね
新道 しんどう
新保 しんほ
杉津 すいづ
砂流 すながれ
田結 たい
高野 たかの
田尻 たじり
立石 たていし
谷口 たにぐち
角鹿(町) つのが
天筒(町) てづつ
刀根 とね
長沢 ながそ
長谷 ながたに
布田(町) ぬのだ
縄間 のうま
深川(町) ふかがわ
松栄(町) まつえ
松原(町) まつばら
鞠山 まるやま
三島(町) みしま
道口 みちのくち
山 やま
山泉 やましみず
山中 やまなか
吉河 よしこ
若泉(町) わかいずみ

今立郡池田町
尾緩 おだるみ
小畑 おばたけ
河内 こうち
定方 さだかた
白粟 しらわ
新保 しんほ
菅生 すごう
谷口 たにぐち
千代谷 ちよだに
寺谷 てらだに
西角間 にしかくま
東角間 ひがしかくま
松ケ谷 まつがたに

大飯郡おおい町
大島 おおしま
神崎 こうざき
小車田 こしゃた
小堀 こほり
笹谷 ささだに
鹿野 しかの
成和 せいわ
父子 ちちし
名田庄井上 なたしょういがみ
名田庄納田終 なたしょうのたおい
福谷 ふくたに
三森 みつもり

大飯郡高浜町
岩神 いわがみ
上瀬 うわせ
小黒飯 おぐるい
音海 おとみ
上車持 かみくらもち
神野 こうの
神野浦 こうのうら
子生 こび
小和田 こわだ
坂田 さかた
三明 さんめい
下 しも
高野 たかの
立石 たていし
中津海 なかつみ
難波江 なばえ
日置 ひき
蒜畠 ひるばたけ
山中 やまなか
湯谷 ゆたに
横津海 よこつみ

南条郡南越前町
合波 あいば
鋳物師 いものし
上野 うえの
大桐 おおぎり
大谷 おおたに
小倉谷 おぐらたに
甲楽城 かぶらき
上温谷 かみぬくだに
河内 こうち
河野 こうの
新道 しんどう

杉谷 すぎたに
菅谷 すげのたに
杣山 そまやま
大門 だいもん
大良 だいら
長沢 ながさわ
西大道 にしだいどう
馬上免 ばじょうめん
八田 はった
燧 ひうち
東大道 ひがしだいどう
東谷 ひがしだに
広野 ひろの
八飯 やい
社谷 やしろだに
湯尾 ゆのお

丹生郡越前町
青野 あおの
大玉 いかだま
入矢 いりや
岩開 いわかい
上戸 うわど
上野 うわの
江波 えなみ
円満 えんま
大谷 おおたに
大畑 おおばた
小川 おがわ
小倉 おぐら
大樟 おこのぎ
小曽原 おそわら
葛野 かずらの
蚊谷寺 かだんじ
金谷 かなや
上糸生 かみいとう
気比庄 きひしょう
熊谷 くまだに
茱原 ぐみわら
厨 くりや
小樟 ここのぎ
桜谷 さくらだに
佐々生 さそう
下河原 しもがわら
城ケ谷 じょうがたに
清水 しょうず
新保 しんほ
陶の谷 すえのたに
左右 そう
平等 たいら
高佐 たかさ
八田 はった
広野 ひろの
古屋 ふるや
道口 みちぐち

三方上中郡若狭町
麻生野 あその
海士坂 あまさか
生倉 いくら
上野 うえの
海山 うみやま
上瀬 うわせ

小川 おがわ
小原 おはら
神谷 こうだに
河内 こうち
無悪 さかなし
塩坂越 しゃくし
白屋 しろや
新道 しんどう
田上 たがみ
館川 たちかわ
玉置 たまき
成出 なるで
三方 みかた
神子 みこ
三生野 みしょうの
三田 みた
向笠 むかさ
武生 むしゅう
持田 もちだ
山内 やまうち
遊子 ゆうし
横渡 よこわたり
若王子 わかおうじ

三方郡美浜町
麻生 あそ
五十谷 いさだに
金山 かなやま
河原市 かわらいち
木野 きの
郷市 ごいち
佐野 さの
菅浜 すがはま
丹生 にゅう
日向 ひるが
松原 まつばら
南市 みなみいち
宮代 みやしろ
山上 やまがみ

吉田郡永平寺町
荒谷 あらたに
飯島 いいじま
石上 いしがみ
栗住波 くりすなみ
竹原 たけはら
谷口 たにぐち
轟 どめき
中島 なかじま
鳴鹿山鹿 なるかさんが
松岡椚 まつおかくぬぎ
松岡御公領 まつおかごくりょう
松岡樋爪 まつおかひづめ
山 やま

山梨県

都留(市) つる
西八代(郡) にしやつしろ
北杜(市) ほくと

地域順一覧　山梨県

甲府市
猪狩（町）いかり
後屋 うしろや
右左口（町）うばぐち
大里（町）おおさと
音羽（町）おとわ
小曲（町）おまがり
梯（町）かけはし
上小河原（町）かみ こがわら
上条新居（町）かみ じょうあらい
上（町）かみ
上向山（町）かみむ こうやま
北新 きたしん
貢川 くがわ
国玉（町）くだま
黒平（町）くろべら
国母 こくぼ
小瀬（町）こせ
古府中（町）こふ ちゅう
下帯那（町）しもお びな
下河原（町）しもが わら
下小河原（町）しも こがわら
城東 じょうとう
白井（町）しらい
新田（町）しんでん
砂田（町）すなだ
草鹿沢 そうか ざわ
大和（町）だいわ
高畑 たかばたけ
竹日向（町）たけひ なた
千塚 ちづか
塚原（町）つかはら
中小河原 なかこが わら
中小河原（町）なか こがわら
中畑（町）なかばたけ
七沢（町）ななさわ
西田（町）にしだ
古上条（町）ふるか みじょう
古関（町）ふるせき
御岳（町）みたけ
向（町）むこう
蓬沢 よもぎさわ
蓬沢（町）よもぎさわ

上野原市
新田 あらた
大椚 おおくぬぎ
大曽根 おおぞね
川合 かわい
西原 さいはら
四方津 しおつ
鶴島 つるしま
棡原 ゆずりはら

大月市
七保町葛野 ななほ まちかずの
御太刀 みたち
梁川町新倉 やなが わまちあらくら

甲斐市
安寺 あてら
大垈 おおぬた
上菅口 かみすげくち
吉沢 きっさわ
神戸 ごうど
境 さかい
篠原 しのはら
下菅口 しもすげくち
菖蒲沢 しょうぶざわ
千田 せんだ
西八幡 にしやはた
万才 まんざい
龍地 りゅうじ

甲州市
塩山下柚木 えんざ んしもゆのき
塩山福生里 えんざ んふくおり
大和町木賊 やまと ちょうとくさ
大和町初鹿野 やま とちょうはじかの

中央市
乙黒 おとぐろ
木原 きはら
下河東 しもかとう
高部 たかべ
成島 なるしま
布施 ふせ
馬籠 まごめ
山之神 やまのかみ

都留市
朝日曽雌 あさひ そし
井倉 いぐら
大原 おおはら
小形山 おがたやま
小野 おの
上谷 かみや
境 さかい
鹿留 ししどめ
下谷 しもや
田原 たはら
十日市場 とおかい ちば

韮崎市
上ノ山 うえのやま
上祖母石 かみうば いし
神山町北宮地 かみ やままちきたみやじ
下祖母石 しもうば いし
水神 すいじん
清哲町樋口 せいて つまちひのぐち
中島 なかじま
円野町入戸野 まる

のまちにっとの

笛吹市
芦川町鶯宿 あしが わちょうおうしゅく
石和町河内 いさわ ちょうこうち
一宮町神沢 いちの みやちょうかんざわ
一宮町狐新居 いち のみやちょうきつね あらい
春日居町鎮目 かす がいちょうしずめ
境川町小山 さかい がわちょうこやま
境川町藤垈 さかい がわちょうふじぬた
境川町三椚 さかい がわちょうみつく ぬぎ
御坂町国衙 みさか ちょうこくが
御坂町藤野木 みさ かちょうとうのき
八代町高家 やつし ろちょうこうか

富士吉田市
新倉 あらくら
新屋 あらや
大明見 おおあすみ
小明見 こあすみ

北杜市
明野町上手 あけの ちょううえで
小淵沢（町）こぶち さわ
小淵沢町松向 こぶ ちさわちょうしょう こう
須玉町小倉 すたま ちょうこごえ
須玉町藤田 すたま ちょうとうだ
須玉町大豆生田 すたまちょうまみょ うだ
須玉町若神子 すた まちょうわかみこ
長坂町大井ケ森 ながさかちょうおおい がもり
白州町上教来石 はくしゅうちょうか みきょうらいし
武川町牧原 むかわ ちょうまぎのはら
武川町宮脇 むかわ ちょうみやのわき

南アルプス市
和泉 いずみ
上野 うえの
上八田 うえはった
榎原 えのきはら
江原 えばら
小笠原 おがさはら
上高砂 かみたかすな
曲輪田 くるわだ
駒場 こまば
塩前 しおのまえ

下高砂 しもたかすな
高尾 たかお
田島 たじま
塚原 つかはら
築山 つくやま
寺部 てらべ
十日市場 とうかい ちば
藤田 とうだ
百々 どうどう
戸田 とだ
西南湖 にしなんご
西野 にしの
荊沢 ばらざわ
東南湖 ひがしなんご
六科 むじな
桃園 ももその
野牛島 やごしま
吉田 よしだ

山梨市
上神内川 かみかの がわ
上之割 かみのわり
切差 きっさつ
小原東 こばらひがし
下神内川 しもかの がわ
七日市場 なのかい ちば
東 ひがし
東後屋敷 ひがしご やしき
堀内 ほりのうち
牧丘町杣口 まきお かちょうそまぐち
水口 みずくち
三富上柚木 みとみ かみゆのき
山根 やまね

北都留郡
小菅（村）こすげ

北都留郡丹波山村
押垣外 おしがいと
御祭 おまつり
上組 かみぐみ
小袖 こそで
高尾 たかお
高畑 たかはた

中巨摩郡昭和町
飯喰 いっくい
河西 かさい
河東中島 かとうな かじま
上河東 かみがとう
西条 にしじょう
築地新居 ついじあ らい

西八代郡市川三郷町
上野 うえの
三帳 さんちょう
高田 たかた
葛籠沢 つづらさわ
寺所 てらどこ
垈 ぬた

八之尻 はちのしり

南巨摩郡
南部（町）なんぶ
早川（町）はやかわ
身延（町）みのぶ

南巨摩郡南部町
内船 うつぶな
大和 おおわ
楮根 かぞね
十島 とおしま
成島 なるしま
南部 なんぶ
万沢 まんざわ
柳島 やなぎしま

南巨摩郡早川町
雨畑 あめはた
新倉 あらくら
大島 おおしま
樺坪 くれつぼ
高住 こうじゅう
小縄 こなわ
黒桂 つづら
初鹿島 はじかじま
早川 はやかわ
保 ほ
薬袋 みない

南巨摩郡富士川町
青柳（町）あおやぎ
大椚 おおくぬぎ
鰍沢 かじかざわ
鹿島 かしま
小林 こばやし
小室 こむろ
十谷 じっこく
高下 たかおり
長知沢 ちょうちざわ
巻米 つきよね
鳥屋 とや

南巨摩郡身延町
一色 いっしき
上之平 うえのたいら
大炊平 おいだいら
大崩 おおくずれ
大島 おおしま
大城 おおじろ
大垈 おおぬた
大山 おおやま
小田船原 おだふな はら
折門 おりかど
釜額 かまひたい
上田原 かみたんばら
川向 かわむき
北川 きたがわ
久成 くなり
下田原 しもたんばら
下山 しもやま
清子 せいご
大子 だいご
角打 つのうち
樋田 といだ
常葉 ときわ

413

長野県　　地域順一覧

梨子 なしご
根子 ねっこ
波高島 はだかじま
八坂 はっさか
日向南沢 ひなたみなみざわ
福原 ふくはら
古関 ふるせき
古籔谷 ふるはせ
三沢 みさわ
光子沢 みつござわ
身延 みのぶ
山家 やまが
夜子沢 よごさわ
南都留郡
忍野(村) おしの
道志(村) どうし
南都留郡忍野村
内野 うちの
忍草 しぼくさ
南都留郡道志村
大指 おおざす
大室 おおむろざす
川原畑 かわらはた
小善地 こぜんじ
中神地 なかかんじ
馬場 ばんば
東神地 ひがしかんじ
谷相 やそう
南都留郡西桂町
小沼 おぬま
下暮地 しもくれち
南都留郡富士河口湖町
大石 おおいし
小立 こだち
西湖 さいこ
精進 しょうじ
南都留郡山中湖村
山中 やまなか

長野県

安曇野(市) あづみの
飯山(市) いいやま
上田(市) うえだ
岡谷(市) おかや
上水内(郡) かみみのち
北安曇(郡) きたあずみ
小諸(市) こもろ
下水内(郡) しもみのち
小県(郡) ちいさがた
千曲(市) ちくま
茅野(市) ちの
東御(市) とうみ
埴科(郡) はにしな
長野市
県(町) あがた
浅川清水 あさかわきよみず

石渡 いしわた
稲里町下氷鉋 いなさとまちしもひがの
稲葉母袋 いなばもたい
居(町) い
入山 いりやま
上松 うえまつ
上野 うわの
小島田(町) おしまだ
合戦場 かっせんば
川中島町上氷鉋 かわなかじままちかみひがの
川中島町御厨 かわなかじままちみくりや
岩石(町) がんぜき
北尾張部 きたおわりべ
北郷 きたごう
北条(町) きたじょう
鬼無里 きなさ
小柴見 こしばみ
小島 こじま
小鍋 こなべ
権堂(町) ごんどう
早苗(町) さなえ
三才 さんさい
篠ノ井有旅 しののいうたび
篠ノ井御幣川 しののいおんべがわ
下氷鉋 しもひがの
伺去 しゃり
塩生 しょうぶ
信更町三水 しんこうまちさみず
信州新町越道 しんしゅうしんまちこえどう
信州新町左右 しんしゅうしんまちそう
信州新町信級 しんしゅうしんまちのぶしな
信州新町水内 しんしゅうしんまちみのち
新田(町) しんでん
大門(町) だいもん
高田 たかだ
田子 たこ
鑪 たたら
立(町) たつ
戸隠栃原 とがくしとちわら
富田 とみだ
中越 なかごえ
中条 なかじょう
中条日下野 なかじょうくさがの
中条住良木 なかじょうすめらぎ
中条御山里 なかじょうみやさと
七瀬 ななせ
七二会甲 なにあい

こう
西後(町) にしご
花咲(町) はなさき
東犀南 ひがしさいなみ
東(町) ひがし
東和田 ひがしわだ
松代町東条 まつしろまちひがしじょう
大豆島 まめじま
檀田 まゆみだ
南県(町) みなみあがた
三輪田(町) みわた
柳原 やなぎはら
吉田 よしだ
安曇野市
明科南陸郷 あかしなみなみりくごう
豊科高家 とよしなたきべ
穂高柏原 ほたかかしわばら
三郷明盛 みさとめいせい
三郷温 みさとゆたか
飯田市
吾妻(町) あずま
追手町 おうて
大休 おおやすみ
長姫(町) おさひめ
上久堅 かみひさかた
上(村) かみ
北方 きたがた
久米 くめ
小伝馬(町) こでんま
下瀬 しもぜ
下久堅南原 しもひさかたみなばら
正永(町) しょうえい
大門(町) だいもん
高羽(町) たかは
駄科 だしな
龍江 たつえ
立石 たていし
主税(町) ちから
千栄 ちはえ
千代 ちよ
東栄(町) とうえい
東新(町) とうしん
白山(町) はくさん
馬場(町) ばばん
松尾寺所 まつおてらどこ
松尾水城 まつおみさじろ
南信濃八重河内 みなみしなのやえごうち
八幡(町) やわた
飯山市
飯山 いいやま
小佐原 こざわら
坂井 さかい
常郷 ときさと

豊田 とよだ
蓮 はちす
斑尾高原 まだらおこうげん
安田 やすだ
伊那市
上の原 うえのはら
小沢 おざわ
上新田 かみしんでん
上牧 かみまき
境 さかい
坂下 さかした
下新田 しもしんでん
仙美 せんみ
高遠町荊口 たかとおまちおもばらぐち
富県 とみがた
中の原 なかのはら
長谷黒河内 はせくろごうち
長谷非持 はせひじ
平沢 ひらさわ
前原 まえはら
美鈴 みすず
上田市
蒼久保 あおくぼ
生田 いくた
上田 うえだ
上田原 うえだはら
上野 うえの
大屋 おおや
鹿教湯温泉 かけゆおんせん
神畑 かばたけ
古安曽 こあそ
越戸 こうど
国分 こくぶ
古里 こさと
小島 こじま
御所 ごしょ
小牧 こまき
真田町傍陽 さなだまちそえひ
下武石 しもたけし
菅平高原 すがだいらこうげん
武石鳥屋 たけしとや
築地 ついじ
常入 ときいり
常田 ときだ
常磐城 ときわぎ
福田 ふくた
富士山 ふじやま
保野 ほや
御嶽堂 みたけどう
本海野 もとうんの
吉田 よしだ
芳田 よしだ
大町市
平 たいら
八坂 やさか
社 やしろ

岡谷市
塩嶺 えんれい
御倉(町) おくら
長地 おさち
長地鎮 おさちしずめ
大栄(町) だいえい
成田(町) なるた
南宮 なんぐう
山下(町) やました
駒ヶ根市
赤穂 あかほ
上穂北 うわぶきた
上穂栄 うわぶさかえ
東(町) ひがし
小諸市
上ノ平 うえのだいら
後平 うしろだいら
大杭 おおくい
押出 おしだし
乙 おつ
加増 かます
唐松 からまつ
己 き
甲 こう
古城 こじょう
小原 こばら
紺屋(町) こんや
坂ノ上 さかのうえ
東雲 しののめ
芝生田 しぼうた
滝原 たきばら
鴇久保 ときくぼ
西浦 にしうら
西原 にしばら
八満 はちまん
八幡(町) はちまん
東(区) ひがし
平原 ひらはら
三和 みつわ
御牧ケ原 みまきがはら
御幸(町) みゆき
谷地原 やちはら
両神 りょうじん
六供 ろっく
佐久市
新子田 あらこだ
入澤 いりさわ
小田井 おたい
北川 きたがわ
桑山 くわやま
甲 こう
香坂 こうさか
小宮山 こみやま
高柳 たかやぎ
田口 たぐち
塚原 つかばら
常田 ときだ
常田 ときだ
取出(町) とりで
中込 なかごみ
布施 ふせ

地域順一覧　　　　　　　　長野県

本新(町) ほんしん
三塚 みちづか
三分 みぶん
御馬寄 みまよせ
望月 もちづき
八幡 やわた
湯原 ゆはら
蓬田 よもぎだ

塩尻市
大小屋 おおごや
下西条 しもにしじょう
洗馬 せば
大門 だいもん
長畝 ながうね
贄川 にえかわ

須坂市
井上 いのうえ
相森(町) おおもり
大谷(町) おおや
小河原(町) おがわら
大日向(町) おびなた
上八(町) かみはっ
臥竜 がりゅう
上(町) かん
北原(町) きたはら
幸高(町) こうたか
小島(町) こじま
坂田(町) さかだ
新田(町) しんでん
太子(町) たいし
高畑(町) たかばた
立(町) たつ
豊島(町) とよしま
中島(町) なかじま
夏端(町) なつばた
二睦(町) にほく
仁礼(町) にれい
野辺(町) のべ
馬場(町) ばば
東横(町) ひがしよこ
本上(町) ほんかん
南小河原(町) みなみおがわら
南原(町) みなみはら
明徳(町) みょうとく
米子(町) よなこ
米持(町) よなもち

諏訪市
大和 おわ
上川 かみがわ
上諏訪 かみすわ
湖南 こなみ
小和田 こわた
四賀 しが
城南 じょうなん
豊田 とよだ

千曲市
雨宮 あめのみや
新山 あらやま
生萱 いきがや
稲荷山 いなりやま
鋳物師屋 いもじや

打沢 うっさわ
小島 おじま
桑原 くわばら
小船山 こぶねやま
寂蒔 じゃくまく
新田 しんでん
土口 どぐち
羽尾 はねお
八幡 やわた

茅野市
金沢 かなざわ
湖東 こひがし
城山 じょうやま
塚原 つかはら
米沢 よねざわ

東御市
県 あがた
新屋 あらや
大日向 おおひなた
和 かのう
島川原 しまがわら
常田 ときだ
新張 みはり
御牧原 みまきはら
本海野 もとうんの

中野市
新井 あらい
小館 おたて
栗林 くりばやし
小田中 こだなか
新保 しんぽ
田上 たがみ
竹原 たけはら
立ケ花 たてがはな
七瀬 ななせ
南宮 なんぐう
西条 にしじょう
壁田 へきだ
柳沢 やなぎさわ
吉田 よしだ

松本市
県 あがた
赤怒田 あかぬた
浅間温泉 あさまおんせん
梓川倭 あずさがわやまと
安曇 あづみ
出川 いでがわ
出川(町) いでがわ
埋橋 うずばし
金山(町) かなやま
神田 かんだ
神林 かんばやし
島立 しまだち
城西 じょうせい
城東 じょうとう
城山 じょうやま
新橋 しんばし
惣社 そうざ
征矢野 そやの
反(町) そり

筑摩 つかま
取出 とりいで
中川 なかがわ
中条 なかじょう
七嵐 ななあらし
新(村) にい
波田 はた
洞 ほら
松原 まつばら
三才山 みさやま
水汲 みずくま
南浅間 みなみあさま
南原 みなみはら
宮田 みやた
女鳥羽 めとば
芳野 よしの

上伊那郡
県 あがた
飯島(町) いいじま
中川(村) なかがわ
宮田(村) みやだ

上伊那郡飯島町
飯島 いいじま
七久保 ななくぼ
日曽利 ひっそり

上伊那郡辰野町
小野 おの
上島 かみじま
樋口 ひぐち
平出 ひらいで
横川 よこかわ

上伊那郡中川村
葛島 かつらしま
四徳 しとく

上伊那郡箕輪町
三日(町) みっか

上高井郡
小布施(町) おぶせ

上高井郡小布施町
大島 おおじま
押羽 おしは
小布施 おぶせ
雁田 かりだ
都住 つすみ
福原 ふくはら
吉島 よしじま

上高井郡高山村
駒場 こまば
新堀 しんぼり
中原 なかはら
松南 まつなみ
松原 まつばら
三郷 みさと
蕨平 わらびたいら

上水内郡
小川(村) おがわ

上水内郡飯綱町
川谷 かわたに
黒川 くろかわ
高坂 こうさか
小玉 こだま
東柏原 ひがしかしわばら

平出 ひらいで
牟礼 むれ

上水内郡小川村
小根山 おねやま
高府 たかふ

上水内郡信濃町
柏原 かしわばら
神山国際(村) かみやまこくさい
古間 ふるま
古海 ふるみ

木曽郡
上松(町) あげまつ
大桑(村) おおくわ
南木曽(町) なぎそ

木曽郡上松町
上松 あげまつ
小川 おがわ
荻原 おぎはら
正島(町) しょうじま

木曽郡大桑村
須原 すはら

木曽郡木曽町
開田高原末川 かいだこうげんすえかわ
新開 しんかい
三岳 みたけ

木曽郡木祖村
小木曽 おぎそ
菅 すげ

木曽郡南木曽町
吾妻 あづま

北安曇郡
小谷(村) おたり
白馬(村) はくば

北安曇郡小谷村
北小谷 きたおたり
千国乙 ちくにおつ
中小谷丙 なかおたりへい

北安曇郡白馬村
神城 かみしろ
北城 ほくじょう

北佐久郡
立科(町) たてしな
御代田(町) みよた

北佐久郡軽井沢町
発地 ほっち

北佐久郡立科町
牛鹿 うしろく

北佐久郡御代田町
豊昇 ほうしょう
馬瀬口 ませぐち
御代田 みよた

下伊那郡
売木(村) うるぎ
大鹿(村) おおしか
喬木(村) たかぎ
平谷(村) ひらや
泰阜(村) やすおか

下伊那郡阿智村
伍和 ごか

駒場 こまば
清内路 せいないじ
智里 ちさと

下伊那郡阿南町
北條 きたじょう
新野 にいの
東條 ひがしじょう
南條 みなみじょう

下伊那郡大鹿村
鹿塩 かしお

下伊那郡下條村
陽皐 ひさわ

下伊那郡喬木村
大島 おおしま
大和知 おおわち
小川 おがわ
富田 とみだ

下伊那郡高森町
出原 いずはら
牛牧 うしまき
吉田 よしだ

下伊那郡天龍村
神原 かみはら

下伊那郡豊丘村
河野 かわの
神稲 くましろ

下伊那郡松川町
生田 いくた
大島 おおじま

下高井郡野沢温泉村
七ケ巻 なながまき
虫生 むしう

下高井郡山ノ内町
佐野 さの
寒沢 さむさわ
平穏 ひらお
夜間瀬 よませ

下水内郡栄村
堺 さかい
豊栄 とよさかえ

諏訪郡
下諏訪(町) しもすわ

諏訪郡下諏訪町
上馬場 かみばっば
小湯の上 こゆのうえ
魁(町) さきがけ
菅野(町) すげの
大門 だいもん
立(町) たつ
樋橋 とよはし
西浜 にしはま
西豊 にしゆたか
花咲(町) はなさき
東豊 ひがしゆたか
平沢(町) ひらさわ
御田(町) みた
社東(町) やしろひがし

諏訪郡原村
上里 かみさと
菖蒲沢 しょうぶざわ

南原 みなみはら
柳沢 やなぎさわ
諏訪郡富士見町
境 さかい
立沢 たつざわ
小県郡
青木(村) あおき
長和(町) ながわ
小県郡青木村
夫神 おかみ
小県郡長和町
大門 だいもん
埴科郡
坂城(町) さかき
埴科郡坂城町
網掛 あみかけ
上平 うわだいら
坂城 さかき
南条 みなみじょう
東筑摩郡
生坂(村) いくさか
麻績(村) おみ
筑北(村) ちくほく
東筑摩郡朝日村
古見 こみ
西洗馬 にしせば
東筑摩郡麻績村
麻 お
東筑摩郡筑北村
坂井 さかい
西条 にしじょう
東条 ひがしじょう
南佐久郡
小海(町) こうみ
南牧(村) みなみまき
南佐久郡川上村
大深山 おおみやま
南佐久郡小海町
小海 こうみ
東馬流 ひがしまながし
南佐久郡佐久穂町
大日向 おおひなた
海瀬 かいぜ
上 かみ
高野(町) たかの
八郡 やこおり
宿岩 やどいわ
余地 よじ
南佐久郡南牧村
平沢 ひらさわ

岐阜県

可児(郡) かに
可児(郡) かに
郡上(市) ぐじょう
下呂(市) げろ
不破(郡) ふわ
美濃(市) みの
山県(市) やまがた

岐阜市
間之(町) あいの
青柳(町) あおやぎ
県(町) あがた
茜部新所 あかなべしんしょ
芥見 あくたみ
芥見清水 あくたみきよみず
安食 あじき
安食志良古 あじきしらこ
安宅(町) あたか
吾妻(町) あづま
雨踊(町) あまおどり
生田(町) いくた
池ノ上(町) いけの
石谷 いしがい
石原 いしはら
一松道 いっしょうどう
稲荷山 いなりやま
入舟(町) いりふね
靫屋 うつほや
梅園(町) うめぞの
栄扇(町) えいせん
大菅北 おおすがきた
大柳(町) おおやなぎ
奥 おく
小熊(町) おぐま
御杉(町) おすぎ
御浪(町) おなみ
雄総桜(町) おぶさくら
折立 おりたて
鏡島 かがしま
鏡島(町) かがしま
神楽(町) かぐら
水主(町) かこ
鹿島(町) かしま
門屋門 かどやかど
香取(町) かとり
金岡(町) かなおか
金園(町) かなぞの
金屋(町) かなや
加納長刀堀 かのうなぎなたぼり
加納八幡(町) かのうはちまん
蕪城(町) かぶらぎ
上芥見 かみあくたみ
上城田寺東 かみきだいじひがし
上尻毛 かみしっけ
上尻毛八幡 かみしっけはちまん
上竹(町) かみたけ
上土居 かみつちい
神室(町) かむろ
川原畑 かわらはばた
川部 かわべ
神田(町) かんだ
菊地(町) きくち
如月(町) きさらぎ

城田寺 きだいじ
北一色(町) きたいっしき
北鶉 きたうづら
木造(町) きづくり
玉姓(町) ぎょくせい
金宝(町) きんぽう
楠(町) くすのき
熊野(町) くまの
蔵前 くらのまえ
光栄(町) こうえい
高岩(町) こうがん
光樹(町) こうき
河渡 ごうど
光明(町) こうめい
香蘭 こうらん
金(町) こがね
九重(町) ここのえ
小西郷 こさいごう
小野 この
御望 ごも
小柳(町) こやなぎ
近島 ごんのしま
西後(町) さいご
坂井(町) さかい
栄枝(町) さかえだ
早苗(町) さなえ
佐野 さの
尻毛 しっけ
渋谷(町) しぶや
下新(町) しもしん
下茶屋(町) しもちゃや
松鴻(町) しょうこう
城望(町) じょうぼう
白木(町) しらき
銀(町) しろがね
城前(町) しろまえ
新栄(町) しんさかえ
菅原(町) すがはら
菅生 すごう
清本(町) せいほん
千石(町) せんごく
早田 そうでん
早田(町) そうでん
大黒(町) だいこく
大福(町) だいふく
大宝(町) だいほう
大門(町) だいもん
高尾(町) たかお
高田 たかた
高野(町) たかの
田生越(町) たしょうごえ
竜田(町) たつた
玉井(町) たまい
太郎丸向良 たろうまるむがいら
旦島 だんのしま
忠節(町) ちゅうせつ
堤外 ていがい
手力(町) てぢから
出屋敷 でやしき
間屋(町) といや

東栄(町) とうえい
東興(町) とうこう
道三(町) どうさん
富沢(町) とみざわ
外山 とやま
中鶉 なかうづら
中川原 なかがわら
中新(町) なかしん
長良雄総 ながらおぶさ
長良志段見 ながらしだみ
長良白妙(町) ながらしらたえ
長良城西(町) ながらしろにし
次木 なめき
畷 なわて
西明見(町) にしあけみ
西改田 にしかいでん
西河渡 にしごうど
西島(町) にしじま
西問屋(町) にしといや
西荘 にしのしょう
西野(町) にしの
野一色 のいっしき
梅林 ばいりん
白山(町) はくさん
端詰(町) はしづめ
八幡(町) はちまん
万代(町) ばんだい
東鶉(町) ひがしうづら
東高岩(町) ひがしこうがん
光(町) ひかり
日置江 ひきえ
七軒(町) ひちけん
一日市場 ひといちば
雲雀(町) ひばり
旭見ケ池(町) ひみがいけ
吹上(町) ふきあげ
福田(町) ふくた
福富笠海道 ふくとみかさかいどう
古市場神田 ふるいちばじんでん
宝来(町) ほうらい
洞 ほら
堀田(町) ほりた
正木 まさき
真砂(町) まさご
交人 ましと
松原(町) まつばら
水海道 みずかいどう
溝口 みぞぐち
御手洗 みたらし
三橋(町) みつはし
三歳(町) みとせ
南鶉 みなみうづら
南蝉 みなみせみ
宮浦(町) みやうら

向加野 むかいかの
明徳(町) めいとく
柳生(町) やぎゅう
薬師(町) やくし
八坂(町) やさか
八島(町) やしま
八代 やしろ
柳津町佐波 やないづちょうさば
柳戸 やなぎと
柳森(町) やなぎもり
柳沢(町) やなざわ
大和(町) やまと
葭(町) よし
世保 よやす
隆城(町) りゅうじょう
恵那市
明智町吉良見 あけちちょうきらみ
長島町久須見 おさしまちょうくすみ
長島町正家 おさしまちょうしょうげ
笠置町毛呂窪 かさぎちょうけろくぼ
東野 ひがしの
三郷町椋実 みさとちょうむくのみ
山岡町上手向 やまおかちょうかみとうげ
大垣市
青木(町) あおき
青野(町) あおの
青柳(町) あおやなぎ
東(町) あずま
荒尾(町) あらお
池尻(町) いけじり
入方 いりかた
内原 うちわら
大島(町) おおしま
歩行(町) おかち
開発(町) かいはつ
楽田(町) がくでん
鹿島(町) かしま
河間(町) がま
上石津町上原 かみいしづちょううわはら
上笠 かみがさ
上屋 かみや
神田(町) かんだ
北方(町) きたがた
久徳(町) きゅうとく
熊野(町) くまの
郭(町) くるわ
古知丸 こちまる
小野 この
米野(町) こめの
坂下(町) さかした
早苗(町) さなえ
三本木 さんぼんぎ
寺内(町) じない
十六(町) じゅうろく

地域順一覧　　　　　　　　　　岐阜県

上面 じょうめん	平田町者結 ひらたちょうじゃけつ	ちょうかべ	宝山(町) たからやま	くじ
新開(町) しんかい	平田町幡長 ひらたちょうはたおさ	大和町神路 やまとちょうかんじ	段下 だんした	島川原(町) しまかわはら
新地(町) しんち	平田町仏師川 ひらたちょうぶしがわ	大和町場皿 やまとちょうばつさら	桃紅大地 とうこうだいち	下切(町) しもぎり
新田(町) しんでん	**各務原市**	大和町福田 やまとちょうふくだ	東新(町) とうしん	下林(町) しもばやし
菅野 すがの	神置(町) かみおき	和良町安郷野 わらちょうあごの	吐月(町) とげつ	荘川町三谷 しょうかわちょうさんだに
直江(町) すぐえ	川島河田(町) かわしまこうだ	**下呂市**	戸田 とだ	荘川町三尾河 しょうかわちょうみおご
墨俣町先人方 すのまたちょうせんにりかた	小佐野(町) こざの	小川 おがわ	富本(町) とみもと	荘川町六厩 しょうかわちょうむまや
草道島(町) そうどうじま	下切(町) しもぎり	小坂町赤沼田 おさかちょうあかんた	迫間 はさま	城山 しろやま
外野 そとの	上戸(町) じょうご	小坂町大垣内 おさかちょうおおがいと	長谷寺(町) はせでら	新宮(町) しんぐう
外野 そとの	蘇原申子(町) そはらさるこ	小坂町門坂 おさかちょうかどさか	東出(町) ひがしで	大門(町) だいもん
外渕 そぶつ	那加芦原(町) なかあわら	小坂町無数原 おさかちょうむすばら	東野(町) ひがしの	高根町黍生 たかねまちきびゅう
多芸島 たぎしま	那加神田(町) なかじんでん	金山町弓掛 かなやまちょうゆがけ	東(町) ひがし	千島(町) ちしま
田口(町) たぐち	那加土山(町) なかどやま	幸田 こうでん	古屋敷(町) ふるやしき	天満(町) てんまん
俵(町) たわら	那加雲雀(町) なかひばり	三原 さんばら	保明 ほうみょう	問屋(町) とんや
築捨(町) つきずて	成清(町) なるきよ	田口 たぐち	北仙房 ほくせんぼう	七日(町) なぬか
問屋(町) といや	入会(町) にゅうかい	夏焼 なつやけ	洞戸飛瀬 ほらどひせ	西洞(町) にしぼら
外花 とばな	三井(町) みい	馬瀬井谷 まぜいだに	宮地(町) みやじ	丹生川町板殿 にゅうかわちょういたんど
中川(町) なかがわ	緑苑東 りょくえんひがし	馬瀬川上 まぜかわおれ	美和(町) みわ	丹生川町折敷地 にゅうかわちょうおしきじ
長沢(町) ながさわ	**可児市**	馬瀬数河 まぜすごう	向西仙房 むかいさいせんぼう	丹生川町柏原 にゅうかわちょうかしはら
中ノ江 なかのえ	川合 かわい	御厩野 みまやの	武芸川町小知野 むげがわちょうおじの	丹生川町根方 にゅうかわちょうごんぼう
西長(町) にしなが	下切 しもぎり	宮地 みやじ	武芸川町八幡 むげがわちょうはちまん	丹生川町日面 にゅうかわちょうひよも
禾森 のぎもり	塩河 しゅうが	**関市**	向山(町) むこうやま	八幡(町) はちまん
禾森 のぎのもり	菅刈 すげかり	上利(町) あがり	明生(町) めいせい	馬場(町) ばば
波須 はす	土田 どた	吾妻(町) あづま	雄飛ケ丘 ゆうひがおか	冬頭(町) ふゆとう
馬場(町) ばば	西帷子 にしかたびら	池尻 いけじり	**高山市**	本母(町) ほのぶ
東長(町) ひがしなが	二野 にの	稲河(町) いなご	朝日町甲 あさひちょうかぶと	前原(町) まえはら
東前(町) ひがしまえ	羽生ケ丘 はにゅうがおか	鋳物師屋 いもじや	朝日町黍生谷 あさひちょうきびゅうだに	**多治見市**
東前(町) ひがしまえ	東帷子 ひがしかたびら	小瀬 おぜ	有楽(町) うら	青木(町) あおき
平(町) ひら	広眺ケ丘 ひろみがおか	小瀬長池(町) おぜながいけ	漆垣内(町) うるしがいとう	生田(町) いくた
昼飯(町) ひるい	松伏 まつぶせ	小野 おの	上野(町) うわの	上野(町) うえの
福田(町) ふくた	谷迫間 やばさま	小屋名 おやな	大島(町) おおじま	大畑(町) おおばた
古宮(町) ふるみや	**郡上市**	金屋(町) かなや	大新(町) おおしん	大原(町) おおはら
三塚(町) みつづか	白鳥町石徹白 しろとりちょういとしろ	神野 かみの	上川原(町) かみかわら	小田(町) おだ
緑園 みどりえん	白鳥町越佐 しろとりちょうこっさ	上之保 かみのほ	上切(町) かみぎり	音羽(町) おとわ
南一色(町) みなみいっしき	白鳥町為真 しろとりちょうためざに	河合(町) かわい	上宝町芋生茂 かみたからちょういもしげ	小名田(町) おなだ
南頬(町) みなみのかわ	白鳥町六ノ里 しろとりちょうむのり	吉田(町) きった	上宝町鼠餅 かみたからちょうねずもち	小名田町別山 おなだちょうはなれやま
美和(町) みわ	高鷲町鷲見 たかすちょうわしみ	桐谷台 きりやだい	川原(町) かわはら	神楽(町) かぐら
室本(町) むろほん	八幡町安久田 はちまんちょうあくだ	小迫間 こばさま	神田(町) かんだ	金岡(町) かなおか
八島(町) やしま	八幡町河鹿 はちまんちょうかじか	小柳(町) こやなぎ	清見町夏厩 きよみちょうなつまや	金山(町) かなやま
榎戸(町) よのきど	八幡町初納 はちまんちょうしょのう	西仙房 さいせんぼう	桐生(町) きりう	上(町) かみ
世安(町) よやす	八幡町洲河 はちまんちょうすごう	坂下(町) さかした	久々野町木賊洞 くぐのちょうとくさほら	上山(町) かみやま
割田(町) わりでん	美並町三戸 みなみちょうみと	桜本(町) さくらほん	久々野町長淀 くぐのちょうながとろ	虎渓(町) こけい
割田(町) わりでん	明宝寒水 めいほうかのみず	寺内(町) じない	久々野町無数河 くぐのちょうむすご	坂上(町) さかうえ
海津市	大和町河辺 やまと	下有知 しもうち	国府町漆垣内 こくふちょううるしがいと	小路(町) しょうじ
海津町江東 かいづちょうえひがし		十六所 じゅうろくせん	国府町金桶 こくふちょうかねおけ	新富(町) しんとみ
海津町鹿野 かいづちょうかの		新田 しんでん	三福寺(町) さんふ	精華(町) せいか
海津町福一色 かいづちょうふくいっしき		新堀(町) しんほり		高田(町) たかた
海津町松木 かいづちょうまつのき		千年(町) せんねん		田代(町) たしろ
海津町馬目 かいづちょうまのめ		千疋 せんびき		廿原(町) つづはら
南濃町上野河戸 なんのうちょううえのこうど		大平台 たいへいだい		東栄(町) とうえい
平田町三郷 ひらたちょうさんごう		大平(町) たいへい		白山(町) はくさん
平田町蛇池 ひらたちょうじゃいけ		大門(町) だいもん		

岐阜県　　　　　　　　　　地域順一覧

東(町) ひがし
御幸(町) みゆき
山下(町) やました
土岐市
泉郷(町) いずみごう
下石阿庄(町) おろしあしょう
下石(町) おろし
下石陶史台 おろしとうしだい
妻木(町) つまぎ
御幸(町) みゆき
中津川市
阿木川上 あぎかおれ
上野 うえの
小川(町) おがわ
川上 かわうえ
駒場 こまんば
駒場 こまんば
坂下 さかした
下野 しもの
千旦林 せんだんばやし
付知(町) つけち
中一色(町) なかいっしき
中川(町) なかがわ
茄子川 なすびがわ
西宮 にしみや
八幡(町) はちまん
東(町) ひがし
東宮 ひがしみや
馬籠 まごめ
神坂 みさか
羽島市
足近町直道 あじかちょうすぐみち
小熊(町) おぐま
小熊町外栗野 おぐまちょうそとあわの
上中町一色 かみなかちょういっしき
桑原町午南 くわばらちょううまみなみ
新生(町) しんせい
堀津(町) ほっつ
正木町不破一色 まさきちょうふわいしき
飛騨市
神岡町東雲 かみおかちょうあずも
神岡町麻生野 かみおかちょうあさや
神岡町朝浦 かみおかちょうあそら
神岡町柏原 かみおかちょうかしはら
神岡町数河 かみおかちょうすごう
神岡町森茂 かみおかちょうもりも
河合町天生 かわいちょうあもう
河合町元田 かわいちょうげんだ

河合町小無雁 かわいちょうこむかり
河合町角川 かわいちょうつのがわ
河合町中沢上 かわいちょうなかぞれ
古川町畦畑 ふるかわちょううねはた
古川町上野 ふるかわちょうかみの
古川町数河 ふるかわちょうすごう
古川町太江 ふるかわちょうたいえ
古川町信包 ふるかわちょうのぶか
宮川町小豆沢 みやがわちょうあずきざわ
宮川町中沢上 みやがわちょうなかぞれ
宮川町祢宜ケ沢上 みやがわちょうねがうれ
瑞浪市
明世町月吉 あきよちょうつきよし
一色(町) いしき
稲津町小里 いなつちょうおり
上平(町) うえだいら
上野(町) うえの
大湫(町) おおくて
小田(町) おだ
北小田(町) きたおだ
下沖(町) したおき
陶町猿爪 すえちょううましづめ
高月(町) たかつき
日吉(町) ひよし
明賀台 みょうがだい
薬師(町) やくし
瑞穂市
牛牧 うしき
重里 しげさと
十九条 じゅうくじょう
只越 ただこし
中宮 なかみや
七崎 ななさき
生津 なまづ
野白新田 のばくしんでん
馬場 ばば
古橋 ふるはし
別府 べっぷ
本田 ほんでん
宮田 みやでん
美濃加茂市
川合(町) かわい
古井町下古井 こびちょうしもこび
下米田町小山 しもよねだちょうこやま
新池(町) しんいけ
田島(町) たじま
深田(町) ふかた

前平(町) まえひら
御門(町) みかど
三和町廿屋 みわちょうつづや
山崎(町) やまざき
美濃市
安毛 あたげ
生櫛 いくし
乙狩 おとがり
大矢田 おやだ
片知 かたじ
上河和 かみこうわ
上条 かみじょう
上野 かみの
神洞 かんぼら
小倉 こくら
下河和 しもこうわ
下渡 しもわたり
松栄(町) しょうえい
須原 すはら
立花 たちばな
俵(町) たわら
千畝(町) ちうね
富野 とみの
東市場(町) ひがしいちば
保木脇 ほきわき
御手洗 みたらい
本住(町) もとずみ
吉川(町) よしかわ
蕨生 わらび
本巣市
石原 いしはら
海老 かいろう
上保 かみのほ
軽海 かるみ
金原 きんばら
神海 こうみ
小柿 こがき
木知原 こちぼら
佐原 さわら
七五三 しめ
外山 とやま
長屋 ながや
鍋原 なべら
温井 ぬくい
根尾越卒 ねおおっそ
根尾越波 ねおおっぱ
根尾神所 ねおこうどころ
根尾水鳥 ねおみどり
日当 ひなた
三橋 みつはし
山県市
赤尾 あかお
大桑 おおが
神崎 かんざき
葛原 くずはら
小倉 こぐら
佐野 さの
椎倉 しぐら

上願 じょうがん
大門 だいもん
谷合 たにあい
出戸 でと
日永 ひなが
洞田 ほらだ
安八郡
神戸(町) ごうど
安八郡安八町
氷取 こおりとり
芝原 しばはら
城 しろ
西結 にしむすぶ
東結 ひがしむすぶ
南條 みなみじょう
安八郡神戸町
和泉 いずみ
北一色 きたいしき
神戸 ごうど
下宮 しもみや
新屋敷 しんやしき
付寄 つきより
西保 にしのほ
南方 みなみがた
安八郡輪之内町
塩喰 しおばみ
下大榑 しもおおぐれ
下大榑新田 しもおぐれしんでん
中郷 なかごう
南波 なんば
本戸 ほんど
松内 まつうち
海松新田 みるしんでん
四郷 よごう
揖斐郡池田町
青柳 あおやなぎ
上田 うえだ
草深 くさぶか
小牛 こうじ
小寺 こでら
白鳥 しろとり
田畑 たばた
萩原 はぎわら
宮地 みやじ
八幡 やわた
揖斐郡揖斐川町
上野 うえの
小津 おづ
乙原 おとはら
小野 おの
開田 かいでん
樫原 かしばら
門入 かどにゅう
北方 きたがた
清水 きよみず
小島 こじま
小谷 こたて
新宮 しんぐう
谷汲有鳥 たにぐみあっとり
谷汲岐礼 たにぐみ

きれ
徳山 とくやま
外津汲 とつくみ
戸入 ににゅう
脛永 はぎなが
櫨原 はぜはら
日坂 ひさか
房島 ふじま
揖斐郡大野町
麻生 あそう
牛洞 うしぼら
大衣斐 おおえび
上秋 かみあき
郡家 ぐげ
公郷 くごう
小衣斐 こえび
寺内 じない
下方 しもがた
下座倉 しもざぐら
西方 にしがた
南方 みなみがた
大野郡白川村
飯島 いいしま
有家ケ原 うけがはら
荻(町) おぎ
小白川 こじらかわ
椿原 つばきはら
保木脇 ほきわき
馬狩 まがり
御母衣 みほろ
可児郡
御嵩(町) みたけ
可児郡御嵩町
謡坂 うとうざか
小原 おばら
上恵土 かみえど
上之郷 かみのごう
顔戸 ごうど
小和沢 こわさわ
西洞 さいと
次月 しづき
古屋敷 ふるやしき
美佐野 みざの
御嵩 みたけ
加茂郡
川辺(町) かわべ
坂祝(町) さかほぎ
七宗(町) ひちそう
八百津(町) やおつ
加茂郡川辺町
鹿塩 かしお
下麻生 しもあそう
加茂郡白川町
赤河 あこう
和泉 いずみ
河東 かわひがし
河岐 かわまた
黒川 くろかわ
白山 しらやま
中川 なかがわ
広野 ひろの

地域順一覧　静岡県

三川 みかわ
加茂郡富加町
大山 おおやま
高畑 たかはた
羽生 はにゅう
加茂郡東白川村
越原 おっぱら
神土 かんど
加茂郡七宗町
神渕 かぶち
上麻生 かみあそう
加茂郡八百津町
錦織 にしこおり
野上 のがみ
福地 ふくち
南戸 みなと
八百津 やおつ
羽島郡笠松町
上本(町) かみほん
如月(町) きさらぎ
県(町) けん
米野 こめの
下新(町) しもしん
松栄(町) しょうえい
田代 でんだい
中川(町) なかがわ
中新(町) なかしん
西宮(町) にしみや
八幡(町) はちまん
東宮(町) ひがしみや
瓢(町) ひさご
門原(町) もんばら
柳原(町) やなぎはら
友楽(町) ゆうらく
羽島郡岐南町
石原瀬 いしはらせ
上印食 かみいんじき
下印食 しもいんじき
伏屋 ふせや
平島 へいじま
八剣 やつるぎ
不破郡関ケ原町
大高 おだか
小池 こいけ
御祭田 ごさいでん
小関 こぜき
藤下 とうげ
野上 のがみ
山中 やまなか
不破郡垂井町
新井 あらい
大石 おおいし
表佐 おさ
東神田 ひがしかんだ
宮代 みやしろ
本巣郡
北方(町) きたがた
本巣郡北方町
北方 きたがた
小柳 こやなぎ
曲路 すじかい

養老郡養老町
飯積 いいづみ
石畑 いしばた
一色 いっしき
色目 いろめ
上方 うわがた
大場 おおば
小倉 おぐら
柏尾 かしわお
金屋 かなや
上之郷 かみのごう
蛇持 じゃもち
勢至 せいし
高田 たかだ
高田馬場(町) たかだばば
豊 とよ
直江 なおえ
西小倉 にしおぐら
飯ノ木 はんのき
明徳 みょうとく
鷲巣 わしのす

静岡県

御前崎(市) おまえざき
湖西(市) こさい
下田(市) しもだ
周智(郡) しゅうち
榛原(郡) はいばら
三島(市) みしま
焼津(市) やいづ
静岡市葵区
上土 あげつち
上土新田 あげつちしんでん
東(町) あずま
安東 あんどう
井宮(町) いのみや
内牧 うちまき
産女 うぶめ
追手(町) おうて
大鋸(町) おおが
大原 おおはら
大間 おおま
音羽(町) おとわ
上沓谷(町) かみくつのや
上石(町) かみごく
桂山 かやま
川合 かわい
川越(町) かわごし
川辺(町) かわなべ
沓谷 くつのや
幸庵新田 こうあんしんでん
紺屋(町) こうや
小河内 こごうち
小島 こじま
小瀬戸 こぜと
呉服(町) ごふく
小布杉 こぶすぎ

坂ノ上 さかのかみ
慈悲尾 しいのお
七間(町) しちけん
七番(町) しちばん
芝原 しばはら
下 しも
城東(町) じょうとう
城北 じょうほく
新富(町) しんとみ
新間 しんま
浅間(町) せんげん
銭座(町) ぜんざ
千代 せんだい
建穂 たきょう
内匠 たくみ
田代 たしろ
立石 たていし
渡 ど
研屋(町) とぎや
土太夫(町) どだゆう
豊地 とよち
富沢 とんざわ
中平 なかひら
入島 にゅうじま
長谷(町) はせ
馬場(町) ばばん
飯間 はんま
東 ひがし
日向 ひなた
日出(町) ひので
富厚里 ふこうり
古庄 ふるしょう
水落(町) みずおち
御幸(町) みゆき
八草 やくさ
薬師 やくし
谷津 やつ
柳原 やなぎはら
山崎 やまざき
油島 ゆじま
柚木(町) ゆずのき
油野 ゆの
柚木 ゆのき
油山 ゆやま
四番(町) よんばん
蕨野 わらびの
静岡市清水区
愛染 あいぞめ
新丹谷 あらたんや
淡島(町) あわしま
庵原(町) いはら
入江 いりえ
入船(町) いりふね
有度本(町) うどほん
梅ケ谷 うめがや
上原 うわはら
大内 おおうち
大平 おおひら
小芝(町) おしば
小島(町) おじま
柏尾 かしお
上 かみ

川原(町) かわはら
神田(町) かんだ
蒲原 かんばら
蒲原神沢 かんばらかんざわ
吉川 きっかわ
清地 きよじ
草薙 くさなぎ
楠 くすのき
河内 こうち
小河内 こごうち
駒越 こまごえ
茂野島 しげのしま
下野(町) しもの
上力(町) じょうりき
新富(町) しんとみ
新港(町) しんみなと
増 ぞう
但沼(町) ただぬま
立花 たちばな
千歳(町) ちとせ
築地(町) つきじ
土 ど
葛沢 とずらさわ
中河内 なかごうち
布沢 ぬのざわ
沼田(町) ぬまた
能島 のうじま
堀込 ほりごめ
真砂(町) まさご
松原(町) まつばら
馬走 まばせ
馬走北 まばせきた
万世(町) まんせい
御門台 みかどだい
宮下(町) みやした
宮代(町) みやしろ
向田(町) むかいだ
元城(町) もとしろ
八坂(町) やさか
谷田 やだ
谷津(町) やつ
山原 やんばら
吉原 よしわら
静岡市駿河区
青木 あおき
安居 あご
有明(町) ありあけ
有東 うとう
大谷 おおや
小黒 おぐろ
小坂 おさか
小鹿 おしか
上川原 かみかわはら
下川原 しもかわはら
下川原南 しもかわはらみなみ
下島 しもじま
新川 しんかわ
石部 せきべ
東新田 とうしんでん
豊田 とよだ
登呂 とろ

中島 なかじま
中田 なかだ
中原 なかはら
西大谷 にしおおや
西島 にしじま
平沢 ひらさわ
広野 ひろの
古宿 ふるやど
馬渕 まぶち
丸子 まりこ
水上 みずかみ
南八幡(町) みなみやはた
向敷地 むこうしきじ
用宗 もちむね
桃園(町) ももぞの
谷田 やだ
八幡 やはた
八幡山 やはたやま
大和 やまと
熱海市
網代 あじろ
小嵐(町) こあらし
田原本(町) たはらほん
梅園(町) ばいえん
梅花(町) ばいか
水口(町) みなぐち
伊豆市
筏場 いかだば
梅木 うめぎ
瓜生野 うりゅうの
大平 おおだいら
大平柿木 おおだいらかきぎ
小土肥 おどい
小下田 こしもだ
小立野 こだちの
佐野 さの
修善寺 しゅぜんじ
城 じょう
菅引 すげひき
田代 たしろ
土肥 とい
八幡 はつま
冷川 ひえかわ
日向 ひなた
宮上 みやかみ
原保 わらぼ
伊豆の国市
大仁 おおひと
小坂 おさか
神島 かみしま
古奈 こな
寺家 じけ
白山堂 しらやまどう
立花 たちばな
田原野 たわらの
長者原 ちょうじゃがはら
長岡 ながおか
中島 なかじま
南條 なんじょう

静岡県　　地域順一覧

堀之上 ままのうえ
御門 みかど
三福 みふく
吉田 よしだ
伊東市
新井 あらい
大原 おおはら
荻 おぎ
瓶山 かめやま
玖須美元和田 くすみもとわだ
猪戸 ししど
静海(町) しずみ
十足 とおたり
馬場(町) ばば
広野 ひろの
富戸 ふと
松原 まつばら
八幡野 やわたの
湯川 ゆかわ
吉田 よしだ
磐田市
新島 あらしま
五十子 いかご
石原(町) いしわら
壱貫地 いっかんじ
一色 いっしき
請負新田 うけおいしんでん
大平 おいだいら
大泉(町) おおいずみ
大当所 おおとうしょ
大原 おおわら
上神増 かみかんぞ
上野部 かみのべ
上万能 かみまんのう
河原(町) かわら
神増 かんぞ
城之崎 きのさき
刑部島 ぎょうぶじま
気子島 けごじま
合代島 ごうだいじま
国府台 こうのだい
小島 こじま
小立野 こだての
小中瀬 こなかぜ
駒場 こまば
坂上(町) さかうえ
匂坂上 さぎさかかみ
七軒(町) しちけん
篠原 しのはら
下神増 しもかんぞ
下万能 しもまんのう
白羽 しろわ
新開 しんかい
新貝 しんがい
新出 しんで
千手堂 せんずどう
立野 たての
太郎馬新田 たろうましんでん
寺谷 てらだに
東新(町) とうしん

富丘 とみがおか
豊島 とよしま
豊田 とよだ
中川(町) なかがわ
中田 なかだ
西島 にしじま
西新(町) にししん
馬場(町) ばば
稗原 ひえばら
東坂(町) ひがしざか
東原 ひがしばら
東(町) ひがし
福田 ふくで
藤上原 ふじかんばら
万瀬 まんぜ
三ケ野 みかの
三家 みつえ
美登里(町) みどり
宮之一色 みやのいしき
明ケ島 みょうがじま
明ケ島原 みょうがじまはら
向笠新屋 むかさあらや
虫生 むしゅう
森本 もりもと
社山 やしろやま
竜洋稗原 りゅうようひえばら
御前崎市
御前崎 おまえざき
合戸 ごうど
塩原新田 しおばらしんでん
白羽 しろわ
新野 にいの
宮内 みやうち
掛川市
上張 あげはり
家代 いえしろ
岩滑 いわなめ
大坂 おおさか
岡津 おかつ
小貫 おぬき
葛ケ丘 かつらがおか
金城 かねしろ
上土方 かみひじかた
岩井寺 がんしょうじ
北門 きたもん
葛川 くずかわ
国包 くにかね
倉真 くらみ
高御所 こうごしょ
紺屋(町) こうや
紅葉台 こうようだい
子隣 こどなり
小原子 こばらこ
五明 ごみょう
細田 さいだ
逆川 さかがわ
佐夜鹿 さよしか
篠場 しのんば

下土方 しもひじかた
菖蒲ケ池 しょうぶがいけ
城北 じょうほく
城下 しろした
城西 しろにし
杉谷 すぎや
千羽 せんば
高瀬 たかせ
高田 たかだ
満水 たまり
丹間 たんま
淡陽 たんよう
千浜 ちはま
徳泉 とくいずみ
富部 とんべ
中宿 なかじゅく
長谷 ながや
七日(町) なのか
成滝 なるたき
日坂 にっさか
仁藤 にとう
仁藤(町) にとう
初馬 はつま
原川 はらがわ
平島 ひらしま
二瀬川 ふたせがわ
細谷 ほそや
水垂 みずたり
三俣 みつまた
南西郷 みなみさいごう
宮脇 みやわき
八坂 やさか
山崎 やまざき
遊家 ゆけ
吉岡 よしおか
菊川市
小出 おいで
大石 おおいし
河東 かとう
神尾 かんのお
小沢 こざわ
沢水加 さばか
土橋 つちはし
富田 とみた
西方 にしかた
半済 はんせい
古谷 ふるや
三沢 みさわ
目木 もっき
吉沢 よしさわ
湖西市
入出 いりで
内浦 うちうら
駅南 えきみなみ
神座 かんざ
吉美 きび
古見 こみ
利木 りき
御殿場市
大坂 おおさか
大堰 おおせぎ

小倉野 おぐらの
籠 かまど
茱萸沢 ぐみざわ
神山 こうやま
神山平 こうやまだいら
柴怒田 しばんた
神場 じんば
清後 せいご
塚原 つかばら
中畑 なかばた
中丸 なかまる
新橋 にいはし
沼田 ぬまた
萩原 はぎわら
仁杉 ひとすぎ
古沢 ふるさわ
北久原 ほっくばら
増田 ましだ
水土野 みどの
島田市
井口 いぐち
牛尾 うしお
御請 おうけ
相賀 おおか
大代 おおじろ
大柳 おおやなぎ
御仮屋(町) おかりや
金谷東 かなやあずま
金谷金山(町) かなやきんざん
金谷猪土居 かなやししどい
神尾 かみお
神谷城 かみやしろ
川根町上河内 かわねちょうかみごうち
川根町葛籠 かわねちょうつづら
河原 かわら
神座 かんざ
佐夜鹿 さよしか
新田(町) しんでん
道悦 どうえつ
旗指 はっさし
東(町) ひがし
宝来(町) ほうらい
南原 みなみはら
向島 むかいじま
向谷 むくや
湯日 ゆい
下田市
加増野 かぞうの
吉佐美 きさみ
河内 こうち
椎原 しいばら
須原 すはら
高馬 たこうま
立野 たちの
田牛 とうじ
箕作 みつくり
横川 よこかわ
六丁目 ろくちょうめ

裾野市
大畑 おおはた
葛山 かずらやま
金沢 かねざわ
久根 くね
公文名 くもみょう
佐野 さの
千福 せんぷく
茶畑 ちゃばたけ
富沢 とみざわ
深良 ふから
御宿 みしゅく
水窪 みずくぼ
桃園 ももぞの
呼子 よびこ
沼津市
上土(町) あげつち
足高 あしたか
井田 いた
市道 いちみち
魚(町) うお
内浦重須 うちうらおもす
内浦三津 うちうらみと
江浦 えのうら
江原(町) えばら
青野 おおの
大平 おおひら
岡宮 おかのみや
我入道 がにゅうどう
神田(町) かんだ
共栄 きょうえい
鵬(町) くまだか
小諏訪 こずわ
西条(町) さいじょう
五月(町) さつき
下小路(町) したこうじ
下河原(町) しもがわら
蛇松(町) じゃまつ
白銀(町) しろがね
新宿(町) しんじゅく
浅間(町) せんげん
千本 せんぼん
大門(町) だいもん
蓼原(町) たではら
出口(町) でぐち
鳥谷 とや
中原(町) なかはら
西浦木負 にしうらきしょう
西浦久連 にしうらくづら
西浦河内 にしうらこうち
西熊堂 にしくまんどう
西島(町) にしじま
西野 にしの
八幡(町) はちまん
東熊堂 ひがしくまんどう
東原 ひがしばら

地域順一覧　　　　　静岡県

平(町)ひら
戸田 へだ
本田(町)ほんた
馬込 まごめ
真砂(町)まさご
丸子(町)まるこ
三園(町)みその
御幸(町)みゆき
桃里 ももざと
柳沢 やなぎさわ
豊(町)ゆたか
吉田(町)よしだ
米山(町)よねやま

浜松市
東(区)ひがし

浜松市北区
引佐町井伊谷 いなさちょういいのや
引佐町伊平 いなさちょういだいら
引佐町兎荷 いなさちょうとっか
引佐町谷沢 いなさちょうやざわ
大原(町)おおはら
新都田 しんみやこだ
初生(町)はつおい
三方原(町)みかたはら
三ケ日町鵺代 みっかびちょうぬえしろ
三幸(町)みゆき

浜松市天竜区
青谷 あおや
阿寺 あてら
伊砂 いすか
大谷 おおや
小川 おがわ
上野 かみの
神沢 かんざわ
相津 そうづ
只来 ただらい
長沢 ながさわ
春野町筏戸大上 はるのちょういかんどおおかみ
春野町砂川 はるのちょういさがわ
春野町気田 はるのちょうけた
春野町田河内 はるのちょうたごうち
日明 ひあり
東雲名 ひがししうんな
船明 ふなぎら
水窪町地頭方 みさくぼちょうじとうがた
米沢 みなざわ
山東 やまむけ
谷山 ややま
横川 よこかわ

浜松市中区
小豆餅 あずきもち
上島 かみじま

神田(町)かみだ
紺屋(町)こうや
佐鳴台 さなるだい
鹿谷(町)しかたに
蜆塚 しじみづか
城北 じょうほく
新津(町)しんづ
菅原(町)すがわら
早出(町)そうで
千歳(町)ちとせ
利(町)とぎ
中島 なかじま
中島(町)なかじま
茄子(町)なすび
平田(町)なめだ
成子(町)なるこ
法枝(町)のりえだ
八幡(町)はちまん
早馬(町)はやうま
東田(町)ひがした
曳馬 ひくま
曳馬(町)ひくま
文丘(町)ふみおか
向宿 むこうじゅく
元城(町)もとしろ
山下(町)やました

浜松市西区
入野(町)いりの
大平台 おおひらだい
大山(町)おおやま
神原(町)かみはら
湖東(町)ことう
古人見(町)こひとみ
志都呂 しとろ
志都呂(町)しとろ
篠原(町)しのはら
西篠台(町)せいとうだい
馬郡(町)まごおり
雄踏(町)ゆうとう

浜松市浜北区
油一色 あぶらいしき
内野 うちの
大平 おおいだいら
上島 かみじま
小林 こばやし
新原 しんばら
高畑 たかばたけ
道本 どうほん
中条 なかじょう
新野 にいの
新堀 にいぼり
灰木 はいのき
八幡 やわた

浜松市東区
安新(町)あんしん
安間(町)あんま
大蒲(町)おおかば
大島(町)おおしま
上西(町)かみにし
小池(町)こいけ
神立(町)こうだち

子安(町)こやす
篠ケ瀬(町)ささがせ
常光(町)じょうこう
白鳥(町)しろとり
積志(町)せきし
中郡(町)なかごおり
中田(町)なかだ
半田(町)はんだ
薬師(町)やくし
豊(町)ゆたか
龍光(町)りゅうこう

浜松市南区
石原(町)いしはら
大柳(町)おおやぎ
恩地(町)おんぢ
御給(町)ごきゅう
小沢渡(町)こざわたり
参野(町)さんじの
三和(町)さんわ
四本松(町)しほんまつ
白羽(町)しろわ
新貝(町)しんがい
頭陀寺(町)ずだじ
西伝寺(町)せいでんじ
増楽(町)ぞうら
田尻(町)たじり
立野(町)たての
都盛(町)つもり
長田(町)ながた
西島(町)にしじま
新橋(町)にっぱし
鼡野(町)ねずみの
法枝(町)のりえだ
東(町)ひがし
芳川(町)ほうがわ
三島(町)みしま
楊子(町)ようず
米津(町)よねづ
渡瀬(町)わたせ

袋井市
青木(町)あおき
浅羽一色 あさばいしき
新屋 あらや
上田(町)うえだ
大谷 おおや
小川(町)おがわ
小山 おやま
神長 かみなが
木原 きわら
国本 くにもと
久能 くの
大門 だいもん
高尾 たかお
高尾(町)たかお
太郎助 たろすけ
土橋 つちはし
新池 にいけ
新堀 にいぼり
西田 にしだ

西同笠 にしどうり
初越 はづこし
東同笠 ひがしどうり
松原 まつばら
三門(町)みかど
睦(町)むつみ
山崎 やまざき
山科 やましな
鷲巣 わしず

藤枝市
青木 あおき
五十海 いかるみ
岡部町内谷 おかべちょううつたに
岡部町新舟 おかべちょうにゅうふね
音羽(町)おとわ
北方 きたがた
下当間 しもどうま
城南 じょうなん
大新島 たいしんじま
大西 だいせい
大東 だいとう
高田 たかた
高柳 たかやなぎ
立花 たちばな
築地 ついじ
西方 にしがた
若王子 にゃくおうじ
東(町)ひがし
平島 ひらしま
水上 みずかみ
水守 みずもり
谷稲葉 やいなば
八幡 やわた

富士市
一色 いっしき
宇東川東(町)うとがわひがし
鵜無ケ淵 うないがふち
江尾 えのお
桑崎 かざき
柏原 かしわばら
神谷 かみや
久沢 くざわ
香西 こうさい
神戸 ごうど
境 さかい
新橋 しんばし
浅間上(町)せんげんかみ
高嶺(町)たかね
田子 たご
田島 たじま
蓼原 たではら
蓼原(町)たではら
天間 てんま
外木 とのき
中柏原新田 なかかしわばらしんでん
中河原 なかかわはら
中島 なかじま
中丸 なかまる

西柏原新田 にしかしわばらしんでん
八幡(町)はちまん
原田 はらだ
東柏原新田 ひがしかしわばらしんでん
平垣 へいがき
平垣(町)へいがき
宮下 みやした
御幸(町)みゆき
八代(町)やしろ
柳島 やなぎしま
柚木 ゆのき
吉原 よしわら

富士宮市
青木 あおき
安居山 あごやま
浅間(町)あさま
内野 うつの
内房 うつぶさ
馬見塚 うまみづか
大鹿窪 おおしかくぼ
上条 かみじょう
狩宿 かりやど
下条 しもじょう
精進川 しょうじんがわ
城北 じょうほく
外神 とがみ
中島 なかじま
中原(町)なかはら
貫戸 ぬくど
東(町)ひがし
光(町)ひかり
舞々木(町)まいまいぎ
万野原新田 まんのはらしんでん
元城(町)もとしろ
豊(町)ゆたか

牧之原市
大江 おおえ
男神 おかみ
勝田 かつた
西山寺 さいさんじ
相良 さがら
地頭方 じとうがた
白井 しらい
菅ケ谷 すげがや
道場 どうじょう
中西 なかにし
仁田 にた
波津 はづ
女神 めがみ

三島市
青木 あおき
新谷 あらや
市山新田 いちのやましんでん
壱町田 いっちょうだ
川原ケ谷 かわはらがや
幸原(町)こうばら
佐野 さの

421

千枚原 せんまいばら
大場 だいば
鶴喰 つるはみ
徳倉 とくら
富田(町) とみた
中島 なかじま
中田(町) なかた
東(町) ひがし
平田 ひらた
谷田 やた
焼津市
相川 あいかわ
新屋 あらや
一色 いっしき
大島 おおじま
小浜 おばま
小柳津 おやいづ
方ノ上 かたのかみ
上新田 かみしんでん
北新田 きたしんでん
小川 こがわ
小土 こひじ
小屋敷 こやしき
三ケ名 さんがみょう
下小田中(町) しもおだなか
城之腰 じょうのこし
大栄(町) だいえい
田尻 たじり
道原 どうばら
中島 なかじま
西小川 にしこがわ
西島 にしじま
飯淵 はぶち
浜当目 はまとうめ
東小川 ひがしこがわ
三和 みわ
策牛 むちうし
宗高 むなだか
焼津 やいづ
八楠 やぐす
賀茂郡
松崎(町) まつざき
賀茂郡河津町
川津筏場 かわづいかだば
小鍋 こなべ
逆川 さかさがわ
笹原 ささはら
谷津 やつ
賀茂郡西伊豆町
一色 いしき
大沢里 おおそうり
田子 たご
仁科 にしな
賀茂郡東伊豆町
北川 ほつかわ
賀茂郡松崎町
明伏 あけぶし
石部 いしぶ
伏倉 しくら
松崎 まつざき

道部 みちぶ
宮内 みやうち
吉田 よしだ
賀茂郡南伊豆町
青野 あおの
一色 いしき
一町田 いっちょうだ
入間 いるま
石廊崎 いろうざき
子浦 こうら
下流 したる
蛇石 じゃいし
立岩 たていわ
平戸 ひらど
妻良 めら
吉田 よしだ
周智郡森町
天宮 あめのみや
一宮 いちみや
円田 えんでん
葛布 かつぶ
城下 しろした
中川 なかがわ
向天方 むかいあまがた
谷中 やなか
駿東郡
小山(町) おやま
駿東郡小山町
新柴 あらしば
生土 いきど
一色 いしき
上野 うえの
大胡田 おおごだ
大御神 おおみか
小山 おやま
上古城 かみふるしろ
下古城 しもふるしろ
菅沼 すがぬま
中島 なかじま
中日向 なかひなた
柳島 やなぎしま
用沢 ようさわ
駿東郡清水町
久米田 くまいでん
新宿 しんしゅく
徳倉 とくら
戸田 とだ
長沢 ながさわ
畑中 はたけなか
八幡 やはた
湯川 ゆかわ
駿東郡長泉町
下土狩 しもとがり
竹原 たけはら
納米里 なめり
東野 ひがしの
本宿 ほんじゅく
南一色 みなみいしき
田方郡
函南(町) かんなみ

田方郡函南町
柏谷 かしや
上沢 かみさわ
桑原 くわはら
新田 しんでん
田代 たしろ
仁田 にった
肥田 ひた
榛原郡
吉田(町) よしだ
榛原郡川根本町
壱町河内 いっちょうごうち
上岸 かみきし
崎平 さきだいら
地名 じな
千頭 せんず
田代 たしろ
徳山 とくやま
文沢 ぶんざわ
榛原郡吉田町
神戸 かんど

愛知県

愛知(郡) あいち
海部(郡) あま
安城(市) あんじょう
一宮(市) いちのみや
犬山(市) いぬやま
蒲郡(市) がまごおり
江南(市) こうなん
小牧(市) こまき
新城(市) しんしろ
田原(市) たはら
知立(市) ちりゅう
東海(市) とうかい
常滑(市) とこなめ
豊田(市) とよた
西尾(市) にしお
丹羽(郡) にわ
額田(郡) ぬかた
半田(市) はんだ
碧南(市) へきなん
名古屋市
中川(区) なかがわ
東(区) ひがし
名東(区) めいとう
名古屋市熱田区
池上(町) いけがみ
金山 かなやま
金山(町) かなやま
河田(町) かわだ
木之免(町) きのめ
切戸(町) きれと
神戸(町) ごうど
古新(町) こしん
西郊通 さいこうとおり
白鳥 しろとり
白鳥(町) しろとり
新尾頭 しんおとう

神宮 じんぐう
神野(町) じんの
大宝 たいほう
千年 ちとせ
中田(町) なかた
波寄(町) なみよせ
西野(町) にしの
野立(町) のだて
六野 むつの
四番 よんばん
名古屋市北区
石園(町) いその
大蔵(町) おおくら
大曽根 おおぞね
尾上(町) おのえ
織部(町) おべ
垣戸(町) がいど
金田(町) かねだ
桐畑(町) きりはた
金城 きんじょう
金城(町) きんじょう
楠 くすのき
楠味鋺 くすのきあじま
猿投(町) さなげ
城東(町) じょうとう
新沼(町) しんぬま
新堀(町) しんほり
稚児宮通 ちごのみやとおり
中丸(町) ちゅうまる
長田(町) ちょうだ
憧僑(町) どうばん
苗田(町) なえだ
中味鋺 なかあじま
長喜(町) ながき
西味鋺 にしあじま
如意 にょい
八龍(町) はちりゅう
東味鋺 ひがしあじま
東長田(町) ひがしちょうだ
真畔(町) まぐろ
名城 めいじょう
八代(町) やしろ
柳原 やなぎはら
芳野 よしの
名古屋市昭和区
荒田(町) あらた
永金(町) えいきん
神村(町) かみむら
上山(町) かみやま
川原通 かわはらとおり
北山本(町) きたやまほん
御器所 ごきそ
御器所(町) ごきそ
小坂(町) こさか
小桜(町) こさくら
下構(町) しもがまえ
白金 しらかね
田面(町) たおも

鶴羽(町) つるは
出口(町) でぐち
東畑(町) とうはた
戸田(町) とだ
萩原(町) はぎわら
広路(町) ひろじ
吹上(町) ふきあげ
福原(町) ふくはら
南山(町) みなみやま
南分(町) みなみわけ
向山(町) むかいやま
明月(町) めいげつ
大和(町) やまと
山中(町) やまなか
山手通 やまのてとおり
若柳(町) わかやぎ
名古屋市千種区
青柳(町) あおやぎ
池上(町) いけがみ
猪高町猪子石猪々道 いたかちょういのこいししみち
井上(町) いのうえ
上野 うえの
大島(町) おおしま
御棚(町) おたな
香流橋 かなればし
鹿子(町) かのこ
神田(町) かんだ
幸川(町) こうがわ
古出来 こでき
山門(町) さんもん
下方(町) しもかた
松軒 しょうけん
城山(町) しろやま
新池(町) しんいけ
新栄 しんさかえ
新西 しんにし
振甫(町) しんぽ
田代(町) たしろ
谷口(町) たにぐち
天満通 てんまどおり
東明(町) とうめい
南明(町) なんめい
日窪(町) ひのおか
日和(町) ひより
吹上 ふきあげ
不老(町) ふろう
本山(町) ほんやま
松添(町) まつぞえ
名古屋市天白区
相川 あいかわ
井口 いぐち
海老山(町) えびやま
御前場(町) ごぜんば
笹原(町) ささはら
山郷(町) さんごう
菅田 すげた
高坂(町) たかさか
土原(町) つちはら
道明(町) どうみょう
中平 なかひら

八幡山 はちまんやま
向が丘 むかいがおか
焼山 やきやま
山根(町) やまね

名古屋市中川区

愛知(町) あいち
一色新(町) いしきしん
打出 うちで
打出(町) うちで
打中 うちなか
馬手(町) うまて
応仁(町) おうじん
大畑(町) おおはた
大山(町) おおやま
尾頭橋 おとうばし
小本(町) おもと
烏森(町) かすもり
上流(町) かみながれ
上脇(町) かみわき
吉良(町) きら
供米田 くまいでん
小碓通 こうすどおり
九重(町) ここのえ
小城(町) こしろ
小塚(町) こづか
五女子 ごにょうし
五女子(町) ごにょし
小本 こもと
四女子(町) しにょし
正徳(町) しょうとく
松年(町) しょうねん
神郷(町) しんごう
大地 だいち
大当郎(町) だいとうろう
大蟷螂(町) だいとうろう
高畑 たかばた
中郷(町) ちゅうごう
戸田 とだ
富田町包里 とみだちょうかのさと
富田町榎津 とみだちょうよのきづ
新家 にいえ
二女子(町) ににょし
畑田(町) はただ
八剱(町) はちけん
八田(町) はった
春田 はるた
東起(町) ひがしおこし
七反田(町) ひちたんだ
平戸(町) ひらと
伏屋 ふしや
豊成(町) ほうせい
万(町) まん
万場 まんば
宮脇(町) みやわき
明徳(町) めいとく
百船(町) ももふね
八神(町) やがみ
八熊 やぐま

八家(町) やつや
柳島(町) やなぎしま
柳田(町) やなぎだ
柳森(町) やなもり
八幡本通 やはたほんとおり

名古屋市中区

金山 かなやま
金山(町) かなやま
新栄 しんさかえ
新栄(町) しんさかえ
古渡(町) ふるわたり
正木 まさき
松原 まつばら
門前(町) もんぜん

名古屋市中村区

黄金通 おうごんどおり
大秋(町) おおあき
大門(町) おおもん
角割(町) かくわり
烏森(町) かすもり
香取(町) かとり
上ノ宮(町) かみのみや
北畑(町) きたはた
京田(町) きょうでん
草薙(町) くさなぎ
熊野(町) くまの
小鴨(町) こかも
栄生(町) さこ
白子(町) しらこ
城屋敷(町) しろやしき
新富(町) しんとみ
砂田(町) すなだ
高道(町) たかみち
竹橋(町) たけばし
千原(町) ちはら
長筬(町) ながおさ
中島(町) なかじま
鈍池(町) にぶいけ
野上(町) のがみ
八社 はっしゃ
東宿(町) ひがしじゅく
日吉(町) ひよし
深川(町) ふかがわ
二瀬(町) ふたせ
松原(町) まつばら
道下(町) みちした
向島(町) むこうじま
名駅 めいえき
名楽(町) めいらく

名古屋市西区

赤城(町) あかしろ
新木(町) あらき
稲生(町) いのう
牛島(町) うしじま
江向(町) えむかえ
円明(町) えんめい
上橋(町) かみばし
貴生(町) きせい

香呑(町) こうのみ
五才美(町) ごさいび
栄生 さこう
城西 じょうさい
城北(町) じょうほく
城西(町) しろにし
城(町) しろ
新道 しんみち
砂原(町) すなはら
浅間 せんげん
東岸(町) とうがん
十方(町) とおほう
西原(町) にしはら
花原(町) はなはら
平出(町) ひらで
平中(町) ひらなか
二方(町) ふたかた
宝地(町) ほうち
万代(町) まんだい
南川(町) みなみかわ
名駅 めいえき
名西 めいせい
八筋(町) やすじ

名古屋市東区

大曽根 おおぞね
大松(町) おおまつ
車道(町) くるまみち
古出来 こでき
橦木(町) しゅもく
大幸 だいこう
主税(町) ちから
豊前(町) とよまえ
西新(町) にししん
東新(町) ひがししん
百人(町) ひゃくにん
武平(町) ぶへい
芳野 よしの

名古屋市瑞穂区

浮島(町) うきしま
御葭(町) おたばこ
大殿(町) おとど
甲山(町) かぶとやま
上坂(町) かみさか
神穂(町) かみほ
神前(町) かみまえ
上山(町) かみやま
河岸 かわぎし
河岸(町) かわぎし
雁道(町) がんみち
北原(町) きたはら
軍水(町) ぐんすい
駒場(町) こまば
佐渡(町) さわたり
下坂(町) しもさか
下山(町) しもやま
春敲(町) しゅんこう
松月(町) しょうげつ
白砂(町) しらすな
新開(町) しんかい
膳棚(町) ぜんだな
十六(町) そろ
大喜(町) だいぎ

高田(町) たかた
田光(町) たこう
佃(町) つくだ
土市(町) どいち
東栄(町) とうえい
苗代(町) なえしろ
直来(町) なおらい
八勝通 はっしょうとおり
日向(町) ひなた
二野(町) ふたの
平郷(町) へいごう
宝田(町) ほうでん
松栄(町) まつさかえ
御劔(町) みつるぎ
南山(町) みなみやま
明前(町) めいぜん
桃園(町) ももぞの
師長(町) もろなが

名古屋市緑区

相川 あいかわ
大清水 おおしみず
大高(町) おおだか
神沢 かみさわ
小坂 こさか
古鳴海 こなるみ
鹿山 しかやま
四本木 しほんぎ
定納山 じょうのうやま
白土 しろつち
砂田 すなだ
太子 たいし
忠治山 ちゅうじやま
六田 ろくでん

名古屋市港区

稲永 いなえい
入場 いりば
入場(町) いりば
入船 いりふね
遠若(町) えんじゃく
小碓 おうす
小碓(町) おうす
大江(町) おおえ
大西 おおにし
小川 おがわ
金山(町) かねかわ
木場(町) きば
九番(町) くばん
小賀須 こがす
小割通 こわりどおり
魁(町) さきがけ
佐野(町) さの
七反野 しちたんの
七番(町) しちばん
正徳(町) しょうとく
正保(町) しょうほう
新川(町) しんかわ
新船(町) しんふね
築盛(町) ちくもり
千年 ちとせ
築三(町) つきさん
築地(町) つきじ

天目(町) てんもく
土古(町) どんご
七島 ななしま
畑市 はたなか
八百島 はっぴゃくじま
東土古(町) ひがしどんご
福田 ふくた
本宮(町) ほんぐう
名港 めいこう
明正 めいしょう
本星崎(町) もとほしざき

名古屋市南区

阿原(町) あはら
春日野(町) かすがの
上浜(町) かみはま
神松(町) かみまつ
観音通(町) かんのうち
楠(町) くすのき
桜本(町) さくらほん
城下(町) しろした
外山(町) そとやま
立脇(町) たてわき
千竈通 ちかまとおり
忠次 ちゅうじ
道全(町) どうぜん
豊田 とよだ
豊田(町) とよだ
鳥栖 とりす
西田(町) にしだ
白雲(町) はくうん
白水(町) はくすい
宝生(町) ほうしょう
本城(町) ほんじょう
見晴(町) みはらし
明円(町) みょうえん
三吉(町) みよし
本星崎(町) もとほしざき
豊 ゆたか
呼続 よびつぎ

名古屋市名東区

明が丘 あけがおか
猪高台 いだかだい
猪子石 いのこいし
延珠(町) えんじゅ
香流 かなれ
神丘(町) かみおか
神里 かみさと
上菅 かみすげ
上社 かみやしろ
小池(町) こいけ
小井堀(町) こいぼり
香坂 こうさか
香南 こうなん
山香(町) さんこう
神月(町) しんげつ
新宿 しんじゅく
勢子坊 せこぼう
高柳(町) たかやなぎ
丁田(町) ちょうだ

愛知県　　　　　　　　　地域順一覧

八前 はちまえ
藤森 ふじもり
社が丘 やしろがおか
社口 やしろぐち
社台 やしろだい
豊が丘 ゆたかがおか

名古屋市守山区
牛牧 うしまき
大谷 おおたに
小幡 おばた
金屋 かなや
上志段味 かみしだみ
吉根 きっこ
幸心 こうしん
御膳洞 ごぜんぼら
小六(町) ころく
四軒家 しけんや
下志段味 しもしだみ
城南(町) じょうなん
白沢(町) しらさわ
城土(町) しろつち
新城 しんしろ
長栄 ちょうえい
鳥羽見 とりばみ
苗代 なえしろ
中志段味 なかしだみ
中新 なかしん
西川原(町) にしがわら
西島(町) にしじま
西城 にししろ
西新 にししん
白山 はくさん
向台 むかえだい
村前(町) むらまえ
八剣 やつるぎ

愛西市
小津(町) おづ
葛木(町) かつらぎ
甘村井(町) かむらい
北一色(町) きたいしき
北河田(町) きたごうた
古瀬(町) こせ
小茂井(町) こもい
下一色(町) しもいしき
勝幡(町) しょばた
雀ヶ森(町) すずがもり
千引(町) せんびき
高畑(町) たかばた
立田(町) たつだ
立石(町) たていし
西保(町) にしほ
東條(町) ひがしじょう
東保(町) ひがしほ
後口(町) ひつえ
日置(町) へき

本部田(町) ほんぶた
三和(町) みつわ
南河田(町) みなみごうた
宮地(町) みやじ
持中(町) もっちゅう
山路(町) やまじ
柚木(町) ゆぎ
四会(町) よつえ

あま市
石作 いしつくり
乙之子 おとのこ
小橋方 こばしがた
七宝町鯰橋 しっぽうちょうなまずばし
甚目寺 じもくじ
小路 しょうじ
新居屋 にいや
花長 はなおさ
古道 ふるみち
方領 ほうりょう

安城市
安城(町) あんじょう
井杭山(町) いぐいやま
和泉(町) いずみ
大山(町) おおやま
小川(町) おがわ
河野(町) かわの
小堤(町) こづつみ
篠目(町) ささめ
城ケ入(町) じょうがいり
上条(町) じょうじょう
城南(町) じょうなん
新田(町) しんでん
新明(町) しんめい
大東(町) だいとう
東栄(町) とうえい
東新(町) とうしん
東明(町) とうめい
百石(町) ひゃっこく
福釜(町) ふかま
古井(町) ふるい
堀内(町) ほりうち
山崎(町) やまざき

一宮市
浅井町河田 あざいちょうこうだ
浅井町河端 あざいちょうこうばた
一色(町) いしき
一宮 いちのみや
今伊勢町新神戸 いまいせちょうしんかんべ
今伊勢町本神戸 いまいせちょうほんかんべ
印田通 いんでんどおり
大江 おおえ
奥(町) おく

小栗(町) おぐり
音羽 おとわ
小原(町) おはら
神山 かみやま
苅安賀 かりやすか
観音寺 かんのんじ
観音(町) かんのん
神戸(町) かんべ
九品(町) くほん
小赤見 こあかみ
古金(町) こがね
古見(町) こけん
小信中島 このぶなかしま
三丹(町) さんたん
下田 しもだ
下沼(町) しもぬま
春明 しゅんめい
城崎通 しろさきどおり
白旗通 しろはたどおり
新生 しんせい
瀬部 せべ
大志 だいし
高田 たかた
高畑(町) たかはた
竹橋(町) たけはし
田島(町) たじま
千秋町一色 ちあきちょういしき
千秋町小山 ちあきちょうおやま
千秋町加納馬場 ちあきちょうかのうまんば
西五城 にしいつしろ
西島(町) にしじま
丹羽 にわ
八幡 はちまん
東五城 ひがしいつしろ
東出(町) ひがしで
平島 ひらしま
北丹(町) ほくたん
本町通 ほんまちどおり
真清田 ますみだ
馬見塚(町) まみづか
水落(町) みずおち
水附(町) みずつき
宮地 みやじ
向山(町) むかいやま
明地 めいち
森本 もりもと
柳戸(町) やなぎど
大和町於保 やまとちょうおほ
大和町馬引 やまとちょうまびき
大和町毛受 やまとちょうめんじょ
祐久 ゆうく
柚木颪 ゆぎおろし

稲沢市
赤池真崎(町) あかいけまつさき
朝府(町) あざぶ
一色青海(町) いしきあおおかい
稲島 いなじま
稲島(町) いなじま
大矢高田(町) おおやこうだ
大矢白山(町) おおやしろやま
奥田長角(町) おくだながずみ
奥田馬場(町) おくだばんば
下津油田(町) おりづあぶらでん
下津蛇池(町) おりづじゃいけ
下津(町) おりづ
下津土山(町) おりづどやま
下津長田(町) おりづながた
片原一色(町) かたはらいしき
北麻績(町) きたおうみ
木全 きまた
木全(町) きまた
陸田(町) くがた
陸田宮前 くがたみやまえ
陸田宮前(町) くがたみやまえ
日下部(町) くさかべ
小池 こいけ
小池正明寺(町) こいけしょうめいじ
国府宮 こうのみや
国府宮神田(町) こうのみやじんでん
国府宮(町) こうのみや
子生和(町) こうわ
御供所(町) ごくしょ
小沢 こざわ
小寺(町) こでら
坂田(町) さかた
重本 しげもと
正明寺 しょうめいじ
治郎丸大角(町) じろうまるおおすみ
治郎丸神木(町) じろうまるしんぼく
治郎丸清敷(町) じろうまるせいしき
千代 せんだい
千代(町) せんだい
祖父江町上牧 そぶえちょうかんまき
祖父江町神明津 そぶえちょうしんみょうづ
祖父江町四貫 そぶえちょうよつのき
平江向(町) たいらえむかえ

平尾苅(町) たいらおがり
平金森(町) たいらかなもり
平苅田(町) たいらかりた
平細工蔵(町) たいらさいくぞう
平高道(町) たいらたかみち
平蜂ノ坪(町) たいらはちのつぼ
平佛供田(町) たいらぶくでん
竹腰東(町) たけのこしひがし
田代 たしろ
附島(町) つけしま
中之庄堤畔(町) なかのしょうつつみぐろ
長東(町) なづか
西島 にしじま
西島(町) にしじま
生出河戸(町) はいでこうど
馬場 ばんば
馬場(町) ばんば
法花寺(町) ほっけじ
堀田(町) ほった
増田(町) ました
南麻績(町) みなみおうみ
目比(町) むくい
梅須賀(町) めすか
矢合(町) やわせ
横地 よこち
横somthing神田(町) よこのじんでん

犬山市
石畑 いしはた
犬山 いぬやま
杁下 いりした
角池 かくいけ
楽田一色浦 がくでんいしきうら
楽田勝部前 がくでんかちべまえ
上坂(町) かみさか
上野 かみの
上野新(町) かみのしん
上ノ田 かみのた
栗栖 くりす
栗林 くりばやし
郷東 ごうひがし
小路 こじ
木津 こっつ
小洞 こぼら
五郎丸 ごろうまる
下沼 しもぬま
城山 しろやま
新川 しんかわ
大上戸 だいじょうど
大門 だいもん
田口 たぐち

継鹿尾 つがお
天王前 てんおうまえ
外屋敷 とやしき
鳥居越 とりやこし
中道 なかみち
西野 にしの
西洞 にしぼら
羽黒摺墨 はぐろすみ
八曽 はっそ
富士山 ふじやま
前原 まえはら
前原味鹿 まえはらあじか
宮浦 みやうら
向田 むこだ
向山 むこやま
藪畔 やぶぐろ
山神 やまがみ

岩倉市
井上(町) いのうえ
神野(町) かみの
西市(町) さいち
新柳(町) しんやなぎ
大山寺(町) たいさんじ
大地(町) だいち
中本(町) なかほん
東新(町) ひがししん
東(町) ひがし
八剱(町) やつるぎ

大府市
馬越(町) うまいけ
神田(町) かんだ
共栄(町) きょうえい
米田(町) こめだ
大東(町) だいとう
東新(町) とうしん
柊山(町) ひいらぎやま
一屋(町) ひとつや
宮内(町) みやうち
明成(町) めいせい
吉川(町) よしかわ
吉田(町) よしだ
吉田(町) よしだ

岡崎市
青木(町) あおき
新居(町) あらい
井沢(町) いざわ
石原(町) いしはら
井田(町) いだ
井田町茨坪 いだちょうばらつぼ
一色(町) いっしき
井内(町) いない
上地 うえじ
上地(町) うえじ
魚(町) うお
梅園(町) うめぞの
生平(町) おいだいら
小美(町) おい
大代(町) おおじろ

大西 おおにし
大西(町) おおにし
大平(町) おおひら
大柳(町) おおやなぎ
小久田(町) おくだ
小呂(町) おろ
鹿勝川(町) かかつがわ
籠田(町) かごだ
鍛埜(町) かじの
上里 かみさと
上衣文(町) かみぞぶみ
上六名 かみむつな
上六名(町) かみむつな
川向(町) かわむき
河原(町) かわら
木下(町) きくだし
蔵次(町) くらなみ
桑谷(町) くわがい
桑原(町) くわばら
毛呂(町) けろ
小針(町) こばり
古部(町) こぶ
小丸(町) こまる
在家(町) ざいけ
坂左右(町) さかそう
定国(町) さだくに
下衣文(町) しもそぶみ
正宮(町) しょうな
城南(町) じょうなん
城北(町) じょうほく
真宮(町) しんぐう
真伝(町) しんでん
真伝(町) しんでん
菅生(町) すごう
千万町(町) ぜんぢょう
外山(町) そとやま
大樹寺(町) だいじゅうじ
大門(町) だいもん
大和(町) だいわ
田口(町) たぐち
竜美旭(町) たつみあさひ
茅原沢(町) ちはらざわ
百々(町) どうど
鴫巣(町) とうのす
冨尾(町) とんびゅう
中島(町) なかじま
中田(町) なかだ
新堀(町) にいぼり
仁木(町) にっき
合歓木(町) ねむのき
能見(町) のみ
八幡(町) はちまん
鉢地(町) はっち
八帖(町) はっちょう
東河原(町) ひがしかわはら
東能見(町) ひがしのみ

舳越(町) へごし
保久(町) ほっきゅう
法性寺(町) ほっしょうじ
洞(町) ほら
本町通 ほんまちどおり
舞木(町) まいぎ
松橋(町) まつはし
美合町生田 みあいちょうしょうだ
花崗(町) みかげ
緑丘 みどりがおか
宮地(町) みやじ
明見(町) みょうけん
向山(町) むかいやま
六名 むつな
六名(町) むつな
本宿(町) もとじゅく
元能見(町) もとのみ
門前(町) もんぜん
矢作(町) やはぎ
山綱(町) やまつな
祐金(町) ゆうきん
米河内(町) よなごうち
蓬生(町) よもぎゅう
六供(町) ろっく
渡(町) わたり
渡通津(町) わっづ

尾張旭市
新居 あらい
井田(町) いだ
上の山町間口 うえのやまちょうまぐち
狩宿(町) かりじゅく
北原山町鳴湫 きたはらやまちょうなるくて
北原山町六田池 きたはらやまちょうむたいけ
三郷町角田 さんごうちょうつのだ
庄中(町) しょうなか
城前(町) しろまえ
城前町茅池 しろまえちょうちがいけ
東栄(町) とうえい
南栄(町) みなみさかえ
向(町) むかえ
吉岡(町) よしおか

春日井市
愛知(町) あいち
明知(町) あけち
味美(町) あじよし
上野(町) うえの
内津(町) うつつ
小木田(町) おぎた
乙輪(町) おつわ
小野(町) おの
神屋(町) かぎや
柏原(町) かしはら
勝川(町) かちがわ

上田楽(町) かみたらが
菅大臣(町) かんだいじん
北城(町) きたしろ
気噴(町) きぶき
熊野(町) くまの
下条(町) げじょう
西尾(町) さいお
坂下(町) さかした
下津(町) しもつ
下原(町) しもはら
上条(町) じょう
白山(町) しらやま
新開(町) しんかい
神領(町) じんりょう
神領町北 じんりょうちょうきた
高座(町) たかくら
田楽(町) たらが
町田(町) ちょうだ
追進(町) ついしん
角崎(町) つのさき
出川(町) てがわ
外之原(町) とのはら
中新(町) なかしん
廻間(町) はざま
八幡(町) はちまん
八光(町) はっこう
八田(町) はった
花長(町) はなおさ
東神明(町) ひがししんみょう
東野(町) ひがしの
南花長(町) みなみはなおさ
美濃(町) みの
御幸(町) みゆき
八事(町) やごと

蒲郡市
新井(町) あらい
一色(町) いしき
上本(町) うえほん
鹿島(町) かしま
柏原(町) かしわばら
金平(町) かねひら
蒲郡(町) がまごおり
相楽(町) さがら
清田(町) せいだ
竹谷(町) たけのや
西浦(町) にしうら
西迫(町) にしはざま
平田(町) ひらた
拾石(町) ひろいし
堀込(町) ほりごみ
松原(町) まつばら
三谷(町) みや
御幸(町) みゆき
八百富(町) やおとみ

刈谷市
逢妻(町) あいづま
一色(町) いしき
小垣江(町) おがきえ

小山(町) おやま
神田(町) かんだ
熊野(町) くまの
衣崎(町) ころもざき
松栄(町) しょうえい
城(町) しろ
新栄(町) しんさかえ
新田(町) しんでん
新富(町) しんとみ
築地(町) ついじ
東新(町) とうしん
豊田(町) とよだ
中川(町) なかがわ
中島(町) なかじま
中手(町) なかて
半城土(町) はじょうど
八幡(町) はちまん
三田(町) みた
南桜(町) みなみさくら
御幸(町) みゆき

北名古屋市
鍛治ケ一色 かじがいしき
鹿田 しかた
能田 のうだ

清須市
阿原 あわら
下津(町) おりづ
下河原 しもがわら
上条 じょうじょう
土田 つちだ
桃栄 とうえい
中河原 なかがわら
西枇杷島町北二ツ杁 にしびわじまちょうきたふたついり
西枇杷島町五畝割 にしびわじまちょうごせわり
西枇杷島町砂入 にしびわじまちょうすいり
廻間 はさま
春日県 はるひあがた
春日明河原 はるひあけがわら
春日杁前 はるひいりまえ
春日午 はるひうま
春日江先 はるひえさき
春日上河原 はるひかみがわら
春日河原 はるひかわら
春日小松生 はるひこまつばえ
春日下河原 はるひしもがわら
春日定ノ割 はるひじょうのわり
春日新田 はるひしんでん
春日砂賀東 はるひ

愛知県　　　　　　　　　　　　地域順一覧

すかひがし
春日大河戸 はるひたいこうど
春日樋 はるひとい
春日中河原 はるひなかがわら
春日野田(町) はるひのだ
春日八幡 はるひはちまん
春日向河原 はるひむこうがわら
東外(町) ひがしそと
江南市
赤童子町白山 あかどうじちょうはくさん
後飛保町両家 うしろひぼちょうりょうけ
小杁町八幡 おいりちょうはちまん
小杁町明土 おいりちょうみょうど
小郷町伍大力 おごうちょうごだいりき
尾崎町河原 おさきちょうかわはら
鹿子島(町) かのこじま
河野町管竹 こうのちょうかんちく
小折(町) こおり
古知野町花霞 こちのちょうはながすみ
五明町高砂 ごみょうちょうたかす
小脇町小脇 こわきちょうこわき
曽本町幼川添 そもとちょうおさながわぞえ
高屋町神戸 たかやちょうごうど
高屋町中屋舗 たかやちょうなかやしき
高屋町八幡 たかやちょうはちまん
野白町霞場 のばくちょうよしば
東野町鐘鋳山 ひがしのちょうかねいりやま
東野町河戸 ひがしのちょうこうど
東野町神田 ひがしのちょうじんでん
前飛保町河原 まえひぼちょうかわはら
松竹町上野 まつたけちょうかみの
松竹町八幡 まつたけちょうはちまん
宮後(町) みやうしろ
宮田町生原 みやたちょういくばら
安良町郷中 やすらちょうごうちなか
力長町神出 りきながちょうかみで

小牧市
入鹿出新田 いるかでしんでん
大山 おおやま
小針 おばり
春日寺 かすがじ
上末 かみずえ
河内屋新田 かわちやしんでん
久保一色 くぼいしき
古雅 こが
小木 こき
小木東 こきひがし
小牧 こまき
小牧原 こまきはら
常普請 じょうぶし
城山 しろやま
田県(町) たがた
西島(町) にしじま
東 ひがし
東新(町) ひがししん
二重堀 ふたえほり
文津 ふみつ
南外山 みなみとやま
安田(町) やすだ
山北(町) やまきた
新城市
浅谷 あさや
有海 あるみ
一色 いっしき
海老 えび
大海 おおみ
小畑 おばた
鰹淵 かつおぶち
門谷 かどや
川合 かわい
北畑 きたばた
玖老勢 くろせ
下川 したがわ
城北 じょうほく
出沢 すざわ
作手荒原 つくであわら
作手清岳 つくできよおか
作手中河内 つくでなかごうち
黄柳野 つげの
富栄 とみさか
富沢 とみざわ
豊栄 とよさか
豊島 とよしま
中島 なかじま
名越 なこえ
七郷一色 ななさといっしき
西新(町) にししん
橋向 はしむこう
八幡 はちまん
一鍬田 ひとくわた
日吉 ひよし
札木 ふだぎ
布里 ふり

南畑 みなみばた
名号 みょうごう
向野 むかいの
睦平 むつだいら
八束穂 やつかほ
横川 よこがわ
吉川 よしかわ
瀬戸市
東(町) あずま
汗干(町) あせび
銀杏木(町) いちょのき
上之山(町) うえのやま
蛭子(町) えびす
王子沢(町) おうじのさわ
大坂(町) おおさか
小金(町) おがね
小田妻(町) おだづま
海上(町) かいしょ
鹿乗(町) かのり
神川(町) かみかわ
上ノ切(町) かみのきり
上半田川(町) かみはだがわ
上本(町) かみほん
川合(町) かわい
川平(町) かわひら
熊野(町) くまの
蔵所(町) くらしょ
効範(町) こうはん
小坂(町) こさか
古瀬戸(町) こせと
小空(町) こそら
瘤木(町) こぶき
紺屋田(町) こんやだ
坂上(町) さかうえ
白岩(町) しらいわ
城ケ根(町) しろがね
城屋敷(町) しろやしき
新郷(町) しんごう
新田(町) しんでん
新道(町) しんどう
新明(町) しんめい
水南(町) すいなん
水北(町) すいほく
須原(町) すはら
祖母懐(町) そぼかい
太子(町) たいし
東郷(町) とうごう
道泉(町) どうせん
東明(町) とうめい
鳥原(町) とりはら
中畑(町) なかばた
仲洞(町) なかほら
西印所(町) にしいんぞ
西郷(町) にしごう
西谷(町) にしだに
西原(町) にしはら
西洞(町) にしほら

白山(町) はくさん
巡間(町) はざま
長谷口(町) はせぐち
八幡台 はちまんだい
八幡(町) はちまん
刎田(町) はねだ
東茨(町) ひがしいばら
東印所(町) ひがしいんぞ
東米泉(町) ひがしこめいずみ
平(町) ひら
深川(町) ふかがわ
松原(町) まつばら
三沢(町) みさわ
水無瀬(町) みなせ
南東(町) みなみあずま
南山(町) みなみやま
宮地(町) みやじ
宮脇(町) みやわき
門前(町) もんぜん
薬師(町) やくし
八床(町) やとこ
山路(町) やまじ
高浜市
青木(町) あおき
碧海(町) あおみ
小池(町) こいけ
新田(町) しんでん
豊田(町) とよだ
八幡(町) はちまん
二池(町) ふたついけ
向山(町) むかいやま
芳川(町) よしかわ
田原市
相川(町) あいかわ
池尻(町) いけしり
越戸(町) おっと
折立(町) おりたち
亀山(町) かめやま
神戸(町) かんべ
光崎 こうさき
小塩津(町) こしおづ
古田(町) こだ
小中山(町) こなかやま
白谷(町) しろや
田原(町) たはら
豊島(町) としま
長沢(町) ながさわ
西神戸(町) にしかんべ
波瀬(町) はぜ
馬伏(町) ばぶし
日出(町) ひい
東神戸(町) ひがしかんべ
保美(町) ほび
南神戸(町) みなみかんべ
向山(町) むかいやま
六連(町) むつれ

谷熊(町) やぐま
知多市
阿原 あわら
大僧 おおそう
金沢 かなざわ
神田 かんだ
旭南 きょくなん
三反田 さんたんだ
佐布里 そうり
中原 なかはら
東大僧 ひがしおおそう
日長 ひなが
南粕谷 みなみかすや
八幡 やわた
八幡新(町) やわたしん
知立市
逢妻(町) あいづま
弘栄 こうえい
新池 しんいけ
新地(町) しんち
新富 しんとみ
東栄 とうえい
長田 ながた
谷田(町) やた
谷田町本林 やたちょうほんばやし
八橋(町) やつはし
山(町) やま
津島市
筏場(町) いかだば
池麩(町) いけふ
杁前(町) いりまえ
埋田(町) うめだ
江東(町) えとう
金(町) かな
鹿伏兎(町) かぶと
上新田(町) かみしんでん
上之(町) かみの
神守(町) かもり
河田(町) かわだ
河原(町) かわら
神尾(町) かんの
観音(町) かんのん
米之座(町) こめのざ
米(町) こめ
下切(町) しもぎり
下新田(町) しもしんでん
城之越(町) しろのこし
城山(町) しろやま
新開 しんがい
新開(町) しんがい
大木(町) だいき
大政(町) たいせい
高畑(町) たかはた
立込(町) たてこみ
椿市(町) つばいち
中一色(町) なかいっしき
中地(町) なかじ

西柳原(町) にしやなぎはら
莪原(町) ばいばら
馬場(町) ばば
半頭(町) はんがしら
東柳原(町) ひがしやなぎはら
百(町) ひゃく
松原(町) まつばら
明天(町) めいてん
百島(町) ももじま
薬師(町) やくし
柳原(町) やなぎはら
大和(町) やまと

東海市
荒尾(町) あらお
東海(町) とうかい
富木島(町) ふきしま
養父(町) やぶ

常滑市
飛香台 あすかだい
乳母子 うばこ
榎戸 えのきど
榎戸(町) えのきど
大谷 おおたに
大流 おおりゅう
奥夏敷 おくなちき
小倉(町) おぐら
乙田 おこだ
長田 おさだ
金山 かなやま
蒲池 かばいけ
蒲池(町) かばいけ
北条 きたじょう
熊野 くまの
熊野(町) くまの
久米 くめ
小鈴谷 こすがや
社辺 こそべ
古千代 こちょ
古場 こば
古場(町) こば
小林(町) こばやし
坂井 さかい
下隅 したずみ
蛇廻間 じゃばさま
上納 じょうのう
新開(町) しんかい
新田(町) しんでん
新浜(町) しんはま
菅場 すがば
青海(町) せいかい
高坂 たかさか
堕星 だたぼし
樽水 たるみ
樽水(町) たるみ
千代 ちよ
長間 ちょうま
樋掛 といがけ
飛渡川 とんどがわ
中大流 なかおおりゅう
新池 にいいけ

白山(町) はくさん
花狭間 はなばさま
桧原 ひばら
古道 ふるみち
古社 ふるやしろ
南古千代 みなみごちよ
南蛇廻間 みなみじゃばさま
南飛渡 みなみとんど
大和(町) やまと
斧口 よきぐち

豊明市
大久伝(町) おおくて
新栄(町) しんさかえ
新田(町) しんでん
前後(町) ぜんご
二村台 ふたむらだい

豊川市
足山田(町) あしやまだ
麻生田(町) あそうだ
一宮(町) いちのみや
上野(町) うえの
江島(町) えじま
大木(町) おおぎ
小田渕(町) おだぶち
金沢(町) かなざわ
金屋(町) かなや
光輝(町) こうき
柑子(町) こうじ
光明(町) こうみょう
小坂井(町) こざかい
小桜(町) こざくら
御油(町) ごゆ
堺(町) さかい
三蔵子(町) さんぞうご
白雲(町) しらくも
白鳥 しらとり
白鳥(町) しろとり
新栄(町) しんさかえ
新宿(町) しんじゅく
新道(町) しんみち
新豊(町) しんゆたか
蔵子 ぞうし
代田(町) だいだ
千両(町) ちぎり
中条(町) ちゅうじょう
東上(町) とうじょう
東新(町) とうしん
土筒(町) どどう
長沢(町) ながさわ
西島(町) にしじま
西原(町) にしばら
西豊(町) にしゆたか
馬場(町) ばば
東豊(町) ひがしゆたか
古宿(町) ふるじゅく
豊栄(町) ほうえい
本野(町) ほんの

正岡(町) まさおか
松原(町) まつばら
御津町赤根角田 みとちょうあかねかくた
御津町赤根神場 みとちょうあかねかんば
御津町赤根柑子 みとちょうあかねこうじ
御津町赤根百々 みとちょうあかねどうどう
御津町大草神場 みとちょうおおくさかんば
御津町大草神田 みとちょうおおくさじんでん
御津町大草分蓮 みとちょうおおくさふんむしろ
御津町金野足見 みとちょうかねのたるみ
御津町金野長谷沢 みとちょうかねのはせざわ
御津町上佐脇河原田 みとちょうかみさわきかわはらだ
御津町下佐脇是願 みとちょうしもさわきぜがん
御津町豊沢川原 みとちょうとよさわかわはら
御津町豊沢小山 みとちょうとよさわこやま
御津町泙野 みとちょうなぎの
御津町西方長田 みとちょうにしがたちょうだ
御津町西方樋田 みとちょうにしがたといだ
御津町広石蛇塚 みとちょうひろいしくちなわづか
御津町広石小城前 みとちょうひろいしこじろまえ
御津町広石枋ケ坪 みとちょうひろいしとちがつぼ
御津町広石祓田 みとちょうひろいしはらいでん
御津町広石神子田 みとちょうひろいしみこでん
南千両 みなみちぎり
三谷原(町) みやはら
向河原(町) むこうがわら
門前(町) もんぜん
谷川(町) やがわ
八幡(町) やわた
豊が丘(町) ゆたかがおか

豊田市
逢妻(町) あいづま
青木(町) あおき
浅谷(町) あざかい
旭八幡(町) あさひやわた
安実京(町) あじきょう
明賀(町) あすが
明川(町) あすがわ
足助白山(町) あすけしらやま
足助(町) あすけ
阿蔵(町) あぞう
蘭(町) あららぎ
有間(町) あんま
一色(町) いしき
五ケ丘 いつつがおか
井上(町) いのうえ
岩谷(町) いわや
上野(町) うえの
有洞(町) うとう
上八木(町) うばやぎ
上挙母(町) うわごろも
上原(町) うわはら
栄生(町) えいせい
永覚(町) えかく
大内(町) おおうち
大蔵連(町) おおがぞれ
大蔵(町) おおくら
大桑(町) おおくわ
大坂(町) おおさか
大島(町) おおしま
大清水(町) おおしみず
大蔵連(町) おおぞうれん
大平(町) おおだいら
大畑(町) おおばた
乙ケ林(町) おかばやし
小川(町) おがわ
鴛鴨(町) おしかも
小田木(町) おたぎ
小滝野(町) おたぎの
小渡(町) おど
伯母沢(町) おばざわ
小原(町) おばら
折平(町) おりだいら
小呂(町) おろ
国閉(町) かいご
柿本(町) かきもと
柏ケ洞(町) かしがほら
和会(町) かずえ
金谷(町) かなや
神池(町) かみいけ
上切(町) かみぎり
上小田(町) かみこだ
上高(町) かみたか
上脇(町) かみわき
苅萱(町) かるかや

河合(町) かわい
川面(町) かわおもて
川下(町) かわしも
神田(町) かんだ
神殿(町) かんどの
北一色(町) きたいしき
北小田(町) きたこだ
北篠平(町) きたささだいら
九久平(町) くぎゅうだいら
日下部(町) くさかべ
国谷(町) くにや
樗俣(町) くれまた
桑原(町) くわばら
幸海(町) こうかい
小坂(町) こざか
越戸(町) こしど
古瀬間(町) こせま
小田(町) こだ
小(町) こ
小手沢(町) こてのさわ
小畑(町) こばた
駒場(町) こまば
小峯(町) こみね
挙母(町) ころも
坂上(町) さかうえ
篠原(町) ささばら
幸穂台 さちほだい
猿投(町) さなげ
三箇(町) さんが
三分山(町) さんぶやま
四郷(町) しごう
閑羅瀬(町) しずらせ
枝下(町) しだれ
渋谷(町) しぶや
下切(町) しもぎり
下国谷(町) しもくにや
下林(町) しもばやし
新生(町) しんせい
新盛(町) しんもり
菅生(町) すごう
砂(町) すな
李(町) すもも
石楠(町) せきなん
千石(町) せんごく
千足(町) せんぞく
千田(町) せんだ
川見(町) せんみ
大成(町) たいせい
高上(町) たかがみ
高野(町) たかの
高原(町) たかはら
竹生(町) たきょう
田代(町) たしろ
竜岡(町) たつおか
立岩(町) たていわ
田籾(町) たもみ
千洗(町) ちあらい
土橋(町) つちはし

愛知県　　地域順一覧

- 葛沢(町) つづらさわ
- 葛(町) つづら
- 寺平(町) てらだいら
- 寺部(町) てらべ
- 渡合(町) どあい
- 東郷(町) とうごう
- 東新(町) とうしん
- 百月(町) どうづき
- 百々(町) どうじ
- 渡刈(町) とがり
- 戸中(町) とちゅう
- 十塚(町) とづか
- 富田(町) とみだ
- 中垣内(町) なかがいと
- 長沢(町) ながさわ
- 中島(町) なかじま
- 中田(町) なかだ
- 夏焼(町) なつやけ
- 成合(町) ならい
- 荷掛(町) にかけ
- 西新(町) にししん
- 西田(町) にしだ
- 西萩平(町) にしはぎのひら
- 日南(町) にちなん
- 怒田沢(町) ぬただわ
- 野原(町) のわら
- 白山(町) はくさん
- 迫(町) はさま
- 八幡(町) はちまん
- 林添(町) はやしぞれ
- 冷田(町) ひえだ
- 日面(町) ひおも
- 東渡合(町) ひがしどあい
- 久木(町) ひさぎ
- 平沢(町) ひらさわ
- 広路(町) ひろじ
- 平折(町) ひろり
- 深田(町) ふかだ
- 武節(町) ぶせつ
- 双美(町) ふたみ
- 豊栄(町) ほうえい
- 芳友(町) ほうゆう
- 宝来(町) ほうらい
- 北曽木(町) ほくそぎ
- 細田(町) ほそだ
- 細谷(町) ほそや
- 本山(町) ほんざん
- 本新(町) ほんしん
- 本田(町) ほんだ
- 舞木(町) まいぎ
- 万町(町) まんじょう
- 万根(町) まんね
- 御内(町) みうち
- 御蔵(町) みくら
- 実栗(町) みぐり
- 水間(町) みずま
- 御立(町) みたち
- 御作(町) みつくり
- 御船(町) みふね
- 宮上(町) みやがみ
- 宮代(町) みやしろ
- 御幸(町) みゆき
- 美和(町) みわ
- 元城(町) もとしろ
- 岩神(町) やがみ
- 八草(町) やくさ
- 社(町) やしろ
- 築平(町) やなだいら
- 山谷(町) やまがい
- 山中(町) やまなか
- 遊屋(町) ゆや
- 吉原(町) よしわら
- 連谷(町) れんだに
- 月原(町) わちばら

豊橋市

- 飽海(町) あくみ
- 明海(町) あけみ
- 東田(町) あずまだ
- 東田中郷(町) あずまだなかごう
- 吾妻(町) あづま
- 石巻(町) いしまき
- 一色(町) いっしき
- 井原(町) いはら
- 飯村(町) いむれ
- 入船(町) いりふね
- 上地(町) うえじ
- 上野(町) うえの
- 魚(町) うお
- 雲谷(町) うのや
- 江島(町) えじま
- 大清水(町) おおしみず
- 大山(町) おおやま
- 曲尺手(町) かねんて
- 小池(町) こいけ
- 小島(町) こじま
- 小畷(町) こなわて
- 小浜(町) こはま
- 呉服(町) ごふく
- 小向(町) こむかい
- 西郷(町) さいごう
- 三本木(町) さんぼんぎ
- 東雲(町) しののめ
- 下地(町) しもじ
- 白河(町) しらかわ
- 城下(町) しろした
- 城山(町) しろやま
- 新川(町) しんかわ
- 新栄(町) しんさかえ
- 神野新田(町) じんのしんでん
- 神野西(町) じんのにし
- 神野ふ頭(町) じんのふとう
- 嵩山(町) すせ
- 大国(町) だいこく
- 高田(町) たかだ
- 忠興(町) ただおき
- 立花(町) たちばな
- 築地(町) つきじ
- 堂浦(町) どううら
- 東郷(町) とうごう
- 富本(町) とみもと
- 問屋(町) とんや
- 中郷(町) なかごう
- 中浜(町) なかはま
- 中原(町) なかはら
- 西新(町) にししん
- 西羽田(町) にしはだ
- 西浜(町) にしはま
- 西幸(町) にしみゆき
- 仁連木(町) にれんぎ
- 野依(町) のより
- 羽田(町) はだ
- 東小浜(町) ひがしこはま
- 東新(町) ひがししん
- 東幸(町) ひがしみゆき
- 平川(町) ひらかわ
- 札木(町) ふだぎ
- 豊栄(町) ほうえい
- 豊清(町) ほうせい
- 細谷(町) ほそや
- 馬見塚(町) まみづか
- 三弥(町) みつや
- 南栄(町) みなみさかえ
- 宮下(町) みやした
- 向山(町) むかいやま
- 向草間(町) むこうくさま
- 柳生(町) やぎゅう
- 八通(町) やとおり
- 有楽(町) ゆうらく
- 吉川(町) よしかわ

長久手市

- 雨堤 あまづつみ
- 荒田 あらた
- 茨ケ廻間 いばらがばさま
- 杁ノ洞 いりのほら
- 岩廻間 いわばさま
- 馬堤 うまづつみ
- 蛭子 えびす
- 上川原 かみかわはら
- 小稲葉 こいなば
- 香桶 こおけ
- 小深 こぶけ
- 下川原 しもがわら
- 下田 しもだ
- 下山 しもやま
- 勝入塚 しょうにゅうづか
- 菖蒲池 しょうぶいけ
- 城屋敷 しろやしき
- 真行田 しんぎょうだ
- 神門前 じんもんまえ
- 菅池 すがいけ
- 砂子 すなご
- 先達 せんだつ
- 丁田 ちょうだ
- 長配 ちょうはい
- 戸田谷 とだがい
- 中川原 なかがわら
- 中屋 なかや
- 西浦 にしうら
- 西原 にしはら
- 原邸 はらやしき
- 東田 ひがしだ
- 東原 ひがしはら
- 深田 ふかだ
- 深廻間 ふかばさま
- 仏ケ根 ほとけがね
- 松杁 まついり
- 溝之杁 みぞのいり
- 宮脇 みやわき
- 岩作権代 やざこごんだい
- 岩作申立花 やざこさるりっか
- 岩作蛇洞 やざこじゃばら
- 岩作泥亀首 やざことちくび
- 岩作長筬 やざこながおさ
- 山越 やまごえ
- 葭ケ廻間 よしがばさま
- 立花 りっか
- 櫨木 ろうほく

西尾市

- 吾妻(町) あづま
- 和泉(町) いずみ
- 一色町対米 いっしきちょうついごめ
- 一色町養ケ島 いっしきちょうようがしま
- 家武(町) いたけ
- 江原(町) えわら
- 大給(町) おぎゅう
- 小栗(町) おぐり
- 小島(町) おじま
- 小間(町) おま
- 会生(町) かいせい
- 貝吹(町) かいふく
- 鎌谷(町) かまや
- 神下(町) かみした
- 上羽角(町) かみはすみ
- 上(町) かみ
- 吉良町饗庭 きらちょうあいば
- 吉良町小山田 きらちょうおやまだ
- 吉良町八幡川田 きらちょうはちまんかわだ
- 吉良町駮馬 きらちょうまだらめ
- 錦城(町) きんじょう
- 花蔵寺(町) けぞうじ
- 駒場(町) こまんば
- 巨海(町) こみ
- 米野(町) こめの
- 小焼野(町) こやけの
- 志籠谷(町) しこや
- 下目記(町) しもどうめき
- 下羽角(町) しもはすみ
- 下(町) しも
- 城崎(町) しろさき
- 新屋敷(町) しんやしき
- 菅原(町) すがわら
- 善明(町) ぜんみょう
- 高畠(町) たかばた
- 千蔵(町) ちとせ
- 丁田(町) ちょうだ
- 鶴城(町) つるしろ
- 寺部(町) てらべ
- 天竹(町) てんじく
- 鳥羽(町) とば
- 富山(町) とみやま
- 中畑 なかばた
- 中畑(町) なかばた
- 中原(町) なかはら
- 熱池(町) にいけ
- 西幡豆(町) にしはず
- 八ケ尻(町) はちがしり
- 馬場(町) ばば
- 東幡豆(町) ひがしはず
- 平原(町) ひらはら
- 平坂(町) へいさか
- 満全(町) まんぜん
- 山下(町) やました
- 米津(町) よねづ
- 和気(町) わき

日進市

- 北新(町) きたしん
- 米野木(町) こめのき
- 三本木(町) さんぼんぎ

半田市

- 新居(町) あらい
- 阿原(町) あわら
- 飯森(町) いいもり
- 馬捨(町) うますて
- 大高(町) おおだか
- 大伝根(町) おおでんね
- 大松(町) おおまつ
- 奥(町) おく
- 乙川一色(町) おつかわいっしき
- 乙川八幡(町) おつかわはちまん
- 金山(町) かなやま
- 上池(町) かみいけ
- 神代(町) かみしろ
- 上浜(町) かみはま
- 雁宿(町) かりやど
- 神田(町) かんだ
- 北滑草(町) きたなめそう
- 吉田(町) きった
- 庚申(町) こうしん
- 小神(町) こしん
- 古浜(町) こはま
- 七本木(町) しちほんぎ
- 東雲(町) しののめ

地域順一覧　　　　　　　　　　　三重県

新池(町) しんいけ
新川(町) しんかわ
新宮(町) しんぐう
新栄(町) しんさかえ
新生(町) しんせい
新浜(町) しんはま
砂谷(町) すなだに
清城(町) せいしろ
相賀(町) そうが
田代(町) たしろ
丁田(町) ちょうだ
出口(町) でぐち
東郷(町) とうごう
苗代(町) なえしろ
中島(町) なかしま
中生見(町) なかはえみ
成岩東(町) ならわひがし
新野(町) にいの
西新(町) にししん
西生見(町) にしはえみ
日東(町) にっとう
白山(町) はくさん
兀山(町) はげやま
柊(町) ひいらぎ
東郷(町) ひがししん
東生見(町) ひがしはえみ
東浜(町) ひがしはま
平地馬場(町) ひらちばんば
深谷(町) ふかだに
福地(町) ふくち
宝来(町) ほうらい
御幸(町) みゆき
向山(町) むかいやま
岩滑高山(町) やなべたかやま
山崎(町) やまざき
大和(町) やまと
有楽(町) ゆうらく
横川(町) よこがわ
四木(町) よもぎ

碧南市
明石(町) あかし
浅間(町) あさま
雨池(町) あまいけ
井口(町) いぐち
入船(町) いりふね
長田(町) おさだ
音羽(町) おとは
金山(町) かなやま
神有(町) かみあり
上(町) かみ
神田(町) かんだ
雁道(町) がんみち
久沓(町) くぐつ
湖西(町) こせい
三角(町) さんかく
三間(町) さんげん
照光(町) しょうこう
白沢(町) しろさわ

白砂(町) しろすな
城山(町) しろやま
新川(町) しんかわ
新道(町) しんみち
千福(町) せんぷく
善明(町) ぜんめい
竹原(町) たけはら
田尻(町) たじり
立山(町) たてやま
築山(町) つきやま
中田(町) なかた
西浜(町) にしはま
吹上(町) ふきあげ
札木(町) ふだき
松江(町) まつえ
松原(町) まつばら
宮後(町) みやご
山神(町) やまがみ
山下(町) やました
用久(町) ようきゅう
葭生(町) よしおい
流作(町) りゅうさく

みよし市
莇生(町) あざぶ
福谷(町) うきがい
西一色(町) にしいしき
福田(町) ふくた
明知(町) みょうち

弥富市
桴場 いかだば
稲狐(町) いなこ
上野(町) うえの
鯏浦(町) うぐいうら
馬ケ地 うまがんじ
海老江 えびえ
大谷 おおたに
海屋 かいおく
海屋(町) かいおく
亀ケ地 かめがんじ
川平 かわひら
川原欠 かわらがけ
川原欠(町) かわらがけ
間崎 かんざき
間崎(町) かんざき
神戸 かんど
神戸(町) かんど
楠 くすのき
操出 くりだし
小島(町) こじま
五明 ごみょう
五明(町) ごみょう
境(町) さかい
鮫ケ地 さめがんじ
鮫ケ地(町) さめがんじ
三稲 さんと
三稲(町) さんと
富島 とみしま
富島(町) とみしま
鳥ケ地 とりがんじ
鳥ケ地(町) とりが

んじ
中原 なかはら
中原(町) なかはら
西蜆 にししじみ
東蜆 ひがししじみ
平島(町) へいじま
楽平 よしひら
愛知郡
東郷(町) とうごう
愛知郡東郷町
白鳥 しらとり
涼松 すずみまつ
御岳 みたけ
海部郡
大治(町) おおはる
飛島(村) とびしま
海部郡大治町
三本木 さんぼんぎ
砂子 すなご
中島 なかじま
東條 ひがしじょう
馬島 まじま
海部郡蟹江町
北新田 きたしんでん
城 しろ
八幡 はちまん
舟入 ふないり
海部郡飛島村
大宝 おおだから
金岡 かなおか
木場 きば
古政 こまさなり
西浜 にしはま
東浜 ひがしはま
三福 みふく
北設楽郡
設楽(町) したら
東栄(町) とうえい
北設楽郡設楽町
荒尾 あろう
大名倉 おおなぐら
神田 かだ
川向 かわむき
田口 たぐち
田内 たない
西納庫 にしなぐら
東納庫 ひがしなぐら
三都橋 みつはし
八橋 やつはし
北設楽郡東栄町
川角 かわかど
下田 しもだ
中設楽 なかしたら
振草 ふりくさ
北設楽郡豊根村
古真立 こまだて
富山 とみやま
三沢 みさわ
知多郡
阿久比(町) あぐい
知多郡阿久比町
阿久比 あぐい

白沢 しらさわ
知多郡武豊町
浅水 あさみず
壱町田 いっちょうだ
後田 うしろだ
後畑 うしろばた
内鉋 うちかんな
会下 えげ
金下 かなげ
鹿ノ子田 かのこだ
上起 かみおこし
上原 かみはら
上山 かみやま
北新田 きたしんでん
楠 くすのき
熊野 くまの
小迎 こむかえ
下門 したもん
下田 しもだ
下原 しもはら
高所前 たかのまえ
谷口 たにぐち
蛇ケ谷 ぢゃがたに
蛇渕 ぢゃぶち
忠白田 ちゅうしろだ
道崎 どうさき
道仙田 どうせんだ
白山 はくさん
廻間 はざま
原田 はらだ
壱歓(町) ひとせ
平海道 へいかいどう
豊成 ほうせい
祠峯 ほこらみね
南起 みなみおこし
向田 むかいだ
四畝 よせ
知多郡東浦町
生路 いくじ
知多郡南知多町
内海 うつみ
師崎 もろざき
山海 やまみ
知多郡美浜町
上野間 かみのま
北方 きたがた
古布 こう
河和 こうわ
新栄 しんさかえ
布土 ふっと
丹羽郡大口町
秋垣 あきた
小口 おぐち
大御堂 おおみど
上小口 かみおぐち
河北 こぎた
御供所 ごごしょ
下小口 しもおぐち
城屋敷 しろやしき
新宮 しんみや
伝右 でんね
外坪 とつぼ

豊田 とよた
丹羽郡扶桑町
小淵 おぶち
斎藤 さいと
額田郡
幸田(町) こうた
額田郡幸田町
芦谷 あしのや
荻 おぎ
上六栗 かみむつぐり
逆川 さかさがわ
深溝 ふこうず
六栗 むつぐり

三重県

貝弁(郡) いなべ
尾鷲(市) おわせ
亀山(市) かめやま
熊野(市) くまの
鳥羽(市) とば
南牟婁(郡) みなみむろ
度会(郡) わたらい
津市
阿漕(町) あこぎ
安濃町粟加 あのうちょうおうか
安濃町草生 あのうちょうくさわ
安濃町神田 あのうちょうこうだ
安濃町連部 あのうちょうつらべ
安濃町南神山 あのうちょうみなみこやま
安東(町) あんとう
一志町大仰 いちしちょうおおのき
一志町小山 いちしちょうおやま
一色(町) いっしき
一身田(町) いっしんでん
産品 うぶしな
大里小野田(町) おおざとこのだ
大谷(町) おおたに
小舟 おぶね
片田長谷(郡) かただはせ
神納 かのう
神納(町) かのう
上浜(町) かみはま
上弁財(町) かみべざい
香良洲(町) からす
河芸町赤部 かわげちょうあかぶ
観音寺(町) かんおんじ
神戸 かんべ
北河路(町) きたこうじ
雲出本郷(町) くも

429

三重県　地域順一覧

ずほんごう
栗真小川(町) くりまこがわ
芸濃町雲林院 げいのうちょううじい
芸濃町忍田 げいのうちょうおしだ
芸濃町北神山 げいのうちょうきたこやま
芸濃町河内 げいのうちょうこうち
河辺(町) こうべ
広明(町) こうめい
木造(町) こつくり
庄田(町) しょうだ
城山 しろやま
新東町塔世 しんひがしまちとうせ
大門 だいもん
高野尾(町) たかのお
垂水 たるみ
豊が丘 とよがおか
長岡(町) ながおか
中河原 なかがわら
西阿漕町岩田 にしあこぎちょういわた
新家(町) にのみ
納所(町) のうそ
野崎垣内岩田 のざきがいといわた
白山町稲垣 はくさんちょういなかけ
白山町垣内 はくさんちょうかいと
白山町北家城 はくさんちょうきたいえき
白山町城立 はくさんちょうじょうりゅう
白山町八対野 はくさんちょうはったいの
八(町) はっ
半田 はんだ
久居射場(町) ひさいいば
久居小野辺(町) ひさいこのんべ
久居幸(町) ひさいさや
久居西鷹跡(町) ひさいにしたかと
戸木(町) へき
美里町家所 みさとちょういえどころ
美里町五百野 みさとちょういおの
美杉町丹生俣 みすぎちょうにゅうのまた
美杉町八手俣 みすぎちょうはてまた
南河路 みなみこうじ
八幡 やはた
万町津 よろずまちつ
分部 わけべ

伊賀市
阿保 あお
印代 いじろ
出後 いずご
猪田 いだ
市部 いちべ
依那具 いなぐ
上野池(町) うえのいけ
上野茅(町) うえのかや
上野新(町) うえのしん
上野寺(町) うえのてら
上野中(町) うえのなか
上野農人(町) うえののうにん
上野東日南(町) うえのひがしひなた
上野万(町) うえのよろず
上林 うえばやし
上(村) うえ
大内 おおうち
大江 おおえ
大谷 おおたに
奥鹿野 おくがの
小田(町) おた
音羽 おとわ
界外 かいげ
柏尾 かしお
勝地 かちじ
上神戸 かみかんべ
上郡 かみごおり
上友生 かみともの
上之庄 かみのしょう
川合 かわい
木興(町) きこ
久米(町) くめ
坂下 さかした
七本木 しちほんぎ
下川原 しもがわら
下神戸 しもかんべ
下郡 しもごおり
下友生 しもともの
菖蒲池 しょうぶいけ
摺見 するみ
千貝 せがい
千歳 せんざい
千戸 せんど
高尾 たかお
高畑 たかはた
朝屋 ちょうや
柘植(町) つげ
土橋 つちはし
外山 とやま
問屋(町) とんや
長田 ながた
中友生 なかともの
中馬野 なかばの
西条 にしじょう
馬田 ばた

治田 はった
馬場 ばば
東条 ひがしじょう
東谷 ひがしだに
枡川 ひじきがわ
平田 ひらた
平野蔵垣内 ひらのくらがいと
平野清水 ひらのしょうず
古郡 ふるこおり
生琉里 ふるさと
古山界外 ふるやまかいげ
別府 べふ
喰代 ほおじろ
法花 ほっけ
猿野 ましの
三田 みた
御代 みだい
真泥 みどろ
山神 やがみ
安場 やすば
山畑 やはた
八幡(町) やはた

伊勢市
朝熊(町) あさま
一色(町) いっしき
上地(町) うえじ
上野(町) うえの
尾上(町) おのえ
小俣町相合 おばたちょうそうごう
樫原(町) かしわら
鹿海(町) かのみ
神薗(町) かみその
神社港 かみやしろこう
河崎 かわさき
小木(町) こうぎ
神田久志本(町) こうだくしもと
下野(町) しもの
神久 じんきゅう
勢田(町) せいた
佐八(町) そうち
田尻(町) たじり
通(町) とおり
中島 なかじま
東大淀(町) ひがしおいず
吹上 ふきあげ
二見町今一色 ふたみちょういまいしき
馬瀬(町) まぜ
御薗町高向 みそのちょうたかぶく
宮後 みやじり
倭(町) やまと

いなべ市
員弁町暮明 いなべちょうくらがり
大安町石榑東 だいあんちょういしぐれひがし

大安町丹生川久下 だいあんちょうにゅうがわひさか
北勢町麻生田 ほくせいちょうおうだ
北勢町畑内 ほくせいちょうかいと
北勢町川原 ほくせいちょうかわはら
北勢町鼓 ほくせいちょうつづみ
北勢町治田外面 ほくせいちょうはったども
北勢町向平 ほくせいちょうむこひら

尾鷲市
上野(町) うえの
賀田(町) かた
国市松泉(町) くにししょうせん
小川東(町) こがわひがし
古戸 こど
古戸野(町) こどの
小脇(町) こわき
新田(町) しんでん
天満浦 てんまうら
中川 なかがわ
野地(町) のじ
早田(町) はいだ
古江(町) ふるえ
馬越(町) まごせ
矢浜 やのはま
行野浦 ゆくのうら

亀山市
上野(町) うえの
小川(町) おがわ
小野(町) おの
海本(町) かいもと
加太神武 かぶとじんむ
川合(町) かわい
楠平尾(町) くすびらお
木下(町) このした
小下(町) こみざ
下庄(町) しものしょう
白木(町) しらき
菅内(町) すがうち
関町会下 せきちょうえげ
関町越川 せきちょうえちがわ
関町木崎 せきちょうこざき
関町古厩 せきちょうふるまや
太岡寺(町) たいこうじ
椿世(町) つばいそ
中庄(町) なかのしょう
能褒野(町) のぼの
東台(町) ひがしだい
東(町) ひがし

東丸(町) ひがしまる
布気(町) ふけ
両尾(町) ふたお
太森(町) ふともり
三寺(町) みつでら
南崎(町) みなみざき
御幸(町) みゆき
山下(町) やました

熊野市
飛鳥町神山 あすかちょうこうのやま
新鹿(町) あたしか
育生町粉所 いくせいちょうこどころ
五郷町湯谷 いさとちょうゆのたに
金山(町) かなやま
神川町神上 かみかわちょうこうのうえ
木本(町) きのもと
紀和町大河内 きわちょうおこち
紀和町花井 きわちょうけい
久生屋(町) くしや
二木島(町) にぎしま
遊木(町) ゆき

桑名市
相川(町) あいかわ
赤尾 あこお
赤尾台 あこおだい
和泉 いずみ
一色(町) いっしき
上野 うえの
内堀 うちぼり
馬道 うまみち
神楽(町) かぐら
上之輪新田 かみのわしんでん
嘉例川 かれがわ
小貝須 こがいす
紺屋(町) こんや
坂井 さかい
三栄(町) さんえい
繁松新田 しげまつしんでん
神成(町) しんせい
新地 しんち
新屋敷 しんやしき
船馬(町) せんば
桑栄(町) そうえい
大福 だいふく
立花(町) たちばな
立田(町) たつた
多度町小山 たどちょうおやま
多度町力尾 たどちょうちからお
多度町肱江 たどちょうひじえ
多度町美鹿 たどちょうびろく
多度町御衣野 たどちょうみその
筑紫 つくし
長島町鎌ケ地 なが

しまちょうかまがんじ
長島町源部外面 ながしまちょうげんべども
長島町殿名 ながしまちょうとのめ
長島町白鶏 ながしまちょうはっけい
長島町横満蔵 ながしまちょうよこくら
西方 にしかた
西汰上 にしゆりあげ
額部 ぬかべ
能部 のんべ
芳ケ崎 はがさき
八幡(町) はちまん
東野 ひがしの
東汰上 ひがしゆりあげ
深谷(町) ふかや
福地 ふくち
益生(町) ますお
増田 ますだ
南魚(町) みなみうお
明正(町) めいせい
矢田礦 やだかわら
柳原 やなぎはら
有楽(町) ゆうらく

志摩市
阿児町安乗 あごちょうあのり
阿児町国府 あごちょうこう
磯部町渡鹿野 いそべちょうわたかの
大王町波切 だいおうちょうなきり
浜島町南張 はまじまちょうなんばり
浜島町迫子 はまじまちょうはざこ

鈴鹿市
和泉(町) いずみ
稲生 いのう
稲生(町) いのう
五祝(町) いわい
上田(町) うえだ
上野(町) うえの
江島(町) えじま
越知(町) おうち
小岐須(町) おぎす
小田(町) おだ
上箕田 かみみだ
上箕田(町) かみみだ
神戸 かんべ
神戸本多(町) かんべほんだ
北長太(町) きたなご
河田(町) こうだ
国府(町) こう
国分(町) こくぶ
小社(町) こやしろ
寺家 じけ
寺家(町) じけ

地子(町) じし
下箕田 しもみだ
下箕田(町) しもみだ
白子 しろこ
白子(町) しろこ
道伯 どうはく
道伯(町) どうはく
徳居(町) とくすい
十宮 とみや
十宮(町) とみや
中箕田 なかみだ
中箕田(町) なかみだ
長太旭(町) なごあさひ
西条 にしじょう
野辺 のんべ
野辺(町) のんべ
土師(町) はぜ
八野(町) はちの
林崎 はやさき
林崎(町) はやさき
肥田(町) ひだ
平田 ひらた
平田(町) ひらた
深溝(町) ふかみぞ
南長太(町) みなみなご
南林崎(町) みなみはやさき
三畑(町) みはた
矢橋 やばせ
矢橋(町) やばせ
山辺(町) やまべ
弓削 ゆげ
弓削(町) ゆげ

鳥羽市
畔蛸(町) あだこ
安楽島(町) あらしま
池上(町) いけがみ
石鏡(町) いじか
大明東(町) おおあきひがし
相差(町) おうさつ
小浜(町) おはま
神島(町) かみしま
国崎(町) くざき
河内(町) こうち
幸丘 さちがおか
白木(町) しらき
菅島(町) すがしま
千賀(町) せんが
鳥羽 とば

名張市
赤目町柏原 あかめちょうかしわら
上本(町) うえほん
上小波田 かみおばた
上八(町) かみはっ
神屋 かみや
木屋(町) きや
葛尾 くずお
結馬 けちば
鷹生 こもお

青蓮寺 しょうれんじ
新田 しんでん
西原(町) にしわら
東(町) ひがし
布生 ふのう
松崎(町) まつさき
松原(町) まつばら
短野 みじかの
箕曲中(村) みのわなか
柳原(町) やなぎはら
八幡 やばた
竜口 りゅうぐち

松阪市
阿形(町) あがた
飯高町赤桶 いいたかちょうあこう
飯高町猿山 いいたかちょうえてやま
飯高町青田 いいたかちょうおおだ
飯高町乙栗子 いいたかちょうおとぐるす
飯高町草鹿野 いいたかちょうそうがの
飯高町波瀬 いいたかちょうはぜ
飯高町蓮 いいたかちょうはちす
飯南町粥見 いいなんちょうかゆみ
射和(町) いざわ
五十鈴(町) いすず
出間(町) いずま
飯福田(町) いぶた
上川(町) うえがわ
魚(町) うお
後山(町) うしろやま
嬉野釜生田(町) うれしのかもだ
嬉野(町) うれしの
嬉野津屋城(町) うれしのつやじょう
嬉野天花寺(町) うれしのてんげえじ
嬉野新屋庄(町) うれしのにわのしょう
嬉野平生(町) うれしのひろ
嬉野矢下(町) うれしのやおろし
大石(町) おいし
大垣内(町) おおがいと
大黒田(町) おおくろだ
小野(町) おおの
大平尾(町) おおびらお
小片野(町) おかたの
大河内(町) おかわち
白粉(町) おしろい
小津(町) おづ
大足(町) おわせ
垣内田(町) かいとだ
垣鼻(町) かいばな

上ノ庄(町) かみのしょう
神守(町) かんもり
久米(町) くめ
小阿坂(町) こあざか
古井(町) こい
幸生(町) こうせい
小黒田(町) こくろだ
五主(町) ごぬし
小舟江(町) こぶなえ
五月(町) さつき
下七見(町) しもななみ
新開(町) しんがい
新座(町) しんざ
新屋敷(町) しんやしき
菅生(町) すぎゅう
清生(町) せいせい
勢津(町) せいづ
田牧(町) たいら
立野(町) たちの
立田(町) たつた
田原(町) たわら
茅原(町) ちはら
中万(町) ちゅうま
長月(町) ちょうげつ
辻原(町) つじわら
土古路(町) ところ
中道(町) なかみち
西野(町) にしの
丹生寺(町) にゅうでら
甚目(町) はだめ
八太(町) はった
早馬瀬(町) はやませ
東(町) ひがし
光(町) ひかり
平生(町) ひらお
肥留(町) ひる
深長(町) ふかさ
法田(町) ほうだ
保津(町) ほうづ
駅部田(町) まえのへた
御麻生薗(町) みおぞの
山下(町) やました
山添(町) やまぞえ
柚原(町) ゆのはら
岩内(町) ようち
横地(町) よこち
与原(町) よはら
六根(町) ろっこん

四日市市
赤水(町) あこず
朝明(町) あさけ
生桑(町) いくわ
石原(町) いしはら
内堀(町) うつほり
采女(町) うねめ
午起(町) うまおこし
桜花台 おうかだい
大里(町) おおざと

大谷台 おおたにだい
小古曽 おごそ
小古曽(町) おごそ
尾上(町) おのえ
大治田 おばた
小山(町) おやま
貝家(町) かいげ
萱生(町) かよう
川合(町) かわい
河原田(町) かわらだ
川原(町) かわら
北条(町) きたじょう
小浜(町) こはま
小林(町) こばやし
小牧(町) こまき
小生(町) こも
札場(町) さつば
三栄(町) さんえい
鹿間(町) しかま
十志(町) じゅうし
松泉(町) しょうせん
城北(町) しろきた
城西(町) しろにし
城東(町) しろひがし
城山(町) しろやま
新浜(町) しんはま
水沢(町) すいざわ
菅原(町) すがはら
平(町) たいら
高角(町) たかつの
智積(町) ちしゃく
千歳(町) ちとせ
東新(町) とうしん
富田 とみだ
中川原 なかがわら
西浦 にしうら
波木(町) はぎ
八幡(町) はちまん
八田(町) はった
万古(町) ばんこ
東茂福(町) ひがしもちぶく
日永 ひなが
広永(町) ひろなが
富双 ふそう
平津(町) へいづ
別名 べつめい
蒔田 まきた
松原(町) まつばら
三田(町) みた
緑丘(町) みどりおか
南起(町) みなみおこし
海山道(町) みやまど
茂福 もちぶく
茂福(町) もちぶく
安島 やすじま
山城(町) やまじょう
六名(町) ろくみょう
和無田(町) わんだ

員弁郡
東員(町) とういん

滋賀県　地域順一覧

員弁郡東員町
穴太 あのう
大木 おおき
城山 しろやま
筑紫 つくし
長深 ながふけ
八幡新田 はちまん
　しんでん
北牟婁郡紀北町
相賀 あいが
馬瀬 うまぜ
小浦 おうら
大原 おおはら
小山浦 おやまうら
海野 かいの
上里 かみざと
河内 こうち
十須 じゅうす
白浦 しろうら
道瀬 どうぜ
古里 ふるさと
桑名郡木曽岬町
和泉 いずみ
和富 かずとみ
雁ケ地 がんがじ
見入 けんにゅう
源緑輪中 げんろく
　わじゅう
小和泉 こいずみ
小林 こばやし
田代 たしろ
富田子 とみたね
西対海地 にしたい
　がんじ
白鷺 はくろ
多気郡大台町
粟生 あお
御棟 おむなぎ
上楠 かみくす
上菅 かみすが
神瀬 かみぜ
唐櫃 からと
川合 かわい
桧原 きそはら
久豆 くず
熊内 くもち
栗谷 くりだに
神滝 こうたき
小切畑 こぎりはた
小滝 こたき
佐原 さわら
下菅 しもすが
新田 しんでん
菅合 すがあい
菅木屋 すがごや
千代 せんだい
滝谷 たきや
本田木屋 ほんだ
　ごや
明豆 みょうず
柳原 やなぎはら
多気郡多気町
朝長 あさおさ

荒蒔 あらまき
井内林 いのうちば
　やし
兄国 えくに
相可 おうか
相鹿瀬 おうかせ
弟国 おうぐに
上出江 かみいずえ
神坂 こうざか
河田 こうだ
五桂 ごかつら
色太 しきふと
四神田 しこうだ
四疋田 しひきだ
土羽 とば
丹生 にう
仁田 にた
長谷 はせ
東池上 ひがしいけ
平谷 ひらだに
古江 ふるえ
油夫 ゆぶ
多気郡明和町
上野 うえの
上(村) うえ
有爾中 うになか
内座 ないざ
中海 なこみ
行部 ゆくべ
岩内 ようち
三重郡
川越(町) かわごえ
三重郡朝日町
埋縄 うずなわ
小向 おぶけ
縄生 なお
三重郡川越町
豊田 とよだ
三重郡菰野町
大強原 おおごはら
小島 おじま
音羽 おとわ
神森 かもり
下(村) しも
杉谷 すぎたに
田口 たぐち
田光 たびか
千草 ちくさ
吉沢 よしざわ
南牟婁郡
御浜(町) みはま
南牟婁郡紀宝町
井田 いだ
井内 いない
大里 おおざと
神内 こうのうち
成川 なるかわ
南牟婁郡御浜町
上野 うわの
柿原 かきはら
栗須 くるす
神木 こうのぎ

志原 しわら
西原 にしのはら
引作 ひきつくり
山地 やまち
度会郡
大紀(町) たいき
玉城(町) たまき
度会(町) わたらい
度会郡大紀町
打見 うちみ
永会 えいかい
神原 このはら
滝原 たきはら
野原 のわら
三瀬川 みせがわ
度会郡玉城町
井倉 いぐら
小社曽根 おごそ
　そね
勝田 かつた
蚊野 かの
上田辺 かみたぬい
下田辺 しもたぬい
中楽 ちゅうらく
積良 つむろ
中角 なかつの
長更 ながふけ
日向 ひゅうが
宮古 みやこ
門前 もんぜん
山神 やまかみ
度会郡南伊勢町
相賀浦 おうかうら
大江 おおえ
小方竈 おがたがま
神前浦 かみさきうら
河内 こうち
古和浦 こわうら
神津佐 こんさ
礫浦 さざらうら
新桑竈 さらくわがま
慥柄浦 たしからうら
東宮 とうぐう
栃木竈 とちのきがま
内瀬 ないぜ
贄浦 にえうら
始神 はじかみ
飯満 はんま
方座浦 ほうざうら
道方 みちかた
道行竈 みちゆくがま
度会郡度会町
小川 おがわ
葛原 くずわら
小萩 こはぎ
坂井 さかい
注連指 しめさす
田口 たぐち
立岡 たちおか
長原 ながわら
鯎川 はいかわ
日向 ひなた

平生 ひろお
麻加江 まかえ

滋賀県

愛知(郡) えち
近江八幡(市) おう
　みはちまん
蒲生(郡) がもう
湖南(市) こなん
米原(市) まいばら
野洲(市) やす
栗東(市) りっとう
大津市
赤尾(町) あかお
穴太 あのう
石居 いしずえ
打出浜 うちではま
梅林 うめばやし
大江 おおえ
大萱 おおがや
大谷(町) おおたに
大平 おおひら
雄琴 おごと
小野 おの
園城寺(町) おん
　じょうじ
葛川貫井(町) かつ
　らがわぬくい
上田上新免(町) か
　みたなかみしんめ
観音寺 かんおんじ
木下(町) きのした
桐生 きりゅう
栗林(町) くりばやし
国分 こくぶ
小関(町) こぜき
木の岡(町) このおか
御陵(町) ごりょう
相模(町) さがみ
芝原 しばはら
松陽 しょうよう
神宮 じんぐう
神領 じんりょう
清風(町) せいふう
関津 せきのつ
膳所 ぜぜ
瀬田月輪(町) せた
　つきのわ
千(町) せん
太子 たいし
大物 だいもつ
千野 ちの
月輪 つきのわ
中庄 なかしょう
錦織 にしこおり
苗鹿 のうか
野郷原 のごうはら
八屋戸 はちやど
馬場 ばんば
平津 ひらつ
別保 べっぽ
松原(町) まつばら

御幸(町) みゆき
本宮 もとみや
山上(町) やまがみ
山中(町) やまなか
和邇高城 わにたか
　しろ
近江八幡市
間之(町) あいの
赤尾(町) あこう
安土町上豊浦 あづ
　ちちょうかみとよ
　うら
安土町桑実寺 あづ
　ちちょうくわのみじ
安土町香庄 あづち
　ちょうこのしょう
安土町下豊浦 あづ
　ちちょうしもとよ
安土町西老蘇 あづ
　ちちょうにしおいそ
生須(町) いけす
市井(町) いちい
上田(町) うえだ
上野(町) うえの
上畑(町) うえはた
魚屋町元 うわい
　ちょうもと
江南(町) えなみ
大房(町) おおぶさ
沖島(町) おきしま
長田(町) おさだ
小田(町) おだ
音羽(町) おとわ
川原(町) かわら
小船木(町) こぶなき
篠原(町) しのはら
正神(町) しょうがみ
白鳥(町) しらとり
新栄(町) しんさかえ
新巻(町) しんまき
水茎(町) すいけい
杉森(町) すぎのもり
仲屋町上 すわい
　ちょうかみ
千僧供(町) せんぞく
大中(町) だいなか
土田(町) つちだ
出(町) で
西庄(町) にしの
　しょう
西生来(町) にしょ
　うらい
博労町上 ばくろ
　ちょうかみ
八幡(町) はちまん
東川(町) ひがしがわ
東(町) ひがし
堀上(町) ほりかみ
馬淵(町) まぶち
円山(町) まるやま
宮内(町) みやうち
武佐(町) むさ
元水茎(町) もとすい
　けい
八木(町) やぎ
薬師(町) やくし

地域順一覧　　　　滋賀県

草津市

芦浦(町) あしうら
集(町) あつまり
大路 おおじ
下物(町) おろしも
上笠 かみがさ
上寺(町) かみでら
川原 かわら
川原(町) かわら
木川(町) きのかわ
下寺(町) しもでら
新浜(町) しんはま
長束(町) なつか
西大路(町) にしおおじ
野路 のじ
野路(町) のじ
馬場(町) ばんば
御倉(町) みくら
矢橋(町) やばせ

甲賀市

甲賀町櫟野 こうかちょういちの
甲賀町鹿深台 こうかちょうかふかだい
甲賀町田堵野 こうかちょうたどの
甲賀町毛枚 こうかちょうもびら
甲南町柑子 こうなんちょうこうじ
甲南町深川 こうなんちょうふかわ
甲南町宝木 こうなんちょうほうのき
信楽町黄瀬 しがらきちょうきのせ
信楽町神山 しがらきちょうこうやま
信楽町柞原 しがらきちょうほそはら
土山町山女原 つちやまちょうあけびはら
土山町笹路 つちやまちょうそそろ
土山町頓宮 つちやまちょうとんぐう
水口町嶬峨 みなくちちょうぎか
水口町貴生川 みなくちちょうきぶかわ
水口町酒人 みなくちちょうさこうど
水口町柚中 みなくちちょうそまなか
水口町中邸 みなくちちょうなかやしき
水口町虫生野 みなくちちょうむしょうの
水口町鹿深 みなくちちょうろくしん

湖南市

石部 いしべ
石部が丘 いしべがおか
柑子袋 こうじぶくろ

小砂(町) こすな
下田 しもだ
日枝(町) ひえ
東寺 ひがしてら

高島市

安曇川町西万木 あどがわちょうにしゆるぎ
今津町北生見 いまづちょうきたうみ
今津町北仰 いまづちょうきとげ
今津町酒波 いまづちょうさなみ
今津町角川 いまづちょうつのがわ
今津町蘭生 いまづちょうゆう
音羽 おとわ
朽木雲洞谷 くつきうとうだに
朽木小入谷 くつきおにゅうだに
朽木柏 くつきかせ
朽木小川 くつきこがわ
朽木地子原 くつきじしはら
朽木栃生 くつきとちゅう
朽木平良 くつきへら
黒谷 くろだに
鹿ケ瀬 ししがせ
新旭町饗庭 しんあさひちょうあいば
武曽横山 むそよこやま

長浜市

飯山(町) いやま
上野(町) うわの
大戌亥(町) おおいぬい
大島(町) おおしま
大東(町) おおひがし
大依(町) おおより
岡谷(町) おかがだに
高畑(町) おだにかみやまだ
小谷上(町) おだにぐじょう
小谷美濃山(町) おだにみのやま
小谷丁野(町) おだにようの
大路(町) おち
垣籠(町) かいごめ
神照(町) かみてる
上八木(町) かみやぎ
木之本町大音 きのもとちょうおおと
木之本町小山 きのもとちょうこやま
木之本町飯浦 きのもとちょうはんのうら
口分田(町) くもで
小一条(町) こいち

じょう
香花寺(町) こうけいじ
小観音寺(町) こかんのんじ
小沢(町) こざわ
湖北町尾上 こほくちょうおのえ
湖北町五坪 こほくちょうごのつぼ
湖北町津里 こほくちょうつのさと
湖北町留目 こほくちょうとどめ
湖北町馬渡 こほくちょうもうたり
湖北東尾上(町) こほくひがしおのえ
小堀(町) こほり
小室(町) こむろ
佐野(町) さの
三和(町) さんわ
常喜(町) じょうぎ
新庄馬場(町) しんじょうばんば
神前(町) しんぜん
須賀谷(町) すがたに
相撲(町) すまい
相撲庭(町) すまいにわ
大井(町) だいじ
大門(町) だいもん
高田(町) たかだ
高月町雨森 たかつきちょうあめのもり
高月町柏原 たかつきちょうかしはら
高月町渡岸寺 たかつきちょうどうがんじ
高月町東阿閉 たかつきちょうひがしあつじ
高月町東物部 たかつきちょうひがしものべ
高月町馬上 たかつきちょうまけ
高畑(町) たかはた
谷口(町) たにぐち
千草(町) ちくさ
徳山(町) とくやま
富田(町) とんだ
長田(町) ながた
中浜 なかはま
名越(町) なごし
難波(町) なんば
新栄(町) にいさか
西浅井町小山 にしあざいちょうおやま
西浅井町祝山 にしあざいちょうはやま
西浅井町岩熊 にしあざいちょうやのくま
西主計(町) にしかずえ
西上坂(町) にしこ

うざか
錦織(町) にしこおり
西野(町) にしの
新居(町) にのい
乗倉(町) のせくら
東主計(町) ひがしかずえ
東上坂(町) ひがしこうざか
東野(町) ひがしの
布勢(町) ふせ
分木(町) ぶんぎ
保田(町) ほうで
三川(町) みかわ
御館(町) みたち
三田(町) みた
八島(町) やしま
山階(町) やましな
八幡中山(町) やわたなかやま
八幡東(町) やわたひがし
弓削(町) ゆうげ
湯次(町) ゆすき
余呉町小谷 よごちょうおおたに
余呉町上丹生 よごちょうかみにゅう
余呉町中河内 よごちょうなかのかわち
余呉町八戸 よごちょうやと
列見(町) れつけ

東近江市

愛東外(町) あいとうとの
青野(町) あおの
石谷(町) いしだに
市辺(町) いちのべ
稲垂(町) いなたり
猪子(町) いのこ
伊庭(町) いば
今代(町) いまだい
妹(町) いもと
鋳物師(町) いものし
上中野(町) うえなかの
梅林(町) うめばやし
瓜生津(町) うりうづ
大清水(町) おおしゅうず
小川(町) おがわ
小倉(町) おぐら
長(町) おさ
小脇(町) おわき
葛巻(町) かずらまき
綺田(町) かばた
上麻生(町) かみあそう
上南(町) かみな
上山(町) かみやま
川合(町) かわい
北清水(町) きたしゅうず
小池(町) こいけ
小今(町) こいま

合戸(町) ごうど
五個荘河曲(町) ごかしょうかまがり
五個荘木流(町) ごかしょうきながせ
五個荘五位田(町) ごかしょうごいでん
五個荘簗瀬(町) ごかしょうやなぜ
小田苅(町) こたかり
小八木(町) こやぎ
佐生(町) さそ
佐野(町) さの
尻無(町) しなし
芝原(町) しばはら
下麻生(町) しもあそう
下一色(町) しもいしき
下里(町) しもざと
清水中(町) しゅうずなか
勝堂(町) しょうどう
新宮(町) しんぐう
神郷(町) じんごう
新出(町) しんで
神田(町) じんでん
聖徳(町) せいとく
聖和(町) せいわ
大中(町) だいなか
蓼畑(町) たてはた
外(町) との
外原(町) とのはら
中一色(町) なかいしき
中小路(町) なかおじ
林田(町) はやしだ
百済寺(町) ひゃくさいじ
平田(町) ひらた
蛭谷(町) ひるたに
布施(町) ふせ
政所(町) まんどころ
南清水(町) みなみしゅうず
山上(町) やまかみ
山路(町) やまじ
杠葉尾(町) ゆずりお
湯屋(町) ゆや

彦根市

安食中(町) あんじきなか
稲枝(町) いなえ
男鬼(町) おおり
小野(町) おの
海瀬(町) かいぜ
賀田山(町) かたやま
金沢(町) かなざわ
金田(町) かねだ
河原 かわら
甘呂(町) かんろ
広野(町) こうの
後三条(町) ごさんじょう
金亀(町) こんき

433

京都府　　　　　　　　　　　地域順一覧

荘厳寺(町) しょう
　ごんじ
城(町) しろ
新海(町) しんがい
太堂(町) たいどう
大東(町) だいとう
立花(町) たちばな
田原(町) たわら
千尋(町) ちひろ
葛籠(町) つづら
出路(町) でっち
出(町) で
外(町) と
西葛籠(町) にしつ
　ずら
西沼波(町) にしの
　なみ
沼波(町) のなみ
橋向(町) はしむかい
八坂(町) はっさか
馬場 ばんば
東沼波(町) ひがし
　のなみ
肥田(町) ひだ
平田(町) ひらた
武奈(町) ぶな
古沢(町) ふるさわ
法士(町) ほうぜ
松原 まつばら
松原(町) まつばら
宮田(町) みやた
安清(町) やすきよ

米原市
梓河内 あんさかわち
飯 い
岩脇 いおぎ
一色 いっしき
入江 いりえ
上野 うえの
大鹿 おおしか
大清水 おおしみず
柏原 かしわばら
上丹生 かみにゅう
河南 かわなみ
北方 きたがた
顔戸 ごうど
醒井 さめがい
枝折 しおり
下丹生 しもにゅう
上平寺 じょうへいじ
春照 すいじょう
菅江 すえ
天満 てんま
堂谷 どうだに
長岡 ながおか
長沢 ながさわ
野一色 のいしき
間田 はさまた
樋口 ひぐち
夫馬 ぶま
米原 まいはら
曲谷 まがたに
三吉 みよし

小田 やないだ
守山市
金森(町) かねがもり
小島(町) こじま
木浜(町) このはま
小浜(町) こばま
幸津川(町) さづかわ
大門(町) だいもん
立田(町) たつた
立入(町) たていり
千代(町) ちしろ
浮気(町) ふけ
二町(町) ふたまち
古高(町) ふるたか
欲賀(町) ほしか
森川原(町) もりか
　わら
野洲市
菖蒲 あやめ
安治 あわじ
井口 いのくち
大篠原 おおしのはら
大畑 おおはた
乙窪 おちくぼ
上屋 かみや
小篠原 こしのはら
小堤 こづつみ
小比江 こびえ
小南 こみなみ
須原 すわら
竹生 たけじょう
冨波甲 とばこう
西河原 にしがわら
南桜 みなみざくら
虫生 むしゅう
野洲 やす
八夫 やぶ
吉川 よしかわ
栗東市
井上 いのうえ
小柿 おがき
小野 おの
上鈎 かみまがり
川辺 かわべ
観音寺 かんおんじ
小平井 こびらい
下戸山 しもどやま
下鈎 しもまがり
高野 たかの
出庭 でば
東坂 ひがしさか
綣 へそ
犬上郡甲良町
長寺 おさでら
金屋 かなや
北落 きたおち
小川原 こがわはら
犬上郡多賀町
後谷 うしろだに
大君ヶ畑 おじが
　はた
萱原 かいはら
河内 かわち

川相 かわない
久徳 きゅうとく
栗栖 くるす
甲頭倉 こうずくら
小原 こはら
四手 しで
水谷 すいだに
土田 つちだ
富之尾 とみのお
中川原 なかがわら
樋田 ひだ
保月 ほうづき
仏ケ後 ほとけら
南後谷 みなみうし
　ろだに
向之倉 むかいのくら
桃原 もばら
八重練 やえねり
霊仙 りょうぜん
犬上郡豊郷町
安食西 あんじきにし
石畑 いしばたけ
高野瀬 たかのせ
八目 はちめ
八(町) はっ
日栄 ひえ
吉田 よしだ
愛知郡愛荘町
安孫子 あびこ
愛知川 えちがわ
蚊野 かの
蚊野外 かのとの
上蚊野 かみがの
川原 かわら
香之庄 このしょう
竹原 たけはら
東円堂 とうえんどう
中宿 なかじゅく
畑田 はたけだ
東出 ひがしで
深草 ふこそ
松尾寺 まつおじ
宮後 みやうしろ
斧磨 よきとぎ
蒲生郡日野町
安部居 あべい
石原 いしはら
小井口 おいぐち
大谷 おおたに
音羽 おとわ
鎌掛 かいがけ
河原 かわら
川原 かわら
北畑 きたばた
木津 きづ
清田 きよた
熊野 くまの
上野田 こうずけだ
小谷 こだに
小野 この
小御門 こみかど
蔵王 ざおう

豊田 とよた
中道 なかみち
西大路 にしおおじ
迫 はさま
日田 ひだ
増田 ました
三十坪 みそつ
蒲生郡竜王町
小口 おぐち
駕輿丁 かよちょう
薬師 くずし
七里 しちり
山面 やまづら
山中 やまなか
弓削 ゆげ

京都府
乙訓(郡) おとくに
木津川(市) きづがわ
京都(市) きょうと
相楽(郡) そうらく
綴喜(郡) つづき
南丹(市) なんたん
船井(郡) ふない
向日(市) むこう
八幡(市) やわた
与謝(郡) よさ
京都市
山科(区) やましな
京都市右京区
太秦開日(町) うず
　まさかいにち
太秦垣内(町) うず
　まさかきうち
太秦帷子ケ辻(町)
　うずまさかたびらの
　つじ
太秦小手角(町) う
　ずまさこてすみ
太秦三尾(町) うず
　まささんび
太秦下角田(町) う
　ずまさしもかくだ
太秦椙ケ本(町) う
　ずまさすぎもと
太秦垂箕山(町) う
　ずまさたるみやま
太秦皆正寺(町) う
　ずまさみなせいじ
太秦門田(町) うず
　まさもんだ
太秦安井小山(町)
　うずまさやすいこ
　やま
梅ケ畑篝(町) うめ
　がはたかがり
梅ケ畑栂尾(町) う
　めがはたとがのお
梅ケ畑槙尾(町) う
　めがはたまきのお
梅津高畝(町) うめ
　づたかぜ
梅津罧原(町) うめ
　づふしはら
御室双岡(町) おむ
　ろならびがおか

音戸山山ノ茶
　屋(町) おんどやま
　やまのちゃや
北嵯峨長刀坂(町)
　きたさがなぎなた
　ざか
京北柏原(町) けい
　ほくかしわら
京北室(町) けい
　ほくしつたん
京北芹生(町) けい
　ほくせりょう
京北中地(町) けい
　ほくちゅうじ
京北弓槻(町) けい
　ほくゆづき
西院月双(町) さい
　いんつきそう
西院坤(町) さいい
　んひつじさる
嵯峨甲塚(町) さが
　かぶとづか
嵯峨越畑桃原垣内
　さがこしはたももは
　らがいち
嵯峨樒原清水(町)
　さがしきみがはらし
　みず
嵯峨天龍寺芒ノ馬
　場(町) さがてん
　りゅうじすすきの
　ばば
嵯峨天龍寺角
　倉(町) さがてん
　りゅうじすみのくら
嵯峨天龍寺造
　路(町) さがてん
　りゅうじつくりみち
嵯峨鳥居本化
　野(町) さがとりい
　もとあだしの
嵯峨鳥居本仙
　翁(町) さがとりい
　もとせんのう
嵯峨鳥居本仏餉
　田(町) さがとりい
　もとぶっしょうでん
嵯峨蜻蛉尻(町) さ
　がとんぼじり
嵯峨罧原(町) さが
　ふしはら
谷口園(町) たにぐ
　ちその
常盤音戸(町) とき
　わおんど
鳴滝音戸山(町) な
　るたきおんどやま
西京極畔勝(町) に
　しきょうごくあぜ
　かつ
西京極葛野(町) に
　しきょうごくかどの
西京極郡(町) にし
　きょうごくごおり
西京極南方(町) に
　しきょうごくなん
　ぼう
花園車道(町) はな
　ぞのくるまみち
花園坤南(町) はな
　ぞのこんなん
花園艮北(町) はな

ぞのこんぼく
花園巽南(町) はなぞのそんなん
花園馬代(町) はなぞのばだい
山越乾(町) やまごえいぬい

京都市上京区

愛染寺(町) あいぜんじ
阿弥陀寺(町) あみだじ
井田(町) いだ
一松(町) いちまつ
一色(町) いっしき
五辻(町) いつつじ
戌亥(町) いぬい
猪熊(町) いのくま
射場(町) いば
靭屋(町) うつぼや
榎(町) えのき
蛭子(町) えびす
桜鶴円(町) おうかくえん
正親(町) おうぎ
大東(町) おおひがし
小川(町) おがわ
甲斐守(町) かいのかみ
頭(町) かしら
上生洲(町) かみいけす
上之(町) かみの
上神輿(町) かみみこし
烏丸(町) からすま
観三橋(町) かんさんたちばな
九軒(町) きゅうけん
桐木(町) きりのき
錦砂(町) きんしゃ
金馬場(町) きんばば
櫛笥(町) くしげ
花開院(町) けいかいん
幸在(町) こうざい
荒神(町) こうじん
革堂(町) こうどう
御三軒(町) ごさんげん
小島(町) こじま
御所八幡(町) ごしょはちまん
小寺(町) こでら
小伝馬(町) こでんま
小山(町) こやま
御霊(町) ごりょう
皂莢(町) さいかち
西東(町) さいとう
幸神(町) さいのかみ
左馬松(町) さままつ
三栄(町) さんえい
三助(町) さんすけ
三丁(町) さんてい
七番(町) しちばん
社家長屋(町) しゃ

けながや
主計(町) しゅけい
主税(町) しゅぜい
聖天(町) しょうてん
白銀(町) しろがね
新御幸(町) しんごこう
真盛(町) しんせい
新建(町) しんたけ
信富(町) しんとみ
新柳馬場頭(町) しんやなぎのばんばかしら
筋違橋(町) すじかいばし
青龍(町) せいりゅう
大黒(町) だいこく
大門(町) だいもん
龍前(町) たつまえ
田畑(町) たばた
中書(町) ちゅうしょ
丁子風呂(町) ちょうじぶろ
突抜(町) つきぬけ
土田(町) つちだ
出水(町) でみず
天満屋(町) てんまや
道正(町) どうしょう
百々(町) どど
直家(町) なおいえ
中務(町) なかつかさ
中宮(町) なかみや
中社(町) なかやしろ
梨木(町) なしのき
西大路(町) にしおおじ
西出水(町) にしでみず
西芦山寺(町) にしろざんじ
二神(町) にしん
秤口(町) はかりぐち
馬喰(町) ばくろ
長谷(町) はせ
畠中(町) はたなか
八幡(町) はちまん
東神明(町) ひがししんめい
東立売(町) ひがしたちうり
東竪(町) ひがしたて
東(町) ひがし
東社(町) ひがしやしろ
樋之口(町) ひのくち
百万遍(町) ひゃくまんべん
武衛陣(町) ぶえいじん
藤木(町) ふじのき
古美濃部(町) ふるみのべ
弁財天(町) べんざいてん
木瓜原(町) ぼけはら
堀之上(町) ほりのうえ

水落(町) みずおち
南清水(町) みなみしみず
門跡(町) もんぜき
薬師(町) やくし
社突抜(町) やしろつきぬけ
社横(町) やしろよこ
柳図子(町) やなぎのずし
行衛(町) ゆくえ
四番(町) よんばん
利生(町) りせい
和水(町) わすい

京都市北区

大北山長谷(町) おおきたやままはせ
上賀茂畔勝(町) かみがもあぜかち
上賀茂石計(町) かみがもいしかず
上賀茂烏帽子ケ垣内(町) かみがもえぼしがきうち
上賀茂音保瀬(町) かみがもおとほせ
上賀茂上原(町) かみがもかみはら
上賀茂神山 かみがもこうやま
上賀茂土門(町) かみがもつちかど
上賀茂深泥池(町) かみがもみどろいけ
上賀茂向梅(町) かみがもむかいうめ
衣笠天神森(町) きぬがさてんじんもり
小山北玄以(町) こやまきたげんい
小山(町) こやま
紫竹下園生(町) しちくしもそのう
鷹峯千束(町) たかがみねせんぞく
長乗東(町) ちょうじょうひがし
西賀茂大道口(町) にしがもおおどぐち
西賀茂大深(町) にしがもおおぶか
西賀茂鹿ノ下(町) にしがもかのした
西賀茂角社(町) にしがもすみやしろ
西賀茂樒ノ木(町) にしがもしきりのき
西賀茂北鎮峰 にしがもきたしずみね
西賀茂鑪磨岩 にしがもやりとぎいわ
真弓八幡(町) まゆみはちまん
紫野泉堂(町) むらさきのせんどう

京都市左京区

石原(町) いしわら
一乗寺青城(町) いちじょうじあお

じょう
一乗寺月輪寺(町) いちじょうじがつりんじ
一乗寺河原田(町) いちじょうじかわはらだ
岩倉上蔵(町) いわくらあぐら
岩倉長谷(町) いわくらながたに
岩倉幡枝(町) いわくらはたえだ
大原尾越(町) おおはらおごせ
頭(町) かしら
上高野掃部林(町) かみたかのかもんばやし
上高野八幡(町) かみたかのはちまん
上高野防山 かみたかのぼうやま
賀茂半木(町) かもはんぎ
北白川上終(町) きたしらかわかみはて
黒谷(町) くろだに
鹿ケ谷栗木谷(町) ししがたにくりきたに
下鴨狗子田(町) しもがもいのこだ
下鴨膳部(町) しもがもかしわべ
下鴨神殿(町) しもがもこうどの
下鴨蓼倉(町) しもがもたでくら
下鴨萩ケ垣内(町) しもがもはぎがきうち
修学院鹿ノ下(町) しゅがくいんしかのした
修学院北沮沢(町) しゅがくいんきたぶけ
聖護院円頓美(町) しょうごいんえんとみ
聖護院川原(町) しょうごいんかわら
浄土寺小山(町) じょうどじこやま
新東洞院(町) しんひがしどういん
新先斗(町) しんぽんと
高野蓼原(町) たかのたではら
田中大堰(町) たなかおおい
中川(町) なかがわ
難波(町) なんば
若王子(町) にゃくおうじ
花脊八桝(町) はなせやますり
松ケ崎榎実ケ芝 まつがさきえのみが

しば
松ケ崎海尻(町) まつがさきかいじり
松ケ崎久土(町) まつがさきくど
松ケ崎三反長(町) まつがさきさんだんおさ
松ケ崎修理式(町) まつがさきしゅうりしき
松ケ崎糺田(町) まつがさきただすでん
松ケ崎樋ノ上(町) まつがさきひのうえ
松ケ崎呼返(町) まつがさきよびかえり
八瀬花尻(町) やせはなじり
山端川端(町) やまばなかわばた
山端川原(町) やまばなかわはら
山端大城田(町) やまばなだいじょうでん
吉田本(町) よしだほん

京都市下京区

油小路(町) あぶらのこうじ
綾西洞院(町) あやにしのとういん
和泉(町) いずみ
艮(町) うしとら
蛭子(町) えびす
夷馬場(町) えびすのばんば
大江(町) おおえ
大坂(町) おおさか
大政所(町) おおまんどころ
御旅(町) おたび
小田原(町) おだわら
皆山(町) かいざん
柿本(町) かきもと
郭巨山(町) かっきょやま
金屋(町) かなや
上夷(町) かみえびす
上糀屋(町) かみこうじや
上諏訪(町) かみすわん
上之(町) かみの
上柳(町) かみやなぎ
烏丸 からすま
雁金(町) かりがね
函谷鉾(町) かんこほこ
菅大臣(町) かんだいじん
北不動堂(町) きたふどんどう
金東横(町) きんとうよこ
小稲荷(町) こいなり
荒神(町) こうじん
幸竹(町) こうたけ

京都府　地域順一覧

（第1列）

高野堂(町) こうやどう
粉川(町) こがわ
御供石(町) ごくいし
小坂(町) こさか
小島(町) こじま
小柳(町) こやなぎ
紺屋(町) こんや
斎藤(町) さいとう
堺(町) さかい
篠屋(町) ささや
佐女牛井(町) さめがい
頤屋(町) さらしや
塩竈(町) しおがま
四本松(町) しほんまつ
下魚棚 しもうおのたな
下鱗形(町) しもうろこがた
下糀屋(町) しもこうじや
下諏訪(町) しもすわん
聖真子(町) しょうしんじ
卓屋(町) しょくや
新開(町) しんかい
新釜座(町) しんかまんざ
杉蛭子(町) すぎえびす
朱雀分木(町) すじゃくぶんき
船頭(町) せんどう
大黒(町) だいこく
大寿(町) だいず
松明(町) たいまつ
高辻西洞院(町) たかつじにしのとういん
立中(町) たつなか
忠庵(町) ちゅうあん
中堂寺櫛笥(町) ちゅうどうじくしげ
突抜(町) つきぬけ
土橋(町) つちはし
天満(町) てんま
都市(町) といち
常葉(町) ときわ
木賊山(町) とくさやま
富田(町) とみた
富松(町) とみまつ
長刀鉾(町) なぎなたぼこ
難波(町) なんば
匂天神(町) においてんじん
西油小路(町) にしあぶらのこうじ
西錺屋(町) にしかざりや
西七条八幡(町) にししちじょうやわた
西田(町) にしだ

（第2列）

西洞院(町) にしのとういん
鶏鉾(町) にわとりほこ
塗師屋(町) ぬしや
波止土濃(町) はしどの
花畑(町) はなばたけ
繁昌(町) はんじょう
東油小路(町) ひがしあぶらのこうじ
東錺屋(町) ひがしかざりや
東(町) ひがし
東前(町) ひがしまえ
樋口(町) ひぐち
深草(町) ふかくさ
古御旅(町) ふるおたび
弁財天(町) べんざいてん
堀之上(町) ほりのがみ
本柳水(町) ほんりゅうすい
真苧屋(町) まおや
万寿寺(町) まんじゅうじ
御影堂(町) みえいどう
御影堂前(町) みかげどうまえ
御方紺屋(町) みかたこんや
南夷(町) みなみえびす
南不動堂(町) みなみふどんどう
本上神明(町) もとかみしんめい
本塩竈(町) もとしおがま
本神明(町) もとしんめい
紅葉(町) もみじ
文賞(町) もんじょう
門前(町) もんぜん
山川(町) やまかわ
八幡(町) やわた
万屋(町) よろずや
和気(町) わき

京都市中京区

姉大東(町) あねだいとう
姉西洞院(町) あねにしのとういん
占出山(町) うらでやま
越後突抜(町) えちごつきぬけ
役行者(町) えんのぎょうじゃ
御池大東(町) おいけだいとう
大炊(町) おおい
押油小路(町) おしあぶらのこうじ
押西洞院(町) おしにしのとういん

（第3列）

御供(町) おんとも
柿本(町) かきもと
頭(町) かしら
金屋(町) かなや
甲屋(町) かぶとや
釜座(町) かまんざ
上瓦(町) かみかわら
上樵木(町) かみこりき
上巴(町) かみともえ
上白山(町) かみはくさん
雁金(町) かりがね
観音(町) かんのん
甘露(町) かんろ
木屋(町) きや
金吹(町) きんぶき
楠(町) くすのき
桑原(町) くわばら
御所八幡(町) ごしょはちまん
小結棚(町) こむすびだな
衣棚(町) ころものたな
坂井(町) さかい
三条油小路(町) さんじょうあぶらのこうじ
三坊西洞院(町) さんぼうにしのとういん
三本木(町) さんぼんぎ
三文字(町) さんもんじ
七観音(町) しちかんのん
七軒(町) しちけん
下樵木(町) しもこりき
下白山(町) しもはくさん
下古城(町) しもふるしろ
砂金(町) しゃきん
聚楽廻東(町) じゅらくまわりひがし
少将井(町) しょうい
猩々(町) しょうじょう
常真横(町) じょうしんよこ
角倉(町) すみくら
西堂(町) せいどう
大黒(町) だいこく
高田(町) たかだ
笋(町) たかんな
龍池(町) たついけ
藤屋(町) ちぎりや
丁子屋(町) ちょうじや
突抜(町) つきぬけ
土橋(町) つちはし
手洗水(町) てあらいみず
道場(町) どうじょう

（第4列）

蟷螂山(町) とうろうやま
中島(町) なかじま
中白山(町) なかはくさん
西生洲(町) にしいけす
西夷川(町) にしえびすがわ
西革堂(町) にしこうどう
西ノ京梅尾(町) にしのきょうとがのお
二条油小路(町) にじょうあぶらのこうじ
二条西洞院(町) にじょうにしのとういん
塗師屋(町) ぬしや
橋西(町) はしにし
柊(町) ひいらぎ
東生洲(町) ひがしいけす
東夷川(町) ひがしえびすがわ
東椹木(町) ひがしさわらぎ
東八幡(町) ひがしはちまん
樋之口(町) ひのくち
藤木(町) ふじき
古城(町) ふるしろ
古西(町) ふるにし
弁財天(町) べんざいてん
鉾田(町) ほこでん
堀之上(町) ほりのうえ
御倉(町) みくら
御射山(町) みさやま
壬生梛ノ宮(町) みぶなぎのみや
壬生馬場(町) みぶばんば
百足屋(町) むかでや
最上(町) もがみ
門前(町) もんぜん
薬師(町) やくし
柳八幡(町) やなぎはちまん
山崎(町) やまざき
山中(町) やまなか
矢幡(町) やわた
柳水(町) りゅうすい
冷泉(町) れいせん
六丁目 ろくちょうめ
六角油小路(町) ろっかくあぶらのこうじ

京都市西京区

牛ケ瀬川原口(町) うしがせかわはらぐち
牛ケ瀬新田泓(町) うしがせしんでんぶけ
牛ケ瀬堂田(町) うしがせどうでん
大枝沓掛(町) おおえくつかけ

（第5列）

大原野出灰(町) おおはらのいずりはい
大原野石見(町) おおはらのいわみ
樫原鴨谷 かたぎはらしぎたに
樫原角田(町) かたぎはらすみた
樫原蜻蛉(町) かたぎはらたこでん
樫原百々ケ池 かたぎはらどどがいけ
樫原中垣外 かたぎはらなかがいと
樫原硲(町) かたぎはらはがま
桂艮(町) かつらうしとら
桂上野川原(町) かつらかみのかわら
桂上野北(町) かつらかみのきた
桂後水(町) かつらこうず
桂坤(町) かつらひつじさる
上桂御正(町) かみかつらみしょう
川島五反長(町) かわしまごたんおさ
川島権田(町) かわしまごんでん
川島三重(町) かわしまさんじゅう
川島寺田(町) かわしまてらだ
川島滑樋(町) かわしまなめらひ
川島莚田(町) かわしまむしろでん
御陵大枝山(町) ごりょうおおえやま
御陵鳴谷 ごりょうしぎたに
松尾神ケ谷(町) まつおじんがたに
松尾大利(町) まつおだいり
松室吾妻神(町) まつむろあたがみ
山田御道路(町) やまだおどろ
山田弦馳(町) やまだつるはぜ

京都市東山区

今熊野泉山(町) いまぐまのせんざん
今熊野椥ノ森(町) いまぐまのなぎのもり
上田(町) うえだ
音羽(町) おとわ
門脇(町) かどわき
金屋(町) かなや
鐘鋳(町) かねい
上池田(町) かみいけだ
上馬(町) かみうま
上柳(町) かみやなぎ

北御門(町) きたごもん
清水 きよみず
清本(町) きよもと
金園(町) きんえん
小島(町) こじま
西海子(町) さいかいし
七軒(町) しちけん
下馬(町) しもうま
下河原(町) しもかわら
正面(町) しょうめん
朱雀(町) すじゃく
泉涌寺門前(町) せんにゅうじもんぜん
泉涌寺山内(町) せんにゅうじやまのうち
大黒(町) だいこく
高畑(町) たかばたけ
谷川(町) たにがわ
月輪(町) つきのわ
西川原(町) にしかわら
西御門(町) にしごもん
廿一軒(町) にじゅういっけん
塗師屋(町) ぬしや
梅林(町) ばいりん
東川原(町) ひがしかわら
東(町) ひがし
東分木(町) ひがしぶんき
日吉(町) ひよし
古西(町) ふるにし
分木(町) ぶんき
弁財天(町) べんざいてん
本瓦(町) ほんかわら
蒔田(町) まきた
松原(町) まつばら
円山(町) まるやま
南西海子(町) みなみさいかいし
三吉(町) みよし
薬師(町) やくし
山崎(町) やまざき
山城(町) やましろ
大和(町) やまと
遊行前(町) ゆうぎょうまえ
芳野(町) よしの
林下(町) りんか
轆轤(町) ろくろ

京都市伏見区
小豆屋(町) あずきや
榎(町) えのき
恵美酒(町) えびす
小栗栖小阪(町) おぐりすこざか
景勝(町) かげかつ
過書(町) かしょ
上油掛(町) かみあぶらかけ

雁金(町) かりがね
観音寺(町) かんのんじ
北端(町) きたはた
久米(町) くめ
久我東(町) こがあずま
御香宮門前(町) ごこうぐうもんぜん
紺屋(町) こんや
讃岐(町) さぬき
治部(町) じぶ
下油掛(町) しもあぶらかけ
下鳥羽長田(町) しもとばおさだ
下鳥羽霞田(町) しもとばよしでん
城通(町) じょうどおり
白銀(町) しろがね
周防(町) すおう
醍醐勝口(町) だいごしょうくち
醍醐僧尊坊(町) だいごどんぼう
竹田泓ノ川(町) たけだふけのがわ
間屋(町) といや
道阿弥(町) どうあみ
桃陵(町) とうりょう
土橋(町) どばし
鳥羽(町) とば
成(町) なる
南部(町) なんぶ
西浜(町) にしはま
納所(町) のうそ
東(町) ひがし
日野北川頬 ひのきたかわづら
日野田頬(町) ひのたづら
日野西川頬 ひのにしかわづら
日野馬場出(町) ひのばんばで
平戸(町) ひらど
深草鐙ケ谷(町) ふかくさあぶみがたに
深草飯食(町) ふかくさいじき
深草願成(町) ふかくさがんじょう
深草直違橋 ふかくさすじかいばし
深草砥粉山(町) ふかくさとのこやま
深草泓ノ壺(町) ふかくさふけのつぼ
深草藤田坪(町) ふかくさふじたのつぼ
深草藤森(町) ふかくさふじのもり
伯耆(町) ほうき
向島庚申(町) むかいじまこうしん
向島東定請 むかいじまひがしじょう

本材木(町) もとざいもく
桃山井伊掃部東(町) ももやまいかもんひがし
桃山町下野 ももやまちょうしもずけ
桃山町日向 ももやまちょうひゅうが
桃山町本多上野 ももやまちょうほんだこうずけ
山崎(町) やまざき
大和(町) やまと
八幡(町) やわた
横大路畔ノ内 よこおおじくろのうち
横大路三栖大黒(町) よこおおじみすだいこく
葭島渡場島(町) よしじまわたしばじま
淀川顔(町) よどかわづら
淀際目(町) よどさいめ
淀美豆(町) よどみづ

京都市南区
上鳥羽鴨田 かみとばかもんでん
上鳥羽大物(町) かみとばだいもつ
上鳥羽町田 かみとばちょうだ
上鳥羽角田(町) かみとばつのだ
上鳥羽薬田 かみとばわらんでん
唐橋経田(町) からはしけいでん
吉祥院石原長田(町) きっしょういんいしはらながた
吉祥院石原葭縁 きっしょういんいしはらよしべり
吉祥院嶋樫山(町) きっしょういんしまかたぎやま
吉祥院長田(町) きっしょういんながた
吉祥院這登中(町) きっしょういんはいのぼりなか
久世川原(町) くぜかわはら
大黒(町) だいこく
東寺(町) とうじ
西九条御幸田(町) にしくじょうごこうでん
八条寺内(町) はちじょうてらのうち
東九条東札辻(町) ひがしくじょうひがしふだのつじ
東九条柳下(町) ひがしくじょうやなぎのした

古御旅(町) ふるおたび
京都市山科区
大宅神納(町) おおやけかんのう
大宅関生(町) おおやけせきしょう
小野鐘付田(町) おのかねつきでん
小野葛篭尻(町) おのつづらじり
小野弓田(町) おのゆみでん
上花山旭山(町) かみかざんあさひやま
川田日々 かわたどど
北花山河原(町) きたかざんかわら
小山車無森(町) こやまかみなしもり
小山北林(町) こやまきたばやし
四ノ宮泓(町) しのみやふけ
厨子奥尾上(町) ずしおくおのえ
椥辻東潰 なぎつじひがしつぶれ
西野八幡田(町) にしのはちまんでん
西野楳本(町) にしのむめもと
西野山百々(町) にしのやまどど
髭茶屋桃燈(町) ひげちゃやちょうちん
御陵岡(町) みささぎおか
御陵鴨戸(町) みささぎかもと

綾部市
青野(町) あおの
五泉(町) いいずみ
石原(町) いしわら
五津合(町) いつあい
位田(町) いでん
井倉(町) いのくら
上杉(町) うえすぎ
上野(町) うえの
上延(町) うわのぶ
大島(町) おおしま
小貝(町) おがい
小畑(町) おばた
小呂(町) おろ
金河内(町) かねごち
釜輪(町) かまのわ
上八田(町) かみやた
上原(町) かんばら
私市(町) きさいち
黒谷(町) くろたに
小西(町) こにし
下替地(町) したのかち
七百石(町) しちひゃくこく
下原(町) しもばら
下八田(町) しもやた

城山(町) しろやま
新宮(町) しんぐう
高津(町) たかつ
鷹栖(町) たかのす
多田(町) ただ
忠(町) ただ
舘(町) たち
佃(町) つくだ
並松(町) なんまつ
西方(町) にしがた
西新(町) にししん
西原(町) にしばら
白道路(町) はそうじ
本宮(町) ほんぐう
味方(町) みかた
光野(町) みつの
宮代(町) みやしろ
向田(町) むこうだ
物部(町) ものべ
八代(町) やしろ
安場(町) やすば

宇治市
池尾 いけのお
小倉(町) おぐら
木幡 こはた
菟道 とどう
菟道東垣内 とどうひがしがいと
二尾 にお
広野(町) ひろの
安田(町) やすだ

亀岡市
余部(町) あまるべ
馬路(町) うまじ
大井町北金岐 おおいちょうきたかなげ
河原(町) かわら
古世(町) こせ
呉服(町) ごふく
紺屋(町) こんや
篠町柏原 しのちょうかせばら
曽我部町穴太 そがべちょうあなお
千代川町拝田 ちよかわちょうはいだ
突抜(町) つきぬけ
西竪(町) にしたつ
西別院町大槻並 にしべついんちょうおおつくなみ
西別院町神地 にしべついんちょうこうじ
西別院町柚原 にしべついんちょうゆのはら
西別院町笑路 にしべついんちょうわろうじ
薭田野町鹿谷 ひえだのちょうろくや
東竪(町) ひがしたつ
東別院町栢原 ひがしべついんちょうかいばら

437

京都府　　地域順一覧

東別院町神原 ひがしべついんちょうかみはら
東別院町東掛 ひがしべついんちょうとうげ
保津(町) ほづ
本梅町東加舎 ほんめちょうひがしかや
宮前町神前 みやざきちょうこうざき
木津川市
鹿背山 かせやま
加茂町勝風 かもちょうしょうぶ
加茂町銭司 かもちょうぜず
加茂町西小 かもちょうにしお
加茂町法花寺野 かもちょうほっけじの
木津 きづ
木津(町) きづ
州見台 くにみだい
相楽 さがなか
南加茂台 ながもだい
吐師 はぜ
山城町綺田 やましろちょうかばた
山城町椿井 やましろちょうつばい
京田辺市
飯岡 いのおか
打田 うつた
花住坂 かすみざか
河原 かわら
興戸 こうど
薪 たきぎ
東 ひがし
三山木 みやまき
京丹後市
網野町公庄 あみのちょうぐじょう
大宮町五十河 おおみやちょういかが
大宮町河辺 おおみやちょうこうべ
大宮町周枳 おおみやちょうすき
久美浜町海士 くみはまちょうあま
久美浜町出角 くみはまちょういずみすみ
久美浜町浦明 くみはまちょううらけ
久美浜町河内 くみはまちょうかっち
久美浜町鹿野 くみはまちょうかの
久美浜町神谷 くみはまちょうかんだに
久美浜町河梨 くみはまちょうこうなし
久美浜町尉ケ畑 くみはまちょうじょうがはた
久美浜町女布 くみはまちょうにょう

久美浜町布袋野 くみはまちょうほたいの
久美浜町品田 くみはまちょうほんでん
丹後町遠下 たんごちょうおんげ
丹後町久僧 たんごちょうぐそ
丹後町間人 たんごちょうたいざ
丹後町乗原 たんごちょうのんばら
丹後町筆石 たんごちょうふでし
城陽市
市辺 いちのべ
上津屋 こうづや
富野 との
平川 ひらかわ
枇杷庄 びわのしょう
水主 みずし
長岡京市
粟生 あお
開田 かいでん
河陽が丘 かようがおか
久貝 くがい
神足 こうたり
城の里 しろのさと
長岡 ながおか
馬場 ばば
東神足 ひがしこうたり
南丹市
園部町天引 そのべちょうあまびき
園部町大河内 そのべちょうおおかわち
園部町越方 そのべちょうおちかた
園部町小山東(町) そのべちょうおやまひがし
園部町口人 そのべちょうくちうど
園部町宍人 そのべちょうししうど
園部町埴生 そのべちょうはぶ
日吉町生畑 ひよしちょうきはた
美山町安掛 みやまちょうあがけ
美山町音海 みやまちょうおとみ
美山町河内谷 みやまちょうかわうちだに
美山町長谷 みやまちょうながたに
美山町肱谷 みやまちょうひじたに
美山町宮脇 みやまちょうみやのわき
八木町刑部 やぎちょうおさべ
八木町氷所 やぎちょうひどころ

八木町屋賀 やぎちょうやが
八木町八木嶋 やぎちょうやぎのしま
福知山市
厚東(町) あつひがし
生野 いくの
石原 いさ
猪崎 いざき
行積 いつもり
鋳物師 いもじ
上野 うえの
上松 うえまつ
漆端 うるしがはな
駅南(町) えきなん
大江町在田 おおえちょうありた
大江町河守 おおえちょうこうもり
大江町三河 おおえちょうそうご
大江町内宮 おおえちょうないく
大江町日藤 おおえちょうひとう
大内 おおち
興 おき
長田段 おさだだん
小田 おだ
上荒河 かみあらが
上紺屋 かみこんや
上篠尾 かみさそお
上野条 かみのじょう
観音寺 かんのんじ
私市 きさいち
北小谷ケ丘 きたにがおか
北栄(町) きたさかえ
口榎原 くちえばら
呉服 ごふく
瘤木 こぶのき
小牧 こまき
下戸 さげと
篠尾新(町) さそおしん
下荒河 しもあらが
下紺屋 しもこんや
下篠尾 しもさそお
下地 しもじ
下新 しもしん
下野条 しものじょう
蛇ケ端 じゃがはな
正坂 しょうさか
正明寺 しょうみょうじ
城山 しろやま
新宮 しんぐう
額塚 すくもづか
砂子(町) すなご
住所大山 すみんじょおおやま
大門 だいもん
高畑 たかばたけ
立原 たつわら

樽水 たるみ
勅使 ちょくし
土 つち
多保市 とおのいち
戸田 とだ
十三丘 とみおか
問屋(町) とんや
内記 ないき
中地 なかち
西小谷ケ丘 にしこたにがおか
西長 にしなが
野花 のばな
波江 はえ
萩原 はぎわら
筈巻 はずまき
土師 はぜ
畑中 はたけなか
半田 はんだ
東小谷ケ丘 ひがしこたにがおか
東長(町) ひがしなが
東野(町) ひがしの
日尾 ひのお
報恩寺 ほおじ
本堀 ほんほり
水内 みずうち
南小谷ケ丘 みなみこたにがおか
南栄(町) みなみさかえ
南羽合 みなみはごう
三俣 みまた
三和町西松 みわちょうさいまつ
三和町岬 みわちょうみゆり
向野 むかいの
六十内 むそち
森垣 もりがい
夜久野町板生 やくのちょういとう
夜久野町大油子 やくのちょうおゆご
夜久野町日置 やくのちょうへき
山崎 やまざき
舞鶴市
朝来中 あせくなか
上根 うえね
上安 うえやす
上安東(町) うえやすひがし
梅ケ谷 うめがたに
円満寺 えんまんじ
大内 おおうち
大君 おおきみ
大内野(町) おおちの
大丹生 おおにゅう
大波上 おおばかみ
大山 おおやま
小倉 おぐら
小橋 おばせ
金屋(町) かなや
鹿原 かはら

蒲江 かまや
上安久 かみあぐ
上東 かみひがし
観音寺 かんのんじ
岸谷 きしだに
吉坂 きちさか
京田 きょうだ
清道 きよみち
公文名 くもんな
倉梯(町) くらはし
河原 こうら
紺屋 こんや
志高 しだか
寺内 じない
下見谷 しもみだに
城屋 じょうや
白屋 しろや
白屋 しろや
平 たいら
高野台 たかのだい
高野由里 たかのゆり
千歳 ちとせ
田園(町) でんえん
堂奥 どうのおく
十倉 とくら
中田 なかだ
中田(町) なかだ
長谷 ながたに
七日市 なぬかいち
成生 なりう
西神崎 にしかんざき
女布 にょう
女布北(町) にょうきた
野原 のはら
八田 はった
八戸地 はとち
福来 ふき
富室 ふむろ
堀上 ほりかみ
水間 みずま
室牛 むろじ
森本(町) もりほん
行永 ゆきなが
油江 ゆご
吉田 よしだ
宮津市
安智 あんち
蛭子 えびす
大島 おおしま
小川 おがわ
小田 おだ
小田宿野 おだじゅくの
皆原 かいばら
川向 かわむかい
河原 かわら
銀丘 ぎんがおか
国分 こくぶん
小寺 こでら
上司 じょうし
白柏 しらかせ

地域順一覧　　　　　　　　　　　　大阪府

新宮 しんぐう
新浜 しんはま
杉末 すぎのすえ
滝馬 たきば
田原 たわら
獅子 しし
外垣 とのがき
中波見 なかはみ
波路 はじ
波路(町) はじ
日置 ひおき
東野 ひがしの
松原 まつばら
山中 やまなか
矢原 やわら
吉原 よしはら
万(町) よろず
向日市
鶏冠井(町) かいで
向日(町) むこう
物集女(町) もずめ
森本(町) もりもと
八幡市
岩田辻垣内 いわたつじがいと
内里荒場 うちざとあれば
内里安居芝 うちざとあんごしば
内里蜻蛉尻 うちざととんぼじり
内里日向堂 うちざとひゅうがどう
男山指月 おとこやまじげつ
上奈良城垣内 かみならしろがいと
川口擬宝珠 かわぐちぎぼし
上津屋里垣内 こうづやさとがいと
下奈良竹垣内 しもならたけがいと
下奈良出垣内 しもならでがいと
下奈良蜻蛉尻 しもならとんぼじり
戸津北小路 とうづきたしょうじ
戸津蜻蛉尻 とうづとんぼじり
戸津中垣内 とうづなかがいと
野尻城究 のじりじょうぎわ
橋本興正 はしもとこうしょう
橋本狩尾 はしもととがのお
松井交野ケ原 まついかたのがはら
松井梅谷 まついうめがだに
八幡安居塚 やわたあんごづか
八幡長田 やわたおさだ
八幡女郎花 やわた

おみなえし
八幡垣内山 やわたかいとやま
八幡柿木垣内 やわたかきのきがいと
八幡神原 やわたかみはら
八幡沓田 やわたくつでん
八幡源氏垣外 やわたげんじがいと
八幡御幸谷 やわたごこうだに
八幡菰池 やわたこもいけ
八幡盛戸 やわたさかんど
八幡砂田 やわたさでん
八幡沢 やわたさわ
八幡三反長 やわたさんだんなが
八幡城ノ内 やわたじょうのうち
八幡双栗 やわたそぐり
八幡長谷 やわたながたに
八幡馬場 やわたばば
八幡平谷 やわたびょうだに
八幡森垣内 やわたもりがいと
八幡吉原垣内 やわたよしのがいと
久世郡
久御山(町) くみやま
久世郡久御山町
大橋辺 おおはしべり
相島 おじま
北川顔 きたかわづら
中島 なかじま
西一口 にしいもあらい
東一口 ひがしいもあらい
相楽郡
笠置(町) かさぎ
精華(町) せいか
相楽郡笠置町
笠置 かさぎ
相楽郡精華町
柘榴 ざくろ
下狛 しもこま
菅井 すがい
東畑 ひがしばた
光台 ひかりだい
祝園 ほうその
相楽郡南山城村
高尾 たかお
相楽郡和束町
撰原 えりはら
木屋 こや
下島 しもじま
杣田 そまだ
門前 もんぜん

綴喜郡宇治田原町
高尾 こうの
立川 たちかわ
贄田 ねだ
緑苑坂 りょくえんざか
船井郡京丹波町
安栖里 あせり
出野 いでの
猪鼻 いのはな
上野 うえの
大迫 おおさこ
大簾 おおみす
小畑 おばた
大朴 おほそ
角 かど
鎌谷奥 かまだにおく
小野 この
蒲生 こも
坂井 さかい
坂原 さかばら
塩谷 しおたに
質志 しずし
実勢 じっせ
篠原 しのはら
下山 しもやま
須知 しゅうち
中台 ちゅうだい
富田 とみた
豊田 とよた
西河内 にしかわうち
八田 はった
広野 ひろの
細谷 ほそたに
仏主 ほどす
水呑 みずのみ
水原 みずはら
与謝郡
与謝野(町) よさの
与謝郡伊根町
大原 おおはら
蒲入 かまにゅう
菅野 すがの
長延 ちょうえん
津母 つも
新井 にい
畑谷 はただに
日出 ひで
平田 ひらた
本坂 ほんざか
与謝郡与謝野町
明石 あけし
温江 あつえ
後野 うしろの
香河 かご
金屋 かなや
加悦 かや
加悦奥 かやおく
三河内 みごうち
弓木 ゆみき
与謝 よざ
四辻 よつつじ

大阪府

和泉(市) いずみ
柏原(市) かしわら
交野(市) かたの
河内長野(市) かわちながの
堺(市) さかい
四條畷(市) しじょうなわて
吹田(市) すいた
泉南(郡) せんなん
泉南(市) せんなん
泉北(郡) せんぼく
大東(市) だいとう
豊能(郡) とよの
富田林(市) とんだばやし
枚方(市) ひらかた
松原(市) まつばら
三島(郡) みしま
南河内(郡) みなみかわち
箕面(市) みのお
八尾(市) やお
大阪市
生野(区) いくの
城東(区) じょうとう
大阪市旭区
生江 いくえ
千林 せんばやし
中宮 なかみや
森小路 もりしょうじ
大阪市阿倍野区
三明(町) さんめい
帝塚山 てづかやま
万代(町) ばんだい
松崎(町) まつざき
大阪市生野区
小路 しょうじ
小路東 しょうじひがし
田島 たじま
中川 なかがわ
林寺 はやしじ
大阪市北区
大深(町) おおふか
角田(町) かくだ
神山(町) かみやま
菅栄(町) かんえい
菅原(町) すがはら
天満 てんま
天満橋 てんまばし
兎我野(町) とがの
長柄東 ながらひがし
西天満 にしてんま
万歳(町) ばんざい
東天満 ひがしてんま
樋之口(町) ひのくち
南扇(町) みなみおうぎ
山崎(町) やまざき

大阪市此花区
四貫島 しかんじま
西九条 にしくじょう
梅香 ばいか
夢洲東 ゆめしまひがし
大阪市城東区
蒲生 がもう
新喜多 しぎた
鴫野東 しぎのひがし
成育 せいいく
中浜 なかはま
大阪市住之江区
安立 あんりゅう
粉浜 こはま
御崎 みさき
大阪市住吉区
我孫子 あびこ
上住吉 うえすみよし
遠里小野 おりおの
苅田 かりた
千躰 せんたい
大領 だいりょう
長峡(町) ながお
万代 ばんだい
東粉浜 ひがしこはま
大阪市大正区
泉尾 いずお
北恩加島 きたおかじま
千島 ちしま
南恩加島 みなみおかじま
大阪市中央区
和泉(町) いずみ
上汐 うえしお
上(町) うえ
神崎(町) かんざき
北新(町) きたしん
高津 こうづ
高麗橋 こうらいばし
粉川(町) こかわ
石(町) こく
玉造 たまつくり
東平 とうへい
道修(町) どしょう
難波 なんば
日本橋 にっぽんばし
博労(町) ばくろう
馬場(町) ばんば
大阪市鶴見区
中茶屋 なかのちゃや
放出東 はなてんひがし
茨田大宮 まったおおみや
安田 やすだ
大阪市天王寺区
生玉(町) いくたま
生玉寺(町) いくたまてら
上汐 うえしお
上之宮(町) うえのみや

439

大阪府　　　　　　　　　　　　地域順一覧

上本(町) うえほん	大阪市港区	小野田(町) おのだ	はら	河内長野市
小橋(町) おばせ	波除 なみよけ	小野(町) おの	耳原 みのはら	石見川 いしみがわ
空清(町) からきよ	八幡屋 やはたや	上(町) かみ	大阪狭山市	岩瀬 いわぜ
国分(町) こくぶ	大阪市都島区	観音寺(町) かんのんじ	茱萸木 くみのき	上田(町) うえだ
小宮(町) こみや	内代(町) うちんだい	葛の葉(町) くずのは	半田 はんだ	上原(町) うわはら
下寺(町) したてら	大東(町) だいとう	桑原(町) くわばら	東茱萸木 ひがしくみのき	太井 おおい
下味原(町) しもあじはら	御幸(町) みゆき	国分(町) こくぶ	貝塚市	小塩(町) おしお
大道 だいどう	大阪市淀川区	下宮(町) しものみや	麻生中 あそなか	小山田(町) おやまだ
東上(町) とうじょう	十三東 じゅうそうひがし	太(町) たい	粗谷 きびたに	唐久谷 からくだに
東高津(町) ひがしこうづ	新高 にいたか	寺門(町) てらかど	神前 こうざき	小深 こぶか
悲田院(町) ひでんいん	池田市	南面利(町) なめり	近木 こぎ	下里(町) しもざと
大阪市浪速区	旭丘 あさひがおか	伯太(町) はかた	近木 こぎ	荘園(町) そうえん
木津川 きづがわ	上池田 うえいけだ	繁和(町) はんわ	小瀬 こせ	高向 たこう
下寺 しもでら	呉服(町) くれは	伏屋(町) ふせや	木積 こつみ	南花台 なんかだい
大国 だいこく	神田 こうだ	仏並(町) ぶつなみ	清児 せちご	西代(町) にしだい
日本橋 にっぽんばし	渋谷 しぶたに	松尾寺(町) まつおじ	蕎原 そぶら	日東(町) にっとう
大阪市西区	城南 じょうなん	万(町) まん	鳥羽 とば	古野(町) ふるの
安治川 あじがわ	城山 しろやま	箕形(町) みがた	名越 なごせ	向野(町) むかいの
立売堀 いたちぼり	菅原 すがはら	三林(町) みばやし	新井 にい	岸和田市
本田 ほんでん	荘園 そうえん	和気(町) わけ	二色 にしき	阿間河滝(町) あまかだき
大阪市西成区	大和 だいわ	茨木市	畠中 はたけなか	池尻(町) いけじり
岸里 きしのさと	槻木(町) つきのき	安威 あい	馬場 ばば	磯上(町) いそのかみ
北開 きたびらき	中川原(町) なかがわら	鮎川 あゆかわ	半田 はんだ	上(町) うえ
太子 たいし	伏尾(町) ふしお	主原(町) あるじはら	東 ひがし	尾生(町) おぶ
出城 でしろ	古江(町) ふるえ	井口台(町) いぐちだい	福田 ふくだ	河合(町) かあい
天下茶屋 てんがちゃや	満寿美(町) ますみ	五十鈴(町) いすず	三ケ山 みけやま	額原(町) がくはら
梅南 ばいなん	緑丘 みどりがおか	泉原 いずはら	水間 みずま	葛城(町) かつらぎ
大阪市西淀川区	桃園 ももぞの	上野(町) うえの	脇浜 わきはま	包近(町) かねちか
千舟 ちぶね	吉田(町) よしだ	永代(町) えいだい	柏原市	上野町東 かみのちょうひがし
佃 つくだ	泉大津市	小川(町) おがわ	青谷 あおたに	上松(町) かみまつ
中島 なかしま	我孫子 あびこ	上郡(町) かみごおり	円明(町) えんみょう	岸城(町) きしき
西島 にしじま	上之(町) かみのちょう	上中条(町) かみちゅうじょう	上市 かみいち	神須屋(町) こうずや
百島 ひゃくしま	尾井千原(町) おいちはら	蔵垣内(町) くらかきうち	雁多尾畑 かりんどおばた	神於(町) こうの
御幣島 みてじま	小津島(町) おづしま	桑原 くわのはら	河原(町) かわはら	小松里(町) こまつり
大阪市東住吉区	河原(町) かわはら	小坪井 こつぼい	国分東条(町) こくぶひがんじょう	堺(町) さかい
杭全 くまた	下条(町) げじょう	小柳(町) こやなぎ	太平寺 たいへいじ	三ケ山(町) さんがやま
住道矢田 すんじやた	東雲(町) しののめ	道祖本 さいのもと	交野市	下野(町) しもの
湯里 ゆざと	新港(町) しんみなと	下中条(町) しもちゅうじょう	私市 きさいち	下松(町) しもまつ
大阪市東成区	菅原(町) すがはら	宿川原(町) しゅくがわら	私部 きさべ	新路(町) しんみなと
神路 かみじ	高津(町) たかつ	宿久庄 しゅくのしょう	郡津 こうづ	筋海(町) すじかい
中道 なかみち	千原(町) ちはら	生保 しょうほ	傍示 ほうじ	相川(町) そうがわ
中本 なかもと	西港(町) にしみなと	城の前(町) しろのまえ	門真市	田治米(町) たじめ
東小橋 ひがしおばせ	東港(町) ひがしみなと	千提寺 せんだいじ	石原(町) いしはら	積川(町) つがわ
大阪市東淀川区	二田(町) ふつた	高田(町) たかだ	垣内(町) かきうち	塔原(町) とのはら
相川 あいかわ	泉佐野市	竹橋(町) たけはし	上島(町) かみしま	並松(町) なんまつ
柴島 くにじま	上(町) うえ	東宮(町) とうぐう	上野口(町) かみのぐち	西大路(町) にしおおじ
菅原 すがはら	大木 おおぎ	十日市(町) とおかいち	下島(町) しもしま	八幡(町) はちまん
大桐 だいどう	大西 おおにし	中河原(町) なかがわはら	下馬伏(町) しもまぶし	八田(町) はった
大道南 だいどうみなみ	上之郷 かみのごう	長谷 ながたに	小路(町) しょうじ	土生(町) はぶ
豊新 ほうしん	松風台 しょうふうだい	西河原 にしがわら	城垣(町) しろがき	春木大小路(町) はるきおおしょうじ
大阪市平野区	中庄 なかしょう	畑田(町) はたけだ	新橋(町) しんばし	東大路(町) ひがしおおじ
瓜破 うりわり	新浜(町) にいはま	平田 ひらた	薭島 ひえじま	東ケ丘(町) ひがしがおか
喜連 きれ	松原 まつばら	真砂 まさご	東田(町) ひがしだ	真上(町) まがみ
大阪市福島区	和泉市	三島(町) みしま	深田(町) ふかだ	三田(町) みた
海老江 えびえ	池上(町) いけがみ	南清水(町) みなみしみず	松生(町) まつお	箕土路(町) みどろ
大開 おおひらき	上代(町) うえだい	南耳原 みなみみのはら	向島(町) むこうじま	南上(町) みなみうえ
	小田(町) おだ		柳田(町) やなぎだ	門前(町) もんぜん
	尾井(町) おのい		横地 よこち	

地域順一覧　　　　　　　　　　大阪府

八阪(町) やさか
山直中(町) やまだ
　いなか
行遇(町) ゆきあい
堺市
堺(区) さかい
東(区) ひがし
堺市北区
金岡(町) かなおか
蔵前(町) くらまえ
新堀(町) しんほり
船堂(町) せんどう
中百舌鳥(町) なか
　もず
大豆塚(町) まめづか
堺市堺区
永代(町) えいたい
大町東 おおちょう
　ひがし
遠里小野(町) おり
　おの
海山(町) かいさん
甲斐町東 かいの
　ちょうひがし
香ケ丘(町) かおり
　がおか
神石市之(町) かみ
　いしいちの
神南辺(町) かんなべ
北清水(町) きたし
　みず
錦綾(町) きんりょう
九間町東 くけん
　ちょうひがし
楠(町) くすのき
五月(町) さつき
三宝(町) さんぽう
七道東(町) しちど
　うひがし
宿屋町東 しゅくや
　ちょうひがし
神保通 しんぼどおり
築港八幡(町) ちっ
　こうやわた
出島(町) でじま
寺地町東 てらじ
　ちょうひがし
中永山園 なかなが
　やまえん
並松(町) なみまつ
南清水(町) みなみ
　しみず
南庄(町) みなみ
　しょう
百舌鳥夕雲(町) も
　ずせきうん
八幡通 やはたどおり
堺市中区
上之 うえの
毛穴(町) けな
小阪 こさか
新家(町) しんけ
田園 たぞの
土塔(町) どとう
土師(町) はぜ
八田寺(町) はんだ
　いじ

八田西(町) はんだ
　にし
東八田(町) ひがしはんだ
深井水池(町) ふか
　いみずがいけ
福田 ふくだ
伏尾 ふせお
堀上(町) ほりあげ
堺市西区
鳳東(町) おおとりひ
　がし
上 かみ
草部 くさべ
神野(町) こうの
小代 こだい
下田(町) しもだ
太平寺 たいへいじ
浜寺諏訪森町東
　はまでらすわのもり
　ちょうひがし
原田 はらだ
八田寺(町) はんだ
　いじ
北条(町) ほうじょう
堀上緑(町) ほりあ
　げみどり
宮下(町) みやしも
堺市東区
石原(町) いしはら
白鷺(町) しらさぎ
中茶屋 なかちゃや
西野 にしの
日置荘西北(町) ひき
　しょうせいほく
日置荘原寺(町) ひ
　きしょうはらでら
八下(町) やしも
堺市南区
小代 こだい
逆瀬川 さかせがわ
太平寺 たいへいじ
高尾 たかお
栂 とが
豊田 とよだ
檜尾 ひのお
御池台 みいけだい
堺市美原区
石原 いしはら
大饗 おわい
北余部 きたあまべ
小寺 こでら
小平尾 こびらお
菅生 すごう
太井 たい
大保 だいほ
南余部 みなみあまべ
四條畷市
上田原 かみたわら
雁屋北(町) かりや
　きた
北出(町) きたで
清瀧 きよたき
米崎(町) こめざき
蔀屋 しとみや
下田原 しもたわら

砂 すな
田原台 たわらだい
楠公 なんこう
吹田市
金田(町) かねでん
吹東(町) すいとう
高城(町) たかしろ
高野台 たかのだい
竹谷(町) たけたに
垂水(町) たるみ
出口(町) でぐち
円山(町) まるやま
南金田 みなみかね
　でん
南正雀 みなみしょ
　うじゃく
芳野(町) よしの
摂津市
安威川南(町) あい
　がわみなみ
北別府(町) きたべふ
正雀 しょうじゃく
千里丘 せんりおか
鳥飼銘木(町) とり
　かいめいもく
東別府 ひがしべふ
一津屋 ひとつや
別府 べふ
三島 みしま
南別府(町) みなみ
　べふ
泉南市
兎田 うさいだ
男里 おのさと
新家 しんげ
信達大苗代 しんだ
　ちおのしろ
信達葛畑 しんだち
　つづらばた
信達六尾 しんだち
　むつお
信達童子畑 しんだ
　ちわらづはた
中小路 なこうじ
馬場 ばば
大東市
栄和(町) えいわ
北新(町) きたしん
御供田 ごくでん
御領 ごりょう
三箇 さんが
三洋(町) さんよう
新田本(町) しんで
　んほん
住道 すみのどう
大東(町) だいとう
太子田 たしでん
龍間 たつま
谷川 たにがわ
中垣内 なかがいと
深野 ふこの
北条 ほうじょう
南新田 みなみしん
　でん

高石市
高師浜 たかしのはま
高槻市
明田(町) あけた
安満磐手(町) あま
　いわて
天川(町) あまがわ
安岡寺(町) あんこ
　うじ
出灰 いずりは
今城(町) いましろ
大畑(町) おおはた
梶原 かじはら
上田辺(町) かみた
　なべ
上土室 かみはむろ
上本(町) かみほん
花林苑 かりんえん
上牧(町) かんまき
郡家新(町) ぐんげ
　しん
高西(町) こうさい
神内 こうない
古曽部(町) こそべ
紺屋(町) こんや
西面中 さいめんなか
三箇牧 さんがまき
芝生(町) しほ
下田部(町) しもた
　なべ
城西(町) じょうさい
城東(町) じょうとう
庄所(町) しょうど
　ころ
城南(町) じょうなん
城北(町) じょうほく
辻子 ずし
大蔵司 だいぞうじ
大和 だいわ
塚原 つかはら
出丸(町) でまる
寺谷(町) てらたに
道鵜(町) どうう
桃園(町) とうえん
土橋(町) どばし
富田丘(町) とんだ
　おか
富田(町) とんだ
中川(町) なかがわ
中畑 なかはた
成合 なりあい
西真上 にしまかみ
西五百住(町) にし
　よすみ
二料 にりょう
白梅(町) はくばい
八丁畷(町) はっ
　ちょうなわて
土室(町) はむろ
番田 ばんだ
東上牧 ひがしかん
　まき
東城山(町) ひがし
　しろやま
東五百住(町) ひが

しよすみ
日向(町) ひゅうが
真上(町) まかみ
松原(町) まつばら
宮田(町) みやだ
八幡(町) やはた
豊中市
旭丘 あさひがおか
大島(町) おおしま
小曽根 おぞね
上新田 かみしんでん
神州(町) かみす
北条(町) ほうじょう
熊野(町) くまの
三和(町) さんわ
柴原(町) しばはら
少路 しょうじ
城山(町) しろやま
清風荘 せいふうそう
千成(町) せんなり
千里園 せんりえん
大黒(町) だいこく
立花(町) たちばな
玉井(町) たまい
寺内 てらうち
利倉 とくら
日出(町) ひので
宝山(町) ほうざん
豊南町東 ほうなん
　ちょうひがし
蛍池北(町) ほたる
　がいけきた
緑丘 みどりがおか
向丘 むかいがおか
富田林市
毛人谷 えびたに
彼方 おちかた
加太 かだ
川面(町) かわづら
川向(町) かわむかい
甘南備 かんなび
楠(町) くすのき
西条(町) さいじょう
新家 しんけ
谷川(町) たにがわ
廿山 つづやま
富田林(町) とんだ
　ばやし
楠風台 なんぷうだい
錦織 にしきおり
平(町) ひら
富美ケ丘(町) ふみ
　がおか
龍泉 りゅうせん
寝屋川市
出雲(町) いずも
大谷(町) おおたに
大利(町) おおとし
音羽(町) おとわ
上神田 かみかみだ
河北中(町) かわき
　たなか
菅相塚(町) かんそ
　うづか

441

兵庫県　　　　　　　　　　地域順一覧

北大利(町) きたおおとし
葛原 くずはら
木屋(町) こや
木屋元(町) こやもと
点野 しめの
下神田(町) しもかみだ
小路北(町) しょうじきた
新家 しんけ
成美(町) せいび
大成(町) たいせい
太間(町) たいま
高柳 たかやなぎ
中神田(町) なかかみだ
成田(町) なりた
八幡台 はちまんだい
東大利(町) ひがしおおとし
東神田(町) ひがしかみだ
明徳 めいとく
八坂(町) やさか
羽曳野市
碓井 うすい
大黒 おぐろ
河原城 かわはらじょう
川向 かわむかい
郡戸 こおず
誉田 こんだ
高鷲 たかわし
西浦 にしうら
白鳥 はくちょう
埴生野 はにゅうの
向野 むかいの
阪南市
自然田 じねんだ
下出 しもいで
淡輪 たんのわ
箱作 はこつくり
山中渓 やまなかだに
東大阪市
足代 あじろ
永和 えいわ
柏原東(町) かしたひがし
金岡 かなおか
河内(町) かわち
神田(町) かんだ
衣摺 きずり
日下(町) くさか
鴻池(町) こうのいけ
小阪 こさか
古箕輪 こみのわ
小若江 こわかえ
新喜多 しぎた
新家 しんけ
角田 すみだ
善根寺(町) ぜんこんじ
太平寺 たいへいじ

立花(町) たちばな
長堂 ちょうどう
長田 ながた
南荘(町) なんそう
額田(町) ぬかた
松原 まつばら
御厨 みくりや
三島 みしま
水走 みずはい
御幸(町) みゆき
森河内東 もりかわちひがし
横小路(町) よこしょうじ
吉田 よした
吉田本(町) よしたほん
吉原 よしはら
枚方市
朝日丘(町) あさひがおか
印田(町) いんだ
上野 うえの
大垣内(町) おおがいと
岡南 おかみなみ
小倉(町) おぐら
小倉東(町) おぐらひがし
春日野 かすがの
上島(町) かみじま
川原(町) かわはら
菊丘(町) きくがおか
高田 こうだ
高野道 こうやみち
香里園(町) こうりえん
桜丘(町) さくらがおか
招提大谷 しょうだいおおたに
新之栄(町) しんのえ
田口 たぐち
田宮本(町) たみやほん
出口 でぐち
藤田(町) とうだ
茄子作 なすづくり
三矢(町) みつや
都丘(町) みやこがおか
三栗 めぐり
養父丘 やぶがおか
王仁公園 わにこうえん
藤井寺市
国府 こう
古室 こむろ
小山 こやま
惣社 そうしゃ
西古室 にしこむろ
北條(町) ほうじょう
御舟(町) みふね
松原市
阿保 あお

天美我堂 あまみがどう
上田 うえだ
小川 おがわ
河合 かわい
北新(町) きたしん
立部 たつべ
東新(町) ひがししん
一津屋 ひとつや
箕面市
粟生外院 あおげいん
小野原東 おのはらひがし
外院 げいん
彩都粟生北 さいとあおきた
森町中 しんまちなか
船場東 せんばひがし
新稲 にいな
西小路 にししょうじ
白島 はくしま
半町 はんじょう
箕面 みのお
守口市
梅園(町) うめぞの
大枝東(町) おおえだひがし
大庭(町) おおば
金下(町) かねした
神木(町) かみき
河原(町) かわはら
金田(町) きんだ
小春(町) こはる
早苗(町) さなえ
寺内(町) じない
下島(町) しもじま
松月(町) しょうげつ
大門(町) だいもん
高瀬(町) たかせ
藤田(町) とうだ
馬場(町) ばば
東(町) ひがし
日向(町) ひゅうが
日吉(町) ひよし
文園(町) ふみぞの
八島(町) やしま
来迎(町) らいこう
八尾市
明美(町) あけみ
刑部 おさかべ
恩智中(町) おんぢなか
垣内 かいち
柏村(町) かしむら
上尾(町) かみお
上之島町北 かみのしまちょうきた
北本(町) きたほん
黒谷 くろだに
神立 こうだち
光南(町) こうなん
小阪合(町) こざかあい

小畑(町) こはた
新家(町) しんけ
神武(町) じんむ
荘内(町) そうない
千塚 ちづか
中田 なかた
西山本(町) にしやまもと
西弓削 にしゆうげ
東(町) ひがし
光(町) ひかり
八尾木 やおぎ
安中(町) やすなか
山城(町) やましろ
山畑 やまたけ
弓削(町) ゆうげ
八尾木 やおぎ
龍華(町) りゅうげ
泉南郡
田尻(町) たじり
泉南郡熊取町
小垣内 おがいと
小谷 おだに
高田 こうだ
紺屋 こんや
七山 しちやま
泉南郡岬町
孝子 きょうし
淡輪 たんのわ
望海坂 のぞみざか
深日 ふけ
泉北郡
忠岡(町) ただおか
泉北郡忠岡町
北出 きたいで
新浜 にいはま
馬瀬 まぜ
豊能郡
豊能(町) とよの
能勢(町) のせ
豊能郡豊能町
吉川 よしかわ
豊能郡能勢町
上杉 うえすぎ
大里 おおざと
柏原 かしはら
栗栖 くるす
神山 こやま
地黄 じおう
下田 しもだ
杉原 すぎはら
垂水 たるみ
長谷 ながたに
野間出野 のましゅつの
森上 もりがみ
山内 やまうち
山辺 やまべ
三島郡島本町
百山 ひゃくやま
水無瀬 みなせ
山崎 やまざき

南河内郡
河南(町) かなん
太子(町) たいし
南河内郡河南町
上河内 かみかわち
神山 こうやま
下河内 しもかわち
白木 しらき
大ケ塚 だいがつか
大宝 だいほう
馬谷 まだに
山城 やましろ
南河内郡太子町
聖和台 せいわだい
太子 たいし
南河内郡千早赤阪村
東阪 あずまざか
小吹 こぶき
水分 すいぶん
千早 ちはや
中津原 なかつはら
二河原辺 にがらべ
吉年 よどし

兵庫県

明石(市) あかし
赤穂(郡) あこう
赤穂(市) あこう
朝来(市) あさご
小野(市) おの
川辺(郡) かわべ
神崎(郡) かんざき
神戸(市) こうべ
篠山(市) ささやま
佐用(郡) さよう
三田(市) さんだ
宍粟(市) しそう
西宮(市) にしのみや
養父(市) やぶ
神戸市
垂水(区) たるみ
長田(区) ながた
神戸市北区
淡河町北僧尾 おうごちょうきたそお
淡河町行原 おうごちょうぎょうのはら
淡河町神田 おうごちょうこうだ
淡河町神影 おうごちょうかみかげ
大沢町神付 おおぞうちょうかんづけ
大沢町日原 おおぞうちょうひさいばら
大原 おおはら
小倉台 おぐらだい
唐櫃台 からとだい
上津台 こうづだい
幸陽(町) こうよう
桜森(町) さくらしん

地域順一覧　　　　　　　　　　兵庫県

菖蒲が丘 しょうぶがおか
谷上東(町) たにがみひがし
道場町日下部 どうじょうちょうくさかべ
長尾町宅原 ながおちょうえいばら
長尾町上津 ながおちょうこうづ
八多町附物 はたちょうつくもの
山田町小河 やまだちょうおうご
山田町小部 やまだちょうおうぶ
山田町衝原 やまだちょうつくはら

神戸市須磨区
板宿(町) いたやど
一ノ谷(町) いちのたに
菊池(町) きくいけ
小寺(町) こでら
神撫(町) じんぶ
菅の台 すがのだい
大黒(町) だいこく
多井畑 たいのはた
千歳(町) ちとせ
千守(町) ちもり
中島(町) なかじま
東(町) ひがし
平田(町) ひらた
宝田(町) ほうでん
行幸(町) みゆき
弥栄台 やさかだい
若木(町) わかぎ

神戸市垂水区
乙木 おとぎ
川原 かわはら
神田(町) かんだ
小束山 こづかやま
御霊(町) ごりょう
坂上 さかがみ
松風台 しょうふうだい
城が山 しろがやま
神陵台 しんりょうだい
神和台 しんわだい
天ノ下(町) てんのした
中道 なかみち
日向 ひゅうが
福田 ふくだ
名谷(町) みょうだに

神戸市中央区
明石(町) あかし
生田(町) いくた
磯上通 いそがみどおり
小野柄通 おのえどおり
北長狭通 きたながさどおり

楠(町) くすのき
国香通 くにかどおり
熊内(町) くもち
古湊通 こみなとどおり
三宮(町) さんのみや
新港(町) しんこう
二宮(町) にのみや
八幡通 はちまんどおり
東(町) ひがし
再度筋(町) ふたたびすじ
脇浜(町) わきのはま

神戸市長田区
大谷(町) おおたに
大道通 おおみちどおり
重池(町) おもいけ
神楽(町) かぐら
上池田 かみいけだ
苅藻島(町) かるもじま
高東(町) こうとう
駒栄(町) こまえ
鹿松(町) しかまつ
庄田(町) しょうだ
大丸(町) だいまる
滝谷(町) たきたに
長田(町) ながた
長楽(町) ながら
七番(町) ななばん
西代通 にしだいどおり
日吉(町) ひよし
細田(町) ほそだ
前原(町) まえばら
御蔵通 みくらどおり
山下(町) やました
四番(町) よんばん

神戸市灘区
青谷(町) あおたに
一王山(町) いちのうさん
上野 うえの
烏帽子(町) えぼし
大士平(町) おおどがひら
神前(町) かみまえ
国玉通 くにたまどおり
高徳(町) こうとく
五毛 ごもう
鹿ノ下通 しかのしたどおり
篠原 しのはら
下河原通 しもがわらどおり
城内通 しろのうちどおり
城の下通 しろのしたどおり
千旦通 せんたんどおり
高羽 たかは
高羽(町) たかは

土山(町) つちやま
鶴甲 つるかぶと
中郷(町) なかごう
原田 はらだ
稗原(町) ひえはら
日尾(町) ひお
深田(町) ふかだ
味泥(町) みどろ
八幡(町) やはた
大和(町) やまと
弓木(町) ゆみのき

神戸市西区
伊川谷町別府 いかわだにちょうべふ
池上 いけがみ
岩岡町古郷 いわおかちょうふるさと
押部谷町近江 おしべだにちょうきんこう
押部谷町木見 おしべだにちょうこうみ
押部谷町細田 おしべだにちょうさいた
神出町五百蔵 かんでちょういおろい
神出町紫合 かんでちょうゆうだ
神出町勝成 かんでちょうよしなり
北別府 きたべふ
糀台 こうじだい
小山 こやま
白水 しらみず
前開南(町) ぜんかいみなみ
玉津町小山 たまつちょうこやま
長畑(町) ながはた
櫨谷町栃木 はせたにちょうとちのき
櫨谷町長谷 はせたにちょうはせ
平野町印路 ひらのちょういんじ
水谷 みたに
南別府 みなみべふ
宮下 みやした

神戸市東灘区
青木 おうぎ
北青木 きたおうぎ
向洋町中 こうようちょうなか
御影郡家 みかげぐんげ
本山町森 もとやまちょうもり

神戸市兵庫区
荒田(町) あらた
永沢(町) えいざわ
会下山(町) えげやま
小河通 おがわどおり
神田(町) かんだ
切戸(町) きれと
金平(町) きんぺい
熊野(町) くまの

五宮(町) ごのみや
小山(町) こやま
七宮(町) しちのみや
大開通 だいかいどおり
築地(町) つきじ
都由乃(町) つゆの
出在家(町) でざいけ
西柳原(町) にしやなぎわら
馬場(町) ばば
東出(町) ひがしで
東柳原(町) ひがしやなぎわら
鵯越(町) ひよどりごえ
福原(町) ふくわら
御崎(町) みさき
門口(町) もんぐち
雪御所(町) ゆきのごしょ
吉田(町) よしだ

相生市
大石(町) おおいし
大島(町) おおしま
大谷(町) おおたに
垣内(町) かきうち
川原(町) かわはら
陸 くが
陸本(町) くがほん
菅原(町) すがはら
千尋(町) ちひろ
那波 なば
西谷(町) にしたに
古池 ふるいけ
矢野町小河 やのちょうおうご
矢野町二木 やのちょうふたつぎ
山崎(町) やまさき
若狭野町雨内 わかさのちょうあまうち
若狭野町八洞 わかさのちょうはっとう

明石市
明石公園 あかしこうえん
上ノ丸 うえのまる
大明石(町) おおあかし
大蔵谷奥 おおくらだにおく
大蔵(町) おおくら
大蔵八幡(町) おおくらはちまん
和坂 かにがさか
北朝霧丘 きたあさぎりおか
小久保 こくほ
茶園場(町) さえんば
新明(町) しんめい
太寺 たいでら
大道(町) だいどう
立石 たていし
鳥羽 とば
西新(町) にししん

林崎(町) はやしさき
東野(町) ひがしの
船上(町) ふなげ
松江 まつえ
明南(町) めいなん
山下(町) やました
和坂 わさか

赤穂市
有年楢原 うねならばら
有年牟礼 うねむれ
有年横尾 うねよこお
木津 きづ
木生谷 きゅうのたに
高野 こうの
古浜(町) こはま
坂越 さこし
城西(町) じょうさい
正保橋(町) しょうほばし
新田 しんでん
周世 すせ
鷆和 てんわ
中浜(町) なかはま
南宮(町) なんぐう
西有年 にしうね
西浜(町) にしはま
東有年 ひがしうね
東浜(町) ひがしはま
本水尾(町) ほんみお
松原(町) まつばら
真殿 まとの
砂子 まなご
御崎 みさき
三樋(町) みつひ

朝来市
生野町奥銀谷 いくのちょうおくがなや
山東町粟鹿 さんとうちょうあわが
山東町一品 さんとうちょういっぽう
山東町大垣 さんとうちょうおおがき
山東町越田 さんとうちょうおった
山東町柊木 さんとうちょうひいらぎ
山東町末歳 さんとうちょうまっさい
立脇 たちわき
立野 たての
田路 とうじ
新井 にい
物部 もののべ
八代 やしろ
山内 やまうち
和田山町内海 わだやまちょううつのみ
和田山町久留引 わだやまちょうくるびき
和田山町高生田 わだやまちょうたこうだ

和田山町土田 わだやまちょうはんだ
和田山町法興寺 わだやまちょうほつこうじ

芦屋市
打出 (町) うちで
大原 (町) おおはら
公光 (町) きんみつ
楠 (町) くすのき
剣谷 けんたに
城山 しろやま
涼風 (町) すずかぜ
精道 (町) せいどう
大東 (町) だいとう
業平 (町) なりひら
南宮 (町) なんぐう
新浜 (町) にいはま
平田 (町) ひらた

尼崎市
大島 おおしま
大庄川田 (町) おおしょうかわた
大西 (町) おおにし
上ノ島 (町) かみのしま
瓦宮 かわらのみや
神崎 (町) かんざき
北城内 きたじょうない
食満 けま
小中島 こなかじま
三反田 (町) さんたんだ
椎堂 しどう
大物 (町) だいもつ
高田 (町) たかた
竹谷 (町) たけや
立花 (町) たちばな
築地 つきじ
道意 (町) どい
富松 (町) とまつ
中在家 (町) なかざいけ
中浜 (町) なかはま
若王寺 なこうじ
七松 (町) ななまつ
西昆陽 にしこや
西大物 (町) にしだいもつ
額田 (町) ぬかた
東大物 (町) ひがしだいもつ
東浜 (町) ひがしはま
南清水 みなみしみず
宮内 (町) みやうち
蓬川 (町) よもがわ

淡路市
育波 いくは
生穂 いくほ
入野 いりの
大谷 おおたに
小倉 おぐら
小田 おだ
下司 くだし

黒谷 くろだに
郡家 ぐんげ
小磯 こいそ
河内 こうち
佐野 さの
塩尾 しお
志筑 しづき
下田 しもだ
白山 しらやま
竹谷 たけだに
遠田 とおだ
富島 としま
長沢 ながさわ
中田 なかだ
野島蟇浦 のじまひがきのうら
深草 ふかくさ
柳沢 やなぎさわ

伊丹市
池尻 いけじり
鋳物師 いもじ
大鹿 おおじか
小阪田 おさかでん
北本 (町) きたほん
鴻池 こうのいけ
御願塚 ごがづか
昆陽 こや
下河原 しもがわら
千僧 せんぞ
西野 にしの
東野 ひがしの
森本 もりもと

小野市
粟生 (町) あお
阿形 (町) あがた
池尻 (町) いけじり
大島 (町) おおしま
小田 (町) おだ
鹿野 (町) かの
上本 (町) かみほん
来住 (町) きし
黍田 (町) きびた
浄谷 (町) きよたに
黒川 (町) くろかわ
広渡 (町) こうど
下来住 (町) しもきし
新部 (町) しんべ
菅田 (町) すがた
大開 (町) だいかい
高田 (町) たかた
田園 (町) でんえん
中島 (町) なかしま
中谷 (町) なかたに
中番 (町) なかばん
日吉 (町) ひよし
福甸 (町) ふくでん
三和 (町) みわ

加古川市
尾上町口里 おのえちょうくちり
尾上町長田 おのえちょうながた
金沢 (町) かなざわ

上荘町薬栗 かみそうちょうくすくり
上荘町国包 かみそうちょうくにかね
上荘町都染 かみそうちょうつぞめ
上荘町都台 かみそうちょうみやだい
神野町神野 かんのちょうかんの
志方町雑郷 しかたちょうぞうごう
志方町投松 しかたちょうねじまつ
新神野 しんかんの
西神吉町鼎 にしかんきちょうかなえ
東神吉町砂部 ひがしかんきちょういさべ
東神吉町出河原 ひがしかんきちょうでがはら
平岡町一色 ひらおかちょういっしき
平荘町上原 へいそうちょうかみはら
平荘町神木 へいそうちょうこうぎ
平荘町山角 へいそうちょうやまかど
別府町新野辺 べふちょうしのべ
別府町宮田 べふちょうみやでん
八幡町宗佐 やはたちょうそうさ

加西市
青野 (町) あおの
網引 (町) あびき
池上 (町) いけがみ
和泉 (町) いずみ
上野 (町) うえの
越水 (町) うてみ
大内 (町) おおち
大柳 (町) おおやなぎ
上芥田 (町) かみげた
小印南 (町) こいなみ
河内 (町) こうち
下芥田 (町) しもげた
下道山 (町) しもみちやま
新生 (町) しんじょう
吸谷 (町) すいだに
谷口 (町) たにぐち
田原 (町) たはら
段下 (町) だんげ
都染 (町) つぞめ
鎮岩 (町) とこなべ
中西 (町) なかにし
西長 (町) にしおさ
西谷 (町) にしたに
野条 (町) のうじょう
野上 (町) のがみ
繁昌 (町) はんじょう
東長 (町) ひがしおさ
広原 (町) ひろわら

別府 (町) べふ
満久 (町) まく
三口 (町) みくち
馬渡谷 (町) もおたに
山下 (町) やました
油谷 (町) ゆだに
両月 (町) わち

加東市
厚利 あつとし
出水 いずみ
上田 うえだ
馬瀬 うまぜ
永福 えいふく
多井田 おいだ
大畑 おおはた
小沢 おざわ
梶原 かじわら
久米 くめ
黒谷 くろだに
河高 こうたか
栄枝 さかえ
少分谷 しょうぶだに
大門 だいもん
東実 とうじつ
西古瀬 にしこせ
掎鹿谷 はしかだに
東古瀬 ひがしこせ
藤田 ふじた
廻渕 まわりぶち
南山 みなみやま
社 やしろ

川西市
芋生 いもお
小戸 おおべ
小花 おばな
錦松台 きんしょうだい
久代 くしろ
国崎 くにさき
黒川 くろかわ
下財 (町) げざい
栄根 さかね
下加茂 したかも
新田 しんでん
大和西 だいわにし
多田院多田所 (町) ただいんただどころ
出在家 (町) でざいけ
西畦野 にしうねの
萩原 はぎはら
萩原台東 はぎはらだいひがし
東畦野 ひがしうねの
一庫 ひとくら
虫生 むしゅう
矢問 やとう
柳谷 やなぎたに
山下 (町) やました
山原 やまはら

篠山市
網掛 あがけ
県守 あがたもり
油井 あぶらい

池上 いけがみ
今谷 いまだに
打坂 うちさか
追入 おいれ
大上 おおがみ
大熊 おおくま
大谷 おおたに
大山下 おおやましも
小川 おがわ
奥県守 おくあがたもり
小倉 おぐら
小坂 おさか
小多田 おただ
小立 おだち
遠方 おちかた
小野新 おのしん
小原 おばら
春日江 かすがえ
上筱見 かみささみ
川原 かわら
河原 (町) かわら
北新 (町) きたしん
熊谷 くまだに
栗柄 くりから
栗栖野 くりすの
桑原 くわばら
郡家 ぐんげ
河内台 こうちだい
古森 こもり
小田中 こだなか
小中 こなか
不来坂 このさか
呉服 (町) ごふく
小枕 こまくら
今田町木津 こんだちょうこつ
今田町休場 こんだちょうやすんば
後川奥 しつかわおく
渋谷 しぶたに
下筱見 しもささみ
塩岡 しょうか
新荘 しんじょう
菅 すげ
曽地奥 そうじおく
高坂 たかさか
立金 たつがね
立 (町) たつ
谷山 たにやま
垂水 たるみ
知足 ちそく
町ノ田 ちょうのた
寺内 てらうち
東河地 とうこうち
西古佐 にしこさ
西荘 にしじょう
西新 (町) にししん
西谷 にしたに
西八上 にしやかみ
安口 はだかす
幡路 はだち
火打岩 ひうちわん

日置 ひおき
東新（町）ひがししん
東吹 ひがしぶき
風深 ふうか
吹上 ふきがみ
三熊 みくま
宮代 みやしろ
宮田 みやだ
糯ケ坪 もちがつぼ
八上上 やかみかみ
安田 やすだ
山内（町）やまうち

三田市
池尻 いけじり
馬渡 うまわたり
永沢寺 えいたくじ
大畑 おおはた
大原 おおばら
乙原 おちばら
小野 おの
香下 かした
川除 かわよけ
川原 かわら
桑原 くわばら
木器 こうづき
小柿 こがき
三田（町）さんだ
下里 しもざと
対中（町）たいなか
十倉 とくら
成谷 なるだに
尼寺 にんじ
八景（町）はっけい
広野 ひろの
布木 ふき
洞 ほら
溝口 みぞぐち
宮脇 みやわき
母子 もうし

宍粟市
一宮町生栖 いちのみやちょういぎす
一宮町閏賀 いちのみやちょううるが
一宮町百千家満 いちのみやちょうおちやま
一宮町河原田 いちのみやちょうかわはらだ
一宮町東河内 いちのみやちょうひがしごうち
一宮町深河谷 いちのみやちょうふかだに
千種町下河野 ちくさちょうげこの
千種町河内 ちくさちょうこうち
千種町河呂 ちくさちょうこうろ
千種町鷹巣 ちくさちょうたかのす
千種町七野 ちくさちょうひつの

波賀町音水 はがちょうおんずい
波賀町道谷 はがちょうどうたに
波賀町安賀 はがちょうやすが
山崎町五十波 やまさきちょういかば
山崎町生谷 やまさきちょういぎだに
山崎町梯 やまさきちょうかけはし
山崎町加生 やまさきちょうかしょう
山崎町葛根 やまさきちょうかずらね
山崎町高下 やまさきちょうこうげ
山崎町高所 やまさきちょうこうぞ
山崎町神谷 やまさきちょうこうだに
山崎町小茅野 やまさきちょうこがいの
山崎町御名 やまさきちょうごみょう
山崎町土万 やまさきちょうひじま
山崎町三津 やまさきちょうみつづ
山崎町母栖 やまさきちょうもす

洲本市
安乎町古宮 あいがちょうふるみや
鮎屋 あいや
池内 いけのうち
納 おさめ
小路谷 おろだに
金屋 かなや
上物部 かみものべ
五色町鮎原栢野 ごしきちょうあいはらかやの
五色町鮎原小山田 ごしきちょうあいはらこやまだ
五色町鮎原葛尾 ごしきちょうあいはらつづらお
五色町都志 ごしきちょうつし
五色町都志角川 ごしきちょうつしつのかわ
下加茂 しもがも
炬口 たけのくち
千草 ちくさ
前平 まえひら
物部 ものべ

高砂市
阿弥陀町生石 あみだちょうおおしこ
春日野（町）かすがの
神爪 かづめ
松陽 しょうよう
高砂町戎（町）たかさごちょうえびす
高砂町農人（町）た

かさごちょうのうにん
竜山 たつやま
中島 なかしま
緑丘 みどりがおか
美保里 みほのさと

宝塚市
安倉北 あくらきた
伊孑志 いそし
小林 おばやし
鹿塩 かしお
川面 かわも
清荒神 きよしこうじん
蔵人 くらんど
向月 こうげつ
香合新田 こうごしんでん
光明（町）こうみょう
小浜 こはま
逆瀬川 さかせがわ
大成（町）たいせい
谷口（町）たにぐち
長谷 ながたに
野上 のがみ
波豆 はず
米谷 まいたに
売布 めふ
社（町）やしろ

たつの市
揖西町竹万 いっさいちょうちくま
揖西町中垣内 いっさいちょうなかがいち
揖西町土師 いっさいちょうはぜ
揖保川町馬場 いぼがわちょううまば
揖保川町神戸北山 いぼがわちょうかんべきたやま
揖保川町養久 いぼがわちょうやく
揖保町中臣 いぼちょうなかじん
揖保町萩原 いぼちょうはぎはら
新宮町上莇原 しんぐうちょうかみあざわら
新宮町善定 しんぐうちょうぜんじょ
新宮町角亀 しんぐうちょうつのがめ
新宮町觜崎 しんぐうちょうはしさき
新宮町二柏野 しんぐうちょうふたつがいの
龍野町上霞城 たつのちょうかみかじょう
龍野町四箇 たつのちょうよっか
誉田町井上 ほんだちょういのかみ
御津町朝臣 みつちょうあさとみ

御津町苅屋 みつちょうかりや

丹波市
青垣町大名草 あおがきちょうおなざ
青垣町大稗 あおがきちょうおびえ
青垣町栗住野 あおがきちょうくりすの
青垣町惣持 あおがきちょうそうじ
青垣町文室 あおがきちょうふむろ
青垣町山垣 あおがきちょうやまがい
市島町上牧 いちじまちょううえまい
市島町乙河内 いちじまちょうおとがわち
市島町酒梨 いちじまちょうさなせ
市島町戸平 いちじまちょうとべら
柏原町挙田 かいばらちょうあぐでん
柏原町大新屋 かいばらちょうおおにいや
柏原町母坪 かいばらちょうほつぼ
春日町牛河内 かすがちょううしがわち
春日町歌道谷 かすがちょううとうだに
春日町上三井庄 かすがちょうかみみのしょう
春日町栢野 かすがちょうかやの
春日町鹿場 かすがちょうかんば
春日町野上野 かすがちょうのこの
春日町柚津 かすがちょうゆづ
山南町大河 さんなんちょうおおか
山南町小畑 さんなんちょうおばたけ
山南町小新屋 さんなんちょうこにや
山南町篠場 さんなんちょうささば
山南町玉巻 さんなんちょうたまき
氷上町上成松 ひかみちょうあげなりまつ
氷上町石生 ひかみちょういそう
氷上町長野 ひかみちょうおさの
氷上町上新庄 ひかみちょうかみしんじょう

豊岡市
出石町入佐 いずしちょういるさ
出石町田結庄 いずしちょうたいのしょう
出石町袴狭 いずし

ちょうはかざ
出石町水上 いずしちょうむながい
出石町榎見 いずしちょうよのみ
江本 えもと
大篠岡 おおしのか
大谷 おおたに
小島 おしま
小田井（町）おだい
梶原 かじわら
神美台 かみよしだい
加陽 かや
木内 きなし
城崎町上山 きのさきちょううやま
城崎町楽々浦 きのさきちょうささうら
気比 けひ
河谷 こうだに
江野 ごうの
佐野 さの
下宮 しものみや
庄境 しょうざかい
城南（町）じょうなん
清冷寺 しょうれんじ
田結 たい
竹野町阿金谷 たけのちょうあこんだに
竹野町鬼神谷 たけのちょうおじんだに
竹野町御又 たけのちょうおまた
竹野町川南谷 たけのちょうかなんだに
竹野町河内 たけのちょうかわち
竹野町金原 たけのちょうきんばら
竹野町椒 たけのちょうはじかみ
立野（町）たちの
立花 たていし
但東町大河内 たんとうちょうおおごうち
但東町小谷 たんとうちょうおだに
但東町久畑 たんとうちょうくばた
但東町小坂 たんとうちょうこざこ
但東町東里 たんとうちょうとうり
但東町日向 たんとうちょうひなだ
但東町水石 たんとうちょうみずし
但東町南尾 たんとうちょうみのお
但東町虫生 たんとうちょうむしゅう
戸牧 とべら
長谷 ながたに
中郷 なかのごう
中谷 なかのたに
野上 のじょう
八社宮 はさみ

445

兵庫県　　　　　　　　　　　　　地域順一覧

土渕 ひじうち
日高町上石 ひだかちょうあげし
日高町稲葉 ひだかちょういなんば
日高町上郷 ひだかちょうかみのごう
日高町小河江 ひだかちょうこがわえ
日高町太田 ひだかちょうただ
日高町祢布 ひだかちょうにょう
日高町東河内 ひだかちょうひがしごうち
日高町水上 ひだかちょうみのかみ
日高町水口 ひだかちょうみのくち
日高町山宮 ひだかちょうやまのみや
一日市 ひといち
日撫 ひなど
福田 ふくだ
船谷 ふなだに
法花寺 ほっけいじ
三原 みはら
弥栄(町) やさか
百合地 ゆるじ

西宮市
青木(町) あおき
上鳴尾(町) あげなるお
荒戎(町) あらえびす
石刎(町) いしばね
市庭(町) いちにわ
上ケ原山手(町) うえがはらやまて
上田中(町) うえだなか
大島(町) おおしま
大谷(町) おおたに
大畑(町) おおはた
大屋(町) おおや
学文殿(町) がくぶんでん
神楽(町) かぐら
甲山町 かぶとやま
神垣(町) かみがき
神園(町) かみその
上之(町) かみの
柏堂(町) かやんどう
河原(町) かわはら
神呪(町) かんのう
神原 かんばら
熊野(町) くまの
結善(町) けつぜん
剣谷(町) けんだに
甲子園網引(町) こうしえんあびき
甲子園六石(町) こうしえんろっこく
甑岩(町) こしきいわ
越水(町) こしみず
小曽根(町) こそね
西福(町) さいふく

桜谷(町) さくらだに
産所(町) さんしょ
社家(町) しゃけ
城ケ堀(町) じょうがほり
松籟荘 しょうらいそう
城山 しろやま
角石(町) すみいし
高座(町) たかくら
高畑(町) たかはた
田代(町) たしろ
千蔵(町) ちとせ
津門飯田(町) つといいでん
津門仁辺(町) つとにべ
戸田(町) とだ
中島(町) なかじま
長田(町) ながた
中浜(町) なかはま
中屋(町) なかや
生瀬(町) なまぜ
西田(町) にしだ
西平(町) にしひら
櫨塚(町) はぜつか
馬場(町) ばば
林田(町) はやしだ
東浜(町) ひがしはま
東(町) ひがし
樋ノ口(町) ひのくち
深津(町) ふかす
深谷(町) ふかたに
伏原(町) ふしはら
豊楽(町) ほうらく
松生(町) まつおい
松原(町) まつばら
満池谷(町) まんちだに
美作(町) みさく
門前(町) もんぜん
薬師(町) やくし
湯元(町) ゆのもと
弓場(町) ゆば
用海(町) ようがい

西脇市
合山(町) あやま
市原(町) いちはら
上野 うえの
大垣内 おおがち
大木(町) おおぎ
上戸田 かみとだ
上比延(町) かみひえ
黒田庄町門柳 くろだしょうちょうもんりゅう
高田井(町) こうだい
小坂(町) こさか
郷瀬(町) ごのせ
蒲江 こもえ
鹿野(町) しかの
寺内 てらうち
富田 とみた
中畑(町) なかはた

西田(町) にしだ
比延(町) ひえ
八坂(町) やさか
和布(町) わぶ

姫路市
阿保 あほ
網干区興浜 あぼしくおきのはま
網干区垣内北(町) あぼしくかいちきた
嵐山(町) あらしやま
生野(町) いくの
伊伝居 いでい
岩端(町) いわばな
魚(町) うお
梅ケ谷(町) うめがたに
大津区北天満(町) おおつくきたてんまん
大津区天満 おおつくてんま
刀出 かたなで
金屋(町) かなや
上片(町) かみかた
神屋(町) かみや
亀山 かめやま
神田(町) かんだ
北原 きたはら
北平野奥垣内 きたひらのおくがいち
北八代 きたやしろ
北夢前台 きたゆめさきだい
木場 きば
楠(町) くすのき
香寺町久畑 こうでらちょうくばた
香寺町土師 こうでらちょうはぜ
国府寺(町) こおでら
五軒邸 ごけんやしき
小姓(町) こしょう
古二階(町) こにかい
河間(町) こばま
呉服(町) ごふく
小利木(町) こりき
紺屋(町) こんや
西庄 さいしょう
堺(町) さかい
坂田(町) さかた
定元(町) さだもと
飾磨区英賀 しかまくあが
飾磨区阿成 しかまくあなせ
飾磨区阿成鹿古 しかまくあなせかこ
飾磨区阿成下垣内 しかまくあなせしもかいち
飾磨区恵美酒 しかまくえびす
飾磨区蓼野(町) しかまくたでの
飾磨区妻鹿 しかまくめが

飾東町佐良和 しきとうちょうさろお
四郷町明田 しごうちょうあけだ
東雲(町) しののめ
忍(町) しのぶ
実法寺 じほうじ
下寺(町) しもでら
庄田 しょうだ
城東(町) じょうとう
白銀(町) しろがね
神和(町) しんわ
菅生台 すごうだい
大寿台 だいじゅだい
高尾(町) たかお
龍野(町) たつの
立(町) たて
中地 ちゅうじ
町田 ちょうだ
町坪 ちょうのつぼ
佃(町) つくだ
土山 つちやま
東郷(町) とうごう
苫編 とまみ
豊富町甲丘 とよみちょうかぶとおか
豊富町神谷 とよみちょうこうだに
南条 なんじょう
西新(町) にししん
西八代(町) にしやしろ
西夢前台 にしゆめさきだい
仁豊野 にぶの
農人(町) のうにん
南畝(町) のうねん
白鳥台 はくちょうだい
博労(町) ばくろう
林田町六九谷 はやしだちょうむくだに
林田町八幡 はやしだちょうやはた
日出(町) ひので
広畑区夢前(町) ひろはたくゆめさき
広嶺山 ひろみねやま
別所町佐土 べっしょちょうさづち
北条 ほうじょう
保城 ほうしろ
峰南 ほうなん
御国野町御着 みくにのちょうごちゃく
神子岡前 みこおかまえ
御立東 みたちひがし
宮上(町) みやうえ
睦(町) むつみ
八家 やか
八木(町) やぎ
八代 やしろ
安田 やすだ
安富町狭戸 やすとみちょうせばと

安富町皆河 やすとみちょうみなご
山畑新田 やまはたしんでん
夢前町莇野 ゆめさきちょうあぞの
夢前町神種 ゆめさきちょうこのくさ
夢前町菅生澗 ゆめさきちょうすごうだに
吉田(町) よしだ
米田(町) よねだ
余部区上川原 よべくかみがわら

三木市
口吉川町槙原 くちよかわちょうくぬぎはら
志染町窟屋 しじみちょういわや
平田 ひらた
別所町東這田 べっしょちょうひがしほうだ
吉川町大沢 よかわちょうおおそ
吉川町貸潮 よかわちょうかしお
吉川町金会 よかわちょうきんかい
吉川町長谷 よかわちょうながたに
吉川町新田 よかわちょうにった
吉川町古川 よかわちょうふるかわ
吉川町山上 よかわちょうやまのうえ

南あわじ市
市 いちいち
市小井 いちおい
榎列掃守 えなみかもり
賀集生子 かしゅうせいご
賀集八幡 かしゅうやはた
志知鈩 しちたたら
倭文委文 しとおりいぶん
倭文長田 しとおりながた
神代地頭方 じんだいじとほう
中条中筋 ちゅうじょうちゅうきん
松帆櫟田 まつほいちだ
松帆慶野 まつほけいの
山添 やまぞえ

養父市
上箇 あげ
上野 うえの
大谷 おおたに
大屋町筏 おおやちょういかだ
奥米地 おくめいじ

地域順一覧　　　　　　　　　　　　　　　　　　　　　　　　　　奈良県

小路頃 おじころ	米田 よねだ	南田原 みなみたわら	香住区沖浦 かすみくおきのうら	油阪地方(町) あぶらさかじかた
葛畑 かずらはた	**加古郡稲美町**	山崎 やまさき	香住区加鹿野 かすみくかじかの	尼辻(町) あまがつじ
鉄屋米地 かなやめいじ	印南 いんなみ	**佐用郡**	香住区下浜 かすみくしものはま	藺生(町) いう
川原場 かわらば	国北 くにほく	佐用(町) さよう	香住区守柄 かすみくくすから	井上(町) いのうえ
小城 こじょう	幸竹 こうたけ	**佐用郡佐用町**	香住区丹生地 かすみくにうじ	今辻子(町) いまづじ
左近山 さこやま	下草谷 しもくさだに	大垣内 おおがいち	香住区土生 かすみくはぶ	荻(町) おおぎ
十二所 じゅうにしょ	中一色 なかいしき	大下り おおさがり	香住区一日市 かすみくひといち	邑地(町) おおじ
新津 しんづ	**加古郡播磨町**	大畑 おおはた	香住区無南垣 かすみくむながい	大保(町) おおほ
関宮 せきのみや	大中 おおなか	大日山 おおぴやま	村岡区耀山 むらおかくかかやま	大倭(町) おおやまと
建屋 たきのや	上野添 うえのぞえ	奥長谷 おくながたに	村岡区神坂 むらおかくかんざか	小川(町) おがわ
轟 とどろき	古宮 こみや	奥海 おねみ	村岡区梶岡 むらおかくかじおか	興ケ原(町) おくがはら
外野 との	新島 にいじま	皆田 かいた	村岡区作山 むらおかくつくりやま	小倉(町) おぐら
中米地 なかめいじ	古田 ふるた	金屋 かなや	村岡区寺河内 むらおかくてらがわうち	大平尾(町) おびらお
能座 のうざ	**川辺郡猪名川町**	久崎 くざき	村岡区味取 むらおかくみどり	肘塚(町) かいのづか
船谷 ふなだに	猪渕 いぶち	口長谷 くちながたに	**美方郡新温泉町**	鵲(町) かささぎ
別宮 べっくう	上野 うえの	家内 けない	伊角 いすみ	春日野(町) かすがの
三谷 みたに	柏梨田 かしうだ	小赤松 こあかまつ	歌長 うたおさ	上深川(町) かみふかわ
八鹿町岩崎 ようかちょういわさい	柏原 かしはら	河崎 こうざき	海上 うみがみ	杏(町) からもも
八鹿町上網場 ようかちょうかみなんば	木津 きづ	上月 こうづき	多子 おいご	北京終(町) きたきょうぢ
八鹿町九鹿 ようかちょうくろく	銀山 ぎんざん	光都 こうと	越坂 おっさか	北新(町) きたしん
八鹿町小山 ようかちょうこやま	木間生 こもお	小日山 こびやま	金屋 かなや	北椿尾(町) きたつばお
八鹿町舞狂 ようかちょうぶきょう	白金 しろがね	小山 こやま	久谷 くたに	北御門(町) きたみかど
八鹿町米里 ようかちょうめいり	荘苑 そうえん	真盛 さねもり	熊谷 くまだに	北向(町) きたむき
赤穂郡	民田 たみだ	真宗 さのむね	境 さかい	京終地方東側(町) きょうばてじかたひがしがわ
上郡(町) かみごおり	槻並 つくなみ	佐用 さよう	塩山 しおやま	公納堂(町) くのうどう
赤穂郡上郡町	栃原 とちはら	志文 しぶみ	七釜 しちかま	神殿(町) こどの
井上 いのかみ	仁頂寺 にじょうじ	下徳久 しもとくさ	対田 たいた	小西(町) こにし
大枝 おえだ	林田 はやしだ	末包 すえかね	千谷 ちだに	西九条(町) さいくじょう
大枝新 おえだしん	南田原 みなみたはら	弦谷 つるだに	千原 ちはら	西大寺赤田(町) さいだいじあこだ
奥 おく	紫合 ゆうだ	中島 なかしま	栃谷 とちだに	西大寺(町) さいだいじ
小野豆 おのず	**神崎郡**	西河内 にしがいち	桧尾 ひのきお	阪新屋(町) さかのしんや
落地 おろち	神河(町) かみかわ	林崎 はやしさき	戸田 へだ	芝新屋(町) しばのしんや
金出地 かなじ	**神崎郡市川町**	春哉 はるかな	辺地 へっち	下深川(町) しもふかわ
上郡 かみごおり	上田中 うえだなか	東徳久 ひがしとくさ	細田 ほそだ	勝南院(町) しょうなみ
楠 くすのき	奥 おく	海内 みうち	三尾 みお	菖蒲池(町) しょうぶいけ
光都 こうと	小畑 おばた	三原 みはら	三谷 みたに	松陽台 しょうようだい
河野原 こうのはら	神崎 かんざき	米田 よねだ	宮脇 みやわき	神功(町) じんぐう
佐用谷 さよだに	小谷 こだに	**多可郡多可町**	用土 ようど	水門(町) すいもん
神明寺 じみょうじ	小室 こむろ	加美区岩座神 かみくいさりがみ		菅野台 すがのだい
大持 だいもち	近平 ちから	加美区清水 かみくきよみず	┌─────┐	菅原(町) すがはら
竹万 ちくま	千原 ちはら	加美区鳥羽 かみくとりま	│ **奈良県** │	朱雀 すざく
別名 べつみょう	西川辺 にしかわなべ	加美区箸荷 かみくはせがい	└─────┘	杉ケ町(町) するが
八保 やほ	**神崎郡神河町**	中区糀屋 なかくこうじや	香芝(市) かしば	誓多林(町) せたりん
行頭 ゆくとう	上岩 あげいわ	中区間子 なかくまこう	橿原(市) かしはら	雑司(町) ぞうし
揖保郡	猪篠 いざさ	**美方郡**	葛城(市) かつらぎ	高畑(町) たかばたけ
太子(町) たいし	大河 おおかわ	香美(町) かみ	御所(市) ごせ	高樋(町) たかひ
揖保郡太子町	大畑 おおはた	**美方郡香美町**	磯城(郡) しき	高天市(町) たかまいち
鵤 いかるが	大山 おおやま	小代区茅野 おじろくかやの	山辺(郡) やまべ	高天(町) たかま
沖代 おきだい	越知 おち	小代区神水 おじろくかんずい	**奈良市**	
佐用岡 さよおか	柏尾 かしお	小代区神場 おじろくかんば	青野(町) あおの	
常全 じょうぜん	上小田 かみおだ	小代区城山 おじろくじょうやま	赤膚(町) あかはだ	
立岡 たつおか	新田 しんでん	香住区上計 かすみくあげい	阿字万字(町) あぜまめ	
天満山 てんまやま	高朝田 たかちょうだ	香住区余部 かすみくあまるべ		
東出 とうで	新谷 にいの			
東保 とうほ	長谷 はせ			
馬場 ばば	比延 ひえ			
福地 ふくじ	根宇野 みよの			
	神崎郡福崎町			
	馬田 うまだ			
	西治 さいじ			
	田口 たぐち			
	福田 ふくだ			

447

奈良県　地域順一覧

田原春日野(町) たわらかすがの
中院(町) ちゅういん
月ケ瀬嵩 つきがせだけ
都祁小山戸(町) つげおやまと
都祁甲岡(町) つげこうか
都祁相河(町) つげそうご
都祁吐山(町) つげはやま
築地之内(町) つじのうち
角振(町) つのふり
椿井(町) つばい
帝塚山 てづかやま
出屋敷(町) でやしき
東九条(町) とうくじょう
長谷(町) ながたに
中貫(町) なかづら
中新屋(町) なかのしんや
中畑(町) なかはた
内侍原(町) なしはら
西包永(町) にしかねなが
西紀寺(町) にしきでら
西城戸(町) にしじょうど
西新屋(町) にしのしんや
西御門(町) にしみかど
二名 にみょう
二名(町) にみょう
丹生(町) にゅう
忍辱山(町) にんにくせん
畑中(町) はたけなか
馬場(町) ばば
東包永(町) ひがしかねなが
東紀寺(町) ひがしきでら
東城戸(町) ひがしじょうど
白毫寺(町) びゃくごうじ
藤原(町) ふじわら
生琉里(町) ふるさと
宝来 ほうらい
宝来(町) ほうらい
米谷(町) まいたに
大豆山(町) まめやま
山陵(町) みささぎ
三碓 みつがらす
三碓(町) みつがらす
三棟(町) みつむね
南市(町) みなみいち
南肘塚(町) みなみかいのづか
南京終(町) みなみきょうばて
南庄(町) みなみしょう

南城戸(町) みなみじょうど
南田原(町) みなみたわら
南椿尾(町) みなみつばお
水間(町) みま
三松 みまつ
柳生(町) やぎゅう
八島(町) やしま
山(町) やま
油留木(町) ゆるぎ
鹿野園(町) ろくやおん

生駒市
壱分(町) いちぶ
小倉寺(町) おぐらじ
小瀬(町) おぜ
乙田(町) おとだ
上(町) かみ
北新(町) きたしん
小明(町) こうみょう
小平尾(町) こびらお
鹿ノ台西 しかのだいにし
鹿畑(町) しかはた
大門(町) だいもん
谷田(町) たにだ
中菜畑 なかなばた
菜畑(町) なばた
萩原(町) はぎはら
東新(町) ひがししん
南田原(町) みなみたわら
門前(町) もんぜん
山崎(町) やまさき

宇陀市
菟田野入谷 うたのにゅうだに
大宇陀芝生 おおうだしぼう
大宇陀中庄 おおうだなかのしょう
大宇陀野依 おおうだのより
大宇陀拾生 おおうだひろう
大宇陀宮奥 おおうだみやのおく
大宇陀守道 おおうだもち
榛原赤埴 はいばらあかばね
榛原上井足 はいばらかみいだに
榛原篠楽 はいばらささがく
榛原角柄 はいばらつのがわら
榛原天満台東 はいばらてんまだいひがし
榛原榛見が丘 はいばらはるみがおか
室生田口元角川 むろうたぐちもとのつのがわ

室生砥取 むろうととり
室生向渕 むろうむこうぢ

香芝市
下田 しもだ
田尻 たじり
尼寺 にんじ

橿原市
石原田(町) いしらだ
忌部(町) いんべ
雲梯(町) うなて
畝傍(町) うねび
栄和(町) えいわ
小房(町) おうさ
小槻(町) おうづく
大谷(町) おおたに
太田市(町) おだいち
戒外(町) かいげ
膳夫(町) かしわて
一(町) かず
観音寺(町) かんのんじ
城殿(町) きどの
木原(町) きはら
葛本(町) くずもと
久米(町) くめ
御坊(町) ごぼう
地黄(町) じお
四分(町) しぶ
下八釣(町) しもやつり
小綱(町) しょうこ
菖蒲(町) しょうぶ
上品寺(町) じょうほんじ
白檀(町) しらかし
新賀(町) しんが
土橋(町) つちはし
出垣内(町) でがいと
十市(町) とおいち
豊田(町) とよだ
鳥屋(町) とりや
新口(町) にのくち
飯高(町) ひだか
法花寺(町) ほっけいじ
南山(町) みなみやま
八木(町) やぎ
吉田(町) よしだ

葛城市
大屋 おおや
忍海 おしみ
大畑 おばたけ
柿本 かきのもと
葛木 かつらぎ
北道穂 きたみつほ
新(村) し
當麻 たいま
竹内 たけのうち
葦 はじかみ
八川 はちがわ
林堂 はやしどう

兵家 ひょうげ
南道穂 みなみみつほ

五條市
相谷(町) あいたに
居伝(町) いで
大塔町閇君 おおとうちょうとじきみ
大深(町) おおふか
生子(町) おぶす
小和(町) おわ
釜窪(町) かまのくぼ
上之(町) かみの
上野(町) こうずけ
小島(町) こじま
小山(町) こやま
住川(町) すがわ
丹原(町) たんばら
近内(町) ちかうち
出屋敷(町) でやしき
田園 でんえん
西河内(町) にしかわち
西吉野町賀名生 にしよしのちょうあのう
西吉野町江出 にしよしのちょうえずる
西吉野町大日川 にしよしのちょうおおびかわ
西吉野町陰地 にしよしのちょうおんじ
西吉野町神野 にしよしのちょうこうの
西吉野町鹿場 にしよしのちょうししば
西吉野町城戸 にしよしのちょうじょうど
西吉野町西新子 にしよしのちょうにしあたらし
西吉野町向加名生 にしよしのちょうむかいあのう
野原(町) のはら
畑田(町) はたけだ
八田(町) はった
表野(町) ひょうの
御山(町) みやま
六倉(町) むつくら
湯谷市塚(町) ゆたにいちづか
霊安寺(町) りょうあんじ

御所市
五百家 いうか
稲宿 いないど
今城 いまんじょう
内谷 うちたに
多田 おいだ
小殿 おどの
柏原 かしはら
櫛羅 くじら
古瀬 こせ
小林 こばやし
西柏(町) さいかし

蛇穴 さらぎ
寺内(町) じない
下茶屋 しものちゃや
神宮(町) じんぐう
新地(町) しんち
新田 しんだ
高天 たかま
茅原 ちはら
出走 ではしり
出屋敷 でやしき
戸毛 とうげ
豊田 とよだ
中本(町) なかほん
西持田 にしもった
東持田 ひがしもった
奉膳 ぶんぜ
重阪 へいさか
本馬 ほんま
増 ます
御門(町) みかど
御国通り みくにどおり
持田 もった
柳田(町) やなぎだ
柳原 やなぎはら

桜井市
赤尾 あかお
阿部 あべ
出雲 いずも
上之宮 うえのみや
大泉 おいずみ
生田 おいだ
粟殿 おおどの
大西 おおにし
粟原 おおばら
小夫 おおぶ
小夫嵩方 おおぶだけほう
忍阪 おっさか
下居 おりい
戒重 かいじゅう
金屋 かなや
上之庄 かみのしょう
川合 かわい
河西 かわにし
吉備 きび
下 しも
修理枝 しゅりえだ
白河 しらが
白木 しらき
新屋敷 しんやしき
高家 たいえ
大福 だいふく
髙田 たかた
滝倉 たきのくら
茅原 ちわら
多武峰 とうのみね
外山 とび
豊田 とよだ
中谷 なかたに
初瀬 はせ
東田 ひがしだ
豊前 ぶんぜ

大豆越 まめごし	城北（町）じょうほく	白石畑 しらいしばた	小室 こむろ	野迫川（村）のせがわ
三谷 みたに	白土（町）しらっち	椿井 つばい	堺（町）さかい	**吉野郡大淀町**
百市 ももいち	城の台（町）しろのだい	西宮 にしのみや	十六面 じゅうろくせん	北六田 きたむだ
吉隠 よなばり	高田（町）たかだ	福貴 ふき	新地 しんち	薬水 くすりみず
竜谷 りゅうたに	丹後庄（町）たんごのしょう	福貴畑 ふきはた	千代 ちしろ	佐名伝 さなて
鹿路 ろくろ	外川（町）とがわ	椹原 ふしはら	富本 とんもと	下渕 しもぶち
天理市	中城（町）なかじょう	三里 みさと	新木 にき	土田 つちだ
合場（町）あいば	新木（町）にき	**宇陀郡**	西代 にしんだい	新野 にの
荒蒔（町）あらまき	西野垣内（町）にしのがいと	曽爾（村）そに	根太口 ねぶとぐち	馬佐 ばさ
石上（町）いそのかみ	野垣内（町）のがいと	御杖（村）みつえ	秦庄 はたのしょう	桧垣本 ひがいもと
櫟本（町）いちのもと	発志院（町）はつしいん	**宇陀郡曽爾村**	八田 はった	増口 ましぐち
庵治（町）おうじ	藤原（町）ふじわら	葛 かずら	平田 ひらた	矢走 やばせ
乙木（町）おとぎ	馬司（町）まつかさ	小長尾 こながお	保津 ほつ	**吉野郡上北山村**
萱生（町）かよう	南井（町）みなみい	太良路 たろじ	満田 まんだ	河合 かわい
川原城（町）かわはらじょう	**大和高田市**	**宇陀郡御杖村**	宮古 みやこ	小橡 ことち
上総（町）かんさ	旭北（町）あさひきた	神末 こうずえ	宮森 みやのもり	西原 にしはら
御経野（町）ごきょうの	旭南（町）あさひみなみ	菅野 すがの	八尾 やお	**吉野郡川上村**
小島（町）こじま	池尻 いけじり	桃俣 もものまた	八幡（町）やはた	井光 いかり
小田中（町）こだなか	出 いで	**北葛城郡**	**磯城郡三宅町**	東川 ひがしかわ
佐保庄（町）さほのしょう	永和（町）えいわ	河合（町）かわい	石見 いわみ	大迫 おおさこ
三昧田（町）さんまいでん	大谷 おおたに	上牧（町）かんまき	小柳 おやなぎ	伯母谷 おばたに
渋谷（町）しぶたに	大中 おおなか	**北葛城郡王寺町**	但馬 たじま	上多古 こうだこ
小路（町）しょうじ	大東（町）おおひがし	葛下 かつしも	伴堂 ともんどう	上谷 こうだに
前栽（町）せんざい	勝目 かじめ	久度 くど	**高市郡明日香村**	神之谷 こうのたに
田井庄（町）たいのしょう	甘田（町）かんだ	太子 たいし	雷 いかづち	迫 さこ
田部（町）たべ	北本（町）きたほん	**北葛城郡河合町**	尾曽 おおそ	入之波 しおのは
苣原（町）ちしゃわら	三和（町）さんわ	川合 かわい	小原 おおはら	白屋 しらや
遠田（町）とおだ	東雲（町）しののめ	薬井 くすりい	上 かむら	枌尾 そぎお
豊田（町）とよだ	神楽 じんらく	長楽 ちょうらく	栢森 かやもり	高原 たかはら
長柄（町）ながら	曽大根 そおね	穴闇 なぐら	川原 かわはら	武木 たきぎ
新泉（町）にいずみ	高田 たかだ	西穴闇 にしなぐら	小山 こやま	**吉野郡黒滝村**
西長柄（町）にしながら	築山 つきやま	山坊 やまのぼう	上居 じょうご	粟飯谷 あわいだに
檜垣（町）ひがい	土庫 どんご	**北葛城郡上牧町**	立部 たちべ	御吉野 みよしの
東井戸堂（町）ひがしいどうどう	藤森 ふじのもり	上牧 かんまき	入谷 にゅうだに	**吉野郡下市町**
布留（町）ふる	**生駒郡**	下牧 しもまき	檜前 ひのくま	新住 あたらすみ
勾田（町）まがた	安堵（町）あんど	中筋出作 なかすじしゅつさく	平田 ひらた	小路 しょうじ
三島（町）みしま	斑鳩（町）いかるが	**北葛城郡広陵町**	八釣 やつり	善城 ぜんぎ
森本（町）もりもと	三郷（町）さんごう	安部 あべ	**高市郡高取町**	立石 たていし
吉田（町）よしだ	平群（町）へぐり	馬見北 うまみきた	市尾 いちお	長谷 ながたに
大和郡山市	**生駒郡斑鳩町**	大場 おおば	越智 おち	丹生 にう
泉原（町）いずみはら	阿波 あわ	百済 くだら	上子島 かみこしま	平原 へいばら
櫟枝（町）いちえだ	五百井 いおい	古寺 こでら	吉備 きび	伃邑 よむら
蘭（町）いの	幸前 こうぜん	疋相 ひきそ	田井庄 たいのしょう	**吉野郡下北山村**
今国府（町）いまごう	小吉田 こよしだ	弁財天 べざいてん	丹生谷 にうだに	浦向 うらむかい
魚（町）うお	神南 じんなん	三吉 みつよし	羽内 ほうち	前鬼 ぜんき
大江（町）おおえ	高安 たかやす	**磯城郡**	谷田 やた	寺垣内 てらがいと
冠山（町）かんざん	龍田 たつた	田原本（町）たわらもと	与楽 ようらく	**吉野郡天川村**
観音寺（町）かんのんじ	三井 みい	**磯城郡川西町**	**山辺郡**	庵住 いおすみ
小林（町）こばやし	**生駒郡三郷町**	唐院 とういん	山添（村）やまぞえ	川合 かわあい
小南（町）こみなみ	勢野 せや	吐田 はんだ	**山辺郡山添村**	北角 きたずみ
紺屋（町）こんや	立野 たつの	保田 ほた	大西 おおにし	籠山 こもりやま
堺（町）さかい	南畑 みなみはた	結崎 ゆうざき	葛尾 くずお	塩谷 しおだに
雑穀（町）ざこく	**生駒郡平群町**	**磯城郡田原本町**	菅生 すごう	九尾 つづらお
椎木（町）しぎ	櫟原 いちはら	魚（町）うお	助命 ぜみょう	坪内 つぼのうち
城（町）じょう	上庄 かみしょう	多 おお	中峰山 ちゅうむざん	洞川 どろがわ
城南（町）じょうなん	信貴山 しぎさん	大木 おおぎ	伏拝 ふしおがみ	中越 なかごし
	椣原 しではら	郭内 かくない	三ケ谷 みかだに	中谷 なかたに
	下垣内 しもがいと	金沢 かなざわ	吉田 よしだ	南角 みのずみ
		蔵堂 くらどう	**吉野郡**	**吉野郡十津川村**
		小阪 こさか	天川（村）てんかわ	五百瀬 いもぜ
			十津川（村）とつかわ	上野地 うえのじ
				内野 うちの

和歌山県　　　　　　　　地域順一覧

小川 おがわ
小原 おはら
折立 おりたち
樫原 かしわら
上葛川 かみくずがわ
上湯川 かみゆかわ
小井 こい
神下 こうか
小坪瀬 こつぼせ
小山手 こやまて
重里 しげさと
杉清 すぎせ
迫西川 せにしがわ
竹筒 たけとう
高津 たかつ
谷垣内 たにがいと
谷瀬 たにぜ
玉置川 たまいがわ
玉垣内 たまがいと
出谷 でたに
内原 ないばら
七色 なないろ
沼田原 ぬたのはら
平谷 ひらたに
山崎 やまさき

吉野郡野迫川村
上 かみ
紫園 しおん
平 たいら
立里 たてり
桧股 ひのきまた
平川 ひらかわ
柞原 ほそはら

吉野郡東吉野村
小川 おがわ
小 おむら
小栗栖 こぐりす
木津 こつ
木津川 こつがわ
杉谷 すぎたに
狭戸 せばと
谷尻 たにじり
萩原 はぎわら
大豆生 まめお
三尾 みお

吉野郡吉野町
新子 あたらし
色生 いろう
上市 かみいち
河原屋 かわはらや
国栖 くず
窪垣内 くぼがいと
香束 こうぞく
小名 こな
入野 しおの
立野 たちの
千股 ちまた
西谷 にしたに
三茶屋 みっちゃや
南国栖 みなみくず
六田 むだ

和歌山県

御坊(市) ごぼう
新宮(市) しんぐう

和歌山市
小豆島 あずしま
有家 ありえ
新内 あろち
伊太祈曽 いだきそ
市小路 いちしょうじ
五筋目 いつすじめ
岩橋 いわせ
井辺 いんべ
上野 うえの
上野(町) うえの
宇治家裏 うじやうら
内原 うちはら
上(町) うわ
江南 えな
榎原 えのきはら
大垣内 おおがいと
大河内 おおかわち
大谷 おおたに
岡織屋小路 おかおりやしょうじ
小倉 おぐら
男野芝丁 おのしばちょう
小野(町) おの
雄松(町) おまつ
嘉家作丁 かけづくりちょう
加太 かだ
徒(町) かち
金谷 かなや
川辺 かわなべ
北新 きたしん
北新戎ノ丁 きたしんえびすのちょう
北中間(町) きたちゅうげん
九番丁 きゅうばんちょう
吉礼 きれ
楠右衛門小路 くすえもんしょうじ
蔵小路 くらしょうじ
栗栖 くるす
黒谷 くろだに
桑山 くわやま
下(町) げの
神前 こうざき
神波 こうなみ
小雑賀 こざいか
小瀬田 こぜた
小人(町) こびと
木枕 こまくら
古屋 こや
雑賀(町) さいか
坂田 さかだ
鷺ノ森新道 さぎのもりしんみち

七番丁 しちばんちょう
次郎丸 じろまる
新魚(町) しんぎょ
新生(町) しんせい
頭陀寺 ずだじ
船場(町) せんば
相坂 そうざか
田尻 たじり
津秦 つわだ
出口新端ノ丁 でぐちしんはしのちょう
出島 でじま
手平 てびら
出水 でみず
寺内 てらうち
道場(町) どうじょう
土入 どにゅう
中島 なかじま
永穂 なんご
新高(町) にいたか
西河岸(町) にしかわぎし
西長(町) にしなが
西布経丁 にしぬのえちょう
西庄 にしのしょう
西浜 にしはま
西汀丁 にしみぎわちょう
新留丁 にんとめちょう
直川 のうがわ
畑屋敷新道丁 はたやしきしんみちちょう
馬場 ばば
吐前 はんざき
東仲間(町) ひがしちゅうげん
東長(町) ひがしなが
東布経丁 ひがしぬのえちょう
広原 ひろはら
吹上 ふきあげ
藤田 ふじた
布施屋 ほしや
松江 まつえ
松原 まつばら
三沢(町) みさわ
満屋 みつや
南牛(町) みなみうし
南畑 みなみばた
南汀丁 みなみみぎわちょう
深山 みやま
明王寺 みょうおうじ
向 むかい
六筋目 むすじめ
六十谷 むそた
元博労(町) もとばくろう
本渡 もとわたり
森小手穂 もりおてほ
吉田 よしだ

吉原 よしはら
四筋目 よすじめ
万(町) よろず
四番丁 よんばんちょう

有田市
古江見 こえみ
千田 ちだ
箕島 みのしま
宮原町須谷 みやはらちょうすがい
宮原町滝川原 みやはらちょうたきがはら
山地 やまち

岩出市
相谷 あいだに
赤垣内 あかがいと
荊本 いばらもと
金屋 かなや
曽屋 そうや
高瀬 たかせ
中島 なかじま
中迫 なかぶさ
西安上 にしあんじょう
西野 にしの
根来 ねごろ
野上野 のじょの
波分 はぶ
山 やま
山崎 やまさき
吉田 よしだ

海南市
且来 あっそ
井田 いだ
多田 おおた
小野田 おのだ
上谷 かみだに
木津 きづ
九品寺 くほんじ
扱沢 ぐみざわ
重根 しこね
冷水 しみず
下津町青枝 しもつちょうあおし
下津町鰈川 しもつちょうかれがわ
下津町百垣内 しもつちょうももがいと
下津町丁 しもつちょうよろ
高津 たかづ
築地 つきじ
次ケ谷 つげだに
七山 ななやま
馬場(町) ばば
東畑 ひがしばた
船尾 ふのお
椋木 むくのき
山崎(町) やまさき

紀の川市
赤尾 あかお
赤沼田 あかんた

井田 いだ
猪垣 いのかけ
上野 うえの
打田 うちた
馬宿 うまやど
麻生津中 おうづなか
遠方 おちかた
風市 かざし
勝神 かすかみ
上鞆渕 かみともぶち
上丹生谷 かみにゅうや
貴志川町国主 きしがわちょうくにし
貴志川町神戸 きしがわちょうこうど
北勢田 きたせいだ
北中 きたなか
北長田 きたながた
花野 けや
上田井 こうだい
粉河 こかわ
重行 しげき
下鞆渕 しもともぶち
下丹生谷 しもにゅうや
後田 しれだ
神通 じんづう
神領 じんりょう
杉原 すいばら
高野 たかの
東毛 とうげ
豊田 とよだ
中鞆渕 なかともぶち
中畑 なかはた
名手西野 なてにしの
西川原 にしかわはら
野上 のがみ
東川原 ひがしかわはら
東国分 ひがしこくぶ
東野 ひがしの
広野 ひろの
深田 ふけだ
藤崎 ふじさき
古和田 ふるわだ
南勢田 みなみせいだ
桃山町垣内 ももやまちょうかきうち
桃山町神田 ももやまちょうこうだ
桃山町調月 ももやまちょうつかつき

御坊市
荊木 いばらき
熊野 いや
岩内 いわうち
御坊 ごぼう
湯川町財部 ゆかわちょうたから

新宮市
浮島 うきじま
相賀 おうが

450

地域順一覧　　　　和歌山県

神倉 かみくら
上本（町）かみほん
熊野川町嶐畑 くまのがわちょううねはた
熊野川町九重 くまのがわちょうくじゅう
熊野川町田長 くまのがわちょうたなご
熊野川町能城山本 くまのがわちょうのきやまもと
熊野川町日足 くまのがわちょうひたり
熊野川町椋井 くまのがわちょうむくのい
佐野 さの
下田 しもだ
新宮 しんぐう
高田 たかた
田鶴原（町）たづはら
千穂 ちほ
南檜杖 みなみひづえ
薬師（町）やくし
田辺市
鮎川 あゆかわ
稲成（町）いなり
熊野 いや
上野 うえの
上の山 うえのやま
神島台 かしまだい
上芳養 かみはや
北新（町）きたしん
合川 ごうかわ
小谷 こだに
木守 こもり
紺屋（町）こんや
下三栖 しもみす
新屋敷（町）しんやしき
谷野口 たにのくち
中芳養 なかはや
中辺路町石船 なかへちちょういしぶり
中辺路町温川 なかへちちょうぬるみがわ
中辺路町北郡 なかへちちょうほくそぎ
中辺路町真砂 なかへちちょうまなご
中万呂 なかまろ
芳養（町）はや
深谷 ふかたに
伏菟野 ふどの
古尾 ふるお
宝来（町）ほうらい
本宮町土河屋 ほんぐうちょうつちごや
本宮町伏拝 ほんぐうちょうふしおがみ
本宮町武住 ほんぐうちょうぶじゅう
本宮町三越 ほんぐうちょうみこし

本宮町湯峰 ほんぐうちょうゆのみね
神子浜 みこのはま
向山 むかいやま
明洋 めいよう
面川 めんがわ
文里 もり
龍神村小家 りゅうじんむらおいえ
龍神村丹生ノ川 りゅうじんむらにゅうのがわ
橋本市
上田 うえだ
小原田 おはらた
小峰台 おみねだい
柏原 かせばら
学文路 かむろ
岸上 きしかみ
高野口町応其 こうやぐちちょうおうご
古佐田 こさだ
神野々 このの
胡麻生 ごまぶ
菖蒲谷 しょうぶたに
須河 すごう
隅田町河瀬 すだちょうこうぜ
隅田町中下 すだちょうなかしも
谷奥深 たにおぶか
出塔 でとう
東家 とうげ
中道 なかどう
原田 はらだ
南宿 みなみやどり
向副 むかそい
吉原 よしはら
有田郡有田川町
粟生 あお
出 いで
井口 いのくち
生石 いくし
大蔵 おおぞう
大谷 おおたに
大西 おおにし
小川 おがわ
奥 おく
小島 おしま
尾中 おなか
尾上 おのうえ
小原 おはら
垣倉 かいぐら
金屋 かなや
上六川 かみむつかわ
上湯川 かみゆかわ
川合 かわい
角 すみ
修理川 すりがわ
田口 たぐち
田角 たずみ
立石 たていし
天満 てんま
遠井 とい

長田 ながた
長谷 ながたに
中原 なかはら
丹生 にう
二沢 にさわ
西丹生図 にしにゅうのず
沼田 ぬただ
土生 はぶ
東丹生図 ひがしにゅうのず
日物川 ひものがわ
伏羊 ぶよう
松原 まつばら
三瀬川 みせがわ
三田 みた
明王寺 みょうじ
吉原 よしはら
有田郡広川町
上中野 かみなかの
唐尾 から
河瀬 ごのせ
西広 にしひろ
有田郡湯浅町
青木 あおき
吉川 よしかわ
伊都郡
高野（町）こうや
伊都郡かつらぎ町
蛭子 えびす
大谷 おおたに
大畑 おおはた
神田 こうだ
御所 ごせ
佐野 さや
新城 しんじょう
新田 しんでん
平 たいら
高田 たかだ
中飯降 なかいぶり
西飯降 にしいぶり
萩原 はぎはら
花園新子 はなぞのあたらし
東谷 ひがしだに
平沼田 ひらんた
短野 みじかの
三谷 みたに
山崎 やまさき
伊都郡九度山町
河根 かね
上古沢 かみこさわ
下古沢 しもこさわ
丹生川 にゅうかわ
入郷 にゅうごう
東郷 ひがしごう
伊都郡高野町
樫原 かしはら
高野山 こうやさん
下筒香 しもつつが
西郷 にしごう
平原 ひらはら
湯川 ゆかわ

海草郡紀美野町
初生谷 ういたに
大角 おおすみ
勝谷 かちや
神市場 こうのいちば
小西 こにし
小畑 しょうばた
菅沢 すげざわ
高畑 たかはた
動木 とどろき
中田 なかだ
長谷 ながたに
西野 にしの
長峰宮 はせみや
東野 ひがしの
樋下 ひのした
福田 ふくだ
真国宮 まくにみや
三尾川 みおがわ
南畑 みなみばた
糞垣内 みのがいと
明添 みょうぞえ
箕六 みろく
四郷 よごう
西牟婁郡上富田町
朝来 あっそ
生馬 いくま
南紀の台 なんきのだい
西牟婁郡白浜町
安居 あご
安宅 あたぎ
市鹿野 いちかの
大古 おおふる
小房 おぶさ
北谷 きただに
上露 こうづゆ
小川 こがわ
里谷 さとだに
庄川 しゃがわ
城 じょう
平 たいら
竹垣内 たけがいと
玉伝 たまで
十九渕 つづらふち
富田 とんだ
日置 ひき
久木 ひさぎ
向平 むかいだいら
西牟婁郡すさみ町
大谷 おおたに
小河内 おかうち
小附 こつき
佐本東栗垣内 さもとひがしくりがいと
周参見 すさみ
太間川 たいまがわ
防己 つづら
東牟婁郡北山村
竹原 たけはら
七色 なないろ

東牟婁郡串本町
出雲 いつも
上野山 うえのやま
大島 おおしま
上田原 かみたわら
鬮野川 くじのかわ
古座 こざ
神野川 このがわ
潮岬 しおみさき
田子 たこ
田原 たわら
二色 にしき
吐生 はぶ
古田 ふるた
東牟婁郡古座川町
一雨 いちぶり
洞尾 うつお
宇筒井 うづつい
大桑 おおぐわ
大柳 おおやなぎ
楠 くす
蔵土 くろず
小川 こがわ
添野川 そいのがわ
高瀬 たかせ
長追 ながおい
南平 なべら
成川 なるかわ
直見 ぬくみ
真砂 まなご
三尾川 みとがわ
東牟婁郡那智勝浦町
井鹿 いじし
樫原 かしわら
勝浦 かつうら
狗子ノ川 くじのかわ
高津気 こうづけ
高遠井 こうどおい
小阪 こさか
小匠 こだくみ
粉白 このしろ
坂足 さかあし
下里 しもさと
田垣内 たがいと
高野 たかの
築地 つきじ
天満 てんま
二河 にこう
直柱 ひたはしら
八尺鏡野 やたがの
湯川 ゆかわ
日高郡
印南（町）いなみ
日高郡印南町
印南 いなみ
印南原 いなんばら
皆瀬川 かいぜがわ
上洞 かほら
小原 こばら
立石 たていし
田ノ垣内 たのかいと

451

西神ノ川 にしこうのがわ
丹生 にゅう
古井 ふるい
古屋 ふるや
櫟川 ほくそがわ
松原 まつばら
日高郡日高川町
浅間 あさま
愛川 あたいがわ
伊藤川 いとご
弥谷 いやだに
初湯川 うぶゆがわ
皆瀬 かいぜ
上初湯川 かみうぶゆがわ
上越方 かみこしかた
上田原 かみたはら
川原河 かわはらごう
小釜本 こかもと
小熊 こぐま
山野 さんや
下田原 しもたはら
千津川 せんづがわ
寒川 さむがわ
田尻 たじり
藤野川 とうのがわ
西原 にしはら
入野 にゅうの
早藤 はいくず
土生 はぶ
原日浦 はらびうら
平川 ひゅうがわ
三佐 みず
三十井川 みそいがわ
三十木 みそぎ
三百瀬 みよせ
日高郡日高町
荊木 いばらき
産湯 うぶゆ
小池 おいけ
小浦 おうら
小坂 おさか
小中 おなか
方杭 かたくい
高家 たいえ
萩原 はぎわら
日高郡みなべ町
晩稲 おしね
気佐藤 きさと
北道 きたどう
堺 さかい
高野 たかの
谷口 たにぐち
徳蔵 とくぞう
埴田 はねた
東神野川 ひがしこうのがわ
広野 ひろの
南道 みなみどう
山内 やまうち

日高郡美浜町
三尾 みお
吉原 よしはら
日高郡由良町
網代 あじろ
衣奈 えな
神谷 かみや
小引 こびき
吹井 ふけい
三尾川 みおがわ
門前 もんぜん

鳥取県

西伯(郡) さいはく
東伯(郡) とうはく
八頭(郡) やず
米子(市) よなご
鳥取市
青谷町澄水 あおやちょうすんず
青谷町八葉寺 あおやちょうはっしょうじ
赤子田 あこだ
猪子 いのこ
上原 うえばら
上(町) うえ
江津 えづ
大杙 おおくい
大畑 おおばたけ
晩稲 おくて
御弓(町) おゆみの
香取 かとり
金沢 かなざわ
叶 かのう
上魚(町) かみうお
上段 かみだん
河原町小河内 かわはらちょうおごうち
河原町神馬 かわはらちょうかんば
河原町谷一木 かわはらちょうたにひとつぎ
河原町曳田 かわはらちょうひけた
河原町本鹿 かわはらちょうほんが
河原町弓河内 かわはらちょうゆみごうち
蔵田 くらた
栗谷(町) くりたに
気高町会下 けたかちょうえげ
気高町下石 けたかちょうおろじ
気高町上原 けたかちょうかんばら
気高町郡家 けたかちょうこうげ
気高町酒津 けたかちょうさけのつ
気高町宝木 けたかちょうほうぎ

気高町睦逢 けたかちょうむつお
気高町八束水 けたかちょうやつかみ
気高町八幡 けたかちょうやわた
越路 こいじ
河内 こうち
高路 こうろ
国府町石井谷 こくふちょういしいわいだに
国府町上上地 こくふちょうかみかみじ
国府町神護 こくふちょうかんご
国府町神垣 こくふちょうかみがき
国府町拾石 こくふちょうじっこく
国府町清水 こくふちょうすんず
国府町楠城 こくふちょうなわしろ
国府町分上 こくふちょうぶんじょう
国府町美歎 こくふちょうみたに
国府町宮下 こくふちょうみやのした
国府町上地 こくふちょうわじ
古郡家 ここおげ
小西谷 こざい
小沢見 こぞみ
桜谷 さくらだに
佐治町尾際 さじちょうおわい
佐治町春谷 さじちょうつくだに
里仁 さとに
鹿野町乙亥正 しかのちょうおつがせ
鹿野町河内 しかのちょうこうち
鹿野町鷲峯 しかのちょうじゅうさげ
鹿野町末用 しかのちょうすえもち
鹿野町閉野 しかのちょうとじの
倭文 しとり
下味野 しもあじの
下段 しもだん
生山 しょうざん
菖蒲 しょうぶ
新品治(町) しんほんじ
数津 すづ
双六原 そうろくばら
大桴 だいかく
高住 たかずみ
竹生 たけなり
田島 たしま
立川(町) たちかわ
足山 たりやま
千代水 ちよみ
田園(町) でんえん
徳尾 とくのお

長柄 ながら
南栄(町) なんえい
西大路 にしおおろ
西品治 にしほんじ
白兎 はくと
長谷 はせ
八坂 はつさか
馬場 ばば
馬場 ばばの
東大路 ひがしおおろ
東(町) ひがし
福部町海士 ふくべちょうあもう
福部町左近 ふくべちょうさこ
福部町南田 ふくべちょうのうだ
福部町箭渓 ふくべちょうやだに
布勢 ふせ
古海 ふるみ
卯垣 ぼうがき
洞谷 ほらだに
松原 まつばら
御熊 みくま
南隈 みなみがくま
宮谷 みやだに
三山口 みやまぐち
美和 みわ
向国安 むこうにやす
用瀬町樟原 もちがせちょうくぬぎわら
用瀬町別府 もちがせちょうべふ
本高 もとだか
百谷 ももだに
薬師(町) やくし
矢矯 やばぎ
山城(町) やましろ
若桜(町) わかさ
倉吉市
上井 あげい
上井(町) あげい
生田 いくた
巌城 いわき
魚(町) うお
上灘(町) うわなだ
円谷(町) えんだに
大河内 おおかち
大立 おおたち
大谷 おおたに
大谷茶屋 おおたにちゃや
大平(町) おおひら
小鴨 おがも
大原 おはら
尾原 おわら
上神 かずわ
怜谷 かせだに
金森 かなもり
河北(町) かほく
上米積 かみよなづみ
鴨河内 かもごうち

河来見 かわくるみ
河原(町) かわら
北面 きたも
国府 こう
広栄(町) こうえい
荒神(町) こうじん
小田 こだ
堺(町) さかえ
下米積 しもなづみ
秋喜 しゅうき
新田 しんでん
菅原 すげがはら
清谷 せいだに
清谷 せいだに
関金町安歩 せきがねちょうあぶ
関金郡家 せきがねちょうこおげ
立見 たてみ
津原 つわら
寺谷 てらだに
研屋(町) とぎや
富海 とどみ
中河原 なかがわら
長谷 ながたに
八幡(町) はちまん
馬場(町) ばば
東巌城(町) ひがしいわき
東(町) ひがし
福庭 ふくば
福庭(町) ふくば
不入岡 ふにおか
三江 みえ
見日(町) みるか
椋波 もくなみ
八屋 やつや
山根 やまね
余戸谷(町) よどや
米田(町) よねだ
境港市
上道(町) あがりみち
栄(町) えい
幸神(町) こうじん
小篠津(町) こしのづ
佐斐神(町) さいのかみ
東雲(町) しののめ
竹内(町) たけのうち
外江(町) とのえ
新屋(町) にいや
入船(町) にゅうせん
渡(町) わたり
米子市
青木 あおき
榎原 えのきはら
大篠津(町) おおしのづ
大谷(町) おおたに
奥谷 おくのたに
皆生 かいけ
角盤(町) かくばん
兼久 かねひさ

地域順一覧　　　　鳥取県

上安曇 かみあずま	伯耆(町) ほうき	小野 おの	三朝 みささ	門谷 かどたに
上新印 かみしい	**西伯郡大山町**	久古 くこ	三徳 みとく	上菅 かみすげ
河崎 かわさき	石井垣 いわいがき	小林 こばやし	本泉 もといずみ	金持 かもち
勝田(町) かんだ	上野 うえの	小(町) こ	湯谷 ゆたに	久住 くすみ
観音寺 かんのんじ	上市 うわいち	坂長 さかちょう	吉田 よしだ	高尾 こお
錦海(町) きんかい	押平 おしなら	三部 さんぶ	余戸 よど	小原 こばら
日下 くさか	神原 かんばら	荘 しょう	**東伯郡湯梨浜町**	下菅 しもすげ
車尾 くずも	小竹 こだけ	白水 しらみ	羽衣石 うえし	濁谷 にごたに
熊党 くまんとう	古御堂 こみどう	立岩 たていわ	小鹿谷 おしかだに	三谷 みたに
久米(町) くめ	栄田 さかえだ	谷川 たにがわ	方面 かたも	**八頭郡**
糀(町) こうじ	下甲 しもぎ	溝口 みぞくち	門田 かどた	智頭(町) ちづ
紺屋(町) こうや	荘田 しょうだ	**東伯郡**	上浅津 かみあそづ	八頭(町) やず
古豊千 こほうち	上万 じょうまん	北栄(町) ほくえい	小浜 こばま	若桜(町) わかさ
下安曇 しもあずま	大山 だいせん	三朝(町) みささ	佐美 さび	**八頭郡智頭町**
下新印 しもしい	高田 たかた	湯梨浜(町) ゆりはま	下浅津 しもあそづ	市瀬 いちのせ
下郷 しものごう	飯戸 たたらど	**東伯郡琴浦町**	白石 しらいし	岩神 いわがみ
新開 しんかい	茶畑 ちゃばた	出上 いでかみ	田後 たじり	大内 おおち
石州府 せきしゅうふ	唐王 とうのう	逢東 おおつか	田畑 たばたけ	大屋 おおや
立(町) たて	殿河内 とのがわうち	大父 おおぶ	長和田 なごうた	木原 きはら
道笑(町) どうしょう	豊成 とよしげ	勝田 かつた	野花 のきょう	河津原 こうづわら
中島 なかしま	長田 ながた	金屋 かなや	埴見 はなみ	郷原 ごうばら
新山 にいやま	羽田井 はたい	釛 こがね	引地 ひきじ	駒帰 こまがえり
博労(町) ばくろう	樋口 ひのくち	竹内 たけうち	久留 ひさどめ	坂原 さかわら
東(町) ひがし	平 ひら	槻下 つきのした	久見 ひさみ	智頭 ちず
東八幡 ひがしやわた	平田 ひらだ	中津原 なかつはら	方地 ほうじ	中田 なかだ
日野 ひばら	御来屋 みくりや	西宮 にしみや	松崎 まつざき	中原 なかばら
法勝寺 ほつしょうじ	御崎 みさき	筧津 のつ	水下 みずおち	新見 にいみ
万能(町) まんのう	宮内 みやうち	古長 ふるなが	光吉 みつよし	西谷 にしだに
宗像 むなかた	妻木 むき	別宮 べつみや	宮内 みやうち	西野 にしの
八幡 やわた	門前 もんぜん	保 ほう	龍島 りゅうとう	野原 のばら
吉岡 よしおか	八重 やえ	松谷 まつだに	**日野郡**	埴師 はにし
淀江町本宮 よどえちょうほんぐう	保田 やすだ	光 みつ	江府(町) こうふ	福師 ふくわら
米原 よねはら	**西伯郡南部町**	光好 みつよし	日南(町) にちなん	穂見 ほのみ
夜見(町) よみ	井上 いのうえ	八橋 やばせ	**日野郡江府町**	三田 みた
岩美郡岩美町	猪小路 いのこうじ	山川 やまがわ	江尾 えび	南方 みなみがた
相谷 あいだに	金田 かねだ	八幡 やわた	柿原 かきばら	三吉 みよし
網代 あじろ	鴨部 かもべ	**東伯郡北栄町**	久連 くれ	八河谷 やこうだに
洗井 あらい	北方 きたがた	江北 えきた	小江尾 こえび	山根 やまね
浦富 うらどめ	伐株 きりくい	大島 おおしま	下蚊屋 さがりかや	**八頭郡八頭町**
大坂 おおさか	境 さかえ	大谷 おおたに	杉谷 すぎたに	明辺 あけなべ
大谷 おおたに	寺内 てらうち	上種 かみだね	御机 みつくえ	麻生 あそう
小田 おだ	道河内 どうがわうち	亀谷 かめだに	宮市 みやいち	市谷 いちのたに
蒲生 がもう	東上 とうじょう	下神 しもつわ	吉原 よしはら	大江 おおえ
唐川 からかわ	西原 にしばら	土下 はした	**日野郡日南町**	奥谷 おくだに
河崎 かわさき	能竹 のうじく	東園 ひがしその	阿毘縁 あびれ	下坂 おりさか
銀山 ぎんざん	馬佐良 ばさら	六尾 むつお	神戸上 かどのかみ	皆原 かいはら
陸上 くがみ	馬場 ばば	**東伯郡三朝町**	神福 かみふく	柿原 かきはら
黒谷 くろだに	東(町) ひがし	大谷 おおたに	下石見 しもいわみ	上野 かみの
小羽尾 こばねお	法勝寺 ほっしょうじ	小河内 おごち	生山 しょうやま	上峰寺 かみみねでら
高住 たかずみ	円山 まるやま	恩地 おんじ	菅沢 すげざわ	日下部 くさかべ
田後 たじり	御内谷 みうちだに	柿谷 かきだに	宝谷 たからだに	郡家 こおげ
田河内 たのこうじ	八金 やかね	神倉 かんのくら	豊栄 とよさかえ	小別府 こべふ
長郷 ちょうごう	倭 やまと	久原 くばら	中石見 なかいわみ	坂田 さかだ
外邑 とのむら	**西伯郡伯耆町**	下谷 しもだに	新屋 にいや	篠波 ささなみ
長谷 ながたに	上野 うえの	助谷 すけだに	萩原 はぎはら	塩上 しおのうえ
新井 にい	宇代 うだい	砂原 すなわら	福寿実 ふくすみ	重枝 しげえだ
馬場 ばば	大内 おおうち	田代 たしろ	福万来 ふくまき	下門尾 しもかどお
真名 まな	大江 おおえ	俵原 たわら	三栄 みさかえ	下津黒 しもつぐろ
西伯郡	大坂 おおさか	笏賀 つが	宮内 みやうち	下野 しもつけ
大山(町) だいせん	大殿 おおとの	西尾 にしお	三吉 みよし	下濃 しもの
南部(町) なんぶ	大原 おおはら	東小鹿 ひがしおしか	**日野郡日野町**	下峰寺 しもみねでら
	押口 おさえぐち	福田 ふくだ	小河内 おごうじ	清徳 せいとく

453

大門 だいもん
西谷 にしだに
西御門 にしみかど
土師百井 はじもい
花原 はなばら
隼福 はやふく
隼郡家 はやぶさこおげ
東 ひがし
日田 ひだ
福地 ふくち
別府 べふ
万代寺 まんたいじ
水口 みなくち
宮谷 みやだに
三山口 みやまぐち
山路 やまじ
山上 やまのうえ
用呂 ようろ
破岩 われいわ

八頭郡若桜町
大炊 おおい
小船 おぶね
来見 くるみの
香田 こうだ
高野 たかの
巻米 つくよね
中原 なかはら
諸鹿 もろが
屋堂羅 やどら
湯原 ゆわら
吉川 よしかわ
若桜 わかさ

島根県

飯石(郡) いいし
出雲(郡) いずも
邑智(郡) おおち
鹿足(郡) かのあし
江津(市) ごうつ
松江(市) まつえ
安来(市) やすぎ

松江市

秋鹿(町) あいか
上乃木 あげのぎ
朝酌(町) あさくみ
魚(町) うお
打出(町) うちで
邑生(町) おう
大庭(町) おおば
大海崎(町) おおみさき
奥谷(町) おくだに
御手船場(町) おてせんば
魚瀬(町) おのぜ
苧(町) からむし
鹿島町恵曇 かしまちょうえとも
鹿島町武代 かしまちょうたけだい
鹿島町手結 かしまちょうゆ
鹿島町名分 かしまちょうみょうぶん
川原(町) かわはら
国屋(町) くや
古志(町) こし
古志原 こしばら
古志原(町) こしばら
古曽志(町) こそし
薦津(町) こもづ
雑賀(町) さいか
島根町大芦 しまねちょうおおし
荘成(町) しょうじょう
淞北台 しょうほくだい
宍道町上来待 しんじちょうかみきまち
宍道町佐々布 しんじちょうさそう
宍道町白石 しんじちょうはくいし
菅田(町) すがた
砂子(町) すなご
大輪(町) だいりん
手角(町) たすみ
竹矢(町) ちくや
中原(町) なかはら
長海(町) ながみ
西忌部(町) にしいんべ
西尾(町) にしお
西谷(町) にしだに
西法吉(町) にしほっき
西持田(町) にしもちだ
野原(町) のばら
東出雲町出雲郷 ひがしいずもちょうあだかえ
東持田(町) ひがしもちだ
福原(町) ふくはら
北陵(町) ほくりょう
法吉(町) ほっき
母衣(町) ほろ
馬潟(町) まかた
美保関町菅浦 みほのせきちょうすげうら
美保関町諸喰 みほのせきちょうもろくい
向島(町) むこうじま
八束町波入 やつかちょうにゅう
八幡(町) やわた
米子(町) よなご

出雲市

芦渡(町) あしわた
猪目(町) いのめ
十六島(町) うっぷるい
駅南(町) えきみなみ
塩冶神前 えんやかんまえ
塩冶(町) えんや
大島(町) おおじま
荻杼(町) おぎとち
乙立(町) おったち
小山(町) おやま
上塩冶(町) かみえんや
上島(町) かみしま
唐川(町) からかわ
河下(町) かわしも
神門(町) かんど
日下(町) くさか
小伊津(町) こいづ
小境(町) こざかい
古志(町) こし
小津(町) こづ
西郷(町) さいごう
佐田町八幡原 さだちょうやわたばら
白枝(町) しろえだ
神西沖(町) じんざいおき
大社町鵜峠 たいしゃちょううど
大社町杵築東 たいしゃちょうきづきひがし
大社町修理免 たいしゃちょうしゅうりめん
大社町日御碕 たいしゃちょうひのみさき
大社町遙堪 たいしゃちょうようかん
武志(町) たけし
地合(町) ちごう
東郷(町) とうごう
東福(町) とうふく
西神西(町) にしじんざい
西新(町) にししん
西代(町) にしだい
西百(町) にしだい
野郷(町) のざと
稗原(町) ひえばら
東神西(町) ひがしじんざい
東園(町) ひがしぞの
斐川町併川 ひかわちょうあいかわ
斐川町阿宮 ひかわちょうあぐ
斐川町沖洲 ひかわちょうおきのす
斐川町神庭 ひかわちょうかんば
斐川町神氷 ひかわちょうかんぴ
斐川町求院 ひかわちょうぐい
斐川町富(村) ひかわちょうとび
斐川町中洲 ひかわちょうなかのす
斐川町三絡 ひかわちょうみつがね
平田(町) ひらた
馬木(町) まき
松寄下(町) まつよりしも
美談(町) みだみ
八島(町) やしま
矢尾(町) やび
美野(町) よしの
渡橋(町) わたりはし

雲南市

掛合町掛合 かけやちょうかけや
加茂町大西 かもちょうだいさい
木次町宇谷 きすきちょううだに
木次町上熊谷 きすきちょうかみくまたに
大東町小河内 だいとうちょうおがわうち
大東町薦澤 だいとうちょうこもざわ
大東町清田 だいとうちょうせいだ
大東町畑鵯 だいとうちょうはたひよどり
三刀屋町上熊谷 みとやちょうかみくまたに
三刀屋町神代 みとやちょうこうじろ
三刀屋町須所 みとやちょうすぎ
三刀屋町殿河内 みとやちょうとのごうち
三刀屋町六重 みとやちょうむえ

大田市

五十猛(町) いそたけ
大代町大家 おおしろちょうおおえ
久手町刺鹿 くてちょうさつか
三瓶町上山 さんべちょううやま
富山町神原 とみやまちょうかんばら
仁摩町天河内 にまちょうあまごうち
波根(町) はね
水上町白坏 みなかみちょうしろつき
温泉津町飯原 ゆのつちょうはんばら

江津市

井沢(町) いそう
後地(町) うしろじ
敬川(町) うやがわ
金田(町) かねた
川平町南川上 かわひらちょうみなみかわのぼり
江津(町) ごうつ
桜江町江尾 さくらえちょうえのお
桜江町鹿賀 さくらえちょうしかが
桜江町谷住郷 さくらえちょうたにじゅうごう
桜江町長谷 さくらえちょうながたに
桜江町八戸 さくらえちょうやと
清見(町) せいみ
千田(町) ちだ
都治(町) つち
都野津(町) つのづ
波子(町) はし
波積町北 はづみちょうきた
渡津(町) わたづ

浜田市

櫟田原(町) いちいたばら
後野(町) うしろの
生湯(町) うぶゆ
蛭子(町) えびす
金城町上来原 かなぎちょうかみくるばら
金城町長田 かなぎちょうながた
上府(町) かみこう
久代(町) くしろ
黒川(町) くろかわ
高佐(町) こうさ
河内(町) こうち
国分(町) こくぶ
紺屋(町) こんや
佐野(町) さの
下有福(町) しもありふく
下府(町) しもこう
真光(町) しんこう
周布(町) すふ
高田(町) たかた
竹迫(町) たけざこ
田橋(町) たばせ
治和(町) ちわ
天満(町) てんま
外ノ浦(町) とのうら
内村(町) ないむら
長沢(町) ながさわ
野原(町) のばら
日脚(町) ひなし
穂出(町) ほので
松原(町) まつばら
三隅町河内 みすみちょうこうち
弥栄町小坂 やさかちょうおさか

益田市

赤城(町) あかぎ
愛栄(町) あさか
有明(町) ありあけ
飯浦(町) いいのうら
市原(町) いちはら
馬谷(町) うまだに
大谷(町) おおたに
乙子(町) おとこ

岡山県

乙吉(町) おとよし	南十神(町) みなみとかみ	隠岐郡海士町	立戸 たちど	菅野 すがの
柏原(町) かしばら	宮内(町) みやうち	海士 あま	蓼野 たでの	杉谷 すぎたに
金山(町) かねやま	安来(町) やすぎ	宇受賀 うずか	七日市 なぬかいち	清輝橋 せいきばし
神田(町) かんだ	吉岡(町) よしおか	豊田 とよだ	抜月 ぬくつき	船頭(町) せんどう
久城(町) くしろ	飯石郡飯南町	御波 みなみ	樋口 ひぐち	大供 だいく
黒周(町) くろす	小田 おだ	隠岐郡隠岐の島町	仁多郡奥出雲町	高野 たかの
小浜(町) こはま	上来島 かみきじま	有木 あらき	大谷 おおたに	建部町下神目 たけべちょうしもつめ
下波田(町) しもはだ	塩谷 しおだに	犬来 いぬぐ	大馬木 おおまき	建部町鶴田 たけべちょうつるた
白岩(町) しらいわ	獅子 しし	卯敷 うずき	上三所 かみみところ	建部町角石畝 たけべちょうついしうね
薄原(町) すすきばら	下来島 しもきじま	大久 おおく	亀嵩 かめだけ	建部町土師方 たけべちょうはじかた
高津 たかつ	都加賀 つがか	上西 かみにし	河内 かわち	建部町豊楽寺 たけべちょうぶらくじ
高津(町) たかつ	角井 つのい	元屋 がんや	小馬木 こまき	立田 たつた
多田(町) ただ	長谷 ながたに	北方 きたがた	高尾 たかお	谷万成 たにまんなり
土田(町) つちだ	八神 はかみ	久見 くみ	高田 たかた	田原 たばら
遠田(町) とうだ	畑田 はたた	蔵田 くらた	馬馳 まばせ	玉柏 たまがし
戸田(町) とだ	邑智郡	小路 こうじ	三沢 みざわ	問屋(町) といや
中垣内(町) なかがうち	邑南(町) おおなん	城北(町) じょうほく	三成 みなり	十日市東(町) とうかいちひがし
長沢(町) ながさわ	邑智郡邑南町	代 しろ	八川 やかわ	磨屋(町) とぎや
中島(町) なかのしま	出羽 いずは	蛸木 たくぎ	八代 やしろ	富田 とみた
七尾(町) ななお	井原 いばら	都万 つま		富原 とみはら
波田(町) はだ	上田 うえだ	東郷 とうごう	**岡山県**	富田(町) とんだ
東(町) ひがし	上原 かみはら	那久路 なぐろ	英田(郡) あいだ	中山下 なかさんげ
左ケ山(町) ひだりがやま	高水 こうずい	苗代田 なわしろだ	赤磐(市) あかいわ	中撫川 なかなつかわ
本俣賀(町) ほんまたが	戸河内 とがうち	西田 にしだ	井原(市) いばら	中原 なかはら
水分(町) みずわけ	日貫 ひぬい	原田 はらだ	小田(郡) おだ	撫川 なつかわ
向横田(町) むかいよこた	日和 ひわ	東(町) ひがし	勝田(郡) かつた	七日市東(町) なのかいちひがし
虫追(町) むそう	布施 ふせ	布施 ふせ	久米(郡) くめ	西市 にしいち
安富(町) やすとみ	邑智郡川本町	平 へい	高梁(市) たかはし	西山内 にしやまのうち
安来市	川内 かわうち	南方 みなみがた	都窪(郡) つくぼ	納所 のうそ
飯生(町) いなり	川下 かわくだり	油井 ゆい	新見(市) にいみ	芳賀 はが
柿谷(町) かきだに	小谷 こたに	隠岐郡知夫村	美作(市) みまさか	蕃山(町) ばんざん
門生(町) かどう	田窪 たくぼ	古海 うるみ	和気(郡) わけ	半田(町) はんだ
神庭(町) かんば	多田 たた	大江 おおえ	岡山市	日近 ひじかい
吉佐(町) きさ	谷戸 たんど	来居 くりい	東(区) ひがし	日吉 ひよし
清水(町) きよみず	都賀行 つがゆき	多沢 たたく	岡山市北区	平田 ひらた
切川(町) きれかわ	馬野原 まのはら	隠岐郡西ノ島町	出石(町) いずし	福谷 ふくたに
久白(町) くじら	三原 みはら	別府 べっぷ	一宮 いちのみや	真星 まなほし
九重(町) くのう	三俣 みまた	鹿足郡	今保 いまぼう	万成東(町) まんなりひがし
実松(町) さねまつ	湯谷 ゆだに	吉賀(町) よしか	内山下 うちさんげ	御津宇甘 みつうかい
新十神(町) しんとかみ	邑智郡美郷町	鹿足郡津和野町	尾上 おのうえ	御津鹿瀬 みつかせ
早田(町) そうだ	明塚 あかつか	商人 あきんど	御舟入(町) おふないり	御津草生 みつくそう
利弘(町) としひろ	石原 いしはら	後田 うしろだ	栢谷 かいだに	御津河内 みつこうち
中海(町) なかうみ	乙原 おんばら	左鎧 さぶみ	上中野 かみなかの	御津紙工 みつしとり
能義(町) のき	櫨谷 かたらがい	相撲ケ原 すもうがはら	河原 かわはら	三和 みと
伯太町峠之内 はくたちょうとわのうち	上野 かみの	直地 ただち	関西(町) かんぜい	南方 みなみがた
伯太町日次 はくたちょうひなみ	小谷 こたに	豊稼 とよか	神田(町) かんだ	三野 みの
伯太町未明 はくたちょうほのか	小林 こばやし	内美 ないみ	北方 きたがた	門前 もんぜん
伯太町母里 はくたちょうもり	酒谷 さけだに	中川 なかがわ	久米 くめ	山科(町) やましな
飯島(町) はしま	信喜 しき	日原 にちはら	厚生(町) こうせい	大和(町) やまと
日白(町) ひじら	志君 しぎみ	部栄 ぶさか	岡南(町) こうなん	山上 やまのうえ
広瀬町祖父谷 ひろせちょうおじだに	高畑 たかはた	町田 まちだ	首部 こうべ	岡山市中区
広瀬町富田 ひろせちょうとだ	滝原 たきはら	邑輝 むらき	高野尻 こうやじり	赤田 あこだ
広瀬町布部 ひろせちょうふべ	千原 ちはら	山下 やました	小山 こやま	網浜 あみのはま
	都賀行 つがゆき	鹿足郡吉賀町	鹿田(町) しかた	
	長藤 ながとう	柿木村椛谷 かきのきむらかばたに	下牧 しもまき	
	別府 べっぷ	九郎原 くろうばら	庄田 しょうだ	
	宮内 みやうち	幸地 こうじ	白石 しらいし	
	簗瀬 やなぜ	真田 さなだ	新道 しんみち	
	湯抱 ゆがかい	注連川 しめがわ	新屋敷(町) しんやしき	
	隠岐郡	立河内 たちごうち		
	海士(町) あま			

455

岡山県　　地域順一覧

今谷 いまだに
乙多見 おたみ
雄(町) お
旭東(町) きょくとう
神下 こうした
国府市場 こくふいちば
小橋(町) こばし
稲東(町) さいひがし
四御神 しのごぜ
下 しも
土田 つちだ
長岡 ながおか
中島 なかしま
西川原 にしがわら
東川原 ひがしがわら
藤崎 ふじさき
藤原 ふじわら
古京(町) ふるぎょう
円山 まるやま
御幸(町) みゆき
海吉 みよし
八幡 やはた
八幡東(町) やはたひがし
山崎 やまさき
湯迫 ゆば
米田 よねだ
岡山市東区
乙子 おとご
金田 かなだ
神崎(町) かんざき
九蟠 くばん
鉄 くろがね
幸地崎(町) こうちざき
光津 こうつ
河本(町) こうもと
古都宿 こずしゅく
西大寺 さいだいじ
宍甘 しじかい
宿毛 しゅくも
上道北方 じょうとうきたがた
水門(町) すいもん
西祖 せいそ
瀬戸町大井 せとちょうだいい
千手 せんじゅ
竹原 たけわら
谷尻 たにしり
豊田 とよた
中川(町) なかがわ
西庄 にししょう
東幸西 ひがしこうざい
一日市 ひといち
正儀 まさき
南古都 みなみこず
向州 むこうす
百枝月 ももえづき
吉原 よしわら
岡山市南区
飽浦 あくら

大福 おおふく
奥迫川 おくほざかわ
小串 こぐし
古新田 こしんでん
新保 しんぼ
洲崎 すさき
妹尾 せのお
立川(町) たちかわ
豊成 とよなり
中畦 なかうね
南輝 なんき
西市 にしいち
西畦 にしうね
迫川 はざかわ
福田 ふくだ
藤田 ふじた
芳泉 ほうせん
箕島 みしま
宮浦 みやうら
赤磐市
合田 あいだ
石 いし
石上 いしかみ
稲蒔 いなまき
大苅田 おおかんだ
大屋 おおや
小鎌 おがま
小瀬木 おせぎ
上市 かみいち
鴨前 かもさき
河田原 かわたはら
河原屋 かわらや
草生 くそう
光木 こうき
神田 こうだ
河本 こうもと
小原 こばら
坂辺 さかなべ
石蓮寺 しゃくれんじ
正崎 しょうざき
周匝 すさい
勢力 せいりき
千躰 せんだ
立川 たつかわ
釣井 つるい
中島 なかしま
中勢実 なかせいじつ
中畑 なかはた
沼田 ぬた
福田 ふくだ
二井 ふたい
町苅田 まちかんだ
松木 まつき
馬屋 まや
南方 みなみがた
由津里 ゆづり
吉原 よしはら
浅口市
金光町占見 こんこうちょううらみ
寄島(町) よりしま

井原市
青野(町) あおの
井原(町) いばら
大江(町) おおえ
上出部(町) かみいずえ
神代(町) こうじろ
下出部(町) しもいずえ
七日市(町) なぬかいち
西方(町) にしがた
野上(町) のがみ
稗原(町) ひえはら
美星町上高末 びせいちょうかみこうずえ
美星町東水砂 びせいちょうひがしみずすな
門田(町) もんでん
芳井町上鴫 よしいちょうかみしぎ
笠岡市
入江 いりえ
生江浜 おえはま
大冝 おおげ
大河 おおこう
小平井 おびらい
金浦 かなうら
九番(町) きゅうばん
甲弩 こうの
神島 こうのしま
白石島 しらいしじま
新賀 しんが
七番(町) ななばん
西茂平 にししもひら
入田 にゅうた
飛島 ひしま
馬飼 まかい
六島 むしま
用之江 もちのえ
吉田 よしだ
四番(町) よんばん
倉敷市
有城 あるき
生坂 いくさか
石見(町) いわみ
潮通 うしおどおり
大内 おおうち
大島 おおじま
尾原 おばら
亀山 かめやま
神田 かんだ
北畝 きたせ
児島通生 こじまかよう
児島塩生 こじましおす
児島柳田(町) こじまやないだ
下庄 しもしょう
上東 じょうとう
新田 しんでん
祐安 すけやす

玉島上成 たましまうわなり
玉島陶 たましますえ
連島 つらじま
鳥羽 とば
中島 なかしま
中庄 なかしょう
中畝 なかせ
西尾 にしお
西田 にしだ
白楽 ばくろ
東(町) ひがし
日畑 ひばた
日吉(町) ひよせ
平田 ひらた
船穂町水江 ふなおちょうみずえ
堀南 ほりなん
松江 まつえ
真備町箭田 まびちょうやた
三田 みつだ
南畝 みなみせ
美和 みわ
向山 むこうやま
山地 やまじ
吉岡 よしおか
呼松(町) よびまつ
呼松 よびまつ
瀬戸内市
牛窓町鹿忍 うしまどちょうかしの
牛窓町千手 うしまどちょうせんず
邑久町尻海 おくちょうしりうみ
邑久町山田庄 おくちょうやまだのしょう
長船町土師 おさふねちょうはじ
総社市
岡谷 おかだに
刑部 おしかべ
上林 かんばやし
上原 かんばら
清音三因 きよねみより
久代 くしろ
久米 くめ
楢 けやき
小寺 こでら
宍粟 しさわ
下倉 したぐら
下林 しもばやし
下原 しもばら
富原 とんばら
中原 なかばら
福谷 ふくたに
溝口 みぞくち
美袋 みなぎ
門田 もんだ
八代 やしろ
高梁市
間之(町) あいの

有漢町有漢 うかんちょううかん
内山下 うちさんげ
落合町福地 おちあいちょうしろち
落合町近似 おちあいちょうちかのり
御前(町) おんざき
柿木(町) かきのき
上谷 かみだに
川上町臈数 かわかみちょうしわす
川面(町) かわも
荒神 こうじん
小高下(町) ここうげ
下谷(町) しもだに
下(町) しも
高倉町大瀬八長 たかくらちょうおおせおなが
中間(町) ちゅうげん
中原(町) なかばら
成羽町布寄 なりわちょうふより
東(町) ひがし
正宗(町) まさむね
松原町大津寄 まつばらちょうおおづより
松原町神原 まつばらちょうこうばら
松原町春木 まつばらちょうはるき
向(町) むこう
八幡(町) やはた
玉野市
石島 いしま
御崎 おんざき
北方 きたがた
小島地 こしまじ
迫間 はざま
八浜町波知 はちはまちょうはち
番田 ばんだ
向日比 むかいひび
用吉 もちよし
津山市
阿波 あば
一色 いしき
一宮 いちのみや
井口 いのくち
院庄 いんのしょう
上之(町) うえの
大篠 おおささ
大谷 おおたに
大吉 おおよし
小桁 おげた
小田中 おだなか
小原 おばら
金屋 かなや
上紺屋(町) かみこうや
上田邑 かみたのむら
上野田 かみのだ
上(村) かみ
加茂町公郷 かも

456

地域順一覧　　岡山県

ちょうくごう
加茂町山下 かもちょうさんげ
加茂町塔中 かもちょうたつちゅう
加茂町百々 かもちょうどうどう
河辺 かわなべ
河原(町) かわら
草加部 くさかべ
神代 こうじろ
河面 こうも
小性(町) こしょう
細工(町) さいくの
堺(町) さかい
坂上 さかうえ
山下 さんげ
下紺屋(町) しもこうや
下田邑 しもたのむら
新魚(町) しんうお
新茅(町) しんかや
神戸 じんご
杉宮 すぎのみや
船頭(町) せんどう
高尾 たかお
高野山西 たかのやまにし
田熊 たのくま
椿高下 つばきこうげ
堂尾 どうのお
中島 なかしま
中原 なかばら
新田 にいだ
新野山形 にいのやまがた
西下 にししも
西新(町) にししん
二宮 にのみや
野介代 のけだ
林田 はいだ
林田(町) はいだ
東新町 ひがししん
福田 ふくだ
福渡(町) ふくわたり
美濃(町) みの
宮脇(町) みやわき
八出 やいで
八社 やしろ
山北 やまきた

新見市
足立 あしだち
井倉 いくら
石蟹 いしが
大佐小阪部 おおさおさかべ
大佐上刑部 おおさかみおさかべ
金谷 かなや
上市 かみいち
上熊谷 かみくまたに
唐松 からまつ
下熊谷 しもくまたに
正田 しょうでん

神郷油野 しんごうゆの
菅生 すごう
高尾 たかお
足見 たるみ
千屋 ちや
千屋実 ちやさね
土橋 つちはし
哲西町上神代 てっせいちょうかみこうじろ
哲多町老栄 てったちょうおいざこ
哲多町蚊家 てったちょうこうのいえ
哲多町宮河内 てったちょうみやごうち
豊永赤馬 とよながあこうま
長屋 ながや
新見 にいみ
西方 にしがた
馬塚 まづか

備前市
麻宇那 あそうな
大内 おおち
蕃山 しげやま
閑谷 しずたに
日生町寒河 ひなせちょうそうご
福田 ふくだ
吉永町金谷 よしながちょうかなだに
吉永町神根本 よしながちょうこうねほん

真庭市
荒田 あらた
粟谷 あわだに
一色 いっしき
禾津 いなつ
岩井畝 いわいうね
上山 うえやま
後谷 うしろだに
後谷畝 うしろだにうね
大庭 おおば
開田 かいで
鹿田 かつた
鉄山 かねやま
上 かみ
上呰部 かみあざえ
上河内 かみごうち
神庭 かんば
釘貫小川 くぎぬきこがわ
草加部 くさかべ
神 こう
神代 こうじろ
古見 こみ
五名 ごみょう
古呂々尾中 ころろびなか
柴原 しばら
下呰部 しもあざえ

下方 しもがた
下河内 しもごうち
下見 しもみ
菅谷 すがたに
清谷 せいたに
田口 たぐち
竹原 たけばら
多田 ただ
田原 たはら
都喜足 つぎたる
富尾 とみのお
豊栄 とよさか
中河内 なかごうち
中島 なかしま
中原 なかばら
仲間 なかま
西河内 にしごうち
西原 にしばら
野原 のはら
久見 ひさみ
小童谷 ひじや
蒜山上長田 ひるぜんかみながた
蒜山下和 ひるぜんしたお
蒜山東茅部 ひるぜんひがしかやべ
福田 ふくだ
福谷 ふくたに
藤森 ふじもり
正吉 まさよし
見明戸 みあけど
美甘 みかも
三世七原 みせしちばら
宮地 みやじ
向津免 むかつや
目木 めき
社 やしろ
若代畝 わかしろうね

美作市
英田青野 あいだあおの
青木 あおき
赤田 あかだ
芦河内 あしごうち
井口 いぐち
位田 いでん
猪臥 いぶし
岩辺 いわなべ
上山 うえやま
後山 うしろやま
右手 うて
大原 おおばら
奥 おく
小野 おの
小ノ谷 おのたに
小畑 おばた
小原田 おはらだ
小房 おぶさ
梶原 かじわら
金原 かなはら
上相 かみあい
北原 きたばら

久賀 くが
朽木 くつぎ
楮 こうぞ
河内 こうち
五名 ごみょう
鷺巣 さぎす
下庄(町) しもしょう
下(町) しも
下山 しもやま
城田 じょうでん
白水 しらみず
杉原 すぎはら
鈴家 すずけ
角内 すなみ
滝宮 たきみや
立石 たていし
田原 たわら
殿所 とのどころ
長内 ながうち
中川 なかがわ
中河内 なかごうち
中谷 なかだに
南海 なんがい
入田 にゅうた
野原 のはら
長谷内 はせうち
平田 ひらた
藤生 ふじゅう
馬形 まがた
真殿 まとの
海内 みうち
壬生 みぶ
明見 みょうけん
山城 やましろ
山外野 やまとの
湯郷 ゆのごう

英田郡西粟倉村
筏津 いかだつ
大茅 おおがや

小田郡矢掛町
浅海 あすみ
宇角 うずみ
小田 おだ
小林 おばやし
上高末 かみこうずえ
下高末 しもこうずえ
西川面 にしかわも
東川面 ひがしかわも
本堀 もとほり

加賀郡吉備中央町
井原 いはら
上野 うえの
大木 おおぎ
尾原 おばら
上竹 かみたけ
神瀬 かんせ
下加茂 しもがも
杉谷 すぎたに
岨谷 すわたに
高谷 たかや
広面 ひろも
細田 ほそだ

三谷 みたに
三納谷 みのうたに
宮地 みやち
吉川 よしかわ
勝田
勝央(町) しょうおう
勝田郡勝央町
石生 いしゅう
小矢田 おやた
河原 かわら
平 たいら
豊久田 とよくだ
美野 みの
勝田郡奈義町
小坂 おさか
行方 ぎょうほう
関本 せきもと
成松 なりまつ
西原 にしばら
馬桑 まぐわ
宮内 みやうち
久米郡久米南町
上神目 かみこうめ
上籾 かみもみ
京尾 きょうのお
神目中 こうめなか
下二ケ しもにか
西山寺 にしやまじ
全間 またま
南庄 みなみしょう
南畑 みなみはた
宮地 みやじ
安ケ札 やすがたわ
山ノ城 やまのじょう
久米郡美咲町
上口 うえくち
打穴里 うたのさと
上間 うわま
大坪和東 おおがひがし
小原 おばら
書副 かいぞえ
金堀 かなほり
高下 こうげ
小瀬 こせ
小山 こやま
越尾 こよお
西幸 さいこう
境 さかい
定宗 さだむね
重藤 しげとう
下谷 しもだに
新城 しんじょう
周佐 すさ
大戸上 だいとかみ
高城 たかしろ
角石祖母 ついしそぼ
塚角 つかつの
百々 どうどう
中垪和 なかはが
錦織 にしこり
西垪和 にしはが

457

広島県　　　　　　　　　地域順一覧

八神 ねりがみ
原田 はらだ
東埖和 ひがしはが
久木 ひさぎ
藤原 ふじわら
櫛原 やなはら
飯岡 ゆうか
連石 れんじゃく
都窪郡早島町
矢尾 やお
苫田郡鏡野町
小座 おざ
女原 おなばら
楠 くす
久田上原 くたかみのはら
河内 こうち
河本 こうもと
越畑 こしわた
至孝農 しこうの
下原 しもはら
薪森原 たきぎもりばら
中谷 なかだに
長藤 ながとう
馬場 ばば
土生 はぶ
宗枝 むねだ
百谷 ももだに
山城 やましろ
吉原 よしはら
和気郡
和気(町) わけ
和気郡和気町
宇生 うぶ
木倉 きのくら
小坂 こざか
佐伯 さえき
尺所 しゃくそ
田原上 たわらかみ
苦木 にがき
吉田 よしだ
和気 わけ

広島県

安芸(郡) あき
神石原(市) じんせき
竹原(市) たけはら
豊田(郡) とよた
廿日市(市) はつかいち
三原(市) みはら
三次(市) みよし
山県(郡) やまがた
広島市
安芸(区) あき
佐伯(区) さえき
東(区) ひがし
広島市安佐北区
安佐町小河内 あさちょうおがうち
小河原(町) おがわら

可部町桐原 かべちょうとげ
可部町南原 かべちょうなばら
上深川(町) かみふかわ
亀山 かめやま
狩留家(町) かるが
深川 ふかわ
深川(町) ふかわ
広島市安佐南区
大町東 おおまちひがし
上安 かみやす
上安(町) かみやす
川内 かわうち
長東 ながつか
西原 にしはら
東野 ひがしの
東原 ひがしはら
八木 やぎ
八木(町) やぎ
安東 やすひがし
広島市佐伯区
五日市町上河内 いつかいちちょうかみごうち
五日市町上小深川 いつかいちちょうかみこぶかわ
海老園 かいろうえん
海老山(町) かいろうやま
河内南 こうちみなみ
城山 じょうやま
千同 せんどう
利松 としまつ
美の里 みのり
八幡 やはた
八幡が丘 やはたがおか
八幡東 やはたひがし
湯来町葛原 ゆきちょうつづらはら
広島市中区
榎(町) えの
江波栄(町) えばさかえ
胡(町) えびす
銀山(町) かなやま
上幟(町) かみのぼり
河原(町) かわら
小網(町) こあみ
光南 こうなん
小(町) こ
堺(町) さかい
千田(町) せんだ
立(町) たて
十日市(町) とうかいち
土橋(町) どばし
中島(町) なかじま
西白島(町) にしはくしま
幟(町) のぼり
白島九軒(町) はく

しまくけん
東白島(町) ひがしはくしま
舟入(町) ふないり
本川(町) ほんかわ
三川(町) みかわ
薬研堀(町) やげんぼり
吉島(町) よしじま
広島市西区
井口 いのくち
井口台 いのくちだい
井口(町) いのくち
井口明神 いのくちみょうじん
小河内(町) おがわち
上天満(町) かみてんま
観音(町) かんおん
己斐大迫 こいおおさこ
庚午中 こうごなか
天満(町) てんま
西観音(町) にしかんおん
東観音(町) ひがしかんおん
古田台 ふるただい
三篠(町) みささ
南観音 みなみかんおん
南観音(町) みなみかんおん
横川(町) よこがわ
広島市東区
馬木 うまき
馬木(町) うまき
上温品 かみぬくしな
温品 ぬくしな
温品(町) ぬくしな
光(町) ひかり
福田 ふくだ
福田(町) ふくだ
戸坂出江 へさかいづえ
戸坂数甲 へさかかずこう
戸坂 へさか
山根(町) やまね
広島市南区
猿猴橋(町) えんこうばし
黄金山(町) おうごんざん
北大河(町) きたおおこう
金屋(町) きんや
小磯(町) こいそ
荒神(町) こうじん
東雲(町) しののめ
出汐 でしお
出島 でじま
似島(町) にのしま
本浦(町) ほんうら
松原(町) まつばら
南大河(町) みなみおおこう

皆実(町) みなみ
向洋沖(町) むかいなだおき
向洋本(町) むかいなだほん
山城(町) やましろ
安芸高田市
高宮町来女木 たかみやちょうくるめぎ
高宮町房後 たかみやちょうふさご
美土里町生田 みどりちょういけだ
向原町長田 むかいはらちょうながた
向原町保垣 むかいはらちょうほがき
八千代町土師 やちよちょうはじ
吉田町小山 よしだちょうおやま
吉田町国司 よしだちょうくにし
江田島市
大柿町小古江 おおがきちょうおぶれ
大柿町飛渡瀬 おおがきちょうひとのせ
能美町鹿川 のうみちょうかのかわ
大竹市
後飯谷 うしろいいたに
小方 おがた
小方ケ丘 おがたがおか
穂仁原 おにはら
北栄 きたさかえ
玖波 くば
玖波(町) くば
栗谷町後原 くりたにちょううしろばら
黒川 くろかわ
木野 この
白石 しらいし
立戸 たちど
東栄 ひがしさかえ
比作 ひっつくり
防鹿 ぼうろく
南栄 みなみさかえ
御幸(町) みゆき
油見 ゆうみ
尾道市
因島外浦(町) いんのしまとのうら
因島中庄(町) いんのしまなかのしょう
因島土生(町) いんのしまはぶ
因島三庄(町) いんのしまみつのしょう
神田(町) かんだ
古浜(町) こはま
山波(町) さんば
正徳(町) しょうとく
新浜 しんはま
瀬戸田町高根 せと

だちょうこうね
長者原 ちょうじゃばら
天満(町) てんま
十四日(町) とよひ
平原 ひらはら
福地(町) ふくじ
御調町白太 みつぎちょうはかた
美ノ郷町猪子迫 みのごうちょういのこざか
向島(町) むかいしま
向島町岩子島 むかいしまちょういわしじま
向東(町) むかいひがし
百島(町) ももしま
門田(町) もんでん
呉市
吾妻 あづま
梅木(町) うめき
江原(町) えばら
大山(町) おおやま
音戸町鰯浜 おんどちょういわしはま
音戸町北隠渡 おんどちょうきたおんど
音戸町渡子 おんどちょうとのこ
音戸町藤脇 おんどちょうふじのわき
上二河(町) かみにこう
上畑(町) かみはた
狩留賀(町) かるが
川尻町後懸 かわじりちょううしろがけ
川尻町上畑 かわじりちょうかんばた
川尻町久筋 かわじりちょうくすじ
川尻町久俊 かわじりちょうくとし
神原(町) かんばら
警固屋 けごや
郷原(町) ごうはら
三和(町) さんわ
新宮(町) しんぐう
神山 じんやま
荘山田(村) そうやまだ
築地(町) つきじ
豊浜町斎島 とよはまちょういつきしま
苗代(町) なえしろ
長谷(町) ながたに
中通 なかどおり
仁方皆実(町) にがたみなみ
二河(町) にこう
西鹿田 にししかた
西谷(町) にしたに
東畑 ひがしはた
光(町) ひかり
平原(町) ひらはら

地域順一覧　広島県

広黄幡(町) ひろおうばん	大野小山 おおのこやま	蔵王(町) ざおう	大和町萩原 だいわちょうはいばら	えた
広大広 ひろおおびろ	大野早時 おおのそうとき	桜馬場(町) さくらばば	大和町福田 だいわちょうふくだ	廻神(町) めぐりかみ
広塩焼 ひろしやけ	大野別府 おおのべふ	佐波(町) さば	長谷 ながたに	山家(町) やまが
広徳丸(町) ひろとくまる	大野水ノ越 おおのみのこし	新市町相方 しんいちちょうさがた	長谷(町) ながたに	**安芸郡**
広横路 ひろよころ	大東 おおひがし	新浜(町) しんはま	西宮 にしの	熊野(町) くまの
広両谷 ひろりょうたに	上平良 かみへら	千田(町) せんだ	西宮 にしみや	**安芸郡海田町**
伏原 ふしはら	河津原 かわづはら	千田町薮路 せんだちょうやぶろ	沼田 ぬた	石原 いしはら
望地(町) ぼうじ	玖島 くじま	大黒(町) だいこく	沼田(町) ぬた	畝 うね
見晴 みはらし	栗栖 くりす	大門(町) だいもん	沼田東町納所 ぬたひがしちょうのうそ	大立(町) おおだて
焼山 やけやま	下平良 しもへら	高西(町) たかにし	東(町) ひがし	上市 かみいち
焼山(町) やけやま	新宮 しんぐう	田尻(町) たじり	皆実 みなみ	成本 なりもと
焼山政畝 やけやままさうね	中道 なかみち	坪生(町) つぼう	南方 みなみがた	西浜 にしはま
安浦町内海 やすうらちょううちのうみ	廿日市 はつかいち	道三(町) どうさん	宮浦 みやうら	浜角 はまかど
安浦町下垣内 やすうらちょうしもがうち	八坂 はっさか	鞆町後地 ともちょううしろぢ	館(町) やかた	東 ひがし
八幡(町) やはた	平良 へら	能島 のうじま	八坂(町) やさか	東海田 ひがしかいた
吉浦潭鼓(町) よしうらたんこ	平良山手 へらやまて	野上(町) のがみ	八幡町垣内 やはたちょうかいち	**安芸郡熊野町**
両城 りょうじょう	宮内 みやうち	東(町) ひがし	八幡町篝 やはたちょうかがり	川角 かわすみ
庄原市	**東広島市**	古野上(町) ふるのがみ	八幡町美生 やはたちょうみのう	神田 かんだ
上谷(町) うえだに	黒瀬町川角 くろせちょうかわすみ	御門(町) みかど	**三次市**	城之堀 じょうのほり
小用(町) および	河内町河戸 こうちちょうこうど	箕島(町) みのしま	青河(町) あおが	新宮 しんぐう
上原(町) かみはら	河内町入野 こうちちょうにゅうの	水呑(町) みのみ	石原(町) いしはら	萩原 はぎわら
口和町金田 くちわちょうきんで	西条町郷曽 さいじょうちょうごうそ	水呑向丘 みのみむかいがおか	上田(町) うえだ	平谷 ひらだに
高茂(町) こうも	西条東北(町) さいじょうひがしきた	御船(町) みふね	後山(町) うしろやま	**安芸郡坂町**
西城町小鳥原 さいじょうちょうひととばら	志和町七条椛坂 しわちょうしちじょうかぶさか	三吉(町) みよし	海渡(町) うと	坂東 さかひがし
実留(町) さねどめ	志和町別府 しわちょうべふ	紅葉(町) もみじ	小文(町) おぶみ	**安芸郡府中町**
春田(町) しゅんだ	高屋町杵原 たかやちょうきねはら	柳津(町) やないづ	吉舎町雲通 きさちょううづい	鹿籠 こごもり
高門(町) たかかど	豊栄町安宿 とよさかちょうあすやか	緑陽(町) りょくよう	君田町茂田 きみたちょうもだ	城ケ丘 じょうがおか
高野町奥門田 たかのちょうおくもんで	豊栄町別府 とよさかちょうべふ	**府中市**	甲奴町小童 こうぬちょうひち	新地 しんち
田原(町) たわら	入野中山台 にゅうのなかやまだい	荒谷(町) あらたに	小田幸(町) こだごう	千代 せんだい
殿垣内(町) とのごうち	八本松町篠 はちほんまつちょうささ	上山(町) うやま	作木町香淀 さくぎちょうこうよど	八幡 やはた
中本(町) なかほん	福富町久芳 ふくとみちょうくば	小国(町) おぐに	作木町門田 さくぎちょうもんで	**神石郡神石高原町**
七塚(町) ななつか	三永 みなが	河南(町) かなん	四拾貫(町) しじつかん	有木 あるぎ
濁川(町) にごりかわ	**福山市**	栗柄(町) くりがら	十日市東 とおかいちひがし	上野 うえの
一木(町) ひとつぎ	芦田町柞磨 あしだちょうたるま	河面(町) こうも	十日市(町) とおかいち	小野 おの
比和町三河内 ひわちょうみつがいち	入船(町) いりふね	三郎丸(町) さぶろうまる	西河内(町) にしこうち	上 かみ
本村(町) ほんむら	内海(町) うつみ	上下町階見 じょうげちょうしなみ	西酒屋(町) にしさけや	小畠 こばたけ
宮内(町) みやうち	駅家町万能倉 えきやちょうまなぐら	父石(町) ちいし	東河内(町) ひがしこうち	階見 しなみ
門田(町) もんで	胡(町) えびす	出口(町) でぐち	日下(町) ひげ	李 すもも
山内(町) やまのうち	大谷台 おおたにだい	土生(町) はぶ	布野町戸河内 ふのちょうとごうち	田頭 たんどう
竹原市	神島(町) かしま	行縢(町) むかばき	南畑敷(町) みなみはたじき	常光 つねみつ
小梨(町) おなし	神村(町) かむら	本山(町) もとやま	三原(町) みはら	中平 なかだいら
下野(町) しもの	加茂町百谷 かもちょうももだに	用土(町) ようど	三次(町) みよし	光末 みつすえ
竹原(町) たけはら	神辺町道上 かんなべちょうみちのうえ	**三原市**	三良坂町長田 みらさかちょうながた	光信 みつのぶ
忠海床浦 ただのうみとこのうら	熊野(町) くまの	大畑(町) おおはた	三良坂町仁賀 みらさかちょうにか	安田 やすだ
西野(町) にしの	光南(町) こうなん	小坂(町) おさか	三和町上壱 みわちょうかみいち	油木 ゆき
東野(町) ひがしの		木原 きはら	向江田(町) むこう	**世羅郡世羅町**
福田(町) ふくだ		木原(町) きはら		小国 おぐに
廿日市市		久井町莇原 くいちょうあぞうばら		小世良 おぜら
飯山 いいのやま		古浜 こはま		小谷 おたに
大野筏津 おおのいかなづ		幸崎能地 さいざきのうじ		上津田 かみづた
		城(町) しろ		黒川 くろがわ
		新倉 しんくら		甲山 こうざん
		大和町姥ケ原 だいわちょううばがはら		三郎丸 さぶろうまる
				重永 しげなが
				田打 とうち
				長田 ながた
				中原 なかばら
				西神崎 にしかんざき
				別迫 べっさこ
				安田 やすだ
				吉原 よしわら

459

山口県　地域順一覧

豊田郡大崎上島町
明石 あかし
木江 きのえ
原田 はらだ
東野 ひがしの
山県郡安芸太田町
遊谷 あぞうだに
板ケ谷 いたがたに
猪山 いのしやま
打梨 うつなし
加計 かけ
上殿 かみとの
観音 かんのん
小板 こいた
下筒賀 しもつつが
下殿河内 しもとのごうち
柴木 しわぎ
戸河内 とごうち
松原 まつばら
横川 よこごう
山県郡北広島町
有間 ありま
筏津 いかだつ
後有田 うしろありだ
雲耕 うずのう
移原 うつのはら
大利原 おおとしばら
上石 かみいし
木次 きつぎ
小原 こばら
古保利 こほり
才乙 さよおと
志路原 しじはら
下石 しもいし
新郷 しんごう
空城 そらじょう
高野 たかの
田原 たわら
都志見 つしみ
土橋 つちはし
戸谷 とだに
中原 なかばら
南門原 なもんばら
西八幡原 にしやわたはら
東八幡原 ひがしやわたはら
本地 ほんじ
政所 まんどころ
溝口 みぞぐち
南方 みなみがた
壬生 みぶ
宮地 みやじ
舞綱 もうつな
丁保余原 よおろほよばら
米沢 よねざわ

山口県

大島(郡) おおしま
玖珂(郡) くが

下松(市) くだまつ
下関(市) しものせき
周南(市) しゅうなん
光(市) ひかり
山口市
秋穂二島 あいおふたじま
阿知須 あじす
石観音 いしがんのん
後河原 うしろがわら
荻(町) おぎ
小郡給領(町) おごおりきゅうりょう
小郡平砂(町) おごおりひらさ
金古曽(町) かなこそ
上小鯖 かみおさば
上天花(町) かみてんげ
亀山(町) かめやま
神田(町) かんだ
久保小路 くぼしょうじ
熊野(町) くまの
黒川 くろかわ
香山(町) こうざん
三和(町) さんわ
下小鯖 しもおさば
諸願小路 しょがんしょうじ
白石 しらいし
陶 すえ
鋳銭司 ずぜんじ
周布(町) すふ
銭湯小路 せんとうしょうじ
泉都(町) せんと
天花 てんげ
道祖(町) どうそ
徳地小古祖 とくぢおごそ
徳地鯖河内 とくぢさばごうち
徳地引谷 とくぢひくたに
徳地柚木 とくぢゆのき
中河原 なかがわら
中河原(町) なかがわら
七尾台 ななおだい
深溝 ふかみぞ
古熊 ふるくま
水の上(町) みずのうえ
宮野下 みやのしも
矢原 やばら
矢原(町) やばら
八幡馬場 やわたのばば
吉敷 よしき
吉田 よしだ
岩国市
入野 いりの
上田 うえだ

青木(町) おおぎ
大谷 おおたに
大山 おおやま
小瀬 おぜ
叶木 かのうぎ
川下(町) かわしも
瓦谷 かわらだに
玖珂(町) くが
楠(町) くすのき
下 しも
守内 しゅうち
周東町祖越 しゅうとうまちそぞごえ
周東町差川 しゅうとうまちさすがわ
周東町祖生 しゅうとうまちそお
新港(町) しんみなと
角田 すみ
多田 ただ
立石(町) たていし
田原 たわら
通津 つづ
天尾 てんのお
錦町府谷 にしきまちふのたに
廿木 はたき
土生 はぶ
平田 ひらた
藤生(町) ふじゅう
保木 ほうき
保津(町) ほうづ
本郷町波野 ほんごうまちはの
麻里布(町) まりふ
美川町小川 みかわまちこがわ
美川町四馬神 みかわまちしめがみ
美川町南桑 みかわまちなぐわ
御庄 みしょう
三角(町) みすみ
海土路(町) みどろ
美和町岸根 みわまちがんね
美和町渋前 みわまちしぶくま
美和町中垣内 みわまちなかがうち
美和町長谷 みわまちながたに
美和町滑 みわまちなめら
美和町日宛 みわまちひなた
門前(町) もんぜん
由宇町神東 ゆうまちしんとう
行波 ゆかば
行正 ゆきまさ
宇部市
上条 あげじょう
芦河内 あしがわち
樕原 いちばら
上(町) うえ

稔小野 うつぎおの
瓜生野 うりゅうの
大小路 おおしょうじ
小野 おの
上野中(町) かみのなか
神原(町) かみはら
北条 きたじょう
際波 きわなみ
草江 くさえ
小串 こぐし
五十日山(町) ごじゅうめやま
下条 しもじょう
妻崎開作 つまざき
西吉部 にしきべ
西岐波 にしきわ
野原 のばら
東新川(町) ひがしんかわ
藤河内 ふじごうち
松崎(町) まつざき
宮地(町) みやじ
矢矯 やはぎ
山門 やまかど
山中 やまなか
善和 よしわ
下松市
青柳 あおやぎ
生野屋 いくのや
駅南 えきみなみ
下谷 くだたに
来巻 くるまき
河内 こうち
新川 しんかわ
藤光(町) とうみつ
温見 ぬくみ
平田 ひらた
山陽小野田市
厚狭 あさ
上の台 うえのだい
小野田 おのだ
角石 かどいし
叶松 かのうまつ
神帆(町) かみほ
鴨庄 かものしょう
杵築 きずき
北栄(町) きたさかえ
北真土郷 きたまつちごう
掬山 くしやま
下木屋 しもごや
新有帆(町) しんありほ
新沖 しんおき
新生(町) しんせい
大休 たいきゅう
高畑 たかはた
旦東 だんひがし
千崎 ちざき
千代(町) ちよ
中川 なかがわ
野来見 のぐるみ

波瀬 はぜ
埴生 はぶ
浜河内 はまごうち
東(町) ひがし
平生野(町) ひらおの
平原 ひらばら
福田 ふくだ
古開作 ふるがいさく
松角(町) まつかど
丸河内 まるごうち
本山(町) もとやま
山川 やまかわ
下関市
垢田 あかだ
垢田(町) あかだ
阿弥陀寺(町) あみだいじ
綾羅木 あやらぎ
生野(町) いくの
石原 いしはら
井田 いだ
入江(町) いりえ
上条(町) うえじょう
後田(町) うしろだ
内日上 うついかみ
阿内 おうち
小月(町) おづき
小野 おの
員光 かずみつ
員光(町) かずみつ
形山 かたちやま
形山(町) かたちやま
上田中(町) かみたなか
蒲生野 かもうの
関西(町) かんせい
神田 かんだ
神田(町) かんだ
菊川町貴飯 きくがわちょうきば
菊川町轡井 きくがわちょうくつわい
清末 きよすえ
熊野(町) くまの
向洋(町) こうよう
木屋川南(町) こやがわみなみ
勝谷 しょうや
白崎 しらさき
新地(町) しんち
大平(町) たいへい
高畑 たかはた
長府江下(町) ちょうふえした
長府豊浦(町) ちょうふとよら
長府古江小路(町) ちょうふふるえしょうじ
長府豊城(町) ちょうふほうじょう
長府八幡(町) ちょうふやはた
豊浦町厚母郷 とようらちょうあつもごう

地域順一覧　徳島県

豊浦町涌田後地 とようらちょうわいたうしろじ
豊田町大河内 とよたちょうおおかわち
豊田町城戸 とよたちょうきど
豊田町鷹子 とよたちょうたかのこ
豊田町手洗 とよたちょうたらい
豊田町杢路子 とよたちょうむくろうじ
豊田町八道 とよたちょうやじ
南部(町) なべ
西観音(町) にしかんのん
幡生(町) はたぶ
岬之(町) はなの
東神田(町) ひがしかんだ
東観音(町) ひがしかんのん
東勝谷 ひがししょうや
彦島海士郷(町) ひこしまあまのごう
彦島角倉(町) ひこしますますくら
彦島弟子待(町) ひこしまでしまつ
藤ケ谷 ふじがたに
藤附(町) ふじつく
蓋井島 ふたおいじま
古屋 ふるや
豊北町田耕 ほうほくちょうたすき
豊北町角島 ほうほくちょうつのしま
前勝谷(町) まえしょうや
宮田(町) みやだ
向山(町) むかいやま
六連島 むつれじま
名池(町) めいち
大和(町) やまと
吉田 よしだ
吉田地方 よしだじかた
吉母 よしも

周南市
莇地 あどうじ
飯島(町) いいじま
泉原(町) いずみばら
入船(町) いりふね
馬神 うまがみ
馬屋 うまや
梅園(町) うめぞの
大内(町) おおうち
大河内 おおかわち
大島 おおしま
大道理 おおどうり
小川屋(町) おがわや
小畑 おばた
御姫(町) おひめ
御弓(町) おゆみ
温田 おんだ
鹿野上 かのかみ
上迫(町) かみさこ
上遠石(町) かみといし
花陽 かよう
河東(町) かわひがし
岐山通り きさんどおり
久米 くめ
古泉 こいずみ
糀(町) こうじ
河内(町) こうち
幸の台 こうのだい
鼓海 こかい
幸ケ丘 さちがおか
五月(町) さつき
椎木(町) しいぎ
四熊 しくま
下上 しもかみ
社地(町) しゃち
周陽 しゅうよう
城ケ丘 じょうがおか
上(村) じょう
鐘楼(町) しょうろう
新宮(町) しんぐう
新地 しんち
新地(町) しんち
新堤(町) しんづつみ
新田 しんでん
新堀 しんほり
粭島 すくもじま
清尾 せいのお
大神 だいじん
垰 たお
高瀬 たかせ
高水原 たかみずはら
遠石 といし
徳山 とくやま
富田 とんだ
長田(町) ながた
中畷(町) なかなわて
野上(町) のがみ
蓮ケ浴 はすがえき
樋口 ひぐち
土越 ひじこし
平原(町) ひらばら
戸田 へた
政所 まどころ
金峰 みたけ
御山(町) みやま
夜市 やじ
八代 やしろ
安田 やすだ
有楽(町) ゆうらく
譲羽 ゆずりは
呼坂 よびさか

長門市
通 かよい
西深川 にしふかわ
東深川 ひがしふかわ
深川湯本 ふかわゆもと
日置蔵小田 へきくらおだ
日置下 へきしも
油谷角山 ゆやかどやま
油谷向津具上 ゆやむかつくかみ

萩市
相島 あいしま
明木 あきらぎ
今魚店(町) いまうおのたな
江向 えむかい
大島 おおしま
御許(町) おもと
吉部上 きべかみ
熊谷(町) くまがや
黒川 くろがわ
河添 こうぞえ
呉服(町) ごふく
細工(町) さいく
三見 さんみ
紫福 しぶき
下田万 しもたま
椿東 ちんとう
西田(町) にした
東田(町) ひがした
肥島 ひしま
土原 ひじわら
樌島 ひつしま
平安古(町) ひやこ
古魚店(町) ふるうおのたな
古萩(町) ふるはぎ
堀内 ほりうち
吉田(町) よしだ

光市
牛島 うしま
小周防 こずおう
千坊台 せんぼうだい
立野 たての
東荷 つかり
三井 みい
光井 みつい
室積神田 むろづみじんでん

防府市
鋳物師(町) いもじ
駅南(町) えきみなみ
江泊 えどまり
開出 かいで
華浦 かほ
上右田 かみみぎた
桑山 くわのやま
警固(町) けいご
国衙 こくが
古祖原 こそばら
佐野 さの
佐波 さば
新田(町) しんでん
新橋(町) しんばし
迫戸(町) せばと
惣社(町) そうしゃ
桑南 そうなん
田島 たじま
富海 とのみ
中西 なかにし
西浦 にしのうら
華城中央 はなぎちゅうおう
東佐波令 ひがしさばりょう
松崎(町) まつざき
松原(町) まつばら
真尾 まなお
鞠生(町) まりふ
宮市(町) みやち
美和(町) みわ
向島 むこうしま
牟礼 むれ

美祢市
秋芳町嘉万 しゅうほうちょうかま
西厚保町原 にしあつちょうはら
美東町長田 みとうちょうながた

柳井市
伊陸 いかち
伊保庄 いほのしょう
駅南 えきなん
神代 こうじろ
古開作 こがいさく
日積 ひづみ
平郡 へいぐん
山根 やまね
余田 よた

阿武郡阿武町
宇生賀 うぶか

大島郡周防大島町
出井 いずい
浮島 うかしま
内入 うちのにゅう
家房 かほう
久賀 くか
神浦 こうのうら
小泊 こどまり
津海木 つのうぎ
外入 とのにゅう
西安下庄 にしあげのしょう
西方 にしがた
東安下庄 ひがしあげのしょう
日前 ひくま
戸田 へた
油宇 ゆう
油良 ゆら

熊毛郡
上関(町) かみのせき
平生(町) ひらお

熊毛郡上関町
八島 やしま

熊毛郡田布施町
馬島 うましま
大波野 おおはの
麻郷 おごう
宿井 しゅくい
波野 はの
別府 べふ

熊毛郡平生町
小郡 おぐに
佐合島 さごうじま
平生(町) ひらお
平生(村) ひらお

徳島県

阿波(市) あわ
海部(郡) かいふ
勝浦(郡) かつうら
美馬(市) みま
美馬(市) みま
名西(郡) みょうざい
名東(郡) みょうどう

徳島市
秋田(町) あきた
鮎喰(町) あくい
安宅 あたけ
一宮(町) いちのみや
大谷(町) おおたに
大原(町) おおばら
大松(町) おおまつ
大道 おおみち
沖洲 おきのはま
沖浜(町) おきのはま
方上(町) かたのかみ
金沢 かなざわ
川内(町) かわうち
北沖洲 きたおきのす
北矢三(町) きたやそ
国府町井戸 こくふちょういど
紺屋(町) こんや
雑賀(町) さいか
下(町) しも
城東(町) じょうとう
城南(町) じょうなん
新内(町) しんうち
新浜(町) しんはま
助任橋 すけとうばし
勢見(町) せいみ
問屋(町) といや
通(町) とおり
富田(町) とみだ
中通(町) なかとおり
西新(町) にししん
西船場(町) にしせんば
入田(町) にゅうた
幟(町) のぼり
八万(町) はちまん
万代(町) ばんだい
東沖洲 ひがしおきのす
東新(町) ひがししん
東船場(町) ひがしせんば
南沖洲 みなみおきのす

徳島県　　　　　　　　　　地域順一覧

南庄(町) みなみしょう
南矢三(町) みなみやそ
名東(町) みょうどう
山城(町) やましろ
大和(町) やまと
阿南市
新野(町) あらたの
内原(町) うちわら
熊谷(町) くまだに
西路見(町) さいろみ
十八女(町) さかり
水井(町) すいい
宝田(町) たからだ
長生(町) ながいけ
那賀川町工地 なかがわちょうたくむじ
那賀川町日向 なかがわちょうひなた
那賀川町三栗 なかがわちょうみぐりゅう
那賀川町八幡 なかがわちょうやわた
七見(町) ななみ
羽ノ浦町中庄 はのうらちょうなかのしょう
晾(町) はり
見能林(町) みのばやし
向原(町) むかいばら
柳島(町) やなぎじま
阿波市
阿波町伊沢谷東縁 あわちょういさわだにひがしべり
阿波町糸下 あわちょういとが
阿波町北五味知 あわちょうきたごみじり
阿波町新開 あわちょうしんばら
阿波町清原 あわちょうせいばら
阿波町栩ケ窪 あわちょうとちがくぼ
阿波町中川原 あわちょうなかがわはら
阿波町東川原 あわちょうひがしかわはら
阿波町早田 あわちょうわさだ
市場町犬墓 いちばちょういぬのはか
市場町尾開 いちばちょうおばり
市場町香美 いちばちょうかがみ
市場町八幡 いちばちょうやわた
土成町浦池 どなりちょううらいけ
土成町郡 どなりちょうこおり

小松島市
間新田(町) あいしんでん
芝生(町) しぼう
田浦(町) たうら
立江(町) たつえ
中田(町) ちゅうでん
中郷(町) なかのごう
新居見(町) にいみ
前原(町) まえばら
鳴門市
大麻町池谷 おおあさちょういけのたに
北灘町碁浦 きたなだちょうごのうら
北灘町宿毛谷 きたなだちょうしゅくもだに
瀬戸町明神 せとちょうあきのかみ
瀬戸町堂浦 せとちょうどうのうら
撫養町斎田 むやちょうさいた
美馬市
木屋平 こやだいら
美馬(町) みま
脇町田上 わきまちたねえ
三好市
井川町才長谷 いかわちょうさいはぜ
井川町八幡 いかわちょうはちまん
池田町漆川 いけだちょうしつかわ
西祖谷山村吾橋 にしいややまむらあはし
西祖谷山村小祖谷 にしいややまむらおいや
西祖谷山村下名 にしいややまむらしもみょう
東祖谷栗枝渡 ひがしいやくりすど
東祖谷菅生 ひがしいやすげおい
東祖谷釣井 ひがしいやつるい
東祖谷麦生土 ひがしいやむじゅうど
東祖谷元井 ひがしいやもっとい
三野町芝生 みのちょうしぼう
三野町勢力 みのちょうせいりき
山城町上名 やましろちょうかみみょう
山城町佐連 やましろちょうされ
吉野川市
鴨島町麻植塚 かもじまちょうおえづか
鴨島町喜来 かもじまちょうきらい
鴨島町山路 かもじまちょうさんじ

川島町宮島 かわしまちょうみやのしま
美郷上谷 みさとかみだに
美郷岸宗 みさときしのむね
美郷栗木 みさとくりのき
美郷来見坂 みさとくるみざか
美郷古井 みさとこい
美郷古土地 みさとこどち
美郷木屋浦 みさとこやのうら
美郷下城戸 みさとしもじょうど
美郷菅草 みさとすげそう
美郷田平 みさとただいら
美郷照尾 みさとてらお
美郷栩谷 みさととちだに
美郷中谷 みさとなかのたに
美郷刷石 みさとはけいし
山川町赤刎 やまかわちょうあかはね
山川町井傍 やまかわちょういのそば
山川町忌部 やまかわちょういむべ
山川町恵下 やまかわちょうえげ
山川町大藤谷 やまかわちょうおおだに
山川町麻掛 やまかわちょうおかけ
山川町翁喜台 やまかわちょうおきだい
山川町皆瀬 やまかわちょうかいぜ
山川町槻原 やまかわちょうかえばら
山川町楮本 やまかわちょうかしのもと
山川町川田八幡 やまかわちょうかわたはちまん
山川町高頭 やまかわちょうこうず
山川町小路 やまかわちょうしょうじ
山川町八幡 やまかわちょうはちまん
山川町榛木原 やまかわちょうはりのばら
山川町古城 やまかわちょうふるしろ
山川町(町) やまかわちょう
山川町茂草 やまかわちょうもそう
山川町木綿麻山 やまかわちょうゆうまやま

板野郡
上板(町) かみいた
板野郡藍住町
乙瀬 おとぜ
勝瑞 しょうずい
板野郡板野町
大坂 おおさか
大寺 おおてら
黒谷 くろだに
下庄 しものしょう
唐園 とうのそ
吹田 ふきた
古城 ふるしろ
松谷 まつだに
矢武 やたけ
板野郡上板町
神宅 かんやけ
椎本 しいのもと
七條 しちじょう
瀬部 せべ
高瀬 たかせ
西分 にしぶん
板野郡北島町
鯛浜 たいのはま
板野郡松茂町
豊久 とよひさ
長原 ながはら
満穂 みつほ
海部郡
牟岐) むぎ
海部郡海陽町
相川 あいかわ
大里 おおざと
小川 おがわ
角坂 かくさか
久尾 くお
芥附 くぐつけ
神野 こうの
小谷 こだに
宍喰浦 ししくいうら
四方原 しほうはら
熟田 ずくだ
富田 とみだ
鞆浦 ともうら
吉田 よしだ
海部郡美波町
阿部 あぶ
奥河内 おくがわうち
木岐 きき
北河内 きたがわうち
西河内 にしがわうち
山河内 やまがわうち
海部郡牟岐町
川長 かわたけ
河内 こうち
辺川 へがわ
勝浦郡
勝浦(町) かつうら
上勝(町) かみかつ
勝浦郡勝浦町
生名 いくな
中角 なかつの

沼江 ぬえ
星谷 ほしたに
三渓 みたに
勝浦郡上勝町
生実 いくみ
福原 ふくはら
傍示 ほうじ
正木 まさき
那賀郡那賀町
鮎川 あいかわ
朝生 あそう
出羽 いずりは
入野 いりの
請ノ谷 うけのたに
馬路 うまじ
大戸 おおと
大殿 おおとの
小畠 こばた
音谷 おんだに
雄 おんどり
海川 かいかわ
小仁宇 こにう
小計 こばかり
小浜 こはま
桜谷 さくらだに
菖蒲 しょうぶ
白石 しらいし
高野 たかの
谷内 たにうち
寺内 てらうち
成瀬 なるせ
西納 にしの
延野 のぶの
拝宮 はいぎゅう
桧曽根 ひぞね
日真 ひま
平谷 ひらだに
古屋 ふるや
朴野 ほおの
水崎 みさき
百合 もまえ
百合谷 もまえだに
和食 わじき
美馬郡つるぎ町
半田 はんだ
名西郡
神山(町) かみやま
名西郡石井町
高原 たかはら
名西郡神山町
鬼籠野 おろの
上分 かみぶん
下分 しもぶん
神領 じんりょう
名東郡
佐那河内(村) さなごうち
名東郡佐那河内村
上 かみ
下 しも
三好郡東みよし町
足代 あしろ

地域順一覧　　　愛媛県

中庄 なかしょう
西庄 にししょう

香川県

綾歌(郡) あやうた
観音寺(市) かんおんじ
小豆(郡) しょうず
三豊(市) みとよ
高松市
庵治(町) あじ
生島(町) いくしま
井口(町) いぐち
一宮(町) いちのみや
今新(町) いまじん
男木(町) おぎ
小村(町) おもれ
鹿角(町) かのつの
上之(町) かみの
上林(町) かみはやし
川部(町) かわなべ
鬼無町鬼無 きなしちょうきなし
香西東(町) こうざいひがし
郷東(町) ごうとう
香南町池内 こうなんちょういけのうち
香南町西庄 こうなんちょうにしのしょう
国分寺町柏原 こくぶんじちょうかしはら
国分寺町福家 こくぶんじちょうふけ
御坊(町) ごほう
紺屋(町) こんや
西宝(町) さいほう
三名(町) さんみょう
紫雲(町) しうん
塩上(町) しおがみ
塩江町安原下 しおのえちょうやすはらしも
出作(町) しゅつさく
城東(町) じょうとう
新北(町) しんきた
神在川窪町甲 かんざいかわくぼちょうこう
新田町甲 しんでんちょうこう
菅沢(町) すげざわ
十川東(町) そがわひがし
亀水(町) たるみ
勅使(町) ちょくし
築地(町) つきじ
通(町) とおり
磨屋(町) とぎや
中新(町) なかじん
中間(町) なかつま
成合(町) なりあい
東田(町) ひがした

東浜(町) ひがしはま
百間(町) ひゃっけん
福田(町) ふくだ
伏石(町) ふせいし
古新(町) ふるじん
古馬場(町) ふるばば
三谷(町) みたに
御廐(町) みまや
宮脇(町) みやわき
女木(町) めぎ
八坂(町) やさか
栗林(町) りつりん
観音寺市
有明(町) ありあけ
大野原町海老済 おおのはらちょうえびすくい
観音寺(町) かんおんじ
柞田(町) くにた
茂木(町) しげき
茂西(町) しげにし
出作(町) しゅつさく
新田(町) しんでん
室本(町) むろもと
八幡(町) やはた
吉岡(町) よしおか
坂出市
入船(町) いりふね
王越町乃生 おうごしちょうのう
青海(町) おうみ
大屋冨(町) おおやぶ
笠指(町) かざし
神谷(町) かんだに
久米(町) くめ
御供所(町) ごぶしょ
小山(町) こやま
沙弥島 しゃみじま
白金(町) しろがね
新浜(町) しんはま
西庄(町) にしのしょう
八幡(町) はちまん
林田(町) はやしだ
櫃石 ひついし
宮下(町) みやした
さぬき市
大川町田面 おおかわまちたづら
小田 おだ
鴨部 かべ
鴨庄 かもしょう
寒川町神前 さんがわまちかんざき
造田 ぞうた
長尾名 ながおみょう
善通寺市
生野(町) いかの
大麻(町) おおさ
金蔵寺(町) こんぞうじ
原田(町) はらだ
吉原(町) よしわら

東かがわ市
馬篠 うましの
馬宿 うまやど
小海 おうみ
大谷 おおたに
大内 おおち
小磯 こいそ
小砂 こざれ
五名 ごみょう
白鳥 しろとり
入野山 にゅうのやま
引田 ひけた
町田 まちだ
松崎 まつさき
松原 まつばら
水主 みずし
三殿 みどの
吉田 よしだ
丸亀市
飯野町東二 いいのちょうひがしふた
牛島 うしじま
葭(町) かや
柞原(町) くばら
九番丁 くばんちょう
郡家(町) ぐんげ
御供所(町) ごぶしょ
七番丁 しちばんちょう
城西(町) じょうせい
城東(町) じょうとう
城南(町) じょうなん
塩飽(町) しわく
新田(町) しんでん
新浜(町) しんはま
垂水(町) たるみ
津森(町) つのもり
天満(町) てんま
通(町) とおり
南条(町) なんじょう
原田(町) はらだ
飯山町川原 はんざんちょうかわはら
飯山町真時 はんざんちょうさんとき
風袋(町) ふるたい
本島町甲生 ほんじまちょうこうしょう
山北(町) やまのきた
三豊市
財田町財田上 さいたちょうさいたかみ
詫間町積 たくまちょうつむ
詫間町生里 たくまちょうなまり
山本町神田 やまもとちょうこうだ
山本町河内 やまもとちょうこうち
綾歌郡綾川町
小野 おの
萱原 かやはら
陶 すえ
千疋 せんびき

枌所東 そぎしょひがし
滝宮 たきのみや
西分 にしぶん
畑田 はただ
東分 ひがしぶん
山田下 やまだしも
綾歌郡宇多津町
坂下 さかした
新開 しんがい
東分 ひがしぶん
向山 むかうやま
吉田 よしだ
香川郡
直島(町) なおしま
木田郡三木町
池戸 いけのべ
井上 いのうえ
鹿庭 かにわ
小蓑 こみの
鹿伏 ししぶせ
小豆郡
小豆島(町) しょうどしま
土庄(町) とのしょう
小豆郡小豆島町
当浜 あてはま
岩谷 いわがたに
馬木 うまき
片城 かたじょう
蒲生 かもう
神懸通 かんかけどおり
木庄 きのしょう
神浦 こうのうら
田浦 たのうら
苗羽 のうま
福田 ふくだ
二面 ふたおもて
古江 ふるえ
安田 やすだ
吉田 よしだ
小豆郡土庄町
伊喜末 いぎすえ
馬越 うまごえ
小江 おえ
大部 おおべ
乙 おつ
小海 おみ
笠滝 かさがだき
上庄 かみしょう
甲 こう
小馬越 こうまごえ
小部 こべ
滝宮 たきのみや
豊島家浦 てしまいえうら
豊島唐櫃 てしまからと
豊島甲生 てしまこう
仲多度郡琴平町
榎井 えない

苗田 のうだ
仲多度郡多度津町
青木 おおぎ
葛原 かずはら
家中 かちゅう
西浜 にしはま
西港(町) にしみなと
東新(町) ひがししん
東浜 ひがしはま
東港(町) ひがしみなと
三井 みい
見立 みたち
山階 やましな
仲多度郡まんのう町
生間 いかま
後山 うしろやま
買田 かいた
勝浦 かつうら
神野 かんの
岸上 きしのうえ
佐文 さぶみ
七箇 しちか
新目 しんめ
造田 そうだ
中通 なかどおり
羽間 はざま
帆山 ほのやま
宮田 みやだ

愛媛県

今治(市) いまばり
越智(郡) おち
上浮穴(郡) かみうけな
西条(市) さいじょう
西予(市) せいよ
東温(市) とうおん
新居浜(市) にいはま
八幡浜(市) やわたはま
松山市
安居島 あいじま
浅海原 あさなみはら
朝生田(町) あそだ
生石(町) いくし
磯河内 いそうち
井門(町) いど
猪木 いのき
上野(町) うえの
馬木(町) うまき
梅木(町) うめき
永代(町) えいだい
大浦 おおうら
小川 おがわ
小栗 おぐり
小栗(町) おぐり
越智 おち
小野(町) おの
小浜 おばま
小山田 おやまだ
恩地(町) おんじ

463

愛媛県　　地域順一覧

上総(町) かずさ
歩行(町) かち
門田(町) かどた
鹿峰 かのみね
上市 かみいち
上山原(町) かみがわら
上高野(町) かみたかの
上怒和 かみぬわ
河原(町) かわら
神田(町) かんだ
来住(町) きし
北井門 きたいど
北斎院(町) きたさや
木屋(町) きや
久谷(町) くたに
桑原 くわばら
神浦 こうのうら
河野高山 こうのこうやま
小川谷 こがだに
小坂 こさか
小村(町) こむら
米野(町) こめの
小屋(町) こや
桜谷(町) さくらだに
猿川原 さるかわら
三(町) さん
食場(町) じきば
東雲(町) しののめ
城山(町) じょうざん
常保免 じょうほうめん
新立(町) しんだて
新浜(町) しんはま
菅沢(町) すげざわ
苞木 すぼき
高田 たかた
鷹子(町) たかのこ
高野(町) たかの
竹原 たけわら
竹原(町) たけわら
立花 たちばな
立岩米之野 たていわこめの
千舟(町) ちふね
築山(町) つきやま
問屋(町) といや
土橋(町) どばし
中通 なかどおり
西谷 にしだに
西野(町) にしの
西垣生(町) にしはぶ
饒 にょう
野忽那 のぐつな
萩原 はぎわら
白水台 はくすいだい
祓川 はらいかわ
東川(町) ひがしがわ
東野 ひがしの
東垣生(町) ひがしはぶ
平田(町) ひらた

福角(町) ふくずみ
藤原 ふじわら
藤原(町) ふじわら
二神 ふたがみ
古三津(町) ふるみつ
古三津(町) ふるみつ
別府(町) べふ
北条 ほうじょう
保免上 ほうめんかみ
本谷 ほんだに
松前(町) まさき
真砂(町) まさご
松江(町) まつえ
味酒(町) みさけ
御宝(町) みたから
水泥(町) みどろ
水口(町) みなくち
南斎院(町) みなみさや
宮内 みやうち
宮田(町) みやた
御幸(町) みゆき
持田(町) もちだ
元怒和 もとぬわ
紅葉(町) もみじ
柳谷(町) やないだに
柳原 やなぎはら
山越 やまごえ
山越(町) やまごえ
雄郡 ゆうぐん
余戸東 ようごひがし
和気(町) わけ

今治市
五十嵐 いかなし
今治(村) いまばり
内堀 うちほり
馬越(町) うまごえ
馬島 うましま
大新田(町) おおしんでん
大西町別府 おおにしちょうべふ
大西町星浦 おおにしちょうほしのうら
大三島町明日 おおみしまちょうあけび
大三島町台 おおみしまちょうだい
大三島町口総 おおみしまちょうくちすば
河南(町) かなん
上浦町井口 かみうらちょういのくち
上徳 かみとく
神宮 かんのみや
菊間町池原 きくまちょういけのはら
菊間町中川 きくまちょうなかのかわ
北高下(町) きたこうげ
北鳥生(町) きたとりう
共栄(町) きょうえい
蔵敷(町) くらしき

来島 くるしま
小浦(町) こうら
国分 こくぶ
古谷 こや
関前小大下 せきぜんこおげ
蒼社(町) そうしゃ
柚田 そまだ
高部 たかべ
立花(町) たちばな
玉川町小鴨部 たまがわちょうこかんべ
玉川町摺木 たまがわちょうするぎ
玉川町長谷 たまがわちょうながたに
玉川町鈍川 たまがわちょうにぶかわ
玉川町御厩 たまがわちょうみまや
玉川町八幡 たまがわちょうやわた
土橋(町) つちばし
天保山(町) てんぽうざん
通(町) とおり
長沢 ながさわ
中浜(町) なかはま
波方町樋口 なみかたちょうひのくち
波方町馬刀潟 なみかたちょうまてがた
新谷 にや
伯方町有津 はかたちょうあろうづ
伯方町木浦 はかたちょうきのうら
波止浜 はしはま
東鳥生(町) ひがしとりう
東(村) ひがし
古国分 ふるこくぶん
別宮(町) べっく
別名 べつみょう
町谷 まちや
松木 まつき
南高下(町) みなみこうげ
南大門(町) みなみだいもん
南鳥生(町) みなみとりう
宮窪町余所国 みやくぼちょうよそくに
宮下(町) みやした
山路 やまじ
山路(町) やまじ
吉海町田浦 よしうみちょうたのうら
吉海町臥間 よしうみちょうふすま
吉海町椋名 よしうみちょうむくな
吉海町八幡 よしうみちょうやわた
四(村) よ

伊予市
上野 うえの

鵜崎 うのさき
大平 おおひら
米湊 こみなと
中山町出渕 なかやまちょういずぶち
本郡 ほんぐ
三島(町) みしま
宮下 みやした
八倉 やくら

宇和島市
祝森 いわいのもり
大浦 おおうら
御徒(町) おかち
柿原 かきはら
川内 かわち
北新(町) きたしん
小池 こいけ
石応 こくぼ
小浜 こはま
蒋渕 こもぶち
佐伯(町) さいき
坂下津 さかしづ
下波 したば
神田川原 じんでんがわら
新田(町) しんでん
築地(町) つきじ
津島町浦知 つしまちょううらしり
津島町塩定 つしまちょうえんじょう
津島町泥目水 つしまちょうどろめず
津島町畑鳴 つしまちょうねずなき
津島町弓立 つしまちょうゆだち
鶴島(町) つるしま
並松 なみまつ
百之浦 ひゃくのうら
本町追手 ほんまちおうて
丸穂 まるお
丸穂(町) まるお
光満 みつま
三間町金銅 みまちょうかなどう
三間町北増穂 みまちょうきたますお
三間町則 みまちょうすなわち
三間町土居垣内 みまちょうどいがきうち
三間町務田 みまちょうむでん
宮下 みやした
御幸(町) みゆき
元結掛 もとゆいぎ
保田 やすだ
遊子 ゆす
吉田町河内 よしだちょうかわち
吉田町南君 よしだちょうなぎみ
吉田町法花津 よしだちょうほけづ

蕨 わらび

大洲市
阿蔵 あぞう
稲積 いなずみ
戒川甲 かいかわこう
河辺町山鳥坂 かわべちょうやまとさか
恋木 こいのき
菅田町宇津甲 すげたちょううづこう
多田 ただ
田口 たのくち
徳森 とくのもり
豊茂甲 とよしげこう
長谷 ながたに
長浜町出海甲 ながはまちょういずみこう
長浜町櫛生甲 ながはまちょうくしゅうこう
長浜町今坊甲 ながはまちょうこんぼうこう
長浜町上老松甲 ながはまちょうじょうろまつこう
長浜町仁久甲 ながはまちょうにぎゅうこう
成能 なるのう
新谷 にいや
新谷(町) にいや
八多喜(町) はたき
肱川町山鳥坂 ひじかわちょうやまとさか
野佐来 やさらい
柳沢 やなぎさわ
柚木 ゆのき
米津 よなづ

西条市
明理川 あかりがわ
安知生 あんじゅう
飯岡 いいおか
大新田 おおしんでん
大保木 おおふき
上市 かみいち
河原津 かわらづ
神拝甲 かんばいこう
楠 くす
黒谷 くろだに
周布 しゅう
新田 しんでん
千町 せんじょう
高田 たかた
丹原町明穂 たんばらちょうあかほ
丹原町来見 たんばらちょうくるみ
丹原町古田 たんばらちょうこた
丹原町明河 たんばらちょうみょうが
朔日市 ついたち
津越 つごえ
兎之山 とのやま

464

中西 なかにし
楢木 ならのき
壬生川 にゅうがわ
早川 はいがわ
東(町) ひがし
樋之口 ひのくち
北条 ほうじょう
保野 ほうの
安用 やすもち
吉田 よしだ
四国中央市
上柏(町) かみがしわ
上分(町) かみぶん
金砂町小川山 きん
しゃちょうおがわ
やま
金生川下分 きんせ
いちょうしもぶん
具定(町) ぐじょう
寒川(町) さんがわ
柴生(町) しぼう
下川(町) しもかわ
土居町蕪崎 どい
ちょうかぶらさき
土居町天満 どい
ちょうてんま
富郷町寒川山 とみ
さとちょうさんがわ
やま
豊岡町五良野 とよ
おかちょういらの
豊岡町長田 とよお
かちょうおさだ
妻鳥(町) めんどり
西予市
明浜町渡江 あけは
まちょうとのえ
宇和町明間 うわ
ちょうあかんま
宇和町明石 うわ
ちょうあげいし
宇和町河内 うわ
ちょうかわち
宇和町下川 うわ
ちょうひとうがわ
城川町魚成 しろか
わちょううおなし
城川町下相 しろか
わちょうおりあい
城川町男河内 しろ
かわちょうおんが
わち
城川町遊子谷 しろ
かわちょうゆすたに
野村町鎌田 のむら
ちょうかまんた
野村町河西 のむら
ちょうかわさい
野村町鳥鹿野 のむ
らちょうとじがの
野村町長谷 のむら
ちょうながたに
三瓶町有網代 みか
めちょうありあじろ
三瓶町有太刀 みか
めちょうありたち
三瓶町鳴山 みかめ
ちょうしぎやま
三瓶町二及 みかめ

ちょうにぎゅう
三瓶町垣生 みかめ
ちょうはぶ
東温市
井内 いうち
上(村) うえ
上林 かみばやし
北方 きたがた
下林 しもばやし
則之内甲 すのうち
こう
田窪 たのくぼ
滑川 なめがわ
樋口 ひのくち
松瀬川 ませかわ
南方 みなみがた
明河 みょうが
新居浜市
一宮(町) いっく
上原 うわはら
大江 おおえ
大島 おおしま
大生院 おおじょう
いん
御蔵(町) おくら
喜光地(町) きこうじ
北新(町) きたしん
楠崎 くっさき
神郷 こうざと
河内(町) こうち
坂井(町) さかい
繁本(町) しげもと
東雲(町) しののめ
篠場(町) しのば
城下(町) しろした
新田(町) しんでん
角野 すみの
惣開(町) そうびらき
高田 たかた
高津(町) たかつ
立川(町) たつかわ
土橋 つちはし
東田 とうだ
外山(町) とやま
中西(町) なかにし
西原(町) にしばら
萩生 はぎゅう
八幡 はちまん
垣生 はぶ
松木(町) まつぎ
松原(町) まつばら
松神子(町) まつみこ
山根(町) やまね
横水(町) よこずい
吉岡(町) よしおか
八幡浜市
大島 おおしま
大谷口 おおたにぐち
大平 おおひら
釜倉 かまのくら
合田 ごうだ
下道 したみち
白浜通 しろはまどう

おり
新栄(町) しんえい
新川 しんかわ
新港 しんみなと
船場通 せんばどおり
大黒(町) だいこく
大門 だいもん
高野地 たかのじ
東新川 ひがししん
かわ
日土(町) ひづち
桧谷 ひのきだに
布喜川 ふきのかわ
松柏 まつかや
南柏 みなみがや
向灘 むかいなだ
元城団地 もとしよ
うだんち
八代 やしろ
山越 やまぐい
伊予郡
松前(町) まさき
伊予郡砥部町
麻生 あそう
岩谷 いわや
岩谷口 いわやぐち
多居谷 おおいだに
大角蔵 おおかくら
大平 おおひら
上原(町) かみはら
重光 しげみつ
千足 せんぞく
高尾田 たこおだ
外山 とやま
七折 ななおれ
満穂 みつほ
宮内 みやうち
三角 みょうか
八倉 やくら
伊予郡松前町
神崎 かんざき
出作 しゅっさく
大間 だいま
中川原 なかがわら
西古泉 にしこいずみ
東古泉 ひがしこい
ずみ
越智郡
上島(町) かみじま
越智郡上島町
生名 いきな
弓削土生 ゆげはぶ
上浮穴郡久万高原町
入野 いりの
大成 おおなる
上野尻 かみのじり
久万 くま
河の子 こうのこ
菅生 すごう
直瀬 なおせ
七鳥 ななとり
西谷 にしだに
二名 にみょう

東川 ひがしがわ
本組 ほんぐみ
北宇和郡
鬼北(町) きほく
北宇和郡鬼北町
畔屋 あぜや
生田 いくた
出目 いずめ
岩谷 いわや
大宿 おおじく
興野々 おきのの
小倉 おぐわ
上川 かみかわ
北川 きたがわ
小西野々 こにし
のの
清水 せいずい
成藤 なりふじ
日向谷 ひゅうがい
北宇和郡松野町
延野々 のびのの
蕨生 わらびょう
喜多郡内子町
五十崎 いかざき
五百木 いよき
臼杵 うすき
大平 おおひら
小田 おだ
上川 かみがわ
河内 かわのうち
重松 しげまつ
城廻 しろまわり
只海 ただのうみ
立山 たちやま
立石 たていし
中川 なかがわ
袋口 ふろく
本川 ほんがわ
南山 みなみやま
村前 むらさき
西宇和郡伊方町
足成 あしなる
伊方越 いかたごし
大江 おおえ
大久 おおく
河内 かわうち
神崎 こうざき
高茂 こうも
小島 こじま
小中浦 こなかうら
正野 しょうの
田部 たぶ
二名津 ふたなづ
与侈 よぼこり
南宇和郡愛南町
赤水 あかみず
網代 あじろ
敦盛 あつもり
鯆越 いるかごえ
上大道 うわおおどう
大成川 おおなるかわ
垣内 かきうち

樫月 かしづく
鹿島 かしま
柏崎 かしわざき
高茂 こうも
小浦 こうら
越田 こしだ
小成川 こなるかわ
小山 こやま
猿鳴 さるなぎ
下久家 しもひさげ
城辺甲 じょうへん
こう
高畑 たかはた
中川 なかのかわ
魚神山 ながみやま
久家 ひさげ
平碆 ひらばえ
古月 ふるつき
正木 まさき
増田 ますだ
御荘平城 みしょう
ひらじょう
御荘深泥 みしょう
みどろ
満倉 みちくら
油袋 ゆたい
弓立 ゆだち

高知県

安芸(郡) あき
安芸(市) あき
香美(市) かみ
香南(市) こうなん
四万十(市) しまんと
宿毛市 すくも
長岡(郡) ながおか
幡多(郡) はた
高知市
青柳(町) あおやぎ
薊野 あぞうの
井口(町) いぐち
和泉(町) いずみ
一宮 いっく
入明(町) いりあけ
鵜来巣 うぐるす
大谷 おおたに
大原(町) おおはら
小倉(町) おくら
小津(町) おづ
鏡大河内 かがみお
おがち
鏡小山 かがみこやま
鏡去坂 かがみさる
さか
葛島 かづらしま
上(町) かみ
鴨部 かもべ
北新田(町) きたし
んた
北端(町) きたばた
北本(町) きたほん
吸江 ぎゅうこう

高知県

介良 けら
幸崎 こうざき
神田 こうだ
河ノ瀬(町) ごうのせ
菜園場(町) さえんば
堺(町) さかい
栄田(町) さかえだ
相模(町) さがみ
桜馬場 さくらばば
重倉 しげくら
東雲(町) しののめ
下島(町) しもじま
城北(町) じょうほく
城山(町) じょうやま
上里(町) じょうり
新田(町) しんた
新屋敷 しんやしき
水通(町) すいどう
高須絶海 たかすたるみ
高埆 たかそね
唐人(町) とうじん
十津 とおず
通(町) とおり
中久万 なかくま
中万々 なかまま
行川 なめがわ
西久万 にしくま
廿代(町) にじゅうだい
農人(町) のうにん
針木東(町) はりぎひがし
春野町芳原 はるのちょうよしはら
東城山(町) ひがしじょうやま
尾立 ひじ
百石(町) ひゃっこく
深谷(町) ふかだに
札場 ふだば
本宮(町) ほんぐう
三園(町) みその
三谷 みたに
南金田 みなみかなだ
南河ノ瀬(町) みなみごうのせ
南新田(町) みなみしんた
御畳瀬 みませ
山ノ端(町) やまのはな
吉田(町) よしだ

安芸市
小谷 おだに
古井 こい
下山 しもやま
千歳(町) ちとせ
西浜 にしはま
入河内 にゅうがうち
東浜 ひがしはま
別役 べっちゃく

香美市
香北町有川 かほくちょうありかわ
香北町有瀬 かほくちょうありせ
香北町五百蔵 かほくちょういおろい
香北町梅久保 かほくちょううめのくぼ
香北町河野 かほくちょうこうの
香北町清爪 かほくちょうせいづめ
香北町西峯 かほくちょうにしのみね
香北町韮生野 かほくちょうにろうの
香北町朴ノ木 かほくちょうほうのき
香北町蕨野 かほくちょうわらびの
土佐山田町神母ノ木 とさやまだちょういげのき
土佐山田町樫谷 とさやまだちょうかしのたに
土佐山田町秦山(町) とさやまだちょうはたやま
土佐山田町杉田 とさやまだちょうすいた
土佐山田町間 とさやまだちょうはざま
物部町押谷 ものべちょうおすだに
物部町楮佐古 ものべちょうかじさこ
物部町拓 ものべちょうつぶせ
物部町別役 ものべちょうべっちゃく
物部町別府 ものべちょうべっぷ

香南市
香我美町上分 かがみちょうかみぶん
香我美町別役 かがみちょうべっちゃく
香我美町撫川 かがみちょうむがわ
野市町兎田 のいちちょううさいだ
夜須町手結 やすちょうてい
吉川町古川 よしかわちょうふるかわ

四万十市
秋田 あいだ
麻生 あそう
井沢 いさわ
生ノ川 おいのかわ
大用 おおゆう
上ノ土居 かみのどい
九樹 くじゅう
楠 くす
古津賀 こつか
小西ノ川 こにしのかわ
古尾 こび

実崎 さんざき
下田 しもだ
常六 じょうろく
高瀬 たかせ
手洗川 たらいがわ
角崎 つのさき
利岡 としおか
中村百笑(町) なかむらどうめき
中村羽生小路 なかむらはぶしょうじ
名鹿 なしし
西土佐生長 にしとさながおい
西土佐中半 にしとさなかば
西土佐半家 にしとさはげ
入田 にゅうた
双海 ふたみ
不破 ふば
間崎 まさき
三里 みさと
山路 やまち

宿毛市
大島 おおしま
大深浦 おおぶかうら
小筑紫町栄喜 こづくしちょうさかき
小深浦 こぶかうら
新港 しんこう
新田 しんでん
長田(町) ながた
中角 なかつの
野地 のじ
萩原 はぎわら
橋上町還住藪 はしかみちょうげんじゅやぶ
橋上町橋上 はしかみちょうはしかみ
藻津 むくづ
山北 やまきた

須崎市
吾井郷甲 あいのごうこう
青木(町) あおき
安和 あわ
大谷 おおたに
久通 くつう
神田 こうだ
潮田(町) しおた
下郷 しもごう
西糺(町) にしただす
東糺(町) ひがしただす

土佐市
出間 いずま
甲原 かんばら
積善寺 しゃくぜんじ
中島 なかじま
新居 にい
波介 はげ
福田 ふくだ
用石 もちいし

谷地 やつじ

土佐清水市
上野 うえの
大岐 おおき
大谷 おおたに
鍵掛 かいかけ
久百々 くもも
厚生(町) こうせい
小江(町) こえ
竜串 たつくし
立石 たていし
爪白 つまじろ
中浜 なかのはま

南国市
上倉 あげくら
伊達野 いたちの
稲生 いなぶ
大埆甲 おおそねこう
岡豊町小篭 おこうちょうこごめ
岡豊町八幡 おこうちょうやはた
包末 かのすえ
上野田 かみのだ
国分 こくぶ
小籠 こごめ
後免(町) ごめん
三畠 さんばく
篠原 しのはら
下島(町) しもじま
左右山 そやま
立田 たてだ
十市 とおち
外山 とやま
中谷 なかだに
成合 なれあい
廿枝 はたえだ
東崎 ひがしざき
久枝 ひさえだ
日吉(町) ひよし
明見 みょうけん
三和琴平 みわことひら
物部 ものべ
八京 やきょう

吾川郡いの町
内東(町) うつのひがし
駅南(町) えきみなみ
越裏門 えりもん
大内 おおち
鹿敷 かしき
葛原 かずらはら
清水上分 きよみずかみぶん
楠瀬 くすのせ
神谷 こうのたに
小川新別 こがわしんべつ
小川西津賀才 こがわにしつがさい
小川樅ノ木山 こがわもみのきやま
小野 この

下八川十田 しもやまかわとおだ
勝賀瀬 しょうがせ
大国(町) だいこく
戸中 とちゅう
長沢 ながさわ
成山 なるやま
波川 はかわ
八田 はた
柳瀬上分 やなのせかみぶん

吾川郡仁淀川町
大尾 おおお
大渡 おおど
大西 おおにし
大平 おおひら
大屋 おおや
大蕨 おおわらび
楮原 かじはら
川渡 かわど
北川 きたがわ
葛原 くずわら
鹿森 ししもり
高瀬 たかせ
津江 つえ
潰溜 つえだまり
椿山 つばやま
峠ノ越 とうのこえ
長屋 ながや
成川 なるがわ
引地 ひきち
明戸岩 みょうといわ
用居甲 もちいこう
百川内 ももがわうち

安芸郡
馬路(村) うまじ
北川(村) きたがわ
芸西(村) げいせい
安田(町) やすだ

安芸郡馬路村
馬路 うまじ
魚梁瀬 やなせ

安芸郡北川村
安倉 あぐら
久木 くき
小島 こしま
木積 こつむ
菅ノ上 すげのうえ
西谷 にしだに

安芸郡芸西村
久重 くえ
道家 どうけ

安芸郡東洋町
生見 いくみ
河内 かわうち
甲浦 かんのうら

安芸郡奈半利町
乙 おつ
甲 こう

安芸郡安田町
小川 おがわ
唐浜 とうのはま

地域順一覧　　　　　　　　福岡県

内京坊 ないきょうぼう
西島 にしじま
正弘 まさひろ
安田 やすだ
高岡郡
越知(町) おち
四万十(町) しまんと
檮原(町) ゆすはら
高岡郡越知町
大平 おおひら
鎌井田桑薮 かまいだくやぶ
野老山 ところやま
宮地 みやじ
高岡郡佐川町
乙 おつ
黒原 くろはら
甲 こう
庄田 しょうだ
古畑耕 ふるはたこう
高岡郡四万十町
相去 あいざれ
家地川 いえじがわ
市生原 いちうばら
打井川 うついがわ
興津 おきつ
奥大道 おくおおどう
奥神ノ川 おくごうのかわ
小野 おの
折合 おれあい
香月が丘 かげつがおか
数神 かずこう
上岡 かみおか
河内 かわうち
金上野 きんじょうの
神ノ西 こうのさい
古城 こじょう
小向 こむかう
木屋ケ内 こやがうち
根元原 ごんげんばら
西原 さいばら
茂串(町) しげくし
下道 しもどう
勝賀野 しょうがの
上宮 じょうぐう
新開(町) しんがい
天の川 そらのかわ
高野 たかの
十川 とおかわ
十和川口 とおわかわぐち
中神ノ川 なかごうのかわ
七里 ななさと
西川角 にしかわづの
野地 のじ
八千数 はっせんず
飯ノ川 はんのかわ
東川角 ひがしかわづの

東(町) ひがし
桧生原 ひさはら
弘見 ひろみ
宮内 みやうち
向川 むかいがわ
芳川 よしかわ
高岡郡津野町
北川 きたがわ
黒川 くろがわ
白石甲 しらいしこう
三間川 みまのかわ
芳生野甲 よしうのこう
高岡郡中土佐町
大野見神母野 おおのみいげの
大野見梅ノ川 おおのみうめのかわ
大野見野老野 おおのみところの
上ノ加江 かみのかえ
高岡郡日高村
九頭 くず
下分 しもぶん
長畑 ながばた
名越屋 なごや
高岡郡檮原町
井高 いこう
上成 うわなろ
大野地 おおのじ
大蔵谷 おおぞうたに
本も谷 おもだに
上折渡 かみおりわたり
上組 かみぐみ
上本(村) かみほん
家籠戸 かろうと
神在居 かんざいこ
東向 こちむき
後別当 ごべっとう
佐渡 さわたり
島中 しまじゅう
仲間 なかま
仲洞 なかとう
中平 なかひら
東川 ひがしがわ
広野 ひろの
文丸 ぶんまる
松谷 まつだに
松原 まつばら
檮原 ゆすはら
土佐郡大川村
大平 おおひら
上小南川 かみおみながわ
小北川 こきたがわ
小麦畝 こむぎうね
下切 したぎり
下小南川 しもおみながわ
高野 たかの
土佐郡土佐町
相川 あいかわ

有間 ありま
上津川 こうづかわ
古味 こみ
境 さかい
下川 しもかわ
溜井 ぬるい
南泉 みないずみ
南川 みながわ
長岡郡
本山(町) もとやま
長岡郡大豊町
粟生 あおう
穴内 あない
庵谷 いおのたに
磯谷 いそだに
馬瀬 うまぜ
尾生 おう
大平 おおだいら
小川 おがわ
角茂谷 かくもだに
葛原 かずらわら
上東 かみひがし
北川 きたがわ
式岩 しきのいわ
立川上名 たぢかわかみみょう
立野 たつの
連火 つれび
寺内 てらうち
中屋 なかや
怒田 ぬた
桃原 ももはら
八川 やかわ
安野々 やすのの
柚木 ゆのき
八畝 ようね
長岡郡本山町
井窪 いのくぼ
瓜生野 うりうの
大石 おおいし
上関甲 かみぜきこう
木能津 きのうづ
寺家 じけ
下関 しもぜき
助藤 すけとう
沢ケ内 そうがうち
高角 たかつの
立野 たちの
七戸 ななと
古田 ふるた
本山 もとやま
幡多郡
三原(村) みはら
幡多郡大月町
安満地 あまじ
大浦 おおうら
頭集 かしらつどい
小才角 こさいつの
古満目 こまめ
才角 さいつの
添ノ川 そいのかわ
春遠 はるどお

弘見 ひろみ
幡多郡黒潮町
出口 いでぐち
入野 いりの
浮鞭 うきぶち
馬荷 うまに
御坊畑 おんぼうばた
荷稲 かいな
加持 かもち
小黒ノ川 こぐろのかわ
拳ノ川 こぶしのかわ
不破原 ふばはら
蜷川 みながわ
幡多郡三原村
狼内 おおかみうち
上下長谷 かみしもながたに
上長谷 かみながたに
来栖野 くるすの
下切 したぎり
下長谷 しもながたに
成山 なるやま
広野 ひろの

福岡県

小郡(市) おごおり
遠賀(郡) おんが
筑後(市) ちくご
筑紫(郡) ちくし
筑紫野(市) ちくしの
築上(郡) ちくじょう
中間(市) なかま
直方(市) のおがた
豊前(市) ぶぜん
三井(郡) みい
三潴(郡) みずま
京都(郡) みやこ
宗像(郡) むなかた
八女(郡) やめ
八女(市) やめ
行橋(市) ゆくはし
福岡市
早良(区) さわら
城南(区) じょうなん
東(区) ひがし
福岡市早良区
内野 うちの
梅林 うめばやし
小笠木 おかさぎ
金武 かなたけ
小田部 こたべ
早良 さわら
椎原 しいば
四箇 しか
重留 しげどめ
城西 じょうせい
次郎丸 じろうまる
西入部 にいるべ
西新 にしじん
野芥 のけ

藤崎 ふじさき
干隈 ほしくま
曲渕 まがりぶち
南庄 みなみしょう
百道浜 ももちはま
福岡市城南区
梅林 うめばやし
田島 たしま
七隈 ななくま
別府 べふ
干隈 ほしくま
福岡市中央区
小笹 おざさ
警固 けご
白金 しろがね
大名 だいみょう
唐人(町) とうじん
古小鳥(町) ふるこがらす
福岡市西区
飯氏 いいじ
飯盛 いいもり
生の松原 いきのまつばら
生松台 いきまつだい
今宿上ノ原 いまじゅくかみのはる
小戸 おど
小呂島 おろのしま
金武 かなたけ
上山門 かみやまと
北原 きたばる
桑原 くわばら
小田 こた
西都 さいと
下山門 しもやまと
城の原団地 じょうのはるだんち
周船寺 すせんじ
田尻 たじり
戸切 とぎれ
西入部 にしいりべ
西浦 にしのうら
能古 のこ
福重 ふくしげ
宮浦 みやのうら
女原 みょうばる
女原北 みょうばるきた
福岡市博多区
青木 あおき
沖浜(町) おきはま
神屋(町) かみや
御供所(町) ごくしょ
古門戸(町) こもんど
雀居 ささい
三筑 さんちく
東雲(町) しののめ
石城(町) せきじょう
大博(町) たいはく
千代 ちよ
対馬小路 つましょうじ
半道橋 はんみちばし

福岡県　　　　　　　　　　　　地域順一覧

光丘(町) ひかりがおか
南八幡(町) みなみはちまん
豊 ゆたか
冷泉(町) れいせん
福岡市東区
香椎 かしい
蒲田 かまた
雁の巣 がんのす
西戸崎 さいとざき
下原 しもばる
社領 しゃりょう
千早 ちはや
唐原 とうのはる
筥松 はこまつ
八田 はった
原田 はらだ
東浜 ひがしはま
馬出 まいだし
松香台 まつかだい
松崎 まつざき
御島崎 みしまざき
水谷 みずたに
三苫 みとま
福岡市南区
日佐 おさ
折立(町) おりたて
柏原 かしわら
警弥郷 けやごう
五十川 ごじっかわ
塩原 しおばる
筑紫丘 ちくしがおか
花畑 はなばたけ
桧原 ひばる
向新(町) むかいしん
向野 むかいの
屋形原 やかたばる
弥永 やなが
柳河内 やなごうち
老司 ろうじ
朝倉市
相窪 あいのくぼ
甘水 あもうず
荷原 いないばる
入地 いりじ
上畑 うわはた
烏集院 うすのいん
鵜木 うのき
大庭 おおば
小隈 おぐま
小田 おた
柿原 かきばる
金丸 かなまる
上寺 かみでら
黒川 くろがわ
桑原 くわばら
古毛 こも
下渕 したふち
白鳥 しらとり
城 しろ
千手 せんず
草水 そうず

田島 たしま
田代 たしろ
徳渕 とくのふち
中寒水 なかそうず
長田 ながた
中原 なかばる
杷木寒水 はきそうず
杷木松末 はきますえ
長谷山 はせやま
林田 はやしだ
一木 ひとつぎ
日向石 ひゅうがいし
馬田 まだ
屋形原 やかたばる
来春 らいは
飯塚市
入水 いりみず
内野 うちの
大門 おおかど
小正 おばさ
鹿毛馬 かけのうま
上三緒 かみみお
柏の森 かやのもり
口原 くちのはら
建花寺 けんげいじ
幸袋 こうぶくろ
下三緒 しもみお
目尾 しゃかのお
勢田 せいた
大分 だいぶ
高田 たかた
多田 ただ
忠隈 ただくま
立岩 たていわ
鶴三緒 つるみお
津原 つわら
内住 ないじゅう
馬敷 ましき
柳橋 やなぎばし
弥山 ややま
芳雄(町) よしお
吉原(町) よしはら
糸島市
飯原 いいばる
井田 いた
井原 いわら
大浦 おおうら
荻浦 おぎのうら
加布里 かふり
神在 かみあり
川原 かわばる
香力 こうりき
志登 しと
篠原 しのわら
志摩久家 しまくが
志摩芥屋 しまけや
志摩御床 しまみとこ
志摩桜吉 しまもろよし
新田 しんでん

大門 だいもん
高上 たかうえ
高祖 たかす
高田 たかた
西堂 にしのどう
二丈一貴山 にじょういきさん
二丈鹿家 にじょうしかか
東 ひがし
前原 まえばる
前原駅南 まえばるえきみなみ
前原北 まえばるきた
前原中央 まえばるちゅうおう
南風台 みなかぜだい
八島 やしま
山北 やまぎた
油比 ゆび
雷山 らいざん
うきは市
浮羽町田篭 うきはまちたごもり
浮羽町東隈上 うきはまちひがしくまのうえ
吉井町生葉 よしいまちいくは
吉井町八和田 よしいまちやわた
大川市
上巻 あげまき
荻島 おぎしま
下林 げばやし
郷原 ごうばる
小保 こほ
坂井 さかい
酒見 さけみ
新田 しんでん
一木 ひとつき
紅粉屋 べにや
本木室 ほんぎむろ
向島 むかいじま
大野城市
大城 おおき
乙金 おとがな
雑餉隈(町) ざっしょのくま
白木原 しらきばる
東大利 ひがしおおり
紫台 むらさきだい
大牟田市
出雲(町) いずも
櫟野 いちの
一浦(町) いちのうら
入船(町) いりふね
大浦(町) おおうら
小川(町) おがわ
上内 かみうち
上(町) かみ
亀島(町) かめしま
亀甲(町) かめのこ
神田(町) かんだ
教楽来 きょうらぎ

歴木 くぬぎ
久福木 くぶき
健老(町) けんろう
合成(町) ごうせい
小浜(町) こはま
笹原(町) ささはら
三坑(町) さんこう
上官(町) じょうかん
正山(町) しょうざん
白銀 しらかね
白金(町) しらがね
城(町) しろ
新開(町) しんかい
新港(町) しんこう
新栄(町) しんさかえ
新地(町) しんち
早米来(町) そうめき
大黒(町) だいこく
宝坂(町) たからざか
築(町) ちく
千代(町) ちよ
椿黒(町) つばくろ
稲荷(町) とうか
唐船 とうせん
通(町) とおり
中島(町) なかしま
長田(町) ながた
七浦(町) ななうら
西新(町) にししん
西港(町) にしみなと
萩尾(町) はぎお
八尻(町) はちじり
馬場(町) ばば
駛馬(町) はやめ
東新(町) ひがししん
樋口(町) ひぐち
日出(町) ひので
平原(町) ひらばる
藤田(町) ふじた
馬込(町) まごめ
松原(町) まつばら
馬渡(町) まわたり
三川(町) みかわ
三里(町) みさと
八江(町) やつえ
山下(町) やました
山上(町) やまのうえ
有明(町) ゆうめい
四山(町) よつやま
小郡市
井上 いのうえ
大保 おおほ
小郡 おごおり
乙隈 おとぐま
小板井 こいたい
吹上 ふきあげ
二森 ふたもり
古飯 ふるえ
松崎 まつざき
三沢 みつさわ
光行 みつゆき
八坂 やさか

力武 りきたけ
春日市
大谷 おおたに
春日原東(町) かすがばるひがし
上白水 かみしろうず
小倉 こくら
小倉東 こくらひがし
下白水 しもしろうず
白水ケ丘 しろうずがおか
千歳(町) ちとせ
光(町) ひかり
大和(町) やまと
嘉麻市
芥田 あくただ
泉河内 いずみこうち
猪国 いのくに
馬見 うまみ
漆生 うるしお
上 かみ
口春 くちのはる
九郎原 くろうばる
光代 こうだい
椎木 しいのき
千手 せんず
大力 だいりき
西郷 にしのごう
東畑 ひがしはた
平 ひら
山野 やまの
北九州市
門司(区) もじ
八幡西(区) やはたにし
八幡東(区) やはたひがし
北九州市小倉北区
藍島 あいのしま
足立 あだち
板櫃(町) いたびつ
鋳物師(町) いもじ
魚(町) うお
馬島 うましま
江南(町) えなみ
金田 かなだ
神岳 かんたけ
清水 きよみず
金鶏(町) きんけい
熊谷 くまがい
黒原 くろばる
許斐(町) このみ
米(町) こめ
小文字 こもんじ
紺屋(町) こんや
菜園場 さえんば
堺(町) さかい
三郎丸 さぶろうまる
山門(町) さんもん
重住 しげずみ
下到津 しもいとうづ
寿山(町) じゅざん
白銀 しらがね

北九州市門司区

神幸(町) しんこう
船頭(町) せんどう
船場(町) せんば
大門 だいもん
高尾 たかお
富野 とみの
中島 なかしま
西港(町) にしみなと
馬借(町) ばしゃく
日明 ひあがり
東港(町) ひがしみなと
古船場(町) ふるせんば
真鶴 まなづる
南丘 みなみがおか
三萩野 みはぎの

北九州市小倉南区
石原(町) いしはら
合馬 おうま
長行 おさゆき
頂吉 かぐめよし
上葛原 かみくずはら
上貫 かみぬき
蒲生 がもう
企救丘 きくがおか
北方 きたがた
木下 きのした
朽網 くさみ
葛原 くずはら
重住 しげずみ
城野 じょうの
高野 たかの
田代 たしろ
田原 たはら
辻三 つじみつ
道原 どうばる
中貫 なかぬき
蜷田若園 になたわかぞの
八幡(町) はちまん
南方 みなみがた
母原 もはら
湯川 ゆがわ
横代 よこしろ
吉田 よしだ
呼野 よぶの

北九州市戸畑区
浅生 あそう
観音寺(町) かんのんじ
小芝 こしば
三六(町) さんろく
正津(町) しょうづ
新池 しんいけ
新川(町) しんかわ
菅原 すがわら
千防 せんぼう
中原 なかばる
中本(町) なかほん
西大谷 にしおおたに
福柳木 ふくりゅうぎ
夜宮 よみや

北九州市門司区
稲積 いなづみ
上本(町) かみほん
上馬寄 かみまいそう
吉志 きし
北川(町) きたがわ
清見 きよみ
葛葉 くずは
黒川(町) くろがわ
猿喰 さるはみ
寺内 じない
下馬寄 しもまいそう
社ノ木 しゃのき
城山(町) しろやま
新開 しんかい
新原(町) しんはら
大里 だいり
大里戸ノ上(町) だいりとのうえ
大里原(町) だいりはら
大里桃山(町) だいりももやま
高田 たかだ
太刀浦海岸 たちのうらかいがん
長谷 ながたに
西新(町) にししん
畑田(町) はたけだ
東新(町) ひがししん
東馬寄 ひがしまいそう
東港(町) ひがしみなと
光(町) ひかり
柄杓田 ひしゃくだ
柄杓田(町) ひしゃくだ
不老(町) ふろう
松崎(町) まつざき
松原 まつばら
門司 もじ
柳原(町) やなぎはら

北九州市八幡西区
穴生 あのお
市瀬 いちのせ
上の原 うえのはる
永犬丸 えいのまる
大浦 おおうら
大畑(町) おおはた
大平 おおひら
大平台 おおひらだい
香月西 かつきにし
上上津役 かみこうじゃく
吉祥寺(町) きっしょうじ
京良城(町) きょうらぎ
洞南(町) くきなみ
皇后崎(町) こうがさき
河桃(町) こうとう
光明 こうみょう
小鷺田(町) こさぎだ

小嶺 こみね
小嶺台 こみねだい
木屋瀬 こやのせ
幸神 さいのかみ
三ケ森 さんがもり
下上津役 しもこうじゃく
白岩(町) しらいわ
陣原 じんのはる
菅原(町) すがわら
清納 せいのう
茶屋の原 ちゃやのはる
千代 ちよ
築地(町) つきじ
東筑 とうちく
洞北(町) どうほく
中の原 なかのはる
西神原(町) にしかんばら
野面 のぶ
萩原 はぎわら
東神原(町) ひがしかんばら
東浜(町) ひがしはま
樋口(町) ひぐち
藤田 ふじた
藤原(町) ふじわら
北筑 ほくちく
本城 ほんじょう
町上津役東 まちこうじゃくひがし
元城(町) もとしろ
八枝 やつえ
夕原(町) ゆうばる

北九州市八幡東区
荒生田 あろうだ
猪倉(町) いのくら
大蔵 おおくら
大谷 おおたに
大平(町) おおひら
上本(町) かみほん
神山(町) かみやま
河内 かわち
清田 きよた
景勝(町) けいしょう
小熊野 こぐまの
山路 さんじ
田代 たしろ
中畑 なかはた
東田 ひがしだ
東台良(町) ひがしだいら
宮田(町) みやた
桃園 ももぞの
豊(町) ゆたか

北九州市若松区
蜑住 あますみ
安瀬 あんぜ
安屋 あんや
栄盛川(町) えいせいがわ
大谷(町) おおたに
小竹 おだけ

乙丸 おとまる
上原(町) かみはら
小糸(町) こいと
向洋(町) こうよう
小敷 こしき
下原(町) しもはら
修多羅 すたら
中川(町) なかがわ
中畑(町) なかはた
波打(町) なみうち
白山 はくさん
畑谷(町) はただに
東畑(町) ひがしはた
藤木 ふじのき
古前 ふるまえ
柳崎(町) やなぎさき
用勺(町) ようじゃく

久留米市
合川(町) あいかわ
洗(町) あらい
大石(町) おおいし
上津 かみつ
上津(町) かみつ
北野町大城 きたのまちおおき
草野町紅桃林 くさのまちことばやし
高良内(町) こうらうち
小頭(町) こがしら
国分(町) こくぶ
篠山(町) ささやま
篠原(町) しのはら
荘島(町) しょうじま
城島町大依 じょうじままちおおより
城島町六町原 じょうじままちろくちょうばる
城南(町) じょうなん
白山(町) しらやま
青峰 せいほう
瀬下(町) せのした
太郎原(町) だいろばる
高野 たかの
田主丸町上原 たぬしまるまちかみはる
田主丸町豊城 たぬしまるまちとよき
田主丸町殖木 たぬしまるまちふえき
田主丸町八幡 たぬしまるまちやはた
通外(町) とおりほか
通(町) とおり
南薫(町) なんくん
花畑 はなばたけ
原古賀(町) はらんこが
東合川干出(町) ひがしあいかわひいで
東(町) ひがし
日吉(町) ひよし
藤光 ふじみつ
藤光(町) ふじみつ

御井(町) みい
三潴町壱町原 みづままちいっちょうばる
三潴町高三潴 みづままちたかみずま
三潴町原田 みづままちはるだ
本山 もとやま
山川神代 やまかわくましろ
山川(町) やまかわ
山本町耳納 やまもとまちみのう

古賀市
青柳 あおやぎ
青柳(町) あおやぎ
小竹 おだけ
小山田 おやまだ
川原 かわばる
鹿野 こもの
鹿部 ししぶ
新久保 しんくぼ
新原 しんばる
谷山 たにやま
米多比 ねたび
日吉 ひよし
筵内 むしろうち

田川市
位登 いとう
猪国 いのくに
魚(町) うお
上本(町) かみほん
白鳥(町) しらとり
大黒(町) だいこく
千代(町) ちよ
番田(町) ばんだ
糒 ほしい

太宰府市
北谷 きただに
国分 こくぶ
朱雀 すざく
通古賀 とおのこが
都府楼南 とふろうみなみ
水城 みずき
向佐野 むかいざの

筑後市
和泉 いずみ
北長田 きたながた
久恵 くえ
熊野 くまの
古島 こじま
志 しむら
新溝 しんみぞ
井田 せいでん
常用 つねもち
水田 みずた
溝口 みぞくち

筑紫野市
牛島 うしじま
馬市 うまいち
大石 おおいし
香園 こうぞの

福岡県　　　　　　　　　　　地域順一覧

下見 したみ
筑紫 ちくし
塔原 とうのはる
萩原 はぎわら
原 はる
原田 はるだ
諸田 もろた
山家 やまえ
柚須原 ゆすばる
中間市
岩瀬 いわせ
小田ケ浦 おだがうら
太賀 たが
中間 なかま
七重(町) ななえ
垣生 はぶ
直方市
赤地 あかじ
感田 がんだ
下新入 しもしんにゅう
神正(町) しんせい
直方 のおがた
日吉(町) ひよし
福津市
畦(町) あぜ
在自 あらじ
大石 おおいし
小竹 おだけ
勝浦 かつうら
高平 たかひら
手光 てびか
奴山 ぬやま
本木 もとぎ
八並 やつなみ
生家 ゆくえ
有弥の里 ゆみのさと
渡 わたり
豊前市
宇島 うのしま
大河内 おおかわち
大西 おおにし
鬼木 おにのき
皆毛 かいも
川内 かわち
河原田 かわはらだ
久路土 きゅうろつち
求菩提 くぼて
小石原 こいしはら
下河内 しもかわち
松江 しょうえ
清水町 しょうず
青豊 せいほう
高田 たかた
千束 ちづか
永久 ながひさ
畠中 はたけなか
八屋 はちや
馬場 ばば
三毛門 みけかど
山内 やまうち

みやま市
瀬高町文廣 せたかまちあやひろ
瀬高町太神 せたかまちおおが
瀬高町上庄 せたかまちかみのしょう
瀬高町河内 せたかまちかわち
瀬高町長田 せたかまちながた
高田町江浦 たかたまちえうら
高田町江浦(町) たかたまちえのうら
高田町田浦 たかたまちたのうら
高田町飯江 たかたまちはえ
高田町原 たかたまちはる
山川町河原内 やまかわまちかわらうち
山川町北関 やまかわまちきたのせき
宮若市
乙野 おとの
金丸 かなまる
金生 かのう
小伏 こぶし
三ケ畑 さんがはた
下 しも
下有木 しもあるき
芹田 せりだ
平 たいら
高野 たかの
竹原 たけはら
原田 はらだ
縁山畑 へりやまはた
本城 ほんじょう
水原 みずはら
宮田 みやた
湯原 ゆばる
龍徳 りゅうとく
宗像市
大島 おおしま
大谷 おおたに
大穂 おおぶ
河東 かとう
久原 くばら
上八 こうじょう
神湊 こうのみなと
三郎丸 さぶろうまる
地島 じのしま
城ケ谷 じょうがたに
城西ケ丘 じょうせいがおか
城山ニュータウン じょうやまにゅーたうん
樟陽台 しょうようだい
田熊 たぐま
田島 たしま
東郷 とうごう
名残 なごり

原(町) はる
深田 ふかた
光岡 みつおか
宮田 みやた
用山 もちやま
吉田 よしだ
柳川市
有明(町) ありあけ
沖端(町) おきのはた
鬼童(町) おんどう
上(町) かみ
蒲生 がもう
金納 かんのう
糟屋(町) こうじや
小道具(町) こどうぐ
細工(町) さいく
城隈(町) じょうぐう
城南(町) じょうなん
新外(町) しんほか
立石 たていし
筑紫(町) ちくし
佃(町) つくだ
椿原(町) つばはら
七ツ家 ななつえ
間 はさま
本城(町) ほんじょう
三橋町木元 みはしまちきのもと
三橋町棚(町) みつはしまちたの
本船津(町) もとふなつ
矢留(町) やどみ
吉原 よしはら
八女市
井延 いのぶ
鵜池 うのいけ
大籠 おおごもり
大島 おおじま
蒲原 かまはら
亀甲 かめのこう
黒木町鹿子生 くろぎまちかこお
黒木町木屋 くろぎまちこや
上陽町下横山 じょうようまちしもよこやま
平 たいら
忠見 ただみ
立花町上辺春 たちばなまちかみへばる
立花町原島 たちばなまちはるじま
立野 たての
津江 つのえ
馬場 ばば
光 ひかり
平田 ひらた
本(町) もと
本(村) もと
柳島 やなじま
矢原 やばら
山内 やまうち

吉田 よしだ
行橋市
天生田 あもうだ
大谷 おおたに
長木 おさぎ
金屋 かなや
下津熊 しもづくま
下稗田 しもひえだ
神田(町) じんでん
高来 たかく
高瀬 たかせ
宝山 たからやま
寺畔 てらなわて
中川 なかがわ
西谷 にしたに
西宮市 にしみやいち
入覚 にゅうがく
馬場 ばば
福原 ふくばる
二塚 ふたづか
松原 まつばら
南泉 みなみいずみ
宮市 みやいち
矢留 やどみ
流末 りゅうまつ
朝倉郡
東峰(村) とうほう
朝倉郡筑前町
石櫃 いしびつ
弥永 いやなが
三箇山 さんがやま
四三嶋 しそじま
高田 たかた
高上 たこえ
久光 ひさみつ
吹田 ふきだ
安野 やすの
依井 よりい
朝倉郡東峰村
小石原 こいしわら
遠賀郡
遠賀(町) おんが
遠賀郡芦屋町
正門(町) せいもん
船頭(町) せんどう
西浜(町) にしはま
山鹿 やまが
遠賀郡岡垣町
旭南 あさひみなみ
内浦 うつら
上畑 じょうはた
戸切 とぎり
波津 はつ
三吉 みよし
遠賀郡遠賀町
遠賀川 おんががわ
上別府 かみべふ
木守 きもり
島門 しまど
田園 でんえん
広渡 ひろわたり
別府 べふ

虫生津 むしょうづ
蓮角 れんがく
遠賀郡水巻町
猪熊 いのくま
杁 えぶり
下二 しもふた
高尾 たかお
立屋敷 たてやしき
樋口 ひぐち
二西 ふたにし
吉田 よしだ
吉田東 よしだひがし
糟屋郡
篠栗(町) ささぐり
志免(町) しめ
新宮(町) しんぐう
久山(町) ひさやま
糟屋郡宇美町
桜原 さくらばる
原田 はるだ
糟屋郡粕屋町
駕与丁 かよいちょう
甲仲原 こうなかばる
酒殿 さかど
長者原 ちょうじゃばる
仲原 なかばる
原(町) はる
糟屋郡篠栗町
乙犬 おといぬ
金出 かないで
篠栗 ささぐり
高田 たかた
内住 ないじゅう
萩尾 はぎのお
糟屋郡志免町
桜丘 さくらがおか
志免 しめ
別府 べふ
御手洗 みたらい
南里 みなみざと
向ケ丘 むかいがおか
吉原 よしはら
糟屋郡新宮町
相島 あいのしま
上府 かみのふ
下府 しものふ
新宮 しんぐう
原上 はるがみえ
三代 みしろ
夜臼 ゆうす
糟屋郡須恵町
新原 しんばる
糟屋郡久山町
猪野 いの
久原 くばら
嘉穂郡
桂川(町) けいせん
嘉穂郡桂川町
寿命 じゅめい
中屋 ちゅうや
土師 はじ

470

地域順一覧　　佐賀県

鞍手郡
　小竹（町）こたけ
鞍手郡鞍手町
　猪倉 いのくら
　小牧 おまき
　新北 にぎた
　新延 にのぶ
　長谷 はせ
　古門 ふるもん
　八尋 やひろ
鞍手郡小竹町
　赤地 あかぢ
　御徳 ごとく
　南良津 ならづ
　新多 にいだ
田川郡
　香春（町）かわら
田川郡糸田町
　大熊 おおくま
　西部 さいぶ
　真岡 しんおか
　鼡ケ池 ねずがいけ
　原 はる
　宮谷 みやたに
田川郡大任町
　今任原 いまとうばる
田川郡川崎町
　池尻 いけじり
　田原 たばら
田川郡香春町
　香春 かわら
　高野 たかの
　中津原 なかつばる
田川郡添田町
　英彦山 ひこさん
田川郡福智町
　上野 あがの
　金田 かなだ
　神崎 こうざき
筑紫郡那珂川町
　後野 うしろの
　埋金 うめがね
　五ケ山 ごかやま
　五郎丸 ごろうまる
　仲丸 ちゅうまる
　道善 どうぜん
　中原 なかばる
　中原観晴が丘 なかばるみはるがおか
　南面里 なめり
　成竹 なるたけ
　松木 まつのき
　松原 まつばる
築上郡
　上毛（町）こうげ
　築上（町）ちくじょう
築上郡上毛町
　安雲 あくも
　上唐原 かみとうばる
　尻高 しだか
　下唐原 しもとうばる
　大ノ瀬 だいのせ

　垂水 たるみ
　成恒 なりつね
　東上 ひがしかみ
　百留 ひゃくどみ
　矢方 やかた
　吉岡 よしおか
築上郡築上町
　櫟原 いちぎばる
　上ノ河内 うえのかわち
　小原 おばら
　小山田 おやまだ
　上香楽 かみこうらく
　上別府 かみべふ
　越路 こいじ
　寒田 さわだ
　下別府 しもべふ
　築城 ついき
　東築城 ひがしついき
　東八田 ひがしはった
　船迫 ふなさこ
　水原 みずはら
　安武 やすたけ
築上郡吉富町
　小祝 こいわい
　幸子 こうじ
　直江 なおえ
　楡生 にりょう
　別府 びょう
三井郡大刀洗町
　鵜木 うのき
　栄田 さかえだ
　菅野 すがの
　高樋 たかえ
　中川 なかがわ
　西原 にしばる
　三川 みかわ
三潴郡
　大木（町）おおき
三潴郡大木町
　筏溝 いかだみぞ
　絵下古賀 えげこが
　大角 おおずみ
　福土 ふくど
　三八松 みやまつ
京都郡
　苅田（町）かんだ
京都郡苅田町
　集 あつまり
　雨窪 あまくぼ
　新津 あらつ
　小波瀬 おばせ
　苅田 かんだ
　葛川 くずがわ
　神田（町）じんでん
　新浜（町）しんはま
　馬場 ばば
　提 ひさげ
　二崎 ふたざき
　松原（町）まつばら
　光国 みつくに
　南原 みなみばる

　与原 よばる
京都郡みやこ町
　皆見 あざみ
　勝山浦河内 かつやまうらがわち
　勝山箕田 かつやまみだ
　勝山宮原 かつやまみやばる
　上坂 かみさか
　上原 かんばる
　彦徳 けんどく
　国分 こくぶ
　犀川鐙畑 さいがわあぶみはた
　犀川末江 さいがわすえ
　犀川山鹿 さいがわやまが
　下原 しもばる
　惣社 そうしゃ
　光冨 みつどみ
　吉岡 よしおか
八女郡広川町
　小椎尾 こじお
　長延 ながのぶ
　新代 にしろ
　日吉 ひよし
　藤田 ふじた
　水原 みずはら
　六田 ろくた

佐賀県

　嬉野（市）うれしの
　小城（市）おぎ
　鹿島（市）かしま
　神埼（郡）かんざき
　神埼（市）かんざき
　杵島（郡）きしま
　鳥栖（市）とす
　三養基（郡）みやき
佐賀市
　大財 おおたから
　嘉瀬町中原 かせまちなかばる
　神園 かみぞの
　川副町鹿江 かわそえまちかのえ
　川副町南里 かわそえまちなんり
　川原（町）かわはら
　木原 きはら
　金立町千布 きんりゅうまちせぬの
　神野西 こうのにし
　巨勢町修理田 こせまちしゅりた
　紺屋（町）こんや
　道祖元（町）さやのもと
　下田（町）しもだ
　精（町）しらげ
　白山 しらやま
　新生（町）しんせい

　成章（町）せいしょう
　田代 たしろ
　唐人 とうじん
　鍋島町蛎久 なべしままちかきひさ
　鍋島町八戸 なべしままちやえ
　八幡小路 はちまんこうじ
　八丁畷（町）はっちょうなわて
　光 ひかり
　兵庫町藤木 ひょうごまちふじのき
　富士町小副川 ふじちょうおそえがわ
　富士町鎌原 ふじちょうかまばる
　富士町菅木 ふじちょうすがのき
　富士町中原 ふじちょうなかばる
　本庄町鹿子 ほんじょうまちかのこ
　本庄町正里 ほんじょうまちしょうり
　松原 まつばら
　三瀬村藤原 みつせむらふじばる
　三瀬村杠 みつせむらゆずりは
　八戸 やえ
　八戸溝 やえみぞ
　大和町池上 やまとちょういけのうえ
　大和町尼寺 やまとちょうにじ
　大和町八反原 やまとちょうはったばる
伊万里市
　大川内町甲 おおかわちちょうこう
　大川内町原 おおかわちょうかわばる
　黒川（町）くろがわ
　立花（町）たちばな
　二里町八谷搦 にりちょうはちやがらみ
　波多津町木場 はたつちょうこば
　波多津町馬蛤潟 はたつちょうまてがた
　松浦町提川 まつうらちょうさげのかわ
　松浦町桃川 まつうらちょうもものかわ
　南波多町大川原 みなみはたちょうおおかわばる
　南波多町笠椎 みなみはたちょうかさじ
　南波多町小麦原 みなみはたちょうこむぎはら
　南波多町水留 みなみはたちょうつづみ
　南波多町府招 みなみはたちょうふまねき
　南波多町古川 みな

　みはたちょうふるこ
嬉野市
　塩田町真崎 しおたちょうまつさき
小城市
　小城（町）おぎ
　小城町池上 おぎまちいけのうえ
　小城町晴気 おぎまちはるけ
鹿島市
　重ノ木 じゅうのき
　高津原 たかつはら
　納富分 のうどみぶん
　三河内 みかわち
唐津市
　後川内 うしろがわち
　枝去木 えざるき
　相賀 おうか
　相知町相知 おうちちょうおうち
　相知町町切 おうちちょうちょうぎり
　大石（町）おおいし
　水主（町）かこ
　柏崎 かしわざき
　神集島 かしわじま
　北城内 きたじょうない
　北波多志気 きたはたしげ
　厳木町箞木 きゅうらぎまちうつぼき
　厳木町瀬戸木場 きゅうらぎまちせとこば
　熊原（町）くまのはら
　神田 こうだ
　呉服（町）ごふく
　紺屋（町）こんや
　桜馬場 さくらのばば
　重河内 しげかわち
　松南（町）しょうなん
　菅牟田 すがむた
　双水 そうすい
　大良 だいら
　竹木場 たけこば
　町田 ちょうだ
　鎮西町加唐島 ちんぜいまちかからしま
　鎮西町馬渡島 ちんぜいまちまだらしま
　唐川 とうのかわ
　唐房 とうぼう
　長谷 ながたに
　中瀬通 なかのせどおり
　中原 なかばる
　七山池原 ななやまいけばる
　七山仁部 ななやまにぶ
　七山馬川 ななやまのまのかわ
　菜畑 なばたけ
　西浜（町）にしのはま

471

長崎県　地域順一覧

半田 はだ
浜玉町平原 はままちひらばる
浜玉町渕上 はままちふちのうえ
原 はる
東(町) ひがし
肥前町新木場 ひぜんまちにいこば
肥前町納所 ひぜんまちのうそ
肥前町向島 ひぜんまちむかしま
見借 みるかし
八幡(町) やはた
養母田 やぶた
山下(町) やました
呼子町加部島 よぶこちょうかべしま
和多田海士(町) わただあま

神埼市
神埼町的 かんざきまちいくわ
神埼町城原 かんざきまちじょうばる
神埼町本告牟田 かんざきまちもとおりむた
脊振町服巻 せふりまちはらまき
脊振町鹿路 せふりまちろくろ
千代田町餘江 ちよだちょうあまりえ
千代田町境原 ちよだちょうさかいばる
千代田町下西 ちよだちょうしもさい

多久市
北多久町莇原 きたたくまちあざみばる
北多久町多久原 きたたくまちたくばる
東多久町納所 ひがしたくまちのうそ
東多久町別府 ひがしたくまちべふ

武雄市
山内町鳥海 やまうちちょうとのみ
若木町桃川 わかきちょうもものかわ

鳥栖市
江島 えじま
河内 かわち
蔵上 くらかみ
蔵上 くらのうえ
神辺(町) こうのえ
幸津(町) さいつ
下野(町) しもの
高田(町) たかた
立石(町) たていし
西新(町) にししん
西田(町) にしだ
原古賀(町) はらこが
原(町) はる
東(町) ひがし

平田(町) ひらた
藤木(町) ふじのき
布津原(町) ふつはら
古野(町) ふるの
本鳥栖(町) ほんどす
松原(町) まつばら
三島(町) みしま
養父(町) やぶ
山都(町) やまと

神埼郡吉野ケ里町
石動 いしなり
立野 たての
吉田 よしだ

杵島郡
江北(町) こうほく
白石(町) しろいし

杵島郡大町町
福母 ふくも

杵島郡江北町
上小田 かみおだ
八(町) はっ

杵島郡白石町
大渡 おおわたり
坂田 さかた
新開 しんかい
新明 しんめい
築切 つききり
遠江 とおのえ
戸ケ里 とがり
廿治 はたち
八平 はちへい
東郷 ひがしごう
福田 ふくた
辺田 へた
馬洗 もうらい

西松浦郡有田町
岩谷川内 いわたにがわち
上本 かみほん
上山谷 かみやまだに
楠木原 くすのきばる
黒川 くろごう
桑木原 くわのきばる
幸平 さいわいひら
下山谷 しもやまだに
蔵宿 ぞうしゅく
立部 たちべ
中の原 なかのはら
南山 なんざん
南原 なんばる
古木場 ふるこば
外尾(町) ほかお
外尾山 ほかおやま
舞原 まいばる
山谷切口 やまだにきりぐち

東松浦郡玄海町
仮立 かりだち
小加倉 こがくら
下宮 しもみや
新田 しんでん
座川内 そそろがわち

田代 たしろ
中通 なかどおり
外津 ほかわづ
諸浦 もろうら

藤津郡
太良(町) たら

三養基郡
上峰(町) かみみね
基山(町) きやま

三養基郡上峰町
江迎 えむかい

三養基郡基山町
小倉 こくら
宮浦 みやうら

三養基郡みやき町
西島 にしじま
原古賀 はるこが
箕原 みのばる
寄人 よりうと

長崎県

壱岐(市) いき
西海(市) さいかい
西彼杵(郡) にしそのぎ
東彼杵(郡) ひがしそのぎ
平戸(市) ひらど

長崎市
相川(町) あいがわ
畝刈(町) あぜかり
畦(町) あぜ
網場(町) あば
油木(町) あぶらぎ
飯香浦(町) いかのうら
出雲 いずも
入船(町) いりふね
上田(町) うえだ
上野(町) うえの
現川(町) うつつがわ
梅香崎(町) うめがさき
上(町) うわ
大浦(町) おおうら
大籠(町) おおごもり
大谷(町) おおたに
大山(町) おおやま
尾上(町) おのうえ
御船蔵(町) おふなぐら
金堀(町) かなほり
金屋(町) かなや
鹿尾(町) かのお
上銭座(町) かみぜんざ
上戸石(町) かみといし
上戸(町) かみと
川内(町) かわち
川平(町) かわひら
川原(町) かわら

館内(町) かんない
琴海形上(町) きんかいかたがみ
麹屋(町) こうじや
神浦口福(町) こうのうらくちぶく
香焼(町) こうやぎ
小浦(町) こうら
小江原 こばる
小江(町) こえ
小ケ倉(町) こがくら
国分(町) こくぶ
小菅(町) こすげ
小瀬戸(町) こせど
小曽根(町) こぞね
木場(町) こば
小峰(町) こみね
米山(町) こめのやま
竿浦(町) さおのうら
界 さかい
桜馬場 さくらばば
三京(町) さんきょう
三和(町) さんわ
下(町) した
城栄(町) じょうえい
白鳥(町) しらとり
白木(町) しろき
城山(町) しろやま
新地(町) しんち
新戸(町) しんと
芒塚(町) すすきづか
銭座(町) ぜんざ
大黒(町) だいこく
高尾(町) たかお
高城台 たかしろだい
高平(町) たかひら
田上 たがみ
立岩(町) たていわ
立山 たてやま
為石(町) ためし
筑後(町) ちくご
千歳(町) ちとせ
築(町) つき
出島(町) でじま
土井首(町) どいのくび
藤田尾(町) とうだお
中川 なかがわ
中新(町) なかしん
滑石 なめし
南越(町) なんごし
西海(町) にしうみ
西出津(町) にししつ
西山本(町) にしやまほん
八景(町) はっけい
浜平 はまひら
東出津(町) ひがししつ
東(町) ひがし
光(町) ひかり
夫婦川(町) ふうふがわ
古河(町) ふるこ

古道(町) ふるみち
北栄(町) ほくえい
本河内 ほんごうち
松崎(町) まつざき
松原(町) まつばら
万才(町) まんざい
三川(町) みかわ
三原 みはら
向(町) むかう
茂木(町) もぎ
本尾(町) もとお
本石灰(町) もとしっくい
本原(町) もとはら
柳谷(町) やなぎだに
柳田(町) やなぎだ
八幡(町) やはた
四杖(町) よつえ
万屋(町) よろずや

壱岐市
石田町印通寺浦 いしだちょういんどおじうら
石田町筒城仲触 いしだちょうつつきなかふれ
勝本町湯本浦 かつもとちょうゆのもとうら
郷ノ浦町片原触 ごうのうらちょうかたばるふれ
郷ノ浦町大原触 ごうのうらちょうたいばるふれ
郷ノ浦町原島 ごうのうらちょうはるしま
郷ノ浦町半城本村触 ごうのうらちょうはんせいほんむらふれ
郷ノ浦町平人触 ごうのうらちょうひろうとふれ

諫早市
小豆崎(町) あずきさき
上野(町) うえの
有喜(町) うき
永昌(町) えいしょう
栄田(町) えいだ
大場(町) おおば
小川(町) おがわ
御手水(町) おちょうず
小野(町) おの
小船越(町) おぶなこし
金谷(町) かなや
上(町) かみ
川内(町) かわち
久山(町) くやま
栗面(町) くれも
厚生(町) こうせい
高天(町) こうてん
小ケ倉(町) こがくら

地域順一覧　　　　長崎県

小長井町大搦 こながいちょうおおがらみ
小長井町小川原浦 こながいちょうおがわはらうら
小長井町川内 こながいちょうこうち
小長井町新田原 こながいちょうしんたばる
小長井町田原 こながいちょうたばる
下大渡野(町) しもおおわたの
白岩(町) しらいわ
新道(町) しんみち
高来町上与 たかきちょうかみよ
高来町西尾 たかきちょうにしのお
高来町西平原 たかきちょうにしひらばる
高来町法川 たかきちょうのりかわ
高来町東平原 たかきちょうひがしひらばる
高来町町名 たかきちょうまちみょう
高城(町) たかしろ
立石(町) たていし
多良見町化屋 たらみちょうけや
多良見町野副 たらみちょうのぞえ
天満(町) てんまん
中田(町) なかだ
長田(町) ながた
中通(町) なかどおり
西小路(町) にしこうじ
西郷(町) にしごう
土師野尾(町) はじのお
八天(町) はってん
原口(町) はらぐち
福田(町) ふくだ
馬渡(町) まわたり
本野(町) もとの
森山町唐比東 もりやまちょうからこびがし
八坂(町) やさか
山川(町) やまかわ
破籠井(町) わりごい

雲仙市
吾妻町阿母名 あづまちょうあぼな
吾妻町木場名 あづまちょうこばみょう
吾妻町古城名 あづまちょうふるしろみょう
小浜町木場 おばまちょうこば
国見町神代庚 くにみちょうこうじろこう

国見町土黒己 くにみちょうひじくろき
千々石町庚 ちぢわちょうこう

大村市
大里(町) おおざと
小川内(町) おがわ
小路口(町) おろぐち
皆同(町) かいどう
水主(町) かこ
上諏訪(町) かみすわ
玖島 くしま
久原 くばら
木場 こば
桜馬場 さくらばば
三城(町) さんじょう
重井田(町) しげいだ
寿古(町) すこ
西部(町) せいぶ
田下(町) たじも
徳泉川内(町) とくせんがわち
原口(町) はらぐち
東大(村) ひがしおお
日泊(町) ひどまり
平(町) ひら
福重(町) ふくしげ
雄ケ原(町) ますらがはら
松原 まつばら
箕島(町) みしま
水田(町) みずた
水計(町) みずはかり
溝陸(町) みぞろく
宮小路(町) みやしょうじ
宮代(町) みやだい
向木場(町) むかこば
武留路(町) むるろ
立福寺(町) りくじ

五島市
伊福貴(町) いふき
黄島(町) おうしま
大荒(町) おおあれ
小泊(町) おどまり
岐宿町河務 きしくまちこうむ
高田(町) こうだ
木場(町) こば
籠淵(町) こもりぶち
紺屋(町) こんや
新港(町) しんみなと
玉之浦町幾久山 たまのうらまちいつくやま
玉之浦町頓泊 たまのうらまちとんまり
東浜(町) ひがしはま
久賀(町) ひさか
平蔵(町) ひらぞう
増田(町) ますだ
三井楽町嵯峨島 みいらくまちさがの

しま
三井楽町濱窄 みいらくまちはまさこ
三井楽町濱ノ畔 みいらくまちはまのくり
向(町) むかえ
本窯(町) もとがま
吉田(町) よしだ
蕨(町) わらび

西海市
大島町田浦 おおしままちょうたのうら
大島町塔尾 おおしままちょうとおのお
大瀬戸町雪浦河通郷 おおせとちょうゆきのうらごうつうごう
西海町面高郷 さいかいちょうおもだかごう
西海町木場郷 さいかいちょうこばごう
西海町水浦郷 さいかいちょうみずのうらごう
崎戸町江島 さきとちょうのしま
崎戸町蠣浦郷 さきとちょうかきのうらごう
西彼町喰場郷 せいひちょうじきばごう
西彼町平原郷 せいひちょうひらばるごう

佐世保市
相浦(町) あいのうら
庵浦(町) いおのうら
宇久町神浦 うくまちこうのうら
宇久町木場 うくまちこば
浦川内(町) うらがわち
上原(町) うわばる
上(町) うわ
烏帽子(町) えぼし
江迎町猪調 えむかえちょうのつき
江迎町箙尾 えむかえちょうえびらお
江迎町志戸氏 えむかえちょうしどのうじ
江迎町七腕 えむかえちょうななかい
小川内(町) おがわち
小野(町) おの
皆瀬(町) かいぜ
鹿子前(町) かしまえ
上相浦(町) かみあいのうら
神島(町) かみしま
上柚木(町) かみゆのき
川下(町) かわしも
川谷(町) かわたに
木宮(町) きのみや

木原(町) きはら
京坪(町) きょうのつぼ
潜木(町) くぐるぎ
熊野(町) くまの
桑木場(町) くわこば
光月(町) こうげつ
高天(町) こうてん
心野(町) ここんの
小佐々町岳ノ木場 こさざちょうたけのこば
小佐々町田原 こさざちょうたばる
小佐々町葛籠 こさざちょうつづら
小佐々町平原 こさざちょうひらばる
小佐世保(町) こさせぼ
小島(町) こじま
木場田(町) こばた
小舟(町) こふね
里美(町) さとよし
早苗(町) さなえ
椎木(町) しいのき
塩浸(町) しおひたし
鹿町町長串 しかまちょうながくし
重尾(町) しげお
島瀬(町) しませ
島地(町) しまんじ
下の原(町) しものはる
城間(町) じょうま
白木(町) しらき
白南風(町) しらはえ
城山(町) しろやま
新替(町) しんがえ
新行江(町) しんぎょうえ
新田(町) しんでん
新港(町) しんみなと
世知原町赤木場 せちばるちょうあかこば
世知原町岩谷口 せちばるちょういわやぐち
世知原町上野原 せちばるちょううえのはら
世知原町太田 せちばるちょうおおた
世知原町開作 せちばるちょうかいさく
世知原町木浦原 せちばるちょうきうらばら
世知原町北川内 せちばるちょうきたがわち
世知原町栗迎 せちばるちょうくりむかえ
世知原町長田代 せちばるちょうながたしろ
世知原町中通 せち

ばるちょうなかどおり
世知原町西ノ岳 せちばるちょうにしのたけ
世知原町笥瀬 せちばるちょうやなぜ
世知原町矢櫃 せちばるちょうやうびつ
世知原町槍巻 せちばるちょうやりまき
大黒(町) だいこく
大塔(町) だいとう
田代(町) たしろ
立神(町) たてがみ
谷郷(町) たにごう
田原(町) たばる
俵(町) たわら
天満(町) てんま
戸尾(町) とのお
十文野(町) ともんの
中通(町) なかどおり
長畑(町) ながはた
中原(町) なかはら
早岐 はいき
南風崎(町) はえのさき
八の久保(町) はちのくぼ
八幡(町) はちまん
原分(町) はるぶん
東浜(町) ひがしはま
光(町) ひかり
干尽(町) ひづくし
福田(町) ふくだ
藤原(町) ふじわら
母ケ浦(町) ほうがうら
松原(町) まつばら
三川内(町) みかわち
峰坂(町) みねのさか
御船(町) みふね
宮地(町) みやじ
宮田(町) みやだ
本島(町) もとしま
山県(町) やまがた
山祇(町) やまずみ
大和(町) やまと
柚木(町) ゆのき
吉井町梶木場 よしいちょうかじこば
吉井町下原 よしいちょうしもばら
吉井町草ノ尾 よしいちょうそうのお
吉井町田原 よしいちょうたばる
吉岡(町) よしおか
万津(町) よろづ

島原市
洗切(町) あらいきり
有明町大三東甲 ありあけちょうおおみさきこう
出の川(町) いでのかわ

473

熊本県　　　　　　　　地域順一覧

出平(町) いでひら
上の原 うえのはら
梅園(町) うめぞの
上新丁 うわじんちょう
蛭子(町) えびす
大下(町) おおじも
御手水(町) おちょうず
門内(町) かどうち
北上木場(町) きたかみこば
北原(町) きたばら
北門(町) きたもん
崩山(町) くえやま
礫石原(町) くれいしばる
湖南(町) こなん
小山(町) こやま
坂上(町) さかうえ
坂下(町) さかした
先魁(町) さきがけ
下新丁 したじんちょう
下の丁 したのちょう
寺中(町) じちゅう
下宮(町) しもみや
城西中の丁 じょうせいなかのちょう
白谷(町) しらたに
白土(町) しらち
新建 しんだち
新田(町) しんでん
新山 しんやま
立野(町) たての
中原(町) なかばら
西八幡(町) にしやはた
仁田(町) にた
萩原 はぎはら
白山(町) はくさん
原口(町) はらぐち
古丁 ふるちょう
三会(町) みえ
南上木場(町) みなみかみこば
南崩山(町) みなみくえやま
八幡(町) やはた
万(町) よろず
霊南 れいなん

対馬市
厳原町阿連 いづはらまちあれ
厳原町久田 いづはらまちくた
厳原町上槻 いづはらまちこうつき
厳原町桟原 いづはらまちさじきばら
厳原町下原 いづはらまちしもばる
厳原町豆酘 いづはらまちつつ
厳原町天道茂 いづはらまちてんどうしげ

厳原町南室 いづはらまちなむろ
上県町女連 かみあがたまちめづら
上県町鹿見 かみあがたまちしかみ
上県町御園 かみあがたまちみそ
上対馬町小鹿 かみつしままちおしか
上対馬町河内 かみつしままちこうち
上対馬町琴 かみつしままちきん
上対馬町五根緒 かみつしままちごねお
上対馬町舟志 かみつしままちしゅうし
上対馬町唐舟志 かみつしままちとうじゅうし
上対馬町冨浦 かみつしままちとみがうら
豊玉町志多浦 とよたままちしたのうら
豊玉町千尋藻 とよたままちちろも
美津島町大山 みつしままちおおやま
美津島町鶏知 みつしままちけち
美津島町濃部 みつしままちのぶ
美津島町芦浦 みつしままちよしがうら

平戸市
明の川内(町) あけのかわち
鮎川(町) あゆかわ
飯良(町) いいら
生月町御崎 いきつきちょうみさき
猪渡谷(町) いとや
大志々伎(町) おおしじき
大島村的山戸田 おおしまむらあづちとだ
大島村神浦 おおしまむらこうのうら
大山(町) おおやま
小田(町) おだ
神上(町) かみあげ
川内(町) かわち
木引田(町) きひきだ
紺屋(町) こうや
木場(町) こば
木引(町) こひき
獅子(町) しし
神船(町) しぶね
主師(町) しゅうし
高越(町) たかごえ
度島(町) たくしま
田代(町) たしろ
築地(町) つきじ
根獅子(町) ねしこ
早福(町) はいふく
深川(町) ふかがわ

無代寺(町) ぶだいじ
古江(町) ふるえ
杁の原(町) へごのはら
水垂(町) みずたり
山中(町) やまなか

松浦市
今福町木場免 いまふくちょうこばめん
今福町寺上免 いまふくちょうてらげめん
今福町飛島免 いまふくちょうとびしまめん
今福町滑栄免 いまふくちょうなべるえめん
志佐町栢木免 しさちょうかやのきめん
志佐町稗木場免 しさちょうひえこばめん
志佐町柚木川内免 しさちょうゆのきがわちめん
鷹島町神崎免 たかしまちょうこうざきめん
鷹島町原免 たかしまちょうはるめん
調川町上免 つきのかわちょうかみめん
福島町土谷免 ふくしまちょうどやめん
福島町原免 ふくしまちょうはるめん
御厨町郭公尾免 みくりやちょうこっこうのおめん
御厨町木場免 みくりやちょうこばめん
御厨町田原免 みくりやちょうたばるめん

南島原市
有家町尾上 ありえちょうおのうえ
有家町蒲河 ありえちょうかまが
有家町小川 ありえちょうこがわ
西有家町見岳 にしありえちょうみだけ
布津町甲 ふつちょうこう

北松浦郡
小値賀(町) おぢか
北松浦郡小値賀町
班島郷 まだらしまごう
六島郷 むしまごう
北松浦郡佐々町
石木場免 いしこばめん
皆瀬免 かいぜめん
神田免 こうだめん
小浦免 こうらめん
木場免 こばめん
角山免 つのやまめん

本田原免 ほんたばるめん
迎木場免 むかえこばめん
八口免 やくちめん

西彼杵郡時津町
左底郷 さそこごう
西時津郷 にしとぎつごう

西彼杵郡長与町
高田郷 こうだごう
平木場郷 ひらこばごう
三根郷 みねごう

東彼杵郡
東彼杵(町) ひがしそのぎ

東彼杵郡川棚町
猪乗川内郷 いのりごうちごう
小串郷 おぐしごう
小音琴郷 こねことごう
木場郷 こばごう
白石郷 しろいしごう
城山(町) しろやま
新谷郷 しんがえごう
三越郷 みつごえごう
百津郷 ももづごう

東彼杵郡波佐見町
川内郷 かわちごう
小樽郷 こだるごう
稗木場郷 ひえこばごう
三股郷 みつまたごう

東彼杵郡東彼杵町
大音琴郷 おおねごとごう
川内郷 かわちごう
小音琴郷 こねことごう
木場郷 こばごう
菅無田郷 すがむたごう
彼杵宿郷 そのぎしゅくごう
太ノ浦郷 たのうらごう
千綿宿郷 ちわたしゅくごう
三根郷 みねごう

南松浦郡新上五島町
相河郷 あいこごう
飯ノ瀬戸郷 いのせどごう
小河原郷 おがわらごう
桐古里郷 きりふるさとごう
小串郷 こぐしごう
立串郷 たてくしごう
七目郷 ななめごう
西神ノ浦郷 にしこうのうらごう
似首郷 にたくびごう
日島郷 ひのしまごう

三日ノ浦郷 みかのうらごう
道土井郷 みちどいごう
漁生浦郷 りょうせうらごう

熊本県

荒尾(市) あらお
宇城(市) うき
上益城(郡) かみましき
菊池(郡) きくち
菊池(郡) きくち
合志(市) こうし
下益城(郡) しもましき
八代(郡) やつしろ
八代(市) やつしろ
山鹿(市) やまが
熊本市
東(区) ひがし
熊本市北区
麻生田 あそうだ
改寄(町) あらき
和泉(町) いずみ
植木町鐙田 うえきまちあぶみだ
植木町有泉 うえきまちありずみ
植木町亀甲 うえきまちかめこう
植木町清水 うえきまちきよみず
植木町色出 うえきまちしきで
植木町正清 うえきまちしょうせい
植木町滴水 うえきまちたるみず
植木町投刀塚 うえきまちなたつか
植木町一木 うえきまちひとつぎ
植木町平原 うえきまちひらばる
植木町味取 うえきまちみとり
植木町宮原 うえきまちみやばる
植木町舞尾 うえきまちもうの
兎谷 うさぎだに
鹿子木(町) かのこぎ
楠 くすのき
小糸山(町) こいとやま
高平 たかひら
龍田 たつだ
津浦(町) つのうら
鶴羽田 つるはだ
鶴羽田(町) つるはだ
徳王 とくおう
徳王(町) とくおう
楡木 にれのき
八景水谷 はけの

474

地域順一覧　　　　　　　　　　　　　　　　　　　　熊本県

みや
飛田 ひだ
明徳(町) めいとく
四方寄(町) よもぎ
立福寺(町) りゅうふくじ

熊本市中央区
安政(町) あんせい
出水 いずみ
江津 えづ
大江 おおえ
上林(町) かみばやし
河原(町) かわら
九品寺 くほんじ
神水 くわみず
神水本(町) くわみずほん
紺屋(町) こうや
国府 こくぶ
小沢(町) こざわ
古城(町) こじょう
壺川 こせん
湖東 ことう
呉服(町) ごふく
細工(町) さいく
城東(町) じょうとう
新屋敷 しんやしき
菅原(町) すがわら
船場(町) せんば
船場町下 せんばまちしも
段山本(町) だにやまほん
通(町) とおり
渡鹿 とろく
萩原(町) はぎわら
白山 はくさん
花畑屋(町) はなばたけや
古桶屋(町) ふるおけや
古京(町) ふるきょう
古大工(町) ふるだいく
保田窪 ほたくぼ
松原(町) まつばら
宮内 みやうち
本山 もとやま
本山(町) もとやま
山崎(町) やまさき
世安(町) よやす
万(町) よろず

熊本市西区
池上(町) いけのうえ
小島 おしま
上代 かみだい
河内町面木 かわちまちおものぎ
河内町岳 かわちまちたけた
河内町野出 かわちまちので
城山大塘 じょうざんおおども
城山上代(町) じょうざんかみだい

新港 しんみなと
谷尾崎(町) たにおざき
津浦(町) つのうら
出(町) で
戸坂(町) とさか
中島(町) なかしま
中原(町) なかはら
松尾町近津 まつおまちちこうづ
八島 やしま
八島(町) やしま

熊本市東区
石原 いしわら
石原(町) いしわら
出水 いずみ
画図町所島 えずまちところじま
江津 えづ
榎(町) えのき
小峯 おみね
小山 おやま
小山(町) おやま
鹿帰瀬(町) かきぜ
上南部 かみなべ
上南部(町) かみなべ
神水本(町) くわみずほん
健軍 けんぐん
神園 こうぞの
湖東 ことう
御領(町) ごりょう
下南部 しもなべ
新生 しんせい
新南部 しんなべ
新外 しんほか
渡鹿 とろく
西原 にしばる
沼山津 ぬやまづ
東野 ひがしの
東(町) ひがし
保田窪 ほたくぼ
弓削(町) ゆげ
吉原(町) よしわら

熊本市南区
荒尾 あらお
荒尾(町) あらお
出仲間 いでなかま
海路口(町) うじぐち
江越 えごえ
奥古閑(町) おくこが
上ノ郷 かみのごう
合志 ごうし
幸田 こうだ
護藤(町) ごんどう
城南町出水 じょうなんまちいずみ
城南町隈庄 じょうなんまちくまのしょう
城南町陳内 じょうなんまちじんない
城南町築地 じょうなんまちついじ

城南町丹生宮 じょうなんまちにうのみや
城南町舞原 じょうなんまちまいのはら
白石(町) しろいし
砂原(町) すなはら
銭塘(町) ぜんども
田井島 たいのしま
田迎町田井島 たむかえまちたいのしま
田迎町良(町) たむかえまちやや
土河原(町) とがわら
富合町硴江 とみあいまちかきのえ
富合町莎崎 とみあいまちこうざき
富合町菰江 とみあいまちこものえ
富合町田尻 とみあいまちたのしり
富合町平原 とみあいまちひらばる
富合町廻江 とみあいまちまいのえ
八分字(町) はふじ
日吉 ひよし
平田 ひらた
馬渡 まわたり
美登里(町) みどり
八幡 やはた
良(町) やや

阿蘇市
赤水 あかみず
内牧 うちのまき
小倉 おくら
小里 おざと
小野田 おのだ
蔵原 くらばる
黒川 くろかわ
黒流(町) くろながれ
小池 こうじ
竹原 たかわら
波野小地野 なみのしょうちの
西湯浦 にしゆのうら
三久保 みくぼ
南宮原 みなみみやばる
無田 むた
役犬原 やくいんばる
湯浦 ゆのうら

天草市
天草町大江軍浦 あまくさまちおおえいくさがうら
有明町大島子 ありあけまちおおしまご
五和町城河原 いつわまちじょうがわら
五和町二江 いつわまちふたえ
牛深 うしぶか
魚貫 おにき
亀場町食場 かめばまちきばば

河浦町白木河内 かわうらまちしらきかわち
河浦町宮野河内 かわうらまちみやのかわち
川原(町) かわら
北原(町) きたはら
久玉(町) くたま
城下(町) じょうか
新和町碇石 しんわまちいかりいし
栖本町河内 すもとまちかわち
枦宇土(町) はじうと
八幡(町) はちまん
東浜(町) ひがしはま
東(町) ひがし
本渡町本戸馬場 ほんどまちほんとばば
本町下河内 ほんまちしもがわち

荒尾市
荒尾 あらお
牛水 うしのみず
大島 おおしま
大島(町) おおしま
大平(町) おおひら
金山 かなやま
宮内 くない
西原(町) にしばる
野原 のばら
八幡台 はちまんだい

宇城市
小川町河江 おがわまちごうのえ
不知火町永尾 しらぬひまちえいのお
不知火町柏原 しらぬひまちかしわばら
不知火町小曽部 しらぬひまちこそぶ
松橋町古保山 まつばせまちこおやま
松橋町曲野 まつばせまがの
三角町郡浦 みすみまちこおのうら
三角町里浦 みすみまちさとのうら

宇土市
網引(町) あびき
網津(町) あみづ
入地(町) いりち
神合(町) こうあい
古保里(町) こおざと
古城(町) こじょう
笹原(町) ささはら
三拾(町) さじっ
下網田(町) しもおうだ
城塚(町) じょうつか
定府(町) じょうふ
新開(町) しんがい
新松原(町) しんまつわら
神馬(町) しんめ

船場(町) せんば
高柳(町) たかやなぎ
立岡(町) たちおか
築籠(町) ついごめ
椿原(町) つばわら
戸口(町) とぐち
松原(町) まつわら
宮庄(町) みやのしょう
門内(町) もんない

上天草市
松島町内野河内 まつしままちうちのかわうち
龍ケ岳町樋島 りゅうがたけまちひのしま

菊池市
出田 いでた
大平 おおひら
小木 おぎ
片角 かたかく
木柑子 きこうじ
木野 きの
旭志尾足 きょくしおたる
旭志小原 きょくしおばる
木庭 こば
重味 しげみ
泗水町富納 しすいまちとみのう
七城町台 しちじょうまちうてな
七城町清水 しちじょうまちきよみず
七城町林原 しちじょうまちはやしばる
七城町辺田 しちじょうまちへた
七城町水次 しちじょうまちみつぎ
四町分 しちょうぶん
下河原 しもかわはら
豊間 とよま
長田 ながた
西迫間 にしはざま
原 はる
班蛇口 はんじゃく
深川 ふかがわ
藤田 ふじた
隈府 わいふ

合志市
合生 あいおい
上庄 かみのしょう
幾久富 きくどみ
竹迫 たかば
福原 ふくはら
御代志 みよし
上生 わぶ

玉名市
青木 あおき
青野 あおの
小島 おしま
上小田 かみおだ

熊本県 地域順一覧

亀甲 かめのこう
河崎 かわさき
北坂門田 きたさかもんた
小浜 こばま
下 しも
千田川原 せんだがわら
岱明町下沖洲 たいめいまちしもおきのす
高瀬 たかせ
築地 ついじ
富尾 とみのお
滑石 なめいし
繁根木 はねぎ
松木 まつき
溝上 みぞのうえ
向津留 むこうづる
六田 ろくた

人吉市
上原(町) うえはら
大畑(町) おこば
鬼木(町) おにき
鹿目(町) かなめ
上戸越(町) かみとごえ
上林(町) かみばやし
蟹作(町) がんつくり
合ノ原(町) ごうのはら
紺屋(町) こうや
古仏頂(町) こぶっちょう
相良(町) さがら
七地(町) しちち
下新(町) しもしん
下戸越(町) しもとごえ
下林(町) しもばやし
七日(町) なぬか
西間下(町) にしあいだしも
二日(町) にの
原城(町) はらのじょう
宝来(町) ほうらい

水俣市
洗切(町) あらいきり
江南(町) えなん
大迫 おおさこ
葛渡 くずわたり
古城 こじょう
小津奈木 こつなぎ
薄原 すすばる
大黒(町) だいこく
築地 つきじ
月浦 つきのうら
八ノ窪(町) はちのくぼ
八幡(町) はちまん
百間(町) ひゃっけん
平(町) ひら
深川 ふかがわ
古里 ふるさと

八代市
海士江(町) あまがえ
泉町椎原 いずみまちしいばる
井上(町) いのうえ
植柳上(町) うやなぎかみ
大島(町) おおしま
岡町小路 おかまちしょうじ
上片(町) かみかた
北原(町) きたばら
郡築一番(町) ぐんちくいちばん
高下東(町) こうげひがし
高小原(町) こうごばら
上野(町) こうずけ
坂本町鮎帰 さかもとまちあゆがえり
坂本町百済来上 さかもとまちくだらぎかみ
坂本町西部 さかもとまちさいぶ
坂本町鶴喰 さかもとまちつるはみ
蛇籠(町) じゃかご
新開(町) しんかい
新地(町) しんち
新浜(町) しんはま
新港(町) しんみなと
千反(町) せんだん
梅檀(町) えびらせ
千丁町古閑出 せんちょうまちこがで
鼠蔵(町) そぞう
竹原(町) たけはら
築添(町) つきぞえ
出(町) で
通(町) とおり
永碇(町) ながいかり
長田(町) ながた
西宮(町) にしみや
萩原(町) はぎわら
八幡(町) はちまん
日置(町) ひおき
東(町) ひがし
日奈久馬越(町) ひなぐまごし
豊葦上(町) ぶいらかみ
古城(町) ふるしろ
古麓(町) ふるふもと
本野(町) ほんの
松江(町) まつえ
松崎(町) まつざき
三江湖(町) みつえこ
宮地(町) みやじ
催合(町) もやい
渡(町) わたし

山鹿市
麻生野 あその
石 いし
小坂 おさか
小原 おばる
小群 おむれ
鹿央町合里 かおうまちあいざと
鹿央町岩原 かおうまちいわばる
鹿央町梅木谷 かおうまちうめのきだに
鹿央町中浦 かおうまちちゅうのうら
方保田 かとうだ
鹿北町芋生 かほくまちいもう
蒲生 かもう
鹿本町来民 かもとまちくたみ
鹿本町分田 かもとまちぶんだ
菊鹿町宮原 きくかまちみやのはる
菊鹿町米原 きくかまちよなばる
久原 くばる
古閑 こが
坂田 さかだ
城 じょう
椿井 つばい
山鹿 やまが

葦北郡芦北町
海浦 うみのうら
上原 うわばる
箙瀬 えびらせ
大川内 おおかわち
乙千屋 おとじや
海路 かいじ
桑原 くわばら
小田浦 こだのうら
塩浸 しおひたし
白石 しらいし
白岩 しらいわ
白木 しらき
立川 たちかわ
田浦 たのうら
田浦(町) たのうら
計石 はかりいし
波多島 はたとう
伏木氏 ふしき
古石 ふるいし
松生 まつばえ
道川内 みちがわち
宮浦 みやのうら
女島 めしま
八幡 やはた
湯浦 ゆのうら
米田 よねだ

葦北郡津奈木町
小津奈木 こつなぎ
千代 ちよ

阿蘇市
産山(村) うぶやま
小国(町) おぐに
西原(村) にしはら

阿蘇郡産山村
産山 うぶやま

大利 おおり
田尻 たじり
山鹿 やまが

阿蘇郡小国町
上田 かみだ
下城 しもじょう

阿蘇郡高森町
尾下 おくだり
上色見 かみしきみ
河原 かわら
草部 くさかべ
色見 しきみ
下切 したぎり
菅山 すがやま
永野原 ながのはる

阿蘇郡西原村
河原 かわはら
布田 ふた

阿蘇郡南阿蘇村
一関 いちぜき
河陰 かいん
河陽 かわよう
下野 しもの
立野 たての
吉田 よしだ

阿蘇郡南小国町
中原 なかばる

天草郡苓北町
上津深江 こうつふかえ
都呂々 とろろ

上益城郡
益城(町) ましき
御船(町) みふね
山都(町) やまと

上益城郡嘉島町
上島 うえじま

上益城郡甲佐町
麻生原 あそばる
小鹿 おが
上揚 かみあげ
上早川 かみそうがわ
芝原 しばわら
白旗 しらはた
早川 そうがわ
田口 たぐち
西寒野 にしさまの
西原 にしはる
東寒野 ひがしさまの
南三箇 みなみさんが
安平 やすひら
吉田 よしだ
世持 よもち

上益城郡御船町
小池 おいけ
小谷 おやつ
上陳 かみじん
古閑 こが
寺中 じちゅう
下陳 しもじん
田原 たばる
平田 ひらた
福原 ふくはら
馬水 まみず

上益城郡御船町
上野 うえの
小坂 おざか
木倉 きのくら
田代 たしろ
七滝 ななたき
辺田見 へたみ
御船 みふね

上益城郡山都町
荒谷 あらだに
市野原 いちのはる
市原 いちはら
入佐 いりさ
大平 おおひら
小笹 おざさ
男成 おとこなり
小峰 おみね
上差尾 かみざしお
葛原 くずはら
黒川 くろかわ
下馬尾 げばお
高月 こうづき
郷野原 ごうのはる
御所 ごしょ
小中竹 こなかだけ
三ケ さんげ
塩出迫 しおいでさこ
塩原 しおばる
下名連石 しもなれいし
下山 しもやま
上寺 じょうてら
城原 じょうばる
城平 じょうひら
白石 しらいし
杉木 すぎき
菅 すげ
菅尾 すげお
須原 すばる
千滝 せんだき
高畑 たかばた
滝上 たきがみ
鶴ケ田 つるけた
長田 ながた
長谷 ながたに
長原 ながはら
成君 なりぎみ
二瀬本 にせもと
貫原 ぬきはら
八木 はちぼく
東竹原 ひがしたけばる
藤木 ふじき
二津留 ふたづる
方ケ野 ほうがの
仏原 ほとけばる
馬見原 まみはら
万坂 まんざか
柳井原 やないばる
柚木 ゆのき

地域順一覧　大分県

菊池郡大津町
下(町) しも
中島 なかしま
引水 ひきのみず
平川 ひらかわ
吹田 ふけだ
古城 ふるじょう
外牧 ほかまき
菊池郡菊陽町
新山 しんやま
曲手 まがて
球磨郡
五木(村) いつき
相良(村) さがら
水上(村) みずかみ
湯前(町) ゆのまえ
球磨郡あさぎり町
上北 うえきた
上西 うえにし
上東 うえひがし
上南 うえみなみ
岡原北 おかはるきた
免田東 めんだひがし
球磨郡五木村
乙 おつ
甲 こう
球磨郡球磨村
神瀬 こうのせ
渡 わたり
球磨郡相良村
川辺 かわべ
深水 ふかみ
四浦 ようら
球磨郡多良木町
久米 くめ
槻木 つきぎ
球磨郡山江村
万江 まえ
球磨郡湯前町
上猪 かみい
上里 かみざと
上(村) かみ
下城 したじょう
下里 しもざと
下(村) しも
田上 たのえ
馬場 ばば
浜川 はまごう
古城 ふるじょう
下益城郡美里町
安部 あべ
大沢水 おおそうず
川越 かわごし
木早川内 きそがわち
清水 きよみず
小市野 こいちの
甲佐平 こうさびら
古閑 こが
小筵 こむしろ
境 さかい
三加 さんが

白石野 しらいしの
土喰 つちばみ
遠野 とおの
中郡 なかごおり
中小路 なかしょうじ
名越谷 なごしだに
馬場 ばば
原田 はらだ
洞岳 ほらおか
三和 みつわ
涌井 ゆい
玉名郡
和水(町) なごみ
南関(町) なんかん
玉名郡玉東町
木葉 このは
西安寺 さいあんじ
白木 しらき
玉名郡長洲町
有明 ありあけ
上沖洲 かみおきのす
腹赤 はらか
名石浜 めいしはま
玉名郡和水町
榎原 えのきばる
大屋 おおや
竈門 かまど
久米野 くべの
志口永 しぐちなが
下津原 しもつわら
高野 たかの
萩原 はぎわら
原口 はるぐち
久井原 ひさいばる
日平 ひびら
藤田 ふじた
蜻浦 へばうら
前原 まえばる
米渡尾 めどお
用木 もてぎ
焼米 やいごめ
玉名郡南関町
相谷 あいのたに
上長田 かみながた
久重 くしげ
肥猪 こえい
肥猪(町) こえい
小原 こばる
関下 せきしも
関東 せきひがし
関外目 せきほかめ
八代郡氷川町
栫 こい
鹿島 かしま
鹿野 かの
河原 かわはら
島地 しまち
新田 しんでん
立神 たてがみ
中島 なかしま

大分県

臼杵(市) うすき
大分(市) おおいた
杵築(市) きつき
玖珠(郡) くす
国東(市) くにさき
佐伯(市) さいき
東国東(郡) ひがしくにさき
日田(市) ひた
別府(市) べっぷ
大分市
丹川 あかがわ
明磧 あけがわら
生石 いくし
一木 いちぎ
市尾 いちのお
猪野 いの
入蔵 いりくら
上田(町) うえだ
上野丘 うえのがおか
上野 うえの
上野南 うえのみなみ
荏隈 えのくま
大石 おおいし
大在 おおざい
大平 おおひら
大道(町) おおみち
雄城台団地 おぎのだいだんち
奥 おく
鴛野 おしの
乙津 おとづ
乙津(町) おとづ
小中島 おなかしま
海原 かいわら
賀来 かく
葛木 かつらぎ
金谷迫 かなやざこ
上詰 かみつめ
上戸次 かみへつぎ
上八幡 かみやはた
河原内 かわらうち
机張原 きちょうばる
久土 くど
久原 くばる
久原北 くばるきた
久原中央 くばるちゅうおう
久原南 くばるみなみ
小池原 こいけばる
古ケ鶴 こがづる
国分 こくぶ
小佐井 こざい
小原団地 こばるだんち
佐賀関 さがのせき
迫 さこ
佐野 さの
志生留 しつる
志(村) し

下郡 しもごおり
下原 しもはら
下戸次 しもへつぎ
下八幡 しもやはた
志生木 しゅうき
庄境 しょうざかい
城東(町) じょうとう
庄の原 しょうのはる
城原 じょうはる
白木 しらき
城崎(町) しろさき
新貝 しんがい
新川(町) しんかわ
新栄(町) しんさかえ
杉原 すぎばる
勢家(町) せいけ
碩田(町) せきでん
千歳 せんざい
寒田 そうだ
高城台 たかじょうだい
高瀬 たかせ
高原 たかはら
竹矢 たけや
田尻 たじり
田原 たばる
旦野原 だんのはる
千代(町) ちよ
辻原 つじはる
角子原 つのこばる
角子南 つのごみなみ
東院 とい
東院台 とうのだい
豊海 とよみ
長谷(町) ながたに
中戸次 なかへつぎ
荷尾杵 におき
西大道 にしおおみち
西浜 にしはま
丹生 にゅう
野津原 のつはる
萩尾 はぎお
萩原 はぎわら
羽田 はだ
畑中 はたけなか
端登 はたのぼり
馬場 ばば
原川 はるかわ
原新(町) はるしん
日岡 ひおか
東大道 ひがしおおみち
東浜 ひがしはま
東原 ひがしばる
東八幡 ひがしやはた
日吉原 ひよしばる
日吉(町) ひよし
深河内 ふかがわうち
豊饒 ぶにょう
古国府 ふるごう
芳河原台 ほうがわらだい
本神崎 ほんこうざき

松原(町) まつばら
政所 まどころ
三ケ田(町) みけた
三佐 みさ
三川上 みつがわかみ
光吉 みつよし
南生石東 みなみいくしひがし
宮河内 みやかわうち
宮河内ハイランド みやかわうちはいらんど
御幸町 みゆき
向原沖 むかいばる
廻栖野 めぐすの
米良 めら
豊(町) ゆたか
吉野原 よしのはる
永興 りょうご
宇佐市
赤尾 あかお
安心院町笹ノ口 あじむまちうけのくち
安心院町有徳原 あじむまちうっとくばる
安心院町折敷田 あじむまちおしきだ
安心院町萱籠 あじむまちかやごもり
安心院町木裳 あじむまちきのも
安心院町下内河野 あじむまちしもうちがわの
安心院町寒水 あじむまちそうず
安心院町村部 あじむまちそべ
安心院町妻垣 あじむまちつまがけ
安心院町塔尾 あじむまちとうのお
安心院町新原 あじむまちにいばる
安心院町西祢 あじむまちにしのと
安心院町原 あじむまちはる
安心院町飯田 あじむまちはんだ
安心院町房ケ畑 あじむまちぼうがはた
安心院町佛木 あじむまちほとぎ
麻生 あそう
出光 いでみつ
今仁 いまに
院内町小坂 いんないまちおおさか
院内町景平 いんないまちかげへら
院内町上納持 いんないまちかみのうじ
院内町来鉢 いんないまちくばち
院内町小平 いんないまちこびら

院内町副 いんないまちそい
院内町月俣 いんないまちつきのまた
院内町温見 いんないまちぬくみ
院内町原口 いんないまちはるぐち
院内町日岳 いんないまちひのたけ
院内町平原 いんないまちひらばる
院内町宮原 いんないまちみやばる
上田 うえだ
金丸 かなまる
金屋 かなや
上庄 かみしょう
上高 かみたか
上高家 かみたけい
川部 かわべ
木内 きのうち
葛原 くずはら
閤 ごう
小向野 こむくの
子安(町) こやす
西木 さいぎ
佐野 さの
芝原 しばはら
下庄 しもしょう
下高家 しもたけい
城井 じょうい
立石 たていし
富山 とみやま
中原 なかはる
西高家 にしたけい
蜷木 になぎ
畑田 はたけだ
浜高家 はまたけい
日足 ひあし
東高家 ひがしたけい
樋田 ひだ
別府 びゅう
松崎 まつさき
神子山新田 みこやましんでん
南敷田 みなみしきだ
山 やま
山下 やました
和気 わき

臼杵市
臼杵 うすき
乙見 おとみ
海添 かいぞえ
掻懐 かきだき
風成 かざなし
下ノ江 したのえ
岳谷 たけや
田尻 たじり
野津町烏嶽 のつまちうがく
野津町垣河内 のつまちかきがわち
野津町亀甲 のつまちかめこう

野津町西寒田 のつまちささむた
野津町清水原 のつまちそうずばる
野津町西神野 のつまちにしこうの
野津町原 のつまちはる
野津町都原 のつまちみやこばる
野津町宮原 のつまちみやばる
野津町山頭 のつまちやまず
東神野 ひがしこうの
深田 ふかた
藤河内 ふじかわち
望月 もちづき

杵築市
相原 あいわら
猪尾 いのお
岩谷 いわや
大内 おおうち
狩宿 かりしゅく
杵築 きつき
熊野 くまの
南杵築 みなみきつき
八坂 やさか
山香町野原 やまがまちのはる
横城 よこぎ

国東市
安岐町下原 あきまちしもばる
安岐町両子 あきまちふたご
国東町来浦 くにさきまちくのうら
国東町富来 くにさきまちとみく
国東町原 くにさきまちはる
国東町東堅来 くにさきまちひがしかたく
国見町鬼籠 くにみまちきこ
国見町櫛来 くにみまちくしく
国見町櫛海 くにみまちくしのみ
国見町千燈 くにみまちせんど
国見町向田 くにみまちむかた
武蔵町糸原 むさしまちいとはら
武蔵町小城 むさしまちおぎ

佐伯市
荒網代浦 あらじろうら
宇目河内 うめかわち
宇目南田原 うめみなみたばる
葛港 かづらみなと
蒲江葛原浦 かまえかずらはらうら

蒲江竹野浦河内 かまえたけののうらごうち
蒲江野々河内浦 かまえののかわちうら
蒲江丸市尾浦 かまえまるいちびうら
上浦浅海井浦 かみうらあざむいうら
上浦最勝海浦 かみうらにいなめうら
上岡 かみおか
上城 かみじょう
上灘 かみなだ
狩生 かりう
川原 かわばる
蟹田 がんだ
岸河内 きしがわち
来島(町) くるしま
下城 しもじょう
城下(町) じょうかひがし
城西(区) じょうせい
城東(町) じょうとう
匠南 しょうなん
城南(町) じょうなん
船頭(町) せんどう
高畠 たかばた
高畑 たかばたけ
鶴望 つるみ
鶴見羽出浦 つるみはいでうら
鶴谷(町) つるかや
直川上直見 なおかわかみなおみ
西谷(町) にしだに
西浜 にしはま
長谷 はせ
戸穴 ひあな
東浜 ひがしはま
東(町) ひがし
日向泊浦 ひゅうがどまりうら
平 ひら
二栄 ふたばえ
向島 ほうじま
本匠因尾 ほんじょういんび
本匠小半 ほんじょうおながら
本匠上津川 ほんじょうこうづがわ
本匠波寄 ほんじょうはき
本匠三股 ほんじょうみまた
本匠山部 ほんじょうやまぶ
女島 めじま
百谷 ももたに
護江 もりえ
門前 もんぜ
八迫(区) やさこ
弥生門田 やよいかんた
弥生提内 やよいひさぎうち

米水津色利浦 よのうづいろりうら

竹田市
会々 あいあい
市用 いちもち
岩瀬 いわせ
小川 おがわ
荻町瓜作 おぎまちうりつくり
荻町恵良原 おぎまちえらはる
荻町大平 おぎまちおおだいら
荻町柏原 おぎまちかしわばる
荻町叶野 おぎまちかないの
荻町北原 おぎまちきたばる
荻町鴫田 おぎまちしぎた
荻町高城 おぎまちたかじょう
荻町陽目 おぎまちひなため
荻町政所 おぎまちまどころ
荻町南河内 おぎまちみなみがわち
小塚 おづか
上畑 かみはた
城原 きばる
九重野 くじゅうの
久住町栢木 くじゅうまちかやぎ
久住町仏原 くじゅうまちぶつばる
神原 こうばる
菅生 すごう
高伏 たかぶし
玉来 たまらい
戸上 とうえ
直入町神堤 なおいりまちかみつつみ
中角 なかつの
入田 にゅうた
拝田原 はいたばる
挟田 はさだ
飛田川 ひだがわ
平田 ひらた
福原 ふくはら
古園 ふるぞの
向山田 むこうやまだ
門田 もんでん
吉田 よしだ
米納 よない
渡瀬 わたせ

津久見市
網代 あじろ
合ノ元(町) ごうのもと
小園(町) こぞの
立花(町) たちばな
千怒 ちぬ
中田(町) なかだ
門前(町) もんぜん

八戸 やと
四浦 ようら

中津市
相原 あいはら
蛭子(町) えびす
合馬 おうま
大新田 おおしんでん
沖代(町) おきだい
萱津(町) かいづ
加来 かく
水主(町) かこ
金谷 かなや
北原 きたばる
闇無 くらなし
小祝 こいわい
古城 こじょう
小堀 こほり
米(町) こめ
定留 さだのみ
三光上秣 さんこうかみまくさ
下正路 しもしょうじ
新魚(町) しんうお
新堀 しんほり
全徳 ぜんとく
船頭(町) せんど
船場(町) せんば
高瀬 たかせ
田尻 たじり
仲間(町) ちゅうげん
角木 つのぎ
角木(町) つのぎ
豊田(町) とよだ
中原 なかばる
野依 のより
八幡(町) はちまん
東浜 ひがしはま
古魚(町) ふるうお
古金谷 ふるかなや
古博多 ふるはかた
本耶馬渓町今行 ほんやばけいまちいまゆく
本耶馬渓町跖石野 ほんやばけいまちかぶしの
宮夫 みやぶ
諸田 もろた
耶馬渓町冠石野 やばけいまちかぶしの
耶馬渓町戸原 やばけいまちとばる
耶馬渓町山移 やばけいまちやまうつり
山国町槻木 やまくにまちのき
山下 やました
湯屋 ゆや

日田市
秋原(町) あきばる
天瀬町馬原 あまがせまちまばる
池辺(町) いけべ
上野(町) うえの

地域順一覧　宮崎県

大部(町) おおべ
小ケ瀬(町) おがせ
小河内(町) おがわち
小迫(町) おざこ
尾当(町) おとう
小山(町) おやま
神来(町) かみく
上城内(町) かみじょうない
上津江町川原 かみつえまちかわばる
川下 かわした
川原(町) かわはら
亀山(町) きざん
古金(町) こがね
坂井(町) さかい
上宮(町) じょうぐう
城(町) しろ
鈴連(町) すずれ
田場 たしば
淡窓 たんそう
鶴河内(町) つるがわち
鶴城(町) つるぎ
中城(町) なかじょう
中釣(町) なかづる
中本(町) なかほん
南部(町) なんぶ
新治(町) にいばる
二串(町) にくし
上手(町) のぼて
羽田(町) はた
東(町) ひがし
吹上(町) ふきあげ
伏木(町) ふしき
前津江町柚木 まえつえまちゆずき
源栄(町) もとえ
八幡(町) やはた
刃連(町) ゆきい

豊後大野市
犬飼町大寒 いぬかいまちおおそう
犬飼町久原 いぬかいまちくばる
犬飼町高津原 いぬかいまちこうづばる
犬飼町西寒田 いぬかいまちささむた
大野町大原 おおのまちおおはら
大野町桑原 おおのまちくわばる
大野町小倉木 おおのまちこぐらき
大野町十時 おおのまちととき
大野町中土師 おおのまちなかはじ
大野町中原 おおのまちなかばる
大野町夏足 おおのまちなたせ
大野町屋原 おおのまちやばら
緒方町小宛 おがたまちあて

緒方町小原 おがたまちおはる
緒方町上冬原 おがたまちかみふゆばる
緒方町滞迫 おがたまちたいざこ
緒方町寺原 おがたまちてらばる
緒方町夏足 おがたまちなたせ
緒方町冬原 おがたまちふゆばる
緒方町柚木 おがたまちゆぎ
清川町左右知 きよかわまちそうち
清川町六種 きよかわまちむくさ
千歳町新殿 ちとせまちにいどの
三重町小坂 みえまちおさか
三重町菅生 みえまちすごう

豊後高田市
荒尾 あらお
大平 おおひら
御玉 おだま
堅来 かたく
金谷(町) かなや
来縄 くなわ
小田原 こだわら
小畑 こばた
界 さかい
佐野 さの
城前 じょうぜん
新栄 しんえい
新城 しんじょう
新地 しんち
大力 だいりき
高田 たかだ
田染蕗 たしぶふき
築地 ついじ
払田 はらいだ
水崎 みずさき
美和 みわ

別府市
天間 あまま
井田 いだ
小倉 おぐら
小坂 おさか
大所 おおところ
乙原 おとばる
大畑 おばたけ
上野口(町) かみのぐち
上原(町) かみはる
城島 きじま
北鉄輪 きたかんなわ
北中 きたじゅう
楠(町) くすのき
国立 くにたて
河内 こうち
古賀原 こがのはる
新港(町) しんみなと
荘園 そうえん

立田(町) たった
千代(町) ちよ
天満(町) てんまん
中島(町) なかしま
馬場 ばば
東荘園 ひがしそうえん
光(町) ひかり
平田(町) ひらた
火売 ほのめ
堀田 ほりた
松原(町) まつばら
緑丘(町) みどりがおか
南荘園(町) みなみそうえん
南立石八幡(町) みなみたていしはちまん
御幸 みゆき
明礬 みょうばん
山家 やまが

由布市
庄内町櫟木 しょうないちょういちぎ
庄内町大龍 しょうないちょうおおたつ
庄内町小挟間 しょうないちょうおばさま
庄内町柿原 しょうないちょうかきはる
庄内町庄内原 しょうないちょうしょうないばる
庄内町龍原 しょうないちょうたつはる
挟間町鬼瀬 はさままちおにがせ
挟間町来鉢 はさままちくばち
挟間町東院 はさままちとい
挟間町朴木 はさままちほおのき
挟間町向原 はさままちむかいのはる
湯布院町湯平 ゆふいんちょうゆのひら

玖珠郡
玖珠(町) くす
九重(町) ここのえ

玖珠郡玖珠町
小田 おた
古後 ごご
日出生 ひじう
山下 やました

玖珠郡九重町
後野上 うしろのがみ
菅原 すがわら
野上 のがみ
町田 まちだ
松木 まつぎ

速見郡
日出(町) ひじ

速見郡日出町
大神 おおが

藤原 ふじわら
南畑 みなみはた

宮崎県

北諸県(郡) きたもろかた
小林(市) こばやし
西都(市) さいと
西諸県(郡) にしもろかた
日南(市) にちなん
東諸県(郡) ひがしもろかた
日向(市) ひゅうが
都城(市) みやこのじょう

宮崎市
吾妻(町) あづま
阿波岐原(町) あわぎがはら
生目 いきめ
池内(町) いけうち
糸原 いとばる
浮城(町) うきのじょう
内海 うちうみ
瓜生野 うりゅうの
大島(町) おおしま
小戸(町) おど
折生迫 おりゅうざこ
柏原 かしわばる
金崎 かねざき
上野(町) かみの
川原(町) かわら
北川内(町) きたかわうち
郡司分 ぐじぶん
熊野 くまの
源藤(町) げんどう
江南 こうなん
下原(町) しもはら
城ケ崎 じょうがさき
新栄(町) しんえい
神宮 じんぐう
神宮(町) じんぐう
新城(町) しんじょう
高岡町小山田 たかおかちょうおやまだ
田代(町) たしろ
谷川 たにがわ
谷川(町) たにがわ
千草(町) ちぐさ
鶴島 つるのしま
天満 てんまん
天満(町) てんまん
東宮 とうぐう
中西(町) なかにし
波島 なみしま
新名爪 にいなづめ
稗原(町) ひえばる
東大淀 ひがしおおよど
広原 ひろはら

古城(町) ふるじょう
別府(町) べっぷ
芳士 ほうじ
前原(町) まえばる
松橋 まつばし
南方(町) みなみかた
宮田(町) みやた
宮脇(町) みやわき
村角(町) むらすみ
山崎(町) やまさき
大和(町) やまと

えびの市
上江 うわえ
大河平 おおこうびら
小田 おだ
西郷 さいごう
杉水流 すぎずる
大明司 だいみょうじ
水流 つる
原田 はらだ
向江 むかえ
柳水流 やなぎずる

串間市
大納 おおの
大平 おおひら
北方 きたかた
都井 とい
西方 にしかた
西浜 にしはま
奴久見 ぬくみ
東(町) ひがし
本城 ほんじょう
南方 みなみかた

小林市
駅南 えきみなみ
水流迫 つるざこ
南西方 みなみにしかた

西都市
尾八重 おはえ
加勢 かぜ
鹿野田 かのだ
上揚 かみあげ
上(町) かみ
清水 きよみず
黒生野 くろうの
寒川 さぶかわ
白馬(町) しらうま
銀鏡 しろみ
聖陵(町) せいりょう
茶臼原 ちゃうすばる
調殿 つきどの
水流崎(町) つるさき
藤田 とうだ
都於郡(町) とのこおり
八重 はえ
平郡 へごおり
南方 みなみかた
三納 みのう
御舟(町) みふね

日南市
吾田東 あがたひがし

479

鹿児島県　　　　　　　　　　地域順一覧

大堂津 おおどうつ
飫肥 おび
上方 かみかた
北郷町北河内 きたごうちょうきたがわち
楠原 くすばる
酒谷甲 さかたにこう
下方 しもかた
時任(町) ときとう
殿所 とのところ
南郷町贄波 なんごうちょうにえなみ
南郷町榎原 なんごうちょうよわら
東弁分甲 ひがしべんぶんこう
富士 ふと
宮浦 みやうら

延岡市
赤水(町) あかみず
天下(町) あもり
粟野名(町) あわのみょう
伊形(町) いがだ
出北 いできた
出口(町) いでぐち
大峡(町) おおかい
大門(町) おおかど
大武(町) おおだけ
鹿狩瀬(町) かがせ
鹿小路 かしょうじ
川原崎(町) かわらさき
北方町上鹿川 きたかたまちかみししがわ
北方町川水流 きたかたまちかわずる
北方町菅原 きたかたまちすげばる
北方町角田 きたかたまちつのだ
北方町八峡 きたかたまちやかい
共栄(町) きょうえい
神戸(町) こうべ
小川(町) こがわ
小野(町) この
小峰(町) こみね
紺屋(町) こんや
西小路 さいこうじ
佐野(町) さの
白石(町) しろいし
新浜(町) しんはま
高野(町) たかの
伊達(町) だて
東海(町) とうみ
富美山(町) とみやま
中川原(町) なかがわら
中島(町) なかしま
西階(町) にししな
野地(町) のじ
博労(町) ばくろう
浜砂 はまご

東浜砂(町) ひがしはまご
別府(町) びゅう
平田(町) ひらた
平原(町) ひらばる
古城(町) ふるしろ
祝子(町) ほうり
松原(町) まつばら
行縢(町) むかばき
無鹿(町) むしか
柳沢(町) やなざわ
山下(町) やました
柚木(町) ゆうぎ

日向市
上(町) うえ
幸脇 さいわき
新生(町) しんせい
東郷町八重原 とうごうちょうはえばる
春原(町) はるはら
船場(町) ふなば
美々津(町) みみつ
向江(町) むかえ
山下(町) やました
都城市
菖蒲原(町) あやめばる
祝吉 いわよし
祝吉(町) いわよし
金田(町) かなだ
上水流(町) かみずる
上長飯(町) かみながえ
上東(町) かみひがし
上(町) かん
北原(町) きたはら
久保原(町) くぼはら
蔵原(町) くらはら
五十(町) ごじっ
下水流(町) しもずる
神之山(町) じんのやま
千(町) せん
高野(町) たかの
立野(町) たての
太郎坊(町) たろぼう
都北(町) とほく
中原(町) なかはら
八幡(町) はちまん
花繰(町) はなぐり
東(町) ひがし
姫城(町) ひめぎ
平江(町) ひらえ
広原(町) ひろはら
丸谷(町) まるたに
御池(町) みいけ
蓑原(町) みのばる
都原(町) みやこばる
北諸県郡
三股(町) みまた
北諸県郡三股町
蓼池 たでいけ
長田 ながた

中原 なかばる
花見原 はなみばる
餅原 もちばる
児湯郡
木城(町) きじょう
新富(町) しんとみ
都農(町) つの
西米良(村) にしめら
児湯郡川南町
平田 へいだ
児湯郡木城町
石河内 いしかわうち
川原 かわばる
椎木 しいのき
高城 たかじょう
児湯郡新富町
富田 とんだ
新田 にゅうた
日置 ひおき
三納代 みなしろ
児湯郡高鍋町
上江 うわえ
持田 もちだ
児湯郡西米良村
小川 おがわ
上米良 かんめら
竹原 たけわら
西臼杵郡高千穂町
上野 かみの
河内 かわち
下野 しもの
田原 たばる
向山 むこうやま
西臼杵郡日之影町
七折 ななおり
見立 みたて
分城 わけじょう
西諸県郡
高原(町) たかはる
西諸県郡高原町
後川内 うしろかわち
西麓 にしふもと
広原 ひろわら
東臼杵郡
門川(町) かどがわ
東臼杵郡門川町
庵川 いおりがわ
上(町) かみの
川内 かわち
城ケ丘 じょうがおか
東栄(町) ひがしさかえ
平城東 ひらじょうひがし
東臼杵郡椎葉村
大河内 おおかわうち
東臼杵郡美郷町
北郷入下 きたごうにゅうした
西郷小原 さいごうおばる
南郷鬼神野 なんごうきじの

南郷神門 なんごうみかど
東臼杵郡諸塚村
家代 えしろ
東諸県郡綾町
入野 いりの
東諸県郡国富町
三名 さんみょう
田尻 たじり
塚原 つかばる
向高 むこうたか
八代北俣 やつしろきたまた

鹿児島県

姶良(郡) あいら
姶良(郡) あいら
出水(郡) いずみ
出水(市) いずみ
指宿(市) いぶすき
大島(郡) おおしま
鹿屋(郡) かのや
肝属(郡) きもつき
薩摩川内(市) さつませんだい
垂水(市) たるみず
日置(市) ひおき
鹿児島市
荒田 あらた
石谷(町) いしだに
入佐(町) いりさ
上荒田(町) うえあらた
宇宿 うすき
宇宿(町) うすき
小川(町) おがわ
小野 おの
小野(町) おの
小原(町) おばら
上本(町) かみほん
喜入生見(町) きいれぬくみ
錦江(町) きんこう
金生(町) きんせい
花野光ケ丘 けのひかりがおか
高免(町) こうめん
高麗(町) こうらい
呉服(町) ごふく
小山田(町) こやまだ
桜島赤生原(町) さくらじまあこうばる
三和(町) さんわ
下田(町) しもた
城西 じょうせい
城南(町) じょうなん
松陽台(町) しょうようだい
城山 しろやま
城山(町) しろやま
新栄(町) しんえい

新島(町) しんじま
新屋敷(町) しんやしき
西陵 せいりょう
千年 せんねん
草牟田 そうむた
草牟田(町) そうむた
大黒(町) だいこく
大明丘 だいみょうがおか
大竜(町) だいりゅう
田上 たがみ
田上(町) たがみ
中山 ちゅうざん
中山(町) ちゅうざん
鼓川(町) つづみがわ
樋之口(町) てのくち
天保山(町) てんぽざん
東開(町) とうかい
唐湊 とそ
直木(町) なおき
長田(町) ながた
南栄 なんえい
西田 にしだ
西紫原(町) にしむらさきばる
光山 ひかりやま
冷水(町) ひやみず
平川(町) ひらかわ
平田(町) ひらた
古里(町) ふるさと
本城(町) ほんじょう
本名(町) ほんみょう
真砂(町) まさご
松原(町) まつばら
紫原 むらさきばる
牟礼岡 むれがおか
名山(町) めいざん
薬師 やくし
易居(町) やすい
山下(町) やました
四元(町) よつもと
姶良市
大山 おおやま
加治木町小山田 かじきちょうこやまだ
加治木町反土 かじきちょうたんど
上名 かみみょう
三拾(町) さんじゅっ
下名 しもみょう
西姶良 にしあいら
深水 ふかみず
増田 ますだ
松原(町) まつばら
阿久根市
大丸(町) おおまる
多田 ただ
波留 はる
山下 やました
奄美市
笠利町手花部 かさりちょうてけぶ

地域順一覧　　鹿児島県

笠利町辺留 かさり ちょうべる 住用町城 すみよう ちょうぐすく 住用町山間 すみよ うちょうやんま 名瀬芦花部 なぜあ しけぶ 名瀬安勝(町) なぜ あんがち 名瀬久里(町) なぜ くさと 名瀬崎原 なぜさき ばる 名瀬大熊 なぜだい くま 名瀬大熊(町) なぜ だいくま **伊佐市** 大口平出水 おおく ちひらいずみ **出水市** 境(町) さかい 荘 しょう 高尾野町上水流 た かおのまちかみずる 西出水(町) にしい ずみ 野田町上名 のだ ちょうかみみょう 向江(町) むかえ **いちき串木野市** 大里 おおざと 大原(町) おおはる 御倉(町) おくら 海瀬 かいぜ 河内 かわうち 上名 かんみょう 冠嶽 かんむりだけ 金山 きんざん 小瀬(町) こぜ 新生(町) しんせい 西薩(町) せいさつ 生福 せいふく 西塩田(町) にしえ んでん 西浜(町) にしはま 日出(町) ひので 平江 ひらえ 別府 べっぷ 三井 みつい 本浜(町) もとはま 八房 やふさ **指宿市** 開聞仙田 かいもん せんた 小牧 こまき 西方 にしかた 山川岡児ケ水 やま がわおかちよがみず 山川浜児ケ水 やま がわはまちがみず **鹿屋市** 吾平町上名 あいら ちょうかみみょう 旭原(町) あさひばる 上野(町) うえの	打馬 うつま 大浦(町) おおうら 小薄(町) おすき 小野原(町) おのばる 上谷(町) かみだに 輝北町平房 きほく ちょうひらぼう 共栄(町) きょうえい 串良町上小原 くし らちょうかみおばる 串良町下小原 くし らちょうしもおばる 古前城(町) こせん じょう 下祓川(町) しもは らいがわ 白崎(町) しらさき 白水(町) しろみず 新栄(町) しんえい 新川(町) しんかわ 新生(町) しんせい 永小原(町) ながお ばる 西原 にしはら 西祓川(町) にしは らいがわ 根木原(町) ねぎばる 祓川(町) はらいがわ 東原(町) ひがしばる 札元 ふだもと 古江(町) ふるえ 古里(町) ふるさと 向江(町) むかえ **霧島市** 国分上小川 こくぶ かみおがわ 国分川原 こくぶか わはら 国分清水 こくぶき よみず 国分姫城 こくぶひ めぎ 国分向花 こくぶ むけ 国分向花(町) こく ぶむけ 隼人町嘉例川 はや とちょうかれいがわ 隼人町姫城 はやと ちょうひめぎ 溝辺町竹子 みぞべ ちょうたかぜ **薩摩川内市** 入来町浦之名 いり きちょううらの みょう 網津(町) おうづ 大小路(町) おお しょうじ 鹿島町藺牟田 かし まちょういむた 勝目(町) かちめ 上甑町小島 かみこ しきちょうおしま 上川内(町) かみせ んだい 神田(町) かんだ 久住(町) くじゅう	久見崎(町) ぐみさき 祁答院町藺牟田 けどういんちょうい むた 小倉(町) こくら 木場茶屋(町) こば んちゃや 御陵下(町) ごりょ うした 下飯町手打 しもこ しきちょうてうち 城上(町) じょうかみ 白和(町) しらわ 田海(町) たうみ 高城(町) たき 中郷 ちゅうごう 中郷(町) ちゅうごう 東郷町南瀬 とうご うちょうのうぜ 西開聞(町) にしか いもん 西方(町) にしかた 花木(町) はなき 原田(町) はらだ 東大小路(町) ひが しおおしょうじ 東開聞(町) ひがし かいもん 冷水(町) ひやみず 平佐 ひらさ 平佐(町) ひらさ 宮内(町) みやうち 向田(町) むこうだ 百次(町) ももつぎ **志布志市** 有明町蓬原 ありあ けちょうふつはら 志布志町帖 しぶし ちょうちょう 松山町泰野 まつや まちょうたいの **曽於市** 財部町北俣 たから べちょうきたまた **垂水市** 海潟 かいがた 上(町) かん 錦江(町) きんこう 柊原 くぬぎばる 下宮(町) しもみや 新城(町) しんじょう 新御堂 しんみどう 高城 たかじょう 中俣 なかまた 浜平 はまびら 本城(町) ほんじょう 松原(町) まつばら **西之表市** 安城 あんじょう 安納 あんのう 鴨女(町) かもめ 国上 くにがみ 現和 げんな 東(町) ひがし 古田 ふるた	馬毛島 まげしま **日置市** 伊集院町上神殿 いじゅういんちょう かみこうどの 伊集院町古城 い じゅういんちょうふ るじょう 伊集院町麦生田 いじゅういんちょう むぎうだ 吹上町花熟里 ふき あげちょうけじゅ くり **枕崎市** 鹿篭麓(町) かごふ もと 茅野(町) かやの 木原(町) きはら 清水(町) きよみず 金山(町) きんざん 小塚(町) こつか 木場(町) こば 下松(町) しもまつ 西鹿篭 にしかご 東鹿篭 ひがしかご 平田(町) ひらた 別府 べっぷ 道野(町) みちの 宮田(町) みやた **南九州市** 頴娃町郡 えいちょ うこおり 川辺町清水 かわな べちょうきよみず 川辺町神殿 かわな べちょうこうどの 川辺町古殿 かわな べちょうふるとの **南さつま市** 大浦(町) おおうら 笠沙町赤生木 かさ さちょうあこうぎ 金峰町尾下 きんぽ うちょうおくだり 坊津町久志 ぼうの つちょうくし **姶良郡** 湧水(町) ゆうすい **姶良郡湧水町** 北方 きたかた 幸田 こうだ 木場 こば 田尾原 たおばら **出水郡長島町** 指江 さすえ 下山門野 しもやま どの 城川内 じょうかわ うち 諸浦 しょうら 鷹巣 たかのす 山門野 やまどの **大島郡** 龍郷(町) たつごう 大和(村) やまと	**大島郡天城町** 浅間 あさま 岡前 おかぜん 兼久 かねく 平土野 へとの 松原 まつばら **大島郡伊仙町** 阿権 あごん 木之香 きのこ 小島 こじま 崎原 さきばる 馬根 ばね 古里 ふるさと **大島郡宇検村** 生勝 いけがち 石良 いしら 部連 ぶれん 平田 へだ 屋鈍 やどん **大島郡喜界町** 伊砂 いさご 伊実久 いさねく 嘉鈍 かどん 城久 ぐすく 花良治 けらじ 先山 さきやま 島中 しまなか 白水 しらみず 中間 なかま **大島郡瀬戸内町** 生間 いけんま 請阿室 うけあむろ 押角 おしかく 勝浦 かちうら 勝能 かちゆき 嘉入 かにゅう 花天 けてん 花富 けどみ 古志 こし 小名瀬 こなせ 古仁屋 こにや 実久 さねく 諸数 しょかず 諸鈍 しょどん 清水 せいすい 節子 せっこ 蘇刈 そかる 手安 てあん 渡連 どれん 西古見 にしこみ 俵 ひょう 油井 ゆい **大島郡龍郷町** 安木屋場 あんき やば 大勝 おおがち 久場 くば 龍郷 たつごう 戸口 とぐち 屋入 やにゅう **大島郡知名町** 芦清良 あしきょうら

481

沖縄県　　　　　　　　　　　　地域順一覧

余多 あまた
上城 かみしろ
下城 しもじろ
新城 しんじょう
正名 まさな
屋子母 やこも
大島郡徳之島町
尾母 おも
神之嶺 かみのみね
花徳 けどく
山 さん
諸田 しょだ
白井 しらい
母間 ほま
南原 みなみはら
大島郡大和村
思勝 おんがち
大島郡与論町
叶 かのう
城 ぐすく
東(区) ひがし
古里 ふるさと
立長 りっちょう
大島郡和泊町
畦布 あぜふ
上手々知名 うえててちな
大城 おおじろ
国頭 くにがみ
谷山 たにやま
玉城 たまじろ
出花 でぎ
西原 にしばる
古里 ふるさと
和 わ
鹿児島郡
十島(村) としま
三島(村) みしま
鹿児島郡十島村
小宝島 こだからじま
平島 たいらじま
肝属郡
錦江(町) きんこう
肝属郡肝付町
後田 うしろだ
北方 きたかた
富山 とみやま
新富 にいとみ
波見 はみ
南方 みなみかた
宮下 みやげ
肝属郡錦江町
神川 かみかわ
田代川原 たしろかわはら
馬場 ばば
肝属郡南大隅町
佐多馬籠 さたまごめ
根占辺田 ねじめへた
熊毛郡
中種子(町) なかたね

南種子(町) みなみたね
熊毛郡中種子町
坂井 さかい
田島 たしま
増田 ますだ
油久 ゆく
熊毛郡屋久島町
安房 あんぼう
一湊 いっそう
尾之間 おのあいだ
栗生 くりお
小島 こしま
小瀬田 こせだ
中間 なかま
平内 ひらうち
麦生 むぎお
吉田 よしだ
薩摩郡さつま町
柏原 かしわばら
柊野 くきの
久富木 くぶき
求名 ぐみょう
神子 こうし
紫尾 しび
白男川 しらおがわ
田原 たばる
轟(町) とどろ
虎居 とらい
虎居(町) とらい
西新(町) にししん
平川 ひらかわ
山崎 やまさき
曽於郡大崎町
神領 じんりょう

沖縄県

国頭(郡) くにがみ
豊見城(市) とみぐすく
中頭(郡) なかがみ
南城(市) なんじょう
宮古(郡) みやこ
那覇市
安里 あさと
安次嶺 あしみね
安謝 あじゃ
天久 あめく
上之屋 うえのや
宇栄原 うえばる
上間 うえま
奥武山(町) おおのやま
小禄 おろく
鏡水 かがみず
垣花 かきのはな
金城 かなぐすく
鏡原(町) きょうはら
久米 くめ
国場 こくば
古波蔵 こはぐら

首里金城(町) しゅりきんじょう
首里寒川(町) しゅりさむかわ
首里汀良(町) しゅりてら
首里当蔵(町) しゅりとうのくら
首里桃原(町) しゅりとうばる
大道 だいどう
高良 たから
田原 たばる
壺川 つぼがわ
当間 とうま
通堂(町) とんどう
長田 ながた
繁多川 はんたがわ
東(町) ひがし
古島 ふるじま
真地 まあじ
三原 みはら
宮城 みやぐすく
銘苅 めかる
山下(町) やました
石垣市
新川 あらかわ
伊原間 いばるま
川平 かびら
新栄(町) しんえい
桃里 とうざと
登野城 とのしろ
桴海 ふかい
八島(町) やしま
糸満市
阿波根 あはごん
新垣 あらかき
宇江城 うえぐすく
大里 おおざと
賀数 かかず
兼城 かねぐすく
喜屋武 きゃん
小波蔵 こはぐら
米須 こめす
名城 なしろ
福地 ふくじ
山城 やまぐすく
浦添市
伊奈武瀬 いなんせ
西洲 いりじま
大平 おおひら
城間 ぐすくま
小湾 こわん
勢理客 じっちゃく
沢岻 たくし
仲間 なかま
西原 にしはら
宮城 みやぎ
うるま市
安慶名 あげな
石川東山 いしかわあがりやま
石川伊波 いしかわいは

西原 いりばる
上江洲 うえず
栄野比 えのび
勝連津堅 かつれんつけん
勝連南風原 かつれんはえばる
勝連平敷屋 かつれんへしきや
勝連平安名 かつれんへんな
兼箇段 かねかだん
喜屋武 きゃん
平良川 たいらがわ
前原 まえはら
与那城 よなしろ
与那城桃原 よなしろとうばる
与那城饒辺 よなしろのへん
与那城平安座 よなしろへんざ
沖縄市
明道 あけみち
池原 いけはら
上地 うえち
大里 おおざと
越来 ごえく
胡屋 ごや
城前(町) しろまえ
高原 たかはら
桃原 とうばる
東 ひがし
比屋根 ひやごん
南桃原 みなみとうばる
諸見里 もろみざと
山内 やまうち
宜野湾市
愛知 あいち
新城 あらぐすく
上原 うえはら
大山 おおやま
嘉数 かかず
我如古 がねこ
神山 かみやま
長田 ながた
真栄原 まえはら
豊見城市
上田 うえた
翁長 おなが
嘉数 かかず
金良 かねら
平良 たいら
田頭 たがみ
高嶺 たかみね
高安 たかやす
渡橋名 とはしな
豊見城 とみぐすく
長堂 ながどう
饒波 のは
保栄茂 びん
真玉橋 まだんばし

名護市
東江 あがりえ
安部 あぶ
安和 あわ
宇茂佐 うむさ
運天原 うんてんばる
大浦 おおうら
大中 おおなか
大西 おおにし
大東 おおひがし
我部祖河 がぶそか
許田 きょだ
城 ぐすく
源河 げんか
幸喜 こうき
呉我 ごが
古我知 こがち
済井出 すむいで
瀬嵩 せだけ
汀間 ていま
仲尾次 なかおし
為又 びいまた
振慶名 ぶりけな
辺野古 へのこ
三原 みはら
山入端 やまのは
饒平名 よへな
南城市
佐敷小谷 さしきおこく
佐敷兼久 さしきかねく
佐敷新里 さしきしんざと
佐敷手登根 さしきてどこん
玉城奥武 たまぐすくおう
玉城親慶原 たまぐすくおやけばる
玉城垣花 たまぐすくかきんはな
玉城喜良原 たまぐすくきらばる
玉城志堅原 たまぐすくしけんばる
玉城仲村渠 たまぐすくなかんだかり
玉城富里 たまぐすくふさと
宮古島市
上野野原 うえののばる
上野宮国 うえのみやぐに
城辺新城 ぐすくべあらぐすく
城辺砂川 ぐすくべうるか
城辺友利 ぐすくべともり
下地来間 しもじくりま
平良荷川取 ひららにかどり
国頭郡
大宜味(村) おおぎみ

地域順一覧　　　　　　　　　　　　　　沖縄県

恩納(村) おんな
金武(町) きん
国頭(村) くにがみ
今帰仁(村) なきじん
東(村) ひがし
本部(町) もとぶ
国頭郡伊江村
川平 かわひら
東江上 ひがしえうえ
国頭郡大宜味村
上原 うえはら
大兼久 おおがねく
大宜味 おおぎみ
謝名城 じゃなぐすく
大保 たいほ
津波 つは
饒波 ぬうは
宮城 みやぎ
国頭郡恩納村
安富祖 あふそ
恩納 おんな
喜瀬武原 きせんばる
谷茶 たんちゃ
冨着 ふちゃく
前兼久 まえがねく
国頭郡金武町
金武 きん
国頭郡国頭村
安田 あだ
奥 おく
鏡地 かがんじ
謝敷 じゃしき
桃原 とうばる
辺戸 へど
辺野喜 べのき
辺土名 へんとな
国頭郡今帰仁村
天底 あめそこ
兼次 かねし
古宇利 こうり
越地 こえち
呉我山 ごがやま
謝名 じゃな
諸志 しょし
勢理客 せりきゃく
玉城 たましろ
仲尾次 なかおし
平敷 へしき
国頭郡東村
有銘 あるめ
平良 たいら
宮城 みやぎ
国頭郡本部町
大堂 うふどう
健堅 けんけん
謝花 じゃはな
新里 しんざと
谷茶 たんちゃ
野原 のばる
東 ひがし
古島 ふるじま

辺名地 へなじ
山川 やまかわ
島尻郡
粟国(村) あぐに
伊是名(村) いぜな
南風原(町) はえばる
与那原(町) よなばる
島尻郡粟国村
東 ひがし
島尻郡伊是名村
伊是名 いぜな
諸見 しょみ
勢理客 せりきゃく
島尻郡久米島町
宇江城 うえぐすく
上江洲 うえず
奥武 おう
大原 おおはら
嘉手苅 かでかる
兼城 かねぐすく
北原 きたはら
謝名堂 じゃなどう
銭田 ぜんだ
仲村渠 なかんだかり
西銘 にしめ
山城 やまぐすく
島尻郡渡嘉敷村
阿波連 あはれん
島尻郡南風原町
新川 あらかわ
大名 おおな
兼城 かねぐすく
神里 かみざと
喜屋武 きゃん
宮城 みやぐすく
宮平 みやひら
本部 もとぶ
山川 やまかわ
島尻郡南大東村
新東 しんとう
島尻郡八重瀬町
安里 あさと
新城 あらぐすく
上田原 うえたばる
具志頭 ぐしちゃん
小城 こぐすく
後原 こしはら
東風平 こちんだ
高良 たから
当銘 とうめ
富盛 ともり
長毛 ながもう
玻名城 はなしろ
外間 ほかま
屋宜原 やぎばる
世名城 よなぐすく
島尻郡与那原町
東浜 あがりはま
上与那原 うえよなばる
与那原 よなばる

中頭郡
嘉手納(町) かでな
北中城(村) きたなかぐすく
北谷(町) ちゃたん
中城(村) なかぐすく
西原(町) にしはら
中頭郡嘉手納町
嘉手納 かでな
兼久 かねく
中頭郡北中城村
安谷屋 あだにや
大城 おおぐすく
荻道 おぎどう
仲順 ちゅんじゅん
渡口 とぐち
屋宜原 やぎばる
中頭郡北谷町
上勢頭 かみせど
北谷 ちゃたん
桃原 とうばる
浜川 はまがわ
宮城 みやぎ
吉原 よしはら
中頭郡中城村
安里 あさと
新垣 あらかき
伊集 いじゅ
北上原 きたうえばる
久場 くば
添石 そえし
当間 とうま
南上原 みなみうえばる
中頭郡西原町
東崎 あがりざき
安室 あむろ
上原 うえはら
翁長 おなが
小那覇 おなは
嘉手苅 かでかる
兼久 かねく
幸地 こうち
小橋川 こばしがわ
小波津 こはつ
呉屋 ごや
千原 せんばる
棚原 たなばる
津花波 つはなは
桃原 とうばる
与那城 よなぐすく
中頭郡読谷村
上地 うえち
大木 おおき
高志保 たかしほ
都屋 とや
波平 なみひら
比謝矼 ひじゃばし
古堅 ふるげん
宮古郡多良間村
水納 みんな

八重山郡竹富町
新城 あらぐすく
西表 いりおもて
上原 うえはら
小浜 こはま
古見 こみ
南風見 はいみ

483

読み間違えやすい 全国地名辞典

2018 年 6 月 25 日　第 1 刷発行
2019 年 2 月 25 日　第 2 刷発行

発　行　者／大高利夫
編集・発行／日外アソシエーツ株式会社
　　　　　　〒140-0013 東京都品川区南大井 6-16-16 鈴中ビル大森アネックス
　　　　　　電話 (03)3763-5241 (代表) FAX(03)3764-0845
　　　　　　URL http://www.nichigai.co.jp/
発　売　元／株式会社紀伊國屋書店
　　　　　　〒163-8636 東京都新宿区新宿 3-17-7
　　　　　　電話 (03)3354-0131 (代表)
　　　　　　ホールセール部 (営業) 電話 (03)6910-0519

　　　　　　電算漢字処理／日外アソシエーツ株式会社
　　　　　　印刷・製本／株式会社 デジタル パブリッシング サービス

　　　　　　不許複製・禁無断転載
　　　　　　＜落丁・乱丁本はお取り替えいたします＞
　　　　　　ISBN978-4-8169-2719-5　　**Printed in Japan,2019**

> 本書はディジタルデータでご利用いただくことが
> できます。詳細はお問い合わせください。

難読誤読 島嶼名 漢字よみかた辞典

四六判・130頁　定価（本体2,500円＋税）　2015.10刊

難読・誤読のおそれのある島名や幾通りにも読めるものを選び、その読みを示したよみかた辞典。島名表記771種に対し、983通りの読みかたを収録。北海道から沖縄まであわせて1,625の島の名前がわかる。

難読誤読 植物名 漢字よみかた辞典

四六判・110頁　定価（本体2,300円＋税）　2015.2刊

難読・誤読のおそれのある植物名のよみかたを確認できる小辞典。植物名見出し791件と、その下に関連する逆引き植物名など、合計1,646件を収録。

難読誤読 昆虫名 漢字よみかた辞典

四六判・120頁　定価（本体2,700円＋税）　2016.5刊

難読・誤読のおそれのある昆虫の名前のよみかたを確認できる小辞典。昆虫名見出し467件と、その下に関連する逆引き昆虫名など、合計2,001件を収録。

難読誤読 魚介類 漢字よみかた辞典

四六判・120頁　定価（本体2,700円＋税）　2016.9刊

難読・誤読のおそれのある魚介類の名前のよみかたを確認できる小辞典。魚介名見出し631件と、その下に関連する逆引き魚介名など、合計1,513件を収録。

難読誤読 鳥の名前 漢字よみかた辞典

四六判・120頁　定価（本体2,300円＋税）　2015.8刊

難読・誤読のおそれのある鳥の名前のよみかたを確認できる小辞典。鳥名見出し500件と、その下に関連する逆引き鳥名など、合計1,839件を収録。

姓名よみかた辞典 姓の部

A5・830頁　定価（本体7,250円＋税）　2014.8刊

姓名よみかた辞典 名の部

A5・810頁　定価（本体7,250円＋税）　2014.8刊

難読や誤読のおそれのある姓・名、幾通りにも読める姓・名を徹底採録し、その読みを実在の人物例で確認できる辞典。「姓の部」では4万人を、「名の部」では3.6万人を収録。各人名には典拠、職業・肩書などを記載。

データベースカンパニー
日外アソシエーツ

〒140-0013　東京都品川区南大井6-16-16
TEL.(03)3763-5241　FAX.(03)3764-0845　http://www.nichigai.co.jp/